건축·실내 인테리어 설계 초보자와 실무자를 위한 매뉴얼 북

바로 알게 되는

AutoCAD 2013

기본 + 활용

실무테크닉

| 고현정 지음 |

Foreign Copyright:
Joonwon Lee
Address: 127, Yanghwa-ro, Mapo-gu, Chomdan Building 6th floor,
           Seoul, Korea
Telephone: 82-70-4345-9818
E-mail: jwlee@cyber.co.kr

바로 알게 되는
AutoCAD 2013
기본+활용 실무테크닉

2013. 1. 10. 1판 1쇄 발행
2017. 2. 22. 1판 4쇄 발행

저자와의
협의하에
검인생략

지은이 | 고현정, 이재국
펴낸이 | 이종춘
펴낸곳 | **BM** 주식회사 **성안당**

주소 | 04032 서울시 마포구 양화로 127 첨단빌딩 5층(출판기획 R&D 센터)
10881 경기도 파주시 문발로 112 출판문화정보산업단지(제작 및 물류)

전화 | 02) 3142-0036
031) 950-6300
팩스 | 031) 955-0510
등록 | 1973. 2. 1. 제406-2005-000046호
출판사 홈페이지 | www.cyber.co.kr
ISBN | 978-89-315-5468-7 (13000)
정가 | 24,000원

이 책을 만든 사람들
책임 | 최옥현
기획·진행 | 박종훈
교정·교열 | 안종군
디자인 | 디자인휴
홍보 | 박연주
국제부 | 이선민, 조혜란, 고운채, 김해영, 김필호
마케팅 | 구본철, 차정욱, 나진호, 이동후, 강호묵
제작 | 김유석

머리말

제가 난생 처음 캐드를 배울 때가 생각납니다. 그 당시에는 캐드를 배우는 데에 도움이 되는 적절한 도서도 없었고, 오로지 매뉴얼이나 학원에 의지할 수밖에 없었습니다. 하지만 개인적으로 시간이 없거나 조금 알기는 하는데 실질적으로 활용하기 어려울 때 책을 이용하여 캐드를 배워야만 하는 현실은 예나 지금이나 변함없는 듯합니다.

이 책은 제가 처음 캐드를 배우면서 알게 된 내용들을 중심으로하여 독자들이 최대한 강의를 받는 듯한 느낌을 가질 수 있도록 명령어와 사용법에 대해 설명하고, 간단한 예제를 따라하거나 익히는 방법을 통해 익힐 수 있도록 하였으며, 종합 과제를 통해 원하는 테크닉을 배울 수 있도록 하였습니다.

하지만 어떤 프로그램이든 스스로 끝까지 해내지 않으면 원하는 정도의 실력을 쌓을 수 없는 것처럼 캐드 또한 꾸준한 노력과 연습이 바탕이 되지 않으면 습득하기가 어려울 것입니다.

이 책은 스텝 바이 스텝(Step by Step) 형식으로 장(Chapter) 하나를 마칠 때마다 기본기가 쌓일 수 있도록 구성하였습니다. 이 책을 학습하다가 궁금한 점이 있을 경우, www.doctorkoh.com에 방문하면 많은 도움을 받을 수 있습니다.

누구나 마찬가지겠지만 저 역시 집필을 할 때마다 좀 더 노력해서 더 좋은 책을 만들어야 한다는 생각으로 여러 가지 내용을 살펴보고 공부하는 것은 물론, 다양한 지원 기관의 Q&A를 통해 사용자들의 불편한 점이나 어려운 점을 파악하고자 노력하고 있습니다.

한글판이 더 쉽다는 분도 있고, 영문판이 더 쉽다는 분도 계시지만, 사용자 명령어는 대부분 영문으로 이루어져 있고, 영문으로 익히는 것이 두 가지 모두를 사용할 수 있는 좋은 방법이라고 생각합니다. 가끔은 한글로 직역해 놓은 명령어가 더 어렵게 느껴지는 경우가 종종 있기 때문입니다.

1년이라는 긴 기간 동안 정성을 들인 도서이기 때문인지 더욱 많은 애착이 가는 AutoCAD2013!

앞으로도 여러분이 캐드를 배우는 데에 불편함이 없도록 최선을 다하겠습니다. 이 책으로 공부하시는 모든 분들께 행운이 함께 하기를 바랍니다.

끝으로 이 책이 나오기까지 여러 방면으로 도와주신 성안당 관계자분께 감사드리며, 편집에 많은 신경을 써주신 편집부 식구들께도 감사드립니다. 그리고 책을 집필한다는 이유로 함께 놀아주지 못한 아들과 늘 옆에서 묵묵히 지켜봐주는 든든한 남편에게도 미안함과 고마움을 전합니다.

'하늘은 스스로 돕는자를 돕는다'라고 했습니다. 여러분이 캐드를 배우는 데에 있어 든든한 동반자가 되도록 앞으로도 계속 노력하겠습니다. 감사합니다.

저자 고현정

이 책의 구성

이 책은 초보자가 쉽게 따라할 수 있도록 각 작업 내용을 빠짐없이 설명하였으며, 총 6개의 장(Chapter)과 25개의 섹션(Section), 그리고 각 섹션을 다시 2~3개로 나누어 단계별 학습이 가능하도록 하였습니다. 특히 섹션별로 학습을 하면 간단한 도면에서부터 다양한 도면을 그리면서 익히는 것을 목적으로 하며, 각각의 따라하기를 통해 디자이너가 상상한 느낌을 표현하기 위한 다양한 방법을 학습하고 응용할 수 있습니다.

섹션 제목 및 발문

각 섹션에서 학습할 제목과 배우게 될 중요한 핵심 내용을 파악할 수 있습니다.

따라하기

예제를 직접 활용하여 익혀보는 과정으로, 따라하기 방식으로 구성되어 있습니다. 또한 체계적으로 구성되어 있기 때문에 누구나 쉽게 학습할 수 있습니다.

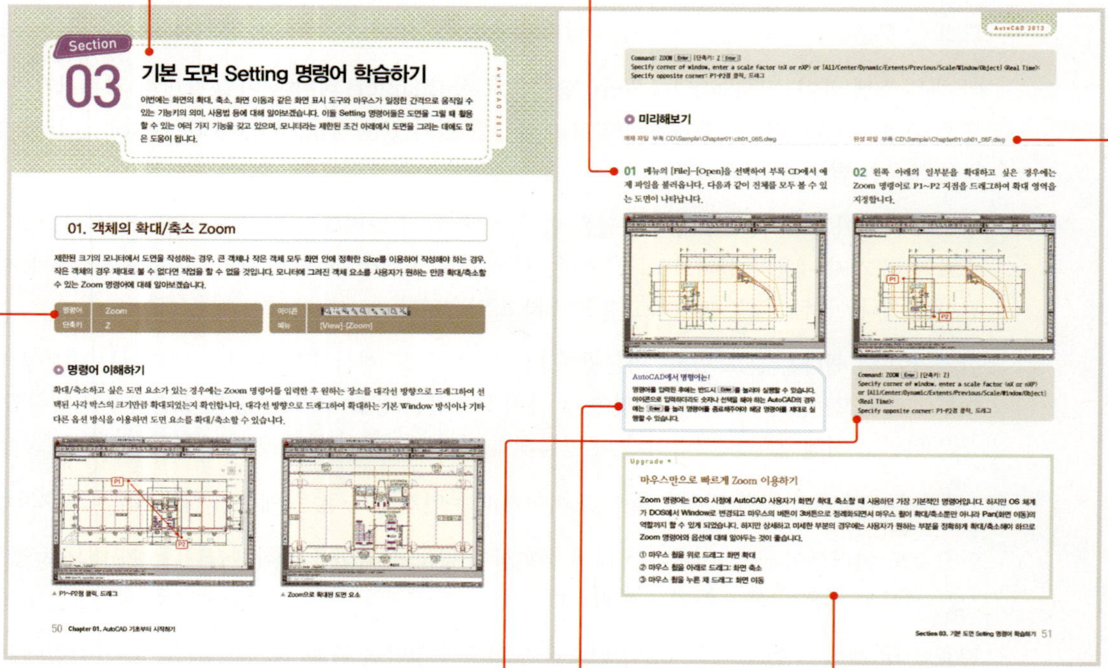

명령어 실행 표

해당 명령어를 실행하는 여러 가지 방법을 표로 정리했습니다.

Command 라인 소스

AutoCAD 화면 하단에 위치한 Command 라인에 표시되는 내용과 사용자가 입력하거나 마우스 클릭에 의해 어떤 결과가 실행되는지 보여줍니다. 작업 과정에 대한 설명은 색으로 구분했습니다.

Tip

본문에 미처 담지 못한 내용과 꼭 필요한 핵심 내용을 정리했습니다.

부록 CD

학습에 필요한 파일의 경로와 파일명을 알 수 있습니다.

Upgrade

앞에서 배운 스텝 과정을 응용하여 추가적으로 꼭 알아야 할 사항이나 새로운 기능을 소개하였습니다.

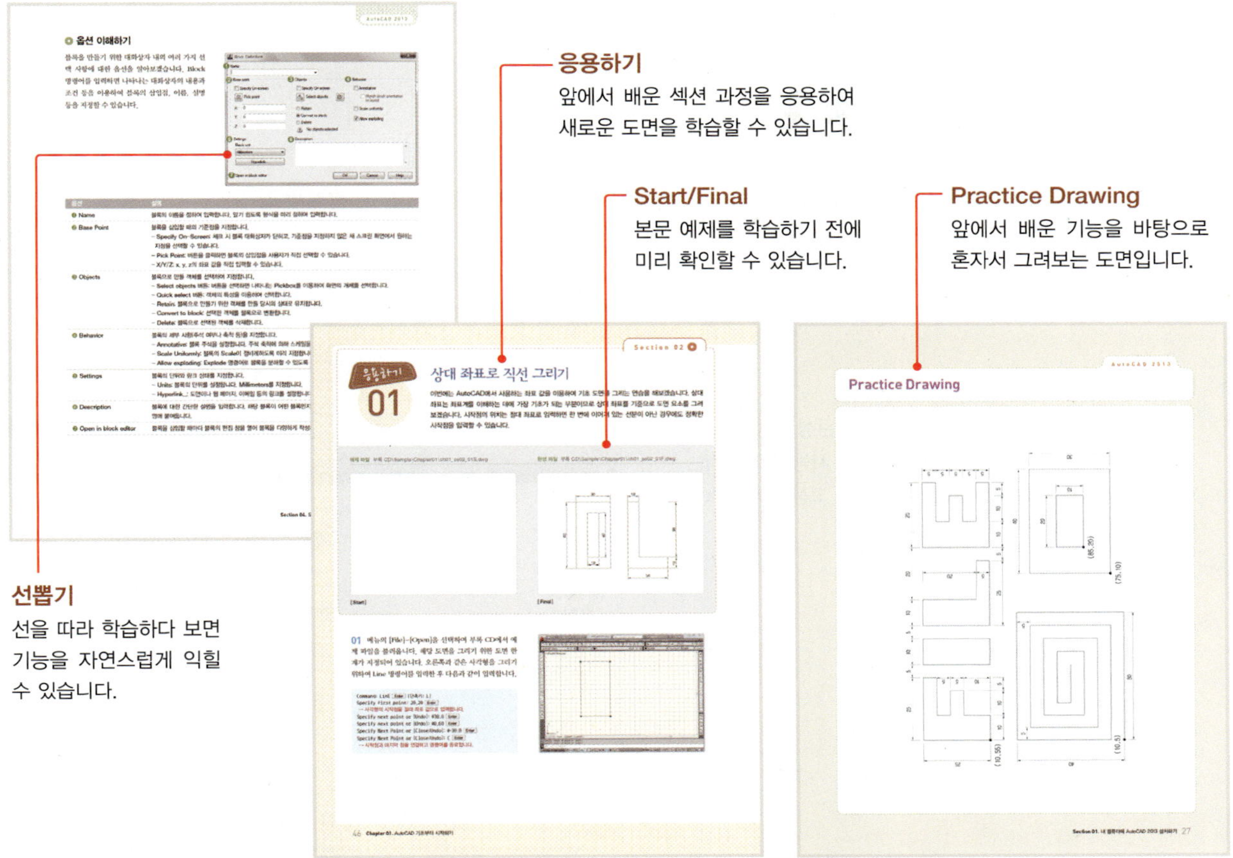

선뽑기

선을 따라 학습하다 보면
기능을 자연스럽게 익힐
수 있습니다.

응용하기

앞에서 배운 섹션 과정을 응용하여
새로운 도면을 학습할 수 있습니다.

Start/Final

본문 예제를 학습하기 전에
미리 확인할 수 있습니다.

Practice Drawing

앞에서 배운 기능을 바탕으로
혼자서 그려보는 도면입니다.

◉ 책을 읽기 전에 알아두세요!

이런 분들께 추천합니다!

- AutoCAD에 관심이 많은 사람
- 건축, 인테리어, 기계, 제품 디자인 전공자
- 캐드 교육 기관, 캐드 커뮤니티 회원 대상

● 도면 작성에 꼭 필요한 명령어 중심의 체계적인 구성으로 초보자도 혼자서 쉽게 학습할 수 있습니다. 기본 실습부터 응용 실습까지 활용 부분을 고려하여 구성하였으므로 실무에 바로 적용할 수 있습니다.

● 하나의 섹션(Section)이 끝날 때마다 〈미리해보기〉와 〈응용하기〉를 통해 실력을 향상시킬 수 있도록 많은 예제를 수록했습니다. 또한 혼자서도 학습할 수 있도록 본문 중간중간에 도면을 수록했습니다.

Q&A 학습하다가 궁금한 점이 있다면…? E-mail : kohbaby@nate.com 사이트 : http://www.doctorkoh.com

부록 CD의 구조

이 책의 부록 CD에는 유용한 자료가 가득합니다. 반드시 확인해서 여러분의 것으로 만드세요.

[Sample] 폴더

각 챕터를 학습할 때 필요한 예제 파일과 완성 파일이 수록되어 있습니다. 실습용이라고 해서 한 번 사용하고 버리는 것이 아니라 실전에서도 적용할 수 있도록 고품질의 소스들이 많으므로 꼭 활용하시기 바랍니다.

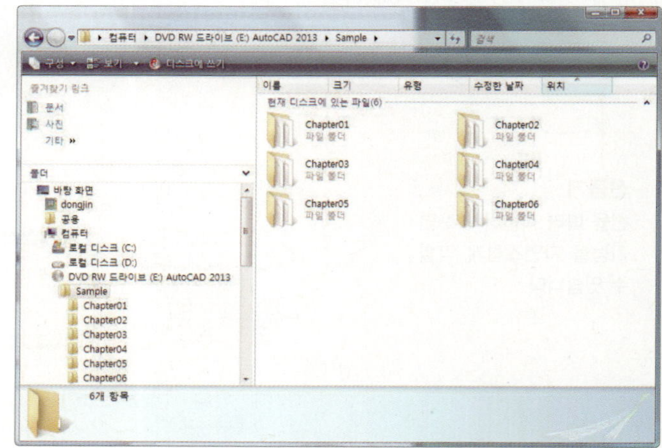

AutoCAD 2013 Trial 버전(평가판)

AutoCAD 최신 시험 버전은 오토데스크코리아(http://www.autodesk.co.kr) 홈페이지에서 제공하고 있습니다. 정품 프로그램이 없는 사용자는 Trial 버전을 다운로드하여 사용해 보세요. 이 프로그램은 30일 동안 정품처럼 사용할 수 있습니다. 단, 프로그램을 설치한 후 30일이 지나면 한번 Trial 버전을 설치한 컴퓨터에서는 더 이상 사용할 수 없습니다.

AutoCAD 설치 과정에 대해서는 이 책의 19쪽을 참고하세요.

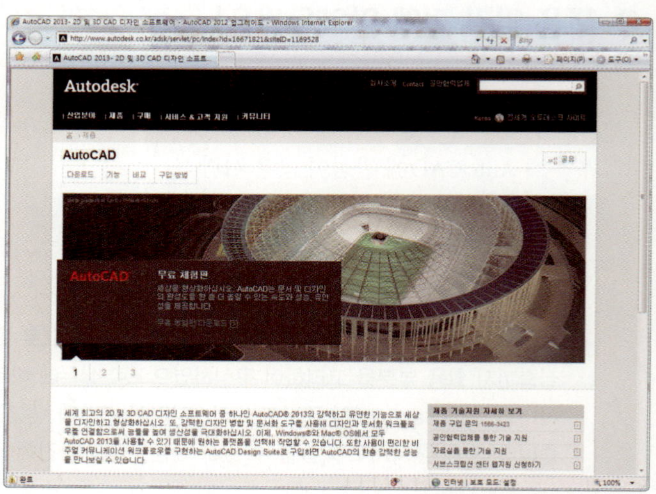

이 책을 학습하기 전에

AutoCAD 2013의 기초부터 활용 사례 소개
초보 딱지를 떼어주는 AutoCAD 바이블!

Chapter 01 | AutoCAD 기초부터 시작하기

Autodesk 사에서는 급속도로 변화하는 시대적인 요구 사항을 반영하기 위하여 매년 새로운 버전을 출시하고 있습니다. 이 장에서는 프로그램의 설치, 환경 구성 그리고 기본적인 도구에 대해 알아보겠습니다.

Chapter 02 | AutoCAD로 도면 요소 학습하기

이번 장에서는 도면 작업을 하는 기본적인 그리기 명령어와 기초 편집 명령어를 학습합니다. 가장 기본적인 명령어를 이용하여 도면을 그리는 기본적인 객체들과 이들을 편리하게 수정, 편집하는 기초 명령어에 대해 알아보겠습니다.

Chapter 03 | 도면 요소 다양하게 활용하기

이번 장에서는 도면 작업을 하는 기본적인 그리기 명령어와 기초 편집 명령어를 학습합니다. 가장 기본적인 명령어를 이용하여 도면을 그리는 기본적인 객체들과 이들을 편리하게 수정, 편집하는 기초 명령어에 대해 알아보겠습니다.

Chapter 04 | 그림 그리기에서 도면 그리기로

이 장에서는 AutoCAD 2013으로 그림을 그릴 때에 실제 도면에 적용할 수 있는 명령어에 대해 알아보겠습니다. 앞에서 그림을 그리고 편집하는 방식을 이용하여 도면 요소를 그리는 연습을 하였다면 이 장에서는 실제 도면이 운영되기 위한 명령어와 실제 출력을 하기 위한 도면 요소에 대해 살펴봅니다.

Chapter 05 | 3D 모델링 시작하기

AutoCAD 2013은 프로그램 하나로 2D 설계뿐만 아니라 3차원 모델링도 다양한 방법으로 지원합니다. 또한 AutoCAD 2012부터는 Autodesk Inventor Fusion을 함께 적재하여 빠르고 간편하게 편집 및 검증할 수 있도록 하였습니다. 이 책에서는 Inventor Fusion만을 따로 다루지 않고 AutoCAD 2013 내에서 사용하는 기본적인 3차원 모델링 방식에 대해 알아보겠습니다.

Chapter 06 | 호환성 이해하기

이번 장에서는 다양한 콘텐츠를 활용하는 사용자들에게 프로그램 간의 소통 방법 및 다른 프로그램과 AutoCAD를 한 번에 활용할 수 있는 방법을 제시합니다. 또한 AutoCAD 환경 구성 및 메모리 최적화 등에 대한 내용을 다루고 있기 때문에 AutoCAD를 보다 최적화하여 사용할 수 있게 될 것입니다.

목차

Chapter 02 AutoCAD로 도면 요소 학습하기

Section 01 다양한 도형 그리기 — 68

Section 02 편집 명령어 사용하기 — 94

Chapter 03 도면 요소 다양하게 활용하기

Chapter 05 3D 모델링 시작하기

Chapter 06 호환성 이해하기

Chapter 01

AutoCAD
기초부터 시작하기

AutoCAD는 1982년에 오토데스크(Autodesk) 사에서 만든 컴퓨터 설계 디자인용 소프트웨어로, 설계 및 디자인 분야를 비롯한 거의 모든 산업 분야에서 사용하고 있습니다. 오토데스크 사에서는 급속도로 변화하는 시대적인 요구 사항을 반영하기 위해 매년 신버전을 출시하고 있습니다. 이 장에서는 프로그램 설치, 환경 구성 그리고 기본 도구에 대해 알아보겠습니다.

Section 01 내 컴퓨터에 AutoCAD 2013 설치하기

Section 02 AutoCAD 2013 시작하기

Section 03 기본 도면 Setting 명령어 학습하기

Section 01

내 컴퓨터에 AutoCAD 2013 설치하기

과거에는 AutoCAD가 낮은 사양에서도 무리 없이 작동했지만, 최근에는 컴퓨터 환경의 급속한 변화로 말미암아 높은 사양의 하드웨어가 필요하게 되었습니다. AutoCAD 2013을 설치하는 데에 필요한 하드웨어 사양과 설치 방법 등에 대해 알아보겠습니다.

01. 설치 기본 사양 알아보기

AutoCAD 2013 체험판은 오토데스크 코리아 공식 홈페이지(http://www.autodesk.co.kr)에서 다운로드할 수 있습니다. 프로그램을 설치할 때에는 가장 먼저 사용자의 컴퓨터 시스템이 32bit인지, 64bit인지를 확인해야 합니다. 자신의 컴퓨터의 사양에 알맞은 기본 구성을 미리 살펴본 후에 설치하기 바랍니다.

32bit 시스템의 기본 요구 사항

운영 체제	Microsoft® Windows® 7 Enterprise, Ultimate, Professional, Home Premium Microsoft® Windows Vista® Enterprise, Business, Ultimate, Home Premium(SP2 이상) Microsoft® Windows® XP Professional 또는 Home 버전(SP3 이상)
웹 브라우저	Internet Explorer 7.0 이상
프로세서	Windows Vista 또는 Windows 7일 경우: Intel® Pentium® 4 또는 AMD Athlon® 듀얼 코어 프로세서, 3.0GHz 이상(SSE2 기술 지원) Windows XP일 경우: Intel Pentium 4 또는 AMD Athlon 듀얼 코어 프로세서, 1.6GHz 이상(SSE2 기술 지원)
RAM	2GB RAM(4GB 권장)
그래픽	1,024×768 디스플레이 해상도(1,600×1,050 트루 컬러 권장)
설치 공간	6GB 여유 디스크 공간(설치용)

64bit 시스템의 기본 요구 사항

운영 체제	Microsoft® Windows® 7 Enterprise, Ultimate, Professional, Home Premium Microsoft® Windows Vista® Enterprise, Business, Ultimate, Home Premium(SP2 이상) Microsoft® Windows® XP Professional 또는 Home 버전(SP3 이상)
웹 브라우저	Internet Explorer 7.0 이상
프로세서	AMD Athlon 64(SSE2 기술 포함), AMD Opteron® 프로세서(SSE2 기술 포함), Intel® Xeon® 프로세서(Intel EM64T 지원 및 SSE2 기술 포함) 또는 Intel Pentium 4(Intel EM64T 지원 및 SSE2 기술 포함)
RAM	2GB RAM(4GB 권장)
그래픽	1024×768 디스플레이 해상도(1600×1050 트루컬러 권장)
설치 공간	6GB 여유 디스크 공간(설치용)

3D 모델링을 위한 추가 요구 사항	
프로세서	Intel Pentium 4 프로세서 또는 AMD Athlon 3GHz 이상, Intel 또는 AMD 듀얼 코어 프로세서 2GHz 이상
RAM	4GB RAM 이상
설치 공간	설치에 필요한 여유 공간 외 6GB 하드 디스크 공간
그래픽	1280×1024 트루컬러 비디오 디스플레이 어댑터 128MB 이상, Pixel Shader 3.0 이상, Microsoft® Direct3D® 지원 워크스테이션 클래스 그래픽 카드

02. AutoCAD 2013 설치하기

체험판을 다운로드한 후에 다음 순서에 따라 설치를 시작합니다. 체험판은 한글판을 기준으로 설치합니다.

01 AutoCAD 설치 마법사를 실행한 후, 오른쪽 아래에 있는 [Install] 버튼을 클릭합니다.

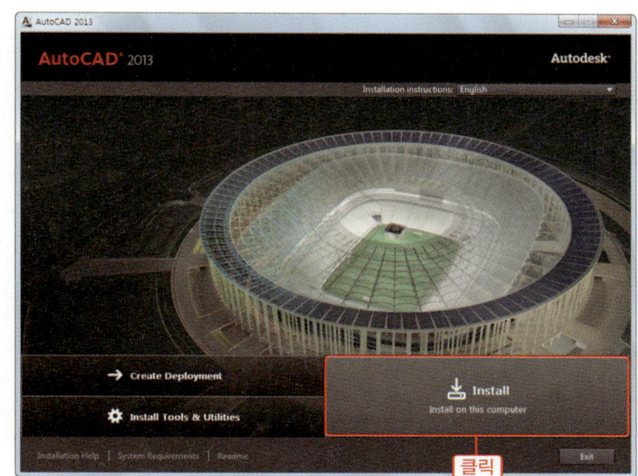

02 라이선스 계약 동의 여부를 묻는 창이 나타납니다. 계약 내용을 읽어본 후 'I Accept'를 선택하고 [Next] 버튼을 누릅니다.

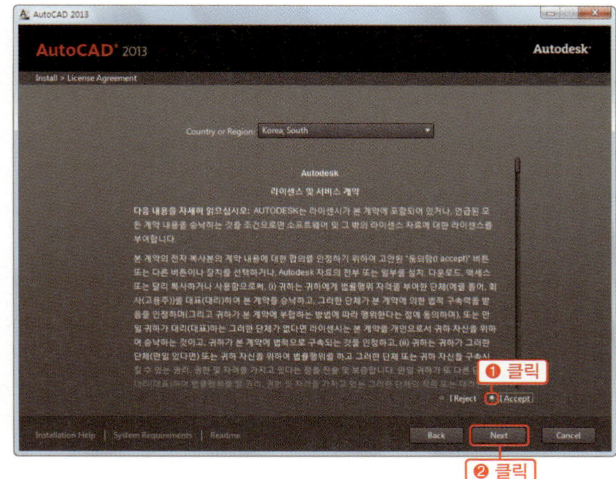

03 라이선스 유형(License Type) 중 '독립 설치형'을 설치하기 위해서는 'Stand-Alone'을, 평가판을 설치하기 위해서는 '30Days'를 선택합니다. 만일 사용하는 제품 키를 갖고 있는 경우에는 아래에 있는 'Serial Number'와 'Product key'란에 값을 입력합니다.

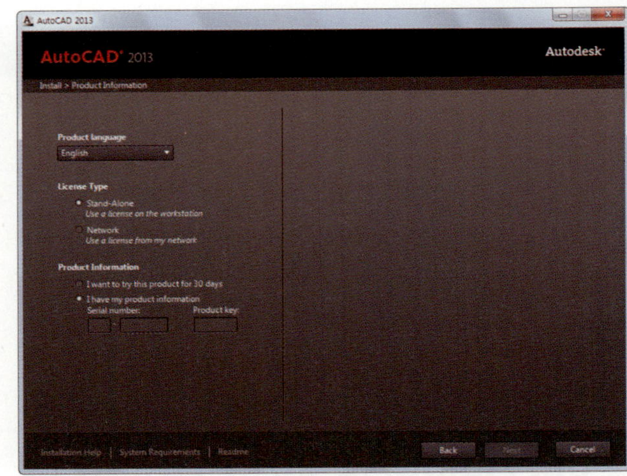

04 설치 구성팩을 지정하는 단계입니다. 설치하려는 제품의 구성과 구성 요소를 결정한 후 [Install] 버튼을 클릭합니다.

- **AutoCAD 2013**: AutoCAD 서비스 팩 등과 같은 도구를 추가로 선택할 수 있습니다.
- **Autodesk Design Review 2013**: 이 프로그램을 추가로 설치하면, AutoCAD 프로그램이 설치되어 있지 않더라도 DWG, DWF 등의 확장자를 가진 파일을 열 수 있습니다.
- **Autodesk Inventor Fusion 2013**: AutoCAD 2012부터 제공되는 번들 제품입니다. 이 프로그램은 3D를 직접 처리할 수 있는 모델러로, 3D 개념 디자인의 기능을 보완해주는 역할을 하며, 이를 좀 더 효율적으로 사용하기 위해서는 기본 툴과 플러그인 모두 설치하는 것이 좋습니다. 하지만 이 프로그램은 설치 시 로딩 속도가 매우 저하되므로 설치 여부를 신중하게 결정하는 것이 좋습니다. 설치할 프로그램을 결정한 후 [Install] 버튼을 눌러 설치를 시작합니다.

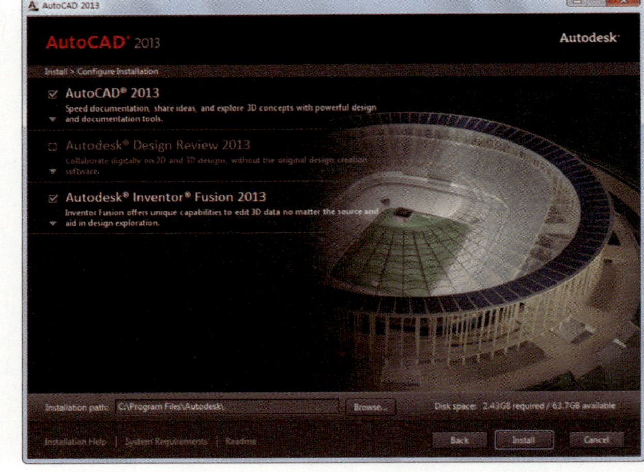

05 다음과 같이 설치가 진행됩니다.

06 설치가 완료되면 해당 프로그램명 앞에 연두색 체크 표시가 나타납니다. [Finish] 버튼을 눌러 설치를 완료합니다.

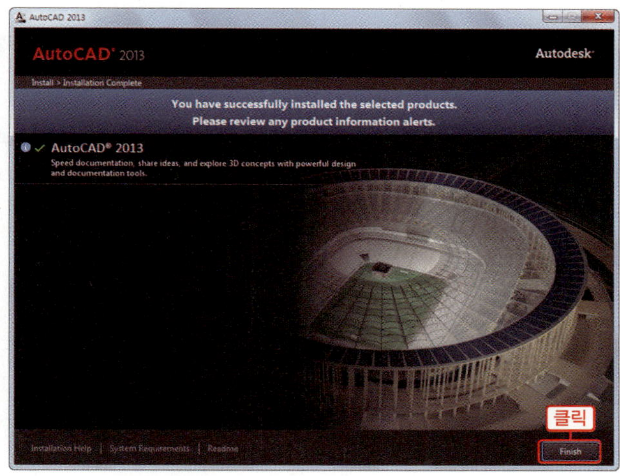

07 바탕화면에 있는 AutoCAD 2013 아이콘을 더블클릭하면 AutoCAD 2013이 실행됩니다. 이전 버전의 AutoCAD가 설치되어 있는 경우에는 다음과 같이 이전 버전에서 사용한 환경을 유지한 채로 사용할 것인지의 여부를 체크합니다.

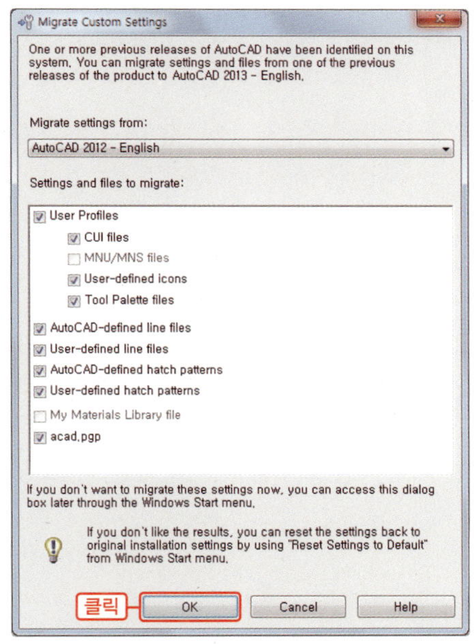

08 AutoCAD 2013을 처음 실행한 화면입니다. 배경색은 짙은 회색이며, Viewcube, Zoom 도구, 뷰포트 컨트롤 등의 기본 화면이 나타납니다.

03. 나에게 맞는 작업 환경 구성하기

오토캐드는 사용자마다 원하는 환경이 조금씩 다릅니다. 예전부터 오토캐드를 사용하던 사람과 처음으로 캐드를 설치하여 공부하는 사람은 사용 목적이나 환경이 다를 수밖에 없습니다. 처음으로 오토캐드를 실행했을 때의 환경은 현재 버전에 맞추어 있지만, 여기서는 기존 사용자의 환경을 기준으로 설명하겠습니다.

[03-1] Drafting & Annotation

AutoCAD 2013을 설치한 후 처음 실행하면 다음과 같이 기본 리본 메뉴 구성 상태가 나타납니다. 초기의 작업 공간을 'Drafting & Annotation'라고 하는데, 이는 2D 기반의 작업 공간(WorkSpace)으로, 다음과 같은 리본 메뉴를 기본으로 사용합니다.

[03-2] 3D Basic

3D 작업에 필요한 기본적인 도구들로 이루어진 작업 공간입니다.

[03-3] 3D modeling

3D 모델링 작업에 필요한 모든 명령 툴이 리본 메뉴로 표시되는 작업 공간입니다. 대부분의 3차원 모델링 작업 시에 유용한 공간입니다. 간단한 명령어만 표시하는 3D Basic에 비해 모든 3차원 모델링 명령어가 나타납니다.

[03-4] AutoCAD Classic

오랫동안 사용하던 기본적인 오토캐드 작업 공간으로,
AutoCAD 기본 화면인 메뉴 구성과 도구 막대로 구성되
어 있습니다. 이 책에서도 AutoCAD Classic 화면을 기본
작업 공간으로 하여 학습하겠습니다.

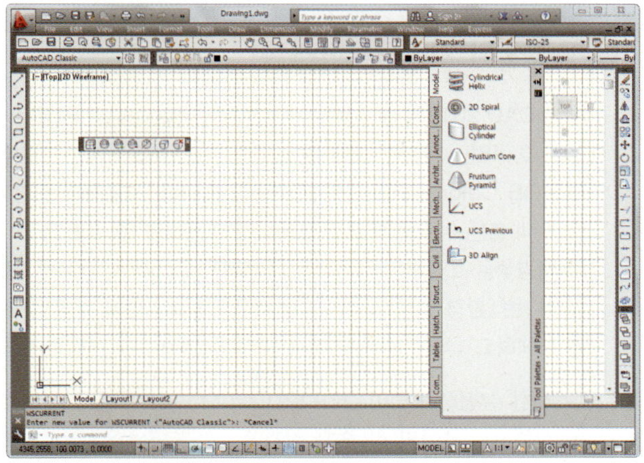

[03-5] 작업 공간 배경 색상 변경하기

작업 화면의 배경 색상이 검은색인 경우에는 사용자가 편
리하게 볼 수 있지만, 이 책에서는 기본적인 객체의 색이
검은색 배경 아래에서는 잘 보이지 않기 때문에 배경 색상
을 흰색으로 변경한 후에 작업하겠습니다. 배경 색상을 바
꾸려면 AutoCAD Classic 환경에서 [Tools]-[Options]
메뉴를 클릭하면 나타나는 [환경 설정] 대화상자에서
[Display] 탭을 누르고 [Color]를 눌러 오른쪽 대화상자처
럼 변경하면 됩니다. 메뉴 안에 설정되어 있는 White를 선
택해도 되며, 이 책에서처럼 RGB 컬러를 255, 254, 246
으로 설정한 후에 사용해도 됩니다.

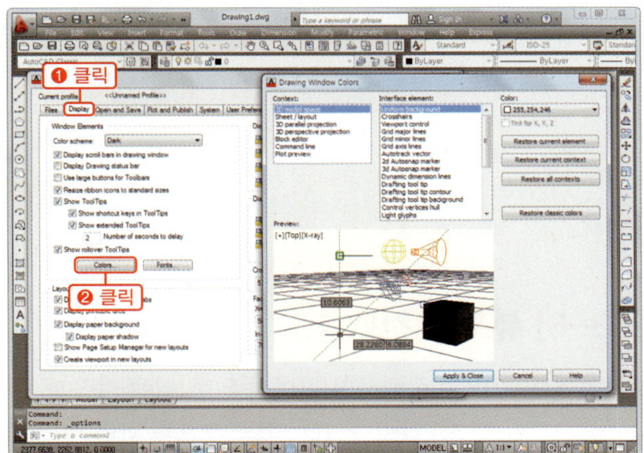

배경색의 기본 값 변경은?

AutoCAD 2013의 배경색은 완전한 검은색이 아니라 RGB Color가 33, 40, 48인 어두운 그레이톤입니다. 이전 버전까지는 기본 배경색의 RGB Color가 255, 254, 246이었습니다. 사용자의 취향에 맞춰 밝은 색 또는 어두운 색으로 설정하여 사용하면 됩니다. RGB Color로 배경색을 조절하는 경우에는 [Tools]–[Options] 메뉴를 클릭하면 나타나는 [환경 설정] 대화상자에서 [Display] 탭을 누른 후 [Color]를 선택하고, [색상 선택] 탭에서 Select color...를 선택하면 됩니다.

Color를 설정하는 탭이 나타나면 Color model 목록 상자에서 RGB를 선택하고 왼쪽의 각 숫자 상자에 원하는 색상 수치를 입력합니다. 그런 다음, [OK] 버튼을 클릭하면 색상이 지정됩니다.

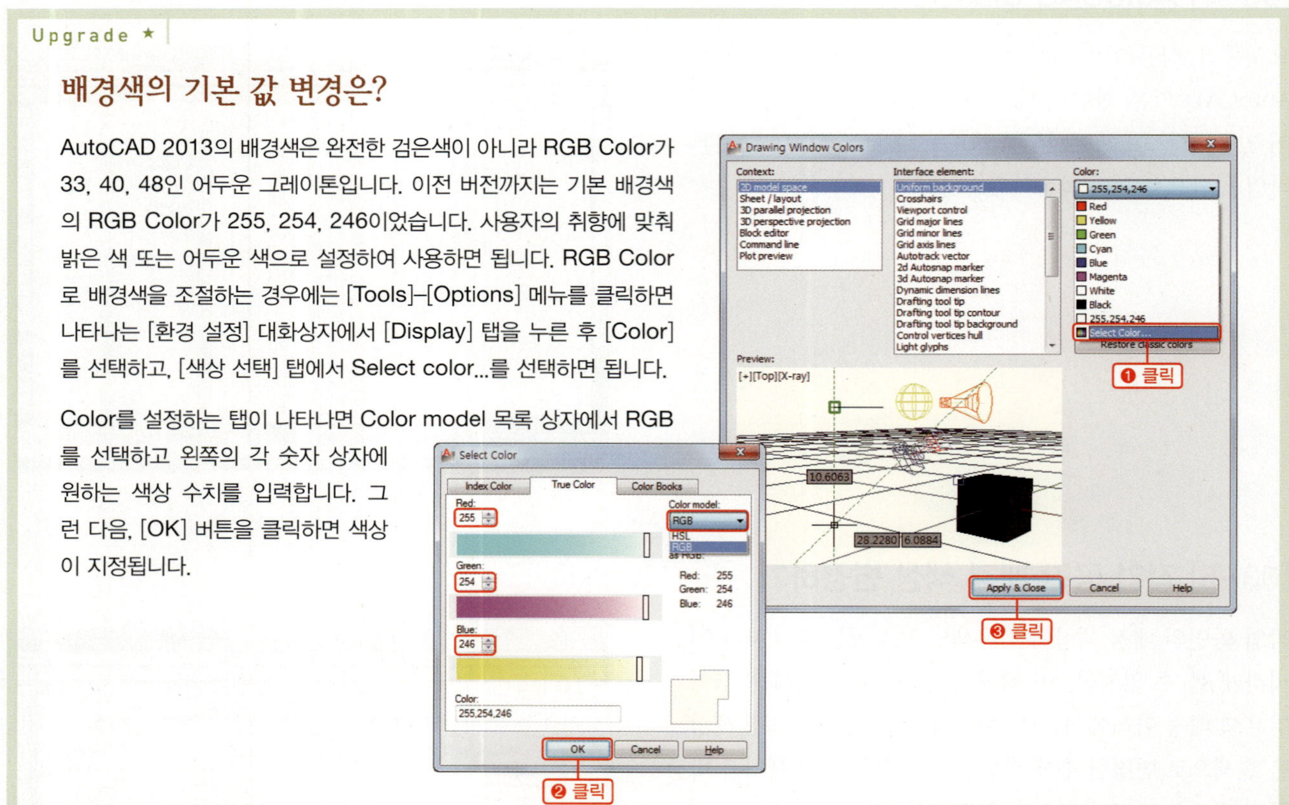

[03-6] 뷰포트 컨트롤

AutoCAD 2013을 실행하면 화면의 왼쪽 위에 다음과 같은 뷰포트 컨트롤이 나타납니다. 이는 뷰포트 관련 명령어를 관리하는 것으로, [-], [Top], [2D Wireframe]을 각각 [뷰포트 컨트롤], [화면 뷰 조절], [비주얼 스타일 컨트롤]의 세 가지 항목으로 컨트롤할 수 있습니다. [Tools]–[Options] 메뉴에 있는 [3D modeling] 탭을 클릭한 후 왼쪽 아래의 Display the viewport Controls를 체크 아웃하여 설정하거나 시스템 변수인 VPCONTROL의 값을 0(OFF) 또는 1(ON)로 설정할 수 있습니다.

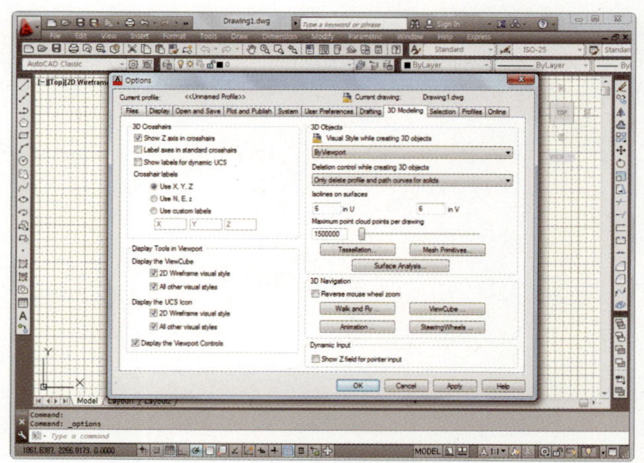

[—]를 클릭하면 다음과 같이 화면에 보이는 뷰포트 컨트롤러들을 제어할 수 있습니다. 또한 화면에 보이는 ViewCube의 ON/OFF나 Navigation Bar의 유무를 ON/OFF할 수도 있습니다.

이 밖에 Viewport Configuration List를 통해 화면의 분할을 편리하게 사용할 수도 있습니다. 2D 작업에서는 특별히 화면을 분할할 필요가 없지만 사용자의 편리를 위해 분할하여 사용할 수 있으며, 특히 3D 모델링 작업 시에 편리하게 사용할 수 있습니다.

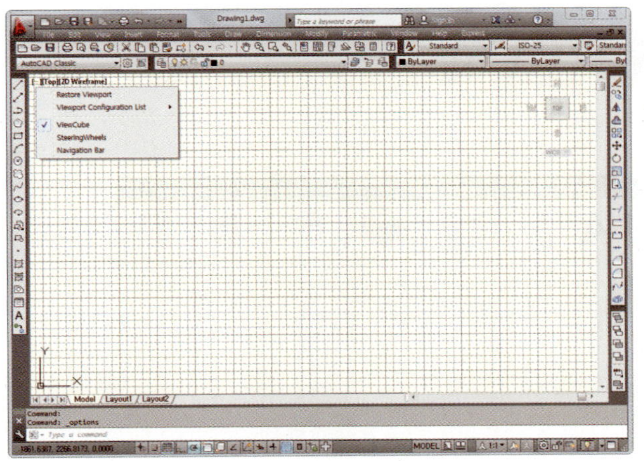

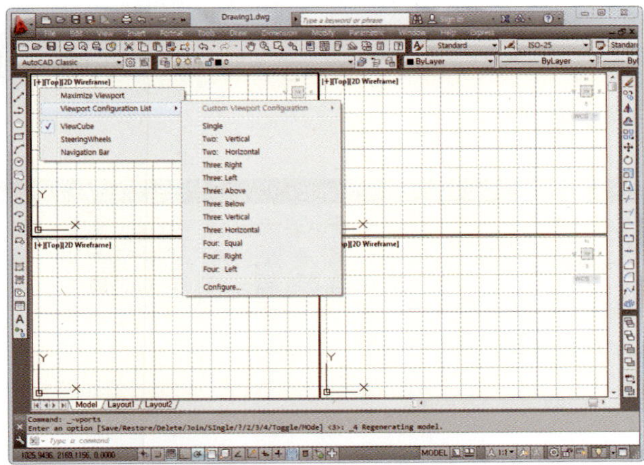

04. 다양한 명령어 입력 방법 알아보기

AutoCAD의 가장 큰 장점 중 하나는 명령어를 입력하고 사용하는 방식이 대화 형식으로 진행된다는 것입니다. 사용자가 원하는 명령어를 입력하거나 클릭하면 다음 명령 단계가 프롬프트 방식으로 Command Line(명령 행)에 나타나거나 대화상자를 이용하여 입력을 완료하도록 되어 있습니다.

[04-1] Command Line(명령 행)에 직접 입력하기

AutoCAD로 작업할 때에 가장 많이 사용하는 명령어 입력 방법은 Command Line인 명령 행에 명령어를 직접 입력한 후 Enter 를 눌러 실행하는 것입니다. 이때에는 명령어의 Full Name을 모두 입력하거나 단축키로 한두 글자만 입력하여 실행합니다. 또한 다음에 입력해야 하는 모든 과정이 Command Line에 나타나기 때문에 현장에서도 이 방법을 많이 이용하고 있습니다.

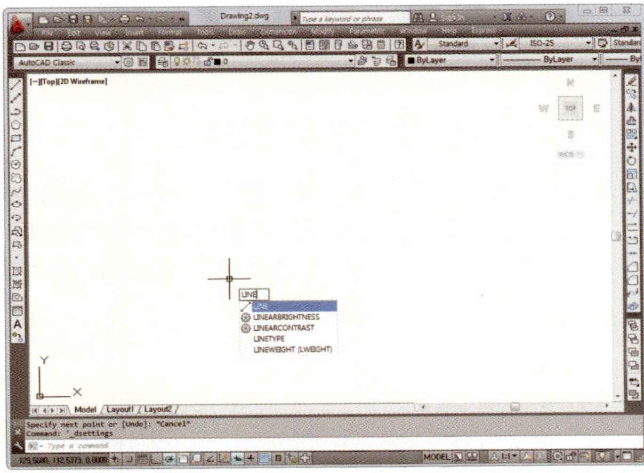

[04-2] 도구 막대, 리본 메뉴 등 아이콘을 이용하는 방법

AutoCAD가 진화하면서 도구 막대의 기능도 확대되었습니다. 기본 Classic 메뉴 상태뿐만 아니라 리본 메뉴를 통한 명령어 아이콘을 다양하게 지원하며, 초보 사용자라도 도면을 쉽게 작성할 수 있습니다. 도구 막대는 한 번에 모두 화면에 표시하여 사용하지 않고 자주 사용하는 기능에 관련된 아이콘만 꺼내 놓고 사용하는 것이 좋습니다. 또한 아이콘을 이용하는 경우에는 Enter 를 누르지 않아도 명령어를 실행할 수 있습니다.

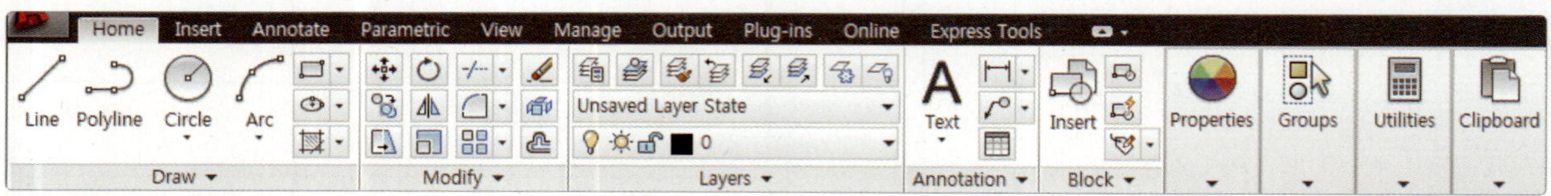

▲ 도구 상자 아이콘

▲ 리본 메뉴 아이콘

[04-3] 메뉴를 이용하는 방법

AutoCAD의 아이콘이 초기부터 있었던 것은 아닙니다. 이전 버전부터 사용하던 사용자들은 아이콘이 없던 시절의 메뉴를 이용하여 명령어를 입력하였습니다. AutoCAD Classic의 경우에는 메뉴가 나타나지만, 리본 메뉴의 경우에는 신속 접근 막대(Quick Access Toolbar)에서 메뉴 바를 표시(Show Menu Bar)하여 사용합니다.

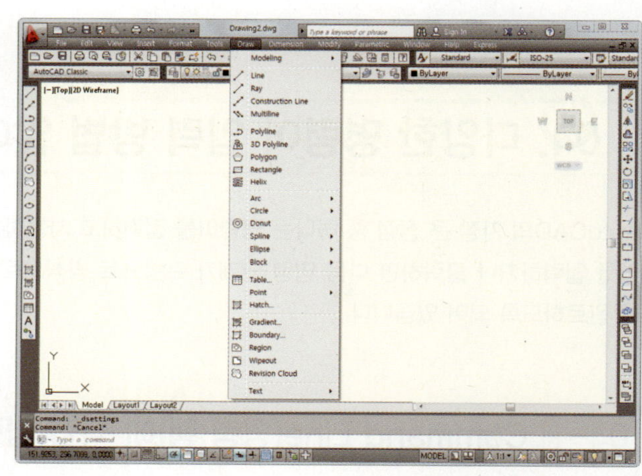

Upgrade ★

AutoCAD에서의 세 가지 Enter

AutoCAD에서 명령어를 입력한 후에는 반드시 Enter 를 눌러야 합니다. Enter 를 이용하여 명령어를 실행해도 되지만, 이때에는 Enter 뿐만 아니라 Space bar 도 Enter 와 동일한 역할을 합니다. 또한 마우스 오른쪽 버튼을 눌러 바로 가기 메뉴가 나타났을 때에 Enter 를 누를 수도 있습니다. Space bar 의 경우 Text를 사용할 때 Enter 로 작동하지 않고 공백으로 작동하지만, 이 밖에는 모두 Enter 와 동일하게 작동합니다.

① Enter

② Space bar

③ 마우스 오른쪽 버튼 메뉴의 Enter

Practice Drawing

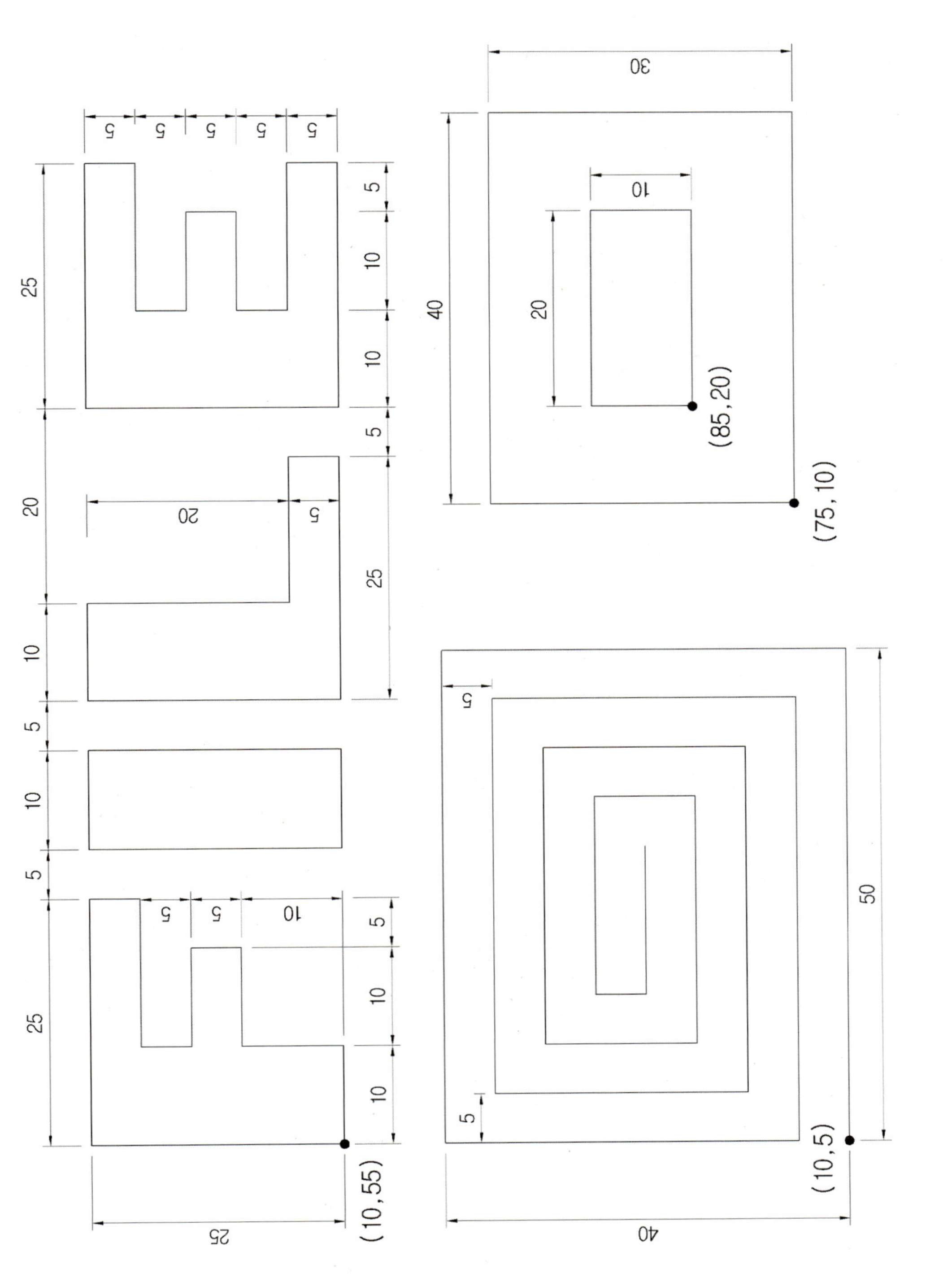

Section 02

AutoCAD 2013 시작하기

이번에는 AutoCAD 명령어를 입력하는 방법과 도면 객체를 그리거나 수정, 편집할 때에 사용하는 좌표계의 전체적인 정의 및 사용 방법에 대해 알아보겠습니다. AutoCAD는 설계를 목적으로 사용하는 프로그램이므로 정확도가 생명입니다. 따라서 길이와 각도를 정확하게 입력할 수 있는 좌표계가 필요합니다. 먼저 객체를 그리는 방법을 익히고 난 후에 좌표계를 익혀보겠습니다.

01. 기본적인 선 그리고 지우기

좌표계를 학습하기 전에 선이 그려지는 과정에 대해 알아보고, 명령어를 이용하는 기본적인 방법에 대해서도 알아보겠습니다. 가장 먼저 명령어를 이용하여 선을 그린 후 간단하게 선택(Selection)하는 방법과 룰에 대해 익혀보겠습니다. 이 과정은 기타 명령어에 대한 기본적인 지식을 쌓고, 관계를 이해하는 데에 도움이 됩니다. 객체의 구성은 다음과 같습니다.

● 미리해보기

완성 파일 부록 CD\Sample\Chapter01\ch01_01F.dwg

---

01 AutoCAD 2013을 실행한 후 F7를 눌러 화면의 모눈종이 효과인 Grid를 없앱니다. 그런 다음, 뷰포트 컨트롤을 클릭하고 오른쪽의 ViewCube를 선택 해제합니다.

02 다음 화면과 같이 선을 그리는 명령어의 단축키인 'L'을 입력하면 'L'자로 시작하는 여러 가지 명령어가 툴 팁처럼 아래쪽에 나타납니다. 비슷한 명령어를 선택하거나 Line 명령어를 사용하는 경우에는 그냥 Enter 를 누릅니다. 이 기능은 명령어를 완벽하게 암기하지 않아도 명령어를 사용할 수 있도록 도와줍니다.

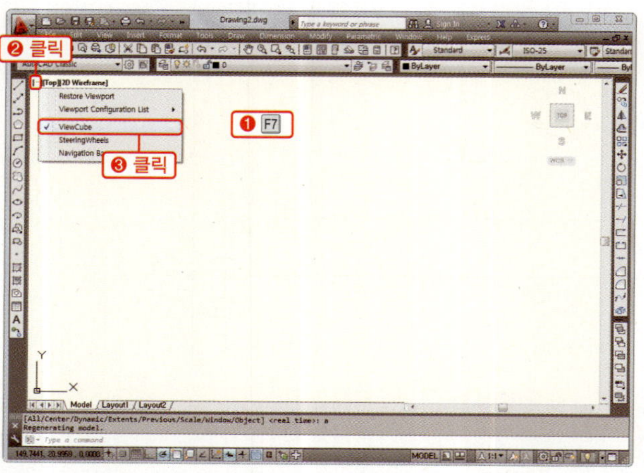

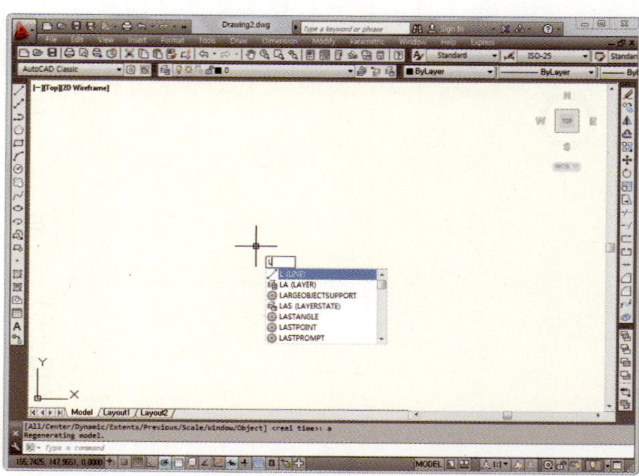

03 Line 명령어를 입력한 후, 화면을 마우스로 클릭하여 다음과 같은 그림을 그려봅니다. P1~P4점까지 클릭하고(임의의 장소이므로 대충 클릭합니다), 모두 클릭한 후에는 Enter 를 눌러 종료합니다. 마우스로 드래그하는 방향의 길이와 각도가 표시됩니다.

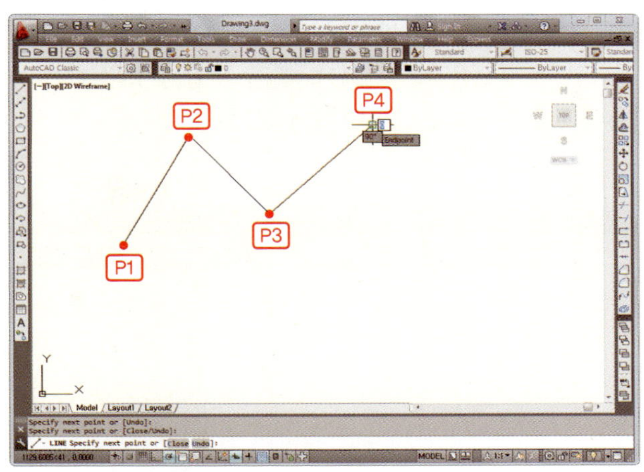


```
Command: L Enter
LINE Specify first point: P1점 클릭
Specify next point or [Undo]: P2점 클릭
Specify next point or [Undo]: P3점 클릭
Specify Next Point or [Close/Undo]: P4점 클릭
Specify Next Point or [Close/Undo]: Enter
```

04 정확한 길이와 각도로 그림을 그리는 경우에는 다음과 같이 마우스와 키보드를 이용하여 각도와 길이를 정한 후에 입력할 수 있습니다. L 명령어를 입력한 후에 시작점을 클릭하고 마우스를 0° 방향으로 정확히 드래그한 다음 입력칸에 '1000'을 입력하고 Enter 를 누릅니다.

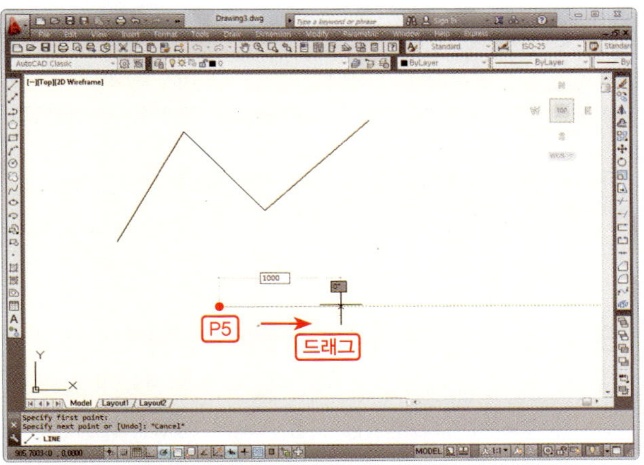


```
Command: L Enter
LINE Specify first point: P5점 클릭
Specify next point or [Undo]: 1000 Enter
```
→ 오른쪽 0° 방향으로 드래그한 후 숫자 '1000'을 입력하고 Enter 를 누릅니다.

05 마우스를 45° 방향으로 드래그하여 당깁니다. 그리고 길이 값에 '900'을 입력하고 Enter 를 누릅니다. 그러면 정확히 45° 방향, 900의 길이를 갖는 선분이 그려집니다.

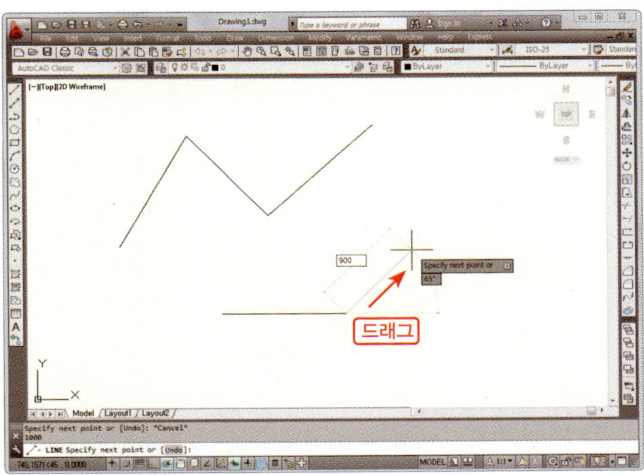


```
Specify next point or [Undo]: 900 Enter
```
→ 45° 방향으로 마우스를 드래그한 후 숫자 '900'을 입력하고 Enter 를 누릅니다.

06 다시 아래 270° 방향인 −90° 방향으로 마우스를 드래그한 후 '600'을 입력하고 Enter 를 누릅니다. 정확한 선분이 그려집니다. 완료되면 Enter 를 눌러 종료합니다.

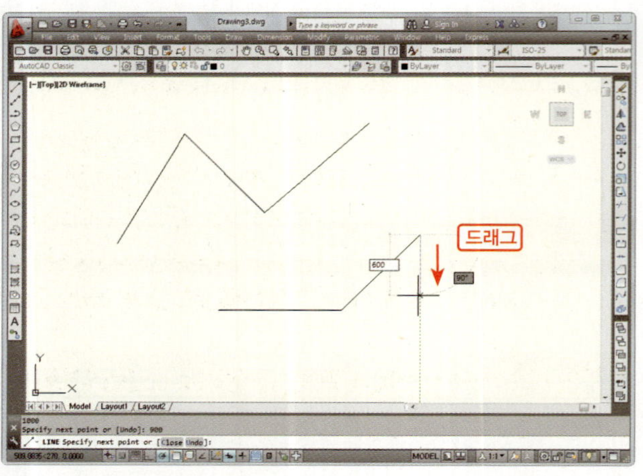

Specify Next Point or [Close/Undo]: 600 Enter
Specify Next Point or [Close/Undo]: Enter

07 이번에는 그려진 선분을 지워보겠습니다. 지우는 명령어의 단축키인 'E'를 입력한 후 Enter 를 누릅니다. 역시 단축 명령어를 입력하면 다음과 같이 'E'로 시작하는 여러 가지 명령어가 나타납니다.

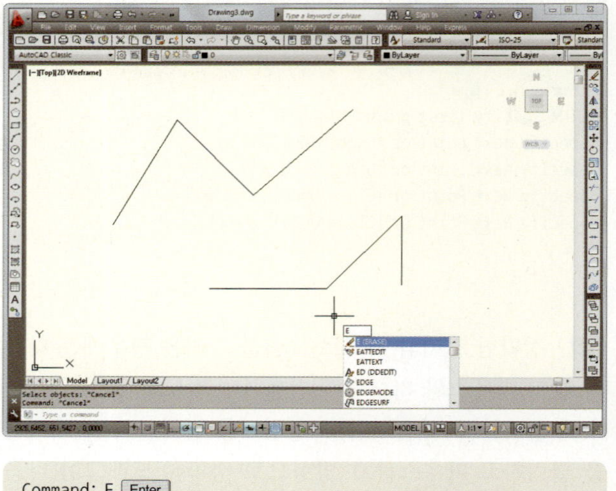

Command: E Enter
Erase

08 첫 번째 객체를 마우스로 선택하기 위해 선분 위에 마우스 커서를 올려놓으면, 선택된 객체는 다음과 같이 굵은 점선으로 하이라이트됩니다. AutoCAD에서는 선택하는 모든 객체 위에 마우스 커서를 올려놓으면 다음처럼 굵게 표시됩니다.

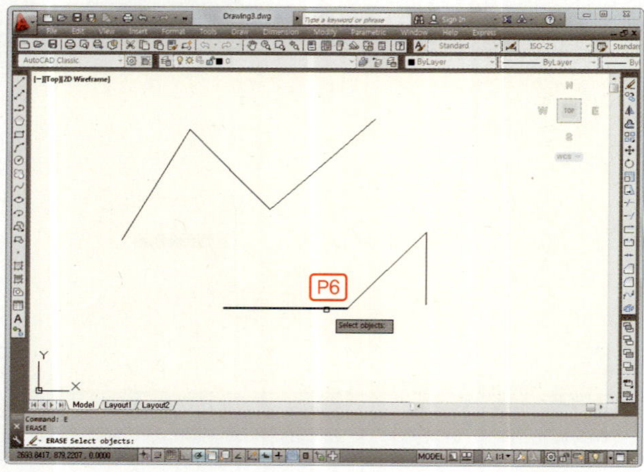

Select objects: 1 found
→ P6점 클릭

09 추가로 나머지 2개의 선분을 모두 선택합니다. 선택 완료된 객체들의 굵게 표시된 선이 사라지고, 일반 객체와 동일한 굵기의 점선으로 표시됩니다.

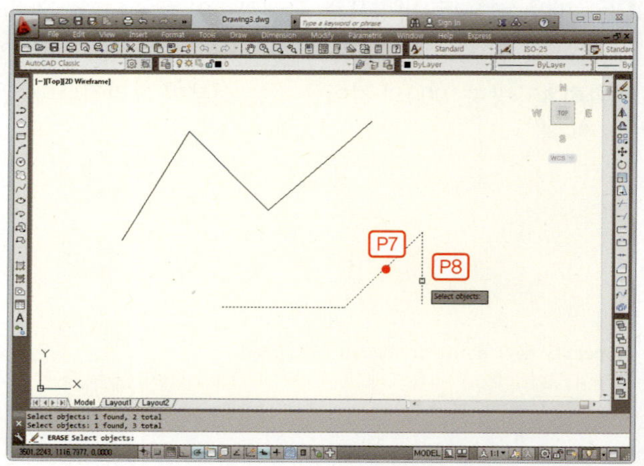

Select objects: 1 found, 2 Total
→ P7점 클릭
Select objects: 1 found, 3 total
→ P8점 클릭

화면 환경 구성하기

Upgrade ★

명령어를 입력하면 커서에 해당 명령어와 각도, 입력 창, 방향에 대한 길이 등이 모두 표시됩니다. 이를 관리하기 위해서는 다음의 순서에 따라 팁 상자를 끄고 작업하는 것이 좋습니다. 이 책에서도 해당 툴 팁 상자를 끈 상태에서 작업하겠습니다. 나중에 학습자의 성향에 따라 원하는 상태로 전환하여 사용하기 바랍니다.

① 먼저 다음과 같이 [Tools]–[Drafting settings...]를 클릭합니다.

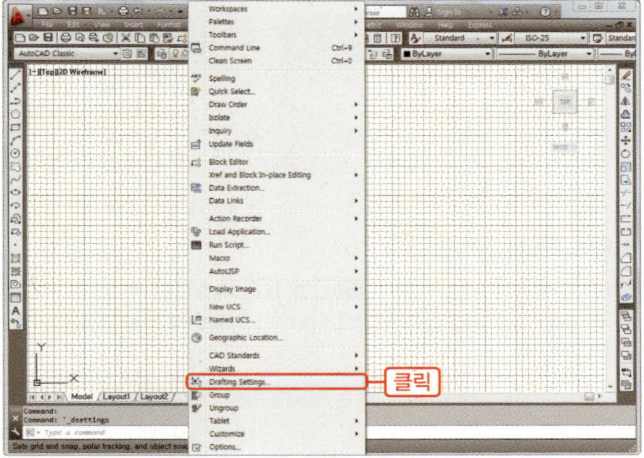

② 여러 가지 탭 중에서 [Dynamic Input]을 선택합니다. 그런 다음 네 가지 체크 버튼을 클릭하여 체크를 해제합니다. 체크를 해제하면 커서에 명령어나 치수가 나타나지 않습니다.

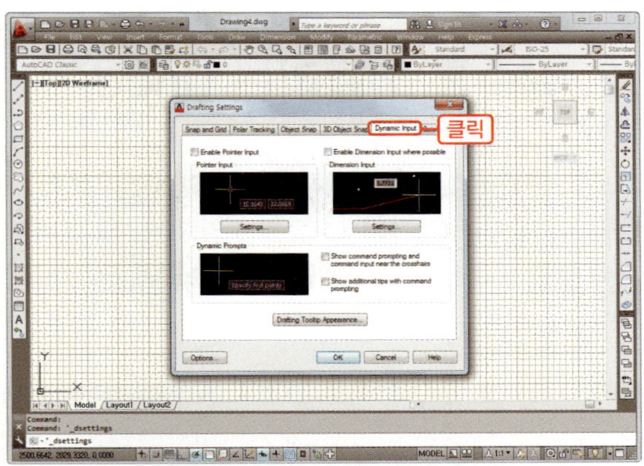

③ 정상적으로 작동하는지를 알아보기 위해 선을 그리는 Line 명령어를 입력하고 다음 지점을 마우스로 클릭합니다. 조금 전까지 나왔던 여러 가지 입력 상자들이 나타나지 않는 것을 알 수 있습니다.

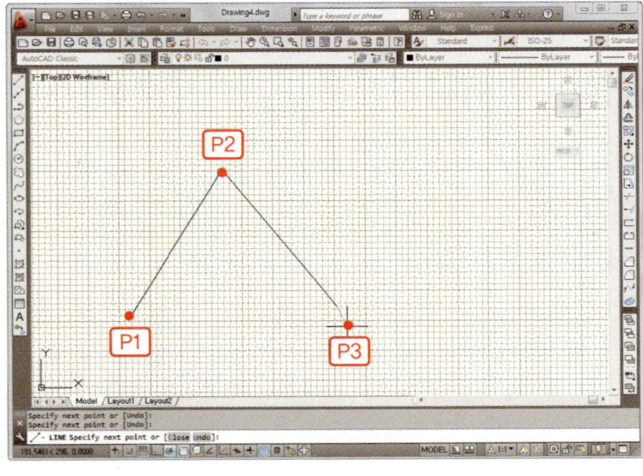

```
Command: L  Enter
LINE Specify first point: P1점 클릭
Specify next point or [Undo]: P2점 클릭
Specify next point or [Undo]: P3점 클릭
Specify next point or [Undo]:  Enter
```

10 마우스로 클릭하면 자동으로 지워지는 것이 아니므로 선택이 끝나면 해당 명령어를 적용하기 위하여 Enter 를 눌러주어야 합니다. Enter 를 누르면 다음과 같이 조금 전에 점선으로 바뀐 객체들이 지워지는 것을 알 수 있습니다.

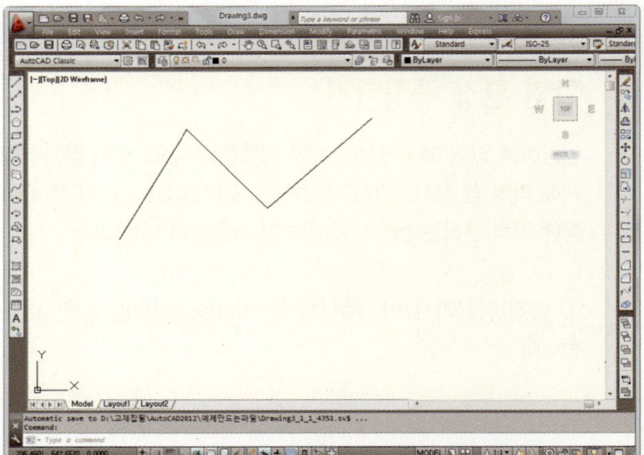

```
Select objects: Enter
```

> **AutoCAD에서 명령어는!**
> 명령어를 입력한 후에는 반드시 Enter 를 눌러야 실행할 수 있습니다. 아이콘을 이용하더라도 숫자를 입력하거나 선택을 해야 하는 AutoCAD의 경우에는 Enter 를 눌러 명령어를 종료해주어야만 해당 명령어를 제대로 실행할 수 있습니다. 앞으로는 어떤 값을 입력하고 나면 반드시 Enter 를 눌러 확인하는 습관을 갖도록 해야 합니다.

02. 실수를 되돌리는 Undo/ Ctrl + Z

어느 프로그램이든지 명령을 수행하다 보면 이전 상태로 되돌아가야 하는 일이 발생합니다. 윈도우용 프로그램에서 되돌리는 명령어는 Ctrl + Z 이며, AutoCAD에서 되돌리는 명령어는 도스 버전에서부터 사용된 Undo 명령어의 단축키인 'U'입니다. 명령어를 입력하는 도중에 U 를 누르면 실행이 한 단계씩 취소되며, 명령어로 'U'를 입력하면 바로 전에 실행한 명령어로 실행된 결과 자체가 취소됩니다.

명령어	Undo		아이콘	⟲ ▾
단축키	U		메뉴	[Edit]-[Undo]

● 명령어 이해하기

취소해야 하는 명령어를 입력하거나 명령어를 실행하는 단계에서 Undo 명령어의 단축키인 'U'를 입력합니다. Command에서 입력하면 바로 직전의 명령어로 실행한 결과가 모두 취소되며, 명령어를 실행하는 도중에 'U'를 입력하면 실행 단계별로 취소됩니다.

```
Command: U Enter
```

● 미리해보기

예제 파일 부록 CD\Sample\Chapter01\ch01_02S.dwg   **완성 파일** 부록 CD\Sample\Chapter01\ch01_02F.dwg

01 먼저 예제 파일을 열기 위하여 Command 라인에 Open 명령어를 입력하거나 메뉴의 [File]–[Open]을 선택합니다. 다음과 같은 도면이 그려진 화면이 나타나면 선을 그리기 위하여 Line 명령어의 단축키인 'L'을 입력합니다.

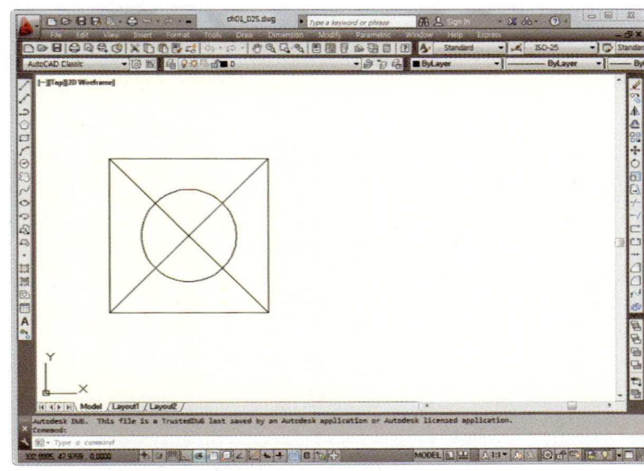

02 임의의 선을 그리기 위하여 다음의 P1~P5점을 마우스로 클릭하여 선을 그립니다.

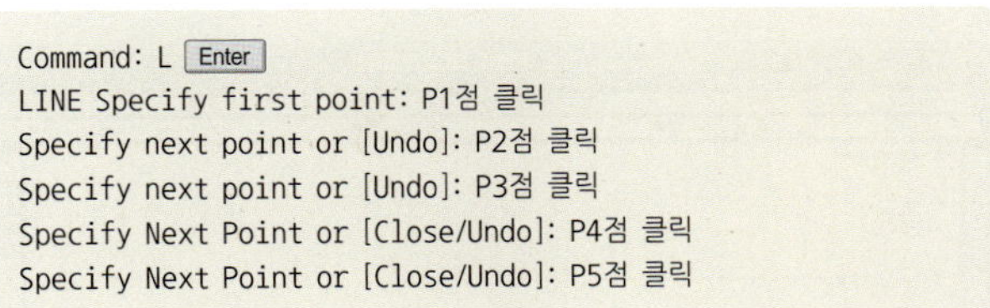

03 선을 그리는 명령어를 종료하지 않은 상태에서 다음과 같이 U를 누릅니다.

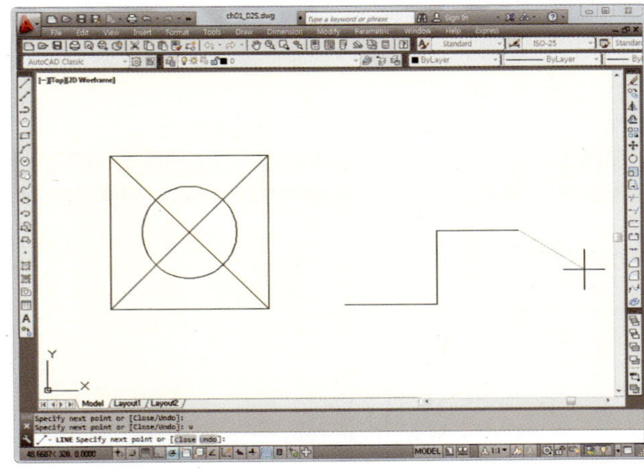

04 한 번 더 U를 누르면 다음 선분 하나가 더 취소됩니다. 더 이상 취소할 선이 없는 경우에는 Enter를 눌러 종료합니다.

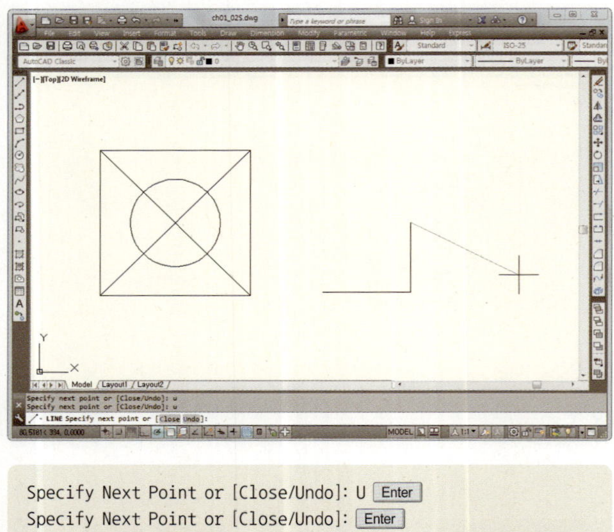

Specify Next Point or [Close/Undo]: U Enter
Specify Next Point or [Close/Undo]: Enter

05 이번에는 왼쪽 객체의 일부를 선택하여 지운 후, 지운 내용을 취소해보겠습니다. Command 라인에 Erase 명령어의 단축키인 'E'를 입력하고 Enter를 누릅니다.

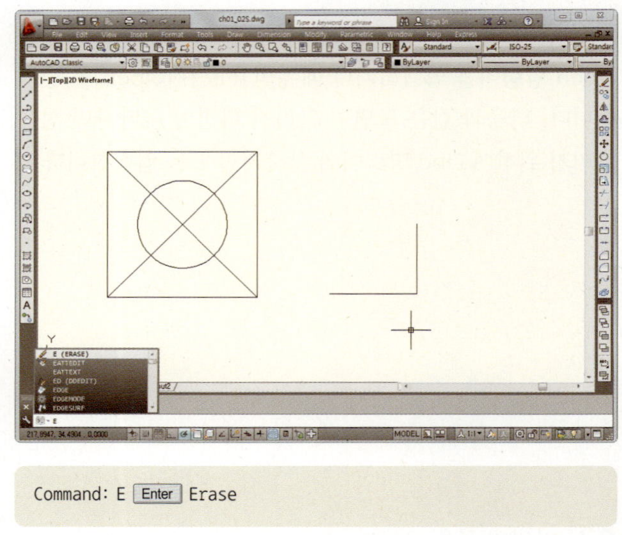

Command: E Enter Erase

06 사각형의 가운데에 있는 엑스 표시의 선분을 차례대로 클릭합니다.

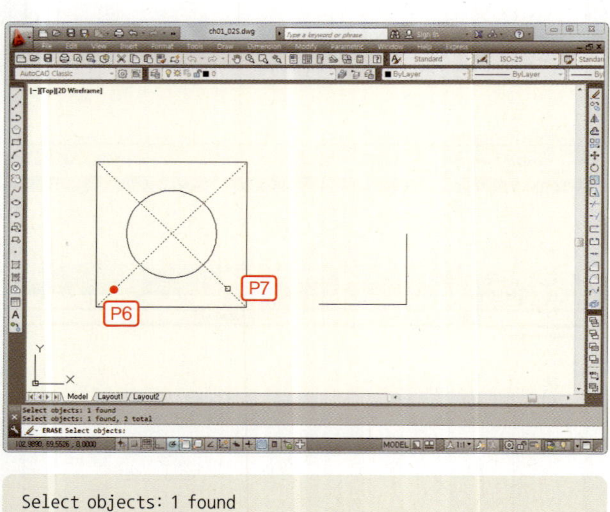

Select objects: 1 found
 → P6점 클릭
Select objects: 1 found, 2 Total
 → P7점 클릭

07 지우려던 객체 2개 중에 하나만 취소해보겠습니다. 선택 종료 전에 U를 누르고 Enter를 누르면 최후에 선택한 객체 하나가 선택 취소됩니다.

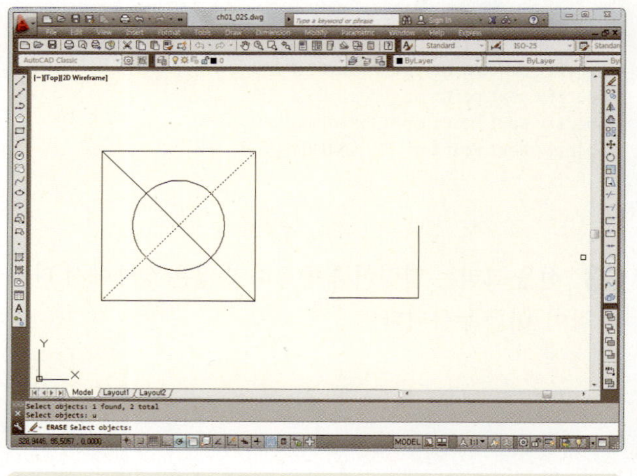

Select objects: U Enter

08 Erase 명령어를 종료하기 위하여 [Enter]를 누릅니다. 지우기 위하여 선택한 두 객체 중에서 하나만 지워졌습니다.

09 명령어를 진행하는 도중에 [U]를 누르면 실행 단계가 취소되지만, 다음처럼 Command 라인에 'U'를 입력하면 바로 직전에 입력한 명령어의 결과가 취소됩니다.

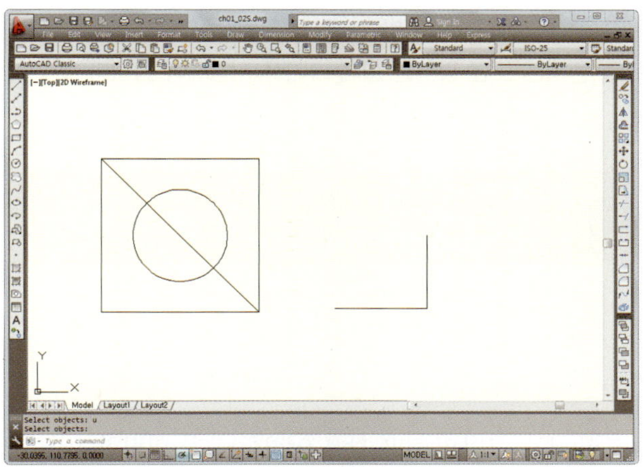

Select objects: [Enter]

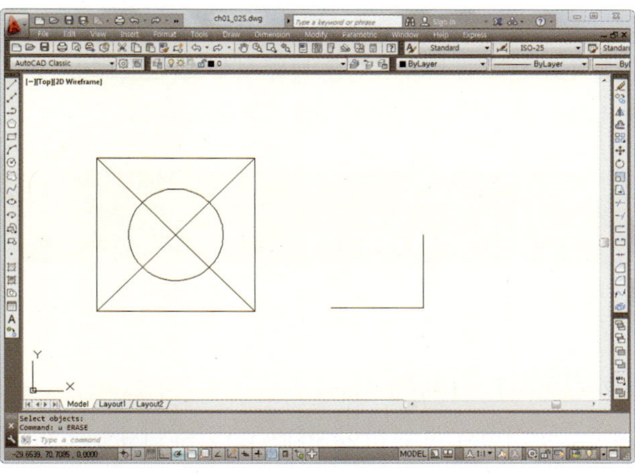

Command: U [Enter] Erase

10 다시 한 번 Command 명령 단계에서 'U'를 입력하면 Erase 명령 입력 전에 생성된 선분을 그린 명령어 자체가 취소되므로 오른쪽의 선분이 취소됩니다.

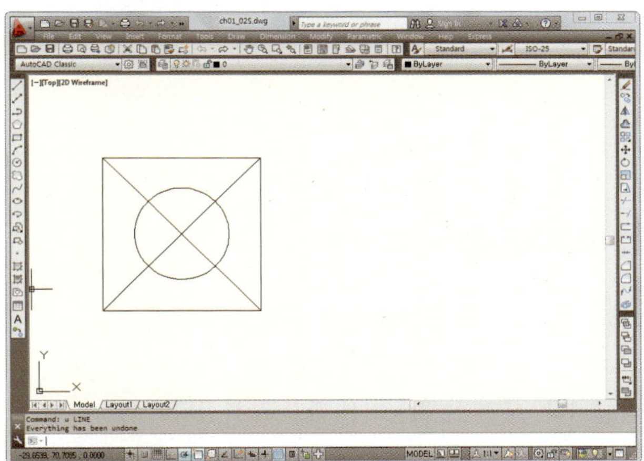

Command: U [Enter] LINE

Undo를 취소하는 Redo

Undo는 직전 명령어를 취소하는 명령어지만 빠르게 취소하다 보면 취소하지 말아야 하는 명령어를 취소하는 경우가 발생합니다. 이 경우에는 Redo를 이용하여 취소할 수 있습니다. 단, Redo는 바로 직전 Undo만을 취소할 수 있습니다. 즉, 소급해서 계속 Undo를 취소할 수는 없습니다. 소급해서 Redo를 적용하고자 하는 경우에는 툴바의 Undo Redo 버튼을 사용하거나 Undo는 [Ctrl]+[Z], Redo는 [Ctrl]+[Y]를 이용하면 명령어 Redo 이용 시의 불편은 없습니다.

03. 도면의 한계를 지정하는 Limits 알아보기

AutoCAD는 컴퓨터를 이용하여 설계하는 프로그램입니다. 다시 말해서 모니터에 도면을 그리는 것이기 때문에 해당 모니터를 설계자의 용도에 따라 작은 공간이든, 큰 공간이든 자유롭게 변경할 수 있어야 합니다. 이렇게 도면을 그리는 도면 용지의 크기를 정하는 것을 'Limits'라고 하며, 도면은 항상 실제 크기로 그리는 것이 원칙이므로, 원하는 도면 영역을 실제 크기로 지정해야 합니다. 이번에는 Limits를 지정하는 방법에 대해 알아보겠습니다.

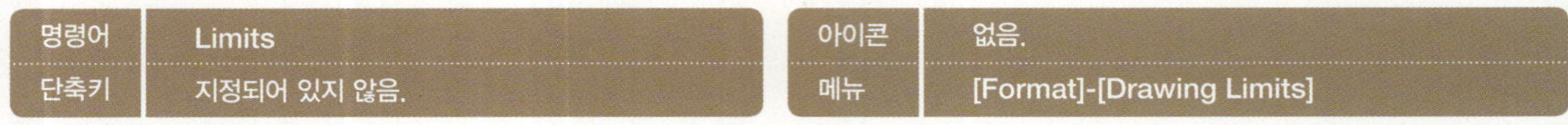

명령어	Limits	아이콘	없음.
단축키	지정되어 있지 않음.	메뉴	[Format]-[Drawing Limits]

● 명령어 이해하기

명령어를 입력한 후 도면 영역에 시작점의 좌표 값을 입력하고, 가로와 세로 크기의 좌표 값을 입력합니다. 입력한 후에 바로 도면 영역이 화면에 설정되도록 Zoom 명령어의 'All' 옵션을 입력하여 변경된 Limits 값이 설정되도록 합니다.

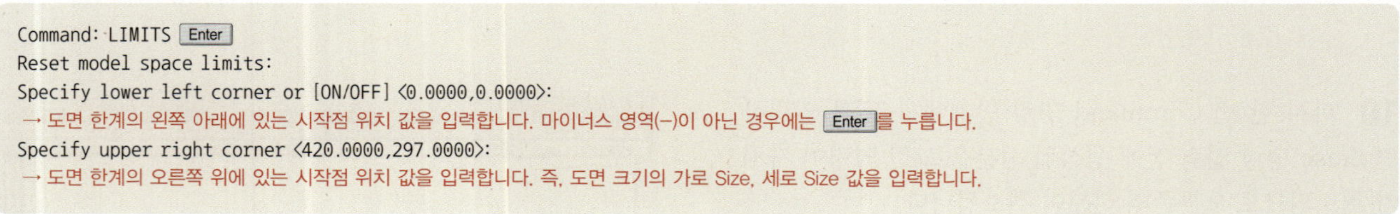

```
Command: LIMITS  Enter
Reset model space limits:
Specify lower left corner or [ON/OFF] <0.0000,0.0000>:
  → 도면 한계의 왼쪽 아래에 있는 시작점 위치 값을 입력합니다. 마이너스 영역(-)이 아닌 경우에는  Enter 를 누릅니다.
Specify upper right corner <420.0000,297.0000>:
  → 도면 한계의 오른쪽 위에 있는 시작점 위치 값을 입력합니다. 즉, 도면 크기의 가로 Size, 세로 Size 값을 입력합니다.
```

● 미리해보기

01 메뉴의 [File]-[New]를 선택하거나 Command 라인에서 New 명령어를 입력하면 다음과 같은 새 도면이 나타납니다. 도면 한계는 기본 값으로 설정되어 있습니다.

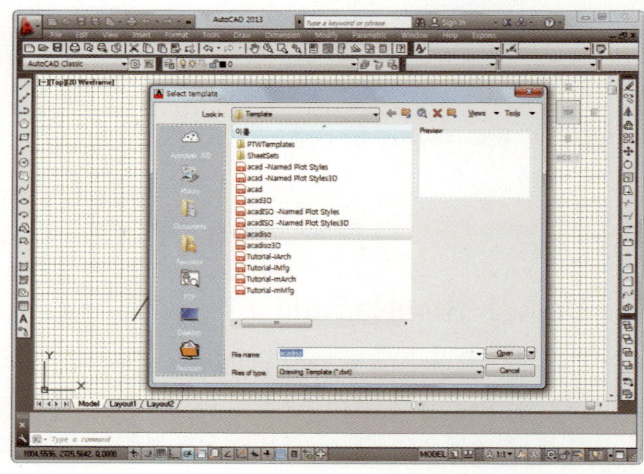

```
Command: NeW  Enter
```

02 A4 크기의 도면 한계를 지정하기 위하여 Limits 명령어를 입력하거나 [Format]-[Drawing Limits]를 선택한 후 다음과 같이 도면 시작점에서는 Enter 를 누르고, 도면 크기의 지정 점에는 '297,210'을 입력합니다. 그러나 화면에는 아무 변화가 없습니다.

```
Command: LIMITS Enter
Reset model space limits:
Specify lower left corner or [ON/OFF] <0.0000,0.0000>: Enter
Specify upper right corner <420.0000,297.0000>: 297,210 Enter
```

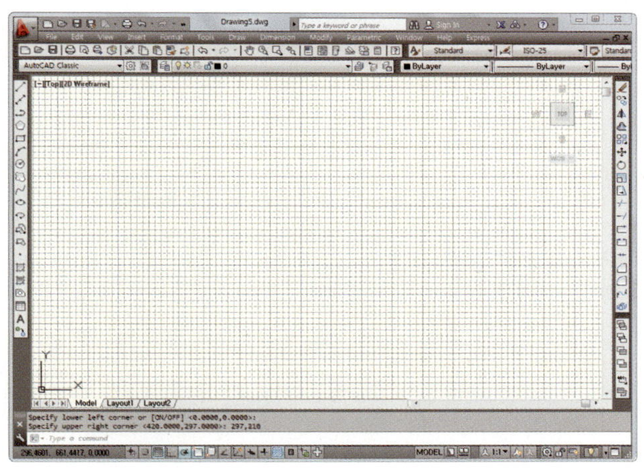

03 Limits를 입력한 후 뷰포트 컨트롤 명령어인 Zoom 명령어를 입력하여 도면 영역이 전체 화면으로 보이도록 합니다. 'A' 옵션을 입력하여 완료합니다.

```
Command: ZooM Enter
Specify corner of window, enter a scale factor (nX or nXP)
or [All/Center/Dynamic/Extents/Previous/Scale/Window/Object]
<Real Time>: A Enter
Regenerating model.
```

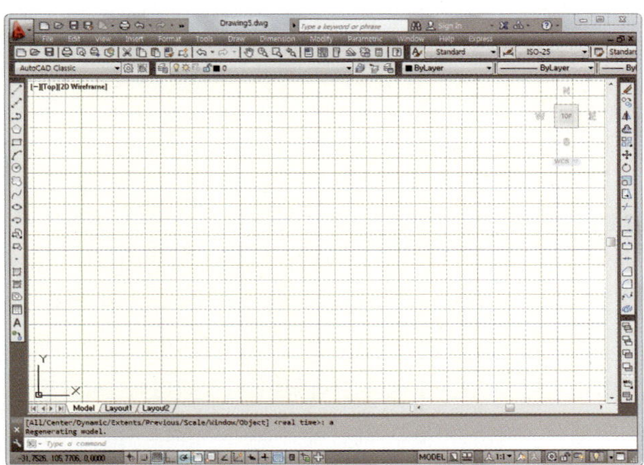

04. AutoCAD의 절대 좌표 이해하기

AutoCAD는 모니터에 설계 도면을 그리는 프로그램이므로 정확성이 생명이라고 할 수 있습니다. 따라서 정확한 좌표 값을 이용하여 그리거나 편집할 수 있는 좌표계를 제공합니다. 이 중에서 모니터 화면의 변하지 않는 지점의 좌표를 입력하여 도면을 작성하는 절대 좌표에 대해 알아보겠습니다. 절대 좌표는 도면을 작성하는 값이라기보다 다른 좌표계를 이해하기 위한 기본 값이라고 생각하시기 바랍니다.

명령어	X좌표 값 , Y좌표 값

● 명령어 이해하기

절대 좌표의 입력 방법은 원하는 좌표 값을 X, Y 순서로 입력하는 것입니다. 화면에 '0, 0'을 입력하면 커서가 0, 0 지점으로 이동하며, '100,100'을 입력하면 100,100 지점으로 이동합니다. Line 명령어를 기준으로 절대 좌표 값을 입력하는 방법에 대해 알아보겠습니다.

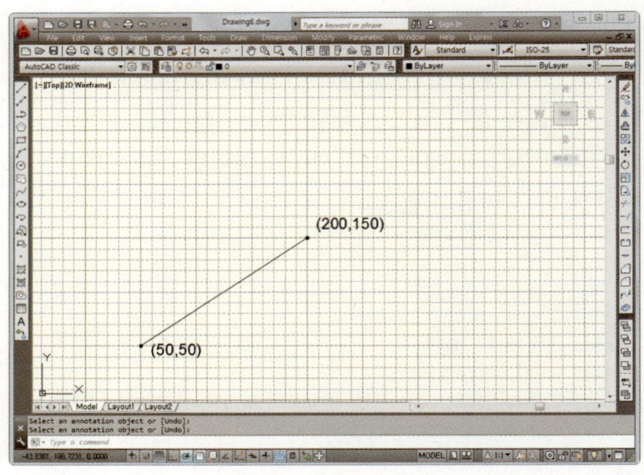


```
Command: LinE [Enter] [단축키: L]
Specify first point: 50,50 [Enter]
→ 이동할 X, Y의 값을 입력합니다.
Specify next point or [Undo]: 200,150 [Enter]
→ 이동할 X, Y의 값을 입력합니다.
Specify Next Point or [Close/Undo]: [Enter]
→ 입력 값이 없는 경우에는 [Enter]를 눌러 종료합니다.
```

● 미리해보기

예제 파일 부록 CD\Sample\Chapter01\ch01_03S.dwg   **완성 파일** 부록 CD\Sample\Chapter01\ch01_03F.dwg

01 메뉴의 [File]–[Open]을 선택하여 부록 CD에서 예제 파일을 불러옵니다. Limits가 설정된 화면이 나타납니다. 다음과 같이 Line 명령어를 입력한 후 다음의 좌표 값을 차례대로 입력합니다. 완성 파일처럼 가로 100, 세로 100의 길이를 갖는 1개의 사각형이 완성됩니다. 시작점의 위치에서 길이인 100을 합산하여 오른쪽으로 가는 경우에는 더하고, 왼쪽으로 가는 경우에는 빼서 좌표 값을 예측해야 합니다.

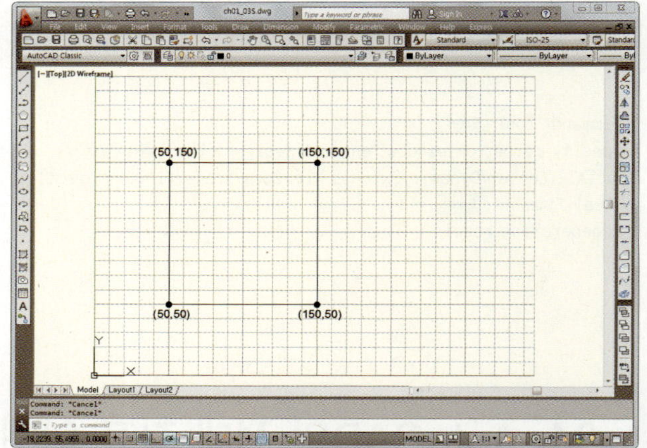


```
Command: LinE [Enter] [단축키: L]
Specify first point: 50,50 [Enter]
Specify next point or [Undo]: 150,50 [Enter]
Specify next point or [Undo]: 150,150 [Enter]
Specify Next Point or [Close/Undo]: 50,150 [Enter]
Specify Next Point or [Close/Undo]: 50,50 [Enter]
Specify Next Point or [Close/Undo]: [Enter]
```

※ 화면의 숫자는 이해를 돕기 위한 것으로, 실제로 입력할 때에는 나타나지 않습니다.

05. AutoCAD의 상대 좌표 이해하기

모니터에 설계 도면을 작성하는 AutoCAD의 경우에는 임의의 값이나 절대 좌표만으로 도면 요소를 그리거나 편집할 수 없습니다. 따라서 AutoCAD에서는 절대 좌표를 기준으로 도면을 그리지 않고, 현재 마우스 커서의 위치를 기준으로 길이 값만을 입력하여 원하는 좌표로 이동하는 상대 좌표를 기준으로 도면을 그립니다.

명령어	@X의 이동 길이 값 , Y의 이동 길이 값

● 명령어 이해하기

상대 좌표는 현재 마우스 커서가 있는 곳을 기준으로 하여 가로 길이는 X에 길이 값을 입력하고, 세로 길이는 Y에 길이 값을 입력합니다. AutoCAD에서 현재 커서가 있는 곳은 최종 좌표를 의미하며, 최종 좌표는 @를 입력하여 표시하므로 상대 좌표의 경우 @가로 이동 길이 값, 세로 이동 길이 값의 형태로 입력합니다.

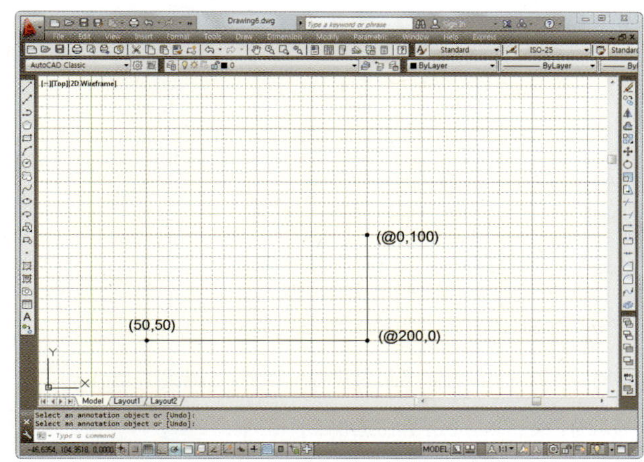

```
Command: LinE [Enter] [단축키: L]
Specify first point: 50,50 [Enter]
 → 시작점은 절대 좌표로 입력합니다. 반드시 절대 좌표로 하지는 않지만, 같은 시작점을 갖기 위해서입니다.
Specify next point or [Undo]: @200,0 [Enter]
 → 50, 50의 위치에서 오른쪽 수평 방향으로 200만큼 이동하기 위하여 상대 좌표로 입력합니다.
Specify next point or [Undo]: @0,100 [Enter]
 → 200만큼 오른쪽으로 이동한 상태에서 위로 100만큼 이동하기 위하여 상대 좌표로 입력합니다.
Specify Next Point or [Close/Undo]: [Enter]
 → 명령어를 종료하기 위하여 [Enter]를 누릅니다.
```

Upgrade ★

상대 좌표는 길이 값만 알면 가능!

상대 좌표는 원하는 길이 값만 알면 입력할 수 있습니다. 항상 현재 커서를 기준으로 하는 것이므로 가로로 이동하는 경우에는 X에, 세로로 이동하는 경우에는 Y에 값을 입력해야 합니다. 즉, 수직, 수평으로 이동하는 경우에 이동하는 수직, 수평 방향의 길이를 입력하면 반대편의 값은 '0'이 되는 것입니다. 예를 들어 가로 길이가 '50'인 경우 @50,0이 되고, 세로 길이 50인 경우에는 @0,50이 됩니다. 단, X의 경우 오른쪽 방향은 (+), 왼쪽 방향은 (−)로 입력해야 하고, Y의 경우 위쪽 방향은 (+), 아래쪽 방향은 (−)로 입력해야 합니다.

예제 파일 부록 CD\Sample\Chapter01\ch01_04S.dwg   완성 파일 부록 CD\Sample\Chapter01\ch01_04F.dwg

01 메뉴의 [File]-[Open]을 선택하여 부록 CD에서 예제 파일을 불러옵니다. Limits가 설정된 기본 화면이 나타납니다. Line 명령어를 입력한 후 시작점을 다음과 같이 입력합니다.

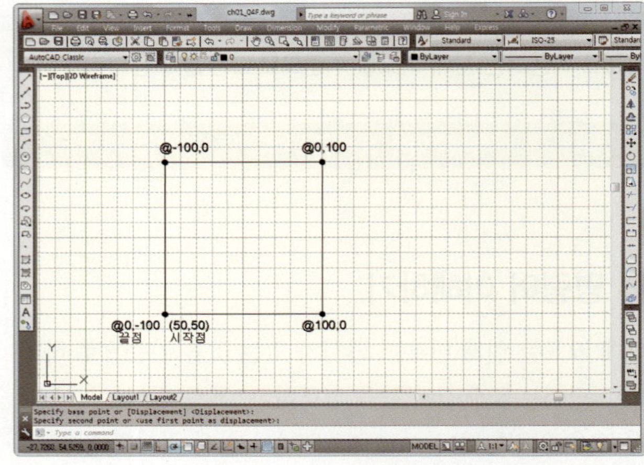

```
Command: LinE Enter [단축키: L]
Specify first point: 50,50 Enter
 → 마우스로 선분의 시작점을 임의로 클릭하거나 위와 같이 절대 좌표로 값을 입력합니다.
Specify next point or [Undo]: @100,0 Enter
 → 오른쪽 방향으로 100만큼 이동합니다.
Specify next point or [Undo]: @0,100 Enter
 → 위쪽 방향으로 100만큼 이동합니다.
Specify Next Point or [Close/Undo]: @-100,0 Enter
 → 왼쪽 방향으로 100만큼 이동하기 위하여 '-100'을 입력합니다.
Specify Next Point or [Close/Undo]: @0,-100 Enter
 → 아래쪽 방향으로 100만큼 이동하기 위하여 '-100'을 입력합니다.
Specify Next Point or [Close/Undo]: Enter
 → 명령어를 종료하기 위하여 Enter 를 누릅니다.
```

● 미리해보기

예제 파일 부록 CD\Sample\Chapter01\ch01_05S.dwg   완성 파일 부록 CD\Sample\Chapter01\ch01_05F.dwg

01 메뉴의 [File]-[Open]을 선택하여 부록 CD에서 예제 파일을 불러옵니다. Limits가 설정된 기본 화면이 나타납니다. 수직, 수평으로만 움직이던 상대 좌표를 사선으로 움직이기 위하여 Line 명령어를 입력하고, 시작점을 다음과 같이 입력합니다.

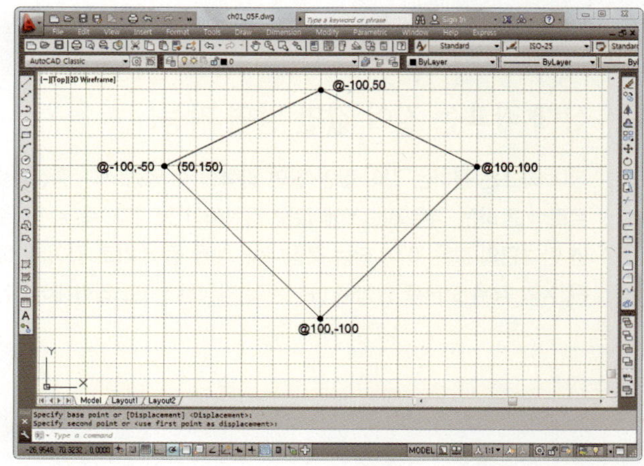

```
Command: LinE [Enter] [단축키: L]
Specify first point: 50,150 [Enter]
```
→ 마우스로 선분의 시작점을 임의로 클릭하거나 위와 같이 절대 좌표로 값을 입력합니다.
```
Specify next point or [Undo]: @100,-100 [Enter]
```
→ 오른쪽 아래 사선 방향으로 이동합니다. 오른쪽, 아래쪽이므로 (+), (−)의 값을 입력합니다.
```
Specify next point or [Undo]: @100,100 [Enter]
```
→ 오른쪽 위 사선 방향으로 이동합니다. 오른쪽, 위쪽이므로 둘 다 (+)의 값을 입력합니다.
```
Specify Next Point or [Close/Undo]: @-100,50 [Enter]
```
→ 왼쪽 위 사선 방향으로 이동합니다. 왼쪽, 위쪽이므로 (−), (+)의 값을 입력합니다.
```
Specify Next Point or [Close/Undo]: @-100,-50 [Enter]
```
→ 왼쪽 아래 사선 방향으로 이동합니다. 왼쪽, 아래쪽이므로 둘 다 (−)의 값을 입력합니다.
```
Specify Next Point or [Close/Undo]: [Enter]
```
→ 명령어를 종료하기 위하여 [Enter]를 누릅니다.

Upgrade ★

사선으로 이동하는 경우

상대 좌표를 이용하여 사선 방향으로 이동하는 경우, 사선으로 단번에 이동할 수는 없습니다. 초등학교 때에 배운 '대각선 방향에 있는 학교 가는 길 찾기' 문제에서 한 번에 사선 방향으로 이동하지 않고, 가로로 먼저 이동한 후에 세로로 이동했듯이 상대 좌표의 경우 가로의 이동 길이, 세로의 이동 길이를 입력하여 대각선의 방향을 찾는 것입니다. 예를 들어 @100,100은 오른쪽으로 100만큼 이동하고, 다시 위쪽으로 100만큼 이동한다는 뜻입니다.

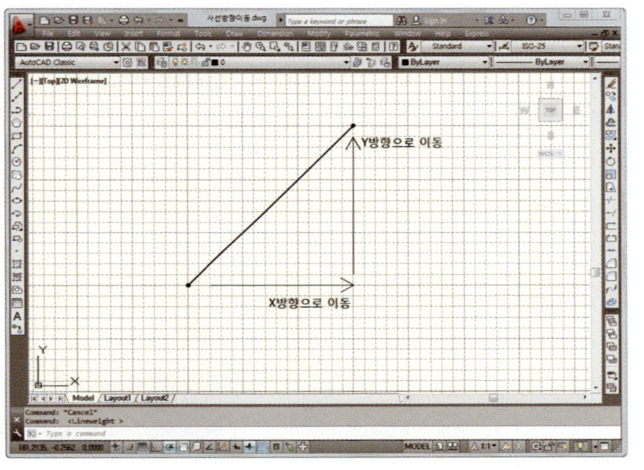

모니터에 설계 도면을 작성하는 AutoCAD의 경우, 길이 값만 아는 경우뿐만 아니라 길이와 방향 각도 값을 이용하여 이동하는 경우도 많이 있습니다. 이번에는 이동 거리 값을 기준으로 하는 상대 좌표 외에 길이와 각도를 아는 경우에 사용할 수 있는 상대 극좌표에 대해 알아보겠습니다.

명령어	@길이 값〈각도

● 명령어 이해하기

상대 좌표의 입력과 마찬가지로 현재 커서가 있는 곳을 기준으로 이동할 길이 값과 원하는 각도 방향을 입력합니다. 최종 좌표로부터 이동하는 것이므로 '@'을 앞에 입력한 후 길이〈각도를 입력하여 '@길이〈각도'의 형식을 사용합니다. 이때의 각도는 0°~360°까지의 회전각을 사용하며, 각도계의 방향은 시계 반대 방향이 (+) 각도이며, 서로 마주보는 각도의 경우에는 (−) 각도도 사용할 수 있습니다.

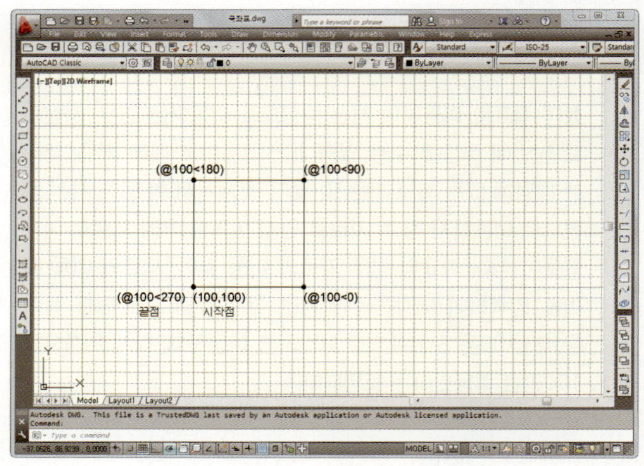


```
Command: LinE [Enter] [단축키: L]
Specify first point: 100,100 [Enter]
→ 마우스로 선분의 시작점을 임의로 클릭하거나 위와 같이 절대 좌표로 값을 입력합니다.
Specify next point or [Undo]: @100<0 [Enter]
→ 길이 값 100을 갖고 오른쪽으로 이동합니다. 오른쪽이므로 각도는 0°입니다.
Specify next point or [Undo]: @100<90 [Enter]
→ 길이 값 100을 갖고 위쪽으로 이동합니다. 위쪽이므로 각도는 90°입니다.
Specify Next Point or [Close/Undo]: @100<180 [Enter]
→ 길이 값 100을 갖고 왼쪽으로 이동합니다. 왼쪽이므로 각도는 180°입니다.
Specify Next Point or [Close/Undo]: @100<270 [Enter]
→ 길이 값 100을 갖고 아래쪽으로 이동합니다. 아래쪽이므로 각도는 270°입니다.
Specify Next Point or [Close/Undo]: [Enter]
→ 명령어를 종료하기 위하여 [Enter]를 누릅니다.
```

각도계의 방향

각도계는 일반적으로 시계 반대 방향입니다. 상대 극좌표를 이용하는 경우에는 마우스 커서의 위치가 각도계의 중앙이라고 생각하고, 다음 그림과 같이 원하는 쪽의 방향 각도를 입력합니다. 오른쪽 수평 방향으로 이동 시 0°, 위쪽의 수직 방향으로 이동 시 90°를 입력하며, 반대 방향의 경우에는 180°와 270°를 입력합니다. 사선의 각도 역시 0°부터 차례대로 읽어서 입력하면 됩니다.

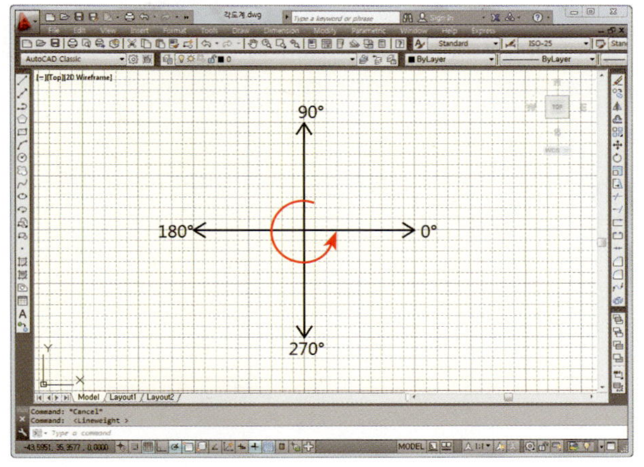

▶ 각도계 방향

● 미리해보기

예제 파일 부록 CD\Sample\Chapter01\ch01_06S.dwg   **완성 파일** 부록 CD\Sample\Chapter01\ch01_06F.dwg

01 메뉴의 [File]-[Open]을 선택하여 부록 CD에서 예제 파일을 불러옵니다. Limits가 설정된 기본 화면이 나타납니다. 수직, 수평 방향으로만 움직이던 상대 좌표를 사선으로 움직이기 위하여 Line 명령어를 입력하고, 시작점을 다음과 같이 입력합니다.

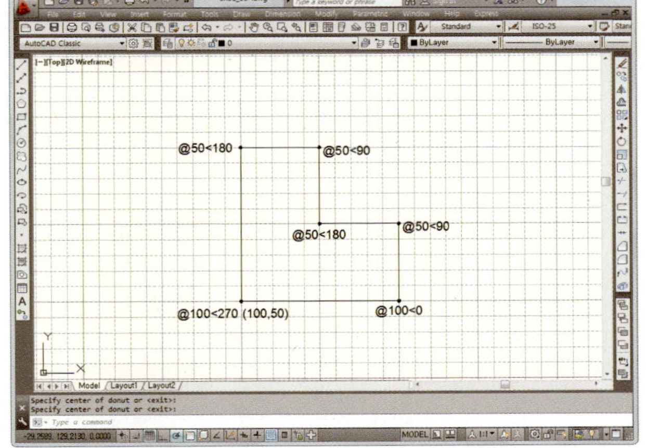

```
Command: LinE Enter [단축키: L]
Specify first point: 100,50 Enter
→ 마우스로 선분의 시작점을 임의로 클릭하거나 위와 같이 절대 좌표로 값
  을 입력합니다.
Specify next point or [Undo]: @100<0 Enter
→ 오른쪽으로 100만큼 이동합니다.
Specify next point or [Undo]: @50<90 Enter
→ 위쪽으로 50만큼 이동합니다.
Specify Next Point or [Close/Undo]: @50<180 Enter
→ 왼쪽으로 50만큼 이동합니다.
Specify Next Point or [Close/Undo]: @50<90 Enter
→ 위쪽으로 50만큼 이동합니다.
Specify Next Point or [Close/Undo]: @50<180 Enter
→ 왼쪽으로 180만큼 이동합니다.
Specify Next Point or [Close/Undo]: @100<270 Enter
→ 아래쪽으로 100만큼 이동합니다.
Specify Next Point or [Close/Undo]: Enter
→ 명령어를 종료하기 위하여 Enter 를 누릅니다.
```

예제 파일 부록 CD\Sample\Chapter01\ch01_07S.dwg   **완성 파일** 부록 CD\Sample\Chapter01\ch01_07F.dwg

01 메뉴의 [File]-[Open]을 선택하여 부록 CD에서 예제 파일을 불러옵니다. Limits가 설정된 기본 화면이 나타납니다. 수직, 수평 방향으로만 움직이던 상대 좌표를 사선으로 움직이기 위하여 Line 명령어를 입력하고 시작점을 다음과 같이 입력합니다.

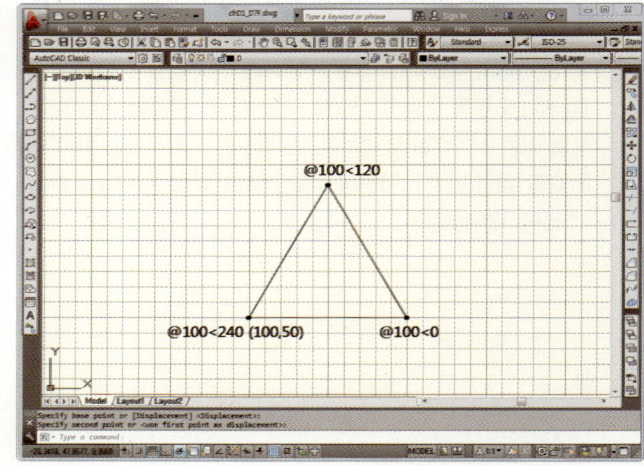


```
Command: LinE Enter [단축키: L]
Specify first point: 100,50 Enter
→ 마우스로 선분의 시작점을 임의로 클릭하거나 위와 같이 값을 절대 좌표로 입력합니다.
Specify next point or [Undo]: @100<0 Enter
→ 삼각형 밑면의 길이를 입력하고 오른쪽으로 이동합니다.
Specify next point or [Undo]: @100<120 Enter
→ 삼각형 한 변의 길이 값인 '100'을 입력하고, 사선 각도 120° 만큼 이동합니다.
Specify Next Point or [Close/Undo]: @100<240 Enter
→ 삼각형 한 변의 길이 값인 '100'을 입력하고, 사선 각도 240° 만큼 이동합니다.
Specify Next Point or [Close/Undo]: Enter
→ 명령어를 종료하기 위하여 Enter 를 누릅니다.
```

마우스로 정확한 선 그리기

일반적으로 정확한 길이를 이용한 선을 그리는 경우에는 절대 좌표, 상대 좌표, 상대 극좌표를 이용해야만 이동 거리나 각도 등이 정확한 선분을 그릴 수 있습니다. 하지만 AutoCAD가 갖고 있는 Polar 기능을 이용하면 마우스로 방향만 지정하고 원하는 길이 값만 입력해도 정확한 선분을 그릴 수 있습니다(※ F10을 누르면 Polar 기능키를 ON/OFF할 수 있습니다).

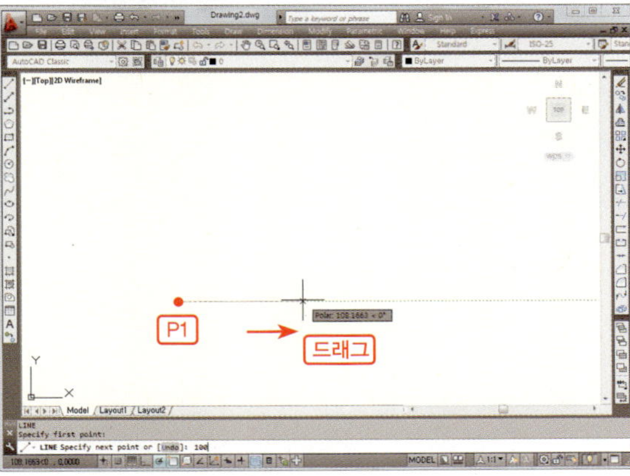

Command: LinE Enter [단축키: L]
Specify first point: P1점 클릭
→ 선분의 시작점을 마우스로 클릭합니다.
Specify next point or [Undo]: 100 Enter
→ 0° 방향으로 마우스를 드래그한 후 원하는 길이 값을 입력하고 Enter 를 누릅니다.

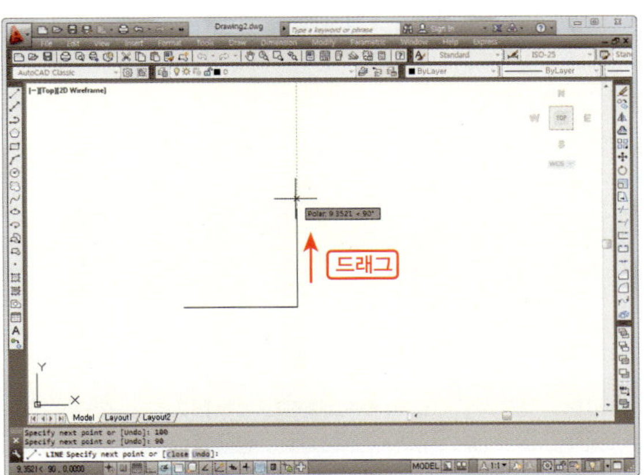

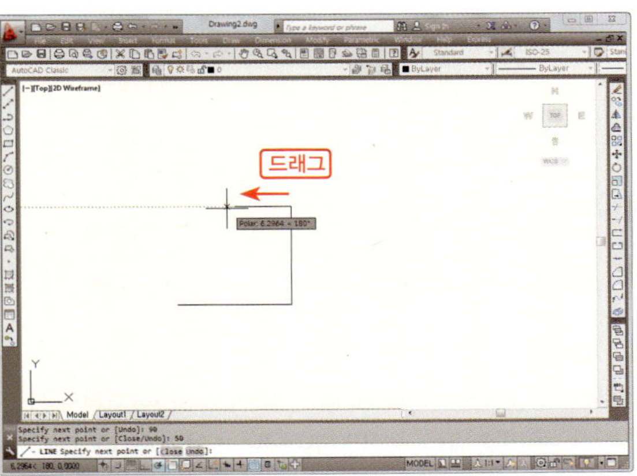

Specify next point or [Undo]: 90 Enter
→ 90° 방향으로 마우스를 드래그한 후 원하는 길이 값을 입력하고 Enter 를 누릅니다.

Specify Next Point or [Close/Undo]: 50 Enter
→ 180° 방향으로 마우스를 드래그한 후 원하는 길이 값을 입력하고 Enter 를 누릅니다.

Specify Next Point or [Close/Undo]: Enter
→ 명령어를 종료하기 위하여 Enter 를 누릅니다.

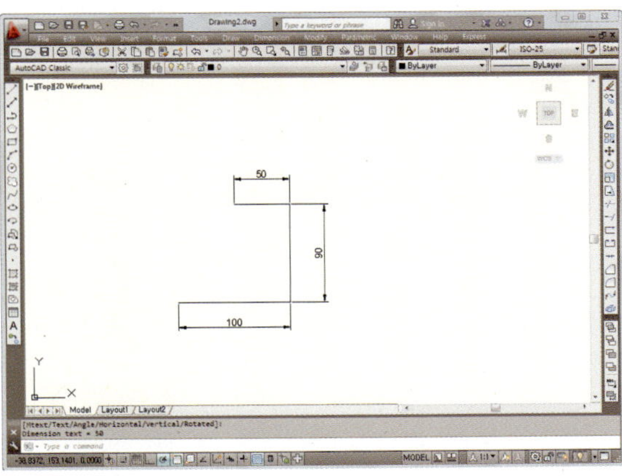

상대 좌표로 직선 그리기

이번에는 AutoCAD에서 사용하는 좌표 값을 이용하여 기초 도면을 그리는 연습을 해보겠습니다. 상대 좌표는 좌표계를 이해하는 데에 가장 기초가 되는 부분이므로 상대 좌표를 기준으로 도면 요소를 그려 보겠습니다. 시작점의 위치는 절대 좌표로 입력하면 한 번에 이어져 있는 선분이 아닌 경우에도 정확한 시작점을 입력할 수 있습니다.

예제 파일 부록 CD\Sample\Chapter01\ch01_se02_01S.dwg

완성 파일 부록 CD\Sample\Chapter01\ch01_se02_01F.dwg

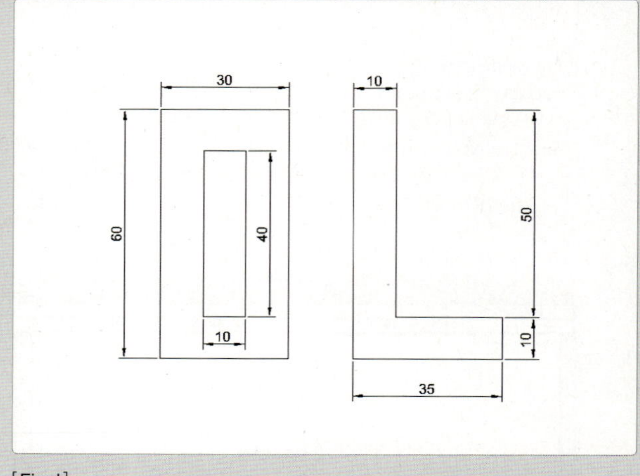

[Start]

[Final]

01 메뉴의 [File]-[Open]을 선택하여 부록 CD에서 예제 파일을 불러옵니다. 해당 도면을 그리기 위한 도면 한계가 지정되어 있습니다. 오른쪽과 같은 사각형을 그리기 위하여 Line 명령어를 입력한 후 다음과 같이 입력합니다.

```
Command: LinE Enter [단축키: L]
Specify first point: 20,20 Enter
 → 사각형의 시작점에 절대 좌표 값을 입력합니다.
Specify next point or [Undo]: @30,0 Enter
Specify next point or [Undo]: @0,60 Enter
Specify Next Point or [Close/Undo]: @-30,0 Enter
Specify Next Point or [Close/Undo]: C Enter
 → 시작점과 마지막 점을 연결하고 명령어를 종료합니다.
```

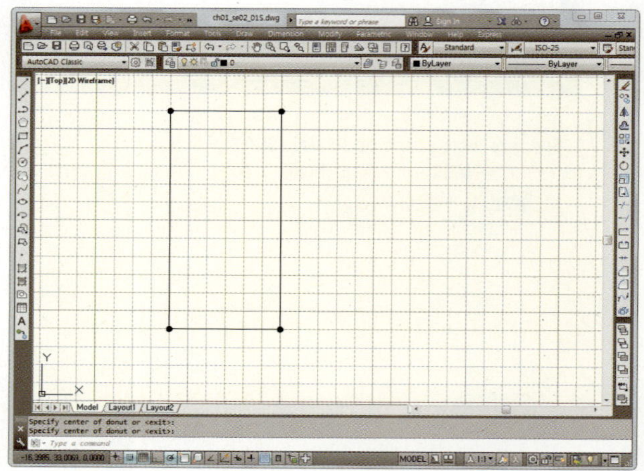

02 사각형 안에 다른 사각형을 그리기 위하여 절대 좌표로 시작점을 입력하고, 다음과 같이 이동 길이를 입력합니다. 맨 마지막 점이 자동으로 닫히도록 'C' 옵션을 입력합니다.

```
Command: LinE Enter [단축키: L]
Specify first point: 30,30 Enter
→ 사각형의 시작점에 절대 좌표 값을 입력합니다.
Specify next point or [Undo]: @10,0 Enter
Specify next point or [Undo]: @0,40 Enter
Specify Next Point or [Close/Undo]: @-10,0 Enter
Specify Next Point or [Close/Undo]: @0,-40 Enter
Specify Next Point or [Close/Undo]: Enter
```

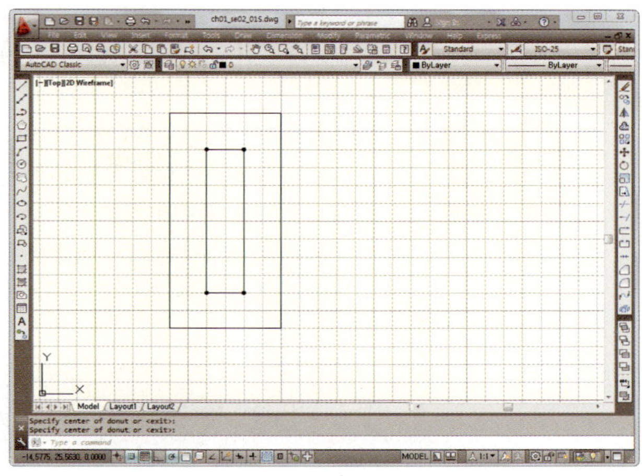

03 사각형 옆에 'L'자형의 선분을 그립니다. 다음과 같이 절대 좌표를 입력한 후 시작점을 입력하고, 각 이동 방향으로 길이 값을 입력합니다. 그리고 마지막으로 'C' 옵션을 입력하여 시작점과 마지막 점을 닫고 명령어를 종료합니다.

```
Command: LinE Enter [단축키: L]
Specify first point: 65,80 Enter
→ 사각형의 시작점에 절대 좌표 값을 입력합니다.
Specify next point or [Undo]: @0,-60 Enter
Specify next point or [Undo]: @35,0 Enter
Specify Next Point or [Close/Undo]: @0,10 Enter
Specify Next Point or [Close/Undo]: @-25,0 Enter
Specify Next Point or [Close/Undo]: @0,50 Enter
Specify Next Point or [Close/Undo]: C Enter
```

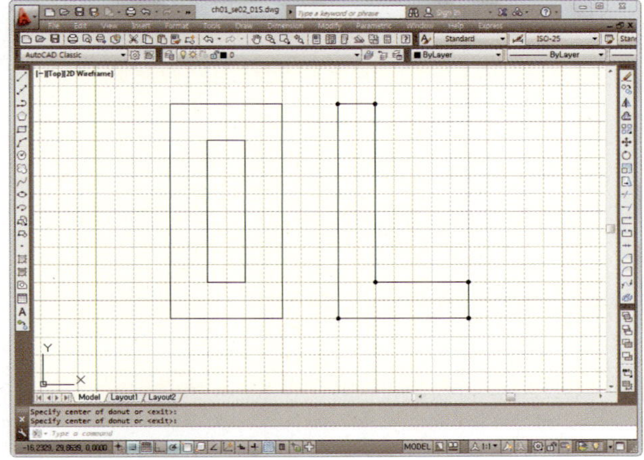

'Close' 옵션

Line 명령어로 선을 그리는 경우에는 마우스나 좌표계를 이용하여 선을 그립니다. 닫혀 있는 다각형을 그리는 경우에는 맨 마지막에 'C' 옵션을 입력하여 자동으로 시작점과 마지막 점이 연결되면서 명령어가 종료되도록 합니다. 언제나 사용하는 것은 아니지만 시작점과 마지막 점을 자동으로 연결하고 명령어를 종료할 때에 사용하면 편리합니다.

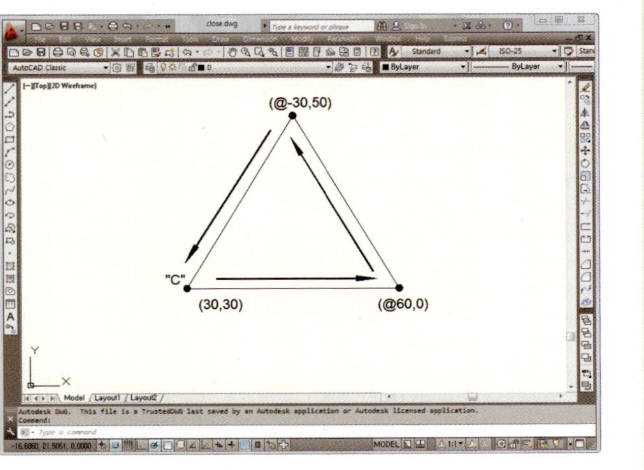

상대 좌표로 사선 그리기

이번에는 가로나 세로 방향으로 수직, 수평으로만 이동하여 선을 그리는 방식에서 사선으로 이동하는 경우에 사용하는 상대 좌표를 이용하여 선을 그려보겠습니다. 일반적으로 가로나 세로의 경우 가로나 세로 값만을 한쪽에 입력하고, 나머지 한쪽에 '0'을 입력하면 원하는 방향으로 이동하지만, 사선의 경우에는 가로와 세로를 동시에 이동해야 하므로 X, Y 값을 동시에 입력하여 이동하는 연습을 해봅니다. 다음과 같은 도면을 그리기 위하여 하나하나 입력해봅시다.

예제 파일 부록 CD\Sample\Chapter01\ch01_se02_02S.dwg

완성 파일 부록 CD\Sample\Chapter01\ch01_se02_02F.dwg

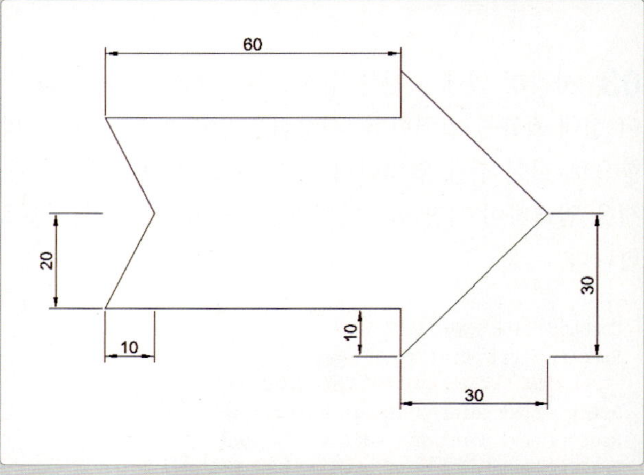

[Start]

[Final]

01 메뉴의 [File]-[Open]을 선택하여 부록 CD에서 예제 파일을 불러옵니다. 예제의 사선 도면을 그릴 수 있는, 도면 한계가 설정되어 있는 도면이 나타납니다. 다음과 같이 시작점을 입력한 후에 화살표 모양을 그립니다.

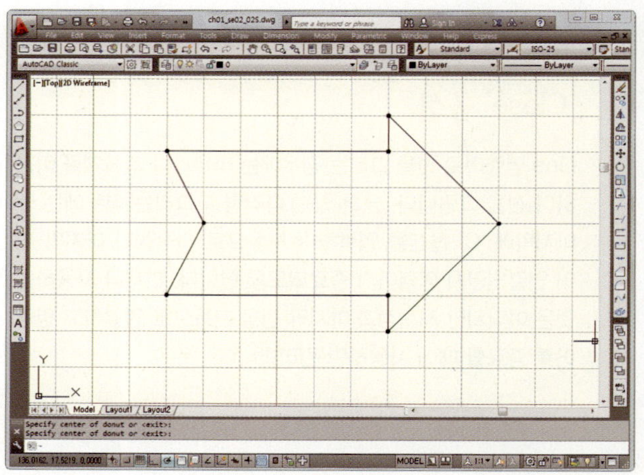

```
Command: Line  Enter  [단축키: L]
Specify first point: 20,30  Enter
  → 사각형의 시작점에 절대 좌표 값을 입력합니다.
Specify next point or [Undo]: @60,0
Specify next point or [Undo]: @0,-10
Specify Next Point or [Close/Undo]: @30,30
Specify Next Point or [Close/Undo]: @-30,30
Specify Next Point or [Close/Undo]: @0,-10
Specify Next Point or [Close/Undo]: @-60,0
Specify Next Point or [Close/Undo]: @10,-20
Specify Next Point or [Close/Undo]: @-10,-20
Specify Next Point or [Close/Undo]:  Enter
  → Enter 를 누르고 명령어를 종료합니다.
```

상대 극좌표로 선 그리기

길이와 각도를 갖는 조건의 선분을 그리는 경우, 상대 좌표로는 그릴 수 없습니다. 상대 극좌표를 이용하면 이동 거리 값이 아닌 선분의 길이와 각도를 이용하여 선을 그릴 수 있습니다. 다음과 같은 도면을 연습하여 상대 좌표로 그릴 수 없는 조건을 가진 선분을 그릴 수 있는 상대 극좌표를 익혀봅시다.

예제 파일 부록 CD\Sample\Chapter01\ch01_se02_03S.dwg

[Start]

완성 파일 부록 CD\Sample\Chapter01\ch01_se02_03F.dwg

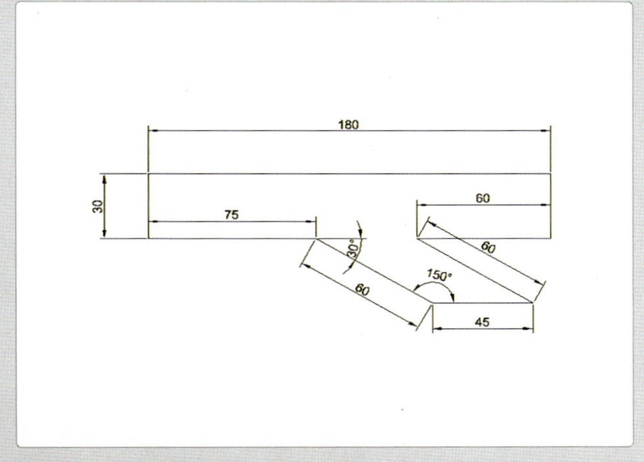

[Final]

01 메뉴의 [File]−[Open]을 선택하여 부록 CD에서 예제 파일을 불러옵니다. 다음과 같은 도면을 그릴 도면 영역이 지정되어 있습니다. 시작점에 절대 좌표 값을 입력하고, 각도는 반시계 방향을 기본으로 입력합니다.

```
Command: LinE Enter [단축키: L]
Specify first point: 50,100 Enter
→ 사각형의 시작점에 절대 좌표 값을 입력합니다.
Specify next point or [Undo]: @75<0 Enter
Specify next point or [Undo]: @60<330 Enter
Specify Next Point or [Close/Undo]: @45<0 Enter
Specify Next Point or [Close/Undo]: @60<150 Enter
Specify Next Point or [Close/Undo]: @60<0 Enter
Specify Next Point or [Close/Undo]: @30<90 Enter
Specify Next Point or [Close/Undo]: @180<180 Enter
Specify Next Point or [Close/Undo]: @30<270 Enter
Specify Next Point or [Close/Undo]: Enter
```

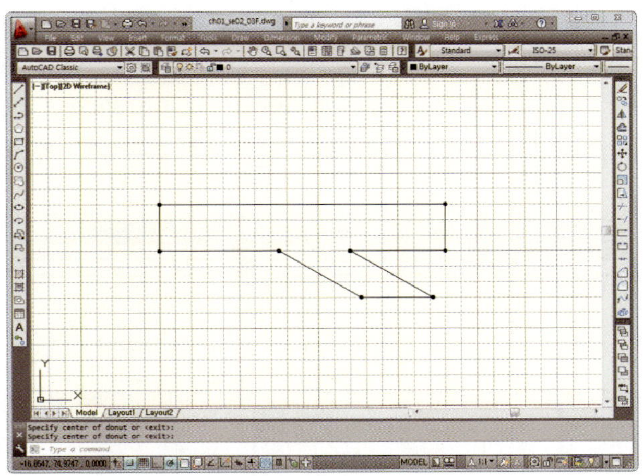

03 기본 도면 Setting 명령어 학습하기

이번에는 화면의 확대/축소, 화면 이동과 같은 화면 표시 도구와 마우스가 일정한 간격으로 움직일 수 있는 기능키의 의미, 사용법 등에 대해 알아보겠습니다. 이들 Setting 명령어들은 도면을 그릴 때에 활용할 수 있는 여러 가지 기능을 갖고 있으며, 모니터라는 제한된 조건 아래에서 도면을 그리는 데에도 많은 도움이 됩니다.

01. 화면의 확대/축소 Zoom

제한된 크기의 모니터에서 도면을 작성하는 경우, 큰 객체나 작은 객체 모두 화면 안에 정확한 Size를 이용하여 작성해야 하는 경우, 작은 객체인 경우에 제대로 볼 수 없다면 작업을 할 수 없을 것입니다. 모니터에 그려진 객체 요소를 사용자가 원하는 만큼 확대/축소 할 수 있는 Zoom 명령어에 대해 알아보겠습니다.

명령어	Zoom	아이콘	
단축키	Z	메뉴	[View]-[Zoom]

● 명령어 이해하기

확대/축소하고 싶은 도면 요소가 있는 경우에는 Zoom 명령어를 입력한 후 원하는 장소를 대각선 방향으로 드래그하여 선택된 사각 박스의 크기만큼 확대되었는지 확인합니다. 대각선 방향으로 드래그하여 확대하는 기본 Window 방식 또는 기타 다른 옵션 방식을 이용하면 도면 요소를 확대/축소할 수 있습니다.

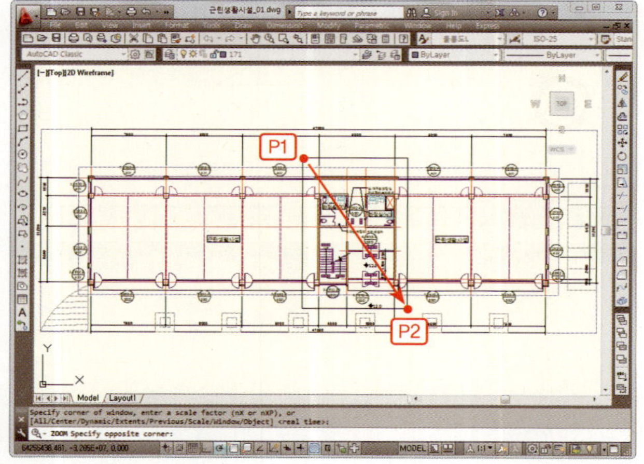

▲ P1~P2점 클릭, 드래그

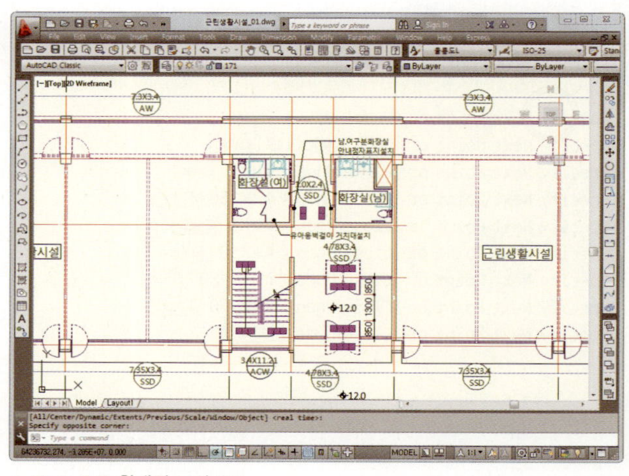

▲ Zoom으로 확대된 도면 요소

```
Command: ZOOM [Enter] [단축키: Z [Enter]]
Specify corner of window, enter a scale factor (nX or nXP) or [All/Center/Dynamic/Extents/Previous/Scale/Window/Object] <Real Time>:
Specify opposite corner: P1~P2점 클릭, 드래그
```

● 옵션 이해하기

Zoom 명령어를 입력한 후 클릭, 드래그하면 Window 옵션을 따로 지정하지 않아도 바로 실행됩니다. 그러나 다른 옵션을 사용하는 경우에는 각 단어의 대문자를 입력해야만 해당 옵션을 실행할 수 있습니다. Limits를 설정하고 난 후 도면 한계를 화면에 지정하는 All부터 Scale factor를 이용하여 축소할 수 있는 다양한 옵션에 대해 알아보겠습니다.

옵션	설명
All	화면에 있는 모든 객체를 Limits의 영역과 관계없이 화면에 모두 표시하고, Limits의 설정 값을 화면에 지정하는 옵션입니다. Limits를 변경한 후에 반드시 설정해야 하는 'Zoom' 옵션입니다.
Center	처음으로 선택한 지점을 확대된 화면의 정중앙으로 설정하고, 입력된 높이 값을 화면이 높이로 설정하여 화면을 확대하는 옵션입니다.
Dynamic	현재 보이는 화면과는 관계없이 전체 화면을 Display하며, 원하는 부분을 Dynamic 화면 창을 통해 자유롭게 확대하거나 원하는 장소로 이동하는 옵션입니다.
Extents	Limits 설정 값에 관계없이 현재 화면에 있는 객체를 기준으로, 화면의 상하좌우를 최대한 공백 없이 꽉 채워 화면에 표시해 보여주는 옵션입니다.
Previous	바로 이전 단계에 Display되었던 화면으로 되돌아가는 옵션으로, 최대 10회까지 이전 단계의 화면으로 이동할 수 있습니다.
Scale	현재 보이는 화면을 확대/축소하는 옵션입니다. 1을 기준으로 1 이상은 확대하며, 1 이하의 소수점은 축소합니다. 확대/축소의 경우나 숫자만 쓰는 경우에는 limits를 기준으로 확대/축소하며, 숫자 뒤에 x를 붙여 확대/축소하는 경우에는 현재 보이는 화면을 기준으로 확대/축소하는 것으로, 대부분의 숫자 뒤에 x를 붙여 사용합니다.
Window	클릭한 지점에서 대각선 방향으로 지정하는 두 점 사이에 만들어지는 사각형의 크기만큼 화면을 확대하여 표시합니다. 가장 많이 사용하는 옵션으로, 'W'를 직접 입력하지 않아도 기본 값으로 세팅되어 있으므로 원하는 두 지점만 드래그하면 됩니다.
Object	선택한 객체를 중심으로 확대합니다.
real time	옵션을 사용하지 않고 마우스의 휠을 조작하여 화면을 확대/축소합니다. 마우스 휠을 위로 드래그하는 경우에는 확대되고, 아래로 드래그하는 경우에는 축소됩니다.

01 메뉴의 [File]-[Open]을 선택하여 부록 CD에서 예제 파일을 불러옵니다. 다음과 같이 전체를 볼 수 있는 도면이 나타납니다.

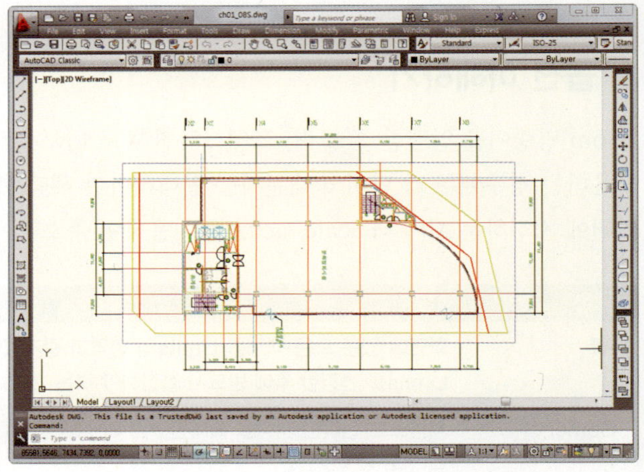

02 왼쪽 아래의 일부분을 확대하고 싶은 경우에는 Zoom 명령어로 P1~P2 지점을 드래그하여 확대 영역을 지정합니다.

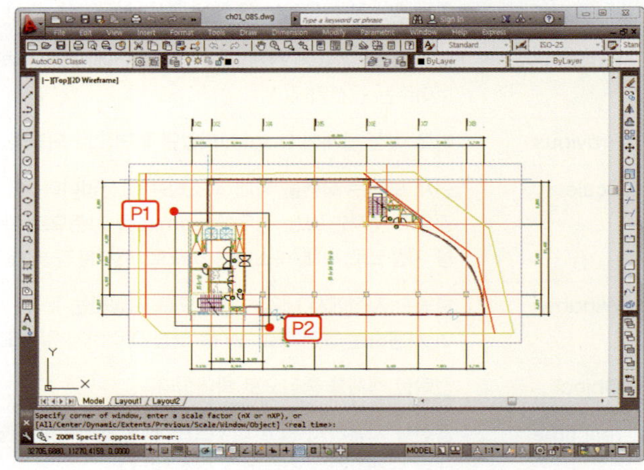

```
Command: ZOOM Enter [단축키: Z]
Specify corner of window, enter a scale factor (nX or nXP)
or [All/Center/Dynamic/Extents/Previous/Scale/Window/Object]
<Real Time>:
Specify opposite corner: P1~P2점 클릭, 드래그
```

03 다음과 같이 왼쪽 아랫부분이 확대되었습니다. 확대한 경우에는 리얼 뷰를 이용하여 빠르게 확대/축소되는 모션을 보면서 확인할 수 있습니다.

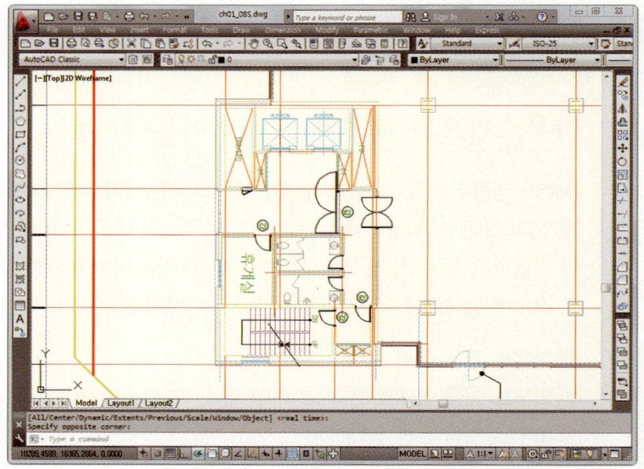

04 이번에는 전체 도면을 보면서 해당 지점을 빠르게 찾아 확대할 수 있는 'Dynamic' 옵션을 이용해보겠습니다. Zoom 명령어를 입력한 후 'Dynamic' 옵션을 이용하기 위하여 대문자 'D'를 입력합니다.

```
Command: ZOOM Enter [단축키: Z]
Specify corner of window, enter a scale factor (nX or nXP)
or [All/Center/Dynamic/Extents/Previous/Scale/Window/Object]
<Real Time>: D Enter
```

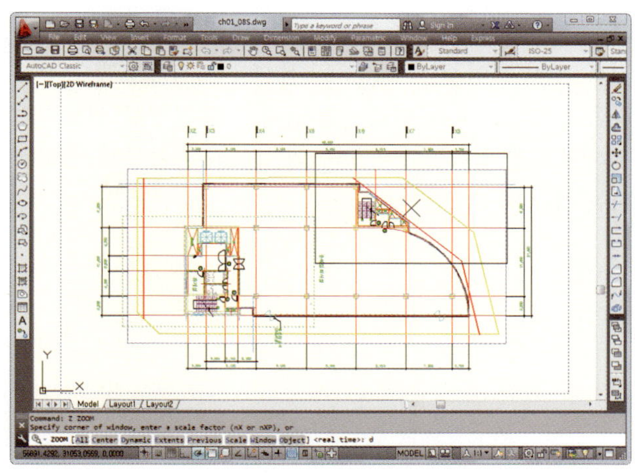

05 방금 전에 확대한 구간이 전체 엑스 표시된 상자로, 그 크기만큼 나타납니다. 다시 확대하고 싶은 구간이 있으면 엑스 표시된 상자의 위치를 이동시킵니다. 이곳에서 확대할 구간이 상자의 크기보다 크거나 작다면 클릭하여 오른쪽을 향한 화살표가 나온 상태에서 크기를 조절합니다.

→ 엑스 표시 상자를 한 번 클릭하면 오른쪽을 향한 화살표 상자가 나타납니다. 이때 마우스를 움직이면 크기가 결정되는데, 상자의 크기가 결정되면 다시 한 번 클릭하여 엑스 표시가 나타나도록 한 후 확대를 원하는 위치로 이동시키고 Enter 를 누릅니다.

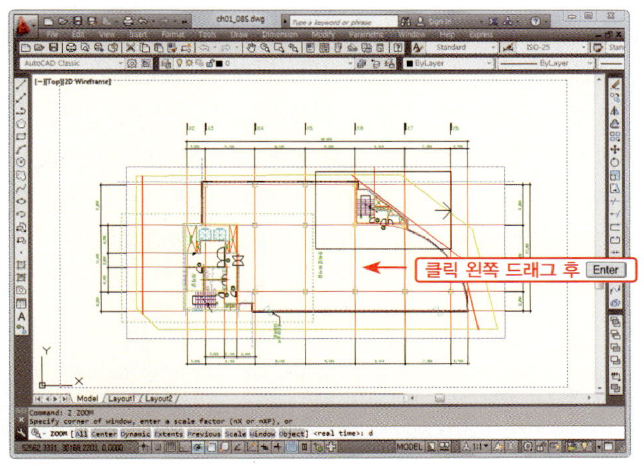

06 다음과 같이 엑스 표시된 상자의 구역만큼 확대된 것을 확인할 수 있습니다. Dynamic의 장점은 이렇게 축소된 화면 안에서도 전체 화면을 보면서 원하는 구역을 선택할 수 있다는 것입니다.

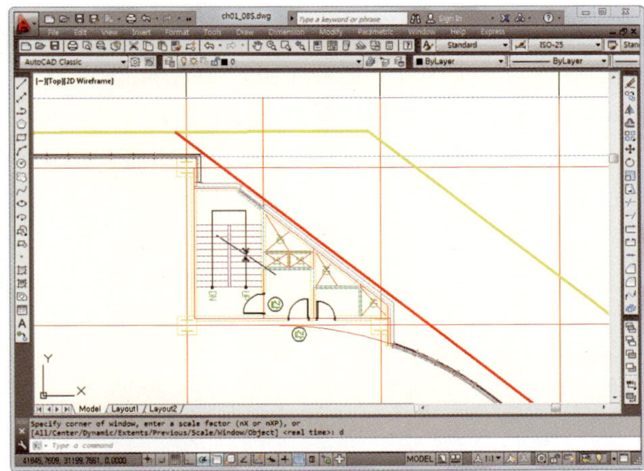

07 현재 화면을 기준으로 Limits와 관계없이 화면 안에 가득 채워 보여주는 'Extents' 옵션을 사용해보겠습니다. 다음과 같이 Zoom 명령어를 입력한 후 옵션을 이용하기 위하여 'E'를 입력합니다. 화면의 상하좌우 여백이 거의 없다는 것을 알 수 있습니다.

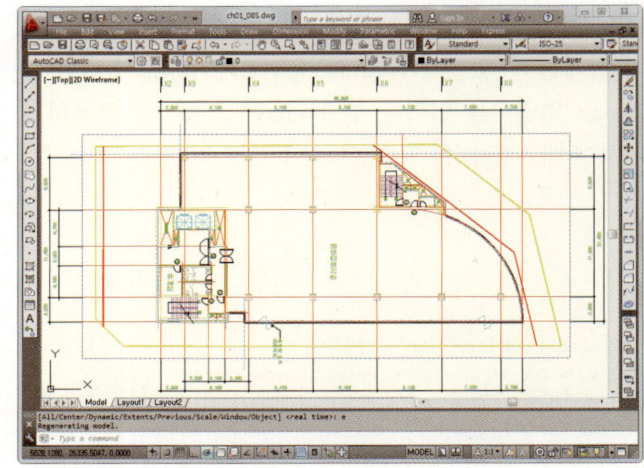

08 'Scale' 옵션으로 수치를 입력하여 화면을 확대/축소하는 방법을 익혀보겠습니다. 먼저 확대의 경우 1 이상의 숫자를, 축소의 경우 1 이하의 소수 숫자를 입력합니다. 이번에는 옵션으로 'x'를 함께 입력하거나 빼는 것은 어떤 경우인지 알아보겠습니다. 먼저 현재 화면을 2배 확대해봅니다. 화면이 확대되는 것을 알 수 있습니다.

```
Command: ZOOM Enter [단축키: Z]
Specify corner of window, enter a scale factor (nX or nXP)
or [All/Center/Dynamic/Extents/Previous/Scale/Window/Object]
<Real Time>: 2 Enter
```

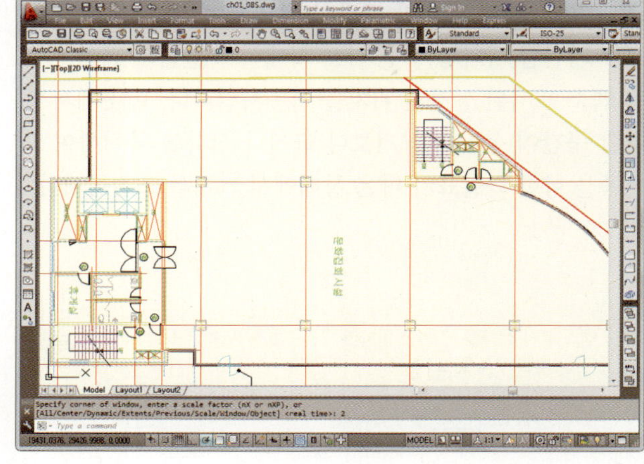

09 한 번 더 같은 명령어를 이용하여 '2'라는 숫자를 입력합니다. 화면에는 아무 변화가 없습니다. 즉, 숫자만 입력하는 경우에는 전체 화면의 Limits에서 확대/축소하는 것이므로 '2'를 입력하면 언제나 2배 크기의 화면만 보여줍니다.

```
Command: ZOOM Enter [단축키: Z]
Specify corner of window, enter a scale factor (nX or nXP)
or [All/Center/Dynamic/Extents/Previous/Scale/Window/Object]
<Real Time>: 2 Enter
```

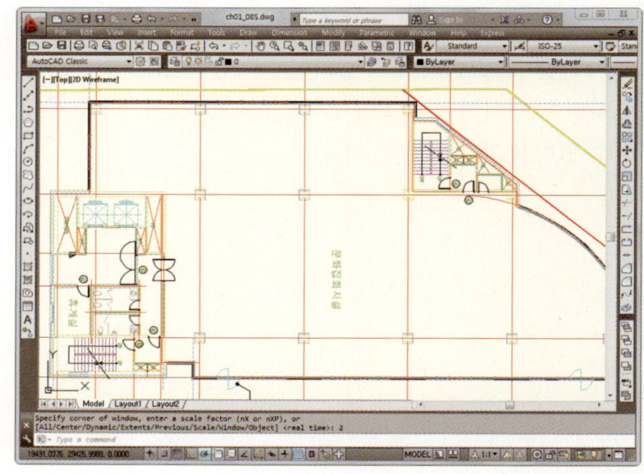

10 그러나 만일 현재 보고 있는 화면을 기준으로 2배씩 계속 확대하고 싶다면, 숫자만 입력하지 않고 x를 숫자와 함께 입력해야 합니다. 그러면 현재 보고 있는 화면에서 계속 2배씩 확대하여 보여줍니다. 현재 화면에서 다음과 같이 입력하고 확인해봅니다.

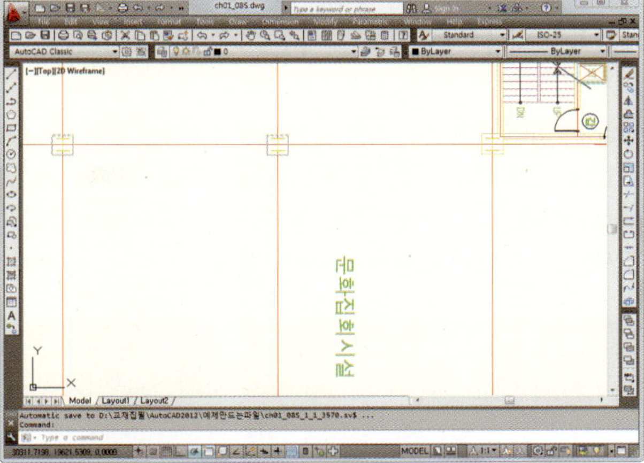

```
Command: ZOOM Enter [단축키: Z]
Specify corner of window, enter a scale factor (nX or nXP)
or [All/Center/Dynamic/Extents/Previous/Scale/Window/Object]
<Real Time>: 2X Enter
```

Zoom Scale로 확대/축소하는 경우에는 반드시 확대/축소의 수치 옆에 'x'를 입력하여 현재 보이는 화면을 기준으로 확대/축소하도록 합니다. Zoom 명령어를 이용하는 것은 대부분 현재의 화면을 기준으로 보는 경우가 많으므로, 숫자상으로 확대/축소를 하는 경우에는 반드시 'x'를 숫자와 함께 사용해야 합니다.

11 Zoom 명령어는 지금까지 확대/축소한 장면들을 기억하고 있습니다. 다시 이전 단계나 그 이전 단계의 화면으로 이동할 때에는 'Previous' 옵션을 이용하면 됩니다. 이때 'Previous' 옵션으로 되돌아갈 수 있는 장면의 횟수는 10회로 제한되어 있습니다. 다음과 같이 이전 단계에서 보았던 화면으로 되돌아갑니다.

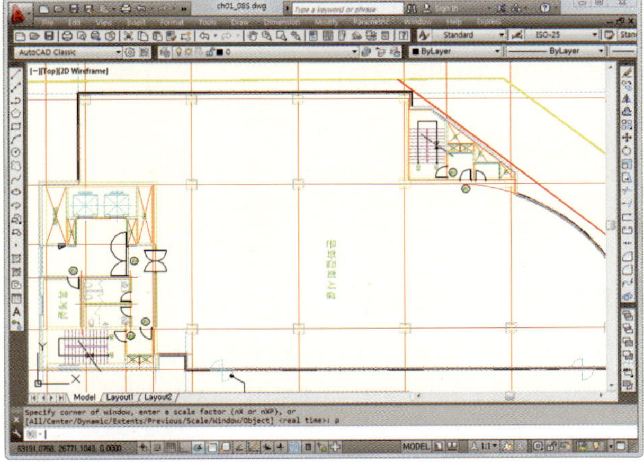

```
Command: ZOOM Enter [단축키: Z]
Specify corner of window, enter a scale factor (nX or nXP)
or [All/Center/Dynamic/Extents/Previous/Scale/Window/Object]
<Real Time>: P Enter
```

02. 자석점을 지정하는 Snap

Snap은 화면의 마우스 커서 움직임을 제어하는 명령어로, 사용자가 지정한 간격으로 마우스의 커서가 움직이도록 제한하는 역할을 합니다. 간격이 일정한 도면을 그리는 데에는 도움이 되지만, 매번 도면을 작성할 때마다 사용하기는 불편합니다. 하지만 Style의 Isometric을 이용하는 경우라면 등각 투상을 그리기에 알맞은 각도로 이루어져 있기 때문에 사용하기가 편리합니다. 이번에는 Snap을 사용하는 방법에 대해 알아보겠습니다.

명령어	Snap	아이콘	
단축키	F9	메뉴	[Tools]-[Drafting settings]

● 명령어 이해하기

Snap 명령어를 이용하기 위하여 Command 라인에 직접 입력하여 처리하거나 [Tools]-[Drafting settings]의 대화상자를 이용하여 선택적으로 사용할 수 있습니다. F9를 이용하여 이미 설정되어 있는 간격 값을 ON/OFF하여 선택하거나, 간격을 변경하거나, Style을 변경하여 사용할 수 있습니다.

[명령 라인을 사용하는 경우]

[대화상자를 사용하는 경우]

① [Tools]-[Drafting settings] 메뉴를 선택합니다.
② [Snap and Grid] 탭을 선택하여 원하는 간격이나 옵션을 선택합니다.

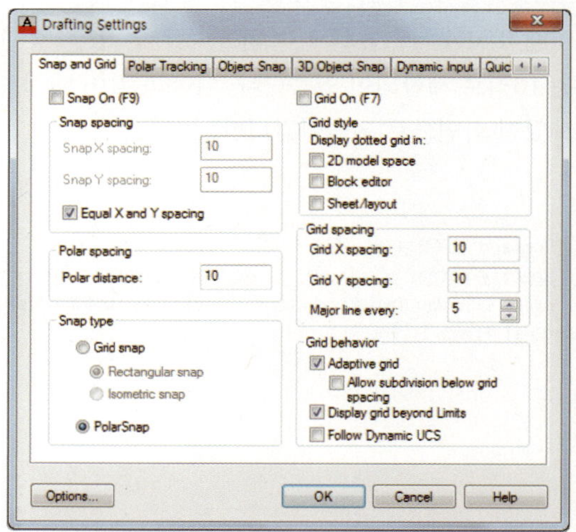

● 옵션 이해하기

Snap의 간격을 변경하거나 등각 투상 아이소메트릭 스타일로 변경할 수 있습니다. 대화상자 내에서 변경하는 것과 명령 라인에서 변경하는 것 모두 동일합니다.

옵션	설명
ON/OFF	Snap을 켜거나 끌 수 있습니다. F9로 ON/OFF할 수 있습니다.
Aspect	Snap의 가로, 세로의 간격 값을 다르게 입력하여 사용합니다.
Style	Standard와 Isometric 형태의 스타일을 설정합니다.
Type	Grid 형태와 Polar 형태의 스냅을 설정합니다.

03. 모눈종이 효과 Grid

AutoCAD 2011 버전부터 화면을 시작하면 Grid가 화면에 표시된 상태로 나타납니다. Snap과 함께 도면을 그리는 기준점을 설정해주는 Grid 명령어는 사용자가 원하는 간격으로 화면에 점이나 선을 그려 사용자가 Limits 대비 선분의 길이 등을 확인하는 데에 도움이 됩니다. 즉, 화면 상태의 전체적인 레이아웃을 설정할 때에 도움을 주는 명령어로, 도면을 작성할 때에 Snap과 함께 사용하면 편리하게 이용할 수 있습니다.

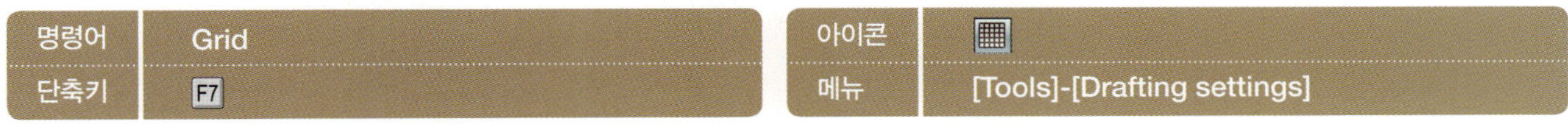

명령어	Grid	아이콘	
단축키	F7	메뉴	[Tools]-[Drafting settings]

● 명령어 이해하기

새 도면을 열면 Grid가 기본 값으로 켜져 있습니다. 다만 원하는 간격이 도면마다 다르므로 그때마다 원하는 간격의 값을 새로 설정해주면 됩니다. Grid를 화면에 간격을 표시만 한 상태에서 사용하기도 하며, Snap과 동일한 간격을 입력하여 Grid에서 설정한 간격대로 마우스 커서가 움직이게 하기도 합니다. F7을 이용하여 설정된 값 그대로 ON/OFF를 합니다. 명령 행에서 Grid를 입력하여 원하는 간격 또는 Style을 조절하거나 메뉴의 [Tools]−[Drafting settings]를 이용하여 대화 상자로 이용할 수 있습니다.

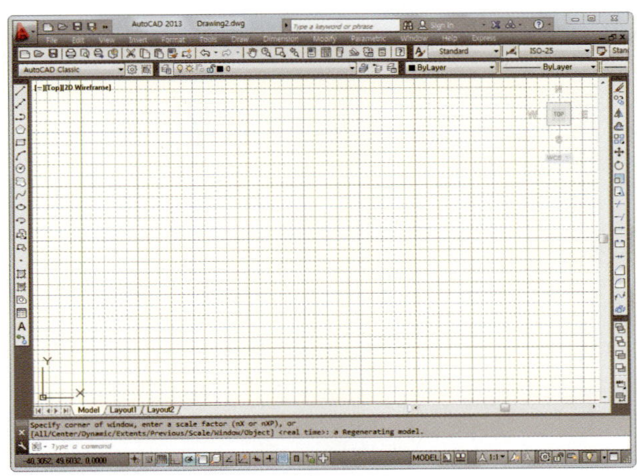

▲ Grid ON

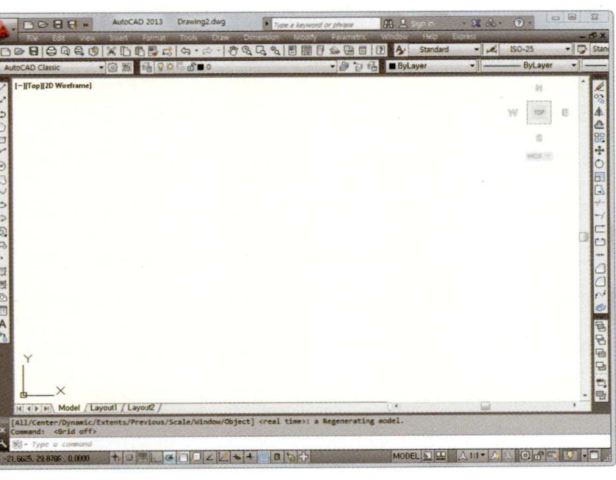

▲ Grid OFF

[명령 라인을 사용하는 경우]

```
Command: GRID Enter
Specify grid spacing(X) or [ON/OFF/Snap/Major/aDaptive/Limits/Follow/Aspect] <10.0000>:
```

[대화상자를 사용하는 경우]

① [Tools]-[Drafting settings] 메뉴를 선택합니다.
② [Snap and Grid] 탭을 이용하여 Grid의 원하는 간격이나 옵션을
　선택합니다.

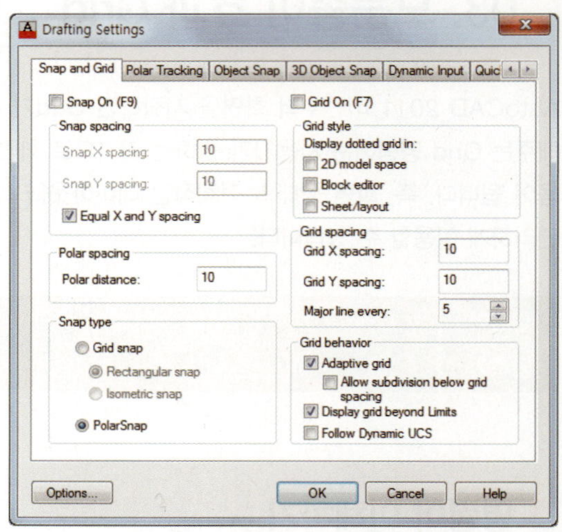

● 옵션 이해하기

[옵션] 대화상자를 이용하거나 명령 라인의 옵션 값을 입력하여 Grid의 간격이나 다양한 값들을 조절하고 Grid를 ON/OFF 할 수 있으며, 가로, 세로 등의 간격을 다르게 입력하거나 가변 그리드를 이용하여 그리드 간격 안의 재분할 등을 관리할 수 있습니다.

옵션	설명
ON/OFF	Grid를 켜거나 끌 수 있습니다. F7로 ON/OFF를 할 수 있습니다.
Snap	Snap에서 정한 간격 값 그대로 자동 지정합니다.
Major	Major의 간격은 보조 그리드 간격 대비 주 그리드 점의 간격을 지정합니다.
aDaptive	화면의 확대/축소에 따른 Grid의 밀도 간격을 제한합니다.
Limits	화면 크기를 정하는 Limits 값을 넘는 구역에도 Grid를 표시합니다.
Follow	Dynamic UCS의 XY Plan을 따르도록 Grid를 표시합니다.
Aspect	Grid 간격의 가로, 세로 간격 값을 다르게 입력하여 사용합니다.

Upgrade ★

Grid 타입 변경

이전 버전을 사용하던 사용자의 경우에는 Grid가 선분으로 나타나는 것이 부담스러울 수 있습니다. 예전의 Grid는 Dot(점)의 형태 였지만 2011 버전부터 무조건 Line(선)의 형태가 우선하기 때문입니다. 하지만 다음의 변수를 제어하거나 점, 선으로 변경하여 사용할 수 있습니다.

```
Command: GRIDSTYLE Enter
Enter new value for GRIDSTYLE <0>:
→ 원하는 형태의 Grid를 숫자로 입력합니다.
```

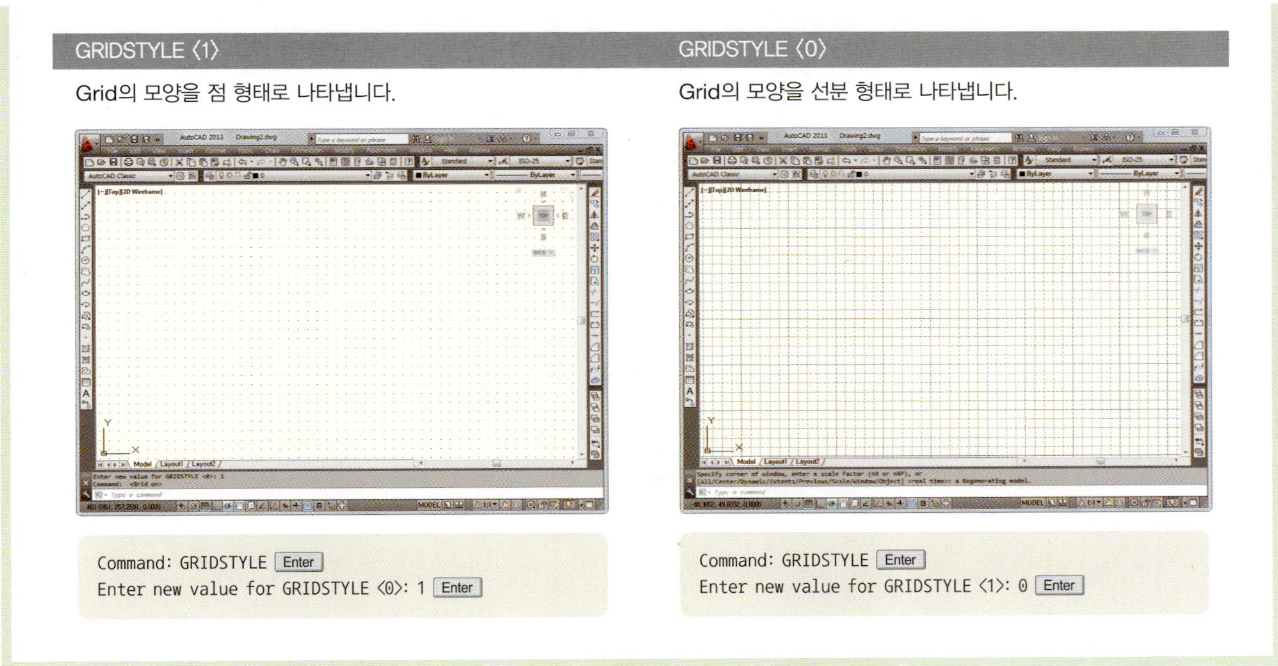

04. 화면의 이동 관리 Pan

마우스 휠을 누른 상태에서 드래그하면 현재 보이는 화면이 움직이는 방향으로 이동합니다. 마우스 휠을 이용하지 않았던 버전의 경우에는 이 명령의 수행을 Pan을 이용하여 설정하였으며, 또한 Zoom이 실행되는 마우스 휠의 잘못된 사용을 방지하기 위하여 마우스 휠로 화면을 이동하는 대신 명령어를 직접 이용하는 Pan을 이용하기도 합니다. 간단하게 사용하는 방법을 알아보겠습니다.

명령어	Pan	아이콘	
단축키	P	메뉴	[View]-[Pan]

● 명령어 이해하기

화면을 이동하기 위한 도면을 명령어나 아이콘을 누른 상태에서 원하는 방향으로 클릭, 드래그합니다. 도면의 내용은 변경 사항 없이 보이는 부분만 화면이 이동됩니다. Pan은 객체의 이동인 Move 명령어와는 구분해야 합니다. Move는 객체 자체의 위치가 변경되지만 Pan은 도면 요소가 그려진 도화지의 위치를 옮기는 것이므로, 객체의 좌표 값은 변하지 않습니다.

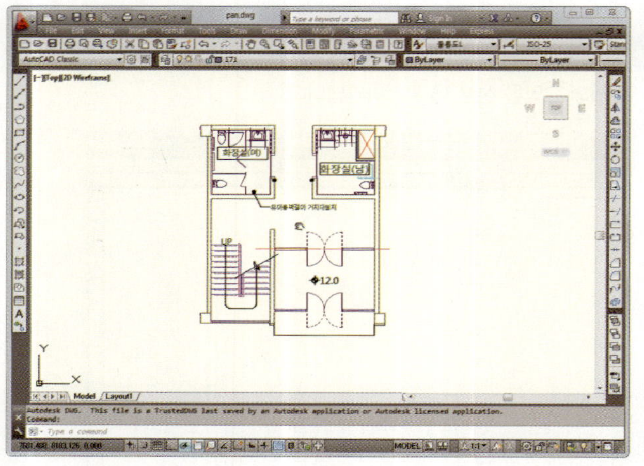 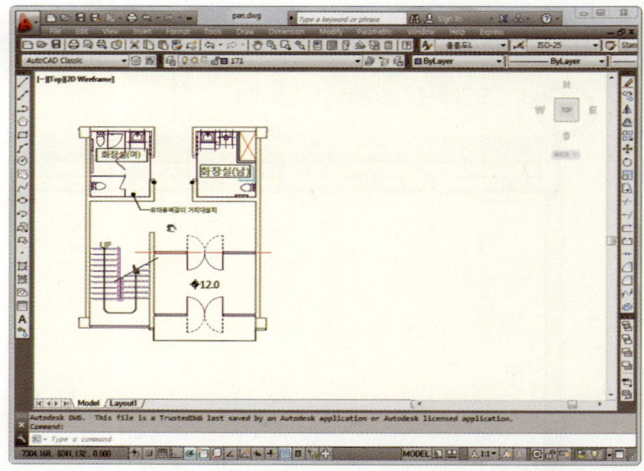

Command: PAN `Enter` [단축키: P]
Press ESC or ENTER to exit or right-click to display shortcut menu.
→ 가운데에서 왼쪽으로 드래그하여 화면을 이동합니다.

05. 다양한 기능키 사용

AutoCAD는 기능키(Function Key)를 관리하는 토글키입니다. 기능키는 하나의 On과 Off를 사용하는 키로, 한 번 누를 때마다 On과 Off가 교체되어 실행됩니다. 간편하게 ON/OFF할 수 있는 여러 가지 기능키에 대해 알아보겠습니다. 이미 앞에서 알아본 Grid나 Snap 외에도 텍스트 창을 열거나 닫는 `F2` 등과 같은 여러 가지 기능키를 미리 암기해두면 편리하게 사용할 수 있습니다.

기능키	설명
`F1`	도움말 기능을 꺼냅니다.
`F2`	Text Window 창을 켜거나 끕니다. 사용한 명령어의 상태를 살펴볼 수 있습니다.
`F3`	Osnap에 지정된 객체 스냅을 켜거나 끕니다.
`F4`	3D Osnap을 켜거나 끕니다.
`F8`	직교 모드인 Ortho를 켜거나 끕니다. 마우스 커서가 항상 수직, 수평 방향으로 움직이도록 합니다.
`F10`	Polar인 극좌표 경로를 표시하는 것을 켜거나 끕니다.
`F11`	객체 스냅인 Osnap을 이용하여 작업할 때 보조선이 필요한 구간의 자동 보조선 역할을 켜거나 끕니다.
`F12`	Dynamic Input 창을 켜거나 끕니다.

Practice Drawing

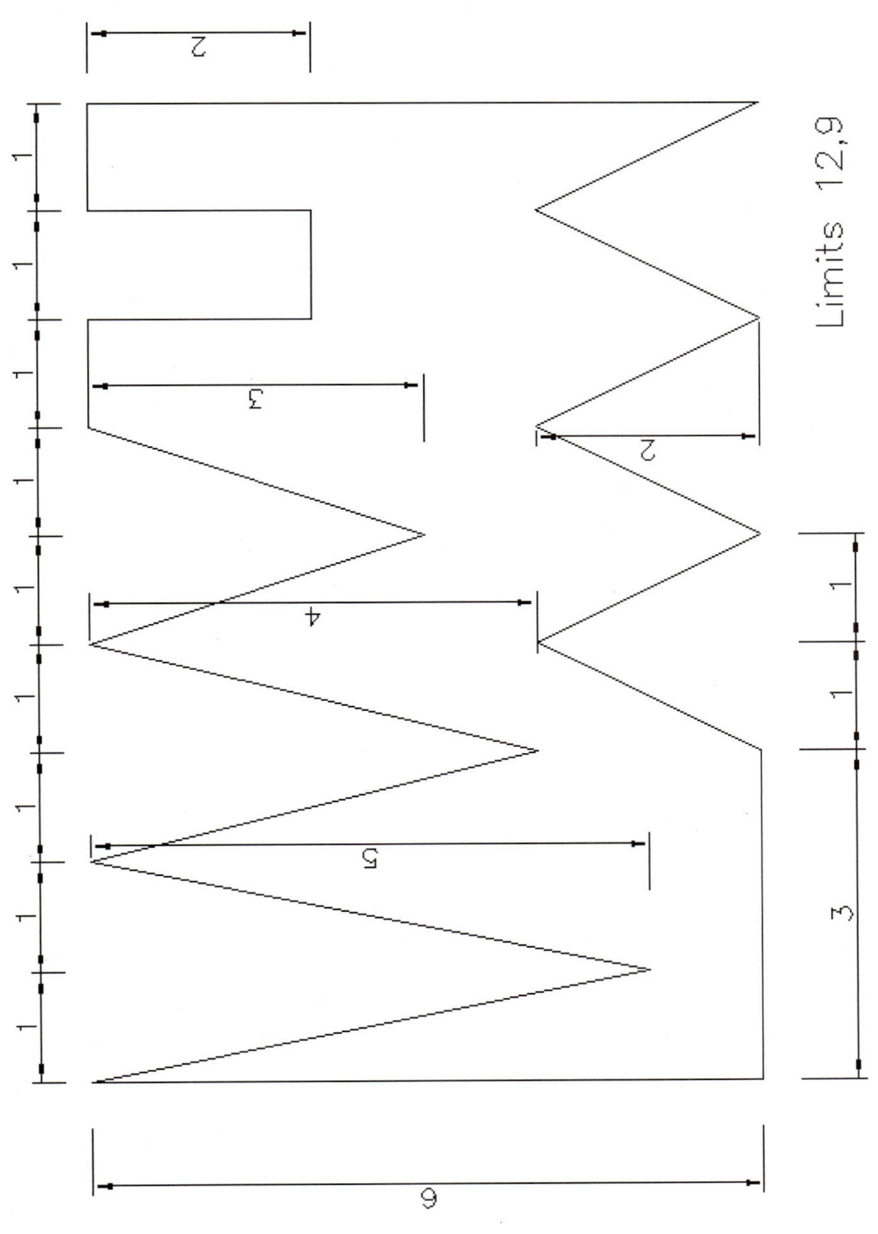

Zoom과 Pan을 마우스 휠로 이용하기

Zoom, Pan Snap, Grid 등은 사용자의 요구 조건에 따라 매번 바뀌는 명령어입니다. 따라서 다음의 따라하기를 익히면 사용자의 요구 사항에 따라 변경하여 적절하게 사용할 수 있습니다. Zoom 명령어나 Pan 등은 화면의 내용이 바뀔 때마다 예제와 조금씩 다르게 보일 수 있습니다. 그 이유는 드래그하는 위치가 정확하지 않을 수 있기 때문입니다. 최대한 비슷한 위치를 선택하고, 비슷하게 나타나면 되는 것이므로 명령어의 사용법에 주력하여 실습하기 바랍니다.

예제 파일 부록 CD\Sample\Chapter01\ch01_se03_01S.dwg

완성 파일 부록 CD\Sample\Chapter01\ch01_se03_01F.dwg

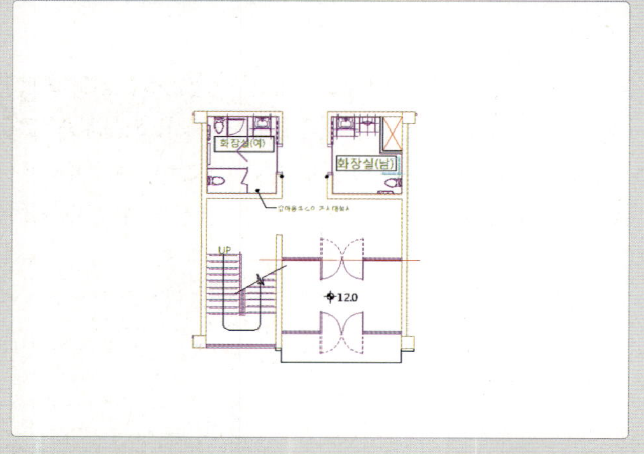

[Start]

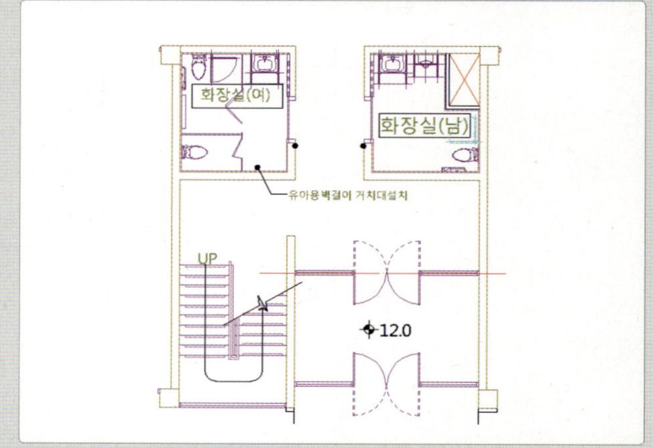

[Final]

01 메뉴의 [File]-[Open]을 선택하여 파일을 연 후 다음과 같은 화면을 확인합니다. 미리해보기에서는 Zoom 명령어를 직접 이용하여 화면의 확대/축소를 연습했지만, 이번에는 마우스 휠을 이용하여 확대/축소를 연습해보겠습니다.

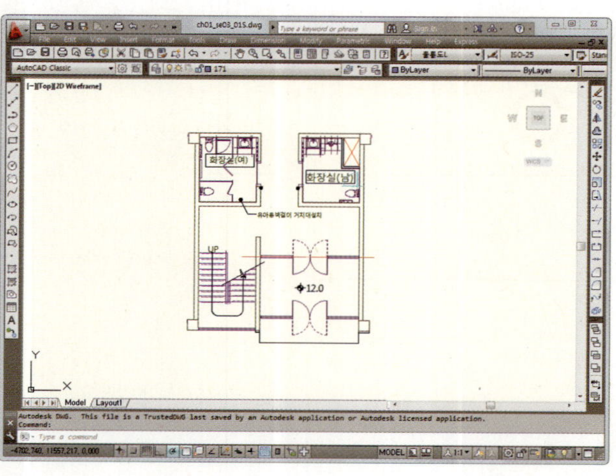

02 도면의 중앙에 마우스 커서를 올려놓고 마우스 휠을 위쪽으로 드래그하면 다음과 같이 확대됩니다. 마우스 휠을 얼마나 드래그하는지에 따라 더 많이 확대되거나 더 적게 확대되므로 화면과 똑같이 되지 않더라도 확대/축소를 확인하면 됩니다.

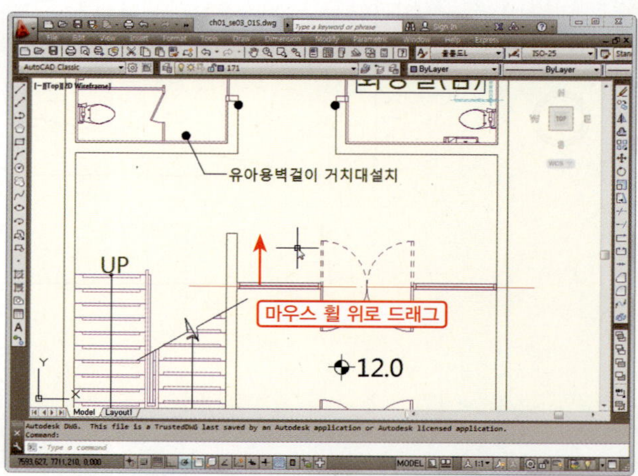

03 화면의 중앙에 마우스 휠을 올려놓고 아래쪽으로 드래그하면 다음과 같이 축소됩니다. 마우스 휠을 얼마나 드래그하는지에 따라 더 많이 축소되거나 더 적게 축소되므로 화면과 똑같이 되지 않더라도 확대/축소를 확인하면 됩니다.

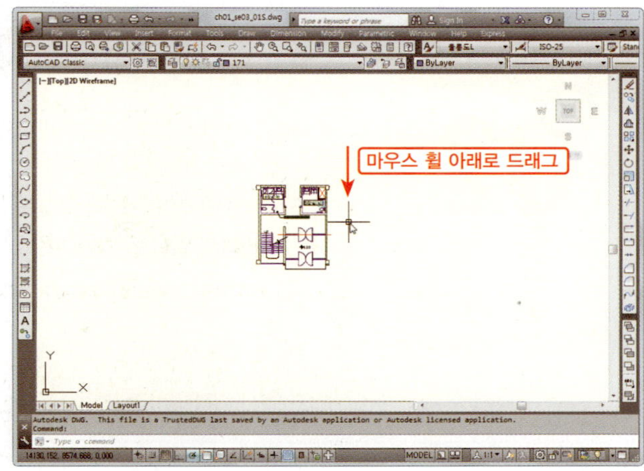

04 마우스 휠을 누른 상태에서 왼쪽 아래 방향으로 드래그하면 현재의 화면 스케일이 그대로 유지된 상태에서 다음과 같이 화면이 이동됩니다.

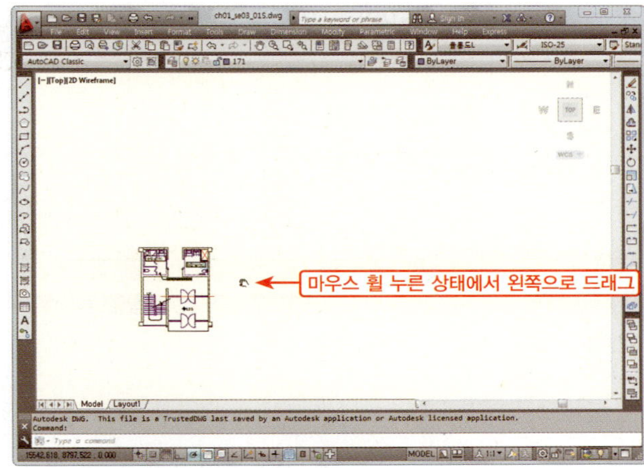

→ 마우스 휠을 누르면 손바닥 모양의 커서가 나타납니다. 화면의 중앙에서 화면의 왼쪽 아래로 클릭, 드래그합니다.

05 전체 화면을 정리하려면 명령어를 이용하는 것이 좋습니다. 현재 도면을 화면에 꽉 찬 상태로 화면에 표시하기 위하여 Zoom 명령어인 'Extents' 옵션을 입력합니다.

```
Command: ZOOM  Enter  [단축키: Z]
Specify corner of window, enter a scale factor (nX or nXP)
or [All/Center/Dynamic/Extents/Previous/Scale/Window/Object]
<Real Time>: E  Enter
```

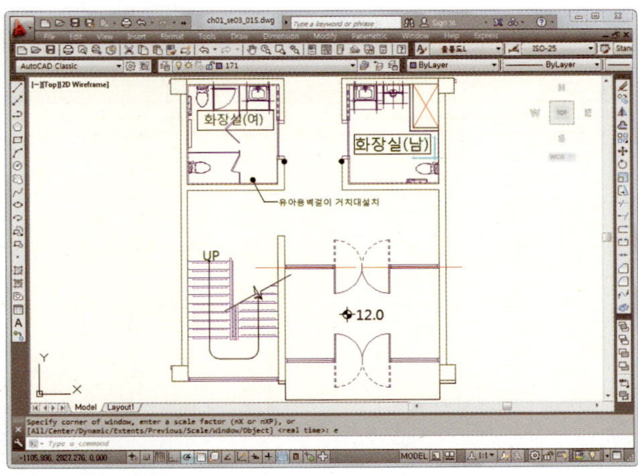

Snap과 Grid 사용법 익히기

Snap과 Grid의 경우 사용자의 성향에 따라 많이 사용하기도 하고, 사용하지 않기도 합니다. 하지만 초보의 경우에는 한 번쯤 사용해본 후에 사용 유무를 결정하는 것이 좋습니다. 이번에는 Snap의 간격을 조절한 후에 Grid가 Snap의 간격의 변화에 어떻게 변화하며, Snap에 따라 명령어를 실행하는 중에 어떻게 마우스 커서가 움직이는지에 대해 알아보겠습니다.

예제 파일 부록 CD\Sample\Chapter01\ch01_se03_02S.dwg   **완성 파일** 부록 CD\Sample\Chapter01\ch01_se03_02F.dwg

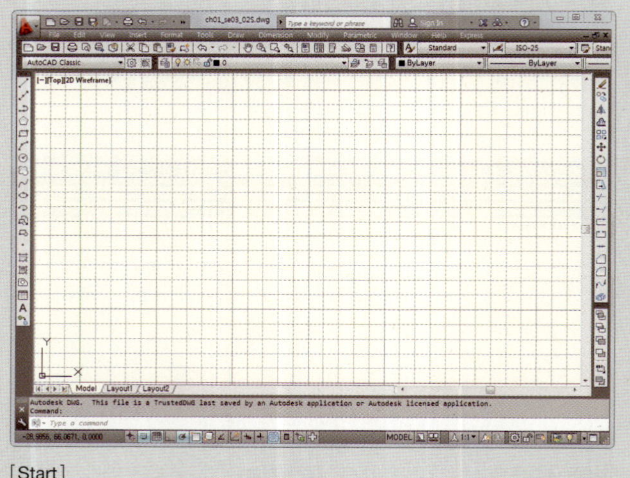

[Start]

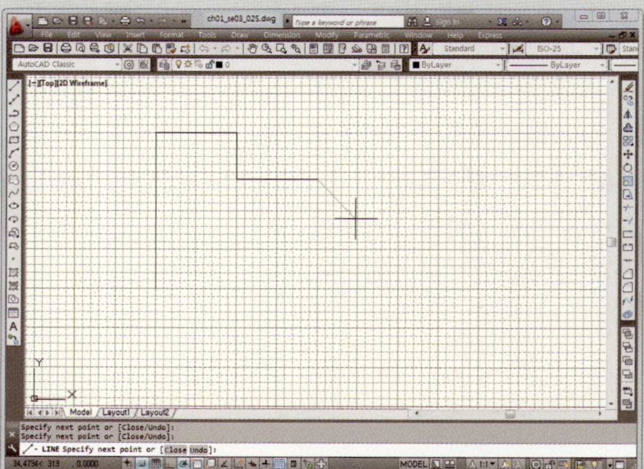

[Final]

01 메뉴의 [File]−[Open]을 선택하여 파일을 연 후 다음과 같이 기본 Limits, Snap, Grid가 있는 화면을 확인합니다. 현재의 도면은 Grid가 켜져 있는 상태입니다.

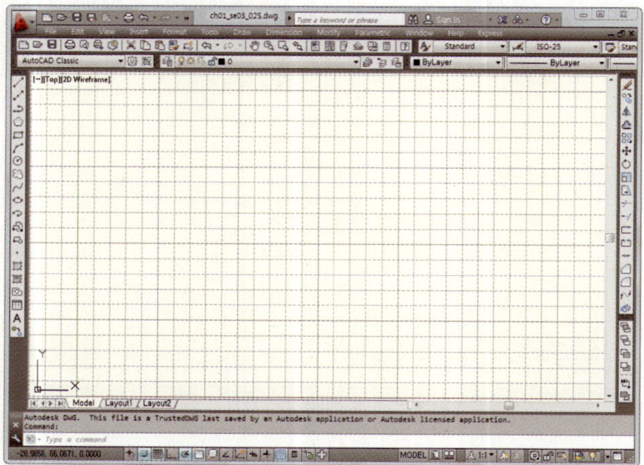

02 Grid의 간격을 임의로 조절해보겠습니다. 먼저 명령어를 입력한 후 '10'을 '5'로 바꾸면 다음과 같이 간격이 달라지는 것을 확인할 수 있습니다.

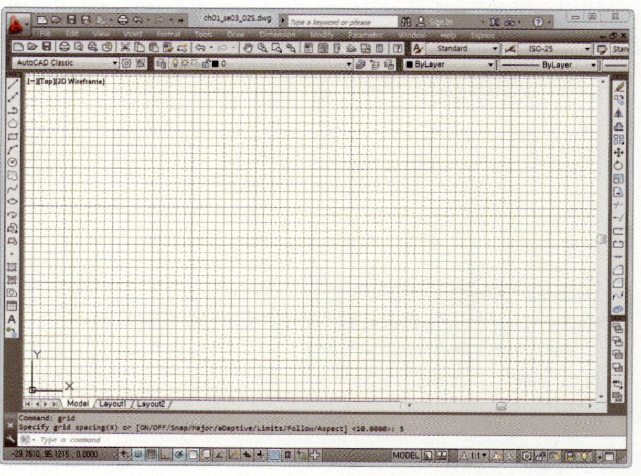

```
Command: GRID Enter
Specify grid spacing(X) or [ON/OFF/Snap/Major/aDaptive/
Limits/Follow/Aspect] <10.0000>: 5 Enter
```

03 하지만 Snap의 값은 이전의 '10'으로 계속 설정되어 있으므로, 이를 함께 변경하기 위해서는 Snap의 값도 변경해야 합니다. 따라서 Snap을 변경하면 Grid도 같이 변할 수 있도록 'Grid' 옵션을 'Snap' 옵션으로 변경합니다. 그러면 Snap에 설정된 값인 '10'으로 자동 변경됩니다.

```
Command: GRID [Enter]
Specify grid spacing(X) or [ON/OFF/Snap/Major/aDaptive/
Limits/Follow/Aspect] <5.0000>: S [Enter]
```

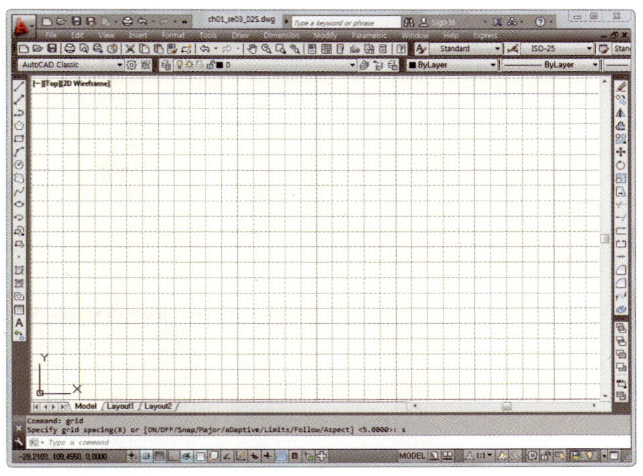

04 이제 Snap을 변경하면 Grid가 자동으로 변경됩니다. 이때 값이 너무 크거나 작으면 Grid가 표시되지 않는 경우도 있습니다. 이러한 경우에는 제대로 된 값이 나타나지 않을 수도 있으므로 주의해야 합니다. Snap을 다음과 같이 변경하면 Grid도 함께 변경됩니다.

```
Command: SNAP [Enter]
Specify snap spacing or [ON/OFF/Aspect/Style/Type] <10.0000>:
5 [Enter]
```

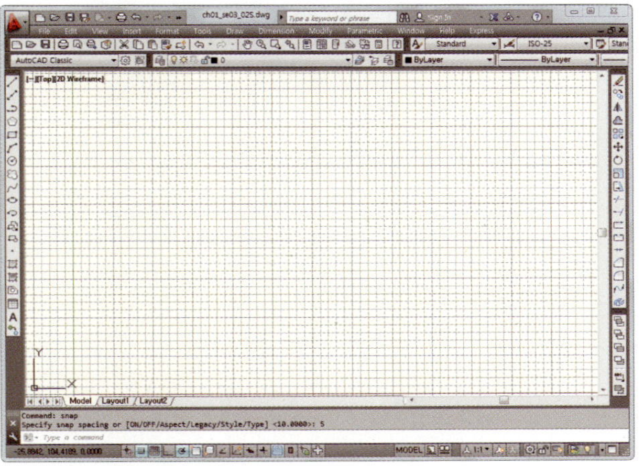

05 Snap을 이용하려면 다음처럼 그리는 명령어나 수정 명령어를 입력해보아야 합니다. 이전 버전에서는 마우스 커서가 명령어를 사용하기 전에 Snap 간격으로 움직였지만 버전이 올라가면서 이러한 불편함이 없어지고 명령어를 수행하는 경우에만 사용할 수 있게 되었습니다. 다음과 같이 Line 명령어를 입력한 후 몇 개의 선을 그려봅니다.

```
Command: LinE [Enter] [단축키: L]
Specify first point: P1점 클릭
Specify next point or [Undo]: P2점 클릭
Specify next point or [Undo]: P3점 클릭
Specify Next Point or [Close/Undo]: P4점 클릭
Specify Next Point or [Close/Undo]: P5점 클릭
Specify Next Point or [Close/Undo]: [Enter]
```

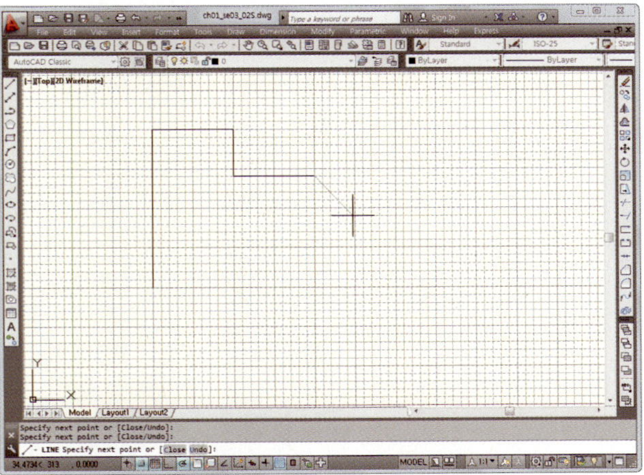

02

AutoCAD로 도면 요소 학습하기

이번 장에서는 도면 작업을 하는 기본적인 그리기 명령어와 기초 편집 명령어를 학습합니다. 가장 기본적인 명령어를 이용하여 도면을 그리는 기본적인 객체들과 이들을 편리하게 수정, 편집하는 기초 명령어에 대해 알아보겠습니다. AutoCAD 명령어 중에서 가장 많이 이용되는 명령어이므로 반드시 숙지해야만 도면을 빠르고 정확하게 그릴 수 있습니다.

01

다양한 도형 그리기

선(Line) 외에 가장 많이 필요한 도면 요소는 '원'과 '호'입니다. 이번에는 반지름과 지름의 크기를 이용하는 원과 원을 잘라 일부분만 사용하는 호를 그리는 방법 및 다양한 옵션의 활용에 대해 알아보겠습니다. 또한 원의 확장 명령어인 타원(Ellipse) 명령어를 이용하여 타원 객체의 특성을 알아보겠습니다.

01. 원을 그리는 Circle

원이란, 평면 사이에 하나의 중심점에서 원에 이르는 거리인 반지름이 같은 거리에 있는 점의 자취를 말합니다. 따라서 원을 그리는 데에 있어서 가장 많이 이용되는 방법은 중심점을 선택하고 반지름을 입력하는 것입니다. 이 밖에 지름을 입력하거나 2점, 3점, 접선, 반지름 등의 옵션을 이용하여 원을 그리는 명령어에 대해 알아보겠습니다.

명령어	Circle	아이콘	⊘
단축키	C	메뉴	[Draw]-[Circle]

● 명령어 이해하기

원을 그리려면 가장 먼저 도면에 주어진 조건이 무엇인지를 먼저 파악해야 합니다. 주어진 조건이 중심점과 반지름인 경우, 중심점과 지름인 경우, 중심점은 없으면서 두 점만 알려주는 경우, 세 점의 위치만 알려주는 경우 등 원을 그리는 조건은 사용자의 편의에만 맞춰진 것이 아닙니다. 따라서 주어진 조건을 확인하고 각각의 조건에 맞추어 원을 그려야 하므로 다양한 옵션 사용법을 익혀야 합니다. 이 중에서도 특히 원의 중심점과 반지름 값이 주어지는 경우가 가장 많으므로 기본 방법을 정확히 익히는 것이 좋습니다.

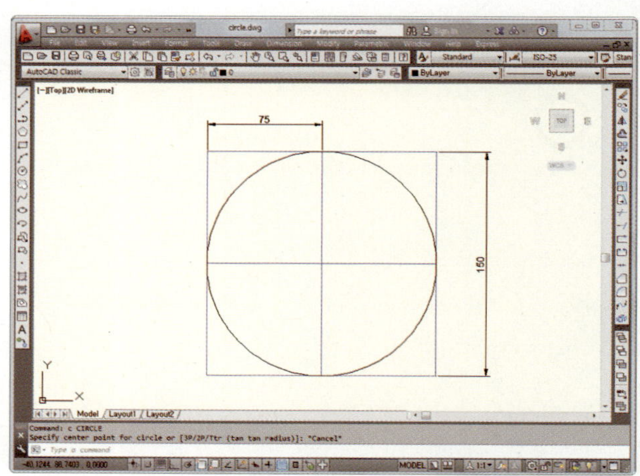

```
Command: CIRCLE Enter [단축키: C]
Specify center point for circle or [3P/2P/Ttr(tan tan radius)]:
  → 원의 중심점 좌표를 입력하거나 마우스로 클릭합니다.
Specify radius of circle or [Diameter]: 75 Enter
  → 원의 반지름 값을 입력합니다.
```

● 옵션 이해하기

Circle을 그릴 때에는 중심점의 위치와 반지름 값만 주어지는 것이 아닙니다. 따라서 주어진 조건을 이용하여 그릴 수 있는 다른 조건을 만족하는 원을 그리는 옵션을 이용해야 합니다. 이때 사용할 수 있는 조건으로는 지름 값, 두 점을 지나는 원, 세 점을 지나는 원, 접점, 반지름 등이 있습니다. 옵션을 이용하는 경우에는 해당 옵션의 대문자를 먼저 입력해야 합니다.

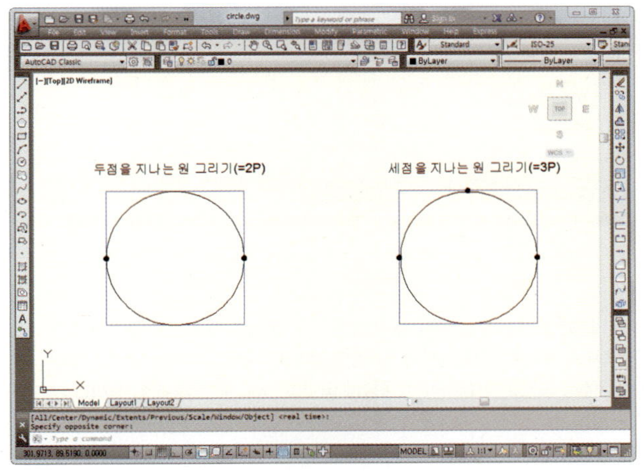

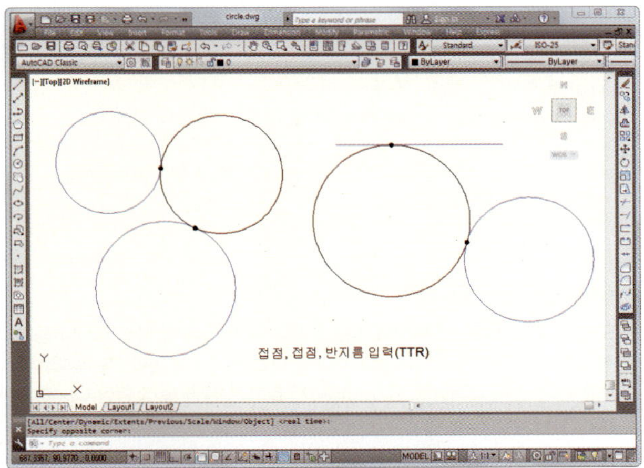

옵션	설명
Diameter	중심점을 입력한 후 원의 지름 값을 입력하여 원을 그립니다.
3P	3개의 좌표를 클릭한 후 그 세 점을 지나는 원을 그립니다.
2P	원의 중심을 가로지르는 2개의 좌표를 클릭한 후, 그 두 점을 지나는 원을 그립니다. 이때 두 점을 이으면 원의 지름 길이와 동일해집니다.
Ttr	Ttr의 T(Tangent)는 접선을 의미합니다. 이는 접선, 접선, 반지름의 옵션으로, 중심점은 알 수 없지만 화면상의 일정한 객체를 만나는 두 지점과 반지름 값으로 원을 그립니다.

● 미리해보기

예제 파일 부록 CD\Sample\Chapter02\ch02_01S.dwg

완성 파일 부록 CD\Sample\Chapter02\ch02_01F.dwg

01 메뉴의 [File]-[Open]을 선택하여 부록 CD에서 예제 파일을 불러옵니다. 다음과 같이 원을 그릴 수 있는 기본 사항이 그려져 있습니다. 빨간색으로 그려진 사각형과 원을 그릴 때에 이해하기 쉽도록 미리 그려 놓은 보조선입니다. 이 보조선을 기준으로 원을 그려보겠습니다.

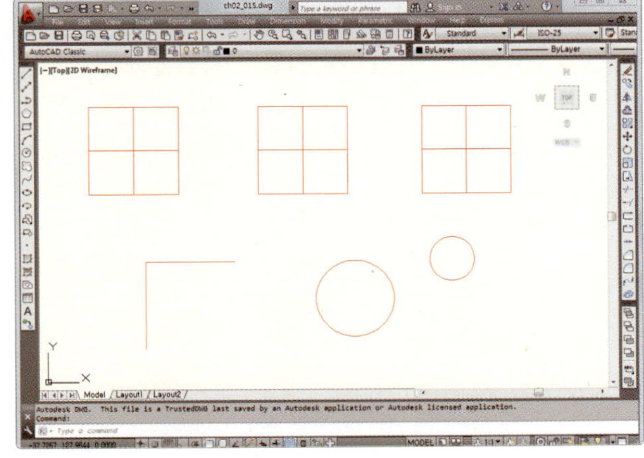

02 기본 값인 원의 중심점과 반지름을 입력하여 원을 그려보겠습니다. 원 명령어인 'Circle'을 입력한 후 다음과 같이 첫 번째 사각형의 가운데 중심점을 클릭하고 반지름 값에 '40'을 입력합니다. 다음과 같은 원이 그려집니다.

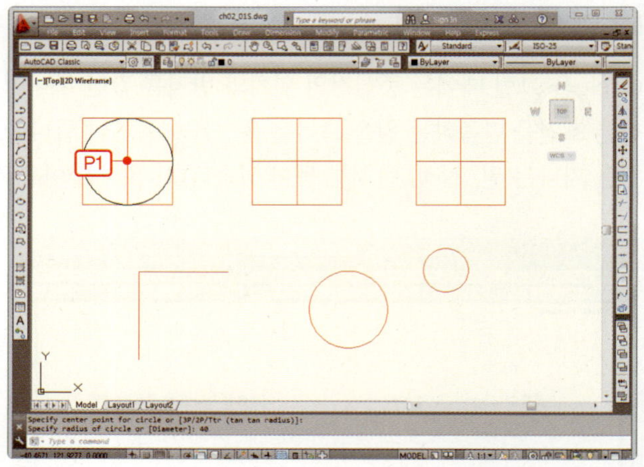

```
Command: CIRCLE [Enter] [단축키: C]
Specify center point for circle or [3P/2P/Ttr(tan tan
radius)]: P1점 클릭
Specify radius of circle or [Diameter] <20.0000>: 40 [Enter]
→ 반지름 값을 입력합니다.
```

Osnap이 안 나타나면?

도면을 그릴 때에는 초록색의 작은 상자나 삼각형 상자, 엑스 표시나 동그라미 표시 등이 나타납니다. 특히 원을 처음 그릴 때에 중심의 교차점을 클릭하면 초록색의 엑스 표시가 나타나는데, 이것이 바로 뒤에서 설명할 Osnap입니다. Osnap은 객체의 정확한 지점을 선택해주는 명령어로, 기본 값은 항상 활성화되어 있습니다. 만약 이러한 표시가 나타나지 않으면 [F3]을 눌러 항상 Osnap이 On이 된 상태에서 도면을 작성해야만 정확한 도면을 그릴 수 있습니다. 자세한 내용은 뒤의 Osnap을 참고하기 바랍니다.

03 두 점을 입력하여 원을 그리는 경우, 두 점의 위치는 전체 원의 지름이 되는 것을 알 수 있습니다. 다음과 같이 Circle 명령어를 입력한 후 두 점을 입력하는 옵션인 '2P'를 입력하고 P2점과 P3점을 클릭하여 선택합니다.

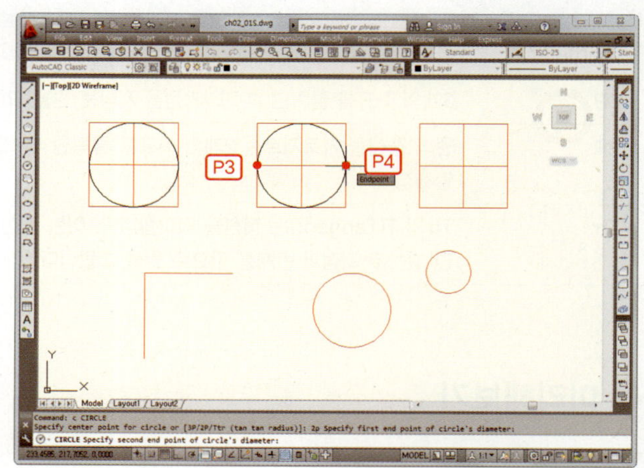

```
Command: CIRCLE [Enter] [단축키: C]
Specify center point for circle or [3P/2P/Ttr(tan tan
radius)]: 2P [Enter]
Specify first end point of circle's diameter: P3점 클릭
Specify second end point of circle's diameter: P4점 클릭
```

04 원을 그리는 조건 중에서 세 점을 아는 경우에는 3P를 먼저 입력하고, 원하는 세 지점을 클릭하여 입력합니다. 다음과 같이 Circle 명령어를 입력한 후 2점을 입력하는 옵션인 2P를 입력하고 P4점, P5점, P6점을 클릭하여 선택합니다.

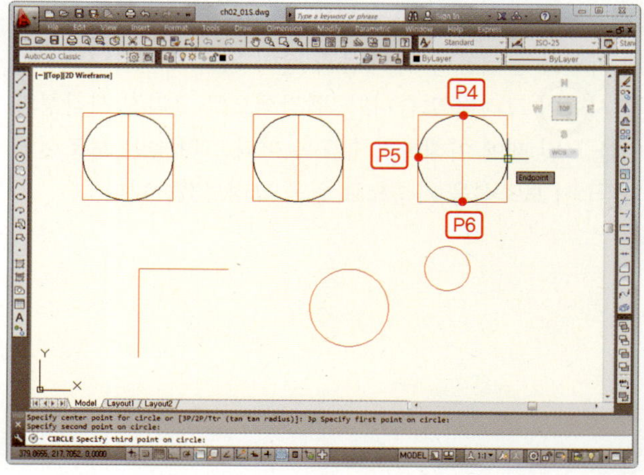

```
Command: CIRCLE [Enter] [단축키: C]
Specify center point for circle or [3P/2P/Ttr(tan tan
radius)]: 3P [Enter]
Specify first point on circle: P4점 클릭
Specify second point on circle: P5점 클릭
Specify third point on circle: P6점 클릭
```

05 원의 중심점은 정확히 알 수 없지만, 그 원의 반지름 값과 만나는 접점의 위치만 알면 원을 그릴 수 있습니다. 'Ttr' 옵션을 먼저 입력한 후 접점의 위치 두 곳을 클릭하고 반지름 값을 입력합니다. 이때 접점이 정확하지 않아도 비슷한 위치에만 클릭하면 자동으로 그 반지름에 알맞은 접점을 찾아줍니다. 접점의 Osnap은 다음 그림처럼 동그라미 위에 선이 있는 모양체로 나타납니다.

```
Command: CIRCLE Enter [단축키: C]
Specify center point for circle or [3P/2P/Ttr(tan tan
radius)]: T Enter
Specify point on object for first tangent of circle: P7점 클릭
Specify point on object for second tangent of circle: P8점 클릭
Specify radius of circle <40.0000>: 35 Enter
```

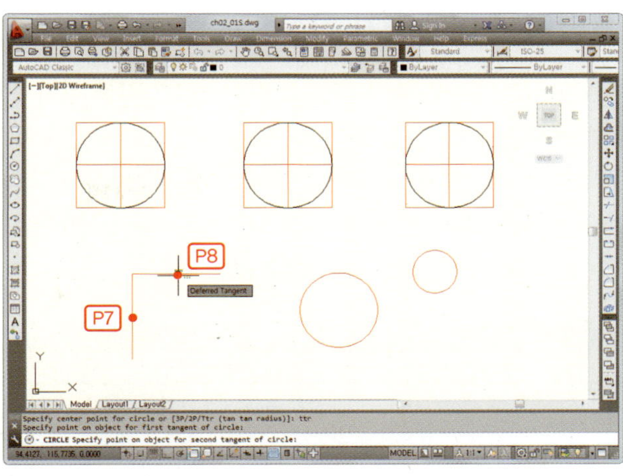

06 Ttr을 이용하는 경우에는 선과 선만 만나는 것이 아닙니다. 원과 원이 만나면 반지름이 일정한 원도 그릴 수 있습니다. 'Ttr' 옵션을 먼저 입력한 후 접점 두 곳의 위치를 클릭하고 반지름 값을 입력합니다.

```
Command: CIRCLE Enter [단축키: C]
Specify center point for circle or [3P/2P/Ttr(tan tan
radius)]: T Enter
Specify point on object for first tangent of circle: P9점 클릭
Specify point on object for second tangent of circle: P10점
클릭
Specify radius of circle <35.0000>: 40 Enter
```

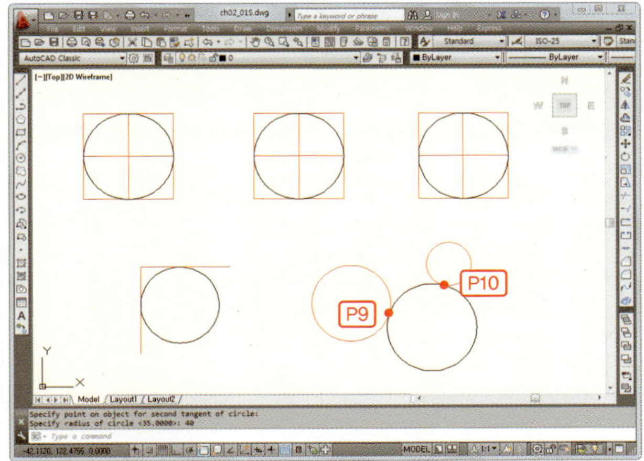

02. 호를 그리는 Arc

원은 시작과 끝이 하나로 이어진 선분입니다. 이와 달리 호는 원의 일부분만 있으며 시작과 끝이 있는 객체로, 원이 갖고 있는 중심점과 반지름을 가지면서 잘려 나간 객체이기 때문에 시작점, 끝점, 호의 내부 각 등과 같은 다양한 요소를 갖고 있습니다. 초보자인 경우 호를 그리는 것이 쉽지 않지만 원하는 조건을 세 가지로 조합한 후에 옵션을 지정하면 간단하게 그릴 수 있으며, 이미 조합된 메뉴를 이용하여 그릴 수도 있습니다. 이번에는 호의 다양한 옵션에 대해 알아보겠습니다.

명령어	Arc	아이콘	
단축키	A	메뉴	[Draw]-[Arc]

● 명령어 이해하기

호를 그리기 전에는 호를 그릴 조건이 무엇인지를 먼저 살펴본 후에 옵션을 적절히 구사해야 합니다. 즉, 명령어를 입력한 후에 호의 시작점 좌표 값을 입력합니다. 그런 다음, 주어진 조건에 맞는 호의 옵션을 입력하고 좌표 값이나 수치를 순서대로 입력합니다. 호는 각도계의 양의 방향을 기준으로 그려지기 때문에 먼저 시작점을 클릭한 후 시작점(Start Point), 중심점(Center Point), 끝점(End Point), 각도(Angle), 반지름(Radius), 현의 길이 값(Length), 접선의 방향(Direction) 등을 원하는 순서대로 조합하여 그립니다.

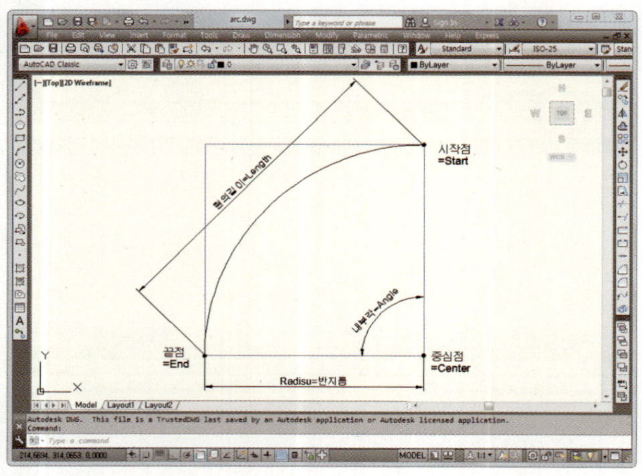
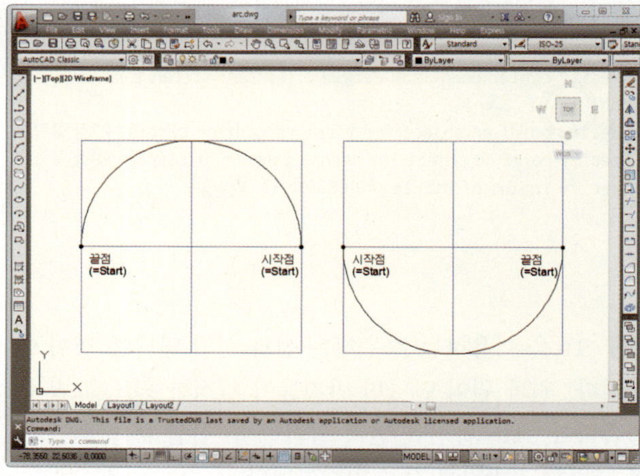

```
Command: ArC Enter [단축키: A]
Specify start point of arc or [Center]:
 → 호의 시작점 또는 호의 중심점을 클릭합니다.
Specify second point of arc or [Center/End]:
 → 호의 두 번째 점을 클릭하거나 중심점 또는 끝점의 옵션을 선택합니다.
Specify end point of arc:
 → 호의 마지막 점을 클릭합니다.
```

● 옵션 이해하기

호를 그릴 때에 옵션을 지정하지 않으면 무조건 세 점을 지나는 호가 그려집니다. 따라서 각도나 반지름 등과 같이 정확한 값이 있는 경우에는 3개의 옵션을 조합하여 호를 그릴 수 있습니다. 호가 갖는 옵션의 내용은 다음과 같습니다.

옵션	설명	옵션	설명
S(Start Point)	호의 시작점을 입력합니다.	L(Length)	호의 현의 길이 값을 입력합니다.
E(End Point)	호의 끝점을 입력합니다.	R(Radius)	호의 반지름 값을 입력합니다.
C(Center Point)	호의 중심점을 입력합니다.	D(Direction)	호의 접선 방향을 입력합니다.
A(Angle)	호의 내부 각을 입력합니다.		

● 미리해보기

예제 파일 부록 CD\Sample\Chapter02\ch02_02S.dwg   완성 파일 부록 CD\Sample\Chapter02\ch02_02F.dwg

01 메뉴의 [File]-[Open]을 선택하여 부록 CD에서 예제 파일을 불러옵니다. 호를 그리기 위한 여러 가지 기본 선분들을 그려 놓은 도면이 나타납니다. 다음 선분을 기준으로 호를 그립니다.

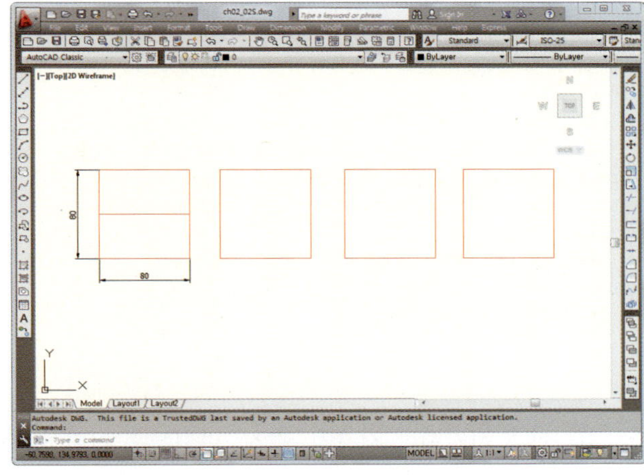

02 옵션을 사용하지 않은 상태에서 클릭만으로 호를 그립니다. 반지름이나 각도 등과 같이 아무런 옵션이 필요 없는 경우에는 원하는 세 곳만 클릭합니다.

```
Command: ARC [Enter] [단축키: A]
Specify start point of arc or [Center]: P1점 클릭
Specify second point of arc or [Center/End]: P2점 클릭
Specify end point of arc: P3점 클릭
```

03 두 번째 사각형에 호의 중심점과 시작점, 끝점의 순서대로 호를 그립니다. Arc 명령어를 입력한 후 'Center' 옵션을 먼저 입력하고 다음의 점을 선택합니다.

```
Command: ARC [Enter] [단축키: A]
Specify start point of arc or [Center]: C [Enter]
→ 호의 중심점을 입력하기 위한 'C' 옵션을 입력합니다.
Specify center point of arc: P4점 클릭
Specify start point of arc: P5점 클릭
Specify end point of arc or [Angle/chord Length]: [Enter] P6점 클릭
```

04 세 번째 사각형에 호의 시작점과 끝점 그리고 내부 각을 입력하여 호를 그립니다. Arc 명령어를 입력한 후 시작점과 끝점을 클릭하여 입력하고, 내부 각을 입력합니다. 호가 시계 반대 방향으로 그려집니다.

```
Command: ARC Enter [단축키: A]
Specify start point of arc or [Center]: P7점 클릭
Specify second point of arc or [Center/End]: E Enter
→ 호의 끝점을 입력하기 위하여 'E' 옵션을 입력합니다.
Specify end point of arc: P8점 클릭
Specify center point of arc or [Angle/Direction/Radius]: A
Enter
→ 호의 내부 각을 입력하기 위하여 'A' 옵션을 입력합니다.
Specify included angle: 90 Enter
→ 호의 내부 각 90°를 입력합니다.
```

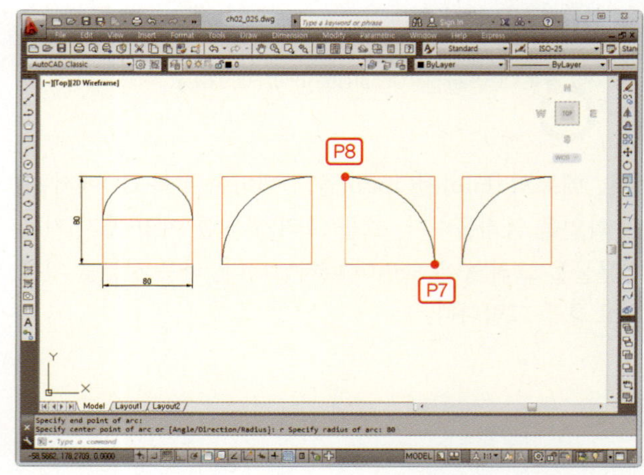

05 네 번째 사각형에 시작점, 끝점, 반지름을 입력하여 호를 그립니다. Arc 명령어를 입력한 후 시작점과 끝점을 클릭하여 입력하고 반지름을 입력합니다. 호는 시계 반대 방향으로 그려집니다.

```
Command: ARC Enter [단축키: A]
Specify start point of arc or [Center]: P9점 클릭
Specify second point of arc or [Center/End]: E Enter
→ 호의 끝점을 입력하기 위해 'E' 옵션을 입력합니다.
Specify end point of arc: P10점 클릭
Specify center point of arc or [Angle/Direction/Radius]: R
Enter
→ 호의 반지름을 입력하기 위해 'R' 옵션을 입력합니다.
Specify radius of arc: 80 Enter
→ 호의 반지름 값을 입력합니다.
```

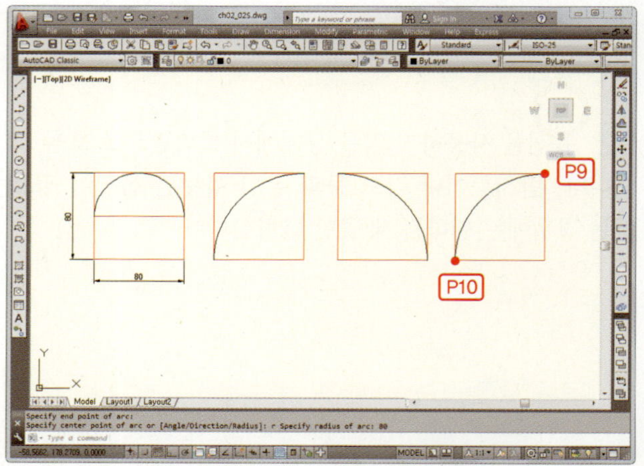

03. 장축, 단축을 갖는 타원을 그리는 Ellipse

원의 경우에는 중심점에서 원에 이르는 모든 길이가 같지만, 타원의 경우에는 다릅니다. 그 중에서 가장 긴 값을 갖는 값을 '장축', 가장 짧을 값을 갖는 값을 '단축'이라고 합니다. 타원은 이와 같이 중심으로부터 가장 긴 축과 가장 짧은 축을 호로 연결하여 원을 그리는 것을 말합니다. 이번에는 타원을 그리는 다양한 방법을 알아보겠습니다.

명령어	Ellipse
단축키	EL

아이콘	
메뉴	[Draw]-[Ellipse]

● 명령어 이해하기

타원을 그릴 때에는 축의 길이를 입력하여 그리는 방법이 가장 많이 사용됩니다. 따라서 타원은 타원의 양쪽 축 지점을 클릭하여 입력한 후 나머지 한쪽 축의 지점을 입력하여 그립니다. 타원을 잘라 타원형의 호를 그리기도 하며, 호를 그리는 경우에는 처음 선택한 지점의 장축 지점을 기준으로 각도만큼 그려줍니다.

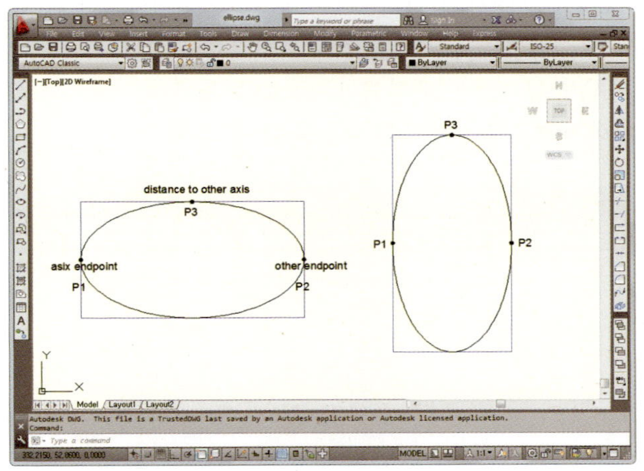

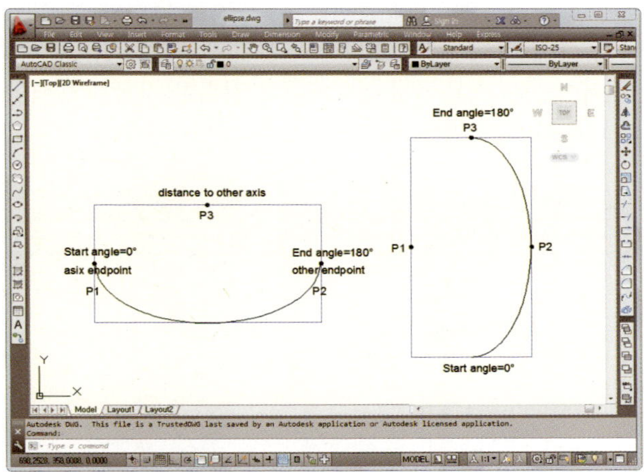


```
Command: Ellipse Enter [단축키: EL]
Specify axis Endpoint of Ellipse or [Arc/Center]: P1점
 → 타원의 한쪽 축 첫 번째 끝점을 클릭합니다.
Specify other Endpoint of axis: P2점
 → 타원의 한쪽 축 두 번째 끝점을 클릭합니다.
Specify distance to other axis or [Rotation]: P3점
 → 타원의 두 번째 축 길이 값을 위한 점을 클릭합니다.
```

● 옵션 이해하기

타원은 주로 먼저 클릭하는 위치를 기준으로 장축, 단축을 이용하여 그리는 것이 보통입니다. 하지만 주어진 조건이 타원의 중심점을 알고 있다면 'Center' 옵션을 이용하여 타원의 중심점부터 클릭하여 타원을 그립니다. 또한 'Rotation' 옵션을 이용하여 원을 수직에서 수평 방향으로 점점 눕혀 타원을 그릴 수 있으며, 타원형의 호도 그릴 수 있습니다.

옵션	설명
Arc	타원형의 호를 그립니다.
Center	타원의 축을 선택하는 경우, 타원의 중심을 먼저 선택하고 축의 나머지 끝점을 선택할 수 있습니다.
Rotation	Rotation의 경우, 종이에 둥근 원을 그린 후 정면에 수직으로 세워둔 상태에서 점점 바닥으로 눕혀 보면, 원이 기울어 타원처럼 보입니다. Rotation은 이와 같이 회전 값을 이용하는 원리를 이용하여 타원을 그리는 옵션입니다. 0~89°까지의 각도를 입력하여 타원을 그립니다.

예제 파일 부록 CD\Sample\Chapter02\ch02_03S.dwg   완성 파일 부록 CD\Sample\Chapter02\ch02_03F.dwg

01 메뉴의 [File]-[Open]을 선택하여 부록 CD에서 예제 파일을 불러옵니다. Ellipse 명령어를 입력한 후 가로축을 장축으로 입력하여 다음과 같이 선택합니다. Osnap이 켜져 있는 상태에서 입력해야만 정확한 지점을 선택할 수 있습니다.

02 타원의 중심점부터 선택한 후 타원을 그리기 위하여 'Center' 옵션을 입력하고 다음의 축을 선택합니다. 옵션 없이 선택하는 경우에는 축의 양쪽 끝점을 선택한 후에 나머지 한쪽 축을 선택하지만, 'Center' 옵션을 이용하는 경우에는 중심점부터 축의 끝점을 선택합니다.

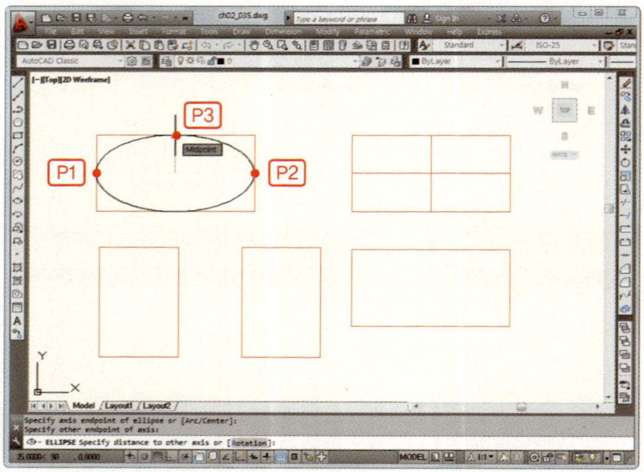

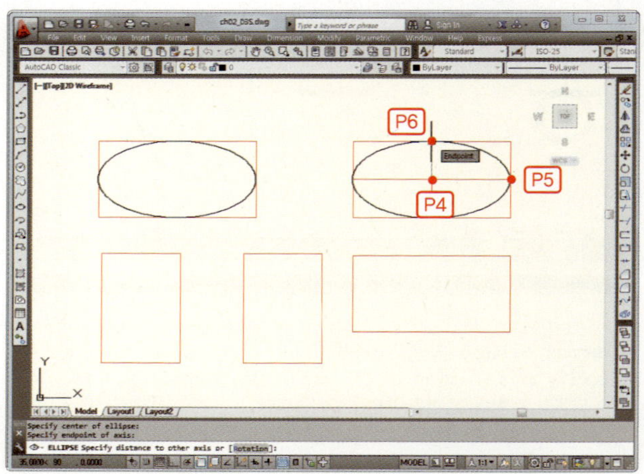

```
Command: Ellipse [Enter] [단축키: EL]
Specify axis Endpoint of Ellipse or [Arc/Center]: P1점 클릭
Specify other Endpoint of axis: P2점 클릭
Specify distance to other axis or [Rotation]: P3점 클릭
```

```
Command: Ellipse [Enter] [단축키: EL]
Specify axis Endpoint of Ellipse or [Arc/Center]: C [Enter]
  → 타원의 중심점을 선택하기 위하여 'C' 옵션을 먼저 입력합니다.
Specify center of Ellipse: P4점 클릭
  → 타원의 중심점 좌표를 입력합니다.
Specify Endpoint of axis: P5점 클릭
  → 중심점으로부터 축의 한쪽 끝점을 입력합니다.
Specify distance to other axis or [Rotation]: P6점 클릭
  → 나머지 한쪽 끝점의 좌표를 입력합니다.
```

03 항상 장축을 먼저 선택하는 것은 아닙니다. 다음과 같은 타원을 그린 후 단축을 먼저 선택하는 타원을 그립니다.

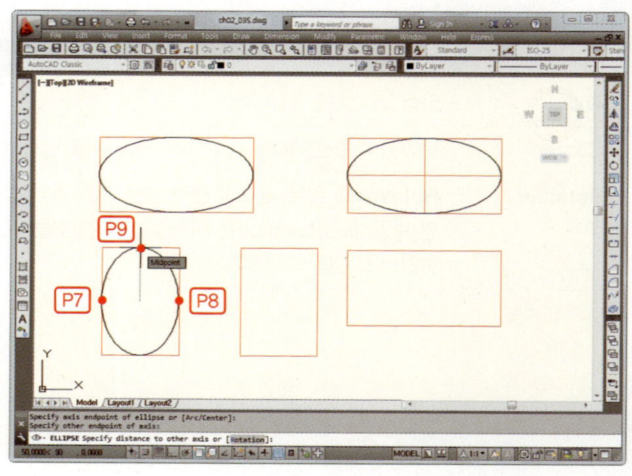

```
Command: Ellipse [Enter] [단축키: EL]
Specify axis Endpoint of Ellipse or [Arc/Center]: P7점 클릭
Specify other Endpoint of axis: P8점 클릭
Specify distance to other axis or [Rotation]: P9점 클릭
```

04 타원형의 호를 그리기 위하여 호를 그리는 'A' 옵션을 입력한 후 타원 전체를 그리고, 타원형 호의 시작 각도와 끝 각도를 입력하여 원하는 일부분만 남깁니다. 이때 시작 각은 장축의 첫 점을 0°로 한다는 것을 기억해야 합니다.

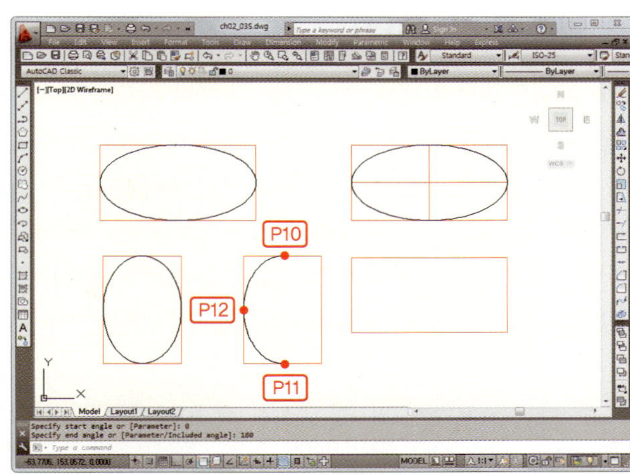

```
Command: Ellipse Enter [단축키: EL]
Specify axis Endpoint of Ellipse or [Arc/Center]: A Enter
 → 타원형의 호를 그리기 위하여 'A' 옵션을 입력합니다.
Specify axis Endpoint of elliptical arc or [Center]: P10점 클릭
Specify other Endpoint of axis: P11점 클릭
Specify distance to other axis or [Rotation]: P12점 클릭
Specify start angle or [Parameter]: 0 Enter
 → 타원형 호의 시작 각도를 입력합니다.
Specify end angle or [Parameter/Included angle]: 180
 → 타원형 호의 끝 각도를 입력합니다.
```

05 원의 기울기 각을 이용하여 타원을 그리는 'Rotation' 옵션을 이용해보겠습니다. Rotation의 경우에도 먼저 타원의 한쪽 축을 선택하여 전체적인 너비를 입력한 후 기울기 각도를 입력합니다.

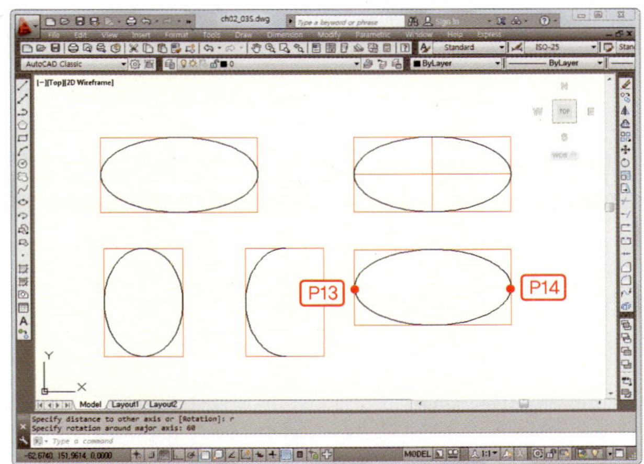

```
Command: Ellipse Enter [단축키: EL]
Specify axis Endpoint of Ellipse or [Arc/Center]: P13점 클릭
Specify other Endpoint of axis: P14점 클릭
Specify distance to other axis or [Rotation]: R Enter
 → 원을 기울여 타원으로 만드는 'R' 옵션을 입력합니다.
Specify rotation around major axis: 60 Enter
 → 원의 기울기 각을 입력합니다.
```

04. 다각형을 그리는 Polygon

3각형에서 1,024각형의 다각형을 그리는 명령어를 'Polygon'이라고 합니다. Polygon은 일반적인 삼각형, 사각형, 오각형 등을 위주로 그리며, Polygon으로 그린 객체는 하나로 이어져 선분 하나하나를 선택할 수 없는 Polyline의 성분으로 이루어져 있습니다. 많은 각을 가진 다각형을 그릴 수 있지만 주로 3~10각형 정도를 그리며, 사용자의 용도에 알맞게 그릴 수도 있습니다. 참고로 1,024각형은 '원'입니다. 이번에는 다양한 크기와 모양의 다각형을 그리는 방법을 알아보겠습니다.

명령어	Polygon	아이콘	
단축키	POL	메뉴	[Draw]-[Polygon]

● 명령어 이해하기

Polygon은 원을 각형의 수로 나눈 후 해당 각도를 360°에 뿌리고, 그 맞닿는 지점들을 연결하여 다각형을 그리는 방식입니다. 따라서 Polygon을 그리는 경우에는 다각형의 중심점, 다각형의 크기를 결정하는 반지름, 원의 내접과 외접 유무를 입력하여 다각형을 그립니다. 또한 다각형은 한 변의 길이가 다른 변의 길이와 동일한 길이 값을 가지므로, 해당하는 한 변의 길이만 알면 원하는 다각형을 그릴 수 있는 'Edge' 옵션을 이용할 수도 있습니다. Polygon을 그리는 경우에는 다각형의 변의 개수를 입력한 후 다각형의 중심점 좌표를 입력하고 원의 반지름 값을 입력한 다음, 원의 내접(Inscribed in Circle)과 외접(Circumscribed about Circle)의 옵션을 선택하여 다각형을 그립니다.

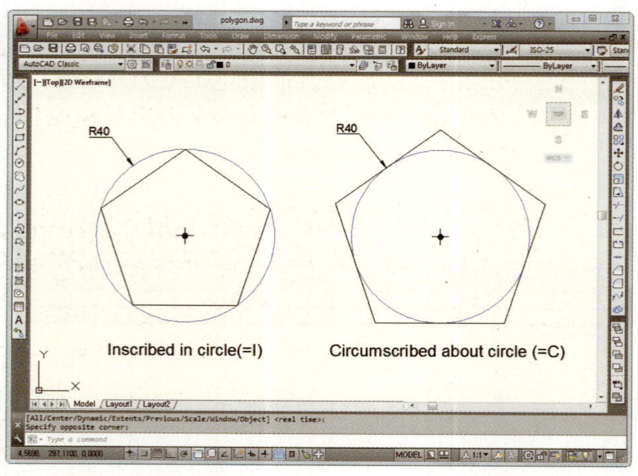

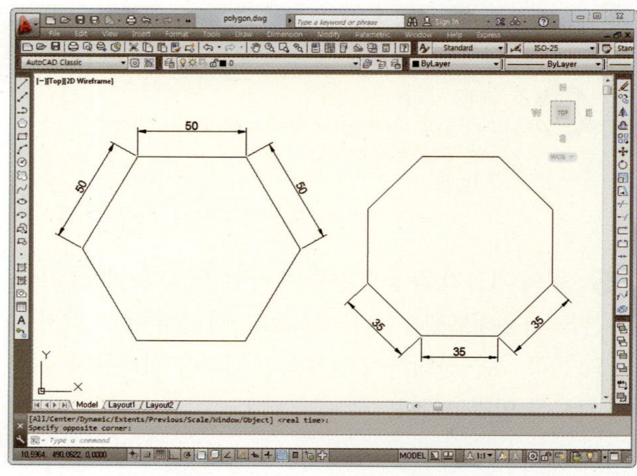


```
Command: Polygon  Enter
Enter number of sides <4>:
 → 다각형의 변의 개수를 입력합니다.
Specify center of polygon or [Edge]:
 → 다각형의 중심점을 클릭합니다.
Enter an option [Inscribed in circle/Circumscribed about circle] <I>: I  Enter
 → 원에 내접하거나 원에 외접하는 옵션 중 하나를 선택하여 입력합니다.
Specify radius of circle:
 → 다각형의 크기를 결정하는 원의 반지름 값을 입력합니다.
```

● 옵션 이해하기

Polygon의 옵션에는 원에 내접하는 다각형과 외접하는 다각형이 있습니다. 반지름이 같더라도 외접과 내접에 따라 크기가 달라집니다. 또한 다각형의 한 변의 길이는 다른 한 변의 길이와 동일하므로 한 변의 길이(Edge) 값을 옵션으로 원하는 변의 길이를 입력하여 다각형을 그릴 수 있습니다.

옵션	설명
Edge	한 변의 길이 값을 입력하여 Polygon을 그립니다. 길이 값은 마우스로 두 점을 클릭하여 입력하거나 좌표 값을 입력하여 그립니다.
Inscribed in circle	원에 내접하는 형태의 Polygon을 그립니다.
Circumscribed about circle	원에 외접하는 형태의 Polygon을 그립니다.

◉ 미리해보기

예제 파일 부록 CD\Sample\Chapter02\ch02_04S.dwg   **완성 파일** 부록 CD\Sample\Chapter02\ch02_04F.dwg

01 메뉴의 [File]-[Open]을 선택하여 부록 CD에서 예제 파일을 불러옵니다. 다음과 같이 동일한 크기의 반지름 값을 갖고 있는 원이 그려져 있습니다. Polygon 명령어를 입력한 후 다음 지점을 다각형의 중심점으로 클릭하여 선택합니다. 원의 중심점을 선택하려면 Osnap의 Center가 나타나도록 해야 합니다. 원의 밖에서 안으로 드래그한 후 다음과 같이 초록색의 동그라미가 나타났을 때에 선택합니다.

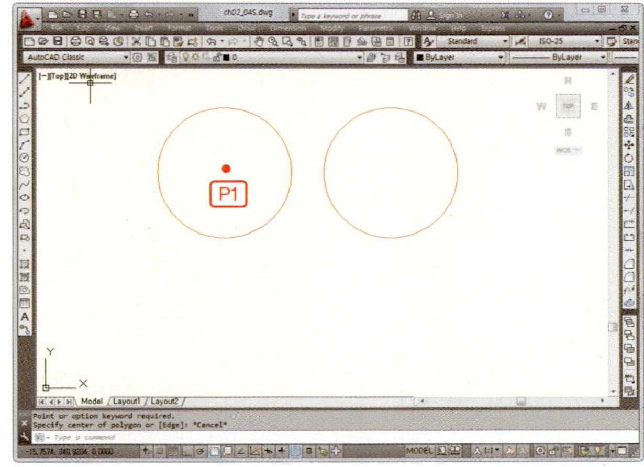

```
Command: POLYGON  Enter  [단축키: POL]
Enter number of sides <4>: 5
  → 다각형의 각형 수를 입력합니다.
Specify center of polygon or [Edge]: P1점 클릭
  → 다각형의 중심점을 클릭합니다.
Enter an option [Inscribed in circle/Circumscribed about
circle] <I>: I  Enter
  → 원에 내접하는 다각형 'I' 옵션을 입력합니다.
Specify radius of circle: 60  Enter
  → 다각형의 반지름 값을 입력합니다.
```

02 동일한 명령어를 다시 사용하기 위하여 Enter 를 누르면 다음과 같이 직전 명령어인 Polygon이 재실행됩니다. 오른쪽 원에는 원에 외접하는 형태의 다각형을 그리기 위하여 다음과 같이 다각형의 중심점을 클릭한 후 외접하는 'C' 옵션을 입력하고, 반지름 값은 원과 동일하게 '60'을 입력합니다.

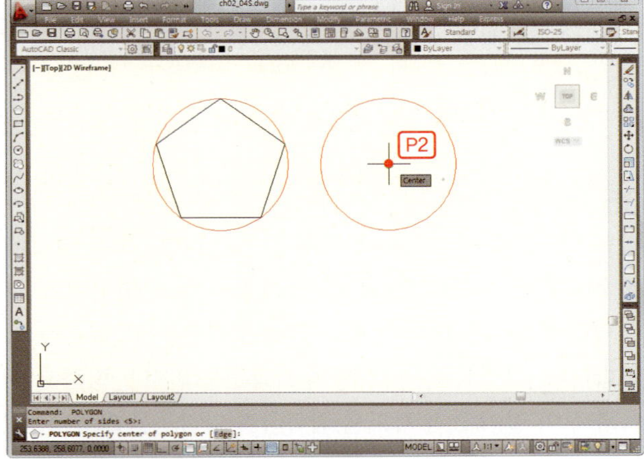

```
Command: Enter
POLYGON Enter number of sides <5>:  Enter
Specify center of polygon or [Edge]: P2점 클릭
Enter an option [Inscribed in circle/Circumscribed about
circle] <I>: C  Enter
Specify radius of circle: 60  Enter
```

03 다음과 같이 왼쪽에는 원에 내접하는 형태의 다각형이, 오른쪽에는 원에 외접하는 형태의 다각형이 그려졌습니다. 반지름의 값은 같지만 원에 내접하는 경우가 외접하는 경우보다 좀 더 작은 다각형을 그릴 수 있습니다.

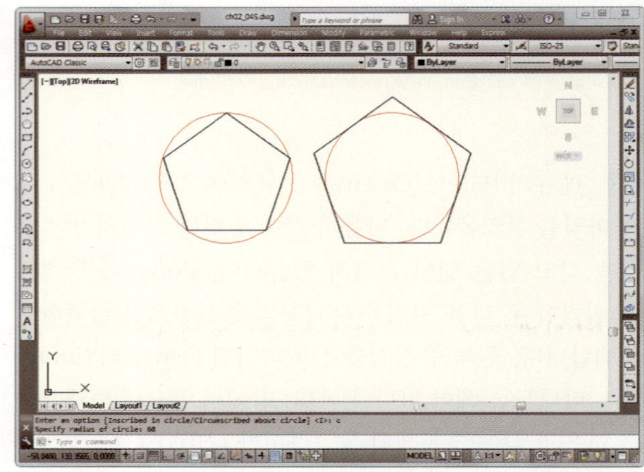

04 이번에는 한 변의 길이 값을 입력하여 Polygon을 그려보겠습니다. 먼저 직전 명령어를 사용하기 위하여 Enter 를 눌러 Polygon 명령어가 실행되도록 한 후, 한 변의 길이 값을 입력하는 'E' 옵션을 입력합니다. 그런 다음, 다각형의 시작점을 먼저 클릭하고 다음과 같이 길이 값을 입력하여 다각형을 그립니다.

```
Command: Enter
POLYGON Enter number of sides <5>: 6 Enter
Specify center of polygon or [Edge]: E Enter
Specify first Endpoint of edge: P3점 클릭
Specify second Endpoint of edge: @50,0 Enter
→ 한 변의 길이가 50인 길이 값을 갖는 좌표를 입력합니다.
```

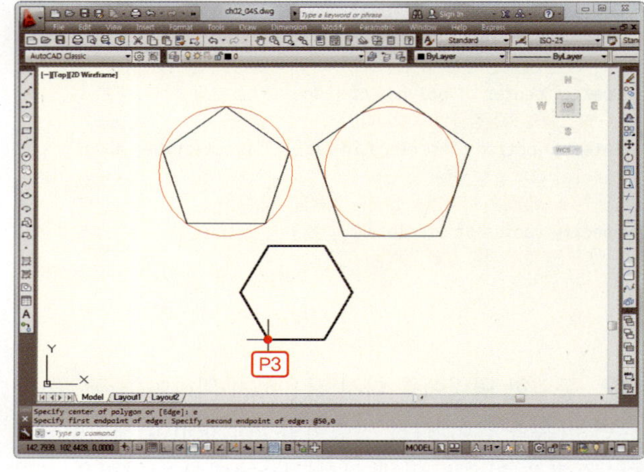

05 위와 동일한 옵션을 이용하여 한 변의 길이가 원하는 각도만큼 기울어져 있는 다각형을 그립니다. 직전 명령어를 사용하기 위하여 Enter 를 눌러 Polygon 명령어가 실행되도록 한 후, 한 변의 길이 값을 입력하는 'E' 옵션을 입력합니다. 그런 다음, 다각형의 시작점을 먼저 클릭하고 다음과 같이 길이 값과 각도를 입력하여 다각형을 그립니다.

```
Command: Enter
POLYGON Enter number of sides <6>: 7 Enter
Specify center of polygon or [Edge]: E Enter
Specify first Endpoint of edge: P4점 클릭
Specify second Endpoint of edge: @30<25 Enter
```

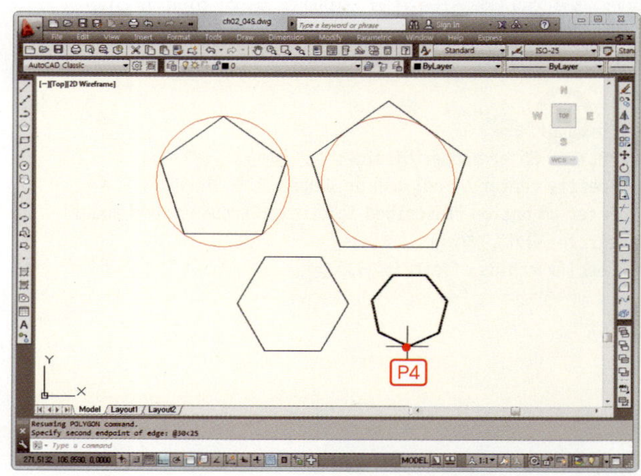

05. 그려진 도면을 저장하는 Save/Save As...

지금까지 선, 원, 호, 타원, 다각형 등과 같은 다양한 도형을 그려보았습니다. 이러한 도형을 도면 요소로 그린 후에는 그냥 버리는 것이 아니라 도면 파일로 저장해두어야 합니다. Save 명령어를 이용하여 사용자가 원하는 파일을 저장 장소에 저장하면, 원하는 곳에서 언제나 파일을 열어볼 수 있습니다. 이번에는 저장 명령어를 사용하는 다양한 방법을 알아보겠습니다.

명령어	Save/Save As...	아이콘	
단축키	Ctrl + S , Ctrl + Shift + S	메뉴	[File]-[Save]/[File]-[Save As...]

● 명령어 이해하기

저장 명령어로는 보통 'Save'를 많이 사용합니다. 하지만 AutoCAD 도면의 경우에는 기존의 도면을 열고 수정을 한 후 다른 도면으로 바꾸는 경우가 많으므로 원본 파일을 보존하기 위하여 'Save As...'를 더 많이 사용합니다. 기존의 도면을 시간차를 두어 지속적으로 저장하는 경우에는 'Save'를 이용하고, 일단 다른 도면을 수정하여 새로운 도면을 만드는 경우에는 'Save As...'를 이용하는 것이 원칙입니다.

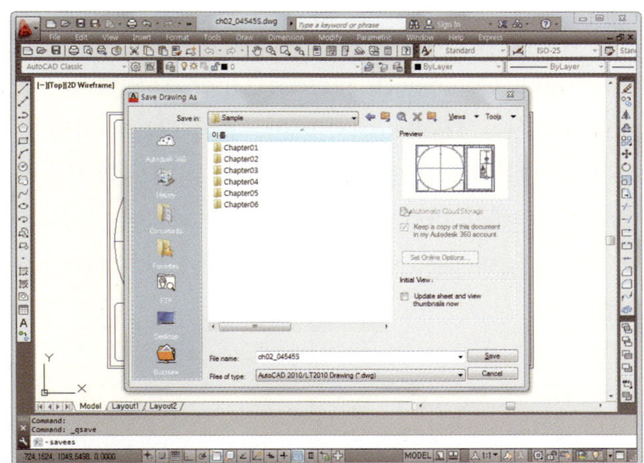

```
Command: Save Enter
Command: Save AS Enter
```

실수를 되돌리는 방법

일반적으로 거의 대부분의 소프트웨어 프로그램은 어떤 명령어를 실행하다가 잘못한 경우 Undo(단축키 Ctrl + Z)를 이용해서 실수한 명령어를 취소하여 되돌아 갑니다. AutoCAD 역시 잘못 실행한 명령어를 취소하는 경우 Undo(단축키 Ctrl + Z)를 사용하여 취소하지만 잘못 취소한 명령을 되돌리는 경우 Redo라는 명령어로 되돌립니다. 그러나 예전 버전부터 Redo를 사용하게 되면 바로 직전에 취소한 명령어만 되돌릴 수 있기 때문에 단계별로 소급해서 Undo를 되돌리지는 못합니다. 따라서 Command 라인에서 명령어 'Redo'를 입력하여 명령어를 실행하는 대신 툴바의 Undo와 Redo 버튼을 이용하거나 단축키인 Undo(단축키 Ctrl + Z)/Redo(단축키 Ctrl + Y)를 이용하면 Undo를 취소하면서 작업할 수 있습니다.

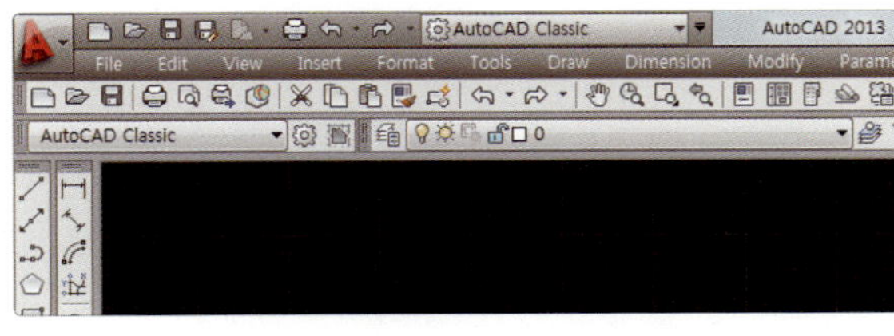

06. 저장된 도면을 열어주는 Open

'Save'나 'Save As'를 이용하여 도면 요소를 원하는 저장 장치에 저장하였다면 원하는 시각에, 원하는 파일을 열 수 있어야 합니다. 저장된 파일을 열어주는 명령어는 'Open'이며, 해당 명령어를 이용하여 파일로 된 AutoCAD 도면을 열어 수정, 편집할 수 있습니다.

명령어	Open
단축키	Ctrl + O

아이콘	
메뉴	[File]-[Open]

● 명령어 이해하기

파일을 여는 경우에는 보통 [File]-[Open] 메뉴를 클릭하여 불러올 파일명을 클릭하거나, 도구 모음의 아이콘을 클릭하거나, Command Line에서 'Open'을 입력하거나, Quick Access Toolbar에서 아이콘을 클릭하여 파일 형식이 DWG인 파일을 엽니다. 열고자 하는 대상 파일을 선택하면 오른쪽의 미리 보기 화면에 해당 파일이 나타나므로 사용자는 파일을 썸네일 이미지로 확인한 후에 열 수 있습니다.

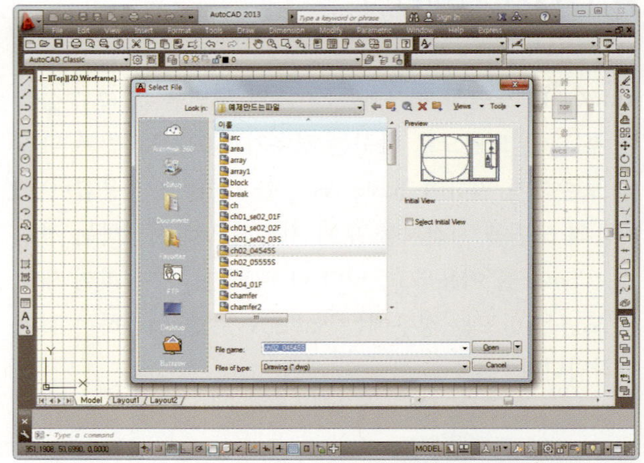

● 옵션 이해하기

전체 파일을 모두 불러오는 것을 기본으로 사용합니다. Open 명령어의 옵션을 이용하면 불러올 파일의 일부분만을 열 수 있습니다. 파일을 불러온 이후에 해당 파일의 레이어나 객체를 관리할 수도 있지만, Open 명령어의 옵션을 이용하면 원하는 객체나 레이어 층을 선택하여 부분적으로 열 수도 있습니다.

옵션	설명
Open	도면 파일을 편집이 가능한 상태로 불러옵니다.
Open Read-Only	도면 파일을 읽기 전용으로 불러옵니다.
Partial Open	도면 파일을 원하는 객체의 파트별로 불러옵니다.
Partial Read-Only	도면 파일을 읽기 전용으로, 원하는 객체의 파트별로 불러옵니다.

07. 새 작업 창을 열어주는 New

AutoCAD의 초기 화면 창을 열어주는 명령어입니다. 새로운 도면을 그리는 도화지나 도면 용지라고 생각하면 됩니다. 도면의 기본 도면 요소가 지정되어 있는 작업 창은 'acadiso.dwg' 안에 설정되어 있으므로, 처음 연습하는 사용자의 경우 다른 파일은 열지 말고, acadiso.dwt에 해당하는 파일을 기준으로 New를 실행하면 됩니다. 이번에는 'New'를 실행하는 방법에 대해 알아보겠습니다.

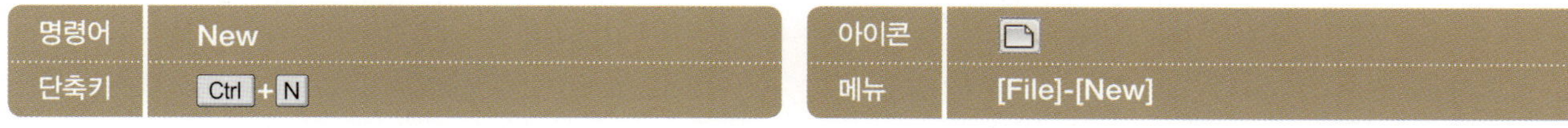

명령어	New	아이콘	
단축키	Ctrl + N	메뉴	[File]-[New]

● 명령어 이해하기

New 명령어는 주로 메뉴나 도구 막대의 아이콘을 클릭하여 사용합니다. 명령어를 입력하거나 클릭하면 다음과 같은 대화상자가 나타납니다. 여러 가지 템플릿 파일 중 acadiso.dwt가 기본 값으로 설정되어 있으므로 [Open] 버튼을 클릭하여 선택하면 기본적으로 제공되는 AutoCAD 변수가 지정되어 있는 초기 화면 창으로 이동합니다. acadiso.dwt는 템플릿 (template) 파일로, AutoCAD 프로그램 자체에서 기본적인 값을 지정해둔 파일입니다. 뒤에서 사용자가 원하는 형태의 값들을 지정하여 사용하겠습니다.

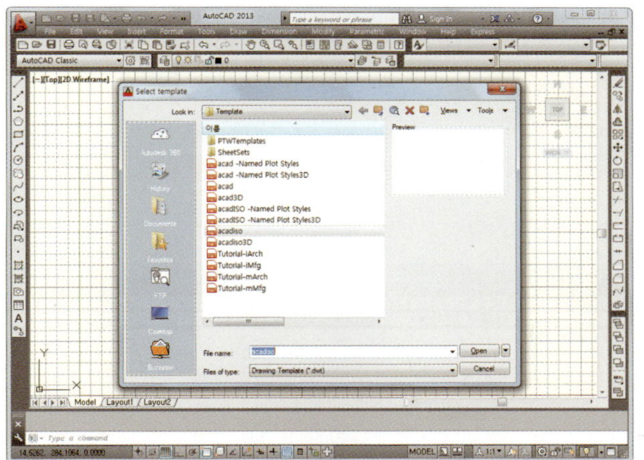

▲ [New 명령어 실행] 대화상자

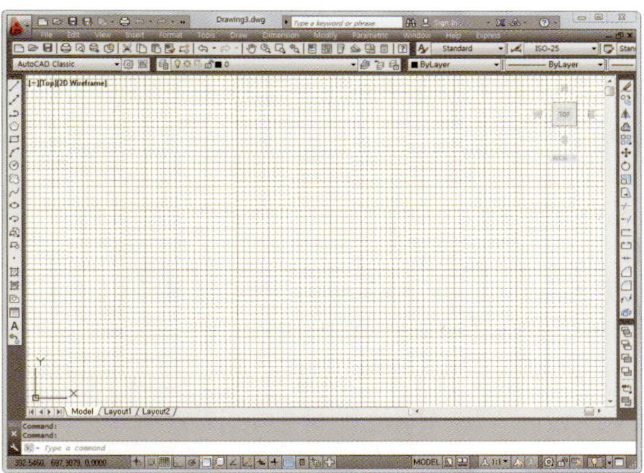

▲ [New 명령어 실행]으로 나타나는 새 도면

원을 그리는 옵션 연습하기

이번에는 원을 그리는 기본 방법을 알아본 후, 옵션을 활용하는 방법을 사용하여 다양한 조건의 원을 그리는 방법을 익혀보겠습니다. 일반적인 원을 그리는 방법과 주어진 조건이 다른 경우에는 사용하는 옵션이 다르므로 조건에 따라 옵션을 사용하는 방법을 충분히 숙지하는 것이 좋습니다.

예제 파일 부록 CD\Sample\Chapter02\ch02_se01_01S.dwg　　**완성 파일** 부록 CD\Sample\Chapter02\ch02_se01_01F.dwg

[Start]

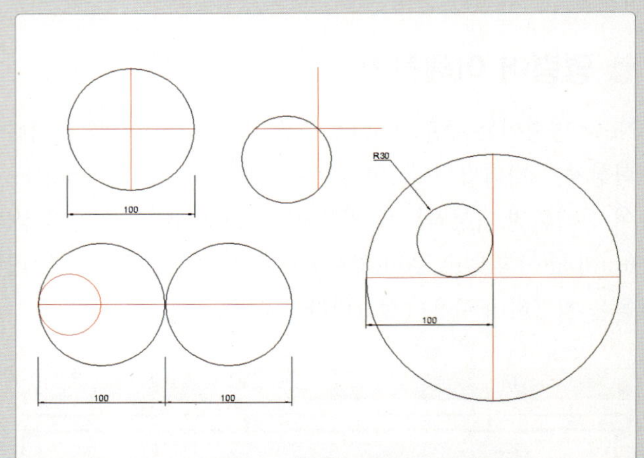

[Final]

01 메뉴의 [File]-[Open]을 선택하여 부록 CD에서 예제 파일을 불러옵니다. 원을 그릴 수 있는 빨간색 보조선이 그려져 있습니다. 원을 그릴 수 있는 Circle 명령어 또는 단축키인 'C'를 입력하고, 다음의 위치를 원의 중심점으로 선택합니다.

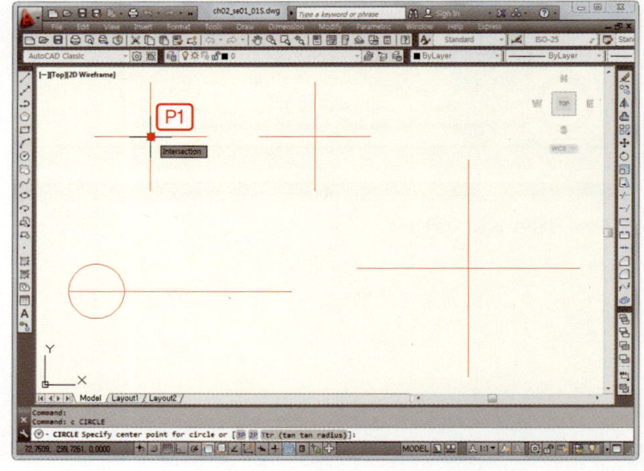

```
Command: CIRCLE Enter [단축키: C]
Specify center point for circle or [3P/2P/Ttr(tan tan
radius)]: P1점 클릭
```

02 보조선 전체의 길이 값은 '100'입니다. 그 선분의 가운데를 원의 중심점으로 선택했으므로 원의 반지름 값은 '50'을 입력하여 원을 완성합니다.

Specify radius of circle or [Diameter] <25.0000>: 50 `Enter`

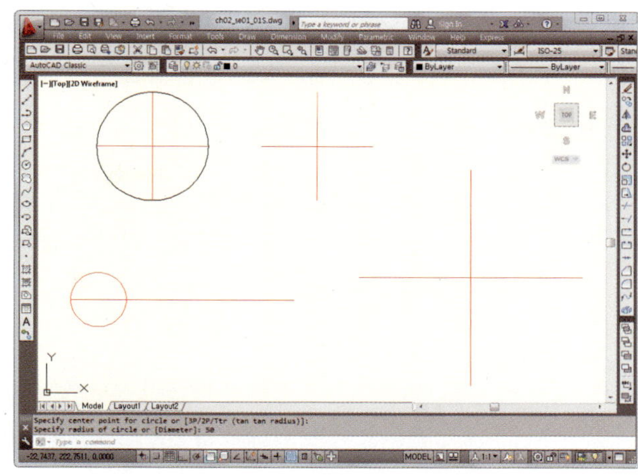

03 원의 중심점, 반지름, 지름의 크기는 모르지만 원을 지나는 두 점을 알고 있는 경우에는 '2P' 옵션을 이용하여 다음과 같이 알고 있는 두 점을 클릭한 후 원을 그립니다. 바로 직전에 사용한 Circle 명령어를 다시 사용하는 경우에는 아래와 같이 `Enter` 만 누르면 됩니다.

Command: `Enter`
CIRCLE Specify center point for circle or [3P/2P/Ttr(tan tan radius)]: 2P `Enter`
Specify first end point of circle's diameter: P2점 클릭
Specify second end point of circle's diameter: P3점 클릭

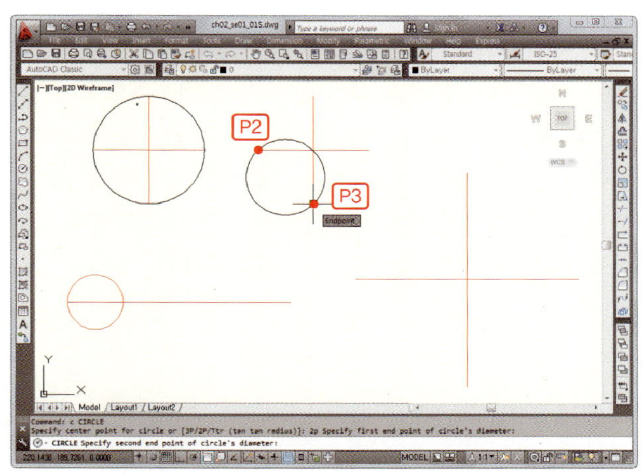

04 주어진 조건이 세 점이라면, 다음과 같이 '3P' 옵션을 이용하여 원을 지나는 세 점을 클릭하여 선택합니다. 바로 직전에 사용한 Circle 명령어를 다시 사용하는 경우에는 아래와 같이 `Enter` 만 누르면 됩니다.

Command: `Enter`
CIRCLE Specify center point for circle or [3P/2P/Ttr(tan tan radius)]: 3P `Enter`
Specify first point on circle: P4점 클릭
Specify second point on circle: P5점 클릭
Specify third point on circle: P6점 클릭

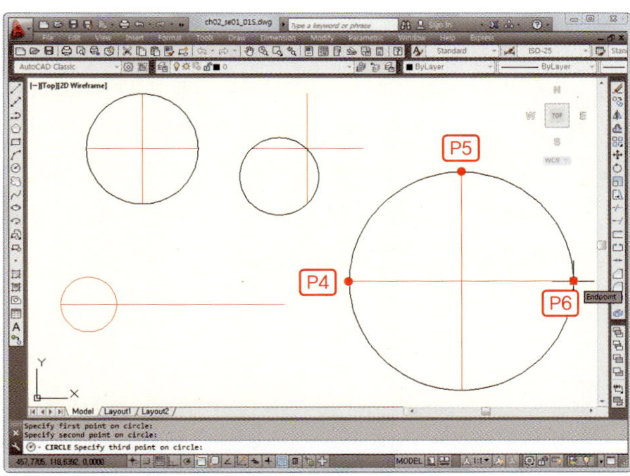

05 '3P'로 그린 원 안의 2개 선분을 접점으로 하는 반지름 '30'의 원을 그려보겠습니다. 조건은 두 접점과 하나의 반지름이므로 접점인 T=Tangent, 반지름은 R=Radius로 'Ttr' 옵션을 이용합니다. 바로 직전에 사용한 Circle 명령어를 다시 사용하는 경우에는 아래와 같이 Enter 만 누르면 됩니다. 옵션을 입력한 후 다음의 두 접점 위치를 클릭하고 반지름 값을 입력합니다.

```
Command: Enter
CIRCLE Specify center point for circle or [3P/2P/Ttr(tan tan
radius)]: T Enter
Specify point on object for first tangent of circle: P7점 클릭
Specify point on object for second tangent of circle: P8점 클릭
Specify radius of circle <100.0000>: 30 Enter
```

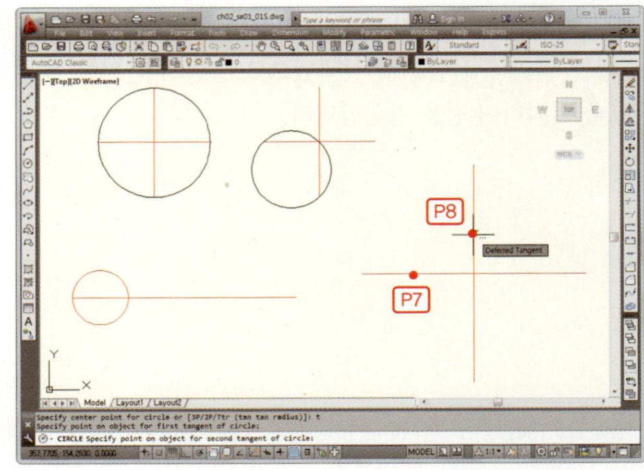

06 왼쪽 아래의 선과 원이 있는 곳을 기준으로 좌표 값을 이용하여 '2P' 옵션을 그려보겠습니다. Circle 명령어를 입력하거나 Enter 를 눌러 직전 명령어를 실행한 후 2P 옵션을 선택하고, 첫 번째 점은 왼쪽의 끝점을, 두 번째 점은 좌표 값을 이용하여 다음과 같이 입력합니다.

```
Command: Enter
CIRCLE Specify center point for circle or [3P/2P/Ttr(tan tan
radius)]: 2P Enter
Specify first end point of circle's diameter: P9점 클릭
Specify second end point of circle's diameter: @100,0 Enter
```

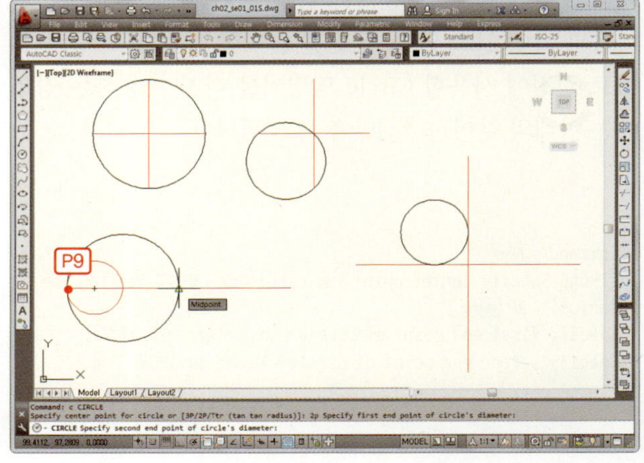

07 반대편의 끝점에서 왼쪽으로 원을 그려보겠습니다. 방법은 **06**과 같습니다. Circle 명령어를 입력하거나 Enter 를 눌러 직전 명령어를 실행한 후 '2P' 옵션을 선택하고, 첫 번째 점은 왼쪽의 끝점을, 두 번째 점은 좌표 값을 이용하여 다음과 같이 입력합니다.

```
Command: Enter
CIRCLE Specify center point for circle or [3P/2P/Ttr(tan tan
radius)]: 2P Enter
Specify first end point of circle's diameter: P10점 클릭
Specify second end point of circle's diameter: @-100,0 Enter
```

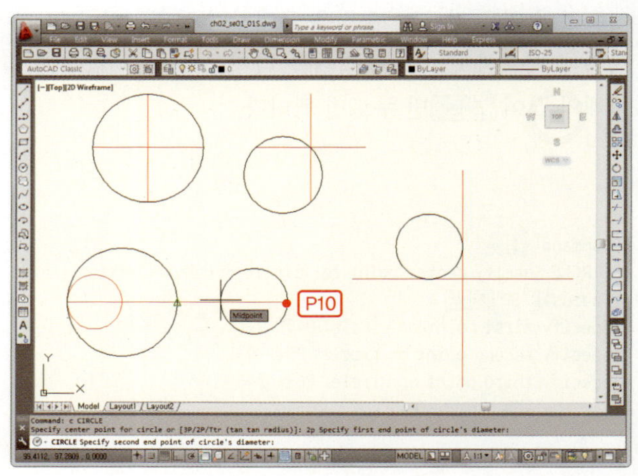

다양한 조건의 호 그리기

원은 하나로 이어져 있으므로 주어지는 옵션이나 조건이 제한되어 있습니다. 하지만 호는 그 원이 잘라져 있는 경우이므로 원이 갖는 조건 이외에 선이 갖는 조건도 모두 갖고 있으며, 호 자체의 기본 조건도 갖고 있으므로 많은 조건을 조합하여 호를 그릴 수 있습니다. 호의 정확한 명칭을 이해하면 주어진 조건을 세 가지로 조합하여 다양한 호를 그릴 수 있습니다. 다음의 도면을 연습하면서 호의 사용법을 익히기 바랍니다.

예제 파일 부록 CD\Sample\Chapter02\ch02_se01_02S.dwg

완성 파일 부록 CD\Sample\Chapter02\ch02_se01_02F.dwg

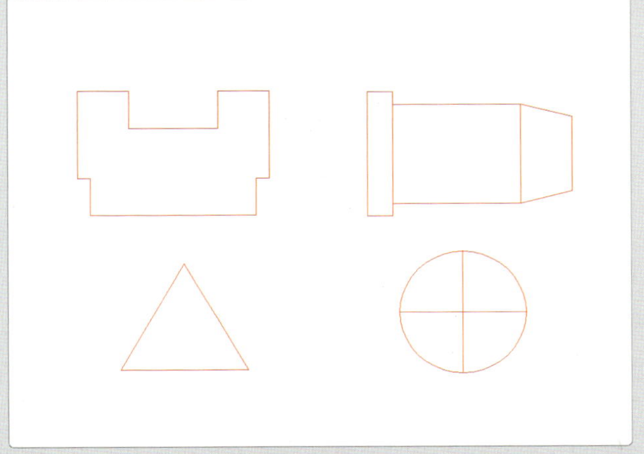

[Start]

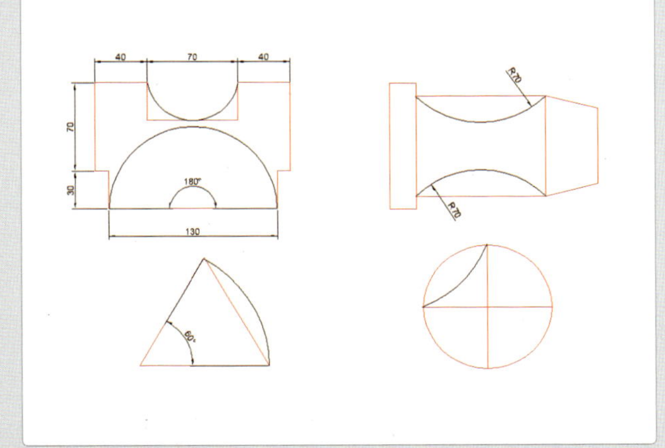

[Final]

01 메뉴의 [File]-[Open]을 선택하여 부록 CD에서 예제 파일을 불러옵니다. 호를 그리기 위한 기본 조건을 갖춘 빨간 보조선들이 보입니다. 먼저 옵션을 이용하지 않고 세 점을 지나는 호를 그려보겠습니다. 명령어를 입력한 후 그려지는 방향과 관계없이 호의 세 점만 클릭하여 선택합니다.

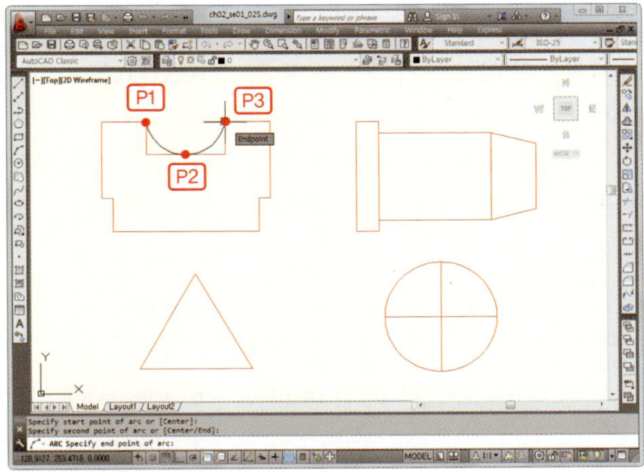

```
Command: ARC Enter [단축키: A]
Specify start point of arc or [Center]: P1점 클릭
Specify second point of arc or [Center/End]: P2점 클릭
Specify end point of arc: P3점 클릭
```

02 세 점이 지나는 호의 아래쪽에 내부 각이 180°인 호를 그려보겠습니다. 시작점, 끝점, 각도의 순서로 입력하며, 각 조건은 옵션의 대문자를 먼저 입력한 후 원하는 지점을 클릭해야만 정확한 호를 그릴 수 있습니다.

```
Command: ARC  Enter  [단축키: A]
Specify start point of arc or [Center]: P4점 클릭
Specify second point of arc or [Center/End]: E  Enter
Specify end point of arc: P5점 클릭
Specify center point of arc or [Angle/Direction/Radius]: A
Enter
Specify included angle: 180  Enter
```

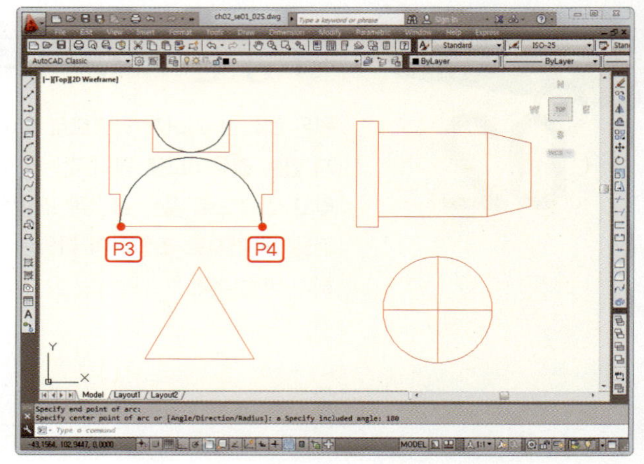

03 Arc 명령어를 입력하거나 직전에 사용한 명령어인 'Arc'를 자동으로 실행하기 위하여 Enter 를 누르고 주어진 조건인 시작점, 끝점, 반지름의 순서로 입력하여 호를 그립니다.

```
Command:  Enter
ARC Specify start point of arc or [Center]: P6점 클릭
Specify second point of arc or [Center/End]: E  Enter
Specify end point of arc: P7점 클릭
Specify center point of arc or [Angle/Direction/Radius]: R
Enter
Specify radius of arc: 70  Enter
```

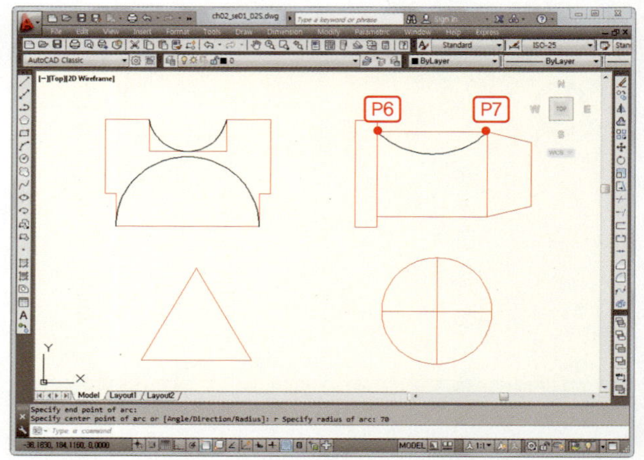

04 위의 호와 반대 방향으로 생성되는 호를 그리기 위하여 시작점의 위치를 위의 호와 반대로 선택합니다. Arc 명령어를 입력하거나 직전에 사용한 명령어인 Arc를 자동으로 실행하기 위하여 Enter 를 누르고 주어진 조건인 시작점, 끝점, 반지름의 순서로 입력하여 호를 그립니다.

```
Command:  Enter
ARC Specify start point of arc or [Center]: P8점 클릭
Specify second point of arc or [Center/End]: E  Enter
Specify end point of arc: P9점 클릭
Specify center point of arc or [Angle/Direction/Radius]: R
Enter
Specify radius of arc: 70  Enter
```

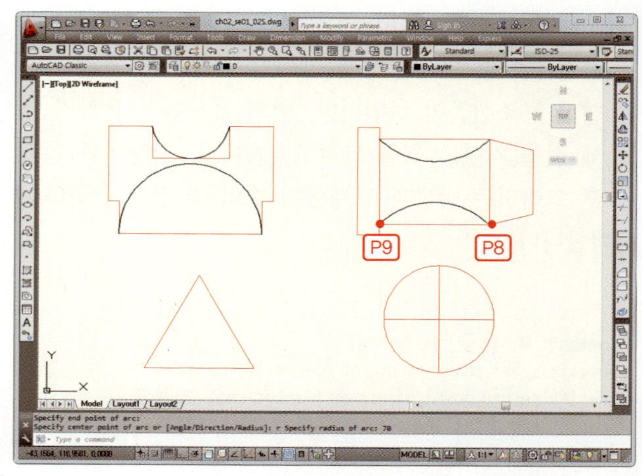

05 삼각형의 양 끝점을 호의 시작점과 끝점으로 하는 내부 각이 60°인 호를 그립니다. Arc 명령어를 입력하거나 직전에 사용한 명령어인 'Arc'를 자동으로 실행하기 위하여 Enter 를 누르고 주어진 조건인 시작점, 끝점, 내부 각의 순서로 입력하여 호를 그립니다.

```
Command: Enter
ARC Specify start point of arc or [Center]: P10점 클릭
Specify second point of arc or [Center/End]: E Enter
Specify end point of arc: P11점 클릭
Specify center point of arc or [Angle/Direction/Radius]: A
Enter
Specify included angle: 60 Enter
```

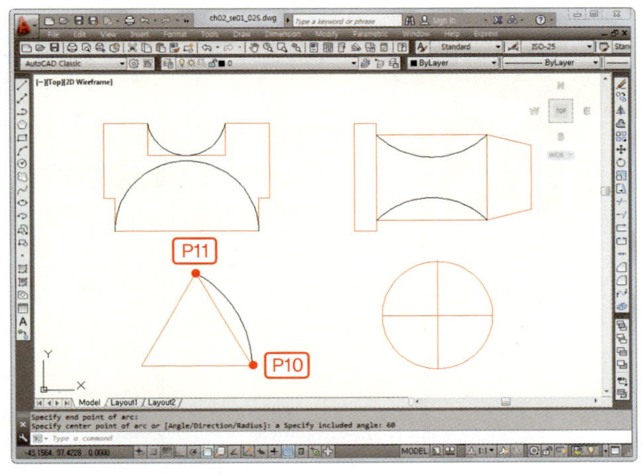

06 특별한 반지름이나 내부 각 등의 정확한 값이 없이 사용자가 드래그하는 접선의 방향에 따라 임의의 호를 그리는 경우에는 'Direction'을 이용합니다. Arc 명령어를 입력하거나 직전에 사용한 명령어인 'Arc'를 자동으로 실행하기 위하여 Enter 를 누르고 주어진 조건인 시작점, 끝점, 내부 각의 순서로 입력하여 호를 그립니다.

```
Command: Enter
ARC Specify start point of arc or [Center]: P12점 클릭
Specify second point of arc or [Center/End]: E Enter
Specify end point of arc: P13점 클릭
Specify center point of arc or [Angle/Direction/Radius]: D
Enter
Specify tangent direction for the start point of arc: P14점
클릭
```

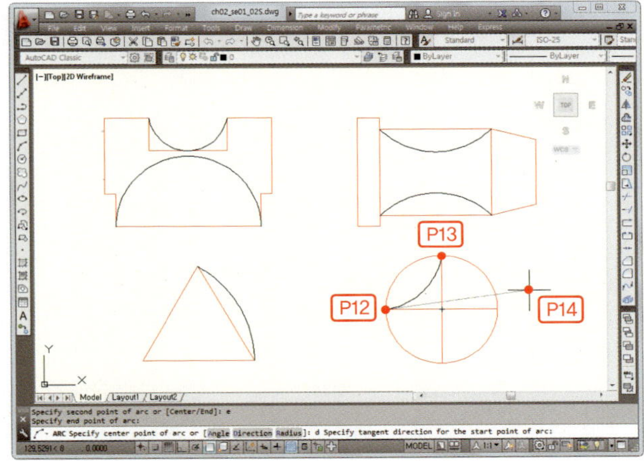

Direction의 사용

정확한 반지름이나 각도 없이 사용자가 임의의 호를 그리고자 할 경우에 사용하며, 임의의 기울기를 갖는 호를 그릴 때에도 사용합니다. 주로 스케치용으로 사용하며, 정확한 값이 필요없거나 임의의 선분을 기준으로 접점을 만들어 그리는 호를 만들 때에 사용합니다.

타원과 다각형을 이용하여 마우스 완성하기

03

타원은 원에 비해 중심점의 역할이 크지 않습니다. 오히려 타원을 커다란 사각형으로 이해하고 사각형의 가장 긴 쪽과 가장 짧은 쪽을 기준으로 타원을 그리는 방법을 가장 많이 사용합니다. **Ellipse** 명령어를 이용하여 타원을 그리고, 원하는 각형 수를 가진 다각형을 그리는 연습을 한 후 마우스를 완성해봅시다.

예제 파일 부록 CD\Sample\Chapter02\ch02_se01_03S.dwg

완성 파일 부록 CD\Sample\Chapter02\ch02_se01_03F.dwg

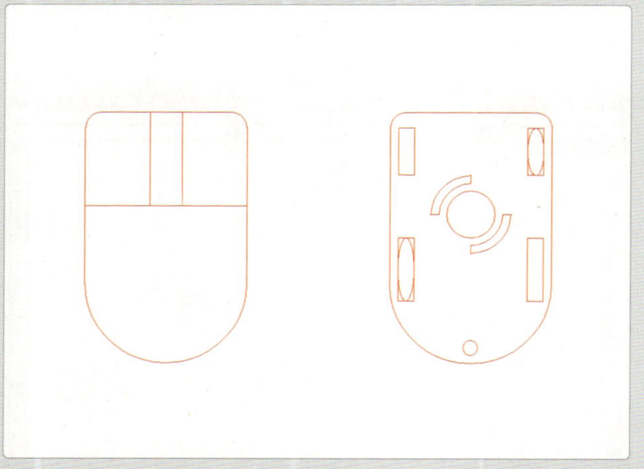

[Start]

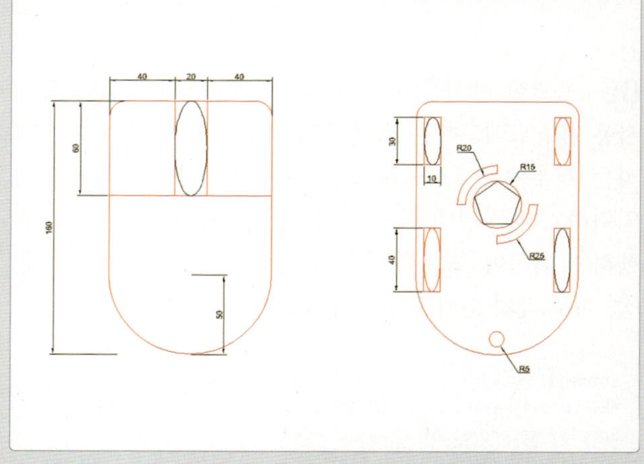

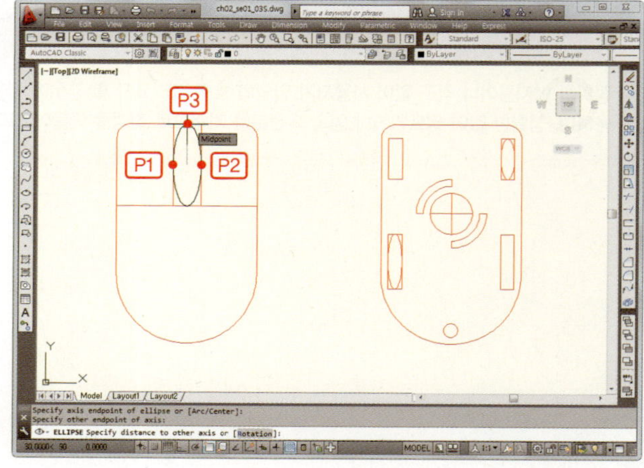

[Final]

---

01 메뉴의 [File]-[Open]을 선택하여 부록 CD에서 예제 파일을 불러옵니다. 먼저 왼쪽 도형에 조건이 주어진 선분을 기준으로 타원을 그려 넣습니다. Ellipse 명령어의 단축키인 'EL'을 입력하고 다음의 세 점을 차례대로 선택하여 타원을 그립니다.

```
Command: Ellipse Enter [단축키: EL]
Specify axis Endpoint of Ellipse or [Arc/Center]: P1점 클릭
Specify other Endpoint of axis: P2점 클릭
Specify distance to other axis or [Rotation]: P3점 클릭
```

02 오른쪽의 작은 상자 안에 타원을 그리기 위하여 Zoom 명령으로 오른쪽 도형만 확대합니다. 확대하기 위한 구간을 클릭, 드래그하여 선택합니다.

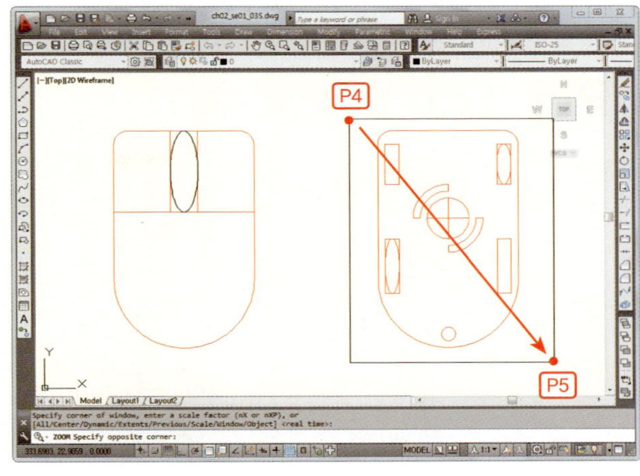

Command: ZOOM `Enter` [단축키: Z]
Specify corner of window, enter a scale factor (nX or nXP)
or [All/Center/Dynamic/Extents/Previous/Scale/Window/Object]
<Real Time>:
Specify opposite corner: P4~P5점 클릭, 드래그

03 Ellipse 명령어 또는 단축키인 'EL'을 입력하고 다음의 세 점을 차례대로 선택하여 타원을 그립니다.

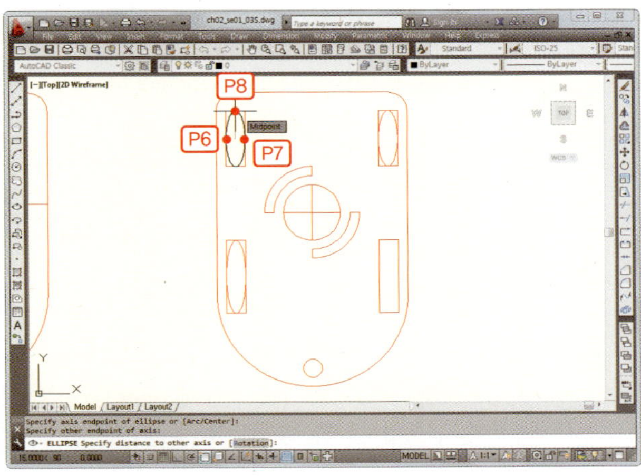

Command: Ellipse `Enter` [단축키: EL]
Specify axis Endpoint of Ellipse or [Arc/Center]: P6점 클릭
Specify other Endpoint of axis: P7점 클릭
Specify distance to other axis or [Rotation]: P8점 클릭

04 가운데의 원 안에 내접하는 형태의 다각형을 그립니다. 다각형을 그리는 명령어인 'Polygon'을 입력하고, 다음과 같이 원의 중심점을 클릭하고 원에 내접하는 'I' 옵션을 입력한 후 반지름을 입력하여 완성합니다.

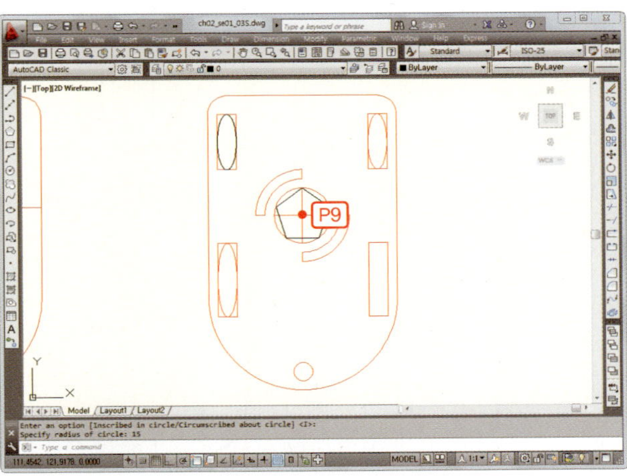

Command: POLYGON `Enter` [단축키: POL]
Enter number of sides <4>: 5 `Enter`
Specify center of polygon or [Edge]: P9점 클릭
Enter an option [Inscribed in circle/Circumscribed about circle] <I>: `Enter`
Specify radius of circle: 15 `Enter`

Practice Drawing

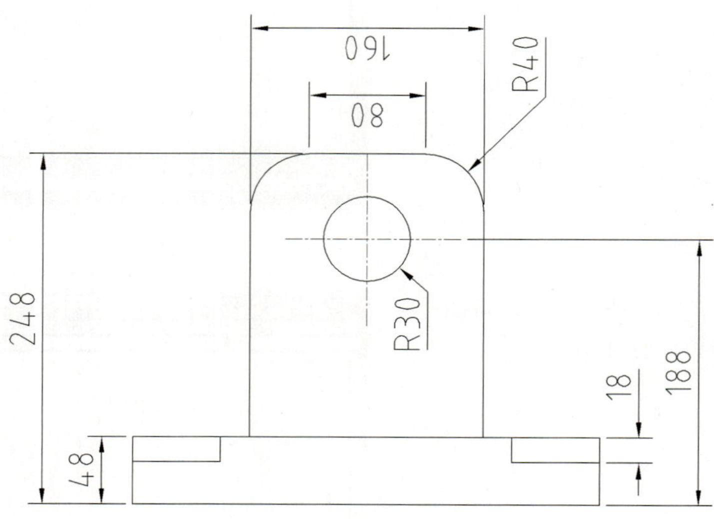

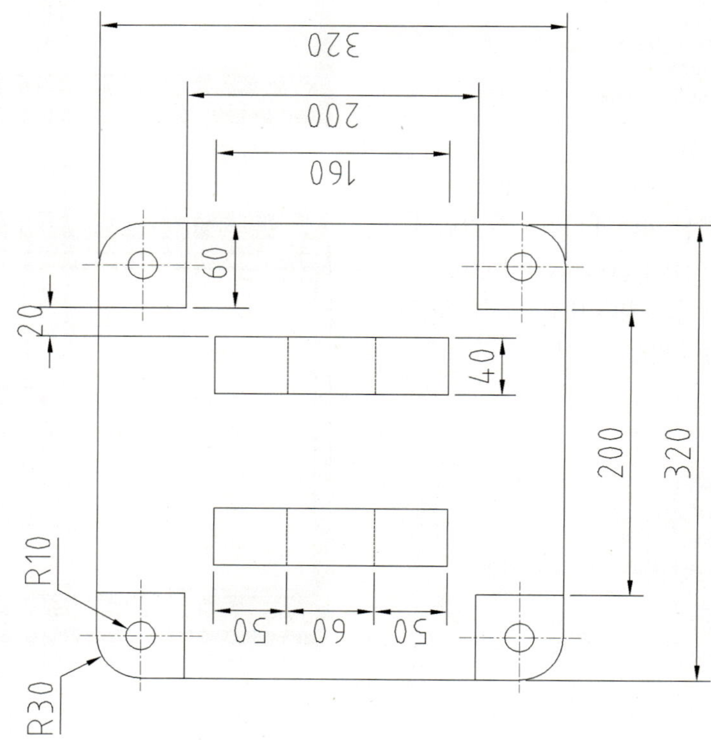

Practice Drawing

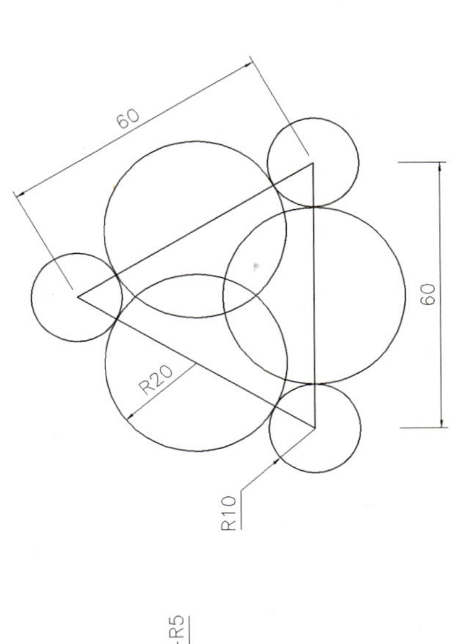

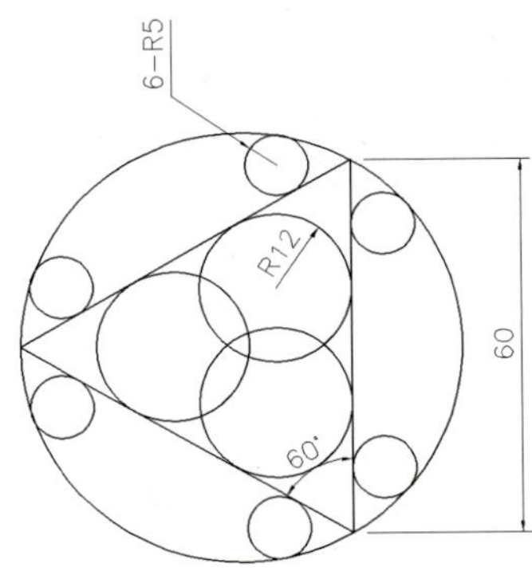

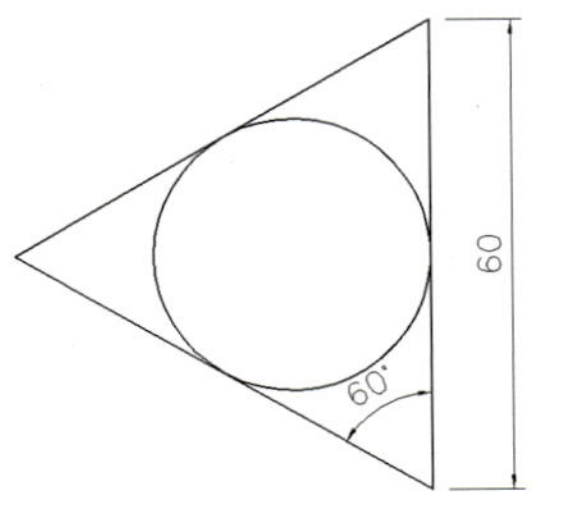

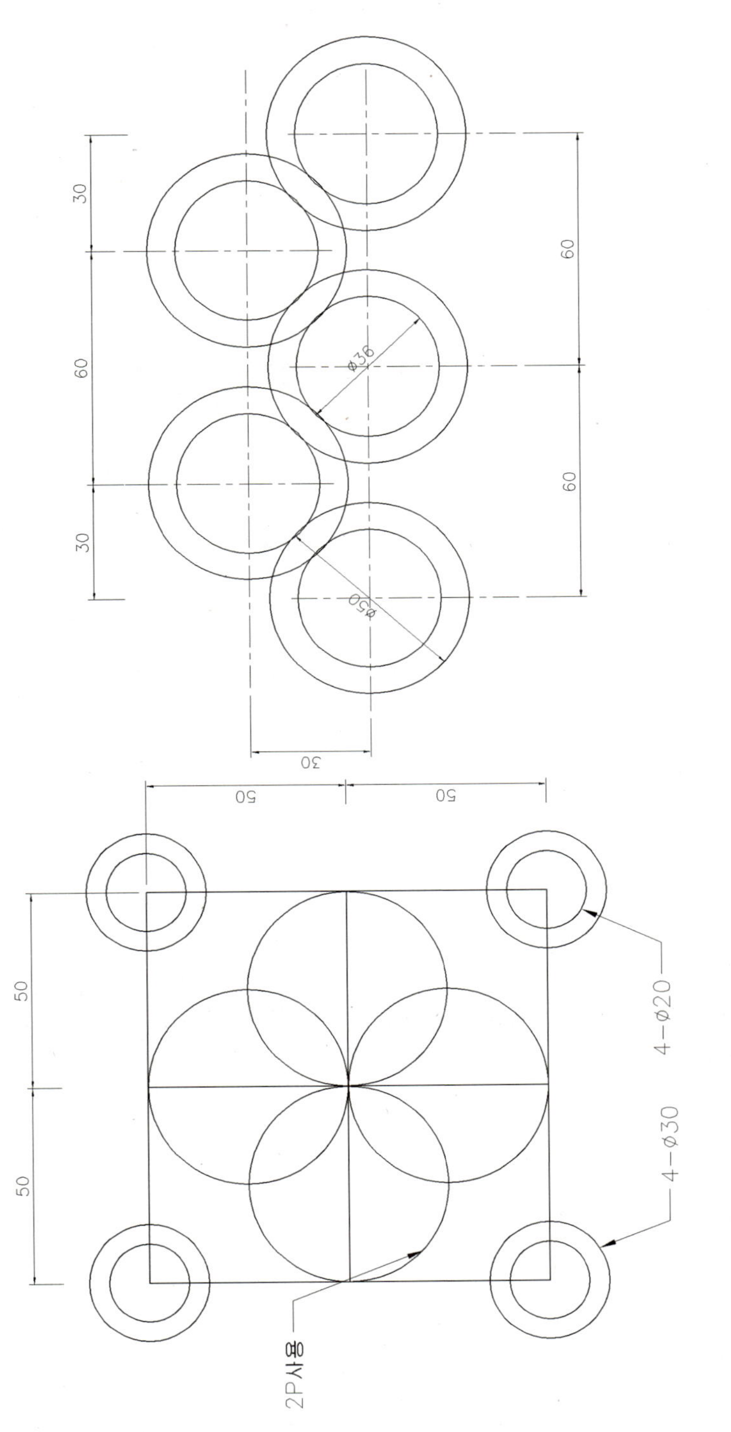

Section 02

편집 명령어 사용하기

이번에는 그리기 명령어만으로는 그릴 수 없는 객체의 1차 편집을 위한 명령어에 대해 알아보겠습니다. AutoCAD가 설계 프로그램의 범용성을 자랑할 수 있는 이유는 이러한 편집 명령어의 편리한 사용법 때문이라고 생각합니다. AutoCAD는 전체적인 윤곽을 그린 다음, 편집 명령어를 이용하여 1차로 다듬어 모양을 만들어 가는 방법을 사용합니다. 도면 요소를 빠르고 정확하게 그리거나 정의할 수 있으며, 기존의 도면을 활용할 수도 있습니다.

01. 원하는 곳으로 이동하는 Move

Move 명령어는 이미 그려 놓은 객체의 위치를 변경하는 경우에 사용하는 명령어입니다. 시작점을 잘못 지정하였거나 이미 그려진 객체의 위치를 변경하는 등과 같이 현재의 위치에서 다른 위치로 이동하기를 원하는 경우에 사용하는 것으로, 선택한 객체의 크기나 각도 등의 객체 변화가 없는 상태에서 새로운 좌표의 위치로 변경하는 명령어입니다.

명령어	Move	아이콘	✥
단축키	M	메뉴	[Modify]-[Move]

● 명령어 이해하기

이동하고 싶은 객체가 있는 경우, Move 명령어를 입력하고 원하는 객체를 다양한 선택 방법을 통해 선택합니다. 선택이 완료되면 반드시 Enter 를 눌러 완료해야 합니다. 명령 창의 지시에 따라 이동 시 기준점을 마우스나 좌표 값으로 입력한 후 이동하고 싶은 좌표 지점을 마우스나 좌표 값으로 입력합니다.

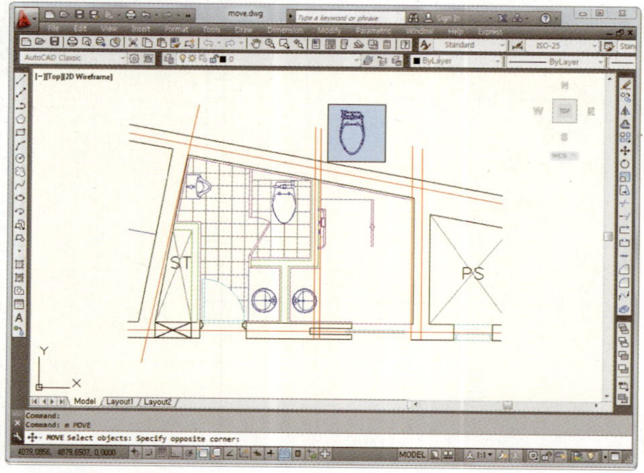

▲ Move 대상 객체 선택

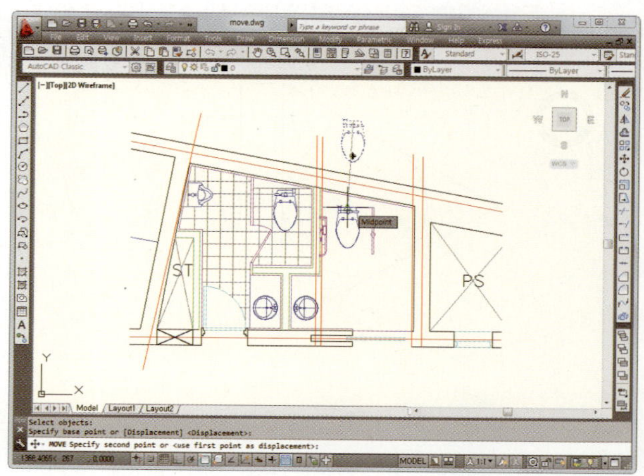

▲ 원하는 좌표로 드래그하여 이동

```
Command: Move Enter [단축키: M]
Select objects:
 → 이동할 대상 객체를 선택합니다.
Select objects: Enter
 → Enter 를 눌러 객체의 선택을 종료합니다.
Specify base point or [Displacement] <Displacement>:
 → 이동할 객체의 기준 좌표 점을 입력합니다.
Specify second point or <use First Point as displacement>:
 → 이동할 객체의 새로운 이동 좌표 점을 입력합니다.
```

● 미리해보기

예제 파일 부록 CD\Sample\Chapter02\ch02_05S.dwg   **완성 파일** 부록 CD\Sample\Chapter02\ch02_05F.dwg

01 메뉴의 [File]-[Open]을 선택하여 부록 CD에서 예제 파일을 불러옵니다. 다음과 같이 Move를 연습할 수 있는 도형이 그려져 있습니다. Move에 대해 이해한 후에 좌표나 마우스 커서를 이용하여 실행 연습을 해보겠습니다. A의 큰 직사각형 위에 B의 얇은 사각형과 C의 작은 정사각형을 이동시켜보겠습니다.

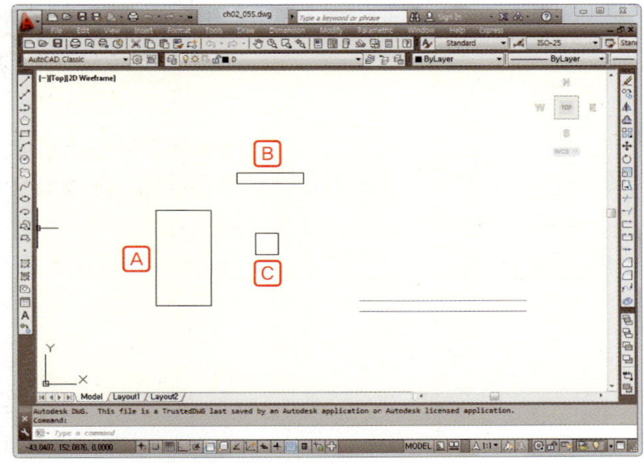

02 먼저 Move 명령어 또는 단축키인 'M'을 입력하고 다음과 같이 객체를 선택합니다. 선택이 완료되면 Enter 를 눌러 선택을 종료해야만 다음 단계로 넘어갈 수 있습니다.

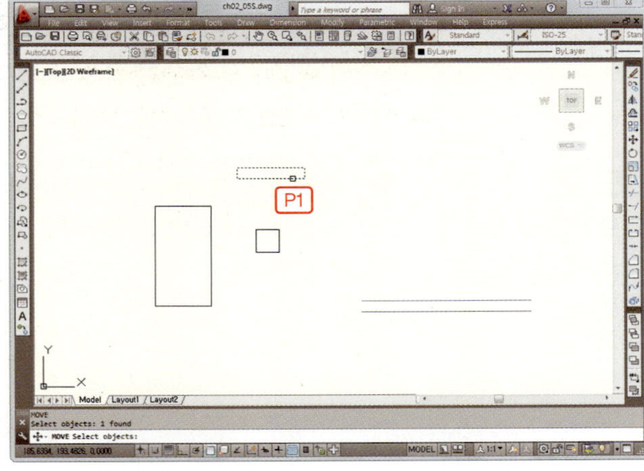

```
Command: Move Enter [단축키: M]
Select objects: 1 found
 → P1점 클릭
Select objects: Enter
```

03 선택된 사각형의 아래 선분 중에서 가운데 점을 선택하여 Move 명령어의 기준점으로 선택합니다. 다음 그림과 같이 자동으로 'Midpoint'가 선택되도록 선분의 중앙에 마우스를 올려놓습니다. 초록색의 Osnap 커서가 나타나면 다음과 같이 P2점을 클릭합니다.

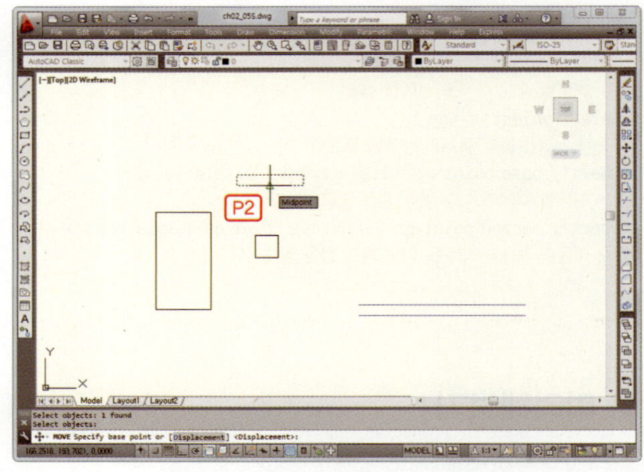

Specify base point or [Displacement] <Displacement>: P2점 클릭
→ 직사각형 아래 선분의 가운데 점을 선택합니다.

Osnap이 정확히 켜져 있는 상태에서 실행해야 합니다. Osnap이 꺼져 있으면 객체가 갖고 있는 끝점이나 중간점 등이 정확하게 선택되지 않으므로 정확하지 않은 도면이 그려집니다. 보통 Osnap은 켜져 있기 마련이지만 사용자의 목적에 따라 켜거나 끈 상태에서 사용하기도 합니다. Osnap의 ON/OFF는 F3으로 토글합니다.

04 이제 이동할 장소의 지점을 클릭합니다. 커다란 직사각형 맨 윗부분의 'Midpoint'로 정확하게 이동할 수 있도록 클릭합니다.

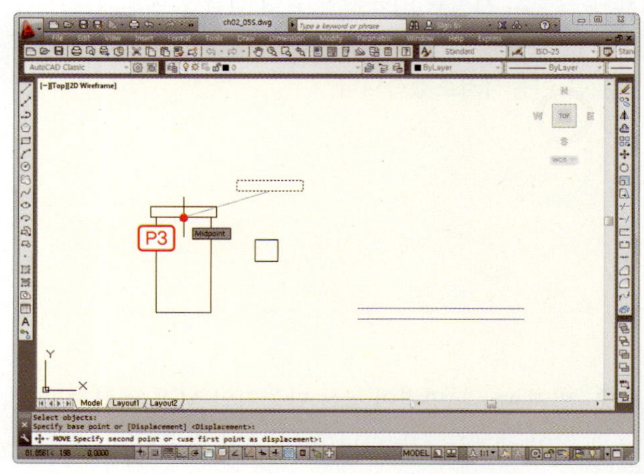

Specify second point or <use First Point as displacement>: P3 점 클릭

05 다시 작은 정사각형을 다시 이동시키기 위하여 Move 명령어를 입력하거나 바로 직전에 Move 명령어를 사용한 경우에는 Enter 를 눌러 실행시킵니다.

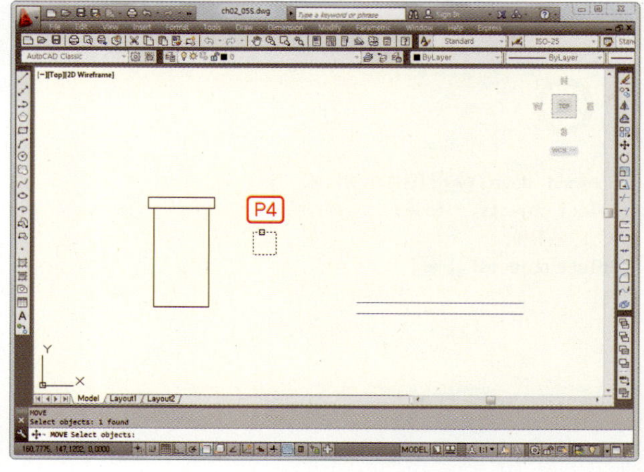

Command: Enter
Move
Select objects: 1 found
→ P4점 클릭
Select objects: Enter

06 작은 사각형의 맨 윗부분에 있는 선분의 'Midpoint'를 선택한 후 Osnap의 초록색 삼각형 도구가 나타났을 때에 클릭합니다.

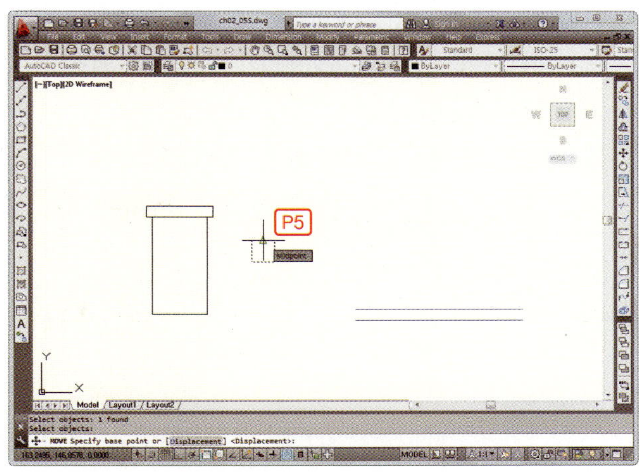

```
Specify base point or [Displacement] <Displacement>: P5점 클릭
```

07 맨 처음 Move 명령어로 이동시킨 사각형 아랫부분의 Midpoint로 이동합니다. 다음 그림과 같이 클릭하여 선택합니다.

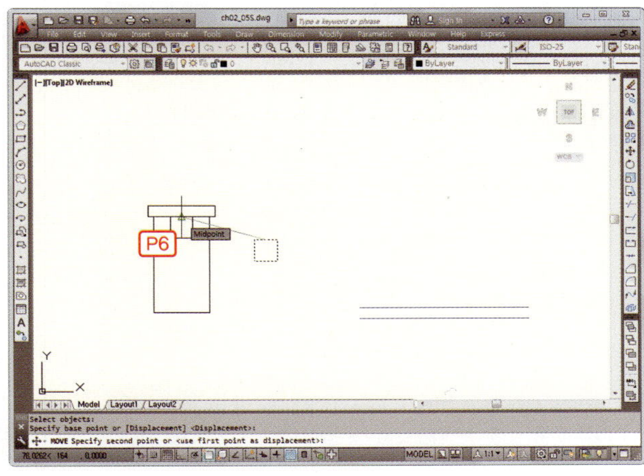

```
Specify second point or <use First Point as displacement>: P6
점 클릭
```

08 이번에는 전체 사각형을 모두 선택한 후 오른쪽 선분의 위쪽으로 이동시켜보겠습니다. Move 명령어를 입력하거나 바로 직전에 Move 명령어를 사용한 경우에는 Enter 를 눌러 실행시킵니다. 하나 이상의 객체는 다음과 같이 드래그하여 한 번에 선택합니다.

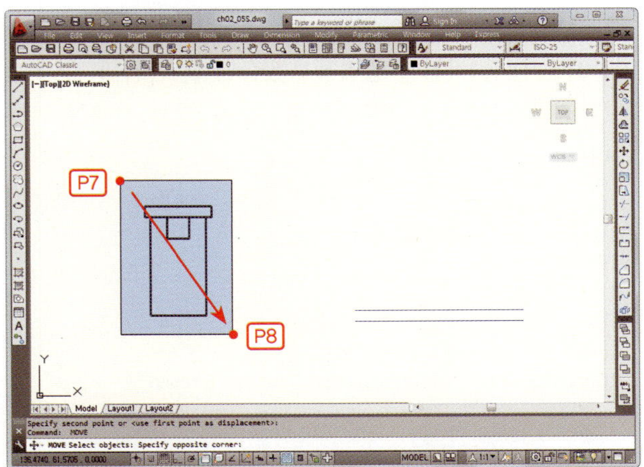

```
Command: Move Enter [단축키: M]
Select objects: Specify opposite corner: 3 found
→ P7~P8점 클릭, 드래그
Select objects: Enter
```

09 전체 선택 객체의 왼쪽 아래 지점을 Move의 기준점으로 선택합니다. 다음의 P9점을 선택하여 기준점을 선택합니다.

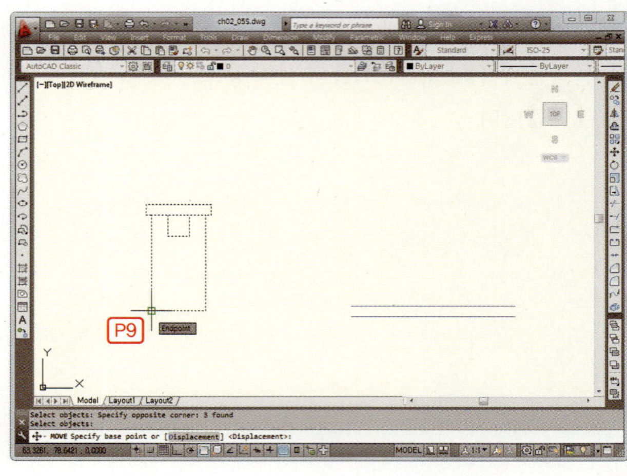

Specify base point or [Displacement] <Displacement>: P9점 클릭

10 선분 위로 이동시키기 위하여 다음 선분의 끝점으로 이동 기준점을 클릭하여 선택합니다. 역시 Osnap의 Endpoint를 기준으로 다음과 같이 선택합니다.

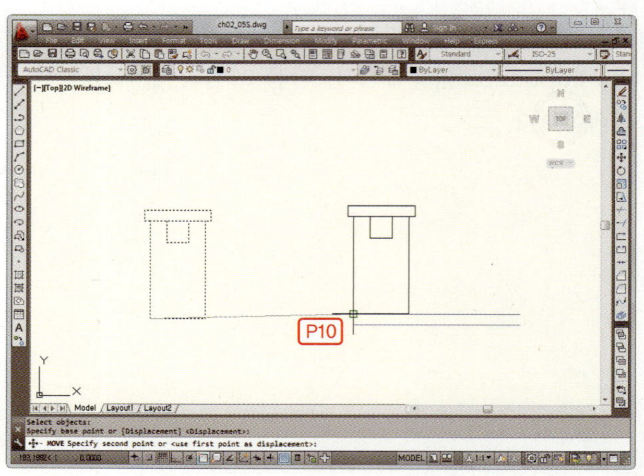

Specify second point or <use First Point as displacement>:
P10점 클릭

11 Move를 이용하여 전체 선분을 선택한 후 좌표 점을 기준으로 이동 지점을 입력해보겠습니다. 다음과 같이 전체를 선택하는 경우 클릭, 드래그하여 전체 객체를 선택합니다.

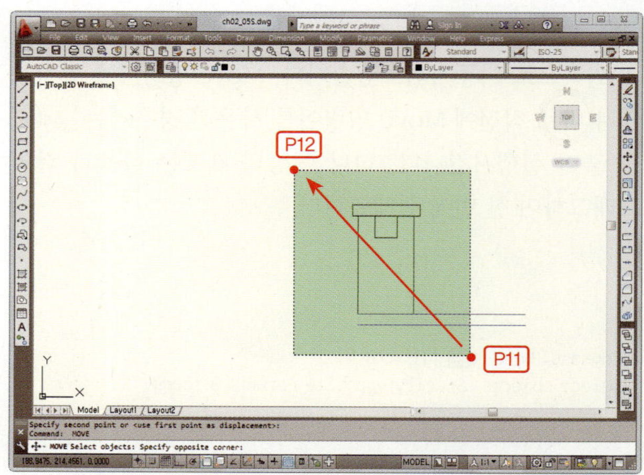

Command: Move Enter [단축키: M]
Select objects: Specify opposite corner: 5 found
→ P11~P12점 클릭, 드래그
Select objects: Enter

12 이동 시 선분의 끝점을 마우스로 클릭하여 선택합니다.

13 화면의 가운데로 옮기기 위하여 처음에 선택한 기준점으로부터 180° 방향인 왼쪽 방향으로 120만큼 수치상으로 정확하게 이동시켜보겠습니다. 방향으로 이동하는 지점을 지정하는 경우, 상대 극좌표를 이용하면 편리합니다.

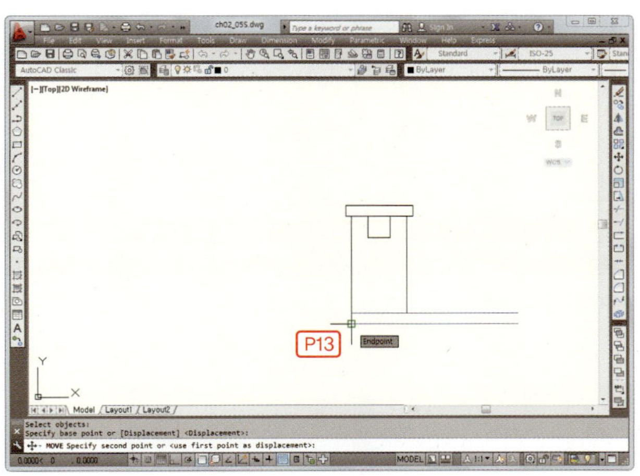

Specify base point or [Displacement] <Displacement>: P13점 클릭

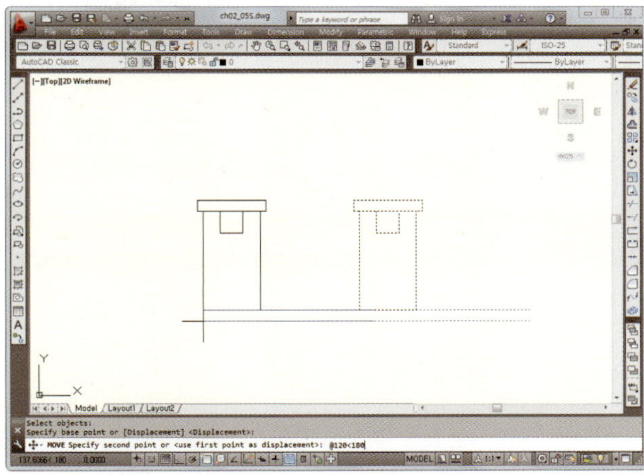

Specify second point or <use First Point as displacement>:
@120<180 Enter

02. 똑같이 복제하는 Copy

도면 요소는 모든 객체를 일일이 다 그리는 것이 아니라 비슷하거나 동일한 객체의 경우, 이미 그려진 객체를 이동, 복제하여 그리는 것이 원칙입니다. Copy는 이렇게 선택한 객체를 원하는 장소로, 크기나 각도의 회전 없이 복제할 수 있는 명령어입니다.

명령어	Copy	아이콘	
단축키	CO, CP	메뉴	[Modify]-[Copy]

● 명령어 이해하기

'Copy 명령어'는 Move 명령어를 사용하는 방법과 동일합니다. 단, Move 명령어가 선택한 객체를 원래 좌표에서 다른 좌표로 이동하는 것이라면, Copy 명령어는 선택한 객체는 그대로 둔 상태에서 원하는 좌표 지점으로 복제하여 2개 이상의 객체를 만드는 것입니다. Copy 명령어는 복제 대상 객체를 다양한 선택 방법을 이용하여 선택한 후 원하는 장소의 좌표로 Osnap이나 좌표계를 이용하여 이동, 복제합니다.

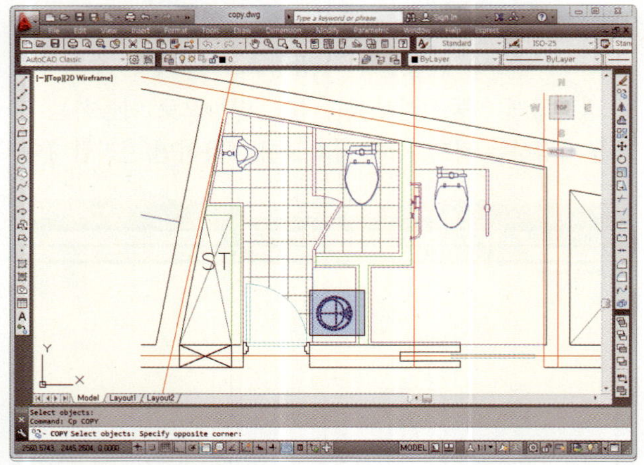
▲ 대상 객체 선택

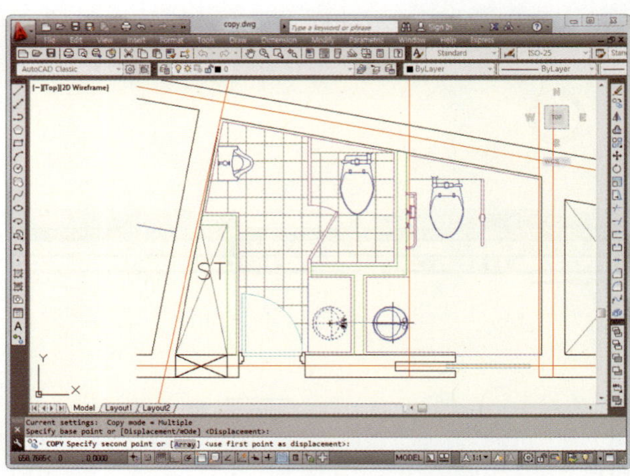
▲ 객체의 이동 복제

Command: COPY [Enter] [단축키: CO/CP]
Select objects:
→ 복제할 대상 객체를 선택합니다.
Select objects: [Enter]
→ 선택을 종료하기 위하여 [Enter]를 누릅니다.
Current settings: Copy mode=Multiple
Specify base point or [Displacement/mode] <Displacement>:
→ 복제할 대상의 기준점을 선택합니다.
Specify second point or [Array] <use First Point as displacement>:
→ 복제할 장소의 기준점을 선택하거나 옵션을 선택하여 지정합니다.
Specify second point or [Array/Exit/Undo] <Exit>: [Enter]
→ 복제가 완료되면 [Enter]를 눌러 Copy 명령어를 종료합니다.

● 옵션 이해하기

AutoCAD 2012로 버전업되면서 Copy의 옵션이 조금 변경되었습니다. 기존 Multiple의 다중 복제에 Array 복제가 포함되어 한 번에 여러 개를 동일한 간격으로 복제하는 방법이 다양해졌습니다. 과거에는 한 번에 여러 개를 동일한 간격으로 복제하는 경우 기존의 값을 계속 더하면서 입력하였는데, 'Array' 옵션을 이용하면 한 번만 간격 값을 입력하여 동일한 간격으로 복제할 수 있습니다.

옵션	설명
Displacement	이동할 객체의 기준점을 마우스나 키보드를 이용하여 입력합니다.
mode	Single과 Multiple을 선택하여 Copy를 하는 대상 객체의 개수를 조절합니다.
Array	복제를 통해 반복되는 개수를 입력하고 간격을 지정하면 지정된 개수만큼 동일한 간격으로 반복 복제됩니다. – 'Fit: Array' 옵션을 이용하여 복제하는 경우, 해당 개수를 지정된 두 지점 사이에 일정한 간격으로 반복 복제합니다. 간격을 계산할 필요 없이 두 지점 사이에 원하는 개수를 정확한 간격으로 분할하여 복제할 수 있습니다.
Exit	복제 명령어를 마친 후에 명령어를 빠져 나갑니다.
Undo	복제된 객체를 하나씩 단계별로 취소해 나갑니다.

● 미리해보기

예제 파일 부록 CD\Sample\Chapter02\ch02_06S.dwg   **완성 파일** 부록 CD\Sample\Chapter02\ch02_06F.dwg

01 메뉴의 [File]-[Open]을 선택하여 부록 CD에서 예제 파일을 불러옵니다. 다음과 같이 Copy 명령어를 수행할 대상 원과 반원이 그려진 도면이 있습니다. 이번에는 원과 반원을 한 번에 다중 복제하는 방법에 대해 알아보겠습니다.

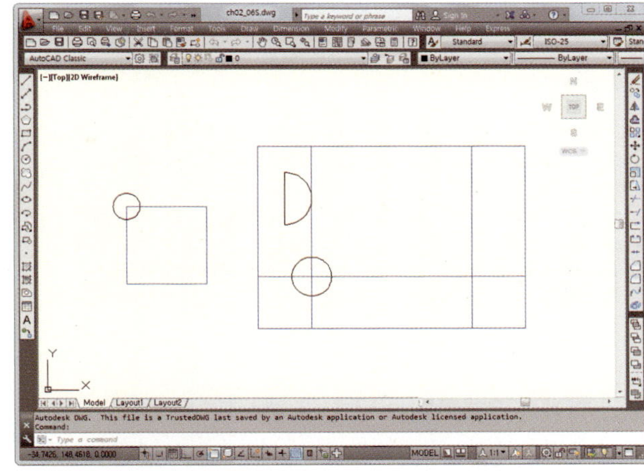

02 Copy 명령어를 입력한 후 다음과 같이 첫 번째 원을 클릭하여 선택합니다. 선택이 완료되면 선택을 종료하기 위하여 Enter 를 누릅니다.

```
Command: COPY Enter [단축키: CP, CO]
Select objects: 1 found
→ P1점 클릭
Select objects: Enter
```

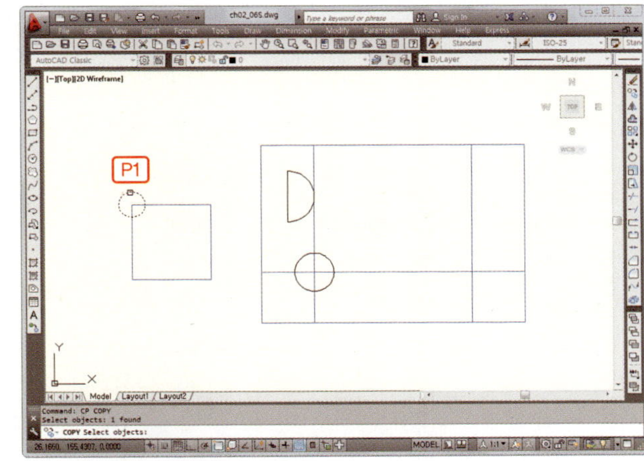

03 복제 대상을 선택한 후에는 대상 객체의 기준점을 먼저 선택합니다. 보통은 Osnap을 이용하여 선택한 객체 중에서 복제할 장소에 알맞은 지점을 기준점으로 선택하거나 거리 값을 아는 경우 '0,0'을 입력합니다. 여기서는 원의 중심점을 기준점으로 선택합니다.

```
Current settings: Copy mode=Multiple
Specify base point or [Displacement/mode] <Displacement>: P2
점 클릭
```

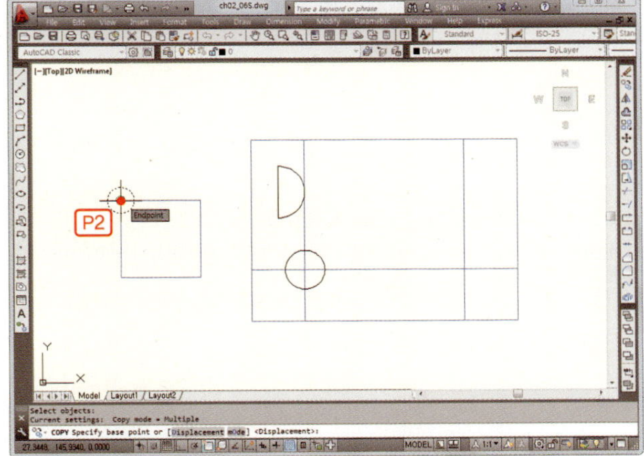

04 다음과 같이 세 곳의 교점을 이동 지점으로 선택하여 정확하게 선택합니다. 선택한 지점마다 객체가 복제되는 것을 볼 수 있습니다. 더 이상 복제하지 않는 경우에는 Enter 를 눌러 종료합니다.

```
Specify second point or [Array] <use First Point as
displacement>: P3점 클릭
Specify second point or [Array/Exit/Undo] <Exit>: P4점 클릭
Specify second point or [Array/Exit/Undo] <Exit>: P5점 클릭
Specify second point or [Array/Exit/Undo] <Exit>: Enter
```

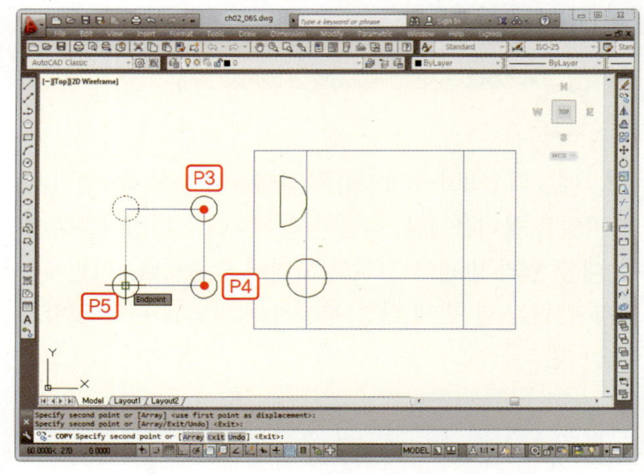

05 다음은 오른쪽의 반달 모양 객체를 'Array' 옵션을 통해 복제해보겠습니다. 먼저 Copy 명령어를 입력한 후 다음과 같이 클릭, 드래그하여 반달 모양 객체를 모두 선택합니다.

```
Command: COPY Enter [단축키: CP, CO]
Select objects: Specify opposite corner: 2 found
 → P6~P7점 클릭, 드래그
Select objects: Enter
```

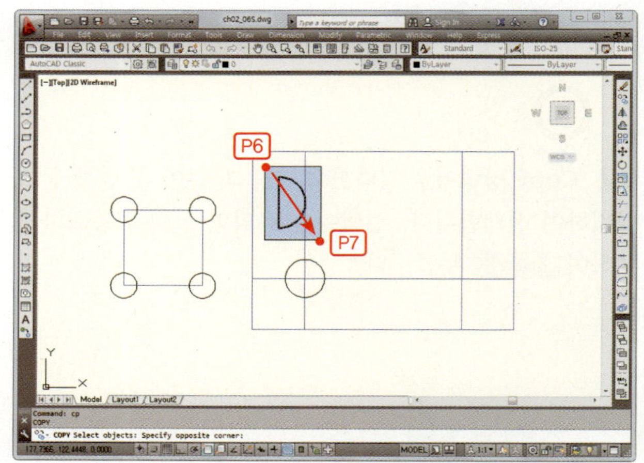

06 반달 모양 객체의 기준점을 선택합니다. 이때에는 왼쪽 선분의 MidPoint를 기준점으로 선택합니다. Osnap으로 정확하게 선택합니다.

```
Current settings: Copy mode=Multiple
Specify base point or [Displacement/mode] <Displacement>: P8
점 클릭
```

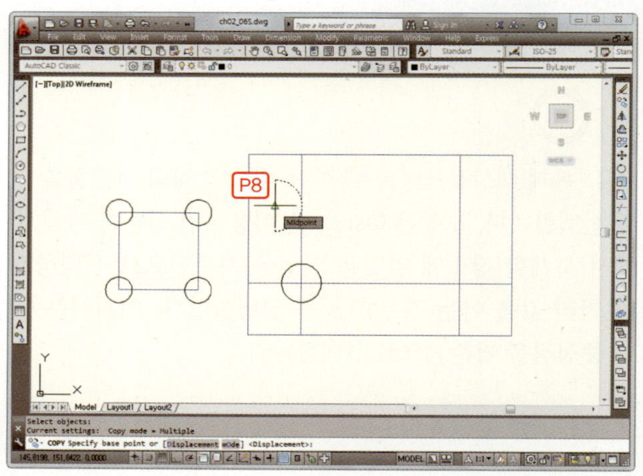

07 나열 복제를 하기 위하여 'Array' 옵션의 단축키인 'A'를 입력하고 나열 복제 개수인 '7'을 입력합니다. 두 번째 객체와의 간격을 20만큼 입력하기 위하여 좌표계를 이용하여 '@20,0'을 입력합니다.

```
Specify second point or [Array] <use First Point as
displacement>: A  Enter
Enter number of items to array: 7  Enter
Specify second point or [Fit]: @20,0  Enter
Specify second point or [Array/Exit/Undo] <Exit>:  Enter
```

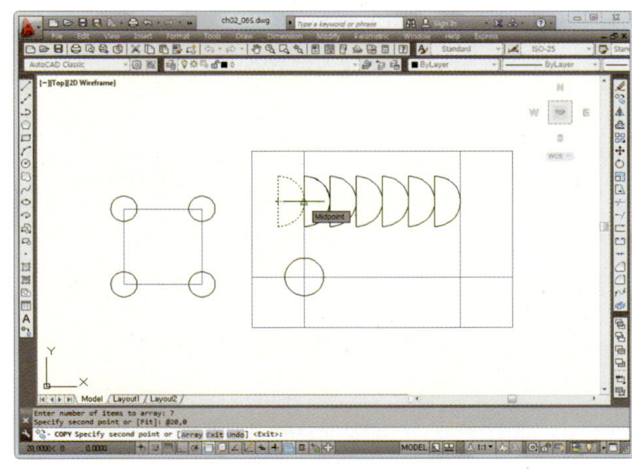

08 같은 'Array' 옵션을 사용하는 경우, **07**에서 실행한 경우가 두 번째 객체와의 간격을 입력하는 것이라면, 이번에는 나열 복제 객체 전체의 간격을 입력하고 객체와 객체 사이의 간격은 자동으로 설정되도록 해보겠습니다. 먼저 명령어를 입력하거나 Enter 를 눌러 직전 명령어가 실행되도록 한 다음, 객체를 선택합니다.

```
Command:  Enter
COPY
Select objects: 1 found
→ P9점 클릭
Select objects:  Enter
```

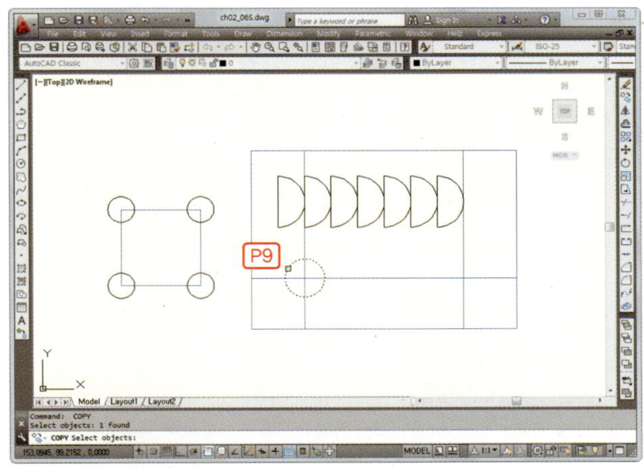

09 선택한 객체의 기준점을 다음과 같이 선택합니다. Osnap의 Center나 Intersection Point가 지정되도록 합니다.

```
Current settings: Copy mode=Multiple
Specify base point or [Displacement/mode] <Displacement>: P10
점 클릭
```

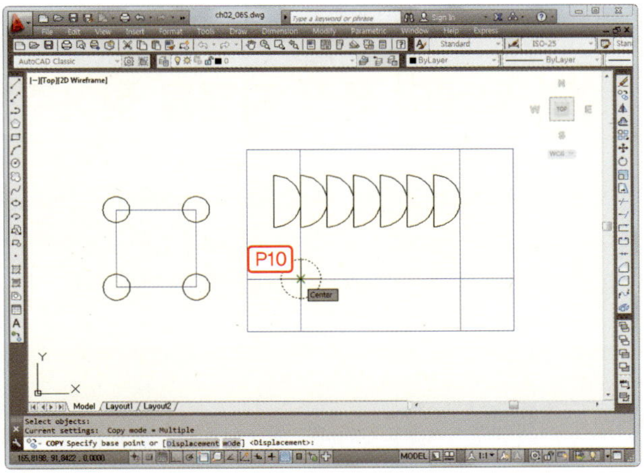

10 나열 복제를 하기 위하여 'Array' 옵션의 단축키인 'A'를 입력하고 전체 복제 개수를 입력합니다. 개수를 입력한 후 두 지점 간에 일정한 간격으로 나열 복제하라는 옵션인 'f'를 선택합니다. 두 지점 사이의 간격을 입력하기 전에 'Fit' 옵션에 대해 알아보기 위하여 오른쪽으로 드래그해봅니다. 원 4개가 일정한 간격으로 움직이는 것을 확인할 수 있습니다.

```
Specify second point or [Array] <use First Point as
displacement>: A  Enter
Enter number of items to array: 4  Enter
Specify second point or [Fit]: F  Enter
```

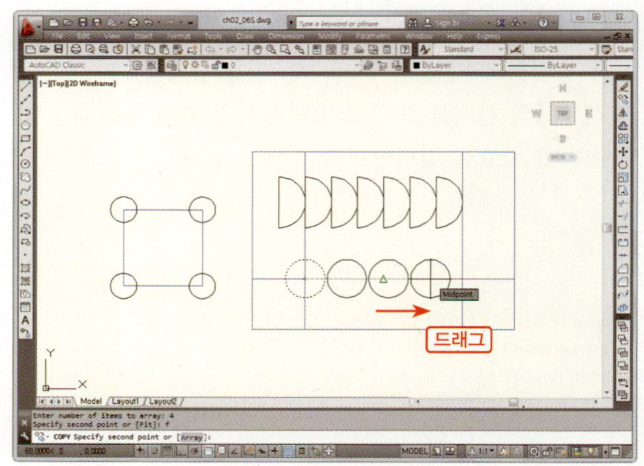

11 이제 정확한 간격으로 나열 복제하기 위하여 첫 번째 원과 네 번째 원의 총 길이 값을 좌표 값을 이용하여 입력해보겠습니다. 전체 4개가 120의 길이 값 안에 자동으로 같은 간격으로 복제되어 있습니다.

```
Specify second point or [Array]: @120,0  Enter
Specify second point or [Array/Exit/Undo] <Exit>:  Enter
```

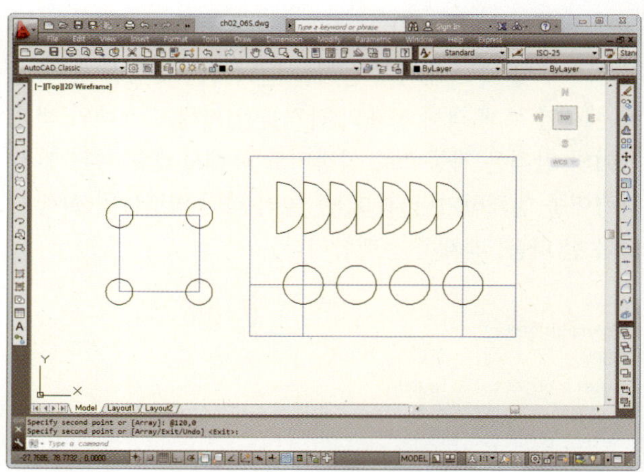

03. 물체의 특정 지점을 찾아주는 Osnap

앞의 예제에서 Osnap이라는 단어가 자주 나왔습니다. Osnap은 AutoCAD를 실행하면 기본적으로 켜져 있는 상태이므로 은연중에 계속 사용하고 있었습니다. 하지만 Osnap이 정확하게 어떤 명령어인지는 정확히 모르고 실행했을 것입니다. 이번에는 객체의 특정 지점을 정확히 찾아주는 Osnap에 대해 알아보겠습니다.

명령어	단독으로 사용하지 않고 명령어 안에서 보조적으로 사용함.	아이콘	
단축키	F3으로 ON/OFF만	메뉴	[Tools]-[Drafting Settings]-'Object Snap' 탭

● 명령어 이해하기

Osnap은 AutoCAD를 실행하면 자동으로 켜져 사용자가 처음부터 사용할 수 있도록 세팅되어 있습니다. 그러나 모든 객체의 지점이 선택되어 있지 않기 때문에 사용자가 원하는 지점을 선택할 수 있는 방법을 알고 있어야 합니다. 즉, Osnap은 선, 원, 호, 타원 등을 그리는 명령어를 사용하거나 Copy, Move 등을 이용하는 경우, 객체의 특정 지점을 선택할 때마다 자동으로 초록색의 상자가 나타나면서 특정 지점을 선택해줍니다. 미리 원하는 Osnap을 지정해두면 자동으로 객체에 닿을 때마다 지정된 Osnap이 나타나거나 지정되어 있지 않은 Osnap 명령을 사용하는 경우, 해당 Osnap 명령어의 전체 단어를 세 글자씩만 입력한 후 Enter 나 Space bar 를 누르고 원하는 지점을 클릭하면 각각의 용도에 맞는 Select 박스가 나타나는데, 이때, 사용자가 객체를 클릭하면 원하는 객체의 점을 선택할 수 있습니다.

01 미리 설정되어 있는 Osnap을 켜려면 F3을 눌러 ON/OFF해야 합니다. 설정되지 않은 Osnap을 켜려면 아래의 상태 라인에서 Osnap 아이콘을 마우스 오른쪽 버튼을 클릭한 후 원하는 Osnap을 체크해야 합니다. 원하는 Osnap을 체크하면 자동으로 그 지점을 선택할 수 있는 Osnap Box가 나타나는데, 이 Box를 이용하면 정확한 점을 선택할 수 있습니다.

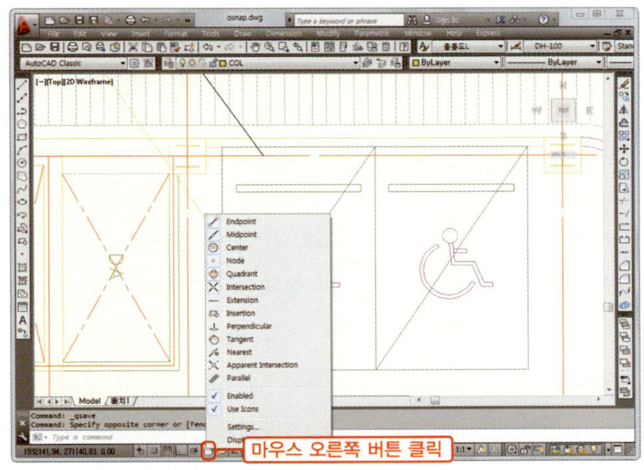

02 한 번에 여러 개의 Osnap을 선택하는 경우에는 상태 라인에서 Osnap 아이콘을 마우스 오른쪽 버튼으로 누르면 나타나는 바로 가기 메뉴 중에서 'Settings…'를 클릭하여 다음과 같은 대화상자가 나타나도록 합니다. 이 대화상자 내에서 원하는 객체 스냅점을 선택하여 자동으로 나타나도록 설정해줍니다.

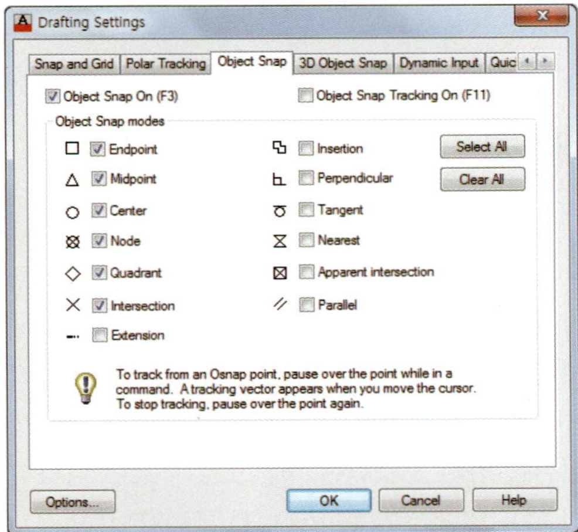

Osnap은 단독으로 사용하지 않는 명령어이므로 각 스냅점이 무엇을 의미하는지 정확히 이해해야 합니다. 각각의 점들이 사용되는 용도가 다르므로, 다음 내용을 정확히 이해하는 것이 좋습니다.

옵션	설명
Endpoint	선, 원, 호, 폴리곤, 다각형 등과 같은 객체의 양쪽 끝에 있는 점을 찾아줍니다.
Midpoint	선, 원, 호, 폴리곤, 다각형 등과 같은 객체의 중간점을 찾아줍니다.
Center	원, 호, 타원 등과 같이 중심점이 있는 객체의 중심점을 찾아줍니다.
Node	Point 명령어로 만들어진 점 객체의 위치를 찾아줍니다.
Quadrant	원, 호, 타원의 0°, 90°, 180°, 270° 지점에 위치한 사분점을 찾아줍니다.
Intersection	선, 원, 호, 폴리곤, 다각형 등과 같이 다양한 객체의 교점, 교차점의 위치를 찾아줍니다. Intersection 지점은 여러 개의 선이 모여 있는 Endpoint와 겹치기도 하며, 중간에 있는 선분의 교차점과 같은 지점인 경우에는 Midpoint와 겹치기도 합니다.
Extension	객체가 없더라도 해당 객체의 연장선상에 위치한 점을 찾아줍니다. 이는 연장선을 직접 그리지 않고도 연장선의 위치를 알아낼 수 있는 방법입니다.
Insertion	TEXT로 입력 시 문자의 시작점이나 Block으로 만든 객체를 Insert 명령으로 삽입한 지점을 찾아줍니다.
Perpendicular	선택한 지점에 대응하는 수직 방향에 위치하는 직교점을 찾아줍니다.
Tangent	선, 원, 호, 폴리곤, 다각형 등과 같은 객체와 접하는 접점의 위치를 찾아줍니다.
Nearest	객체의 특정 지점이 아니라 선택한 부분에서 가장 가까운 근처의 점을 찾아줍니다.
Apparent intersection	가상의 교차점을 찾아줍니다. 3차원 뷰 상태에서는 실제 접근하거나 교차하지 않은 점들이 겹쳐 보이는 경우가 있습니다. 이때 보여지기만 하는 가상의 교차점을 찾아줍니다.
Parallel	선, 원, 호, 폴리곤, 다각형 등과 평행이 되도록 하는 스냅점으로, 객체가 갖고 있는 방향을 유지한 상태에서 평행 선분을 찾아줍니다.

● 미리해보기

예제 파일 부록 CD\Sample\Chapter02\ch02_07S.dwg　　　　**완성 파일** 부록 CD\Sample\Chapter02\ch02_07F.dwg

01 메뉴의 [File]−[Open]을 선택하여 부록 CD에서 예제 파일을 불러옵니다. 다음과 같이 다양한 도형이 그려져 있습니다. 사용할 Osnap을 선택하기 위하여 상태 라인의 Osnap 아이콘을 마우스 오른쪽 버튼으로 누르면 나타나는 바로 가기 메뉴 중에서 'Settings…'를 클릭합니다.

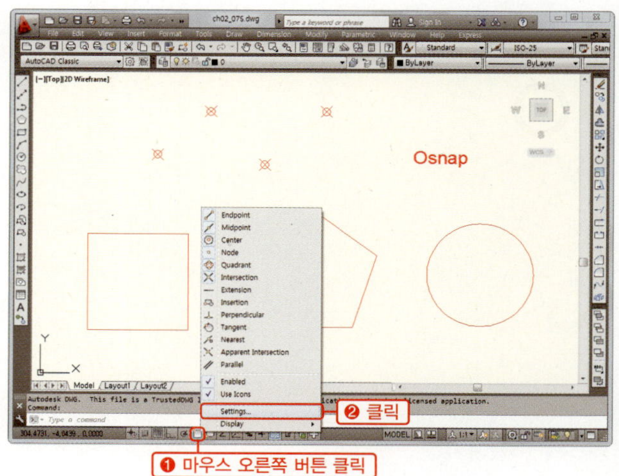

02 다양한 Osnap 중에서 'Endpoint'만 선택하고 나머지는 모두 선택 해제합니다. 이는 끝점만을 스냅할 수 있는 Endpoint를 기준으로 객체를 선택하기 위해서입니다. 선택이 완료되면 [OK] 버튼을 클릭합니다.

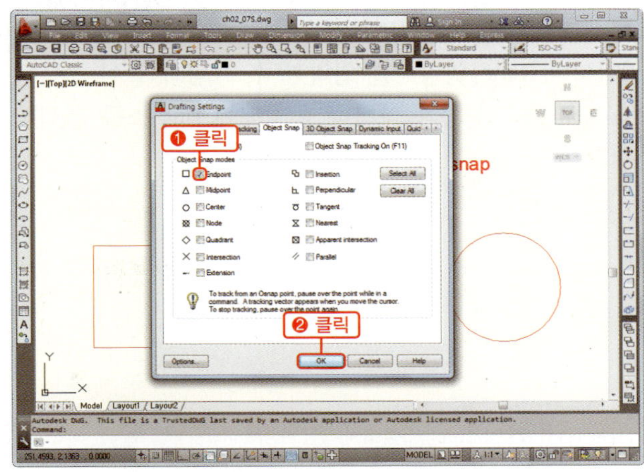

03 첫 번째 사각형의 안쪽에 대각선을 그려보겠습니다. 먼저 Line 명령어를 입력한 후 다음과 같이 시작점 위치에 마우스 커서를 올려놓으면 초록색 상자가 나타납니다. 이것이 바로 객체의 끝점을 선택해주는 'Osnap box'입니다. 이 Box가 있는 상태에서 선택해야만 객체의 지점을 정확하게 선택할 수 있습니다.

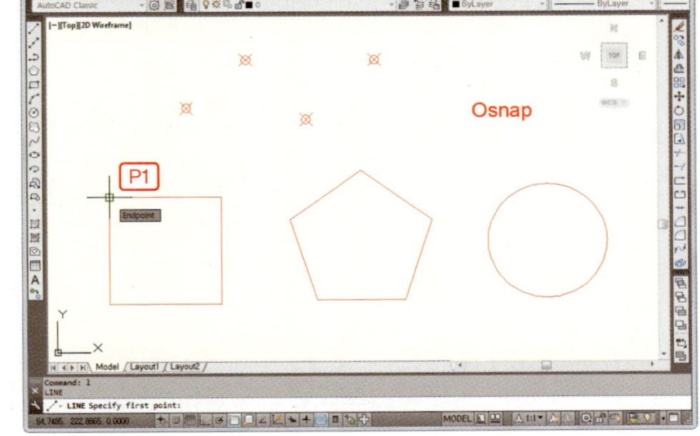

```
Command: LinE Enter [단축키: L]
Specify first point: P1점 클릭
```

04 반대편 점을 다음과 같이 선택합니다. Endpoint의 초록색 스냅 박스가 나타납니다. 해당 박스를 기준으로 다음과 같이 선택합니다.

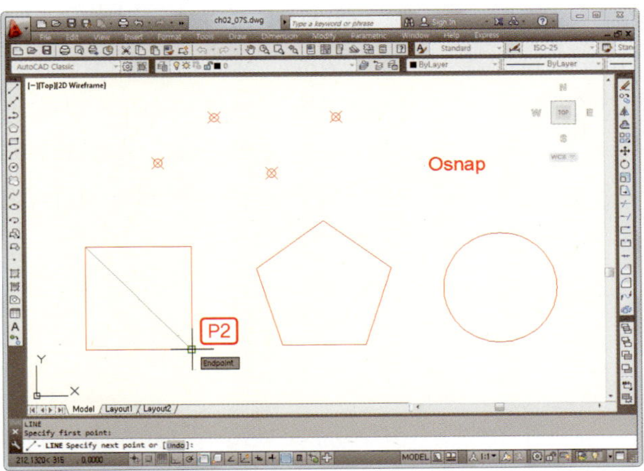

```
Specify next point or [Undo]: P2점 클릭
Specify next point or [Undo]: Enter
```

05 다시 대각선을 그려보겠습니다. 방법은 **03~04**와 동일합니다. Line 명령어를 입력한 후 그림과 같이 초록색 Osnap 선택 상자가 나타나는 지점에 마우스를 클릭합니다.

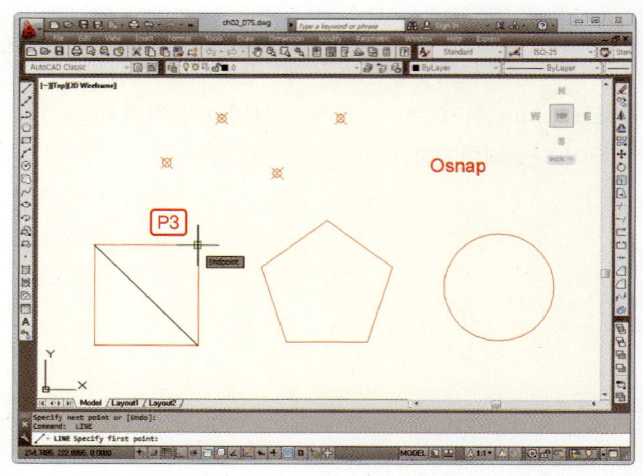


```
Command: Line [Enter] [단축키: L]
Specify first point: P3점 클릭
```

06 반대편 대각선 지점을 마우스로 클릭한 후 다음과 같이 Osnap 선택 상자가 나타난 상태에서 대각선 지점을 다음과 같이 클릭하여 선택합니다.

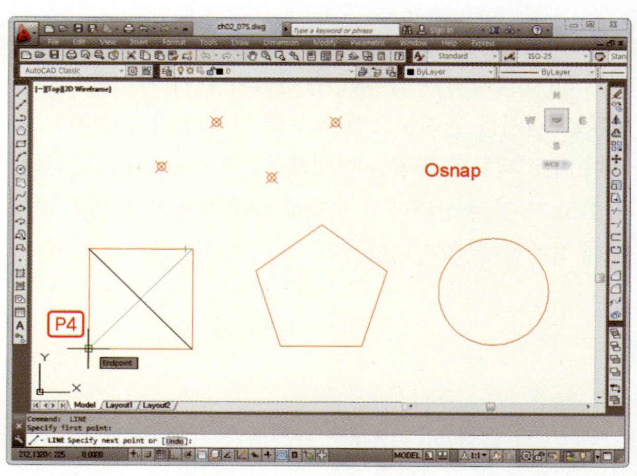


```
Specify next point or [Undo]: P4점 클릭
Specify next point or [Undo]: [Enter]
```

07 이번에는 교점, 교차점을 선택해주는 Osnap인 'Intersection'을 선택하기 위하여 상태 라인의 Osnap 아이콘을 마우스 오른쪽 버튼으로 누르면 나타나는 바로 가기 메뉴 중에서 Intersection을 선택합니다. Settings 메뉴를 선택하면 나타나는 대화상자에서 선택해도 됩니다.

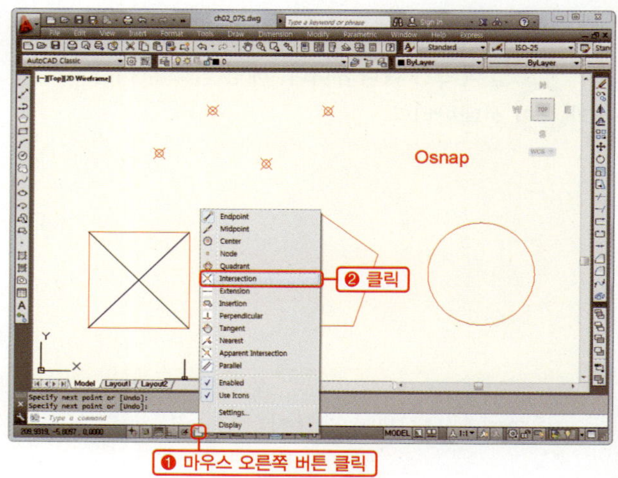

08 대각선이 서로 겹친 중간의 교차점을 찾아낸 후 원의 중심점으로 지정하여 원을 그려보겠습니다. Circle 명령어를 입력하거나 단축키인 'C'를 입력한 후 다음과 같이 선의 교점에 마우스 커서를 올려놓으면 다음과 같이 초록색의 Osnap 선택 상자가 나타납니다. 이때 클릭하면 대각선의 교차점을 기준으로 원의 중심점이 선택됩니다.

```
Command: C Enter
CIRCLE Specify center point for circle or [3P/2P/Ttr(tan tan
radius)]: P5점 클릭
```

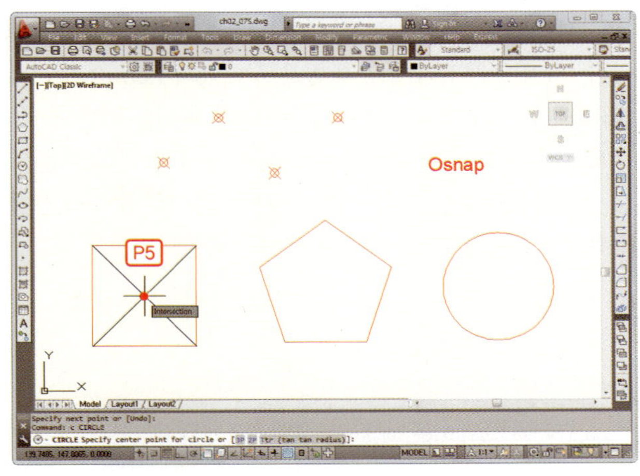

09 반지름 값에 '30'을 입력하면 다음과 같이 정확하게 대각선의 교차점을 원의 중심점으로 하는 원이 그려집니다.

```
Specify radius of circle or [Diameter] <80.0000>: 30 Enter
```

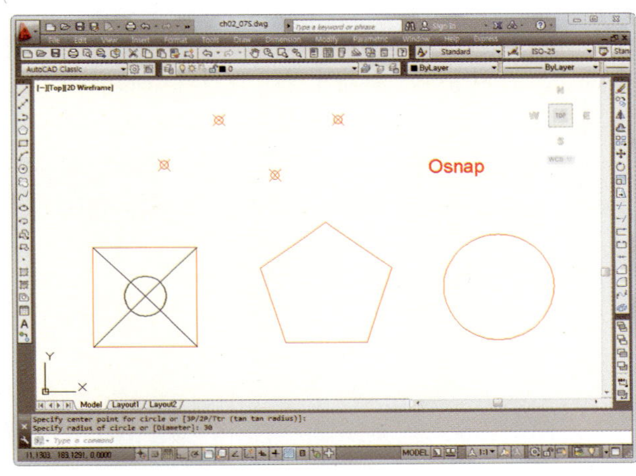

10 이번에는 오각형의 끝점을 찾은 후 반대편 선분에 있는 수직점을 찾아 선을 그려봅니다. 이번에는 미리 Osnap을 설정하지 않고 사용하는 방법으로 선을 그려봅니다. 먼저 Line 명령어의 단축키인 'L'을 입력한 후 다음의 끝점을 Osnap의 선택 상자를 이용하여 선택합니다.

```
Command: L Enter
LINE Specify first point: P6점 클릭
```

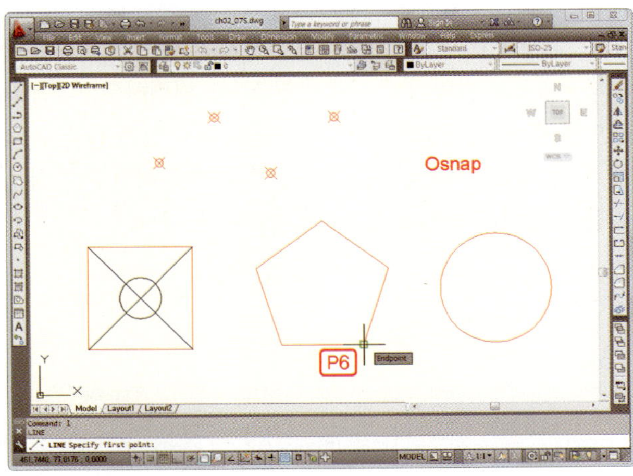

11 대각선의 수직점을 찾는 Osnap은 'Perpendicular'입니다. 하지만 설정되어 있지 않은 상태에서 Perpendicular 앞의 세 글자를 입력하고 `Enter` 나 `Space bar` 를 누른 후 선택하면 해당 Perpendicular Osnap 점이 현재를 기준으로 한 번 활성화됩니다. 이때 선분을 클릭하면 직교점이 정확하게 찾아집니다. 다음과 같이 클릭합니다.

```
Specify next point or [Undo]: per  Space bar  to
Specify next point or [Undo]: P7점 클릭
Specify next point or [Undo]:  Enter
```

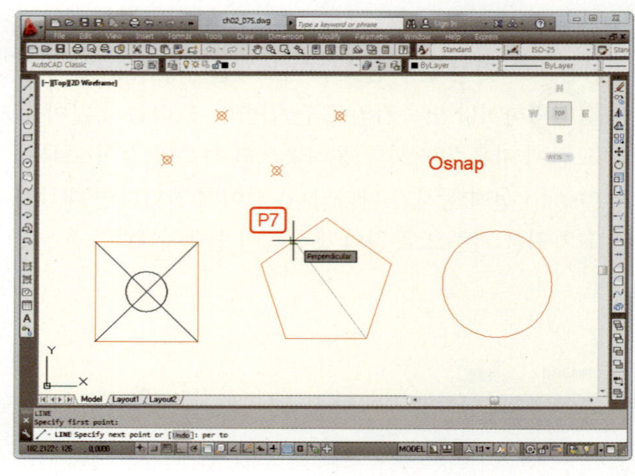

12 원, 호, 타원 등의 중심점을 선택하는 Center Osnap을 자동으로 지정하기 위하여 상태 라인의 Osnap 아이콘을 마우스 오른쪽 버튼으로 누르면 나타나는 바로 가기 메뉴 중에서 'Center'를 선택합니다. 또한 Settings 메뉴를 선택한 후 대화상자를 꺼내어 선택하는 것은 동일합니다.

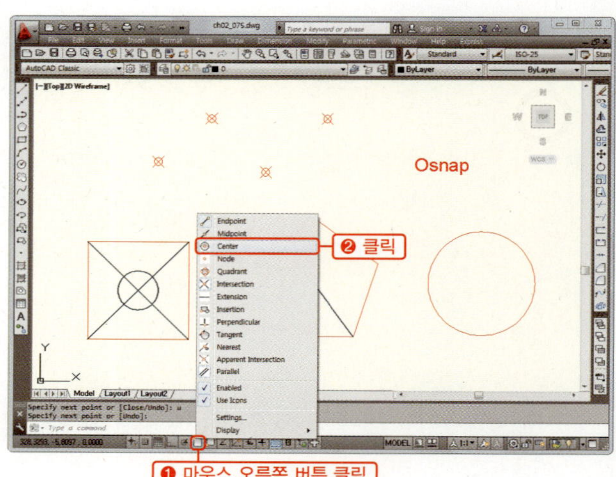

13 설정된 Center Osnap을 이용하여 원을 그려보겠습니다. Circle 명령어의 단축키인 'C'를 입력하고, 다음과 같이 원의 중심을 클릭하면 처음에 그려져 있는 원과 동일한 중심점이 선택됩니다. Osnap에 의해 선택된 중심점을 다음과 같이 클릭하고 반지름을 입력합니다.

```
Command: C  Enter
CIRCLE Specify center point for circle or [3P/2P/Ttr(tan tan
radius)]: P8점 클릭
Specify radius of circle or [Diameter] <30.0000>: 40  Enter
```

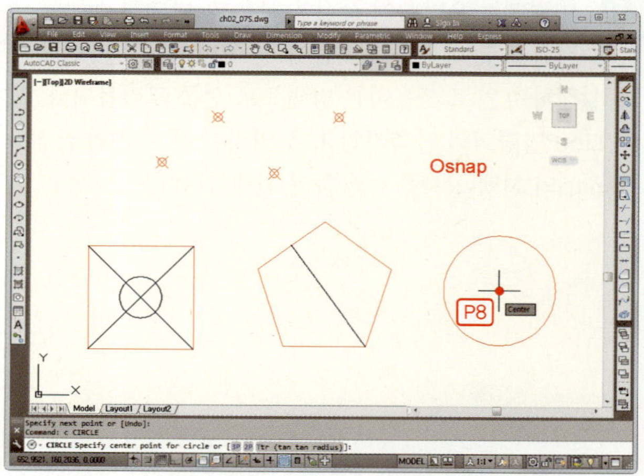

원의 중심점을 Osnap을 이용하여 선택할 때 Center가 선택되지 않는 경우가 있습니다. 또한 처음부터 원의 중앙에 마우스가 있는 경우에는 원의 중심을 선택하지 못하는 경우가 생깁니다. 이때 원의 선분을 마우스로 한 번 지나가면 원의 중심을 선택할 수 있습니다. 결국 원의 중앙을 읽는 것이 아니라 원을 읽어 원의 중심점을 찾아내는 것입니다.

14 큰 원의 90° 지점과 180° 지점을 원 지름의 위치로 하는 원을 그려보겠습니다. 먼저 Circle 명령어의 단축키인 'C'를 입력하고 '2P' 옵션을 입력합니다. 원의 90° 지점을 찾아내는 Quadrant 점을 지정하지 않았으므로 앞의 세 글자를 입력한 후 한 번에 하나씩 지정하여 그려보겠습니다.

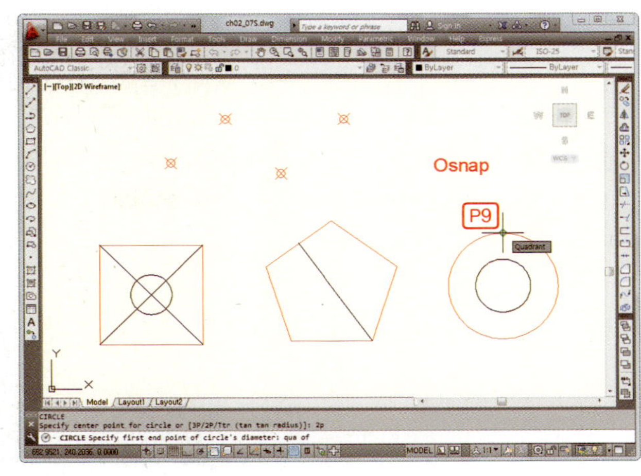

```
Command: C  Enter
CIRCLE Specify center point for circle or [3P/2P/Ttr(tan tan
radius)]: 2P  Enter
Specify first end point of circle's diameter: qua  Space bar  of
→ P9점 클릭
```

15 다시 한 번 Quadrant 점을 찾아내어 클릭하기 위하여 'qua'를 입력하고 Space bar 를 누른 후 180° 지점을 클릭하여 선택합니다. 다음과 같이 90°와 180° 지점을 원의 지름 위치로 하는 원이 그려졌습니다.

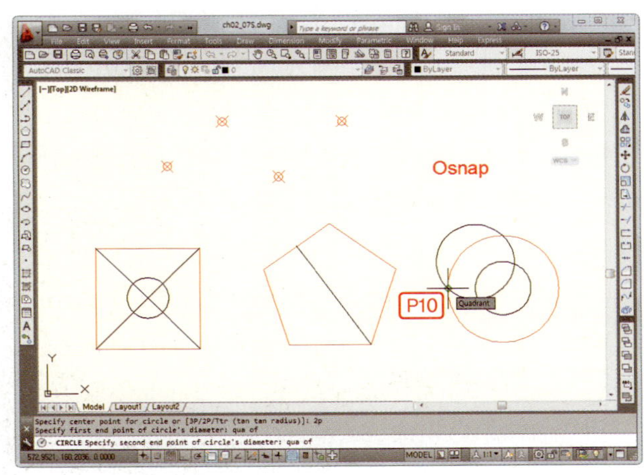

```
Specify second end point of circle's diameter: qua  Space bar
of
→ P10점 클릭
```

16 이번에는 임의의 선분 중에서 접점을 찾아주는 Tangent Osnap을 이용하여 원을 그려보겠습니다. 오각형의 다음 세 점을 클릭하여 반지름이나 원의 중심점을 모르는 경우에 있어서의 원을 그려보겠습니다. 원 명령어를 입력한 후 '3P' 옵션을 입력합니다. 그런 다음, Tangent 앞의 세 글자를 한 번씩 입력하고, 다음 지점을 한 번씩 클릭하여 원을 그립니다.

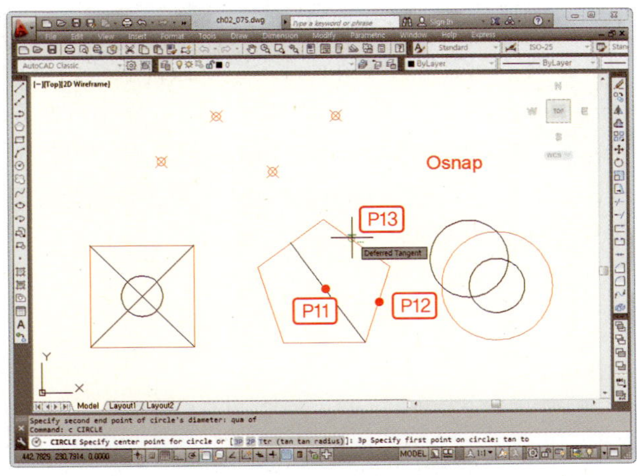

```
Command: C  Enter
CIRCLE Specify center point for circle or [3P/2P/Ttr(tan tan
radius)]: 3P  Enter
Specify first point on circle: tan  Space bar  to
→ P11점 클릭
Specify second point on circle: tan  Space bar  to
→ P12점 클릭
Specify third point on circle: tan  Space bar  to
→ P13점 클릭
```

17 다음과 같이 원이 오각형과 대각선 선분 세 곳이 만나는 원이 그려집니다. Tangent가 활성화된 것이 아니므로 반드시 세 점을 클릭하는 경우 'Tan'을 입력하고, [Space bar]를 한 번씩 누른 후에 선택해야 합니다. 그렇지 않으면 임의의 점이 선택되므로 주의해야 합니다.

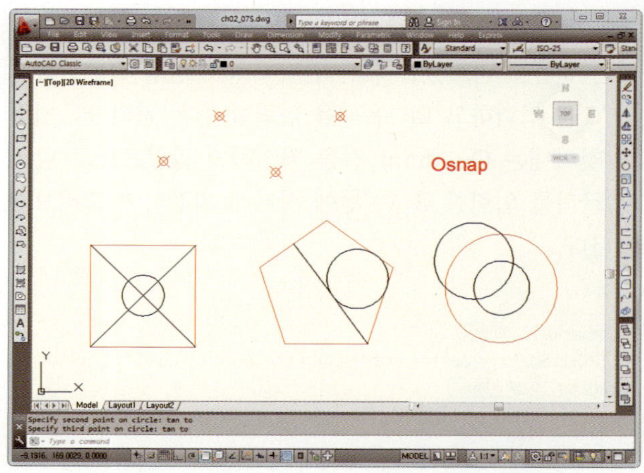

18 이번에는 위쪽에 있는 Point 객체들 중 하나를 원의 중심점으로 하는 원을 그려보겠습니다. Circle의 단축키인 'C'를 입력한 후 원을 선택할 수 있는 Node Osnap을 이용하기 위하여 'nod'를 입력합니다. 그런 다음 [Space bar]를 누르고 다음의 point를 클릭합니다.

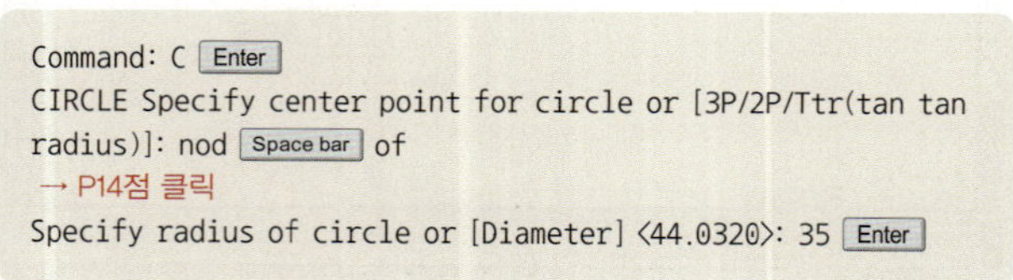

```
Command: C [Enter]
CIRCLE Specify center point for circle or [3P/2P/Ttr(tan tan
radius)]: nod [Space bar] of
  → P14점 클릭
Specify radius of circle or [Diameter] <44.0320>: 35 [Enter]
```

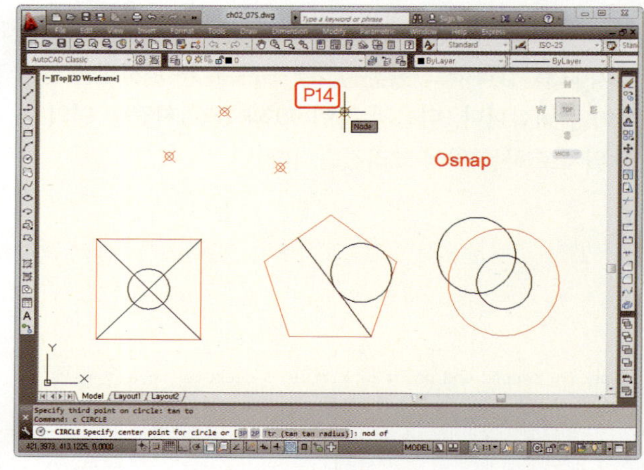

19 마지막으로 화면에 쓰여 있는 Osnap이라는 글자를 입력할 때 시작점으로 입력된 장소를 찾아서 선을 그려보겠습니다. 먼저 Line 명령어의 단축키인 'L'을 입력한 후 다음과 같이 삽입점의 Osnap인 Insertion의 세 글자를 입력합니다. 그런 다음 [Space bar]를 누르고, P15점을 찾아 클릭하고 선을 그립니다.

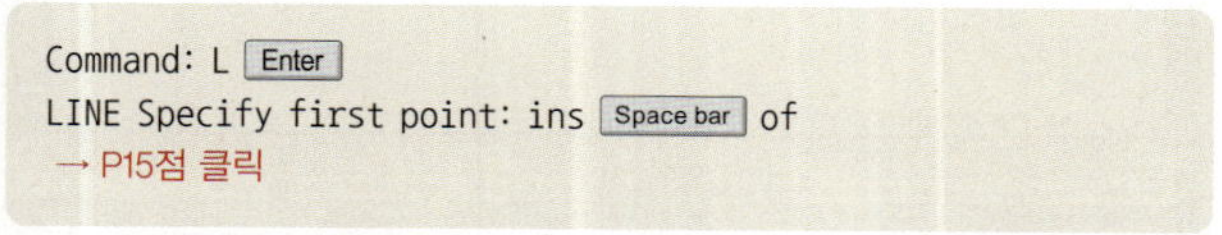

```
Command: L [Enter]
LINE Specify first point: ins [Space bar] of
  → P15점 클릭
```

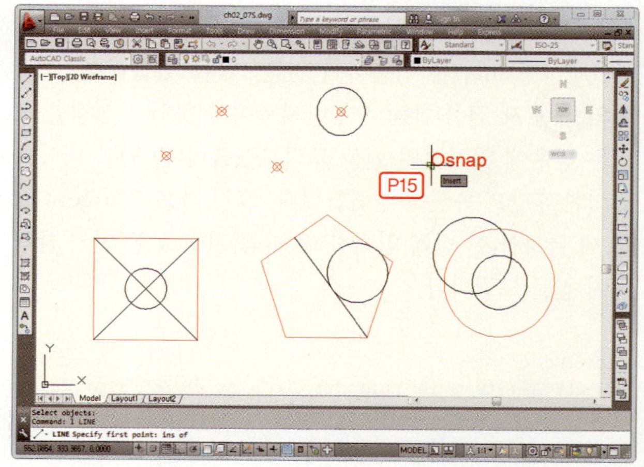

20 이어지는 지점은 임의의 지점으로 선택할 예정이므로, P16점은 다음 지점을 클릭한 후 Enter 를 눌러 명령어를 종료합니다. 다음과 같이 다양한 Osnap을 연습하였습니다.

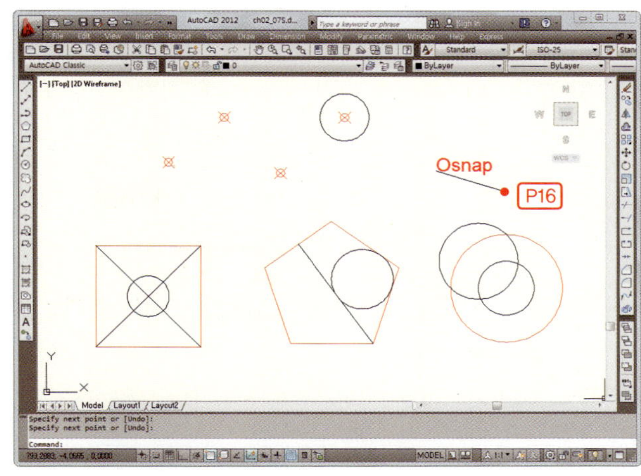


```
Specify next point or [Undo]: P16점 클릭
Specify next point or [Undo]: Enter
```

04. 평행하게 복제하는 Offset

하나의 단일 객체를 수직, 수평 방향의 일정한 간격 값으로 복제하는 명령어를 'Offset'이라고 합니다. Copy를 이용하여 복제를 하는 경우, 한 번에 하나 또는 그 이상의 객체를 복제 대상 객체로 사용할 수 있지만, Offset의 경우에는 한 번에 하나의 객체를 선택하여 일정 간격으로 복제할 수 있습니다. 간단하게 복제하여 도면의 객체를 완성할 때에 가장 많이 사용하는 명령어입니다. 이번에는 Offset의 사용법에 대해 알아보겠습니다. 특히 AutoCAD 2013에서는 Offset이 좀 더 진화하여 선택과 동시에 간격 값으로 미리 복제될 객체를 볼 수 있습니다.

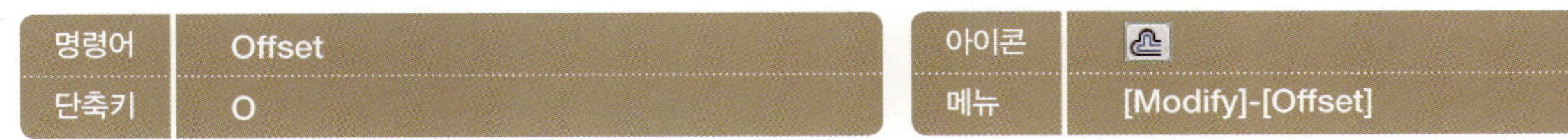

명령어	Offset	아이콘	
단축키	O	메뉴	[Modify]-[Offset]

● 명령어 이해하기

Offset 명령어를 입력하고 나면 복제할 거리(거리 값 또는 간격 값)를 먼저 입력해야 합니다. 입력된 값만큼 복제할 원본 객체를 선택한 후 평행 복제할 방향의 위치를 마우스로 클릭하면 처음에 입력된 값만큼 복제됩니다. 하지만 옵션을 이용하지 않는 경우, 한 번에 하나씩만 복제되므로 또다시 복제하려면 새로 복제된 객체나 원본 객체를 다시 한 번 선택한 후에 복제하려는 방향을 클릭해주어야만 합니다. 한 번에 여러 개를 복제하는 경우에는 옵션을 이용해야 합니다.

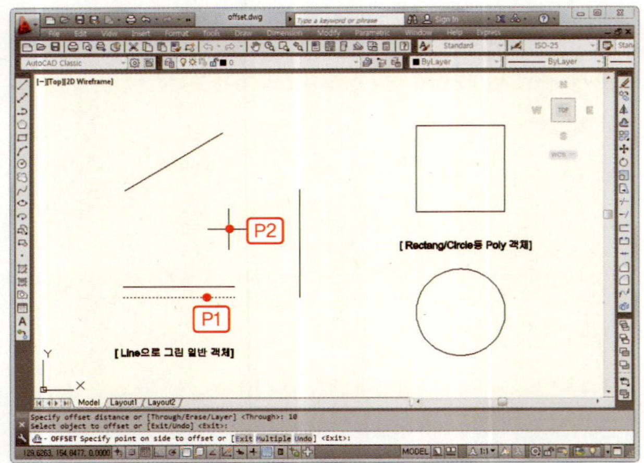

Command: OffseT [Enter] [단축키: O]
Current settings: Erase source=No Layer=Source
OFFSETGAPTYPE=0
Specify offset distance or [Through/Erase/Layer] <Through>:
10 [Enter]
→ 평행 복제할 간격 값을 숫자로 입력합니다.
Select object to offset or [Exit/Undo] <Exit>: P1점 클릭
→ 복제할 원본 대상 객체를 선택합니다. 단일 객체만 선택됩니다. 선택되면
  입력한 간격 값만큼 마우스를 드래그한 위치로 평행 복제를 미리해둔 상
  태로 보여집니다.

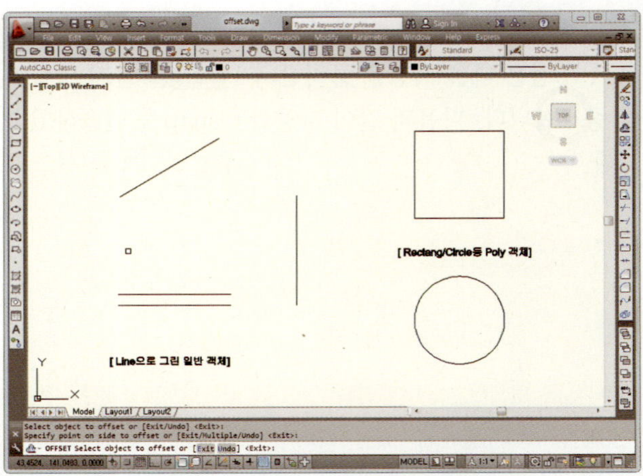

Specify point on side to offset or [Exit/Multiple/Undo]
<Exit>: P2점 클릭
→ 복제할 방향을 마우스 포인트로 선택합니다. 평행 방향이면 어느 곳이
  든 가능합니다. 방향을 선택하고 나면 또 다른 객체를 선택할 수 있는
  Pickbox가 나타납니다.

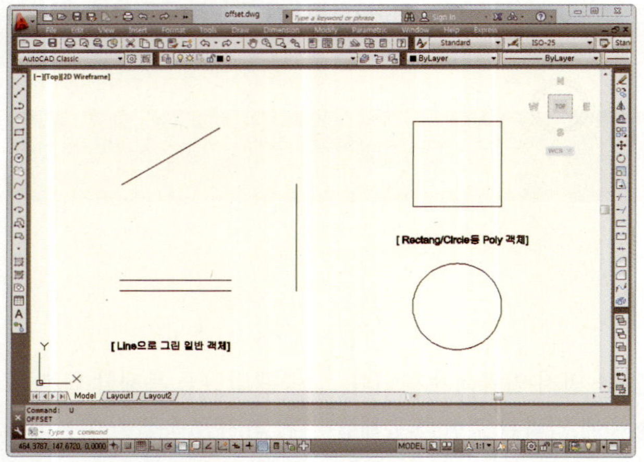

Select object to offset or [Exit/Undo] <Exit>: [Enter]
→ [Enter]로 Offset 명령어를 종료하면 위와 같이 평행 복제됩니다.

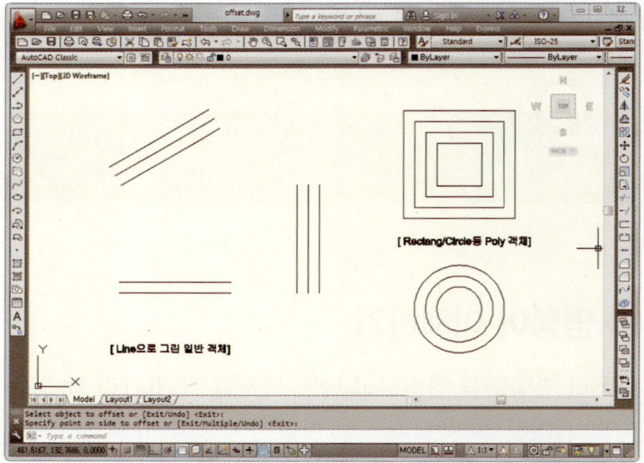

Offset은 한 번에 하나씩만 선택하여 평행 복제를 합니다. Rectang
이나 Circle, Arc, Polyline 등의 객체는 하나로 이어져 있으므로 닫혀
있는 경우, 안쪽으로 방향을 설정하면 자동으로 줄어들어 복제되며, 바
깥쪽으로 방향을 설정하면 자동으로 늘어나면서 복제됩니다.

● 옵션 이해하기

한 번에 하나씩 단일 객체를 복제하는 경우에 Offset 명령어를 이용하면 빠르게 복제할 수 있습니다. 하지만 복제해야 하는 객체의 수가 많은 경우에는 옵션을 이용하여 클릭의 횟수를 줄임으로써 빠르게 복제할 수 있으며, 도면이 복잡하거나 복제된 원본들의 객체가 서로 다른 레이어에 있는 경우, 원본 객체는 지우고 새로운 객체만 복제해야 하는 경우에는 옵션으로 제어할 수 있습니다.

옵션	설명
Through	복제 간격을 숫자 입력 대신 마우스가 클릭하는 지점으로 설정하여 임의의 값으로 평행 복제합니다.
Erase	평행 복제를 실행한 결과 처음에 선택한 원본 객체는 지우고, 복제된 객체만 남기는 경우에 사용합니다.
Layer	선택한 객체를 현재 Layer에 속하도록 할 것인지, 원본 객체가 소속되어 있는 Layer로 할 것인지를 결정합니다. 보통 원본과 현재(Current)로 지정된 Layer가 다른 경우, 곧바로 사용자가 원하는 Layer로 변경하여 평행 복제할 때에 사용합니다.
Multiple	한 번에 하나의 객체를 복제하고 재복제하는 경우, 원본이나 복제본 객체를 다시 선택하고 방향을 지정하는 것을 기본으로 진행되는 Offset 명령어의 경우 'Multiple' 옵션을 사용하여 계속 복제할 방향만 클릭해주면 원본이나 복제본 객체를 선택하지 않아도 빠르게 다중 복제할 수 있습니다.
Undo	복제된 객체를 하나씩 단계별로 취소해 나갑니다.
Exit	Offset 명령어를 빠져 나갑니다.

● 미리해보기

예제 파일 부록 CD\Sample\Chapter02\ch02_08S.dwg　　　　**완성 파일** 부록 CD\Sample\Chapter02\ch02_08F.dwg

01 메뉴의 [File]–[Open]을 선택하여 부록 CD에서 예제 파일을 불러옵니다. Offset 명령어를 입력한 후 평행 복제 간격 값에 '10'을 입력하고, 다음의 객체를 클릭하여 선택합니다.

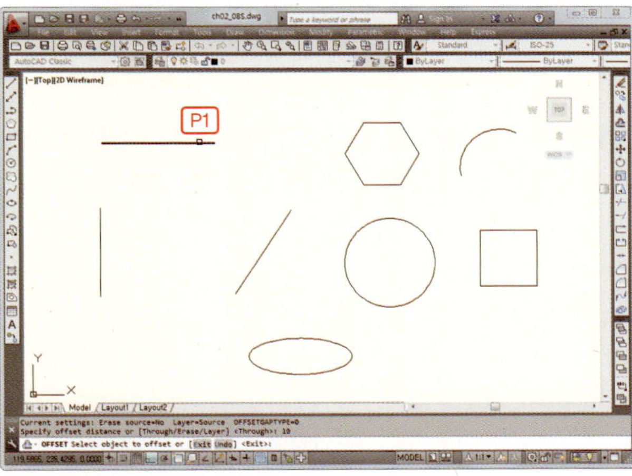

```
Command: OFFSET Enter [단축키: O]
Current settings: Erase source=No  Layer=Source
OFFSETGAPTYPE=0
Specify offset distance or [Through/Erase/Layer] <Through>:
10 Enter
Select object to offset or [Exit/Undo] <Exit>: P1점 클릭
```

02 위쪽 방향으로 평행 복제하기 위하여 위쪽 방향의 아무곳이나 클릭합니다. 간격 값과 관계없이 방향만 지정하면 됩니다.

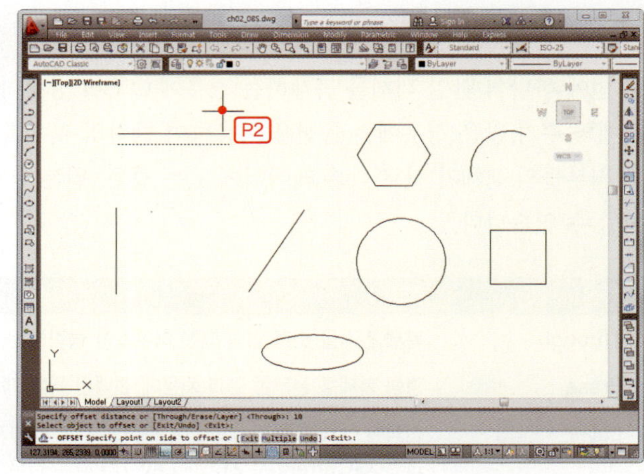

```
Specify point on side to offset or [Exit/Multiple/Undo]
<Exit>: P2점 클릭
```

03 복제된 객체를 한 번 더 평행 복제하겠습니다. 명령어가 종료되지 않았기 때문에 단일 객체를 한 번 더 클릭하여 선택합니다.

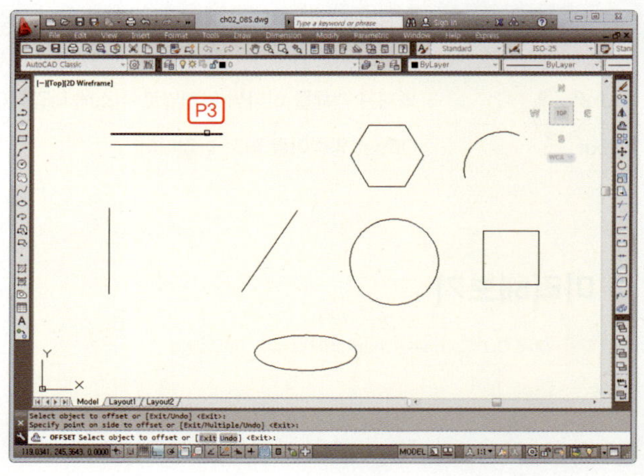

```
Select object to offset or [Exit/Undo] <Exit>: P3점 클릭
```

04 위쪽으로 다시 평행 복제할 예정이므로 선택한 객체의 위쪽 방향을 마우스로 클릭하여 선택합니다.

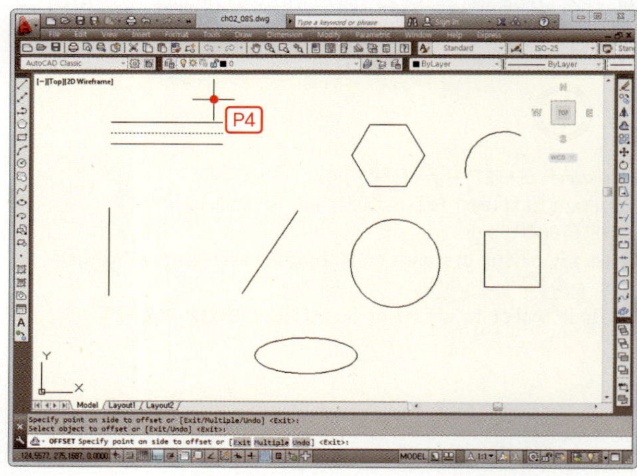

```
Specify point on side to offset or [Exit/Multiple/Undo]
<Exit>: P4점 클릭
```

05 같은 간격으로 다른 객체를 평행 복제해보겠습니다. 명령어를 종료하지 않고 오른쪽의 원을 클릭하여 선택합니다.

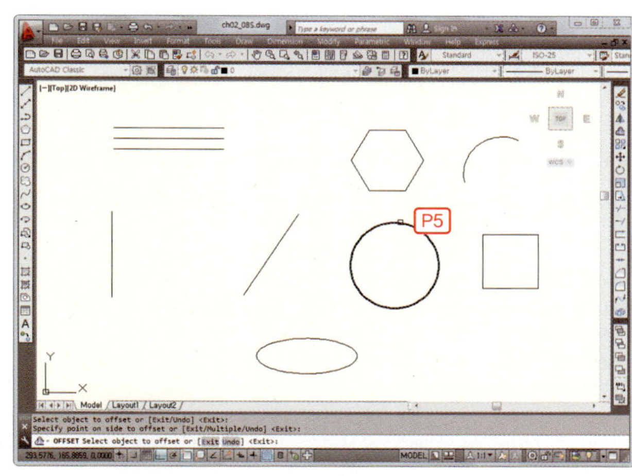

Select object to offset or [Exit/Undo] <Exit>: P5점 클릭

06 원의 안쪽에 복제할 예정이므로 원의 안쪽 아무곳이나 클릭합니다.

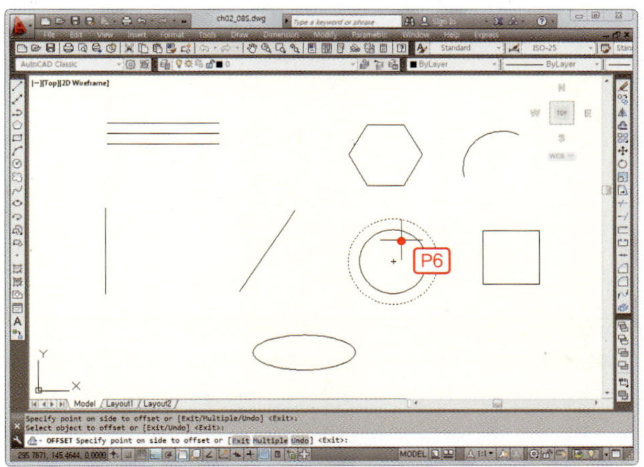

Specify point on side to offset or [Exit/Multiple/Undo]
<Exit>: P6점 클릭

07 이번에는 바깥쪽에 있는 원을 다시 한 번 바깥으로 평행 복제하기 위하여 처음 선택한 원을 다시 한 번 클릭하여 선택합니다.

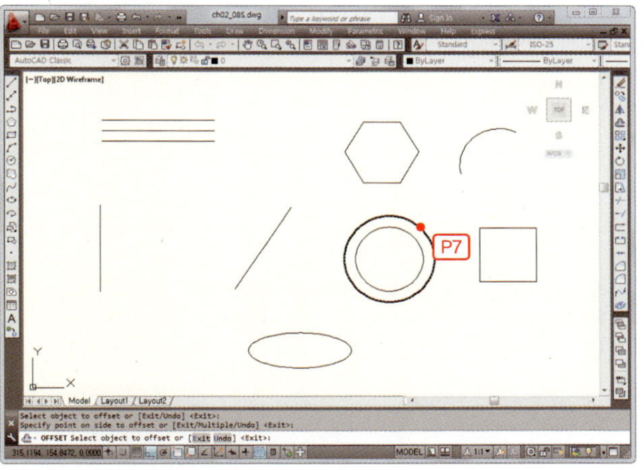

Select object to offset or [Exit/Undo] <Exit>: P7점 클릭

08 원의 바깥으로 복제하기 위하여 원의 바깥 방향을 클릭하여 선택합니다. 더 이상 복제할 대상이 없는 경우에는 Enter 를 눌러 Offset 명령어를 종료합니다.

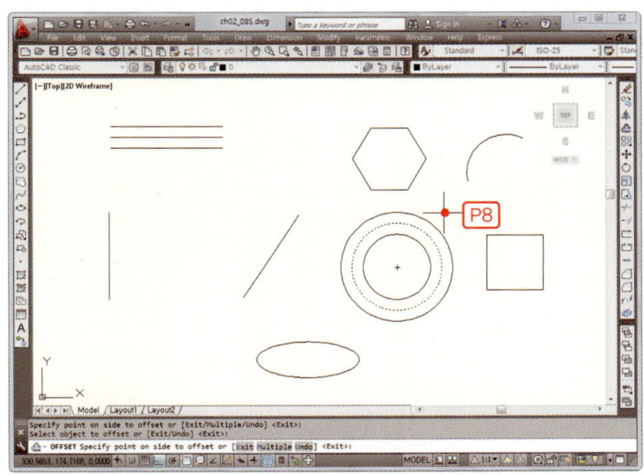

Specify point on side to offset or [Exit/Multiple/Undo]
<Exit>: P8점 클릭
Select object to offset or [Exit/Undo] <Exit>: Enter

09 이번에는 Offset을 통해 남아 있는 객체들을 각각 하나씩 간격을 띄워 복제해보겠습니다. 먼저 Offset 명령어나 단축키인 'O'를 입력한 후 간격 띄우기 값인 '7'을 입력합니다. 그런 다음 오각형을 선택하고, 안쪽 방향을 클릭하여 복제합니다.

```
Command: OFFSET Enter [단축키: O]
Current settings: Erase source=No  Layer=Source
OFFSETGAPTYPE=0
Specify offset distance or [Through/Erase/Layer] <10.0000>: 7
Enter
Select object to offset or [Exit/Undo] <Exit>: P9점 클릭
Specify point on side to offset or [Exit/Multiple/Undo]
<Exit>: P10점 클릭
```

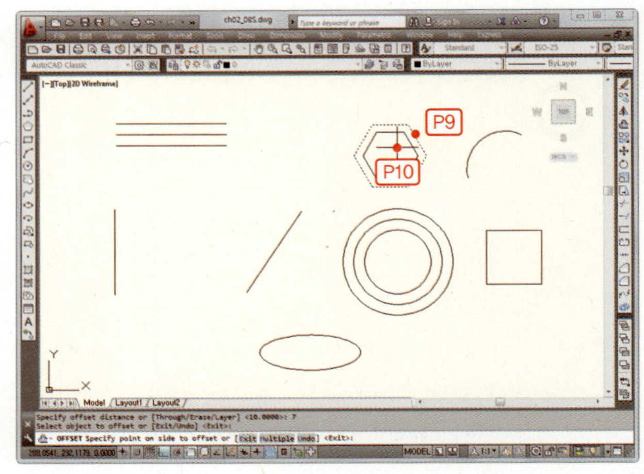

10 같은 간격으로 평행 복제할 예정이므로, 명령어를 종료하지 않은 상태에서 오른쪽의 Rectang 사각형을 선택하고 바깥쪽 방향을 설정합니다.

```
Select object to offset or [Exit/Undo] <Exit>: P11점 클릭
Specify point on side to offset or [Exit/Multiple/Undo]
<Exit>: P12점 클릭
```

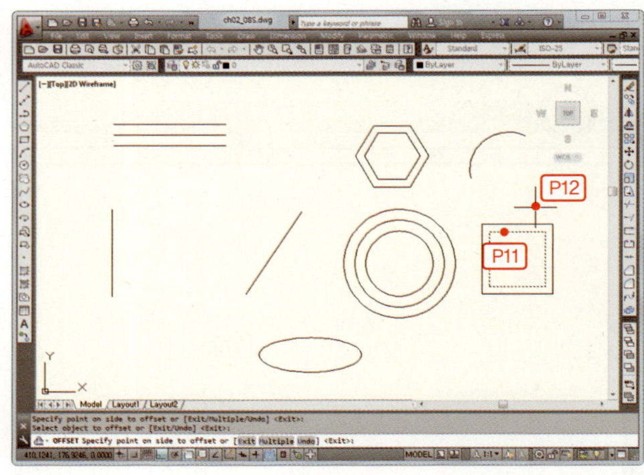

11 명령어를 종료하지 않은 상태 그대로 위쪽의 Arc를 선택한 후, 호의 안쪽 방향을 선택하여 줄어들도록 복제합니다.

```
Select object to offset or [Exit/Undo] <Exit>: P13점 클릭
Specify point on side to offset or [Exit/Multiple/Undo]
<Exit>: P14점 클릭
```

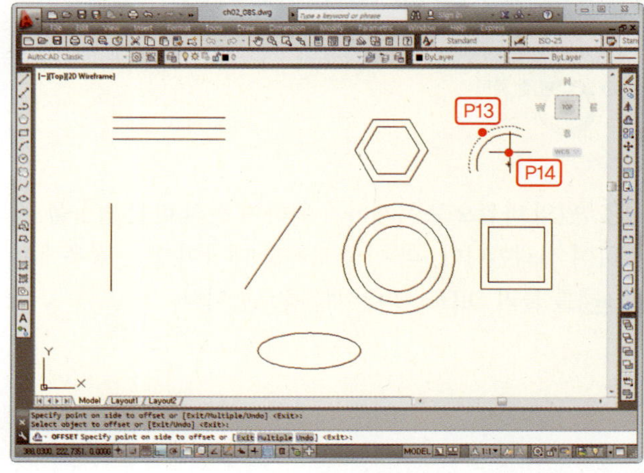

12 타원인 Ellipse의 경우도 안쪽과 바깥쪽으로 선택하면 줄거나 늘면서 복제되는 것을 확인하기 위하여 타원을 선택한 후 다음처럼 바깥쪽 방향을 클릭하여 선택합니다.

```
Select object to offset or [Exit/Undo] <Exit>: P15점 클릭
Specify point on side to offset or [Exit/Multiple/Undo]
<Exit>: P16점 클릭
```

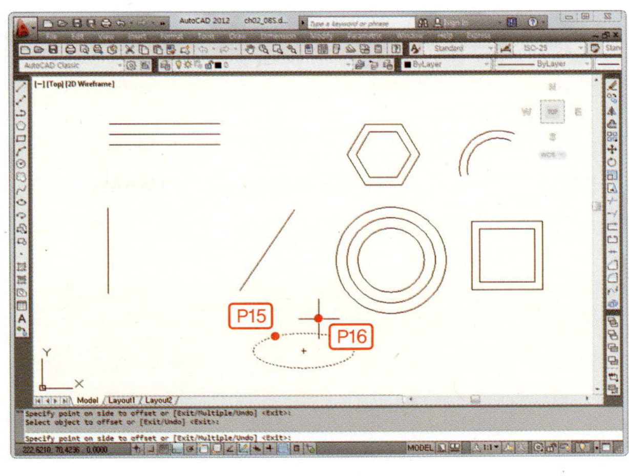

13 수직, 수평 방향이 아닌 사선의 경우 복제되는 모양을 확인해야 합니다. 명령어를 종료하지 않은 상태에서 계속 사선을 선택한 후 사선의 왼쪽 부분을 클릭하여 평행 복제합니다.

```
Select object to offset or [Exit/Undo] <Exit>: P17점 클릭
Specify point on side to offset or [Exit/Multiple/Undo]
<Exit>: P18점 클릭
```

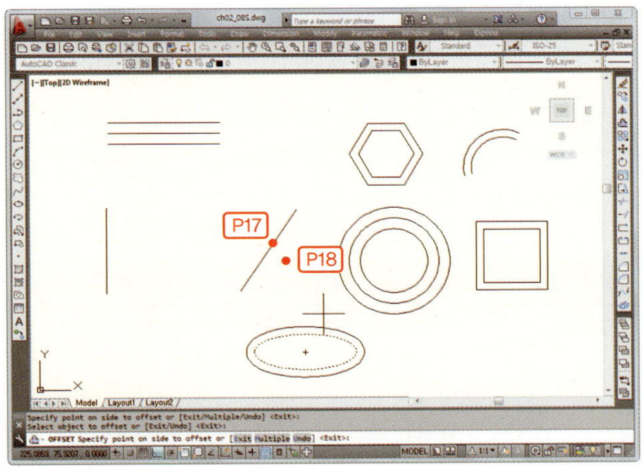

14 남아 있는 세로 수직선을 선택한 후 오른쪽 방향을 클릭하고 다음과 같이 모든 선분의 Offset을 완료합니다. Offset을 더 이상 하지 않는 경우에는 Enter 를 눌러 완료합니다.

```
Select object to offset or [Exit/Undo] <Exit>: P19점 클릭
Specify point on side to offset or [Exit/Multiple/Undo]
<Exit>: P20점 클릭
Select object to offset or [Exit/Undo] <Exit>: Enter
```

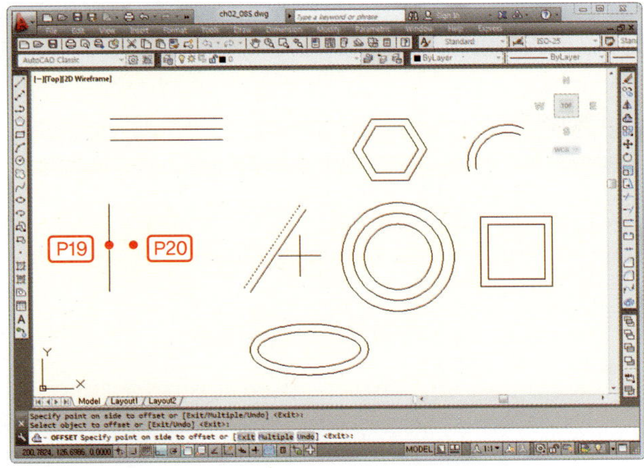

05. 불필요한 객체를 잘라 내는 Trim

Trim을 이용하면 교차한 점을 기준으로 연결된 객체를 잘라 낼 수 있습니다. 일정한 형태를 가진 객체 도면을 테두리 위주로 작성하면 도면 자체를 빠른 시간 내에 정확하게 그릴 수 없습니다. 전체적인 외곽을 기준으로 교차한 선을 잘라 내면서 객체를 그려 나가는 Trim 명령어는 AutoCAD의 핵심 명령어 중 하나입니다. 가장 많이 활용하는 명령어이므로 반드시 익혀두는 것이 좋습니다.

명령어	Trim		아이콘	-/--
단축키	TR		메뉴	[Modify]-[Trim]

● 명령어 이해하기

Trim은 교차점을 갖는 객체를 기준으로 나머지를 잘라 내는 명령어입니다. 명령어를 실행한 후 처음 선택하는 것은 cutting edges로 자르려고 하는 객체와 교차된 선을 말하며, cutting edges가 선택되면 Enter 를 누르고 Select object 상태에서 잘라 낼 대상 객체를 클릭하여 선택하면 됩니다. 한 번에 하나씩 클릭하여 자르거나 클릭, 드래그하여 한 번에 여러 개의 객체를 선택하여 잘라 낼 수도 있습니다. 또한 옵션을 이용하면 실제 교차하지 않은 선인 경우에도 가상의 연장선을 통해 잘라 낼 수 있습니다.

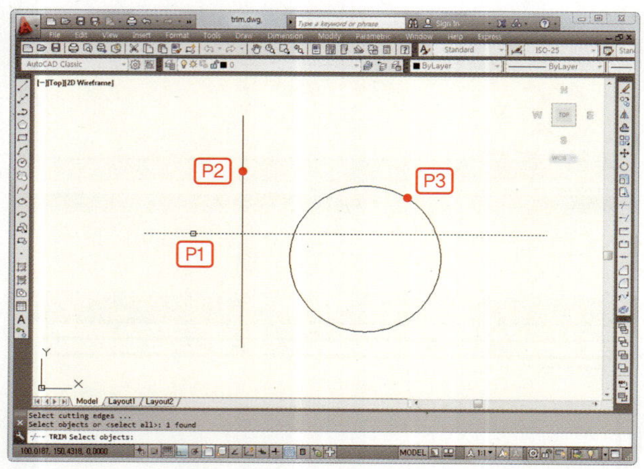
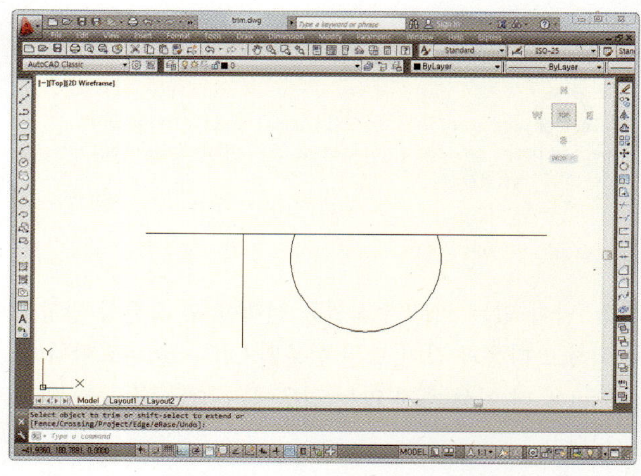

Command: TRIM Enter [단축키: TR]
Current settings: Projection=UCS, Edge=None
Select cutting edges...
Select objects or <Select All>: 1 found
→ 자르기의 기준점을 클릭하여 선택합니다. P1점 클릭
Select objects: Enter
→ 기준점의 선택을 완료하기 위하여 Enter 를 누릅니다.

Select object to trim or shift-select to extend or [Fence/Crossing/Project/Edge/Erase/Undo]: P2점 클릭
→ 잘라 낼 대상 객체를 클릭하여 선택합니다.
Select object to trim or shift-select to extend or [Fence/Crossing/Project/Edge/Erase/Undo]: P3점 클릭
→ 잘라 낼 대상 객체를 클릭하여 선택합니다.
Select object to trim or shift-select to extend or [Fence/Crossing/Project/Edge/Erase/Undo]: Enter
→ 더 이상 자를 대상이 없는 경우에는 Enter 를 눌러 명령어를 종료합니다.

● 옵션 이해하기

Trim 명령어를 이용하여 잘라 내기를 하는 경우에는 기본적인 방법을 많이 이용합니다. 하지만 한 번에 여러 개를 선택하는 경우에는 선택 옵션을 활용하고, Trim을 이용해서 잘려 나가지 않는 남은 조각의 객체는 Erase로 삭제합니다.

옵션	설명
Fence	한 번에 여러 개 이상의 다중 객체를 선택하여 잘라 낼 때에 사용하는 옵션 기능으로, 선택하려는 객체 위로 Selection 선을 걸친 후에 그 선에 걸쳐진 객체가 선택되도록 하는 Object Selection입니다. Trim에서만 사용하는 것이 아니라 모든 객체를 선택할 때에 사용하는 방법 중 하나이며, 특히 Trim에서 자주 사용할 수 있는 옵션으로 지정되어 있습니다.
Crossing	한 번에 여러 개 이상의 다중 객체를 선택하여 잘라 낼 때에 사용하는 옵션 기능으로, 빈 공간을 클릭한 후 대각선 방향으로 드래그하여 그 사각 영역으로 잘라 낼 객체를 선택합니다. 기본 값으로 지정되어 있기 때문에 옵션의 대문자를 클릭하지 않아도 마우스를 오른쪽에서 왼쪽으로 드래그하여 선택할 수 있습니다.
Project	3차원 공간에서 자르기를 하는 옵션 기능을 지정할 수 있습니다.
Edge	잘라 낼 객체가 경계가 되는 기준 객체와 닿지 않는 부분까지도 잘라 낼 수 있는 옵션 기능입니다.
Erase	Trim 명령어는 보통 경계 객체를 기준으로 잘라 내는 것을 기본으로 하지만, 이미 잘려 나간 객체의 경우에는 Trim으로 잘라 낼 수 없는데, 이때 경계 객체와 교점을 형성하지 않는 객체를 삭제하는 옵션 기능입니다. 다시 말해서, 자르다가 남겨져 Trim으로 지워지지 않는 객체를 지울 때에 사용합니다.
Undo	Trim으로 잘라 낸 객체를 되돌리는 옵션 기능입니다.

● 미리해보기

예제 파일 부록 CD\Sample\Chapter02\ch02_09S.dwg　　　　**완성 파일** 부록 CD\Sample\Chapter02\ch02_09F.dwg

01 메뉴의 [File]-[Open]을 선택하여 부록 CD에서 예제 파일을 불러옵니다. 다음과 같은 도면이 나타나면 Trim 명령어를 입력한 후 다음과 같이 빨간색의 두 선을 한 번에 선택하고, 선택을 완료하기 위하여 Enter 를 누릅니다.

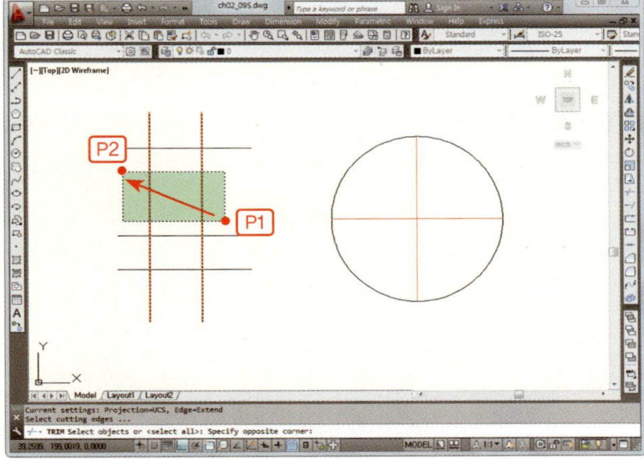

```
Command: TRIM Enter [단축키: TR]
Current settings: Projection=UCS, Edge=None
Select cutting edges...
Select objects or <select all>: Specify opposite corner: 2
found
 → P1~P2점 클릭, 드래그
Select objects: Enter
```

02 이번에는 한 번에 하나씩 객체를 자르는 연습을 해보겠습니다. 다음 위치를 마우스로 클릭하면 빨간색 기준선 사이의 객체가 잘려 나갑니다.

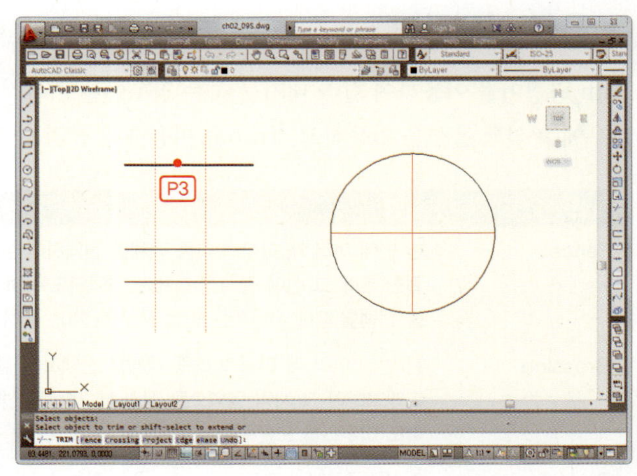

```
Select object to trim or shift-select to extend or [Fence/
Crossing/Project/Edge/Erase/Undo]: P3점 클릭
```

03 선의 바깥 부분도 잘려 나가는지 확인하기 위하여 P4점과 P5점의 위치를 마우스로 클릭합니다. 선분이 잘려 나가는 것을 확인할 수 있습니다. 더 이상 잘라 낼 객체가 없는 경우에는 Enter 를 눌러 Trim 명령어를 종료합니다.

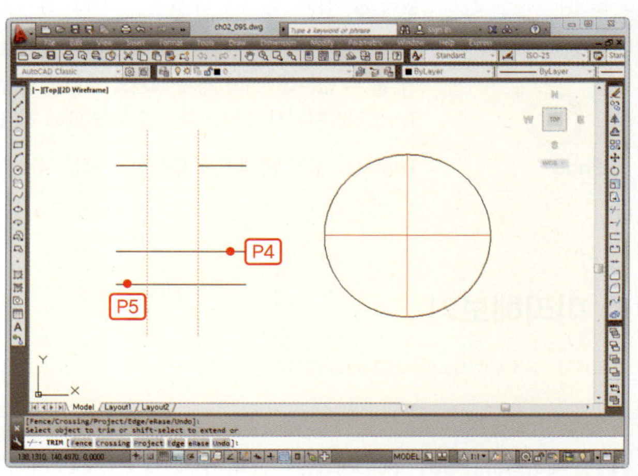

```
Select object to trim or shift-select to extend or [Fence/
Crossing/Project/Edge/Erase/Undo]: P4점 클릭
Select object to trim or shift-select to extend or [Fence/
Crossing/Project/Edge/Erase/Undo]: P5점 클릭
Select object to trim or shift-select to extend or [Fence/
Crossing/Project/Edge/Erase/Undo]: Enter
```

04 오른쪽 원 안쪽의 빨간색 선을 기준으로 원의 일부를 잘라 내 보겠습니다. 먼저 Trim 명령어의 단축키인 'TR'을 입력한 후 다음과 같이 원 안쪽의 선분을 한 번에 드래 그하여 선택합니다. 선택이 완료되면 Enter 를 누릅니다.

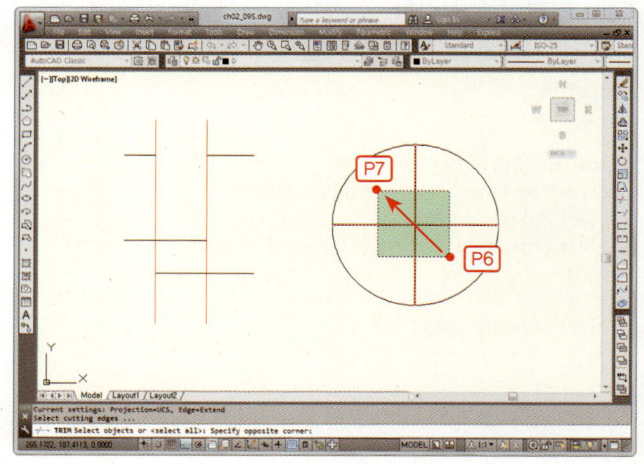

```
Command: TR Enter
TRIM
Current settings: Projection=UCS, Edge=None
Select cutting edges...
Select objects or <select all>: Specify opposite corner: 2
found → P6~P7점 클릭, 드래그
Select objects: Enter
```

05 다음의 P8과 P9점을 클릭하여 다음과 같이 나비 모양의 객체만 남겨둡니다. 이와 같이 호를 그려야 하는 경우에는 원을 그린 후 기준 객체를 이용하여 Trim을 사용하면 됩니다.

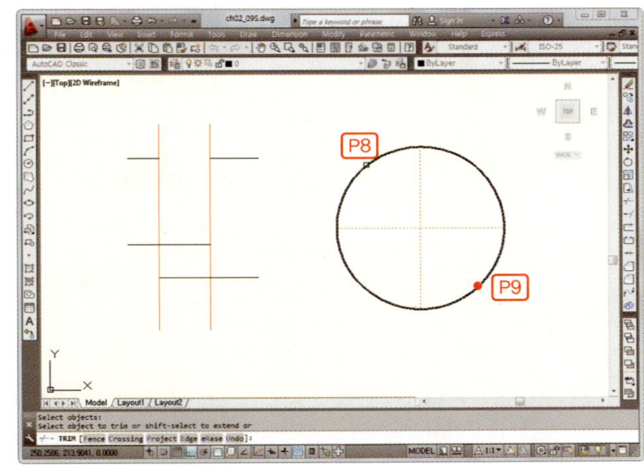

```
Select object to trim or shift-select to extend or [Fence/
Crossing/Project/Edge/Erase/Undo]: P8점 클릭
Select object to trim or shift-select to extend or [Fence/
Crossing/Project/Edge/Erase/Undo]: P9점 클릭
```

◉ 미리해보기

예제 파일 부록 CD\Sample\Chapter02\ch02_10S.dwg   **완성 파일** 부록 CD\Sample\Chapter02\ch02_10F.dwg

01 메뉴의 [File]-[Open]을 선택하여 부록 CD에서 예제 파일을 불러옵니다. 다음과 같이 여러 개의 객체가 겹쳐 있는 대상체가 나타납니다. Trim 명령어의 단축키인 'TR'을 입력한 후 다음의 객체를 클릭하여 선택합니다.

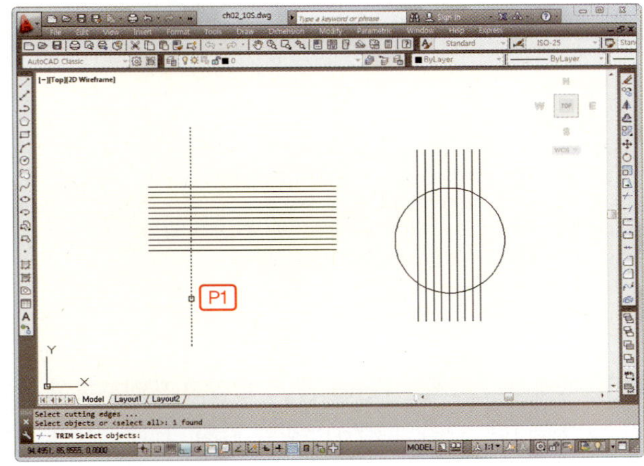

```
Command: TR Enter
TRIM
Current settings: Projection=UCS, Edge=None
Select cutting edges...
Select objects or <Select All>: 1 found → P1점 클릭
Select objects: Enter
```

02 선택이 완료되면 Enter 를 누른 후 다음 객체를 오른쪽에서 왼쪽 방향으로 클릭, 드래그하고, 한 번에 다중 선택하여 객체를 잘라 냅니다. 더 이상 자를 객체가 없으면 Enter 를 눌러 명령어를 종료합니다.

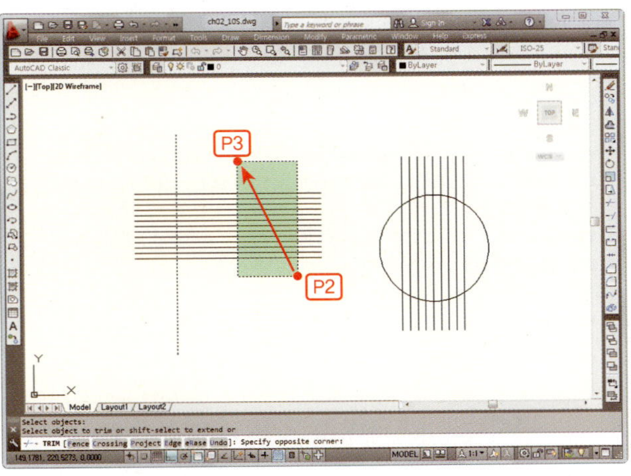

```
Select object to trim or shift-select to extend or [Fence/
Crossing/Project/Edge/Erase/Undo]: Specify opposite corner:
→ P2~P3 클릭, 드래그
Select object to trim or shift-select to extend or [Fence/
Crossing/Project/Edge/Erase/Undo]: Enter
```

03 원을 기준으로 객체를 선택해보겠습니다. Trim 명령어의 단축키인 'TR'을 입력한 후, 다음 객체를 클릭하여 선택합니다.

```
Command: TR Enter
TRIM
Current settings: Projection=UCS, Edge=None
Select cutting edges...
Select objects or <Select All>: 1 found → P4점 클릭
Select objects: Enter
```

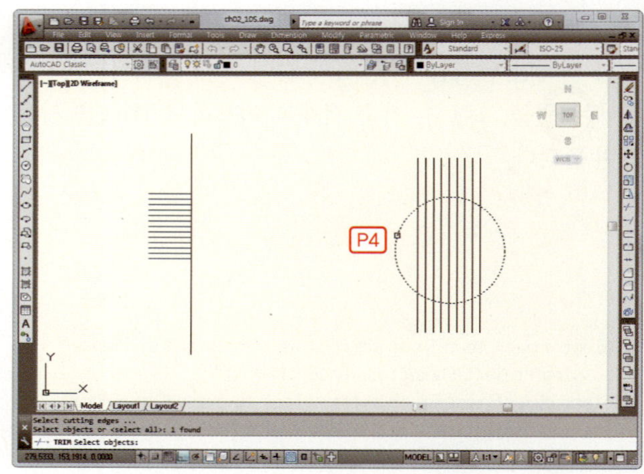

04 위쪽의 선은 'Fence' 옵션을 이용하여 선을 그린 후 걸친 상태에서 잘라 내 보겠습니다. 'F' 옵션을 입력한 후 P5점과 P6점을 클릭합니다. 점선이 나타나면 Enter 를 눌러 선을 잘라 냅니다. Fence로 선택한 객체는 이와 같이 Enter 를 눌러야 걸쳐진 객체가 잘려 나갑니다.

```
Select object to trim or shift-select to extend or [Fence/
Crossing/Project/Edge/Erase/Undo]: F Enter
Specify first fence point: P5점 클릭
Specify next fence point or [Undo]: P6점 클릭
Specify next fence point or [Undo]: Enter
```

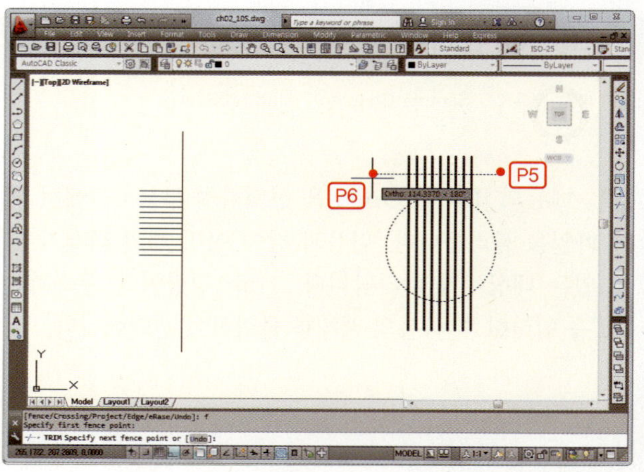

05 아래쪽의 객체는 Fence를 쓰지 않고 드래그하여 잘라 내겠습니다. 다음의 P7~P8점을 클릭, 드래그하여 잘라 냅니다.

```
Select object to trim or shift-select to extend or [Fence/
Crossing/Project/Edge/Erase/Undo]: Specify opposite corner:
→ P7~P8점 클릭, 드래그
Select object to trim or shift-select to extend or [Fence/
Crossing/Project/Edge/Erase/Undo]: Enter
```

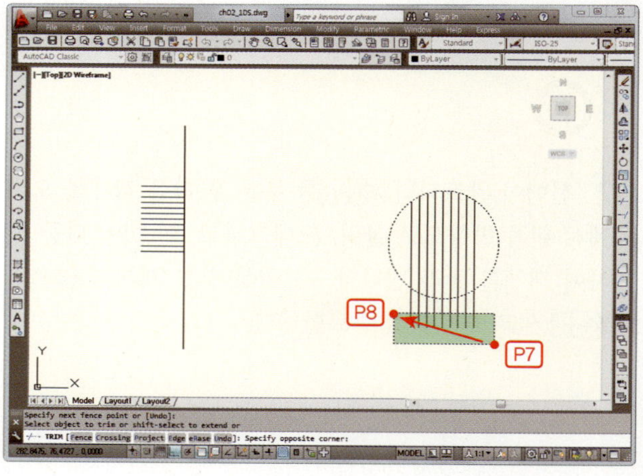

06. 모자라는 객체를 연장하는 Extend

Extend는 선택한 객체를 원하는 객체의 지점까지 연장해주는 명령어로, Trim과 사용하는 방식이 동일합니다. 짧아진 객체를 연장하여 재활용할 수 있도록 하는 명령어입니다. 미리 잘라 낸 객체 때문에 모자라는 부분을 재빠르게 연장할 수 있는 장점을 가지고 있습니다. 이번에는 객체를 연장하는 Extend의 사용법에 대해 알아보겠습니다.

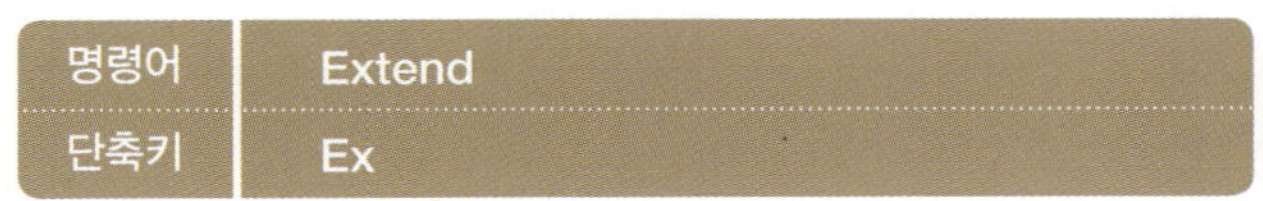

명령어	Extend
단축키	Ex

아이콘	
메뉴	[Modify]-[Extend]

● 명령어 이해하기

명령어를 입력한 후 처음에 선택해야 하는 것을 어디까지 연장할 것인지 선택합니다. 그 이후에 연장할 객체를 한 번에 하나 또는 여러 개를 클릭, 드래그하여 선택합니다. Extend 명령어를 입력한 후 'boundary edges...'라는 Selection이 나타나면 연장할 장소 객체를 선택합니다. 그런 다음, Enter 를 누르고 연장할 객체를 선택합니다. 연장할 객체를 선택하는 경우에는 경계 객체와 가까운 부분을 기준으로 선택해야 연장되므로 객체의 중간점을 기준으로 경계 객체와 가까운 곳을 선택해야 합니다.

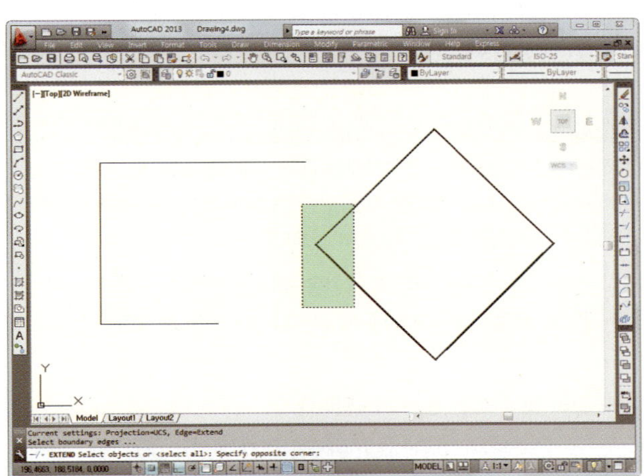

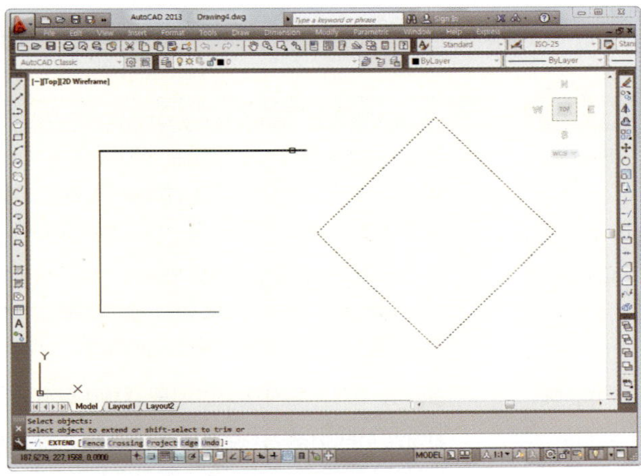

Command: EXTEND Enter [단축키: EX]
Current settings: Projection=UCS, Edge=None
Select boundary edges...
Select objects or <select all>: Specify opposite corner: 2 found
→ 연장이 되는 경계에 해당하는 기준 객체를 선택합니다.
Select objects: Enter
→ 연장 기준 객체 선택을 완료하기 위하여 Enter 를 누릅니다.

Select object to extend or shift-select to trim or [Fence/Crossing/Project/Edge/Undo]:
→ 연장 기준 객체와 가까운 곳을 클릭합니다.

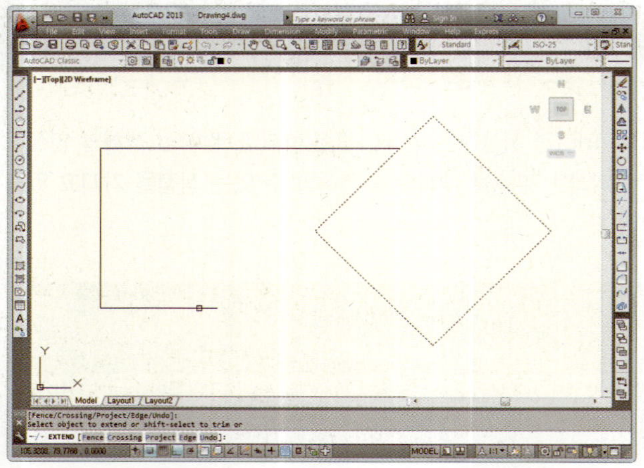
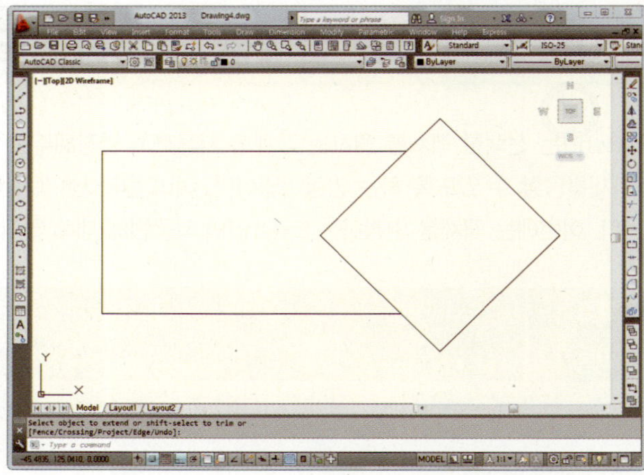

Select object to extend or shift-select to trim or [Fence/
Crossing/Project/Edge/Undo]:
→ 연장 기준 객체와 가까운 곳을 클릭합니다.

Select object to extend or shift-select to trim or [Fence/
Crossing/Project/Edge/Undo]: Enter
→ 더 이상 연장할 객체가 없는 경우에는 Enter 를 눌러 명령어를 종료합니다.

● 옵션 이해하기

Extend 명령어의 옵션은 'Trim' 옵션과 비슷합니다. 선택 방식이나 옵션 방식이 비슷하며, 내용도 같습니다. 다중 선택의 Fence나 Crossing 등과 같은 옵션을 이용하여 원하는 장소까지 객체를 연장합니다.

옵션	설명
Fence	한 번에 여러 개의 다중 객체를 선택하여 잘라 낼 때에 사용하는 옵션 기능으로, 선택하려는 객체 위로 Selection 선을 걸친 후에 그 선에 걸쳐진 객체가 선택되도록 하는 Object Selection입니다. Trim에서만 사용하는 것이 아니라 모든 객체를 선택할 때에 사용하는 방법 중 하나이며, 특히 Trim에서 자주 사용할 수 있는 옵션으로 지정되어 있습니다.
Crossing	한 번에 여러 개 이상의 다중 객체를 선택하여 잘라 낼 때에 사용하는 옵션 기능으로, 빈 공간을 클릭한 후 대각선 방향으로 드래그하여 그 사각 영역으로 잘라 낼 객체를 선택합니다. 기본 값으로 지정되어 있기 때문에 옵션의 대문자를 클릭하지 않아도 마우스를 오른쪽에서 왼쪽으로 드래그하여 선택할 수 있습니다.
Project	잘라 낼 객체가 경계가 되는 기준 객체와 닿지 않는 부분까지도 잘라 낼 수 있는 옵션 기능입니다.
Edge	경계가 되는 기준 객체와 닿지 않는 부분까지도 객체를 연장할 수 있는 옵션 기능입니다. 연장할 대상 객체가 닿지 않는 경계 객체인 경우 'Edge' 옵션을 이용하여 그리지 않고도 선택할 수 있습니다.
Undo	Extend 명령어로 연장된 객체를 되돌리는 옵션 기능입니다.

'Extend' 명령어의 'Edge' 옵션의 기본 값은?

'Extend' 명령어의 'Edge' 옵션의 기본 값은 자동으로 임의의 연장선을 기준으로 잡는 'Extend'입니다. 하지만 외부 파일이거나 다른 사람이 만진 경우, Extend 명령어의 Edge 옵션이 None에 해당하는 No Extend로 되어 있으면 연장 객체를 선택해도 실제 객체에 연장되는 객체 외에는 선택되지 않으므로 당황할 수 있습니다. 위의 예제에서 알 수 있듯이 임의의 기준선에 연장이 되지 않는 경우에는 Edge 옵션을 꼭 살펴보기 바랍니다.

◉ 미리해보기

예제 파일 부록 CD\Sample\Chapter02\ch02_11S.dwg   **완성 파일** 부록 CD\Sample\Chapter02\ch02_11F.dwg

01 메뉴의 [File]-[Open]을 선택하여 부록 CD에서 예제 파일을 불러옵니다. Extend 명령어를 입력하기 위하여 Extend 또는 단축키인 'EX'를 입력한 후 다음의 객체 하나만 기준으로 하여 경계 객체로 선택하고 Enter 를 눌러 경계 객체 선택을 종료합니다.

```
Command: EX Enter
EXTEND
Current settings: Projection=UCS, Edge=None
Select boundary edges...
Select objects or <Select All>: 1 found → P1점 클릭
Select objects: Enter
```

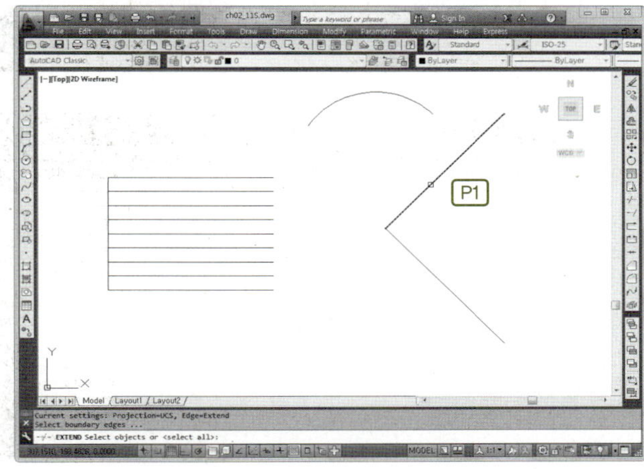

02 제일 먼저 위쪽의 호를 클릭하여 선택합니다. 이때 호의 양쪽 끝 두 부분 중에서 처음에 선택한 경계 객체와 가까운 곳을 클릭하여 선택합니다.

```
Select object to extend or shift-select to trim or [Fence/
Crossing/Project/Edge/Undo]: P2점 클릭
```

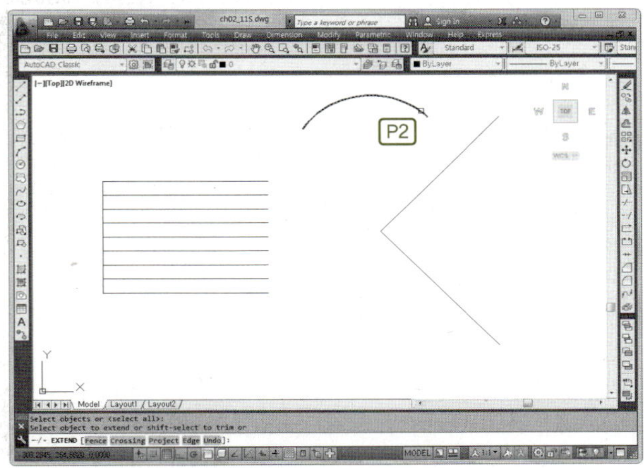

03 이번에는 여러 개의 선을 클릭, 드래그하여 다중으로 선택해보겠습니다. 다음 위치를 클릭, 드래그하여 선택합니다.

```
Select object to extend or shift-select to trim or [Fence/
Crossing/Project/Edge/Undo]: Specify opposite corner:
→ P3~P4점 클릭, 드래그
```

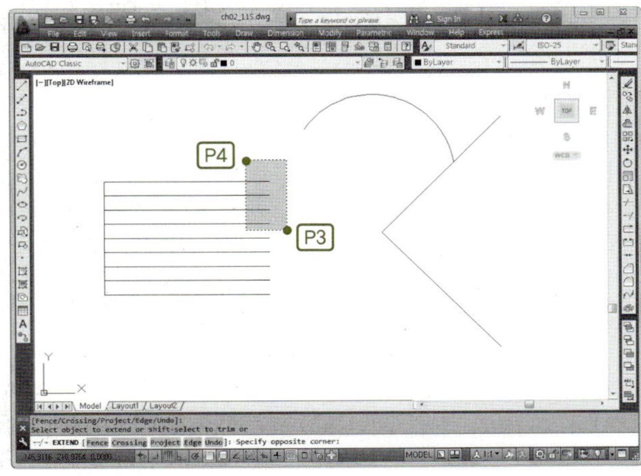

04 한 번에 여러 개의 선이 연장되었습니다. 이번에는 아래쪽의 선분도 클릭, 드래그하여 선택해보겠습니다. 경계 객체와 닿지 않을 것이므로 다음과 같이 클릭, 드래그하여 선택해도 객체가 연장되지 않습니다.

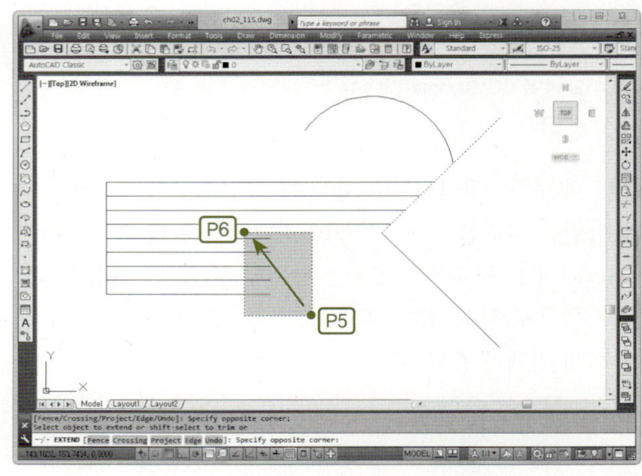

```
Select object to extend or shift-select to trim or [Fence/
Crossing/Project/Edge/Undo]: Specify opposite corner:
→ P5~P6점 클릭, 드래그
```

05 'Edge' 옵션을 이용하여 경계 객체의 가상 연장 지점까지 연장해보겠습니다. 먼저 'Edge' 옵션을 이용하기 위하여 단축키인 'E'를 입력한 후 서브 옵션에서 연장 경계를 이용하는 Extend를 선택하기 위하여 다시 한 번 'E'를 누릅니다. 그리고 다음과 같이 선택합니다.

```
Object does not intersect an edge.
Select object to extend or shift-select to trim or [Fence/
Crossing/Project/Edge/Undo]: E [Enter]
Enter an implied edge extension mode [Extend/No extend] <No
extend>: E [Enter]
Select object to extend or shift-select to trim or [Fence/
Crossing/Project/Edge/Undo]: Specify opposite corner:
→ P7~P8점 클릭, 드래그
```

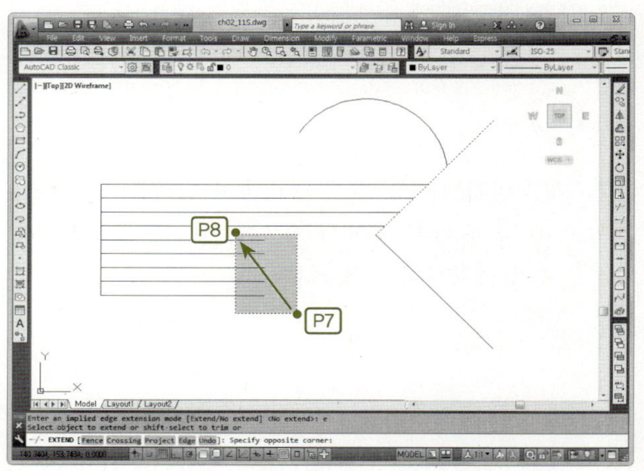

06 다음과 같이 연장 객체가 더 그려진 것은 아니지만 가상의 객체 위치를 기준으로 객체가 연장되었습니다. 더 이상 연장할 대상 객체가 없는 경우에는 [Enter]를 눌러 명령어를 종료합니다.

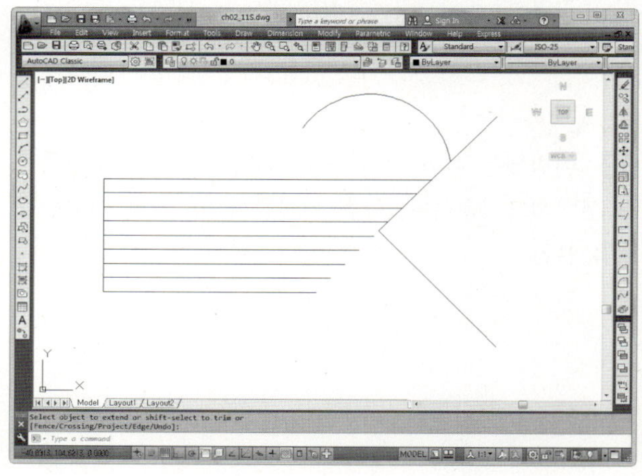

```
Select object to extend or shift-select to trim or [Fence/
Crossing/Project/Edge/Undo]: [Enter]
```

Practice Drawing

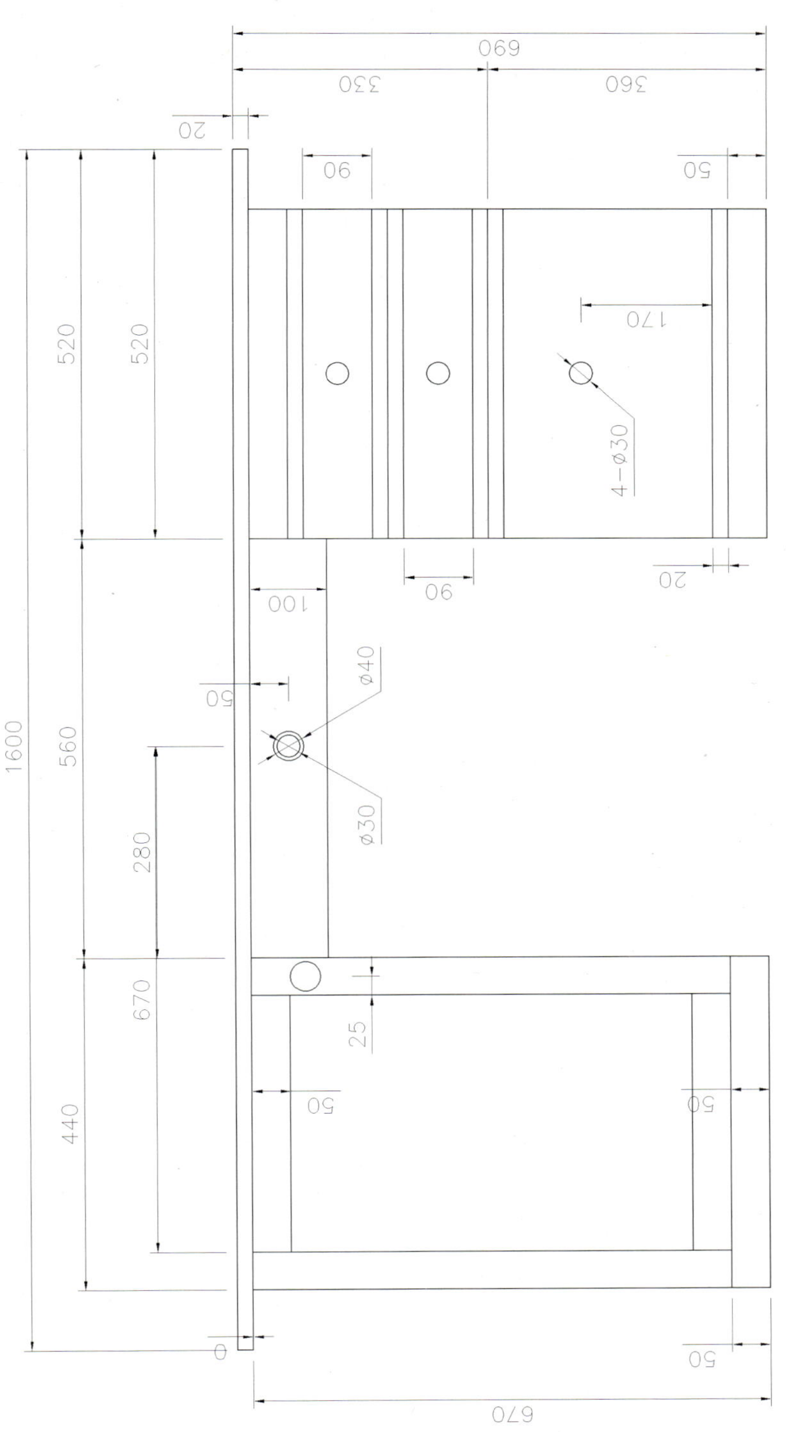

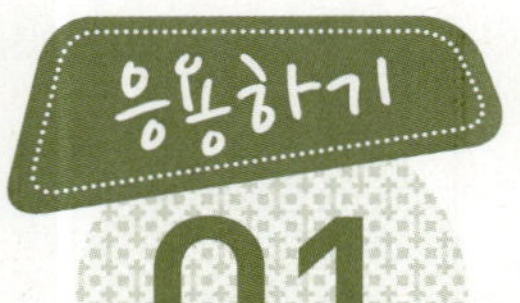

편집 명령어 이용하기 (1)

편집 명령어를 이용하면 간단하고 편리하게 다양한 도면을 정확하게 그려 낼 수 있습니다. 여러 가지 도형을 좌표계만을 이용하여 그리면 전체적인 시간도 많이 걸리지만, 경우에 따라서는 그리지 못하는 경우도 발생합니다. 하지만 편집 명령어를 이용하면 좀 더 간편하게 그리거나 빠른 시간 안에 도면을 작성할 수 있습니다. 이번에는 기초 편집 명령어를 활용하는 방법에 대해 알아보겠습니다.

예제 파일 부록 CD\Sample\Chapter02\ch02_se02_01S.dwg

완성 파일 부록 CD\Sample\Chapter02\ch02_se02_01F.dwg

[Start]

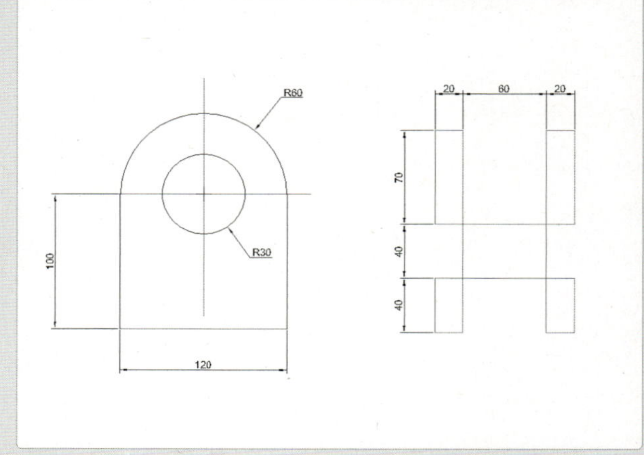

[Final]

01 메뉴의 [File]–[Open]을 선택하여 부록 CD에서 예제 파일을 불러옵니다. 빨간색으로 그려진 선분의 교차점을 기준으로 원을 그려보겠습니다. 원을 그리는 Circle 명령어의 단축키인 'C'를 입력한 후 Osnap 교점(Intersection)이 선택되도록 다음 지점을 클릭합니다.

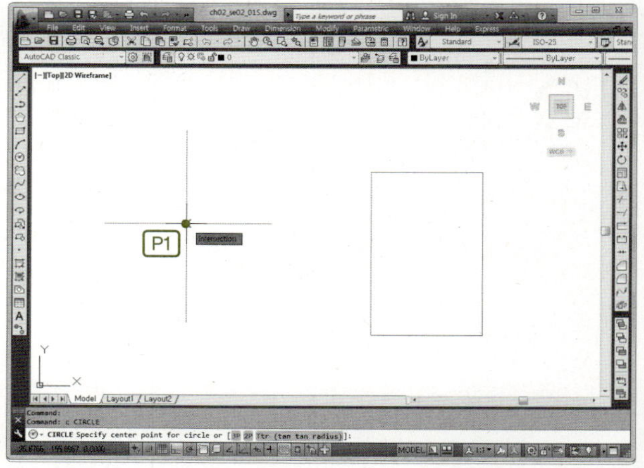

```
Command: C Enter
CIRCLE Specify center point for circle or [3P/2P/Ttr(tan tan
radius)]: P1점 클릭
Specify radius of circle or [Diameter] <60.0000>: 30 Enter
```

02 이번에는 동일한 교점을 가진 다른 크기의 원을 하나 더 그립니다. 단축키인 'C'를 입력한 후 다음의 P2점을 클릭합니다. 이때 Osnap은 Intersection이나 Center 모두 가능합니다.

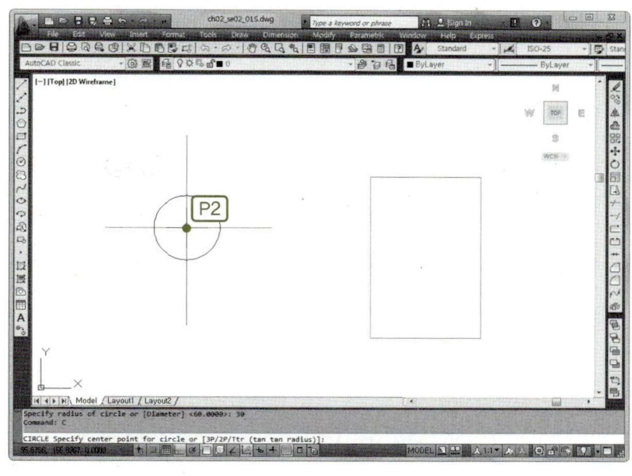

```
Command: C Enter
CIRCLE Specify center point for circle or [3P/2P/Ttr(tan tan radius)]: P2점 클릭
Specify radius of circle or [Diameter] <30.0000>: 60 Enter
```

03 원의 중심을 가로지르는 가로 선을 아래쪽 방향으로 수평 복제해보겠습니다. Offset 명령어의 단축키인 'O'를 입력한 후 간격 값에 '100'을 입력합니다. 그런 다음, P3점을 클릭하고 아래 방향의 P4점을 선택하여 수평 복제합니다.

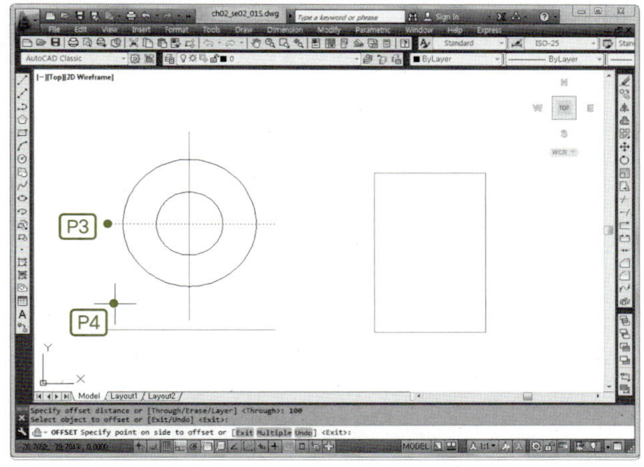

```
Command: O Enter
OFFSET
Current settings: Erase source=No  Layer=Source
OFFSETGAPTYPE=0
Specify offset distance or [Through/Erase/Layer] <Through>: 100 Enter
Select object to offset or [Exit/Undo] <Exit>: P3점 클릭
Specify point on side to offset or [Exit/Multiple/Undo] <Exit>: P4점 클릭
Select object to offset or [Exit/Undo] <Exit>: Enter
```

04 원과 가로의 수평선과 만나는 교점을 기준으로 아래의 수평 복제한 선분에 수직인 선을 그려보겠습니다. 먼저 Line 명령어의 단축키인 'L'을 입력한 후 교점의 Osnap이 나타났을 때에 P5점을 클릭합니다.

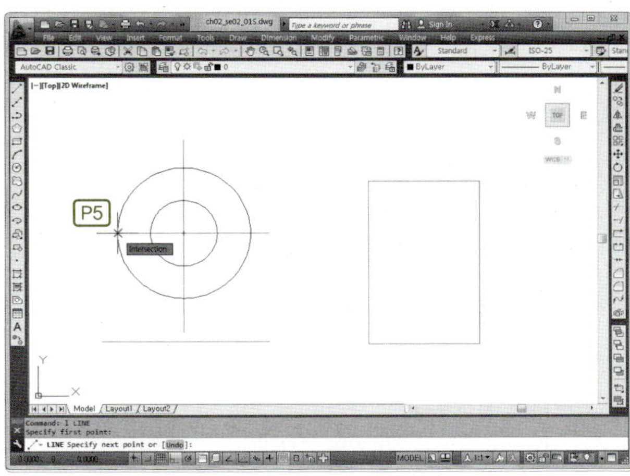

```
Command: L Enter
LINE Specify first point: P5점 클릭
```

05 아래의 수평선에 수직인 점을 선택하기 위해서는 미리 Osnap을 설정해두거나 설정되어 있지 않은 직교점의 경우에는 Perpendicular를 선택하기 위하여 Per을 입력한 후 Space bar 를 누릅니다. 그런 다음, 아래와 같이 직교 스냅 박스가 나타났을 때에 P6점을 선택합니다.

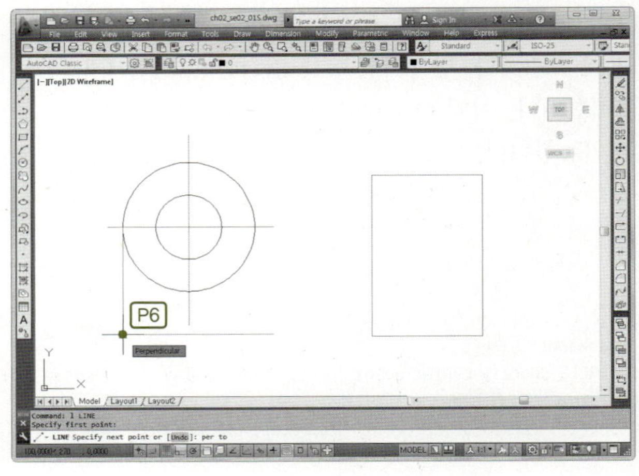

```
Specify next point or [Undo]: per Space bar to → P6점 클릭
Specify next point or [Undo]: Enter
```

06 바로 전에 그린 세로 선분을 오른쪽으로 수평 복제하기 위하여 Offsest 명령어의 단축키인 'O'를 입력한 후 간격 값에 '120'을 입력합니다. 그런 다음, 객체를 선택하고 방향은 P8과 같은 오른쪽 아무곳이나 클릭합니다.

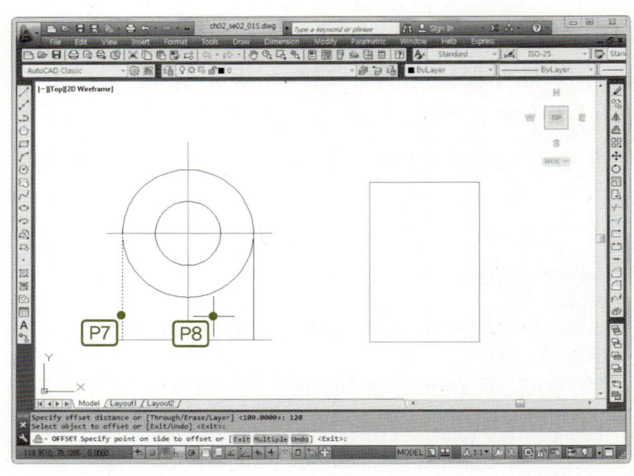

```
Command: O Enter
OFFSET
Current settings: Erase source=No  Layer=Source
OFFSETGAPTYPE=0
Specify offset distance or [Through/Erase/Layer] <100.0000>:
120 Enter

Select object to offset or [Exit/Undo] <Exit>: P7점 클릭
Specify point on side to offset or [Exit/Multiple/Undo]
<Exit>: P8점 클릭
Select object to offset or [Exit/Undo] <Exit>: Enter
```

07 이제 원과 세로 선을 기준으로 불필요한 선분을 잘라 내도록 합니다. Trim 명령어의 단축키인 'TR'을 입력한 후 다음의 기준 객체를 먼저 선택하고 Enter 를 누릅니다.

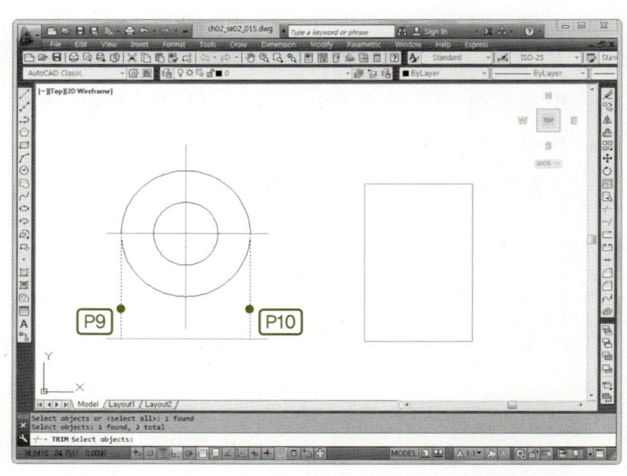

```
Command: TR Enter
TRIM
Current settings: Projection=UCS, Edge=Extend
Select cutting edges...
Select objects or <Select All>: 1 found
 → P9점 클릭
Select objects: 1 found, 2 Total
 → P10점 클릭
Select objects: Enter
```

08 세로선을 기준으로 원을 잘라 내고, 맨 아래의 가로선 중에서 세로선을 넘는 양쪽 끝 선분도 클릭하여 잘라 냅니다.

```
Select object to trim or shift-select to extend or [Fence/
Crossing/Project/Edge/Erase/Undo]: P11점 클릭
Select object to trim or shift-select to extend or [Fence/
Crossing/Project/Edge/Erase/Undo]: P12점 클릭
Select object to trim or shift-select to extend or [Fence/
Crossing/Project/Edge/Erase/Undo]: P13점 클릭
Select object to trim or shift-select to extend or [Fence/
Crossing/Project/Edge/Erase/Undo]: Enter
```

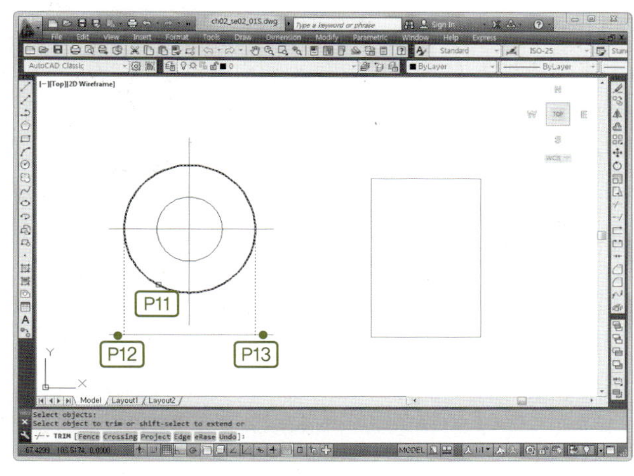

09 오른쪽의 사각형을 Offset을 통해 일정한 간격으로 평행 복제하겠습니다. 먼저 Offset 명령어의 단축키인 'O'를 입력한 후 다음의 객체를 선택하여 오른쪽으로 평행 복제합니다.

```
Command: O Enter
OFFSET
Current settings: Erase source=No  Layer=Source
OFFSETGAPTYPE=0
Specify offset distance or [Through/Erase/Layer] <120.0000>:
20 Enter
Select object to offset or [Exit/Undo] <Exit>: P14점 클릭
Specify point on side to offset or [Exit/Multiple/Undo]
<Exit>: P15점 클릭
```

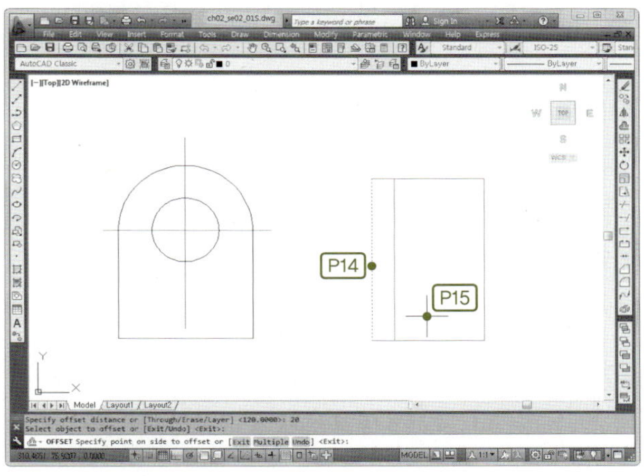

10 같은 간격으로 복제할 예정이므로 오른쪽의 세로선을 선택하여 왼쪽으로 평행 복제합니다. 복제가 완료되면 Enter 를 눌러 명령어를 종료합니다.

```
Select object to offset or [Exit/Undo] <Exit>: P16점 클릭
Specify point on side to offset or [Exit/Multiple/Undo]
<Exit>: P17점 클릭
Select object to offset or [Exit/Undo] <Exit>: Enter
```

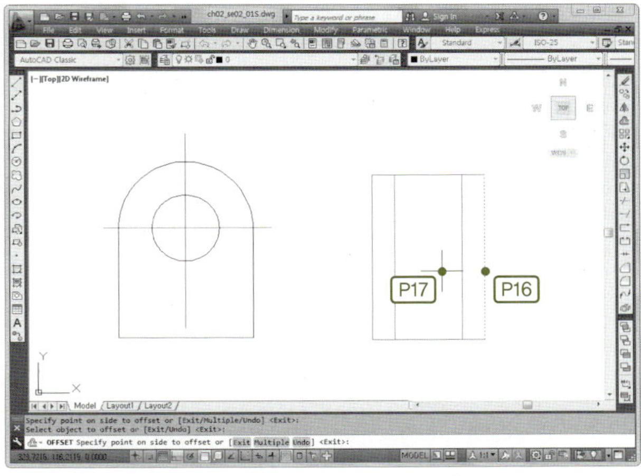

11 제일 아래에 있는 수평선을 동일한 간격으로 두 번
평행 복제해보겠습니다. Offset 명령어의 단축키인 'O'를
입력한 후 간격을 입력하고, 한 번에 여러 개를 같은 방향
으로 평행 복제하는 경우에는 'Multiple' 옵션을 사용합니
다. 'M'을 입력하고 복제 방향만 개수만큼 계속 클릭하면
다중 복제됩니다. 이때 P19와 P20은 동일한 지점입니다.

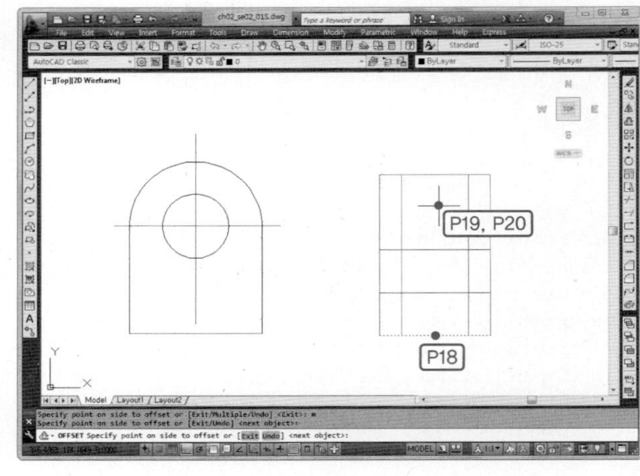

```
Command: O  Enter
OFFSET
Current settings: Erase source=No  Layer=Source
OFFSETGAPTYPE=0
Specify offset distance or [Through/Erase/Layer] <20.0000>:
40  Enter

Select object to offset or [Exit/Undo] <Exit>: P18점 클릭
Specify point on side to offset or [Exit/Multiple/Undo]
<Exit>: M  Enter

Specify point on side to offset or [Exit/Undo] <next object>:
P19점 클릭
Specify point on side to offset or [Exit/Undo] <next object>:
P20점 클릭
Specify point on side to offset or [Exit/Undo] <next object>:
Enter
Select object to offset or [Exit/Undo] <Exit>:  Enter
```

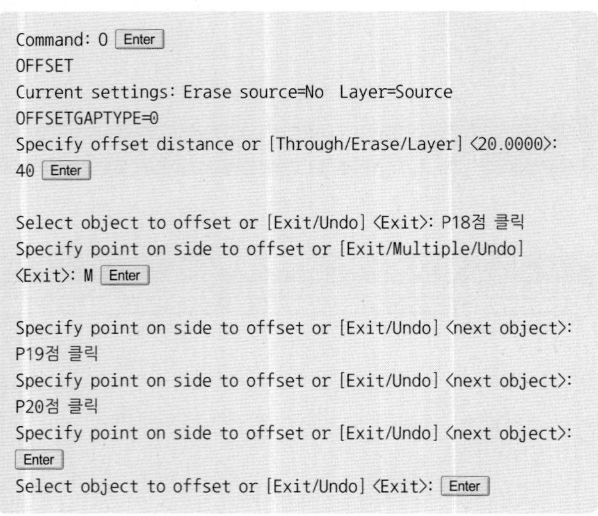

12 Offset한 선분을 기준으로 원래 그려져 있던 선분들
을 잘라 냅니다. Trim 명령어의 단축키인 'TR'을 입력한
후 다음 4개의 선분을 기준선으로 선택합니다. 선택이 완
료되면 Enter 를 눌러 완료합니다.

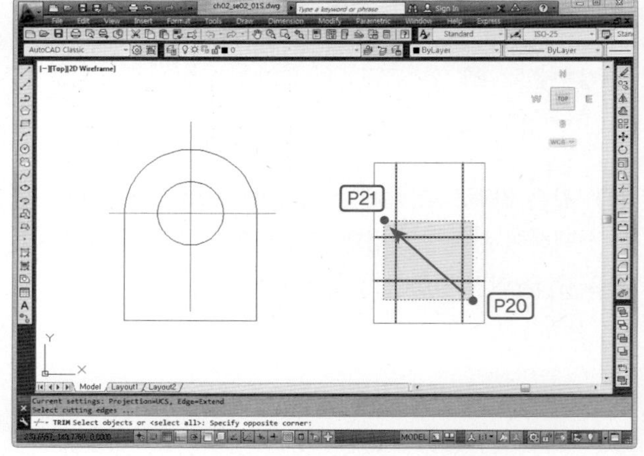

```
Command: TR  Enter
TRIM
Current settings: Projection=UCS, Edge=Extend
Select cutting edges...
Select objects or <select all>: Specify opposite corner: 4
found
 → P20~P21점 클릭, 드래그
Select objects:  Enter
```

13 다음 지점을 클릭한 후 기준선의 교점을 기준으로 선분을 잘라 냅니다. 한 번에 한 선분씩 클릭하여 삭제합니다.

```
Select object to trim or shift-select to extend or [Fence/
Crossing/Project/Edge/Erase/Undo]: P22점 클릭
Select object to trim or shift-select to extend or [Fence/
Crossing/Project/Edge/Erase/Undo]: P23점 클릭
Select object to trim or shift-select to extend or [Fence/
Crossing/Project/Edge/Erase/Undo]: P24점 클릭
Select object to trim or shift-select to extend or [Fence/
Crossing/Project/Edge/Erase/Undo]: P25점 클릭
```

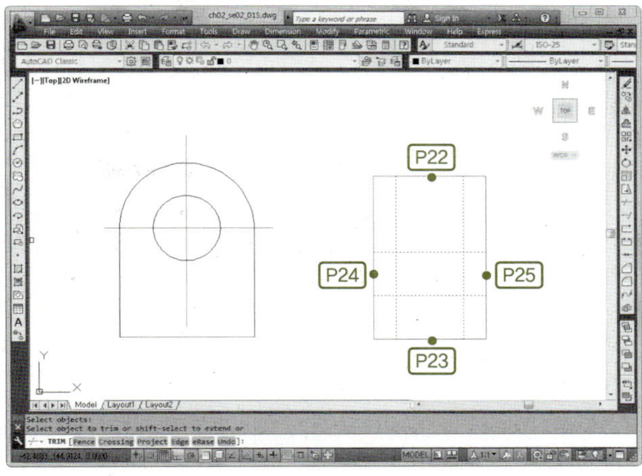

14 더 이상 잘라 낼 객체가 없는 경우에는 Enter 를 눌러 명령어를 종료합니다. 다음과 같이 객체들이 정리되었습니다.

```
Select object to trim or shift-select to extend or [Fence/
Crossing/Project/Edge/Erase/Undo]: Enter
```

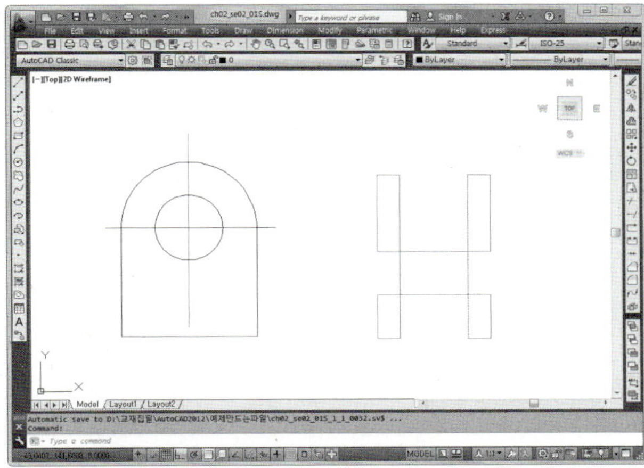

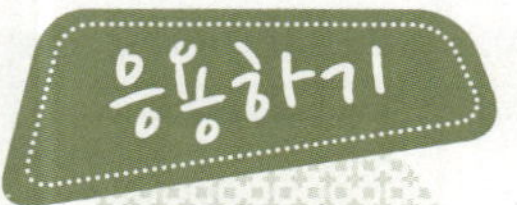

편집 명령어 이용하기 (2)

02 편집 명령어를 이용하면 간단하고 편리하게 다양한 도면을 정확히 그려 낼 수 있습니다. 여러 가지 도형을 좌표계만을 이용하여 그리면 전체적인 시간도 많이 걸리지만, 경우에 따라서 그리지 못하는 경우도 발생합니다. 하지만 편집 명령어를 이용하면 좀 더 간편하게 그리거나 빠른 시간 안에 도면을 작성할 수 있습니다. 이번에는 기초 편집 명령어를 활용하는 방법에 대해 알아보겠습니다.

예제 파일 부록 CD\Sample\Chapter02\ch02_se02_02S.dwg   **완성 파일** 부록 CD\Sample\Chapter02\ch02_se02_02F.dwg

[Start]

[Final]

01 메뉴의 [File]-[Open]을 선택하여 부록 CD에서 예제 파일을 불러옵니다. 가장 먼저 가로 선분을 기준으로 연장 경계 객체를 선택합니다.

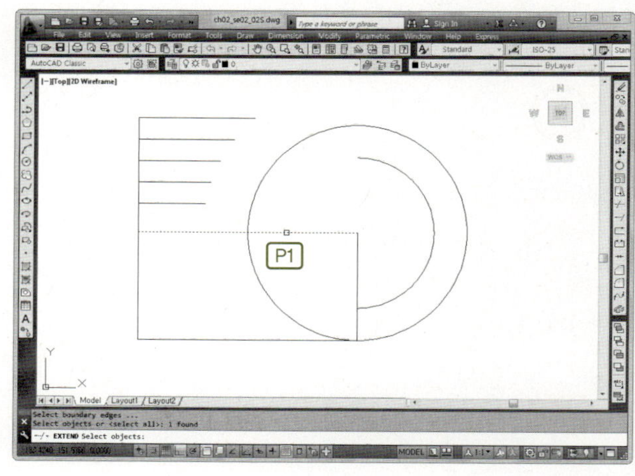

```
Command: EX Enter
EXTEND
Current settings: Projection=UCS, Edge=Extend
Select boundary edges...
Select objects or <Select All>: 1 found
→ P1점 클릭
Select objects: Enter
```

02 해당 경계까지 연장할 원을 다음과 같이 경계와 가까운 곳으로 선택합니다. 더 이상 연장할 객체가 없는 경우에는 Enter 를 눌러 명령어를 종료합니다.

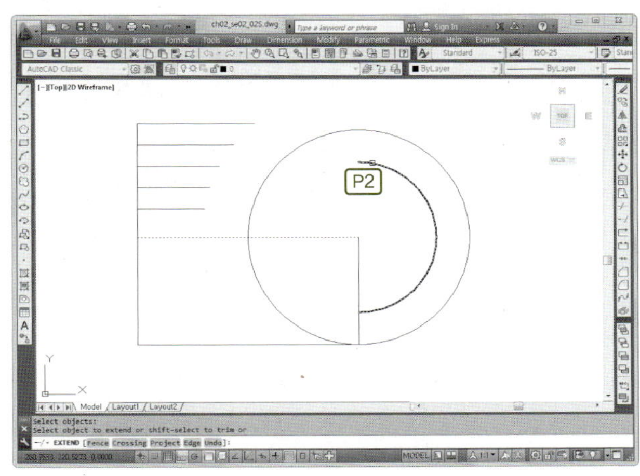

```
Select object to extend or shift-select to trim or [Fence/
Crossing/Project/Edge/Undo]: P2점 클릭
Select object to extend or shift-select to trim or [Fence/
Crossing/Project/Edge/Undo]: Enter
```

03 이번에는 원을 기준으로 왼쪽의 여러 개의 선분을 연장시켜보겠습니다. Extend 명령어의 단축키인 'EX'를 입력한 후 다음의 원을 경계 객체로 선택합니다. 선택이 완료되면 Enter 를 눌러 선택을 종료합니다.

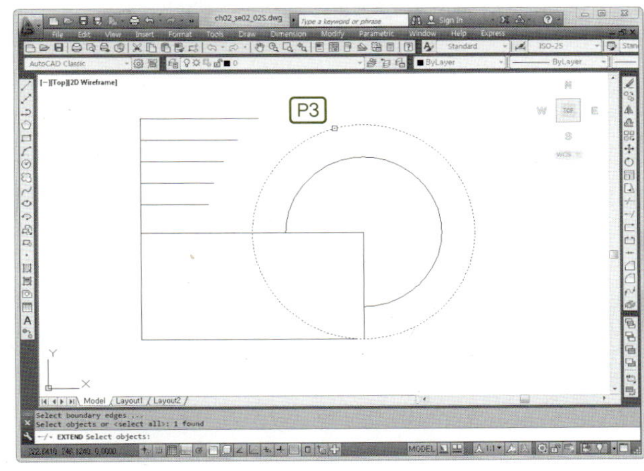

```
Command: EX Enter
EXTEND
Current settings: Projection=UCS, Edge=Extend
Select boundary edges...
Select objects or <Select All>: 1 found
→ P3점 클릭
Select objects: Enter
Select object to extend or shift-select to trim or [Fence/
Crossing/Project/Edge/Undo]: Specify opposite corner:
→ P4~P5점 클릭, 드래그
Object does not intersect an edge.
Object does not intersect an edge.
```

04 연장할 대상 객체를 다음과 같이 클릭, 드래그하여 여러 개를 한꺼번에 선택합니다. 원에 닿지 못하는 맨 위의 선분은 연장되지 않습니다. 완료되면 Enter 를 눌러 명령어를 종료합니다.

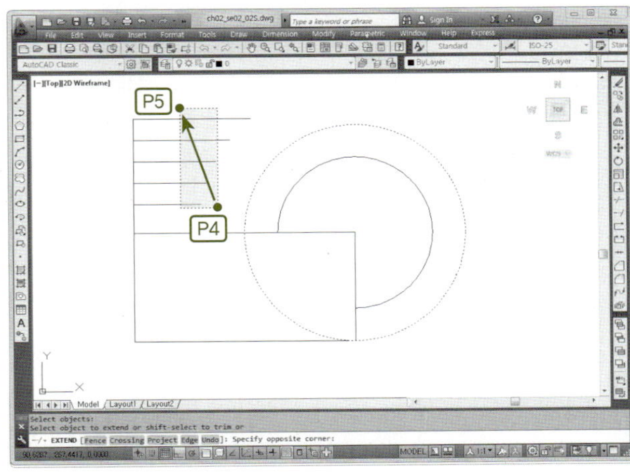

```
Select object to extend or shift-select to trim or [Fence/
Crossing/Project/Edge/Undo]: Enter
```

Section 03
다양한 그리기 도구 사용하기

선, 원, 호, 다각형 외에도 다양한 그리기 도구가 있습니다. 이번에는 간단하게 그리는 사각형과 사각형을 이루는 주성분인 Polyline에 대해 알아보고, 해당 속성을 가진 객체들의 특성에 대해서도 알아보겠습니다. 이 밖에 Polyline 객체만을 수정, 편집하는 명령어들과 수정 구름을 만드는 구름 모양의 객체를 이용하여 특정 부분을 강조하거나 표현하는 방법에 대해서도 알아보겠습니다.

01. 하나로 선택되는 Pline

Pline은 Polyline을 일컫는 명령어로, 한 번의 명령어로 그린 선분은 비록 여러 마디라고 하더라도 하나의 단일 객체로 인식되며, 일반적인 Line이나 Arc처럼 두께가 하나로 되지 않고 원하는 두께를 입력하여 두꺼운 선분을 그릴 수 있습니다. Rectang, Polygon 등과 같이 여러 마디로 이루어져 있는 객체가 한꺼번에 선택되면 Polyline의 성분으로 이루어져 있는 객체가 됩니다. 하나로 이루어져 있는 Pline의 다양한 속성에 대해 알아보겠습니다.

명령어	Pline	아이콘	⤺
단축키	PL	메뉴	[Draw]-[Polyline]

● 명령어 이해하기

Pline 명령어를 입력하고 시작점을 클릭하면 여러 가지 옵션을 먼저 선택할 수 있습니다. 기본 값을 그대로 이용하는 경우에는 Line을 그리는 명령어와 동일하며, Pline의 특성을 이용하면 선의 굵기를 정하거나 길이 값을 입력하여 선을 그릴 수 있습니다. 또한 'Arc' 옵션을 이용하면 하나로 이어진 곡선을 그리거나 굵기가 다른 곡선을 그릴 수 있습니다.

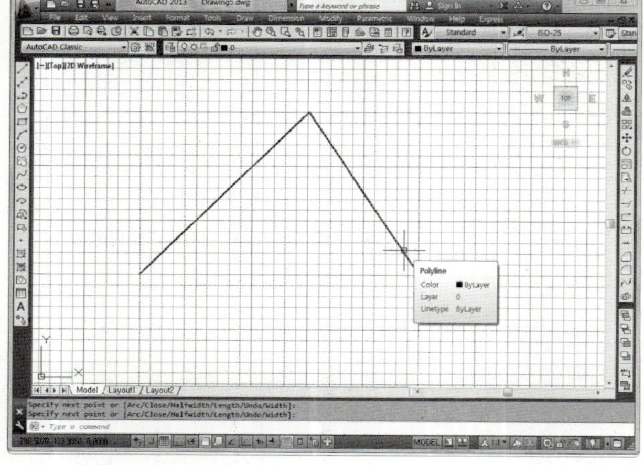

▲ 한 번에 그려진 Pline 객체

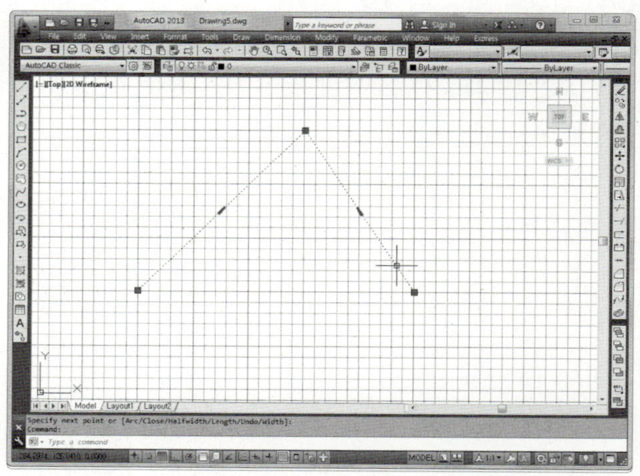

▲ Pline으로 그려진 객체를 선택하면 한 번에 Grip이 생성됨.

```
Command: Pline Enter
Specify start point: → Pline의 시작점 좌표를 입력합니다.
Current line-width is 0.0000 → 현재 Pline의 두께를 표시합니다.
Specify Next Point or [Arc/Halfwidth/Length/Undo/Width]: → Pline의 다음 점 좌표를 입력하거나 여러 가지 옵션을 입력합니다.
Specify Next Point or [Arc/Close/Halfwidth/Length/Undo/Width]: → Pline의 다음 점 좌표를 입력하거나 여러 가지 옵션을 입력합니다.
Specify Next Point or [Arc/Close/Halfwidth/Length/Undo/Width]: Enter → Enter 를 눌러 Pline을 종료합니다.
```

● 옵션 이해하기

Pline을 이용하면 하나로 이어진 선분뿐만 아니라 'Arc' 옵션을 이용하여 하나로 이어진 구불구불한 곡선을 그릴 수 있으며, 각각의 선분은 'Width' 옵션을 이용하여 선분에 두께를 가지게 할 수도 있습니다. Pline의 다양한 옵션에 대해 알아보겠습니다.

옵션	설명
Undo	Pline 선분을 그리는 도중에 바로 직전 단계의 Pline을 취소합니다.
Close	시작점과 마지막 점을 연결하여 닫아주고, Pline 명령어를 종료합니다.
Halfwidth/Width	Pline의 선 두께를 입력합니다. 보통 Halfwidth는 전체 두께의 1/2 값을 입력해 두께를 지정하고, Width는 전체 두께의 너비 값을 입력해 두께를 지정합니다. 두께 값은 하나의 마디를 기준으로 시작점과 끝점의 값을 다르게 입력할 수 있습니다.
Length	원하는 길이 값을 입력하면 선분의 진행 방향대로 해당 Pline을 연장해줍니다.
Arc	Pline으로 만들어지는 호를 그려줍니다. 한 번에 그려진 호는 하나로 연결된 호를 만듭니다. – Angle: Pline 호의 내부 각을 입력하여 호를 그립니다. – CEnter: Pline 호의 중심점이 갖는 좌표 값을 입력하여 호를 그립니다. – CLose: Pline 호를 그리는 도중에 시작점과 마지막 점을 호로 연결하여 닫아주고, 명령어를 종료합니다. – Direction: Pline 호의 접선 방향을 입력하여 호를 그립니다. – Halfwidth/Width: Pline 호의 두께를 정하는 옵션입니다. Halfwidth는 두께의 1/2 값을 지정해 사용합니다. Width는 두께 전체의 너비 값을 입력해 사용합니다. – Line: Pline으로 호를 그리는 도중에 다시 선분을 그리는 옵션입니다. – Radius: Pline 호의 반지름 값을 입력하여 호를 그립니다. – Second pt: 두 점을 입력하여 호를 그리는 옵션으로, Pline 호의 두 번째 점을 클릭하여 호를 그립니다. 기본은 Default 값입니다. – Undo: Pline 호를 그리는 도중에 바로 직전 단계의 좌표 점을 취소시킵니다.

예제 파일 부록 CD\Sample\Chapter02\ch02_12S.dwg   완성 파일 부록 CD\Sample\Chapter02\ch02_12F.dwg

01 메뉴의 [File]-[Open]을 선택하여 부록 CD에서 예제 파일을 불러옵니다. 파란색 점선으로 만들어진 기초 도면이 나타납니다. Pline 명령어의 단축키인 'PL'을 입력한 후 다음 교차점을 클릭하여 Pline의 시작점으로 선택합니다.

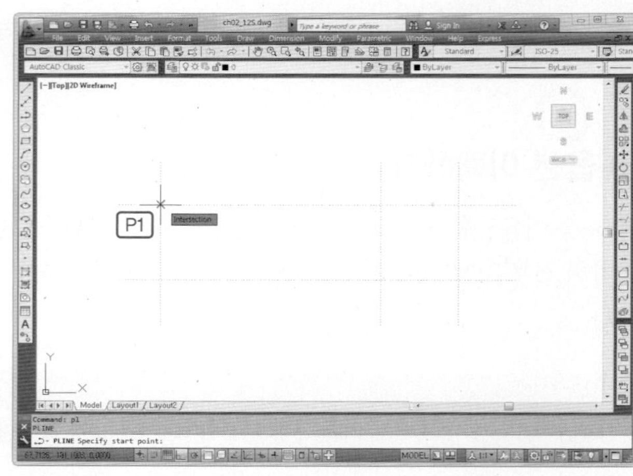

```
Command: PL Enter
Pline
Specify start point: P1점 클릭
```

02 Pline의 선분에 두께를 입력하기 위하여 'width' 옵션을 이용합니다. Width를 사용하기 위하여 'W'를 입력한 후 선분의 시작점 두께와 끝점 두께에 각각 '5'를 입력합니다. 시작 값을 입력하면 끝점의 두께 값은 자동으로 입력되므로 동일한 경우에는 Enter 만 누르면 됩니다. 두께가 입력되면 다음 점을 클릭하여 선택합니다.

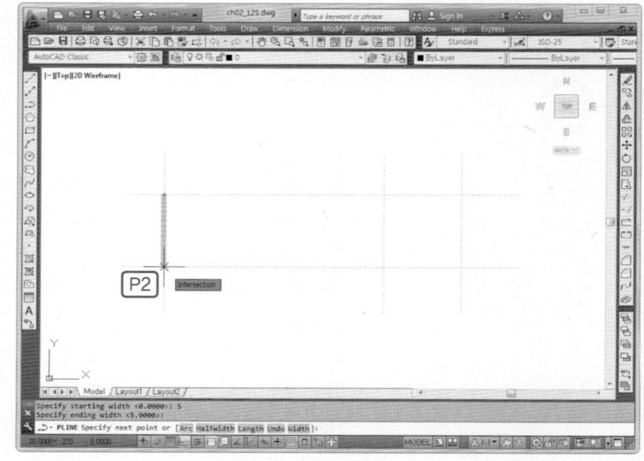

```
Current line-width is 0.0000
Specify Next Point or [Arc/Halfwidth/Length/Undo/Width]: W
Enter
Specify starting width <0.0000>: 5 Enter
Specify ending width <5.0000>: Enter

Specify Next Point or [Arc/Halfwidth/Length/Undo/Width]: P2점
클릭
```

03 동일한 두께 값으로 선을 그리는 경우, 옵션의 변경 없이 계속하여 다음 점을 클릭합니다.

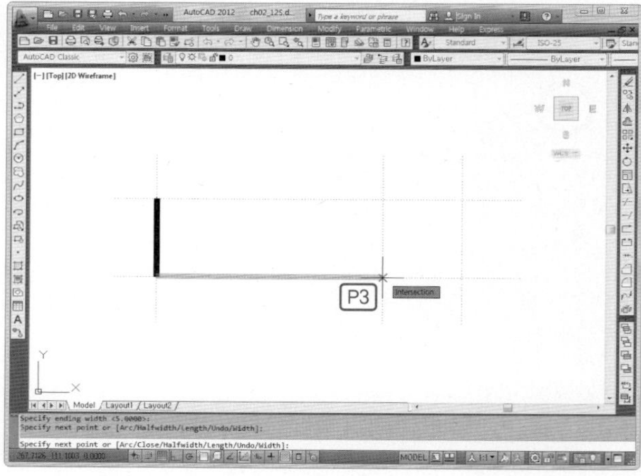

```
Specify Next Point or [Arc/Close/Halfwidth/Length/Undo/
Width]: P3점 클릭
```

04 이어지는 선분을 직선이 아닌 곡선으로 만들기 위하여 'Arc' 옵션을 입력합니다. Arc 명령어의 단축키인 'A'를 입력한 후, 다음 점을 클릭하면 시계 반대 방향을 기준으로 호가 그려집니다.

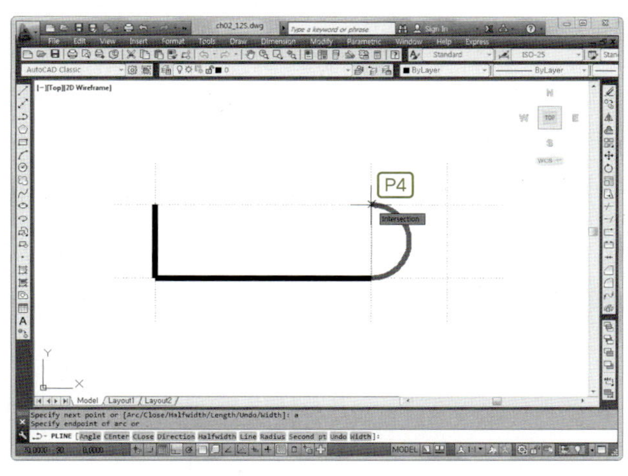

```
Specify Next Point or [Arc/Close/Halfwidth/Length/Undo/
Width]: A Enter
Specify Endpoint of arc or [Angle/CEnter/CLose/Direction/
Halfwidth/Line/Radius/Second pt/Undo/Width]: P4점 클릭
```

05 호에 이어 다시 직선으로 바꾸고 선분의 시작 두께와 끝점의 두께를 변경하여 입력한 후 시작점과 끝점을 연결하여 닫아주고 명령어를 종료합니다.

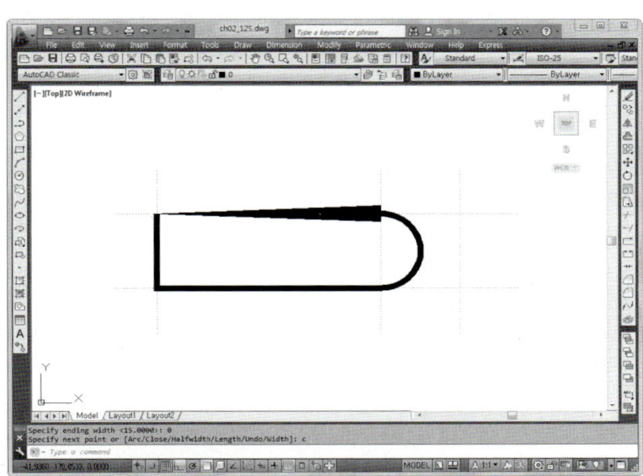

```
Specify Endpoint of arc or [Angle/CEnter/CLose/Direction/
Halfwidth/Line/Radius/Second pt/Undo/Width]: l Enter
Specify Next Point or [Arc/Close/Halfwidth/Length/Undo/
Width]: W Enter
Specify starting width <5.0000>: 15 Enter
Specify ending width <15.0000>: 0 Enter
Specify Next Point or [Arc/Close/Halfwidth/Length/Undo/
Width]: C Enter
```

02. Pline을 수정하는 Pedit

Ployline인 Pline의 경우에는 다른 객체에 비해 하나로 그룹화되어 있기 때문에 다른 명령어보다 편집이 어려울 수 있습니다. 그렇기 때문에 AutoCAD에서는 Pline으로 그려진 객체를 편집할 수 있는 Pedit 명령어를 사용합니다. 이미 그려진 Pline을 마디별로 선택하여 다양한 옵션을 적용할 수 있는 Pedit 명령어를 익혀보겠습니다.

명령어	Pedit	아이콘	
단축키	PE	메뉴	[Modify]-[Object]-[Polyline]

● 명령어 이해하기

Pedit 명령어는 기본적으로 그려져 있는 Pline을 선택하여 변경하고 싶은 속성의 옵션을 입력한 후 각 단계별로 속성을 편집합니다. 만약 선택한 객체가 Pline으로 그려진 객체가 아닌 경우에는 '해당 객체가 Pline이 아니며, Pline으로 바꾸겠느냐'는 메시지가 나타납니다. 'Y'를 입력하면 선택한 일반 객체의 속성이 Pline으로 변경되고, Pedit 명령어를 통해 수정할 수 있는 상태가 됩니다.

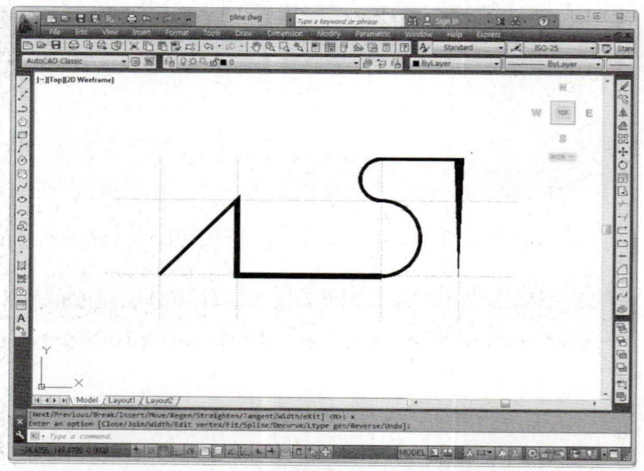

▲ Pline으로 그린 객체

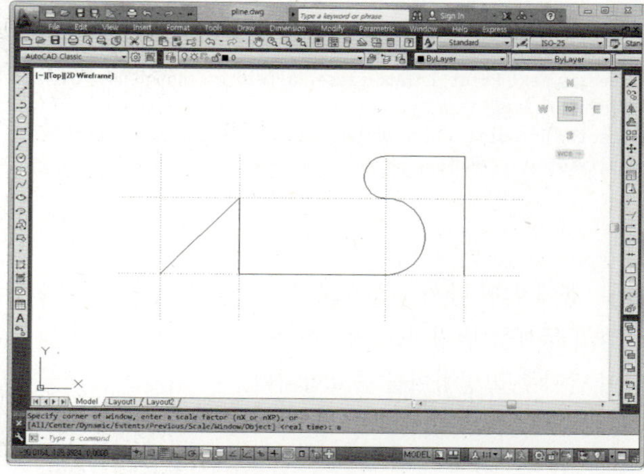

▲ Pedit를 이용하여 width를 변경한 결과

```
Command: Pedit Enter
Select polyline or [Multiple]: → Pline으로 만들어진 객체를 선택합니다.
Enter an option [Close/Join/Width/Edit vertex/Fit/Spline/Decurve/Ltype gen/Reverse/Undo]: → 변경하고 싶은 속성을 가진 옵션을 선택합니다.
```

● 옵션 이해하기

Pedit는 화면에 이미 그려져 있는 Pline을 수정, 편집하는 명령어로, 한 번에 그려진 Pline을 한 번에 옵션을 이용하여 편집하거나 마디(segment)별로 수정할 수 있습니다. 일반적으로 두께를 변경하거나 따로 만든 Pline을 이어 한 번에 그려진 객체로 만들거나 Line 성분으로 그려 이어진 객체를 Pline과 같은 단일 객체로 만들 때에 주로 사용합니다.

옵션	설명
Close/Open	Pline으로 그려진 객체 중에서 시작점과 끝점이 닫히지 않은 Pline을 닫아주어 닫혀 있는 폐다각형을 만들거나 닫혀 있는 Pline을 열어 줍니다.
Join	Pline으로 그린 객체지만 한 번에 그리지 않은 Pline 객체나 일반 명령어인 Line, Arc로 그린 객체들 중에서 끝점이 연결된 객체들을 하나로 묶어 Pline의 성분으로 전환합니다. 이때 Line이나 Arc의 경우에는 선택한 객체의 성분이 Pline이 아니라는 메시지와 함께 Pline으로의 전환 여부(Do you want to turn it into one? ⟨Y⟩)를 묻는데, 이때 'Y'를 선택하면 Join할 수 있습니다.
Width	이미 그려진 Pline의 두께를 수정합니다. 두께가 없거나 이미 입력된 두께 값을 변경합니다. Pline 명령어의 'Width' 옵션에 비해 시작점의 두께와 끝점의 두께를 구분하지 않고 하나의 두께를 입력합니다.

Edit Vertex	하나로 연결된 Pline의 정점을 기준으로 한 마디씩 수정하는 옵션입니다. – Next: 다음의 꼭짓점으로 이동합니다. – Previous: 이전의 꼭짓점으로 이동합니다. – Break: 점과 점 사이의 마디를 잘라 냅니다. – Insert: 점을 추가합니다. – Move: 점의 위치를 이동합니다. – Regen: Pline을 재계산하여 다시 그립니다. – Straighten: 점과 점 사이의 Pline을 직선화합니다. – Tangent: Fit와 Spline처럼 곡선의 Pline에 대한 접선의 방향을 지정합니다. – Width: Pline 한 마디의 시작점과 끝점의 두께 값을 입력합니다. – Exit: 'Edit Vertex' 옵션을 빠져 나갑니다.
Fit	Pline으로 그려진 선분의 직선 중에서 꼭짓점을 접선으로 하는, 곡률이 심한 곡선으로 변경합니다.
Spline	Pline으로 그려진 선분의 직선 중에서 인접한 두 선을 접선으로 하는, 곡률이 완만한 곡선으로 변경합니다.
Decurve	처음부터 곡선으로 만들어진 Pline이나 Fit/Spline으로 만들어진 곡선을 직선으로 변경합니다.
Ltypegen	선의 종류가 실선이 아닌, 간격이 있는 형태의 선의 종류(Center, Hidden, Dot 등)로 그린 객체의 모서리 부분의 모양을 조절합니다.
Reverse	Polyline의 정점의 순서를 반대로 바꿉니다.
Undo	바로 직전에 실행한 옵션을 실행 취소합니다.

◉ 미리해보기

예제 파일 부록 CD\Sample\Chapter02\ch02_13S.dwg   **완성 파일** 부록 CD\Sample\Chapter02\ch02_13F.dwg

01 메뉴의 [File]–[Open]을 선택하여 부록 CD에서 예제 파일을 불러옵니다. 다음과 같이 Pline으로 그린 객체와 일반 Line으로 그린 객체가 함께 있는 도면이 나타납니다.

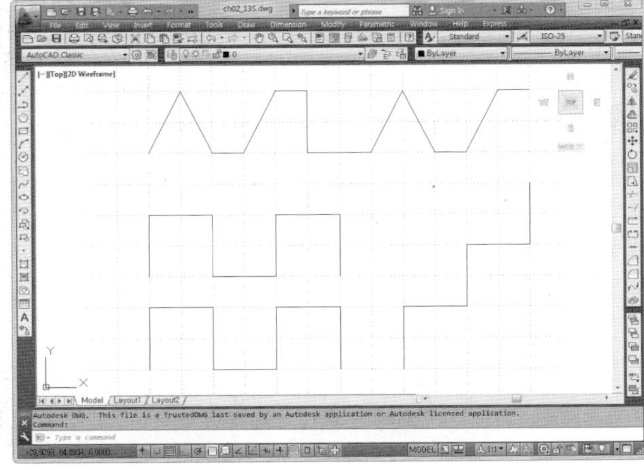

02 제일 먼저 Pedit 명령어의 단축키인 'PE'를 입력한 후 다음과 같이 맨 위의 선분을 클릭합니다. Pline으로 그린 객체이므로 다음과 같이 한 번에 모두 선택됩니다.

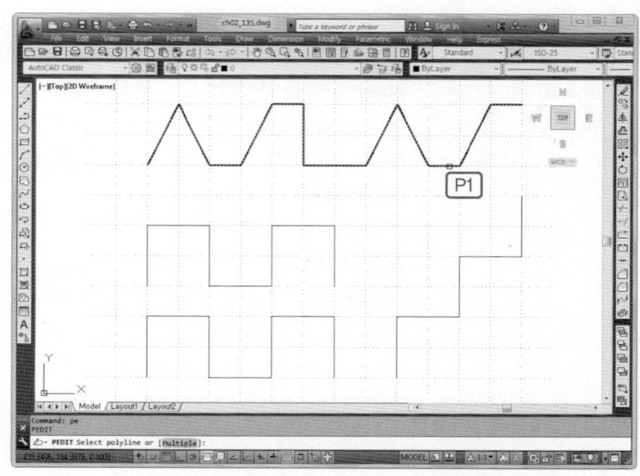

```
Command: PE Enter
Pedit Select polyline or [Multiple]: P1점 클릭
```

03 지금처럼 열린 선분을 선택한 경우에는 맨 처음 옵션인 Close가 나타나며, 닫힌 객체를 선택하면 반대로 'Open' 옵션이 나타납니다. 지금은 Close를 이용하기 위하여 'C'를 입력한 후 다음과 같이 시작점과 마지막 점을 닫아줍니다. 곧바로 닫힌 Pline을 열기 위하여 Open 명령어의 단축키인 'O'도 입력해봅니다.

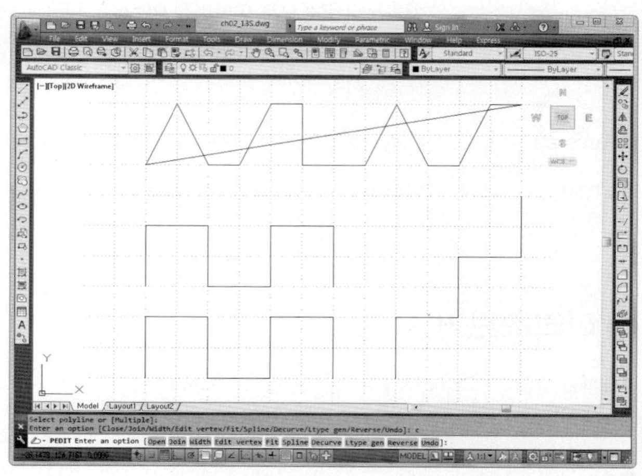

```
Enter an option [Close/Join/Width/Edit vertex/Fit/Spline/
Decurve/Ltype
gen/Reverse/Undo]: C Enter
Enter an option [Open/Join/Width/Edit vertex/Fit/Spline/
Decurve/Ltype
gen/Reverse/Undo]: O Enter
```

04 이번에는 해당 Pline의 두께를 변경해보겠습니다. 두께 옵션인 Width의 앞 글자인 'W'를 입력하고 두께에 '3'을 입력합니다. Pline 명령어와 달리 마디별로 두께가 바뀌지 않고 전체 Pline 선분이 모두 하나의 두께로 변경되는 것을 확인할 수 있습니다.

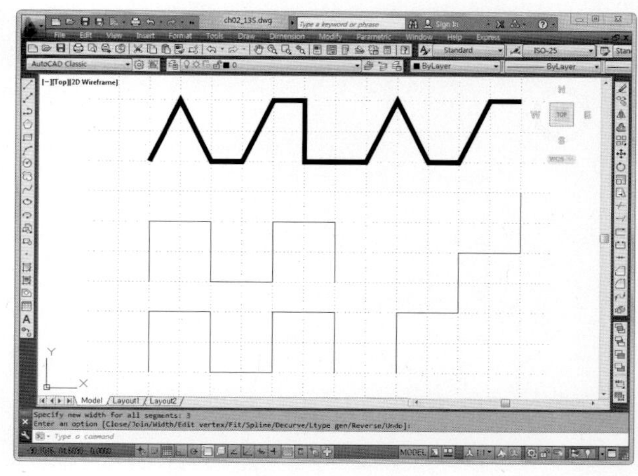

```
Enter an option [Close/Join/Width/Edit vertex/Fit/Spline/
Decurve/Ltype
gen/Reverse/Undo]: W Enter

Specify new width for all segments: 3 Enter

Enter an option [Close/Join/Width/Edit vertex/Fit/Spline/
Decurve/Ltype
gen/Reverse/Undo]: Enter
```

05 다시 Pedit 명령어의 단축키인 'PE'를 입력한 후 다음의 P2점을 클릭합니다. Pline 객체이므로 전체 선분이 모두 한 번에 선택됩니다.

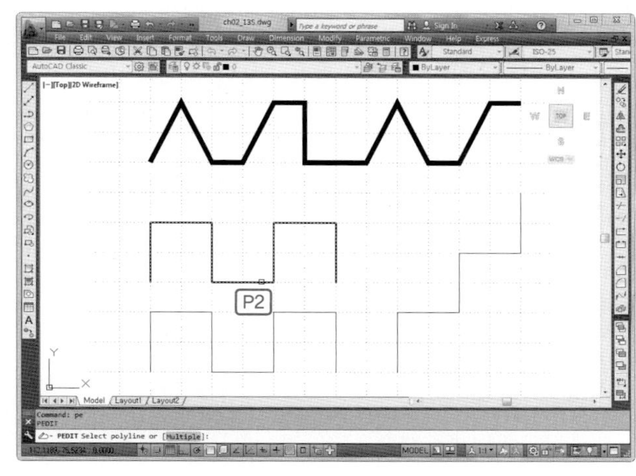

```
Command: PE Enter
Pedit Select polyline or [Multiple]: P2점 클릭
```

06 'Fit' 옵션을 이용하기 위하여 'F'를 입력합니다. 다음과 같이 해당 직선의 꼭지점을 정점으로 하는, 곡률이 심한 곡선이 그려집니다.

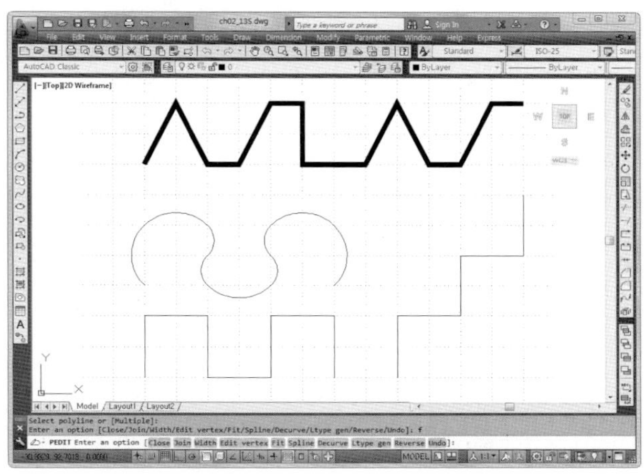

```
Enter an option [Close/Join/Width/Edit vertex/Fit/Spline/
Decurve/Ltype
gen/Reverse/Undo]: F Enter
```

07 처음부터 곡률을 가진 Pline 곡선이나 일반 직선을 Fit나 Spline으로 그려진 Pline 곡선으로 바꾸거나 이를 다시 직선의 Pline으로 바꾸는 옵션이 'Decurve'입니다. 조금 전의 'Fit' 옵션을 이용하여 곡선으로 변경한 선을 'Decurve'를 이용하여 다시 직선으로 바꿉니다.

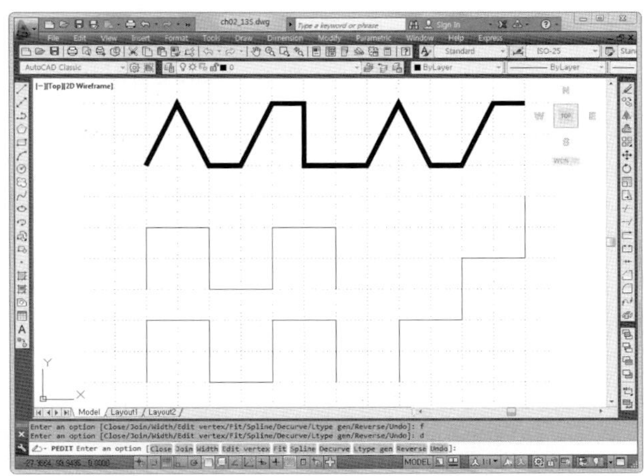

```
nter an option [Close/Join/Width/Edit vertex/Fit/Spline/
Decurve/Ltype
gen/Reverse/Undo]: D Enter
```

08 다시 직선이 된 Pline을 선분을 접선을 기준으로 곡선을 만드는 완만한 곡선의 Spline으로 변경합니다. 다음 그림과 같이 변경되면 Enter 를 눌러 Pedit 명령어를 종료합니다.

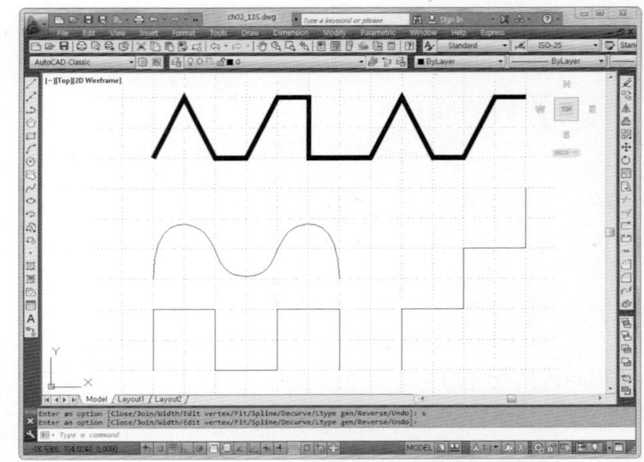

```
Enter an option [Close/Join/Width/Edit vertex/Fit/Spline/
Decurve/Ltype
gen/Reverse/Undo]: S Enter
Enter an option [Close/Join/Width/Edit vertex/Fit/Spline/
Decurve/Ltype
gen/Reverse/Undo]: Enter
```

09 전체 Pline 단위로만 수정하지 않고 하나의 Segment 단위로 수정해보겠습니다. Pedit 명령어의 단축키인 'PE'를 입력하고 다음의 P3점을 클릭합니다.

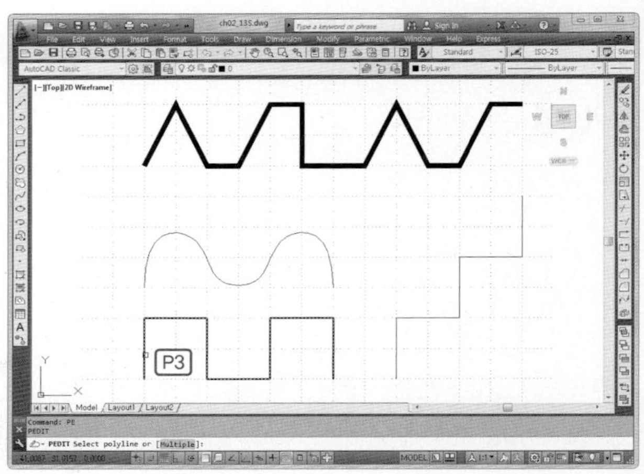


```
Command: PE Enter
Pedit Select polyline or [Multiple]: P3점 클릭
```

10 'Edit Vertex' 옵션의 단축키인 'E'를 입력하면 시작점에 엑스 표시가 나타납니다. 엑스 표시는 Vertex인 점의 위치를 표시하며, 해당 표시점을 이동하기 위하여 'Next' 옵션의 단축키인 'N'을 입력하고 Enter 를 누릅니다. 기본값이 Next이므로 Enter 를 두 번 눌러 해당 지점으로 이동합니다.

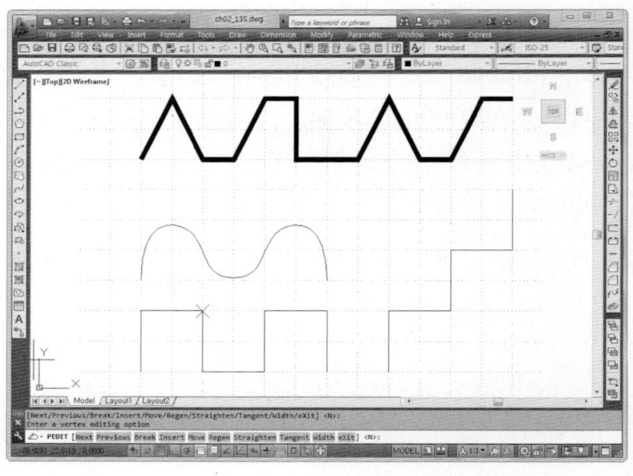

```
Enter an option [Close/Join/Width/Edit vertex/Fit/Spline/
Decurve/Ltype
gen/Reverse/Undo]: E Enter
Enter a vertex editing option
[Next/Previous/Break/Insert/Move/Regen/Straighten/Tangent/
Width/eXit] <N>: Enter
Enter a vertex editing option
[Next/Previous/Break/Insert/Move/Regen/Straighten/Tangent/
Width/eXit] <N>: Enter
```

11 처음 이동한 세 번째 점의 위치에서 직선을 만들기 위하여 'Straighten' 옵션을 이용하겠습니다. 'S'를 입력한 후 Enter 를 세 번 눌러 세 점을 이동합니다.

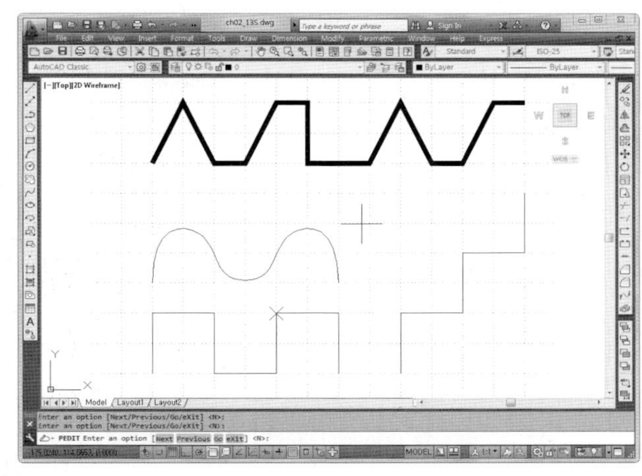

```
Enter a vertex editing option
[Next/Previous/Break/Insert/Move/Regen/Straighten/Tangent/
Width/eXit] <N>: S  Enter
Enter an option [Next/Previous/Go/eXit] <N>:  Enter
Enter an option [Next/Previous/Go/eXit] <N>:  Enter
Enter an option [Next/Previous/Go/eXit] <N>:  Enter
```

12 'Straighten'은 해당 지점에서 다음의 원하는 지점까지의 직선을 만드는 옵션입니다. 이 옵션을 실행하기 위해서는 하부 옵션에 다음과 같이 'Go'를 입력하여 실행해야 합니다. 옵션은 앞의 대문자 'G'만 입력합니다.

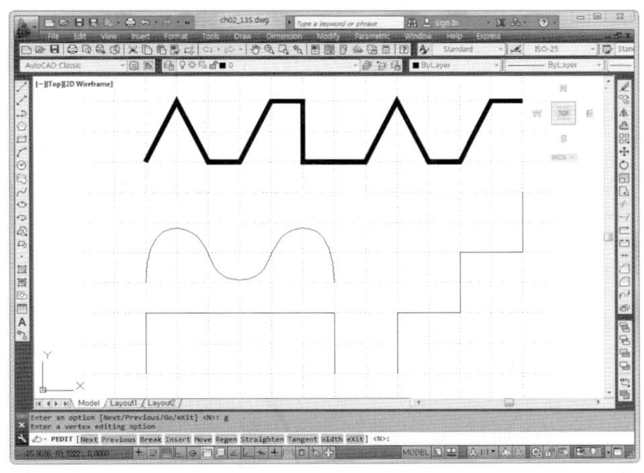

```
Enter an option [Next/Previous/Go/eXit] <N>: G  Enter
```

13 중간이 직선이 되어 버린 상태에서 한 마디만 두께를 변경하겠습니다. 현재 점의 위치에서 두께를 변경하는 Width 명령어의 단축키인 'W'를 입력합니다. 다음과 같이 Pline을 그릴 때와 마찬가지로 시작 두께와 끝 두께를 입력한 후 서로 다른 값을 입력할 수 있습니다. 모두 완료되면 다음과 같이 하부 옵션을 빠져 나와 명령어를 종료합니다.

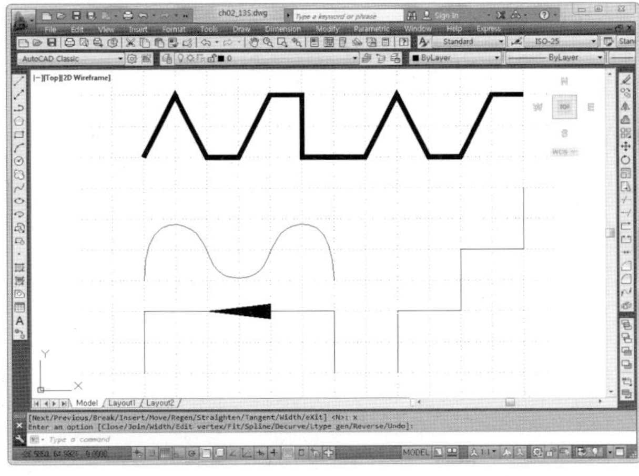

```
Enter a vertex editing option
[Next/Previous/Break/Insert/Move/Regen/Straighten/Tangent/
Width/eXit] <N>: W  Enter
Specify starting width for next segment <0.0000>:  Enter
Specify ending width for next segment <0.0000>: 10  Enter

Enter a vertex editing option
[Next/Previous/Break/Insert/Move/Regen/Straighten/Tangent/
Width/eXit] <N>: X  Enter
Enter an option [Close/Join/Width/Edit vertex/Fit/Spline/
Decurve/Ltype
gen/Reverse/Undo]:  Enter
```

14 마지막으로 Pline으로 그리지 않은 일반 객체를 선택한 후 하나로 이어 Pline 객체로 변경해보겠습니다. Pline이 아닌 객체를 선택하면 'Pline이 아니므로 Pline으로 객체의 속성을 변경하겠느냐'는 메시지가 나타납니다. 이때 기본 값이 'Y'이므로 Enter 를 누릅니다.

```
Command: PE Enter
Pedit Select polyline or [Multiple]: P4점 클릭
Object selected is not a polyline
Do you want to turn it into one? <Y> Enter
```

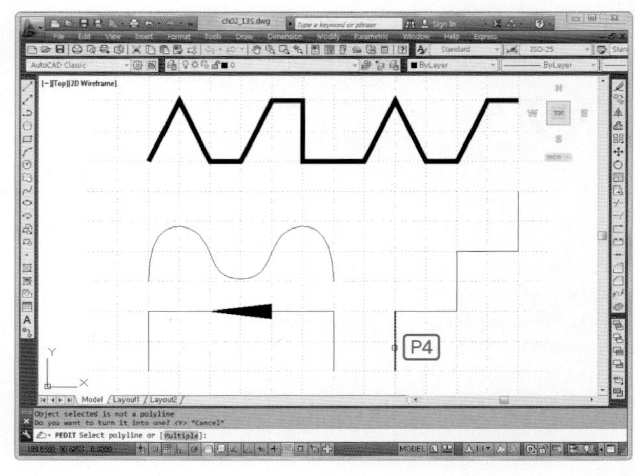

15 처음에 선택한 객체는 Pline으로 변경되었지만 나머지는 함께 붙여주어야 하므로 'Join' 옵션을 통해 하나로 이어주겠습니다.

```
Enter an option [Close/Join/Width/Edit vertex/Fit/Spline/
Decurve/Ltype
gen/Reverse/Undo]: j Enter
Select objects: Specify opposite corner: 5 found
  → P5~P6점 클릭, 드래그
Select objects: Enter
4 segments added to polyline

Enter an option [Close/Join/Width/Edit vertex/Fit/Spline/
Decurve/Ltype
gen/Reverse/Undo]: Enter
```

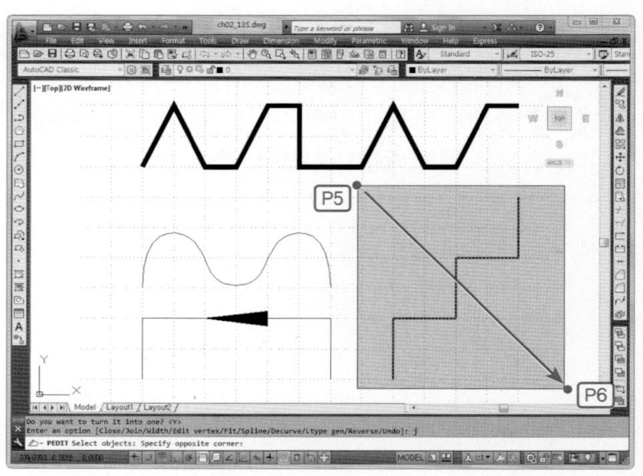

16 마지막으로 Join한 Pline 객체 위에 마우스 커서를 올려놓으면, 다음과 같이 따로 그려졌던 Line 객체가 Pline 객체가 되고, 하나의 선분이 된 것을 확인할 수 있습니다.

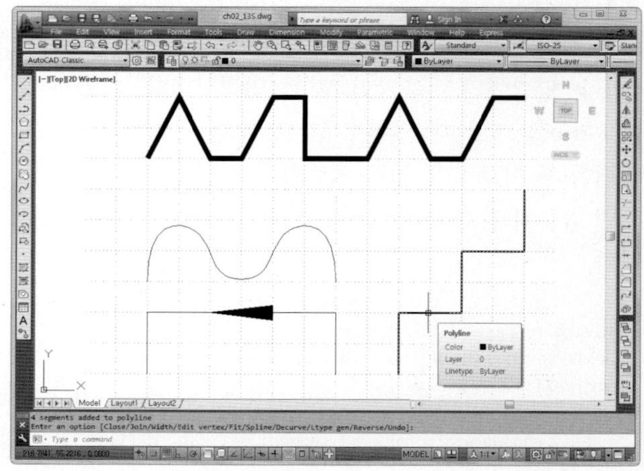

03. 자동 생성되는 사각형을 그리는 Rectang

Pline(Polyline)의 속성을 가진 사각형을 그리는 명령어로, 단일 객체로 선택됩니다. 일반적인 사각형을 그리거나 사각 영역을 지정할 때에 주로 사용하며, 일반적인 사각형을 그린 후 Explode 명령어를 이용하여 일반 Line 속성의 선분으로 이용할 수도 있습니다. Pline의 속성을 갖고 있으므로 Pedit 명령어로 수정할 수 있으며, Rectang 명령어도 두께나 모따기 등의 속성을 이용하여 다양한 모양의 사각형을 그릴 수 있습니다. 이번에는 Rectang 사각형의 다양한 사용법에 대해 알아보겠습니다.

명령어	Rectang	아이콘	▢
단축키	REC	메뉴	[Draw]-[Rectang]

● 명령어 이해하기

명령어를 입력하고 난 후에는 사각형의 시작점을 입력하고 대각선 방향의 지점을 두 번째 지점으로 입력합니다. 시작점과 두 번째 지점을 기준으로 가로, 세로 값이 입력되어 하나로 이어진 단일 사각형을 그립니다. 보통 시작점은 마우스나 절대 좌표로 입력하고 두 번째 대각선 지점의 좌표는 상대 좌표를 이용하여 정확한 가로, 세로 값으로 도면 요소를 작성합니다.

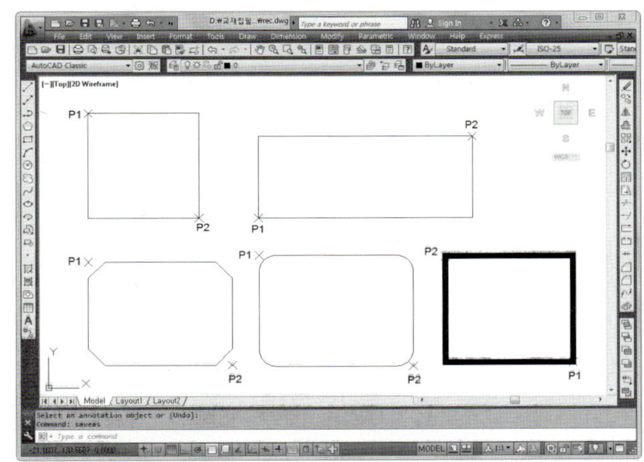

```
Command: RECTANG Enter
Specify First Corner Point or [Chamfer/Elevation/Fillet/Thickness/Width]: P1점
→ 사각형의 첫 번째 시작점을 클릭합니다.
Specify Other Corner Point or [Area/Dimensions/Rotation]: P2점
→ 사각형의 두 번째 대각선 지점을 클릭합니다.
```

● 옵션 이해하기

Rectang을 이용하여 사각형을 그리는 경우, 해당 사각형의 모서리를 처리하거나 3차원의 두께가 있는 사각형을 그릴 수 있습니다. 일반적인 'Chamfer' 옵션이나 'Fillet' 옵션을 이용하여 그려진 Rectang에 다시 모서리 처리를 할 수도 있으며, Polyline 속성을 이용하여 사각형의 선분에 폭을 입력하여 도면 요소로 활용할 수도 있습니다.

옵션	설명
Chamfer	Rectang의 모서리를 대각선으로 깎아 내는 모따기 방식으로, 모서리가 직선으로 잘려 있는 사각형을 그립니다.
Elevation	3차원인 3D 상태에서 사각형이 그려지는 높이의 시작 값을 조절해줍니다. 즉, 3차원 객체의 고도를 정하여 사각형을 그립니다.

Fillet	Rectang의 사각형 모서리를 둥글게 모깎기한 상태로 모서리가 둥근 모양의 사각형을 그려줍니다.
Thickness	깊이 값을 갖는 Rectang을 그립니다. 3D 객체로 전환 시 선분을 선택한 후 Z축의 깊이 값을 입력하여 높이 값을 갖도록 하는데 'Thickness' 옵션을 미리 설정하면 깊이 값이 있는 사각형이 그려집니다. 2D 상태에서는 확인하기 힘들고, 3차원 관측 시점에서만 확인할 수 있습니다.
Width	사각형의 선분에 가로 넓이의 폭을 만들어줍니다.
Area	사각형의 면적을 지정하여 사각형을 그립니다.
Dimensions	가로, 세로의 치수 값을 입력하여 사각형을 그리는 방식입니다.
Rotation	사각형의 기울기 각도를 입력하여 사각형을 그리는 방식입니다.

◉ 미리해보기

예제 파일 부록 CD\Sample\Chapter02\ch02_14S.dwg　　　　　　**완성 파일** 부록 CD\Sample\Chapter02\ch02_14F.dwg

01 메뉴의 [File]-[Open]을 선택하여 부록 CD에서 예제 파일을 불러옵니다. 다음과 같이 점선으로 그려져 있는 사각형이 2개 있습니다. 해당 사각형에 덧그려보면서 Rectang 명령어의 사용법을 익혀보겠습니다.

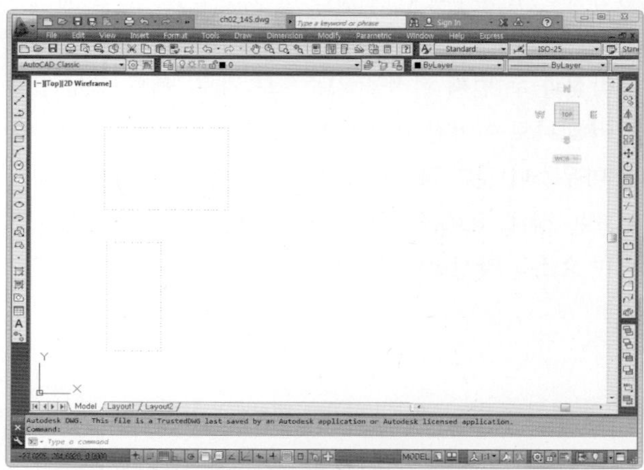

02 먼저 Rectang 명령어의 단축키인 'REC'를 입력한 후 다음 두 지점을 클릭하여 사각형을 그립니다. 해당 사각형을 그리는 경우에는 반드시 Osnap이 켜져 있어야 합니다.

```
Command: REC [Enter]
RECTANG
Specify First Corner Point or [Chamfer/Elevation/Fillet/
Thickness/Width]: P1점 클릭
Specify Other Corner Point or [Area/Dimensions/Rotation]: P2
점 클릭
```

03 방향은 항상 같을 필요가 없습니다. 사용자의 편의에 따라 대각선의 방향을 자유롭게 지정할 수 있습니다. 이번에는 왼쪽 위에서 오른쪽 아래로 드래그하여 그려보겠습니다.

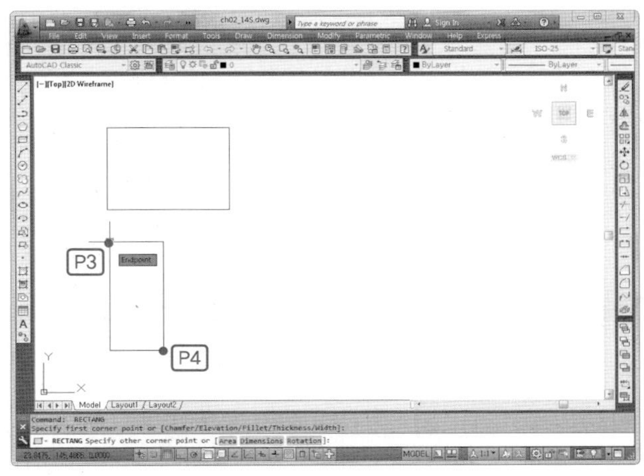

```
Command: RECTANG [Enter]
Specify First Corner Point or [Chamfer/Elevation/Fillet/
Thickness/Width]: P3점 클릭
Specify Other Corner Point or [Area/Dimensions/Rotation]: P4
점 클릭
```

04 사각형의 가로, 세로의 길이 값을 정확하게 만드는 경우, 시작점은 마우스로 클릭하거나 절대 좌표 또는 Osnap을 이용하여 임의의 지점을 입력하고 두 번째 대각선의 방향의 지점을 상대 좌표로 가로, 세로 길이 값을 입력합니다.

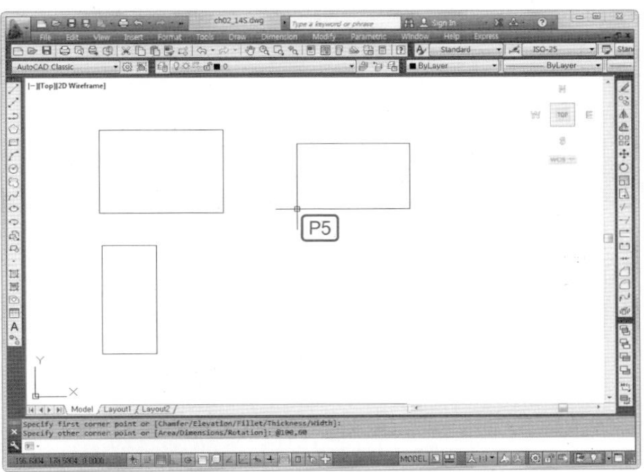

```
Command: REC [Enter]
RECTANG
Specify First Corner Point or [Chamfer/Elevation/Fillet/
Thickness/Width]: P5점 클릭
Specify Other Corner Point or [Area/Dimensions/Rotation]:
@100,60 [Enter]
```

05 이번에는 모서리 지점을 잘라 낸 모따기 옵션을 이용해보겠습니다. 'Chamfer' 옵션의 단축키인 'C'를 먼저 입력한 후 모따기 길이 값을 입력하고 가로, 세로 100의 길이를 갖는 정사각형을 그립니다.

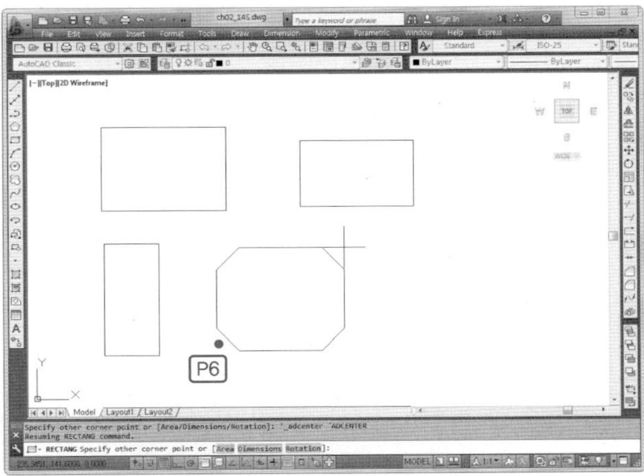

```
Command: REC [Enter]
RECTANG
Specify First Corner Point or [Chamfer/Elevation/Fillet/
Thickness/Width]: C [Enter]
Specify first chamfer distance for rectangles <0.0000>: 20
[Enter]
Specify second chamfer distance for rectangles <20.0000>:
[Enter]
Specify First Corner Point or [Chamfer/Elevation/Fillet/
Thickness/Width]: P6점 클릭
Specify Other Corner Point or [Area/Dimensions/Rotation]:
@100,100 [Enter]
```

06 이번에는 모서리를 둥글게 모깎기하는 'Fillet' 옵션을 이용해보겠습니다. 'Fillet' 옵션의 단축키인 'F'를 입력한 후 둥근 부분의 Radius 값을 입력하고 시작점과 대각선의 모서리 지점 좌표를 입력합니다.

07 마지막으로 선의 너비 값을 입력하여 두꺼운 선분의 Rectang을 그려보겠습니다. 먼저 'Width' 옵션의 단축키인 'W'를 입력한 후 원하는 두께 값을 입력하고 사각형을 그립니다. 이전에 'Fillet' 옵션을 사용하기 위하여 Radius를 입력한 상태이므로 모서리는 둥글게 처리되어 그려집니다.

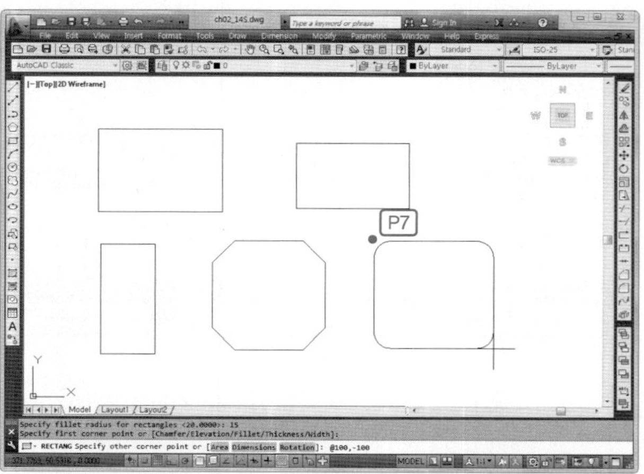

```
Command: REC [Enter]
RECTANG
Current rectangle modes: Chamfer=20.0000×20.0000

Specify First Corner Point or [Chamfer/Elevation/Fillet/
Thickness/Width]: F [Enter]
Specify fillet radius for rectangles <20.0000>: 15 [Enter]
Specify First Corner Point or [Chamfer/Elevation/Fillet/
Thickness/Width]: P7점 클릭
Specify Other Corner Point or [Area/Dimensions/Rotation]:
@100,-100 [Enter]
```

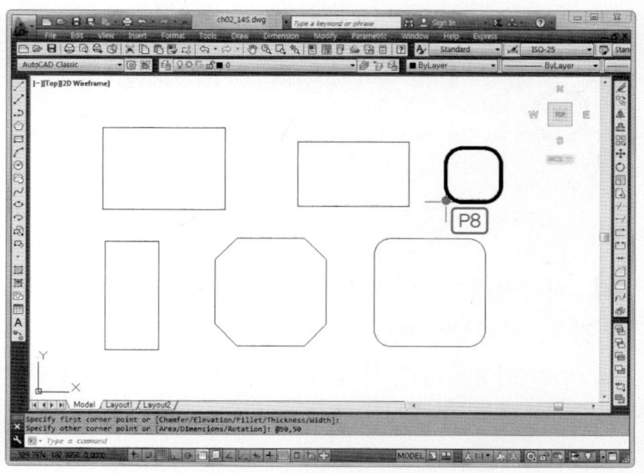

```
Command: REC [Enter]
RECTANG
Current rectangle modes: Fillet=15.0000

Specify First Corner Point or [Chamfer/Elevation/Fillet/
Thickness/Width]: W [Enter]
Specify line width for rectangles <0.0000>: 3 [Enter]
Specify First Corner Point or [Chamfer/Elevation/Fillet/
Thickness/Width]: P8점 클릭
Specify Other Corner Point or [Area/Dimensions/Rotation]:
@50,50 [Enter]
```

Upgrade ★

'Elevation/Thickness' 옵션은?

'Elevation/Thickness' 옵션은 2차원 View에서 확인할 수 없습니다. Elevation은 객체의 시작점인 고도이며, Thickness는 객체의 깊이 값입니다. 따라서 3차원 Vpoint 명령어나 ViewCube를 이용하여 3차원 각도에서 보아야 확인할 수 있습니다. 다음 그림처럼 3차원 뷰 상태에서는 두께를 갖는 객체임을 알 수 있고, 선분의 너비인 Width를 입력한 객체 역시 3차원 상태에서는 두께를 갖는 객체임을 알 수 있으며, 숨은 선 처리를 한 경우에도 그림처럼 면으로 처리된 사각형임을 알 수 있습니다.

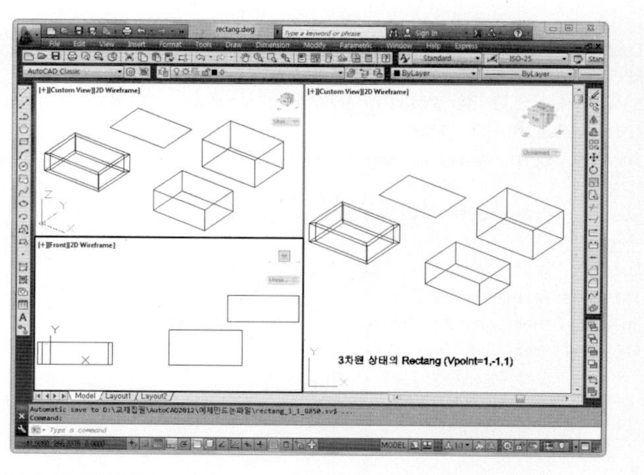

04. 둥근 구름 모양을 그리는 Revcloud

Revcloud는 특정 부위를 강조하기 위하여 만드는, 연속하는 호를 말합니다. 특별히 정확한 크기나 방향을 갖고 있지 않으며, 도면 스케일에 따라 사용자가 원하는 스타일로 모양과 형태를 정하여 그릴 수 있습니다. 일반적인 선의 너비를 갖는 구름 모양부터 안쪽과 바깥쪽으로 구부러진 형태의 Revcloud 등도 그릴 수 있습니다.

명령어	Revcloud	아이콘	
단축키	지정되어 있지 않음.	메뉴	[Draw]-[Revision Cloud]

● 명령어 이해하기

Revcloud 명령어는 단축키가 없으므로 메뉴나 아이콘을 이용하는 것이 편리합니다. Revcloud 명령어를 입력한 후 마우스로 원을 그리듯이 한 바퀴 돌아 제자리로 돌아오면 자동으로 시작점과 마지막 점이 연결되어 호가 닫힙니다. 이때 설정된 옵션 값에 따라 제일 작은 호와 제일 큰 호가 자연스럽게 연결되면서 그려집니다. 옵션을 이용하면 선의 너비나 호의 크기 등을 수정할 수 있습니다.

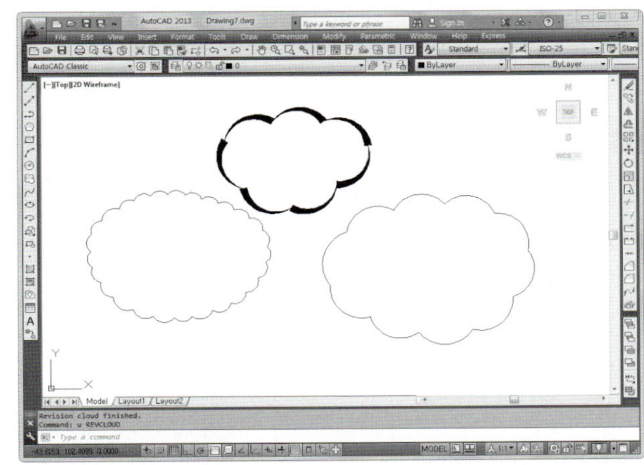

```
Command: Revcloud  Enter
Minimum arc length: 15   Maximum arc length: 25   Style: Normal
Specify start point or [Arc length/Object/Style] <Object>:
→ 구름 모양을 그릴 위치를 마우스로 클릭한 후 원을 그리듯이 한 바퀴 돌아옵니다.
Guide crosshairs along cloud path...
Revision cloud finished.
→ 시작점으로 되돌아오면 자동으로 구름무늬가 완성됩니다.
```

● 옵션 이해하기

구름 모양의 크기와 스타일을 새로 변경하거나 이미 그려진 객체를 선택하여 구름 모양으로 변경할 수 있습니다. 또한 선분의 두께를 조절하거나 방향에 따라 구름 선분의 너비가 달라지는 형태 등을 옵션 안에서 지정할 수 있습니다.

옵션	설명
Arc length	구름 모양을 만드는 임의의 호 크기를 결정하는 옵션으로, 제일 작은 호의 크기와 제일 큰 호의 크기를 정합니다. 이 크기 안에서 호가 임의로 그려집니다. – Minimum arc length: 제일 작은 호의 현의 길이 값 입력 – Maximum arc length: 제일 큰 호의 현의 길이 값 입력
Object	화면에 이미 그려진 객체를 선택하여 구름 모양으로 변경합니다. 이미 그려진 객체의 속성은 Line, Circle, Rectang, Ellipse, Polygon 등의 모든 객체가 가능합니다.
Style	구름무늬를 그리는 선분의 종류를 선택할 수 있습니다. – Normal: 두께가 일정한 형태로 구름 모양을 그립니다. – Calligraphy: 그리는 방향에 따라 두께가 다른 형태로 구름 모양을 그립니다.

● 미리해보기

예제 파일 부록 CD\Sample\Chapter02\ch02_15S.dwg　　　　　**완성 파일** 부록 CD\Sample\Chapter02\ch02_15F.dwg

01 메뉴의 [File]-[Open]을 선택하여 부록 CD에서 예제 파일을 불러옵니다. 다음의 사각형과 삼각형이 그려져 있는 대상 객체가 있는 도면 예제가 나타납니다.

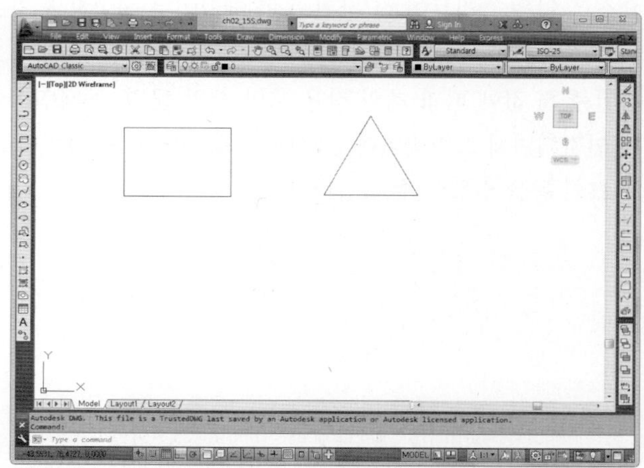

02 Revcloud 명령어를 입력한 후 다음의 시작점을 클릭합니다. 시작점을 클릭한 후 원을 그리듯 한 바퀴를 돌려 시작점으로 되돌아옵니다.

```
Command: Revcloud Enter
Minimum arc length: 15   Maximum arc length: 15   Style:
Normal
Specify start point or [Arc length/Object/Style] <Object>: P1
점을 클릭한 후 한 바퀴 돌려 원 그리기
Guide crosshairs along cloud path...
Revision cloud finished.
```

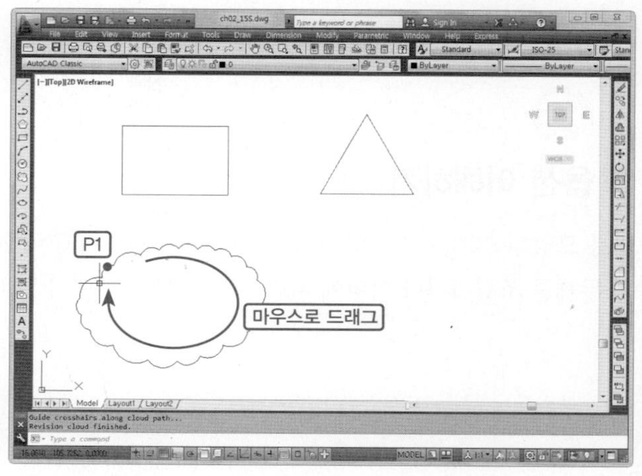

03 이번에는 구름 모양을 만드는 호의 크기를 조절해보겠습니다. Revcloud 명령어를 입력한 후 다음과 같이 호의 길이 값을 입력하는 'Arc length' 옵션의 단축키인 'A'를 입력하고 가장 작은 호의 크기와 큰 호의 크기를 지정한 다음, 점을 클릭합니다.

```
ommand: Revcloud Enter
Minimum arc length: 15   Maximum arc length: 15   Style:
Normal
Specify start point or [Arc length/Object/Style] <Object>: A
Enter
Specify minimum length of arc <15>: 35 Enter
Specify maximum length of arc <35>: 55 Enter
Specify start point or [Arc length/Object/Style] <Object>: P2
점을 클릭한 후 원을 그리듯 한 바퀴 돌리기
Guide crosshairs along cloud path...
Revision cloud finished.
```

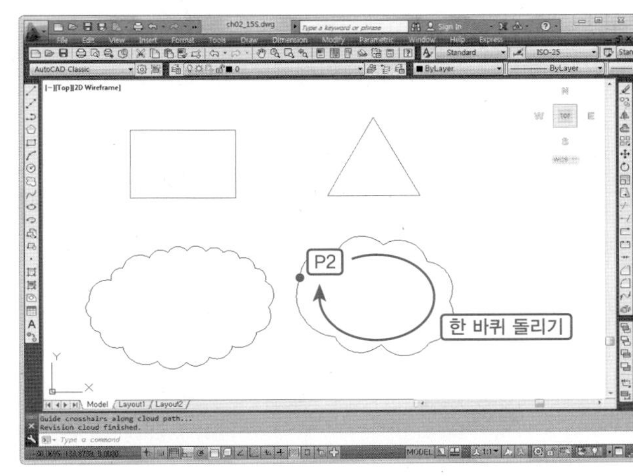

04 이번에는 구름 모양을 만드는 선분의 스타일을 조절해보겠습니다. 동일한 굵기의 선분 스타일은 Normal이지만 방향에 따라 두께가 변경되는 스타일인 Calligraphy로 변경한 후 구름무늬를 그립니다. 다음과 같이 설정한 후 한 바퀴를 돌려 원을 그리듯 구름무늬를 그립니다.

```
Command: Revcloud Enter
Minimum arc length: 35   Maximum arc length: 55   Style:
Normal
Specify start point or [Arc length/Object/Style] <Object>: S
Enter
Select arc style [Normal/Calligraphy] <Normal>: C Enter
Arc style=Calligraphy
Specify start point or [Arc length/Object/Style] <Object>: P3
점 클릭한 후 원을 그리듯 한 바퀴 돌리기
Guide crosshairs along cloud path...
Revision cloud finished.
```

05 이번에는 기존의 객체를 선택하여 구름무늬로 변경하는 옵션을 실습해보겠습니다. Revcloud 명령어를 입력한 후 기본 값인 〈Object〉 상태에서 Enter 를 누르고, 맨 위의 사각형을 클릭합니다.

```
Command: Revcloud Enter
Minimum arc length: 35   Maximum arc length: 55   Style:
Calligraphy
Specify start point or [Arc length/Object/Style] <Object>:
Enter
Select object: P4점 클릭
Select object: Enter
```

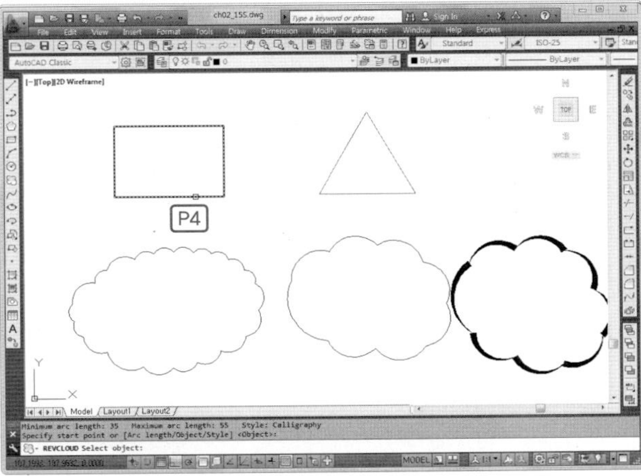

06 기존의 객체를 선택하면 다음과 같이 '호의 방향을 반대로 뒤집을 것인지, 현재의 방향을 그대로 유지할 것인지'를 묻는 메시지가 나타납니다. '기존의 방향을 그대로 유지하기 위하여 방향을 바꾸겠느냐'는 문장에서 'N'를 기본 값으로 하여 종료하면 다음과 같이 바깥쪽으로 볼록한 형태의 구름무늬가 만들어집니다.

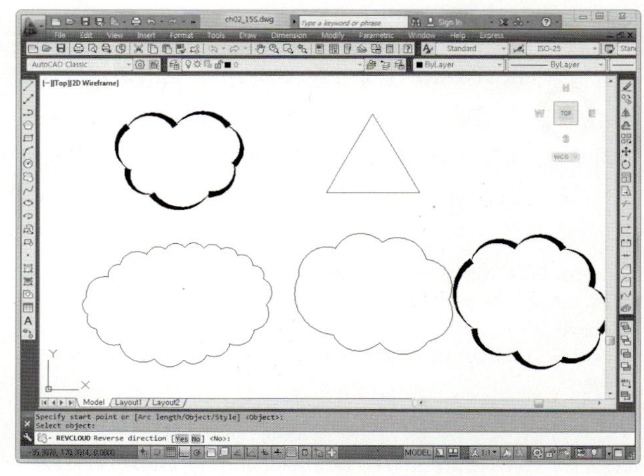

```
Reverse direction [Yes/No] <No>: Enter
Revision cloud finished.
```

07 Polygon으로 그린 삼각형 객체를 선택하여 구름무늬로 변경합니다. 앞의 사각형과 같은 방법으로 명령어를 입력하고 다음의 삼각형을 선택합니다.

```
Command: Revcloud Enter
Minimum arc length: 35   Maximum arc length: 55   Style:
Calligraphy
Specify start point or [Arc length/Object/Style] <Object>:
Enter
Select object: P5점 클릭
Select object: Enter
```

08 이번에는 구름무늬의 생성 방향을 반대로 뒤집기 위하여 Reverse direction에서 'Y'를 선택합니다. 다음과 같이 호의 방향이 반대로 바뀌어 호가 그려집니다.

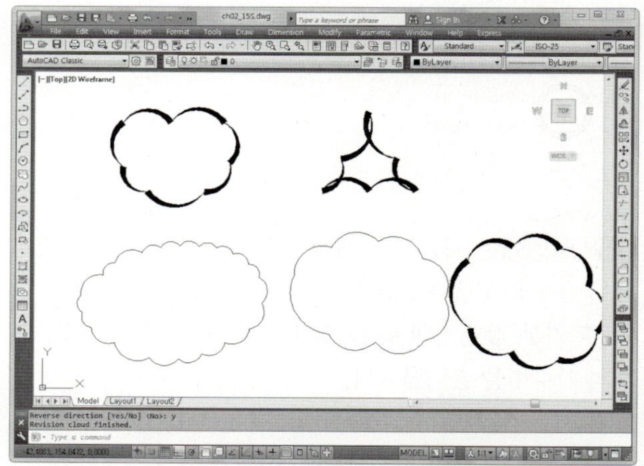

```
Reverse direction [Yes/No] <No>: Y Enter
Revision cloud finished.
```

05. 객체를 해체하는 Explode

Explode는 AutoCAD에서 그룹화되어 있는 객체들을 각각의 객체로 해체하는 명령어입니다. 보통 AutoCAD에서 Pline처럼 하나로 이어진 객체들이나 블록화된 객체들은 모든 객체가 한꺼번에 선택되는데, 이러한 객체의 선분을 하나하나 분해시켜 개별적으로 수정할 수 있도록 하는 명령어입니다. 하지만 모든 그룹화 객체를 Explode하는 것은 불필요합니다. 묶여 있는 객체들은 묶여 있는 상태에서 수정하는 것을 기본으로 하지만 불가피한 경우에는 Explode를 이용하여 해체해야 합니다.

명령어	Explode	아이콘	
단축키	X	메뉴	[Modify]-[Explode]

● 명령어 이해하기

Explode는 단독으로 어떤 명령어를 수행하기보다 Group처럼 묶여 있는 블록 객체들을 풀어 개별 객체로 만들어줍니다. 따라서 블록처럼 묶여 있는 Pline, Rectang, Polygon, Hatch, Block, Dimension 등의 객체를 선택하면 각 객체가 개별 객체로 만들어집니다. 이와 같은 객체들은 모두 한 번에 이루어지지만, Explode를 실행하면 개별 객체가 됩니다. 그러나 한번 Explode로 해체한 객체들을 원래 객체로 다시 되돌릴 수는 없습니다. 실행한 후 바로 Undo를 하여 되돌리기 전에는 복원할 수 있는 방법이 없으므로 필요할 때에만 사용하는 것이 좋습니다.

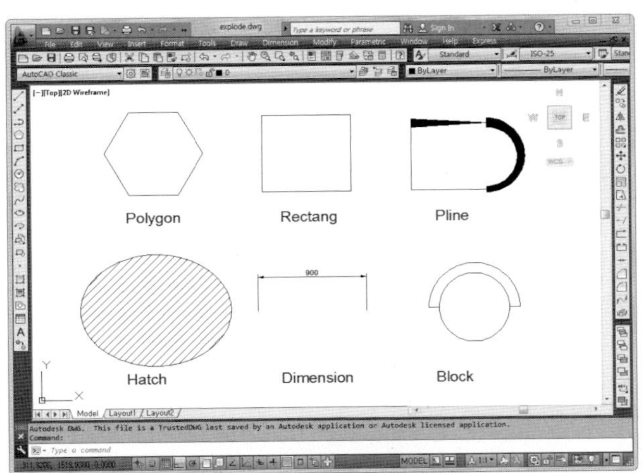
▲ Explode를 실행하기 전 객체의 속성을 가진 객체들

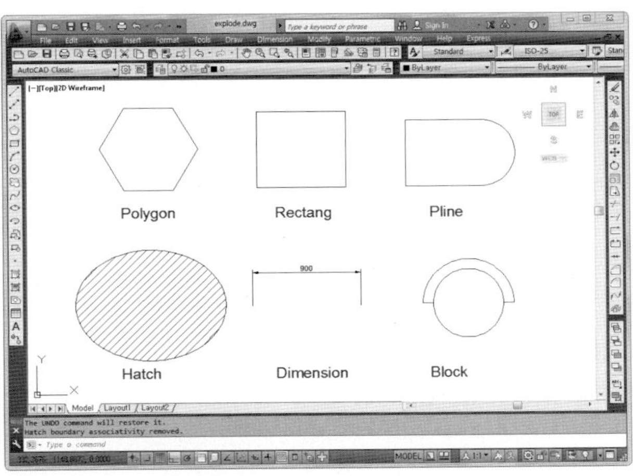
▲ Explode를 실행한 후 객체의 속성을 잃어버린 객체들

```
Command: ExplodE [Enter]
Select objects:
→ Explode 대상 객체를 선택합니다.
Select objects: [Enter]
Exploding this polyline has lost width information.
The UNDO command will restore it.
→ 객체들이 모두 Explode가 실행되어 블록의 묶음 성질을 잃어버렸음을 표시하고, Undo 명령어로 되돌릴 수 있다는 메시지를 표시합니다.
```

예제 파일 부록 CD\Sample\Chapter02\ch02_16S.dwg　　　완성 파일 부록 CD\Sample\Chapter02\ch02_16F.dwg

01 메뉴의 [File]-[Open]을 선택하여 부록 CD에서 예제 파일을 불러옵니다. 다음과 같이 예제에서 보았던, 하나로 묶여 있는 속성을 가진 객체들이 나타납니다.

02 먼저 객체의 속성을 알아보기 위하여 아무런 명령어를 입력하지 않은 상태에서 각 객체의 선분들 중 아무거나 하나씩만 마우스로 선택합니다. 특히 Hatch는 밖의 타원 객체를 클릭하지 말고 안쪽의 사선 선분 중에서 하나만 선택합니다. 다음과 같이 객체를 하나만 선택했음에도 전체 객체가 Selection된 것을 알 수 있습니다.

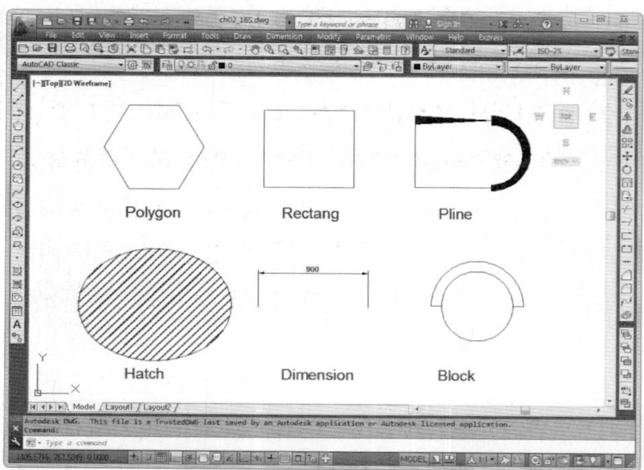

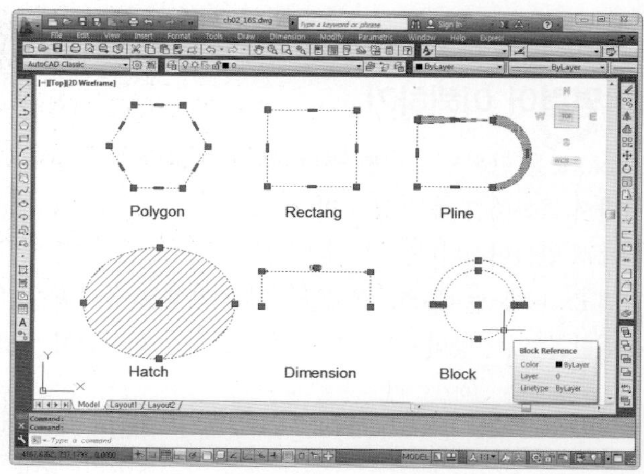

03 이제 확인이 되었다면 Esc 를 눌러 선택을 해제합니다. 명령 라인에 Explode 명령어의 단축키인 'X'를 입력하고 전체 객체를 한 번에 선택하기 위하여 'Selection' 옵션인 'All'을 입력합니다. 전체 객체가 모두 선택되고, Expldoe가 실행되며, 이 중에서 Ellipse는 해체될 수 없는 객체임을 표시합니다.

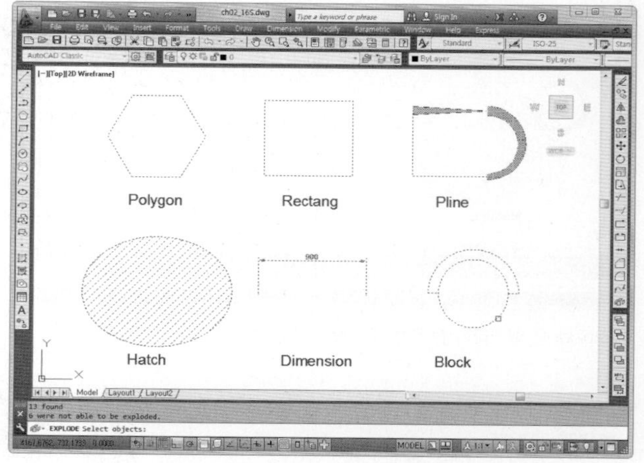

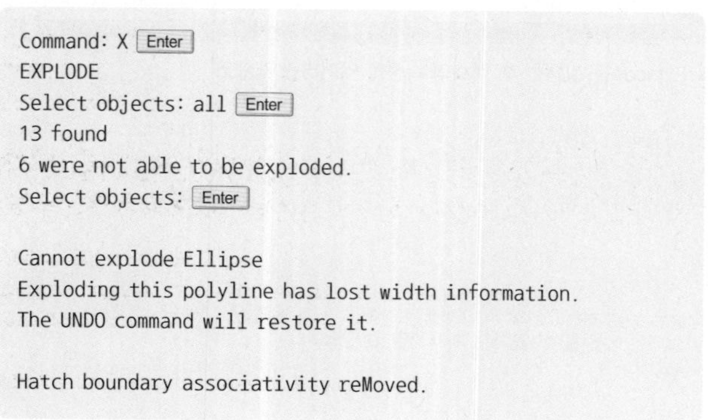

```
Command: X Enter
EXPLODE
Select objects: all Enter
13 found
6 were not able to be exploded.
Select objects: Enter

Cannot explode Ellipse
Exploding this polyline has lost width information.
The UNDO command will restore it.

Hatch boundary associativity reMoved.
```

04 Explode가 제대로 실행되었는지 확인하기 위하여 역시 처음처럼 명령어를 입력하지 않은 상태에서 다음과 같이 각 객체들 중 선분 하나씩만 선택해보겠습니다. 다음과 같이 객체들은 한 번에 모두 선택되지 않고 각각 선택되는 것을 확인할 수 있습니다. 특히 Pline으로 그린 객체는 Width를 잃어버렸기 때문에 선분에 있던 두께도 없어졌습니다.

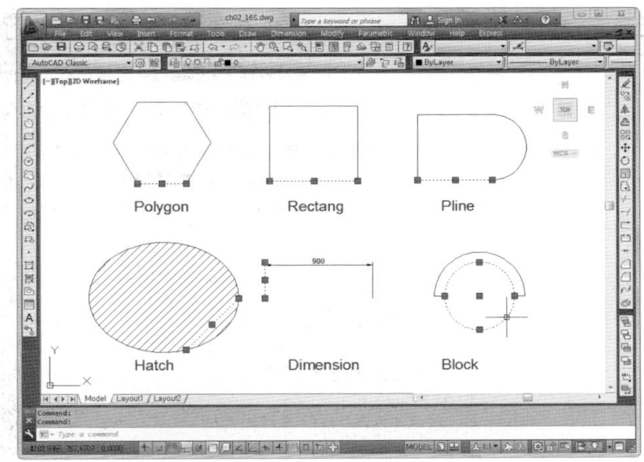

객체를 선택하는 다양한 옵션들

Erase, Trim, Extend, Copy, Move 등과 같이 다양한 명령어들을 이용하는 경우, 해당 객체를 마우스로 클릭하거나 오른쪽에서 왼쪽으로 또는 왼쪽에서 오른쪽으로 드래그하면 여러 개의 객체를 한 번에 선택할 수 있습니다. 이 밖에도 여러 가지 다양한 방법을 이용하여 객체를 선택할 수 있습니다. 한 번에 하나씩 또는 한 번에 여러 개를 동시에 선택하거나 선택된 객체를 선택에서 제외할 수 있는 객체를 선택하는 방법인 'Object Selection' 옵션에 대해 알아보겠습니다. 'Select object:'라는 메시지 안에서는 어떤 명령어에서든지 모두 사용할 수 있습니다.

옵션	설명
Pick	가장 많이 사용하는 방법으로, 객체 하나하나를 Pickbox를 이용하여 선택합니다. 한 번에 하나의 객체만 선택됩니다.
Cross	한 번에 여러 개의 객체를 선택하는 방법 중 하나로, 객체가 없는 빈 공간을 마우스로 클릭한 후 오른쪽에서 왼쪽으로 마우스를 드래그하여 사각형을 만들고, 그 사각형 안에 완전히 포함되어 있거나 조금이라도 포함되어 있으면 선택되는 Object Selection입니다.
Window	Cross의 선택 방법처럼 한 번에 여러 개의 객체를 선택하는 방법 중의 하나로, 객체가 없는 빈 공간에 마우스를 클릭한 후 왼쪽에서 오른쪽으로 마우스를 드래그하여 사각형을 만들고, 그 사각형 안에 완전히 포함되어 있는 객체만 선택되는 Object Selection입니다. 복잡한 객체들 중에서 원하는 객체만 빠르고 정확하게 선택하는 경우에 주로 사용합니다.
All	화면에 있는 모든 객체를 선택하는 Object Selection입니다.
WP(Window Polygon)	선택해야 하는 객체의 주변을 점을 찍듯이 클릭하여 다각형을 만든 후, 객체가 그 다각형 안에 완전히 포함되어 있는 경우에만 선택되는 Object Selection입니다.
CP(Cross Polygon)	'WP' 옵션의 사용법과 마찬가지로 선택해야 하는 객체의 주변을 점을 찍듯이 클릭하여 그 다각형 안에 완전히 포함되어 있거나 조금이라도 포함되어 있으면 선택되는 Object Selection입니다.
Last	맨 마지막에 그려진 객체 하나만 자동으로 선택하는 Object Selection입니다.
Previous	바로 전 단계에서 선택한 선택 객체 그룹을 재선택해주는 Object Selection입니다.
ReMove	선택한 객체를 선택 객체 그룹에서 선택 해제시키는 Object Selection입니다.
Add	'Remove' 옵션으로, 선택 객체를 해제하는 Remove Object의 Command 상태에서 다시 물체를 선택하는 Select object 상태로 변경합니다.

Polyline 속성 이해하기

Polyline 자체는 도면에 많이 활용되지 않지만, Polyline 속성을 가진 객체들은 많이 사용하므로 Polyline이 갖는 속성의 특성을 정확히 파악하고, 다양한 응용법에 대해서도 알고 있어야 합니다. 이번 에는 Polyline으로 된 객체들을 다루는 연습을 통해 표제란을 만드는 기본적인 방법에 대해 알아보겠습니다.

예제 파일 부록 CD\Sample\Chapter02\ch02_se03_01S.dwg   완성 파일 부록 CD\Sample\Chapter02\ch02_se03_01F.dwg

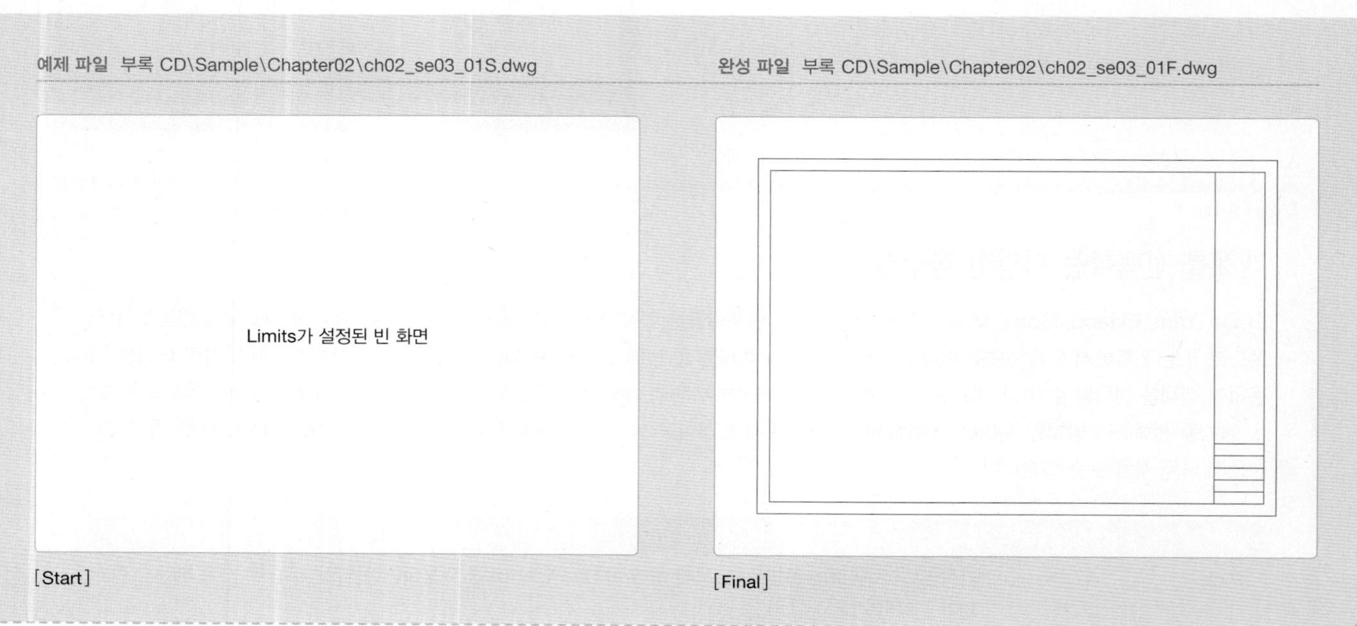

Limits가 설정된 빈 화면

[Start]

[Final]

01 메뉴의 [File]-[Open]을 선택하여 부록 CD에서 예제 파일을 불러옵니다. 전체 화면을 이용하여 표제란을 만들 예정이므로 일단 화면 오른쪽 위의 ViewCube를 먼저 숨긴 후에 시작하겠습니다. 왼쪽 위에 있는 메뉴 중에서 ViewCube를 체크 해제하여 감춥니다.

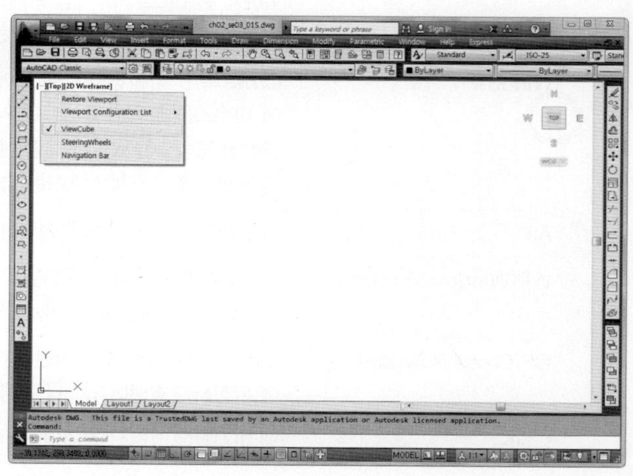

02 지정된 Limits가 화면에 세팅되도록 설정하기 위하여 Zoom 명령어와 'All' 옵션을 지정합니다. 설정한 후에는 Polyline 속성으로 만들어진 Rectang 사각형을 그립니다. 다음과 같이 단축키를 입력하여 절대 좌표로 그립니다.

03 그려 놓은 사각형은 Polyline 속성이므로 전체를 하나의 단일 객체로 인식합니다. 따라서 안쪽으로 평행 복제하면 원처럼 줄어들면서 사각형이 그려집니다. Offset 명령어를 이용하여 다음과 같이 안쪽으로 평행 복제합니다.

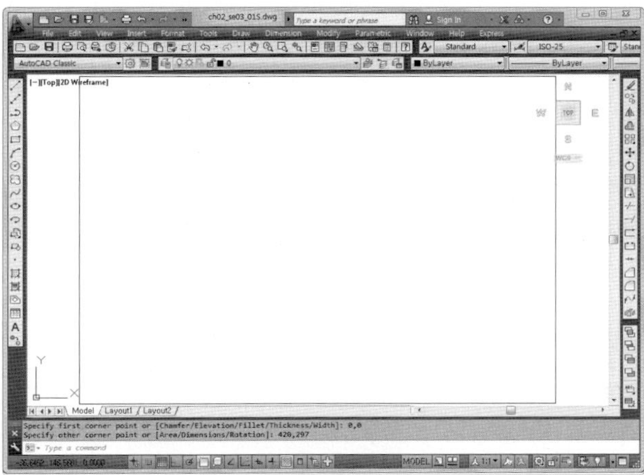

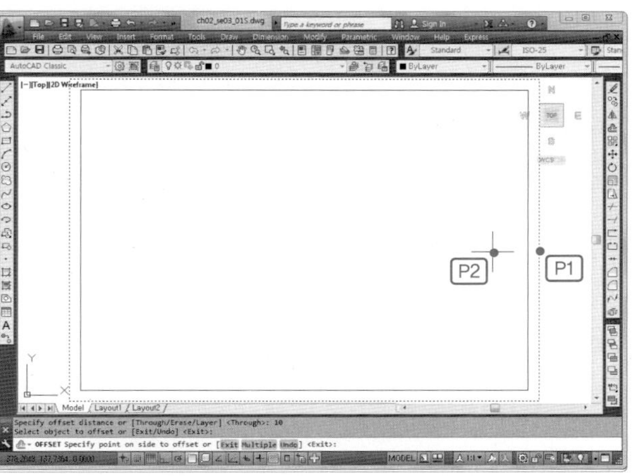


```
Command: Z Enter
Zoom
Specify corner of window, enter a scale factor (nX or nXP)
or [All/Center/Dynamic/Extents/Previous/Scale/Window/Object]
<Real Time>: A Enter
Regenerating model.


Command: REC Enter
Rectang
Specify First Corner Point or [Chamfer/Elevation/Fillet/
Thickness/Width]: 0,0 Enter
Specify Other Corner Point or [Area/Dimensions/Rotation]:
420,297 Enter
```

```
Command: O Enter
Offset
Current settings: Erase source=No  Layer=Source
OFFSETGAPTYPE=0
Specify offset distance or [Through/Erase/Layer] <Through>:
10 Enter

Select object to offset or [Exit/Undo] <Exit>: P1점 클릭
Specify point on side to offset or [Exit/Multiple/Undo]
<Exit>: P2점 클릭
Select object to offset or [Exit/Undo] <Exit>: Enter
```

04 안쪽으로 평행 복제한 사각형 선분 중 하나를 복제하기 위해서는 하나로 이어져 있는 Polyline 속성을 없애야 합니다. 낱개의 객체로 해체해주는 Explode 명령어를 사용하여 다음과 같이 전환합니다.

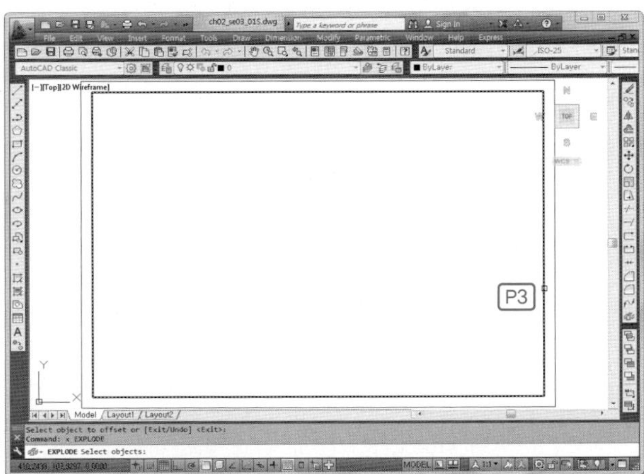


```
Command: X Enter
Explode
Select objects: 1 found
 → P3점 클릭
Select objects: Enter
```

05 오른쪽의 표제란에 입력할 영역을 다음과 같이 Offset을 통해 평행 복제합니다.

```
Command: O Enter
Offset
Current settings: Erase source=No  Layer=Source
OFFSETGAPTYPE=0
Specify offset distance or [Through/Erase/Layer] <10.0000>:
40 Enter
Select object to offset or [Exit/Undo] <Exit>: P4점 클릭
Specify point on side to offset or [Exit/Multiple/Undo]
<Exit>: P5점 클릭
Select object to offset or [Exit/Undo] <Exit>: Enter
```

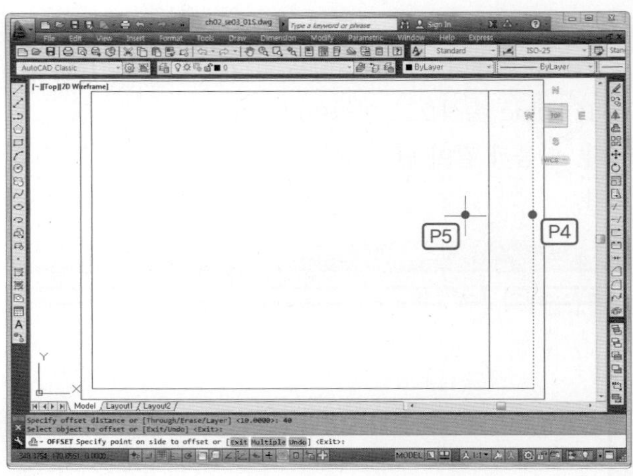

06 이번에는 아래의 선분을 Offset으로 평행 복제하여 위쪽에 문자 입력 칸을 5개 만들어 보겠습니다. 한 번에 동일한 간격으로 복제할 예정이므로 'Multiple' 옵션을 이용하여 한 번에 여러 개를 복제합니다.

```
Command: O Enter
Offset
Current settings: Erase source=No  Layer=Source
OFFSETGAPTYPE=0
Specify offset distance or [Through/Erase/Layer] <40.0000>:
10 Enter

Select object to offset or [Exit/Undo] <Exit>: P6점 클릭
Specify point on side to offset or [Exit/Multiple/Undo]
<Exit>: M Enter
```

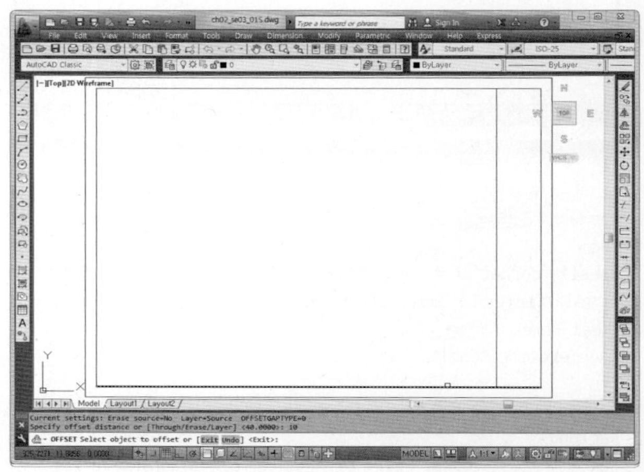

07 'Multiple' 옵션을 이용할 경우, 복제할 방향만 원하는 개수만큼 클릭해주면 동일한 간격으로 계속 복제됩니다. P7점의 위치를 다섯 번 반복 클릭합니다. 복제가 완료되면 Enter 를 눌러 종료합니다.

```
Specify point on side to offset or [Exit/Undo] <next object>:
P7점 클릭
Specify point on side to offset or [Exit/Undo] <next object>:
P7점 클릭
Specify point on side to offset or [Exit/Undo] <next object>:
P7점 클릭
Specify point on side to offset or [Exit/Undo] <next object>:
P7점 클릭
Specify point on side to offset or [Exit/Undo] <next object>:
P7점 클릭
Specify point on side to offset or [Exit/Undo] <next object>:
Enter
Select object to offset or [Exit/Undo] <Exit>: Enter
```

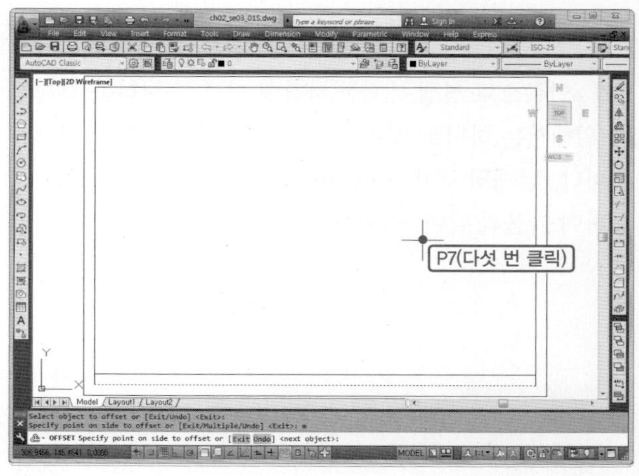

08 세로 선분을 기준으로 필요 없는 선분을 잘라보겠습니다. Trim 명령어를 입력한 후 자를 때에 기준이 되는 교점을 가진 객체를 다음과 같이 선택합니다.

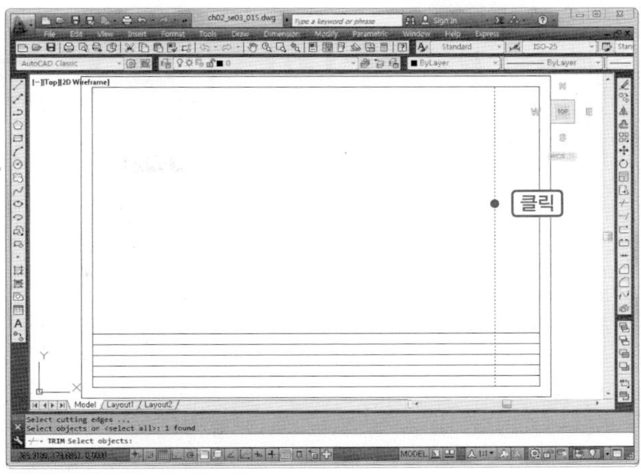


```
Command: TR Enter
Trim
Current settings: Projection=UCS, Edge=Extend
Select cutting edges...
Select objects or <Select All>: 1 found
Select objects: Enter
```

09 한 번에 하나 이상, 여러 개의 선분을 한 번에 잘라내기 위하여 다음과 같이 클릭, 드래그한 후 Cross 방식으로 선택합니다.

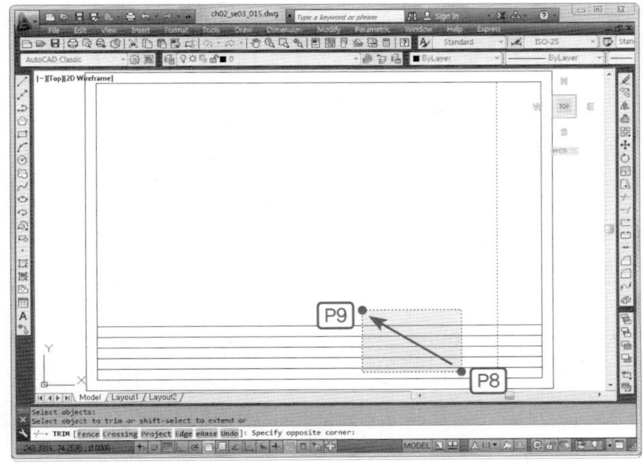


```
Select object to trim or shift-select to extend or [Fence/
Crossing/Project/Edge/Erase/Undo]: Specify opposite corner:
→ P8~P9점 클릭, 드래그
Select object to trim or shift-select to extend or [Fence/
Crossing/Project/Edge/Erase/Undo]: Enter
```

10 다음과 같이 하나로 이어진 선분의 속성을 이용하여 자동으로 줄어들게 한 선분과 해당 선분의 속성을 낱개의 객체의 속성으로 변경하여 다른 명령어에 이용하는 방법을 통해 표제란의 기본 선분을 완성하였습니다.

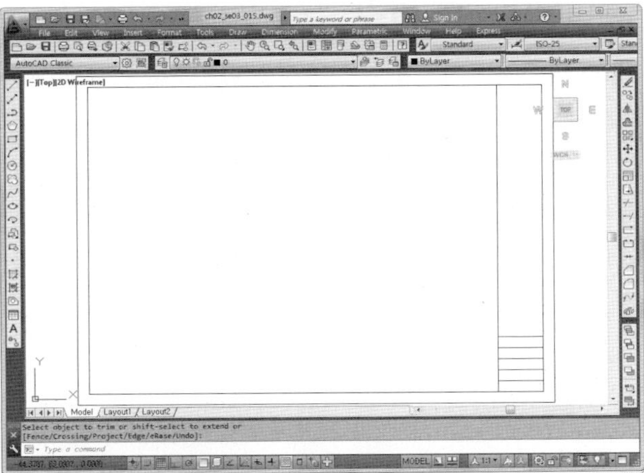

Section 04. 다양한 보조 그리기 도구 사용하기

이번에는 AutoCAD의 메인 명령어를 사용할 때에 보조 도구로 사용하는 명령어들을 배워보겠습니다. 앞에서는 Polyline 속성과 선분의 너비 값을 입력하는 형태의 옵션에 대해 학습하였지만 이번에는 해당 Pline 명령어와 Pedit만으로는 만들기 어려운 정형화된 모양에 대한 간편한 명령어들을 사용하는 방법에 대해 알아보겠습니다. 특히 Xline의 경우는 무한 선이므로 전체적인 레이아웃을 잡거나 보조선을 그리기에 적합한 명령어는 반드시 익혀두기 바랍니다.

01. 무한 선을 그리는 Xline

선분을 그리는 Line 명령어의 경우에는 원하는 두 지점의 좌표를 입력한 후에 그리는 경우가 많습니다. 하지만 길이와 위치를 아는 경우를 제외하고 일반적으로 특별한 길이나 치수가 없는 경우에 Xline을 이용하면 길이와 관계없이 무한대로 뻗은 선을 그려 놓고 사용자가 원하는 만큼 잘라서 사용할 수 있습니다. 또한 겹친 선분의 연장선 위치를 파악하거나 연장선을 통해 교점을 찾는 등과 같이 구조적인 계산에도 사용할 수 있습니다. 기준선과 보조선으로 많이 사용되는 Xline에 대해 알아보겠습니다.

명령어	Xline	아이콘	
단축키	XL	메뉴	[Draw]-[Xline]

● 명령어 이해하기

Xline 명령어를 입력하면 시작점을 마우스나 키보드로 좌표값을 입력하고, 옵션을 이용하여 원하는 형태의 무한 선을 그릴 수 있습니다. 객체가 있는 경우에는 보통 시작점과 다음 점을 객체의 Osnap을 통해 입력하거나 360° 회전하면서 원하는 위치를 클릭하여 자유로운 각도의 무한 선을 그립니다.

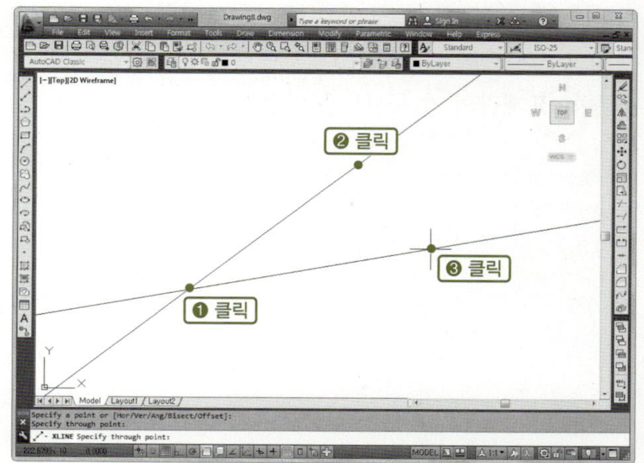

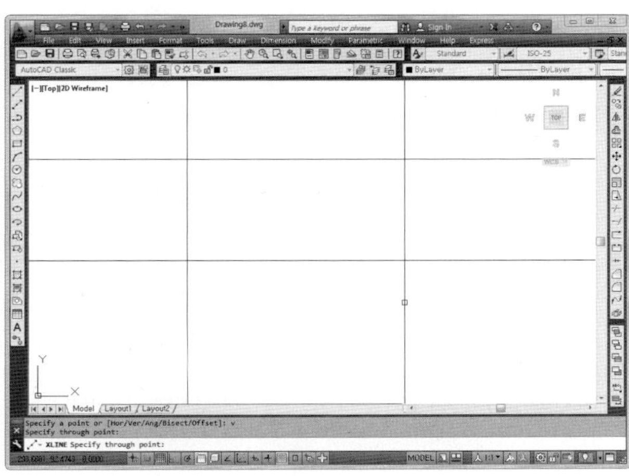

```
Command: XLINE [Enter]
Specify a point or [Hor/Ver/Ang/Bisect/Offset]: → Xline의 시작
점을 마우스나 좌표 값으로 입력합니다.
Specify through point: → Xline의 반대편 각도에 해당하는 좌표를 입력
하거나 마우스로 클릭합니다.
Specify through point: → 계속 Xline의 다른 좌표를 입력합니다.
Specify through point: [Enter] → 더 이상 입력할 좌표가 없는 경우에
는 [Enter]를 눌러 종료합니다.
```

● 옵션 이해하기

자유롭게 그리는 무한 선의 특성을 이용하기도 하지만, 레이아웃을 위하여 수직, 수평의 선분과 일정 지정 각도를 이용하여 무한 선을 그리는 옵션이 지정되어 있습니다. 각각 원하는 옵션을 이용하기 위하여 해당 옵션의 대문자를 입력하고, 진행 내용에 따라 각도를 입력하거나 거리 값을 입력하여 무한 선을 그립니다.

옵션	설명
Hor	수평의 무한 선을 그리는 경우에 사용합니다.
Ver	수직의 무한 선을 그리는 경우에 사용합니다.
Ang	지정한 각도의 무한 선을 그립니다.
Bisect	시작점과 끝점의 이등분점에 무한 선을 그립니다.
Offset	입력한 간격만큼 띄워 무한 선을 그립니다.

● 미리해보기

예제 파일 부록 CD\Sample\Chapter02\ch02_17S.dwg   완성 파일 부록 CD\Sample\Chapter02\ch02_17F.dwg

01 메뉴의 [File]-[Open]을 선택하여 부록 CD에서 예제 파일을 불러옵니다. 다음과 같이 파란색의 끝이 잘린 사각형이 있는 도면이 나타납니다.

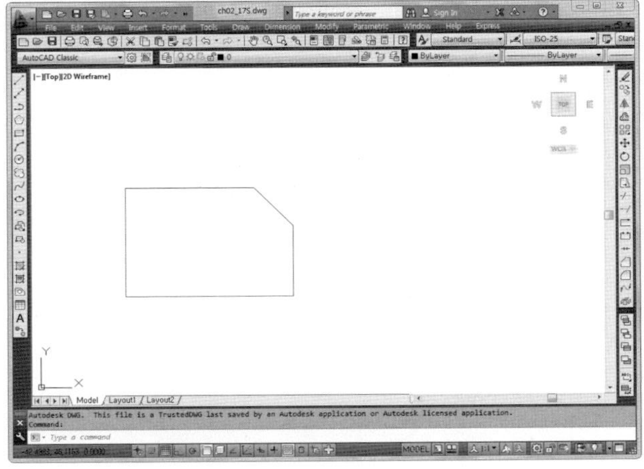

02 기본적인 무한 선은 마우스로 두 점을 클릭하여 그리는 방식입니다. Xline 명령어의 단축키인 'XL'을 입력한 후 다음 두 점을 Osnap으로 클릭하여 그려봅니다.

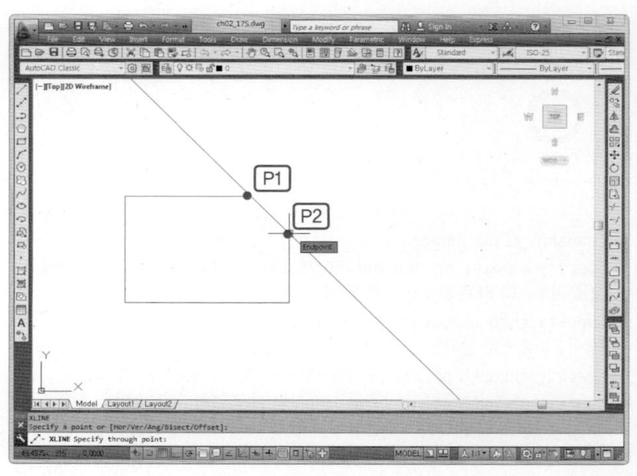

```
Command: XL [Enter]
Xline specify a point or [Hor/Ver/Ang/Bisect/Offset]: P1점 클릭
Specify through point: P2점 클릭
```

03 명령어를 끝내지 않은 상태에서 P3점을 다음과 같이 클릭합니다. 이와 같이 Xline은 연속하여 2개 이상 계속 그릴 수 있습니다.

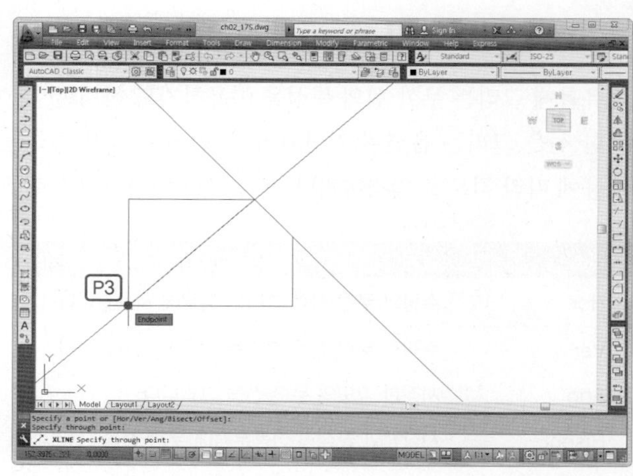

```
Specify through point: P3점 클릭
Specify through point: [Enter]
```

04 가로 무한 선을 그려보겠습니다. Xline 명령어를 바로 직전에 사용하였으므로 [Enter] 만 눌러 재실행되도록 한 후에 옵션을 이용하기 위하여 'H'를 입력하고 다음 지점을 마우스로 클릭합니다.

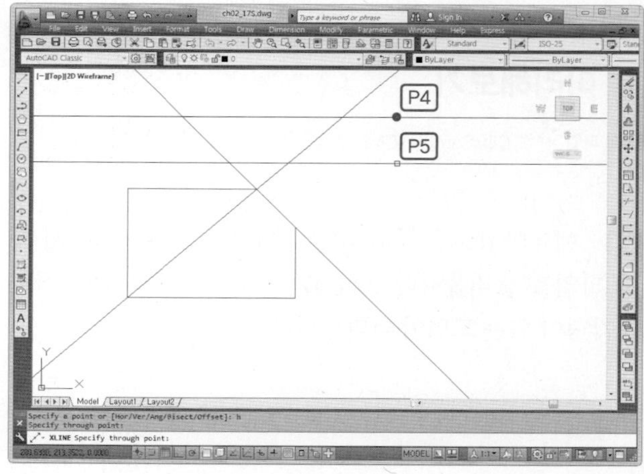

```
Command: [Enter]
Xline specify a point or [Hor/Ver/Ang/Bisect/Offset]: H [Enter]
Specify through point: P4점 클릭
Specify through point: P5점 클릭
Specify through point: [Enter]
```

05 세로 무한 선을 그려보겠습니다. Xline 명령어를 바로 직전에 사용하였으므로 Enter 만 눌러 재실행되도록 한 후에 옵션을 이용하기 위하여 'V'를 입력하고 다음 지점을 마우스로 클릭합니다.

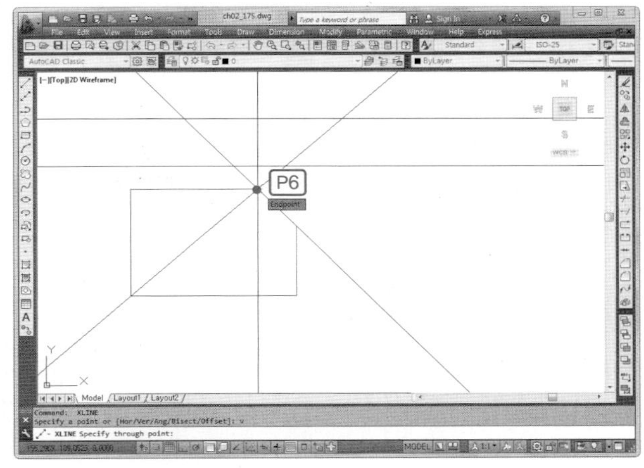

```
Command: Enter
Xline specify a point or [Hor/Ver/Ang/Bisect/Offset]: V Enter
Specify through point: P6점 클릭
Specify through point: Enter
```

06 이번에는 각도가 일정한 무한 선을 그려보겠습니다. Xline 명령어를 바로 직전에 사용하였으므로 Enter 만 눌러 재실행되도록 한 후에 옵션을 이용하기 위하여 'A'를 입력합니다. 그런 다음, 원하는 각도를 입력하고 다음 지점을 마우스로 클릭합니다.

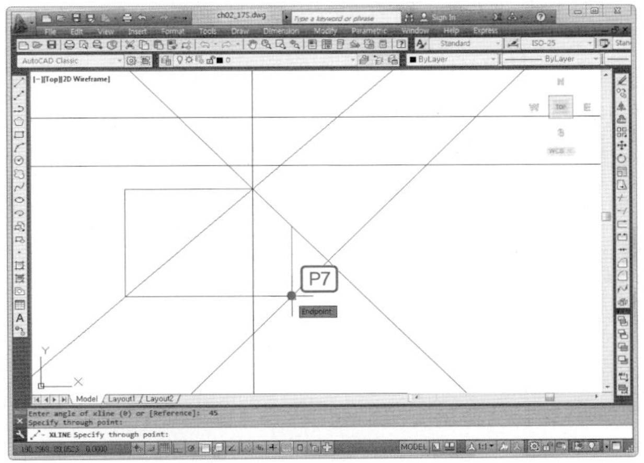

```
Command: Enter
Xline specify a point or [Hor/Ver/Ang/Bisect/Offset]: A Enter
Enter angle of xline (0) or [Reference]: 45 Enter
Specify through point: P7점 클릭
```

07 같은 각도의 무한 선을 다른 장소에도 입력하기 위하여 다음 지점도 마우스로 클릭합니다. 다음과 같이 동일한 45°의 무한 선이 그려집니다.

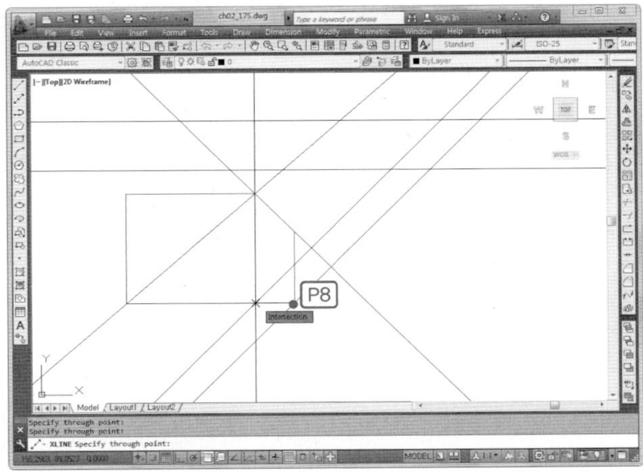

```
Specify through point: P8점 클릭
Specify through point: Enter
```

02. 반 무한 선을 그려주는 Ray

Xline이 양쪽 끝으로 무한대로 늘어나는 선을 그리는 명령어라면, Ray는 한쪽은 무한이고, 다른 한쪽은 유한인 선을 그리는 명령어입니다. Xline에 비해 사용 빈도가 낮은 편이며, 특별한 옵션 없이 반쪽의 무한 선을 그릴 때에 주로 사용합니다. Xline과 같은 속성을 가진 Ray에 대해 알아보겠습니다.

명령어	Ray	아이콘	
단축키	지정되어 있지 않음.	메뉴	[Format]-[Drawing Limits]

● 명령어 이해하기

Ray의 경우에는 특별한 옵션이 없으므로 명령어를 입력한 후 반 무한 선의 시작점을 클릭하고, 이어지는 반 무한 선의 지점만 마우스로 클릭하여 다음과 같이 반 무한 선을 그립니다. 계속 클릭하면 무한대로 그릴 수 있으며, 더 이상 그리지 않는 경우에는 Enter 를 눌러 종료합니다.

Command: Ray Enter
Specify start point:
→ Ray가 그려질 시작점의 좌표를 입력합니다.
Specify through point:
→ Ray 선분이 그려지는 각도의 좌표를 입력합니다.
Specify through point: Enter
→ 계속해서 Ray의 선분을 그리거나 입력을 마치기 위하여 Enter 를 눌러 종료합니다.

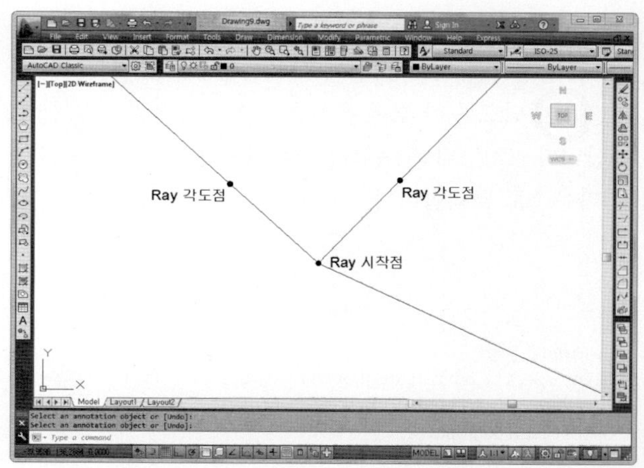

● 미리해보기

예제 파일 부록 CD\Sample\Chapter02\ch02_18S.dwg   완성 파일 부록 CD\Sample\Chapter02\ch02_18F.dwg

01 메뉴의 [File]-[Open]을 선택하여 부록 CD에서 예제 파일을 불러옵니다. 다음과 같이 원이 그려져 있는 도면이 나타납니다. 원의 중심점을 Ray의 시작점으로 이용할 예정입니다.

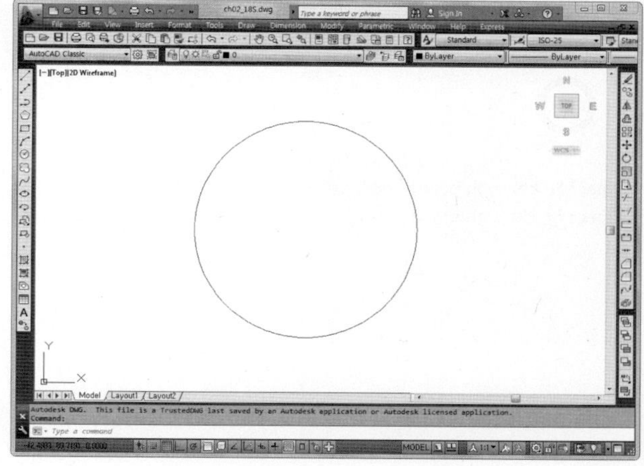

02 Ray는 단축키가 없으므로 'Ray'라고 입력해야 합니다. 입력한 후 Ray의 두 번째 각도 지점을 다음의 위치로 클릭하여 그립니다. 더 이상 그리지 않는 경우에는 Enter 를 눌러 종료합니다.

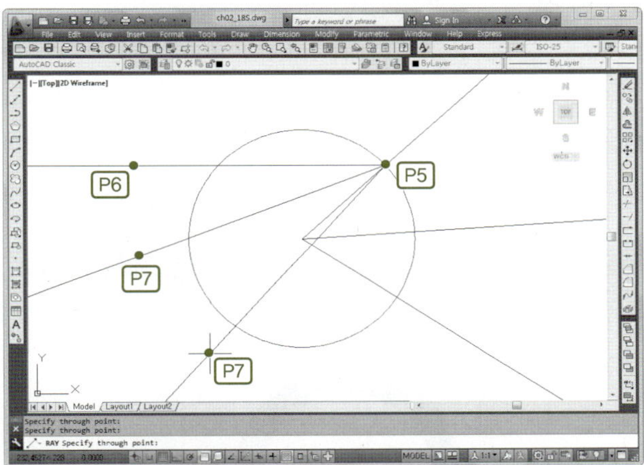

```
Command: RAY Enter
Specify start point: P1점 클릭
Specify through point: P2점 클릭
Specify through point: P3점 클릭
Specify through point: P4점 클릭
Specify through point: Enter
```

03 다시 한 번 Ray를 그려보겠습니다. 명령어를 입력하고 Ray의 시작을 P5점의 교점으로 하여 반 무한 선의 선분을 그려봅니다.

```
Command: RAY Enter
Specify start point: P5점 클릭
Specify through point: P6점 클릭
Specify through point: P7점 클릭
Specify through point: Enter
```

03. 두께를 갖는 원을 그리는 Donut

Circle을 이용하여 원을 그리는 경우에는 선분에 너비가 없는 형태의 원이 그려집니다. 선에 두께 너비를 입력하는 데에는 Pline의 Width를 이용하여 반쪽의 호를 2개 이어서 그리거나 Donut을 이용하여 너비를 갖는 원을 그리는 방법이 있습니다. Donut을 이용하면 두께가 있는 원을 그리거나 속이 완전히 채워진 형태의 원을 그릴 수 있습니다. 속이 채워진 원이나 두께가 있는 원을 그리는 방법을 알아보겠습니다.

명령어	Donut	아이콘	◎
단축키	DO	메뉴	[Draw]-[Donut]

● 명령어 이해하기

Donut은 전체 원을 나타내는 크기의 지름 값과 안쪽의 비어 있는 원의 지름 값이 필요합니다. Donut 명령어를 입력한 후 원 안쪽의 지름 값과 바깥쪽의 지름 값을 입력하고, Donut 중심점의 좌표 값을 입력합니다. 한 번 입력한 지름 값을 가진 Donut은 Enter 를 누르기 직전까지 계속 중심점을 클릭하여 입력할 수 있습니다. 선의 너비는 Pline에서 보았던 형태대로 표시되며, 속채움의 표시는 Fill이라는 변수에 따라 화면에 속이 채워지거나 비어 보이게 할 수 있습니다.

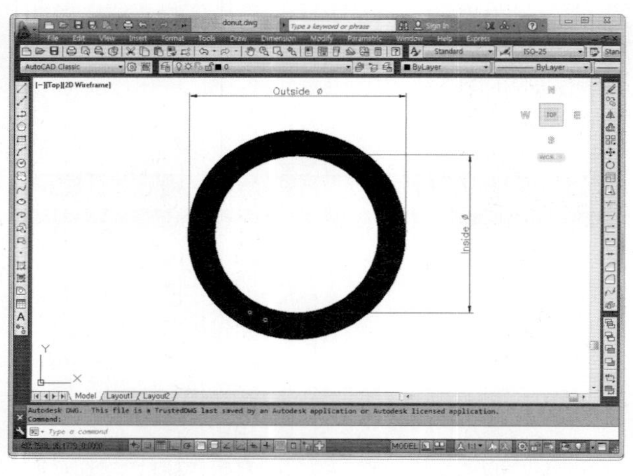

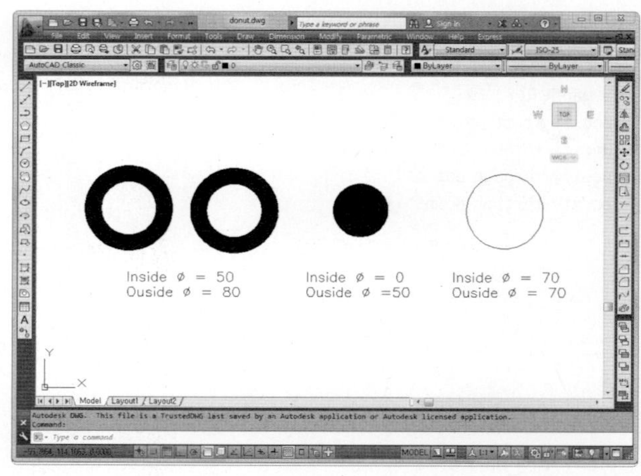

Command: DonuT Enter
Specify inside diameter of donut <0.5000>:
→ Donut의 안쪽 지름 값을 입력합니다.
Specify outside diameter of donut <1.0000>:
→ Donut의 바깥쪽 지름 값을 입력합니다.
Specify center of donut or <exit>:
→ Donut의 중심 좌표의 위치를 클릭합니다.
Specify center of donut or <exit>: Enter
→ Donut 명령어를 종료하기 위하여 Enter 를 누릅니다.

● 미리해보기

예제 파일 부록 CD\Sample\Chapter02\ch02_19S.dwg   완성 파일 부록 CD\Sample\Chapter02\ch02_19F.dwg

01 메뉴의 [File]-[Open]을 선택하여 부록 CD에서 예제 파일을 불러옵니다. Donut를 그리기 위하여 단축키 'DO'를 입력한 후 다음과 같이 안쪽 지름 값과 바깥쪽 지름 값을 입력하고, 다음 지점을 클릭하여 도넛의 중심점을 2번 입력하고 Enter 를 눌러 명령어를 종료합니다.

```
Command: DO Enter
DONUT
Specify inside diameter of donut <0.5000>: 70 Enter
Specify outside diameter of donut <1.0000>: 90 Enter
Specify center of donut or <exit>: P1점 클릭
Specify center of donut or <exit>: P2점 클릭
Specify center of donut or <exit>: Enter
```

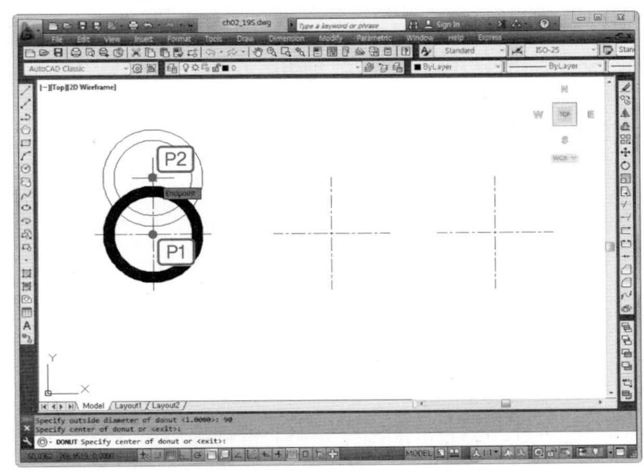

02 직전에 사용한 Donut 명령어는 Enter 만 눌러 다시 재실행되도록 합니다. 이번에는 안쪽 지름 값에 '0'을 입력하여 내부가 채워진 도넛을 2개 그립니다.

```
Command: Enter
DONUT
Specify inside diameter of donut <70.0000>: 0 Enter
Specify outside diameter of donut <90.0000>: 50 Enter
Specify center of donut or <exit>: P3점 클릭
Specify center of donut or <exit>: P4점 클릭
Specify center of donut or <exit>: Enter
```

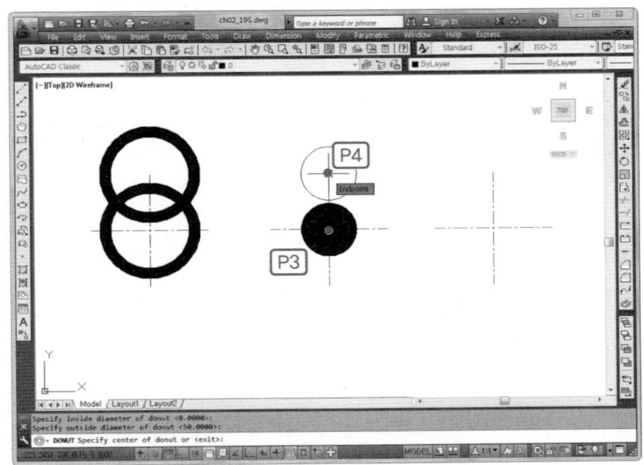

03 이번에는 안쪽 지름과 바깥쪽 지름이 동일한 도넛을 그려보겠습니다. 외관상으로는 Circle로 그린 객체와 다르지 않습니다. Donut 명령어를 Enter 만 눌러 다시 재실행되도록 하고, 다음과 같이 P5, P6점을 클릭해봅니다.

```
Command: Enter
DONUT
Specify inside diameter of donut <0.0000>: 80 Enter
Specify outside diameter of donut <50.0000>: 80 Enter
Specify center of donut or <exit>: P5점 클릭
Specify center of donut or <exit>: P6점 클릭
Specify center of donut or <exit>: Enter
```

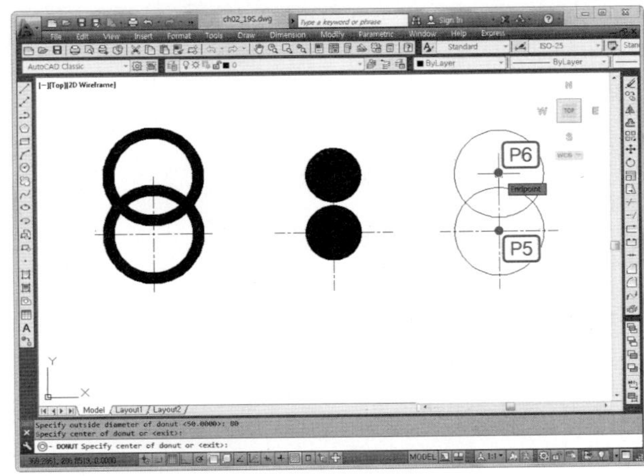

04. 속을 채워 그리는 다각형 Solid

3점, 4점을 이어주는 속이 채워진 다각형을 그리는 명령어로, 연속하여 그리는 경우 4각면 이상의 다각형도 그릴 수 있습니다. 주로 면을 채워 해당 지점의 재질이나 단면을 표시할 때에 이용하며, 많은 양을 그려야 할 경우에는 hatch에서 Solid 패턴으로 이용합니다. 간단한 다각형 지점을 채워 도면의 영역과 특정 부위를 표시할 때에 주로 이용합니다. 클릭하는 순서에 따라 모양이 달라질 수 있는 Solid를 이용하는 방법을 알아보겠습니다.

명령어	Solid		아이콘	
단축키	SO		메뉴	[Edit]-[Undo]

● 명령어 이해하기

Solid는 3점, 4점을 이어주는 속이 채워진 다각형을 그리는 명령어로, 순서에 따라 클릭하여 다각형을 그립니다. 첫 번째 선택한 지점은 세 번째 선택한 점으로 이어져 변을 만들기 때문에 선택하는 순서와 방향에 따라 다각형 모양의 면이 그려지며, 순서가 바뀌면 반대 지점으로 끝점이 이어져 나비 모양의 다각형이 그려집니다. 또한 세 점만 입력하고 네 번째 점 입력 시 Enter 를 누르면 삼각형 형태의 다각형이 그려집니다. Donut과 마찬가지로 Fill 변수를 통해 속채움을 표시합니다.

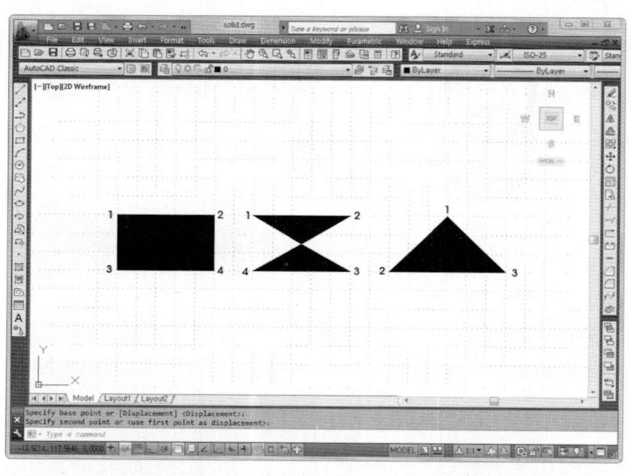

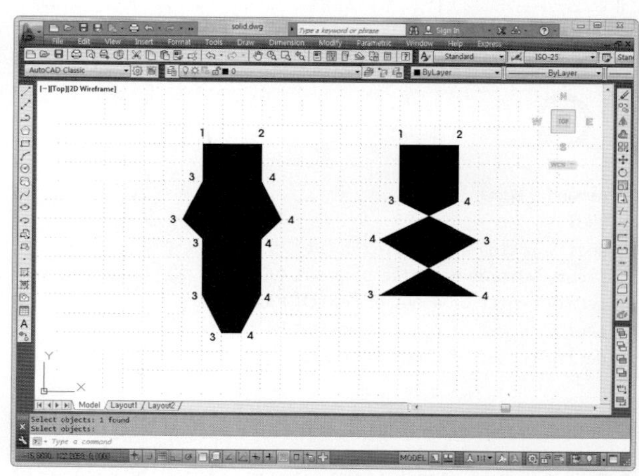

Command: SoliD Enter
Specify first point:
 → 솔리드 다각형 면의 첫 번째 점을 입력합니다.
Specify second point:
 → 솔리드 다각형 면의 두 번째 점을 입력합니다.
Specify third point:
 → 솔리드 다각형 면의 세 번째 점을 입력합니다.
Specify fourth point or ⟨Exit⟩:
 → 솔리드 다각형 면의 네 번째 점을 입력합니다.
Specify third point: Enter
 → 입력을 종료하기 위하여 Enter 를 누릅니다.

Upgrade ★

속채움 표시의 ON/OFF

너비 값이 있고 두께가 있는 Pline, Solid, Donut 객체 등은 두께 값 때문에 두꺼운 선분으로 보입니다. 해당 객체들을 화면에 속이 채워진 채로 표시하거나 속을 빼고 빈 공간으로 표시하려면 Fill 변수를 이용해야 합니다. 단, Fill 변수를 조절하고 난 후에는 Regen 명령어를 수행하여 화면 전체에 있는 객체를 다시 한 번 그려주는 작업을 해야 합니다.

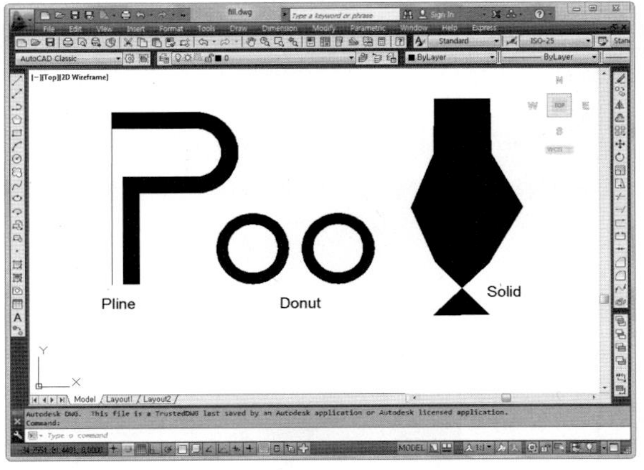

▲ Fill ON

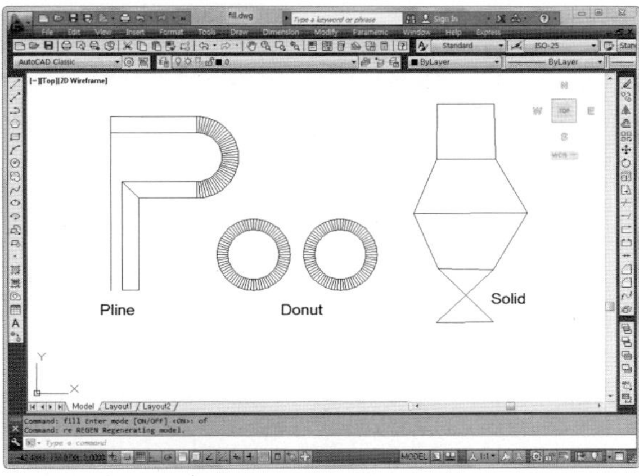

▲ Fill OFF

```
Command: Fill Enter
Enter mode [ON/OFF] <OFF>:
→ ON/OFF 중 원하는 Mode를 선택합니다.


Command: Regen Enter
Regenerating model
→ Fill을 정한 후에는 화면의 객체를 다시 보여주도록 반드시 Regen을 해야 합니다.
```

● 미리해보기

예제 파일 부록 CD\Sample\Chapter02\ch02_20S.dwg   완성 파일 부록 CD\Sample\Chapter02\ch02_20F.dwg

01 메뉴의 [File]−[Open]을 선택하여 부록 CD에서 예제 파일을 불러옵니다. Solid 명령어의 단축키인 'SO'를 입력한 후 다음과 같은 순서대로 교점을 클릭하여 입력합니다. 이때에는 Osnap이 켜져 있는 상태대로 작업을 해야 교점을 통해 정확한 점이 클릭됩니다.

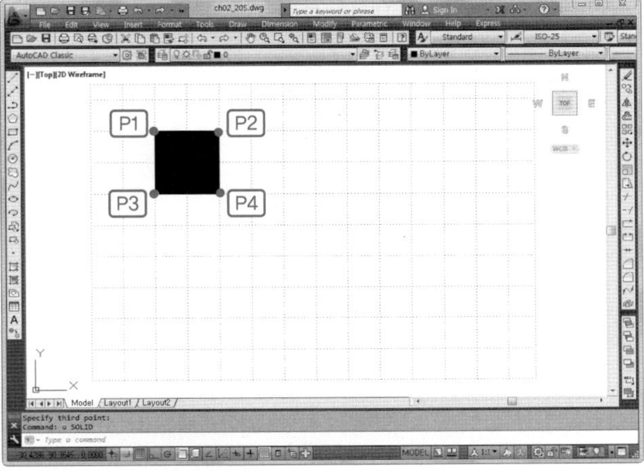

```
Command: SO Enter
Solid Specify first point: P1점 클릭
Specify second point: P2점 클릭
Specify third point: P3점 클릭
Specify fourth point or <Exit>: P4점 클릭
Specify third point: Enter
```

02 이번에는 같은 네 점을 클릭한 후 순서를 처음과 달리 한 방향으로 클릭하여 선택해보겠습니다. 단축키인 'SO'를 입력한 후 다음 순서대로 'Solid'를 입력합니다. 서로 엇갈린 나비넥타이 모양이 그려집니다.

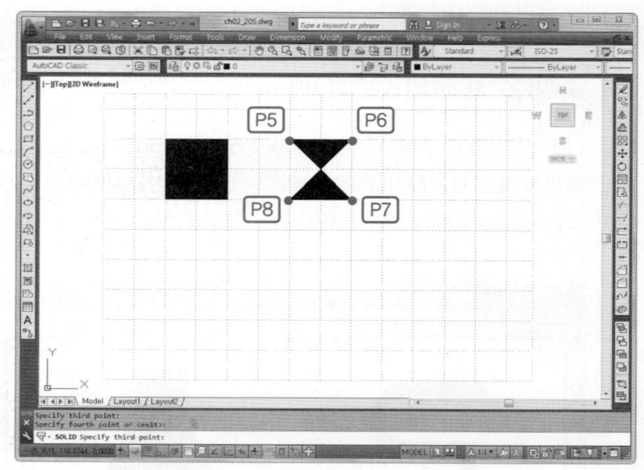

```
Command: SO Enter
Solid Specify first point: P5점 클릭
Specify second point: P6점 클릭
Specify third point: P7점 클릭
Specify fourth point or <Exit>: P8점 클릭
Specify third point: Enter
```

03 한 번에 여러 개의 Solid를 이어 다양한 모양의 솔리드 다각형을 그릴 수 있습니다. 네 점을 클릭한 후 다섯 번째에 해당하는 새로운 세 번째 점을 원하는 위치로 클릭하여 연속하는 Solid 다각형을 그려보겠습니다. 직전에 사용한 명령어를 사용하기 위하여 Enter 를 눌러 진행합니다.

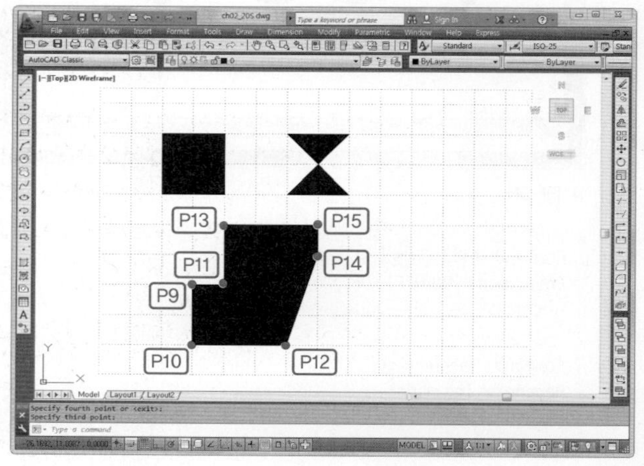

```
Command: Enter
Solid
Specify first point: P9점 클릭
Specify second point: P10점 클릭
Specify third point: P11점 클릭
Specify fourth point or <Exit>: P12점 클릭
Specify third point: P13점 클릭
Specify fourth point or <Exit>: P14점 클릭
Specify third point: P15점 클릭
Specify fourth point or <Exit>: Enter
Specify third point: Enter
```

04 Solid는 네 점을 이용한 사각 모양의 다각형을 그리지만, 세 점만 입력하는 경우에는 삼각 모양의 다각형을 그리기도 합니다. 다음의 세 점을 클릭한 후 네 번째 점을 입력하는 물음이 나타나면 Enter 를 눌러 종료합니다.

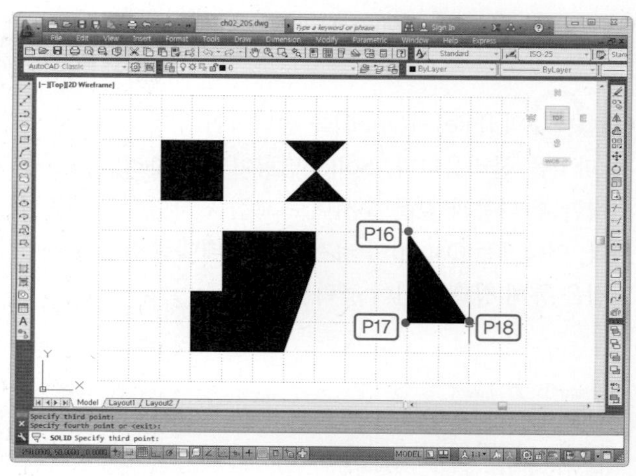

```
Command: SO Enter
Solid
Specify first point: P16점 클릭
Specify second point: P17점 클릭
Specify third point: P18점 클릭
Specify fourth point or <Exit>: Enter
Specify third point: Enter
```

05. 점을 그리는 Point

선분은 수많은 점들의 모임이라는 기본적인 정보는 모두 알고 있을 것입니다. 하지만 컴퓨터 그래픽 안에서의 선분은 이러한 선분들을 단일 객체로 선택하도록 되어 있습니다. 그래서 화면상에 존재하는 점 하나의 단일 객체는 Point 명령어를 통해 따로 관리하거나 사용합니다. 이번에는 선을 이어주는 점에 대해 알아보겠습니다.

명령어	Point	아이콘	⬚
단축키	PO	메뉴	[Draw]-[Point]-[Single Point/Multi Point]

● 명령어 이해하기

빈 화면의 공간에서 명령어를 입력한 후, 마우스를 원하는 장소에 클릭하면 점이 그려집니다. 하지만 화면에서 점을 확인하기는 쉽지 않습니다. 마침표와 같은 형태의 작은 점이므로, 이 점이 선분상에 존재하는 경우에는 더더욱 보기 힘듭니다. 그러므로 점의 스타일을 미리 정한 후에 점을 만드는 것이 좋습니다. 점의 스타일을 정하는 명령어는 'Ddptype'이며 [Format]-[Point Style] 메뉴를 이용하여 설정할 수 있습니다.

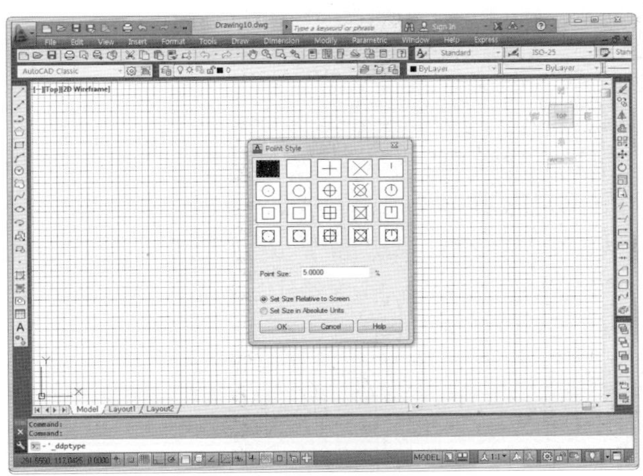

▲ Point Style 선택

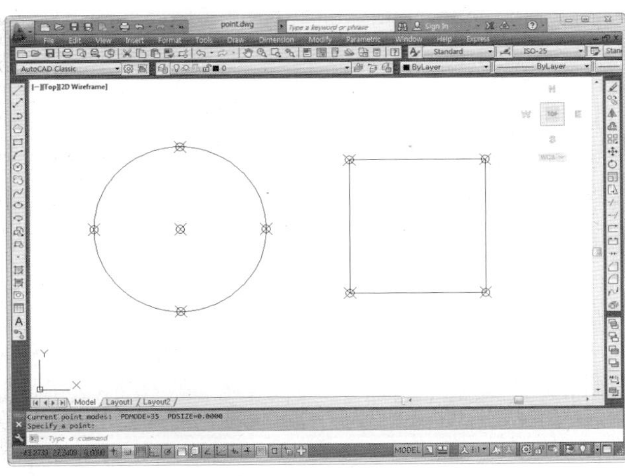

▲ Point 입력

```
Command: POINT Enter
Current point modes: PDmode=0  PDSIZE=0.0000
Specify a point:
→ Point를 입력할 좌표 지점을 클릭하거나 좌표 값을 입력합니다.
```

Point Style=Ddptype 사용하기

Ddptype는 Point의 모양을 결정하는 명령어로, 혼자 사용되는 명령어가 아니라 Point를 지정하는 경우, 점으로만 표시되는 Point의 모양을 다양한 형태의 모양으로 보이도록 설정할 수 있는 명령어입니다. [Format]–[Point Style] 메뉴를 이용하거나 명령 행에서 'Ddptype'이라고 입력한 후 다음과 같은 대화상자가 나타나도록 하여 사용자의 편의에 따라 설정할 수 있습니다.

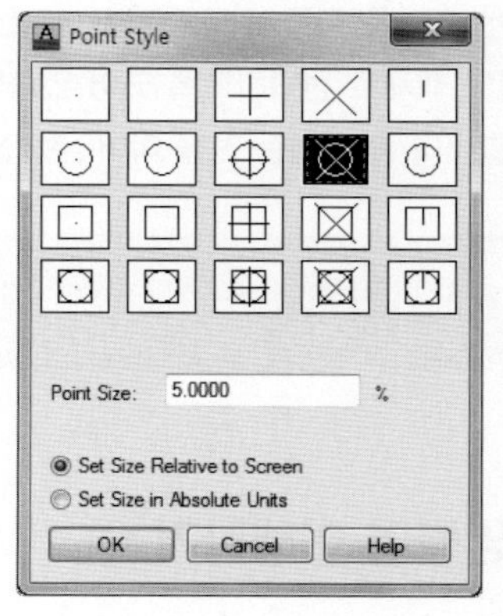

① Set Size Relative to Screen: 화면 크기에 대비하여 항상 같은 크기의 Point 크기를 지정합니다.

② Set Size in Absolute Units: 화면 크기에 관계없이 지정된 Point 크기를 지정합니다.

◉ 미리해보기

예제 파일 부록 CD\Sample\Chapter02\ch02_21S.dwg　　　　**완성 파일** 부록 CD\Sample\Chapter02\ch02_21F.dwg

01 메뉴의 [File]–[Open]을 선택하여 부록 CD에서 예제 파일을 불러옵니다. Point를 입력해보기 위한 보조 선분이 있는 도면이 나타납니다. Osnap을 이용하여 정확한 점을 클릭합니다.

02 Point의 스타일을 먼저 바꾸지 않으면 선분상에 존재하는 Point를 알 수 없으므로 먼저 Point Style을 변경해야 합니다. [Format]–[Point Style] 메뉴를 클릭하거나 Ddptype 명령어를 명령 행에 입력하면 다음과 같은 대화상자가 나타납니다. 이 중에서 다음 Point를 선택하고 [OK] 버튼을 클릭합니다.

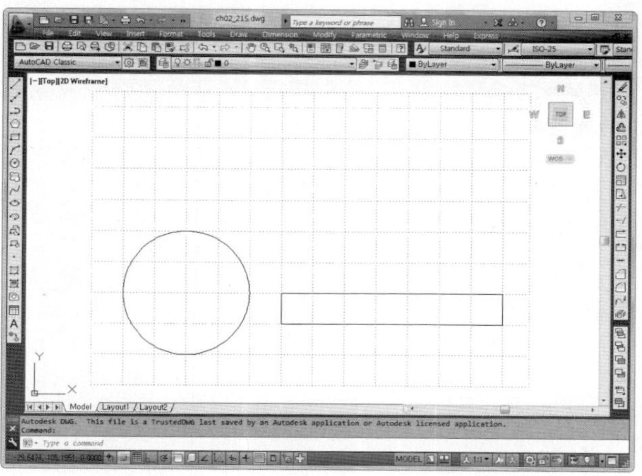

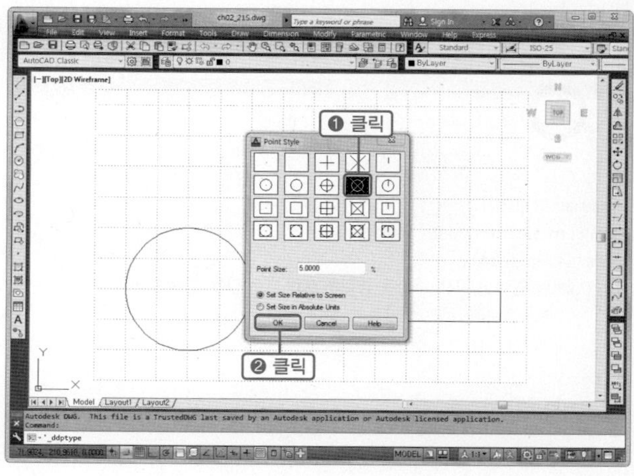


```
Command: Ddptype Enter
Regenerating model
```

03 Point 명령어의 단축키인 'PO'를 입력한 후 원과 선분의 교차점인 다음 지점을 마우스로 클릭합니다.

```
Command: PO Enter
Point
Current point modes: Pdmode=35  Pdsize=0.0000
Specify a Point: P1점 클릭
```

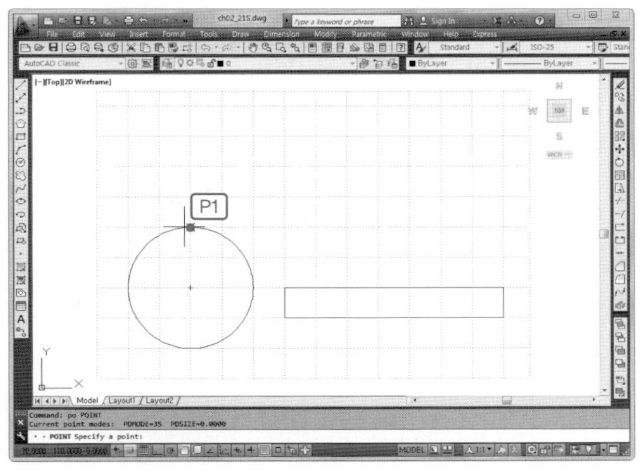

04 이어서 다음 교차점에도 'Point'를 입력합니다. 직전 명령어를 자동 실행하기 위하여 Enter 를 누르거나 Point 명령어의 단축키인 'PO'를 입력하고, 사각형과 선분의 교차점인 다음 지점을 마우스로 클릭합니다. 다음과 같이 Point가 생성됩니다.

```
Command: PO Enter
Point
Current point modes: Pdmode=35  Pdsize=0.0000
Specify a Point: P2점 클릭
```

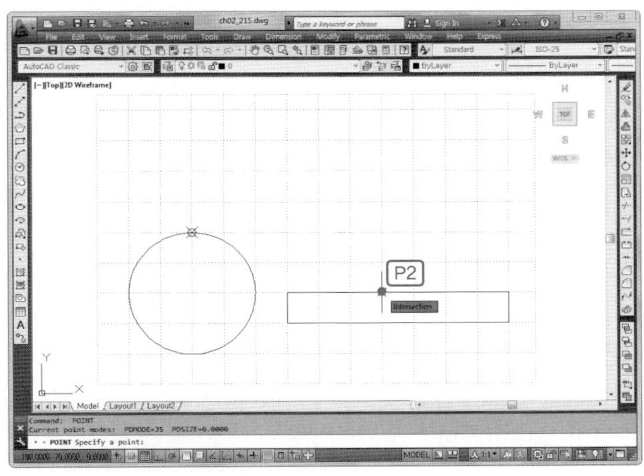

05 Point의 모양을 바꾸면 이미 그려진 Point의 스타일은 어떻게 되는지 알아보겠습니다. [Format]-[Point Style] 메뉴를 클릭하거나 Ddptype 명령어를 명령 행에 입력하면 다음과 같은 대화상자가 나타납니다. 이 중에서 다음 Point를 선택하고 [OK] 버튼을 클릭합니다.

```
Command: Ddptype Enter
Regenerating model.
```

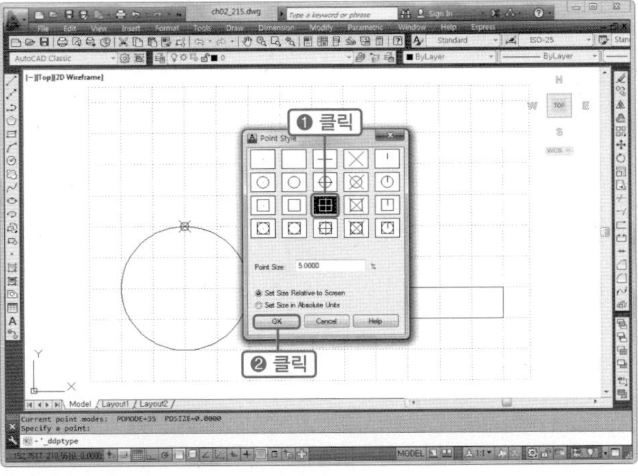

06 Point Style을 변경하면 새로 그리는 Point도 바뀌지만, 이미 입력한 Point도 현재 바꾼 최종 Point Style로 자동 업데이트됩니다.

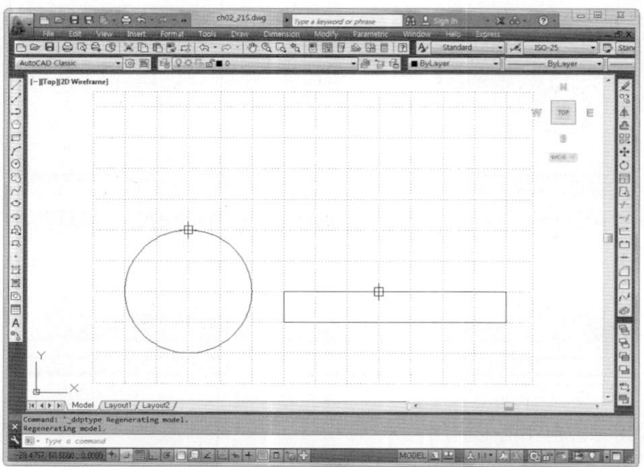

07 Point의 크기 옵션을 설정하여 화면에서 크기를 어떻게 설정하는지에 대해 알아보겠습니다. 먼저 [Format]−[Point Style] 메뉴를 클릭하거나 Ddptype 명령어를 명령행에 입력하면 다음과 같은 대화상자가 나타납니다. Point Size를 다음과 같이 선택합니다.

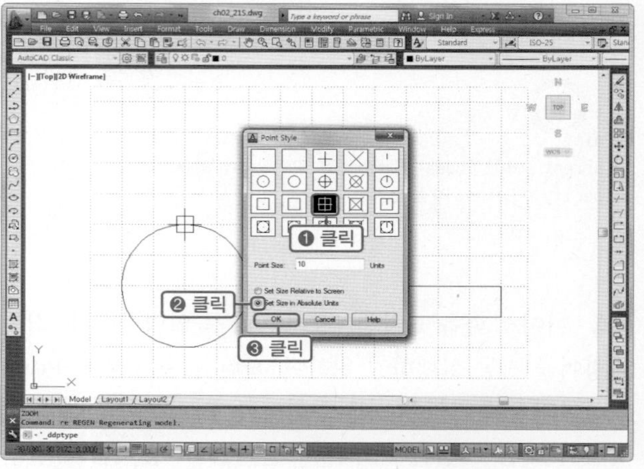

Command: Ddptype [Enter]
Regenerating model.

08 화면에서 Point의 크기를 확인하기 위하여 Zoom 명령어의 단축키인 'Z'를 입력하고, 다음 Point 하나만 선택하여 확대합니다.

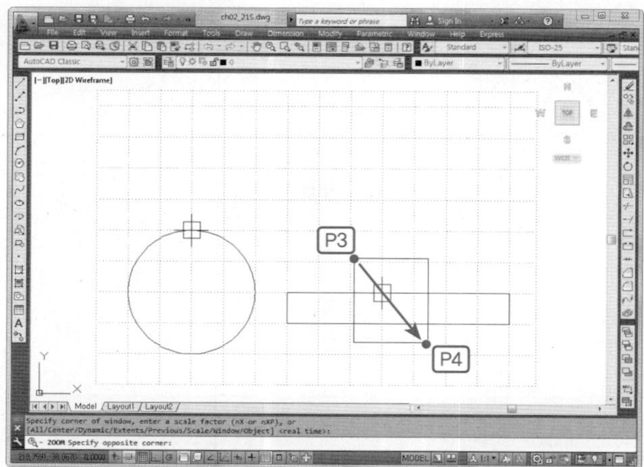

Command: Z [Enter]
Zoom
Specify corner of window, enter a scale factor (nX or nXP)
or [All/Center/Dynamic/Extents/Previous/Scale/Window/Object]
<Real Time>:
Specify opposite corner: P3~P4점 클릭, 드래그

09 다음과 같이 확대되면 해당 Point가 현재 화면에 제대로 보이는지를 확인하기 위하여 Regen 명령어를 입력하여 새로 그려봅니다. 'Set Size in Absolute Units' 옵션을 선택했으므로 'Regen'을 입력해도 화면의 Point의 크기는 변함없습니다.

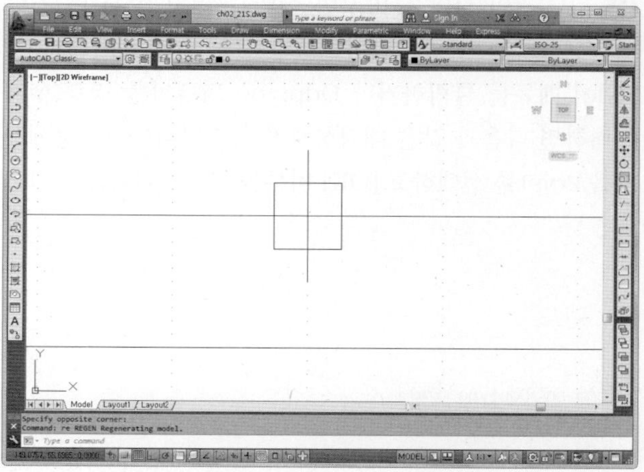

Command: RE [Enter]
REGEN Regenerating model.

10 이번에는 화면의 크기에 따라 항상 같은 크기의 Point Size를 설정하는 'Set Size Relative to Screen'을 지정해보겠습니다. Zoom All 상태로 되돌아 간 후 [Format]−[Point Style] 메뉴를 클릭하거나 Ddptype 명령어를 명령 행에 입력하여 다음과 같이 선택합니다.

```
Command: Z Enter
Zoom
Specify corner of window, enter a scale factor (nX or nXP)
or [All/Center/Dynamic/Extents/Previous/Scale/Window/Object]
<Real Time>: A Enter

Command: Ddptype Enter
Regenerating model.
```

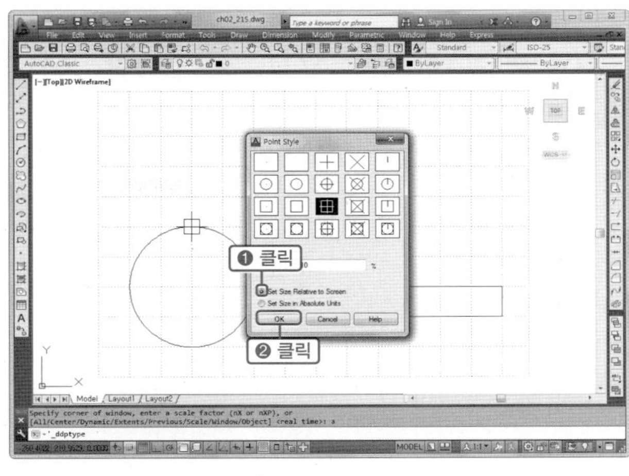

11 Point의 크기를 화면 비율에 맞게 유지하는 형태로 설정하였다면, 다음과 같이 Zoom 명령어를 이용하여 다음 Point만 확대해봅니다.

```
Command: Z Enter
Zoom
Specify corner of window, enter a scale factor (nX or nXP)
or [All/Center/Dynamic/Extents/Previous/Scale/Window/Object]
<Real Time>:
Specify opposite corner: P5~P6점 클릭, 드래그
```

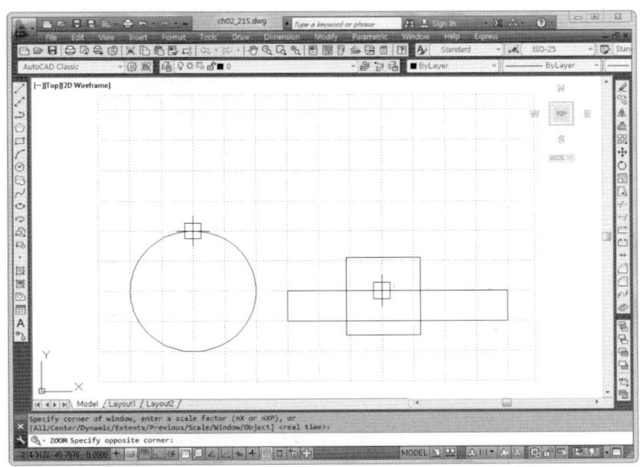

12 앞과 동일하게 Point가 확대되어 보입니다. 하지만 Point의 경우 해당 Size를 'Set Size Relative to Screen'으로 지정하여 화면 크기에 따른 비율을 지정하기로 하였다면 Regen 명령어를 입력하여 다시 그려봅니다. 모든 Point의 크기는 처음 설정된 현재 보이는 화면 크기의 10%로 보입니다.

```
Command: RE Enter
REGEN Regenerating model.
```

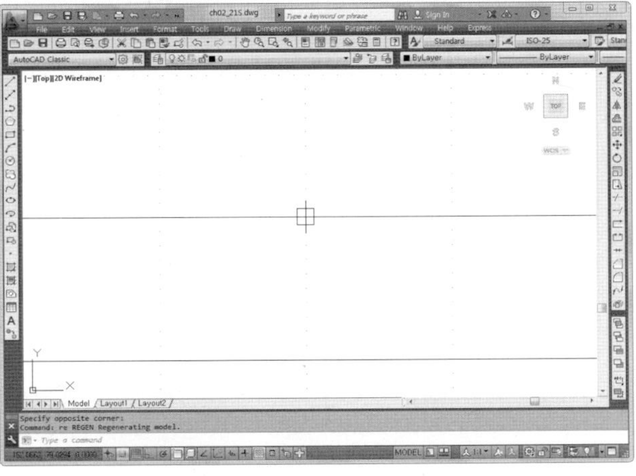

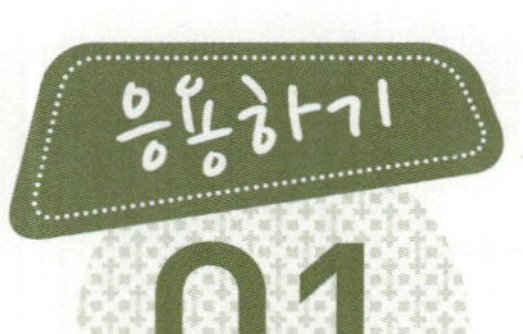

Xline 무한 선을 이용한 도면 완성하기

Xline의 경우 해당 선분을 보조 선분으로 이용하는 경우가 많습니다. 가로, 세로의 수평, 수직 선분은 많이 사용했기 때문에 이번에는 보조 선분을 이용할 때의 사용법에 대해 알아보고, **Solid** 객체를 이용하여 용접 부위를 표시해보겠습니다. 다양한 도구가 있지만 다음의 객체를 활용하여 보조 도구 사용법을 익혀보겠습니다.

예제 파일 부록 CD\Sample\Chapter02\ch02_se04_01S.dwg

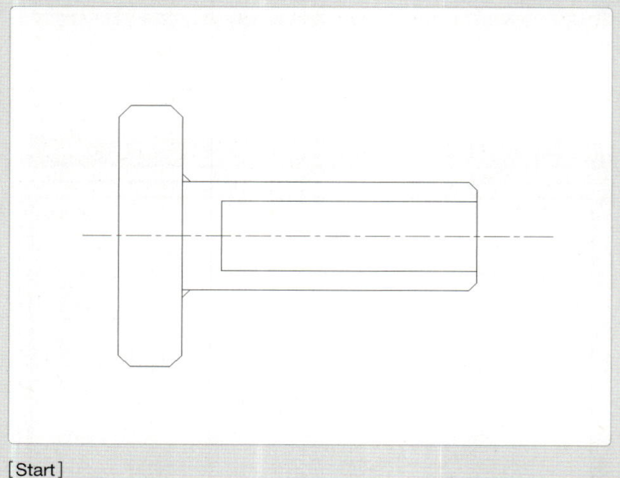

[Start]

완성 파일 부록 CD\Sample\Chapter02\ch02_se04_01F.dwg

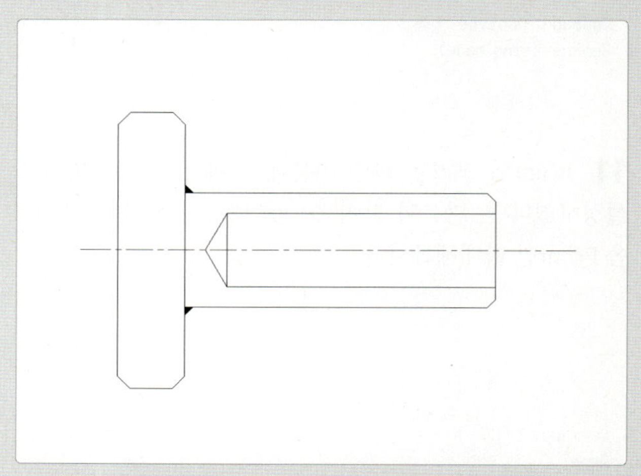

[Final]

01 메뉴의 [File]-[Open]을 선택하여 부록 CD에서 예제 파일을 불러옵니다. 다음과 같이 화면에 도면의 일부분이 그려져 있습니다.

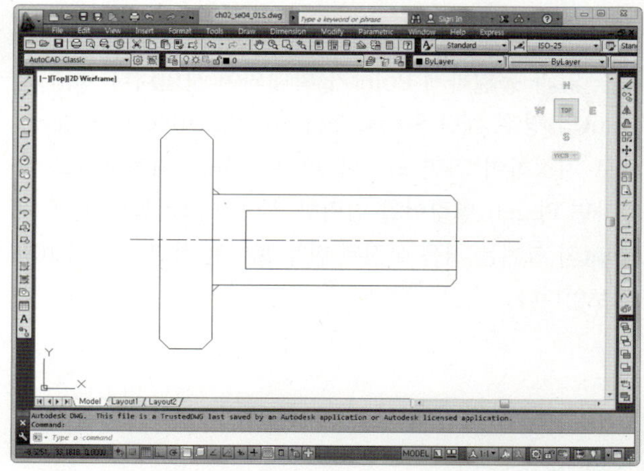

02 먼저 안쪽 사각형 선분에 내각 120° 형태의 삼각 모양을 그리기 위하여 Xline으로 보조선을 그어 원하는 부분을 잘라 내도록 합니다. Xline 명령어의 단축키인 'XL'을 입력한 후 120°의 절반인 60°를 각도로 하는 Xline을 그립니다.

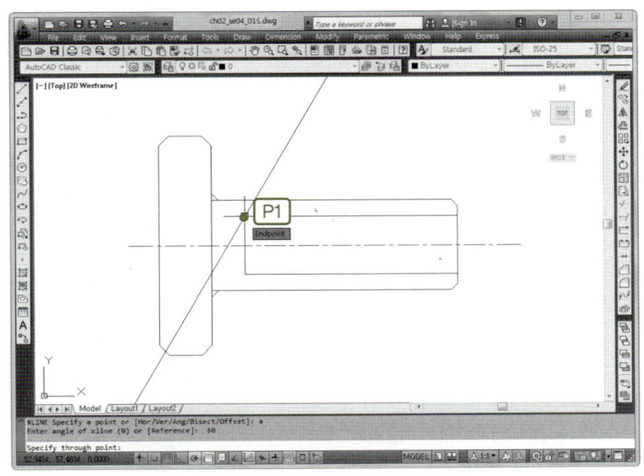

```
Command: XL Enter
Xline specify a point or [Hor/Ver/Ang/Bisect/Offset]: A Enter
Enter angle of xline (0) or [Reference]: 60 Enter
Specify through point: P1점 클릭
Specify through point: Enter
```

03 반대편의 선분을 그리기 위하여 반대 각도에 해당하는 '–60°'를 입력하여 다음과 같이 Xline을 그립니다.

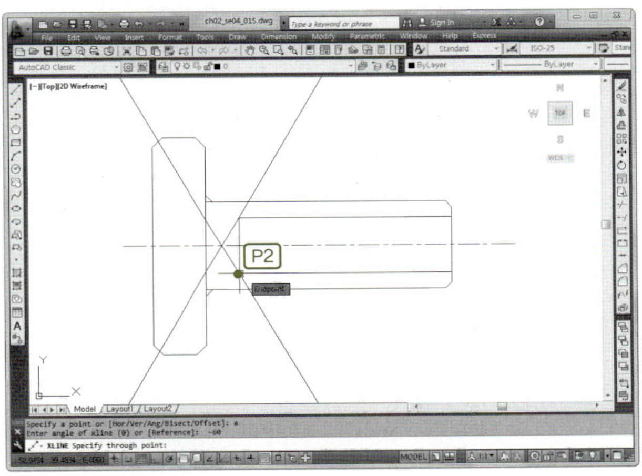

```
Command: XL Enter
Xline specify a point or [Hor/Ver/Ang/Bisect/Offset]: A Enter
Enter angle of xline (0) or [Reference]: –60 Enter
Specify through point: P2점 클릭
Specify through point: Enter
```

04 삼각 모양만을 남기기 위하여 Trim 명령어를 이용하여 기준점을 기준으로 다음 지점을 먼저 기준 객체로 클릭하여 선택합니다.

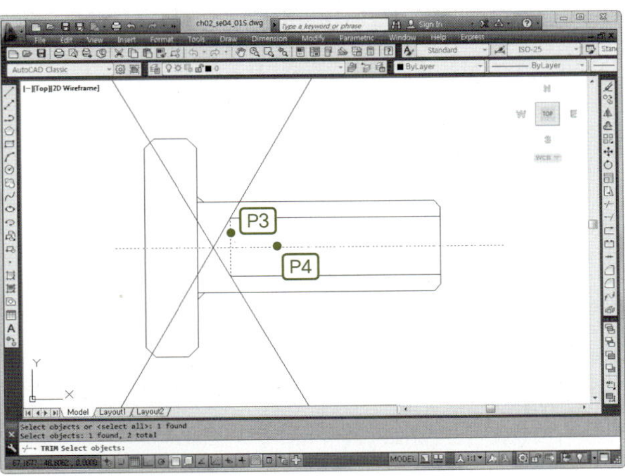

```
Command: TR Enter
TRIM
Current settings: Projection=UCS, Edge=Extend
Select cutting edges...
Select objects or <Select All>: 1 found
 → P3점 클릭
Select objects: 1 found, 2 Total
 → P4점 클릭
Select objects: Enter
```

05 이번에는 다음 점을 클릭하여 삼각 고깔 모양의 객체
만을 남깁니다. 기준선을 만들 때에 다음 두 선분만을 클
릭했으므로 다음 네 곳만 클릭하면 됩니다.

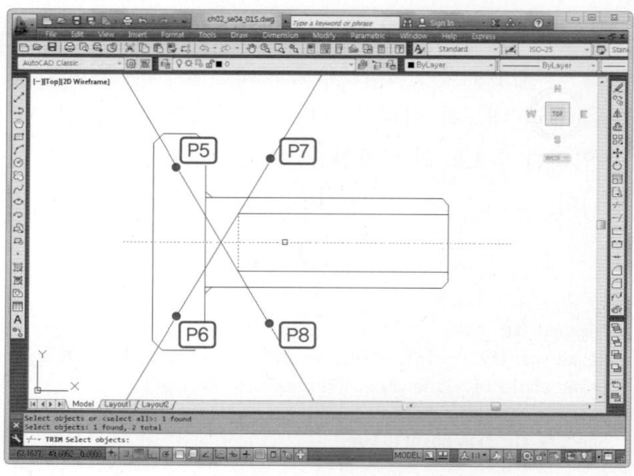

```
Select object to trim or shift-select to extend or [Fence/
Crossing/Project/Edge/Erase/Undo]: P5점 클릭
Select object to trim or shift-select to extend or [Fence/
Crossing/Project/Edge/Erase/Undo]: P6점 클릭
Select object to trim or shift-select to extend or [Fence/
Crossing/Project/Edge/Erase/Undo]: P7점 클릭
Select object to trim or shift-select to extend or [Fence/
Crossing/Project/Edge/Erase/Undo]: P8점 클릭
Select object to trim or shift-select to extend or [Fence/
Crossing/Project/Edge/Erase/Undo]: Enter
```

06 다음과 같이 삼각 모양의 객체만 남게 됩니다. 기존
의 각도를 이용하여 하나하나의 선분을 좌표계를 이용하
여 그릴 수 있지만, 다음과 같이 보조선을 길게 그린 후 잘
라 내는 방식이 더 편리하고 정확합니다.

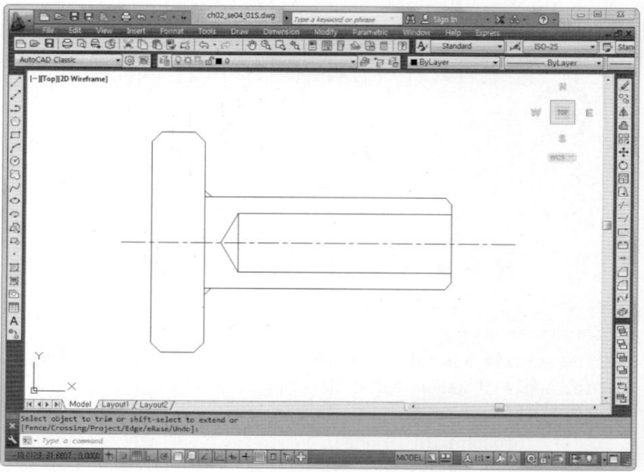

07 이번에는 용접 부위에 Solid 표시를 하기 위하여 다
음과 같은 지점을 확대해보겠습니다.

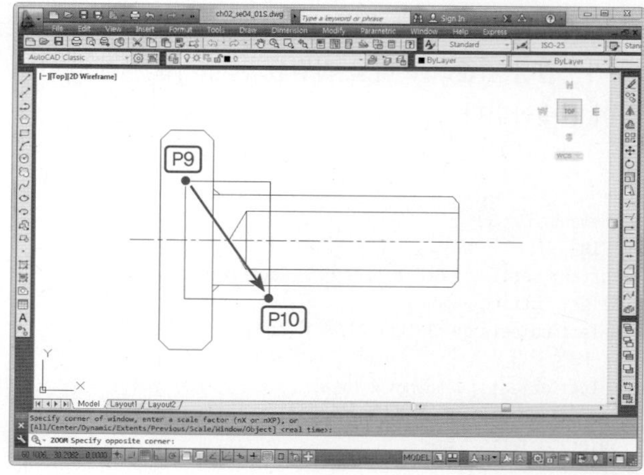

```
Command: Z Enter
Zoom
Specify corner of window, enter a scale factor (nX or nXP)
or [All/Center/Dynamic/Extents/Previous/Scale/Window/Object]
<Real Time>:
Specify opposite corner: P9~P10점 클릭, 드래그
```

08 확대되었다면 Solid 명령어의 단축키인 'SO'를 입력한 후 다음의 세 군데를 클릭하고 Enter 를 눌러 명령어를 종료합니다.

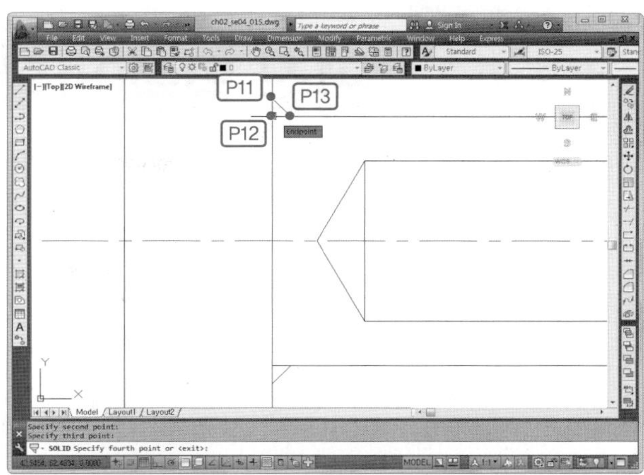

```
Command: SO Enter
SOLID Specify first point: P11점 클릭
Specify second point: P12점 클릭
Specify third point: P13점 클릭
Specify fourth point or <Exit>: Enter
Specify third point: Enter
```

09 아랫부분 역시 Solid 명령어를 이용하여 용접 부위를 표시합니다. 역시 Solid 명령어의 단축키인 'SO'를 입력한 후 다음 지점을 클릭하여 선택합니다.

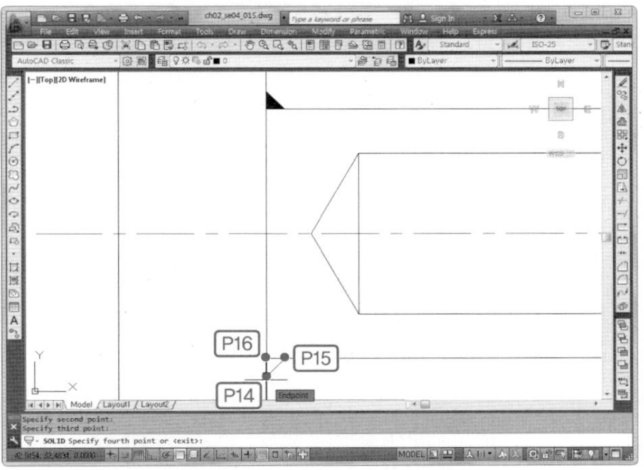

```
Command: SO Enter
SOLID Specify first point: P14점 클릭
Specify second point: P15점 클릭
Specify third point: P16점 클릭
Specify fourth point or <Exit>: Enter
Specify third point: Enter
```

10 모두 완료되면 다음과 같이 Zoom 명령어의 단축키인 'Z'를 입력한 후 전체 화면을 보여주는 'A' 옵션을 이용하여 다음 도면이 완성되었는지 확인합니다.

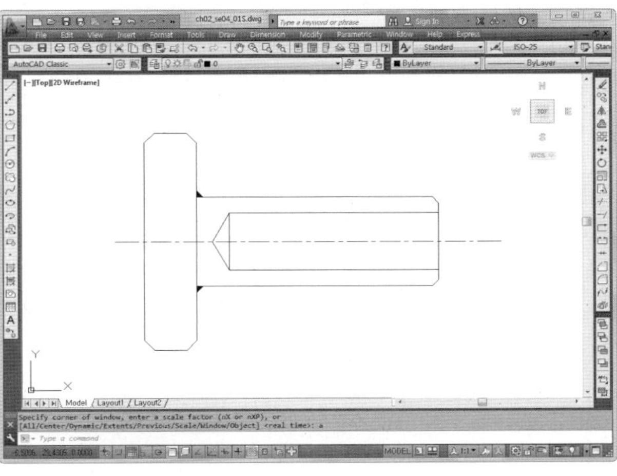

```
Command: Z Enter
Zoom
Specify corner of window, enter a scale factor (nX or nXP)
or [All/Center/Dynamic/Extents/Previous/Scale/Window/Object]
<Real Time>: A Enter
```

Section 05

편집 명령어 활용하기

이번에는 지금까지 배운 그리는 명령어와 간단한 편집 명령어를 활용하여 편집 명령어를 익혀보겠습니다. 이미 그려 놓은 도면 요소의 크기를 변경하거나 각도를 변경하는 명령어, 미리 그려진 객체 모서리의 모양을 빠르게 변경하거나 수정하는 명령어를 알아보겠습니다. 단순히 모양을 따라 그리기보다는 전체적인 형태를 잡고 조금씩 수정하는 스타일로 도면을 작성하는 요령을 익히는 것이 좋습니다.

01. 크기를 변경하는 Scale

Scale을 이용하면 이미 그려진 객체의 크기를 조절하여 또 다른 크기의 객체로 전환할 수 있습니다. 기존 도면 요소의 크기가 변경되는 경우, 다시 그리지 않고 Scale 명령어를 통해 크기를 변환하거나 다른 크기의 객체가 필요한 경우 해당 도면 요소를 복제하고 원하는 크기로 변경하여 활용하는 등과 같이 도면을 빠르게 수정하는 Scale 명령어를 이용하는 방법을 알아보겠습니다.

명령어	Scale	아이콘	
단축키	SC	메뉴	[Modify]-[Scale]

● 명령어 이해하기

Scale 명령어를 입력한 후 크기를 변경할 객체를 모두 선택하고, 현재 크기를 1을 기준으로 하여 원하는 크기의 척도 값을 입력한 후 크기를 변경합니다. 확대하는 경우 100%를 1로 설정하므로 2배, 3배 등에 해당하는 척도의 경우 2, 3, 4…… 등으로 입력하여 객체를 확대하고, 축소하는 경우 100% 이하의 1/50배, 1/30배, 즉 0.5, 0.3, …… 등 1 이하의 소수 값을 입력하여 객체를 축소합니다. 옵션을 이용하면 현재 크기 대비 원하는 크기 값을 절대 값으로 표현하여 변경할 수 있습니다.

▲ Scale 변경 전

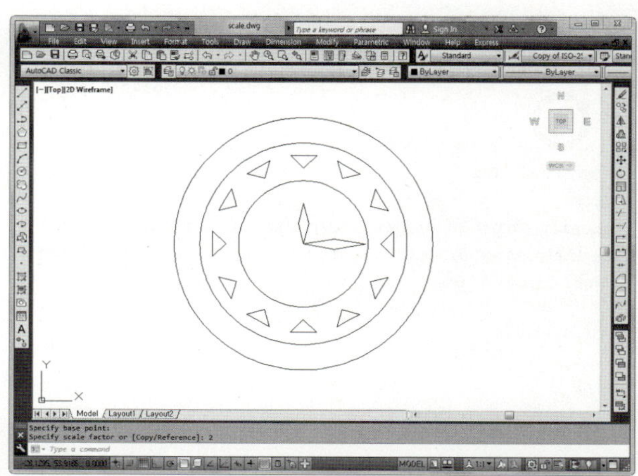

▲ Scale 변경 후

```
Command: Scale [Enter]
Select objects:
→ 크기를 변경할 대상 객체를 선택합니다.
Select objects: [Enter]
→ 객체 선택을 종료하기 위하여 [Enter]를 누릅니다.
Specify base point:
→ 크기 변화의 기준점을 클릭합니다.
Specify scale factor or [Copy/Reference] <1.0000>:
→ 크기의 변환 비율을 입력합니다.
```

● 옵션 이해하기

Scale을 이용하여 크기를 변경하는 경우, 주로 Factor를 이용한 척도 수치를 이용하는 방법이 많이 사용됩니다. 하지만 확대/축소 배율을 계산하기 어렵거나 정확하게 떨어지는 값이 아닌 경우에는 척도를 이용하기보다 현재 값을 변환될 값으로 자동 계산해줄 수 있는 참조 값(Reference)을 이용합니다. 현재의 길이와 원하는 길이를 참조 값으로 입력하면 자동으로 배율이 계산되어 배율 계산 없이 크기를 변환할 수 있습니다. Scale 명령어를 이용하여 외부에서 불러온 값을 원하는 크기의 비율로 정확히 변경하는 경우에 사용하며, 기존 객체의 변동 없이 크기 변화를 갖는 객체를 복제하여 크기 변환을 갖는 객체로 바꿀 수도 있습니다.

옵션	설명
Copy	크기를 변경할 원본 객체는 그대로 둔 상태에서 크기를 변경하는 객체의 복제본을 만듭니다.
Reference	Scale factor 값을 이용하지 않고 원하는 크기를 변경할 때에는 대표의 현재 길이 값과 원하는 새로운 길이 값을 입력하여 배율 입력 없이 절대값을 참조하여 확대/축소합니다.

● 미리해보기

예제 파일 부록 CD\Sample\Chapter02\ch02_22S.dwg   **완성 파일** 부록 CD\Sample\Chapter02\ch02_22F.dwg

01 메뉴의 [File]-[Open]을 선택하여 부록 CD에서 예제 파일을 불러옵니다. Scale 명령어를 입력한 후 왼쪽의 쓰레기 분리 수거함을 다음과 같이 Window 방식으로 선택합니다.

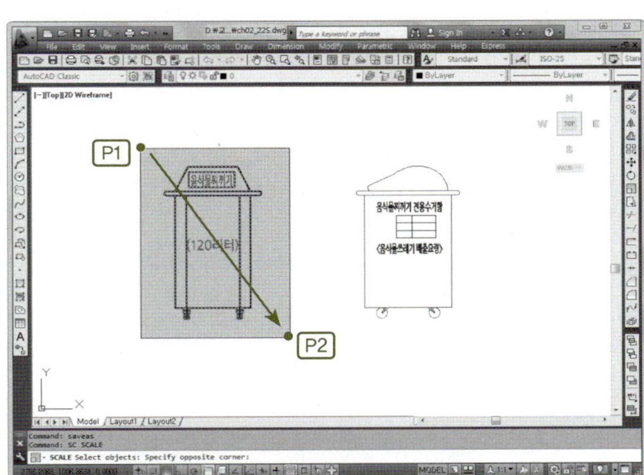


```
Command: SC [Enter]
Scale
Select objects: Specify opposite corner: 67 found
→ P1~P2점 클릭, 드래그
Select objects: [Enter]
```

02 다음에는 크기를 변경하는 기준점을 입력해야 합니다. 객체의 일정 부분을 클릭하거나 원하는 좌표 값을 입력합니다. 다음 지점을 Osnap을 이용하여 입력합니다.

Specify base point: P3점 클릭

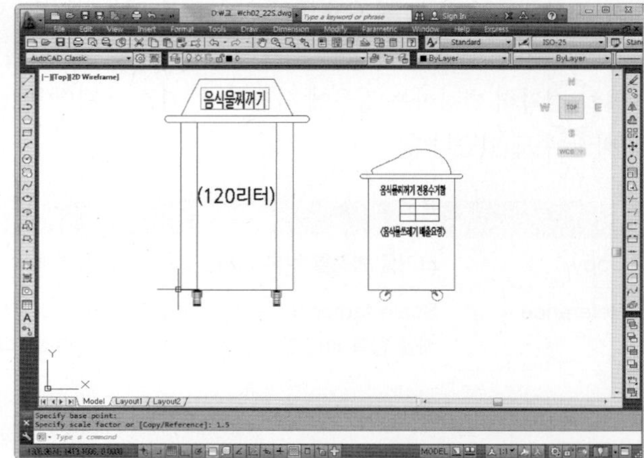

03 현재 크기의 150%, 즉 1.5배에 해당하는 'Factor'를 입력합니다. 다음과 같이 1.5배 커진 상태의 쓰레기 수거함이 만들어졌습니다.

Specify scale factor or [Copy/Reference]: 1.5 Enter

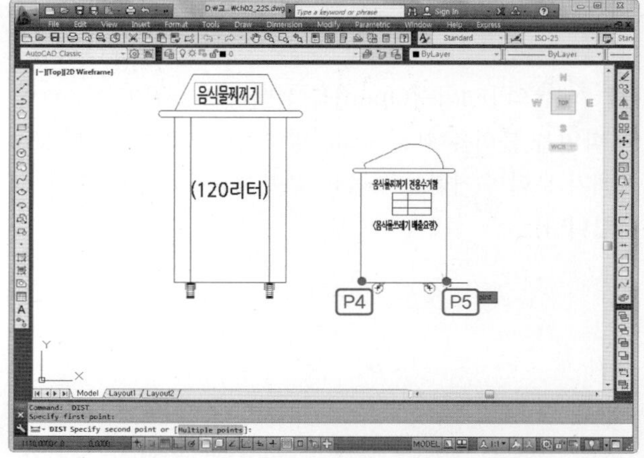

04 이번에는 수거함 측면도의 길이를 정확히 잰 다음, 원하는 길이 값으로 참조하여 변경해보겠습니다. 먼저 두 지점의 길이 값을 알려주는 조회 명령어인 'Dist'를 입력하고, 다음의 두 지점을 클릭하여 길이를 재어봅니다.

Command: Dist Enter
Specify first point: P4점 클릭
Specify second point or [Multiple Points]: P5점 클릭

Distance=1110.00, Angle in XY Plane=0.00, Angle from XY
Plane=0.00
Delta X=1110.00, Delta Y=0.00, Delta Z=0.00

05 1,100의 길이 값을 가진 선분을 확인하였습니다. 이
제 1,215mm인 길이 값으로 변경하기 위하여 Scale 명령
어를 입력한 후 다음의 두 지점을 클릭, 드래그하여 다음
과 같이 Window 방식으로 선택합니다.

```
Command: SC Enter
Scale
Select objects: Specify opposite corner: 33 found
→ P6~P7점 클릭, 드래그
Select objects: Enter
```

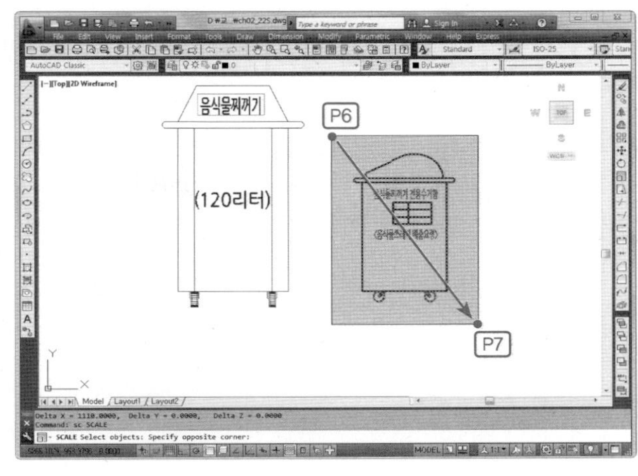

06 다음 지점을 크기 변환의 기준점으로 클릭하여 선택
합니다. 참조 옵션을 이용하기 위하여 Reference 명령어
의 단축키인 'R'을 입력하고 현재의 길이 값과 원하는 길이
값을 입력합니다.

```
Specify base point: P8점 클릭
Specify scale factor or [Copy/Reference]: R Enter
Specify reference length <1.00>: 1110 Enter
Specify new length or [Points] <1.00>: 1215 Enter
```

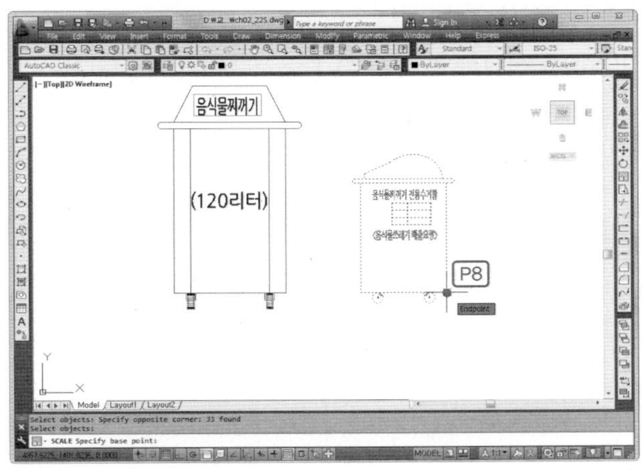

07 자동으로 조금 커진 것을 확인할 수 있습니다. 전체
길이가 원하는 1,215mm가 되었는지 확인하기 위하여 다
음과 같이 Dist 명령어를 입력한 후 다음 두 지점을 클릭
하여 길이를 재어봅니다. 다음과 같이 1,215mm가 되었
습니다.

```
Command: Dist Enter
Specify first point: P9점 클릭
Specify second point or [Multiple Points]: P10점 클릭
Distance=1215.00, Angle in XY Plane=0.00, Angle from XY
Plane=0.00
Delta X=1215.00, Delta Y=0.00, Delta Z=0.00
```

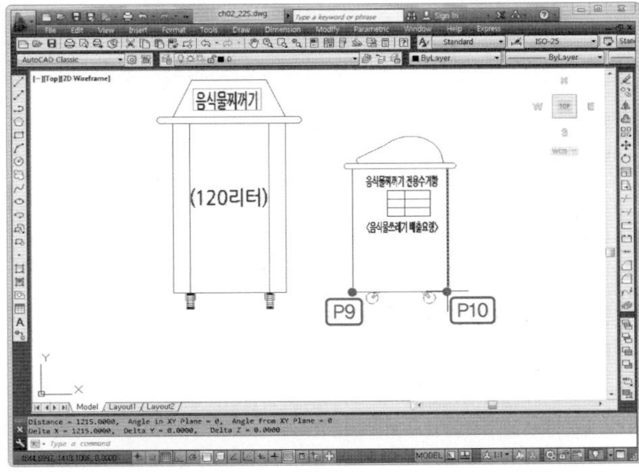

02. 각도를 조절하는 Rotate

선택한 객체를 원하는 각도만큼 회전하는 명령어를 'Rotate'라고 합니다. 회전 방향의 기준은 극좌표계와 마찬가지로 각도계의 방향에 준하며, 반시계 방향으로 회전하는 것을 (+) 각도로, 시계 방향을 (−) 각도로 입력합니다. 명령을 진행하는 과정은 Scale 명령어를 사용하는 방식과 동일하며, 기존의 객체를 활용하여 복제한 후 각도를 변경할 때에 주로 사용합니다. 이번에는 Rotate 명령어에 대해 알아보겠습니다.

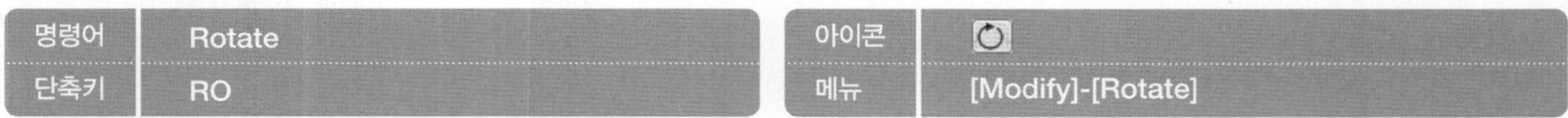

명령어	Rotate	아이콘	⟳
단축키	RO	메뉴	[Modify]-[Rotate]

● 명령어 이해하기

명령어를 입력한 후 회전할 대상 객체를 선택합니다. 선택한 객체 중에서 회전의 기준점을 마우스나 좌표 값으로 입력하고 원하는 각도를 입력하여 객체를 회전합니다. 각도 값을 입력할 때에 (+)의 경우에는 숫자만 입력하고, (−)의 경우에는 앞에 '−'를 입력하여 시계 방향과 반시계 방향으로의 회전 각도를 지정합니다.

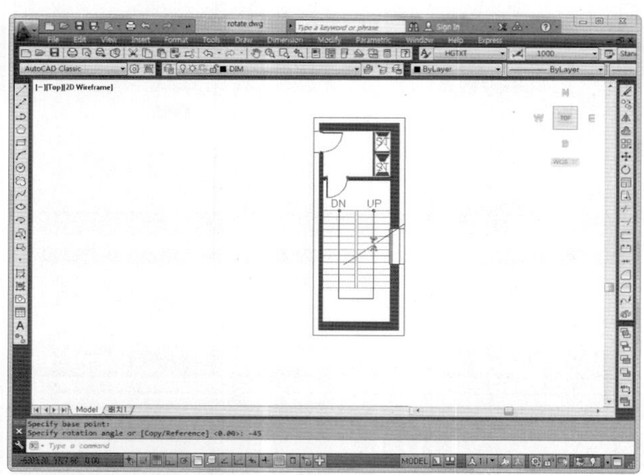

▲ Rotate 변경 전

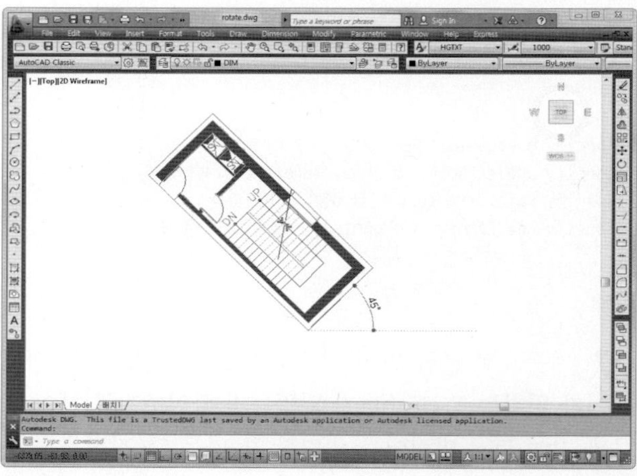

▲ Rotate 변경 후

```
Command: Rotate [Enter]
Current positive angle in UCS: ANGDIR=counterclockwise  ANGBASE=0
Select objects:
→ 회전할 대상 객체를 선택합니다.
Specify base point:
→ 회전의 중심 기준점을 선택합니다.
Specify rotation angle or [Copy/Reference] <0>:
→ 회전 각도를 입력합니다. 시계 방향은 (−) 값을, 반시계 방향은 (+) 값을 입력합니다.
```

● 옵션 이해하기

Scale과 마찬가지로 옵션에는 원본을 복제하면서 회전하는 'Copy' 옵션과 참조 값을 이용하는 'Reference' 옵션이 있습니다. 'Reference' 옵션은 Scale에 비해 Rotate에서 크게 이용되지 않습니다. 대부분의 각도는 소수점 이하의 계산이 많이 필요하지 않기 때문에 소수 이하의 각도를 활용하는 예가 아닌 경우에는 일반적인 계산법을 이용하여 (+), (−) 등의 값만으로도 회전할 수 있습니다.

옵션	설명
Copy	회전 객체의 원본은 그대로 둔 상태에서 각도를 변경하는 동시에 객체는 회전 복제본을 만듭니다.
Reference	현재의 각도 값과 원하는 각도 값을 입력하여 회전합니다.

● 미리해보기

예제 파일 부록 CD\Sample\Chapter02\ch02_23S.dwg   완성 파일 부록 CD\Sample\Chapter02\ch02_23F.dwg

01 메뉴의 [File]−[Open]을 선택하여 부록 CD에서 예제 파일을 불러옵니다. Rotate 명령어의 단축키인 'RO'를 입력한 후 다음의 Door 객체 블록을 클릭하여 선택합니다.

```
Command: RO Enter
Rotate
Current positive angle in UCS: ANGDIR=counterclockwise
ANGBASE=0.00
Select objects: 1 found
→ P1점 클릭
Select objects: Enter
```

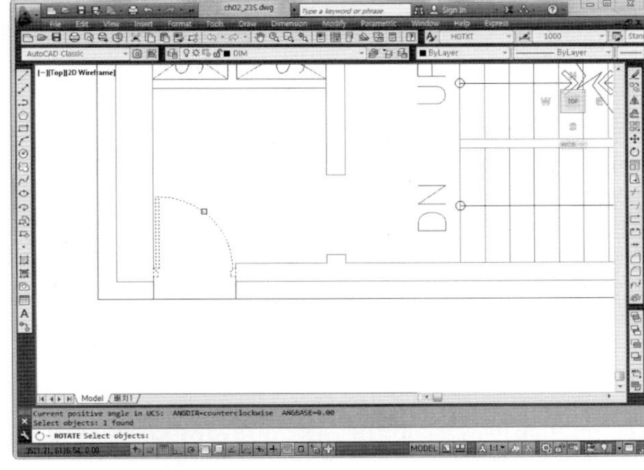

02 회전할 기준점을 클릭하기 위하여 다음 지점을 마우스로 클릭하여 선택합니다. Osnap을 이용하여 Door의 양쪽 끝점의 위치를 정확하게 선택합니다.

```
Specify base point: P2점 클릭
```

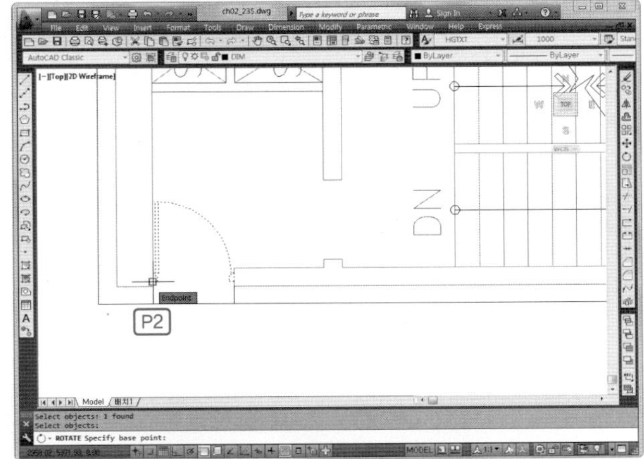

03 기준점을 선택한 후 해당 객체를 회전만 하는 것이
아니라 회전하면서 복제하기 위하여 'Copy' 옵션을 클릭
하고, 시계 방향으로 회전할 예정이므로 회전 각도에는
'–90°'를 입력합니다.

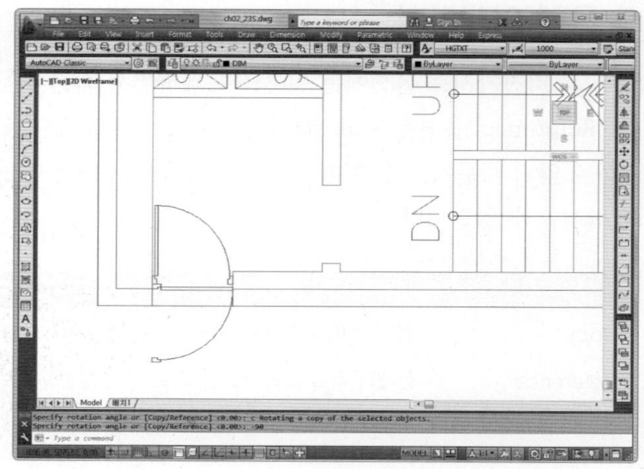

```
Specify rotation angle or [Copy/Reference] <90.00>: C Enter
Rotating a copy of the selected objects.
Specify rotation angle or [Copy/Reference] <90.00>: -90 Enter
```

04 옆의 빈 자리에 Door 객체를 이동하기 위하여 먼저
화면의 장소를 확대하여 크게 보이도록 합니다. Zoom 명
령어의 단축키인 'Z'를 입력하고 다음 장소를 확대합니다.

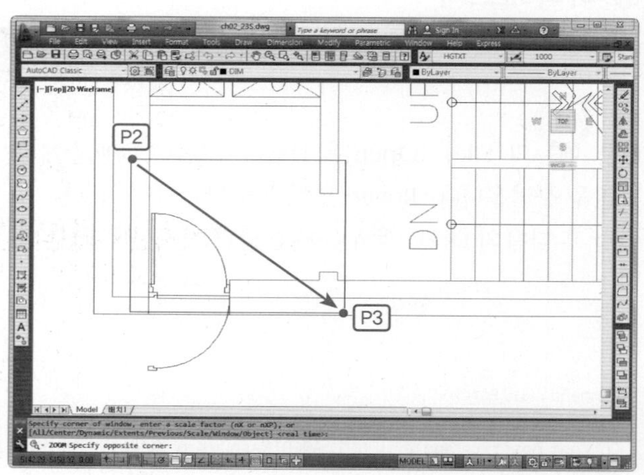

```
Command: Z Enter
Zoom
Specify corner of window, enter a scale factor (nX or nXP)
or [All/Center/Dynamic/Extents/Previous/Scale/Window/Object]
<Real Time>:
Specify opposite corner:
→ P2~P3점 클릭, 드래그
```

05 다음과 같이 확대되면 이동 명령어인 Move의 단축
키인 'M'을 입력하고 다음의 회전 복제된 객체를 클릭하여
선택합니다.

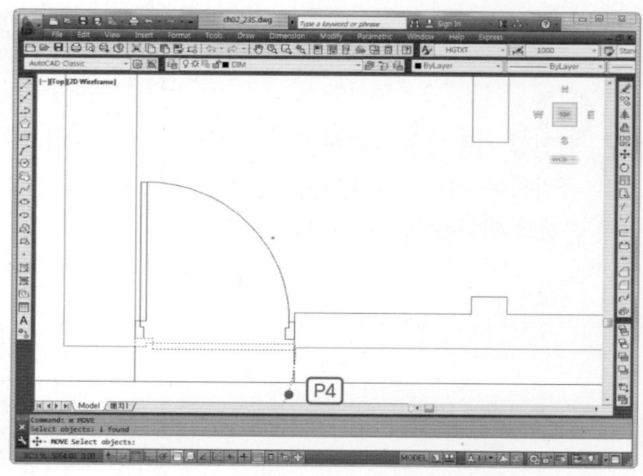

```
Command: M Enter
Move
Select objects: 1 found
→ P4점 클릭
Select objects: Enter
```

06 이동의 기준점을 다음과 같이 클릭하여 선택합니다. 반드시 Osnap이 설정되어 있는 상태에서 Endpoint가 정확하게 선택되도록 클릭합니다.

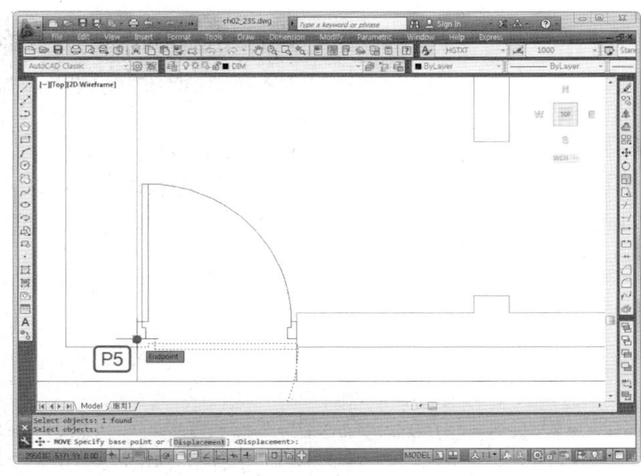

```
Specify base point or [Displacement] <Displacement>: P5점 클릭
```

07 반대편 벽의 가로 선분의 MidPoint 위치에 정확히 닿도록 합니다. Osnap에 미리 설정되어 있지 않으므로 'mid'를 입력한 후 Space bar 를 눌러 중간점이 활성화되도록 하고, 삼각형의 Osnap 박스가 나타났을 때 정확히 클릭하여 선택합니다.

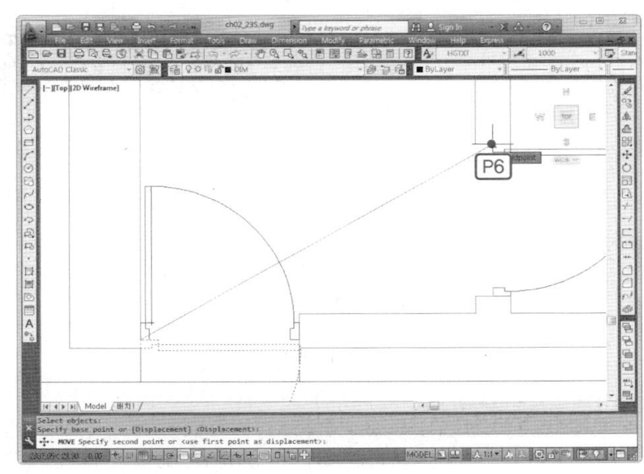

```
Specify second point or <Use First Point as Displacement>:
Mid Space bar  of
→ P6점 클릭
```

08 이동이 완료되면 Zoom 명령어의 단축키인 'Z'를 입력한 후 이전의 화면 상태로 되돌아가기 위하여 Previous의 'P' 옵션을 입력하여 회전 복제 초기 상태의 화면 상태로 되돌아 가서 객체의 상태를 확인합니다.

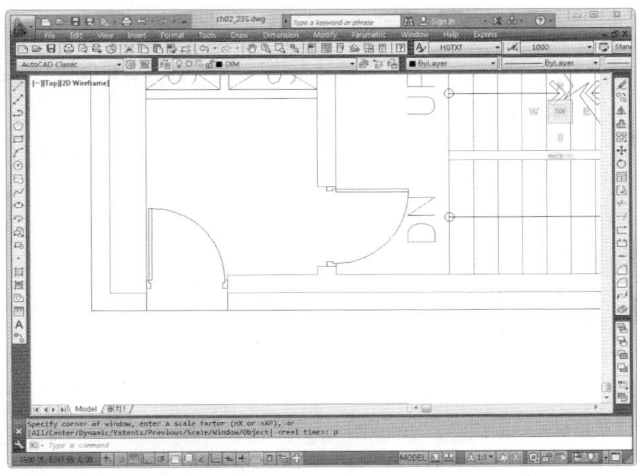

```
Command: Z Enter
Zoom
Specify corner of window, enter a scale factor (nX or nXP)
or [All/Center/Dynamic/Extents/Previous/Scale/Window/Object]
<Real Time>: P Enter
```

선분의 두 지점을 선택하여 해당 두 지점 간을 잘라 내는 명령어를 'Break'라고 합니다. 정확한 점을 선택해야 하는 경우에는 Trim과 같이 교차점을 기준으로 잘라 내는 명령어를 사용해야 하며, Break는 주로 해당 선분의 임의의 두 점을 잘라 길이를 조절하는 경우에 사용합니다. 1개의 선분에서 같은 지점을 선택한 후 2개의 선분으로 분리하는 경우에도 사용합니다. 임의의 두 지점을 선택하여 잘라 내는 Break의 기능에 대해 알아보겠습니다.

명령어	Break		아이콘	
단축키	BR		메뉴	[Modify]-[Break]

● 명령어 이해하기

자르기를 할 대상 객체(Line, Circle, Arc, Rectang 등)가 있는 경우에는 Break 명령어를 입력한 후 객체를 선택합니다. 명령어를 입력한 후 Select object 시에 선택한 첫 번째 지점이 자동으로 Break의 잘라 낼 첫 번째 점이 됩니다. Second Point를 시작점으로부터 일정 거리를 띄우고 클릭하면, 첫 번째 점의 위치부터 두 번째 점의 위치까지 없어집니다. 선택한 첫 번째 지점이 객체를 잘라 내기 위한 첫 번째 지점이 되며, 두 번째 지점을 클릭하면 처음 클릭한 지점으로부터 두 번째 지점까지 잘라지는 것입니다. Circle이나 Ellipse의 경우 첫 번째 지점과 두 번째 지점의 순서가 반시계 방향인 순서일 때 순서대로 잘려 나가고, 반대인 경우에는 순서의 반대로 잘려 나갑니다.

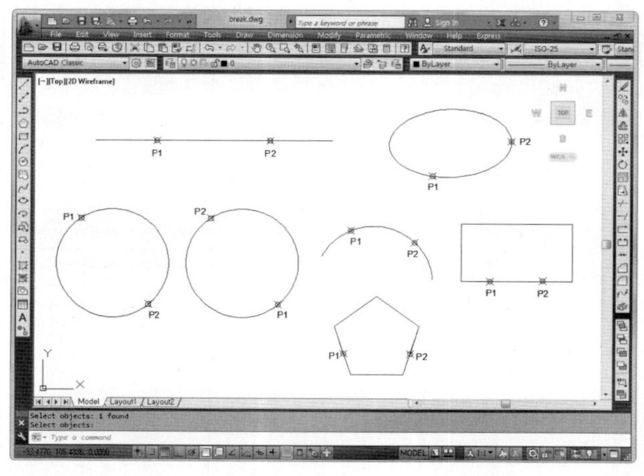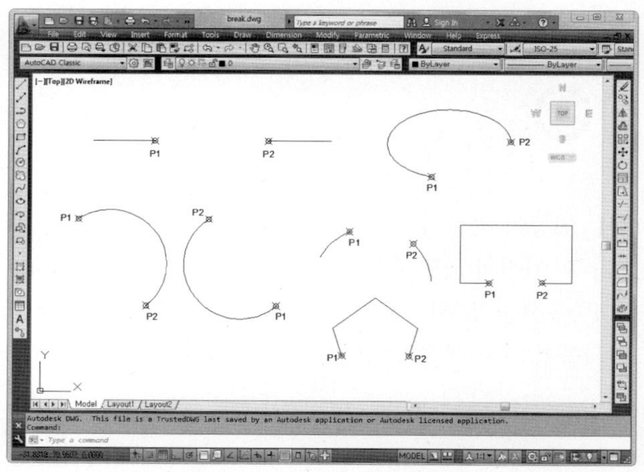

```
Command: Break [Enter]
Select object:
 → 자르기를 할 객체를 클릭함과 동시에 첫 번째 기준점의 좌표 값으로 선택됩니다.
Specify second break point or [First point]:
 → 자르기를 할 두 번째 기준점의 좌표를 클릭합니다.
```

● 옵션 이해하기

Break 명령어는 선택한 두 지점을 없애는 명령어입니다. 명령어 실행과 동시에 객체를 선택하며, 선택과 동시에 그 지점은 Break의 첫 좌표 점이 됩니다. 이때 선택한 좌표 점을 첫 번째 점으로 선택하지 않고 다른 지점을 첫 번째 점으로 선택하고 싶은 경우에는 'First' 옵션을 이용하여 첫 번째 점을 새로 선택할 수 있습니다.

옵션	설명
First Point	처음 선택한 좌표 점을 Break의 첫 번째 기준점으로 하지 않고 새로운 좌표를 첫 번째 기준점으로 다시 지정하고자 할 때 사용합니다.

● 미리해보기

예제 파일 부록 CD\Sample\Chapter02\ch02_24S.dwg   **완성 파일** 부록 CD\Sample\Chapter02\ch02_24F.dwg

01 메뉴의 [File]-[Open]을 선택하여 부록 CD에서 예제 파일을 불러옵니다. 먼저 맨 위의 선분에서 Break 명령어의 단축키인 'BR'을 입력한 후 다음의 두 지점을 클릭하여 두 점 사이를 잘라 냅니다.

```
Command: BR Enter
Break select object: P1점 클릭
Specify second break point or [First point]: P2점 클릭
```

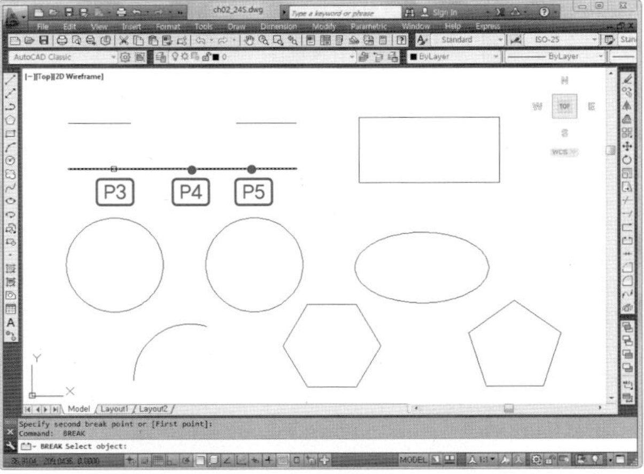

02 다음 선분에서 처음 선택한 지점은 객체를 선택하는 역할만 합니다. Break의 첫 번째 점을 다시 선택한 후 Break 명령어의 단축키인 'BR'을 입력합니다. 다음 지점을 시작점으로 하여 첫 번째 점을 다시 선택하기 위하여 'F' 옵션을 입력하고 새로운 두 점을 클릭하여 잘라냅니다.

```
Command: BR Enter
Break select object: P3점 클릭
Specify second break point or [First point]: F Enter
Specify first break point: P4점 클릭
Specify second break point: P5점 클릭
```

03 이번에는 원을 잘라 내겠습니다. Break 명령어를 입력한 후 다음 두 지점을 마우스로 클릭합니다.

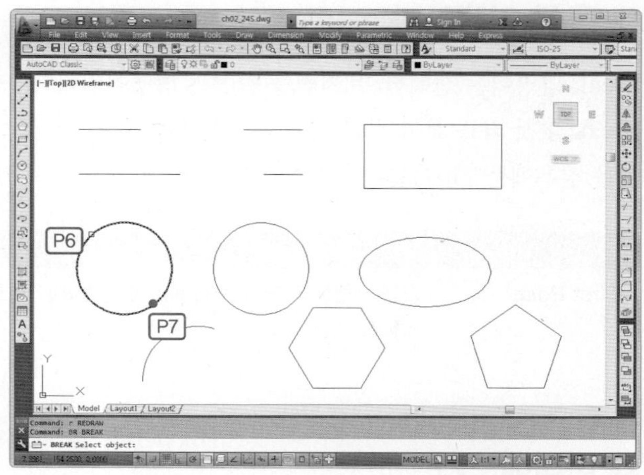

```
Command: BR Enter
Break select object: P6점 클릭
Specify second break point or [First point]: P7점 클릭
```

04 이번에도 역시 원을 잘라 냅니다. 하지만 선택한 후 두 번째 지점을 첫 번째 원과는 반대로 선택합니다. 두 번째 지점을 첫 번째 지점으로 선택하여 시계 방향으로 선택합니다. 명령어를 입력한 후 다음과 같이 클릭합니다.

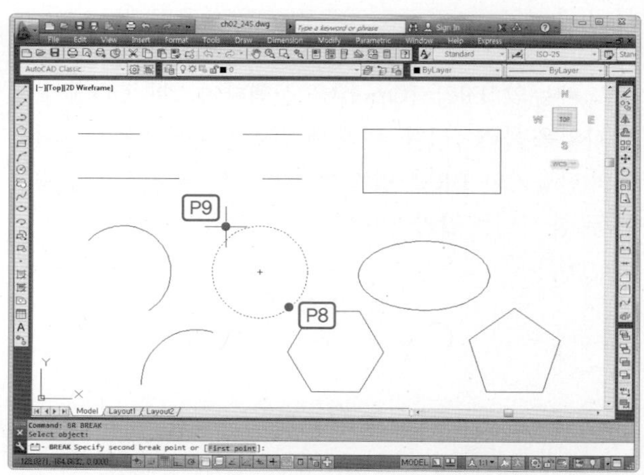

```
Command: BR Enter
Break select object: P8점 클릭
Specify second break point or [First point]: P9점 클릭
```

05 다음은 원에서 이미 잘려졌으므로 Arc를 Break를 통해 잘라보겠습니다. Arc는 이미 원이 아니므로 시계 방향이나 반시계 방향과는 관계없이 첫 번째 클릭한 지점에서 두 번째 클릭한 지점까지 잘려 나갑니다.

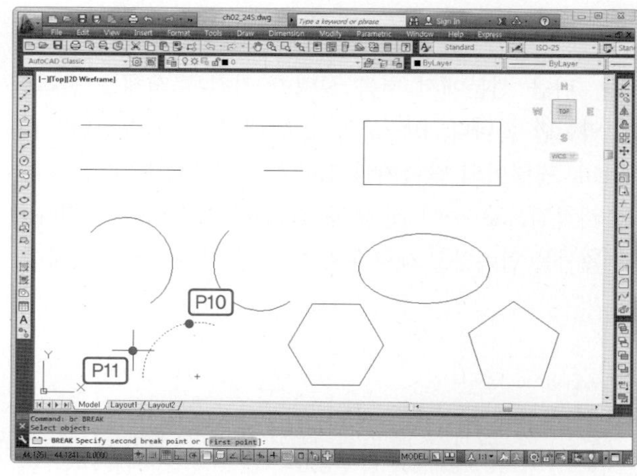

```
Command: BR Enter
Break select object: P10점 클릭
Specify second break point or [First point]: P11점 클릭
```

06 Arc 옆의 Polygon을 클릭하여 Break해봅니다. 똑같은 순서대로 육각형과 오각형을 클릭하면 다음과 같이 순서에 관계없이 첫 번째 육각형은 아랫부분이, 두 번째 오각형은 윗부분이 잘려 나갑니다.

```
Command: BR Enter
Break select object: P12점 클릭
Specify second break point or [First point]: P13점 클릭
```

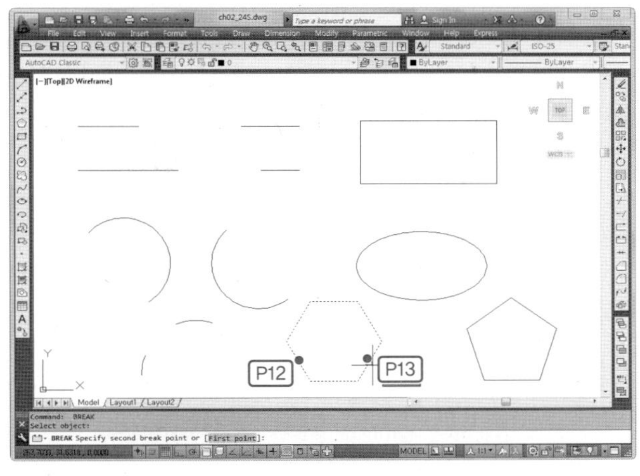

07 첫 번째로 그린 육각형은 옵션 지정 없이 각형의 수를 선택하고 다각형의 중심점을 기준으로 원에 내접, 외접하는 형태로 다각형을 그린 객체이며, 두 번째로 그린 오각형은 'Edge' 옵션으로 한 변의 길이 값을 입력하여 그린 오각형입니다. 두 번째 그린 객체는 오히려 윗부분이 잘려 나가는 것을 확인할 수 있습니다.

```
Command: BR Enter
Break select object: P14점 클릭
Specify second break point or [First point]: P15점 클릭
```

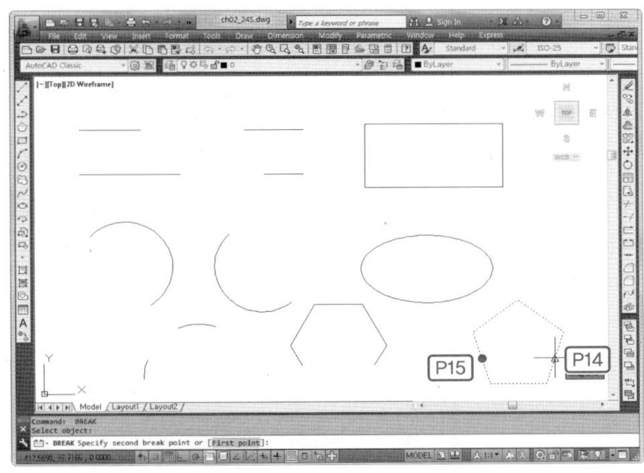

08 타원도 원과 마찬가지로 선택하는 순서에 따라 시계 방향과 반시계 방향을 이용하여 잘려 나가는 방향을 선택할 수 있습니다.

```
Command: BR Enter
Break select object: P16점 클릭
Specify second break point or [First point]: P17점 클릭
```

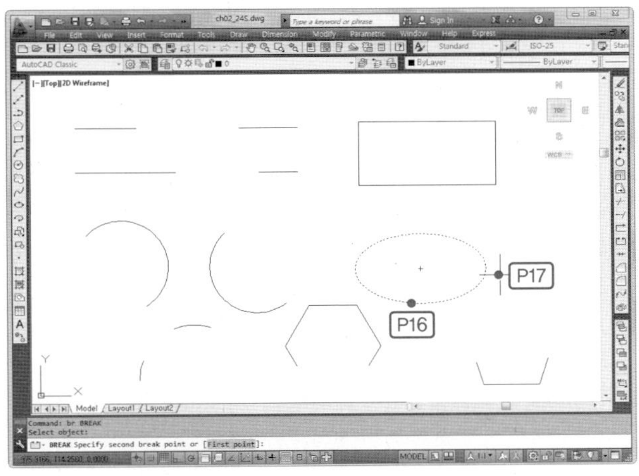

09 Rectang처럼 하나로 이어진 객체를 Break로 잘라내는 경우, 어느 방향으로 잘려 나가는지 확인합니다. 명령어를 입력한 후 다음과 같이 클릭하여 선택합니다.

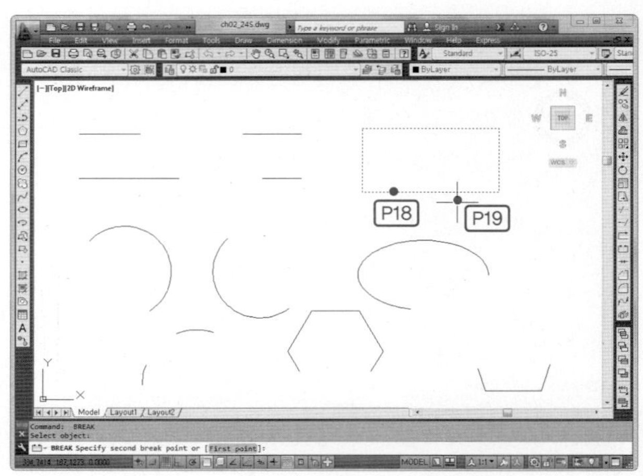

```
Command: BR Enter
Break select object: P18점 클릭
Specify second break point or [First point]: P19점 클릭
```

10 최종적으로 다음과 같이 잘려 나간 객체를 확인할 수 있습니다. Break는 두 점을 클릭했을 때 그 사이가 잘려 나가는 기본적인 명령어이며, 원, 타원의 경우에 클릭하는 순서가 반시계 방향인 각도계의 방향인 경우의 순서에 따라 잘려 나간다는 것을 확인할 수 있습니다. 다각형은 반지름 값을 이용한 기본 값으로 그린 경우에만 각도계의 방향에 따른다는 것을 확인할 수 있습니다.

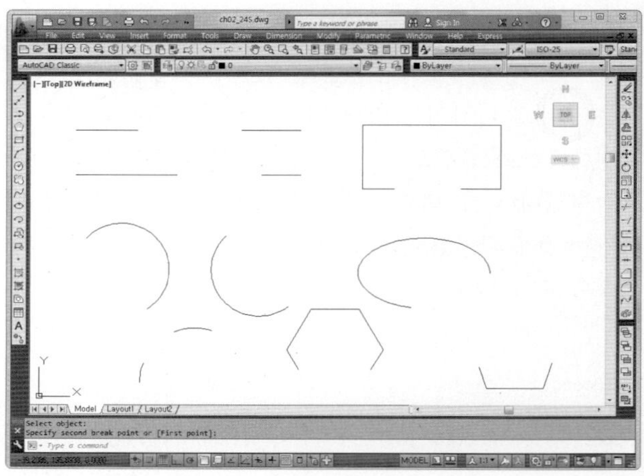

04. 모서리를 둥글게 만드는 Fillet

각진 모서리 부분을 둥글게 모깎기하는 명령어를 'Fillet'이라고 합니다. 모서리를 둥글게 만드는 명령어이므로 모서리에 해당하는 2개의 선분과 그 2개의 선분을 둥글게 이어주는 반지름 값(Radius)이 필요합니다. Polyline 속성의 경우, 동일한 Radius로 모든 모서리를 모깎기하거나 필요한 2개의 선분만을 호로 이어서 모깎기를 하기도 합니다. 이번에는 둥근 부분끼리 원하는 반지름 값으로 연결하여 새로운 호로 연결하는 Fillet 명령어에 대해 알아보겠습니다.

명령어	Fillet		아이콘	
단축키	F		메뉴	[Modify]-[Fillet]

● 명령어 이해하기

Fillet 명령어를 입력한 다음 둥근 부분이 될 모서리를 지정하기 위하여 'Radius' 옵션을 지정한 후 반지름 값을 입력하고, 2개의 선분을 차례대로 선택하여 각진 모서리가 둥글게 깎이도록 합니다. 이때, 반지름 값에 '0'을 입력하면 둥글었던 모서리가 뾰족해집니다. 반지름 값이 입력된 상태에서 Shift 를 누른 상태에서 2개의 객체를 클릭하면 Radius가 있는 상태라도 직선의 뾰족한 모서리가 됩니다. AutoCAD 2013의 편리한 Fillet은 입력된 반지름의 크기를 두 번째 객체를 클릭하기 전에 미리 보기가 나타나므로 확인이 가능하며, 이때 반지름의 크기가 알맞지 않은 경우 새로 지정할 수 있도록 옵션이 추가되었습니다.

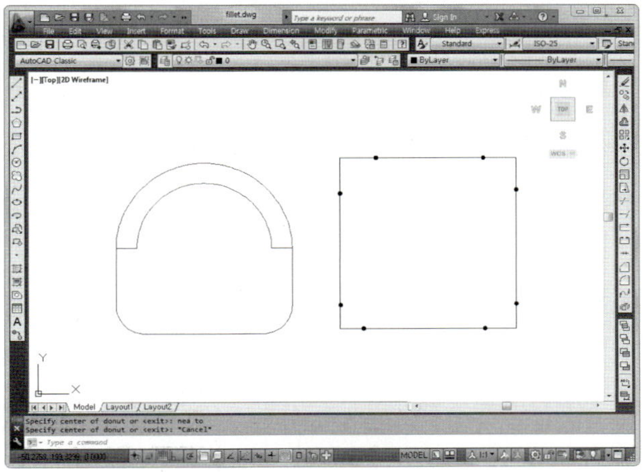

▲ Fillet하기 전 모서리 모양   ▲ Fillet한 후 변경된 모서리 모양

```
Command: Fillet Enter
Current settings: Mode=Trim, Radius=0.0000
Select first object or [Undo/Polyline/Radius/Trim/Multiple]: R Enter
→ 모깎기에 필요한 반지름을 입력하기 위하여 'R' 옵션을 입력합니다.
Specify fillet radius <0.0000>: 35 Enter
→ 반지름 값을 숫자로 입력합니다.
Select first object or [Undo/Polyline/Radius/Trim/Multiple]:
→ Fillet할 객체 모서리의 첫 번째 선분을 클릭합니다.
Select second object or shift-select to spply corner or [Radius]:
→ Fillet할 객체 모서리의 두 번째 선분을 클릭합니다. 반지름 옵션을 다시 지정할 수도 있습니다.
```

● 옵션 이해하기

'Fillet' 옵션은 모서리의 둥근 반지름에 해당하는 Radius, 한 번에 여러 객체를 선택할 수 있는 Multiple 등과 같은 다양한 옵션을 통해 빠르게 Fillet할 수 있는 다양한 방법을 제공합니다. 특히, 일반 객체와 Polyline 객체에 따라 한 번에 모서리 처리를 할 수 있는 옵션을 선택할 수 있으며, 설정한 반지름을 두 번째 객체를 선택하기 직전에 변경할 수도 있습니다. AutoCAD 2013에서는 두 번째 객체를 선택하기 전에 Radius를 다시 설정할 수 있는 옵션이 생겼습니다. 이것은 두 번째 객체를 선택하기 위하여 해당 객체 위에 마우스를 접촉하는 단계에서 Fillet으로 둥글게 만들어질 Arc의 크기를 미리 보기로 보여주고, 그 값이 원하는 크기가 아닌 경우, 두 번째 객체를 클릭하기 직전에 미리 Radius를 수정할 수 있도록 배려한 것입니다.

옵션	설명
Undo	사용하거나 실행된 옵션 등을 취소하거나 되돌리는 옵션입니다.
Polyline	일반 객체 속성이 아닌 Polyline 속성으로 만들어진 객체를 Fillet하는 경우에 옵션을 사용하여 선택하면 클릭 한 번에 모든 모서리를 둥글게 처리할 수 있습니다. 이 옵션을 이용하는 객체는 Polyline으로 만들어진 객체들에 한정됩니다. 이 옵션으로 실행될 수 있는 객체로는 Pline, Rectang, Polygon 등이 있습니다.
Radius	둥근 모서리에 해당하는 호의 반지름 값을 입력합니다.
Trim	Fillet한 모서리의 호를 기준으로 원본의 선분을 잘라 내거나 남길 수 있도록 설정합니다.
Multiple	Fillet을 이용하여 두 선분을 클릭하는 경우, 한 번에 2개의 선분을 클릭하여 하나의 모서리를 Fillet하는 것이 기본이었지만, 이 옵션을 선택하면 명령어를 다시 입력하지 않아도 종료하기 전까지 원하는 모든 객체의 모서리를 Fillet할 수 있습니다.

● 미리해보기

예제 파일 부록 CD\Sample\Chapter02\ch02_25S.dwg   **완성 파일** 부록 CD\Sample\Chapter02\ch02_25F.dwg

01 메뉴의 [File]-[Open]을 선택하여 부록 CD에서 예제 파일을 불러옵니다. 다음과 같이 Fillet의 사용법과 옵션을 익히기 위한 간단한 도형이 그려져 있습니다. Fillet 명령어의 단축키인 'F'를 입력한 후 모깎기의 반지름 값을 입력하기 위하여 'Radius' 옵션의 단축키인 'R'을 입력하고 다음과 같이 반지름 값에 '20'을 입력합니다.

```
Command: F Enter
Fillet
Current settings: Mode=Trim, Radius=0.0000
Select first object or [Undo/Polyline/Radius/Trim/Multiple]:
R Enter
Specify fillet radius <0.0000>: 20 Enter
```

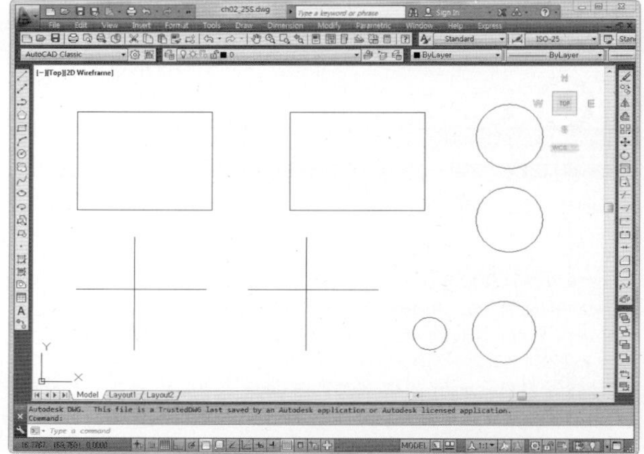

02 반지름 값이 입력되었으면 다음과 같이 두 선분을 차례대로 클릭합니다. 클릭한 객체 중 두 번째 객체에 마우스를 접촉하면 해당 반지름의 크기만큼 라운딩될 호의 모습을 미리 보기로 보여줍니다. 사용자는 해당 반지름으로 만들어질 호의 크기를 미리 확인할 수 있습니다.

```
Select first object or [Undo/Polyline/Radius/Trim/Multiple]:
P1점 클릭
Select second object or shift-select to spply corner or
[Radius]: P2점 클릭
```

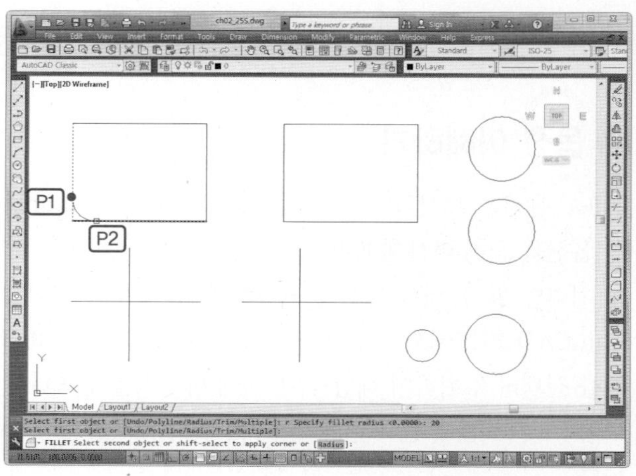

03 Fillet은 옵션을 설정하기 전에는 한 번에 한 모서리만 모깎기를 합니다. 하지만 다음과 같이 'Multiple' 옵션을 지정하면 명령어가 종료되지 않고 연속해서 원하는 모서리를 모두 Fillet할 수 있습니다. 바로 직전에 사용한 Fillet 명령어를 다시 사용하기 위하여 다음과 같이 Enter 를 누르면 Fillet이 다시 실행됩니다.

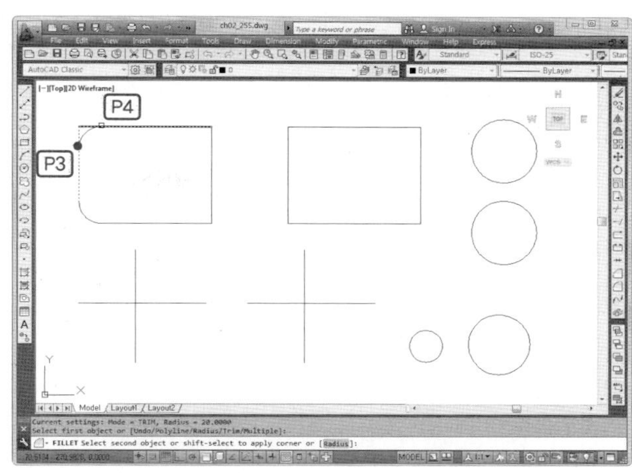

```
Command: Enter
FILLET
Current settings: Mode=Trim, Radius=20.0000
Select first object or [Undo/Polyline/Radius/Trim/Multiple]:
M Enter
Select first object or [Undo/Polyline/Radius/Trim/Multiple]:
P3점 클릭
Select second object or shift-select to spply corner or
[Radius]: P4점 클릭
```

04 실행해본 결과 Fillet 명령어가 종료되지 않는 것을 볼 수 있습니다. 계속 P5점과 P6점을 클릭하여 이어서 Fillet을 진행합니다. 더 이상 Fillet을 하지 않는 경우에는 Enter 를 눌러 종료합니다.

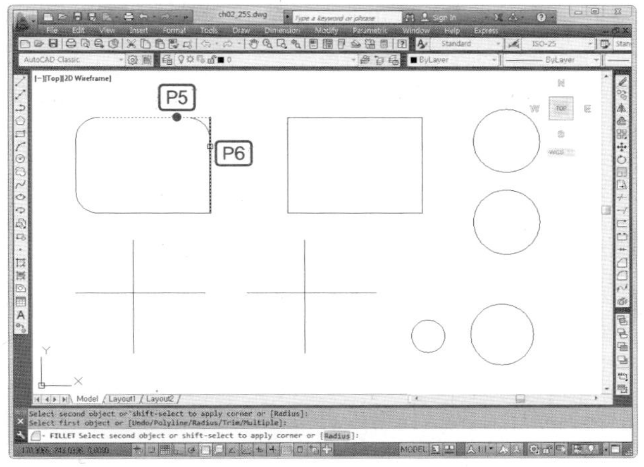

```
Select first object or [Undo/Polyline/Radius/Trim/Multiple]:
P5점 클릭
Select second object or shift-select to spply corner or
[Radius]: P6점 클릭
Select first object or [Undo/Polyline/Radius/Trim/Multiple]:
Enter
```

05 Pline으로 그린, 닫힌 사각형 또는 그와 같은 속성으로 만들어진 Rectang과 같은 객체는 모든 모서리를 한 번에 Fillet할 수 있습니다. Polyline인 것만 옵션으로 지정해주고 객체의 한 곳만 클릭하면 모든 모서리는 지정된 반지름 값으로 한 번에 Fillet됩니다.

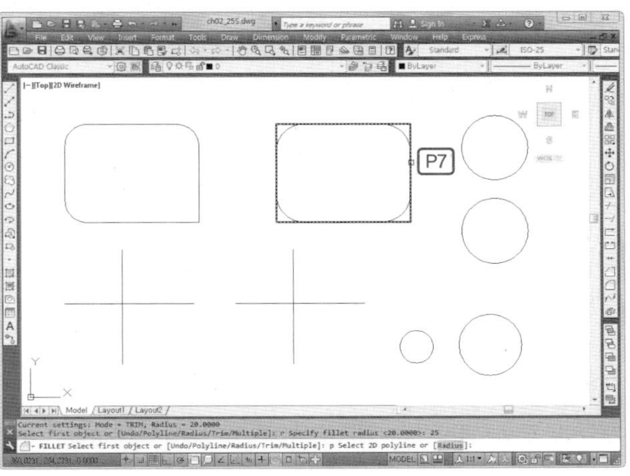

```
Command: F Enter
Fillet
Current settings: Mode=Trim, Radius=20.0000
Select first object or [Undo/Polyline/Radius/Trim/Multiple]:
R Enter
Specify fillet radius <20.0000>: 25 Enter

Select first object or [Undo/Polyline/Radius/Trim/Multiple]:
P Enter
Select 2D Polyline or [Radius]: P7점 클릭
4 lines were Filleted
```

06 Fillet은 끝점이 연결된 모서리만 설정할 수 있는 것이 아니라 교차한 선분도 설정할 수 있으며, 그 교차한 선분의 경우 반지름과 관계없이 끝이 뾰족한 모서리 모양으로 만들 수 있습니다. 다음과 같이 Fillet 명령어를 입력하고 두 번째 객체를 선택하는 경우 Shift 를 누른 상태에서 클릭하면 반지름 값이 '0'인, 끝이 뾰족한 모서리가 만들어집니다.

```
Command: F Enter
Fillet
Current settings: Mode=Trim, Radius=25.0000
Select first object or [Undo/Polyline/Radius/Trim/Multiple]:
P8점 클릭
Select second object or shift-select to spply corner or
[Radius]: Shift 를 누른 상태에서 P9점 클릭
```

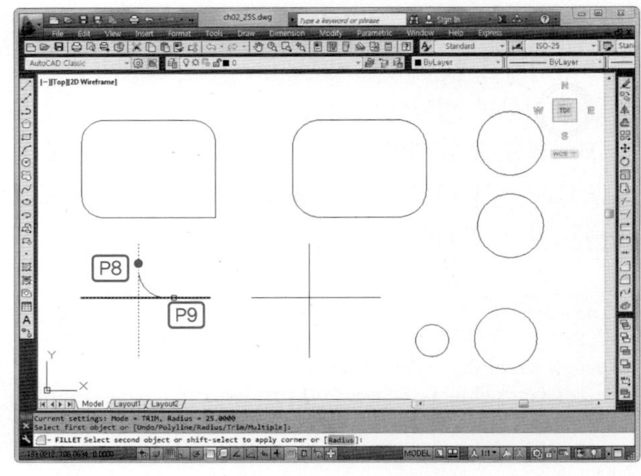

07 교차한 선분을 Fillet을 통해 모서리를 만드는 경우, 모서리 모양이 만들어져야 하는 연결점이 있는 곳을 클릭하는 것이 관건입니다. 동일한 교차 선분이지만 다음 위치를 클릭하면 아까와는 반대 모양의 모서리가 나타납니다.

```
Command: F Enter
Fillet
Current settings: Mode=Trim, Radius=25.0000
Select first object or [Undo/Polyline/Radius/Trim/Multiple]:
P10점 클릭
Select second object or shift-select to spply corner or
[Radius]: Shift 를 누른 상태에서 P11점 클릭
```

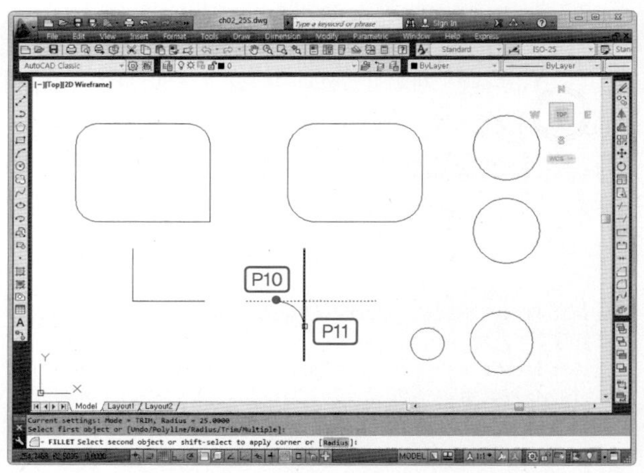

08 다음은 원과 원을 호로 연결해보겠습니다. Fillet 명령어를 입력한 후 원과 원을 이을 반지름 값을 입력하고 두 원을 이을 부분에 다음과 같이 클릭합니다.

```
Command: F Enter
Fillet
Current settings: Mode=Trim, Radius=25.0000
Select first object or [Undo/Polyline/Radius/Trim/Multiple]:
R Enter
Specify fillet radius <25.0000>: 40 Enter

Select first object or [Undo/Polyline/Radius/Trim/Multiple]:
P12점 클릭
Select second object or shift-select to spply corner or
[Radius]: P13점 클릭
```

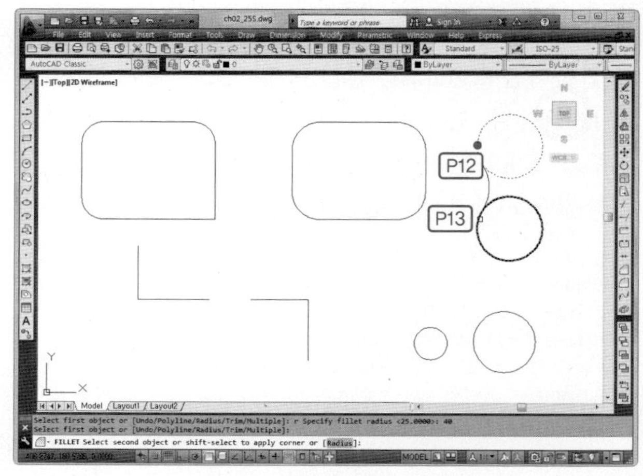

09 크기가 서로 다르고 위치의 높낮이가 서로 다른 원도 Fillet이 가능합니다. 다음과 같이 반지름 값을 새로 입력하고 다음 두 곳을 클릭하여 연결합니다.

```
Command: F Enter
Fillet
Current settings: Mode=Trim, Radius=40.0000
Select first object or [Undo/Polyline/Radius/Trim/Multiple]: r
Specify fillet radius <40.0000>: 50 Enter
Select first object or [Undo/Polyline/Radius/Trim/Multiple]:
P14점 클릭
Select second object or shift-select to spply corner or
[Radius]: P15점 클릭
```

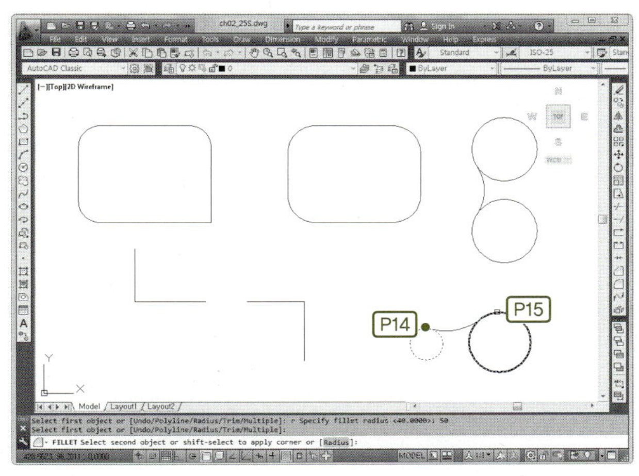

05. 모서리를 절단하는 Chamfer

모서리를 경사지게 절단하는 Chamfer를 '모따기'라고 합니다. 사용 방법은 Fillet과 같지만, 경사진 절단면을 만들기 위하여 모서리 끝점에서부터 경사지게 연결할 위치까지의 거리 값이 Distance를 기준으로 모따기를 하는 것이 다릅니다. 모서리의 끝점을 기준으로 기울기 각을 입력하여 Chamfer하기도 하며, 한 변의 길이와 다른 한 변의 길이를 같거나 다르게 입력하여 정비례하거나 비례하지 않은 형태의 모따기를 할 수도 있습니다.

명령어	Chamfer		아이콘	
단축키	CHA		메뉴	[Format]-[Drawing Limits]

● 명령어 이해하기

Chamfer 명령어를 입력한 후 모서리 끝점에서 절단면의 양 끝점이 되는 위치에 Distance를 입력하여 결정하고, 모서리의 2개 선분을 차례대로 클릭하면 입력된 거리만큼 두 선분을 대각선 모양으로 이어 절단면을 만들어 모서리가 각진 형태의 도형이 만들어집니다. 이때 2개의 Distance 값에는 동일한 값을 넣거나 다른 길이 값을 입력할 수 있으며, 'Angle' 옵션으로 모서리 끝에서 각도와 길이 값을 이용하여 Chamfer할 수도 있습니다.

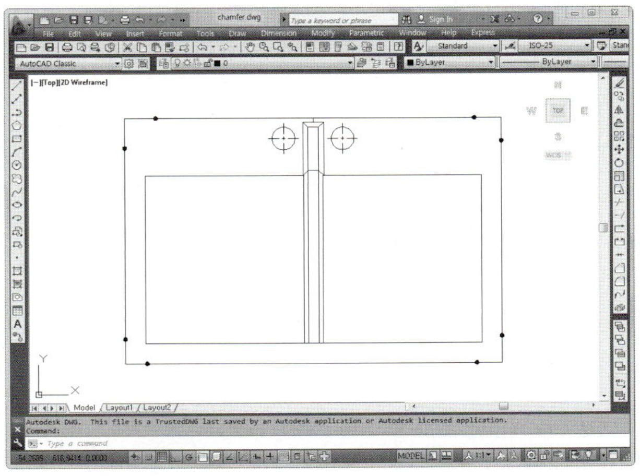

▲ Chamfer 전 모서리 모양

```
Command: Chamfer [Enter]
(Trim mode) current chamfer dist1=0.0000, Dist2=0.0000
Select first line or [Undo/Polyline/Distance/Angle/Trim/
Method/Multiple]: D [Enter]
```
→ Chamfer할 대상 객체의 길이 값을 입력하고 'Distance' 옵션을 지정하는
단축키인 'D'를 입력합니다.

```
Specify first chamfer distance <0.0000>: 50 [Enter]
```
→ Chamfer 대상 객체 모서리의 첫 번째 거리 값을 입력합니다.

```
Specify second chamfer distance <50.0000>:
```
→ Chamfer 대상 객체 모서리의 두 번째 거리 값을 입력합니다.

```
Select first line or [Undo/Polyline/Distance/Angle/Trim/
Method/Multiple]:
```
→ Chamfer 대상 객체 첫 번째 모서리의 선분을 클릭합니다.

```
Select second line or shift-select to apply corner or
[Distance/Angle/Method]:
```
→ Chamfer 대상 객체 두 번째 모서리의 선분을 클릭하거나 변경할 옵션이
있는 경우 길이나 각도 등의 옵션을 다시 지정합니다.

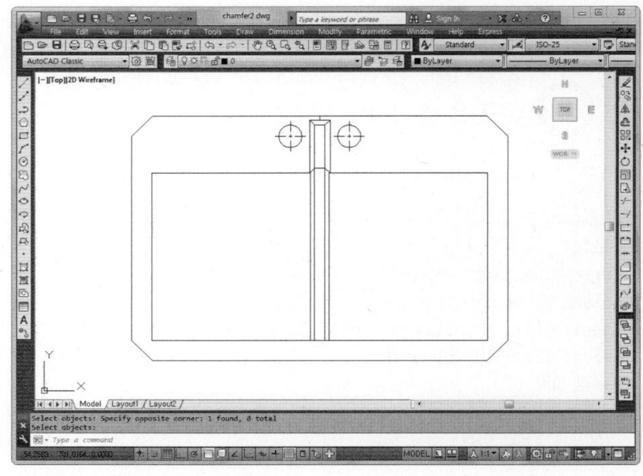

▲ Chamfer 후 모서리 모양

● 옵션 이해하기

Chamfer는 모따기를 하는 명령어입니다. 따라서 모따기를 할 길이 값 또는 길이 값과 각도 등을 변경할 수 있는 옵션이 가장 많이 이용되며, Fillet과 동일하게 Polyline 속성의 객체는 한 번의 클릭으로 모따기를 할 수 있습니다. 'Multiple' 옵션을 이용하면 여러 곳에 계속 Chamfer를 실행할 수 있으며, AutoCAD 2013에서는 두 번째 선분을 클릭하기 위하여 마우스를 선분에 접촉하는 순간 미리 Chamfer의 길이 값에 의한 완성 예상도를 미리 보기해주어 길이를 가늠할 수 있습니다. 또한 두 번째 선분을 클릭하기 전에 지정된 옵션을 변경할 수 있도록 옵션을 추가해두었습니다.

옵션	설명
Undo	모따기를 하면서 지정한 옵션을 역순으로 취소하거나 'Mutiple' 옵션 등을 사용하여 실행된 모따기를 되돌려 취소합니다.
Polyline	Polyline 속성으로 만들어진 객체를 Chamfer하는 경우 옵션을 입력하여 선택하면 한 번에 모든 모서리를 Chamfer합니다. 이 옵션을 이용하는 객체는 Polyline 속성의 객체들로, Pline, Rectang, Polygon 등의 객체들이 이 옵션으로 실행될 수 있습니다.
Distance	Chamfer 대상 객체의 모서리 끝점에서 대각선 끝점의 위치까지의 길이 값을 입력합니다.
Angle	Chamfer 대상 객체의 한 변의 기울기 각과 길이 값을 입력하여 모따기를 할 수 있도록 합니다.
Trim	Chamfer한 모서리의 사선을 기준으로 원본의 선분을 잘라 내거나 남길 수 있는 모드를 정하여 사용합니다.
mEthod	Chamfer하는 방법을 선택할 수 있습니다. Chamfer하는 방법에는 Distance와 Angle이 있습니다.
Multiple	한 번에 하나의 모서리를 Chamfer하는 것이 기본이지만, 'Multiple' 옵션을 선택하는 경우에는 종료 전까지 원하는 모서리를 모두 Chamfer할 수 있습니다.

● 미리해보기

예제 파일 부록 CD\Sample\Chapter02\ch02_26S.dwg   **완성 파일** 부록 CD\Sample\Chapter02\ch02_26F.dwg

01 메뉴의 [File]-[Open]을 선택하여 부록 CD에서 예제 파일을 불러옵니다. 다음처럼 모서리가 모두 날카로운, Chamfer가 되지 않은 객체가 나타납니다. Chamfer의 단축키인 'CHA'를 입력한 후 'Distance' 옵션을 입력하기 위하여 단축키인 'D'를 입력하고 다음과 같이 길이 값을 입력합니다.

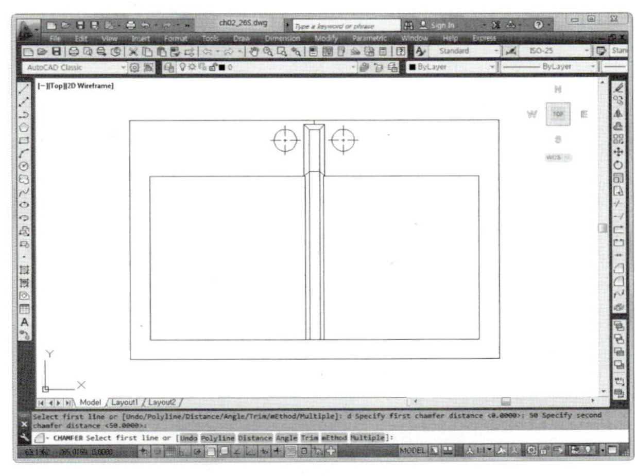

```
Command: CHA Enter
Chamfer
(Trim mode) current chamfer dist1=0.0000, Dist2=0.0000
Select first line or [Undo/Polyline/Distance/Angle/Trim/
Method/Multiple]: D Enter
Specify first chamfer distance <0.0000>: 50 Enter
Specify second chamfer distance <50.0000>: Enter
```

02 바깥쪽의 선분은 Polyline 속성으로 그려진 Rectang 객체이므로 한 번에 모든 모서리를 잘라 모따기를 하기 위해서는 'Polyline' 옵션을 이용해야 합니다. 단축키인 'P'를 입력하고 다음 P1점을 클릭합니다. 모든 모서리가 한 번에 잘려 나갑니다.

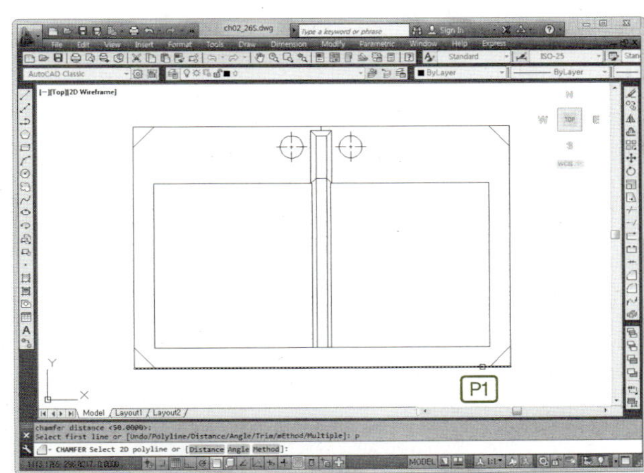


```
Select first line or [Undo/Polyline/Distance/Angle/Trim/
Method/Multiple]: P Enter
Select 2D Polyline or [Distance/Angle/Method]: P1점 클릭
4 Lines were Chamfered
```

Upgrade ★

자동 곡선 합성 Blend 명령어

선택하는 두 선이나 두 곡선 사이에 적절한 스플라인을 삽입해주는 명령어로, AutoCAD2012부터 추가된 명령어입니다. Fillet처럼 곡선이 나오지만 일정한 반지름이 아닌 접선의 방향을 가지는 스플라인으로 작성되는 곡선을 만들어줍니다.

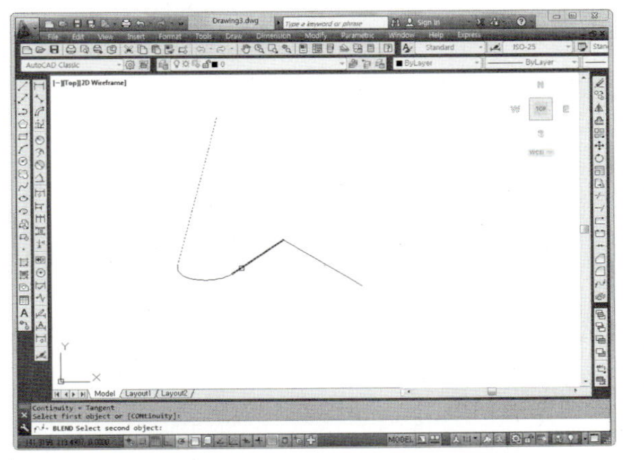

```
Command: blend Enter
Continuity = Tangent
Select first object or [CONtinuity]:
첫 번째 선분을 클릭합니다.
Select second object:
두 번째 선분을 클릭합니다.
```

03 한 변의 길이와 다른 한 변의 길이가 다른 Chamfer 를 실행하기 위하여 Distance에서 첫 번째와 두 번째의 길 이 값을 다르게 입력한 후 2개 이상의 모서리를 연속적으 로 모따기하기 위하여 'Multiple' 옵션을 입력하고 다음과 같이 클릭합니다.

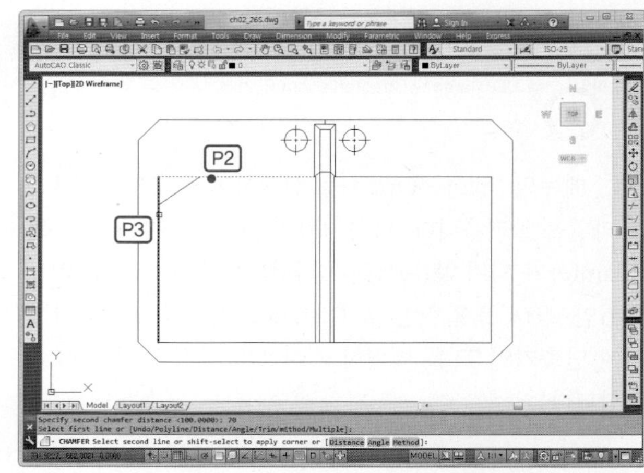


```
Command: CHA Enter
Chamfer
(Trim mode) current chamfer dist1=50.0000, Dist2=50.0000
Select first line or [Undo/Polyline/Distance/Angle/Trim/
Method/Multiple]: D Enter
Specify first chamfer distance <50.0000>: 100 Enter
Specify second chamfer distance <100.0000>: 70 Enter

Select first line or [Undo/Polyline/Distance/Angle/Trim/
Method/Multiple]: M Enter

Select first line or [Undo/Polyline/Distance/Angle/Trim/
Method/Multiple]: P2점 클릭
Select second line or shift-select to apply corner or
[Distance/Angle/Method]: P3점 클릭
```

04 'Multiple' 옵션을 실행한 상태이므로 두 선분을 클 릭해도 명령어는 종료되지 않습니다. 계속 다음 선분을 차 례로 클릭하여 선택하고 종료하기 위하여 Enter 를 누릅 니다.

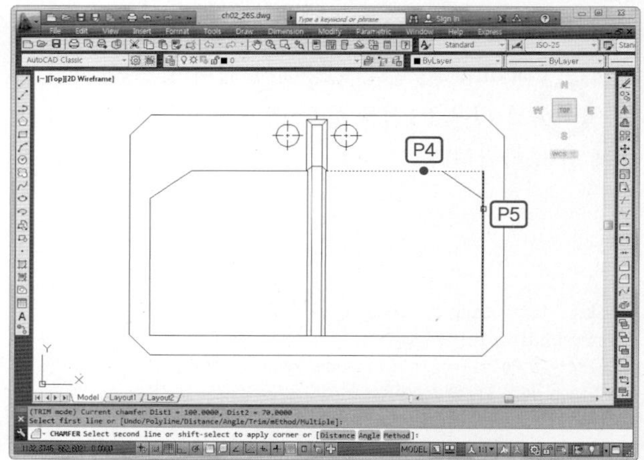


```
Select first line or [Undo/Polyline/Distance/Angle/Trim/
Method/Multiple]: P4점 클릭
Select second line or shift-select to apply corner or
[Distance/Angle/Method]: P5점 클릭
Select first line or [Undo/Polyline/Distance/Angle/Trim/
Method/Multiple]: Enter
```

05 'Angle' 옵션의 경우 첫 번째를 선택하는 선분은 길이 값만큼, 두 번째를 선택하는 선분은 첫 번째 선분으로부터의 기울기 각만큼 잘려 나가 모따기를 하는 것입니다. 다음과 같이 'Angle' 옵션을 입력하고 다음의 두 선분을 클릭합니다.

```
Command: CHA Enter
Chamfer
(Trim mode) current chamfer dist1=100.0000, Dist2=70.0000
Select first line or [Undo/Polyline/Distance/Angle/Trim/
Method/Multiple]: A Enter
Specify chamfer length on the first line <0.0000>: 100 Enter
Specify chamfer angle from the first line <0>: 25 Enter

Select first line or [Undo/Polyline/Distance/Angle/Trim/
Method/Multiple]: P6점 클릭
Select second line or shift-select to apply corner or
[Distance/Angle/Method]: P7점 클릭
```

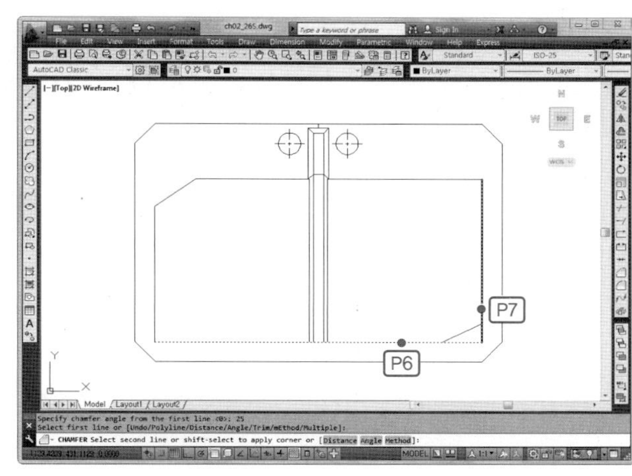

06 이번에는 설정된 옵션 값을 그대로 둔 상태에서 첫 번째 선분을 클릭하고 두 번째 선분을 클릭하기 전에 옵션을 변경해보겠습니다. 먼저 Chamfer 명령어의 단축키인 'CHA'를 입력한 후 첫 번째 선분을 클릭한 상태에서 두 번째 선분은 클릭하지 않은 상태에서 다음과 같이 'Angle' 옵션을 입력합니다.

```
Command: CHA Enter
Chamfer
(Trim Mode) Current Chamfer Length=100.0000, Angle=25
Select first line or [Undo/Polyline/Distance/Angle/Trim/
Method/Multiple]: P8점 클릭
Select second line or shift-select to apply corner or
[Distance/Angle/Method]: A Enter
Specify chamfer length on the first line <100.0000>: 200 Enter
Specify chamfer angle from the first line <25>: 30 Enter
```

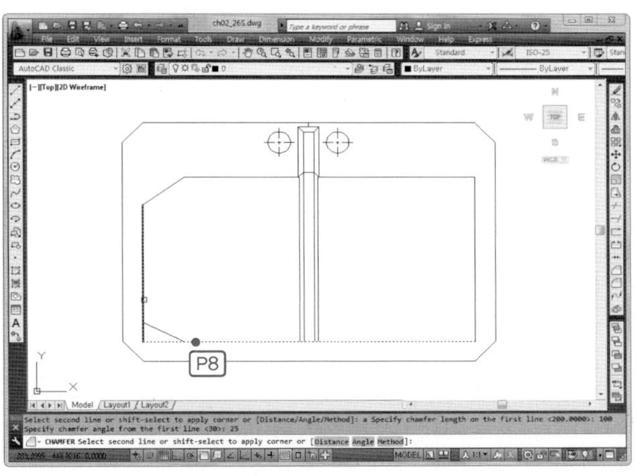

07 새로 입력한 길이 값과 각도 값을 적용하기 위하여 두 번째 선분에 마우스를 접촉한 상태에서 미리 보기 길이 값을 확인해보고 P9점을 클릭합니다. 기존의 설정된 값과는 다른 길이 값으로 만들어진 모따기가 완성되었습니다.

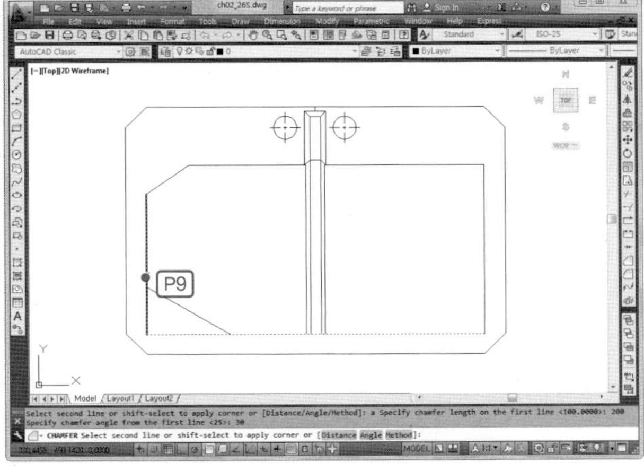

```
Select second line or shift-select to apply corner or
[Distance/Angle/Method]: P9점 클릭
```

Fillet과 Rotate를 이용하여 변기 그리기

지금은 일반 좌식 변기가 통용되고 있지만 산이나 공원 등의 이동식 화장실의 경우에는 좌식 외에 예전에 사용하던 변기가 이용되기도 합니다. 이번에는 옛날 모양의 변기를 Fillet과 Rotate를 이용하여 그려 보겠습니다. 동일한 반지름을 갖는 곳은 'Multiple' 옵션 등을 활용하여 한 번에 처리합니다.

예제 파일 부록 CD\Sample\Chapter02\ch02_se05_01S.dwg

완성 파일 부록 CD\Sample\Chapter02\ch02_se05_01F.dwg

[Start]

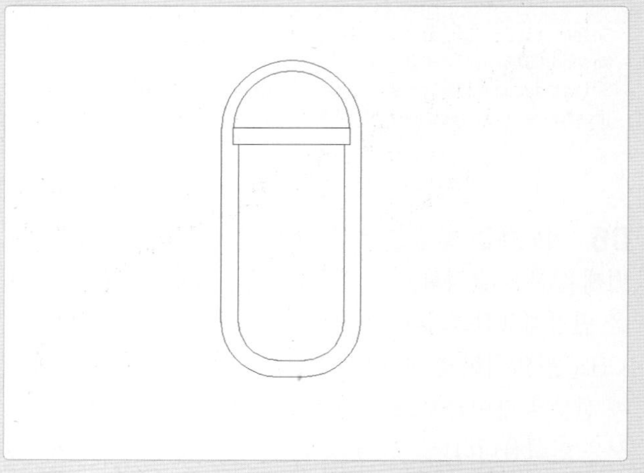

[Final]

01 메뉴의 [File]–[Open]을 선택하여 부록 CD에서 예제 파일을 불러옵니다. 다음과 같이 기본적인 변기 모양을 갖추고 있는 객체가 나타납니다. 완벽한 상태가 아니므로 해당 객체의 모서리를 Fillet을 이용하여 만들어 보겠습니다.

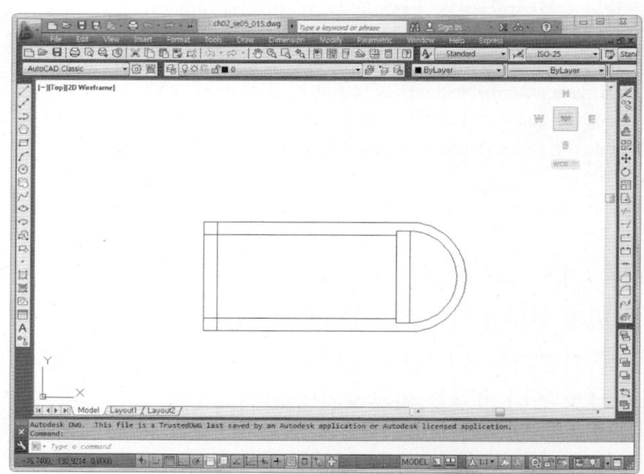

02 Fillet 명령어의 단축키인 'F'를 입력합니다. Radius 값에 관계없이 두 번째 객체를 클릭할 때 Shift 를 누른 상태에서 선택하면 다음과 같이 모서리가 뾰족한 객체가 만들어집니다.

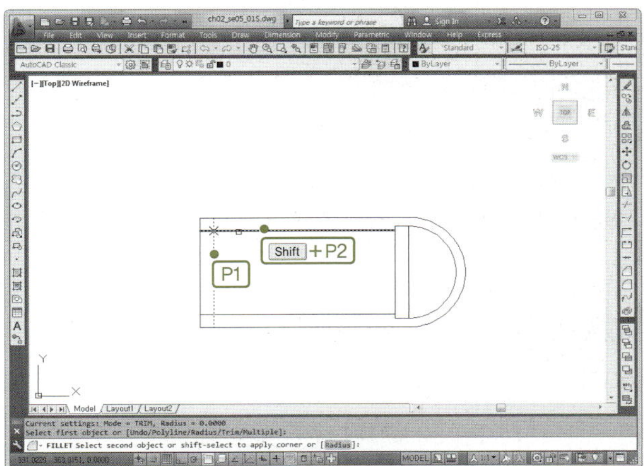


```
Command: F Enter
Fillet
Current settings: Mode=Trim, Radius=0.0000
Select first object or [Undo/Polyline/Radius/Trim/Multiple]:
P1점 클릭
Select second object or shift-select to spply corner or
[Radius]: Shift 를 누른 상태에서 P2점 클릭
```

03 이번에는 아래쪽 선분도 처음 선분처럼 모서리가 뾰족한 모서리를 만들어 보겠습니다. 바로 직전에 실행한 명령어를 다시 실행하는 경우에는 Enter 만 눌러도 실행됩니다. Enter 를 누른 후 두 번째 선분은 Shift 를 누른 상태에서 클릭합니다.

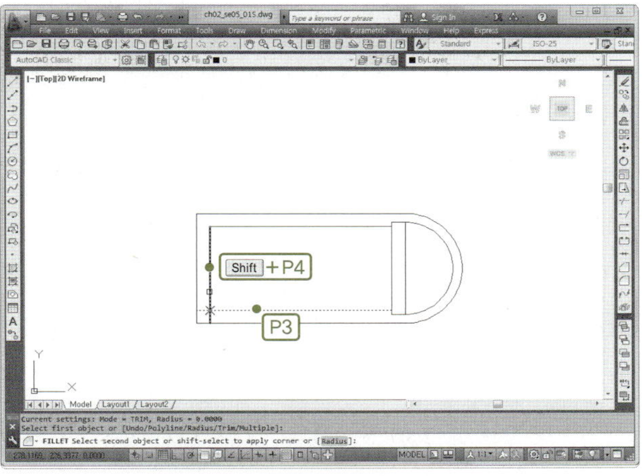


```
Command: Enter
Fillet
Current settings: Mode=Trim, Radius=0.0000
Select first object or [Undo/Polyline/Radius/Trim/Multiple]:
P3점 클릭
Select second object or shift-select to spply corner or
[Radius]: Shift 를 누른 상태에서 P4점 클릭
```

04 이번에는 안쪽의 선분을 둥글게 모깎기해보겠습니다. 이번에는 한 번에 두 곳 이상의 객체를 모깎기하기 위하여 반지름 옵션을 입력하고 다중 Fillet의 'Multiple' 옵션도 입력한 후에 실행합니다. Fillet 명령어의 단축키인 'F'를 입력한 후 다음 두 지점을 마우스로 클릭하여 선택합니다.

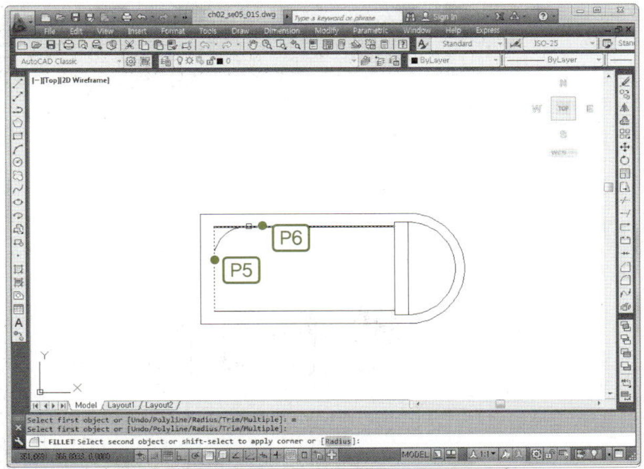


```
Command: F Enter
Fillet
Current settings: Mode=Trim, Radius=0.0000
Select first object or [Undo/Polyline/Radius/Trim/Multiple]:
R Enter
Specify fillet radius <0.0000>: 66 Enter

Select first object or [Undo/Polyline/Radius/Trim/Multiple]:
M Enter

Select first object or [Undo/Polyline/Radius/Trim/Multiple]:
P5점 클릭
Select second object or shift-select to spply corner or
[Radius]: P6점 클릭
```

05 처음 실행한 Fillet처럼 명령어가 종료되지 않고 계속 실행 중입니다. 이어서 아래쪽의 모서리의 두 선분도 다음과 같이 클릭하여 선택합니다. 더 이상 Fillet할 객체가 없는 경우에는 Enter 를 눌러 명령어를 종료합니다.

```
Select first object or [Undo/Polyline/Radius/Trim/Multiple]:
P7점 클릭
Select second object or shift-select to spply corner or
[Radius]: P8점 클릭
Select first object or [Undo/Polyline/Radius/Trim/Multiple]:
Enter
```

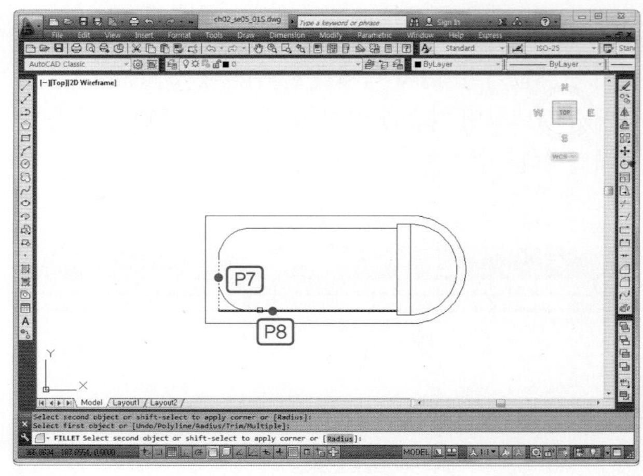

06 이번에는 바깥쪽의 객체에 Radius를 변경하여 Fillet 해보도록 합니다. Fillet 명령어의 단축키인 'F'를 입력한 후 Radius와 Multiple을 지정하고, 다음과 같이 2개의 선분을 차례대로 클릭합니다.

```
Command: F Enter
Fillet
Current settings: Mode=Trim, Radius=66.0000
Select first object or [Undo/Polyline/Radius/Trim/Multiple]:
R Enter
Specify fillet radius <66.0000>: 94 Enter

Select first object or [Undo/Polyline/Radius/Trim/Multiple]:
M Enter

Select first object or [Undo/Polyline/Radius/Trim/Multiple]:
P9점 클릭
Select second object or shift-select to spply corner or
[Radius]: P10점 클릭
```

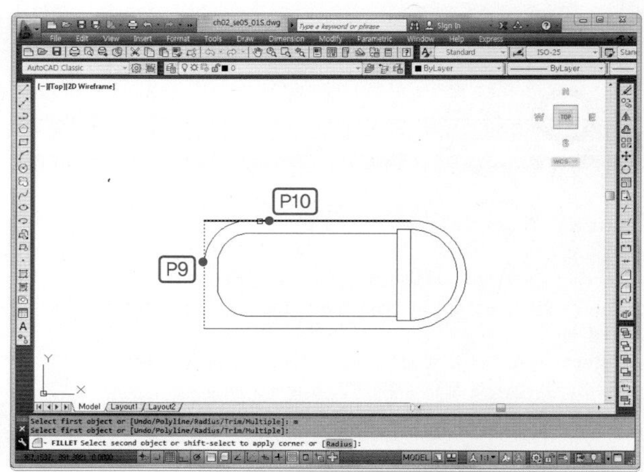

07 'Multiple' 옵션이 설정 중이므로 명령어는 계속 실행 중입니다. 이어서 아래쪽 모서리의 두 선분도 다음과 같이 클릭하여 선택합니다. 더 이상 Fillet할 객체가 없는 경우에는 Enter 를 눌러 명령어를 종료합니다.

```
Select first object or [Undo/Polyline/Radius/Trim/Multiple]:
P11점 클릭
Select second object or shift-select to spply corner or
[Radius]: P12점 클릭
Select first object or [Undo/Polyline/Radius/Trim/Multiple]:
Enter
```

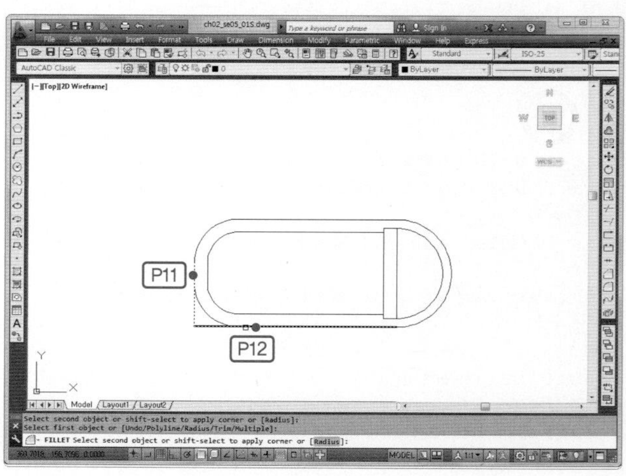

08 옆으로 그려진 변기 객체를 90° 회전하여 세워 놓습니다. Rotate 명령어의 단축키인 'RO'를 입력한 후 다음과 같이 드래그하여 선택합니다. 선택이 완료되면 Enter 를 눌러 종료합니다.

```
Command: RO Enter
Rotate
Current positive angle in UCS: ANGDIR=counterclockwise
ANGBASE=0
Select objects: Specify opposite corner: 16 found
→ P13~P14점 클릭, 드래그
Select objects: Enter
```

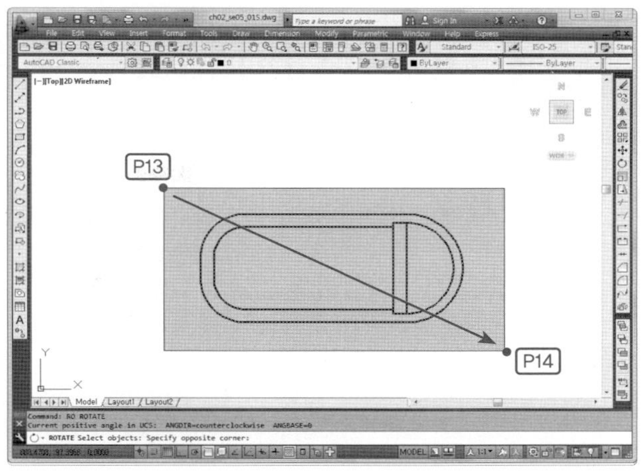

09 회전의 기준점을 클릭하기 위하여 다음의 위치를 클릭합니다. 조금 전에 Fillet하여 생성된 호의 중심점이 Osnap을 통해 선택됩니다. 혹시 선택이 되지 않으면 F3 으로 다시 Osnap을 켜고 마우스를 클릭합니다.

```
Specify base point: P15점 클릭
```

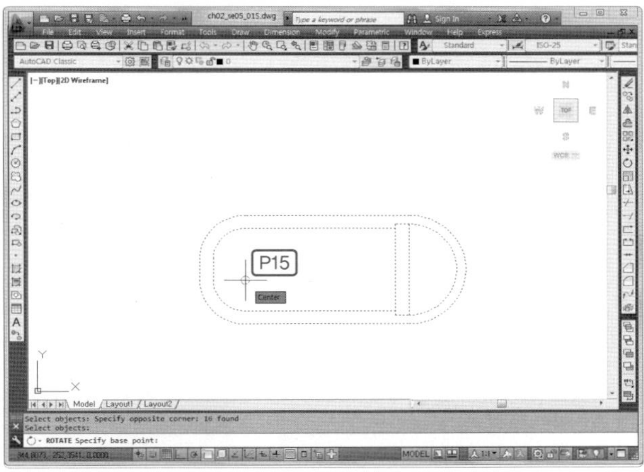

10 Rotate의 경우 각도계의 방향이 (+) 각도이므로 위쪽으로 회전하기 위해서는 90°를 입력해야 합니다. 다음과 같이 변기가 위쪽 방향으로 회전됩니다.

```
Specify rotation angle or [Copy/Reference] <0>: 90 Enter
```

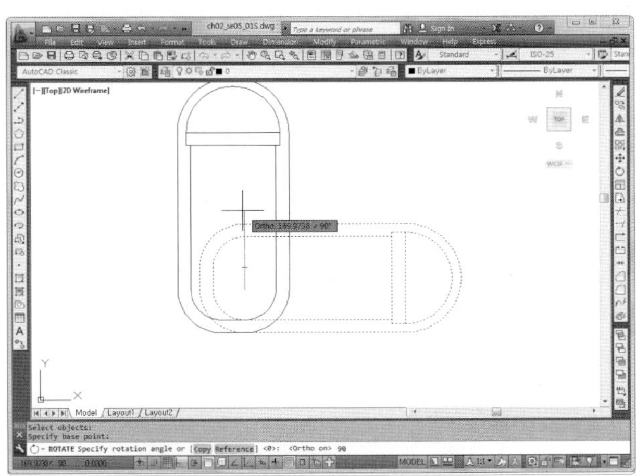

Chamfer를 활용하여 싱크대 레이아웃 그리기

싱크대의 경우 세밀하게 그리거나 위치를 잡는 레이아웃용으로 외곽의 선을 기준으로 그리기도 합니다. 이번에는 외곽의 레이아웃 선을 이용하여 싱크대를 그려보겠습니다. 일반적으로 Chamfer를 사용하고, 선 그리기 및 수정 명령어를 이용하며, 기능키와 동일하게 사용되는 다른 키들에는 어떤 것이 있는지 알아보겠습니다.

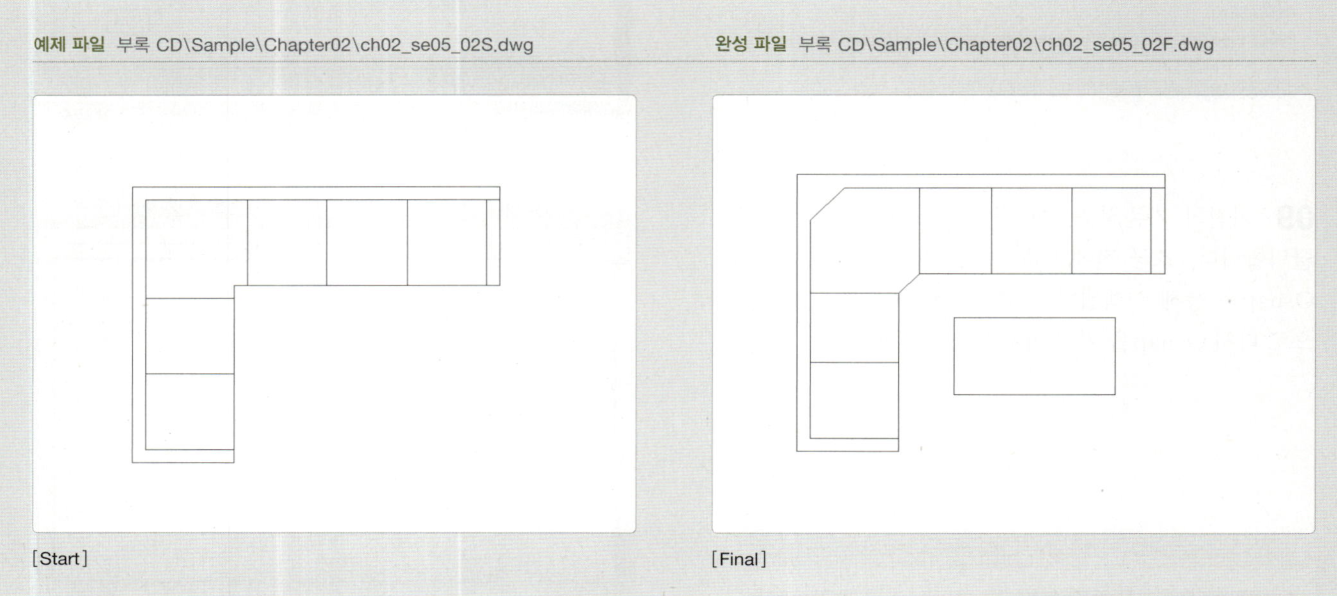

예제 파일 부록 CD\Sample\Chapter02\ch02_se05_02S.dwg

완성 파일 부록 CD\Sample\Chapter02\ch02_se05_02F.dwg

[Start]

[Final]

01 메뉴의 [File]-[Open]을 선택하여 부록 CD에서 예제 파일을 불러옵니다. 싱크대 모양의 기초가 설정되어 있습니다. Chamfer 명령어의 단축키인 'CHA'를 입력한 후 다음과 같이 Distance의 길이 값을 입력하고 두 지점을 클릭합니다.

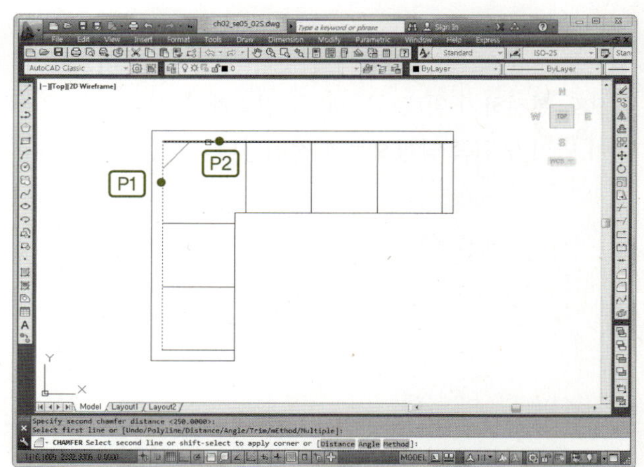


```
Command: CHA Enter
Chamfer
(Trim Mode) Current Chamfer Length=0.0000, Angle=0
Select first line or [Undo/Polyline/Distance/Angle/Trim/
Method/Multiple]: D Enter
Specify first chamfer distance <0.0000>: 250 Enter
Specify second chamfer distance <250.0000>: Enter

Select first line or [Undo/Polyline/Distance/Angle/Trim/
Method/Multiple]: P1점 클릭
Select second line or shift-select to apply corner or
[Distance/Angle/Method]: P2점 클릭
```

02 이번에는 안쪽의 Distance가 작은 값을 입력한 후 다음과 같이 두 지점을 클릭하여 Chamfer를 실행합니다.

```
Command: CHA [Enter]
Chamfer
(Trim mode) current chamfer dist1=250.0000, Dist2=250.0000
Select first line or [Undo/Polyline/Distance/Angle/Trim/
Method/Multiple]: D [Enter]
Specify first chamfer distance <250.0000>: 150 [Enter]
Specify second chamfer distance <150.0000>: [Enter]

Select first line or [Undo/Polyline/Distance/Angle/Trim/
Method/Multiple]: P3점 클릭
Select second line or shift-select to apply corner or
[Distance/Angle/Method]: P4점 클릭
```

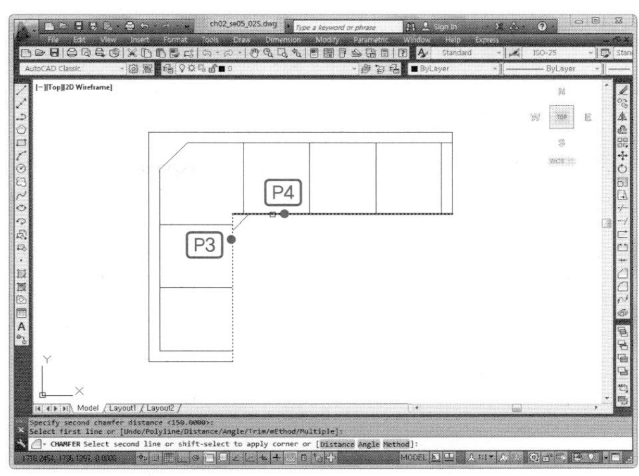

03 안쪽 선분은 길이가 달라져 정상적이지 않은 선분으로 만들어졌습니다. 따라서 Erase 명령어를 이용하여 두 선분을 지웁니다. Erase 명령어의 단축키인 'E'를 입력한 후 다음의 두 선분을 클릭하여 지웁니다.

04 가로 선을 그리기 위하여 Line 명령어의 단축키인 'L'을 입력한 후 Osnap이 켜져 있는 상태에서 다음 두 점을 클릭합니다. 첫 번째 점은 Endpoint인 끝점이 Osnap 때문에 자동으로 선택되지만, 두 번째 점의 경우 수직점을 찾기 위하여 'Per'을 입력하고 [Space bar]를 누른 후 클릭해야 합니다. Osnap에 Perpendicular가 선택되어 있지 않기 때문에 지금처럼 수동으로 입력하여 선택합니다.

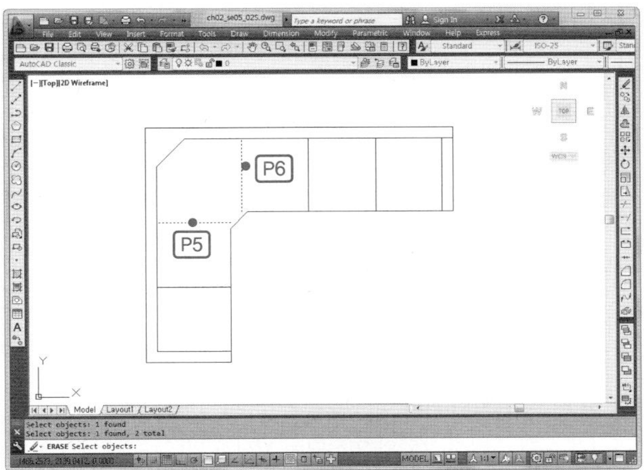

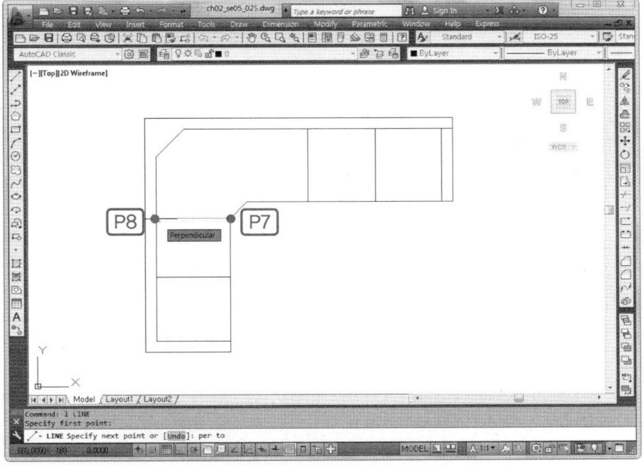

```
Command: E [Enter]
Erase
Select objects: 1 found
→ P5점 클릭
Select objects: 1 found, 2 Total
→ P6점 클릭
Select objects: [Enter]
```

```
Command: L [Enter]
LINE Specify first point: P7점 클릭
Specify next point or [Undo]: per [Space bar] to P8점 클릭
Specify next point or [Undo]: [Enter]
```

05 세로선을 그리기 위하여 Line 명령어의 단축키인 'L'
을 입력한 후 Osnap이 켜져 있는 상태에서 다음의 두 점
을 클릭합니다. 첫 번째 점은 Endpoint인 끝점이 Osnap
때문에 자동으로 선택되지만, 두 번째 점은 Polar를 이용
하여 자동 추적해보겠습니다. 위쪽으로 드래그하면 그림
과 같이 자동으로 교점이 찾아지는데, 그 이유는 F10으로
ON이 되어 있는 Polar 키가 작동하기 때문입니다. 자동
추적이 되지 않으면 F10으로 한 번씩 눌러 ON이 되도록 한
후에 클릭합니다.

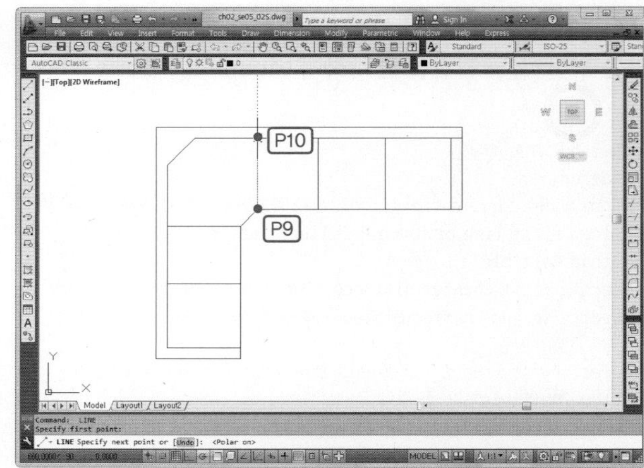

```
Command: L Enter
LINE Specify first point: P9점 클릭
Specify next point or [Undo]: P10점 클릭
Specify next point or [Undo]: Enter
```

06 싱크대 가운데 조리대를 하나 더 놓도록 하겠습니
다. 조리대의 레이아웃은 간단하게 Rectang을 이용하여
그립니다. Rectang 명령어의 단축키인 'REC'를 입력한 후
다음의 시작점은 마우스로 클릭하고 두 번째 점은 다음과
같이 좌표 값으로 입력하여 크기를 입력합니다.

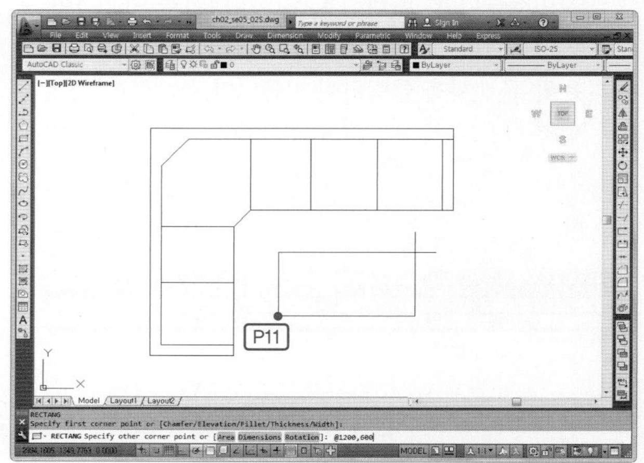

```
Command: REC Enter
Rectang
Specify First Corner Point or [Chamfer/Elevation/Fillet/
Thickness/Width]: P11점 클릭
Specify Other Corner Point or [Area/Dimensions/Rotation]:
@1200,600 Enter
```

Upgrade ★

F10(Polar 키)의 기능을 확인하세요!

기능키 중에서 F10은 Polar 키라고도 하며, F10을 한 번 누르면 ON, F10을 한 번 더 누르면 OFF되는 토글키입니다. Polar 키를 '자
동 추적키'로 켜두고 사용하면 마우스를 움직일 때마다 수직, 수평뿐만 아니라 현재 그려진 객체의 연장되는 지점과 만나는 교점 등
Osnap이나 다른 보조선을 이용하여 찾아야 하는 지점을 쉽게 찾을 수 있습니다. Polar 키가 켜져 있으면 간단하게 ON/OFF가 되
므로 자주 사용해보기 바랍니다.

Practice Drawing

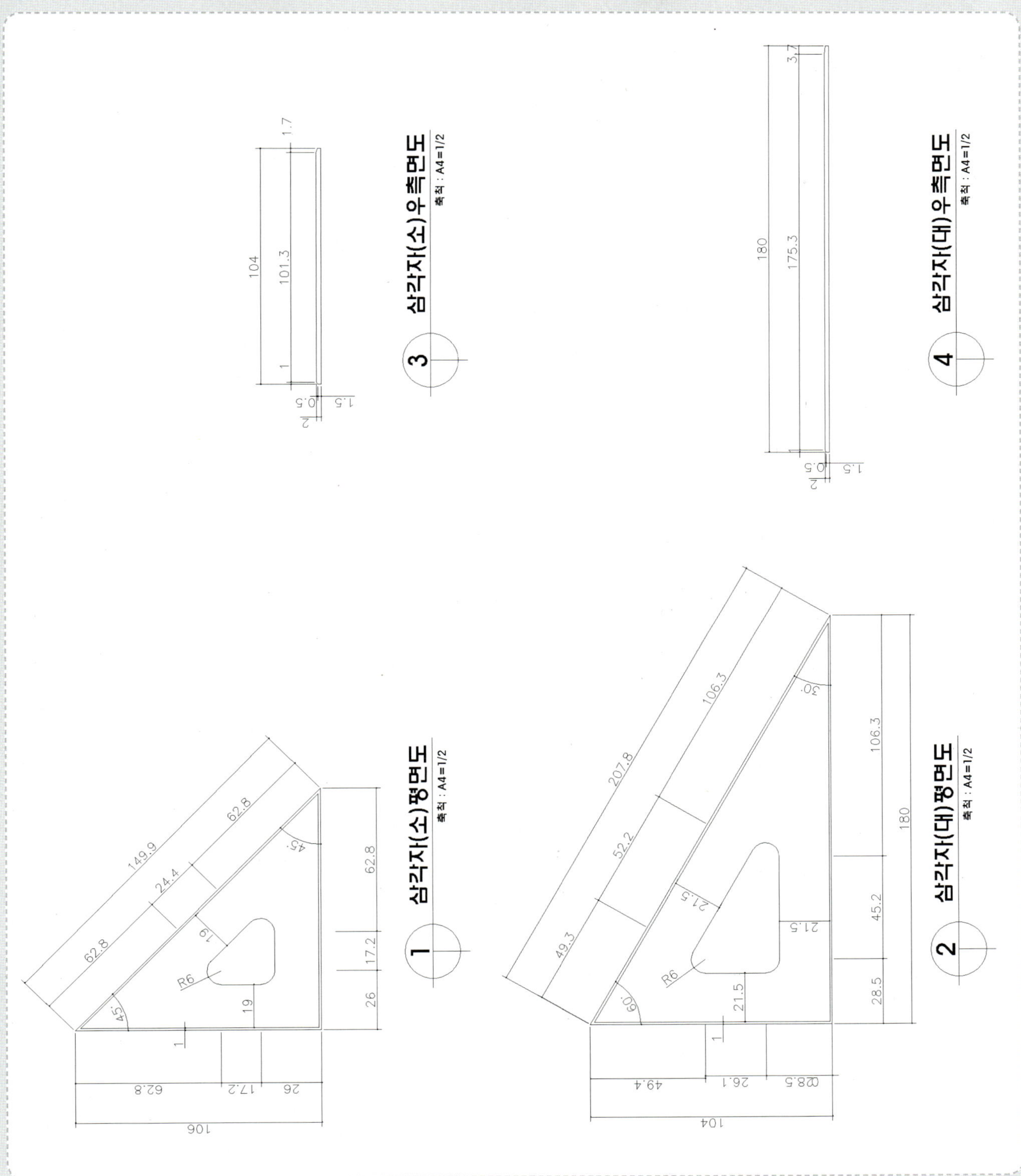

Chapter 03

도면 요소 다양하게 활용하기

1~2장에서는 주로 도면을 작성하는 그리기 명령어와 그 객체를 편집하는 기본 명령어들에 대해 알아보았지만, 이번 장에서는 도면을 작성하는 데에 필요한 다양한 조회 명령어들과 단면의 표시 등을 이용한 도면의 알림 기능을 확대할 수 있는 명령어에 대해 알아보겠습니다. 또한 편집 명령어를 빠르게 활용할 수 있는 확장 편집 명령어의 기능과 좀 더 빠르고 정확하게 도면의 사용자에게 도면의 내용을 전달할 수 있는 방법에 대해서도 알아보겠습니다.

Section 01. 확장 편집 명령어 활용하기

이번에는 Trim, Offset, Copy, Move, Rotate 등과 같은 기본 편집 명령어만으로는 표현하기 어려운 문제를 해결하기 위한 방안을 확장 편집 명령어를 통해 알아봅니다. 회전은 한 방향으로만 가능하지만 거울처럼 반사를 하거나 Scale로 만들 수 없는 한쪽 방향으로의 확장과 한 번에 여러 개를 다중 복제하거나 다중 배열 복제하는 다양한 방법을 익혀두면 도면을 빠르게 작성할 수 있습니다.

01. 반대편에 거울 반사하는 Mirror

여러분은 미술 시간에 했던 데칼코마니를 기억하시나요? 스케치북의 한 쪽에 물감을 짜놓은 후 스케치북을 반으로 접었다가 펼치면, 양쪽이 나비 모양으로 대칭 복제된 그림을 얻을 수 있는데, 이를 '데칼코마니'라고 합니다. 이렇게 하나의 축을 기준으로 반대편으로 복제를 하는 경우 대칭으로 복제하는 명령어를 'Mirror'라고 합니다. Rotate 명령어로는 한 방향으로만 회전할 수 있기 때문에 Mirror 명령어처럼 반대 방향으로 뒤집은 상태의 회전은 불가능합니다. 이번에는 축을 기준으로 반사할 수 있는 Mirror에 대해 알아보겠습니다.

명령어	Mirror		아이콘	◁▷
단축키	MI		메뉴	[Modify]-[Mirror]

● 명령어 이해하기

Mirror 명령어를 입력한 후 대칭 반사할 대상 객체를 선택합니다. 대칭 반사가 중요 포인트이므로, 두 번째는 대칭의 축이 되는 직선을 기준으로 선분의 양 끝 점에 해당하는 두 점을 클릭합니다. 이때 반사만 할 것인지, 반사 객체와 원본 객체를 모두 남길 것인지를 결정합니다. 기본 값은 반사 복제하는 것으로 설정되어 있습니다.

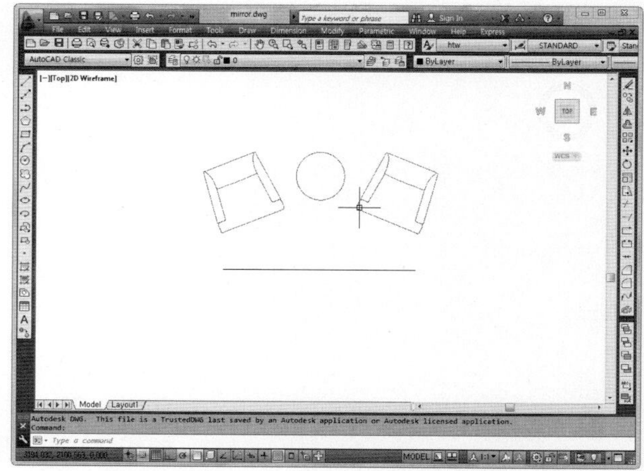

▲ Mirror 실행 전의 객체

```
ommand: M [Enter]
Select objects:
→ Mirror 대상 객체를 선택합니다.
Select objects: [Enter]
→ [Enter]를 눌러 Mirror 대상 객체 선택을 종료합니다.
Specify first point of mirror line:
→ 대칭축의 첫 번째 기준점 좌표를 클릭합니다.
Specify second point of mirror line:
→ 대칭축의 두 번째 기준점 좌표를 클릭합니다.
Erase source objects? [Yes/No] <N>: [Enter]
→ 대칭 반사의 경우 원본 객체를 지울 것인지의 여부를 물어봅니다. 원본을
   지울 경우에는 <Y>, 원본을 남기고 대칭 복제할 경우에는 <N>를 선택합니
   다. 기본 값은 <N>이므로 [Enter]를 누르면 그림과 같이 양쪽이 대칭 반사
   복제됩니다.
```

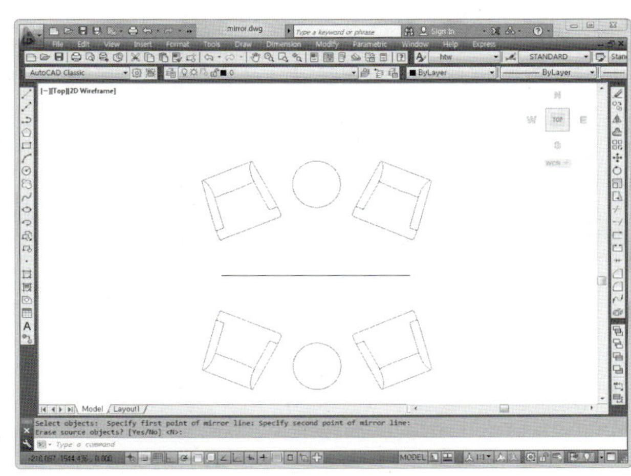

▲ Mirror 실행 후의 객체

● 옵션 이해하기

Mirror에는 특별한 옵션이 없습니다. 단지 대칭 반사가 목적이므로 기준 축을 중심으로 대칭만 할 것인지, 대칭 복제를 할 것인지에 따라 Yes 또는 No를 선택합니다. 대칭만 하는 경우에는 Yes, 대칭 반사 복제를 하는 경우에는 No를 선택합니다. 기본 값은 No이고, 대부분 복제가 목적인 경우가 많으므로 [Enter]를 눌러 실행합니다.

옵션	설명
Y(Yes)	선택한 객체를 대칭 반사만 하고 원본 객체는 삭제합니다.
N(No)	선택한 객체를 대칭 반사 복제하고 원본 객체와 복제본은 모두 남겨 대칭 반사합니다. Mirror 실행의 기본 값으로 설정되어 있습니다.

● 미리해보기

예제 파일 부록 CD\Sample\Chapter03\ch03_01S.dwg   **완성 파일** 부록 CD\Sample\Chapter03\ch03_01F.dwg

01 메뉴의 [File]–[Open]으로 부록 CD에서 예제 파일을 불러옵니다. 다음과 같이 장애인 표시가 등록되어 있습니다. 이 표시를 위쪽으로 대칭 반사 복제해보겠습니다.

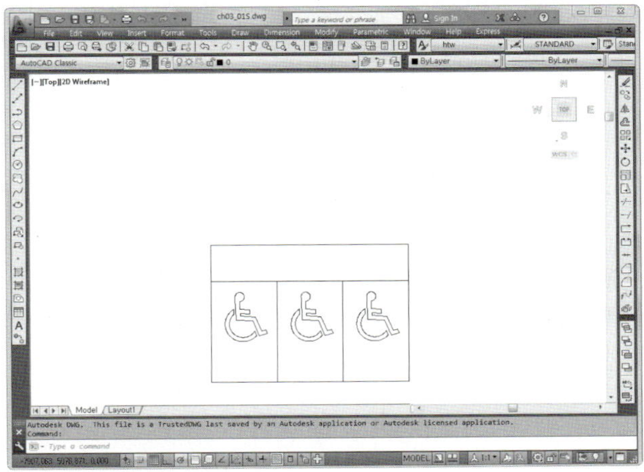

02 Mirror 명령어의 단축키인 'MI'를 입력한 후 다음 지점을 클릭, 드래그하여 선택합니다. Cross를 선택하되, 그림과 같이 위쪽의 선분은 선택되지 않도록 주의합니다.

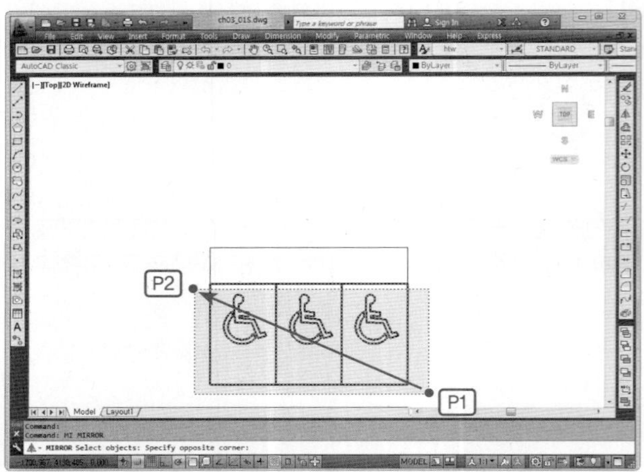

Command: MI Enter
MIRROR Select objects: Specify opposite corner: 57 found
→ P1~P2점 클릭, 드래그
Select objects: Enter

03 대칭의 첫 번째 기준점을 선택합니다. Osnap의 Midpoint는 지정되어 있지 않으므로 'MID'를 입력한 후 Space bar 를 누르고 다음의 P3점을 삼각형 Osnap 상자가 나온 다음에 클릭하여 선택합니다.

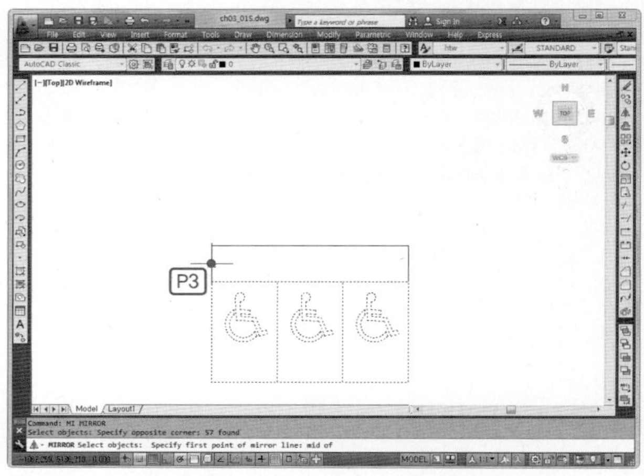

MIRROR Select objects: Specify first point of mirror line:
mid of
→ P3점 클릭

04 대칭의 두 번째 기준점을 선택합니다. Osnap의 Midpoint는 지정되어 있지 않으므로 'MID'를 입력한 후 Space bar 를 누르고 다음의 P4점을 삼각형 Osnap 상자가 나온 다음에 클릭하여 선택합니다.

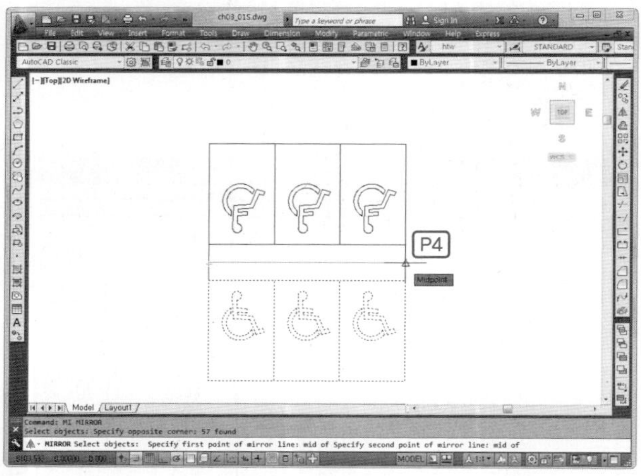

Specify second point of mirror line: mid of
→ P4점 클릭

05 대칭 반사 복제를 위하여 옵션에서는 선택하지 않아도 됩니다. 기본 값이 No이므로 Enter 만 누르면 다음과 같이 대칭 반사가 완료됩니다.

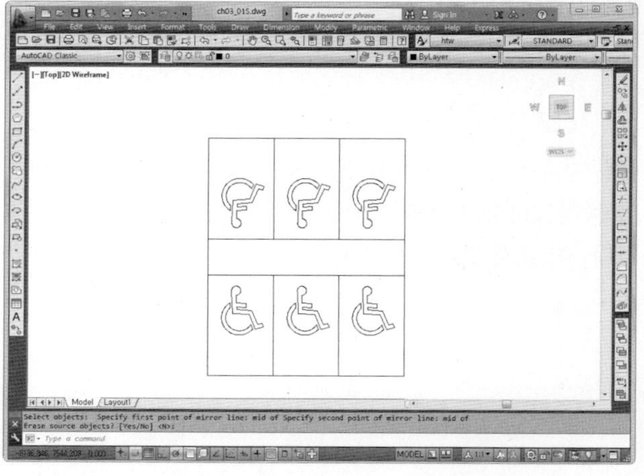

Erase source objects? [Yes/No] <N>: Enter

06 이번에는 맨 끝의 장애인 표시만 일정 간격을 띄운 상태에서 대칭 반사 복제해보겠습니다. Mirror 명령어의 단축키인 'MI'를 입력한 후 다음과 같이 P5~P6점으로 클릭, 드래그하여 선택합니다.

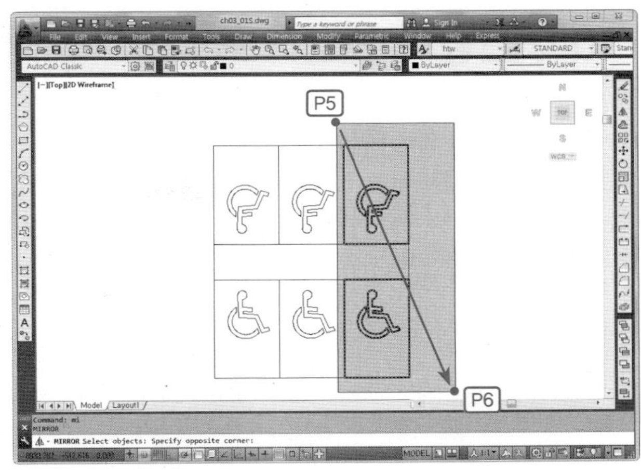

```
Command: MI Enter
MIRROR Select objects: Specify opposite corner: 38 found
→ P5점~P6점 클릭
Select objects: Enter
```

07 다음과 같이 임의의 P7점을 마우스로 클릭하고 마우스를 이리저리 움직여봅니다. 마우스가 자유롭게 움직이므로 두 번째 지점의 위치에 따라 대칭 반사의 범위가 지정된다는 것을 알 수 있습니다.

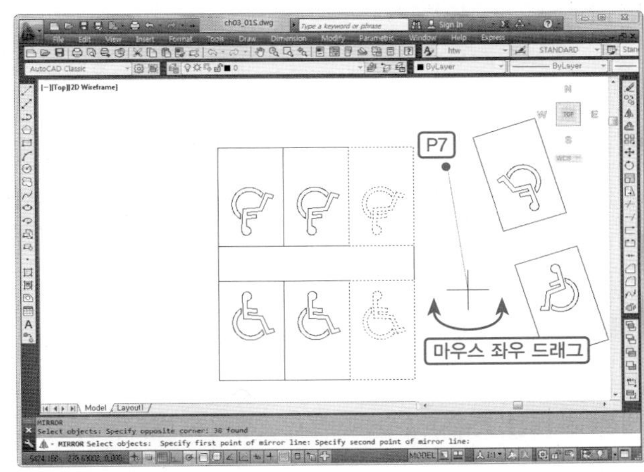


```
Specify first point of mirror line: P7점 클릭
```

08 두 번째 지점을 첫 번째 지점으로부터 수직 방향으로 정확히 클릭하고 싶은 경우, Ortho를 이용합니다. F8을 눌러 Ortho를 켜고 마우스를 움직이면 마우스는 수직, 수평 방향으로만 움직이는 것을 알 수 있습니다. 다음과 같이 아래로 드래그한 후 아무곳이나 클릭하면 정확한 수직점이 선택됩니다. F8을 누르면 명령 행에 'Ortho on'이라고 입력됩니다.

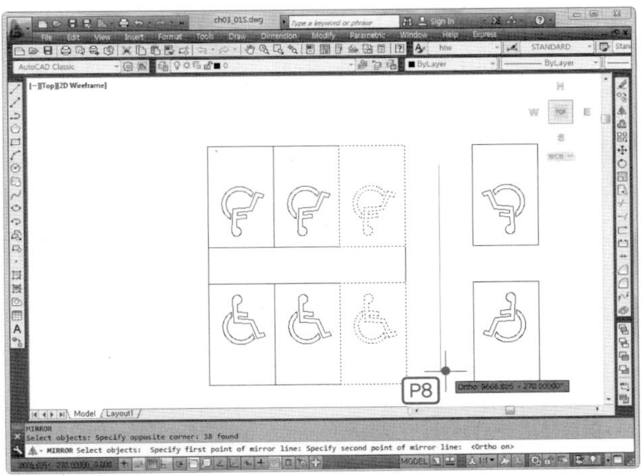

```
Specify second point of mirror line: <Ortho on> P8점 클릭
Erase source objects? [Yes/No] <N>:
```

Array 명령어는 한 번에 여러 개를 다중 복제하는 경우에 사용합니다. Copy 명령어를 이용해 다중 복제를 하는 경우에는 매번 복제되는 간격을 입력해야 하며, Rotate 복제를 하는 경우에도 개수만큼 해당 각도를 입력해야 하는 번거로움이 있습니다. Array의 경우에는 행 단위와 열 단위의 간격을 입력해주면 한 번에 복제되거나 360° 각도에 원하는 개수를 입력하여 자동 각도 계산을 통해 회전 배열 복제합니다. 한 번에 여러 개를 복제하는 경우에 사용하는 명령어인 Array의 배열 복제에 대해 알아보겠습니다.

명령어	Array	아이콘	88 ♟ ✦
단축키	AR	메뉴	[Modify]-[Array]

● 명령어 이해하기

Array는 AutoCAD 2013에서 가장 많이 변화된 명령어라고 할 수 있습니다. 먼저 기존의 배열 복제 Array와 원형 중심 배열 Array 외에 Path Array가 추가되어 사용자가 다양한 방법을 선택한 후 편리하게 배열 복제를 할 수 있게 되었습니다. 또한 다양한 옵션을 추가하여 진행 중인 배열 상태를 재정렬하거나 배열의 간격을 동일한 간격 또는 전체 넓이 등으로 확장하여 다양하게 선태할 수 있도록 하였습니다. 사용하는 방법이 각각의 옵션마다 모두 다르므로 각 옵션별로 명령어를 이해하기 바랍니다.

1. Rectangular Array

사각 배열 Array로 가로 행과 세로 열의 개수와 행간의 간격, 열 간의 간격을 입력하여 배열 복제하는 명령어입니다. 한 번에 여러 개를 지정된 간격으로 배열하여 복제하는 명령어로, 기존 명령어에서는 단순히 간격만을 지정하여 배열 복제하였지만 AutoCAD 2012부터는 생성된 Array 객체가 모두 하나로 뭉쳐져 연관(Associative) 객체로 변경됩니다. 연관 객체로 이루어져 있는 경우에는 속성 대화상자를 이용해 배열 복제가 된 이후에도 새로운 개수나 간격으로 수정할 수 있습니다. 하지만 Associative가 불편하거나 낱개의 객체로 변경해야 하는 경우에는 Explode 명령어를 통해 낱개의 객체로 변경할 수 있으며, Explode로 해체된 객체는 Associative 객체 상태처럼 Property 속성 창에서의 수정이 불가능합니다.

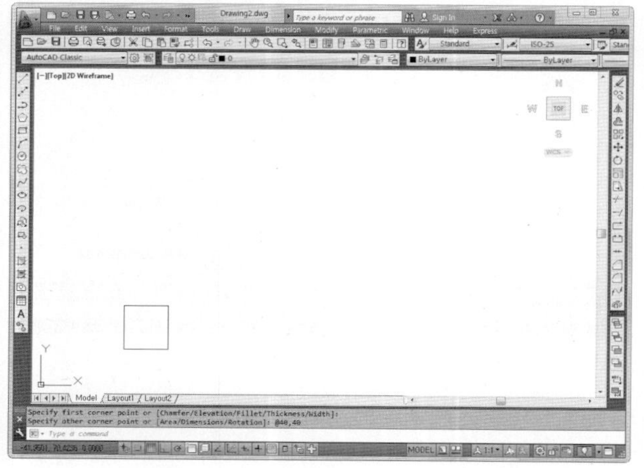
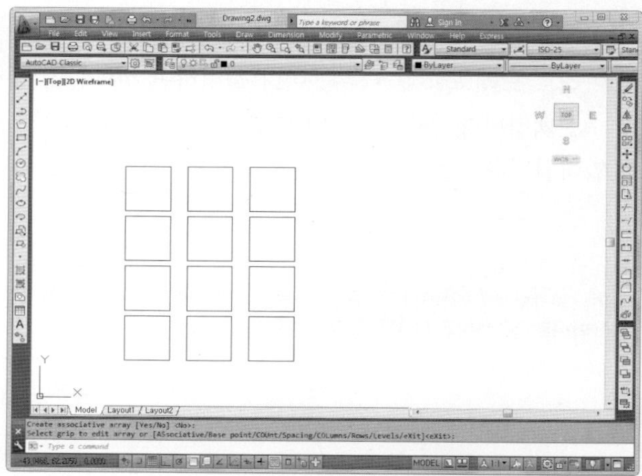

```
Command: ARRAY Enter
Select objects: 1 found
→ Array 명령어를 실행할 대상 객체를 선택합니다.
Select objects: Enter
→ 선택할 객체가 없는 경우 Enter 를 누르고 선택을 종료합니다.
Enter array type [Rectangular/PAth/POlar] <Polar>: R Enter
→ 배열 복제 옵션인 Rectangular를 사용하기 위하여 옵션 'R'을 입력합니다.
Type=Rectangular  Associative=Yes
→ 선택된 옵션이 사각 배열 복제인 Rectangular 상태이며 배열 이후 하나의 단일 덩어리인 Associative에 해당하는 연관 객체로 만들어지는지의 여부를 표시합니다
   (Yes=Array된 모든 객체를 하나의 단일 객체로 만듦 / No=Array 이후에도 각각의 객체로 둠).
Select grip to edit array or [ASsociative/Base point/COUnt/Spacing/COLumns/Rows/Levels/eXit]<eXit>: cou Enter
→ 'Array' 옵션을 정합니다. 가로, 세로 배열 복제를 할 'COUnt' 옵션을 설정하기 위하여 대문자 'COU'를 입력합니다.
Enter the number of columns or [Expression] <4>: 3
→ 세로 열의 개수를 입력합니다.
Enter the number of rows or [Expression] <3>: 4
→ 가로 행의 개수를 입력합니다.
Select grip to edit array or [ASsociative/Base point/COUnt/Spacing/COLumns/Rows/Levels/eXit]<eXit>: s Enter
→ 가로, 세로 객체 간의 간격 값을 입력하기 위한 'Spacing' 옵션을 입력하기 위하여 'S'를 입력합니다.
Specify the distance between columns or [Unit cell] <60>: 55
→ 열 간의 간격을 입력합니다.
Specify the distance between rows <60>: 45
→ 행 간의 간격을 입력합니다.
Select grip to edit array or [ASsociative/Base point/COUnt/Spacing/COLumns/Rows/Levels/eXit]<eXit>: Enter
→ 옵션을 지정하거나 Enter 를 눌러 명령어를 종료합니다.
```

2. Polar Array

원형 중심 배열 Array로 중심축을 향해 회전 복제를 합니다. Polar Array 또한 AutoCAD 2012부터는 생성된 Array 객체가 모두 하나로 뭉쳐져 연관 객체로 변경됩니다. 연관 객체로 이루어져 있는 경우, 속성 대화상자를 이용해 배열 복제가 된 이후에도 새로운 개수나 간격으로 수정할 수 있습니다. 하지만 Associative가 불편하거나 낱개의 객체로 변경해야 하는 경우에는 Explode 명령어를 통해 낱개의 객체로 변경할 수 있으며, Explode로 해체된 객체는 Associative 객체 상태처럼 Property 속성 창에서의 수정이 불가능합니다.

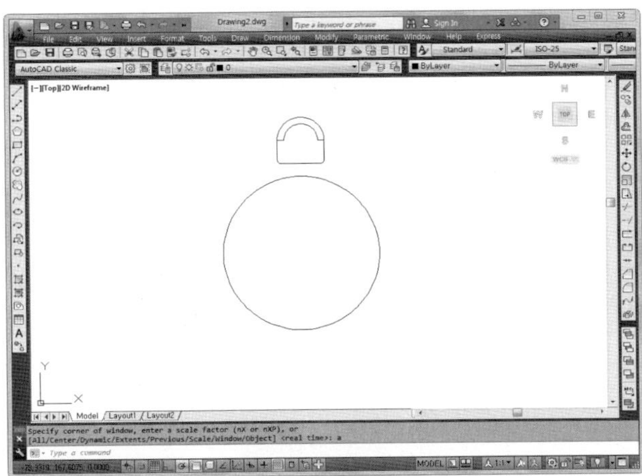

▲ Polar Array 실행 전의 배열 객체

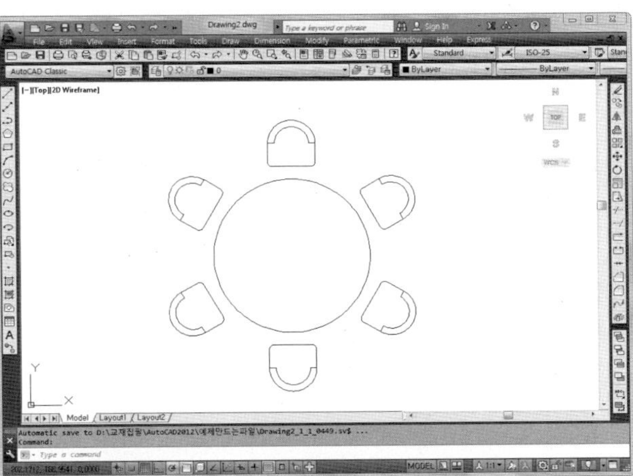

▲ Polar Array 실행 후의 배열 객체

Command: ARRAY `Enter`
Select objects: Specify opposite corner: 12 found
→ Array 명령어를 실행할 대상 객체를 선택합니다.
Select objects: `Enter`
→ 선택할 객체가 없는 경우 `Enter` 를 누르고 선택을 종료합니다.
Enter array type [Rectangular/PAth/POlar] <Rectangular>: PO `Enter`
→ 배열 복제 옵션인 Polar를 사용하기 위하여 'PO' 옵션을 입력합니다.
Type=Polar Associative=No
→ 선택된 옵션이 사각 배열 복제인 Polar 상태이며, 배열 이후 하나의 단일 덩어리인 Associative에 해당하는 연관 객체로 만들어지는지의 여부를 표시합니다(Yes=Array 된 모든 객체를 하나의 단일 객체로 만듦/No=Array 이후에도 각각의 객체로 둠).
Specify center point of array or [Base point/Axis of rotation]:
→ 원형 배열의 중심점 위치를 입력합니다.
Select grip to edit array or [ASsociative/Base point/Items/Angle between/Fill angle/ROWs/Levels/ROTate items/eXit]<eXit>: i
→ 배열의 개수를 입력하기 위한 'I' 옵션을 입력합니다.
Enter number of items in array or [Expression] <6>: 6
→ 총 배열 복제될 전체 개수를 입력합니다.
Select grip to edit array or [ASsociative/Base point/Items/Angle between/Fill angle/ROWs/Levels/ROTate items/eXit]<eXit>: f
→ 회전 배열 시 전체 배열 각도를 지정할 옵션인 'Fill Angle' 옵션을 지정하기 위하여 'F'를 입력합니다.
Specify the angle to fill(+=ccw, -=cw) or [EXpression] <360>: `Enter`
→ 전체에 6개를 배열하기 위하여 360에서 `Enter` 를 누릅니다.
Select grip to edit array or [ASsociative/Base point/Items/Angle between/Fill angle/ROWs/Levels/ROTate items/eXit]<eXit>:
→ 옵션을 지정하거나 `Enter` 를 눌러 명령어를 종료합니다.

3. Path Array

원형 배열의 경우 원이나 호 등과 같은 일정한 반지름이 있는 객체로, 한정적입니다. 하지만 AutoCAD 2013에서는 그러한 일정한 반경에만 배열하지 않고, Spline과 같이 유선형의 객체에 원하는 개수만큼 반복 복제할 수 있는 'Path Array' 옵션을 추가하였습니다. 원하는 객체를 자유 곡선 위에 일정한 간격과 각도대로 배열 복제할 수 있습니다.

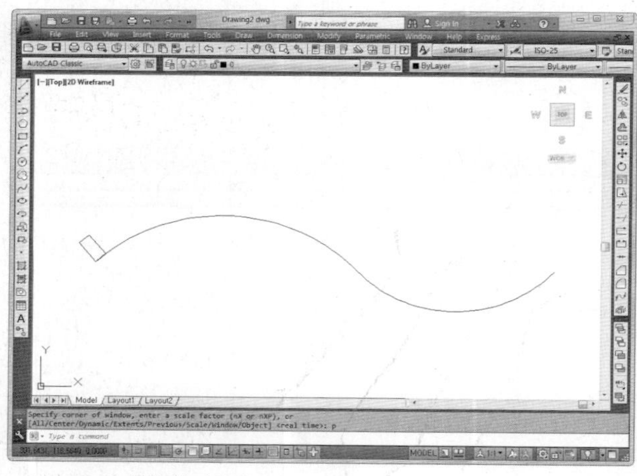

▲ PAth Array 실행 전 단일 객체

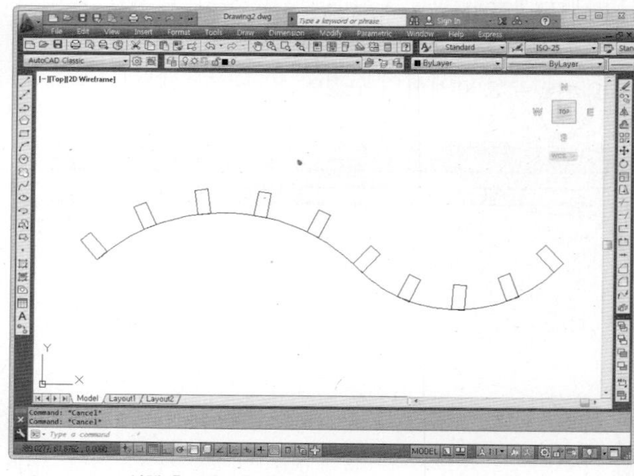

▲ PAth Array 실행 후 분할 복제된 객체

Command: ARRAY `Enter`
Select objects: 1 found
→ Array 명령어를 실행할 대상 객체를 선택합니다.
Select objects: `Enter`
→ 선택할 객체가 없는 경우 `Enter` 를 누르고 선택을 종료합니다.
Enter array type [Rectangular/PAth/POlar] <Polar>: PA `Enter`
→ 경로 배열 복제 옵션인 Path를 사용하기 위하여 'PA' 옵션을 입력합니다.
Type=Path Associative=Yes

→ 선택된 옵션이 사각 배열 복제인 Path 상태이며, 배열 이후 하나의 단일 덩어리인 Associative에 해당하는 연관 객체로 만들어지는지의 여부를 표시합니다(Yes=Array 된 모든 객체를 하나의 단일 객체로 만듦/No=Array 이후에도 각각의 객체로 둠).
Select path curve:
→ 선택한 객체가 따라갈 경로 객체를 선택합니다. 한 번에 모든 객체가 이어져 있는 Polyline 객체로 선택합니다.
Select grip to edit array or [ASsociative/Method/Base point/Tangent direction/Items/Rows/Levels/Align items/Z direction/eXit]⟨eXit⟩: i
→ 배열할 객체의 종류를 선택하기 위하여 옵션을 지정하거나 간격 값에 대한 'i' 옵션을 입력합니다.
Specify the distance between items along path or [Expression] ⟨42.5507⟩: 60
→ 간격 값을 입력합니다.
Maximum items=10
Specify number of items or [Fill entire path/Expression] ⟨10⟩:
→ 전체 배열될 객체의 개수를 입력합니다.
Select grip to edit array or [ASsociative/Method/Base point/Tangent direction/Items/Rows/Levels/Align items/Z direction/eXit]⟨eXit⟩:
→ 옵션을 지정하거나 Enter 를 눌러 명령어를 종료합니다.

● 옵션 이해하기

Array는 AutoCAD 2012와 AutoCAD 2013에서 대폭 수정되어 다양한 옵션이 많아진 명령어입니다. 기존의 Array 명령어 실행 후에는 단일 객체로 묶는 형태의 옵션이 없어 연관 객체 수정을 할 필요가 없었지만, AutoCAD 2012부터는 연관 자체가 옵션으로 삽입되어 편리하게 속성 창을 통해 수정할 수 있다는 점이 달라졌다고 할 수 있습니다. 하지만 다른 부분은 대부분 사용하던 방식 그대로 사용할 수 있으며, Expression의 도입으로 간단하게 계산해야 하는 경우 계산기를 찾을 필요 없이 수식으로 바로 연결하여 원하는 값으로 연동할 수 있다는 점이 편리해졌다고 할 수 있습니다. 하지만 그에 반해 불필요하게 늘어난 옵션은 도면 설계를 하는 경우에는 오히려 명령어를 실행하는 데 있어 실효가 크지 않아 보이기도 합니다.

옵션	설명
Rectangular	① Base point: 배열 복사의 기준점을 선택합니다. ② Angle: 배열 복제 행의 각도 값을 입력합니다. ③ Count: 가로 행과 세로 행의 개수를 숫자로 입력합니다. ④ Expression: 숫자 입력대신 수학적 연산 값을 입력하여 값을 대신합니다(예 300/2) ⑤ Spacing: 마우스로 드래그하여 배열 복제의 간격을 입력합니다. ⑥ ASsociative: Array 복제 객체를 하나의 덩어리인 연관 객체로 설정할 것인지의 여부를 결정합니다.
PAth	① Orientation: 경로로 배열할 객체의 원점 위치를 설정합니다. ② Expression: 숫자 입력대신 수학적 연산 값을 입력하여 값을 대신합니다(예 300/2). ③ Divide: 경로에 따라 균등하게 분할하여 객체를 배열합니다. ④ Total: 전체 Path의 도달 길이 값을 입력하여 객체를 배열합니다. ⑤ Expression: 숫자 입력대신 수학적 연산 값을 입력하여 값을 대신합니다(예 300/2). ⑥ ASsociative: Array 복제 객체를 하나의 덩어리인 연관 객체로 설정할 것인지의 여부를 결정합니다.
POlar	① Base point: 회전 배열 복제 객체의 기준점을 지정합니다. ② Axis of rotation: 현재 위치를 기준으로 3차원 회전 배열 복제를 합니다. ③ Angle between: 배열 간격의 각도를 입력합니다. ④ Expression: 숫자 입력대신 수학적 연산 값을 입력하여 값을 대신합니다(예 300/2). ⑤ ASsociative: Array 복제 객체를 하나의 덩어리인 연관 객체로 설정할 것인지의 여부를 결정합니다.

Associative의 역할

Associative로 묶여진 Array의 경우에는 다음과 같이 속성 창을 열어 해당 정보를 재정의할 수 있습니다. 단, Associative를 No로 설정하여 연관을 푼 상태에서는 속성 창을 이용한 수정이 불가능합니다. 낱개의 객체로 이용하는 경우에는 추후에 Explode 등을 이용해 설정할 수 있으므로 명령어를 실행하는 경우에는 Yes로 묶어서 실행하는 것이 좋습니다. Array로 배열 복제된 객체를 마우스로 선택한 후 Ctrl + 1 을 눌러 속성 창을 꺼냅니다. 속성 창의 크기를 늘려 보면 아래쪽에 Array 속성이 나타나며, 이 중에서 원하는 개수나 각도 등을 변경하면 미리 만들어져 있는 객체라도 다음과 같이 변경할 수 있습니다.

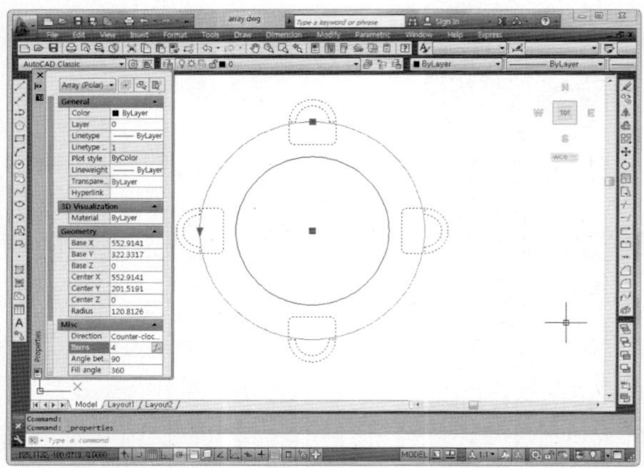

▲ Array 객체를 선택한 후 Ctrl + 1 를 눌러 속성 창을 꺼냄.

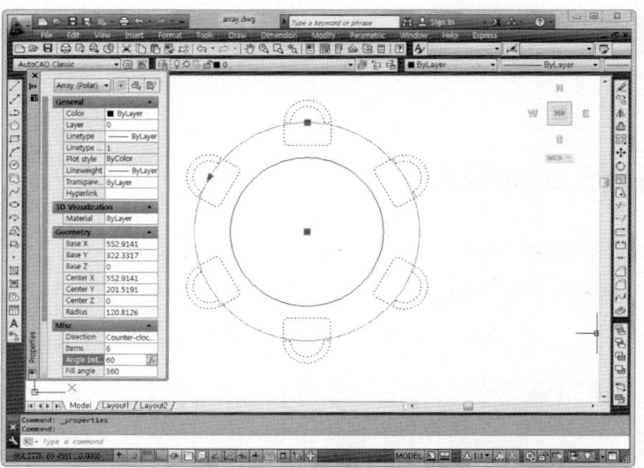

▲ 속성 창에서 Array 객체의 속성을 수정하여 바로 결과를 나타냄.

● 미리해보기

예제 파일 부록 CD\Sample\Chapter03\ch03_02S.dwg　　　　**완성 파일** 부록 CD\Sample\Chapter03\ch03_02F.dwg

01 메뉴의 [File]-[Open]으로 부록 CD에서 예제 파일을 불러옵니다. Array 명령어의 단축키인 'AR'을 입력한 후 다음과 같은 지점을 클릭, 드래그하여 선택하고 선택이 완료되면 Enter 를 눌러 선택을 종료합니다.

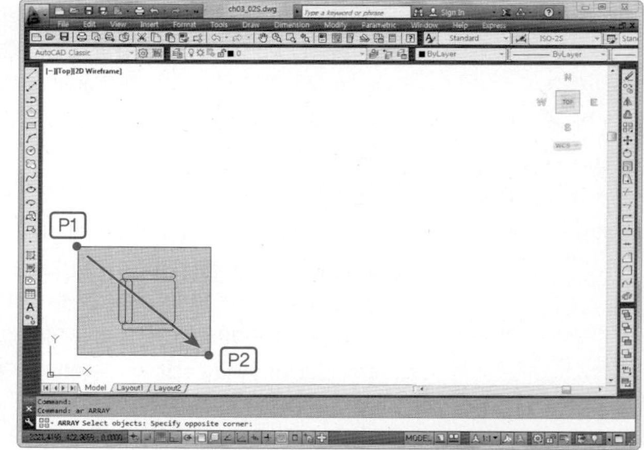


```
Command: AR Enter
ARRAY
Select objects: Specify opposite corner: 19 found
→ P1~P2점 클릭, 드래그
Select objects: Enter
```

02 Rectangular Array를 하기 위하여 'R'을 입력하고 Enter 를 누르면 Rectangular 옵션이 실행됩니다. 배열을 복제할 대상 객체의 개수를 입력하기 위하여 'COU' 옵션을 입력하고 다음과 같이 가로줄과 세로줄의 개수를 입력합니다.

```
Enter array type [Rectangular/PAth/POlar]
<Rectangular>:R  Enter
Type = Rectangular  Associative = Yes
Select grip to edit array or [ASsociative/Base point/
COUnt/Spacing/COLumns/Rows/Levels/eXit]<eXit>: cou  Enter
Enter the number of columns or [Expression] <4>: 5  Enter
Enter the number of rows or [Expression] <3>: 3  Enter
```

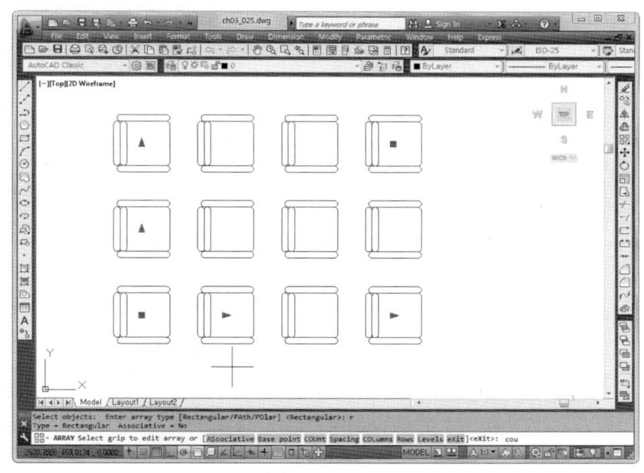

03 지정된 가로줄의 간격과 세로줄의 간격을 변경하기 위하여 'S' 옵션을 입력하고 다음과 같이 간격값을 입력합니다.

```
Select grip to edit array or [ASsociative/Base point/COUnt/
Spacing/COLumns/Rows/Levels/eXit]<eXit>: s  Enter
Specify the distance between columns or [Unit cell] <1275>:
1100  Enter
Specify the distance between rows <1350>: 1400  Enter

Select grip to edit array or [ASsociative/Base point/COUnt/
Spacing/COLumns/Rows/Levels/eXit]<eXit>:  Enter
```

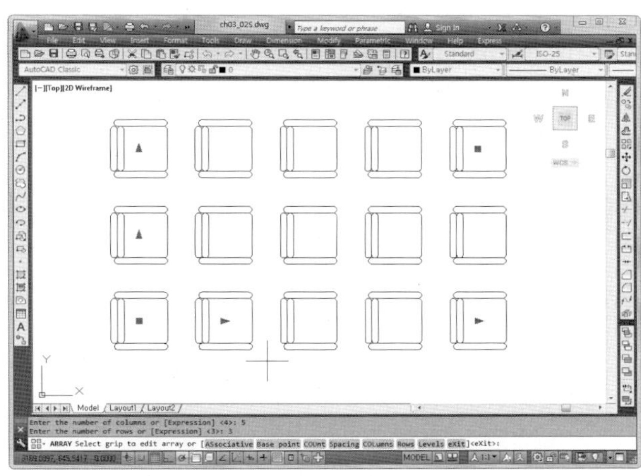

04 세로 열을 한 줄 더 늘려야 하는 경우에는 지운 후 다시 실행하는 것이 아니라 다음과 같이 이미 만들어진 Array 객체를 클릭하여 선택한 후 Ctrl + 1 을 눌러 속성 창이 나타나도록 합니다.

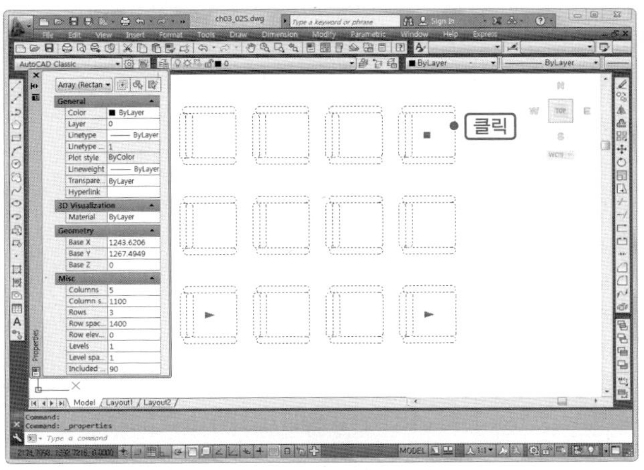

05 속성 창 아래에 있는 Arrray란의 Columns의 수치에 '6'을 입력하고 Enter 를 누릅니다. 화면에는 Array된 객체 중 세로 열이 한 줄 더 늘어나 있습니다.

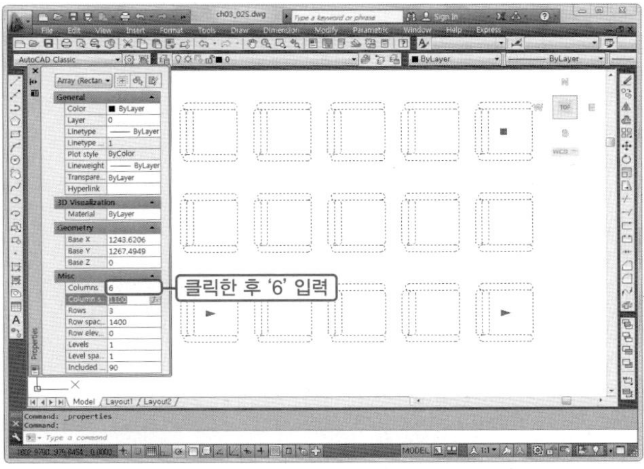

06 속성 창은 ×를 눌러 닫은 후 Esc 를 눌러 선택된 상태를 해제합니다. 다음과 같이 세로줄이 모두 6줄인 상태로 수정되었습니다. ASsociative를 이용하면 이미 실행된 객체의 개수나 간격 등을 모두 수정, 편집할 수 있는 것이 가장 편리한 점이라고 할 수 있습니다.

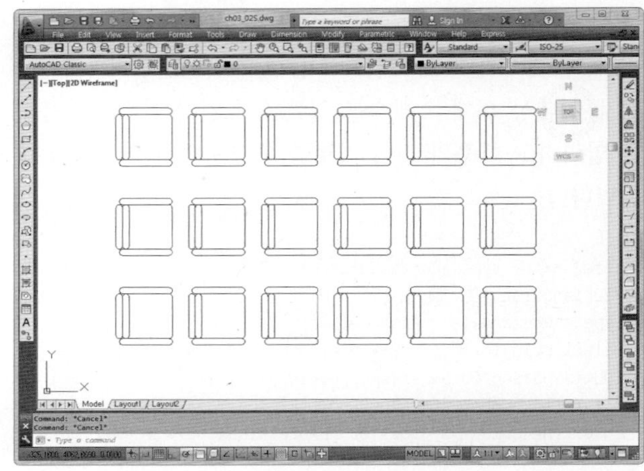

● 미리해보기

예제 파일 부록 CD\Sample\Chapter03\ch03_03S.dwg   **완성 파일** 부록 CD\Sample\Chapter03\ch03_03F.dwg

---

01 메뉴의 [File]-[Open]으로 부록 CD에서 예제 파일을 불러옵니다. 먼저 Array 명령어의 단축키인 'AR'을 입력한 후 다음의 두 지점을 클릭, 드래그하여 객체를 선택하고 선택을 종료하기 위하여 Enter 를 누릅니다.

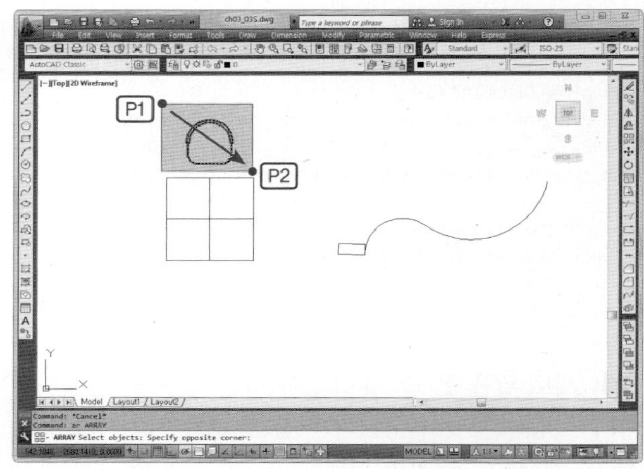


```
Command: AR Enter
ARRAY
Select objects: Specify opposite corner: 9 found
→ P1~P2점 클릭, 드래그
Select objects: Enter
```

02 다음과 같이 'Polar' 옵션을 지정한 후, 다음과 같이 테이블의 중앙에 해당하는 교점을 클릭합니다.

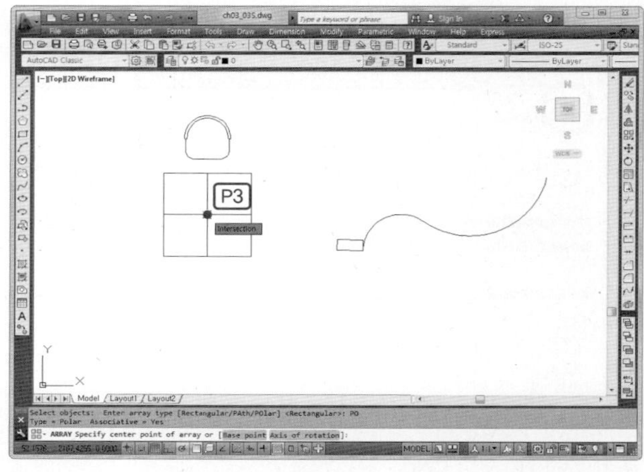


```
Enter array type [Rectangular/PAth/POlar] <Rectangular>: PO
Enter
Type=Polar  Associative=Yes
Specify center point of array or [Base point/Axis of
rotation]: P3점 클릭
```

03 회전 배열 복제의 개수를 입력하기 위하여 'I' 옵션을 입력한 후 총 개수인 '4'를 입력하고 Enter 를 눌러 기본 360° 안에 4개를 배열 복제하여 완료합니다.

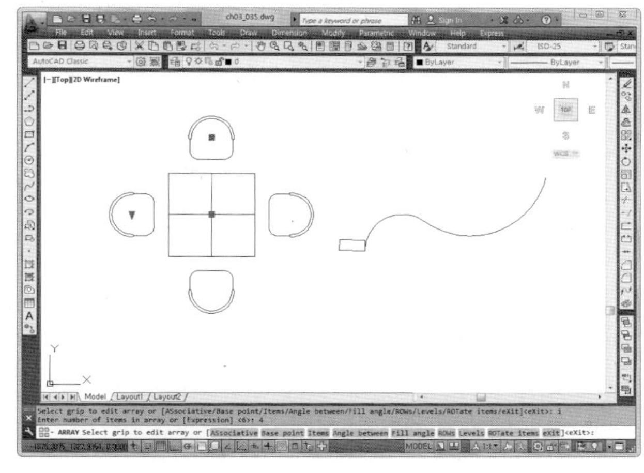

```
elect grip to edit array or [ASsociative/Base point/
Items/Angle between/Fill angle/ROWs/Levels/ROTate items/
eXit]<eXit>: i  Enter
Enter number of items in array or [Expression] <6>: 4  Enter
Select grip to edit array or [ASsociative/Base point/
Items/Angle between/Fill angle/ROWs/Levels/ROTate items/
eXit]<eXit>:  Enter
```

04 다음은 작은 사각형을 자유 곡선 위에 나열 복제해 보겠습니다. 먼저 Array 명령어의 단축키인 'AR'을 입력한 후 다음의 객체를 선택합니다.

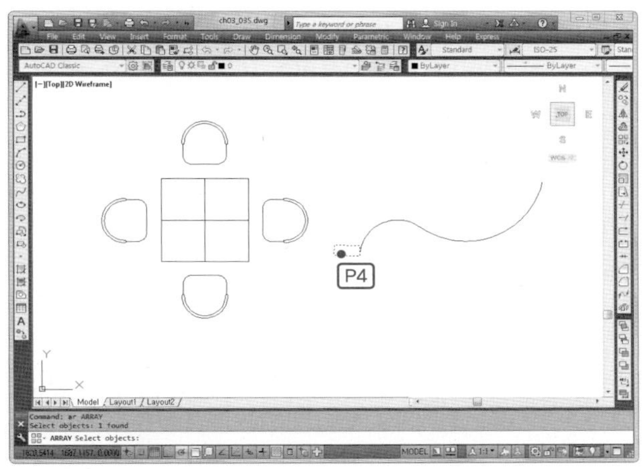

```
Command: AR  Enter
ARRAY
Select objects: 1 found
→ P4점 클릭
Select objects:  Enter
```

05 경로 위에 배열 복제하는 'Path' 옵션을 선택하기 위하여 'PA'를 입력한 후 Path 객체를 클릭하여 선택합니다.

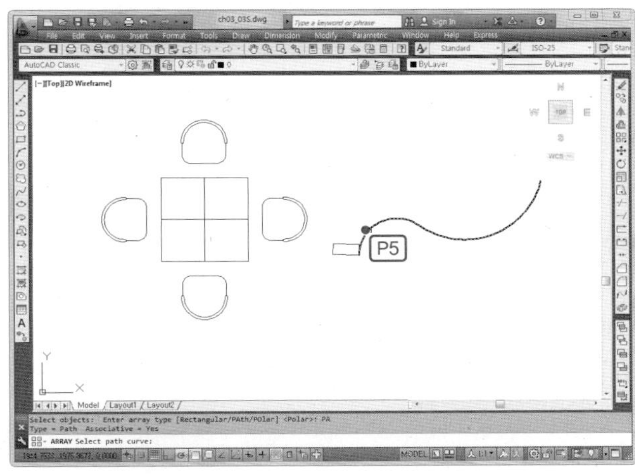

```
Enter array type [Rectangular/PAth/POlar] <Polar>: PA  Enter
Type=Path  Associative=Yes
Select path curve:
→ P5점 클릭
```

06 마우스로 그림과 같은 지점까지 드래그해봅니다. 다음과 같이 해당 객체들이 하나씩 늘어나면서 나열되는 것을 미리 보기로 볼 수 있습니다. 하나의 곡선 선분에 균등하게 분할 배열할 수 있도록 'Divide' 옵션을 입력합니다.

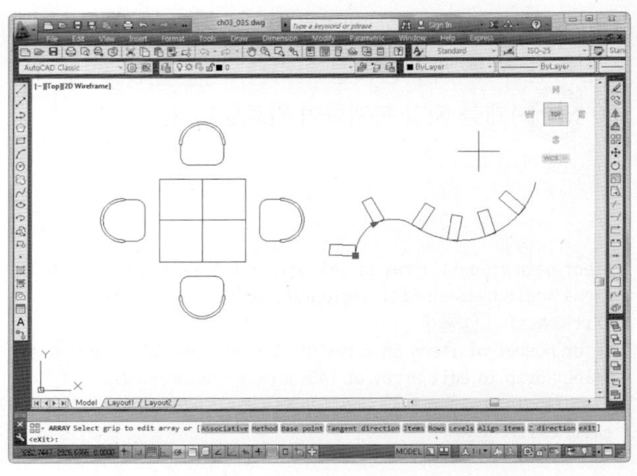

```
Select grip to edit array or [ASsociative/Method/Base point/
Tangent direction/Items/Rows/Levels/Align items/Z direction/
eXit]<eXit>: m
Enter path method [Divide/Measure] <Measure>: d  Enter
```

07 총 개수는 6개로 입력하도록 'Item' 옵션을 입력하여 개수를 6개로 입력합니다. 추가로 변경할 옵션이 없는 경우에는 Enter 를 눌러 종료합니다.

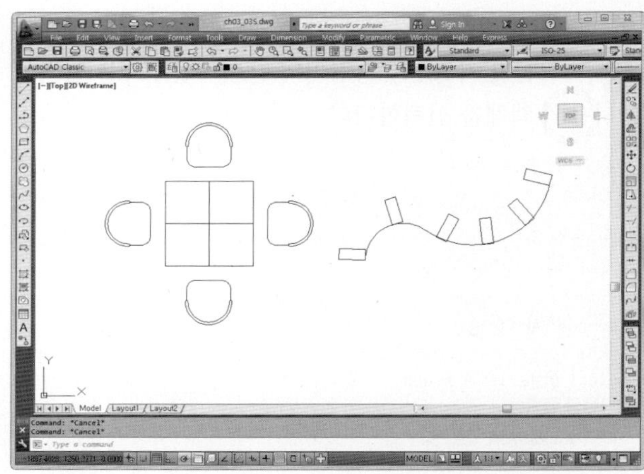

```
Select grip to edit array or [ASsociative/Method/Base point/
Tangent direction/Items/Rows/Levels/Align items/Z direction/
eXit]<eXit>: i
Enter number of items along path or [Expression] <6>:6  Enter
Select grip to edit array or [ASsociative/Method/Base point/
Tangent direction/Items/Rows/Levels/Align items/Z direction/
eXit]<eXit>:  Enter
```

03. 한 번에 객체를 이동하고 연장하는 Stretch

한 번에 선택한 객체를 이동하면서 연장하거나 축소하는 명령어를 'Stretch'라고 합니다. 보통은 자르기만 하거나 크기를 키우기만 하는 등 한 번에 하나의 편집 명령어를 사용해야 하는 경우가 많습니다. 하지만 Stretch는 선택한 객체를 동시에 연장, 이동할 수 있습니다. 한 번에 해결할 수 있는 장점을 가진 대신 선택하는 방법에 따라 제대로 된 결과가 나타나지 않는 경우가 있습니다. Cross나 Window 방식으로만 선택하면 정상적인 Stretch 명령어를 정상적으로 실행할 수 있습니다. 이번에는 Stretch 명령어의 사용 방법과 제한적인 용도에 대해 알아보겠습니다.

명령어	Stretch		아이콘	
단축키	S		메뉴	[Modify]-[Stretch]

● 명령어 이해하기

Stretch 명령어를 입력하고 객체를 선택한 상태에서 이동해야 하는 객체를 선택 영역 안에 완전히 포함시켜 선택하고 기준점을 기준으로 이동하면서 연장 또는 줄어들어야 하는 곳이 있다면 선택 영역 안에 걸쳐지게 선택합니다. 하나씩 클릭하여 선택하지 않고, 반드시 Cross나 Window 방식으로 드래그를 통해 선택해야 합니다. 개별적으로 선택하는 경우에는 사용자가 원하는 형태로 Stretch가 되지 않기 때문에 주의해야 합니다. 이동 기준점을 입력하고 이동점을 입력하는 경우, 마우스로 원하는 곳을 클릭하거나 좌표 값을 이용해 원하는 길이와 방향을 정확하게 입력해야 합니다.

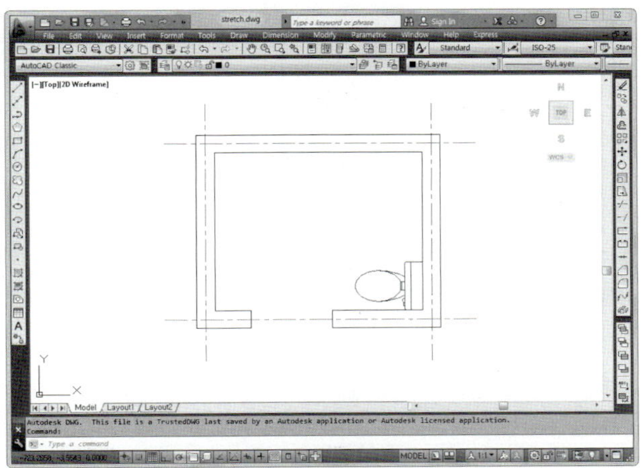

▲ Strecth 실행 전 객체 상황

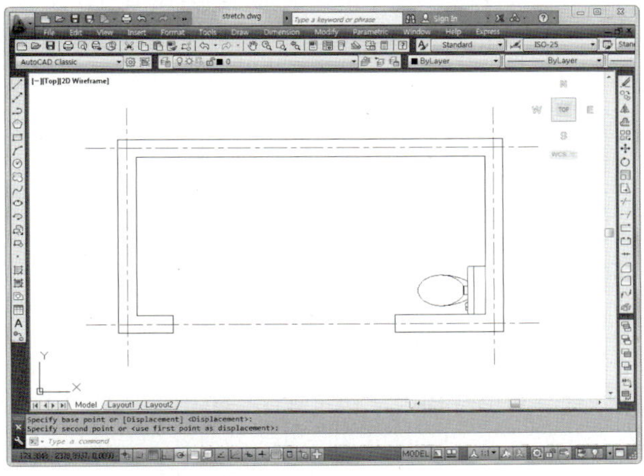

▲ Strecth 실행 후 객체 상황

```
Command: STRETCH Enter
Select objects to stretch by crossing-window or crossing-polygon...
Select objects: Specify opposite corner: 31 found
```
→ Stretch할 대상 객체를 Window나 Cross 방식으로 클릭, 드래그하여 선택합니다.
```
Select objects: Enter
```
→ 객체의 선택이 완료되면 Enter 를 눌러 선택을 종료합니다.
```
Specify base point or [Displacement] <Displacement>:
```
→ Stretch의 기준점 좌표를 입력합니다.
```
Specify second point or <use first point as displacement>:
```
→ Stretch의 이동점 좌표를 입력합니다.

예제 파일 부록 CD\Sample\Chapter03\ch03_04S.dwg   완성 파일 부록 CD\Sample\Chapter03\ch03_04F.dwg

01 메뉴의 [File]-[Open]으로 부록 CD에서 예제 파일을 불러옵니다. Stretch 명령어의 단축키인 'S'를 입력한 후 Cross로 다음과 같이 선택합니다. 중심선 및 변기, 벽선의 마감선까지 모두 사각형 안에 들어오도록 선택합니다.

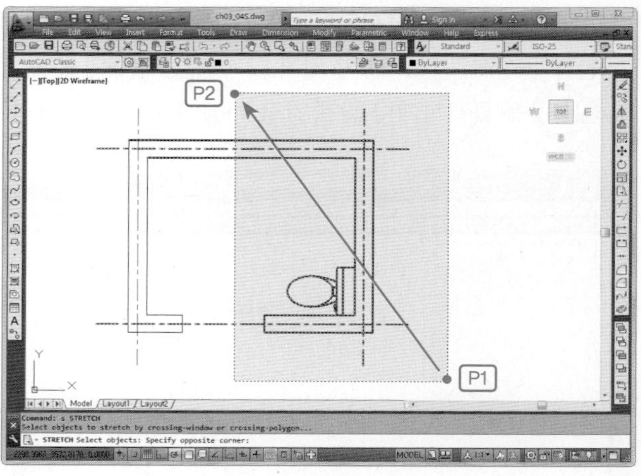


```
Command: S  Enter
STRETCH
Select objects to stretch by crossing-window or crossing-
polygon...
Select objects: Specify opposite corner: 31 found
→ P1~P2점 클릭, 드래그
Select objects:  Enter
```

02 연장하면서 이동할 기준점을 Osnap을 통해 정확하게 클릭합니다. 가능하면 지금처럼 객체의 일부분을 클릭하여 선택합니다. 이동점은 원하는 길이값을 좌표 값으로 입력합니다.

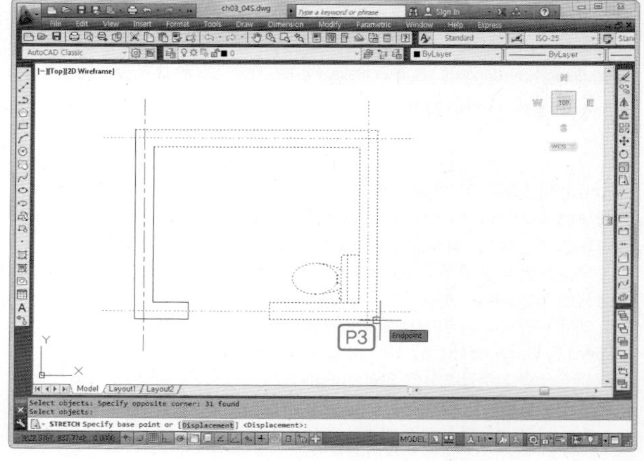


```
Specify base point or [Displacement] <Displacement>: P3점 클릭
Specify second point or <use first point as displacement>:
@1000,0  Enter
```

03 이번에는 아래쪽의 객체를 선택한 후 위쪽으로 간격을 좁혀 보겠습니다. Stretch 명령어의 단축키인 'S'를 입력한 후 다음과 같이 클릭, 드래그하여 객체를 선택합니다.

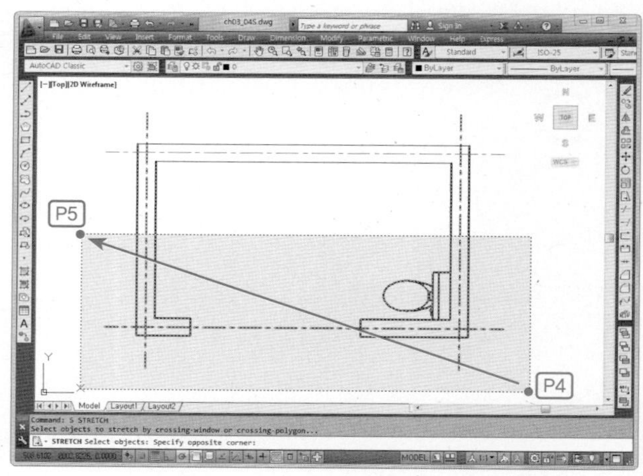


```
Command: S  Enter
STRETCH
Select objects to stretch by crossing-window or crossing-
polygon...
Select objects: Specify opposite corner: 34 found
→ P4~P5점 클릭, 드래그
Select objects:  Enter
```

04 Stretch의 기준점을 다음과 같이 Osnap을 이용하여 클릭하고 위쪽으로 500만큼 축소 이동하기 위하여 다음과 같이 좌표 값을 입력합니다.

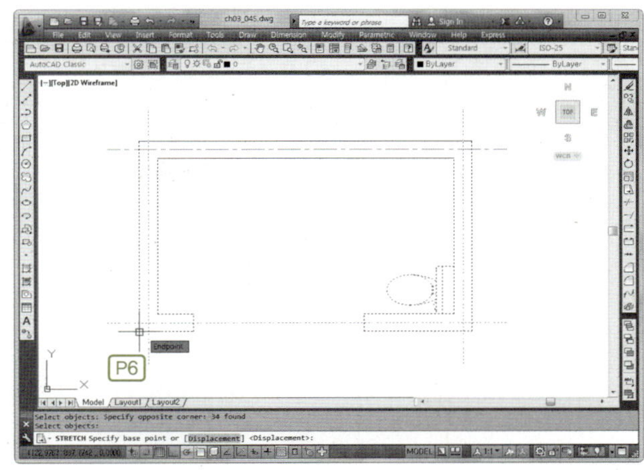

```
Specify base point or [Displacement] <Displacement>: P6점 클릭
Specify second point or <use first point as displacement>:
@0,500 Enter
```

05 이번에는 사각형 안에 완벽하게 들어오지 않은 경우 Stretch를 하면 어떻게 되는지 확인해보겠습니다. Stretch 명령어의 단축키인 'S'를 입력한 후 다음과 같이 클릭, 드래그한 위치를 선택합니다. 중심선을 모두 포함하지 않고 걸치게만 선택합니다.

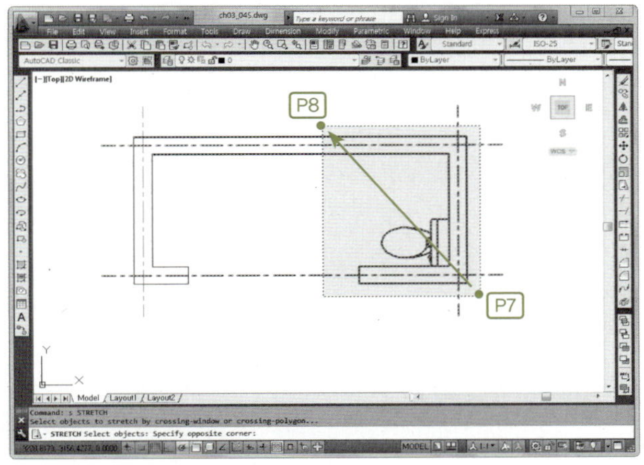

```
Command: S Enter
STRETCH
Select objects to stretch by crossing-window or crossing-
polygon...
Select objects: Specify opposite corner: 30 found
→ P7점~P8점 클릭, 드래그
Select objects: Enter
```

06 기준점은 Osnap로 다음 끝점을 클릭하여 지정합니다. 왼쪽으로 1000만큼 이동, 축소하기 위해 다음과 같이 좌표 값을 입력합니다.

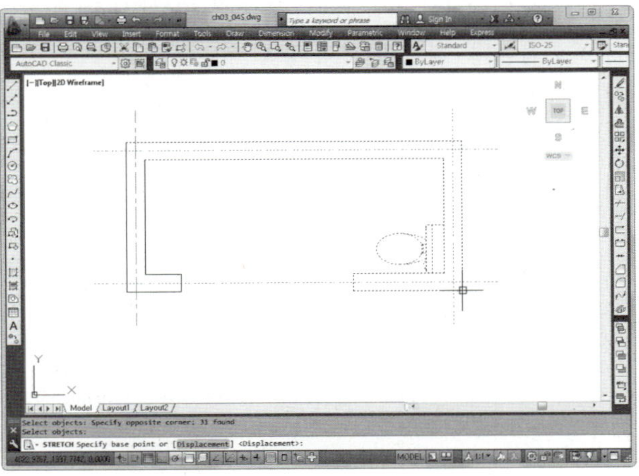

```
Specify base point or [Displacement] <Displacement>: P9점 클릭
Specify second point or <use first point as displacement>:
@-1000,0 Enter
```

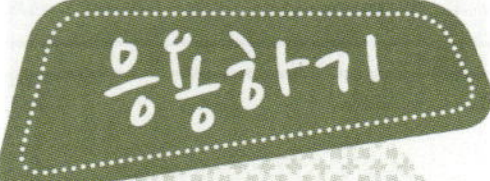

양쪽 여닫이 문 그리기

01

건축이나 실내 인테리어 도면에서 가장 흔하게 볼 수 있는 문이나 창문의 경우에는 동일한 사이즈의 문을 사용하는 일이 많기 때문에 한 번 그려두고 블록 작업을 해두면 필요할 때마다 사용할 수 있습니다. 다음의 문을 만드는 방법을 통해 다양한 크기의 문을 만들어 블록화 작업을 해보겠습니다.

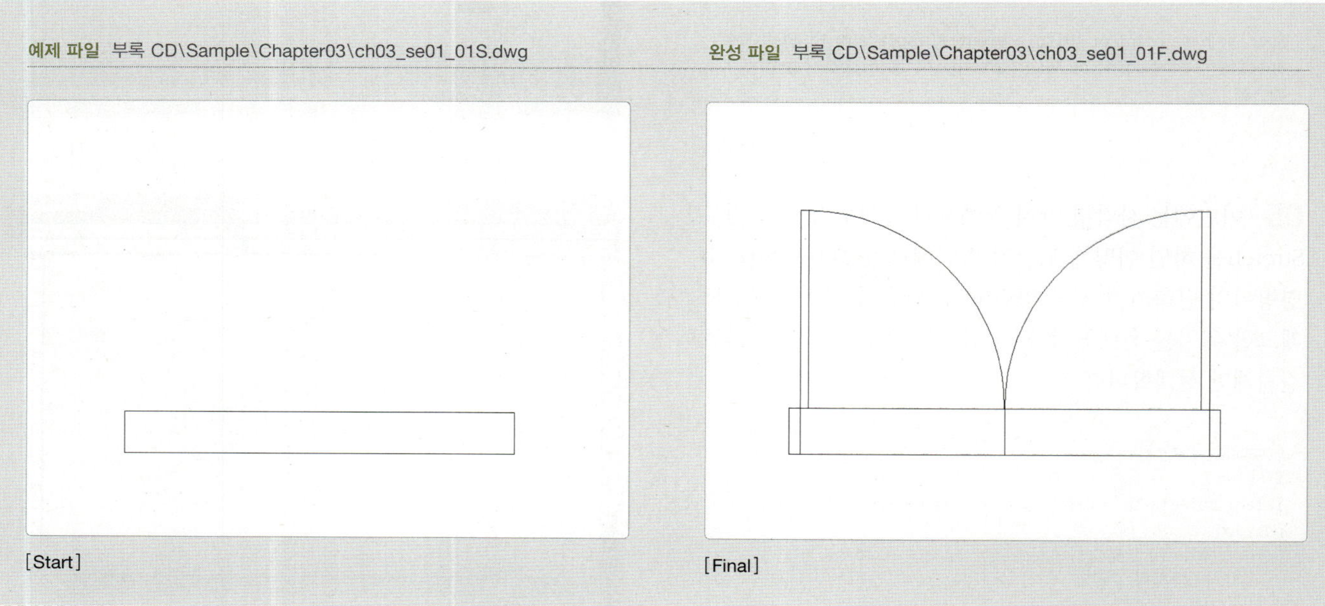

예제 파일 부록 CD\Sample\Chapter03\ch03_se01_01S.dwg

완성 파일 부록 CD\Sample\Chapter03\ch03_se01_01F.dwg

[Start]

[Final]

01 메뉴의 [File]−[Open]으로 부록 CD에서 예제 파일을 불러옵니다. 다음과 같이 양쪽 여닫이 문의 기본 문틀 크기가 만들어져 있습니다. 왼쪽 문의 틀 길이만큼 Offset을 하기 위하여 먼저 단축키인 'O'를 입력하고 다음과 같이 입력합니다.

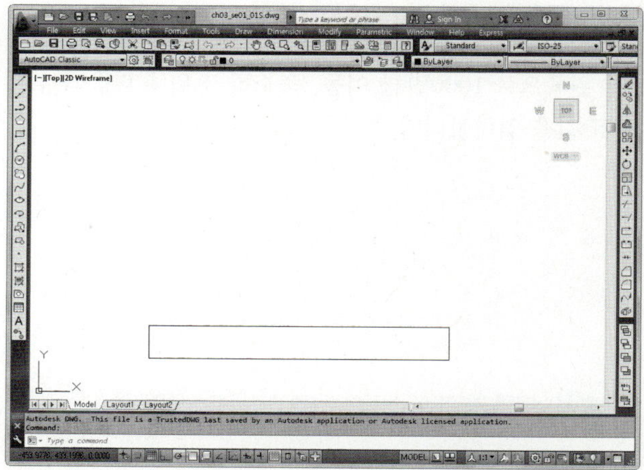

```
Command: O Enter
OFFSET
Current settings: Erase source=No  Layer=Source
OFFSETGAPTYPE=0
Specify offset distance or [Through/Erase/Layer] <Through>:
45 Enter
```

02 입력한 간격 값 45만큼 평행 복제할 객체 P1을 클릭한 후 복제될 방향인 P2점을 클릭하여 방향을 지정합니다. 평행 복제가 되고 나면 Enter 를 눌러 명령어를 종료합니다.

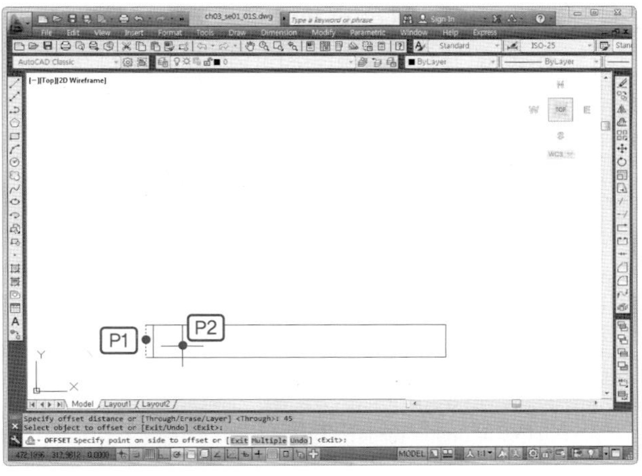

```
Select object to offset or [Exit/Undo] <Exit>: P1점 클릭
Specify point on side to offset or [Exit/Multiple/Undo]
<Exit>: P2점 클릭
Select object to offset or [Exit/Undo] <Exit>: Enter
```

03 문의 너비에 대한 선분을 그리기 위하여 Line 명령어의 단축키인 'L'을 입력하고 다음의 끝점을 마우스로 정확하게 클릭합니다. 전체 길이는 855이므로, 다음과 같이 상대 좌표로 정확하게 입력합니다.

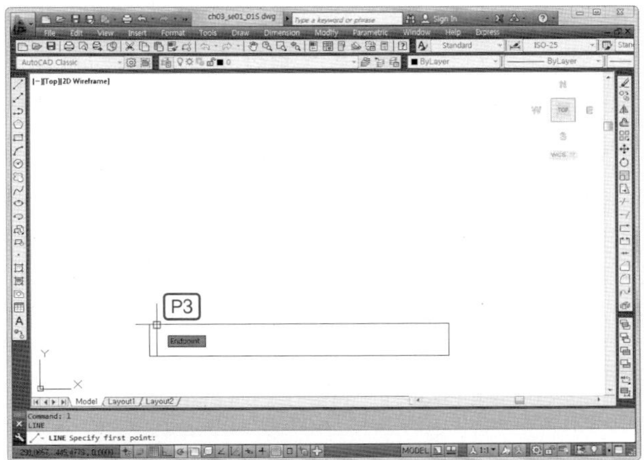

```
Command: L Enter
LINE Specify first point: P3점 클릭
Specify next point or [Undo]: @0,855 Enter
Specify next point or [Undo]: Enter
```

04 문의 두께 부분만큼 선이 더 필요합니다. 앞에서 그린 선분을 문의 두께만큼 Offset하여 평행 복제합니다. 다음과 같이 명령어를 입력한 후 다음 두 지점을 클릭하여 평행 복제합니다.

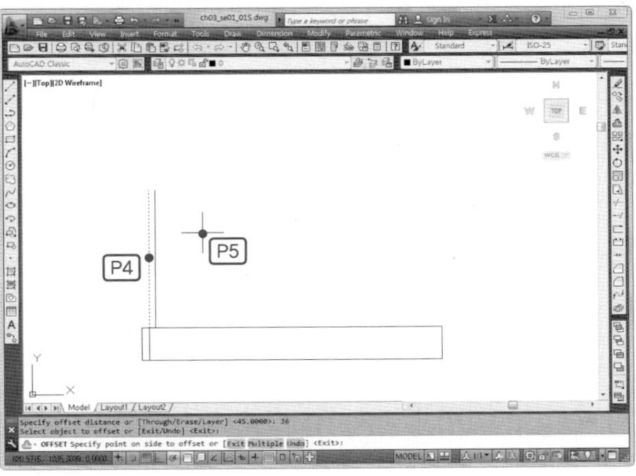

```
Command: O Enter
OFFSET
Current settings: Erase source=No  Layer=Source
OFFSETGAPTYPE=0
Specify offset distance or [Through/Erase/Layer] <45.0000>:
36 Enter

Select object to offset or [Exit/Undo] <Exit>: P4점 클릭
Specify point on side to offset or [Exit/Multiple/Undo]
<Exit>: P5점 클릭
Select object to offset or [Exit/Undo] <Exit>: Enter
```

05 Offset한 두 선분의 양쪽 끝점을 서로 이어 닫힌 선분이 되도록 합니다. Line 명령어를 입력한 후, 다음 두 지점을 Osnap을 이용하여 정확하게 선택합니다.

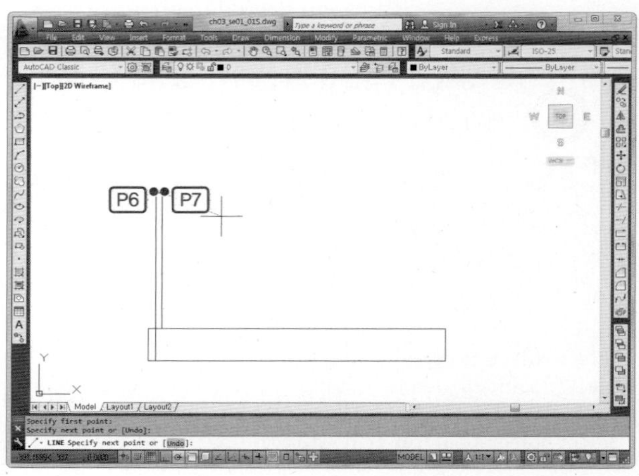

```
Command: L Enter
LINE Specify first point: P6점 클릭
Specify next point or [Undo]: P7점 클릭
Specify next point or [Undo]: Enter
```

06 문이 열리는 반경을 Arc 명령어를 이용해 그립니다. Arc 명령어의 단축키인 'A'를 입력한 후, 선분의 중간점에 Osnap을 먼저 입력하고 Space bar 를 누른 후 P8점을 클릭합니다.

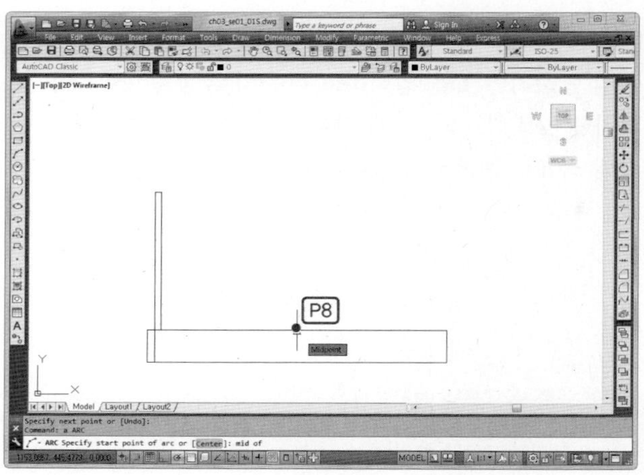

```
Command: A Enter
ARC Specify start point of arc or [Center]: mid of
→ P8점 클릭
```

07 Arc의 끝점을 입력하기 위하여 'e' 옵션을 입력하고 P9점을 클릭한 후, P8점과 P9점을 잇는 90°의 내부 각을 갖는 호를 만들기 위하여 각도를 입력하기 위한 'a' 옵션을 입력하고 각도에 90을 입력합니다.

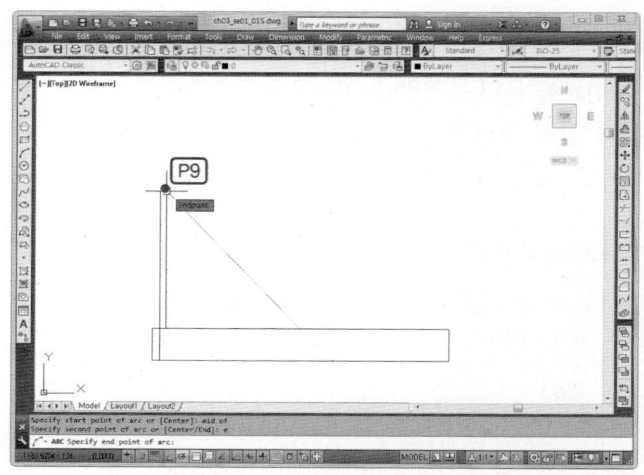

```
Specify second point of arc or [Center/End]: e Enter
Specify end point of arc: P9점 클릭
Specify center point of arc or [Angle/Direction/Radius]: A
Enter
Specify included angle: 90 Enter
```

08 여닫이 문의 가운데 기준선을 맨 왼쪽의 선분을 Offset하여 만듭니다. Offset을 입력한 후 다음과 같이 '900'을 입력하여 Offset합니다.

```
Command: O Enter
OFFSET
Current settings: Erase source=No  Layer=Source
OFFSETGAPTYPE=0
Specify offset distance or [Through/Erase/Layer] <36.0000>:
900 Enter

Select object to offset or [Exit/Undo] <Exit>: P10점 클릭
Specify point on side to offset or [Exit/Multiple/Undo]
<Exit>: P11점 클릭
Select object to offset or [Exit/Undo] <Exit>: Enter
```

09 왼쪽의 문을 오른쪽으로 대칭 반사 복제합니다. Mirror 명령어의 단축키인 'MI'를 입력한 후 다음 지점을 마우스로 드래그하여 선택합니다.

```
Command: MI Enter
MIRROR
Select objects: Specify opposite corner: 6 found
→ P12점~P13점 클릭, 드래그
Select objects: Enter
```

10 대칭 반사의 기준점 두 곳을 클릭합니다. 가운데 중간 지점을 Offset해두었으므로 양쪽 끝점을 기준으로 기준선 두 곳을 클릭하여 선택합니다.

```
Specify first point of mirror line: P14점 클릭
Specify second point of mirror line: P15점 클릭
Erase source objects? [Yes/No] <N>: Enter
```

Array를 이용하여 가스레인지 그리기

도면 안에 자주 등장하는 가스레인지의 화구를 그려보겠습니다. 요즘에는 2구보다 4구의 가스레인지가 많이 사용되고, 싱크대 너비와 동일한 빌트인 시스템으로 제작되는 경우가 많습니다. 치수에 맞게 그린 후, 다음과 같이 Array 명령어를 직접 적용해보겠습니다.

예제 파일 부록 CD\Sample\Chapter03\ch03_se01_02S.dwg

완성 파일 부록 CD\Sample\Chapter03\ch03_se01_02F.dwg

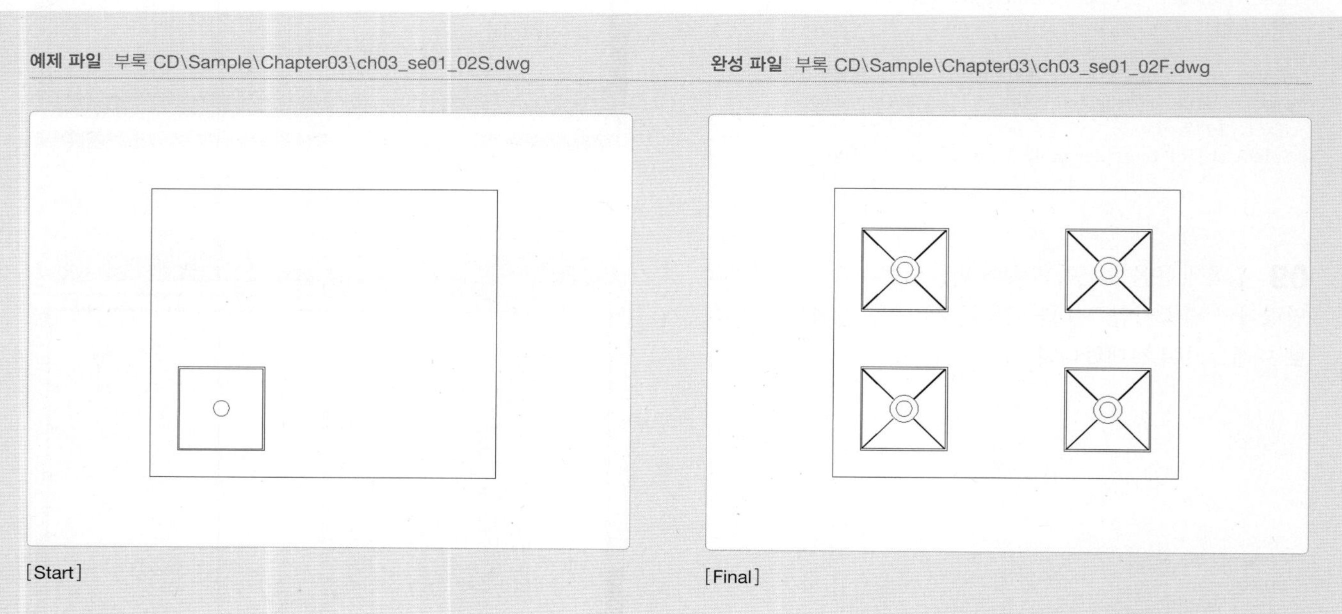

[Start]

[Final]

01 메뉴의 [File]–[Open]으로 부록 CD에서 예제 파일을 불러옵니다. 먼저 화구를 확대하여 큰 이미지로 작업합니다. 확대하기 위하여 Zoom 명령어를 입력한 후, 다음 지점을 Window 방식으로 확대합니다.

```
Command: Z Enter
ZOOM
Specify corner of window, enter a scale factor (nX or nXP)
or [All/Center/Dynamic/Extents/Previous/Scale/Window/Object]
<real time>:
Specify opposite corner:
→ P1～P2점 클릭, 드래그
```

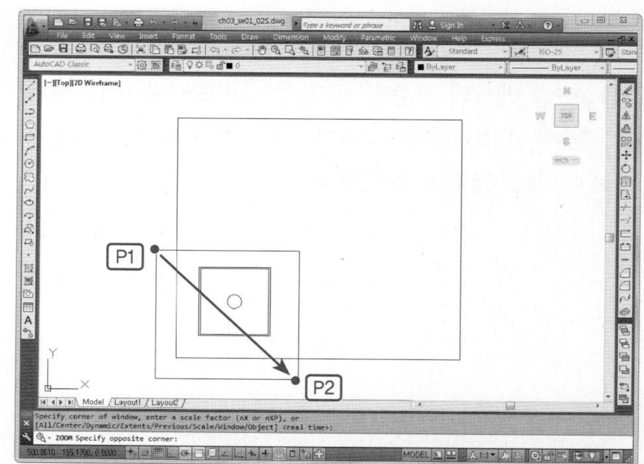

02 가운데 있는 원의 중심점과 동일한 중심점을 기준으로 원을 하나 더 그립니다. Circle 명령어를 입력한 후 다음과 같이 반지름 값을 입력합니다. 중심점은 반드시 Osnap의 Center로 선택합니다.

```
Command: C Enter
CIRCLE Specify center point for circle or [3P/2P/Ttr (tan tan
radius)]: P3점 클릭
Specify radius of circle or [Diameter] <15.0000>: 25 Enter
```

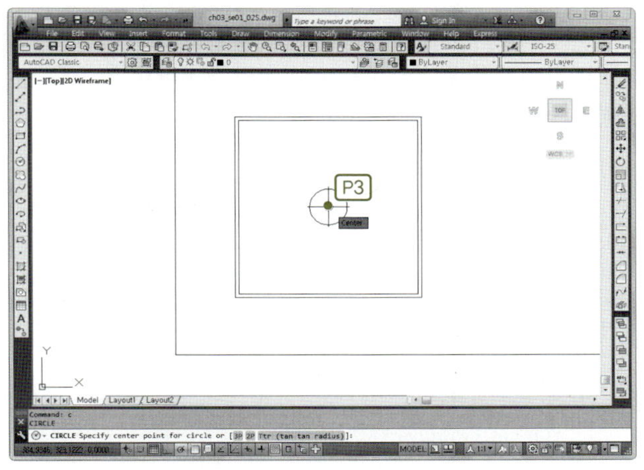

03 화구의 다리 부분을 그리기 위하여 굵은 선을 그립니다. 선의 너비 값을 줄 수 있는 Pline을 입력한 후 그림과 같이 선의 두께 옵션인 '3'을 입력하여 다음과 같이 선을 그립니다.

```
Command: PL Enter
PLINE
Specify start point: P4점 클릭
Current line-width is 0.0000
Specify next point or [Arc/Halfwidth/Length/Undo/Width]: W
Enter
Specify starting width <0.0000>: 3 Enter
Specify ending width <3.0000>: Enter
Specify next point or [Arc/Halfwidth/Length/Undo/Width]: P5점
클릭
Specify next point or [Arc/Close/Halfwidth/Length/Undo/
Width]: Enter
```

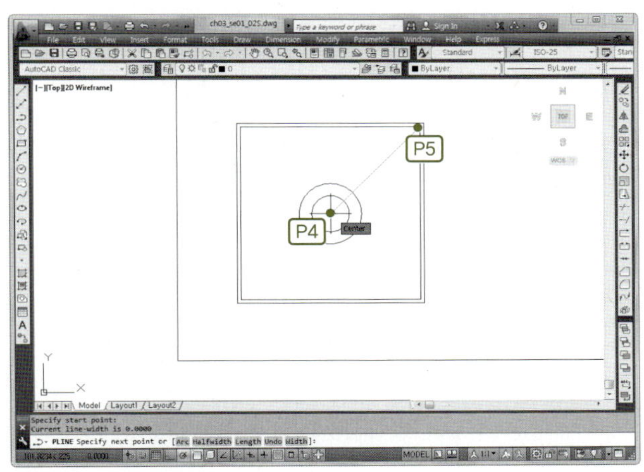

04 큰 원의 안쪽으로는 Pline을 잘라 냅니다. Trim 명령어를 입력한 후 큰 원을 기준선으로 하여 원 안의 Pline을 다음과 같이 잘라 냅니다.

```
Command: TR Enter
TRIM
Current settings: Projection=UCS, Edge=Extend
Select cutting edges...
Select objects or <select all>: 1 found
→ P6점 클릭
Select objects: Enter
Select object to trim or shift-select to extend or [Fence/
Crossing/Project/Edge/eRase/Undo]: P7점 클릭
Select object to trim or shift-select to extend or [Fence/
Crossing/Project/Edge/eRase/Undo]: Enter
```

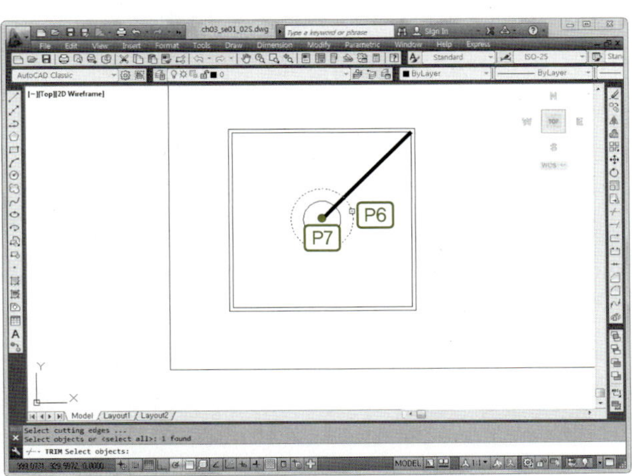

05 완성된 Pline을 전체 사각형 안에 동일한 간격으로 4개 배치해보겠습니다. Array 명령어의 'Polar' 옵션을 이용해 다음과 같이 선택합니다.

```
Command: AR Enter
ARRAY
Select objects: 1 found
→ P8점 클릭
Select objects: Enter
Enter array type [Rectangular/PAth/POlar] <Path>: PO Enter
Type=Polar  Associative=Yes
```

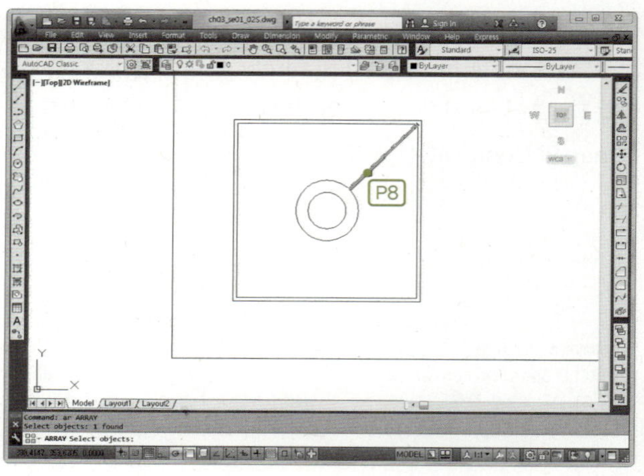

06 Polar Array는 원형 중심 배열 복제를 하는 옵션이므로 배열의 중심축이 되는 중앙을 다음과 같이 클릭한 후 원하는 배열의 개수를 입력하고, 회전 배열 각도의 변동이 없는 경우에는 옵션 없이 Enter 를 눌러 종료합니다.

```
Specify center point of array or [Base point/Axis of
rotation]: P9점 클릭
Select grip to edit array or [ASsociative/Base point/
Items/Angle between/Fill angle/ROWs/Levels/ROTate items/
eXit]<eXit>: i Enter
Enter number of items in array or [Expression] <6>: 4 Enter
Select grip to edit array or [ASsociative/Base point/
Items/Angle between/Fill angle/ROWs/Levels/ROTate items/
eXit]<eXit>: Enter
```

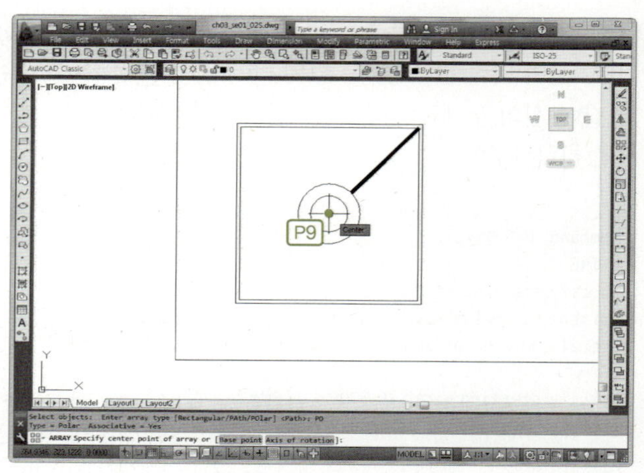

07 완성된 객체를 2행 2열로 Rectangular Array를 실행하여 한 번에 4개의 화구를 복제해보겠습니다. 이전 화면으로 복귀한 후, Array 명령어를 입력하고 객체를 선택하여 다음과 같이 옵션을 지정합니다.

```
Command: Z Enter
ZOOM
Specify corner of window, enter a scale factor (nX or nXP)
or [All/Center/Dynamic/Extents/Previous/Scale/Window/Object]
<real time>: P Enter

Command: AR Enter
ARRAY
Select objects: Specify opposite corner: 5 found
→ P10점~P11점 클릭, 드래그
Select objects: Enter
Enter array type [Rectangular/PAth/POlar] <Polar>: R Enter
Type=Rectangular  Associative=Yes
```

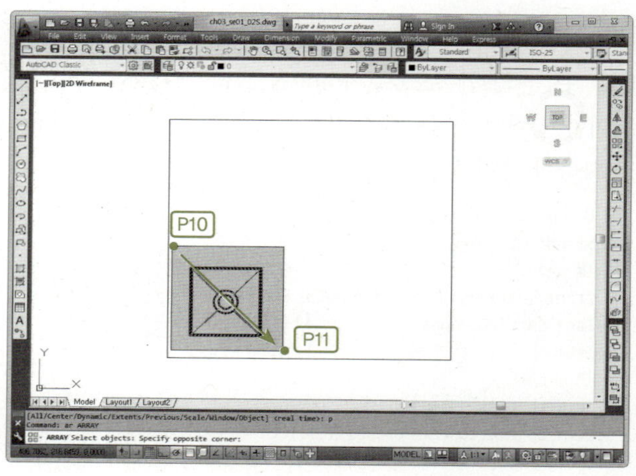

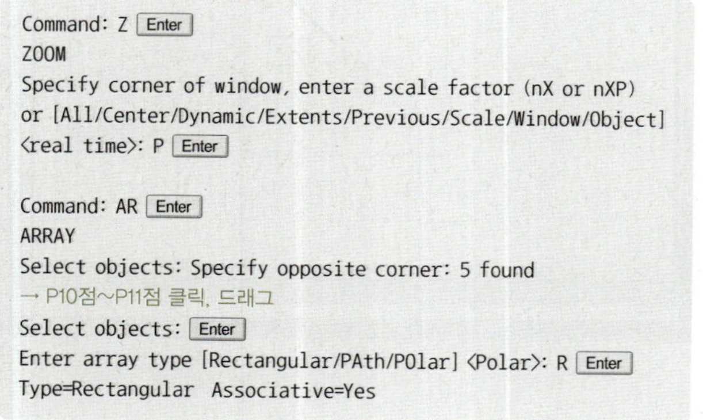

08 행과 열의 값, 행간의 간격, 열 간의 간격을 입력합니다.

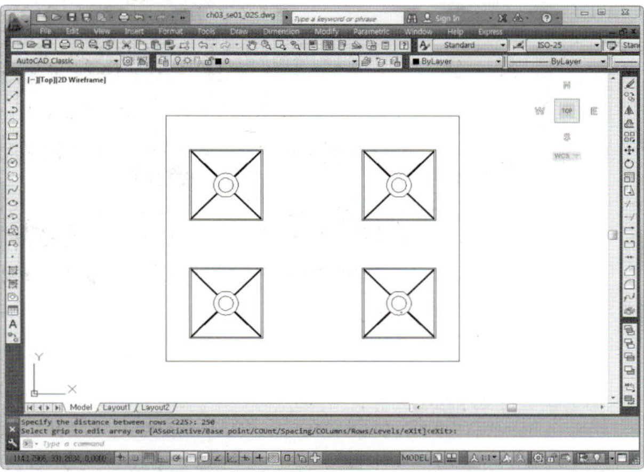

```
Select grip to edit array or [ASsociative/Base point/COUnt/Spacing/COLumns/Rows/Levels/eXit]<eXit>: cou [Enter]
Enter the number of columns or [Expression] <4>: 2 [Enter]
Enter the number of rows or [Expression] <3>: 2 [Enter]
Select grip to edit array or [ASsociative/Base point/COUnt/Spacing/COLumns/Rows/Levels/eXit]<eXit>: s [Enter]
Specify the distance between columns or [Unit cell] <225>: 354 [Enter]
Specify the distance between rows <225>: 250 [Enter]
Select grip to edit array or [ASsociative/Base point/COUnt/Spacing/COLumns/Rows/Levels/eXit]<eXit>: [Enter]
```

Section 02

객체의 속성 알아보기

이번에는 도면을 그리거나 수정, 편집하는 명령어가 아닌 기존의 객체의 속성을 알아보는 명령어에 대해 알아보겠습니다. 두 지점 사이의 거리 값이나 각도 등을 구하거나, 객체의 길이나 반지름 등을 알아보고 소속된 레이어나 연관성 등을 찾아내어 현재 도면을 그리는 보조 도구로 사용합니다. 다양한 정보를 조회하거나 원하는 면적을 구하는 명령어를 통해 좀 더 정확하고 빠른 도면을 그려보겠습니다.

01. 선택한 객체의 정보를 조회하는 List

각각의 객체는 그 객체만이 갖고 있는 고유 정보가 있습니다. 예를 들어 원의 경우, 원의 중심점 좌표와 반지름, 원둘레 등의 정보를 갖고 있고, Pline의 경우에는 연결된 선분의 좌표 값, 해당 객체의 선분 너비 등과 같은 정보를 갖고 있습니다. 이러한 정보를 조회하여 도면 요소 개개의 특성을 Text Window에 표시하는 명령어를 'List'라고 합니다. 이 명령어를 이용하면 다양한 정보를 조회하여 참고할 수 있습니다.

명령어	Limits	아이콘	
단축키	LI	메뉴	[Tools]-[Inquiry]-[List]

● 명령어 이해하기

화면에 객체가 있는 경우, 명령어를 입력한 후 원하는 객체를 선택 상자로 클릭하면 해당 객체에 대한 정보가 조회되며, 조회된 내용은 Text Window 창에 나타납니다. Text Window 창은 F2를 눌러 On/Off합니다.

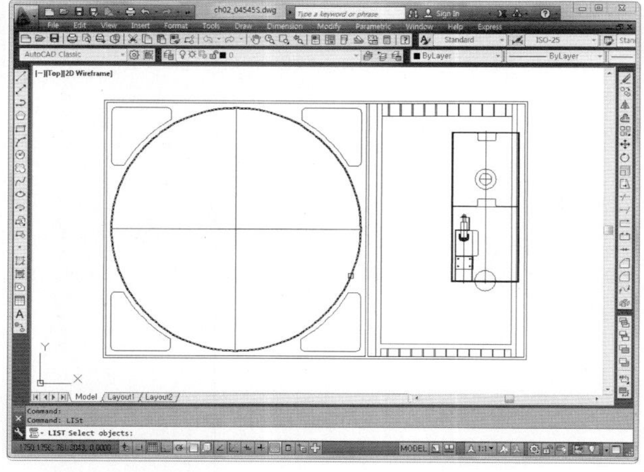

▲ 조회할 객체를 선택한 상태

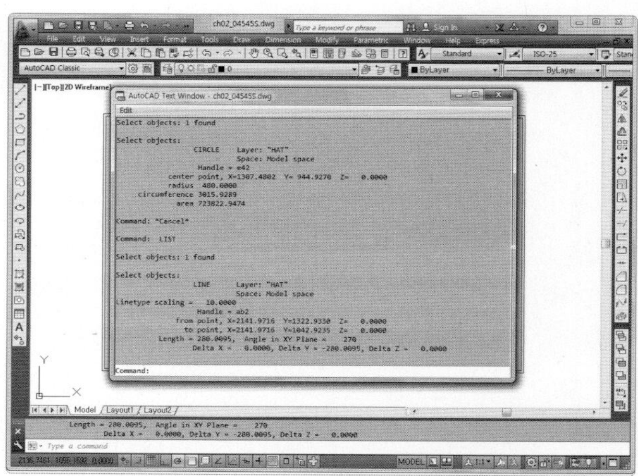

▲ 선택한 후 Enter 를 누른 상태

```
Command: List  Enter
Select objects:
→ 정보 조회를 원하는 객체를 선택합니다.
Select objects:  Enter
→ 더 이상 조회할 객체가 없는 경우에는  Enter 를 눌러 종료합니다.
```

02. 두 점의 직선거리를 조회하는 Dist

Dist를 이용하면 간단하게 두 지점 사이의 직선거리와 각도를 알 수 있습니다. 똑같은 직선이라 하더라도 시작점과 끝점의 위치에 따라 각도가 (+)와 (−)로 바뀌어 화면에 표시됩니다. List처럼 Text Window 창에 나타나지 않고 명령 행에 나타나는 것을 기본으로 하며, Text Window 창이 필요한 경우에는 F2로 On/Off하여 사용합니다. 일반적으로 Dist 명령어는 두 지점 간의 거리와 각도를 조회하는 것을 기본으로 가장 많이 사용하지만, 옵션을 이용하면 한 번에 하나 이상의 점 거리도 조회할 수 있습니다.

명령어	Dist	아이콘	
단축키	DI	메뉴	[Tools]-[Inquiry]-[Distance]

● 명령어 이해하기

거리 값을 알고 싶은 두 지점을 마우스로 클릭하여 선택합니다. Dist의 사용은 두 좌표 간의 길이 값이므로 Osnap을 이용하여 정확한 좌표를 클릭하는 것이 중요합니다. 또한 연속적으로 이어지는 점과의 합산 거리나 곡선의 거리 값도 조회할 수 있습니다.

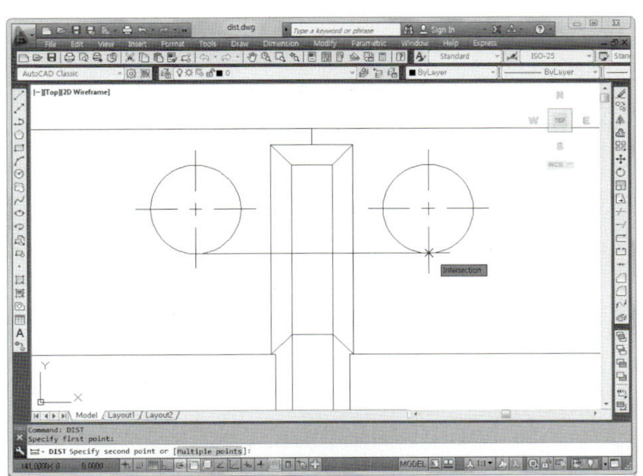

▲ Dist를 이용한 두 지점 클릭

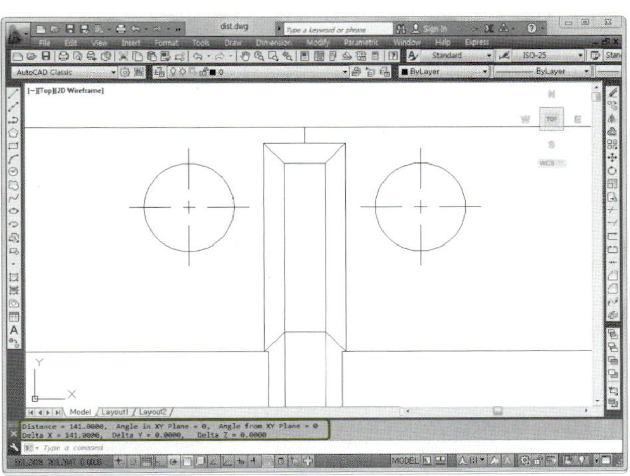

▲ 명령 행에 해당 두 지점의 Distance 값이 표시됨.

```
Command: DIST [Enter]
Specify first point:
→ 거리 값을 알고 싶은 첫 번째 점을 클릭합니다.
Specify second point or [Multiple points]:
→ 거리 값을 알고 싶은 두 번째 점을 클릭합니다.
[결과]
Distance=141.0000,  Angle in XY Plane=0,  Angle from XY Plane=0
Delta X=141.0000,  Delta Y=0.0000,   Delta Z=0.0000
```

● 옵션 이해하기

주로 두 지점의 직선 길이 값을 조회하는 명령어로 사용하지만, 'Multiple points' 옵션을 이용하면 연속하는 길이 값과 곡선의 길이 값도 알아낼 수 있습니다.

옵션	설명
Multiple points	두 점 이상의 누적거리를 알아보는 경우에 사용합니다. ① Arc: 호로 이어진 지점의 거리를 재는 경우, 호가 가진 속성을 입력하여 거리를 잴 때 사용합니다. Arc를 그리는 방법과 동일한 옵션을 사용합니다. ② Length: 객체를 클릭하여 길이를 재는 것이 보통인 Dist의 속성 중, 현재의 위치에서 원하는 위치까지 길이 값만큼 이동하여 길이를 알아봅니다. ③ Undo: 바로 전 단계의 명령 수행을 취소합니다. ④ Total: 현재까지 입력한 지점의 최종 길이 값의 합산 값을 보여 줍니다.

● 미리해보기

예제 파일 부록 CD\Sample\Chapter03\ch03_05S.dwg   **완성 파일** 부록 CD\Sample\Chapter03\ch03_05F.dwg

01 메뉴의 [File]-[Open]으로 부록 CD에서 예제 파일을 불러옵니다. 다음 일정 영역의 길이 값을 알아보겠습니다. 먼저 Dist 조회 명령어의 단축키인 'DI'를 입력한 후 다음 지점을 클릭합니다.

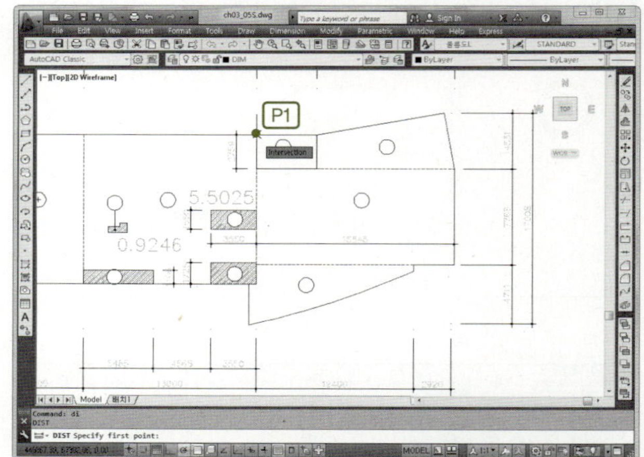

```
Command: DI [Enter]
DIST
Specify first point: P1점 클릭
```

02 한 번에 두 지점의 직선거리만 재는 경우에는 second point의 위치만 클릭하면 되지만 여러 지점을 클릭하는 경우에는 'Multiple points' 옵션의 'm'을 클릭하고 다중 포인트의 길이를 연속하여 잽니다. 'm' 옵션을 클릭한 후 다음 지점까지 클릭합니다.

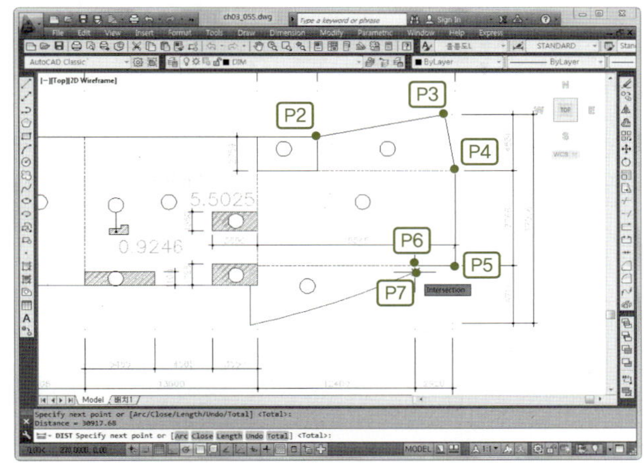

```
Specify second point or [Multiple points]: m

Specify next point or [Arc/Length/Undo/Total] <Total>: P2점 클릭
Distance=4700.00
Specify next point or [Arc/Close/Length/Undo/Total] <Total>: P3점 클릭
Distance=14901.11
Specify next point or [Arc/Close/Length/Undo/Total] <Total>: P4점 클릭
Distance=19501.62
Specify next point or [Arc/Close/Length/Undo/Total] <Total>: P5점 클릭
Distance=27267.40
Specify next point or [Arc/Close/Length/Undo/Total] <Total>: P6점 클릭
Distance=30412.40
Specify next point or [Arc/Close/Length/Undo/Total] <Total>: P7점 클릭
Distance=30917.68
```

03 아래쪽의 Distance에는 연속하는 지점까지의 거리 값을 표시합니다. 중간에 곡선이 나오는 경우에는 다음과 같이 'Arc' 옵션의 'a'를 입력하여 'Arc' 옵션으로 지정합니다. 그런 다음, Arc 곡선의 접선의 방향을 지정하는 'direction' 옵션을 지정하기 위하여 'd'를 입력하고 P8점을 마우스로 클릭하여 곡선의 방향을 결정합니다. 접선의 방향이 지정되고 나면, 다음과 같이 P9점을 클릭하여 다음과 같은 호가 그려지도록 합니다.

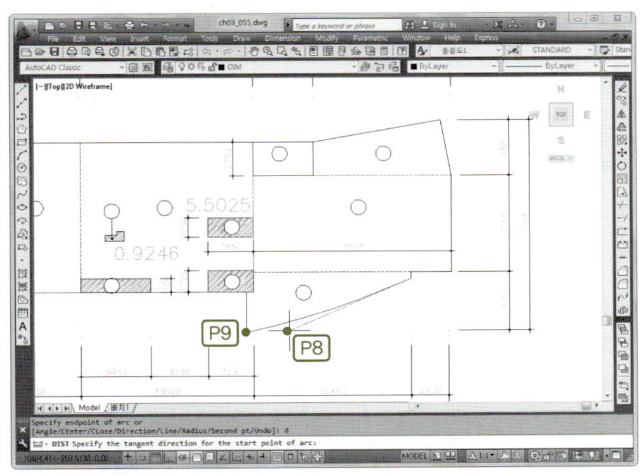

```
Specify next point or [Arc/Close/Length/Undo/Total] <Total>: A  Enter

Distance=30917.68
Specify endpoint of arc or [Angle/CEnter/CLose/Direction/Line/Radius/Second pt/Undo]: d  Enter
Specify the tangent direction for the start point of arc: P8점 클릭
Specify endpoint of the arc: P9점 클릭
Distance=44638.99
```

03. 좌표 값만 조회하는 ID

List나 Dist는 해당 객체의 속성이나 거리 값과 같은 다양한 속성을 알아내는 조회 명령어입니다. 이와 달리 ID는 선택한 지점의 절대 좌표 값만을 표시하는 명령어입니다. ID는 X, Y, Z의 절대 좌표만을 표시하므로 치수 기입 방법 중에서 Ordinate의 치수 기입 방법을 사용하는 경우, 보조 도구로 사용할 수 있습니다. 정확한 좌표 점을 알아내기 위해서는 Osnap을 이용해 정확한 점을 선택하는 것이 중요합니다. X, Y, Z의 절대 좌표를 표시하는 ID의 사용법에 대해 알아보겠습니다.

명령어	ID		아이콘	
단축키	지정되어 있지 않음.		메뉴	[Tools]-[Inquiry]-[ID Point]

● 명령어 이해하기

ID는 절대 좌표를 알아내야 하는 위치를 클릭합니다. 옵션을 선택하는 일은 없으므로, 명령 행에 바로 X, Y, Z 좌표 값이 표시됩니다. 임의의 지점 또는 객체의 특정 지점이 모두 가능하며, 원하는 장소를 Osnap이나 마우스를 이용하여 클릭합니다.

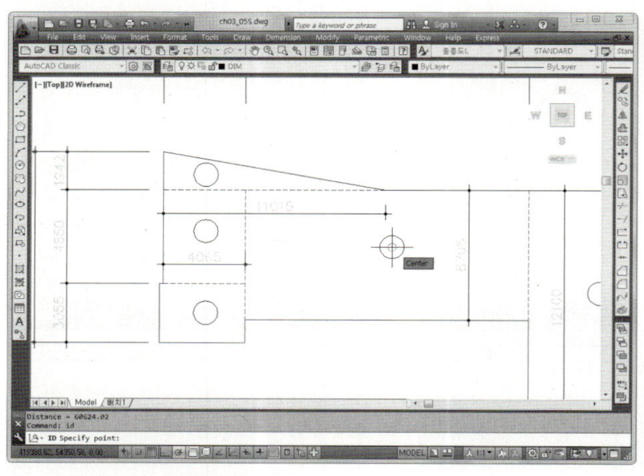

▲ ID 값을 원하는 지점에 클릭

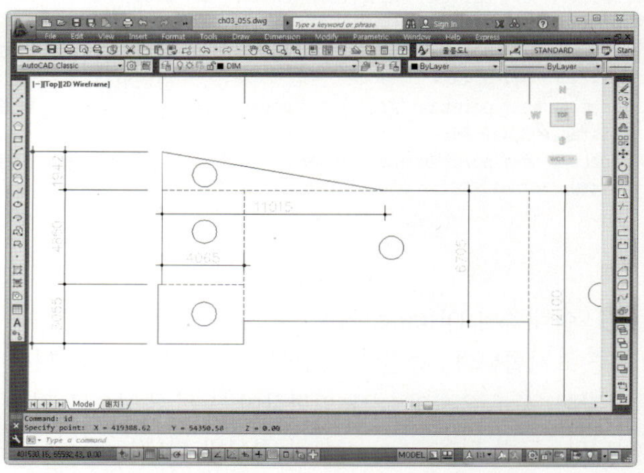

▲ 클릭한 후 명령 행에 결과 표시

```
Command: ID  Enter
Specify point:
→ ID 찾을 곳을 클릭합니다.

[결과]
X=419388.62     Y=54350.58     Z=0.00
```

04. 면적을 조회하는 Area

Area 명령어를 이용하면 면적을 자동으로 계산할 수 있습니다. 옵션을 이용하여 큰 면적에서 작은 면적을 빼거나 면적 하나에 다른 면적을 더할 수도 있습니다. 면적을 이용하면 따로 계산해야 하는 면적을 한 번에 계산할 수도 있습니다. Area 명령어를 이용하면 알아 내고 싶은 면적의 공간을 돌아가면서 클릭하여 해당 지역의 면적을 알 수 있습니다.

명령어	Area	아이콘	
단축키	AA	메뉴	[Tools]-[Inquiry]-[Area]

● 명령어 이해하기

면적을 알고 싶은 곳의 주변 둘레를 클릭하여 선택하면 자동으로 면적을 알 수 있습니다. 원하는 장소를 Osnap을 이용해 정확한 지점을 클릭하여 선택하면 모든 지점의 점들이 선택 완료되며, 이때 Enter 를 누르면 해당 구역의 면적을 알 수 있습니다. 기본적인 옵션을 이용하여 구해진 장소의 면적을 더하거나 뺄 수 있습니다.

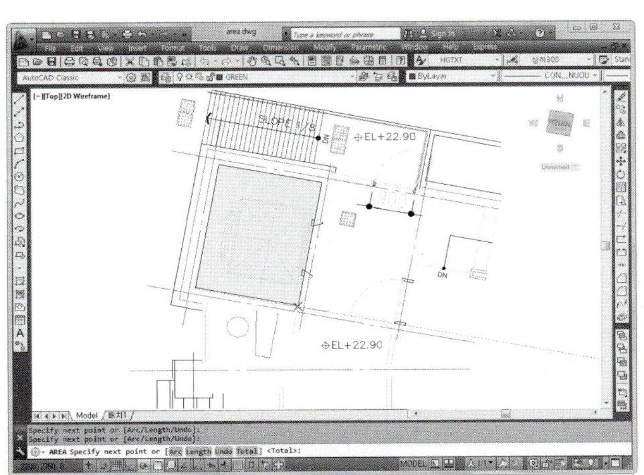

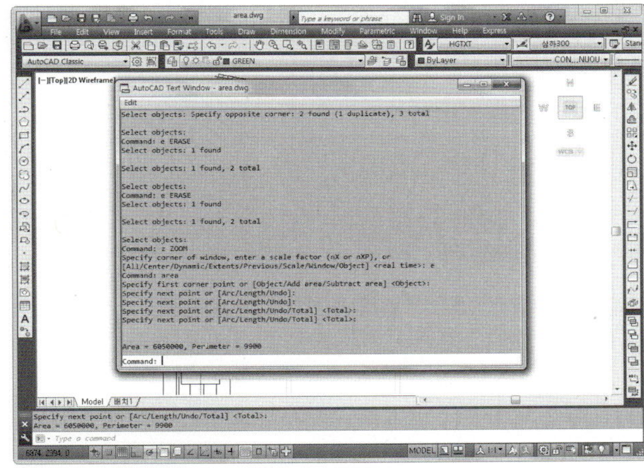

Command: AREA Enter
Specify first corner point or [Object/Add area/Subtract area] ⟨Object⟩:
→ 면적을 구할 첫 번째 지점을 클릭하거나 옵션을 입력합니다.
Specify next point or [Arc/Length/Undo]:
→ 면적을 구할 두 번째 지점을 클릭하거나 옵션을 입력합니다.
Specify next point or [Arc/Length/Undo]:
→ 면적을 구할 세 번째 지점을 클릭하거나 옵션을 입력합니다.
Specify next point or [Arc/Length/Undo/Total] ⟨Total⟩:
→ 면적을 구할 네 번째 지점을 클릭하거나 옵션을 입력합니다.
Specify next point or [Arc/Length/Undo/Total] ⟨Total⟩: Enter
→ 더 이상 선택할 지점이 없는 경우에는 Enter 를 눌러 결과를 표시합니다.

[결과]
Area=6050000, Perimeter=9900

● 옵션 이해하기

Area 명령어는 원하는 구간을 클릭하여 다각형 영역의 면적을 구하는 기본 값 이외에 단일 객체의 면적을 구하거나, 현재 구해진 영역에 새로운 영역을 추가하거나 빼내어 면적을 계산할 수 있는 옵션을 제공합니다.

옵션	설명
Object	면적을 알아낼 단일 객체를 선택한 후 선택된 단일 객체의 면적과 둘레를 화면에 표시합니다.
Add	현재 선택되어 있는 객체의 좌표 값에 추가 객체의 좌표를 입력하여 모두 합친 전체의 면적과 둘레 값을 화면에 표시합니다.
Subtract	현재 선택되어 있는 객체의 좌표 값 면적에서 새로 선택된 객체의 면적을 뺀 나머지 면적과 둘레 값을 화면에 표시합니다.
Arc	면적을 알아낼 대상 지역의 곡선 부분을 선택하는 옵션입니다. Pline의 arc를 그리는 옵션을 그리는 방법과 동일합니다. – Angle: Arc의 내부 각을 입력합니다. – CEnter: Arc의 중심점을 입력합니다. – CLose: Arc로 시작점을 연결하여 닫고, Area 명령어를 종료합니다. – Direction: Arc의 접선 방향을 지정합니다. – Line: Arc 형태 곡선의 면적 지점을 구하다가 다시 직선 형태의 면적 지점을 구하는 옵션입니다. – Radisu: Arc의 반지름 값을 입력합니다. – Second pt: Arc의 두 번째 점을 입력합니다. – Undo: 바로 직전에 입력한 Arc의 지점을 취소합니다.
Length	현재 진행 방향으로 입력된 길이만큼을 Area의 영역과 합하여 지정합니다.
Undo	바로 직전에 입력된 명령을 취소합니다.
Total	전체 Area의 면적을 화면에 표시합니다.

● 미리해보기

예제 파일 부록 CD\Sample\Chapter03\ch03_06S.dwg   완성 파일 부록 CD\Sample\Chapter03\ch03_06F.dwg

01 메뉴의 [File]-[Open]으로 부록 CD에서 예제 파일을 불러옵니다. 다음 도면에서 엘리베이터가 있는 전체와 앞쪽 공간의 면적을 구해보겠습니다. Area 명령어의 단축키인 'AA'를 입력한 후 다음의 네 곳을 클릭하고 Enter 를 누르면 바로 전체 면적이 나타납니다.

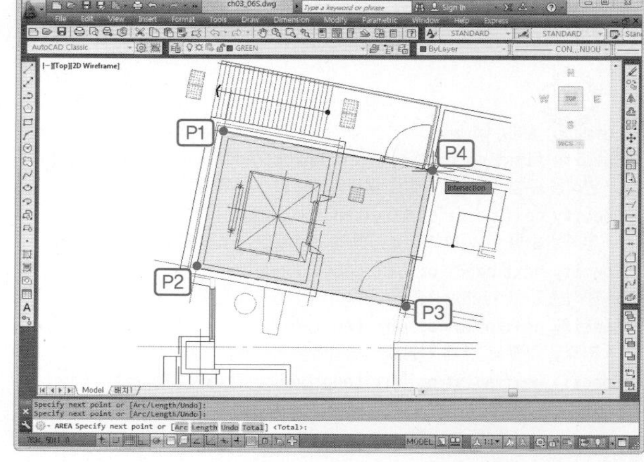

```
Command: AA Enter
AREA
Specify first corner point or [Object/Add area/Subtract area]
<Object>: P1점 클릭
Specify next point or [Arc/Length/Undo]: P2점 클릭
Specify next point or [Arc/Length/Undo]: P3점 클릭
Specify next point or [Arc/Length/Undo/Total] <Total>: P4점 클릭
Specify next point or [Arc/Length/Undo/Total] <Total>: Enter
[결과]
Area=13529670, Perimeter=15020
```

Upgrade ★

파일을 Open할 때 나타나는 메시지

파일을 Open할 때 나타나는 경고 메시지는 현재 열려고 하는 파일에 사용된 Font 중에 없는 Font가 있다는 것으로, 첫 번째는 새로 불러들일 것인지를 결정하고, 두 번째는 무시하고 도면을 열겠다는 것입니다. Font가 필요 없는 경우에는 'Ignore the missing SHX files and Continue'를 선택하여 진행합니다. 무시하고 진행해도 도면을 열어 사용하는 데에는 지장이 없습니다.

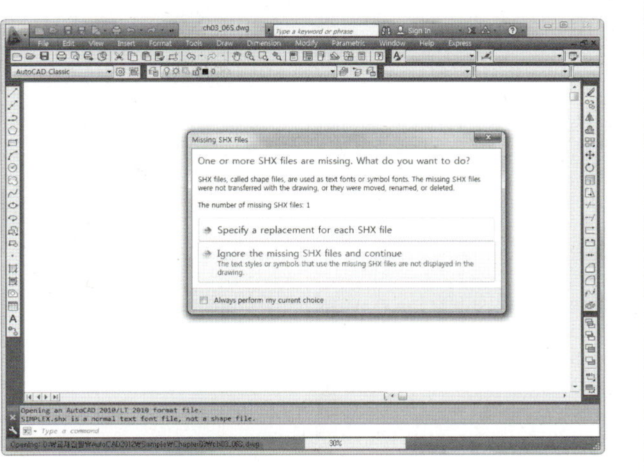

02 일정 면적에서 일정 면적을 더하거나 빼고 싶은 경우에는 옵션을 미리 지정해야 합니다. Area 명령어의 단축키인 'AA'를 입력한 후 'Add' 옵션을 입력하고, 다음 네 곳을 먼저 클릭한 다음 Enter 를 누릅니다.

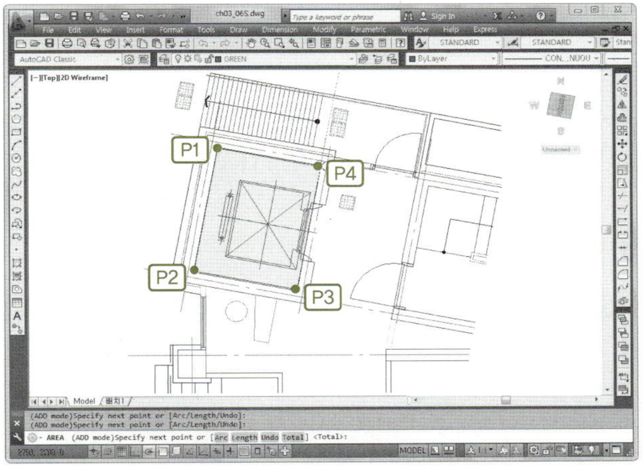

```
Command: AA Enter
AREA
Specify first corner point or [Object/Add area/Subtract area]
<Object>: A Enter

Specify first corner point or [Object/Subtract area]: P5점 클릭
 (ADD mode)Specify next point or [Arc/Length/Undo]: P6점 클릭
 (ADD mode)Specify next point or [Arc/Length/Undo]: P7점 클릭
 (ADD mode)Specify next point or [Arc/Length/Undo/Total]
<Total>: P8점 클릭
 (ADD mode)Specify next point or [Arc/Length/Undo/Total]
<Total>: Enter

Area=6050000, Perimeter=9900
Total area=6050000
```

Area를 실습하면서 나타나는 숫자가 책과 조금 다를 수 있습니다. 그림 속 지점을 잘못 선택할 수도 있으므로 동일한 지점을 클릭하고, 조금 다른 값이 나왔다고 하더라도 틀린 것이 아니므로 계속 진행하면 됩니다.

03 빼고 싶은 영역이 있는 경우에는 다음과 같이 'Subtract' 옵션을 지정하고, 빼야 하는 지역의 지점을 다음과 같이 클릭하여 선택합니다. 더 이상 더하거나 빼야 하는 영역이 없는 경우에는 Enter 를 눌러 종료합니다.

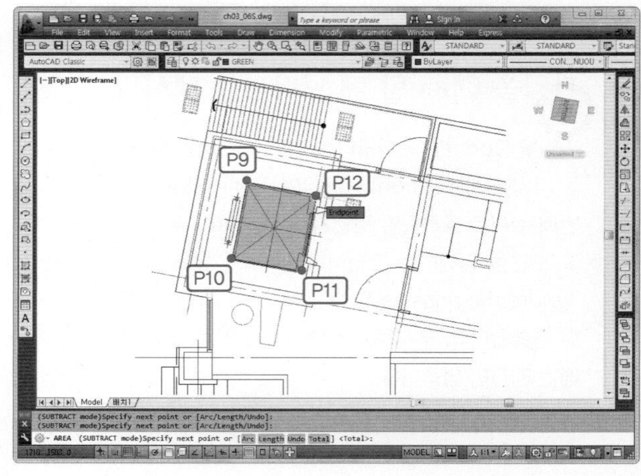

```
Specify first corner point or [Object/Subtract area]: S Enter

Specify first corner point or [Object/Add area]: P9점 클릭
 (SUBTRACT mode)Specify next point or [Arc/Length/Undo]: P10
점 클릭
 (SUBTRACT mode)Specify next point or [Arc/Length/Undo]: P11
점 클릭
 (SUBTRACT mode)Specify next point or [Arc/Length/Undo/Total]
<Total>: P12점 클릭
 (SUBTRACT mode)Specify next point or [Arc/Length/Undo/Total]
<Total>: Enter

Area=2570130, Perimeter=6426
Total area=3479870
Specify first corner point or [Object/Add area]: Enter

[결과]
Total area=3479870
```

04 이번에는 기본 옵션을 이용하는 경우를 살펴보겠습니다. 다시 Area 명령어의 단축키인 'AA'를 입력한 후 P15 점까지의 지점을 클릭합니다.

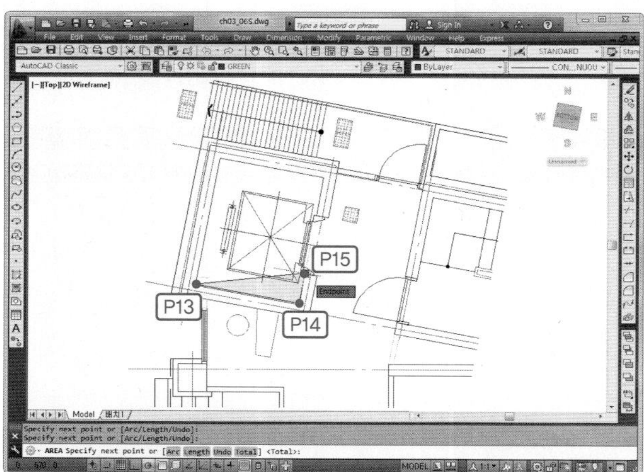

```
Command: AA AREA
Specify first corner point or [Object/Add area/Subtract area]
<Object>: P13점 클릭
Specify next point or [Arc/Length/Undo]: P14점 클릭
Specify next point or [Arc/Length/Undo]: P15점 클릭
```

05 현재 진행하던 방향과 각도를 그대로 유지하면서 원하는 길이 값을 더 추가한 지점을 자동으로 선택하기 위하여 'Length' 옵션을 입력합니다. 길이 값에는 '1,000'을 입력합니다. 다음 점이 자동으로 추적됩니다.

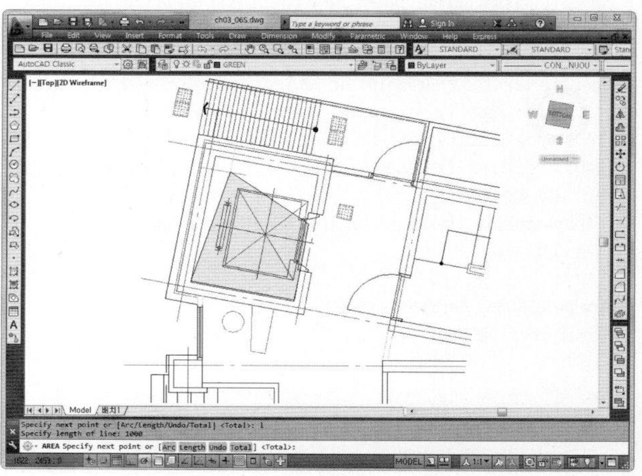

```
Specify next point or [Arc/Length/Undo/Total] <Total>: L Enter
Specify length of line: 1000 Enter
```

06 자동으로 연장된 지점부터 반원 크기의 영역을 구하려면 'Arc' 옵션을 입력한 후 P16점을 클릭해야 합니다. 더 이상 구해야 하는 면적이 없는 경우, Enter 를 누르면 다음과 같이 전체 영역의 면적이 화면에 표시됩니다.

Specify next point or [Arc/Length/Undo/Total] <Total>: A Enter

Specify endpoint of arc or [Angle/CEnter/CLose/Direction/
Line/Radius/Second pt/Undo]: P16점 클릭
Specify endpoint of arc or [Angle/CEnter/CLose/Direction/
Line/Radius/Second pt/Undo]: Enter

[결과]
Area=5574664, Perimeter=8996

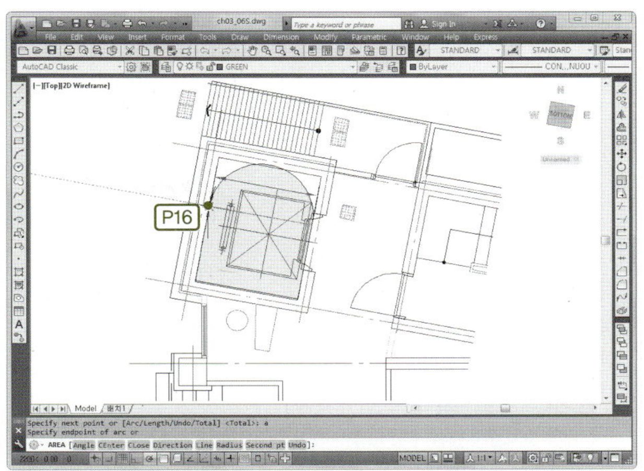

05. 개수로 객체를 분할해주는 Divide

Divide는 어떤 길이의 객체든지 원하는 개수로 분할해주는 명령어입니다. 예를 들어 엄마가 삼형제에게 간식을 나누어줄 때 그 간식의 길이가 길든, 짧든 무조건 3등분해서 준다면 이것은 Divide에 해당하는 것입니다. 따라서 긴 객체는 삼등분하면 하나의 길이는 길겠지만 짧은 객체는 삼등분하면 하나의 길이가 짧아질 것입니다. Divide를 통해 원하는 객체를 등분하는 방법을 알아보겠습니다.

명령어	Divide		아이콘	
단축키	DIV		메뉴	[Draw]-[Point]-[Divide]

● 명령어 이해하기

원하는 개수로 등분하고 싶은 객체를 선택하면 입력된 개수로 등분합니다. 하지만 등분은 단지 해당 객체 위에 Point를 통해 표시만 하는 것이며, 실제로 객체가 끊어지는 것은 아니므로 주의해야 합니다. 따라서 Divide를 하는 경우에는 객체에 표시하기 위한 Point의 Type을 먼저 선택해야 하며, 선택하지 않은 경우에는 객체 위에 작은 점으로 표시되어 육안으로 표시를 확인할 수 없으므로 주의해야 합니다. 또한 Divide된 객체의 Point를 직접 선택하려면 Point만 선택할 수 있는 Osnap인 Node Point를 지정하여 선택해야 합니다.

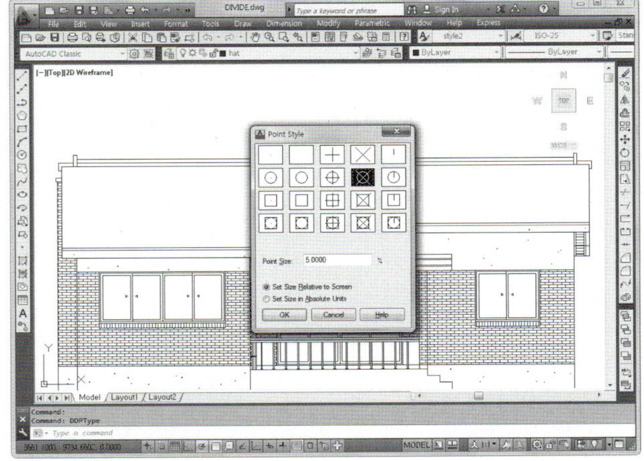

▲ Ddptype 명령어로 Point Style 지정

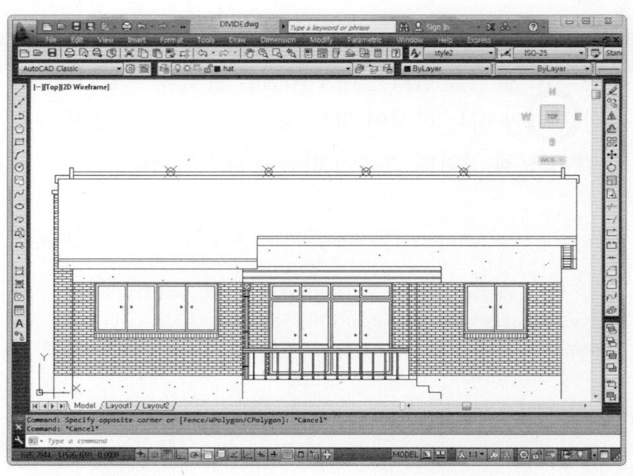

▲ Divide 실행 5등분

● 옵션 이해하기

'Divide' 옵션인 Block의 사용한다는 것은 분할하는 기준점을 Point 대신 사용자가 지정한 블록 객체를 이용하여 사용한다는 것을 의미합니다. 기준으로만 설정하는 경우에는 Point를 이용하는 것을 기본으로 하고, 어떤 모양을 일정한 등분의 간격으로 나열하고 싶은 경우에는 블록을 사용하여 나열합니다.

옵션	설명
Block	사용자가 지정한 Block을 Divide의 기준 객체로 이용합니다.

● 미리해보기

예제 파일 부록 CD\Sample\Chapter03\ch03_07S.dwg   완성 파일 부록 CD\Sample\Chapter03\ch03_07F.dwg

01 메뉴의 [File]-[Open]으로 부록 CD에서 예제 파일을 불러옵니다. Divide로 등분하기 전에 Point의 스타일을 지정하기 위한 Ddptype 명령어를 입력하고, 다음의 점 모양을 고릅니다.

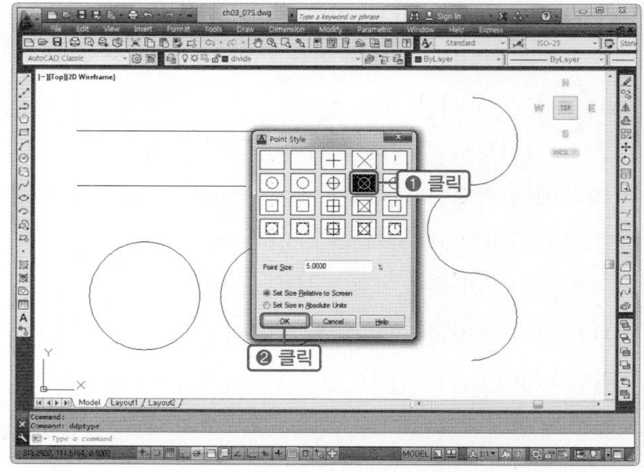

02 먼저 Divide 명령어의 단축키인 'DIV'를 입력한 후 다음의 P1 지점을 클릭합니다.

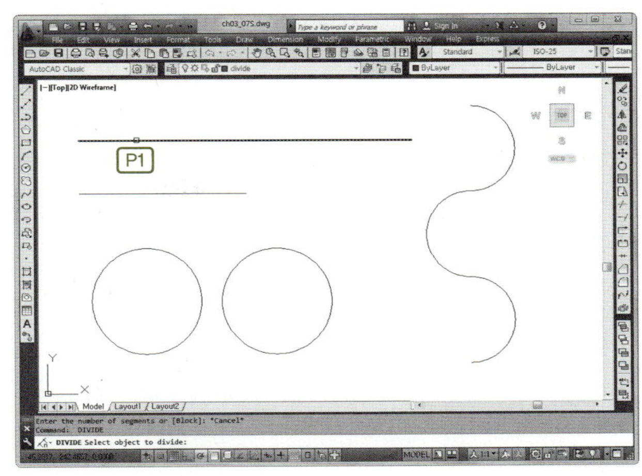

```
Command: DIV Enter
DIVIDE
Select object to divide: P1점 클릭
```

03 등분할 개수를 입력한 후 Enter 를 누르면 다음과 같이 선택한 Point 모양이 나타납니다. '6'을 입력하였으므로 Point는 5개가 표시되고, 선분은 6등분됩니다. Point가 빨간색으로 나타나는 이유는 앞으로 배울 레이어에서 Color를 지정해두었기 때문입니다.

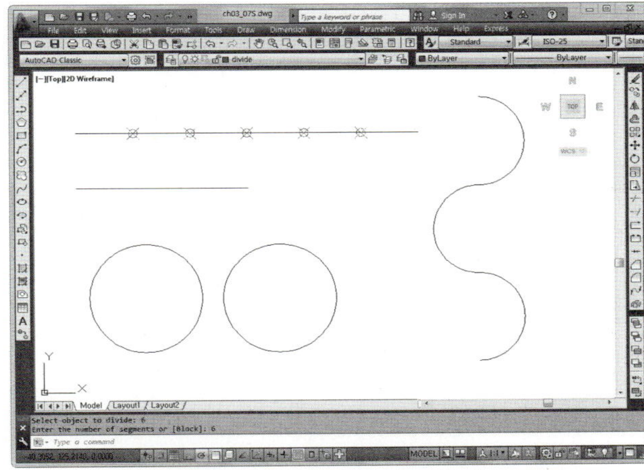

```
Enter the number of segments or [Block]: 6 Enter
```

Upgrade ★

Point를 선택하는 Osnap=Node

Point는 일반 Int나 End 등으로 선택되지 않습니다. 따라서 Point로 만든 지점을 정확하게 선택하려면 그 점을 선택할 때 수동으로 'Node'를 입력한 후 Space bar 를 눌러 Point만 선택되도록 하거나 Osnap의 Settings 상자를 꺼내어 Node Point를 미리 지정한 후, 다음의 Dist 명령어를 실행해야 합니다.

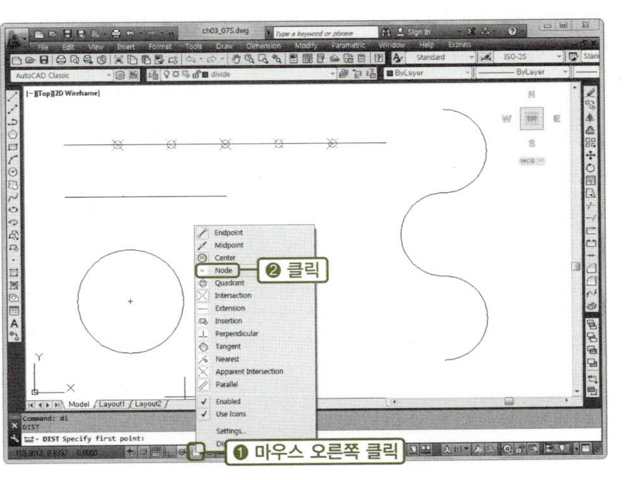

04 등분된 마디들의 길이 값이 동일한지를 확인하기 위하여 두 지점 간의 거리 값을 재는 Dist 명령어의 단축키인 'DI'를 입력한 후 다음의 두 지점을 클릭하여 두 마디의 길이를 각각 재어보겠습니다. 이때 Osnap의 Node가 지정되어 있지 않은 경우에는 수동으로 선택해야만 점이 선택됩니다.

```
Command: DIST  Enter
Specify first point: P2점 클릭
Specify second point or [Multiple points]: P3점 클릭
Distance=50.0000,  Angle in XY Plane=0,  Angle from XY Plane=0
Delta X=50.0000,  Delta Y=0.0000,  Delta Z=0.0000

Command: DIST  Enter
Specify first point: P4점 클릭
Specify second point or [Multiple points]: P5점 클릭
Distance=50.0000,  Angle in XY Plane=0,  Angle from XY Plane=0
Delta X=50.0000,  Delta Y=0.0000,  Delta Z=0.0000
```

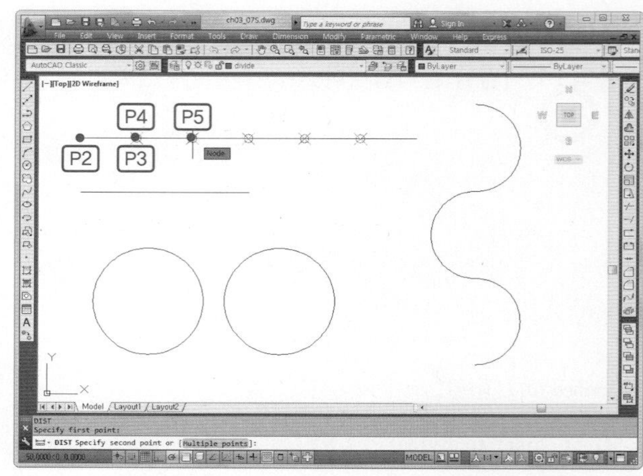

05 아래의 절반 크기를 갖는 선분도 6등분 해보겠습니다. Divide 명령어의 단축키인 'DIV'를 입력한 후 다음의 P6 지점을 클릭합니다. 위의 길이와는 다르지만 짧은 길이를 가진 선분도 6등분되었습니다.

```
Command: DIV  Enter
DIVIDE
Select object to divide: P6점 클릭
Enter the number of segments or [Block]: 6  Enter
```

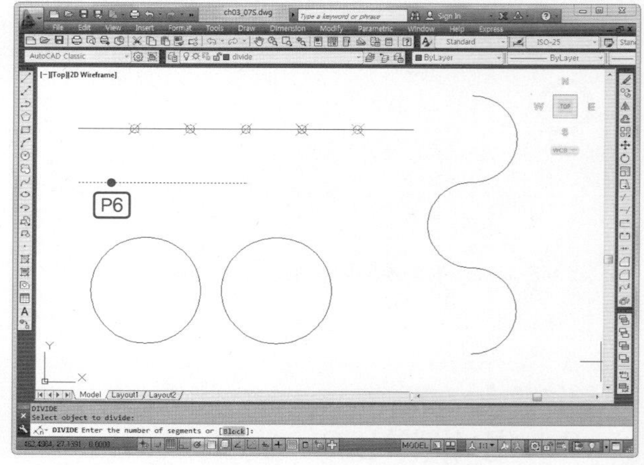

06 다음은 직선이 아닌 원을 선택하여 등분을 해보겠습니다. Div 명령어를 입력한 후 다음의 원을 클릭하여 선택한 후 5등분을 입력합니다. 원의 경우에도 등분되는 것을 알 수 있습니다. 나머지 객체도 원하는 개수로 Divide 해봅니다.

```
Command: DIV  Enter
DIVIDE
Select object to divide: P7점 클릭
Enter the number of segments or [Block]: 5  Enter
```

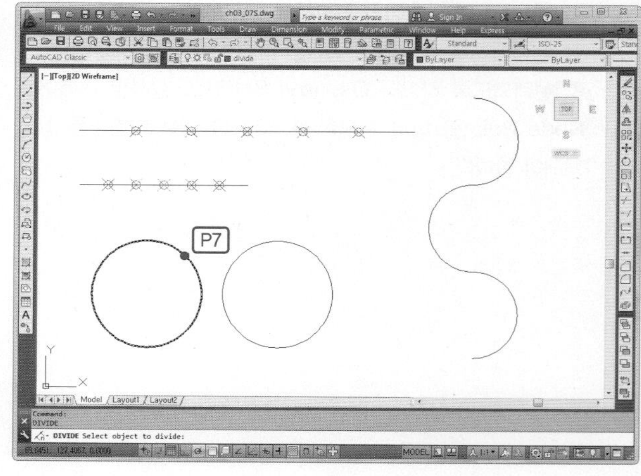

06. 길이로 객체를 분할해주는 Measure

앞서 배운 Divide가 어떤 객체든지 원하는 개수로 등분하는 명령어라면, Measure 명령어는 원하는 길이 값으로 나누어주는 명령어입니다. 즉, 삼형제에게 떡을 나눠줄 때 무조건 똑같이 3cm 길이로 잘라준다면 그 길이가 9cm인 경우 모두 3cm씩 나누어 가지겠지만, 모자라는 경우 막내는 3cm가 되지 않는 떡을 가질 수도 있습니다. 결국, Divide의 경우 어떤 길이를 갖는 객체를 가져오더라도 원하는 개수로 등분되지만 Measure는 원하는 길이 값으로 나누어지게 되므로 해당 길이가 모자라거나 남는 경우 더 많은 개수가 나오거나 더 적은 개수가 나올 수도 있습니다.

명령어	Measure	아이콘	
단축키	ME	메뉴	[Draw]-[Point]-[Measure]

● 명령어 이해하기

Measure 명령어를 이용하면 사용자가 원하는 길이 값으로 해당 객체를 분할할 수 있습니다. 분할의 기준점은 Point이므로 분할하고 싶은 객체가 있다면 먼저 Point 모양을 고르는 Ddptype을 먼저 실행하여 Point의 모양을 먼저 고른 후 명령어를 입력하고 분할할 길이 값을 입력하면 됩니다. 단, Divide와는 달리 객체의 길이에 따라서 분할하기 때문에 나머지가 남기도 하고, 나머지 없이 떨어지기도 합니다. 길이를 잴 때에는 Osnap의 Node Point를 이용합니다.

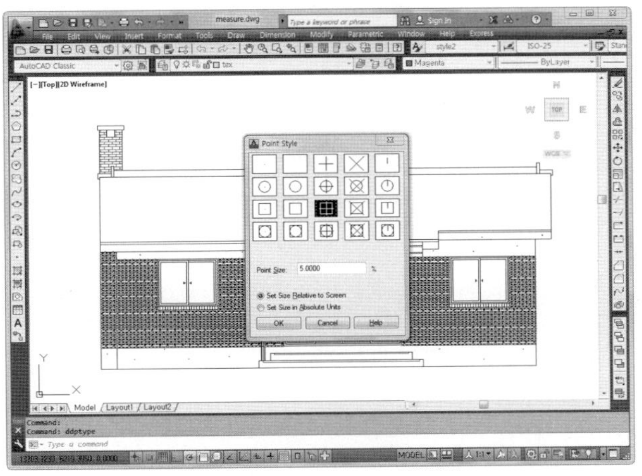

▲ Measure 실행 전 기준점이 될 Point 설정

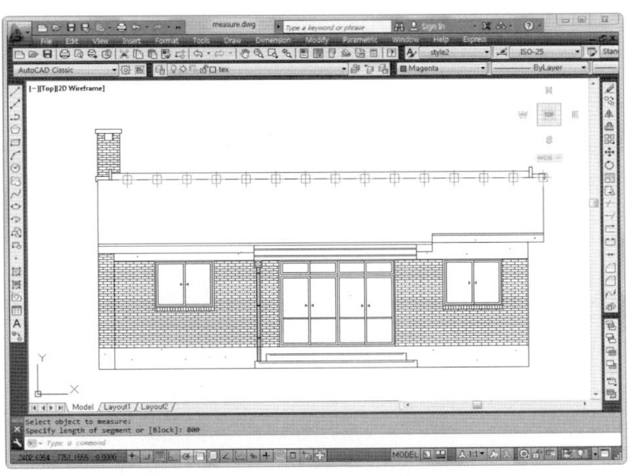

▲ Measure를 실행하여 일정 간격으로 분할한 결과

```
Command: MEASURE [Enter]
Select object to measure:
→ 길이 값으로 분할할 대상 객체를 선택합니다.
Specify length of segment or [Block]:
→ 분할할 길이 값을 입력합니다.
```

◉ 옵션 이해하기

Measure의 사용법과 옵션은 Divide와 동일합니다. 따라서 'Block' 옵션을 이용해 원하는 길이 값으로 분할하는 경우에는 그 기준점을 Point로 사용하거나 사용자가 미리 만들어 놓은 Block을 사용합니다. 블록 객체를 Measure의 기준 객체로 사용하는 경우에는 곡선, 직선의 기울기에 따라 정렬의 방법도 선택할 수 있습니다.

옵션	설명
Block	사용자가 미리 지정한 Block을 Measure의 기준 객체로 이용합니다.

◉ 미리해보기

예제 파일 부록 CD\Sample\Chapter03\ch03_08S.dwg   **완성 파일** 부록 CD\Sample\Chapter03\ch03_08F.dwg

01 메뉴의 [File]−[Open]으로 부록 CD에서 예제 파일을 불러옵니다. Measure를 실행하기 전에 Point의 Style을 선택하기 위하여 'Ddptype'을 입력하고, 다음의 Point Style을 선택합니다.

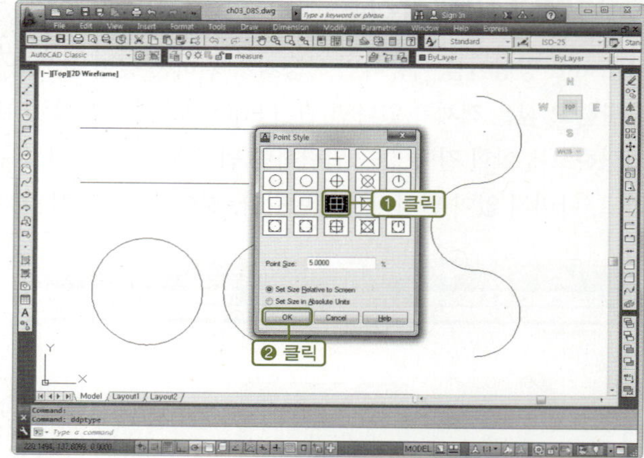


```
Command: DDPTYPE Enter
Regenerating model.
```

02 원하는 길이로 나누기 위하여 Measure 명령어의 단축키인 'ME'를 입력한 후, 다음 지점을 클릭합니다. Measure의 경우 나머지가 남을 수 있으므로, 나누기가 시작되어야 하는 곳에서 가까운 곳을 선택하는 것이 좋습니다.

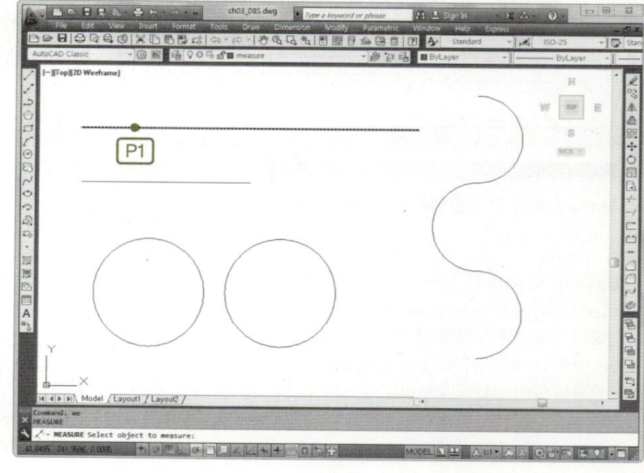


```
Command: ME Enter
MEASURE
Select object to measure: P1점 클릭
```

03 선택한 지점에서부터 70mm 길이가 되는 곳에 표시를 하기 위하여 길이 값에 '70'을 입력하고 Enter 를 누르면 다음과 같이 왼쪽에서부터 70mm가 되는 지점에 Point가 하나씩 생겨납니다. 전체 길이가 '70'으로 나누어떨어지는 값이 아닌 경우에는 그림과 같이 맨 끝의 나머지가 남을 수 있습니다.

```
Specify length of segment or [Block]: 70 Enter
```

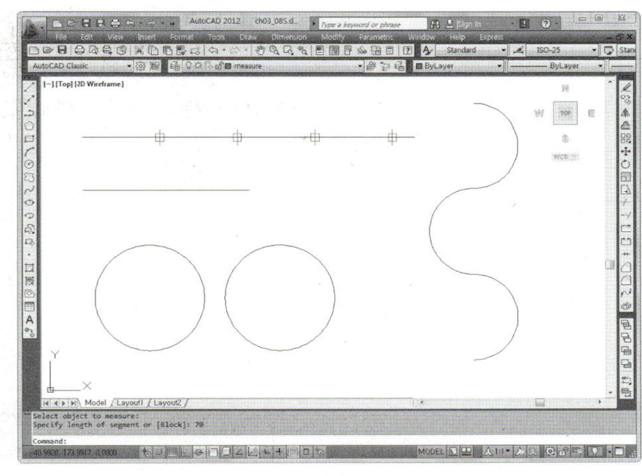

04 아래의 길이가 짧은 선도 Measure를 이용해 70mm로 분할해보겠습니다. 가장 먼저 Measure 명령어의 단축키인 'ME'를 입력합니다. 왼쪽부터 나누기를 할 예정이므로 왼쪽의 지점을 마우스로 클릭하여 선택합니다.

```
Command: ME Enter
MEASURE
Select object to measure: P2점 클릭
```

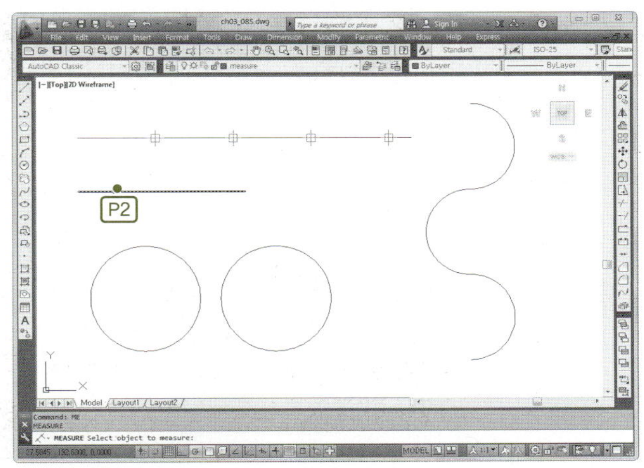

05 동일한 값인 '70'을 입력하였더니 왼쪽으로부터 70씩 두 번 분할하고 나머지가 조금 남았습니다. 맨 위에 나누어진 길이나 지금 나누어진 길이는 모두 '70'으로 동일합니다.

```
Specify length of segment or [Block]: 70 Enter
```

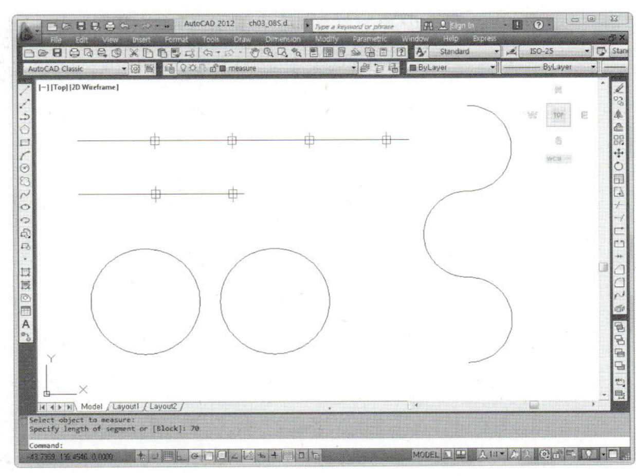

06 직선이 아닌 둥근 부분의 원이나 호도 Measure가 되는지 확인해보겠습니다. Measure의 단축키 'ME'를 입력한 후 원을 클릭하여 선택합니다. 길이 값에는 '50'을 입력합니다. 다음과 같이 클릭한 지점으로부터 50씩 나누어 Point로 표시됩니다. 표시되는 방향의 기준은 시계 반대 방향인 각도계의 방향입니다.

```
Command: ME Enter
MEASURE
Select object to measure: P3점 클릭
Specify length of segment or [Block]: 50 Enter
```

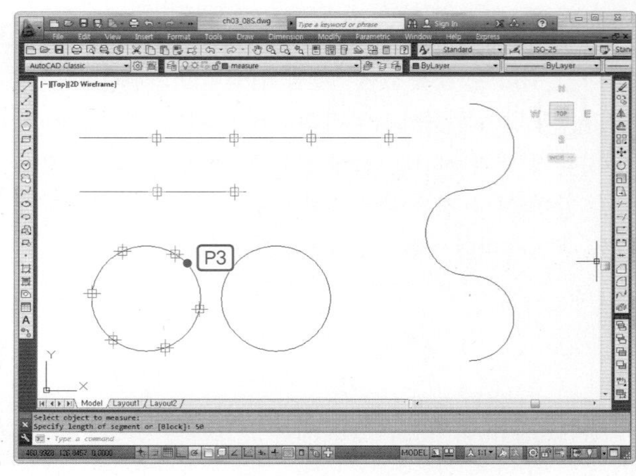

07 이번에는 도면에 지정되어 있는 Block 객체를 기준점으로 하여 Measure 명령어를 실행해보겠습니다. 버블 블록은 처음의 Point와 같은 곳에 위치합니다.

```
Command: ME Enter
MEASURE
Select object to measure: P4점 클릭
Specify length of segment or [Block]: b Enter
Enter name of block to insert: div Enter
Align block with object? [Yes/No] <Y>: Enter
Specify length of segment: 70 Enter
```

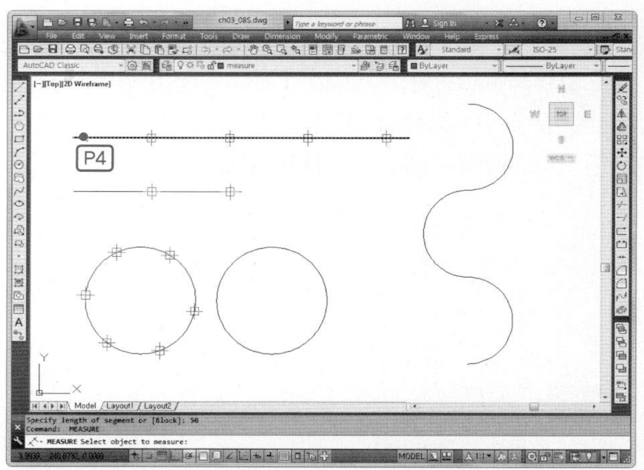

08 직선이 아닌 곡선이나 원 객체에도 Measure 블록 객체를 기준점으로 지정하여 사용해보겠습니다. Measure 명령어의 단축키인 'ME'를 입력하고, 다음 지점을 클릭한 후 다음과 같이 입력합니다.

```
Command: ME Enter
MEASURE
Select object to measure: P5점 클릭
Specify length of segment or [Block]: b Enter
Enter name of block to insert: div Enter
Align block with object? [Yes/No] <Y>: Enter
Specify length of segment: 50 Enter
```

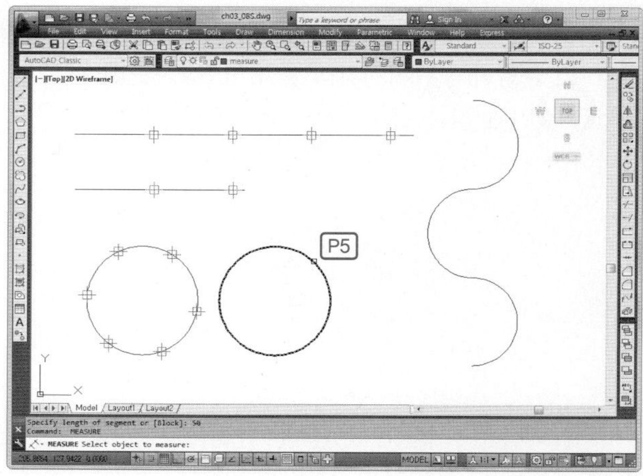

Practice Drawing

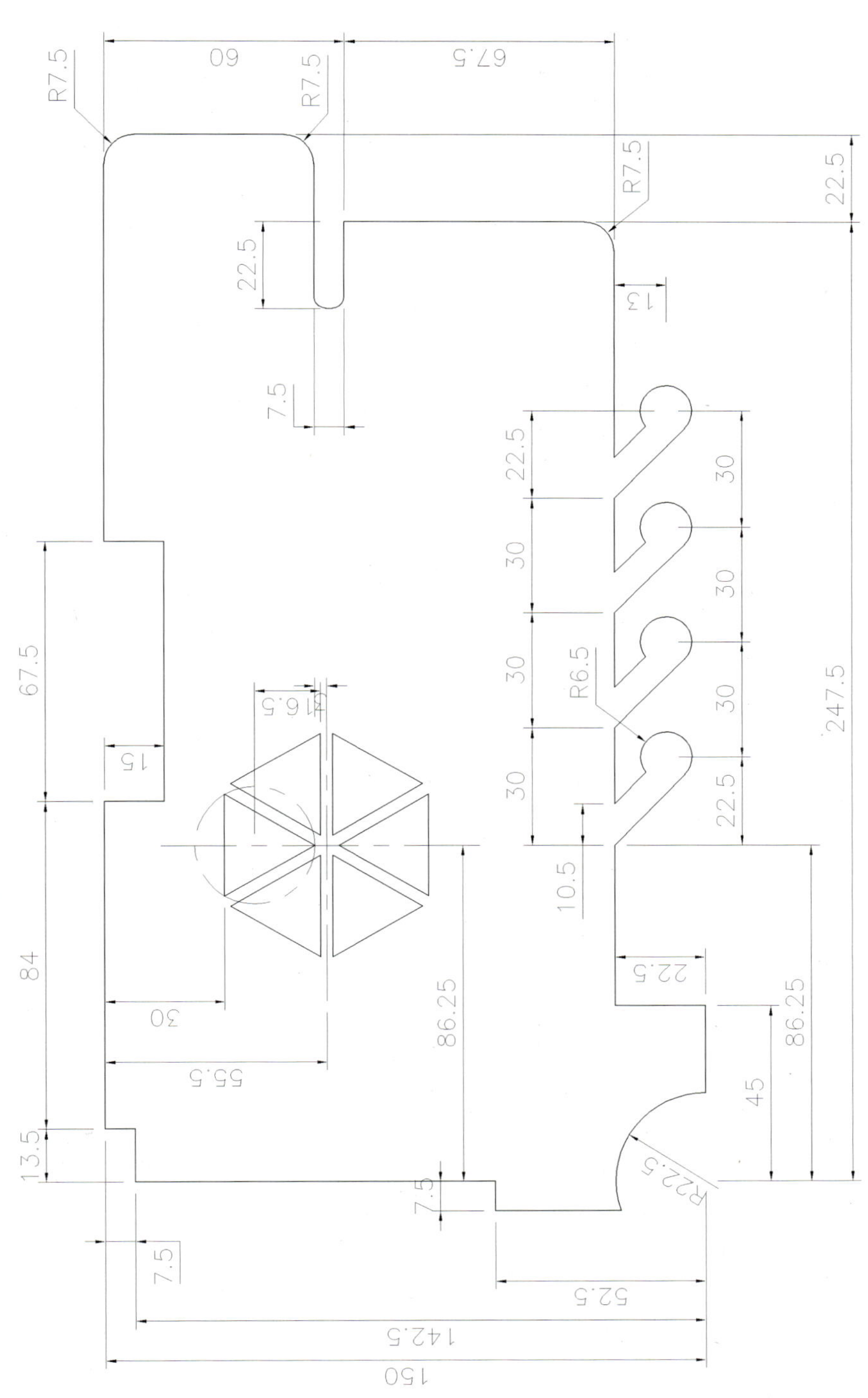

조회 명령어로 다양한 객체의 속성 조회하기(1)

모든 객체들은 각각 고유의 값들을 갖고 있습니다. 예를 들어 원은 중심점과 반지름, 원주율, 원둘레 등과 같은 값을, 선은 길이와 각도, 각 끝점의 좌표들을 갖고 있습니다. 이와 같이 각 객체가 갖고 있는 고유한 속성을 해당하는 객체의 용도에 맞게 알아낼 수 있는 명령어가 조회 명령어입니다. 이번에는 조회 명령어를 이용하는 방법에 대해 알아보겠습니다.

예제 파일 부록 CD\Sample\Chapter03\ch03_se02_01S.dwg　　　　**완성 파일** 부록 CD\Sample\Chapter03\ch03_se02_01F.dwg

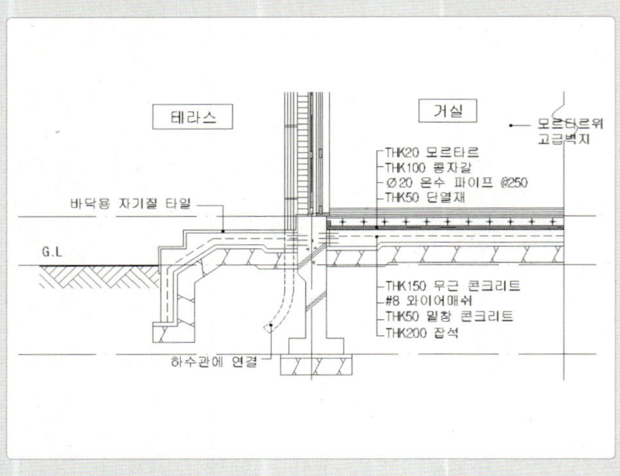

[Start]

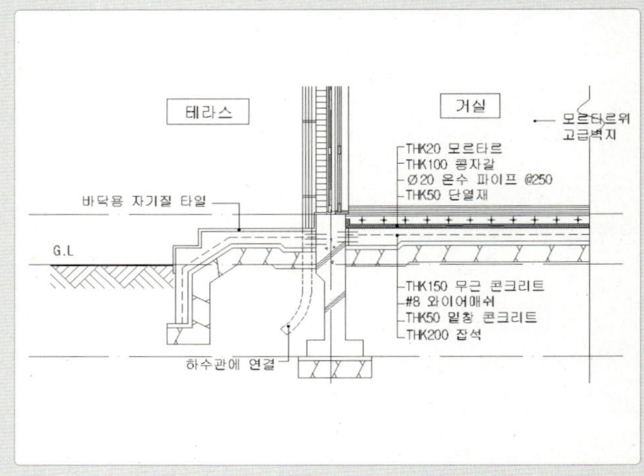

[Final]

01　메뉴의 [File]-[Open]으로 부록 CD에서 예제 파일을 불러옵니다. 다음과 같은 집의 단면도가 나타납니다. List 명령어의 단축키인 'LI'를 입력한 후 중앙에 있는 벽돌 쌓은 부분의 선분에 마우스 커서를 올려놓으면 전체 선분을 한 번에 선택할 수 있는 상태가 됩니다.

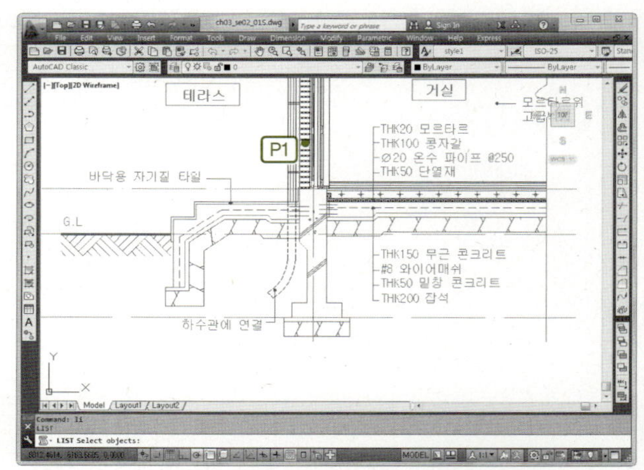

```
Command: LI [Enter]
LIST
Select objects: 1 found
→ P1점 클릭
```

02 선택할 객체가 더 이상 없는 경우에 [Enter]를 누르면 다음과 같이 Text Window 창이 나타나면서 선택한 객체에 대한 기본 정보가 나타납니다.

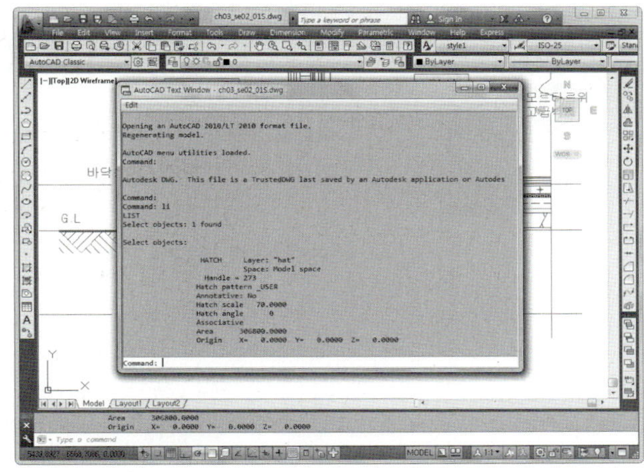

```
Select objects: [Enter]
```

03 List처럼 선택한 객체에 대한 정보를 열람할 수 있는 또 다른 명령어에는 속성을 표시하는 Properties 명령어가 있습니다. 그림과 같이 명령어를 입력하지 않은 상태에서 객체를 먼저 선택한 후 [Ctrl]+[1]을 클릭합니다. 화면에 properties 대화 패널이 나타나면서 사용자가 원하는 정보가 나타나거나 일부는 수정, 편집할 수 있습니다.

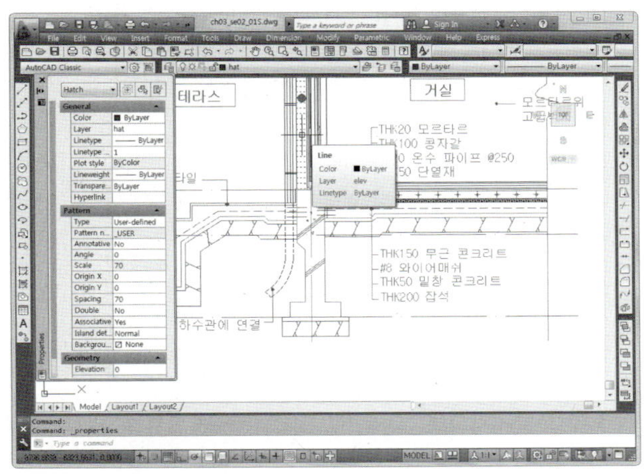

04 두 지점의 직선거리 값을 재어 확인해보겠습니다. Dist 명령어의 단축키인 'DI'를 입력한 후, 다음의 두 지점을 클릭하여 직선거리를 재어봅니다.

```
Command: DI [Enter]
DIST
Specify first point: P3점 클릭
Specify second point or [Multiple points]: P4점 클릭

[결과]
Distance=850.2979, Angle in XY Plane=0, Angle from XY
Plane=0
Delta X=850.2979, Delta Y=0.0000, Delta Z=0.0000
```

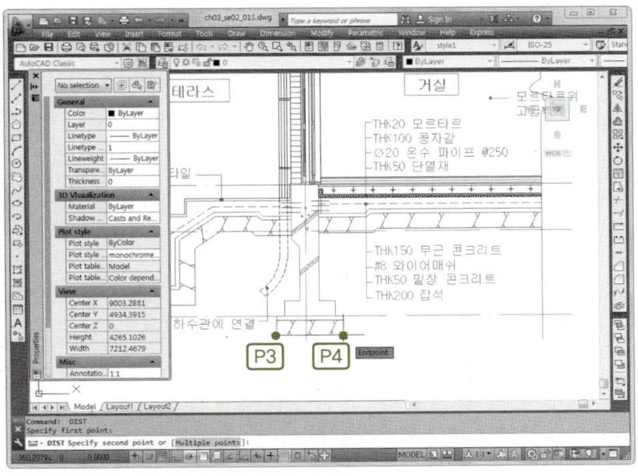

조회 명령어로 다양한 객체의 속성 조회하기(2)

속성을 표시하는 List나 **Properties** 명령어, 길이를 재어 주는 **Dist** 명령어 등과 같이 객체의 여러 가지 속성과 조건을 알아내어 원하는 좌표 값을 찾거나 면적을 구할 수 있습니다. 이번에는 간단한 욕실의 전개도를 통해 해당 손잡이 위치의 좌표 값을 알아보고, 전체 벽면의 면적에서 문을 뺀 나머지 면적도 구해보겠습니다.

예제 파일 부록 CD\Sample\Chapter03\ch03_se02_02S.dwg   **완성 파일** 부록 CD\Sample\Chapter03\ch03_se02_02F.dwg

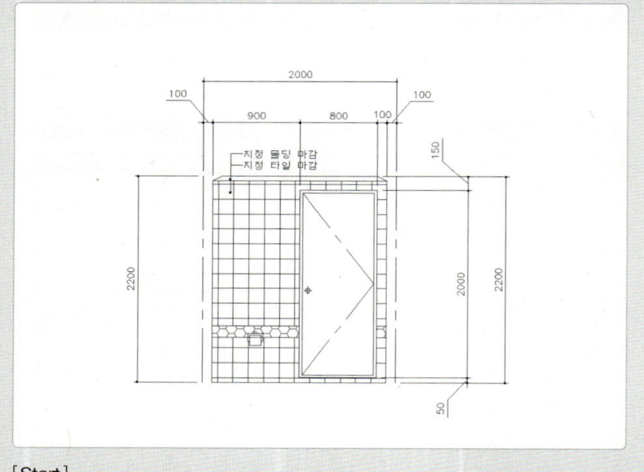

[Start]

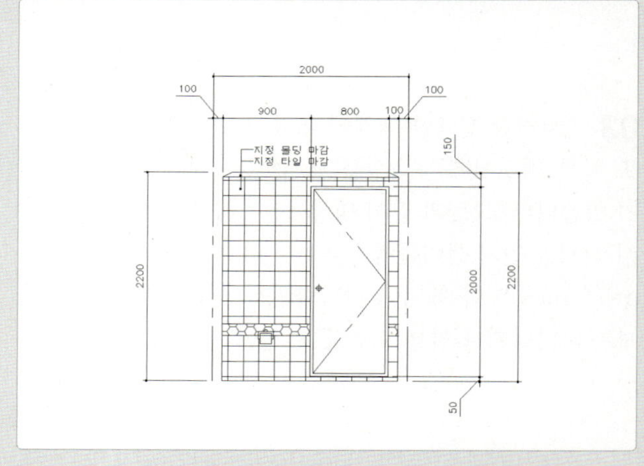

[Final]

01 메뉴의 [File]-[Open]으로 부록 CD에서 예제 파일을 불러옵니다. 먼저 욕실 손잡이의 절대 좌표 값을 화면에 표시해보겠습니다. ID 명령어를 입력한 후 P1점을 Osnap Center를 이용해 정확하게 클릭합니다.

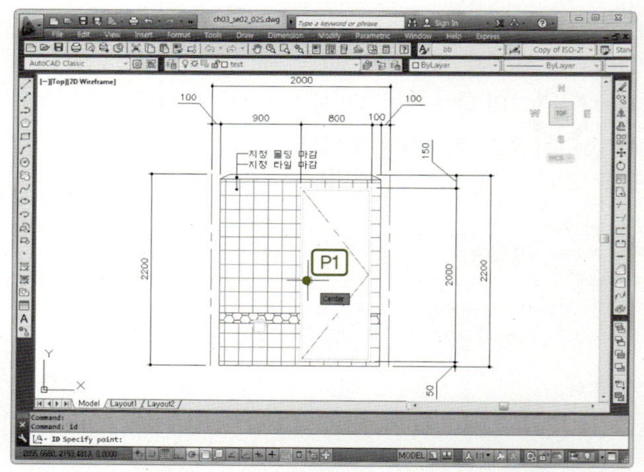

```
Command: ID [Enter]
→ P1점 클릭
[결과]
Specify point: X=2855.6680    Y=2193.4813    Z=0.0000
```

02 해당 지점의 좌표 값은 ID를 입력하여 표시할 수 있다는 것을 알 수 있습니다. 이번에는 벽면의 전체 면적에서 문의 면적을 빼보겠습니다. Area 명령어의 단축키인 'AA'를 입력한 후 다음과 같이 입력합니다.

```
Command: AA Enter
AREA
Specify first corner point or [Object/Add area/Subtract area]
<Object>: A Enter
Specify first corner point or [Object/Subtract area]: P2점 클릭
 (ADD mode)Specify next point or [Arc/Length/Undo]: P3점 클릭
 (ADD mode)Specify next point or [Arc/Length/Undo]: P4점 클릭
 (ADD mode)Specify next point or [Arc/Length/Undo/Total]
<Total>: P5점 클릭
 (ADD mode)Specify next point or [Arc/Length/Undo/Total]
<Total>: Enter

Area=3870000.0000, Perimeter=7900.0000
Total area=3870000.0000
```

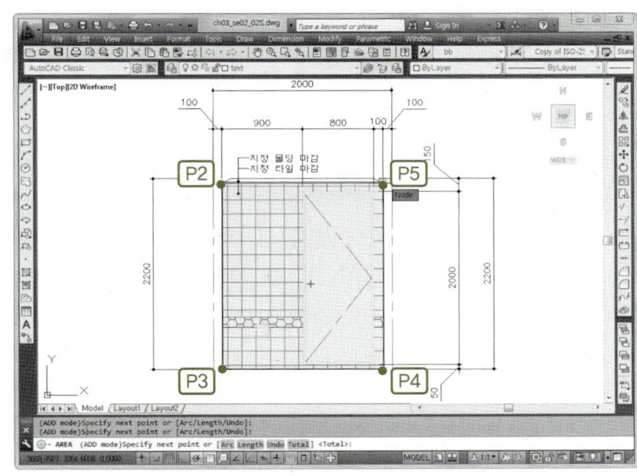

03 전체 벽면의 면적이 Area=3870000.0000로 표시되었습니다. 해당 면적에서 문의 면적을 빼기 위하여 's' 옵션을 입력한 후 문의 면적이 되는 네 곳을 클릭하여 벽면의 면적에서 문의 면적을 뺍니다.

```
Specify first corner point or [Object/Subtract area]: s Enter

Specify first corner point or [Object/Add area]: P6점 클릭
 (SUBTRACT mode)Specify next point or [Arc/Length/Undo]: P7점
클릭
 (SUBTRACT mode)Specify next point or [Arc/Length/Undo]: P8점
클릭
 (SUBTRACT mode)Specify next point or [Arc/Length/Undo/Total]
<Total>: P9점 클릭
 (SUBTRACT mode)Specify next point or [Arc/Length/Undo/Total]
<Total>: Enter

Area=1600000.0000, Perimeter=5600.0000
Total area=2270000.0000
Specify first corner point or [Object/Add area]: Enter

Total area=2270000.0000
```

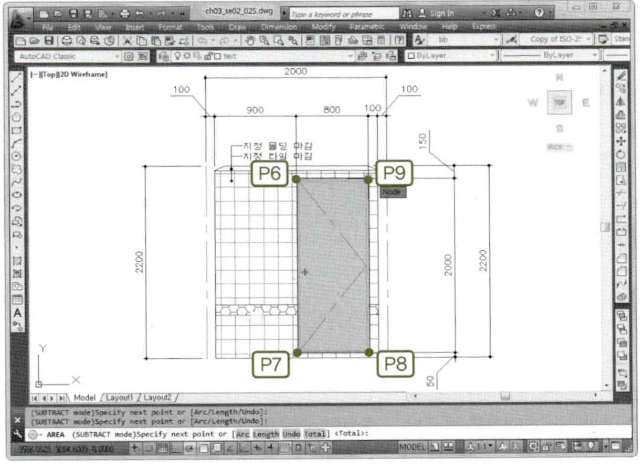

Section 03 문자 도구를 이용한 문자 입력 활용하기

도면은 그림으로만 사용자에게 설계 의도를 전달할 수 없습니다. 따라서 적절한 코멘트를 달아 해당 지역의 역할을 숙지하거나 지켜야 하는 사항을 문자를 이용해 입력할 수 있는 도구가 있어야 합니다. 버전업이 되면서 기존의 Text 명령어가 없어지고 Dtext가 Text 명령어를 대신하게 되었고, 워드프로세서와 같은 기능을 하는 문자 입력 도구가 발달하게 되었습니다. 이번에는 문자의 입력을 가시화하여 사용자가 편리하게 입력할 수 있는 Mtext에 대해 알아보겠습니다.

01. 화면에 직접 입력하는 Text

한 번에 한 줄의 단문이나 단어의 문자를 입력하는 경우라면 Text 명령어를 이용해 간단하게 입력할 수 있습니다. 문자의 경우에는 해당 문자의 폰트를 미리 설정해두어야만 Text 명령어에서 선택하여 사용할 수 있으며, 만약 설정해두지 않았다면 AutoCAD가 기본적으로 지정해둔 기본 폰트를 사용해야 합니다. 이번에는 단문의 문자를 입력하는 데에 사용하는 Text 명령어에 대해 알아본 후 다양한 도면의 코멘트를 작성해보겠습니다.

명령어	Text
단축키	DT

아이콘	A
메뉴	[Draw]-[Text]-[Single Line Text]

● 명령어 이해하기

Text 명령어를 입력한 후에는 문자의 시작점을 마우스나 좌표 값으로 입력합니다. Text 명령어는 한 번에 한 줄씩 입력합니다. Enter 를 눌러 다음 줄을 입력하기도 하지만 문장을 입력해야 하는 경우에는 나중에 수정할 때 불편하므로 한 줄을 입력할 때 주로 사용하는 것이 좋습니다. Text의 시작점을 지정한 후 문자의 높이, 기울기 각도, 문자 입력의 속성 등을 정의하여 문자를 입력합니다. 폰트는 Style 명령어에서 미리 지정해둔 경우에만 사용할 수 있습니다.

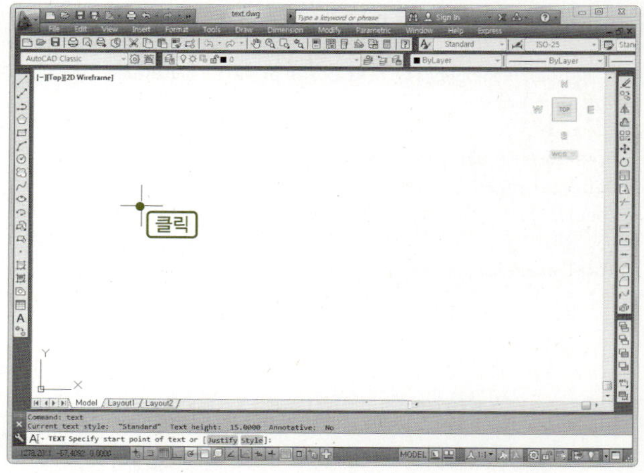

▲ TEXT 입력 위치 지정하기

```
Command: TEXT [Enter]
Current text style: Standard
Text height: 2.5000
Annotative: No
→ 현재 설정된 폰트 스타일과 문자의 높이 값 등을 표시합니다.
Specify start point of text or [Justify/Style]:
→ 문자의 시작점을 마우스로 클릭하거나 좌표 값으로 입력합니다.
Specify height <2.5000>: 20 [Enter]
→ 문자의 높이 값을 입력합니다.
Specify rotation angle of text <0>: [Enter]
→ 문자열의 기울기 각도 값을 입력합니다.

Text: AutoCAD2012!!! [Enter]
      Dr.KOH [Enter]
      YoYoYo!!! [Enter]
```

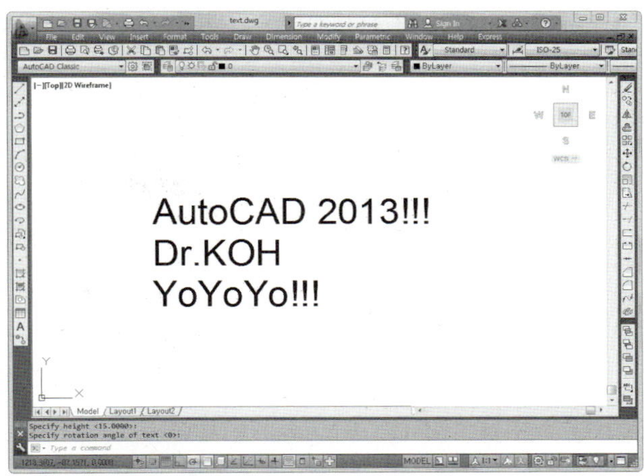

▲ TEXT로 원하는 문자열을 입력

● 옵션 이해하기

Text 명령어의 옵션은 맨 처음 나오는 Style의 지정이나 자동 폭 조절 정도를 주로 사용하며, 다른 옵션은 주로 문장이 많은 경우에 사용합니다. 'Justify' 옵션과 'Style' 옵션을 이용하면 다양한 서체 스타일을 사용자가 원하는 형태로 변경하여 사용할 수 있고, 일정한 간격 안에 문자를 입력하는 경우에는 문자열의 개수에 맞추어 문자열을 정렬한 후 사용자가 요구하는 문장의 정렬을 정밀하게 조절하여 입력할 수 있습니다.

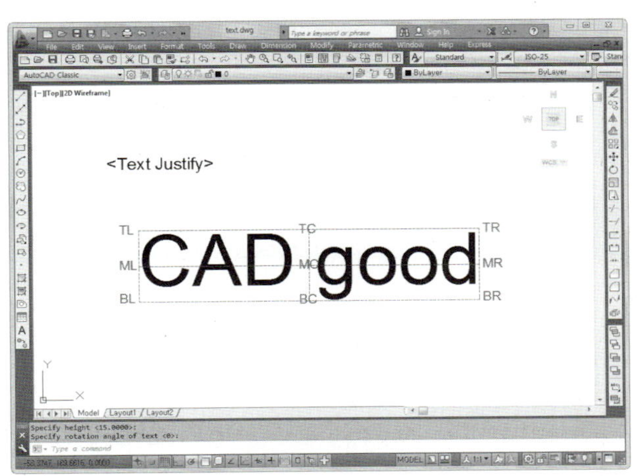

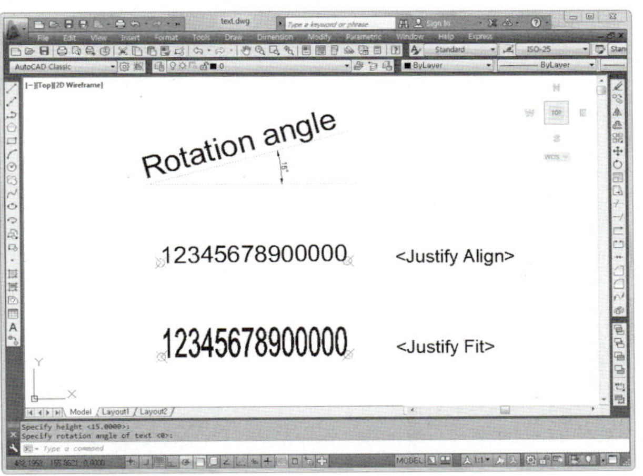

옵션	설명
Style	Style 명령어로 미리 폰트에 대한 내용이 지정되어 있어야 하고, Text 명령어 내의 'Style' 옵션에서 지정된 스타일을 변경하여 사용할 수 있으며, Style에서의 서체와 크기, 회전 각도, 폭 등의 세부 사항을 지정한 여러 가지 스타일을 선택하여 변경할 수도 있습니다.
Justify	Text로 입력한 문자열의 정렬 방식을 지정하는 옵션입니다. – Align: 첫 번째와 두 번째 클릭한 점 사이에 문자를 입력하면, 문자를 입력하면서 문자의 개수에 따라 문자의 높이 값의 크기가 자동으로 조절됩니다. – Fit: 첫 번째와 두 번째 클릭한 점 사이에 문자를 입력하면, 사용자가 입력한 문자 크기를 유지한 상태로 문자열의 개수와 상관없이 두 점 사이의 문자 폭이 자동으로 조절됩니다. – Center: 클릭한 점을 기준으로 문자를 가운데 정렬합니다.

　　　– Middle: 클릭한 점을 기준으로 문자를 문자 높이의 가운데로 정렬합니다.
　　　– Right: 클릭한 점을 기준으로 문자를 오른쪽 정렬합니다.
　　　– TL: Top left로 클릭한 점을 문자 위 왼쪽 지점을 기준으로 정렬합니다.
　　　– TC: Top Center로 클릭한 점을 문자 위 가운데 지점을 기준으로 정렬합니다.
　　　– TR: Top Right로 클릭한 점을 문자 위 오른쪽 지점을 기준으로 정렬합니다.
　　　– ML: Middle Left로 클릭한 점을 문자 중간 왼쪽 지점으로 정렬합니다.
　　　– MC: Middle Center로 클릭한 점을 문자 중간 가운데 지점으로 정렬합니다.
　　　– MR: Middle Right로 클릭한 점을 문자 중간 오른쪽 지점으로 정렬합니다.
　　　– BL: Bottom Left로 클릭한 점을 문자 맨 아래 왼쪽 지점으로 정렬합니다.
　　　– BC: Bottom Center로 클릭한 점을 문자 맨 아래 가운데 지점으로 정렬합니다.
　　　– BR: Bottom Right로 클릭한 점을 문자 맨 아래 오른쪽 지점으로 정렬합니다.

◉ 미리해보기

예제 파일 부록 CD\Sample\Chapter03\ch03_09S.dwg　　　　완성 파일 부록 CD\Sample\Chapter03\ch03_09F.dwg

01　메뉴의 [File]–[Open]으로 부록 CD에서 예제 파일을 불러옵니다. 다음과 같이 단면도를 표시한 도면이 나타납니다. 가운데 사각형 안과 아래쪽의 도면 내용 표시 부분이 비어 있습니다. 문자를 입력하는 Text 명령어를 입력하기 위하여 다음의 지점을 Zoom 명령어로 확대합니다.

```
Command: Z [Enter]
ZOOM
Specify corner of window, enter a scale factor (nX or nXP)
or [All/Center/Dynamic/Extents/Previous/Scale/Window/Object]
<real time>:
Specify opposite corner: P1~P2점 클릭, 드래그
```

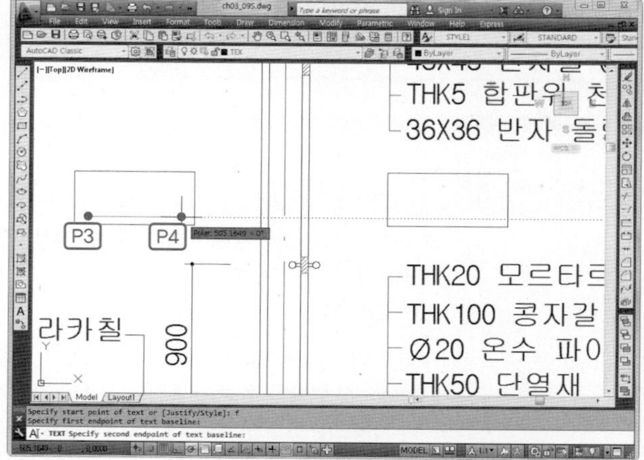

02　사각형 안에 완전히 들어가도록 양쪽 폭을 자동 조절하는 'Fit' 옵션을 이용해 문자를 입력해보겠습니다. 문자를 입력하는 Text 명령어의 단축키인 'DT'를 입력한 후 옵션을 이용하기 위하여 'Justify' 옵션의 Fit를 선택하고 다음의 양쪽 폭 지점을 클릭하여 선택합니다.

```
Command: DT [Enter]
TEXT
Current text style: STYLE1
Text height: 120.0000
Annotative: No
Specify start point of text or [Justify/Style]: F [Enter]
Specify first endpoint of text baseline: P3점 클릭
Specify second endpoint of text baseline: P4점 클릭
```

03 문자의 높이 값인 Height 값에 '200'을 입력합니다. 문자열의 회전 각도는 수평하게 쓸 예정이므로 '0'을 입력한 후 다음의 문자를 입력하고 종료 시 Enter 를 두 번 눌러 Text 명령어를 종료합니다.

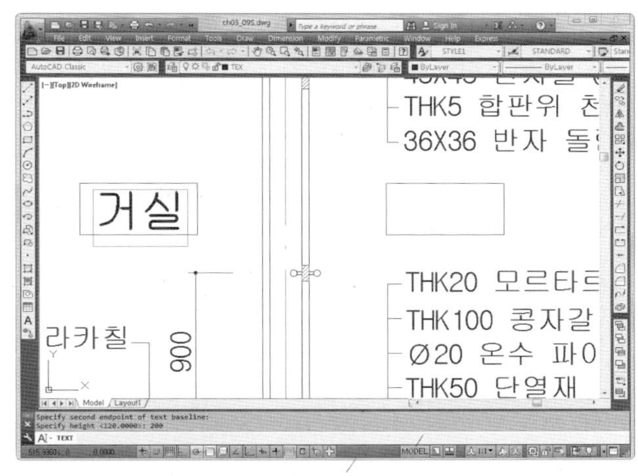

```
Specify height <120.0000>: 200 Enter
Text: 거실 Enter  Enter
```

04 오른쪽 사각형 안에는 '방'이라는 문자를 입력할 예정입니다. 한 글자이므로 다른 옵션 없이 Text를 쓰는 기본적인 순서로 문자를 입력합니다. Text 명령어를 입력한 후 문자의 시작점을 클릭합니다.

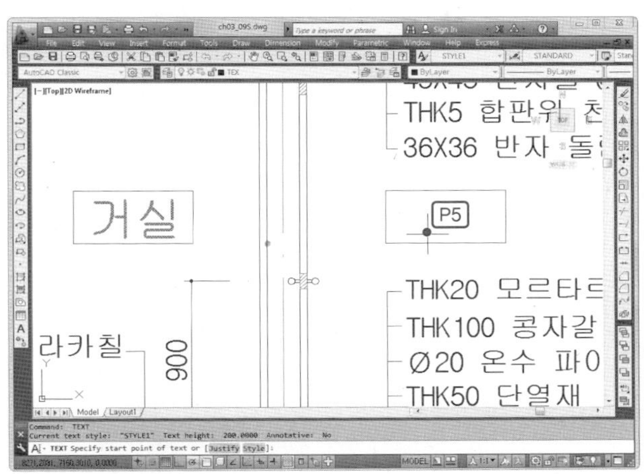

```
Command: DT Enter
TEXT
Current text style: STYLE1
Text height: 200.0000
Annotative: No
Specify start point of text or [Justify/Style]: P5점 클릭
```

05 문자의 높이 값은 직전에 입력한 '200'을 그대로 사용할 예정이므로 Enter 만 누르고 문자열의 회전 각도에 '0'을 입력한 후 문자를 입력합니다. 그런 다음, Enter 를 두 번 누르고 Text 명령어를 종료합니다.

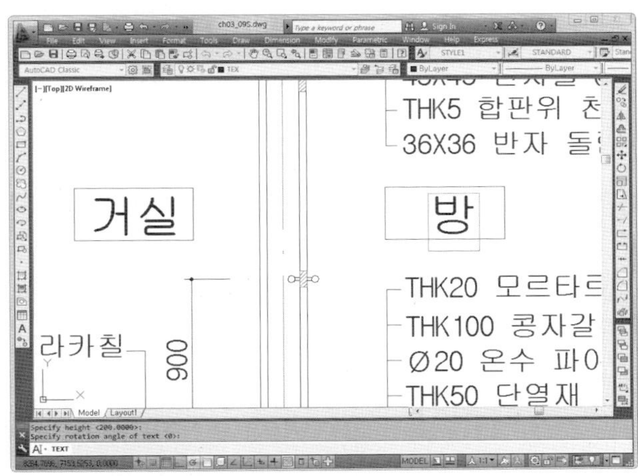

```
Specify height <200.0000>: Enter
Specify rotation angle of text <0>: Enter
Text: 방 Enter  Enter
```

06 아래쪽에 도면 타이틀을 입력한 후, 처음의 도면 View 상태로 돌아가기 위하여 Zoom 명령어로 이전 화면으로 되돌아가서 다음과 같이 타이틀 지점만 확대합니다.

```
Command: Z Enter
ZOOM
Specify corner of window, enter a scale factor (nX or nXP)
or [All/Center/Dynamic/Extents/Previous/Scale/Window/Object]
<real time>: P Enter

Command: Z Enter
ZOOM
Specify corner of window, enter a scale factor (nX or nXP)
or [All/Center/Dynamic/Extents/Previous/Scale/Window/Object]
<real time>:
Specify opposite corner: P6~P7점 클릭, 드래그
```

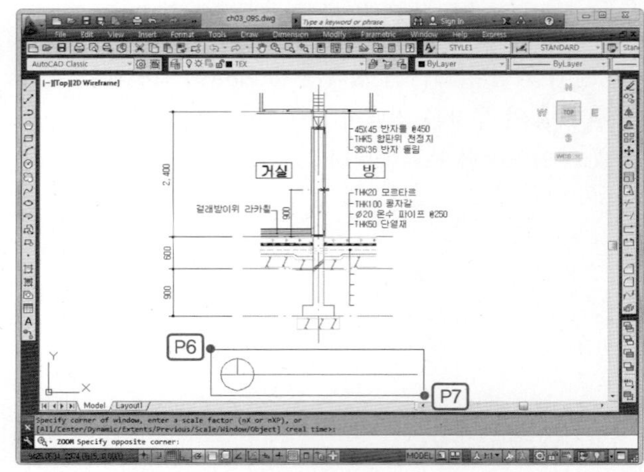

07 타이틀 선분 위에 모든 글자를 넣기 위하여 'Fit' 옵션을 이용합니다. Text 명령어를 입력한 후 'Fit' 옵션을 지정하고, 다음의 두 지점을 양쪽 문자열의 시작점과 끝점으로 지정합니다. 'Fit' 옵션은 Justify를 거쳐 입력할 수 있지만 Fit를 바로 지정하면 한 단계 옵션을 덜 거치고도 입력할 수 있습니다.

```
Command: DT Enter
TEXT
Current text style: STYLE1
Text height: 200.0000
Annotative: No
Specify start point of text or [Justify/Style]: F Enter
Specify first endpoint of text baseline: P8점 클릭
Specify second endpoint of text baseline: P9점 클릭
```

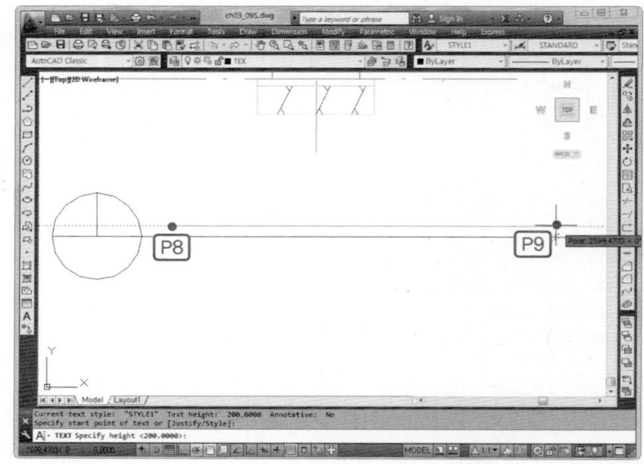

08 문자의 높이 값에 '300'을 입력하여 글자를 크게 한 후 '방문단면 상세도'라는 문자열을 입력합니다. 그런 다음 Text 명령어를 종료하기 위하여 Enter 를 두 번 눌러 명령어를 종료합니다.

```
Specify height <200.0000>: 300 Enter
Text: 방문단면 상세도 Enter Enter
```

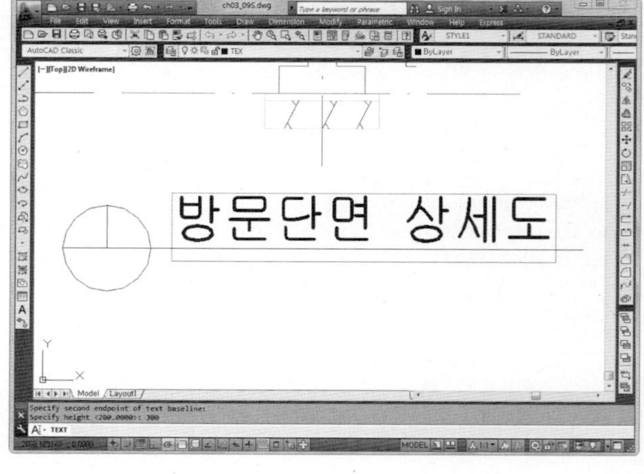

09 상세도 아래쪽에 축척 스케일을 입력해보겠습니다. 위쪽 문자의 끝부분에 입력할 문자열의 끝부분이 닿을 수 있도록 옵션을 지정합니다. Text 명령어를 입력한 후 정렬 옵션인 Justify의 TR(Top Right)을 입력하여 문자의 오른쪽 끝점 위치를 지정합니다.

```
Command: DT Enter
TEXT
Current text style: STYLE1
Text height: 300.0000
Annotative: No
Specify start point of text or [Justify/Style]: J Enter
[Align/Fit/Center/Middle/Right/TL/TC/TR/ML/MC/MR/BL/BC/BR]: TR
Enter
Specify top-right point of text: P10점 클릭
```

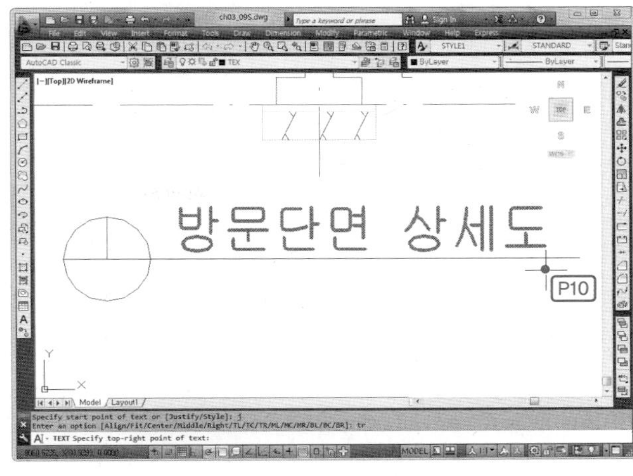

10 문자의 높이 값에 ‘120’을 입력한 후 축척 값을 입력하고 Enter 를 두 번 눌러 Text 명령어를 종료합니다.

```
Specify height <300.0000>: 120 Enter
Specify rotation angle of text <0>: Enter
Text: 축척: 1/40 Enter  Enter
```

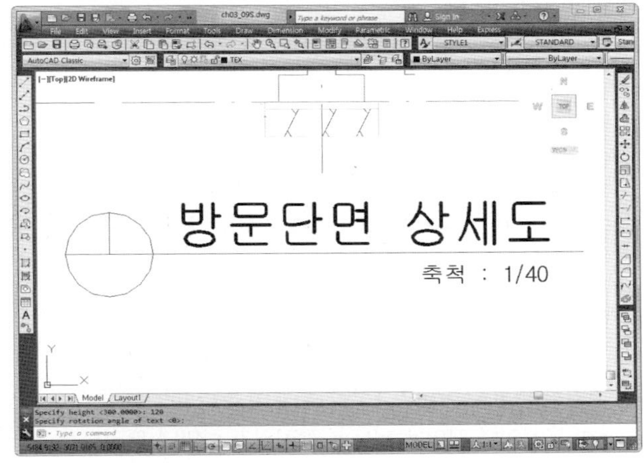

11 문자 입력이 모두 끝났으면 Zoom 명령어의 ‘P’ 옵션을 이용해 최초의 화면 상태로 되돌아갑니다. 다음과 같이 완성됩니다.

```
Command: Z Enter
ZOOM
Specify corner of window, enter a scale factor (nX or nXP)
or [All/Center/Dynamic/Extents/Previous/Scale/Window/Object]
<real time>: P Enter
```

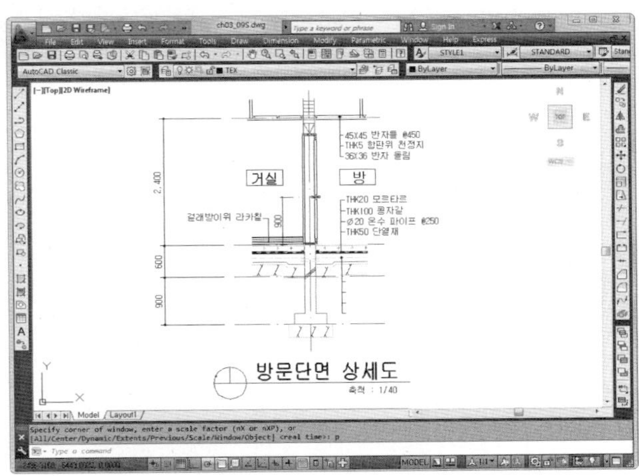

특수 문자의 사용

문자를 입력할 때에는 일반적인 문자 외에 각도를 표시하거나 degree, Pie 등의 특수 문자를 입력해야 하는 경우가 많이 발생합니다. Text 명령어를 사용하는 경우 해당 특수 문자들은 조합 문자로 이루어지며, 표 안의 내용을 조합하여 사용하면 특수 문자를 입력할 수 있습니다. Mtext로 문자를 입력하는 경우에는 대화상자 내에 포함되어 있으므로 선택하여 사용하면 됩니다. 자주 사용하는 특수 문자는 암기하여 사용하는 것이 좋습니다.

입력 특수 키	설명	사용 예	표시 결과
%%U	문자 아래에 밑줄을 그립니다.	%%UAutoCAD2013!!!	AutoCAD2013!!!
%%O	문자 위에 윗줄을 그립니다.	%%OAutoCAD2013~	AutoCAD2013~
%%C	문자 앞에 지름 표시를 입력합니다.	%%1000	Ø1000
%%D	문자 뒤에 각도 표시를 입력합니다.	90%%D	90˚
%%P	문자 앞에 공차 표시를 입력합니다.	%%P0.01	±0.01

02. 편집기를 이용해 입력하는 Mtext

Mtext는 'Mutiple Text'의 약자로, 한 번에 다중의 문장 열을 입력하고 수정, 편집하기에 편리한 명령어입니다. Text 명령어의 경우 해당 문자의 시작점부터 문자를 입력하는 모든 것이 화면의 좌표 점을 기준으로 한다면, Mtext는 워드프로세서처럼 하나의 편집기를 통해 입력합니다. 화면의 편집기를 이용하면 다양한 문장 구조나 특수 문자를 입력할 수 있으며, 나중에 수정하는 경우에도 Mtext로 입력한 문장이나 단어는 Mtext 편집기가 나타나 편리하게 편집할 수 있습니다.

명령어	Mtext		아이콘	A
단축키	MT		메뉴	[Draw]-[Text]-[Multiline Text]

● 명령어 이해하기

Mtext의 경우 문자열을 입력할 장소를 Rectang 사각형 그리듯이 대각선 방향으로 드래그하여 문자 영역을 미리 선택하면 자동으로 그 영역에 맞게 문자 입력 편집기 창이 나타납니다. 이곳에 원하는 문자열을 입력한 후 각 메뉴에 알맞은 내용을 골라 지정할 수 있으며, 폰트의 크기나 특수 기호 또는 정렬 상태, 리스트 등을 조절할 수도 있습니다.

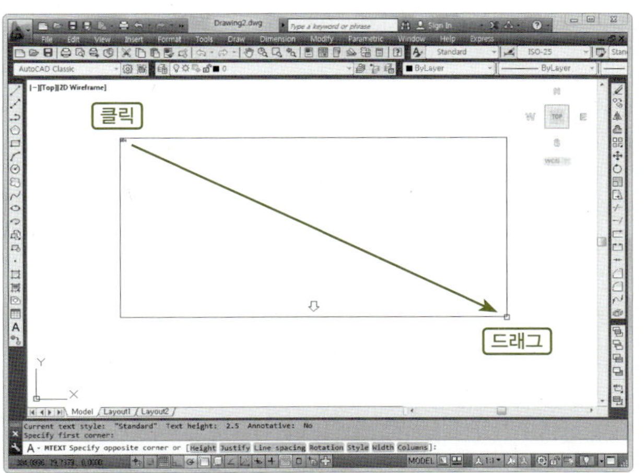

▲ Mtext로 입력할 문자열의 영역 지정

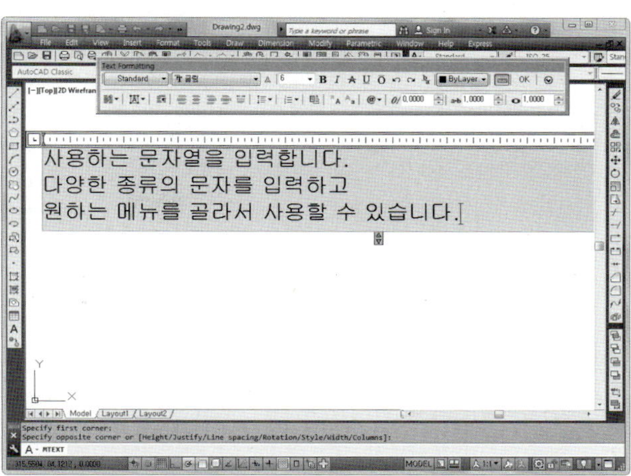

▲ 원하는 문자열의 입력

```
Command: MTEXT Enter
Current text style: Standard
Text height: 2.5
Annotative: No
Specify first corner:
→ 문자 입력 영역의 시작점 좌표를 입력합니다.
Specify opposite corner or [Height/Justify/Line spacing/Rotation/Style/Width/Columns]:
→ 문자 입력 영역의 대각선 방향으로 드래그하는 두 번째 좌표 점을 입력합니다.
→ 화면의 편집기에 문자를 바로 입력합니다.
```

● 옵션 이해하기

기본적인 문자열을 입력하는 데에 특별히 어려운 점은 없습니다. 하지만 문자를 입력하는 도면의 한계인 Limits는 모두 다르며, 사용하는 문자열의 정렬 상태 또한 모두 다릅니다. 따라서 각 Limits에 알맞은 문자 높이 값을 변경하거나 다양한 특수 문자나 리스트를 작성하는 등의 다양한 옵션을 이용할 수 있어야만 편리하게 도면을 작성할 수 있습니다.

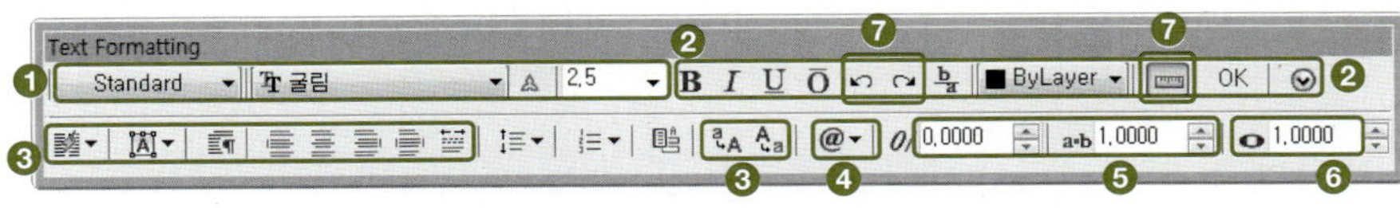

옵션		설명
❶ Style	문자의 스타일을 선택합니다.	• Text Style: Style 명령어에서 지정해 놓은 다양한 Style을 선택합니다. • Font: 문자의 서체를 선택합니다. 트루타입 서체는 서체명 그대로 표시됩니다. • Height: 문자의 높이 값을 입력합니다.
❷ Formatting	문자의 형식을 지정해줍니다.	• B(Bold): 문자를 굵은 서체로 표시합니다. 이 옵션은 트루타입 글꼴에서만 사용할 수 있습니다. • I(Italic): 문자를 15° 기울여 기울임 문자를 표시합니다. 이 옵션은 트루타입 글꼴에서만 사용할 수 있습니다. • U(Underline): 선택한 문자열에 밑줄을 표시합니다. • O(Overline): 선택한 문자열에 윗줄을 표시합니다. • Color: 문자의 색상을 정합니다. 기본 값은 Bylayer(레이어에 준하여)로 되어 있습니다.

			• **Stack**: 워드의 첨자와 같이 분수를 표시하는 여러 가지 방법을 나타냅니다(/, #, ^ 표시를 이용해 분수를 표시합니다).
❸ Paragraph	문장의 정렬 상태와 단락 기호를 설정합니다.		• **Column**: 문장의 단을 삽입합니다. • **Justification**: 문자의 위치를 자리 맞추기를 통해 정렬합니다. • **Line spacing**: 줄 간격, 즉 행 사이의 간격을 지정합니다. • **Numbering**: 글머리 기호 및 번호를 지정합니다. • **Align**: 문장의 정렬 상태를 정합니다. • **Uppercase**: 선택한 문자열을 모두 대문자로 표시합니다. • **Lowercase**: 선택한 문자열을 모두 소문자로 표시합니다.
❹ Insert	기호나 필드 등을 삽입합니다.		• **Oblique Angle**: 선택한 문자열의 기울기 각도를 입력합니다. • **Symbol**: 특수 기호 등의 심벌을 삽입합니다. • **Field**: 문자에 삽입할 필드를 선택합니다.
❺ Tracking	문자열의 간격이나 장평을 관리합니다.		• 문자열의 간격을 입력합니다. 0.75~4 사이의 값을 이용하며, 기본 값은 1입니다.
❻ Width Factor			• 글자의 가로 장평을 관리합니다.
❼ Options	문자열의 입력에 대한 표시나 실행의 유무를 관리합니다.		• **Rulers**: 눈금자를 표시하거나 해제합니다. • **Undo/Redo**: 실행을 취소하거나 Undo를 되돌립니다.

Upgrade ★

문자를 수정할 때는?

입력된 문자는 Ddedit 명령어를 이용해 수정할 수 있습니다. 하지만 명령어를 사용하지 않더라도 입력된 문자를 선택하여 더블클릭하면 Dtext(단일 행 문자 입력)로 입력한 문자나 Mtext(다중 행 문자 입력)로 입력한 문자 모두 수정할 수 있습니다. Dtext로 입력한 문자는 화면에 전체가 선택된 상태로 나타나며, Mtext로 입력한 문자는 Mtext 텍스트 편집기가 다시 나타납니다. 이때 원하는 문자열을 입력하거나 수정하면 됩니다.

◉ 미리해보기

예제 파일 부록 CD\Sample\Chapter03\ch03_10S.dwg   **완성 파일** 부록 CD\Sample\Chapter03\ch03_10F.dwg

---

01 메뉴의 [File]-[Open]으로 부록 CD에서 예제 파일을 불러옵니다. Limits와 Text Height가 적당히 설정되어 있는 기본 파일입니다. 다중 문자열을 입력하기 위하여 'Mtext'를 입력하고 다음과 같이 대각선 방향으로 클릭, 드래그하여 문자열이 들어갈 'Text Area'를 설정합니다.

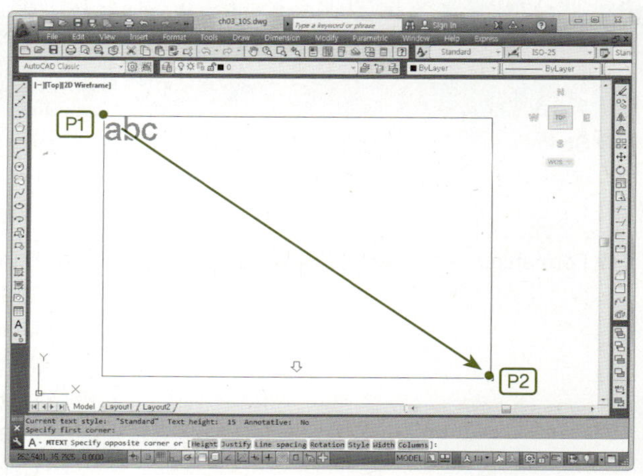

```
Command: MT Enter
MTEXT
Current text style: Standard
Text height: 15
Annotative: No
Specify first corner: P1~P2점 클릭, 드래그
Specify opposite corner or [Height/Justify/Line spacing/
Rotation/Style/Width/Columns]:
```

02 제일 먼저 입력할 문자의 Font인 서체와 문자의 높이 값을 입력합니다. 문자 높이에 '10'을 입력하고, 서체는 굴림, 궁서, 바탕, 돋움체, 나눔고딕 등과 같이 무료로 제공되는 문자 중에서 고르도록 합니다. 이 책에서는 '나눔고딕'을 선택했습니다.

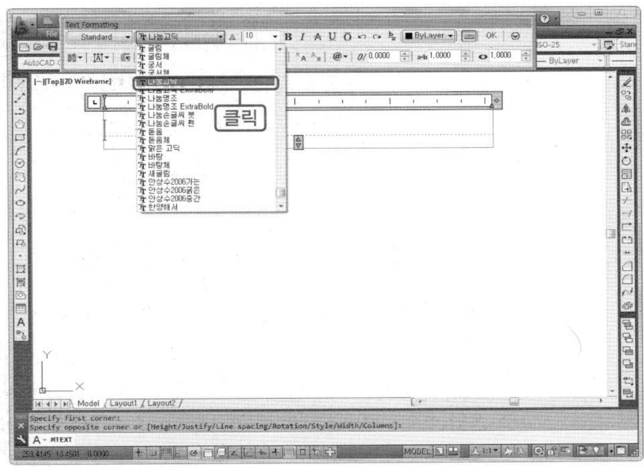

03 문자의 높이 값과 서체를 선택했으면 다음과 같이 두 줄의 문자를 입력합니다.

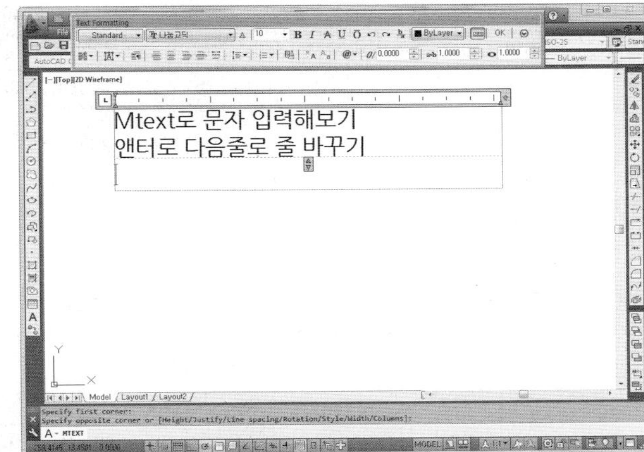

> Text: Mtext로 문자 입력해보기 [Enter]
>   엔터로 다음줄로 줄 바꾸기

04 다음 줄에는 특수 문자를 입력해보겠습니다. 아래쪽의 메뉴 중에 특수 기호 입력란을 열어 지름 기호를 선택합니다. 다음과 같이 지름 기호인 '%%c'를 선택하면 ∅가 나타납니다. 지름 기호와 각도 기호를 입력해 봅니다.

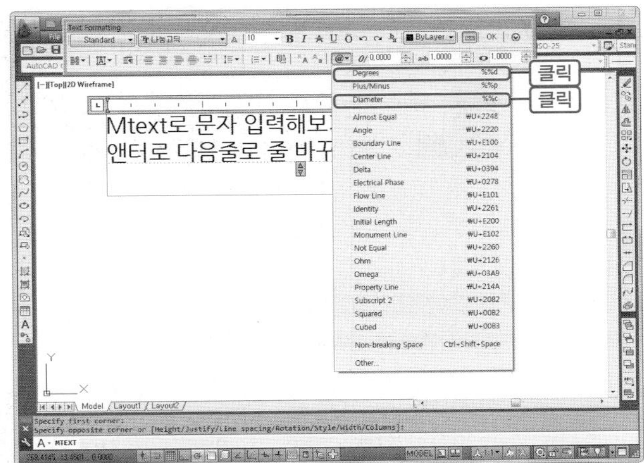

05 각도는 Degree에 해당하는 '%%d'를 선택합니다. 공차 기호의 경우 %%p에 해당하는 것을 선택하면, ±가 함께 표시됩니다. 다양한 특수 기호를 각 목록에서 선택하여 입력해보겠습니다.

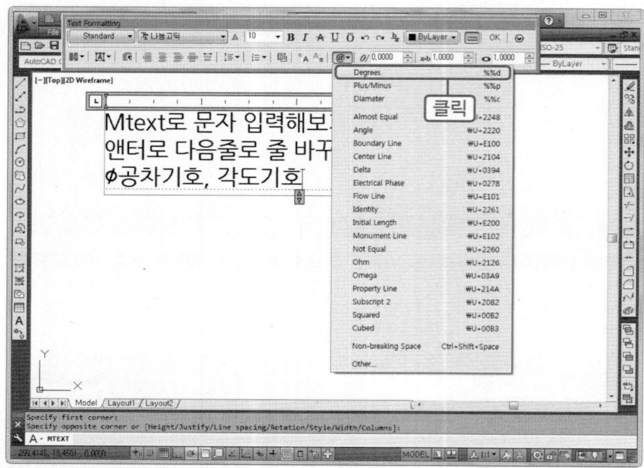

06 리스트에 해당하는 목록을 만들기 위하여 '건축 Enter 기계 Enter 전기 전자'를 입력한 후 마우스로 드래그하여 List 버튼을 클릭합니다. 그런 다음, 번호 순서를 정하는 Numbered를 클릭하여 선택합니다.

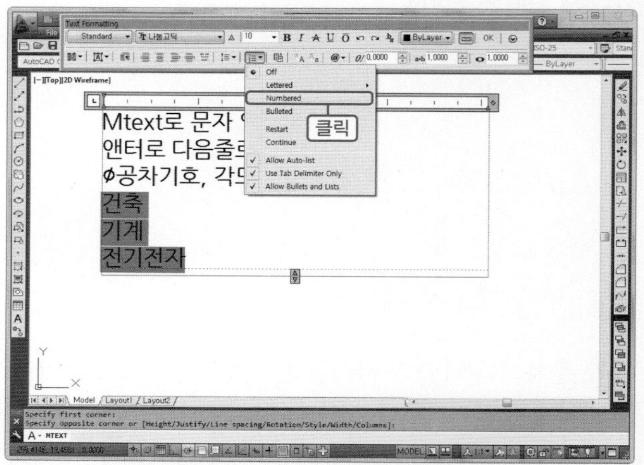

07 다음과 같이 자동으로 목록이 생성됩니다. 목록은 다음과 같이 번호 형태와 기호를 앞에 사용하는 불릿 형태로 분류되며, 사용자의 의도에 따라 선택하여 사용합니다. 리스트의 입력까지 마쳤다면 [OK] 버튼을 클릭하여 Mtext 입력을 종료합니다.

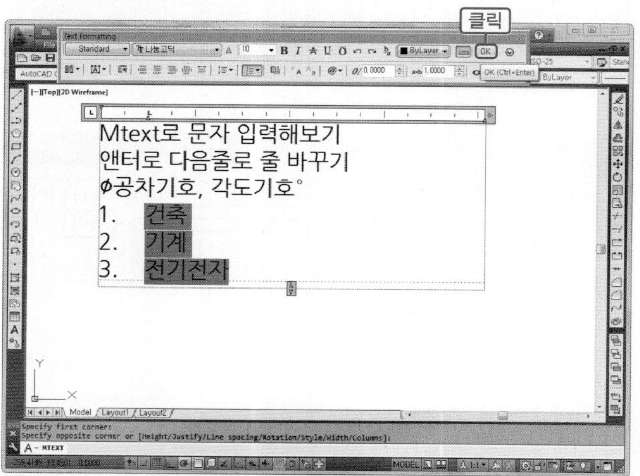

08 완료된 문자열을 일부 수정해보겠습니다. 화면의 문자열을 더블클릭하여 선택합니다. 문자열을 더블클릭하여 선택하면 다음과 같이 처음 입력할 때와 마찬가지로 Mtext 텍스트 편집기가 나타납니다.

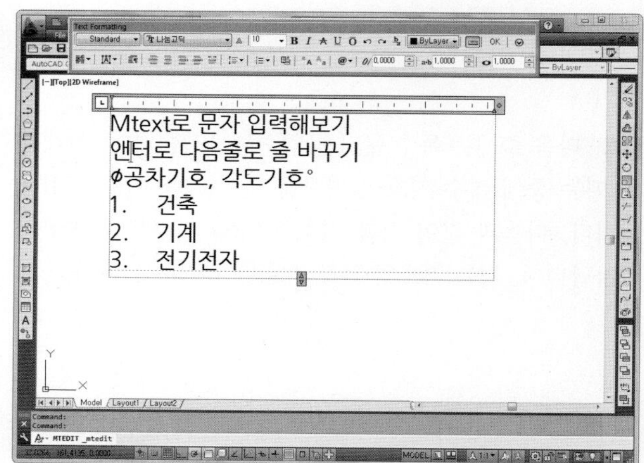

▲ 화면의 문자열을 더블클릭하면 나타남

09 지름 기호 옆에 커서를 위치시키고 '지름 기호' 라는 문자를 입력한 후 '공차 기호' 문자 앞에 커서를 둔 상태에서 특수 기호 목록을 눌러 Plus, Minus에 해당하는 기호를 클릭합니다.

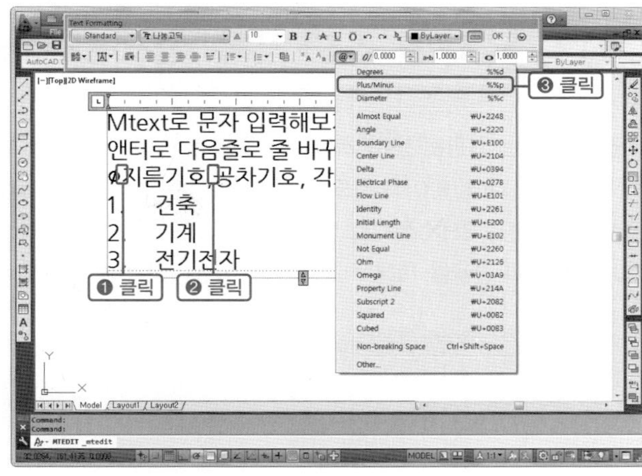

10 특수 기호 입력이 완료되면 두 번째 문자 전체를 마우스로 클릭, 드래그하여 블록으로 지정합니다. 지정된 문자열의 높이 값을 변경하기 위하여 문자열의 높이 값에 '5'를 입력합니다.

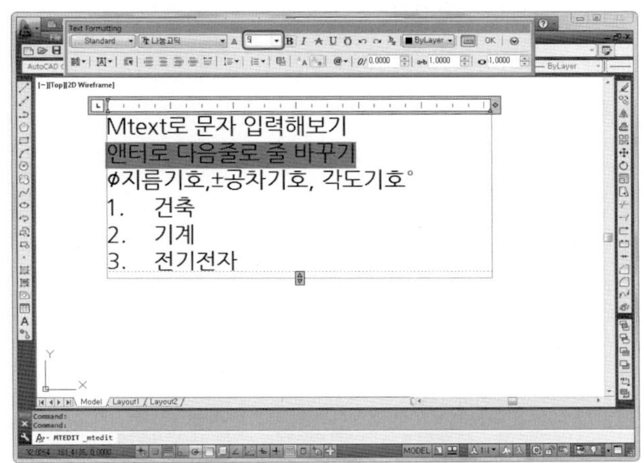

11 문자열의 수정이 완료되면 텍스트 편집기의 [OK] 버튼을 클릭하여 완료합니다. [OK] 버튼의 단축키는 Ctrl + Enter 입니다. 다음과 같이 문자열이 추가되거나 수정되고, 크기도 변경되었습니다.

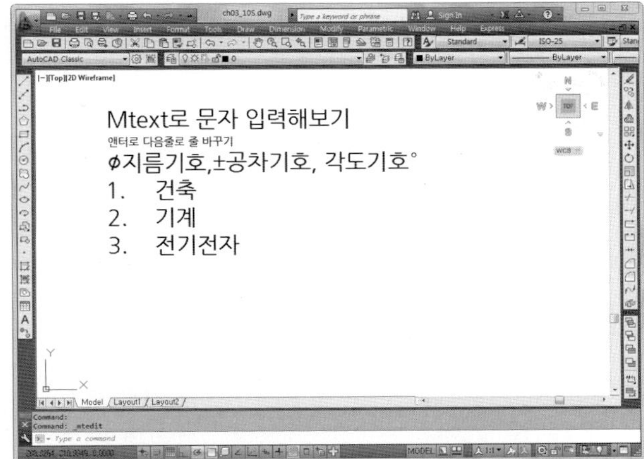

도면의 문자는 연관된 문자 스타일을 갖고 있습니다. 문자를 입력하는 경우, 관련된 폰트를 미리 스타일로 지정해둔 상태에서 각각의 크기, 기울기, 방향이나 각도 등을 사용할 수 있습니다. AutoCAD에서 사용하는 폰트는 윈도우에 지정되어 있는 트루타입 폰트나 AutoCAD 전용 SHX 폰트로 나누어집니다. 도면에는 Big Font를 많이 사용하는데, Big Font의 경우에는 미리 Style에서 지정해두어야만 영문과 한글을 제대로 사용할 수 있습니다. 이번에는 Style을 지정하는 방법에 대해 알아보겠습니다.

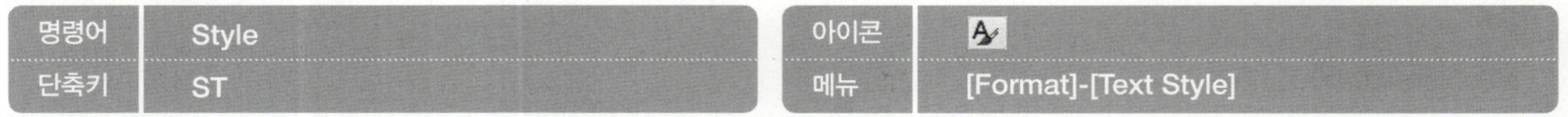

명령어	Style	아이콘	A
단축키	ST	메뉴	[Format]-[Text Style]

● 명령어 이해하기

Style 명령어를 입력하면 다음과 같은 대화상자가 나타납니다. 기본 값은 Standard로 지정되어 있으며, Standard에 원하는 폰트를 지정하거나 [New] 버튼을 클릭하여 새로운 스타일을 지정한 후 해당 스타일에 맞도록 서체나 문자의 높이, 너비, 기울기 등을 지정합니다. 해당 스타일이 하나 이상인 경우에는 현재 사용할 수 있는 Current Style을 지정한 후 [OK] 버튼을 클릭하여 종료합니다.

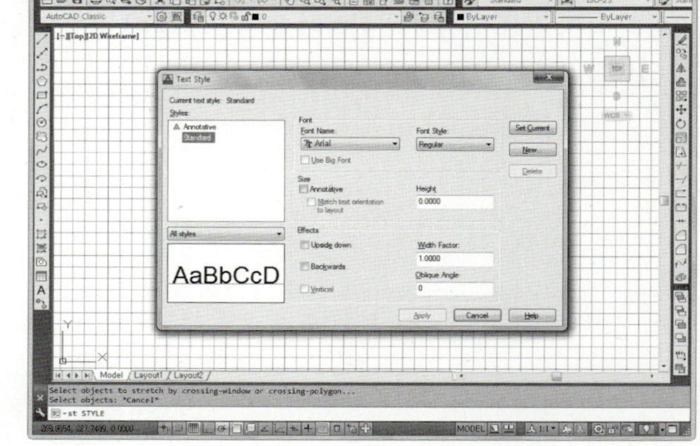

Command: STYLE [Enter]

Upgrade ★

폰트 이야기

AutoCAD에서 사용할 수 있는 폰트는 기본적으로 윈도우에서 제공하는 TTF 폰트와 AutoCAD 서체에 해당하는 SHX 폰트입니다. TTF 폰트는 C:\Windows\Fonts 폴더에 있는 폰트들이고, SHX 폰트는 C:\Program Files\AutoCAD 2013\Fonts 폴더에 있는 폰트입니다. 각 폰트는 폰트 앞의 아이콘 모양을 보고 구분합니다. 또한 폰트 이름 앞에 '@'가 붙은 경우에는 어떤 폰트라도 문자가 270° 회전되어 나타난다는 의미입니다. 그러므로 굴림체를 사용하더라도 '@굴림체'는 선택하면 안 됩니다. 폰트는 다음과 같이 구분합니다.

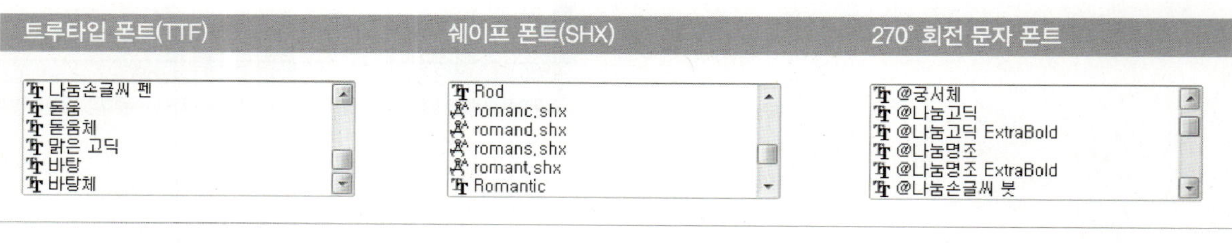

● 옵션 이해하기

Style 명령어를 입력하면 대화상자의 각 내용을 이용해 사용자가 원하는 폰트의 스타일을 지정할 수 있습니다. 스타일은 설계자의 의도와 용도에 맞게 두꺼운 서체부터 가는 서체에 이르기까지 다양한 모양의 스타일을 변경할 수 있어야 하고, 보통 서체 위주로 변경해야 하며, 폭, 기울기 등은 특별한 경우가 아니면 일반적인 상태로 지정하는 것이 좋습니다. 종이에 직접 쓰는 것이 아니라 프린터나 플로터를 통해 출력할 예정이므로 깔끔하게 출력할 수 있도록 지정하는 것이 좋습니다.

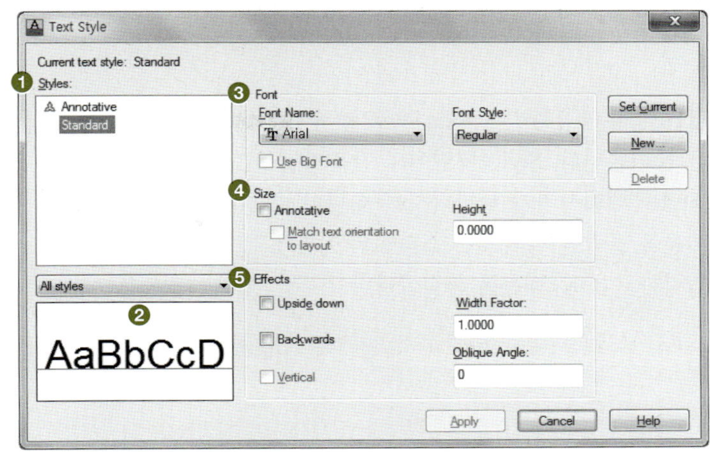

옵션	설명
❶ Style	[New]로 만들어진 문자 유형의 리스트를 나타내며, 리스트를 선택할 수 있습니다.
❷ Preview	만들어진 문자 유형의 모양을 미리 볼 수 있습니다.
❸ Font	• Font Name: 서체를 선택합니다. • Font Style: 선택된 문자 유형별 분류(굵은 서체, 이탤릭 서체 등)를 지정합니다. • Big font: 숫자, 영문과 같은 1byte 글꼴 외에 한글, 일본어, 중국어와 같은 2byte 이상의 글꼴을 표현하기 위하여 만든 글꼴로, 이 옵션에 체크 표시를 하면 기본 글꼴은 반드시 SHX를 선택해야만 사용할 수 있습니다.
❹ Size	문자의 높이 값을 정합니다. Style에서 높이 값을 입력해두면 Dtext 입력 시 문자 높이 값이 고정되어 Dtext에서 자유롭게 고치기 어려우며, Style에서 지정해두면 Dtext에서 따로 입력하지 않아도 동일한 문자 높이 값으로 고정하여 사용할 수 있습니다. 사용자의 의도에 따라 Style에서 지정하거나 Dtext 등에서 따로 지정하여 사용합니다.
❺ Effect	• Upside down: 문자의 위, 아래를 뒤집어 입력합니다. • Width Factor: 문자 폭의 넓이를 조절합니다. 1을 기준으로 하여 1보다 작은 경우에는 원래 글자의 폭보다 좁게 표현하고, 1보다 클 경우에는 원래 글자 폭보다 넓게 표현합니다. • Backwards: 문자를 거꾸로 뒤집어서 입력합니다. • Oblique Angle: 문자의 기울임 각도를 입력합니다. • Vertical: 문자를 세로로 입력합니다.

예제 파일 부록 CD\Sample\Chapter03\ch03_11S.dwg   완성 파일 부록 CD\Sample\Chapter03\ch03_11F.dwg

01 메뉴의 [File]-[Open]으로 부록 CD에서 예제 파일을 불러옵니다. Style 명령어의 단축키인 'ST'를 입력하여 [Style] 대화상자가 나타나도록 합니다. 오른쪽의 [New] 버튼을 클릭한 후 새로운 스타일의 이름에 '일반 TTF'라고 입력하고 [OK] 버튼을 클릭합니다.

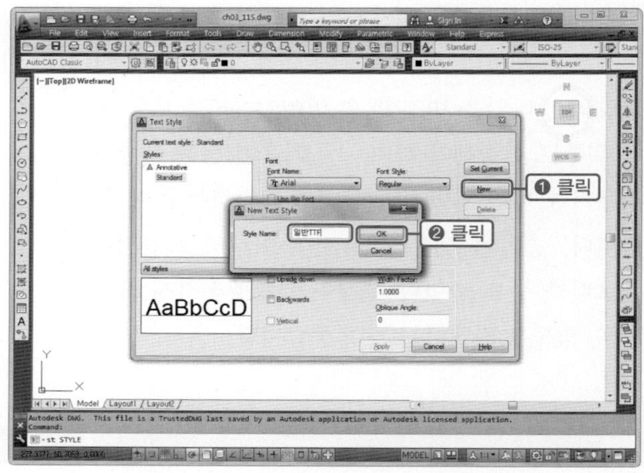

02 일반 TTF 폰트이므로 다음과 같이 글꼴 목록 상자에서 '굴림' 폰트를 선택합니다. 이때 '@굴림'을 고르지 않도록 주의합니다. '@굴림'을 선택하면 문자열이 270° 회전한 상태로 입력됩니다.

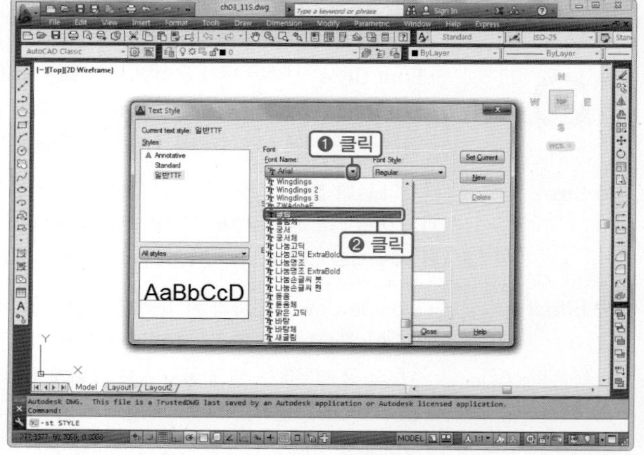

03 글꼴 지정이 완료되면 Standard 스타일에서 '일반 TTF'를 기본 스타일로 지정하기 위하여 아래쪽에 있는 [Apply] 버튼을 클릭합니다. 그런 다음, [Close] 버튼을 눌러 Style 명령어를 종료합니다.

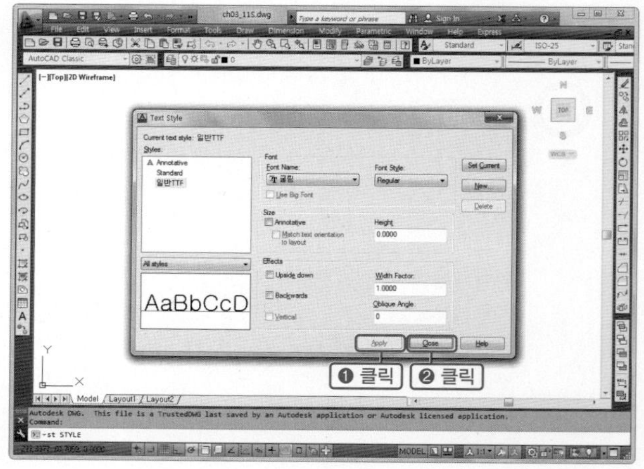

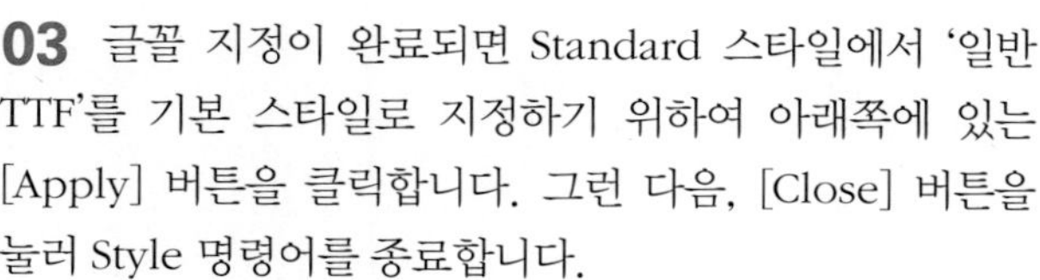

04 Dtext 명령어의 단축키인 'DT'를 입력한 후 시작점을 클릭하여 문자열의 시작점을 정하고, 다음과 같이 문자열을 입력합니다. 한글, 영문 모두 입력됩니다.

```
Command: DT [Enter]
TEXT
Current text style: 일반 TTF
Text height: 2.5000
Annotative: No
Specify start point of text or [Justify/Style]: P1점 클릭
Specify height <2.5000>: 10 [Enter]
Specify rotation angle of text <0>: [Enter]
Text: 굴림 폰트로 문자 입력 [Enter]
Text: Gulim Font [Enter] [Enter]
```

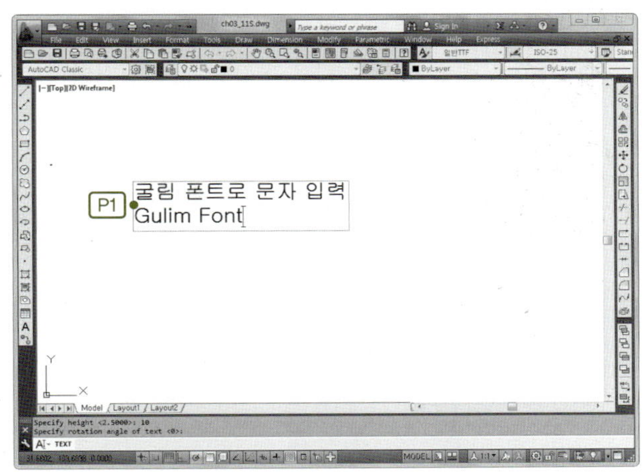

05 이번에는 SHX 폰트를 설정해보겠습니다. Style 명령어의 단축키인 'ST'를 입력한 후 [New] 버튼을 클릭하여 다음과 같이 '일반 SHX'라는 스타일 이름을 입력하고 [OK] 버튼을 클릭합니다.

```
Command: ST [Enter]
STYLE
```

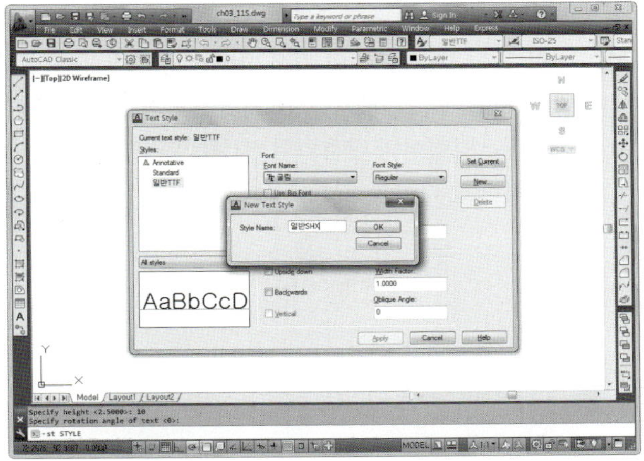

06 SHX 글꼴을 선택하기 위하여 글꼴 상자의 목록 버튼을 클릭한 후 목록에서 'isoct.shx'를 선택합니다. 반드시 이 글꼴이 아니더라도 글꼴 이름 앞에 콤파스 아이콘이 있고, 폰트 확장자가 .shx인 것으로 선택합니다. 선택한 후 해당 글꼴을 현재 스타일로 지정하기 위하여 [Apply] 버튼을 클릭한 후 [Close] 버튼을 클릭합니다.

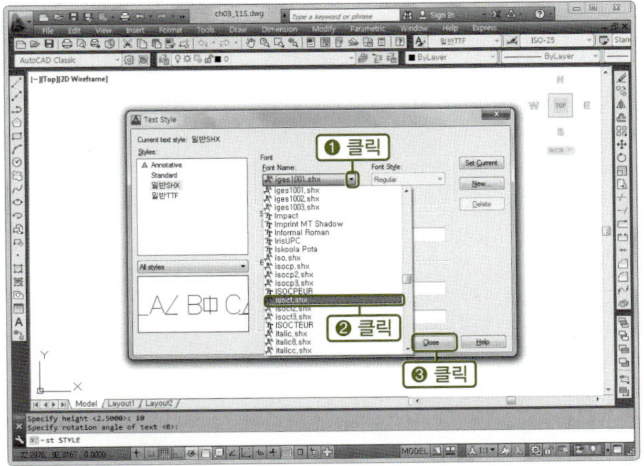

07 Dtext 명령어의 단축키인 'DT'를 입력하고 다음의 지점을 마우스로 클릭한 후 다음과 같이 글을 입력합니다. 영문을 입력하는 경우 정상적으로 나타나지만 한글로 바뀐 후에 입력하면 다음과 같이 ????로 나타납니다.

```
Command: DT Enter
TEXT
Current text style: 일반 SHX
Text height: 10.0000
Annotative: No
Specify start point of text or [Justify/Style]: P2점 클릭
Specify height <10.0000>: Enter
Specify rotation angle of text <0>: Enter
Text: SHX Font Insert Enter
Text: 한글 입력 Enter  Enter
```

08 이와 같이 SHX 폰트의 경우 1byte 문자와 2byte 문자를 함께 사용하기 위해서는 BigFont를 지정해야 합니다. 다시 Style 명령어의 단축키인 'ST'를 입력한 후 [New] 버튼을 클릭하고 다음과 같이 'BigFont'라는 스타일명을 입력합니다.

```
Command: ST Enter
STYLE
```

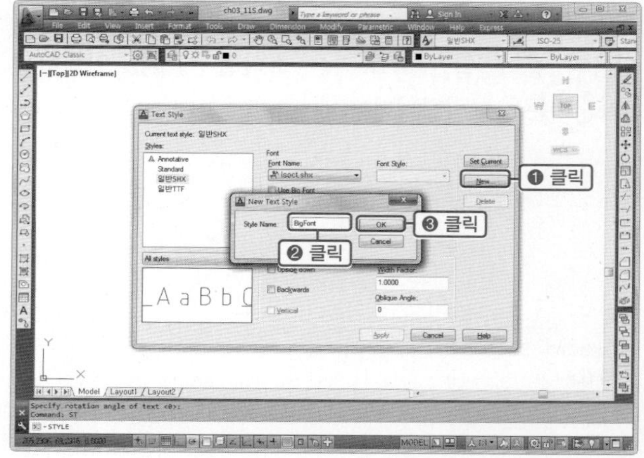

09 먼저 영문과 숫자의 폰트를 왼쪽의 글꼴에서 선택합니다. 확장자가 SHX인 것 중에서 'romans. shx'를 선택합니다.

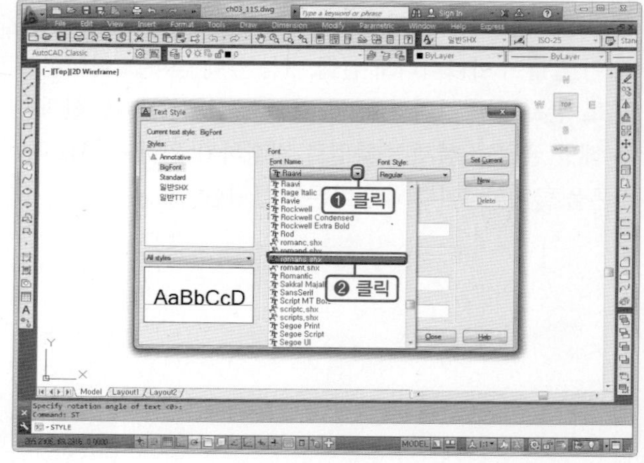

10 영문과 숫자의 폰트를 선택한 후 아래쪽에 있는 'Big Font'에 체크 표시를 하면, 오른쪽에 Big Font 글꼴 목록 상자가 나타납니다. 목록 상자를 열고 'whgtxt. shx' 폰트(한글 단선체)를 선택합니다. 그런 다음, [Apply] 버튼을 클릭하여 스타일을 설정하고 [Close] 버튼을 클릭하여 Style 명령어를 종료합니다.

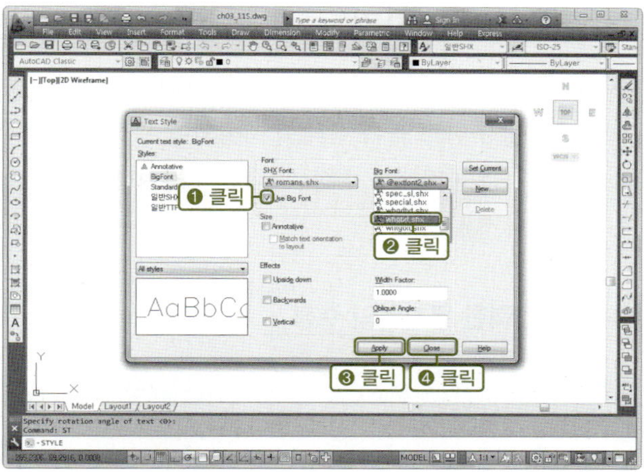

11 Dtext 명령어의 단축키인 'DT'를 입력한 후, 해당 지점을 마우스로 클릭하고 다음과 같이 글을 입력합니다. 영문을 입력한 후 Enter 를 누르고 한글로 바꾼 후 한글을 입력하면 다음과 같이 SHX인 상태에서 한글이 입력됩니다.

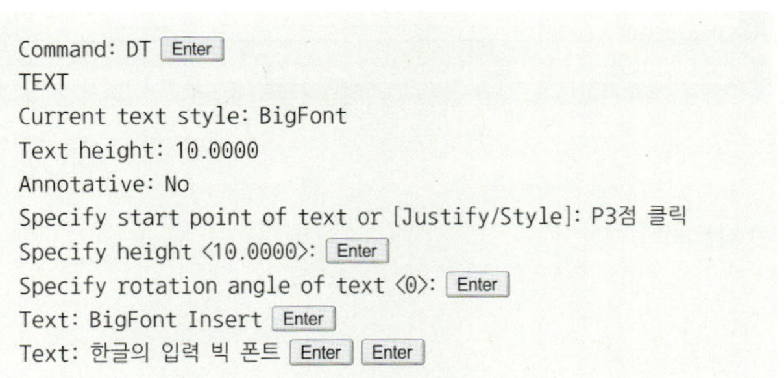

```
Command: DT Enter
TEXT
Current text style: BigFont
Text height: 10.0000
Annotative: No
Specify start point of text or [Justify/Style]: P3점 클릭
Specify height <10.0000>: Enter
Specify rotation angle of text <0>: Enter
Text: BigFont Insert Enter
Text: 한글의 입력 빅 폰트 Enter  Enter
```

04. 문자의 내용을 편집하는 Ddedit

Dtext나 Mtext 명령어로 문자를 입력한 후 해당 문자를 더블클릭하면 수정할 수 있는 상태로 자동 전환됩니다. Ddedit는 명령어를 입력하지 않고 해당 문자를 더블클릭하면 자동으로 실행되는 명령어입니다. 일반적으로 AutoCAD에서는 문자를 입력할 때마다 문자 입력 도구를 사용하기보다 일반적인 문자 하나만 입력한 후 원하는 장소에 Copy하여 원하는 개수만큼 복제한 후 문자의 내용을 재편집하는 명령어를 이용해 문자 내용만 변경하는 방법을 사용합니다.

명령어	Ddedit	아이콘	A₂
단축키	ED//문자열 더블클릭	메뉴	[Modify]-[Object]-[Text]-[Edit]

● 명령어 이해하기

수정해야 하는 문자열이 있는 경우에는 Ddeidt 명령어를 입력한 후 해당 문자를 클릭합니다. Dtext로 입력한 문자를 클릭하면 화면에서 바로 블록 상태로 지정되어 수정할 수 있으며, Mtext로 입력한 문자를 클릭한 경우 Mtext 텍스트 편집기를 이용해 원하는 문자열로 수정, 편집하면 됩니다. 명령어를 따로 입력하지 않고 해당 문자열만 더블클릭해도 문자를 수정할 수 있습니다.

Dtext로 입력한 문자열의 수정

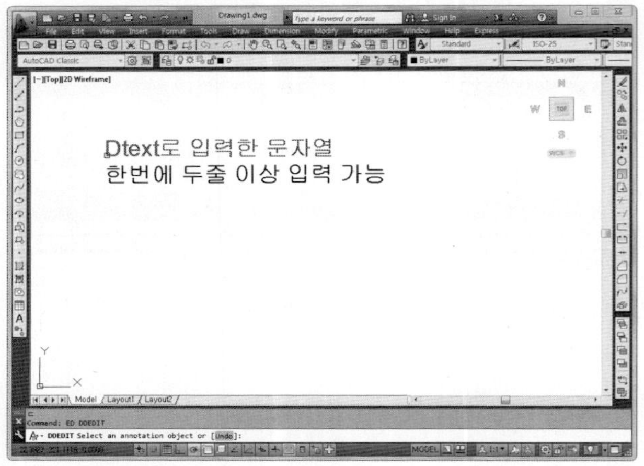
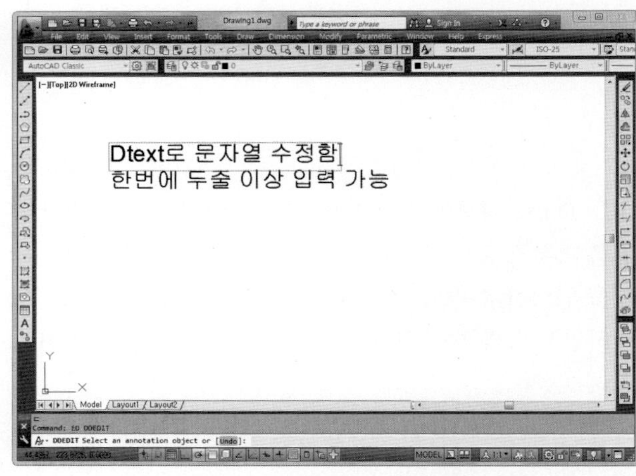

Command: DDEDIT [Enter]
Select an annotation object or [Undo]:
→ 수정할 문자나 문자열을 블록으로 설정한 후 원하는 문자열로 수정하고 [Enter] 를 눌러 완료합니다.

Mtext로 입력한 문자열의 수정

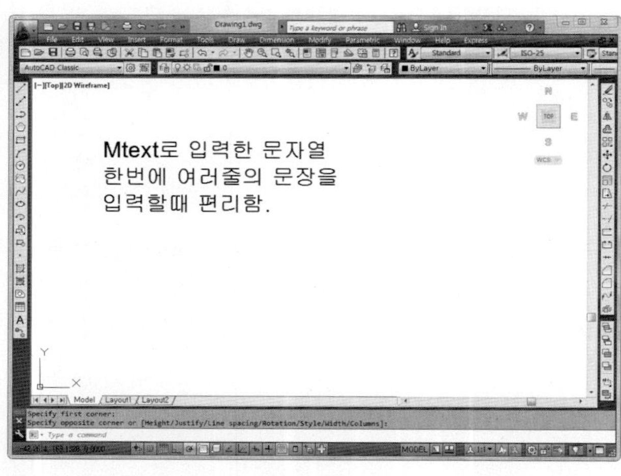
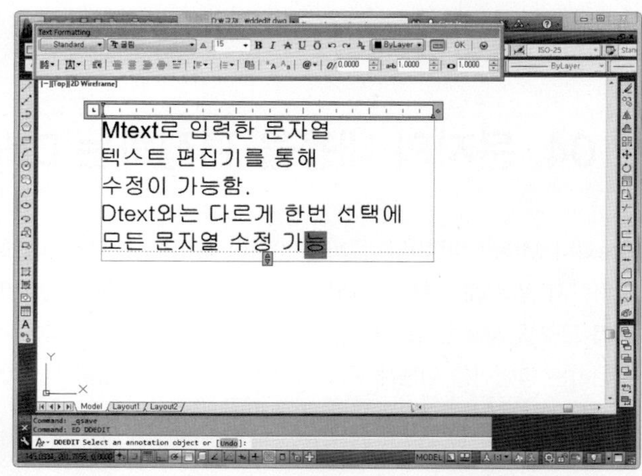

Command: DDEDIT [Enter]
Select an annotation object or [Undo]:
→ 수정할 문자나 문자열을 선택하면 나타나는 Mtext 텍스트 편집기를 이용해 원하는 문장을 모두 수정하고 [OK] 버튼을 클릭하여 완료합니다.

● 미리해보기

예제 파일 부록 CD\Sample\Chapter03\ch03_12S.dwg　　　　**완성 파일** 부록 CD\Sample\Chapter03\ch03_12F.dwg

01 메뉴의 [File]−[Open]으로 부록 CD에서 예제 파일을 불러옵니다. 먼저 위쪽의 문자열을 복제하기 위하여 Copy 명령어의 단축키인 'CP'를 입력한 후 객체를 클릭하여 선택하고, 선택을 종료하기 위하여 Enter 를 누른 다음, 다음과 같은 간격으로 2개를 복제합니다.

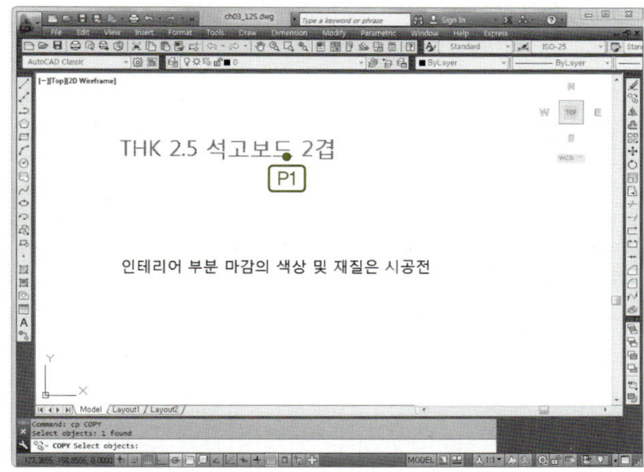

```
Command: CP Enter
COPY
Select objects: 1 found
→ P1점 클릭
Select objects: Enter
Current settings: Copy mode=Multiple
Specify base point or [Displacement/mOde] <Displacement>: 0,0 Enter
Specify second point or [Array] <use first point as displacement>: @0,-20 Enter
Specify second point or [Array/Exit/Undo] <Exit>: @0,-40 Enter
Specify second point or [Array/Exit/Undo] <Exit>: Enter
```

02 두 번째 복제된 문자열의 내용을 수정하기 위하여 Ddedit 명령어를 입력한 후, 두 번째 문자열을 클릭하여 선택합니다. 전체가 다음 그림처럼 블록으로 설정됩니다.

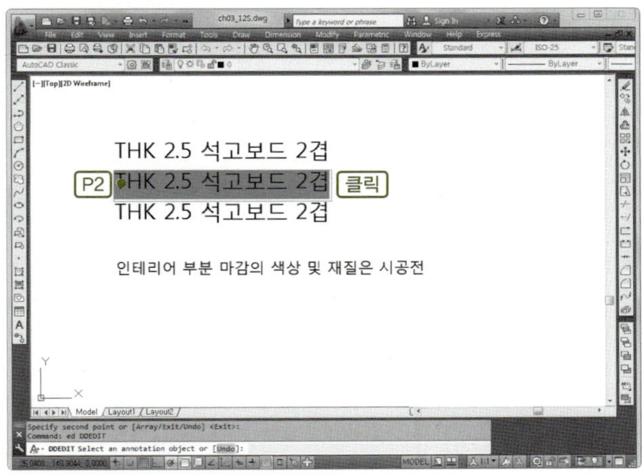

```
Command: ED Enter
DDEDIT
Select an annotation object or [Undo]: P2점 클릭
Text: 경량철골 천정틀 Enter
```

03 '경량철골 천정 틀'이라고 입력한 후 [Enter]를 눌러 수정을 완료합니다. Ddedit 명령어는 계속 진행 중입니다. 이번에는 세 번째 문장을 클릭하여 선택하여 다음과 같이 변경합니다.

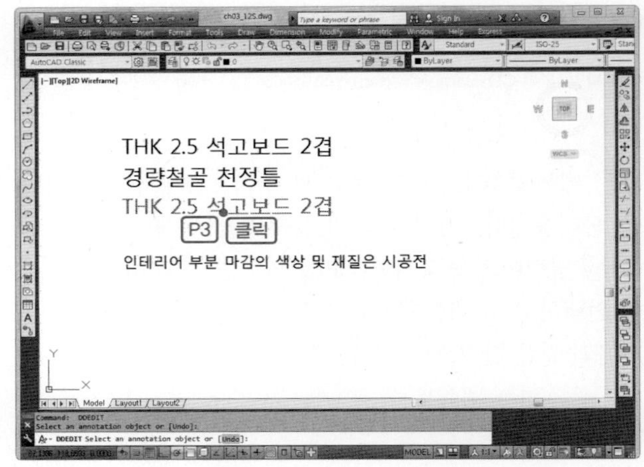


```
Select an annotation object or [Undo]: P3점 클릭
Text: 세라믹 페인트 [Enter]
```

04 이번에는 맨 아래의 긴 문장을 클릭합니다. Mtext로 입력한 문장이므로 문장의 맨 끝에 커서를 놓고 [Enter]를 누른 후, 다음 내용을 계속 입력합니다. 입력이 완료되면 [OK] 버튼을 클릭하여 입력을 종료하고 [Enter]를 눌러 Dddedit 명령어를 종료합니다.

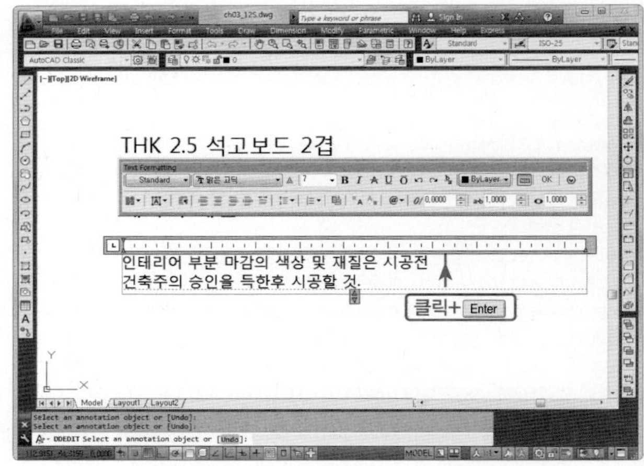


```
Select an annotation object or [Undo]: P3점 클릭
Text: 건축주의 승인을 득한 후 시공할 것
Select an annotation object or [Undo]: [Enter]
```

Practice Drawing

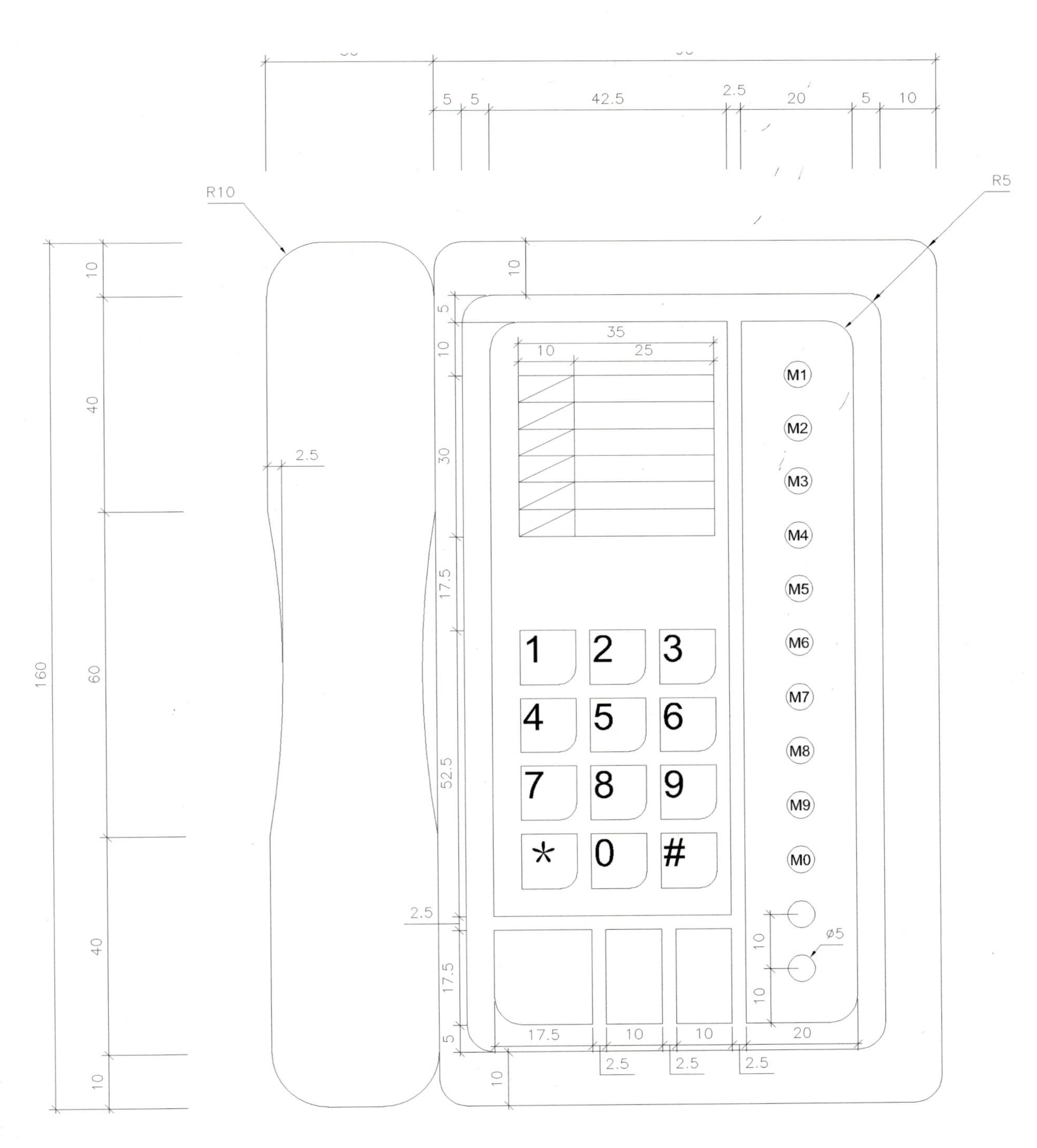

상세도에 문자 입력하기

길이와 각도를 갖는 조건의 선분을 그리는 경우, 상대 좌표로는 그릴 수 없습니다. 상대 극좌표를 이용하면 이동 거리 값이 아닌 선분의 길이와 각도를 이용해 선을 그릴 수 있습니다. 이번에는 상대 좌표로 그릴 수 없는 조건의 선분을 그릴 수 있는 상대 극좌표에 대해 알아보겠습니다.

예제 파일 부록 CD\Sample\Chapter03\ch03_se03_01S.dwg　　　완성 파일 부록 CD\Sample\Chapter03\ch03_se03_01F.dwg

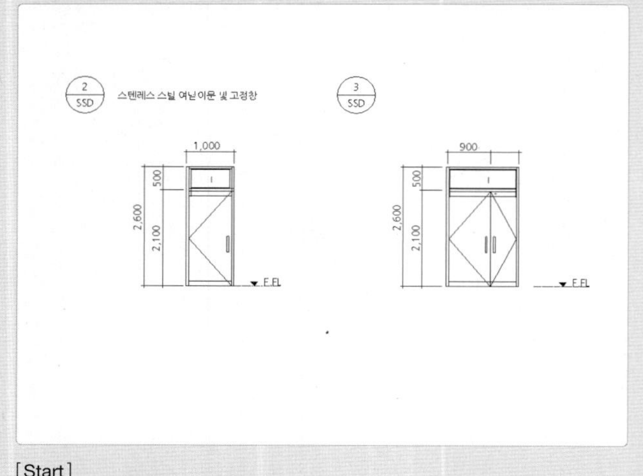

[Start]

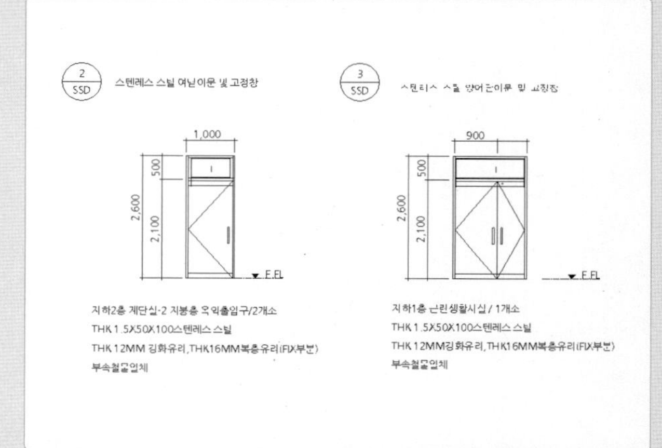

[Final]

01 메뉴의 [File]-[Open]으로 부록 CD에서 예제 파일을 불러옵니다. 이번에는 각 그림에 대한 상세 설명을 아래에 넣을 예정입니다. 한 줄 문장의 경우와 여러 줄 문장의 경우 어떻게 사용할 것인지 결정합니다. 먼저 새로운 스타일을 지정하는 연습을 하기 위하여 Style 명령어의 단축키인 'ST'를 입력합니다. 새로운 폰트 스타일을 만들기 위하여 오른쪽의 [New] 버튼을 클릭하고 '상세 문장'이라는 폰트 스타일 이름을 입력한 후 [OK] 버튼을 클릭합니다.

```
Command: ST [Enter]
STYLE
```

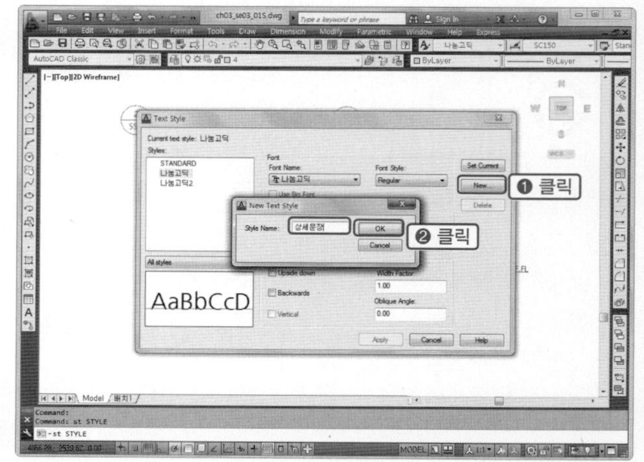

02 폰트 스타일을 지정하고 나면 폰트 리스트에서 '굴림체'를 선택합니다. 그런 다음, [Apply] 버튼을 클릭하고, 연이어 [Close] 버튼을 클릭하여 명령어를 종료합니다.

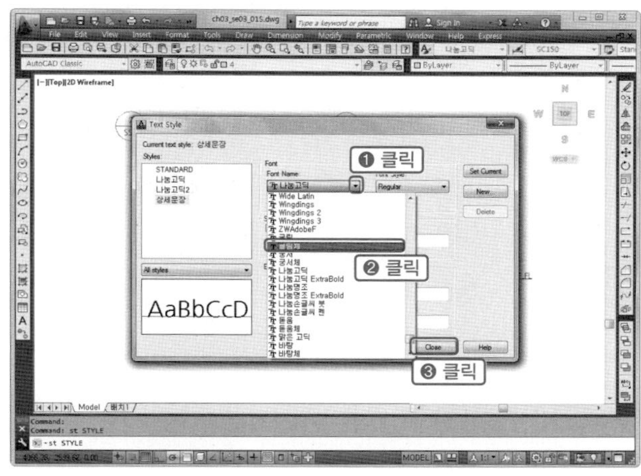

03 한 줄 문장을 입력하기 위하여 Text 명령어의 단축키인 'DT'를 입력하고 문장의 입력 지점을 클릭하여 선택합니다. 문자의 높이 값에 '150'을 입력하고 문장의 회전 각도에 '0'을 입력합니다.

```
Command: DT [Enter]
TEXT
Current text style: 상세 문장
Text height: 450.00
Annotative: No
Specify start point of text or [Justify/Style]: P1점 클릭
Specify height <450.00>: 150 [Enter]
Specify rotation angle of text <0.00>: [Enter]
```

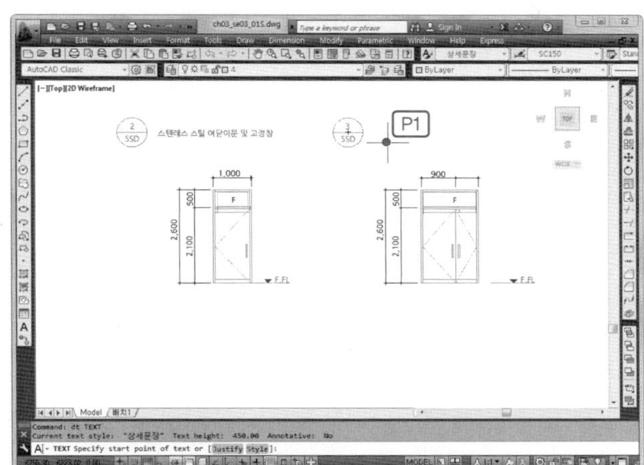

04 그림과 같이 '지하 2층 계단실-2 지붕층 옥외 출입구/2개소'라는 문장을 입력하고 [Enter]를 두 번 누릅니다. [Enter]를 한 번 누르면 줄바꿈이 되고, 한 번 더 누르면 명령어가 종료됩니다.

```
Text: 지하 2층 계단실-2 지붕층 옥외 출입구/2개소 [Enter]
Text: [Enter]
```

05 이번에는 여러 문장을 입력하기가 편리한 Mtext를 이용해 문장을 입력합니다. Mtext 명령어의 단축키인 'T'를 입력한 후 해당 지점을 클릭, 드래그하여 문장의 영역을 입력합니다.

```
Command: T [Enter]
MTEXT
Current text style: 상세 문장
Text height: 150
Annotative: No
Specify first corner:
Specify opposite corner or [Height/Justify/Line
spacing/Rotation/Style/Width/Columns]: P2~P3점 클릭, 드래그
```

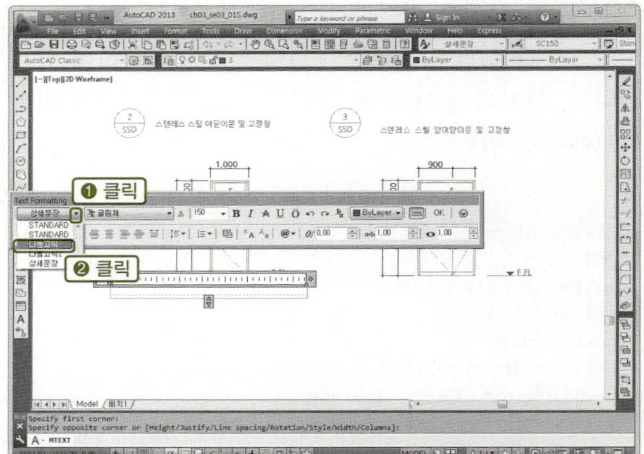

06 다음과 같이 문자 입력기가 나타납니다. 먼저 이전에 입력한 폰트 스타일과 다른 폰트 스타일을 선택하기 위하여 왼쪽 위의 폰트 스타일의 목록 버튼을 클릭하여 '나눔 고딕'을 선택합니다.

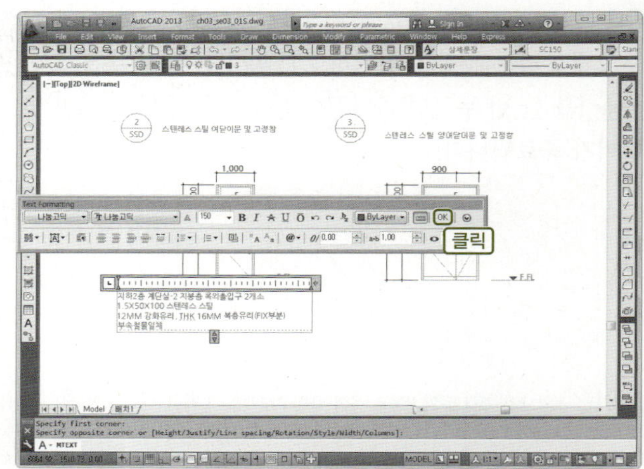

07 폰트 스타일을 변경한 후, 다음과 같은 문장을 입력합니다. 한 문장 이후의 추가 문장은 [Enter]를 눌러 입력하며, 모두 입력한 후에는 [OK] 버튼을 클릭하여 완료합니다.

```
Text: 지하 2층 계단실-2 지붕층 옥외 출입구/2개소
THK 1.5X50×100 스테인리스 스틸
THK 12MM 강화 유리, THK 16mm 복층 유리(FIX 부분)
부속 철물 일체
```

08 오른쪽에 있는 여러 줄의 문장을 단문 위주의 Text 명령어를 이용해 입력해보겠습니다. Text 명령어의 단축키인 'T'를 입력한 후 '상세 문장'이라는 스타일을 변경하기 위하여 'Style' 옵션의 'S'를 입력합니다. 그런 다음, '나눔고딕'을 선택하고 해당 지점을 마우스로 클릭하여 문자의 시작점을 입력합니다.

```
Command: DT [Enter]
TEXT
Current text style: 상세 문장
Text height: 150.00
Annotative: No
Specify start point of text or [Justify/Style]: S [Enter]

Enter style name or [?] <상세 문장>: 나눔고딕 [Enter]

Current text style: 상세 문장
Text height: 450.00
Annotative: No
Specify start point of text or [Justify/Style]: P4점 클릭
Specify height <450.00>: 150 [Enter]
Specify rotation angle of text <0.00>: [Enter]
```

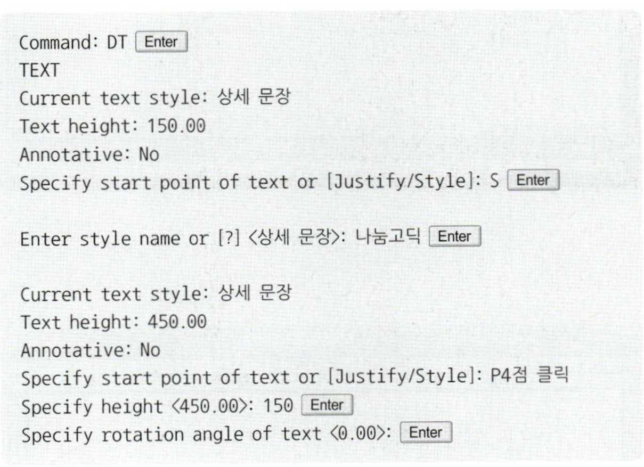

09 먼저 문장을 입력한 후 한 번에 여러 줄을 입력하지 않고 한 줄만 입력하고 복제하여 수정하겠습니다.

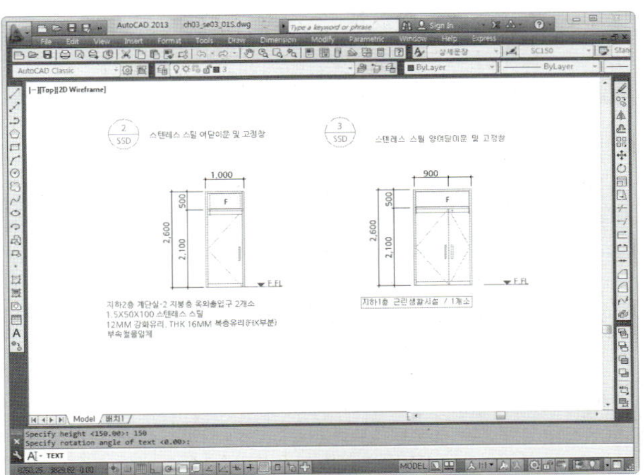

```
Text: 지하 1층 근린 생활 시설/1개소 [Enter]
Text: [Enter]
```

10 문장을 원하는 줄 수만큼 복제하기 위하여 Copy 명령어를 이용합니다. Copy 명령어의 단축키인 'CP'를 입력한 후 다음과 같이 한 줄 문장을 클릭하여 선택합니다.

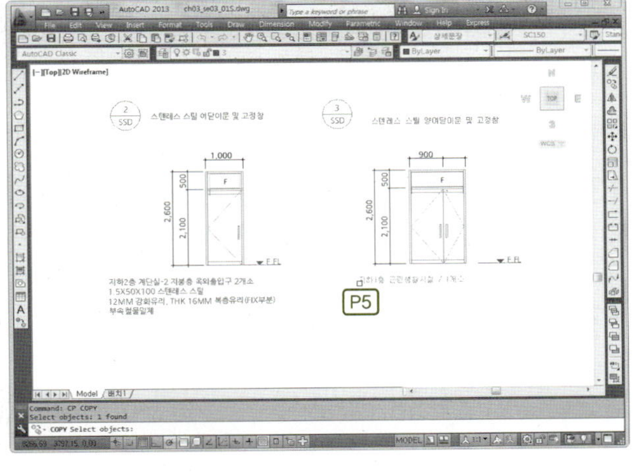

```
Command: CP [Enter]
COPY
Select objects: 1 found
→ P5점 클릭
Select objects: [Enter]
```

11 일정한 간격으로 복제하기 위하여 기준점에 절대 좌표인 '0,0'을 입력하고, 아래쪽으로 복제하기 위하여 '@0,−400'을 기준으로 400씩 더한 값을 연속 입력하여 3줄을 복제합니다.

```
Current settings: Copy mode=Multiple
Specify base point or [Displacement/mOde] <Displacement>: 0,0 Enter
Specify second point or [Array] <use first point as
displacement>: @0,−400 Enter
Specify second point or [Array/Exit/Undo] <Exit>: @0,−800 Enter
Specify second point or [Array/Exit/Undo] <Exit>: @0,−1200 Enter
Specify second point or [Array/Exit/Undo] <Exit>: Enter
```

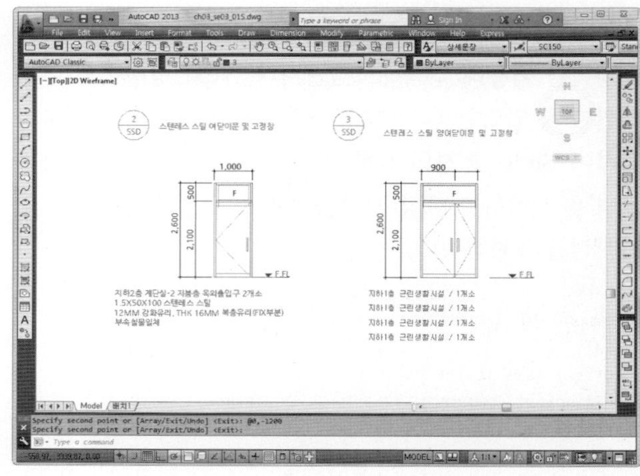

12 Ddeidt 명령어의 단축키인 'ED'를 입력하고 다음의 두 번째 문장을 클릭하여 선택합니다. 선택과 동시에 해당 줄이 모두 블록 상태로 변경되면 다음과 같이 입력합니다.

```
Command: ED Enter
DDEDIT
Select an annotation object or [Undo]: P6점 클릭
Text: THK 1.5×50×100 스테인리스 스틸 Enter
```

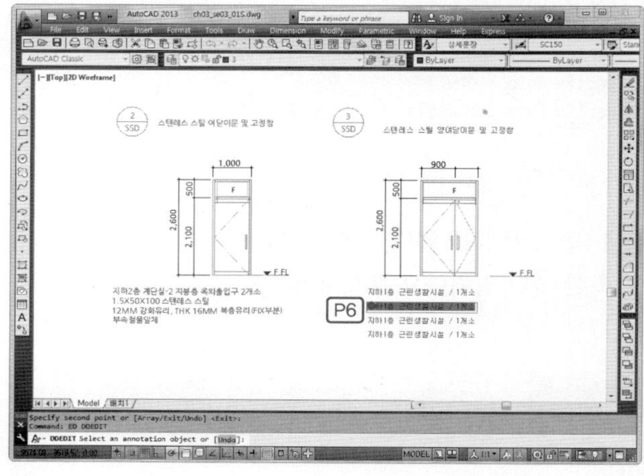

13 문장을 수정한 후 Enter 를 누르면 문장이 수정이 되면서 수정할 문장을 선택할 수 있는 선택 상자가 나타납니다. 이때 다시 다음 문장을 차례대로 클릭하여 다음과 같이 수정합니다.

```
Select an annotation object or [Undo]: P7점 클릭
Text :THK 12MM 강화 유리, THK 16mm 복층 유리(FIX 부분) Enter
Select an annotation object or [Undo]: P8점 클릭
Text: 부속 철물 일체 Enter
Select an annotation object or [Undo]: Enter
```

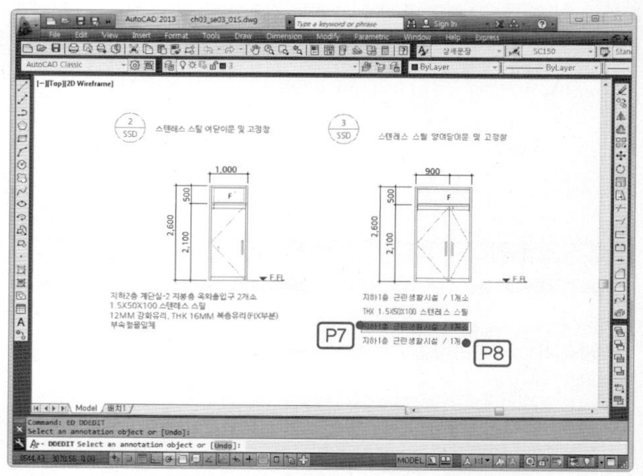

14 왼쪽 문장의 줄 간격이 너무 촘촘해보입니다. 내부적인 옵션을 변경하여 줄 간격을 변경해보겠습니다. 먼저 Ddedit 명령어의 단축키인 'ED'를 입력한 후 왼쪽 문장을 클릭하면 그림과 같이 Mtext 문자 편집기가 나타납니다.

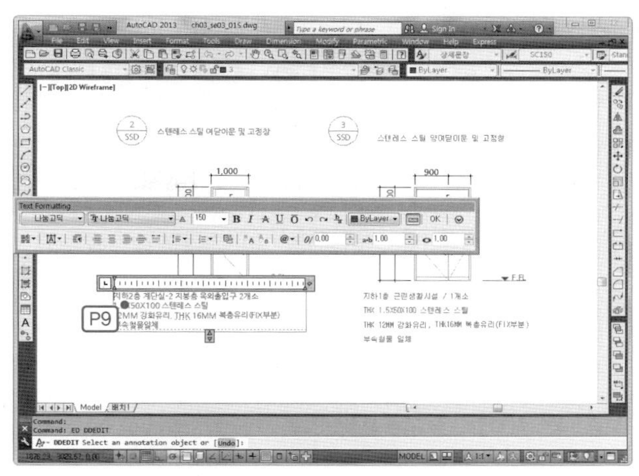

```
Command: ED Enter
DDEDIT
Select an annotation object or [Undo]: P9점 클릭
```

15 전체 문장을 마우스로 클릭, 드래그하여 선택합니다. 전체가 파란색 바탕의 블록으로 설정되면 다음과 같이 줄 간격을 수정하는 목록 버튼을 클릭하여 1.5x의 간격으로 설정하고 [OK] 버튼을 클릭합니다.

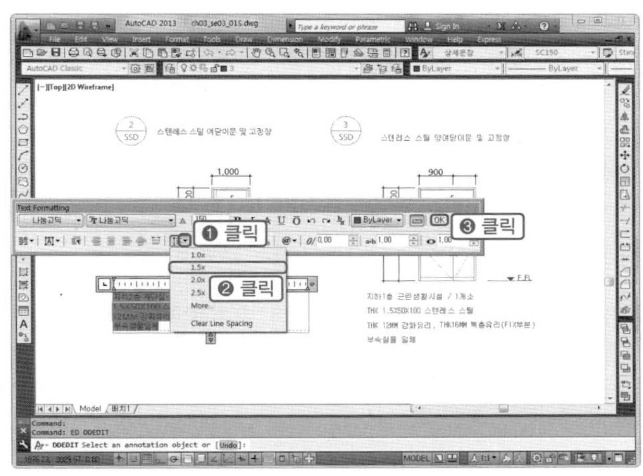

16 완료된 문장을 보면 줄 간격이 넓게 수정된 것을 알 수 있습니다. 더 이상 수정할 문장이 없는 경우에는 Enter 를 눌러 명령어를 종료합니다.

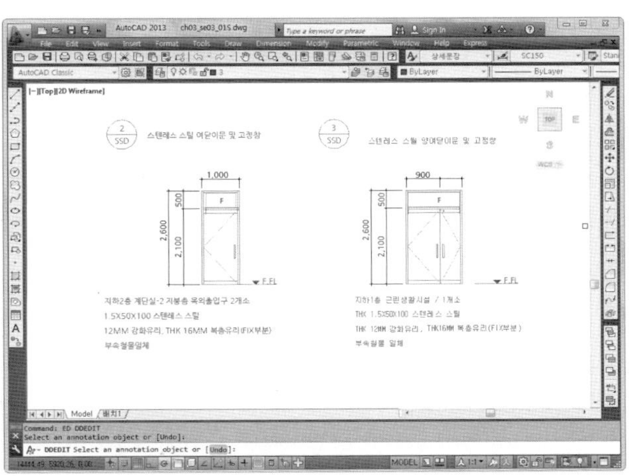

```
Select an annotation object or [Undo]: Enter
```

Section 04

도면 영역의 내용을 지정하는 명령어 사용하기

이번에는 이미 그려진 장소에 어떤 조건에 해당하는 이미지를 보여줄 수 있는, 다시 말해서 도면의 내용을 지정하는 명령어에 대해 알아보겠습니다. 자주 사용하는 객체를 미리 지정해두고 사용할 수 있도록 만드는 명령어와 해당 영역의 재질이나 상태를 그림 상태를 이용해 관리하는 명령어 등을 알아보겠습니다.

01. 무늬를 입력하는 Hatch

Hatch는 사용자가 원하는 영역에 원하는 무늬를 입력하는 명령어로, 주로 물체의 단면을 표시하는 빗금이나 마감 재료의 표시를 다양한 모양으로 입력하여 도면을 보는 사용자로 하여금 해당 영역의 도면 내용이나 역할을 알 수 있도록 하는 명령어를 말합니다. 즉, 사용자가 원하는 모양의 패턴을 원하는 영역에 채워 넣는 것을 'Hatch'라고 합니다.

명령어	Hatch	아이콘	
단축키	H, BH	메뉴	[Draw]-[Hatch]

● 명령어 이해하기

Hatch 명령어는 패턴을 넣을 장소가 있어야만 실행할 수 있습니다. 명령어를 입력하면 대화상자가 나타나는데, 대화상자에서 제일 먼저 원하는 무늬에 해당하는 패턴을 찾아 선택합니다. 그런 다음, 패턴을 입력할 영역을 선택하기 위하여 [Pick Point]나 [Select object] 버튼을 클릭하여 원하는 영역을 지정합니다. 그리고 현재 Limits에 알맞은 무늬 간격을 조절하기 위하여 'Scale' 목록을 이용하여 간격을 조절합니다. 이때 기존의 패턴의 각도를 변경할 수도 있습니다. 단, 각각 다른 영역에서는 같은 해치 패턴이라도 서로 다른 Scale을 갖는다는 것을 기억해야 합니다. 너무 큰 해칭이 있을 수도 있고, 매우 작은 상태에서 색칠되는 경우도 있기 때문입니다.

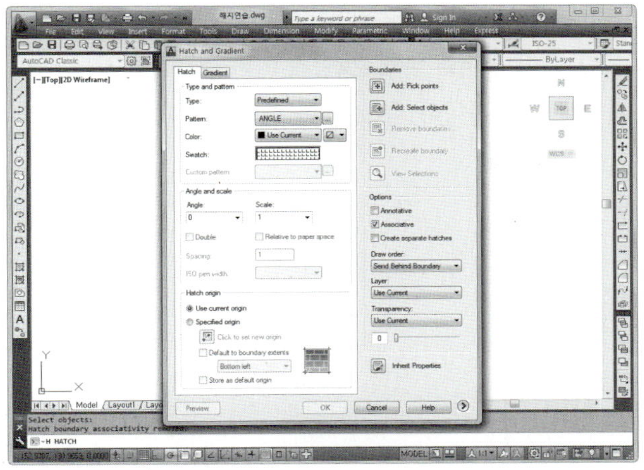

▲ 초기 상태의 [Hatch] 대화상자

```
Command: H Enter
HATCH
```

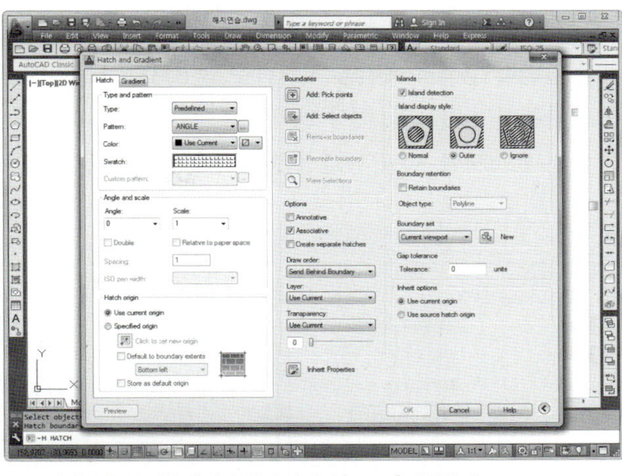

▲ 펼침 버튼을 클릭한 상태의 확장 상태의 [Hatch] 대화상자

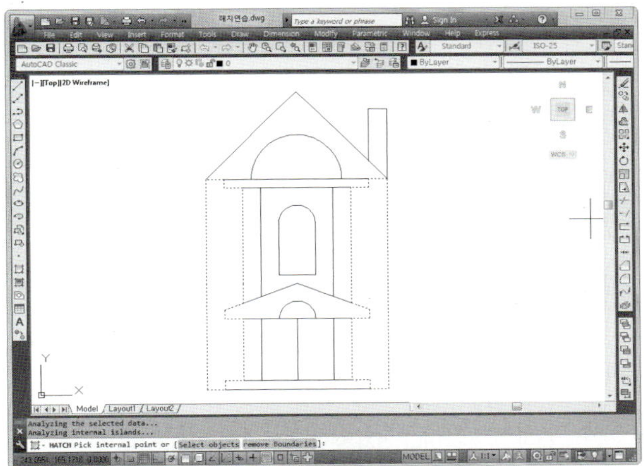

▲ 원하는 영역을 마우스로 클릭한 상태

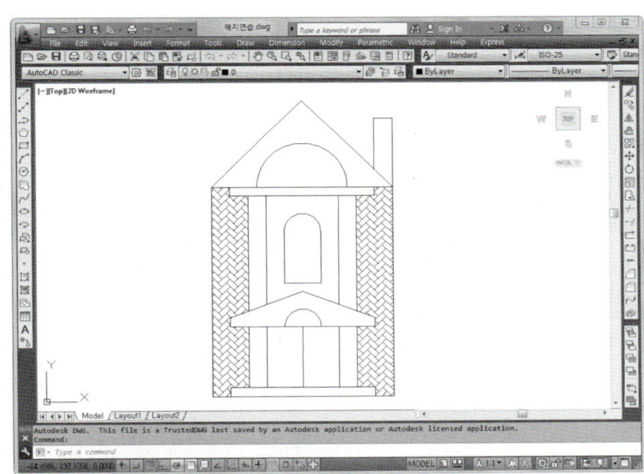

▲ 지정한 무늬를 입력한 상태

● 옵션 이해하기

[Hatch] 대화상자는 크게 [Hatch]와 [Gradient] 탭으로 나누어집니다. [Hatch] 탭은 일반 패턴을 입력하는 탭이며, [Gradient] 탭은 그레이디언트 색상을 입력하는 탭입니다. 사용자의 용도에 알맞은 탭의 내용을 선택한 후 선택 영역을 지정하여 채우면 됩니다. 이번에는 각 탭 안의 내용에 대한 옵션을 익혀 원하는 형태의 패턴을 입력해보겠습니다.

1. [Hatch] 탭

가장 일반적인 해칭 패턴을 지원하는 탭입니다. Hatch를 입력하는 기본적인 영역과 방법 및 입력 패턴 등을 선택하는 영역
으로 나누어져 있으며, 해당 영역별로 역할에 따라 해칭의 조건을 편집할 수 있습니다. 주로 패턴 무늬를 정하며, 해당 무늬
의 영역과 스케일, 각도 등을 결정합니다.

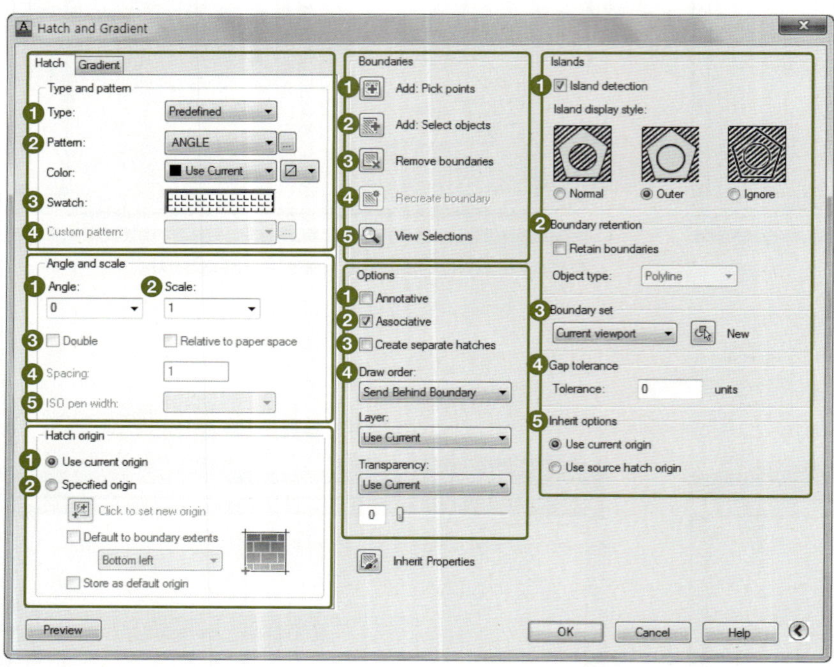

옵션	설명
[Type and Pattern]	❶ Type: 패턴의 형태를 선택할 수 있습니다. 　– Predefined: 오토캐드에서 기본으로 제공하는 acad.pat 파일의 패턴을 사용하며, 흔히 사용되는 패턴들을 갖고 있습니다. 　– User defined: 사용자가 원하는 스타일로 간격을 정한 후 빗금이나 격자 모양의 패턴을 만들어 표시합니다. 　– Custom: 사용자가 직접 제작한 패턴을 사용합니다. ❷ Pattern: 여러 가지 모양의 해치 패턴을 선택할 수 있습니다. 목록 버튼을 열어 목록 리스트에서 패턴을 선택하거나 버튼을 클릭하여 목록 대화상자로 패턴을 선택할 수 있습니다. ❸ Swatch: 패턴 무늬를 미리 보기 창을 통해 선택할 수 있습니다. ❹ Custom pattern: 사용자가 만든 외부의 패턴을 사용하도록 지정할 수 있습니다.
[Angel and Scale]	❶ Angle: 선택된 패턴의 각도를 지정하여 회전시킵니다. ❷ Scale: 도면의 Limits의 크기에 따라 패턴 모양의 크기와 간격을 조절합니다. ❸ Double: [Type]을 'User defined'로 선택하고 사용자가 원하는 간격으로 사선의 빗금을 만들 때 90°의 격자 무늬 패턴을 표시해줍니다. ❹ Spacing: [Type]을 'User defined'로 선택하는 경우 사용자가 원하는 간격을 입력하여 조절합니다. ❺ ISO pen width: ISO 패턴을 사용하는 경우에만 활성화되며, 패턴에 사용되는 선의 두께를 지정합니다.

[Hatch Origin]	❶ Use Current Origin: 패턴 모양의 시작점을 기본 원점으로 사용합니다.

❶ Use Current Origin: 패턴 모양의 시작점을 기본 원점으로 사용합니다.

❷ Specified Origin: 패턴 모양의 시작점의 위치를 다양한 방법으로 선택할 수 있습니다.

- Click to set new origin: 사용자가 선택한 지점을 패턴의 시작 원점으로 지정합니다.
- Default to boundary extents: 설정해 놓은 패턴 시작의 원점을 선택할 수 있습니다.
- Store as default origin: 새로운 해칭 무늬 원점의 값을 시스템 변수인 HPORIGIN에 저장합니다.

[Boundaries]

❶ Add Pick Points: 패턴을 입력할 경계 내부를 선택하여 영역을 지정합니다. 폐쇄 형태의 영역을 선택하는 경우에 주로 사용하며, 열린 형태의 영역인 경우 경고 메시지 창이 나타납니다.

❷ Add Select objects: 패턴을 입력할 객체를 선택하여 영역을 지정합니다. 이때 경계가 되는 객체는 단일 객체 (원, 타원, 다각형, Polyline 객체)로 선택되어야 하며, 선이 다른 선과 겹쳐져 있는 경우에는 원하는 내부 안에 패턴이 채워지지 않을 수 있습니다.

❸ Remove boundaries: 선택된 경계 영역을 제거해줍니다.

❹ Recreate boundary: 이미 입력된 패턴이 있는 객체의 경계 영역을 Pline이나 Region 객체로 경계 영역만 새로 만들어줍니다.

❺ View Selections: 경계로 만들어진 영역을 화면에 점선으로 표시해줍니다.

[Options]

❶ Annotative: 주석 확장을 자동 지정합니다.

❷ Associative: 체크 시 패턴이 입력된 상태에서 패턴의 영역을 수정하면 패턴도 함께 편집되도록 합니다. 해치의 연관성을 설정합니다.

❸ Create separate hatches: 체크 시 입력된 패턴이 블록으로 입력되지 않고 낱낱의 객체로 입력됩니다.

❹ Draw order: 해치나 그레이디언트의 그리기 순서를 정합니다. 모든 해치나 그레이디언트 채움은 다른 모든 객체의 앞, 뒤 또는 해치의 경계 앞이나 뒤에 정돈할 수 있습니다.

[Inherit Properties]

이미 그려진 패턴을 선택하고 선택된 패턴의 특성을 그대로 다른 영역에 똑같이 사용하도록 합니다.

[Island]

❶ Island detection: 해칭의 경계가 하나 이상 여러 개 중첩된 경우 가장 바깥쪽의 경계선을 기준으로 어떻게 해칭을 채워 나갈 것인지를 결정합니다.

- Normal: 맨 바깥쪽의 영역부터 하나씩 교대로 패턴을 채워줍니다.
- Outer: 경계 영역의 개수와 관계없이 맨 바깥쪽 영역에만 패턴을 채워 넣습니다.
- Ignore: 가장 바깥쪽 영역을 기준으로 안쪽의 모든 영역을 무시하고 패턴을 채워 넣습니다.

❷ Boundary retention: 경계의 유지 여부를 결정하는 것으로, 체크 시 패턴을 채워 넣고 패턴이 들어간 영역을 Pline이나 Region 객체로 둘러줍니다.

❸ Boundary set: 해칭 영역 선택 시의 화면 설정으로, 초기 설정 값은 Current viewport, 즉 현재의 전체 화면으로 되어 있습니다. [New] 버튼을 선택한 후에 특정 객체나 화면을 선택하면 영역 선택의 기준으로 사용할 수 있습니다.

❹ Gap tolerance: 간격 허용 오차 값을 설정하는 것으로, 객체가 해치의 경계로 사용되는 경우 허용할 수 있는 오차의 최대 크기를 설정합니다.

❺ Inherit options: 해칭 시 상속 옵션을 설정합니다.

- Use current origin: 해칭 상속 옵션으로, 현재 사용하는 원본을 이용합니다.
- Use source hatch origin: 해칭 상속 옵션으로, 원본의 해칭 속성을 이용합니다.

2. [Gradient] 탭

예전에는 없던 옵션으로, 플로터의 성능이 좋아지기 시작하면서 생긴 옵션입니다. Hatch에 사용하는 무늬나 패턴 대신 그
레이디언트 색 채움을 통해 해치를 표현합니다. 기존의 영역을 설정하는 등과 같은 내용은 같지만, 패턴 무늬를 설정하는
구역 대신 Hatch 그레이디언트에 사용되는 색상과 색 채움의 방향, 모양을 선택할 수 있다는 점이 다릅니다. 대화상자의 오
른쪽 내용은 [Hatch] 탭과 동일합니다.

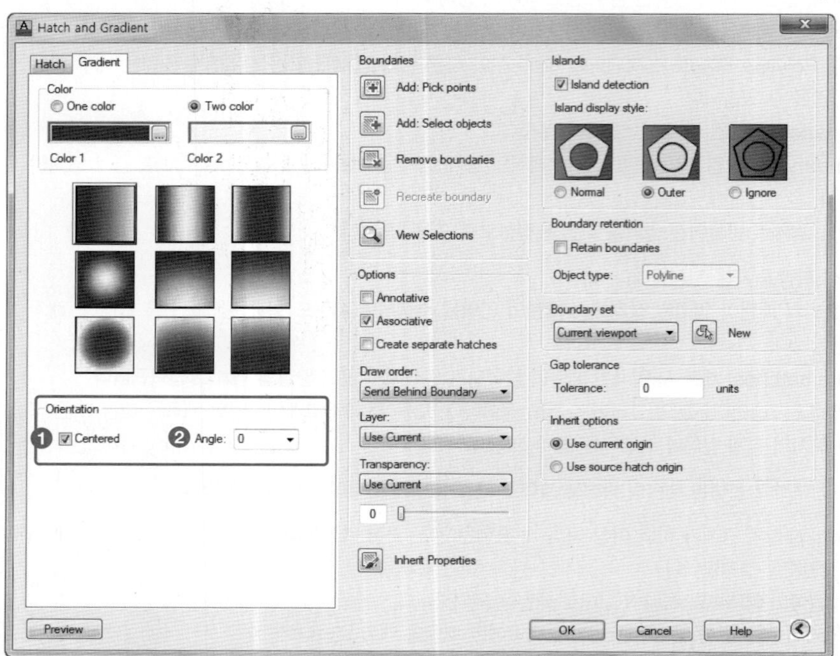

옵션	설명
[Color]	Gradient의 색상을 정할 수 있습니다. 한 가지 또는 두 가지의 색상을 이용해 Gradient 색상을 정합니다. 한 가지 색상의 경우, Tint와 Shade를 이용해 밝은 흰색과 섞어주거나 어두운 검정과 섞어줄 수 있습니다.
[Pattern]	그레이디언트 색 채움의 9가지 유형을 선택할 수 있습니다. 선형과 원형 등의 다양한 모양으로 바꿔줍니다.
[Orientation]	그레이디언트 색 채움의 방향 각도를 지정할 수 있습니다. 'Centered'에 체크 표시를 하면 계조가 중앙부터 채워집니다. ❶ Centered: 대칭 형태의 그레이디언트를 구성합니다. ❷ Angle: 그레이디언트의 각도를 지정합니다. 이 부분은 해치 패턴의 각도와는 무관합니다.

● 미리해보기

예제 파일 부록 CD\Sample\Chapter03\ch03_13S.dwg   **완성 파일** 부록 CD\Sample\Chapter03\ch03_13F.dwg

01 메뉴의 [File]–[Open]으로 부록 CD에서 예제 파일을 불러옵니다. 해칭 명령어를 입력하기 위하여 Hatch 명령어의 단축키인 'H'를 입력하면 다음과 같은 대화상자가 나타납니다. 혹시 펼침 목록이 닫혀 있는 경우, 아래쪽에 있는 펼침 목록을 클릭하여 열고 그림과 같이 전체 대화상자로 이용합니다. 제일 먼저 원하는 패턴 무늬를 선택하기 위하여 Swatch 항목의 그림을 클릭합니다.

```
Command: H Enter
HATCH
```

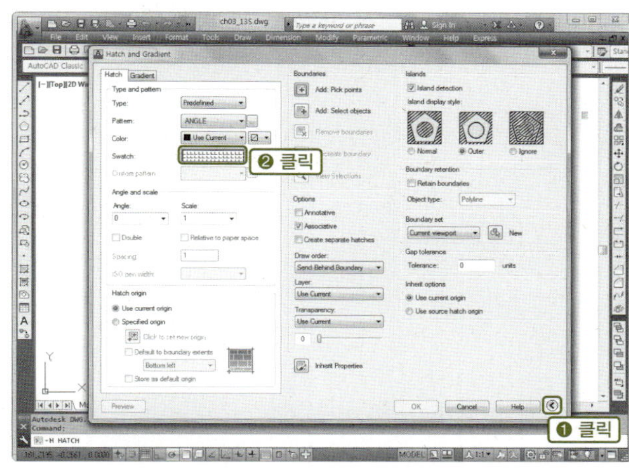

02 Swatch 메뉴의 여러 탭 중에서 빗금을 이용하기 위하여 [ANSI] 탭을 클릭하고, 다음 그림과 같이 맨 앞의 45° 기울어진 빗금을 선택합니다. ANSI31을 선택하고 [OK] 버튼을 클릭하여 완료합니다.

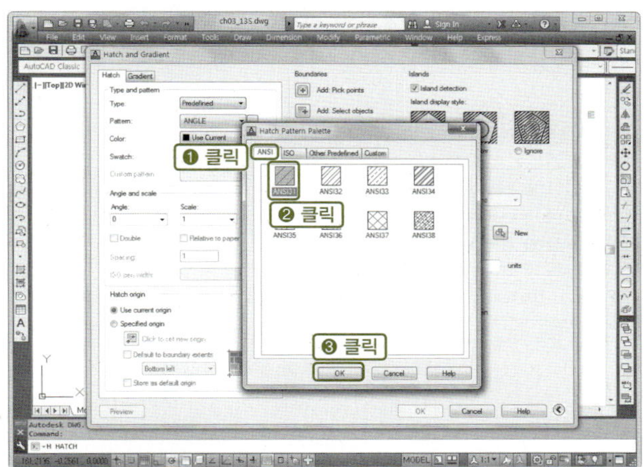

03 선택한 ANSI31 패턴을 원하는 장소에 입력하기 위하여 Boundaries 영역을 클릭한 후 닫혀 있는 공간을 자동 추적하여 영역을 찾아주는 [Add: Pick Point] 버튼을 클릭합니다.

04 [Add: Pick Point] 버튼을 클릭하면 그림과 같이 전체 화면으로 돌아옵니다. 왼쪽의 사각형 내부에 마우스 커서를 올려놓으면, 클릭하지 않은 상태에서도 지금처럼 해당 패턴이 어느 정도의 간격으로 칠해질 것인지를 미리 볼 수 있습니다. 아직은 클릭하지 않습니다.

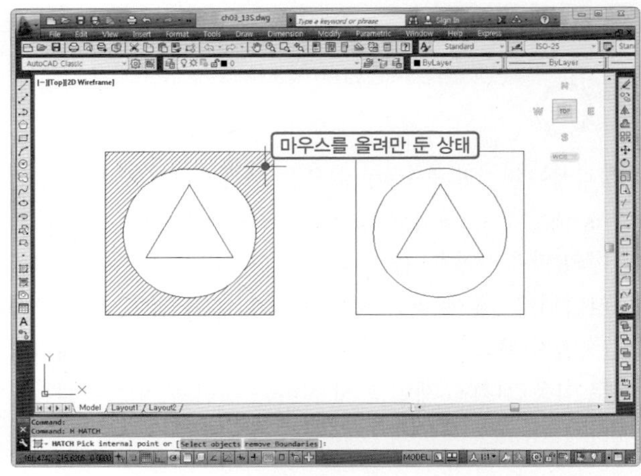

05 이제 안쪽의 P1점을 마우스로 클릭하여 선택합니다. 선택한 장소의 바깥쪽과 안쪽의 닫힌 영역이 모두 선택 영역으로 지정된 것을 알 수 있습니다. 선택이 모두 끝나고 더 이상 선택할 영역이 없다면 Space bar 를 눌러 본래의 대화상자로 돌아옵니다.

```
Pick internal point or [Select objects/remove Boundaries]:
P1점 클릭
Selecting everything...
Selecting everything visible...
Analyzing the selected data...
Analyzing internal islands...
Pick internal point or [Select objects/remove Boundaries]:
Space bar
```


06 본래의 대화상자로 돌아오면 왼쪽 아래에 있는 [Preview] 버튼을 클릭하여 현재의 패턴 무늬가 어떤 간격으로 입력이 될 예정인지 확인합니다.

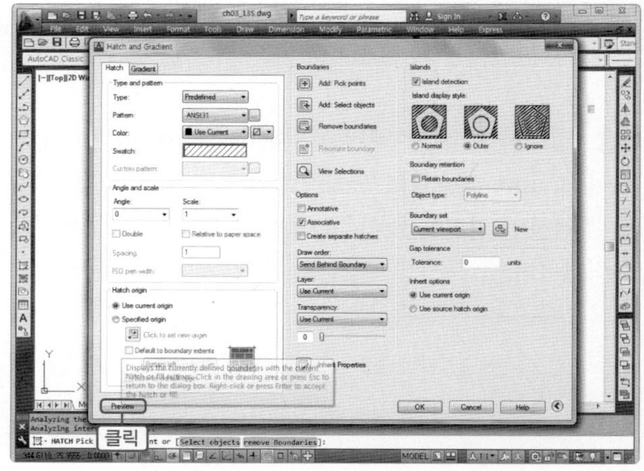

07 다음과 같이 간격이 좁은 형태의 45° 빗금이 채워집니다. 제일 바깥쪽 영역은 채우고, 그 다음 영역은 비우고, 그 다음 영역은 채우는 형태로 패턴을 채우는 기본 형태의 채우기 방식입니다.

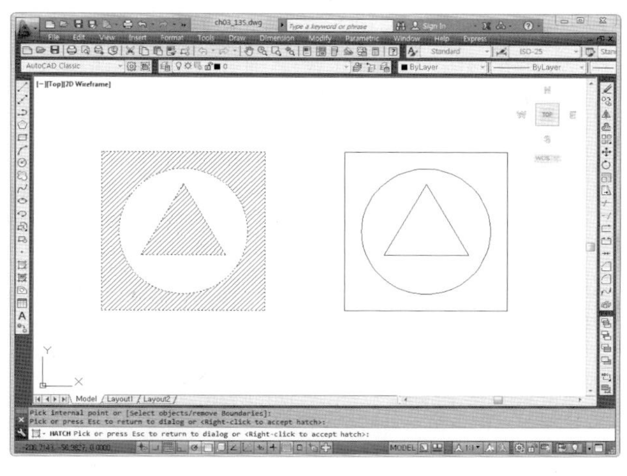

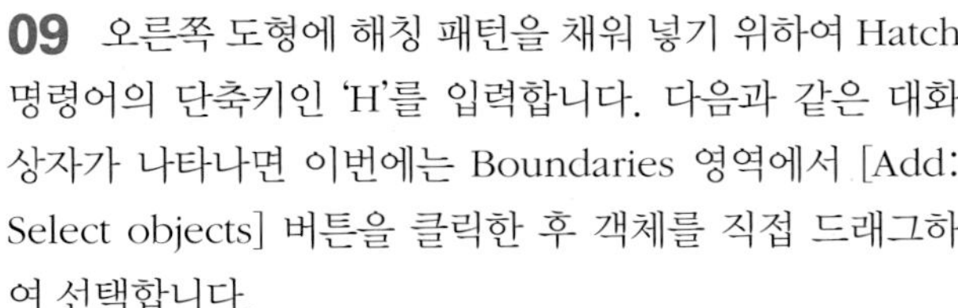

08 해당하는 패턴 채우기가 사용자의 용도에 알맞다면 그대로 적용합니다. 만약 변경할 내용이 있다면 Space bar 를 눌러 본래의 대화상자로 돌아옵니다. 모두 완료되면 다음과 같이 [OK] 버튼을 클릭합니다.

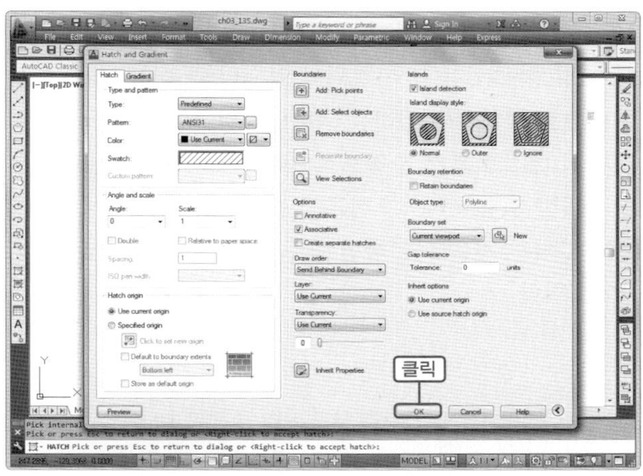

09 오른쪽 도형에 해칭 패턴을 채워 넣기 위하여 Hatch 명령어의 단축키인 'H'를 입력합니다. 다음과 같은 대화상자가 나타나면 이번에는 Boundaries 영역에서 [Add: Select objects] 버튼을 클릭한 후 객체를 직접 드래그하여 선택합니다.

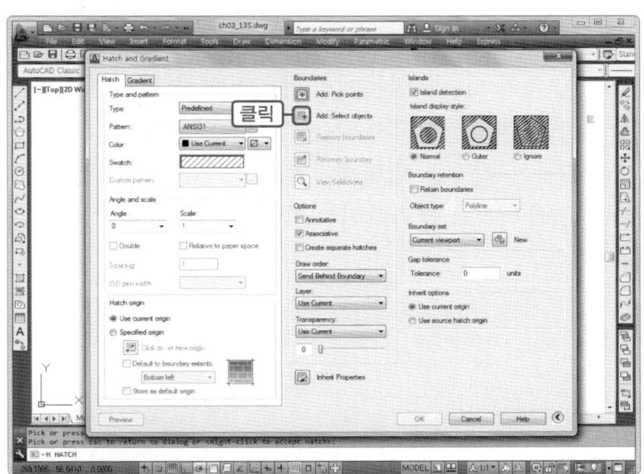

10 다음과 같이 직접 마우스로 드래그하여 선택합니다. 다음과 같은 지점을 기준으로 드래그한 후 한 번에 3개의 도형을 모두 클릭하여 선택합니다. 선택이 완료되면 Space bar 를 눌러 대화상자로 돌아갑니다.

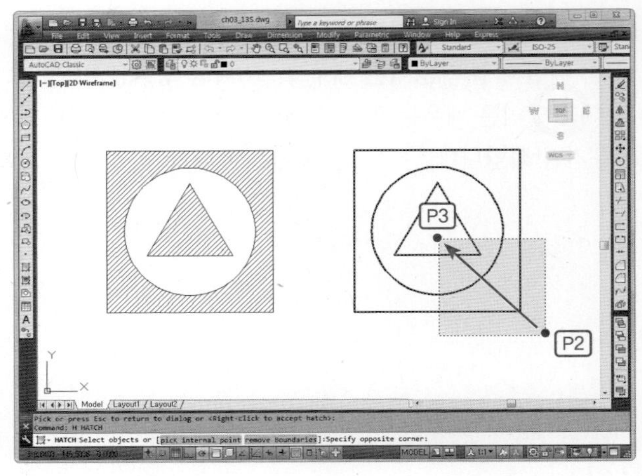

```
Select objects or [picK internal point/remove Boundaries]:
P2~P3점 클릭, 드래그
Specify opposite corner: 3 found

Select objects or [picK internal point/remove Boundaries]:
Space bar
```

11 이번에는 빗금 간격을 조절해보겠습니다. 왼쪽 중간의 Sacle 항목이 '1'로 지정되어 있습니다. 이는 최초의 간격 값으로 설정되어 있다는 의미입니다. 왼쪽 도형과 동일한 간격 대신 2배 큰 간격으로 지정하기 위하여 목록 버튼을 클릭한 후 [Preview] 버튼을 눌러 미리 보기합니다. 간격이 넓어진 것을 확인하면 Space bar 를 눌러 대화상자로 돌아옵니다.

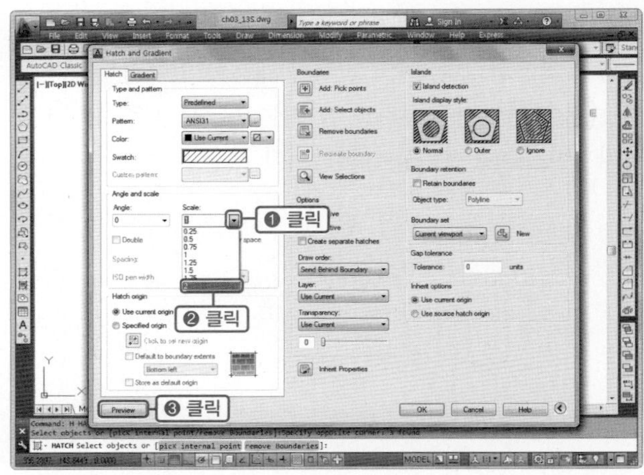

```
Pick or press Esc to return to dialog or <Right-click to
accept hatch>: Space bar
```

12 마지막으로 해당 빗금의 각도를 변경해보겠습니다. Scale 왼쪽의 Angle 항목에서 목록 버튼을 클릭한 후 90°를 선택합니다. 설정되지 않은 각도를 입력하는 경우에는 직접 원하는 각도를 입력해야 합니다. 각도를 변경한 후 [Preview] 버튼을 클릭하여 미리 보기합니다.

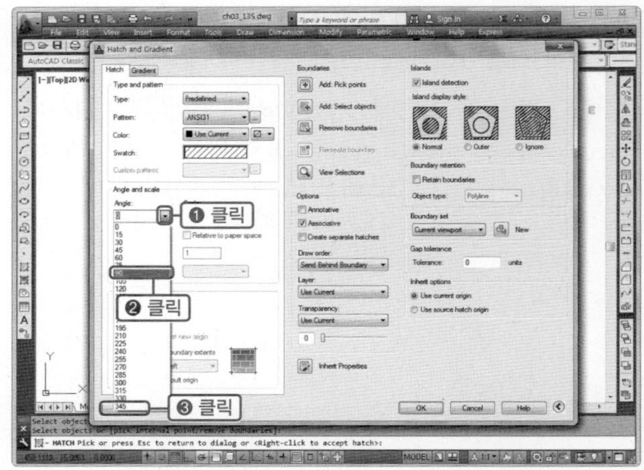

13 다음과 같이 해당 빗금의 간격과 각도가 변경된 것을 알 수 있습니다. 더 이상 수정할 항목이 없다면 이 상태에서 [Enter]를 눌러 완료합니다.

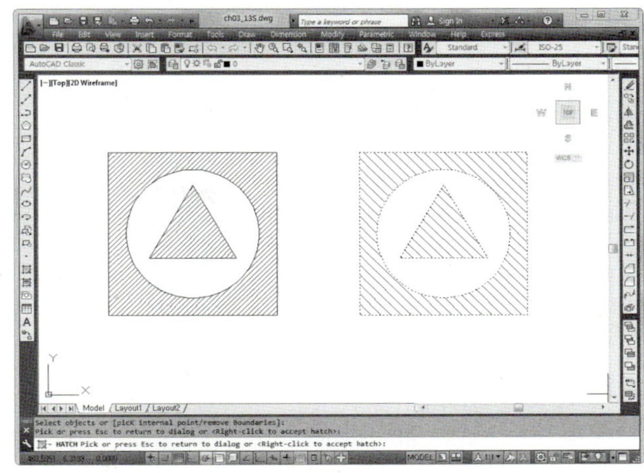

Pick or press Esc to return to dialog or ⟨Right-click to accept hatch⟩: [Enter]

● 미리해보기

예제 파일 부록 CD\Sample\Chapter03\ch03_14S.dwg   **완성 파일** 부록 CD\Sample\Chapter03\ch03_14F.dwg

01 메뉴의 [File]−[Open]으로 부록 CD에서 예제 파일을 불러옵니다. 이번에는 빗금이 끝점이 연결된 단일 객체가 아닌 선분이 지나가거나 교차하는 선분의 영역 지정에 대해 알아보겠습니다. 다음의 예제에서 Hatch의 단축키인 'H'를 입력하고 Swatch 항목의 패턴을 선택합니다.

Command: H [Enter]
HATCH

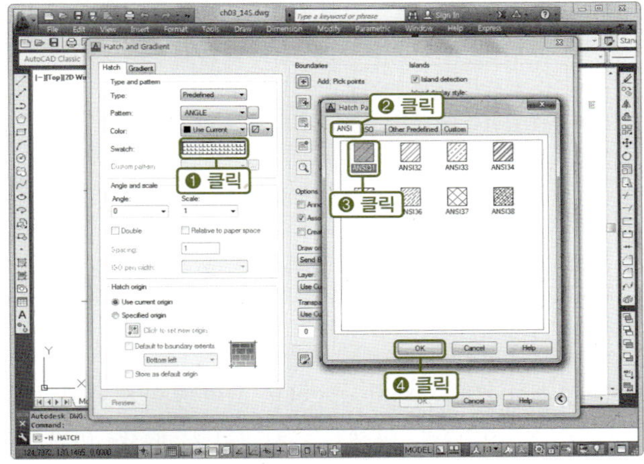

02 이번에는 영역을 지정해보겠습니다. Boundaries 영역에서 점을 클릭한 후, 자동 영역을 추적하는 [Add: Pick Point] 버튼을 클릭합니다.

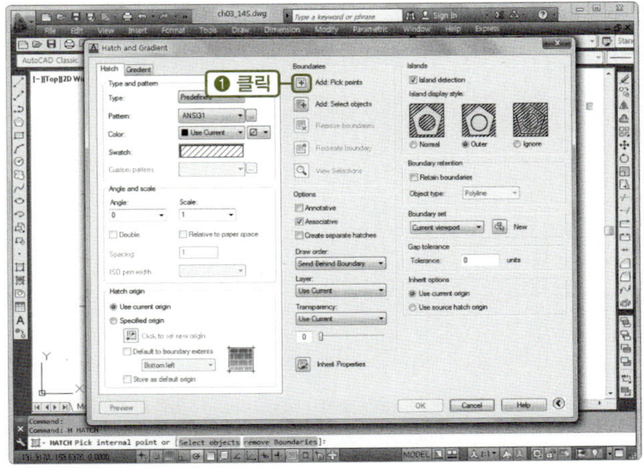

03 다음과 같이 교차한 선분의 내부를 클릭합니다. 이 때에는 바깥쪽을 클릭하지 않고 내부를 클릭해야 합니다. `Space bar` 를 눌러 다시 대화상자로 돌아옵니다.

```
Pick internal point or [Select objects/remove Boundaries]:
P1점 클릭
Selecting everything...
Selecting everything visible...
Analyzing the selected data...

Analyzing internal islands...
Pick internal point or [Select objects/remove Boundaries]:
Space bar
```

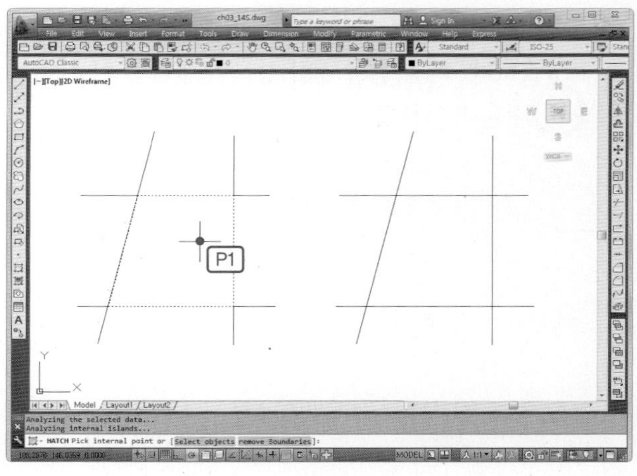

04 다시 대화상자로 돌아오면 [Preview] 버튼을 눌러 확인하거나 [OK] 버튼을 클릭하여 완료합니다. 이번에는 [OK] 버튼을 클릭하여 완료합니다.

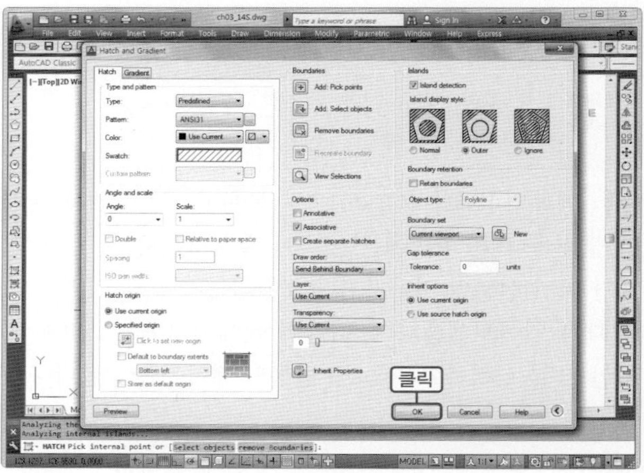

05 다음과 같이 선택한 내부에만 패턴 무늬가 채워지는 것을 알 수 있습니다. 앞에서 도형끼리 선택하여 만든 패턴과 크게 다르지 않습니다.

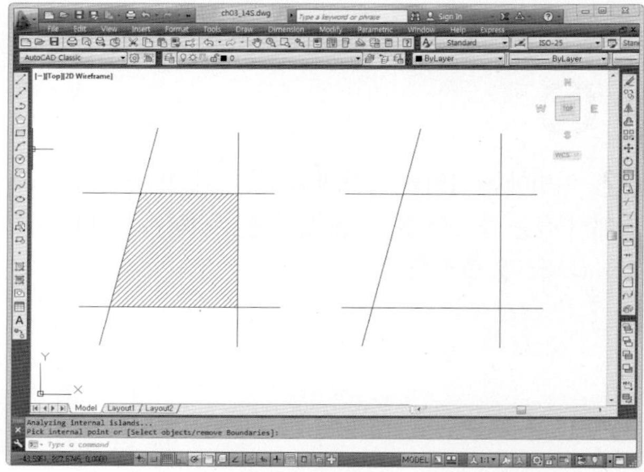

06 Hatch 명령어의 단축키인 'H'를 입력하고 이번에는 Boundaries 영역에서 [Add: Select objects] 버튼을 클릭합니다.

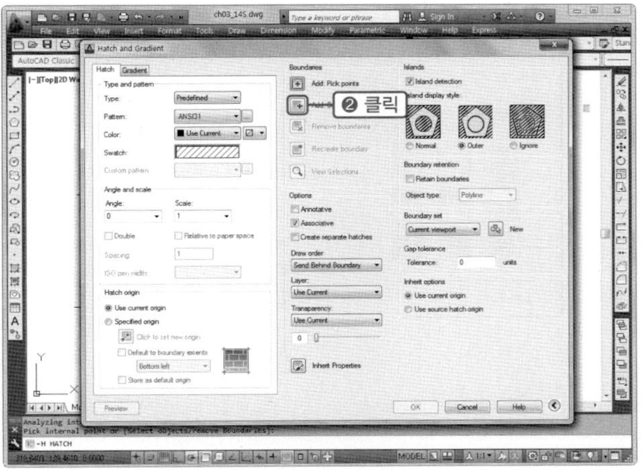

```
Command: H Enter
HATCH
```

07 다음과 같이 마우스로 클릭, 드래그하여 교차한 선분을 모두(4개) 선택합니다. 더 이상 선택할 객체가 없는 경우에는 Space bar 를 눌러 대화상자로 되돌아옵니다.

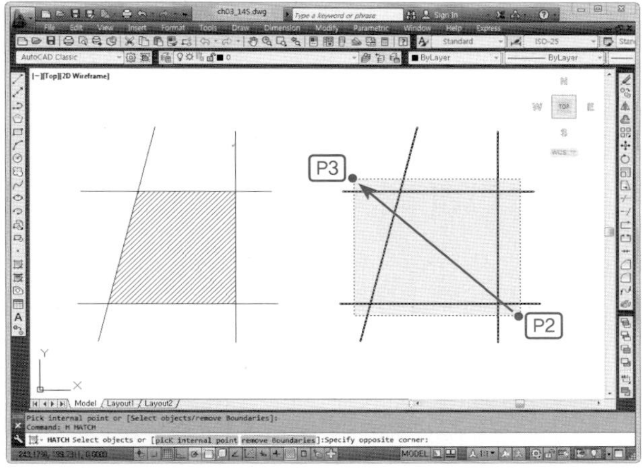


```
Select objects or [picK internal point/remove Boundaries]:
P2~P3점 클릭, 드래그
Specify opposite corner: 4 found

Select objects or [picK internal point/remove Boundaries]:
Space bar
```

08 Pick Point로 선택한 왼쪽의 객체와 동일하게 대화상자로 되돌아오면 미리 보기하거나 [OK] 버튼을 클릭하여 완료합니다.

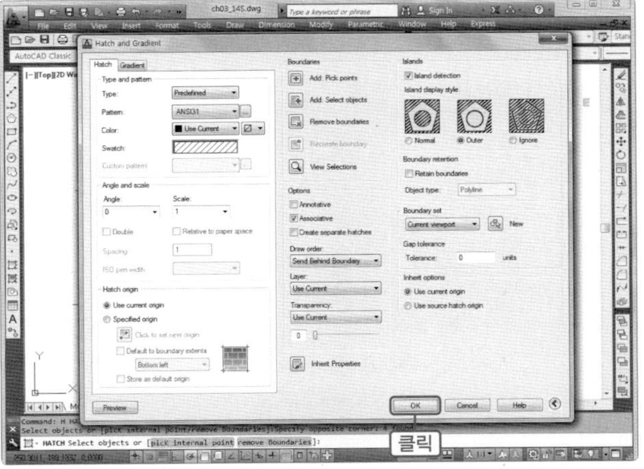

09 왼쪽 객체에 적용한 상태와는 달리 해당 객체의 끝점이 연결되어 있지 않기 때문에 빗금은 영역 밖으로 모두 연결되어 나타나는 것을 알 수 있습니다. 따라서 단일 객체가 아닌 경우, Select objects 방식은 적당하지 않다는 것을 알 수 있습니다.

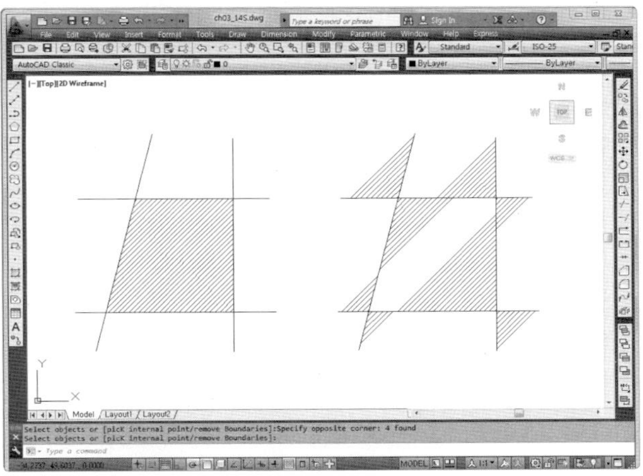

예제 파일 부록 CD\Sample\Chapter03\ch03_15S.dwg   완성 파일 부록 CD\Sample\Chapter03\ch03_15F.dwg

01 메뉴의 [File]–[Open]으로 부록 CD에서 예제 파일을 불러옵니다. 다음은 Gradient를 적용해보겠습니다. 도면을 열고 Hatch 명령어의 단축키인 'H'를 입력한 후 대화상자를 엽니다. 기존의 [Hatch] 탭 대신 [Gradient] 탭을 다음과 같이 클릭합니다.

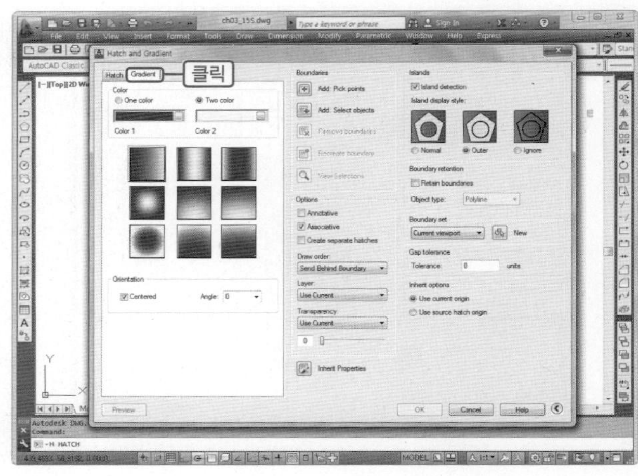

```
Command: H Enter
HATCH
```

02 Gradient의 색상을 정합니다. Color1의 색상표를 클릭하여 다음과 같이 초록색으로 변경해보겠습니다. Color1과 Color2를 모두 변경해도 상관없으며, 이 책에서는 Color1의 색상만 변경하겠습니다.

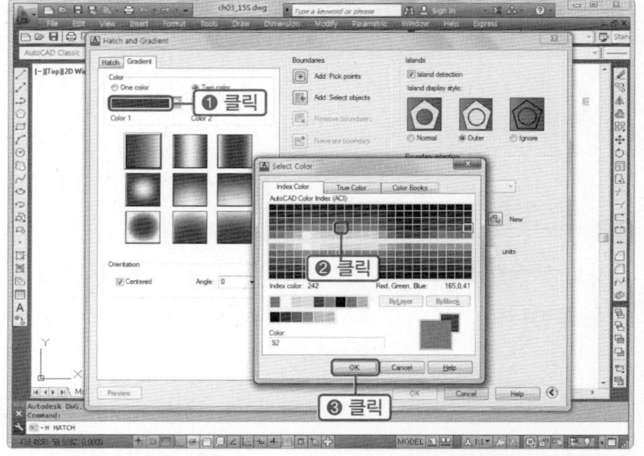

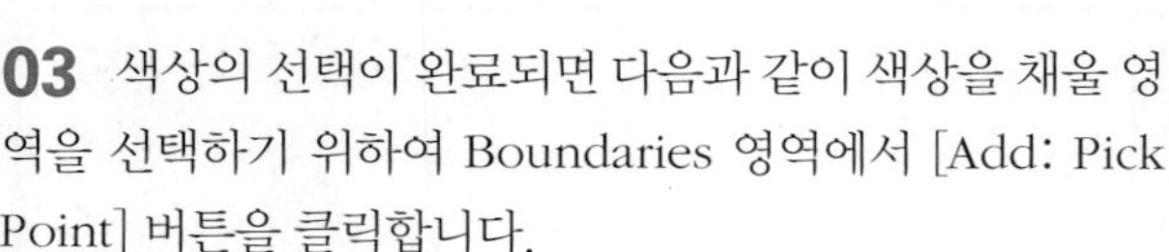

03 색상의 선택이 완료되면 다음과 같이 색상을 채울 영역을 선택하기 위하여 Boundaries 영역에서 [Add: Pick Point] 버튼을 클릭합니다.

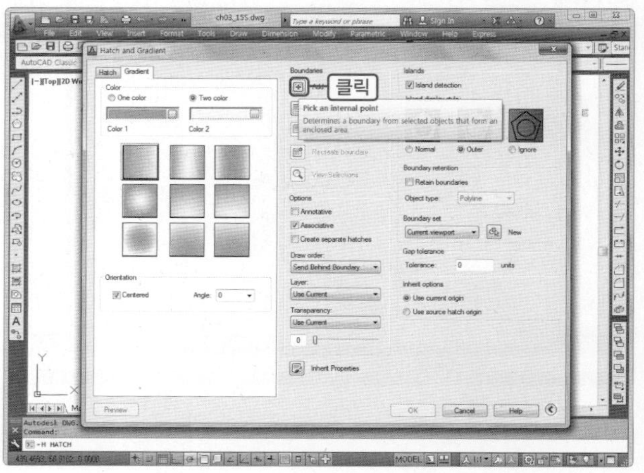

04 다음과 같이 첫 번째 도형들 중 원 바로 안쪽의 영역을 클릭하여 선택합니다. 자동으로 안쪽의 영역을 추적하여 모든 경계를 자동 선택해줍니다. 선택이 완료되면 Space bar 를 눌러 선택을 완료하고 대화상자로 되돌아갑니다.

```
Pick internal point or [Select objects/remove Boundaries]:
P1점 클릭
Selecting everything...
Selecting everything visible...
Analyzing the selected data...

Analyzing internal islands...

Pick internal point or [Select objects/remove Boundaries]:
Space bar
```

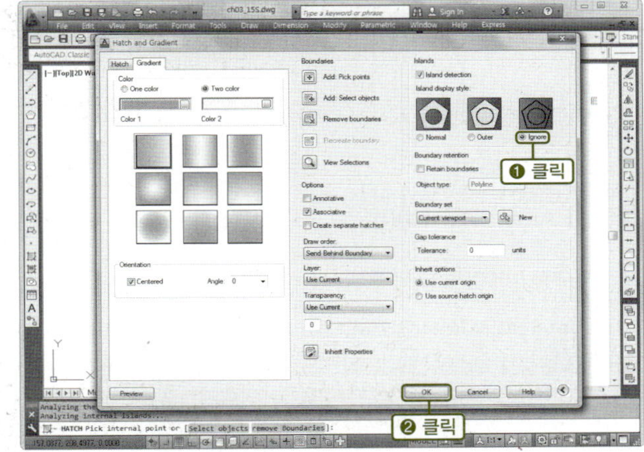

05 Hatch 패턴이나 Gradient 패턴 모두 중첩된 영역 안에 채우기 방식은 오른쪽의 Island에서 결정합니다. 기본적으로는 Normal을 선택하여 중첩 영역에 패턴이나 색상을 채웁니다. 이번에는 제일 밖의 영역을 기준으로 안쪽의 영역은 무시하고, 나머지는 모두 채우는 방식의 'Ignore'를 선택합니다.

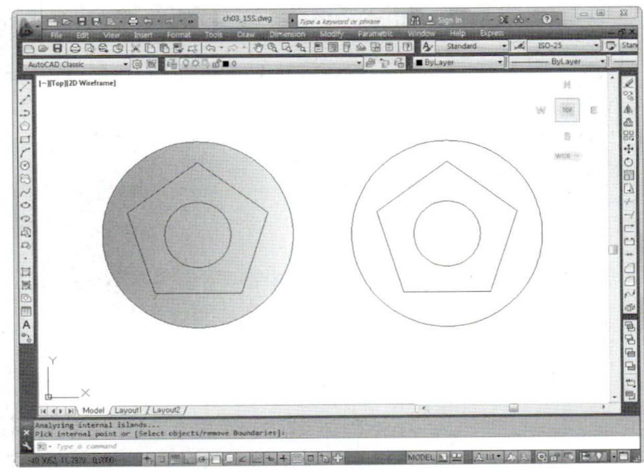

06 선택이 완료된 후 [OK] 버튼을 클릭하면 다음과 같이 모든 내부에 동일한 Gradient 색상이 채워지는 것을 알 수 있습니다.

07 이번에는 오른쪽 도형에 Gradient 색상을 채워보겠습니다. Hatch 명령어의 단축키인 'H'를 입력한 후 제일 먼저 Island 영역의 'Outer'를 선택하고 Boundaries 영역의 [Add: Pick Point] 버튼을 클릭합니다.

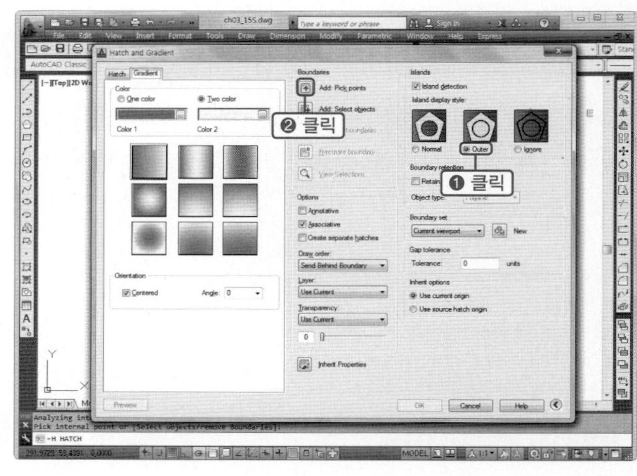

```
Command: H [Enter]
HATCH
```

08 다음과 같이 영역을 클릭하여 원과 안쪽의 다른 도형 모두 자동 추적되도록 합니다. 다음과 같이 모두 선택되는 것을 알 수 있습니다. 또한 형식에 맞춰 화면에는 해당 색상이 어떻게 채워질 것인지 미리 보여주기도 합니다.

```
Pick internal point or [Select objects/remove Boundaries]:
P2점 클릭
Selecting everything...
Selecting everything visible...
Analyzing the selected data...

Analyzing internal islands...

Pick internal point or [Select objects/remove Boundaries]:
[Space bar]
```

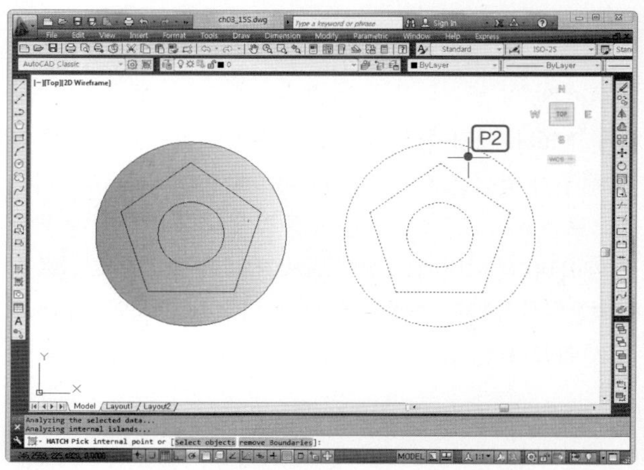

09 [Space bar]를 눌러 다시 본래의 대화상자로 되돌아오면 [OK] 버튼을 클릭하여 어떻게 색이 채워졌는지 확인합니다. [Preview] 버튼을 눌러 미리 보기한 후 설정을 해도 되지만, 이전의 설정에서 변경된 것만 확인하는 것이므로 [OK] 버튼을 클릭하여 바로 적용합니다.

10 다음과 같은 상태였지만 Island 영역을 Outer로 변경하여 모든 영역들 중에서 맨 바깥쪽의 영역에만 색상이 채워진 것을 알 수 있습니다.

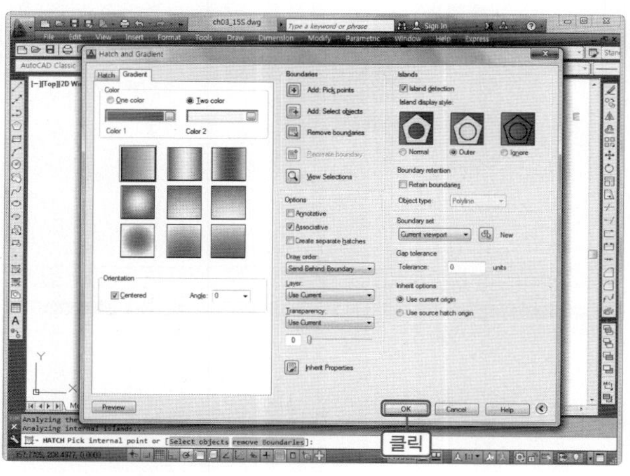

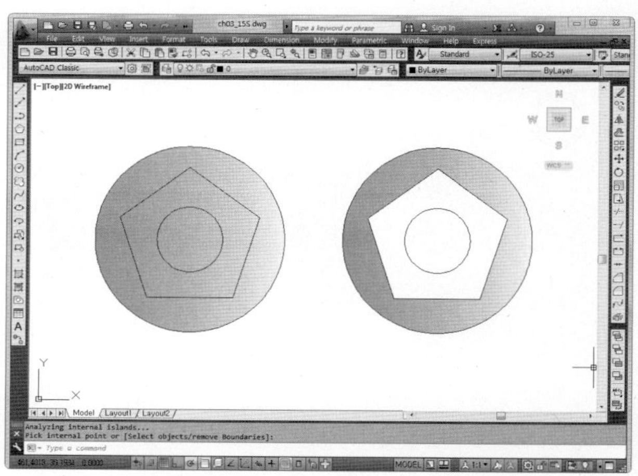

02. 입력된 Hatch를 수정하는 Hatchedit

Hatchedit 명령어는 이미 입력된 해치 패턴을 수정하는 명령어입니다. 한 번 입력된 패턴 무늬를 수정하거나 중첩된 패턴의 입력 방식을 수정할 수 있습니다. 또한 입력된 패턴 무늬의 간격이나 각도를 조절하여 재편집할 수도 있습니다. 이번에는 해칭을 수정하는 Hatchedit 명령어에 대해 알아보겠습니다.

명령어	Hatchedit	아이콘	
단축키	HE	메뉴	[Modify]-[Object]-[Hatch]

● 명령어 이해하기

해칭을 이미 넣어둔 상태에서는 패턴의 스타일, 간격, 해칭의 영역 등을 수정할 필요가 있는 경우, 지운 후에 다시 패턴을 입력하는 것보다 기존의 패턴을 다른 각도나 간격, 패턴 스타일로 수정하는 것이 빠릅니다. Hatchedit는 이미 입력된 해칭 패턴을 수정하는 것이므로, 명령어를 입력하자마자 바로 수정할 패턴을 클릭해야 합니다. 수정할 패턴이 선택되면 Hatch 명령어와 동일한 대화상자가 나타나는데, 이때 원하는 옵션의 조건을 수정하면 됩니다.

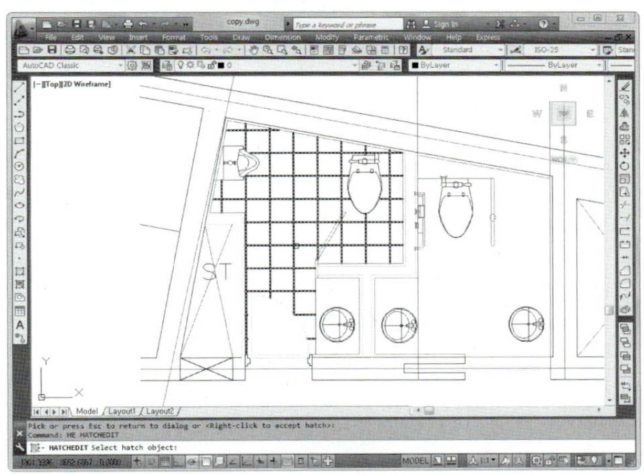

▲ 수정할 패턴 클릭

▲ 클릭한 패턴을 수정할 대화상자

```
Command: HATCHEDIT Enter
Select hatch object:
→ 해치 패턴 객체를 클릭하여 수정합니다.
```

예제 파일 부록 CD\Sample\Chapter03\ch03_16S.dwg   완성 파일 부록 CD\Sample\Chapter03\ch03_16F.dwg

01 메뉴의 [File]-[Open]으로 부록 CD에서 예제 파일을 불러옵니다. 원과 사각형 안에 미리 패턴이 정해져 있는 도형이 나타납니다. Hatchedit 명령어의 단축키인 'HE'를 입력한 후 왼쪽 원 안의 패턴을 클릭합니다.

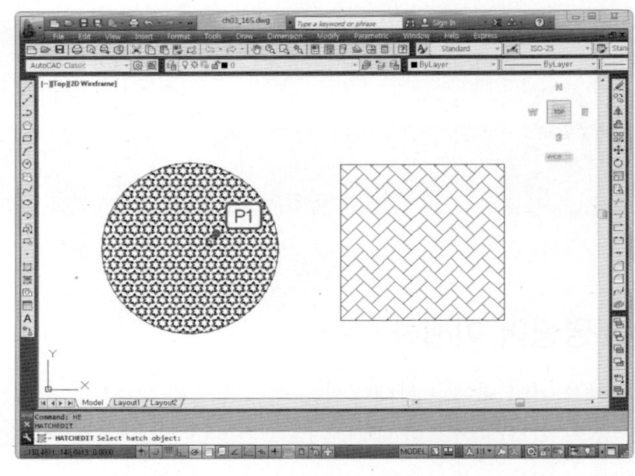

```
Command: HE Enter
HATCHEDIT
Select hatch object: P1점 클릭
```

02 다음과 같은 [Hatchedit] 대화상자가 나타납니다. 입력된 해치 패턴의 상태가 기록되어 있습니다. 제일 먼저 패턴 모양의 간격을 조절하는 Scale을 다음과 같이 변경한 후 [Preview] 버튼을 클릭하여 미리 보기로 확인해 봅니다.

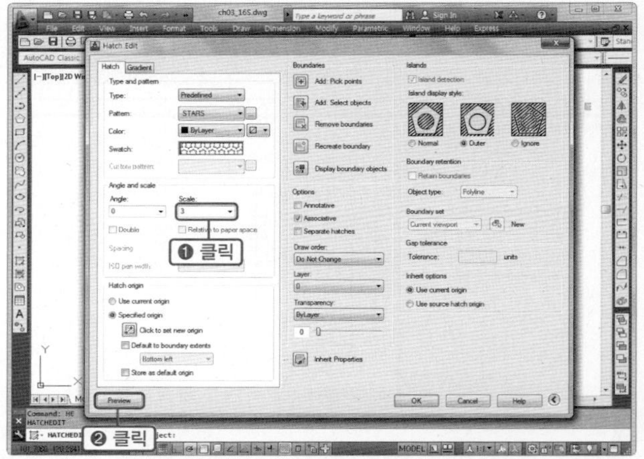

03 다음과 같이 별의 크기와 간격이 커진 것을 알 수 있습니다. 이대로 적용하는 경우에는 Enter 를 누르거나 Space bar 를 눌러 다시 대화상자로 되돌아옵니다. 이 책에서는 Space bar 를 눌러 대화상자로 되돌아옵니다.

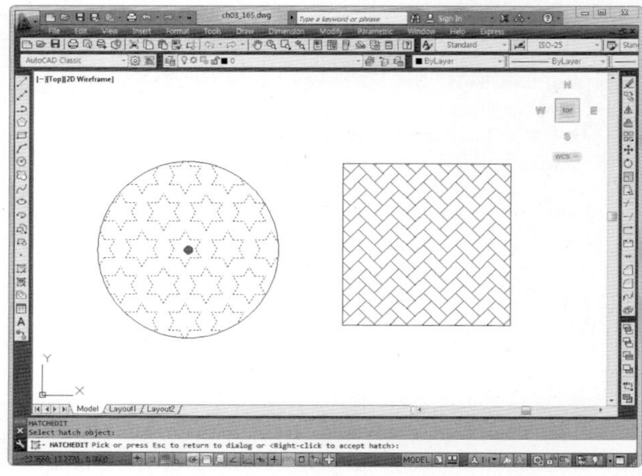

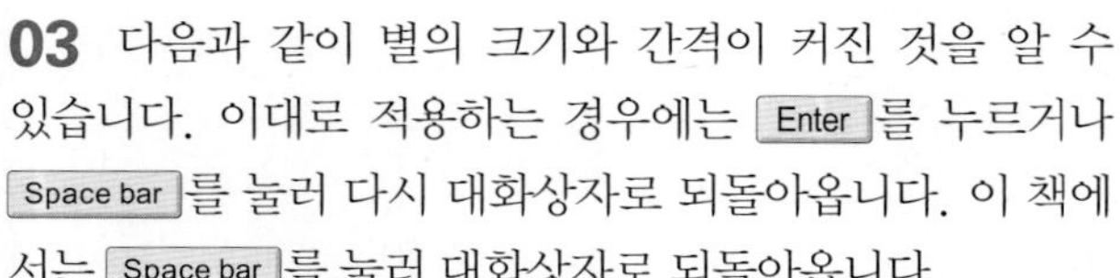

```
Pick or press Esc to return to dialog or <Right-click to
accept hatch>: Space bar
```

04 Scale과 패턴의 각도를 조절하기 위하여 Angel을 45°로 조절합니다. 모두 조절되었다면 미리 보기를 하지 않고 바로 [OK] 버튼을 클릭하여 완료합니다.

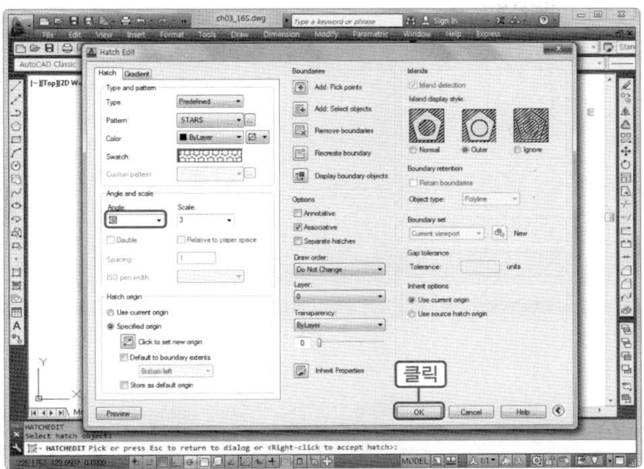

05 이번에는 연관성(Associative)에 대해 알아보겠습니다. 오른쪽의 해치가 입력된 사각형의 테두리를 명령어를 입력하지 않은 상태에서 클릭합니다.

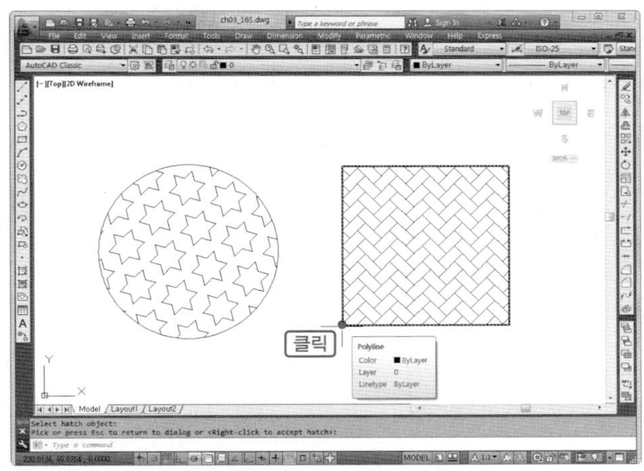

06 먼저 왼쪽 중간 지점의 사각 조절점을 클릭한 후 오른쪽으로 드래그하여 클릭합니다. 사각형의 폭이 줄어들면서 안에 입력된 해칭의 영역이 사각형의 크기만큼 줄어듭니다.

→ P2~P3점 클릭, 드래그

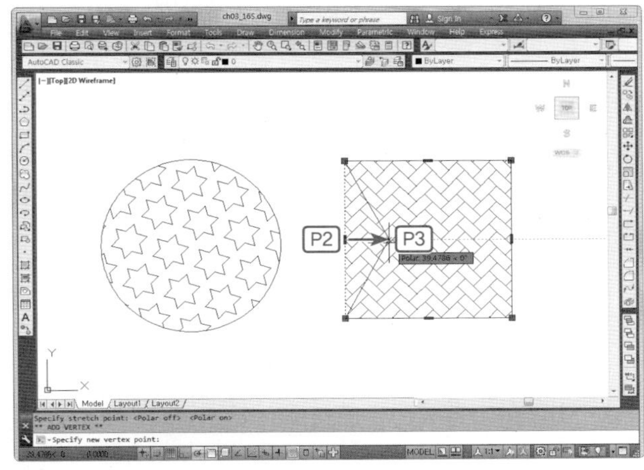

07 그림과 같이 사각형의 크기는 줄어들고, 그 안에 있던 해치 패턴의 영역도 같이 줄어들었습니다. 그 이유는 해치의 옵션인 연관성(Associative)에 체크 표시가 되어 있기 때문입니다.

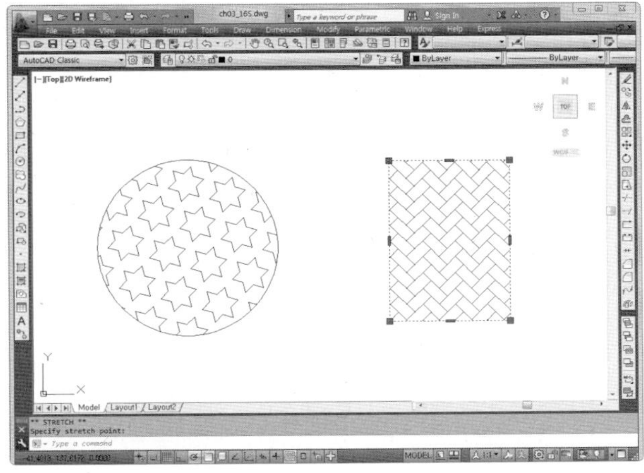

08 이번에는 모서리의 일부를 잡아당겨 안쪽으로 드래
그해보겠습니다. 가로나 세로처럼 수직, 수평뿐만 아니라
자유로운 포인트들도 Associative이 어떻게 적용되는지
알아보겠습니다.

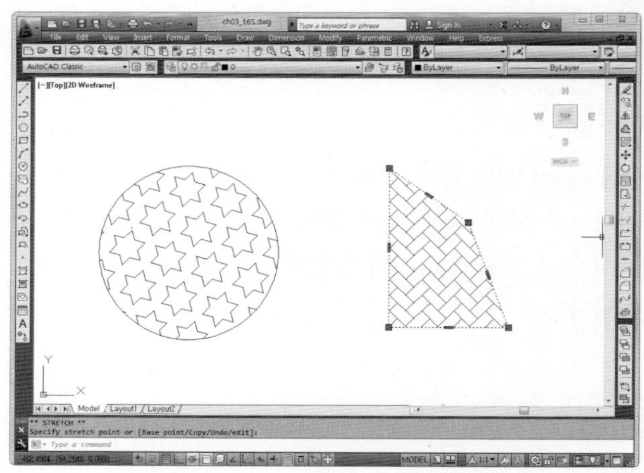

09 모서리의 점을 이동시켜도 해당 패턴은 바깥쪽의 사
각형의 테두리 안에서 유지되고 있는 것을 알 수 있습니
다. 다른 옵션을 지정하지 않는 한 도면의 객체의 영역을
변화시키면 자동으로 패턴은 그 안의 영역에 알맞게 유지
된다는 것을 알 수 있습니다.

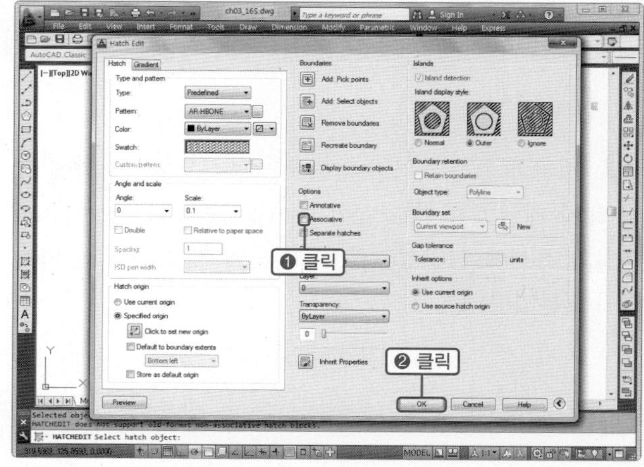

10 이번에는 해당 연관성인 Associative를 해제해보겠
습니다. Hatchedit 명령어를 입력한 후 오른쪽의 사각형
안의 패턴을 선택하여 [hatchedit] 대화상자가 나타나도
록 합니다. 중간의 Associative의 체크 표시를 해제하고
[OK] 버튼을 클릭합니다.

11 Hatchedit로 Associative를 해제한 후 다시 사각형의 테두리를 선택하고, 모서리 지점을 클릭, 드래그하여 다음 지점으로 이동시킵니다.

→ P6~P7점 클릭, 드래그

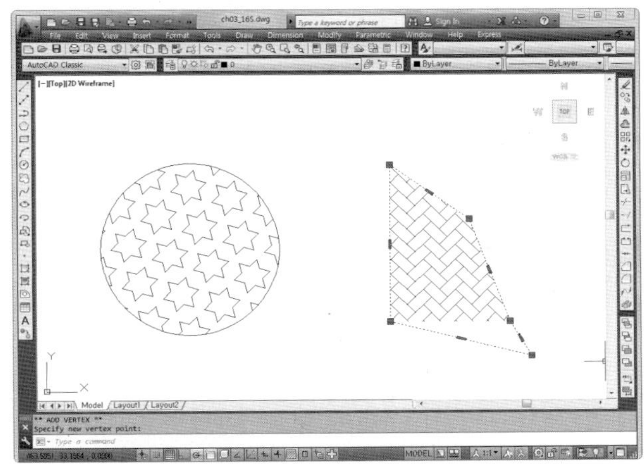

12 사각 테두리 영역 안의 해치 패턴은 테두리의 변화와 달리 모서리를 움직이기 전 상태에서 변하지 않은 것을 알 수 있습니다. 다시 말해서 Associative를 해제하면 영역과는 별개의 객체가 되는 것을 알 수 있습니다.

13 또한 이미 한 번 Associative를 해제하면 다시 [Hatchedit] 대화상자를 이용해 재설정하려고 해도 복원할 수 없다는 것을 알 수 있습니다. 그림과 같이 Hatchedit로 패턴을 클릭하여 수정 모드로 들어가면 Associative가 비활성화되어 있는 것을 알 수 있습니다.

건축이나 기계 도면 안에는 반복적으로 사용되는 일정한 객체들이 있습니다. 규격이 같은 종류의 문이나 창문, 볼트, 너트 등의 요소는 현재 도면에서 Copy 등의 명령어로 복제하여 사용하지만, 블록은 현재 도면의 객체를 다른 도면으로 복제하는 경우 미리 블록으로 생성해두어 원하는 도면 안에 원하는 개수만큼 복제하기에 적당한 명령어입니다. 또한 블록으로 만든 객체를 삽입할 때 크기, 위치, 각도 등을 변경하기 쉬우며, 분해하여 삽입하거나 재편집할 수도 있습니다. 만들어진 블록은 다른 작업자와 공유하여 함께 사용할 수도 있습니다.

명령어	Block	아이콘	
단축키	B	메뉴	[Draw]-[Block]-[Make]

● 명령어 이해하기

블록 대상 객체를 먼저 준비합니다. Block 명령어를 입력하여 대화상자가 나타나면 해당 블록을 구별할 수 있는 블록 이름을 입력한 후 조건에 맞도록 블록 객체를 선택하고, 삽입 시의 기준점을 좌표나 객체의 일정 지점으로 선택하여 블록을 완료합니다.

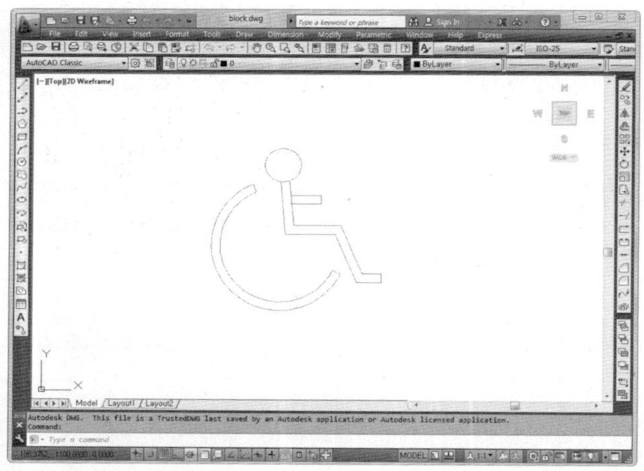

▲ 블록 대상 객체 작성

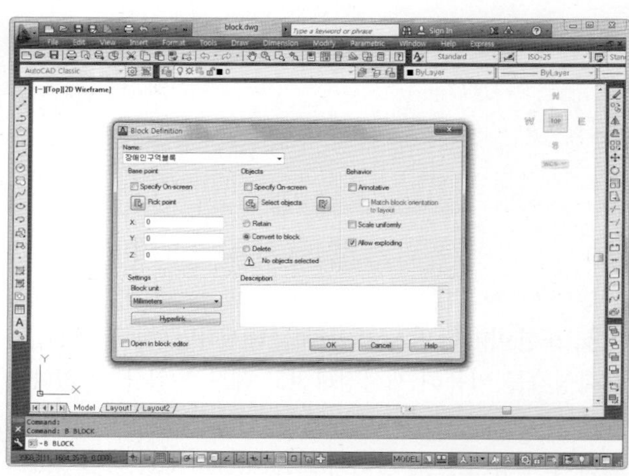

▲ Block 대화상자

Command: BLOCK [Enter]
→ 블록 대상 객체의 이름을 입력합니다.
Select objects:
→ 블록 대상 객체를 선택할 버튼을 클릭하고, 대상 객체를 선택합니다.
Select objects: [Enter]
→ 블록 대상 객체의 선택이 완료되면 [Enter]를 누릅니다.
Specify insertion base point:
→ 블록의 삽입점 버튼을 클릭한 후 대상 객체의 일정 지점을 삽입점으로 선택합니다.

● 옵션 이해하기

블록을 만들기 위한 대화상자 내의 여러 가지 선택 사항에 대한 옵션을 알아보겠습니다. Block 명령어를 입력하면 나타나는 대화상자의 내용과 조건 등을 이용하여 블록의 삽입점, 이름, 설명 등을 지정할 수 있습니다.

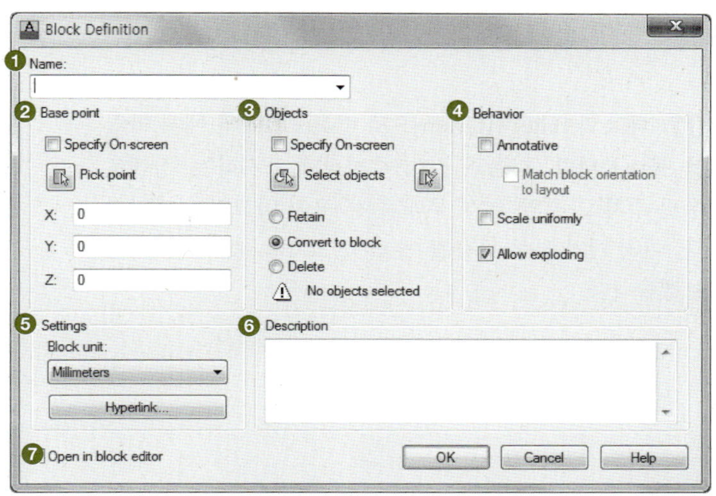

옵션	설명
❶ Name	블록의 이름을 정하여 입력합니다. 알기 쉽도록 형식을 미리 정하여 입력합니다.
❷ Base Point	블록을 삽입할 때의 기준점을 지정합니다. – Specify On–Screen: 체크 시 블록 대화상자가 닫히고, 기준점을 지정하지 않은 상태에서 스크린 화면에서 원하는 지점을 선택할 수 있습니다. – Pick Point: 버튼을 클릭하면 블록의 삽입점을 사용자가 직접 선택할 수 있습니다. – X/Y/Z: x, y, z의 좌표 값을 직접 입력할 수 있습니다.
❸ Objects	블록으로 만들 객체를 선택하여 지정합니다. – Select objects 버튼: 버튼을 선택하면 나타나는 Pickbox를 이용하여 화면의 개체를 선택합니다. – Quick select 버튼: 객체의 특성을 이용하여 선택합니다. – Retain: 블록으로 만들기 위한 객체를 만들 당시의 상태로 유지합니다. – Convert to block: 선택한 객체를 블록으로 변환합니다. – Delete: 블록으로 선택된 객체를 삭제합니다.
❹ Behavior	블록의 세부 사항(주석 여부나 축척 등)을 지정합니다. – Annotative: 블록 주석을 설정합니다. 주석 축척에 의해 스케일을 정할 수 있습니다. – Scale Uniformly: 블록의 Scale이 정비례하도록 미리 지정합니다. – Allow exploding: Explode 명령어로 블록을 분해할 수 있도록 지정하는 옵션입니다.
❺ Settings	블록의 단위와 링크 상태를 지정합니다. – Units: 블록의 단위를 설정합니다. Millimeters를 지정합니다. – Hyperlink...: 도면이나 웹 페이지, 이메일 등의 링크를 설정합니다.
❻ Description	블록에 대한 간단한 설명을 입력합니다. 해당 블록이 어떤 블록인지 또는 해당 블록의 사이즈는 얼마인지를 설명에 붙여둡니다.
❼ Open in block editor	블록을 삽입할 때마다 블록의 편집 창을 열어 블록을 다양하게 작성하도록 해줍니다.

예제 파일 부록 CD\Sample\Chapter03\ch03_17S.dwg   완성 파일 부록 CD\Sample\Chapter03\ch03_17F.dwg

01 메뉴의 [File]-[Open]으로 부록 CD에서 예제 파일을 불러옵니다. 다음과 같이 주차장에 표시하는 '장애우 우선 주차' 표시와 '여성 우대 주차' 표시 마크가 나타납니다. 여러 개가 자주 사용될 예정이므로 Block으로 지정해 보겠습니다.

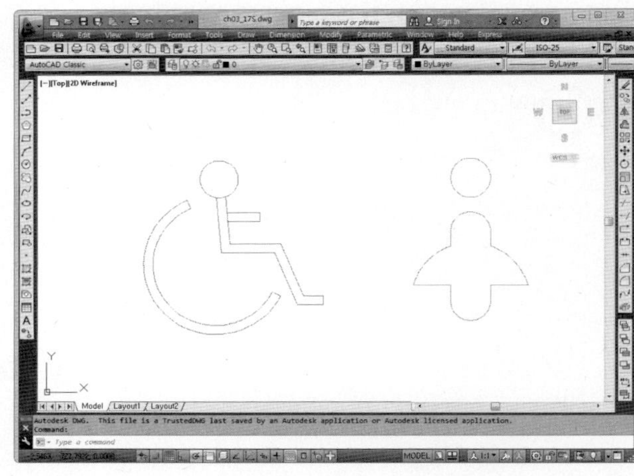

02 Block 명령어의 단축키인 'B'를 입력하면 다음과 같은 대화상자가 나타납니다. 제일 먼저 해당 블록을 구분지을 이름을 맨 먼저 입력하고, 해당 블록을 선택하기 위하여 Object 영역의 [Select object] 버튼을 클릭합니다.

```
Command: B Enter
BLOCK
```

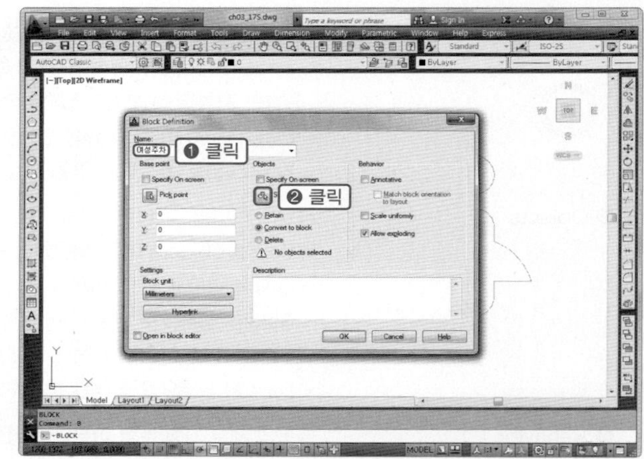

03 대화상자가 사라지고 도면이 있는 화면이 나타나면 그림과 같이 클릭, 드래그하여 여성 우대 주차 표시 마크를 선택합니다. 선택이 모두 완료되면 Enter 를 눌러 종료합니다.

```
Select objects: Specify opposite corner: 1 found
→ P1~P2점 클릭, 드래그
Select objects: Enter
```

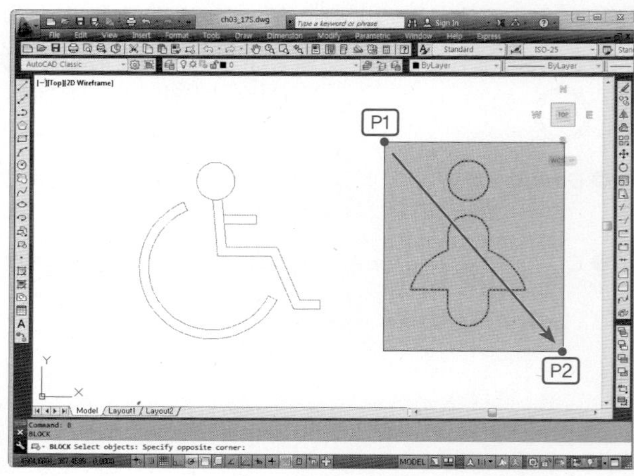

04 선택이 종료되면 다시 [Block] 대화상자로 되돌아옵니다. 위쪽의 블록 이름 옆에 있는 미리 보기 창에 선택된 객체의 썸네일 이미지가 보입니다. 이제 블록을 화면 안에 삽입할 때의 기준점을 선택하기 위하여 'Base Point' 영역의 [Pick Point] 버튼을 클릭합니다.

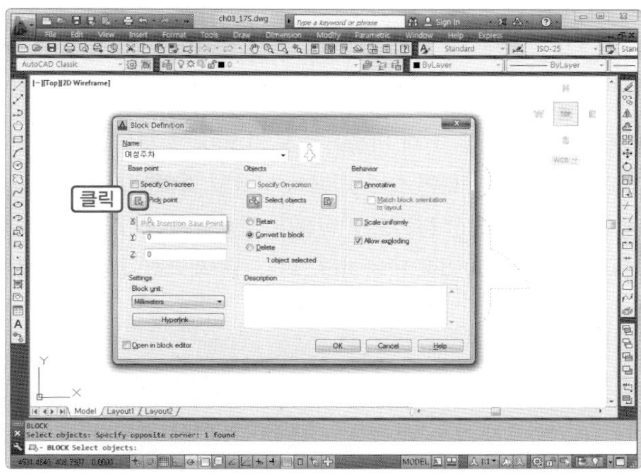

05 'Pick Point'를 클릭하면 다음과 같이 캐드 도면으로 화면이 전환됩니다. 나중에 삽입할 때 기준점이 되는 지점을 클릭합니다. Osnap을 이용하면 정확한 점을 선택할 수 있습니다.

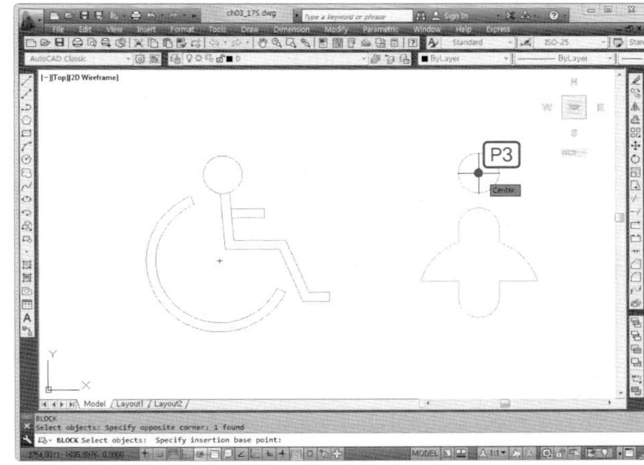

Specify insertion base point: P3점 클릭

06 기준점을 클릭하면 클릭과 동시에 다시 [Block] 대화상자로 되돌아옵니다. Base point 영역에는 x, y 좌표 지점이 표시되는 것을 알 수 있습니다. 필요하다면 Description 란에 해당 블록의 상세 설명을 넣습니다. 필수 사항은 아니므로 사용자의 선택에 따라 입력 여부를 결정합니다. 모두 결정되었으면 [OK] 버튼을 클릭하여 완료합니다.

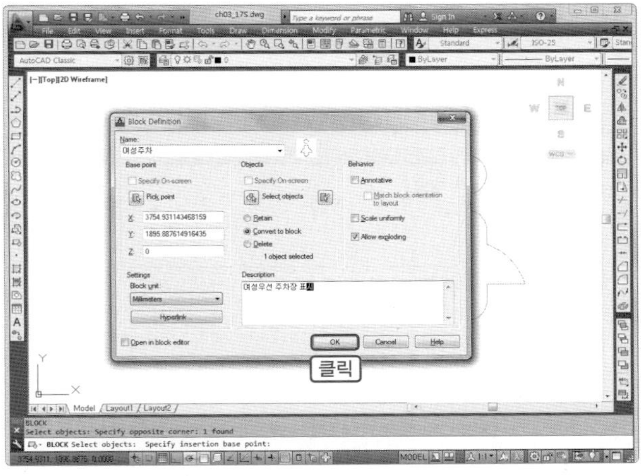

04. 쓰기 블록을 만드는 Wblock

일반적인 Block은 현재 만들어진 도면 안에만 저장됩니다. 이 블록을 다른 도면에서도 사용하려면 뒤에 나오는 디자인 센터를 이용하거나 이 블록만 도면 요소 내에서 하나의 파일인 쓰기 블록으로 전환해야 합니다. 또한 처음부터 블록을 작성할 때 Wblock을 이용해 파일로 이루어진 블록으로 만들어 사용할 수도 있습니다. Wblock을 이용하면 현재 도면부터 다른 도면 또는 다른 사용자도 함께 사용할 수 있는 파일로 만들어진 블록으로 제공됩니다. 이번에는 Wblock을 작성하는 방법을 알아보겠습니다.

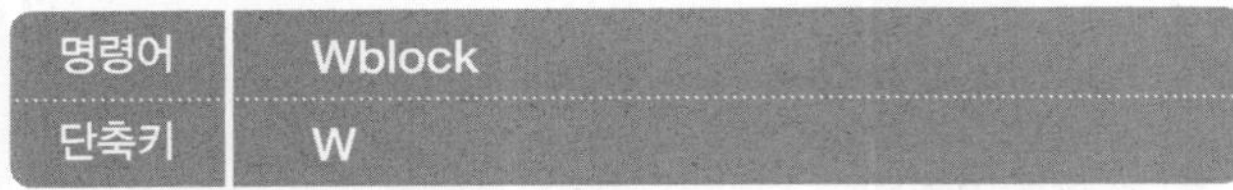

명령어	Wblock
단축키	W

● 명령어 이해하기

Wblock을 만드는 방법은 Block을 만드는 방법과 동일합니다. 대화상자의 내용도 비슷하기 때문에 Block을 사용할 수 있다면 동일한 방법으로 블록을 제작할 수 있습니다. 화면에 도면 요소가 있다면 Wblock 명령어를 입력하여 대화상자가 나타났을 때 순서대로 원하는 블록 객체를 선택하고, 기준점의 좌표를 입력합니다. 기준점의 좌표를 입력한 후에는 [File Browser] 버튼을 클릭하여 원하는 경로에 파일 이름을 입력하고 저장합니다.

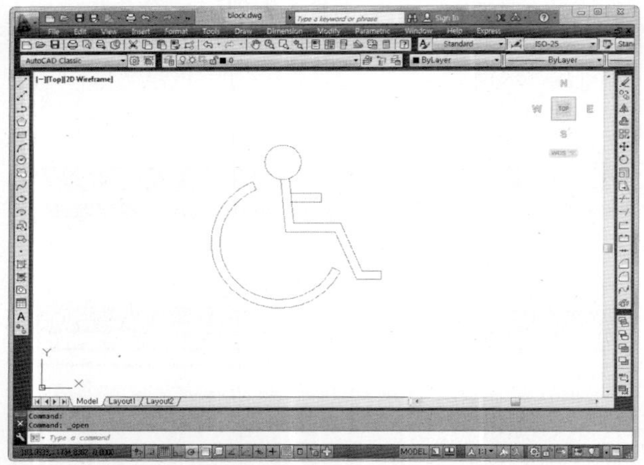

▲ 쓰기 블록 대상 도면 객체

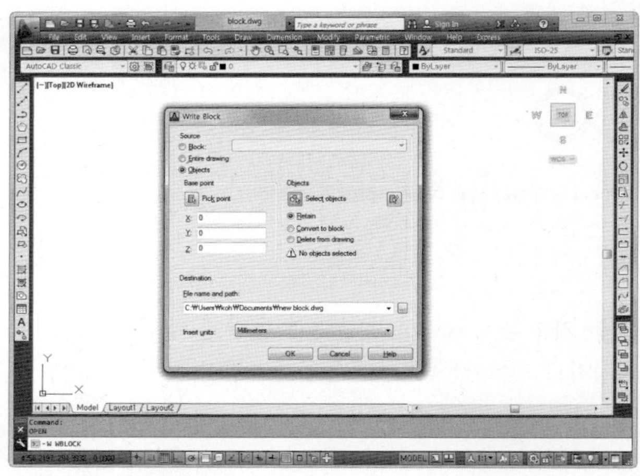

▲ Wblock 실행 대화상자

● 옵션 이해하기

쓰기 블록인 Wblock는 Block과 마찬가지로 블록의 이름과 객체를 선택하거나 삽입 시 기준점 등이 옵션으로 지정됩니다. Block과 다른 점은 파일로 저장하기 위한 [File Browser] 버튼이 존재한다는 것입니다.

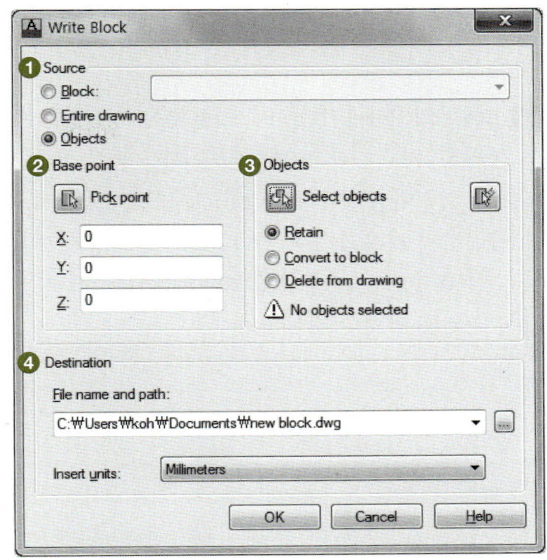

옵션	설명
❶ Source	Wblock으로 만들어 저장할 객체의 선택 방법을 결정합니다. – Block: 임시 기억 장소에 기억된 블록을 선택합니다. 즉, 일반 Block 명령어로 만든 객체를 다시 Wblock으로 만드는 경우에 사용합니다. – Enter drawing: 현재 화면에 있는 전체 도면을 블록으로 저장합니다. 일반 Save 명령어로 저장한 것과 같습니다. – Objects: 전체 도면 요소 중에서 필요한 특정 객체만 선택하여 블록으로 저장합니다.
❷ Base Point	블록의 삽입 기준점을 정합니다. 보통 절대 좌표 값인 x, y, z 좌표 값을 입력하거나 [Pick Point] 버튼을 이용해 원하는 위치를 사용자가 직접 선택합니다.
❸ Objects	블록으로 만들 객체를 선택하여 지정합니다. – Select objects 버튼: 버튼을 클릭한 후 Pickbox를 이용해 화면의 객체를 선택합니다. – Quick select 버튼: 객체의 특성을 이용해 선택합니다. – Retain: 블록으로 만들기 위한 객체를 만들 당시의 상태로 유지합니다. – Convert to block: 선택한 객체를 블록으로 변환합니다. – Delete: 블록으로 선택된 객체를 삭제합니다.
❹ Destination	Wblock으로 저장할 파일 경로를 선택한 후 블록 삽입 시의 기준 단위를 결정합니다. – File name and path: 블록으로 저장될 객체의 이름과 폴더의 경로를 지정합니다. – Insert units: 블록 삽입 단위를 지정합니다.

● 미리해보기

예제 파일 부록 CD\Sample\Chapter03\ch03_18S.dwg   완성 파일 부록 CD\Sample\Chapter03\ch03_18F.dwg

01 메뉴의 [File]-[Open]으로 부록 CD에서 예제 파일을 불러옵니다. 다른 도면에서도 사용할 수 있는 쓰기 블록으로 지정하겠습니다. Wblock 명령어의 단축키인 'W'를 입력하면 다음과 같이 [Wblock] 대화상자가 나타납니다. 오른쪽 Objects 영역의 [Select objects] 버튼을 클릭하여 객체를 먼저 선택합니다.

```
Command: W  Enter
WBLOCK
```

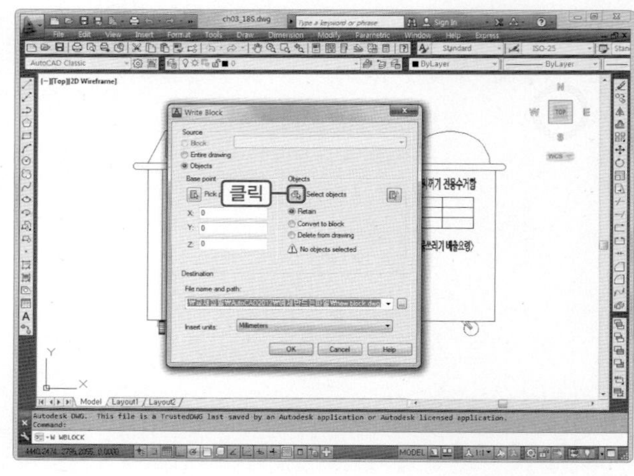

02 다음과 같이 클릭, 드래그하여 음식물 쓰레기통 전체를 선택합니다. 선택이 완료되면 Enter 를 눌러 선택을 완료합니다.

```
Select objects: Specify opposite corner: 67 found
→ P1~P2점 클릭, 드래그
Select objects: Enter
```

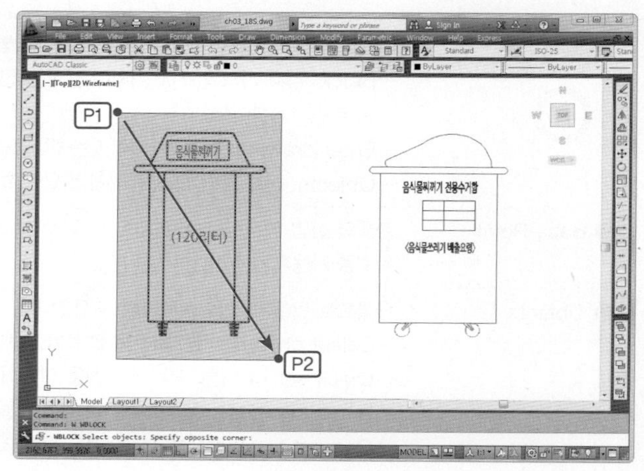

03 객체를 모두 선택하면 다시 [Wblock] 대화상자가 나타납니다. Base Point 영역의 'Pick Point' 버튼을 클릭하여 블록 삽입 시의 기준 점을 선택합니다.

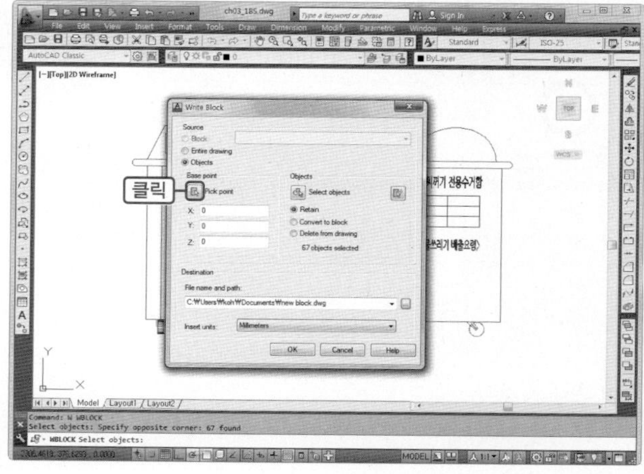

04 그림과 같은 지점을 Osnap End point를 이용해 클릭합니다. Base Point를 지정하면 바로 다시 [Wblock] 대화상자로 되돌아가게 됩니다.

05 Base Point의 좌표가 x, y에 입력된 것을 알 수 있습니다. 아래쪽의 [File Browser] 버튼을 클릭하여 해당 블록을 dwg 파일로 저장하겠습니다. [File Browser] 버튼을 클릭합니다.

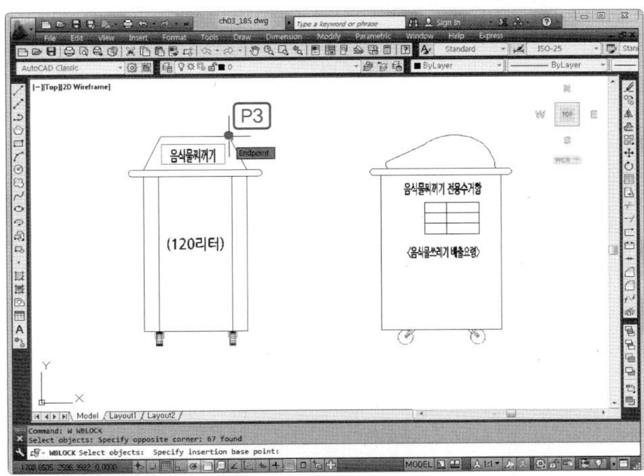

Specify insertion base point: P3점 클릭

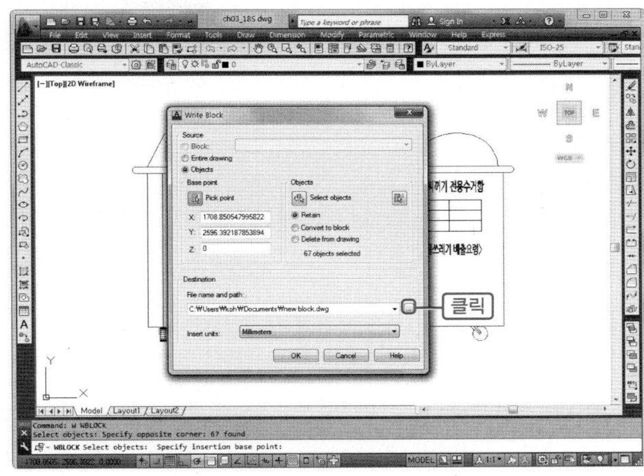

06 이 책에서는 해당 Sample 폴더에 저장하겠습니다. 파일명은 동일하지 않아도 되며, 사용자가 원하는 파일명을 입력하면 됩니다.

07 파일명을 입력한 후 [OK] 버튼을 클릭하여 쓰기 블록인 Wblock의 작성을 완료합니다.

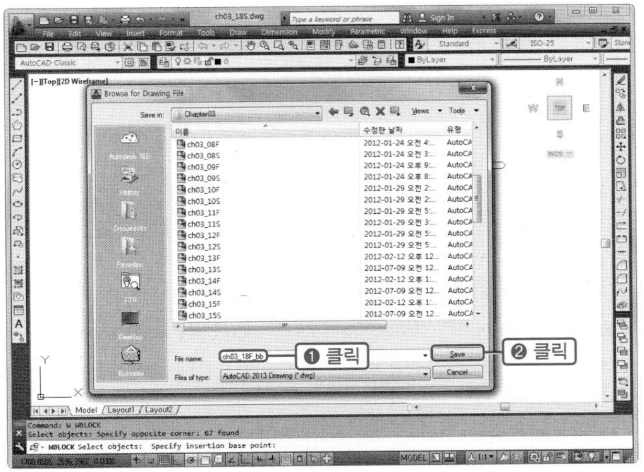

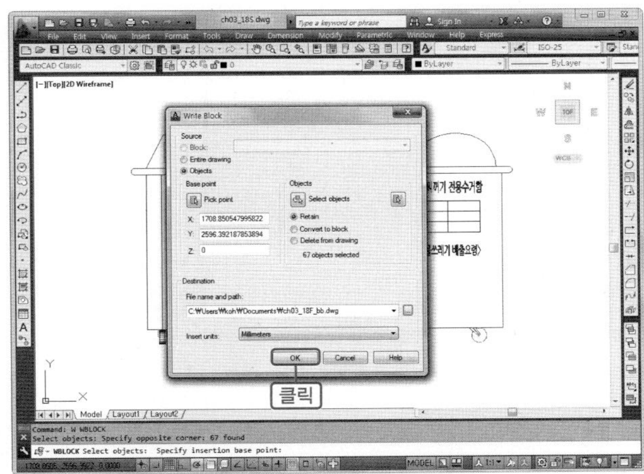

앞의 Block이나 Wblock 모두 Insert 명령어와 함께 사용해야 합니다. Block과 Wblock 모두 만들기만 하는 것이므로 Insert 명령어로 원하는 좌표 지점에 불러 삽입해야 하는 것입니다. Insert 명령어를 통해 원하는 좌표로 삽입할 때 크기, 각도 등을 변경하여 사용자가 원하는 상태로 가공할 수도 있습니다. 블록으로 만들어진 객체를 삽입하면 하나 이상의 객체라도 모두 한 번에 선택되는 그룹 형태의 단일 객체로 선택되므로 수정, 편집 시 주의해야 합니다.

명령어	Insert	아이콘	
단축키	I	메뉴	[Insert]-[Block]

● 명령어 이해하기

블록이나 쓰기 블록으로 만든 객체를 현재 도면 안으로 삽입할 때 사용하는 명령어입니다. Insert 명령어를 입력한 후 대화 상자가 나타나면 일반 블록은 목록 상자에서 선택할 수 있고, 쓰기 블록은 파일 목록에서 선택할 수 있습니다. 일단 한 번이라도 선택했거나 바로 현재 도면에 저장된 Block의 경우에는 블록의 이름이 최상위에 선택되어 있습니다. 바로 직전에 사용하거나 만들어진 블록이 없는 경우에는 빈칸으로 나타나며, 사용자는 목록이나 파일 버튼을 클릭한 후 원하는 블록을 선택하여 삽입할 수 있습니다.

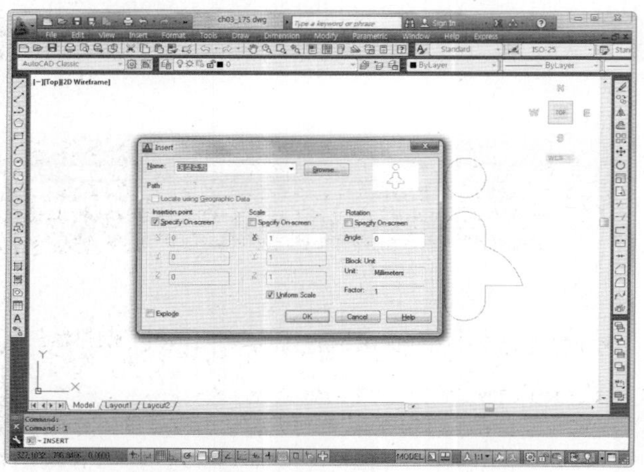

▲ [Insert] 대화상자에서 블록 목록 선택

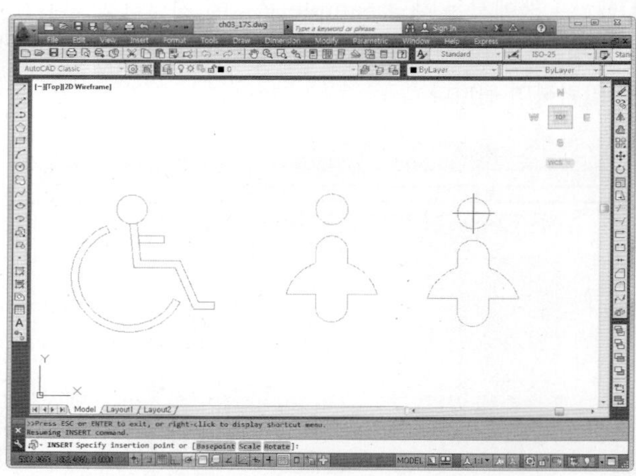

▲ 원하는 좌표 지점으로 삽입점 입력

```
Command: INSERT Enter
Specify insertion point or [Basepoint/Scale/X/Y/Z/Rotate]:
→ 블록의 삽입점을 절대 좌표나 마우스로 입력합니다.
```

● 옵션 이해하기

[Insert] 대화상자 내에서 삽입하는 블록의 조건을 결정할 수 있습니다. 삽입 시 크기와 각도를 조절하거나 삽입점의 좌표 점을 마우스나 좌표 점의 입력 등으로 변경할 수 있으며, Explode를 체크함으로써 하나의 단일 객체로 삽입되는 것을 방지하여 개개의 객체로 삽입할 수도 있습니다.

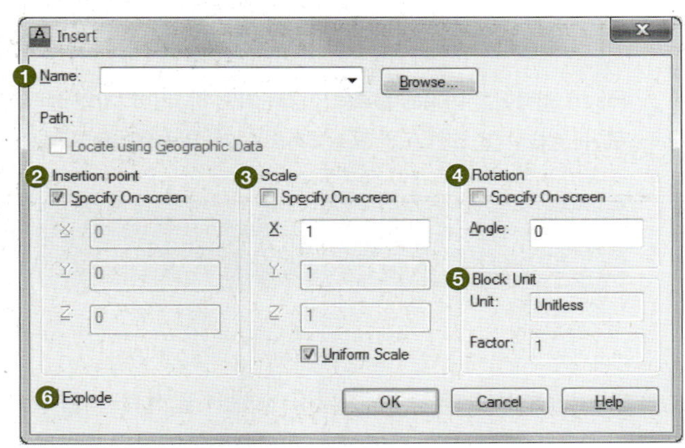

옵션	설명
❶ Name	도면 안으로 삽입할 블록의 리스트를 선택합니다.
	– 목록 버튼: 한 번 이상 삽입된 블록의 리스트가 등록되어 있습니다. 원하는 블록을 목록에서 선택할 수 있습니다.
	– Browse: 파일로 저장된 블록을 선택할 수 있는 File Dialog Box를 나타냅니다. 원하는 파일을 선택할 수 있습니다. 주로 Wblock으로 만든 파일이나 전체 도면을 삽입할 때에 사용합니다.
❷ Insertion Point	블록을 삽입하는 삽입점의 기준을 설정합니다. 절대 좌표 값인 x, y, z 값을 입력하거나 Specify On-Screen을 이용해 원하는 위치를 사용자가 직접 마우스로 클릭하여 선택합니다.
	– Specfy On-Screen: 선택 시 초깃값을 이용합니다. 마우스로 원하는 지점을 클릭하여 블록을 삽입합니다. 사용자가 원하는 위치를 정할 때에 많이 사용합니다.
	– X/Y/Z: 삽입점의 절대 좌표 값을 각각 입력합니다.
❸ Scale	삽입하는 블록의 크기를 조절합니다.
	– Specify On-Screen: 블록의 크기를 화면에서 정하여 입력합니다.
	– Uniform Scale: 체크 시 가로, 세로의 크기가 정비례하게 설정합니다.
❹ Rotation	삽입하는 블록의 회전각을 설정합니다. 만들어진 블록을 0°를 기준으로 하여 360° 회전각을 지원합니다.
❺ Block Unit	삽입하는 블록의 단위를 설정합니다. 기본 Units는 Millimeters를 사용합니다.
❻ Explode	삽입하는 블록을 분해하여 삽입할 것인지의 여부를 설정합니다. 분해 삽입 시 블록을 선택하거나 제어하는 경우 불편할 수 있으므로 주의해야 합니다.

디자인 센터를 이용한 블록의 삽입

Insert 명령어를 이용해 블록을 삽입하기도 하지만 디자인 센터를 이용하면 쓰기 블록으로 저장하지 않은 블록도 다른 도면으로 삽입할 수 있습니다. 또한 도면 요소 하나하나가 작은 썸네일 이미지로 표현되어 사용자가 미리 보고 결정할 수 있습니다.

명령어	Adcenter		아이콘	
단축키	ADC Ctrl + 2		메뉴	[Tools]-[Pallettes]-[DesignCenter]

01 새로운 도면을 열고 디자인 센터 팔레트를 엽니다. 다음과 같은 디자인 센터 팔레트가 열립니다. '부록 CD\Sample\Chapter03\ch03_17F.dwg' 파일에는 예제를 따라하면서 만들어진 블록이 나타납니다. 다음과 같이 왼쪽 폴더에서 다음의 파일을 찾아 선택합니다.

Command: ADC Enter

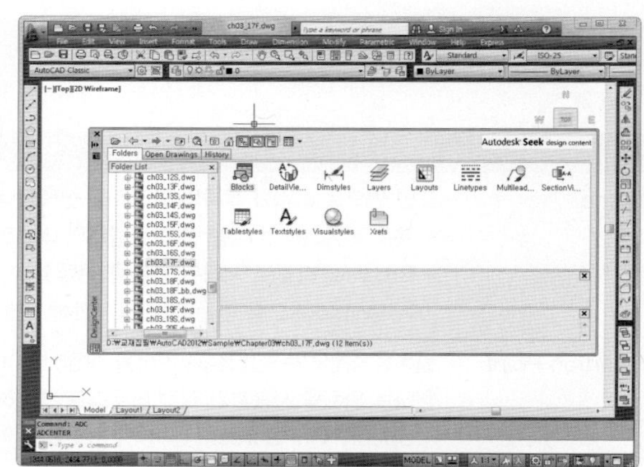

02 왼쪽에서 파일을 선택하면 해당 파일이 갖고 있는 여러 가지 속성이 오른쪽에 표시됩니다. 이 중에 Block을 더블클릭합니다. 다음과 같은 블록 요소들이 화면에 나타납니다.

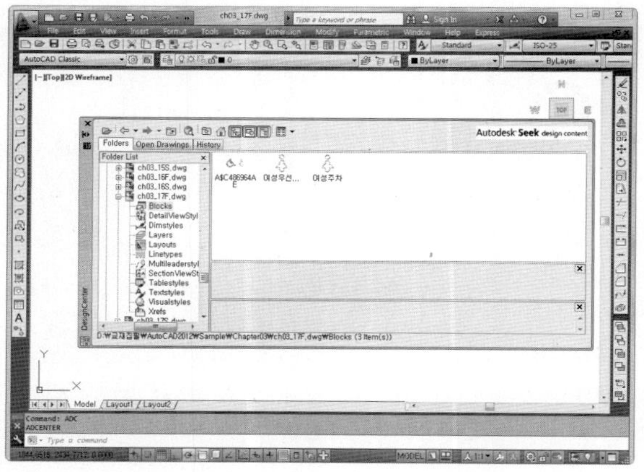

03 원하는 블록을 선택하거나 더블클릭합니다. 더블클릭하면 다음과 같이 [Insert] 대화상자가 나타납니다. [Insert] 대화상자를 이용하면 블록을 삽입할 수 있습니다.

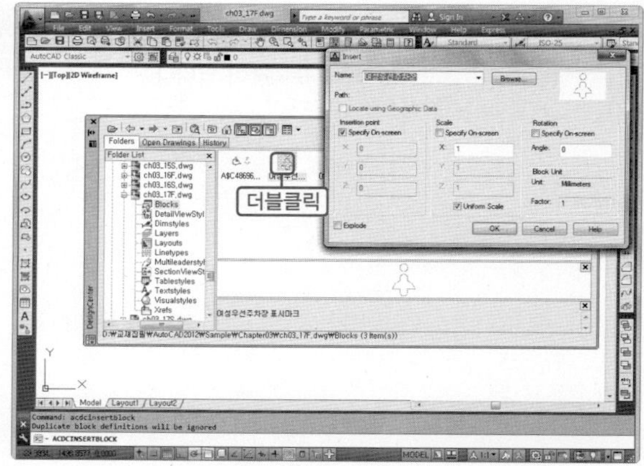

04 해당 블록을 마우스로 드래그하여 화면으로 끌어다 놓으면 해당 블록이 화면에 자동 삽입됩니다. 새 도면의 사이즈가 블록보다 작은 경우에는 잘 안 보일 수 있으므로 주의해야 합니다.

05 03~04의 어떤 방법을 선택하더라도 다른 파일에서 만들어진 블록을 아무 파일에나 삽입할 수 있습니다.

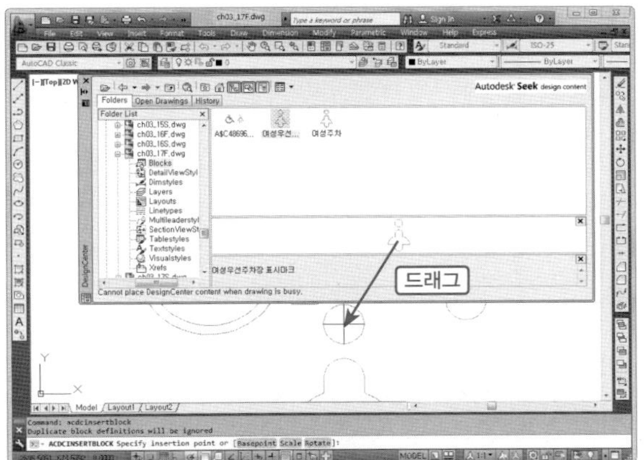

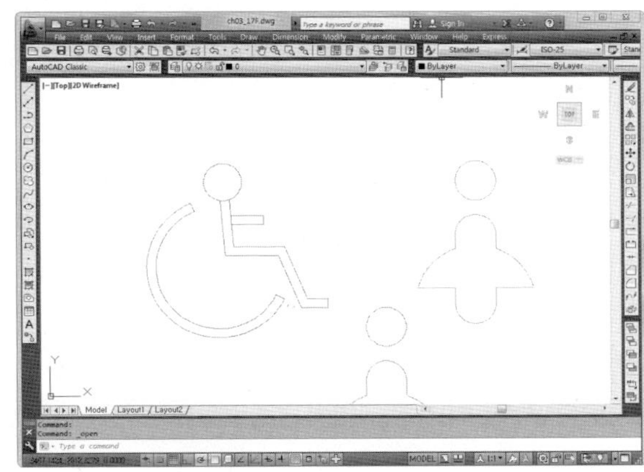

● 미리해보기

예제 파일 부록 CD\Sample\Chapter03\ch03_19S.dwg

완성 파일 부록 CD\Sample\Chapter03\ch03_19F.dwg

01 메뉴의 [File]-[Open]으로 부록 CD에서 예제 파일을 불러옵니다. 먼저 Insert할 대상 블록을 만들겠습니다. Block 명령어의 단축키인 'B'를 입력합니다. 대화상자가 나타나면 블록 이름에 'box'를 입력하고, Objects 영역의 Select objects 버튼을 클릭합니다.

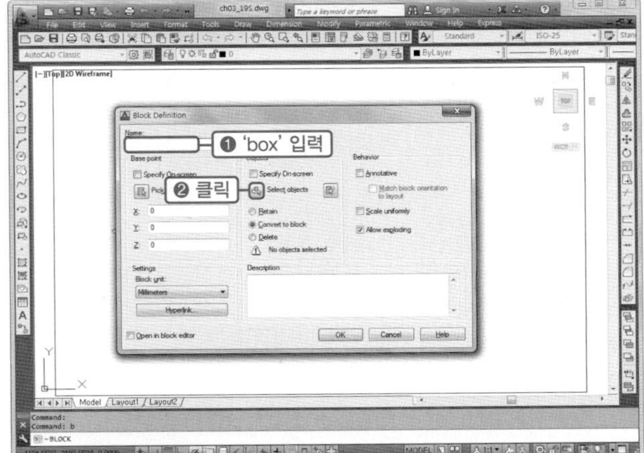

02 화면으로 돌아오면 다음과 같이 오른쪽의 음식물 쓰레기통 도면 요소 전체를 클릭, 드래그하여 선택하고, 선택이 완료되면 Enter 를 누릅니다.

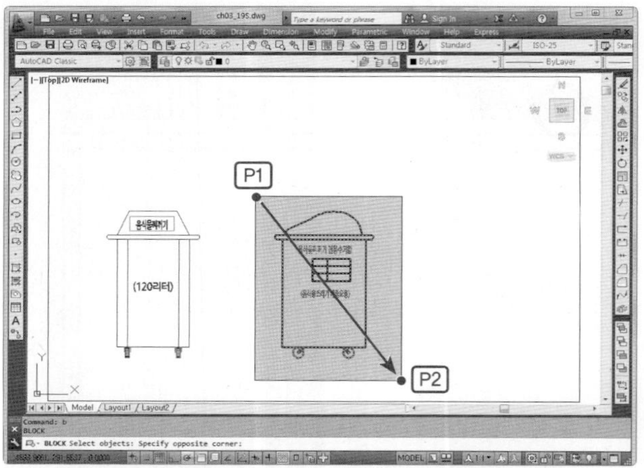

```
Select objects: Specify opposite corner: 33 found
→ P1~P2점 클릭, 드래그
Select objects: Enter
```

03 다시 [Block] 대화상자로 되돌아오면 Base Point 영역의 Pick Point 버튼을 클릭하여 화면으로 돌아가서 Insert 명령어로 삽입할 때의 기준점을 선택합니다.

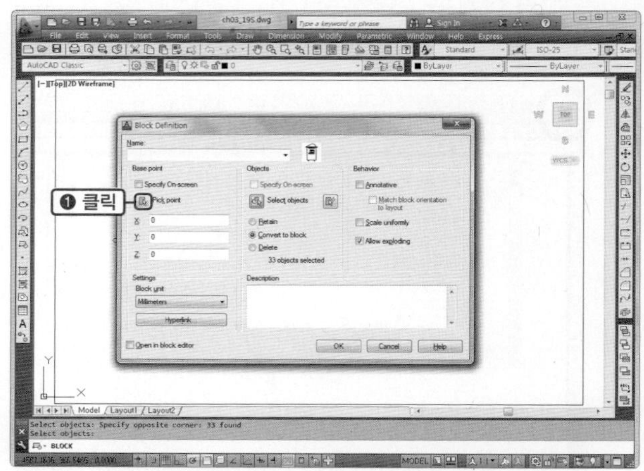

04 Osnap의 End Point를 이용해 다음 지점을 마우스로 클릭하여 기준 삽입점으로 선택합니다. 삽입점은 나중에 도면 안으로 삽입하는 경우를 고려하여 편리한 위치를 선택하는 것이 좋습니다.

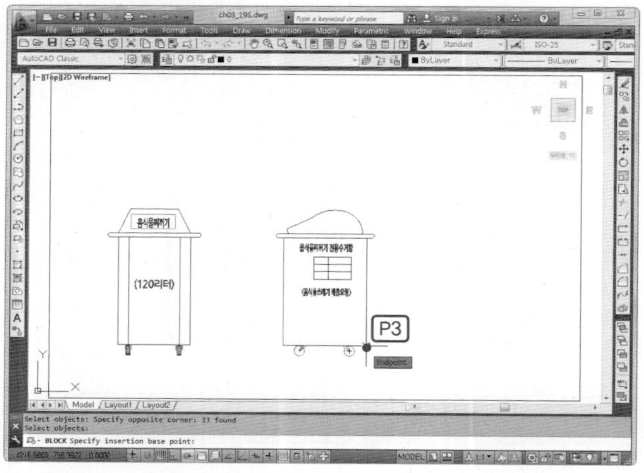


```
Specify insertion base point: P3점 클릭
```

05 삽입 기준점을 선택하고 나면 바로 대화상자로 되돌아옵니다. 다음의 Description 안에 해당 블록의 상세 설명을 몇 자 적어 넣고, [OK] 버튼을 클릭하여 블록 작성을 완료합니다.

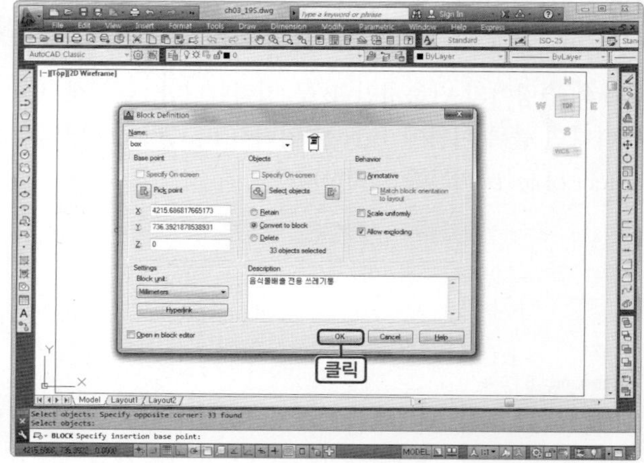

06 블록의 작성이 완료되면 해당 블록을 삽입하기 위해 Insert 명령어의 단축키인 'I'를 입력하면 다음과 같은 대화 상자가 나타납니다. 이미 만들어진 블록이 있는 경우에는 해당 블록이 첫 번째 블록으로 선택되어 미리 보기 상자에 나타납니다.

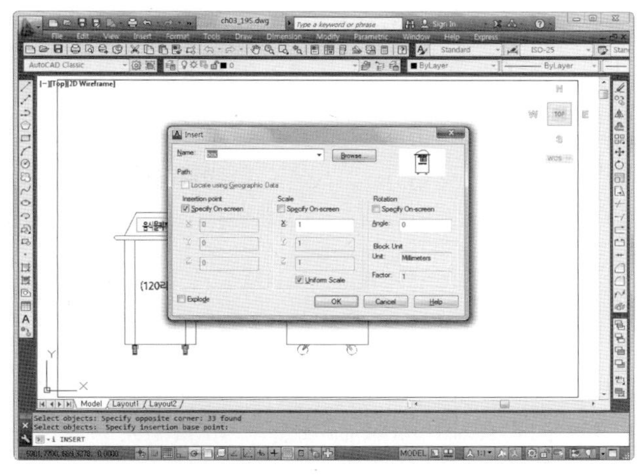

```
Command: I Enter
INSERT
```

07 대화상자의 [OK] 버튼을 클릭하면 다음과 같이 어느 곳에 삽입할 것인지가 마우스 커서에 블록이 미리 보기 되며 나타납니다. 원하는 좌표 지점을 마우스로 클릭하여 삽입 위치를 정합니다.

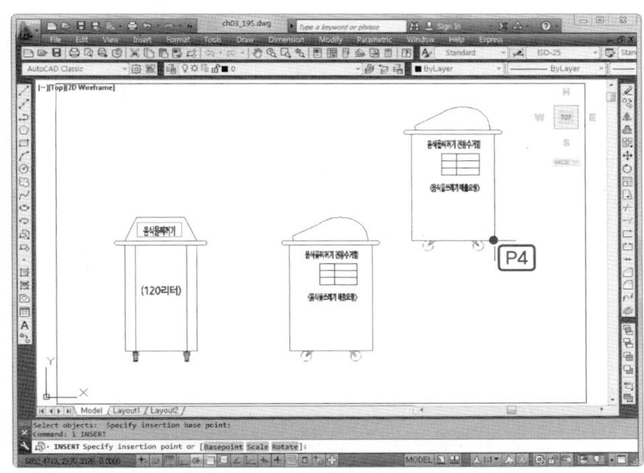

```
Specify insertion point or [Basepoint/Scale/X/Y/Z/Rotate]: P4
점 클릭
```

08 [Insert] 대화상자 내의 옵션을 하나도 수정하지 않은 상태에서 삽입 위치만 지정하여 삽입하였습니다. 이번에는 크기나 각도 등을 변경하여 Insert해보겠습니다. Insert 명령어의 단축키인 'I'를 입력합니다. Scale '0.5'와 Rotate '45'를 다음 그림과 같이 입력하고 [OK] 버튼을 클릭합니다.

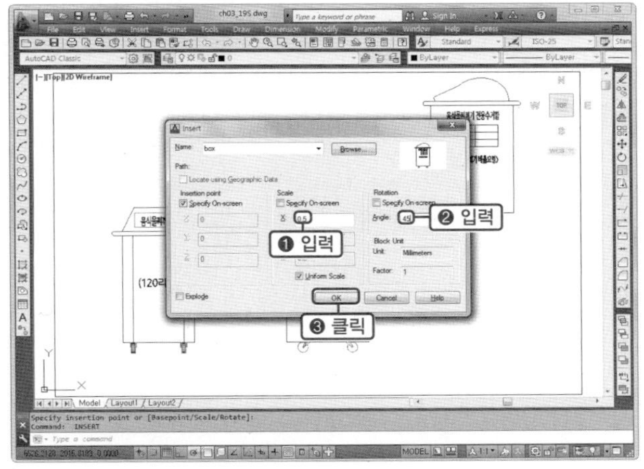

```
Command: I Enter
INSERT
```

09 다음과 같이 크기와 각도가 회전된 블록 객체가 화면에 나타납니다. 원하는 Insert 지점을 선택한 후 다음과 같이 클릭하여 삽입합니다.

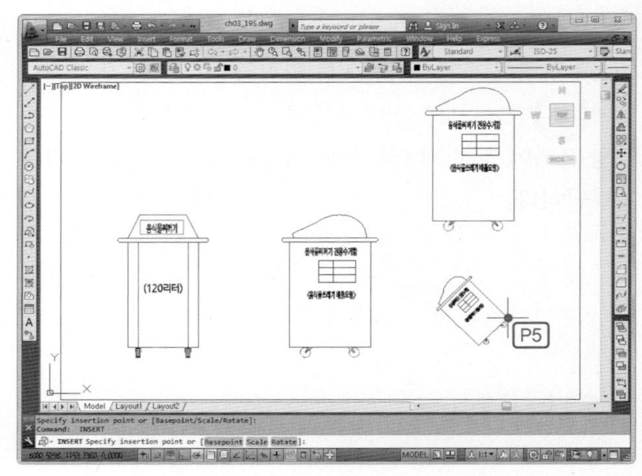

```
Specify insertion point or [Basepoint/Scale/Rotate]: P5점 클릭
```

10 블록 객체를 Insert하면 해당 블록 객체는 옵션을 지정하지 않는 이상 하나의 단일 그룹 객체로 들어옵니다. 따로 수정하거나 개별적으로 편집할 일이 있다면 Explode 명령어로 분해하여 사용합니다. Explode 명령어의 단축키인 'X'를 입력하여 Insert된 블록을 선택합니다.

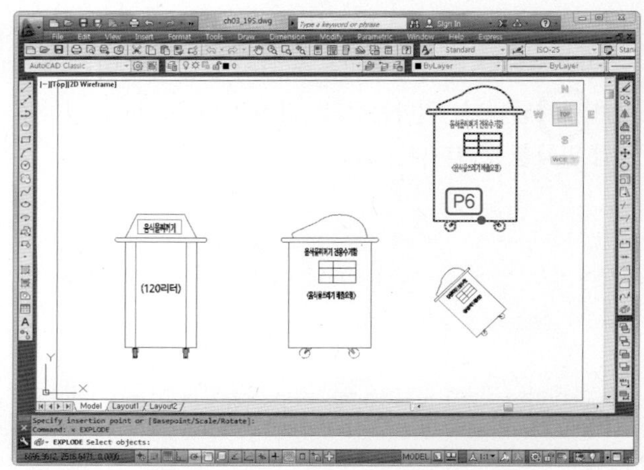

```
Command: X  Enter
EXPLODE
Select objects: 1 found
→ P6점 클릭
Select objects:  Enter
```

11 Explode 명령어를 종료하고 나면 다음과 같이 명령어 입력 없이 마우스로 해당 블록의 객체 아무곳이나 마우스를 올려보거나 클릭해봅니다. 해당 객체 하나만 선택되는 것을 알 수 있습니다.

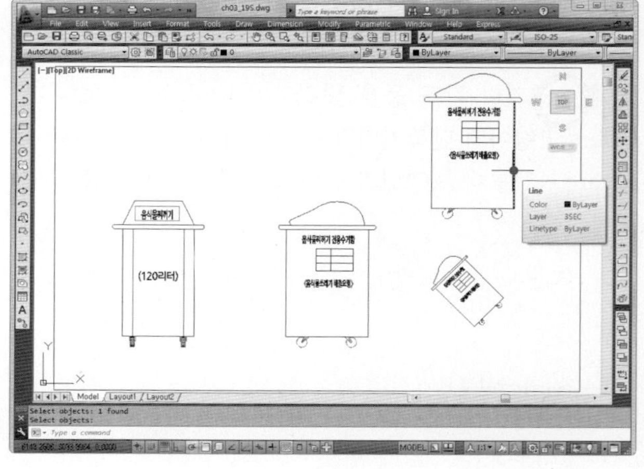

06. 외부 도면을 참조하는 Xref

앞에서 블록 객체를 원하는 도면 안으로 삽입하여 같은 그림 요소를 재활용하는 방법에 대해 알아보았습니다. 하지만 블록의 경우, 해당 블록을 삽입하면 현 도면 안에 완전한 객체로 자리 잡지만 Xref는 참조만 하는 것이 다릅니다. 즉, 참조란 원본을 현재 도면에 삽입하여 도면 요소로 사용하지만, 객체의 영향력은 원본 도면 파일의 변화에 따라 달라질 수 있다는 것입니다. Xref로 삽입된 도면은 외부 참조용으로 현재 도면에 잠시 첨부된 내용일 뿐입니다. 출력이나 화면의 인쇄 상태는 삽입된 블록과 같지만 원본 도면의 변화에 따라 도면의 내용은 매번 Update됩니다. 또한 원본의 파일을 읽어 들이는 방식으로 만들어져 있으므로 [Insert]로 삽입된 블록 객체보다 데이터의 양을 작게하여 작업할 수 있다는 장점이 있습니다. 또한 [Xref]를 통해 들어온 도면은 현 도면과의 레이어 충돌이나 데이터의 양 등에 관계없이 작업할 수 있고, 원본 도면의 변화에 바로 적용되어 다시 삽입해야 하는 번거로움이 없으며, 필요에 따라 간단하게 제거할 수도 있습니다.

명령어	Xref	아이콘	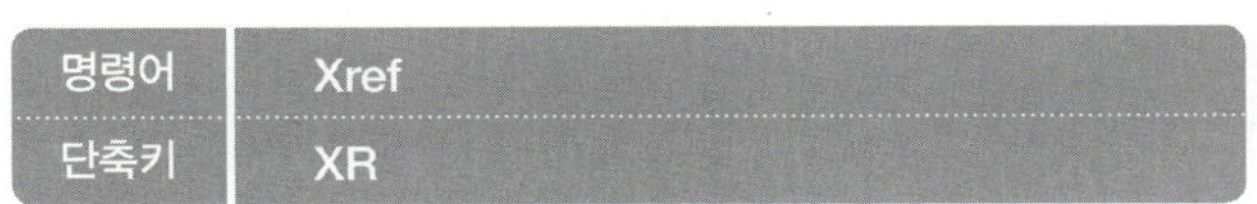
단축키	XR	메뉴	[Insert]-[External Reference]

● 명령어 이해하기

[Insert]−[External Reference] 메뉴를 클릭하거나 Xref 명령어의 단축키인 'XR'을 입력한 후 대화상자가 나타났을 때 참조를 원하는 파일을 선택하여 원하는 위치에 삽입합니다. 참조만 하는 것이므로 원본의 내용이 변하게 되면 Update를 통해 자동 수정되도록 할 수 있으며, 필요하지 않는 경우 Detatch를 통해 파일을 메모리에서 제거할 수도 있습니다.

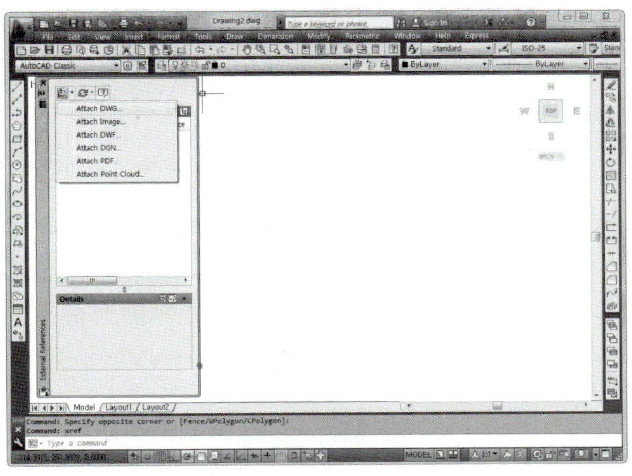

▲ Xref 파일 삽입 Attach DWG 선택

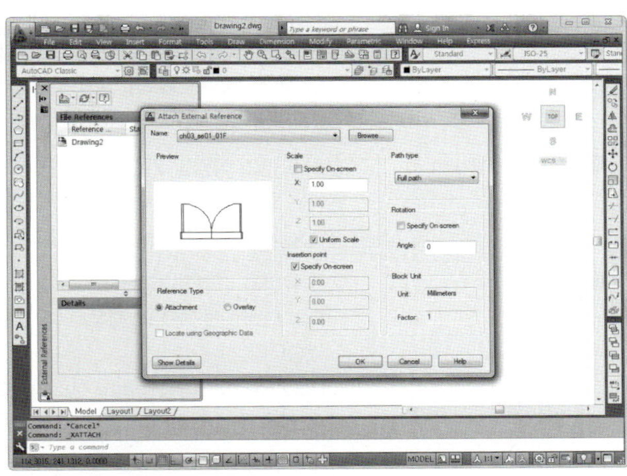

▲ [Xref] 대화상자를 이용한 파일 선택

Command: XreF `Enter`
→ 대화상자에서 참조하기 원하는 파일을 선택합니다.
Specify insertion point or [Scale/X/Y/Z/Rotate/PScale/PX/PY/PZ/PRotate]:
→ 삽입할 장소의 좌표 값을 입력합니다.

◉ 옵션 이해하기

Xref를 이용해 Attatch DWG를 클릭하면 파일을 선택하게 되고, 해당 파일을 선택하면 다음과 같은 대화상자가 나타납니다. 블록을 삽입하는 [Insert]와 비슷한 옵션 및 내용을 갖고 있습니다. 참조 파일을 현재 도면으로 삽입하는 경우 가져올 파일의 속성을 정의하는 것으로 축척 크기, 회전 각도, 삽입 단위 등도 확인할 수 있습니다.

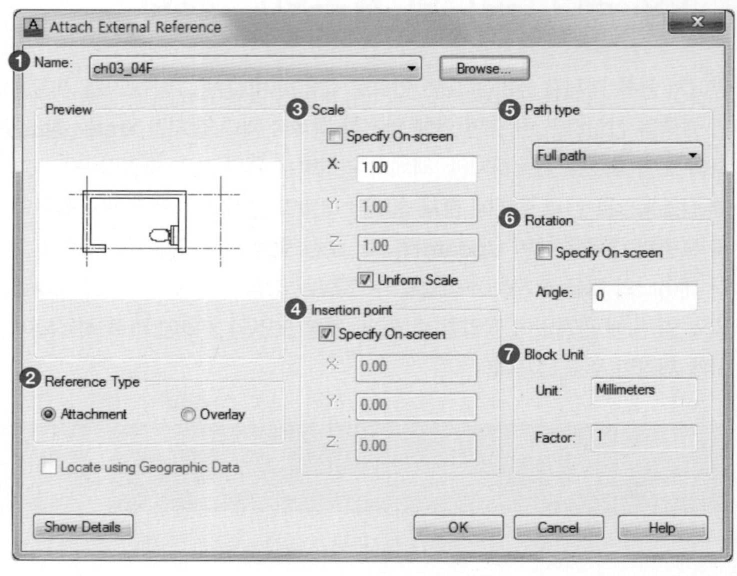

옵션	설명
❶ Name	참조할 도면을 목록 리스트에서 선택하거나 [Browse] 버튼을 클릭하여 선택합니다.
❷ Reference Type	참조 유형을 결정합니다. – Attach: 외부 참조 시 한 번 참조된 도면을 다시 다른 도면 안으로 참조하여 삽입하는 경우, 도면에 표시합니다. – Overlay: 외부 참조 시 한 번 참조된 도면을 다시 다른 도면 안으로 참조하여 삽입하더라도 도면에 표시하지 않습니다.
❸ Scale	참조 도면을 삽입하는 경우 도면의 크기를 조절합니다. – Specify On–Screen: 체크 시 화면상에 지정합니다. – Uniform Scale: 체크 시 가로, 세로의 크기가 정비례하게 설정합니다.
❹ Insertion Point	참조 도면의 삽입점 기준을 설정합니다. 절대 좌표 값인 x, y, z 값을 입력하거나 Specify On–Screen을 이용해 원하는 위치를 사용자가 직접 선택합니다. – Specify On–Screen: 체크 시 화면상에 지정합니다.
❺ Path Type	경로 유형을 결정합니다. – Full Path: 풀 패스의 경우로, 참조 파일의 경로가 사용하는 상대방의 PC에서도 동일한 조건이어야만 참조할 수 있습니다. – Relative path/No path: 참조의 경로를 지정하지 않고 사용함을 뜻하며, 일반적으로 자유로운 삽입을 위하여 '경로 없음'을 지정합니다.
❻ Rotation	참조 도면을 삽입하는 경우 도면의 회전각을 설정합니다.
❼ Block Unit	참조 도면의 단위를 설정합니다. 주로 Millimeters를 사용합니다.

● 미리해보기

예제 파일 부록 CD\Sample\Chapter03\ch03_20S.dwg , ch03_20x.dwg　　　**완성 파일** 부록 CD\Sample\Chapter03\ch03_20F.dwg

01　메뉴의 [File]-[Open]으로 부록 CD에서 예제 파일을 불러옵니다. 다음과 같은 소파 도면이 나타납니다. 도면의 표제란은 없는 상태로 만들어져 있습니다. Dr.KOH 사이트에서 사용하고 있는 표제란을 Xref로 불러들여보겠습니다. 참조를 구성할 예정이므로 'ch03_20S.dwg' 파일(시작 파일)과 'ch03_20x.dwg' 파일(참조 파일)을 잘 구분하여 사용하기 바랍니다.

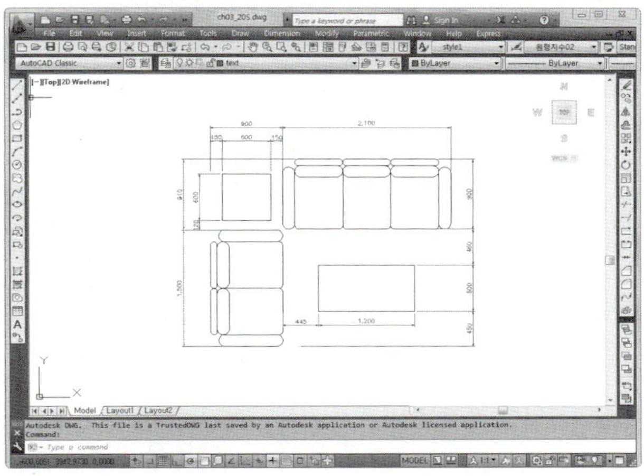

02　Xref 명령어의 단축키인 'XR'을 입력한 후 다음과 같이 [External Reference] 대화상자가 나타났을 때 [Attach DWG 목록] 버튼을 눌러 다음과 같이 파일을 선택할 수 있도록 합니다.

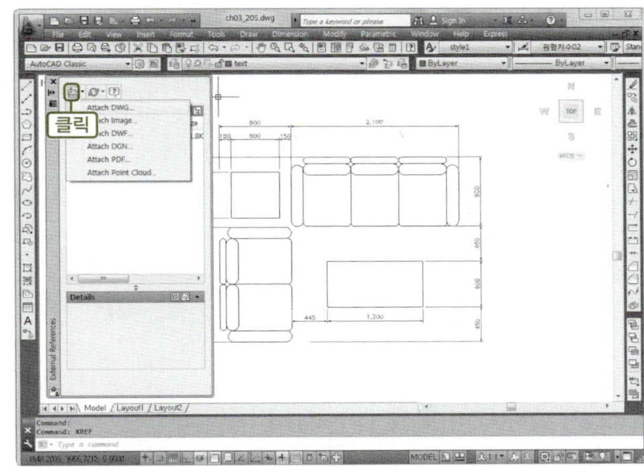

Command: XreF Enter

03　Attach DWG를 클릭하면 다음과 같은 대화상자가 나타납니다. 표제란으로 삽입할 파일을 Sample 폴더에서 찾아(ch03_20x.dwg) 선택하고, [Open] 버튼을 클릭합니다.

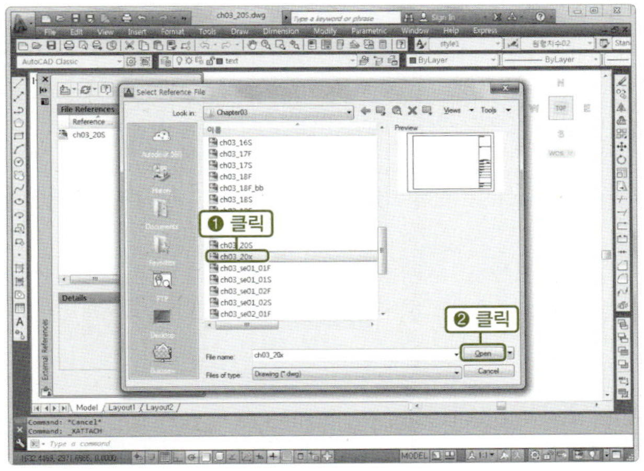

04 [Xref] 대화상자가 나타나면서 선택한 파일이 왼쪽
의 미리 보기 상자에 Preview 이미지로 나타납니다. 원본
의 크기는 1:1 크기로 만들어져 있으므로 해당 소파의 표
제란으로 사용하기 위하여 20배 크게 삽입하도록 합니다.
혹시 작거나 크게 삽입해도 나중에 Scale 등으로 수정할
수 있습니다. 다음과 같이 'Scale'을 입력합니다.

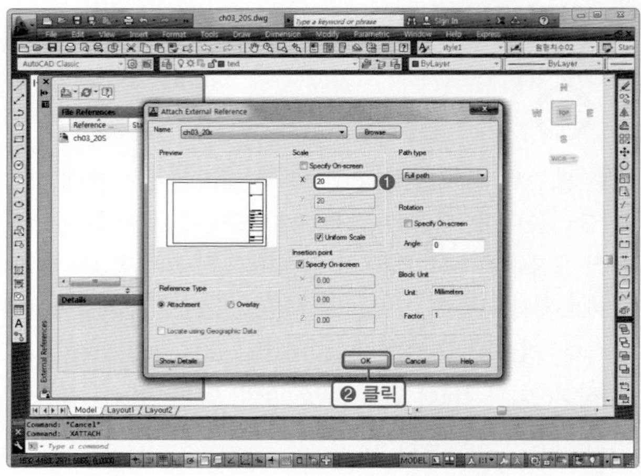

05 삽입할 좌표는 마우스로 원하는 곳을 클릭하거나 기
준 0,0 등에 삽입하면 됩니다. 위치는 나중에 수정할 수 있
으므로 절대 좌표로 0,0 위치에 삽입합니다.

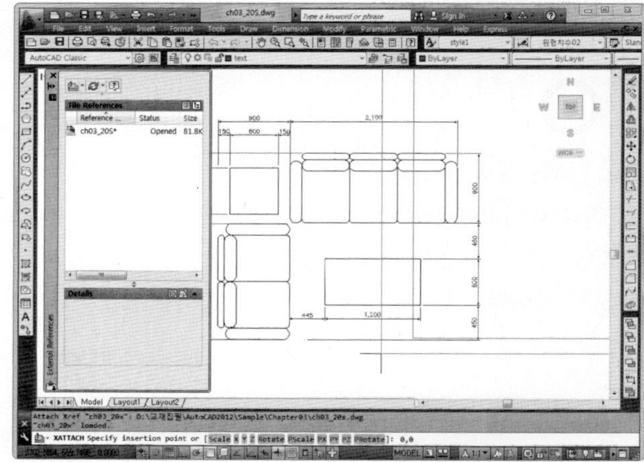

```
Specify insertion point or [Scale/X/Y/Z/Rotate/PScale/PX/PY/
PZ/PRotate]: 0,0  Enter
```

06 다음과 같이 현재 레이어를 기준으로 분홍색의 표제
란이 삽입되었습니다. 이제 External Reference 패널은
필요 없으므로 × 표시를 눌러 닫습니다.

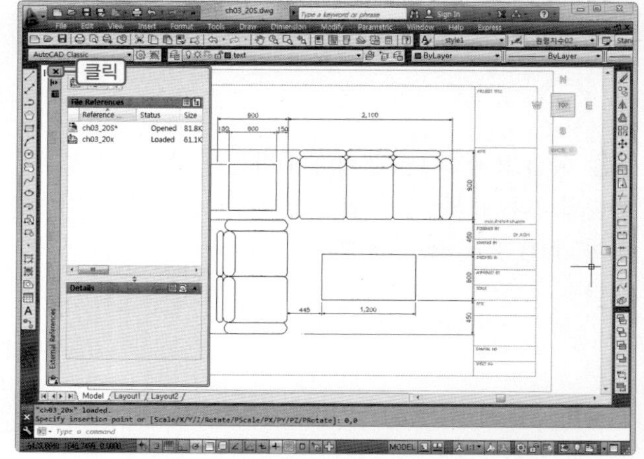

07 화면의 균형을 전체적으로 맞춥니다. Zoom 명령어를 이용해 화면을 모두 보이게 한 후, Move 명령어로 표제란을 조금 움직입니다.

```
Command: Z Enter
ZOOM
Specify corner of window, enter a scale factor (nX or nXP)
or [All/Center/Dynamic/Extents/Previous/Scale/Window/Object]
<real time>: A Enter

Command: M Enter
MOVE
Select objects: 1 found
→ P1점 클릭
Select objects: Enter
```

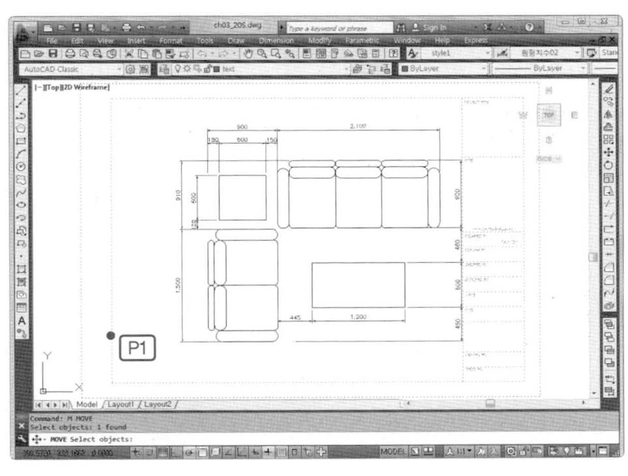

08 왼쪽에 치우친 표제란을 오른쪽 위로 드래그합니다. 움직이는 좌표는 기준 좌표에서 이동 좌표로 입력하며, 마우스나 좌표 값의 입력 모두 관계없습니다.

```
Specify base point or [Displacement] <Displacement>: P2점 클릭
Specify second point or <use first point as displacement>: P3
점 클릭
```

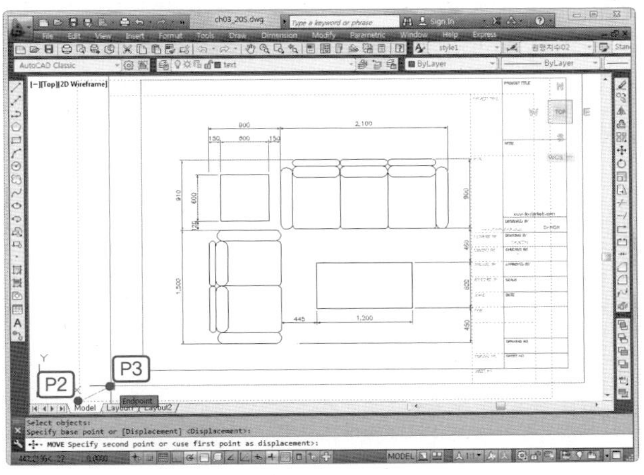

09 이제 표제란 파일의 원본인 ch03_20x.dwg 파일을 열어 수정해보겠습니다. Open 명령어를 입력하거나 툴바에서 Open 아이콘을 클릭하여 파일을 선택하는 대화상자를 연 후 'ch03_20x.dwg' 파일을 선택하고 [Open] 버튼을 클릭합니다.

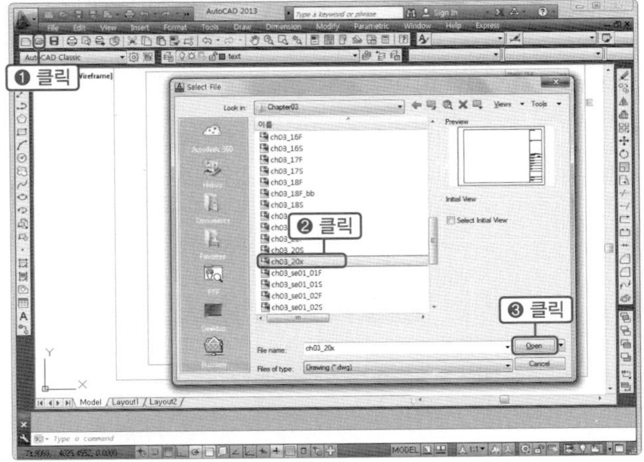

10 파일이 열리면 오른쪽의 표제란의 내용을 수정하기 위하여 Zoom 명령어로 부분 확대를 합니다. Zoom 명령어의 단축키인 'Z'를 입력한 후, 다음 두 지점을 대각선 방향으로 드래그하여 선택합니다.

```
Command: Z [Enter]
ZOOM
Specify corner of window, enter a scale factor (nX or nXP)
or [All/Center/Dynamic/Extents/Previous/Scale/Window/Object]
<real time>:
Specify opposite corner: P4~P5점 클릭, 드래그
```

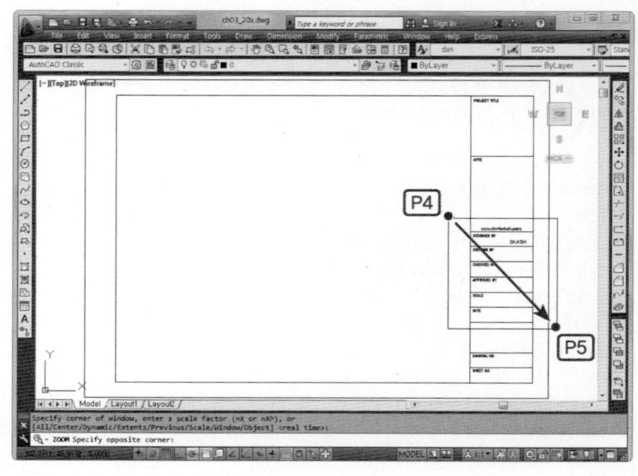

11 Date란에 연도와 월을 입력합니다. 먼저 간단한 한 줄 문자를 입력하기 위하여 Text 명령어의 단축키인 'Dt'를 입력하고 문자의 입력 점과 문자의 높이 값을 마우스로 클릭하여 선택합니다.

```
Command: DT [Enter]
TEXT
Current text style: dan
Text height: 1.7683
Annotative: No
Specify start point of text or [Justify/Style]: P6점 클릭
Specify height <1.7683>: P7점 클릭
```

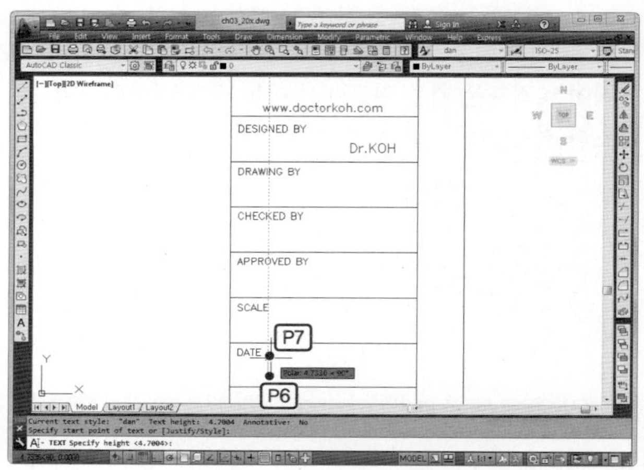

12 문장의 회전 각도가 0°인 상태에서 [Enter]를 눌러 완료하고, '2013.01'이라고 입력한 후, [Enter]를 두 번 눌러 문자 입력을 종료합니다.

```
Specify rotation angle of text <0>: [Enter]
TEXT: 2013.01 [Enter] [Enter]
```

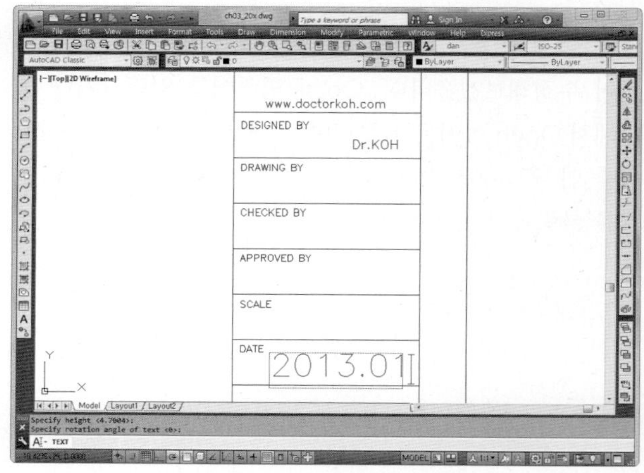

13 확대되었던 화면을 다시 전체 화면으로 되돌린 후 Save 명령어나 Qsave 명령어를 입력하여 현재 파일을 이름 그대로 저장합니다. 툴바나 메뉴를 이용하여 Save 메뉴를 다음과 같이 눌러서 저장해도 됩니다.

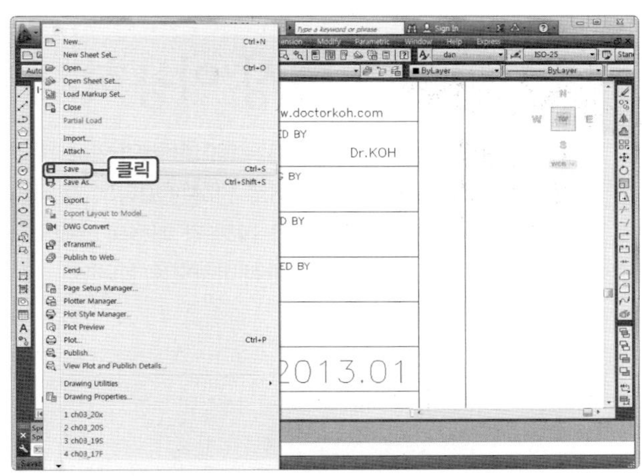

```
Command: Z Enter
ZOOM
Specify corner of window, enter a scale factor (nX or nXP)
or [All/Center/Dynamic/Extents/Previous/Scale/Window/Object]
<real time>: A Enter

Command: QSAVE Enter
```

14 표제란 파일의 저장이 완료되면 현재 파일을 Xref로 참조한 파일로 이동합니다. Window 메뉴를 눌러 작업 중이던 'ch03_20S.dwg' 파일을 다음과 같이 클릭하여 선택합니다.

15 참조되어 있는 표제란의 Date란에 아직 연도와 월이 적혀 있지 않은 원래의 파일이 보입니다. 오른쪽 아래에 있는 원본이 바뀌었으므로 참조 파일을 다시 재구성할 수 있는 Reload 메시지가 존재합니다. 파란색의 링크를 클릭하면 새로 저장된 내용으로 재구성됩니다.

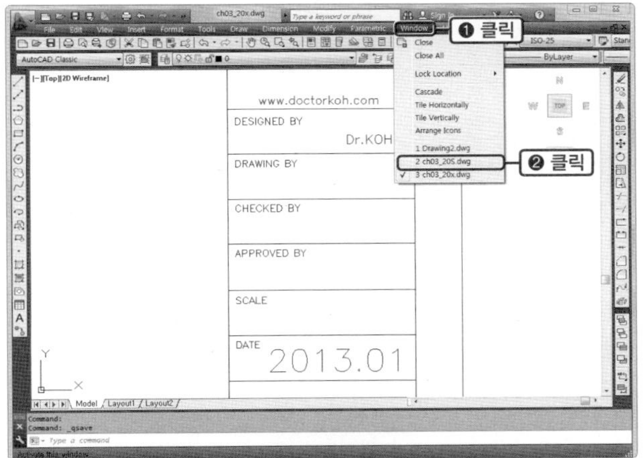

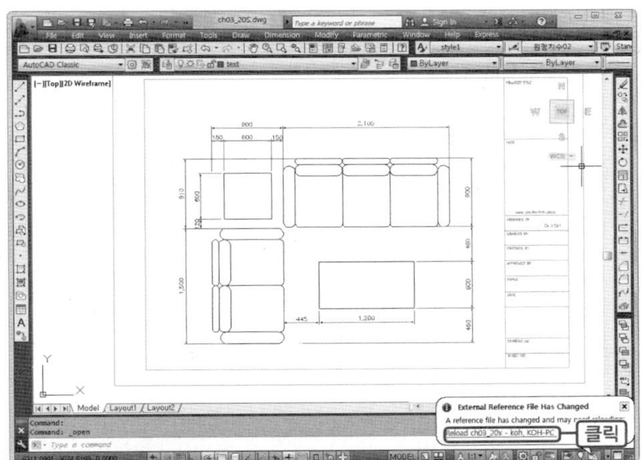

Upgrade ★

'ch03_20F.dwg' 파일의 내용이 달라요

Xref 명령어는 외부 파일을 현재 파일에 참조하는 내용이므로 완벽하게 삽입된 것이 아닙니다. 출력 등에는 문제가 없지만 삽입하려는 파일의 내용이 다르면 결과도 다를 수 있습니다. 현재 'ch03_20S.dwg' 파일에 'ch03_20x.dwg' 파일을 참조한 결과 파일이 'ch03_20F.dwg'이어야 하지만 원본에 삽입한 'ch03_20x.dwg' 파일은 여러분들이 학습할 수 있도록 초기화하여 두었으므로 날짜가 삽입되지 않은 상태로 저장되어 있습니다.

해칭 이용하기

응용하기 01

이번에는 일정한 영역 안에 원하는 무늬를 넣어 해당 지역의 활용도나 의미를 알 수 있도록 하는 Hatch 명령어로 원하는 모양의 패턴을 영역 안에 넣는 명령어를 실습해보겠습니다. 이미 입력된 패턴 모양의 수정을 통해 각 패턴의 스타일과 간격, 각도 등을 조절할 수 있는 Hatchedit 명령어의 사용법을 익혀 실전에 대비하도록 합니다.

예제 파일 부록 CD\Sample\Chapter03\ch03_se04_01S.dwg **완성 파일** 부록 CD\Sample\Chapter03\ch03_se04_01F.dwg

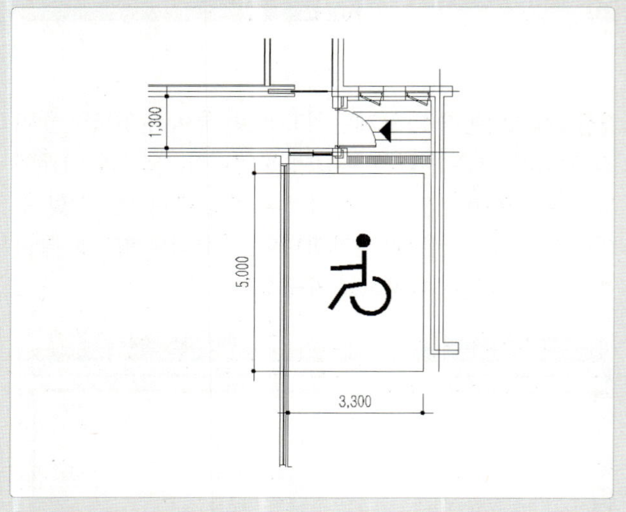

[Start]

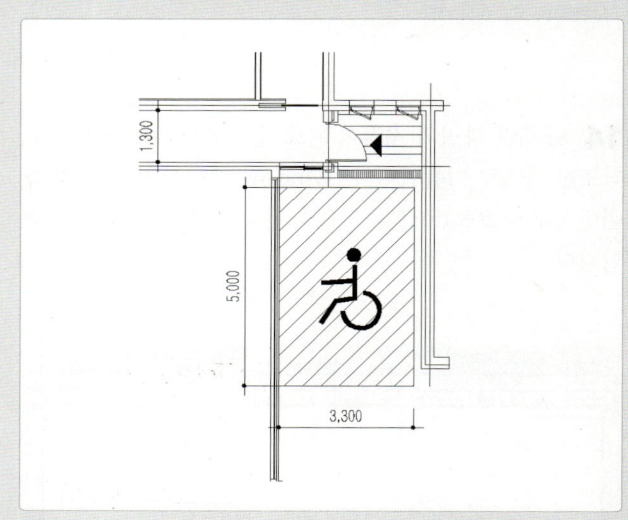

[Final]

01 메뉴의 [File]−[Open]으로 부록 CD에서 예제 파일을 불러옵니다. 다음과 같이 장애인 표시 구역 표시가 있는 도면이 나타납니다. 표시 구역에 Solid Hatch를 채웁니다.

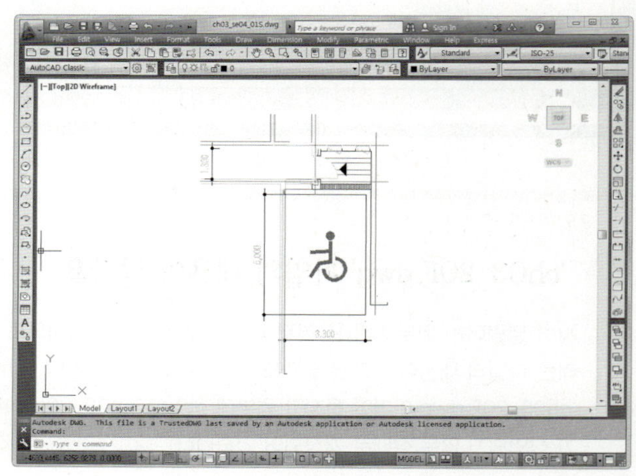

02 Hatch 명령어의 단축키인 'H'를 입력합니다. 다음과 같이 대화상자가 나타나면 패턴의 종류를 선택하기 위하여 Swatch 패턴 이미지를 클릭합니다.

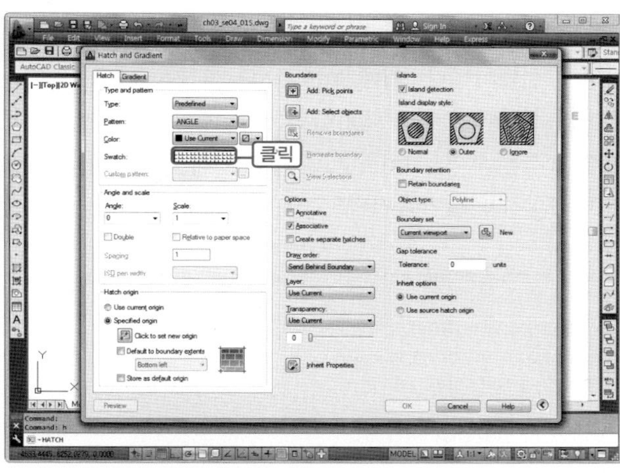

```
Command: H Enter
HATCH
```

03 여러 가지 패턴 모양 중에서 선택 지역을 해당 레이어 색상으로 모두 채워주는 'Solid'를 선택합니다. 선택한 후 [OK] 버튼을 클릭하여 선택을 완료합니다.

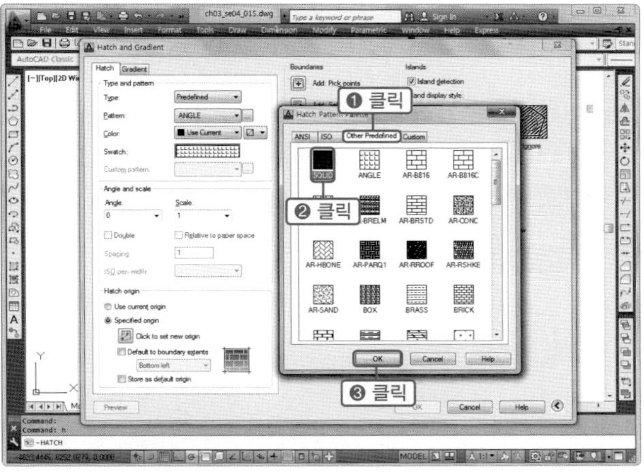

04 패턴을 선택한 후 Boundaries 영역의 [Pick Point] 버튼을 클릭하여 패턴을 채울 영역을 선택합니다. [Pick Point] 버튼을 클릭하면 대화상자가 사라지고, 도면 상태로 돌아갑니다.

05 다음과 같이 패턴을 채울 영역의 내부를 마우스로 클릭하여 선택합니다. 이때 AutoCAD 2012는 마우스를 클릭하기 위하여 조금만 대기하면 해당 패턴의 모양에 대한 미리 보기를 보여 줍니다. 선택이 완료되면 Space bar 를 눌러 대화상자로 돌아옵니다.

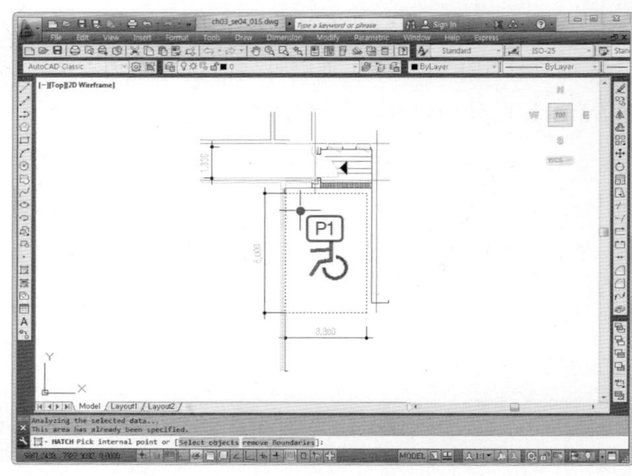

```
Pick internal point or [Select objects/remove Boundaries]:
P1점 클릭
Selecting everything...
Selecting everything visible...
Analyzing the selected data...

Analyzing internal islands...

Pick internal point or [Select objects/remove Boundaries]:
Space bar
```

06 Solid의 경우에는 변경할 옵션이 많지 않습니다. 특히 Scale이나 Angle 등은 수정할 필요가 없으므로 그대로 [OK] 버튼을 클릭하여 완료합니다.

07 다음과 같이 표시 마크를 제외한 구역에 Solid 패턴을 모두 입력하였습니다. 해당 Solid 패턴을 다른 모양의 패턴으로 변경하는 연습을 하기 위하여 HatchEdit 명령어의 단축키인 'HE'를 입력합니다.

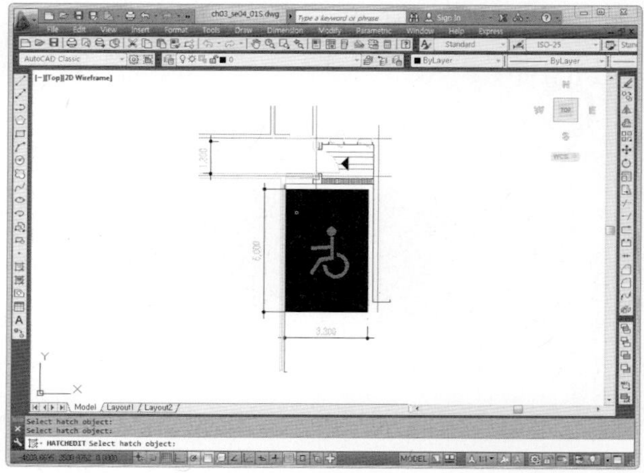

```
Command: HE Enter
HATCHEDIT
```

08 Solid 패턴을 선택하는 경우에는 다음과 같이 선택 상자인 Pickbox를 패턴 위에 두고 다음과 같이 선택된 표시가 나타날 때 클릭해야만 정상적으로 선택됩니다. 다음의 패턴을 클릭하여 선택합니다.

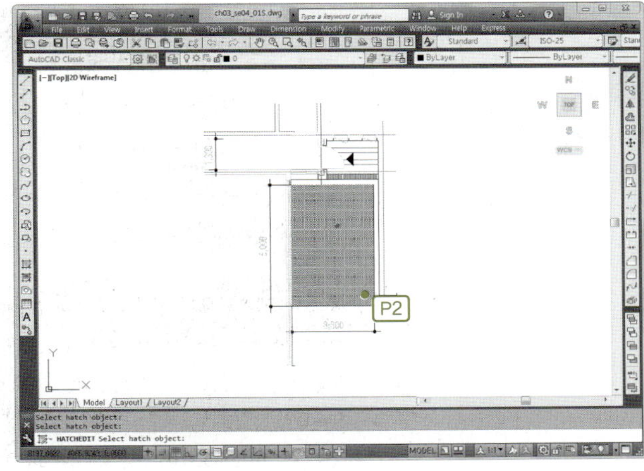

Select hatch object: P2점 클릭

09 HatchEdit는 Hatch 명령어의 내용을 수정하는 것이므로, 다음과 같이 Hatch를 입력할 때와 동일한 대화상자가 나타납니다. 먼저 Solid 패턴 모양을 수정하기 위하여 패턴 Swatch 버튼을 클릭하여 패턴 팔레트를 연 후, 맨 앞의 [ANSI] 탭을 클릭하고 ANSI31 패턴을 클릭하여 선택합니다.

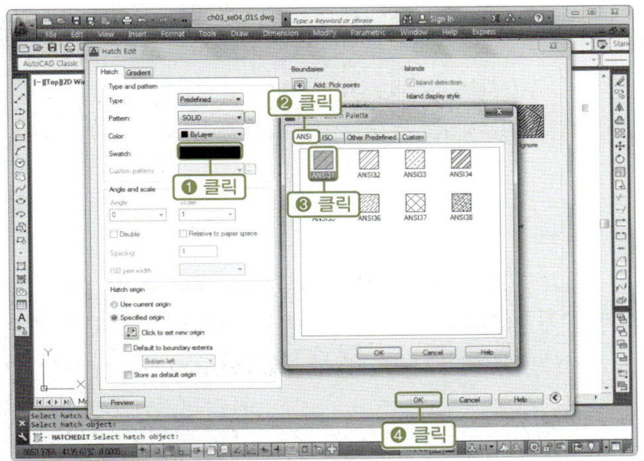

10 패턴 무늬의 간격을 조절하기 위하여 Sacle란의 숫자를 '100'으로 올려 입력합니다. 새로운 패턴으로 변경 완료하기 위해 [OK] 버튼을 눌러 완료합니다.

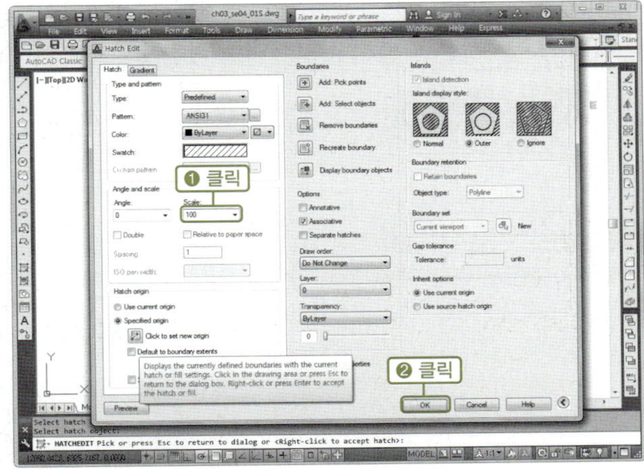

블록과 참조 도면 활용하기

자주 사용하는 도면 요소를 블록으로 제작해두고 사용하는 위치의 도면에 필요 시 참조가 아닌 해당 도면 요소로 삽입하여 사용할 수 있습니다. 자주 사용되는 도면의 경우 계속 도면을 그리는 시간을 절약하고 만들어둔 라이브러리의 경우 같은 작업을 하는 경우 함께 사용할 수 있는 장점이 있습니다. 이번에는 블록을 제작한 후 삽입하는 과정에 대해 알아보겠습니다.

예제 파일 부록 CD\Sample\Chapter03\ch03_se04_02S.dwg, ch03_se04_02S_2.dwg **완성 파일** 부록 CD\Sample\Chapter03\ch03_se04_01F.dwg

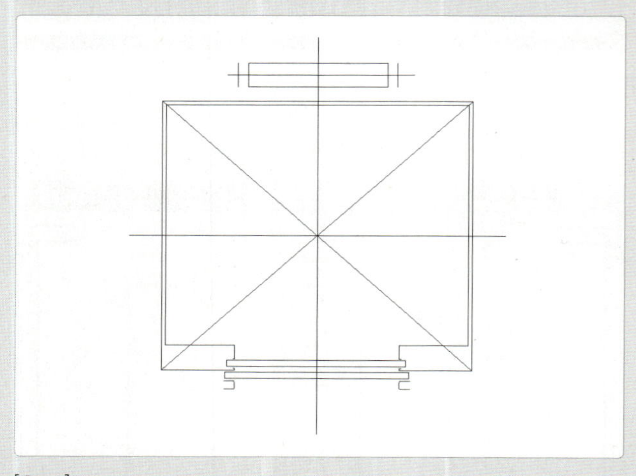

[Start]

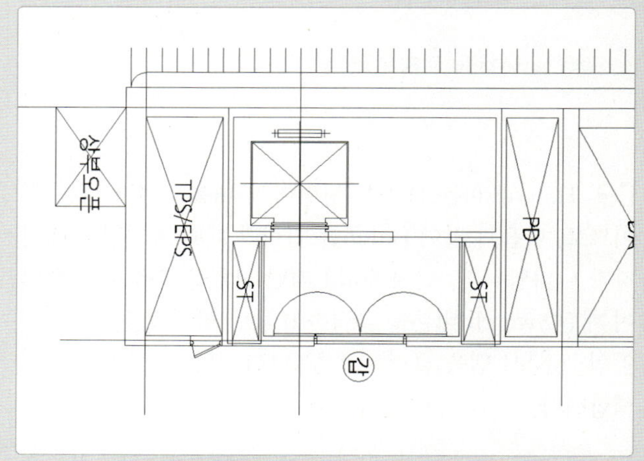

[Final]

01 메뉴의 [File]-[Open]으로 부록 CD에서 예제 파일을 불러옵니다. 엘리베이터 단면의 도면이 나타납니다. 엘리베이터는 거의 지정된 사이즈로 제작되므로 해당하는 엘리베이터를 다음과 같이 사이즈별로 그린 후, 블록으로 저장해두고 사용합니다.

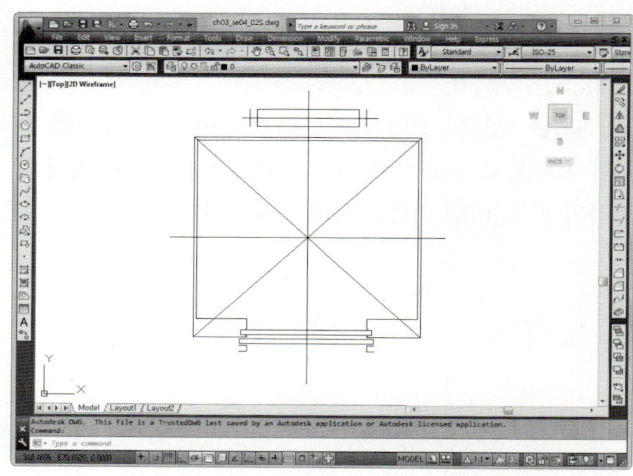

02 엘리베이터 단면을 블록으로 저장하기 위하여 다음과 같이 쓰기 블록으로 저장하겠습니다. 쓰기 블록인 Wblock 명령어의 단축키인 'W'를 입력하면 다음과 같은 대화상자가 나타납니다. 블록 대상체를 선택하기 위하여 Object란의 [Select object] 버튼을 다음과 같이 클릭합니다.

```
Command: W  Enter
WBLOCK
```

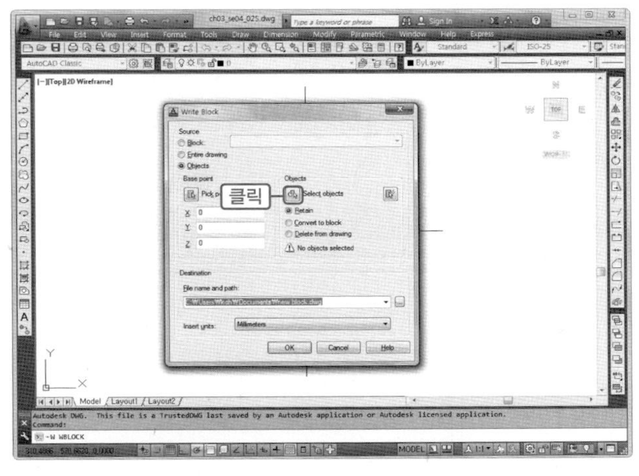

03 엘리베이터 단면 전체를 모두 선택해야 하므로, 오른쪽에서 왼쪽으로 드래그하여 Cross 방식으로 감싸 선택합니다. 선택이 완료되면 Enter 를 눌러 선택을 종료합니다.

```
Select objects:
Specify opposite corner: 37 found
→ P1~P2점 클릭, 드래그
Select objects:  Enter
```

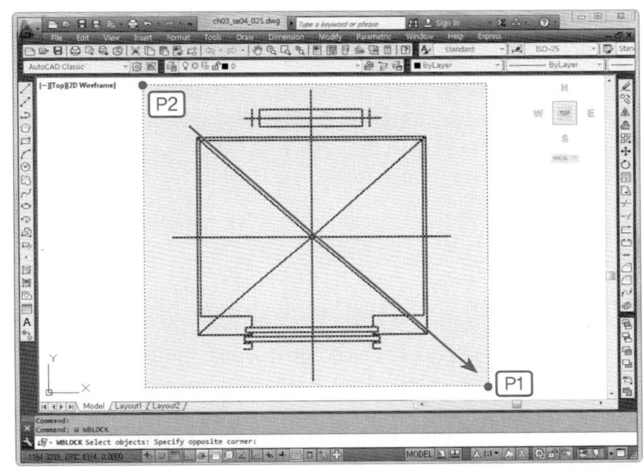

04 선택이 완료되어 Enter 를 누르면 다시 [Wblock] 대화상자로 되돌아옵니다. 이번에는 블록 삽입 시 삽입의 기준점을 설정하기 위하여 Base Point란의 [Pick Point] 버튼을 다음의 대화상자에서 클릭합니다.

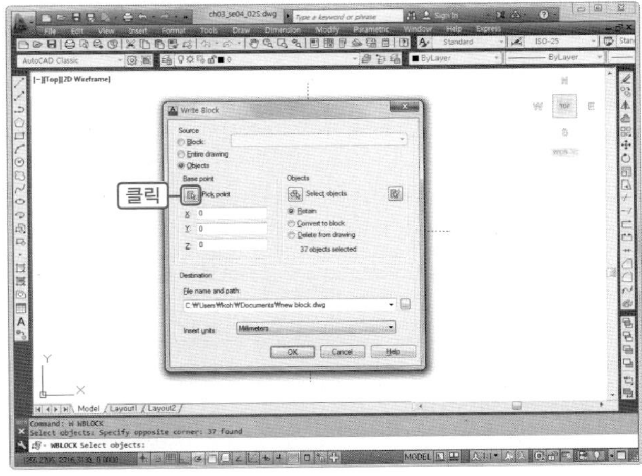

05 맨 아래의 왼쪽 지점이 엘리베이터가 삽입될 기준점 이므로, 다음의 P3점을 마우스로 정확하게 클릭하여 선택 합니다. 이때에는 반드시 Osnap이 켜져 있는 상태에서 클릭해야 합니다.

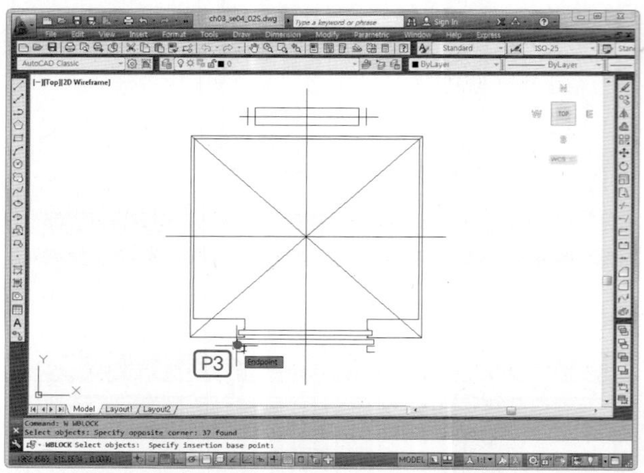

Specify insertion base point: P3점 클릭

06 삽입점을 선택하면 바로 다시 [Wblock] 대화상자로 되돌아옵니다. 이 블록을 파일로 저장하기 위하여 아래쪽에 있는 [Browser] 버튼을 클릭합니다.

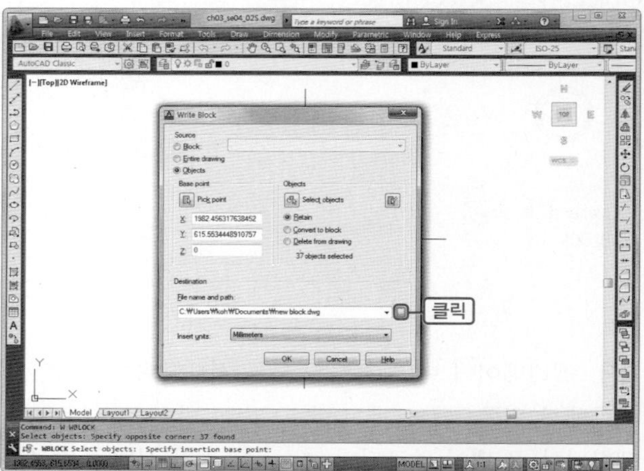

07 다음과 같이 저장하는 파일명을 입력하거나 다른 이름으로 입력합니다. 이 책의 예제 파일에는 'ch03_se04_02S_wb'로 입력하였습니다. 예제에는 이 파일이 저장되어 있으므로 뒤에 번호를 붙여 저장합니다.

08 저장된 파일의 경로와 삽입점의 좌표 값 등이 대화상자에 표시되었습니다. 다음과 같이 완료되면 [OK] 버튼을 클릭하여 완료합니다.

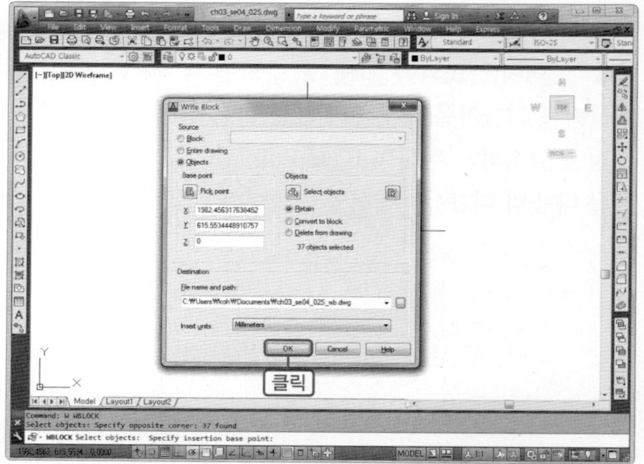

09 이제 만들어진 블록 객체를 원하는 도면에 불러들여 삽입합니다. 제공된 예제 파일 중 'ch03_se04_02_2.dwg' 파일을 Open 명령어를 이용하여 엽니다.

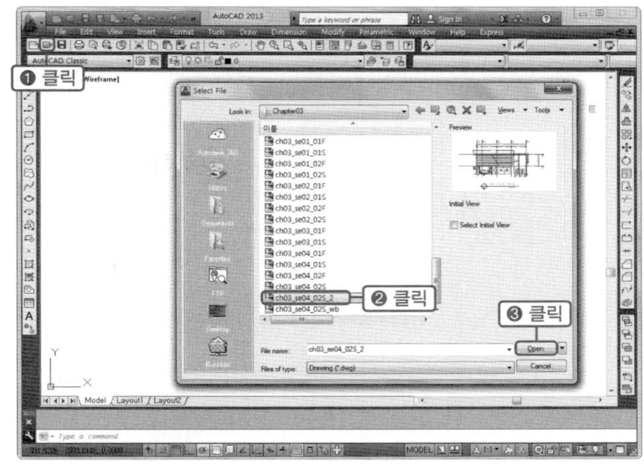

10 다음과 같은 평면도가 나타납니다. 엘리베이터 도면이 들어갈 왼쪽 아래를 다음과 같이 Zoom 명령어를 이용하여 확대합니다.

```
Command: Z Enter
ZOOM
Specify corner of window, enter a scale factor (nX or nXP)
or [All/Center/Dynamic/Extents/Previous/Scale/Window/Object]
<real time>:
Specify opposite corner: P4~P5점 클릭, 드래그
```

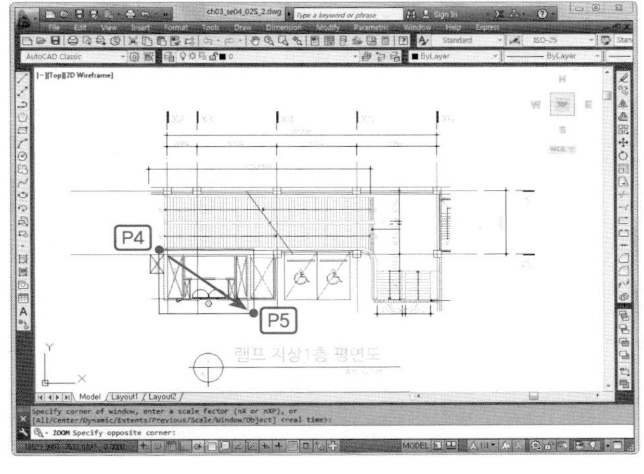

11 해당 지역에 엘리베이터 블록을 삽입하기 위하여 Insert 명령어의 단축키인 'I'를 입력합니다. 다음과 같은 대화상자가 나타나면 [Browser] 버튼을 클릭하여 파일을 선택하는 상자로 이동합니다.

```
Command: I Enter
INSERT
```

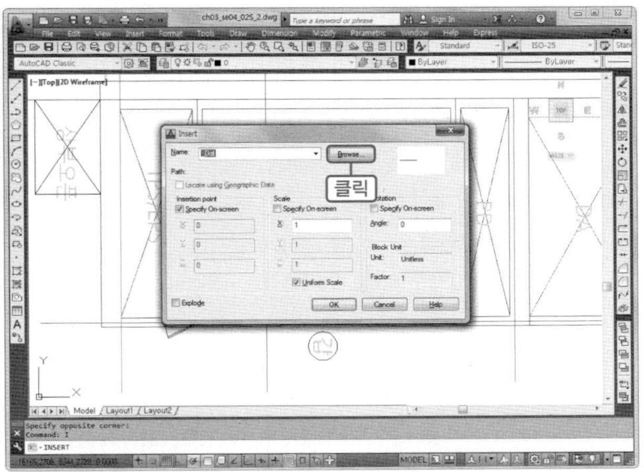

12 조금 전에 만든 'ch03_se04_02S_wb.dwg' 파일을 선택하고 [Open] 버튼을 클릭하여 선택을 완료합니다.

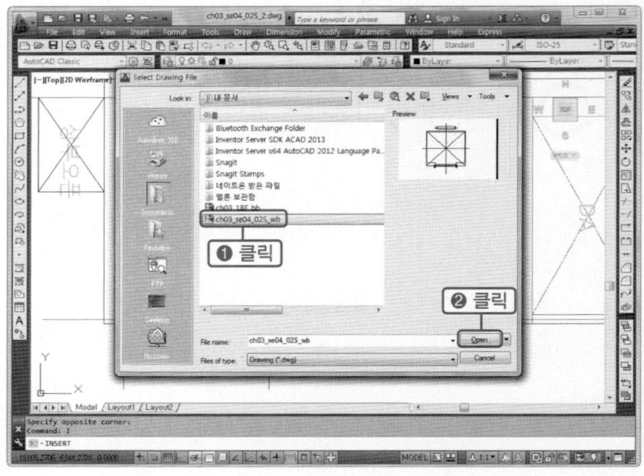

13 다시 [Insert] 대화상자로 되돌아옵니다. 다음과 같이 삽입점은 마우스로 사용자가 원하는 지점을 클릭하여 선택하기 위하여 다음과 같이 선택해 놓도록 하고, [OK] 버튼을 클릭하여 도면이 있는 화면으로 이동합니다.

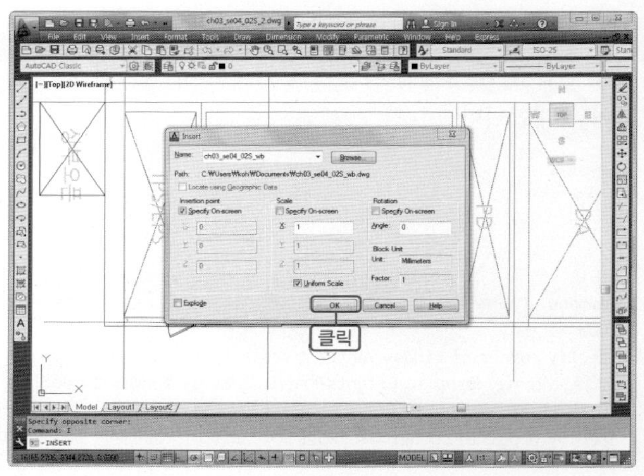

14 기준점은 이미 Wblock을 만들 때에 지정해두었으므로 다음과 같이 삽입점을 엘리베이터가 들어가야 하는 자리에 삽입합니다. 삽입하면 완료됩니다.

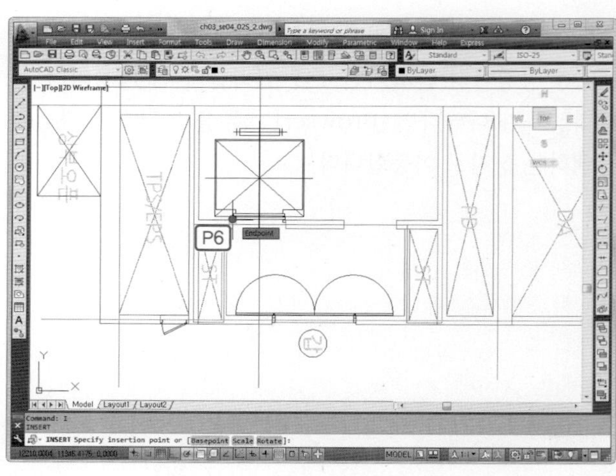

Specify insertion point or [Basepoint/Scale/Rotate]: P6점 클릭

Practice Drawing

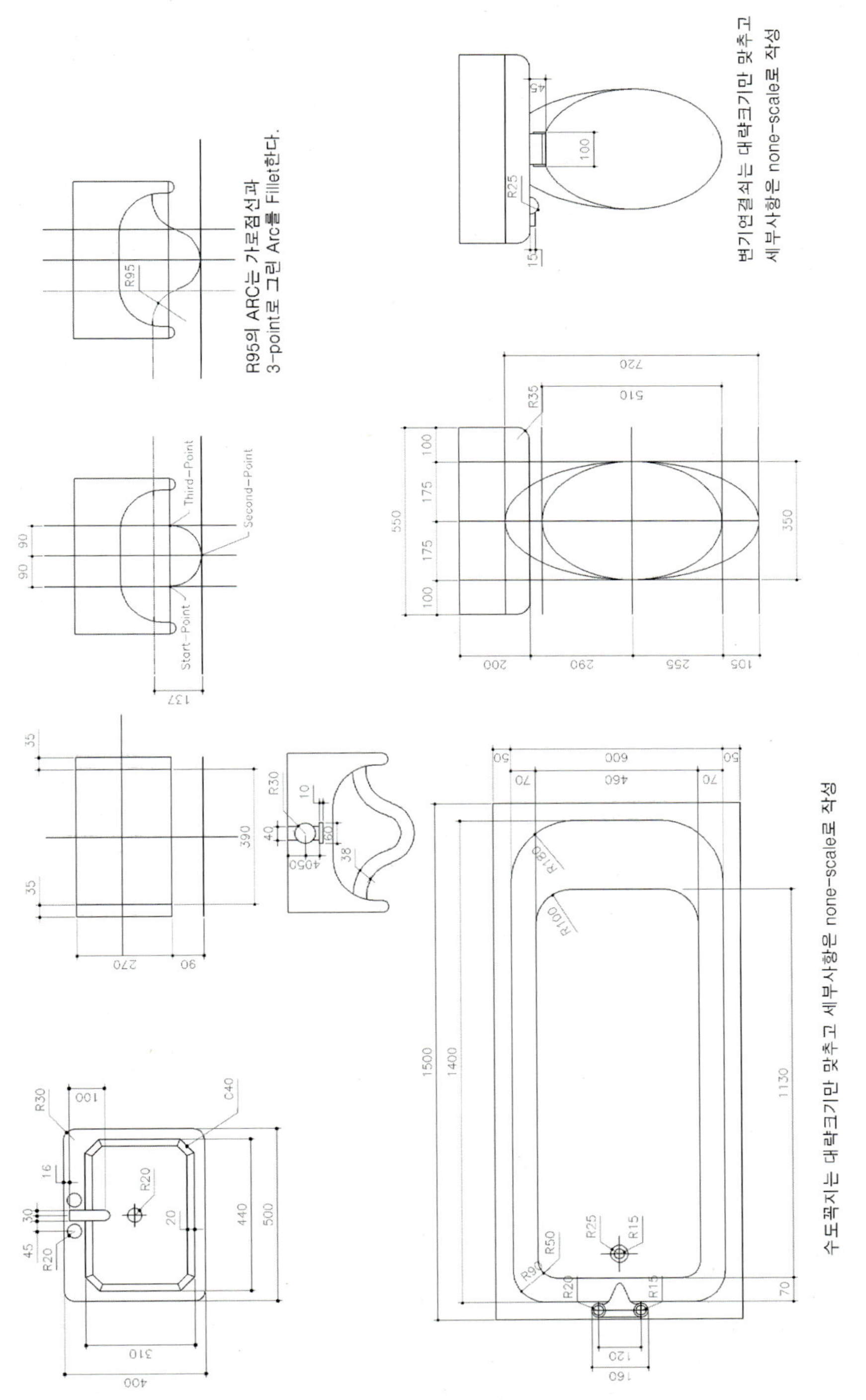

04

그림 그리기에서 도면 그리기로

이 장에서는 AutoCAD 2013으로 그림을 그릴 때에 실제 도면에 적용할 수 있는 명령어에 대해 알아보겠습니다. 앞에서 그림을 그리고 편집하는 방식을 이용하여 도면 요소를 그리는 연습을 하였다면, 이 장에서는 실제 도면을 운영하기 위한 명령어와 실제로 출력하기 위한 도면 요소에 대해 살펴봅니다. 도면을 처음 접하는 사용자의 경우 형형색색의 도면을 보게 됩니다. 이때 이 도면들은 각 속성별로 분류된 후 한 번에 제어할 수 있는 상태로 세분화되어 작성됩니다. 이 장에서는 도면의 가시성을 조절하거나 각 도면 요소의 선 가중치 등을 조절하는 방법을 익혀보겠습니다.

Section 01

도면 속성을 정의하고 사용하기

도면 속성이란, 도면 요소가 갖는 선의 역할을 종류별로 구분하여 관리할 수 있도록 도면의 속성을 정의하고 관리하는 것을 말합니다. 이번에는 이러한 도면 요소의 속성을 관리하는 명령어에 대해 알아보겠습니다. 여기서 도면 요소의 속성을 관리한다는 것은 도면의 속성을 정의하고, 이 속성의 기준을 Layer를 통해 정하거나 구분한다는 것을 의미합니다. AutoCAD 2013은 어느 한 분야의 도면뿐만 아니라 건축, 기계, 인테리어, 토목 등과 같은 다양한 도면을 그릴 수 있는 프로그램입니다. 이번에는 Layer를 이용하여 선분이 갖는 색상, 굵기 등을 관리하는 방법에 대해 알아보겠습니다.

01. 분야별 도면 속성 이해하기

건축, 토목, 인테리어, 기계 도면을 그리는 경우에는 모두 하나의 단일 레이어에서 도면을 작성하지 않습니다. 즉, 해당 도면 요소별로 분류하여 도면을 작성하게 되는데, 각 분야별로 도면을 구분하는 방식은 조금 다릅니다. 다음 내용을 보고 분야별 구분 방식을 이해하기 바랍니다.

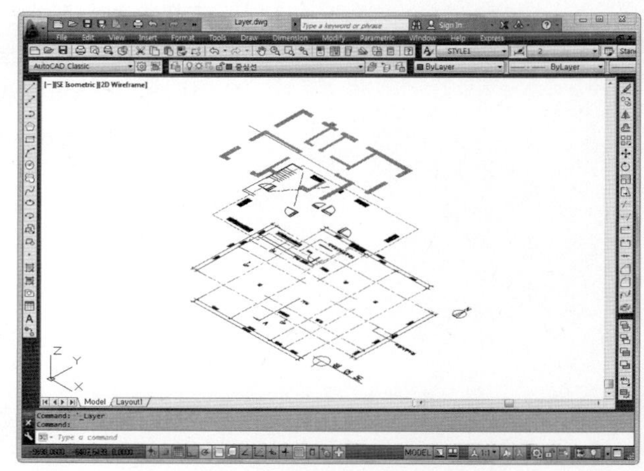

● 각 분야별 도면 층의 구분 방식

각 분야별로 가장 먼저 고려하는 기준은 무엇이며, 레이어는 어떤 방식으로 구분하는지에 대해 알아보겠습니다. 주로 어떤 도면에서 종류별, 색상별, 용도별로 구분하는지를 알아본 후 레이어를 구분해봅시다.

선의 종류별 구분	기계 분야의 도면에서 사용하는 방식 ⑩ 중심선, 외형선, 단면선, 파선
선의 색상별 구분	토목 분야의 도면에서 사용하는 방식
선의 용도별 구분	건축, 인테리어 분야에서 사용하는 방식 ⑩ 벽선, 중심선, 벽돌, 해칭, 치수

● 레이어 구분 기준

AutoCAD를 주로 많이 사용하는 건축 도면과 인테리어 도면을 기준으로 다음과 같이 나누어보았습니다. 도면에서 사용하는 선의 종류와 용도는 다음과 같습니다.

레이어에서의 구분 기준	도면에 사용하는 선의 종류에 따른 구분	중심선(Center), 은선(Hidden), 도트선(Dot), 2점 쇄선(Phantom) 등
	도면에 사용된 객체의 용도에 따른 구분	벽선(내벽, 외벽) 또는 콘크리트, 벽돌, 가구, 재료, 해칭 등
	도면 출력 두께에 따른 구분	가는 선, 중간 선, 굵은 선 등

● 레이어 구성의 예

사용자가 그려야 하는 도면의 이름을 색상명이나 번호, 목적에 따라 부여하면 부가적인 요소를 결정하기가 쉽습니다. 이 책에서는 기본적인 구성을 다음과 같이 설정하겠습니다. 모든 사용자가 항상 이렇게 사용하는 것은 아니지만 해당 종류별, 선의 두께별로 구분한 후 각각의 용도에 따라 레이어를 결정하고, 이후 다양한 선의 두께와 선의 종류, 그리고 색상을 지정하여 도면 층을 형성하면 기초적인 도면을 작성할 때에 매우 편리합니다.

선의 Type	선의 두께	사용 용도	레이어명	적용 색상
Center(중심선) Dashdot(중심선)	0.1mm	중심선	CEN	red
Hiddeb(은선)	0.2~0.3mm	은선(=숨은선)	HID	gray
Continue(실선)	0.3mm 0.2mm 0.15mm	벽선 또는 외형선 문, 창문, 가구, 문자, 치수 해칭, 파단선, 단열재, 기타	CON, WALL DOOR, WIN, FUR, TEXT, DIM HAT, DAN, etc	green cyan, blue, yellow magenta, 기타 원하는 색상

Upgrade ★

레이어명 지정

레이어명은 사무실마다 다르게 지정하기도 하며, 위의 내용이 전부가 아니므로 오해 없으시기를 바랍니다. 보통 전산 응용 건축 제도 같은 시험은 1, 2, 3, …과 같이 번호로 구분하거나 빨강, 노랑, 파랑, 흰색과 같이 색상명으로 구분하기도 합니다. 하지만 실무에서는 레이어가 10가지 이상 사용되므로 단순히 색상 이름이나 숫자로만 구분하기가 어렵습니다. 따라서 도면을 관리하는 차원에서 본다면 각각의 용도별로 이름을 부여하는 것이 더 효율적입니다.

02. 도면 층을 생성하는 Layer

Layer는 도면을 그릴 때에 가장 먼저 설정하는 명령어로, 도면을 용도별로 구분할 수 있는 기준을 갖고 있습니다. 앞에서 설명한 레이어를 구분하는 기준안을 기본으로 하여 각각 사용자의 조건에 맞도록 용도별, 색상별, 선 두께별로 구분하여 이름과 색, 선의 종류와 선의 굵기를 구별하여 설정하는 명령어입니다. Layer는 대화상자를 이용하여 관리하며, 선 종류는 도면 한계인 Limits에 따라 제대로 보이거나 보이지 않을 수 있으므로 관리하는 명령어를 함께 익히는 것이 좋습니다.

명령어	Layer, Ddlmodes	아이콘	
단축키	LA	메뉴	[Format]-[Layer]

● 명령어 이해하기

레이어 명령어는 Command 명령 행에서 Layer 명령어의 단축키인 'La'를 입력하여 사용하며, 보통 레이어 아이콘은 툴바나 리본 메뉴에 항상 고정적으로 나타나 있으므로 툴바의 아이콘을 눌러 사용하는 것이 더 빠릅니다. 툴바의 레이어 아이콘은 'Layer Properties Manager 버튼'이라고도 하며, 이 아이콘을 누르면 Layer 명령어를 입력한 상태와 동일한 레이어 매니지먼트 패널이 나타납니다.

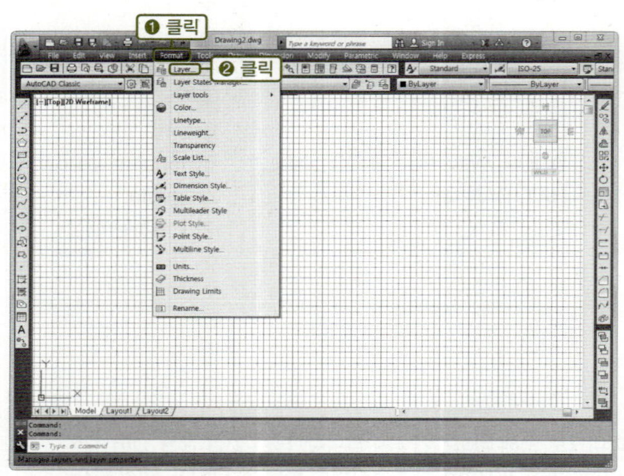

▲ Layer 패널을 여는 메뉴 선택

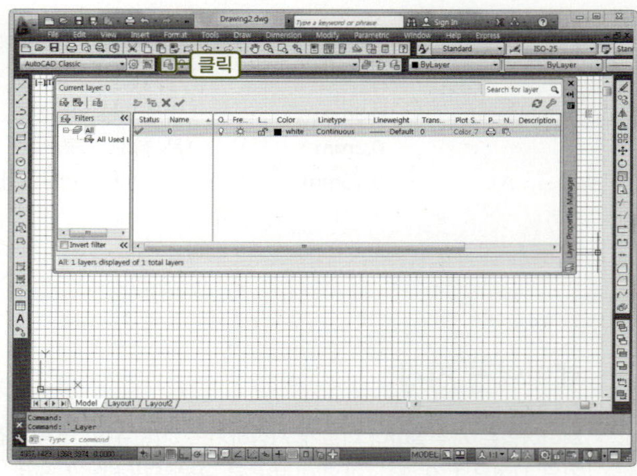

▲ Layer Properties Manager 패널

Command: Layer `Enter`

● 옵션 이해하기

레이어 패널을 연 후에는 레이어를 만들거나 각 레이어의 속성을 정의할 수 있어야 합니다. 따라서 이번에는 레이어를 만드는 방법과 만들어진 레이어에 속성을 부여하는 옵션의 종류 및 쓰임새에 대해 알아보겠습니다. 패널 내의 여러 가지 옵션을 통해 레이어의 속성을 지정하고, 각 레이어별로 색이나 선의 종류, 선의 두께를 설정하며, 각 레이어의 가시성이나 잠금 등을 관리할 수 있는 기능에 대해 살펴보겠습니다.

Layer Properties Manager

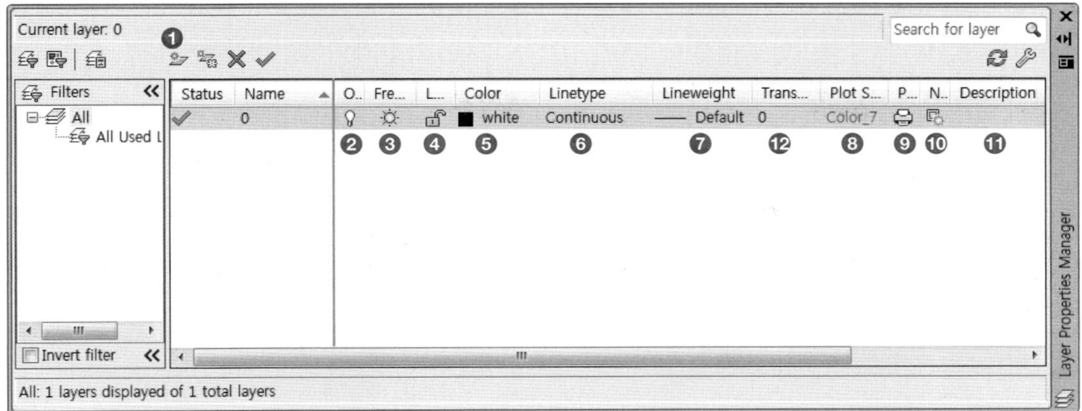

옵션	설명
Layer Properties Manager 패널	❶ New: 새 레이어를 만듭니다. 아이콘을 클릭하는 즉시 새로운 도면 층을 만들며, 만들 수 있는 개수는 제한이 없습니다. 만들면서 이름을 바로 입력하거나 나중에 변경할 수 있습니다. ❷ On/Off: 화면에 존재하는 현재 레이어가 보이거나 안 보이도록 설정합니다. Freeze/Thaw 기능처럼 가시성을 관리하는 옵션입니다. ❸ Freeze/Thaw: 선택한 레이어를 동결하여 화면에 안 보이도록 하거나 동결된 레이어를 해동시켜 화면에 나타나게 합니다. Freeze된 레이어가 동결되어 있는 동안은 레이어에 소속된 도면 역시 Regen의 재해석에 빠지므로, 속도 향상을 기대할 수 있습니다. ❹ Lock/Unlock: 선택한 레이어를 잠금 상태로 만들어 레이어를 마우스로 드래그하거나 클릭해도 선택(Selection)되지 않도록 합니다. Lock이 걸린 레이어는 Unlock을 사용하여 해제합니다. ❺ Color: 선택한 레이어의 색상 속성을 결정합니다. 색상 미리 보기 아이콘을 클릭하면 [Select Color] 대화상자에서 원하는 색상을 선택하여 새로운 색상으로 변경할 수 있습니다. 기본 색상은 1~255까지의 색상 번호를 갖고 있으며, 1~7까지는 색상 번호와 색상 이름을 갖고 있습니다. ❻ Linetype: 기본 실선이 아니라 레이어에 사용되는 선의 종류를 결정합니다. 기본적인 선의 종류는 실선에 해당하는 'Continuous'입니다. 숨은선이나 중심선 등과 같이 다른 종류의 선을 선택하는 경우에는 [Select Linetype] 대화상자에서 먼저 Load하여 불러온 후에 다른 종류의 선 종류를 선택할 수 있습니다. ❼ Lineweight: 선택한 레이어에서 사용하는 선의 가중치인 선 두께를 설정합니다. 도면 요소의 용도별로 선의 두께가 서로 다르게 출력되어야 합니다. 레이어에서 관리할 수도 있으며, Plot 시에 관리할 수도 있습니다. ❽ Plot Style: 출력 유형을 설정합니다. 각 도면 층별로 지정된 유형으로 출력할 수 있습니다. ❾ Plot: 출력의 유무를 지정합니다. 한 번 클릭하면 On, 한 번 더 클릭하면 Off가 됩니다. ❿ New VP Freeze: 레이아웃 모드에서 Viewport 간의 레이어를 사용자의 의도에 따라 선택적으로 Freeze/Thaw할 수 있습니다. ⓫ Description: 지정된 레이어에 간단한 설명을 추가할 수 있습니다. ⓬ Transparency: 지정된 레이어의 투명도를 지정합니다. 0~90까지의 숫자로 지정하며, 숫자가 클수록 투명도가 높아집니다.

Layer Property Filter(Alt + P)

레이어 매니지먼트 패널 왼쪽의 [New Property Filter] 버튼 을 클릭하면 [Layer Filter Properties] 대화상자가 나타납니다. Layer Filter Properties는 여러 개의 레이어 중에서 사용자가 원하는 요소를 가진 레이어만 정확하게 걸러 낼 수 있는 기능으로, 조건을 입력하여 그 조건에 맞는 레이어가 걸러지도록 하는 옵션입니다.

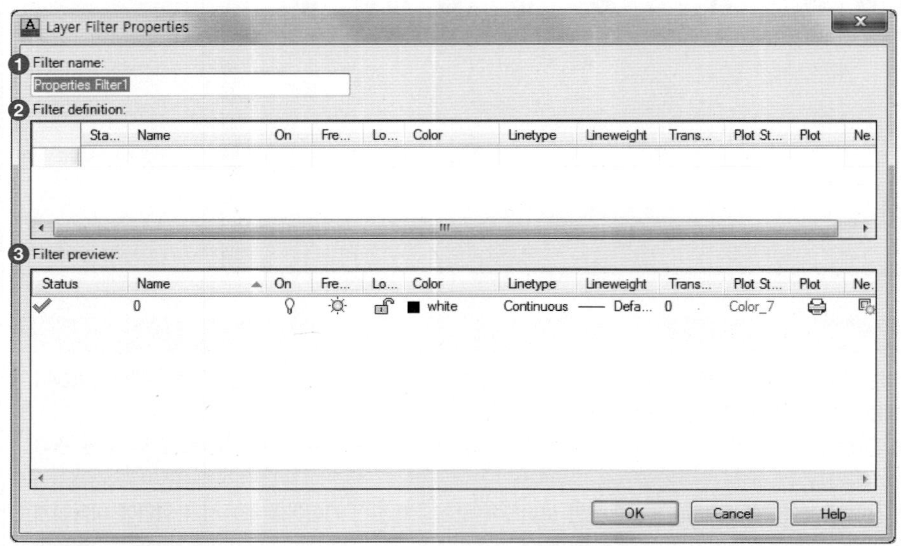

옵션	설명
New Property Filter	❶ Filter Name: 필터의 이름을 입력합니다. ❷ Filter definition: Name, Freeze, Lock 등 필터의 조건을 설정합니다. ❸ Filter Preview: 필터의 정의에 따라 필터링된 도면 층을 미리 볼 수 있습니다.

Layer States Manager(Alt + S)

레이어 패널의 왼쪽 위의 [Layer States Manager] 를 통해 이미 만들어진 레이어의 상태를 관리할 수 있습니다. 이 대화상자를 통해 현재 도면의 상태를 'Export' 옵션을 이용하여 저장하거나 'Import' 옵션으로 이미 만들어져 저장된 레이어를 가져올 수도 있습니다.

옵션	설명
Layer States Manager	❶ Layer States: 도면 층의 상태 리스트를 대화상자에 표시합니다. ❷ New: Name과 Definition을 기준으로 새로운 도면 층의 상태 관리 항목을 만듭니다. ❸ Delete: 선택된 Name의 리스트를 삭제합니다. ❹ Import: 도면 층의 상태 파일을 외부로부터 가져옵니다. ❺ Export: 도면 층의 상태 파일을 외부로 보내기 위해 저장합니다. ❻ Layer Properties to restore: 펼침 메뉴 버튼을 누르면 옵션이 나타나며, 레이어의 States를 복원할 특성을 사용자가 지정할 수 있습니다. ❼ Restore: 도면 층의 States와 특성을 설정하기 이전 상태로 복원합니다.

◉ 미리해보기

예제 파일 부록 CD\Sample\Chapter04\ch04_01S.dwg　　　　**완성 파일** 부록 CD\Sample\Chapter04\ch04_01F.dwg

01 메뉴의 [File]–[Open]으로 부록 CD에서 예제 파일을 불러옵니다. 제일 먼저 툴바의 [Layer Management] 대화상자를 열기 위해 다음과 같이 레이어 버튼을 누릅니다. [New Layer] 버튼을 누르면 다음과 같이 새로운 레이어가 생성되고 이름은 'Layer1'로 자동 설정되는데, 이때에 원하는 이름으로 변경하면 됩니다. 먼저 '중심선'이라고 입력합니다. 한글이나 영문 관계없이 입력할 수 있습니다.

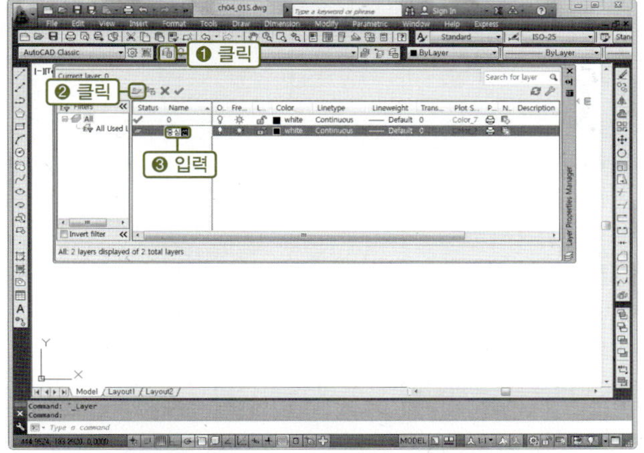

02 레이어 색상을 지정하기 위하여 [Color] 버튼을 클릭합니다. 버튼 설정 시 다음과 같이 [Select Color] 대화상자가 나타나는데, 이때 원하는 색상을 선택합니다. 가장 먼저 1번 색상인 Red를 클릭한 후 [OK] 버튼을 클릭합니다.

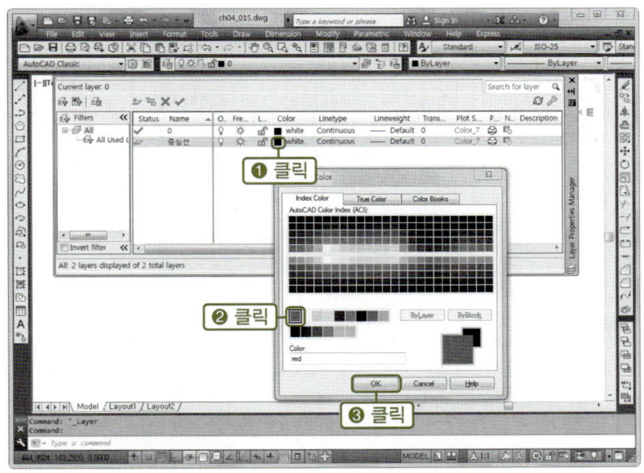

03 기본 색상인 흰색 또는 검은색에서 **빨간색**으로 색상이 변경된 것을 확인합니다. 선의 종류를 선택하기 위하여 Linetype의 'Continuous'를 클릭하면 다음과 같이 [Select Linetype] 대화상자가 나타납니다. 현재 실선(Continuous)만 설정되어 있으므로 아래쪽의 [Load] 버튼을 클릭하여 선을 불러올 대화상자를 엽니다.

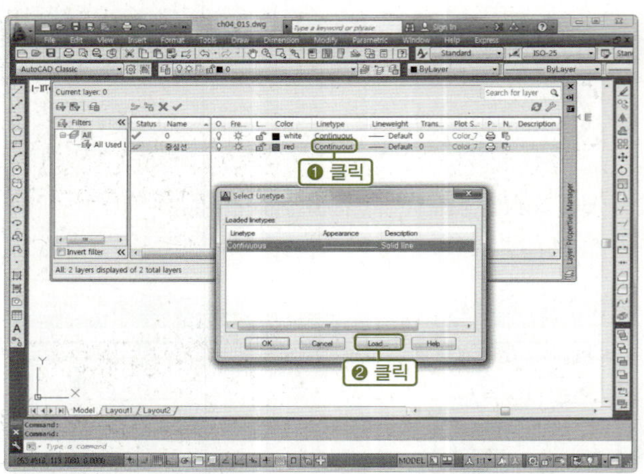

04 선의 종류를 선택하는 대화상자가 나타나면 'C'란으로 이동하여 'Center' 선 타입을 선택합니다. 그런 다음, [OK] 버튼을 클릭하여 다시 Linetype을 선택하는 [Select Linetype] 대화상자로 되돌아옵니다.

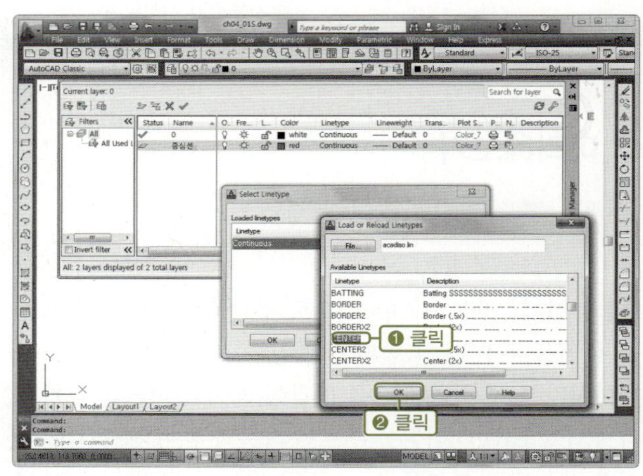

05 선의 종류 리스트 안에 'Center'가 하나 더 추가된 것을 알 수 있습니다. 이때 그냥 [OK] 버튼을 클릭하면 선택되지 않으므로 반드시 선 타입을 'CENTER'로 선택한 후에 [OK] 버튼을 클릭하여 확인해야 합니다.

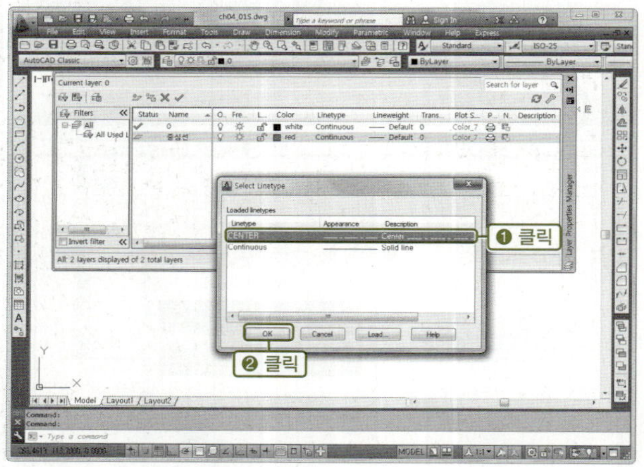

06 선의 굵기를 지정하기 위하여 Lineweight의 Default로 설정되어 있는 것을 눌러 [Lineweight] 대화상자를 엽니다. 중심선에는 대체로 가는 선을 사용하므로 가는 굵기를 선택하고 [OK] 버튼을 클릭하여 완료합니다.

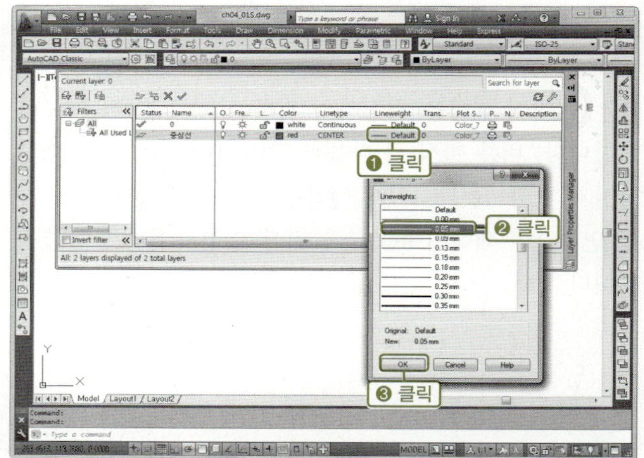

07 다시 [New Layer] 버튼을 클릭하면 바로 직전의 '중심선' 레이어의 값을 그대로 갖고 있는 새로운 레이어가 하나 더 생성됩니다. 레이어 이름에 '벽선'이라고 입력한 후 색상은 'Green'의 연두색을 선택하고 다음과 같이 지정합니다.

08 선의 타입을 다시 실선으로 변경하기 위하여 'CENTER'로 지정되어 있는 선의 타입 버튼을 누른 후, [Select Linetype] 대화상자에서 선의 종류를 'Continuous'로 선택하고 [OK] 버튼을 클릭하여 변경합니다.

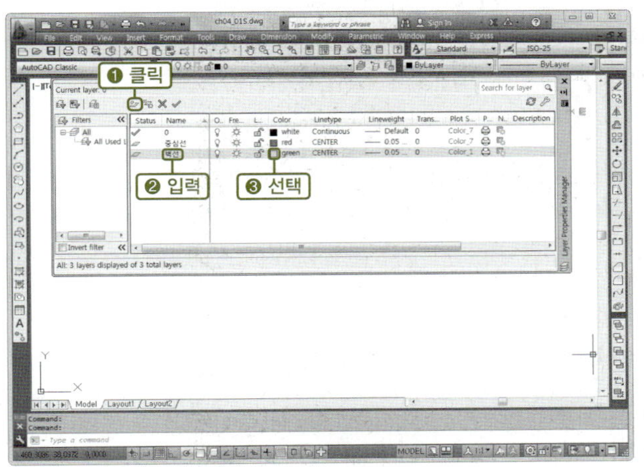

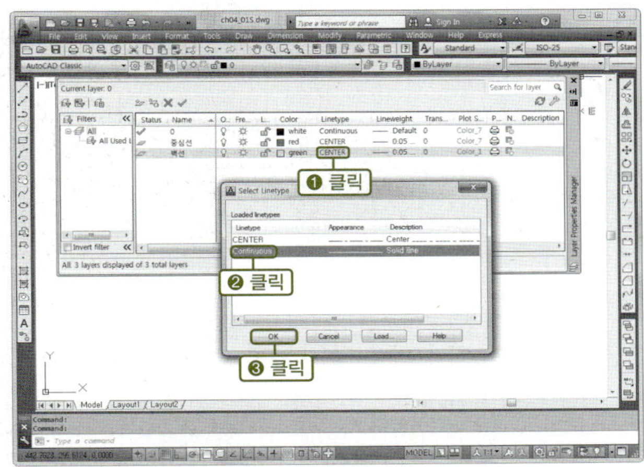

09 이번에는 가는 선으로 지정된 선분의 두께를 두꺼운 선분으로 변경하기 위하여 [Lineweight] 버튼을 클릭한 후 [Lineweight] 대화상자에서 0.3mm의 두꺼운 선 두께로 변경하여 선택하고 [OK] 버튼을 클릭합니다. 설정을 마쳤으면 레이어를 닫습니다.

10 전체적인 크기의 Limits을 그리기 위하여 Rectang 명령어의 단축키인 'REC'를 입력한 후 다음과 같이 사각형을 그립니다.

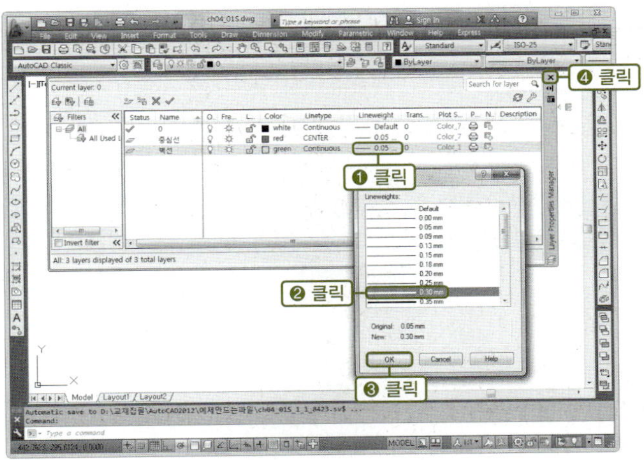

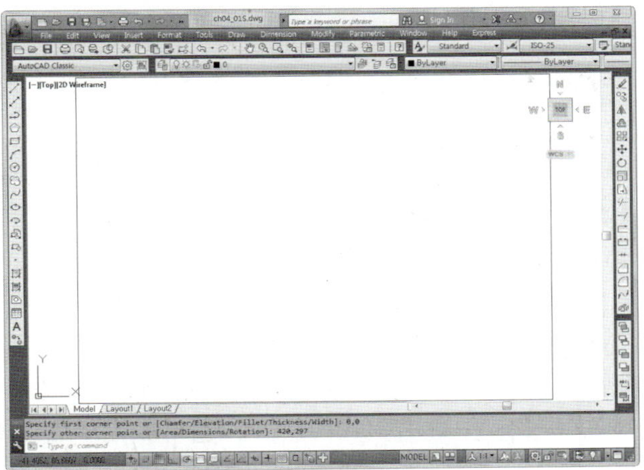

```
Command: REC Enter
RECTANG
Specify first corner point or [Chamfer/Elevation/Fillet/
Thickness/Width]: 0,0 Enter
Specify other corner point or [Area/Dimensions/Rotation]:
420,297 Enter
```

11 안쪽 여백을 지정하기 위하여 Offset을 이용하여 안쪽으로 10만큼 평행 복제시킵니다. Offset 명령어의 단축키인 'O'를 입력한 후 다음과 같이 안쪽으로 복제합니다.

```
Command: O Enter
OFFSET
Current settings: Erase source=No  Layer=Source
OFFSETGAPTYPE=0
Specify offset distance or [Through/Erase/Layer] <Through>:
10 Enter

Select object to offset or [Exit/Undo] <Exit>: P1점 클릭
Specify point on side to offset or [Exit/Multiple/Undo]
<Exit>: P2점 클릭
Select object to offset or [Exit/Undo] <Exit>: Enter
```

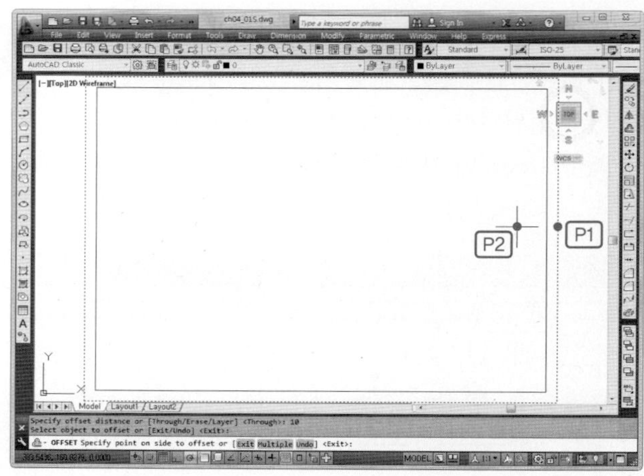

12 안쪽 선분의 중앙을 잇는 선을 그립니다. 선을 그리는 Line 명령어의 단축키인 'L'을 입력한 후 다음과 같이 Line을 한 번에 하나씩 두 번에 나누어 선분을 그립니다. 정확한 점을 선택하기 위해서는 반드시 Osnap MidPoint를 켜 놓은 상태에서 사용해야 합니다.

```
Command: l Enter
LINE
Specify first point: P3점 클릭
Specify next point or [Undo]: P4점 클릭
Specify next point or [Undo]: Enter

Command: Enter
LINE Specify first point: P5점 클릭
Specify next point or [Undo]: P6점 클릭
Specify next point or [Undo]: Enter
```

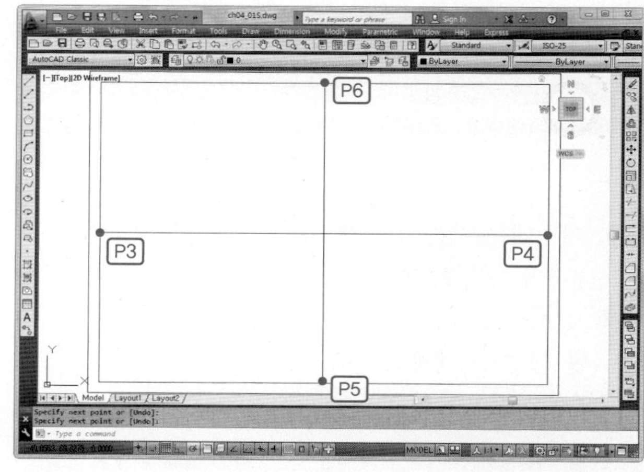

13 레이어의 속성을 변경하기 위하여 다음과 같이 명령어를 입력하지 않고 선택합니다. 선택된 선분은 점선으로 선택 표시되며, 파란색의 Grip점이 생겨납니다. 이때 Layer 목록 상자를 열어 변경할 레이어를 그림과 같이 선택합니다. 자동으로 선택된 선분의 레이어 속성이 변경됩니다. 변경된 후 Esc 를 눌러 선택 해제합니다.

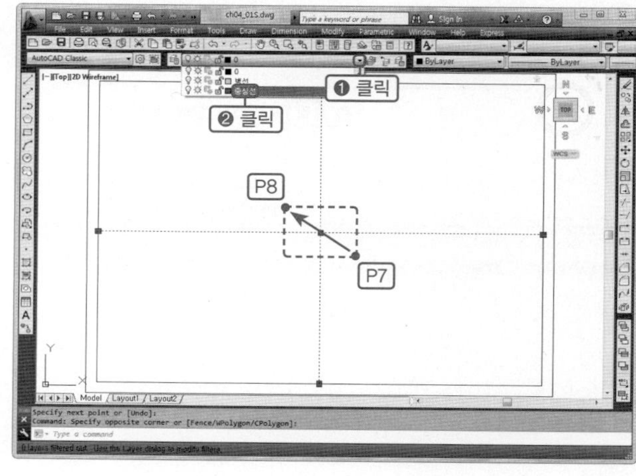

14 이번에는 변경된 레이어 속성을 Offset 등과 같은 복제 명령어로 복제해보겠습니다. Offset 명령어의 단축키인 'O'를 입력한 후 다음과 같이 상하좌우로 평행 복제합니다.

```
Command: O Enter
OFFSET
Current settings: Erase source=No
Layer=Source
OFFSETGAPTYPE=0
Specify offset distance or [Through/Erase/Layer] <10.0000>:
50 Enter

Select object to offset or [Exit/Undo] <Exit>: P9점 클릭
Specify point on side to offset or [Exit/Multiple/Undo]
<Exit>: P10점 클릭
Select object to offset or [Exit/Undo] <Exit>: P11점 클릭
Specify point on side to offset or [Exit/Multiple/Undo]
<Exit>: P12점 클릭
Select object to offset or [Exit/Undo] <Exit>: P13점 클릭
Specify point on side to offset or [Exit/Multiple/Undo]
<Exit>: P14점 클릭
Select object to offset or [Exit/Undo] <Exit>: P15점 클릭
Specify point on side to offset or [Exit/Multiple/Undo]
<Exit>: P16점 클릭
Select object to offset or [Exit/Undo] <Exit>: Enter
```

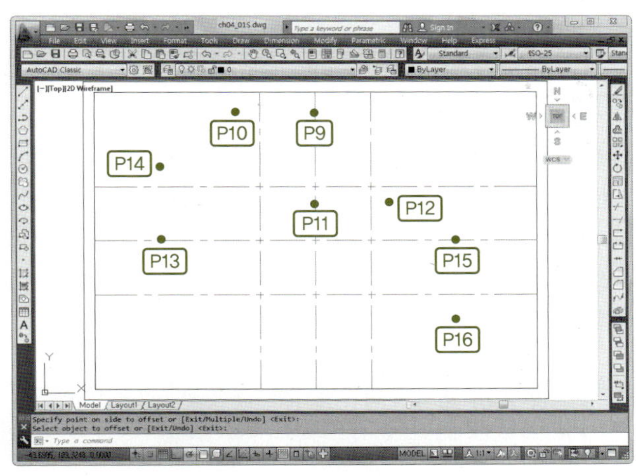

15 Offset 명령어로 평행 복제된 객체의 레이어 속성을 '벽선'으로 변경하기 위하여 복제된 다음의 선분을 명령어 입력 없이 P17~P20점까지 하나씩 클릭하여 선택하고, 레이어 목록 대화상자를 클릭하여 '벽선' 레이어를 선택합니다. 레이어 속성이 '중심선'에서 '벽선' 레이어로 변경되면, Esc 를 눌러 선택 상태를 해제합니다.

→ P17, P18, P19, P20점 클릭

Matchchprop는 도면에 사용되는 객체의 속성을 읽어 다음에 선택하는 객체에 먼저 선택된 객체의 속성을 적용시켜주는 명령어로, 모든 속성을 복제하거나 일부 사용자가 선택한 속성만 복제합니다. Matchchprop 명령어는 레이어의 속성만 변경하여 사용하는 것이라고 한정짓는 경우가 많습니다. 하지만 Matchchprop 명령어는 레이어뿐만 아니라 해칭이나 색상, 선의 종류 등과 같은 다양한 속성을 사용자의 의도에 맞추어 빠르게 변경합니다. 이번에는 Matchchprop 명령어를 이용하여 선택한 객체의 속성을 빠르게 변경해보겠습니다.

명령어	Matchchprop	아이콘	
단축키	MA	메뉴	[Modify]-[Match Properies]

● 명령어 이해하기

속성을 변경할 객체가 있는 경우에는 Matchchprop 명령어를 입력한 후, 복제하고 싶은 속성을 가진 객체를 먼저 클릭하여 선택합니다. 선택을 하면 속성이 적용될 대상 객체가 선택됩니다. 한 번에 하나 또는 하나 이상 드래그하여 선택하면 속성이 변경됩니다. 주로 레이어 속성을 변경할 때에 많이 사용하며, 편리하게 변경할 수 있습니다.

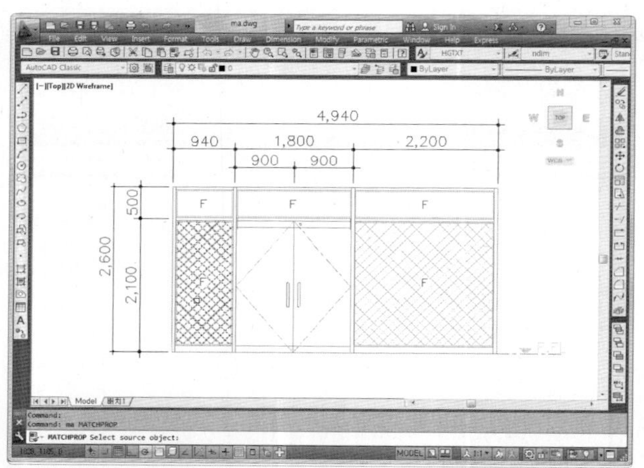

▲ 적용할 속성을 가진 객체를 선택

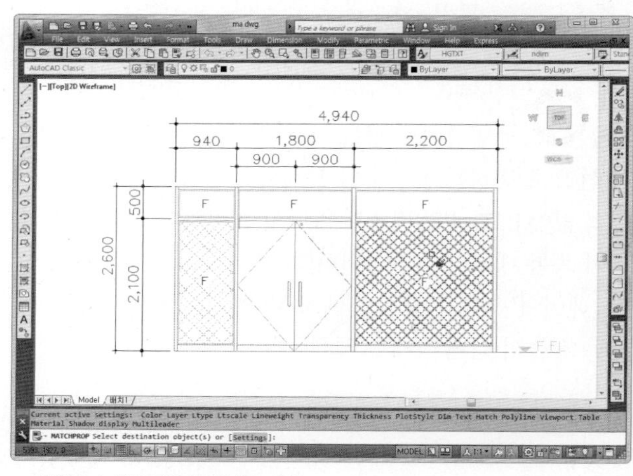

▲ 선택한 속성을 적용할 객체를 선택

```
Command: MATCHPROP [Enter]
Select source object:
→ 변경할 속성을 가진 객체를 선택합니다. 한 번에 하나의 단일 객체만 선택할 수 있습니다.
Current active settings: Color Layer Ltype Ltscale Lineweight Transparency
Thickness PlotStyle Dim Text Hatch Polyline Viewport Table Material Shadow
display Multileader

Select destination object(s) or [Settings]:
→ 속성을 적용할 객체를 선택합니다. 한 번에 하나 이상 여러 개를 선택할 수 있습니다.
Select destination object(s) or [Settings]:
→ 더 이상 변경할 객체가 없는 경우에는 [Enter]를 눌러 완료합니다.
```

◉ 옵션 이해하기

'Matchprop' 옵션은 내부적으로 따로 지정하지 않지만, 속성을 변경하는 'Select destination object(s) or [Settings]:'에서 'S' 옵션을 입력하면 다음과 같은 속성 세팅 대화상자와 Matchprop로 변경할 수 있는 도면 속성이 나타납니다. 기본 값은 모두 체크되어 있으며, 원하는 속성에만 체크하면 체크가 되어 있는 요소만 변경됩니다. 변경 속성으로 지정하고 싶지 않은 경우에는 체크를 해제하고 Matchprop를 실행합니다. 속성은 색상부터 도면 층, 선의 종류, 두께까지 다양합니다. 대화상자의 내용에 해당하는 옵션은 모두 알 수 있는 내용이므로 설명은 생략합니다.

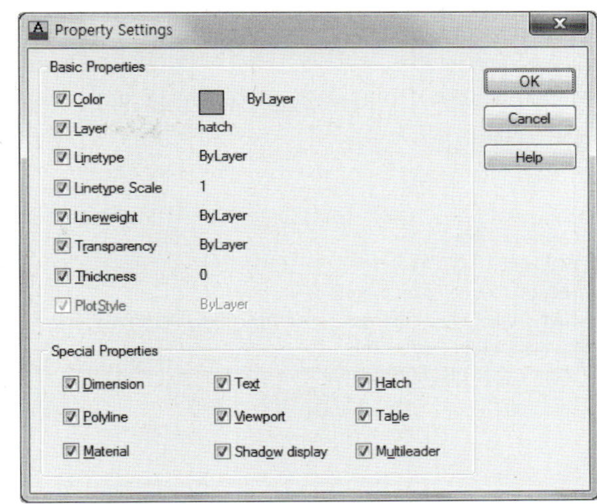

◉ 미리해보기

예제 파일 부록 CD\Sample\Chapter04\ch04_02S.dwg   **완성 파일** 부록 CD\Sample\Chapter04\ch04_02F.dwg

01 메뉴의 [File]–[Open]으로 부록 CD에서 예제 파일을 불러옵니다. 중심선의 선 종류를 적용한 레이어를 변경하기 위하여 Matchchprop 명령어의 단축키인 'MA'를 입력하고, 적용할 속성을 가진 선을 선택합니다.

```
Command: MA  Enter
MATCHPROP
Select source object: P1점 클릭
Current active settings: Color Layer Ltype Ltscale
Lineweight Transparency
Thickness PlotStyle Dim Text Hatch Polyline Viewport Table
Material Shadow
display Multileader
```

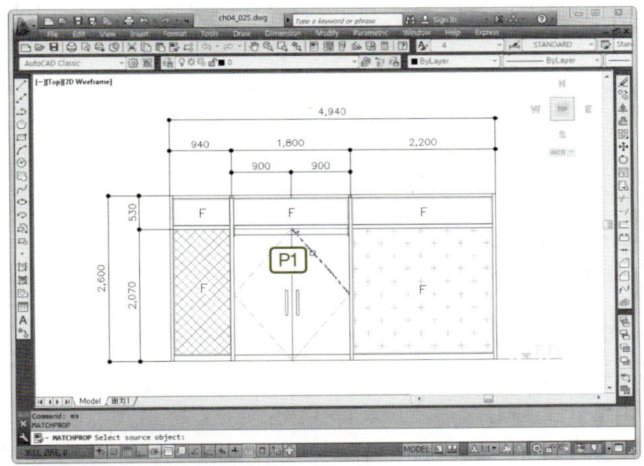

02 선택되면 바로 속성이 저장됩니다. 이때 해당 속성을 적용할 대상 객체를 선택합니다. 다음 그림과 같이 적용할 대상 객체를 드래그한 후 한 번에 여러 개를 선택하여 적용합니다. 더 이상 변경할 객체가 없는 경우에는 Enter 를 눌러 완료합니다.

```
Select destination object(s) or [Settings]: Specify opposite
corner:
→ P2~P3점 클릭, 드래그
Select destination object(s) or [Settings]:  Enter
```

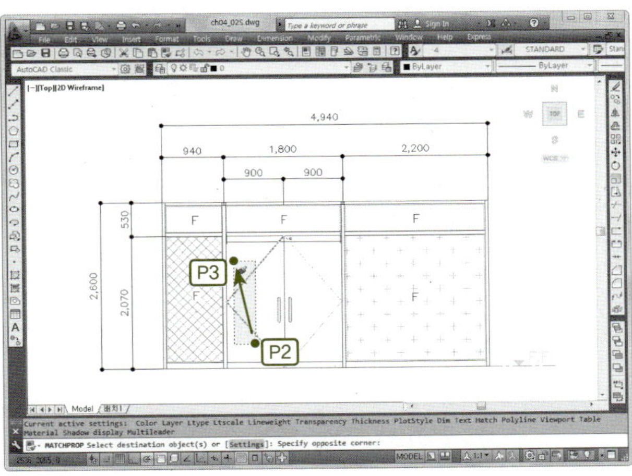

03 이번에는 왼쪽에 있는 해칭이 갖고 있는 레이어 속성만 오른쪽의 해칭에 옮겨 적용해보겠습니다. 먼저 MA를 입력하거나 바로 직전에 사용한 Matchchprop 명령어를 다시 사용하기 위하여 Enter 를 누르고 왼쪽의 해칭 객체를 선택합니다.

```
Command: Enter
MATCHPROP
Select source object: P4점 클릭
Current active settings: Layer Dim Text Hatch Polyline
Viewport Table Material
Shadow display Multileader
```

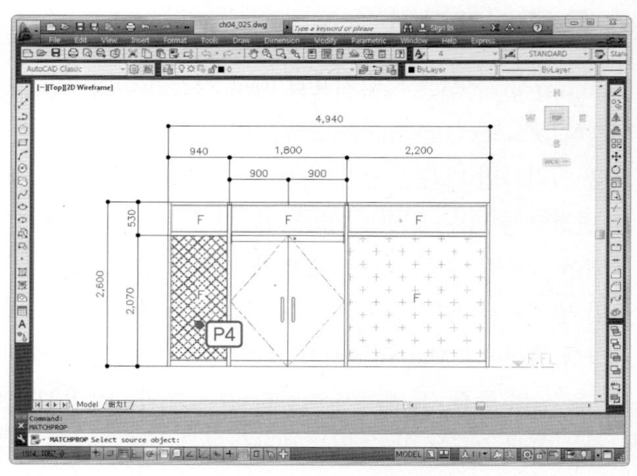

04 왼쪽의 해칭 전체를 오른쪽에 적용하지 않고 레이어의 속성에만 적용하기 위하여 옵션 단축키인 'S'를 입력합니다. 다음과 같은 대화상자가 나타나면 아래쪽 Special Properties의 Hatch를 체크 해제하고 [OK] 버튼을 클릭합니다.

```
Select destination object(s) or [Settings]: S Enter
Current active settings: Color Layer Ltype Ltscale
Lineweight Transparency
Thickness Dim Text Polyline Viewport Table Material Shadow
display Multileader
```

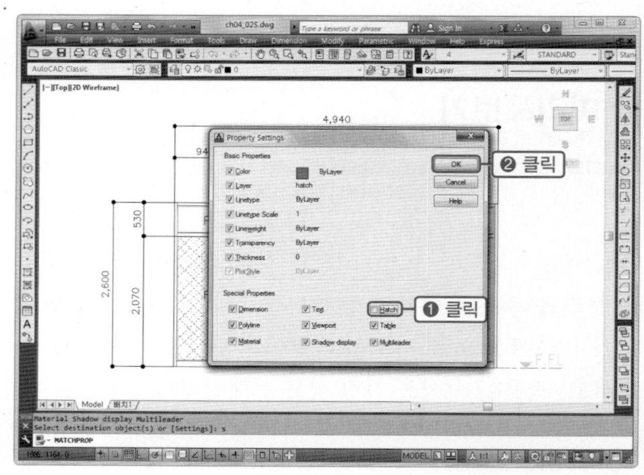

05 이제 해당 레이어를 적용할 해칭의 속성을 가진 오른쪽 잔디무늬의 해칭을 다음과 같이 클릭합니다. 더 이상 변경할 객체가 없는 경우에는 Enter 를 눌러 완료합니다.

```
Select destination object(s) or [Settings]: P5점 클릭
Select destination object(s) or [Settings]: Enter
```

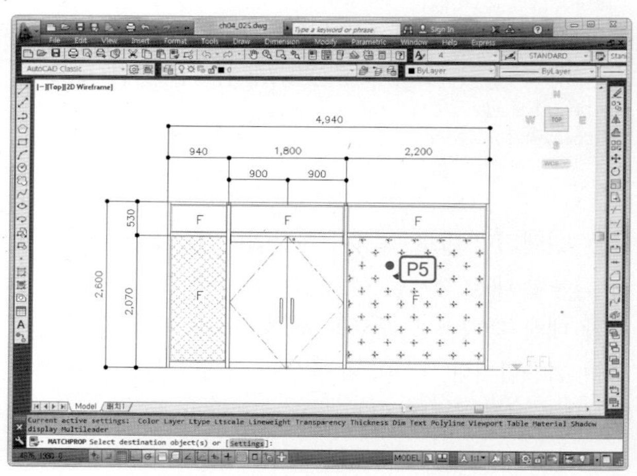

06 왼쪽 패턴의 레이어 속성이 오른쪽 패턴의 레이어 속성으로 변경된 것을 알 수 있습니다. 이번에는 오른쪽의 해칭 패턴을 왼쪽에 다시 적용해보겠습니다. Matchchprop 명령어의 단축키인 'MA'를 입력한 후 오른쪽 해칭을 클릭하여 속성을 읽습니다.

```
Command: MA Enter
MATCHPROP
Select source object: P6점 클릭
Current active settings: Color Layer Ltype Ltscale
Lineweight Transparency
Thickness Dim Text Polyline Viewport Table Material Shadow
display Multileader
```

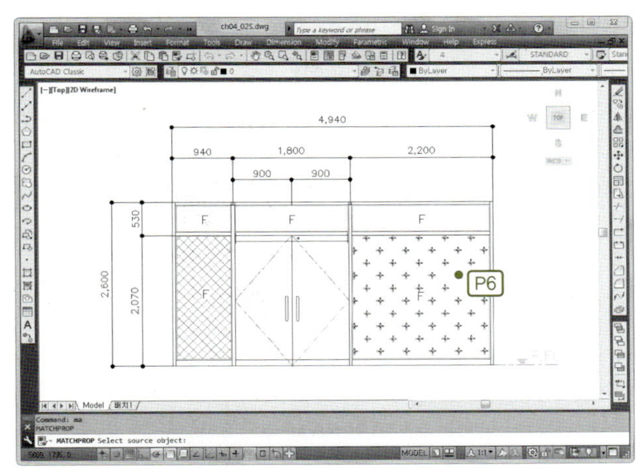

07 이전에 변경된 속성을 다시 복구하고, 옵션인 Settings를 열기 위하여 옵션 단축키인 'S'를 입력하여 다음과 같은 대화상자를 엽니다. 그런 다음, Special Properties의 Hatch에 체크하고 [OK] 버튼을 클릭합니다.

```
Select destination object(s) or [Settings]: S Enter
Current active settings: Color Layer Ltype Ltscale
Lineweight Transparency
Thickness Dim Text Hatch Polyline Viewport Table Material
Shadow display
Multileader
```

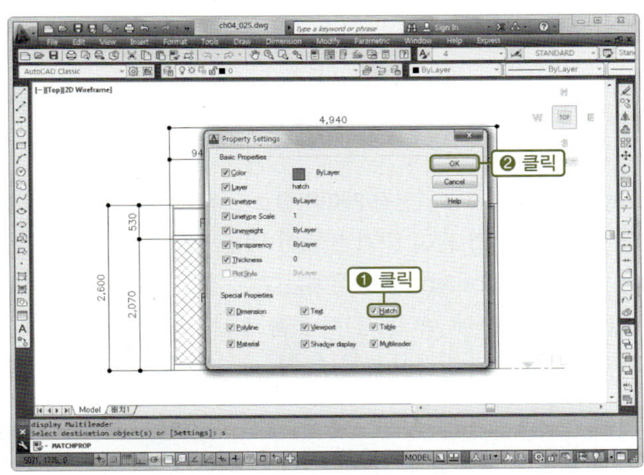

08 이제 적용할 왼쪽의 패턴을 클릭합니다. 더 이상 변경할 객체가 없는 경우에는 Enter 를 눌러 속성 변경을 완료합니다.

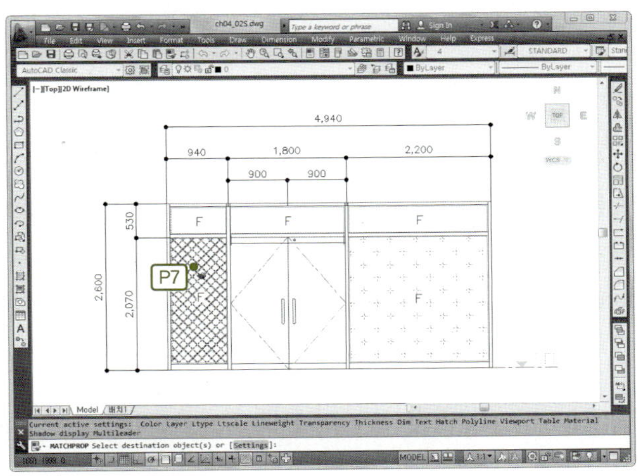

```
Select destination object(s) or [Settings]: P7점 클릭
Select destination object(s) or [Settings]: Enter
```

09 다음과 같이 오른쪽의 패턴과 기타 모든 속성이 왼쪽의 객체에 모두 적용된 것을 알 수 있습니다. Matchchprop를 이용하면 간단하고 빠르게 객체의 속성을 변경하거나 관리할 수 있습니다.

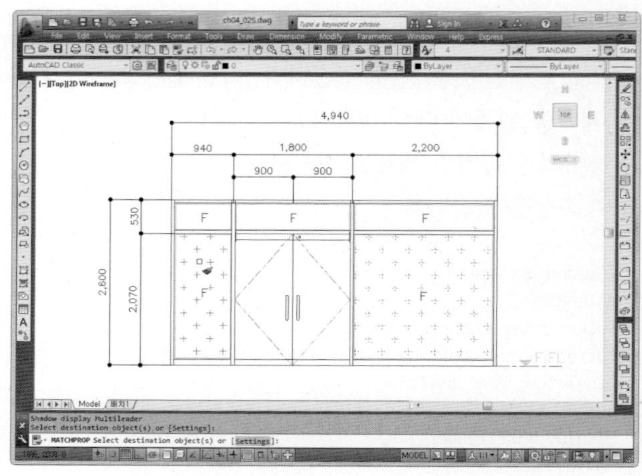

04. 선 종류의 간격을 표시하는 Ltscale

Layer를 공부하고 나면 각 레이어별로 Linetype이라고 하는 선 종류를 각각의 레이어에 적용하여 사용할 수 있습니다. 이때 Center 나 Hidden 등과 같이 중간 끊김이 있는 선 타입의 경우, 각 Limits가 변화되면 화면에 그 선 간격이 제대로 표시되지 않는 경우 가 많습니다. Linetype의 경우에는 기본 값이 dash와 gap의 값으로 이루어진 DATA 스타일의 값을 불러와 사용하는 것이므로, 각 Limits마다 화면에 보이는 간격 값을 조절할 수 있어야 합니다. Ltscale은 Limits가 다른 각각의 화면 상태에서 선의 종류가 사용자 가 원하는 만큼의 간격이 보일 수 있도록 조절해주는 명령어입니다.

명령어	Ltscale		아이콘	없음
단축키	LTS		메뉴	[Format]-[Linetype]

● 명령어 이해하기

Limits의 설정은 모든 도면이 같지 않으므로, 해당하는 Ltscale은 각 도면마다 다를 수 있습니다. 각 Limits 안에 설정된 선 종류의 축척이 제대로 설정되어 있지 않으면 선분에 간격이 있는 Center나 Hidden 등과 같은 선분이 제대로 표시되지 않습 니다. Limits의 설정 값마다 모든 선분의 축척에 대한 간격 조절은 사용자가 원하는 스타일로 정합니다. 명령어를 입력한 후 Limits가 크면 값을 크게, Limits가 작으면 값을 작게 입력하고, 작은 도면의 경우에는 기본 값인 '1'보다 작은 소수점 이하로 작성하기도 하며, 건축 도면의 경우에는 '100'이 넘는 경우도 있습니다.

```
Command: LTSCALE [Enter]
Enter new linetype scale factor <1.0000>:
→ Limits가 변경되어 선 축척이 제대로 표시되지 않는 경우에는 원하는 축척 값을 입력합니다.
```

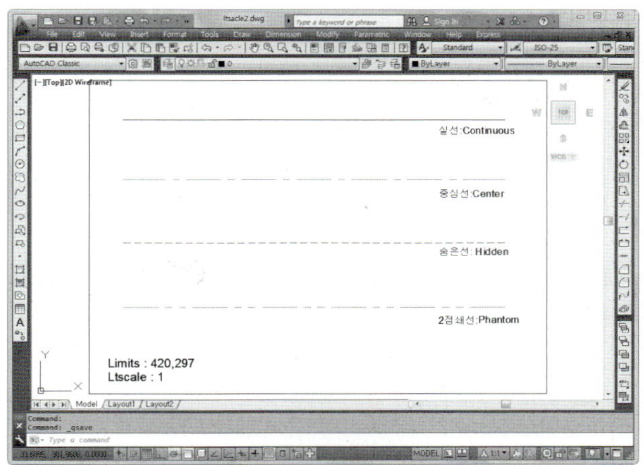

▲ 기본 Limits에서의 기본 Ltscale 적용 예

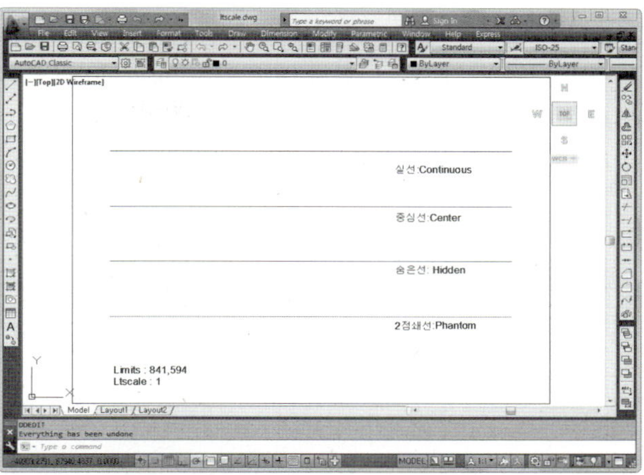

▲ 변경된 Limits에서 기본 Ltscale 적용 예

● 미리해보기

예제 파일 부록 CD\Sample\Chapter04\ch04_03S.dwg   **완성 파일** 부록 CD\Sample\Chapter04\ch04_03F.dwg

01 메뉴의 [File]-[Open]으로 부록 CD에서 예제 파일을 불러옵니다. 일부분을 확대하여 부분적으로 보이는지 확인해보겠습니다. Zoom 명령어의 단축키인 'Z'를 입력한 후 다음의 두 지점을 클릭, 드래그하여 확대합니다.

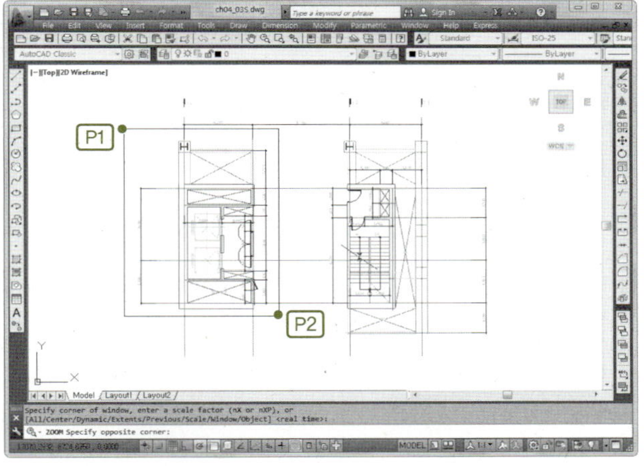

```
Command: Z Enter
ZOOM
Specify corner of window, enter a scale factor (nX or nXP)
or [All/Center/Dynamic/Extents/Previous/Scale/Window/Object]
<real time>:
Specify opposite corner: P1~P2점 클릭, 드래그
```

02 확대한 도면에서도 선의 간격이 제대로 표현되지 않는 것을 알 수 있습니다. 따라서 선의 축척을 조절하기 위하여 Ltscale 명령어를 입력합니다. 명령어를 입력할 때 기본 값은 '1'로 설정되어 있습니다. 도면의 Limits는 '42000', '29700'이므로 도면 한계에 알맞은 Ltscale을 입력하기 위하여 '100'을 입력합니다. 다음과 같이 선 종류의 간격이 정상적으로 보입니다.

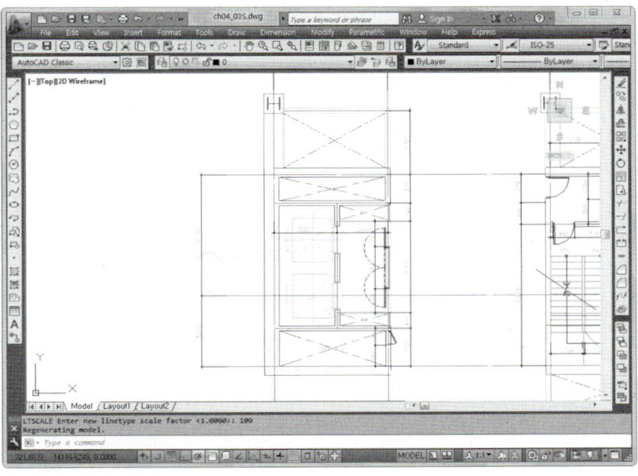

```
Command: LTS Enter
LTSCALE Enter new linetype scale factor <1.0000>: 100 Enter
Regenerating model.
```

03 현재의 Ltscale 값을 줄여서 입력해보겠습니다. Ltscale 명령어의 단축키인 'LTS'를 입력하고 '50'을 입력합니다. 다음과 같이 선 축척이 변화되어 조금 전보다 간격이 더 좁아진 것을 알 수 있습니다.

04 다시 간격을 넓히기 위하여 Ltscale 값에 '200'을 입력합니다. 처음 변경했을 때보다 선 종류의 간격이 많이 넓어진 것을 알 수 있습니다. Ltscale을 해당 도면의 Limits에 따라 사용자가 원하는 간격 값이 보이도록 설정하면 바로 적용되는 것을 알 수 있습니다.

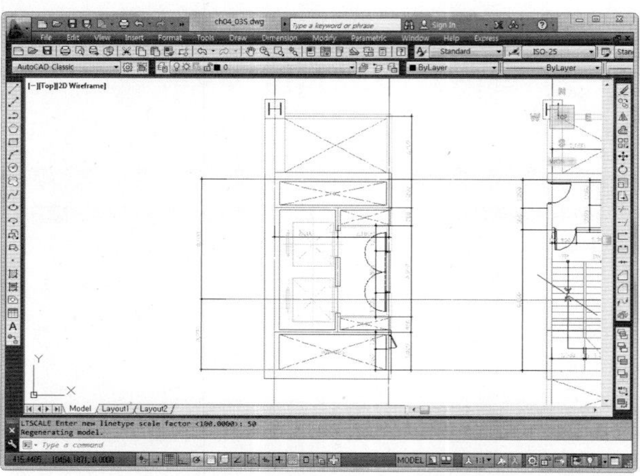

Command: LTS [Enter]
LTSCALE Enter new linetype scale factor <100.0000>: 50 [Enter]
Regenerating model.

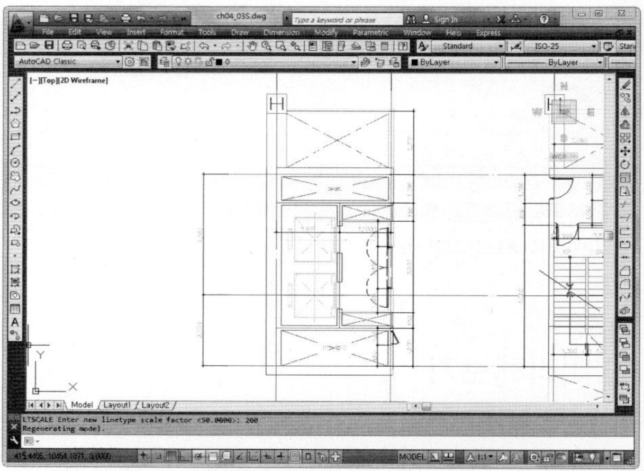

Command: LTS [Enter]
LTSCALE Enter new linetype scale factor <150.0000>: 200 [Enter]
Regenerating model.

Upgrade ★

[Linetype] 대화상자에서 미리 설정하기도 하는 Ltscale

Ltscale의 경우 각각 명령어를 통해 바꾸기도 하지만 [Linetype] 대화상자의 옵션을 열어 미리 전체 도면에 대한 기본 **Ltscale**을 설정할 수 있습니다. Linetype 명령어를 입력하거나 메뉴의 [Format]–[Linetype...]를 클릭하면 다음과 같은 대화상자가 나타납니다. 이때 오른쪽 위에 있는 [Show details] 버튼을 클릭하고 'Global scale factor'에 원하는 값을 입력하면 전체 도면의 모든 선 타입에 **Ltscale**이 적용됩니다.

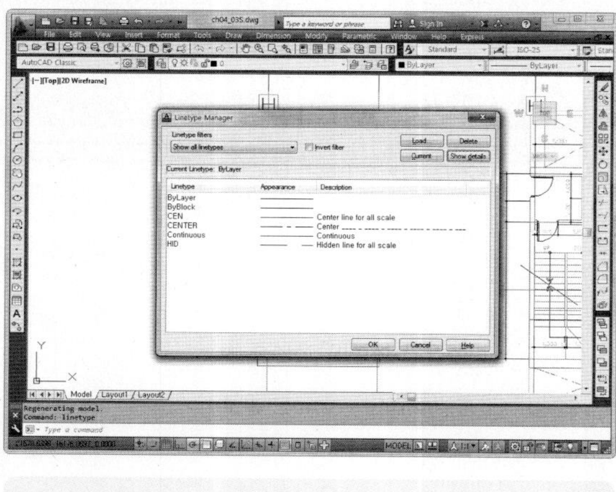

Command: linetypE [Enter]

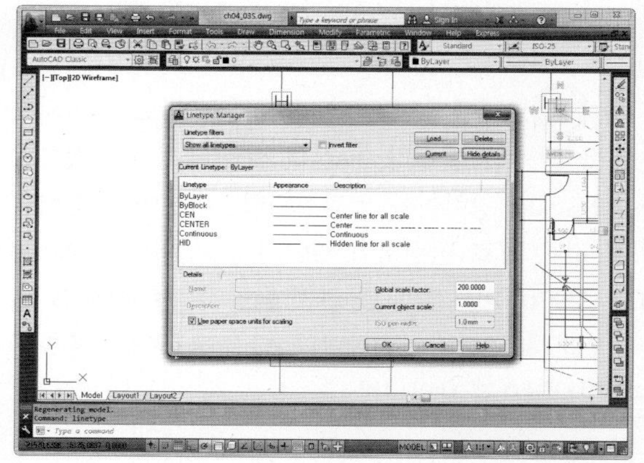

05. 객체 속성을 수정하는 Change

Change는 선택한 객체의 다양한 속성을 변경하는 명령어로, 2D에서는 기본적인 속성 값을 수정할 때에 사용하고, 3D에서는 3D에 알맞은 두께나 고도를 수정할 때에 사용합니다. Change 명령어는 Command 라인에서 직접 입력하여 사용하거나 패널을 이용하여 속성을 변경할 수 있습니다. Change를 이용하면 Linetype에 대한 Ltscale도 각각의 객체에 따라 수정할 수 있습니다.

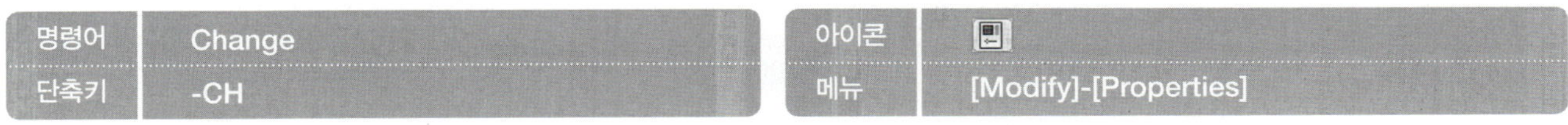

명령어	Change	아이콘	
단축키	-CH	메뉴	[Modify]-[Properties]

● 명령어 이해하기

Change 명령어를 입력한 후 속성을 변경하고 싶은 객체를 선택합니다. 속성을 변경하고 싶은 경우 [Properties] 속성을 변경하기 위하여 옵션 단축키인 'P'를 입력한 후 다양한 속성 중에서 변경할 속성의 대문자를 입력하고, 순서에 따라 원하는 속성으로 변경합니다. 특히 Ltscale의 경우 전체적인 축척 조절에 맞지 않는 일부 객체의 속성은 Change를 이용하여 객체의 Linetype scale을 변경합니다.

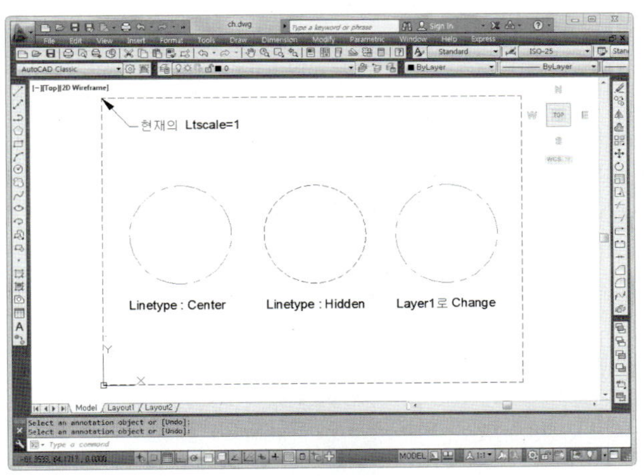

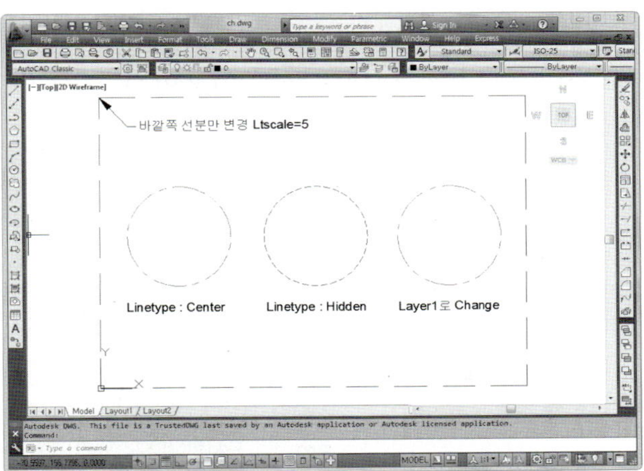


```
Command: ChangE Enter
Select objects:
→ 속성을 변경할 대상 객체를 선택합니다.
Specify change point or [Properties]: P Enter
→ 속성 변경 옵션 단축키인 'P'를 입력합니다.
Enter property to change [Color/Elev/LAyer/LType/ltScale/LWeight/Thickness/TRansparency/Material/Annotative]:
→ 다양한 속성을 변경할 수 있는 옵션을 선택하여 원하는 값으로 변경합니다.
```

● 옵션 이해하기

Change 명령어의 속성은 다음과 같지만 주로 Ltscale, LWeight, 3차원에서는 Elev, Thickness 등의 요소를 주로 변경할 때에 사용하며, 전체적인 관리 측면에서는 다른 속성은 Layer에서 미리 정해두고 Layer 속성을 변경하여 사용하는 것이 효율적입니다.

옵션	설명
Color	선택한 객체의 색상 속성을 변경합니다.
Elev	선택한 객체의 3차원 시작 높이 값의 속성을 변경합니다.
LAyer	선택한 객체의 레이어 속성을 변경합니다.
LType	선택한 객체의 선 종류 속성을 변경합니다.
ltScale	선택한 객체의 선 종류의 한계에 대한 척도 속성을 변경합니다.
LWeight	선택한 객체의 선 두께의 너비 속성을 변경합니다.
Thickness	선택한 객체의 Z축에 대한 두께의 속성을 변경합니다.
Material	선택한 객체에 부착된 재질 속성을 변경합니다.
Annotative	선택한 객체의 주석 속성을 변경합니다.

Upgrade ★

Change Properties 패널 이용하기

Change 명령어는 명령 라인에서 직접 입력하여 사용합니다. 이때 Change Properties 패널을 이용하면 패널의 내용을 직접 보면서 사용할 수 있으므로 사용자가 편리하게 접근할 수 있습니다. Change 명령어의 단축키인 '–CH'를 입력하거나, Change Properties 패널의 툴바에서 아이콘을 클릭하거나, 'CH'만 입력하면 다음과 같은 패널이 나타납니다. 객체를 명령어 없이 선택하고 패널의 목록을 눌러 원하는 속성을 변경하면 완료됩니다.

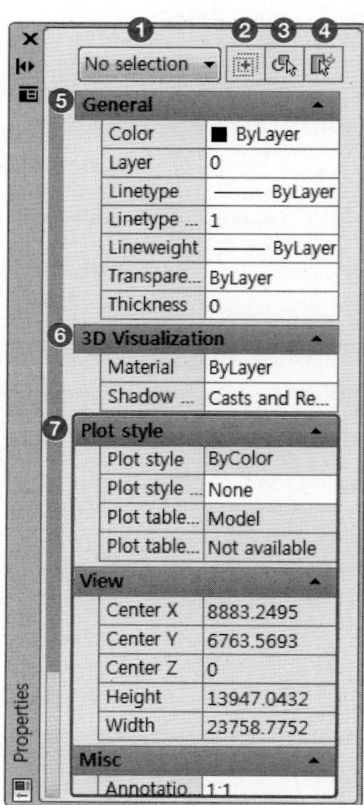

옵션	설명
❶ 객체 유형 표시	선택한 객체가 하나인 경우에는 선택한 객체의 유형(Line, Circle, Arc...)을 표시합니다. 선택한 객체가 없는 경우에는 No Selection 으로 표시되며, 선택한 객체가 하나 이상인 경우에는 'All(5)'처럼 선택된 객체의 선택 개수가 표시됩니다.
❷ PICKADD 버튼	선택 방법의 버튼이 ▣일 때는 하나 이상의 객체를 선택할 수 있으며, 객체를 계속 추가로 선택할 수 있습니다. ▣을 한 번 클릭하여 ① 상태가 되면 한 번에 하나의 객체만을 선택할 수 있습니다. 즉, 추가 선택되지 않고 최종적으로 선택한 객체만 선택됩니다.
❸ Select objects	객체의 선택 방법을 참조하여 객체를 선택합니다.
❹ Quick Select	객체의 선택 시 필터를 이용하여 객체를 선택합니다.
❺ General	객체의 공통 특성을 표시하고 제어합니다. 선의 타입이나 레이어 색상 등의 속성을 제어합니다.
❻ 3D Visualization	주로 3차원 시각화 특성을 표시하고 제어합니다.
❼ Plot Style, View, Misc	출력 스타일, 객체의 시작점, 끝점 등의 형상 특성을 표시합니다.

● 미리해보기

예제 파일 부록 CD\Sample\Chapter04\ch04_04S.dwg　　　　**완성 파일** 부록 CD\Sample\Chapter04\ch04_04F.dwg

01 메뉴의 [File]–[Open]으로 부록 CD에서 예제 파일을 불러옵니다. 다음과 같이 도면 스케일이 정해지지 않은 형태의 도면이 나타납니다. 빨간색의 중심선은 실선으로 보이는 형태로 작성되어 있습니다.

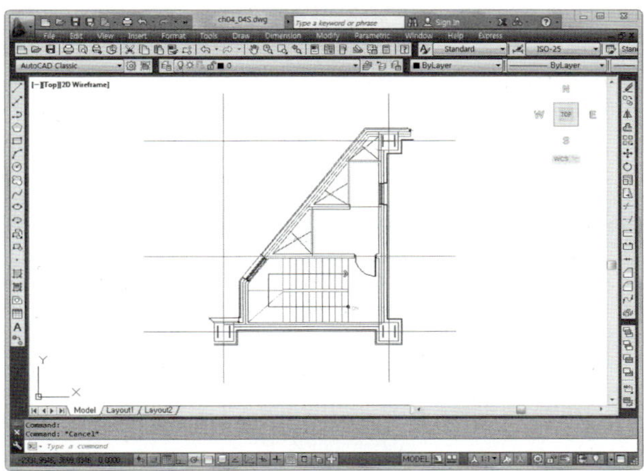

02 Change 명령어의 단축키인 '–CH'를 입력하고 다음과 같이 클릭, 드래그하여 가로의 중심선을 모두 선택합니다.

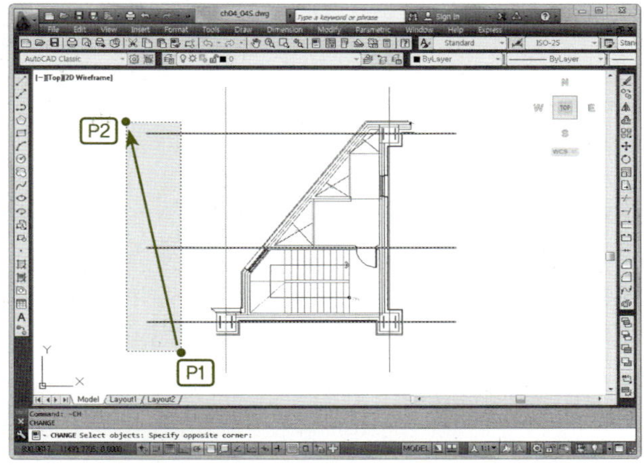


```
Command: -CH Enter
CHANGE
Select objects: Specify opposite corner: 4 found
→ P1~P2점 클릭, 드래그
Select objects: Enter
```

03 속성을 변경하기 위하여 'Properties' 옵션을 지정합니다. 옵션 단축키인 'P'를 입력한 후 Layer 속성에 'WIN'을 입력하여 다음과 같이 파란색의 속성을 가진 객체가 나오도록 하고, 더 이상 변경 사항이 없으면 Enter 를 눌러 종료합니다.

```
Specify change point or [Properties]: P Enter

Enter property to change
[Color/Elev/LAyer/LType/ltScale/LWeight/Thickness/
TRansparency/Material/Annotati
ve]: la Enter

Enter new layer name <CEN>: win Enter

Enter property to change
[Color/Elev/LAyer/LType/ltScale/LWeight/Thickness/
TRansparency/Material/Annotati
ve]: Enter
```

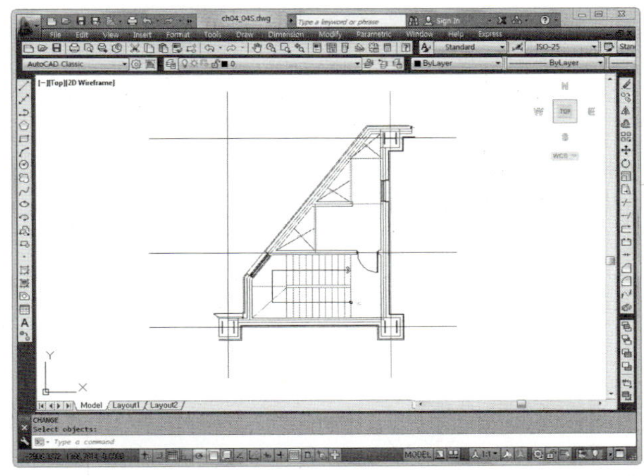

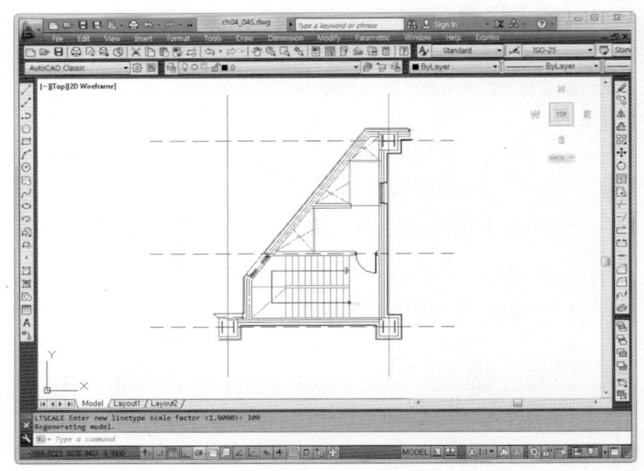

04 현재 WIN 레이어의 선의 종류는 Hidden이지만, 화면에서는 실선으로 보입니다. 제일 먼저 전체적인 Global Scale fator를 변경하기 위하여 Ltscale 명령어의 단축키인 'lts'를 입력하고 값에 '100'을 입력합니다. 선의 축척이 제대로 보이는 것을 확인합니다.

```
Command: LTS Enter
LTSCALE Enter new linetype scale factor <1.0000>: 100 Enter
Regenerating model.
```

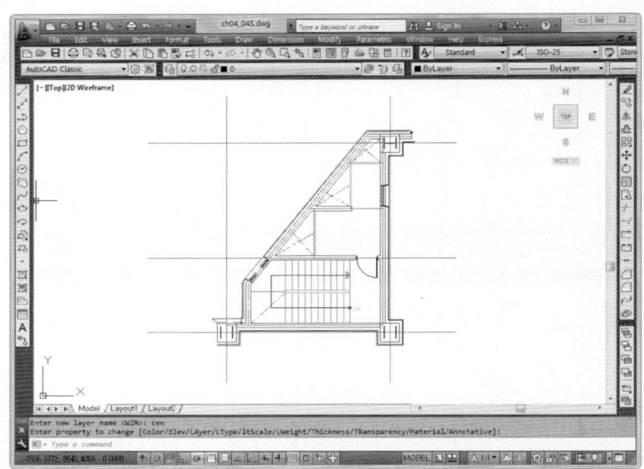

05 다시 원래의 CEN 레이어로 변경하기 위하여 Change 명령어의 단축키인 '–CH'를 입력한 후 선택 명령에 이전에 선택한 그룹을 자동 선택하는 옵션 단축키 'P'를 입력하여 자동 선택되도록 하며, 옵션 단축키 'La'를 이용하여 CEN 레이어로 지정합니다.

```
Command: -CH Enter
CHANGE
Select objects: P Enter
4 found
Select objects: Enter

Specify change point or [Properties]: P Enter

Enter property to change
[Color/Elev/LAyer/LType/ltScale/LWeight/Thickness/
TRansparency/Material/Annotati
ve]: la Enter

Enter new layer name <WIN>: cen Enter

Enter property to change
[Color/Elev/LAyer/LType/ltScale/LWeight/Thickness/
TRansparency/Material/Annotati
ve]: Enter
```

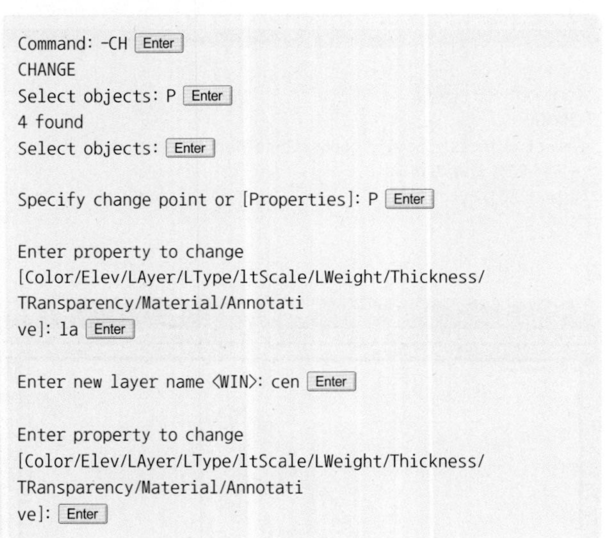

06 Hidden이 적용되었던 WIN 레이어와는 달리, 화면에서는 해당 선의 종류에 대한 축척의 간격이 일직선으로 좁게 표현됩니다. Ltscale에 '500'을 입력하면 Hidden과는 달리 간격이 좁은 형태로 나타나므로 Hidden 선의 종류와는 Ltscale 값이 서로 맞지 않음을 알 수 있습니다.

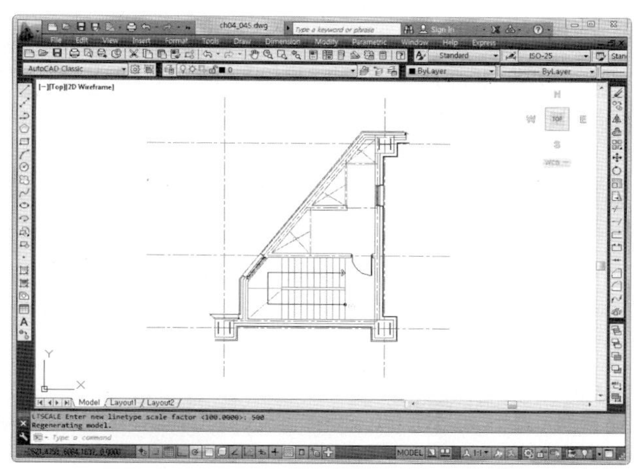

```
Command: LTS Enter
LTSCALE
Enter new linetype scale factor <100.0000>: 500 Enter
Regenerating model.
```

07 같은 도면 내에 하나의 Ltscale factor를 지정한 후, 각 객체에 다른 Ltscale factor를 적용하기 위하여 Change 명령어로 변경하겠습니다. Change 명령어의 단축키인 '-CH'를 입력한 후 다음의 세로 중심선들을 모두 선택합니다.

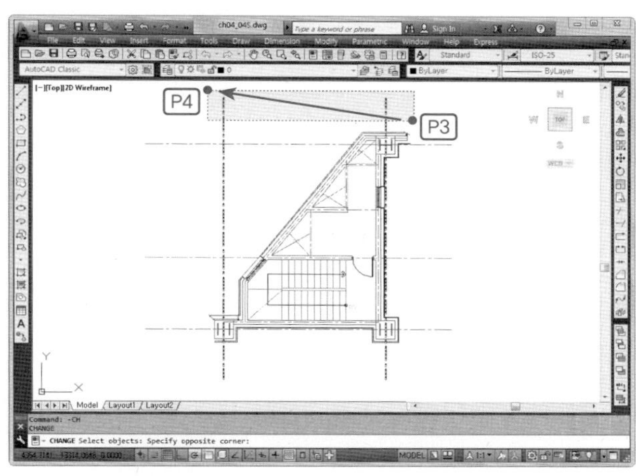

```
Command: -CH Enter
CHANGE
Select objects: Specify opposite corner: 2 found
→ P3~P4점 클릭, 드래그
Select objects: Enter
```

08 선택한 선에만 선의 축척을 달리 적용하기 위하여 'Properties' 옵션의 단축키인 'P'를 입력한 후 'ltScale' 옵션의 대문자인 'S'를 입력하고, 다음과 같이 기본 값인 '1'을 '2'로 변경합니다. 다음과 같이 세로선의 Scale Factor는 변경된 상태로 나타납니다.

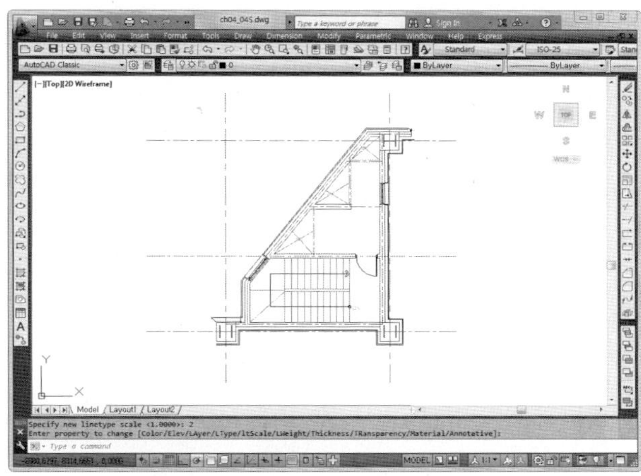

```
Specify change point or [Properties]: P Enter

Enter property to change
[Color/Elev/LAyer/LType/ltScale/LWeight/Thickness/
TRansparency/Material/Annotati
ve]: S Enter
Specify new linetype scale <1.0000>: 2 Enter
Enter property to change
[Color/Elev/LAyer/LType/ltScale/LWeight/Thickness/
TRansparency/Material/Annotative]: Enter
```

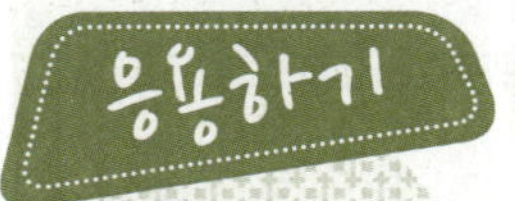

레이어 지정하고 사용하기

레이어의 경우 만드는 방법은 어렵지 않지만, 해당 레이어를 목적에 맞추어 만들고 레이어를 구별하여 사용하는 것은 매우 중요합니다. 해당 레이어를 잘 구별하여 사용해야만 레이어를 통한 도면 관리가 편리해지기 때문입니다. 무엇보다 기본적인 레이어를 만들고, 사용하고, 변경할 수 있도록 여러 번 연습하기 바랍니다.

예제 파일 부록 CD\Sample\Chapter04\ch04_se01_01S.dwg **완성 파일** 부록 CD\Sample\Chapter04\ch04_se01_01F.dwg

[Start]

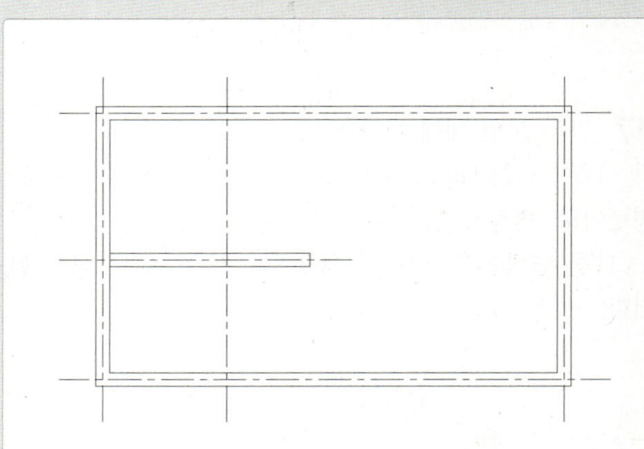

[Final]

1. 기본 레이어 구성하기

01 먼저, 메뉴의 [File]-[Open]으로 부록 CD에서 예제 파일을 불러옵니다. 화면에는 그려진 객체가 아무것도 없습니다. 제일 먼저 Limits를 설정한 후 Zoom 명령어의 'All' 옵션을 이용하여 도면 한계를 설정합니다.

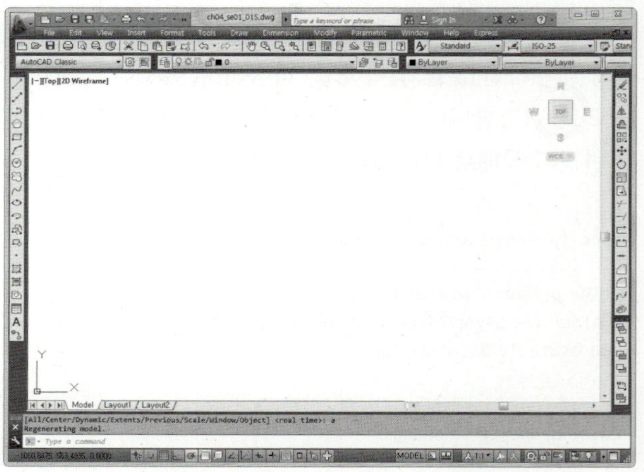

```
Command: LimitS Enter

Reset Model space limits:
Specify lower left corner or [ON/OFF] <0.0000,0.0000>: Enter
Specify upper right corner <12000.0000,9000.0000>: 8000,6000
Enter


Command: Z Enter
ZOOM
Specify corner of window, enter a scale factor (nX or nXP)
or [All/Center/Dynamic/Extents/Previous/Scale/Window/Object]
<real time>: a Enter
Regenerating model.
```

02 툴바의 [Layer Management] 버튼을 누르거나 [New Layer] 버튼을 누르면 새로운 레이어가 생기고 이름을 바로 입력하면 새로운 레이어가 생성됩니다. 레이어 이름에 'cen'이라고 입력합니다.

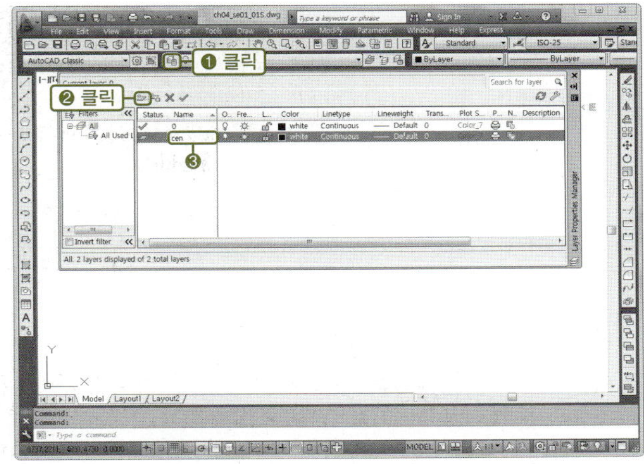

03 레이어의 색상을 지정하기 위하여 Color 색상을 클릭한 후 다음과 같이 [Select color] 대화상자가 나타나면 맨 앞의 Red를 선택하고 [OK] 버튼을 클릭하여 'cen' 레이어가 빨간색이 되도록 합니다.

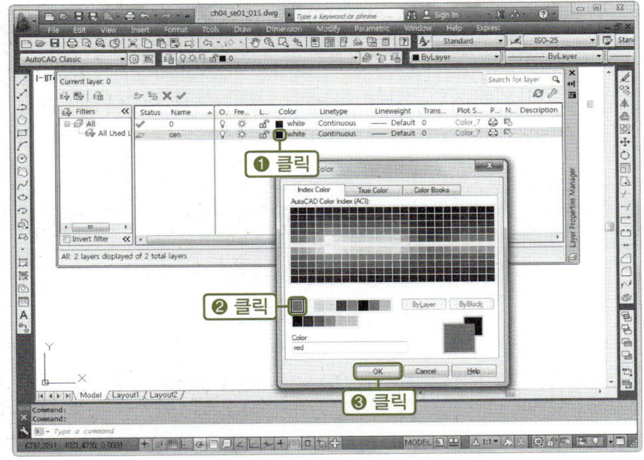

04 'cen' 레이어의 선 타입을 결정하기 위하여 Linetype을 클릭합니다. 현재 레이어의 패널에 로드된 linetype에는 기본 실선인 'Continuous'만 있습니다. 아래의 [Load] 버튼을 클릭한 후 오른쪽의 [Load Linetype] 대화상자에서 Center 선 타입을 선택하고 [OK] 버튼을 클릭합니다.

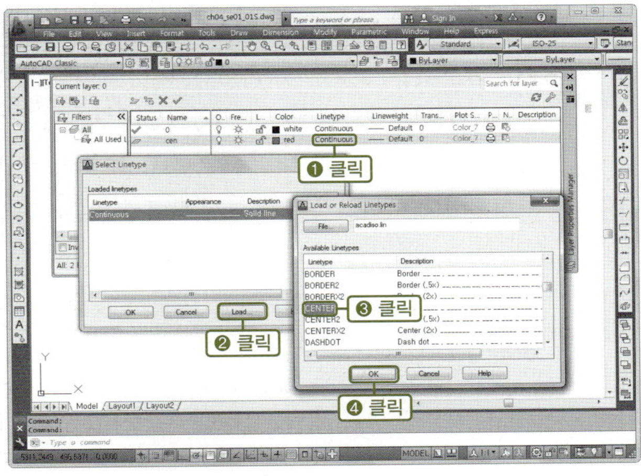

05 Load한 Center 선의 타입을 [Select Linetype] 대화 상자에서도 선택한 후 [OK] 버튼을 클릭하여 선의 타입을 선택합니다.

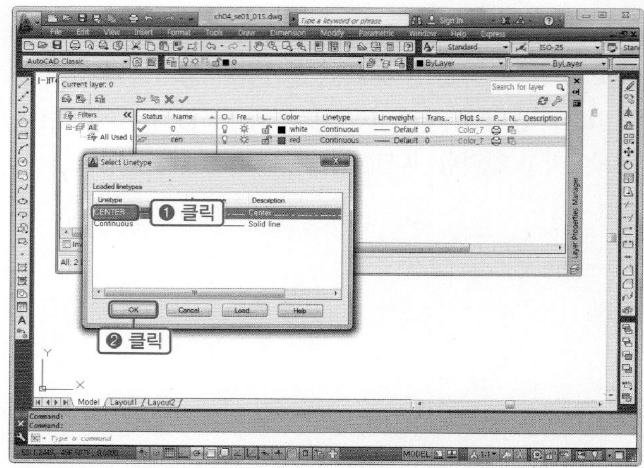

06 선의 가중치인 두께(weight)를 변경하기 위하여 Lineweight를 선택한 후 다음과 같이 0.09mm를 선택하고 [OK] 버튼을 클릭하여 선택합니다. cen 레이어의 기본적인 설정이 완료되었습니다.

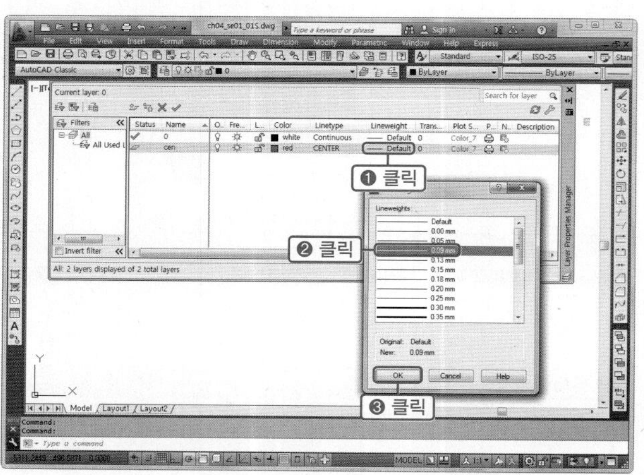

07 다시 New 레이어 버튼을 클릭한 후 레이어명에 'wall'이라고 입력하고, 색상에는 'Green'을 입력합니다. Linetype은 다시 기본 실선인 'Continuous'를 클릭하여 선택하고 [OK] 버튼을 클릭하여 지정합니다.

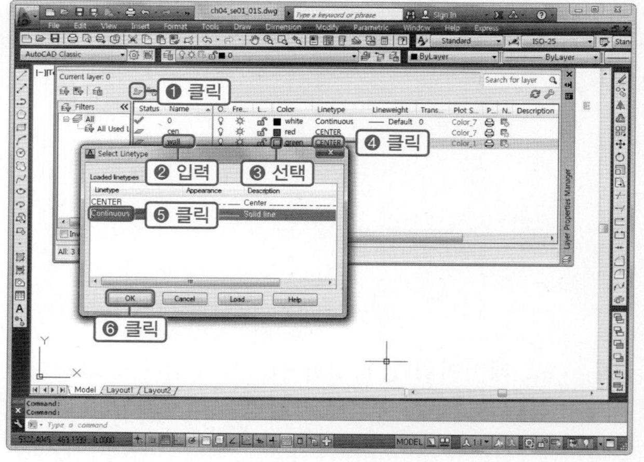

08 선 타입을 변경하였다면 이번에는 선의 굵기를 변경합니다. Lineweight를 0.3mm로 설정한 후 [OK] 버튼을 클릭하여 완료합니다.

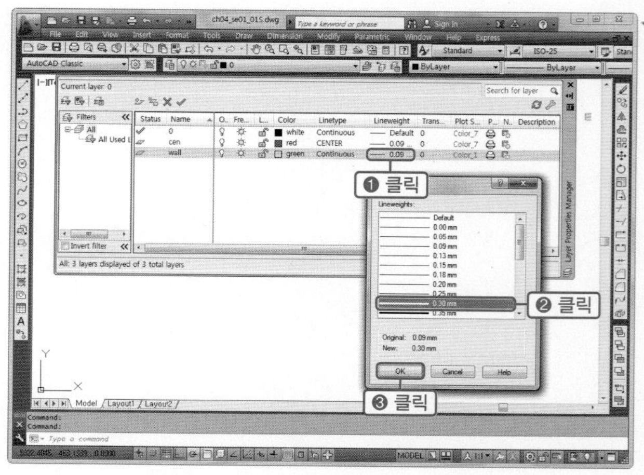

09 완료되면 다시 [New Layer] 버튼을 클릭한 후 레이어명은 'text', 색상은 파란색(Blue), 선 타입은 실선(Continuous), 선의 가중치(Lineweight)는 Default로 설정하여 다음과 같이 총 3개의 레이어가 생성되도록 하고, Layer Management 패널을 닫습니다.

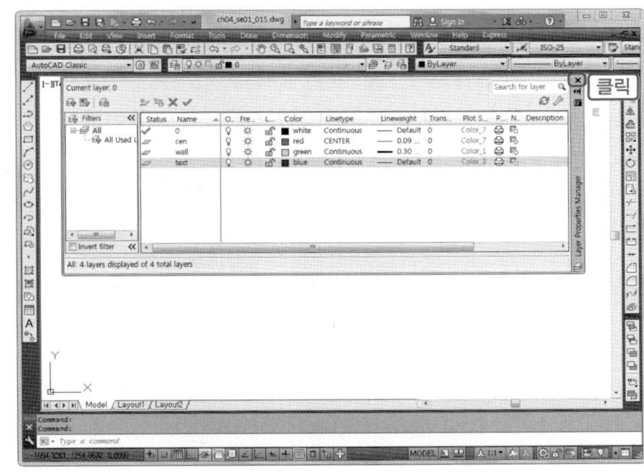

2. 중심선 만들고 Offset하기

01 기본적인 중심선을 만들기 위하여 XLine의 단축키인 'XL'을 입력한 후 다음과 같이 수평선을 제일 아래쪽에 그립니다.

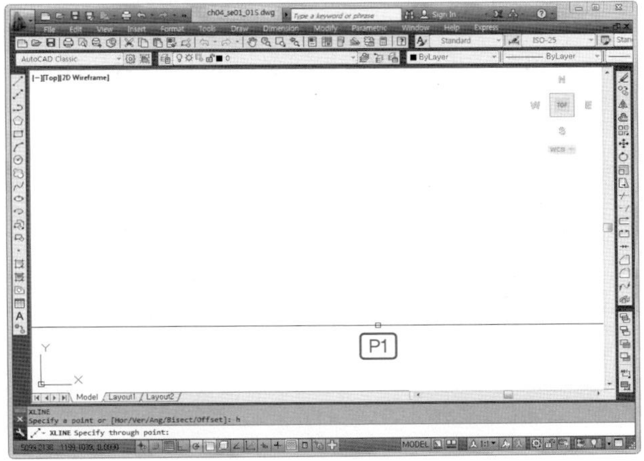

```
Command: Xl [Enter]
XLINE Specify a point or [Hor/Ver/Ang/Bisect/Offset]: H [Enter]
Specify through point: P1점 클릭
Specify through point: [Enter]
```

02 이번에는 세로 무한 선을 그리기 위하여 XLine의 단축키 'XL'을, 세로 무한 선의 옵션 단축키인 'V'를 입력한 후 해당 지점을 클릭하여 세로 무한 선을 그립니다.

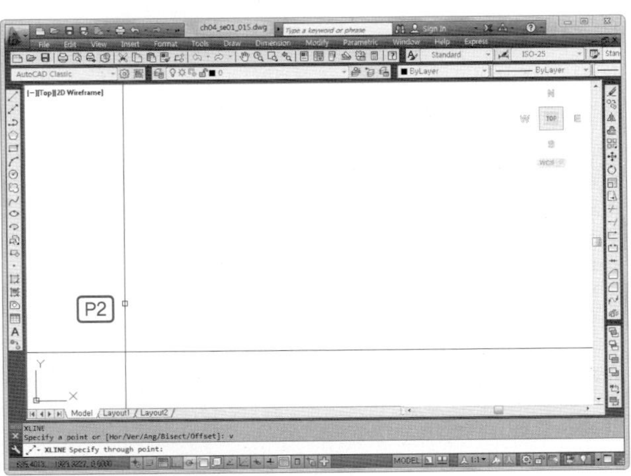

```
Command: XL [Enter]
XLINE Specify a point or [Hor/Ver/Ang/Bisect/Offset]: V [Enter]
Specify through point: P2점 클릭
Specify through point: [Enter]
```

03 두 선분이 선택된 상태에서 툴바의 Layer 목록 상
자를 열어 'cen' 레이어를 선택합니다. 선택된 무한 선은
'cen' 레이어 속성으로 변경됩니다. 계속 선택되어 있는 상
태이므로 Enter 를 눌러 선택을 종료합니다.

→ P3, P4점 클릭

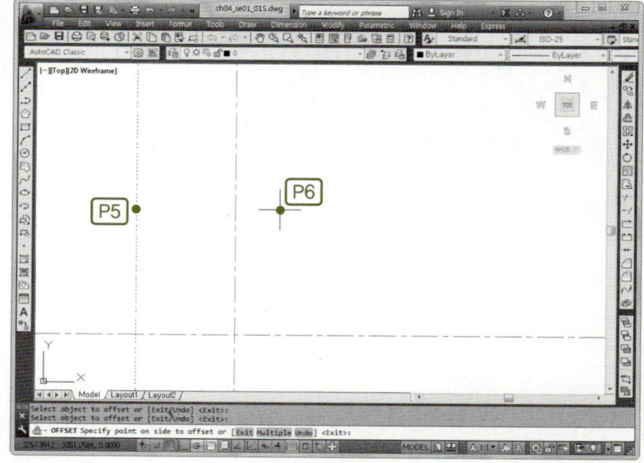

04 화면상에서는 중심선의 형태로 간격이 보이지 않
기 때문에 선에 대한 선 축척을 새로 지정해야 합니다.
Ltscale 명령어의 단축키인 'LTS'를 입력한 후 다음과 같이
입력합니다. 실선으로 보이던 선분이 중심선으로 보입니다.

```
Command: LTS Enter
LTSCALE Enter new linetype scale factor <1.0000>: 15 Enter
Regenerating model.
```

05 각 중심선을 크기만큼 평행 복제합니다. Offset의 단
축키인 'O'를 입력한 후 다음과 같이 간격을 입력하고 평
행 복제합니다.

```
Command: O Enter
OFFSET
Current settings: Erase source=No  Layer=Source
OFFSETGAPTYPE=0
Specify offset distance or [Through/Erase/Layer] <Through>:
1800 Enter

Select object to offset or [Exit/Undo] <Exit>: P5점 클릭
Specify point on side to offset or [Exit/Multiple/Undo]
<Exit>: P6점 클릭
Select object to offset or [Exit/Undo] <Exit>: Enter
```

06 처음의 값과 다른 두 번째 평행 복제를 하기 위하여 다시 Offsest 명령어를 입력한 후 간격 값에 '1200'을 입력하고, 다음과 같이 평행 복제합니다.

```
Command: O Enter
OFFSET
Current settings: Erase source=No  Layer=Source
OFFSETGAPTYPE=0
Specify offset distance or [Through/Erase/Layer] <1800.0000>:
1200 Enter

Select object to offset or [Exit/Undo] <Exit>: P7점 클릭
Specify point on side to offset or [Exit/Multiple/Undo]
<Exit>: P8점 클릭
Select object to offset or [Exit/Undo] <Exit>: Enter
```

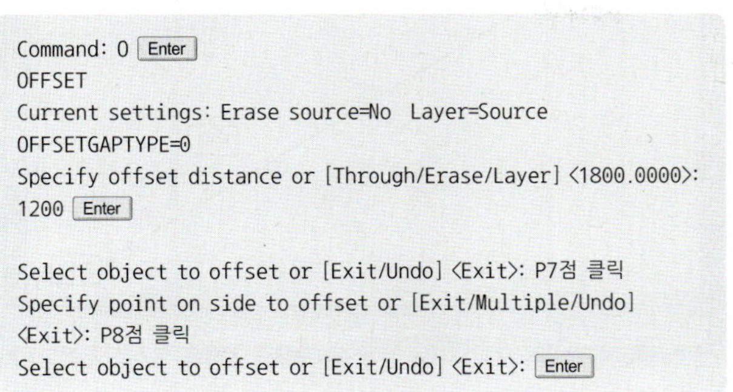

07 세 번째 평행 복제를 하기 위하여 Offset 명령어를 입력한 후 간격 값에 '3700'을 입력하고, 다음과 같이 평행 복제합니다.

```
Command: O Enter
OFFSET
Current settings: Erase source=No  Layer=Source
OFFSETGAPTYPE=0
Specify offset distance or [Through/Erase/Layer] <1200.0000>:
3700 Enter

Select object to offset or [Exit/Undo] <Exit>: P9점 클릭
Specify point on side to offset or [Exit/Multiple/Undo]
<Exit>: P10점 클릭
Select object to offset or [Exit/Undo] <Exit>: Enter
```

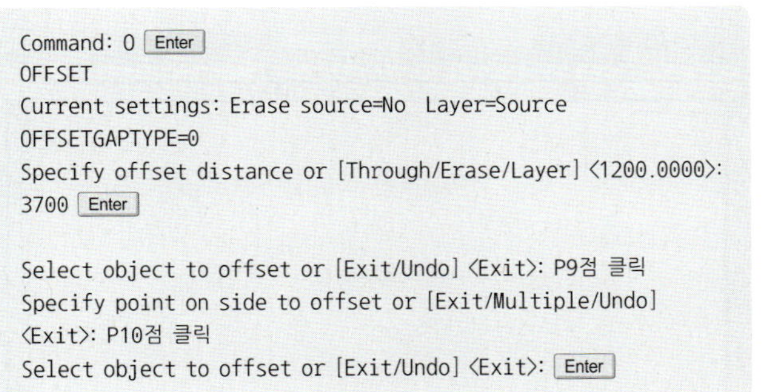
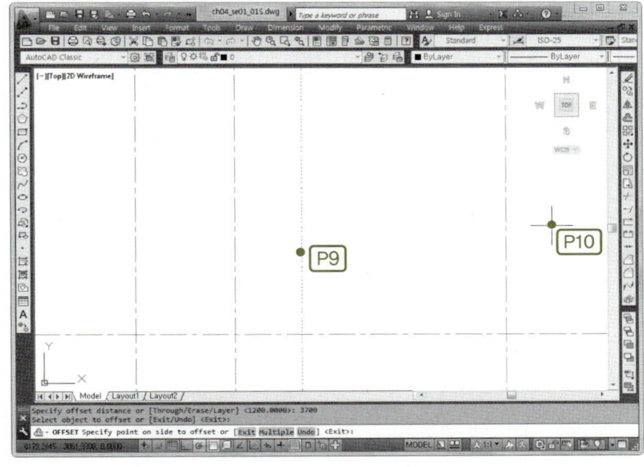

08 이번에는 가로 무한 선을 평행 복제하기 위하여 다음과 같이 Offset 명령어를 입력한 후 간격 값에 '1800'을 입력하고 평행 복제합니다.

```
Command: O Enter
OFFSET
Current settings: Erase source=No  Layer=Source
OFFSETGAPTYPE=0
Specify offset distance or [Through/Erase/Layer] <3700.0000>:
1800 Enter

Select object to offset or [Exit/Undo] <Exit>: P11점 클릭
Specify point on side to offset or [Exit/Multiple/Undo]
<Exit>: P12점 클릭
Select object to offset or [Exit/Undo] <Exit>: Enter
```

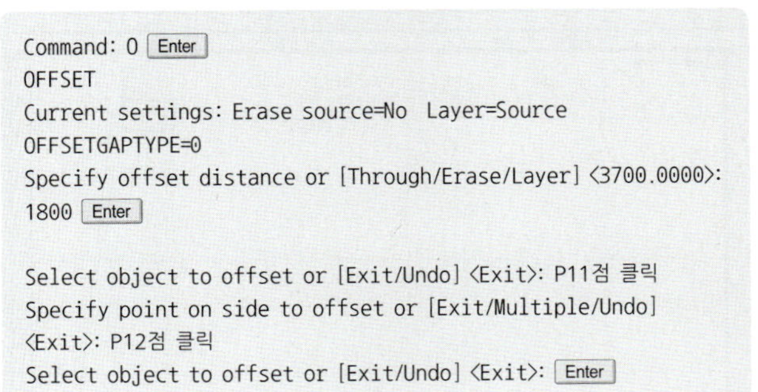
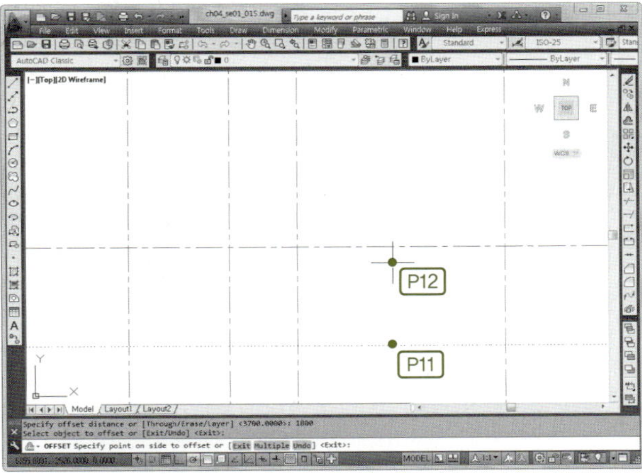

09 남은 가로 선을 하나 더 Offset하고 불필요한 부분을 없앨 수 있도록 Rectang을 그려 무한 선을 잘라 낼 수 있는 기준선을 그립니다.

```
Command: O Enter
OFFSET
Current settings: Erase source=No  Layer=Source
OFFSETGAPTYPE=0
Specify offset distance or [Through/Erase/Layer] <1800.0000>:
2200 Enter

Select object to offset or [Exit/Undo] <Exit>: P13점 클릭
Specify point on side to offset or [Exit/Multiple/Undo]
<Exit>: P14점 클릭
Select object to offset or [Exit/Undo] <Exit>: Enter

Command: REC Enter
RECTANG
Specify first corner point or [Chamfer/Elevation/Fillet/
Thickness/Width]: P15점 클릭
Specify other corner point or [Area/Dimensions/Rotation]: P16
점 클릭
```

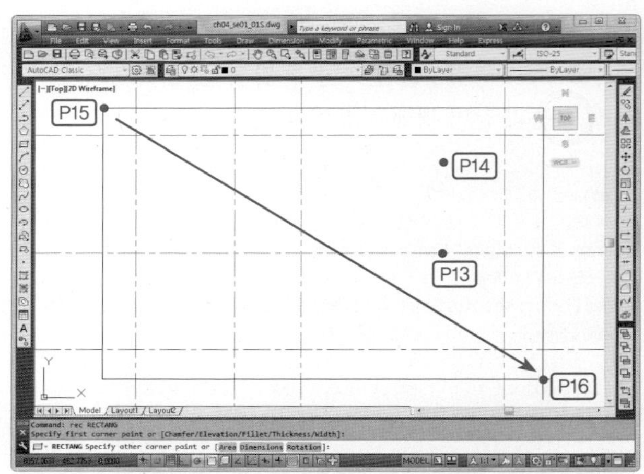

10 Rectang을 기준으로 Rectang 외곽의 선분을 잘라 내기 위하여 Trim 명령어를 입력한 후 Rectang을 기준 Edge로 선택합니다.

```
Command: TR Enter
TRIM
Current settings: Projection=UCS, Edge=Extend
Select cutting edges...
Select objects or <select all>: 1 found
→ P17점 클릭
Select objects: Enter
```

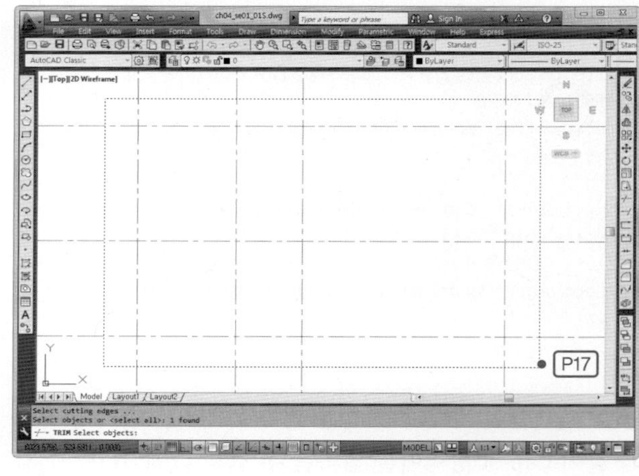

11 먼저 사각형 오른쪽 외곽의 선분들부터 잘라 냅니다. 그런 다음, 해당 지점을 마우스로 클릭, 드래그하여 한 번에 여러 개의 선분을 잘라 냅니다.

```
Select object to trim or shift-select to extend or [Fence/
Crossing/Project/Edge/eRase/Undo]: Specify opposite corner:
→ P18~P19점 클릭, 드래그
```

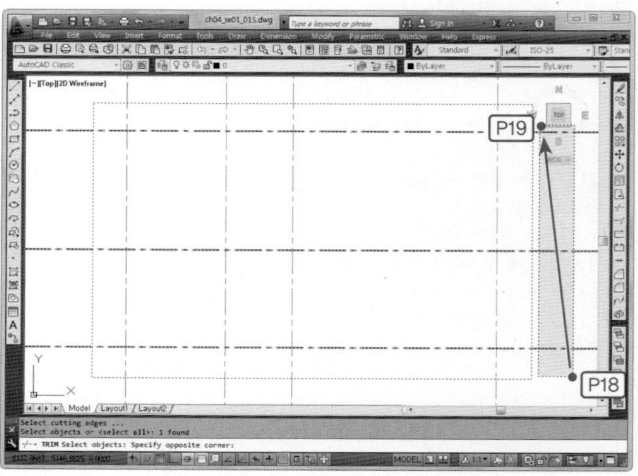

12 맨 위의 불필요한 객체를 클릭, 드래그하여 한 번에 잘라 냅니다.

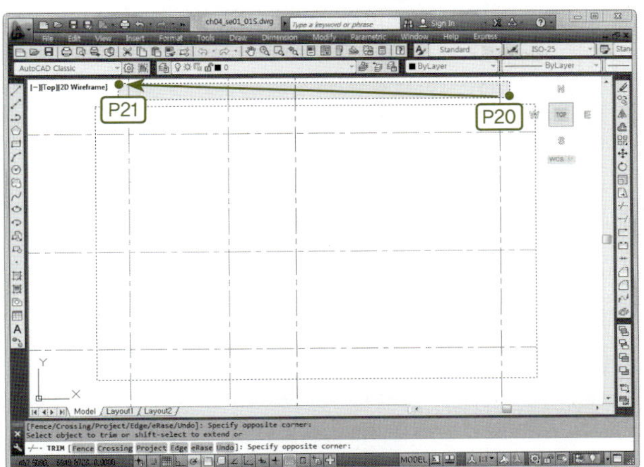

Select object to trim or shift-select to extend or
[Fence/Crossing/Project/Edge/eRase/Undo]: Specify opposite corner:
→ P20~P21점 클릭, 드래그

13 왼쪽의 불필요한 객체를 클릭, 드래그하여 한 번에 잘라 냅니다.

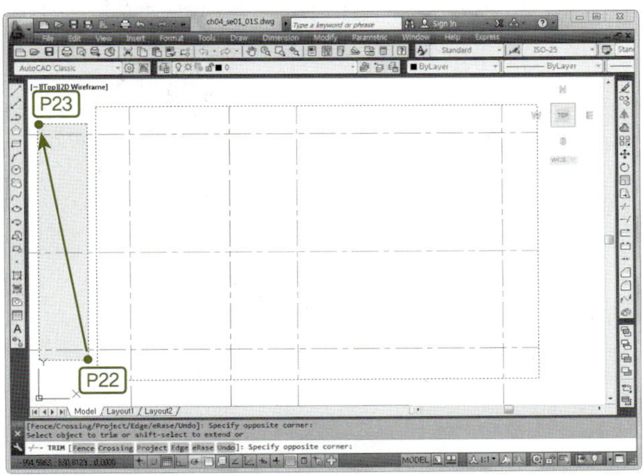

Select object to trim or shift-select to extend or
[Fence/Crossing/Project/Edge/eRase/Undo]: Specify opposite
corner:
→ P22~P23점 클릭, 드래그

14 다음은 아래의 불필요한 객체를 클릭, 드래그하여 한 번에 잘라 냅니다. 더 이상 잘라 낼 객체가 없는 경우에는 Enter 를 눌러 명령어를 종료합니다.

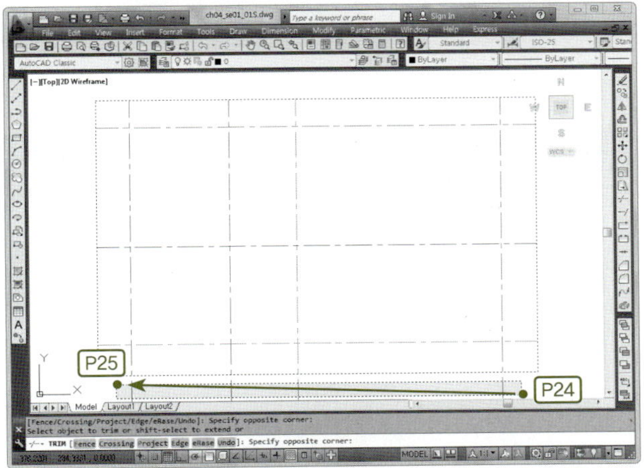

Select object to trim or shift-select to extend or [Fence/
Crossing/Project/Edge/eRase/Undo]: Specify opposite corner:
→ P24~P25점 클릭, 드래그
Select object to trim or shift-select to extend or [Fence/
Crossing/Project/Edge/eRase/Undo]: Enter

15 Trim의 기준선으로 사용한 선분은 필요없으므로 Erase 명령어를 이용하여 지웁니다. Erase 명령어를 입력한 후 Select object에는 맨 마지막 단일 객체가 자동으로 선택되도록 last 명령어의 단축키인 'L'을 입력합니다.

Command: e ERASE
Select objects: L Enter 1 found
Select objects: Enter

3. 중심선 정리하고 벽선 만들기

01 Break 명령어로 중심선의 일부분을 임의로 잘라 내어 중심선을 전체 평면도에 알맞게 정리합니다. Break 명령어의 단축키인 'BR'을 입력하고 다음과 같이 클릭하여 Break의 객체를 선택합니다. 처음 선택한 지점으로부터 잘려 나갈 두 번째 지점을 클릭합니다.

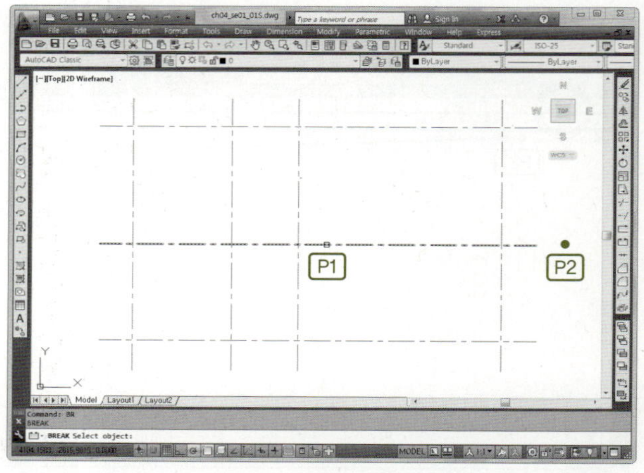

```
Command: BR Enter
BREAK Select object: P1점 클릭
Specify second break point or [First point]: P2점 클릭
```

02 다시 수직선도 Break하기 위하여 명령어를 입력하고 Break의 대상 객체를 다음과 같이 클릭하여 두 지점을 선택합니다.

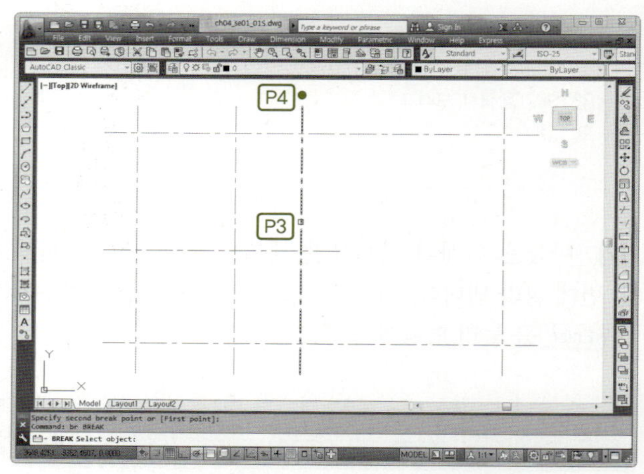

```
Command: BR Enter
BREAK Select object: P3점 클릭
Specify second break point or [First point]: P4점 클릭
```

03 벽선을 만들기 위하여 간격 값만큼 Offset을 이용하여 다음과 같이 평행 복제합니다.

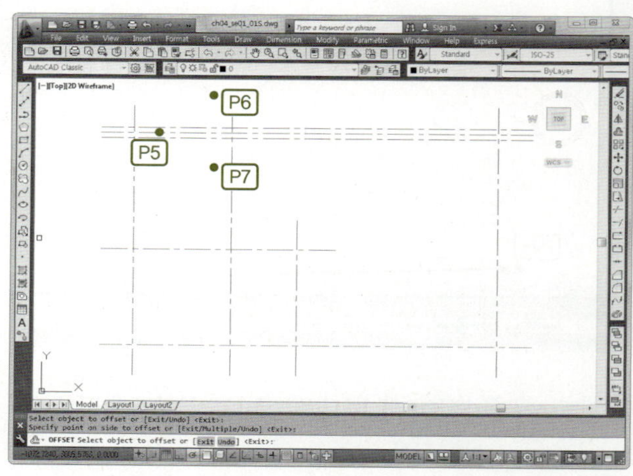

```
Command: O Enter
OFFSET
Current settings: Erase source=No  Layer=Source
OFFSETGAPTYPE=0
Specify offset distance or [Through/Erase/Layer] <Through>:
100 Enter

Select object to offset or [Exit/Undo] <Exit>: P5점 클릭
Specify point on side to offset or [Exit/Multiple/Undo]
<Exit>: P6점 클릭
Select object to offset or [Exit/Undo] <Exit>: P5점 클릭
Specify point on side to offset or [Exit/Multiple/Undo]
<Exit>: P7점 클릭
Select object to offset or [Exit/Undo] <Exit>: Enter
```

04 중심선을 위와 아래쪽으로 평행 복제한 선분만 명령어 입력 없이 선택한 후 Layer Control 목록 상자를 열어 '벽선' 레이어를 클릭하여 선택하고 Esc 를 눌러 완료합니다. 레이어가 변경됩니다.

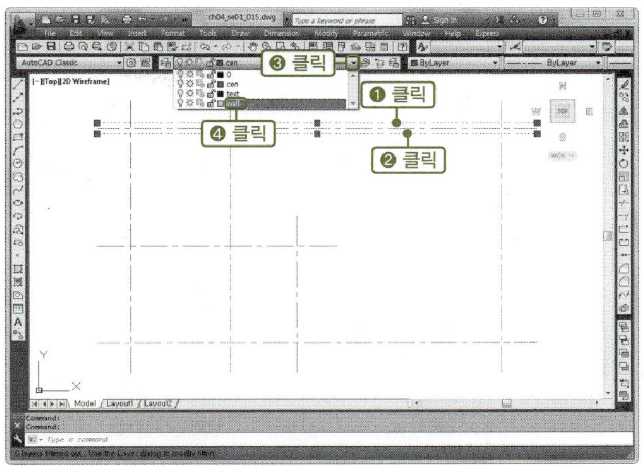

05 같은 방법으로 다음과 같이 나머지 모든 중심선들도 Offset을 통해 평행 복제합니다. 중심선을 상하좌우로 평행 복제합니다.

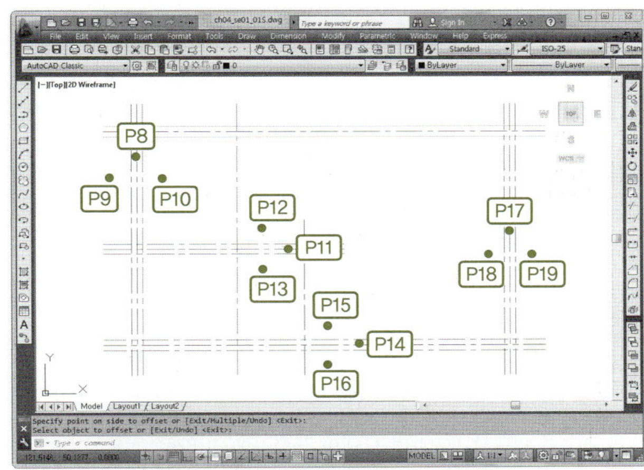

```
Command: O Enter
OFFSET
Current settings: Erase source=No  Layer=Source  OFFSETGAPTYPE=0
Specify offset distance or [Through/Erase/Layer] <100.0000>: Enter

Select object to offset or [Exit/Undo] <Exit>: P8점 클릭
Specify point on side to offset or [Exit/Multiple/Undo] <Exit>: P9점 클릭
Select object to offset or [Exit/Undo] <Exit>: P8점 클릭
Specify point on side to offset or [Exit/Multiple/Undo] <Exit>: P10점 클릭
Select object to offset or [Exit/Undo] <Exit>: P11점 클릭
Specify point on side to offset or [Exit/Multiple/Undo] <Exit>: P12점 클릭
Select object to offset or [Exit/Undo] <Exit>: P11점 클릭
Specify point on side to offset or [Exit/Multiple/Undo] <Exit>: P13점 클릭
Select object to offset or [Exit/Undo] <Exit>: P14점 클릭
Specify point on side to offset or [Exit/Multiple/Undo] <Exit>: P15점 클릭
Select object to offset or [Exit/Undo] <Exit>: P14점 클릭
Specify point on side to offset or [Exit/Multiple/Undo] <Exit>: P16점 클릭
Select object to offset or [Exit/Undo] <Exit>: P17점 클릭
Specify point on side to offset or [Exit/Multiple/Undo] <Exit>: P18점 클릭
Select object to offset or [Exit/Undo] <Exit>: P17점 클릭
Specify point on side to offset or [Exit/Multiple/Undo] <Exit>: P19점 클릭
Select object to offset or [Exit/Undo] <Exit>: Enter
```

06 Offset으로 평행 복제된 객체의 Layer를 바꿔야 합니다. 이전에 사용한 방법대로 객체를 선택한 후 레이어를 선택하여 바꿀 수도 있지만, Matchprop 명령어를 이용하여 객체의 속성을 읽어들인 후 선택한 객체에 적용하는 방법을 사용합니다. Ma 명령어를 입력한 후 속성을 가진 객체를 먼저 선택합니다.

```
Command: MA Enter
MATCHPROP
Select source object: P20점 클릭
Current active settings: Color Layer Ltype Ltscale
Lineweight Transparency
Thickness PlotStyle Dim Text Hatch Polyline Viewport Table
Material Shadow
display Multileader
```

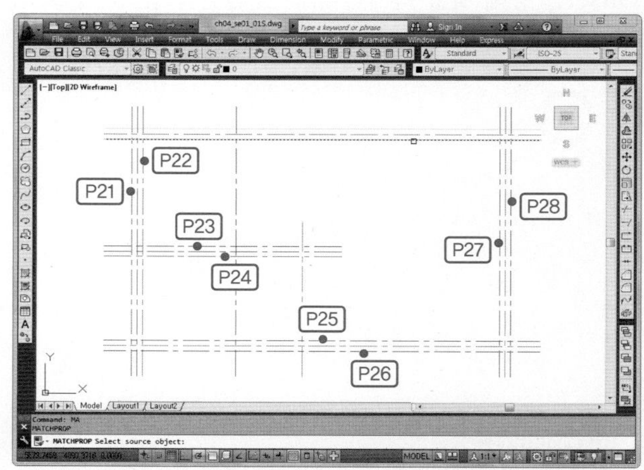

07 이제 읽어들인 레이어를 적용할 객체를 다음과 같이 클릭하여 선택합니다. 클릭하거나 클릭, 드래그하여 원하는 객체를 한꺼번에 선택할 수도 있습니다. 더 이상 선택할 객체가 없는 경우에는 Enter 를 눌러 종료합니다.

```
Select destination object(s) or [Settings]: P21점 클릭
Select destination object(s) or [Settings]: P22점 클릭
Select destination object(s) or [Settings]: P23점 클릭
Select destination object(s) or [Settings]: P24점 클릭
Select destination object(s) or [Settings]: P25점 클릭
Select destination object(s) or [Settings]: P26점 클릭
Select destination object(s) or [Settings]: P27점 클릭
Select destination object(s) or [Settings]: P28점 클릭
Select destination object(s) or [Settings]: Enter
```

4. 벽선의 모서리 마무리 처리하기

01 중심선을 이용하여 벽선을 만들었으므로 벽선이 중심선과 같은 모양이 되어 있습니다. 따라서 Fillet 명령어를 이용하여 Radius=0인 상태에서 하나로 이어질 선분 2개를 차례대로 선택합니다.

```
Command: F Enter
FILLET
Current settings: Mode=TRIM, Radius=0.0000
Select first object or [Undo/Polyline/Radius/Trim/Multiple]:
P1점 클릭
Select second object or shift-select to apply corner or
[Radius]: P2점 클릭
```

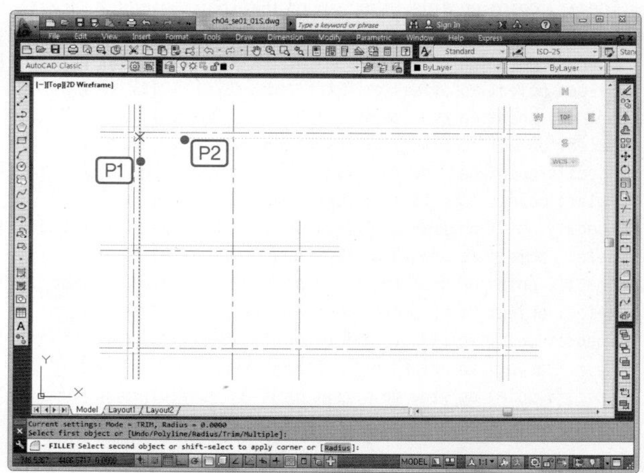

02 한 번에 원하는 모서리는 Fillet의 'Multiple' 옵션을 이용하여 한꺼번에 처리할 수 있습니다. Fillet 명령어의 단축키인 'F'를 입력한 후 Multiple 명령어의 단축키인 'M'을 입력하고, 다음의 두 지점을 클릭하여 연속하는 선분으로 만듭니다.

```
Command: F Enter
FILLET
Current settings: Mode=TRIM, Radius=0.0000
Select first object or [Undo/Polyline/Radius/Trim/Multiple]:
M Enter

Select first object or [Undo/Polyline/Radius/Trim/Multiple]:
P3점 클릭
Select second object or shift-select to apply corner or
[Radius]: P4점 클릭
```

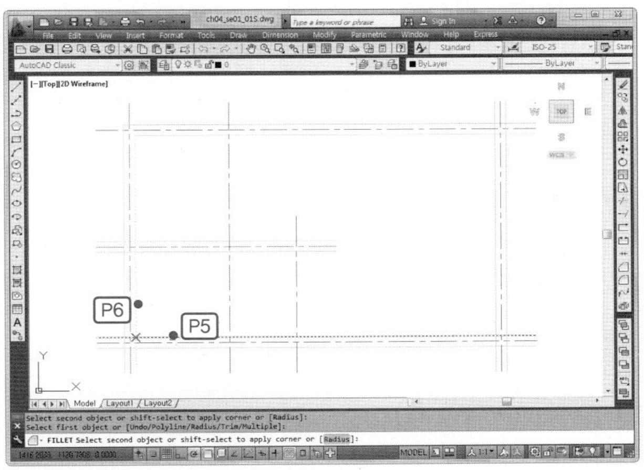

03 옵션을 지정하였으므로 Fillet 명령어는 연속하여 다음 두 지점을 계속 클릭합니다.

```
Select first object or [Undo/Polyline/Radius/Trim/Multiple]:
P5점 클릭
Select second object or shift-select to apply corner or
[Radius]: P6점 클릭
```

04 다음의 지점도 클릭하여 선택합니다. 특히 아무곳이나 선택하지 않고 모서리가 'ㄴ'자가 될 수 있도록 연속할 수 있는 지점을 클릭합니다.

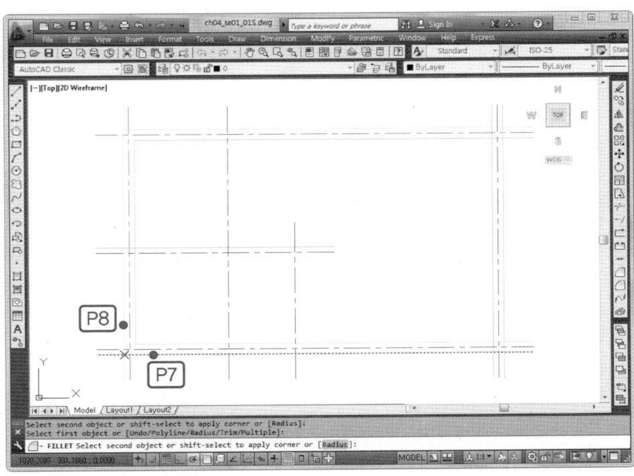

```
Select first object or [Undo/Polyline/Radius/Trim/Multiple]:
P7점 클릭
Select second object or shift-select to apply corner or
[Radius]: P8점 클릭
```

05 Fillet의 다음 지점을 다음과 같이 클릭하여 선택합니다.

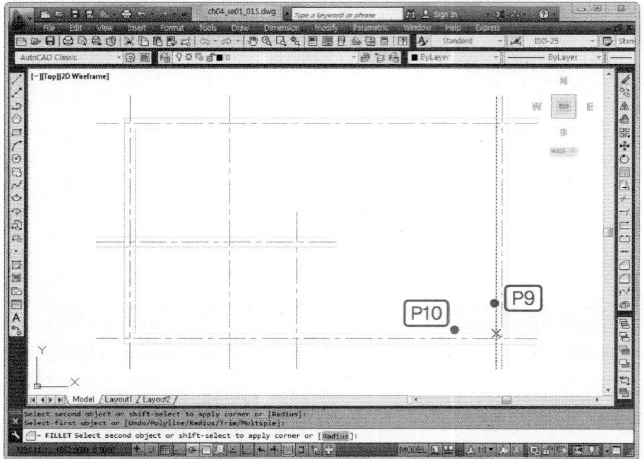

Select first object or [Undo/Polyline/Radius/Trim/Multiple]:
P9점 클릭
Select second object or shift-select to apply corner or
[Radius]: P10점 클릭

06 연속적으로 다음 두 지점을 클릭하여 선택합니다.

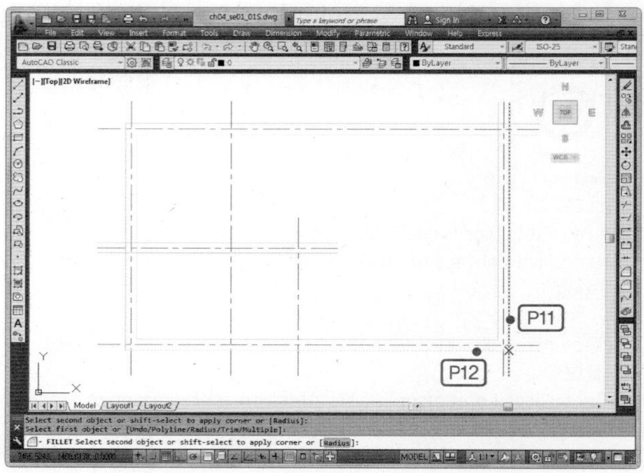

elect first object or [Undo/Polyline/Radius/Trim/Multiple]:
P11점 클릭
Select second object or shift-select to apply corner or
[Radius]: P12점 클릭

07 연속적으로 다음 두 지점을 클릭하여 선택합니다.

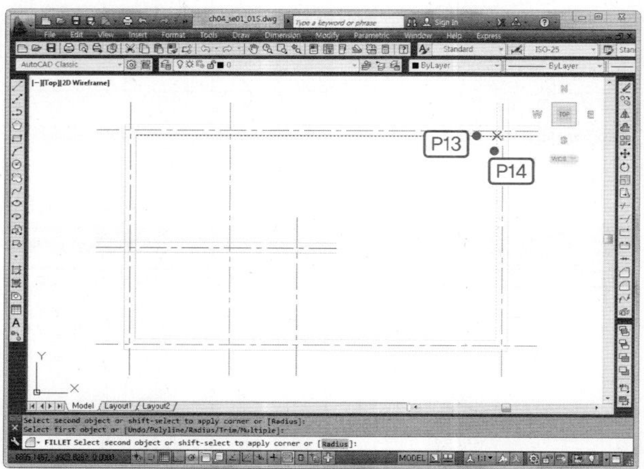

Select first object or [Undo/Polyline/Radius/Trim/Multiple]:
P13점 클릭
Select second object or shift-select to apply corner or
[Radius]: P14점 클릭

08 연속적으로 다음 두 지점을 클릭하여 선택합니다. 더 이상 선택할 영역이 없는 경우에는 Enter 를 눌러 명령어를 종료합니다.

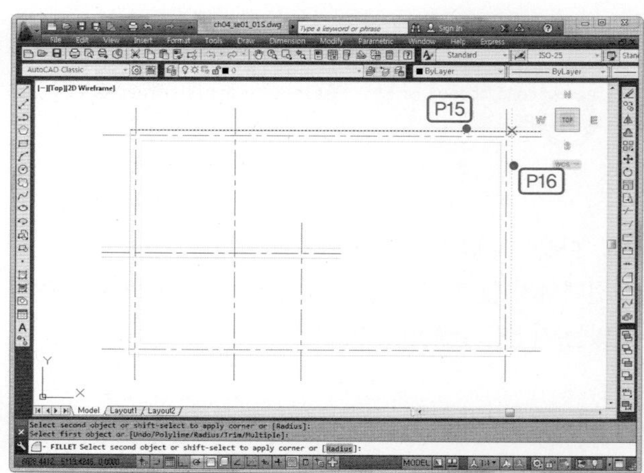

Select first object or [Undo/Polyline/Radius/Trim/Multiple]:
P15점 클릭
Select second object or shift-select to apply corner or
[Radius]: P16점 클릭
Select first object or [Undo/Polyline/Radius/Trim/Multiple]:
Enter

> **Upgrade ★**
>
> ## Fillet에 반지름 값이 있는 경우
>
> Fillet 반지름이 있는 경우에 Fillet을 하면 해당 반지름의 크기만큼 라운드된 호가 나타납니다. 이 경우 벽선을 처리하기 위해 다시 Radius를 '0'으로 변경하지 말고, 두 선을 선택하는 경우의 첫 번째 선은 그대로 클릭하고 두 번째 선을 클릭할 때 Shift 를 누른 상태에서 클릭하면 Radius=0의 상태처럼 라운드되지 않는 모서리가 있는 선분으로 나타납니다.

5. 분리 벽 만들기

01 중간의 분리 벽을 처리하기 위하여 다음과 같이 Ma 명령어를 입력한 후 속성을 읽을 객체인 벽선에 해당하는 객체를 클릭합니다.

```
Command: MA Enter
MATCHPROP
Select source object: P1점 클릭
Current active settings: Color Layer Ltype Ltscale
Lineweight Transparency
Thickness PlotStyle Dim Text Hatch Polyline Viewport Table
Material Shadow
display Multileader
```

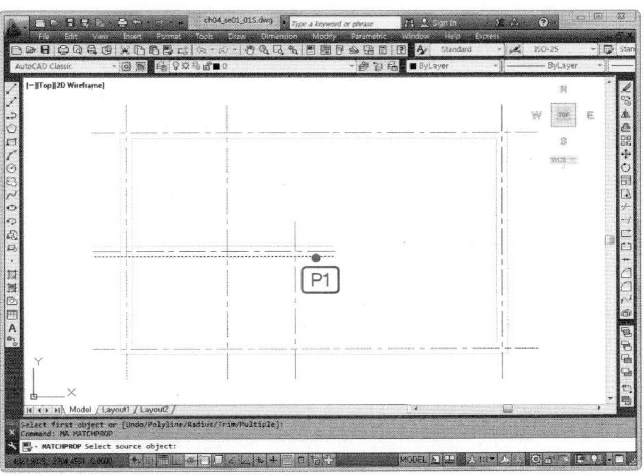

02 속성을 적용할 객체인 중간에 있는 중심선을 선택하여 다음과 같이 벽선의 레이어 객체가 선택되도록 합니다.

```
Select destination object(s) or [Settings]: P2점 클릭
Select destination object(s) or [Settings]: Enter
```

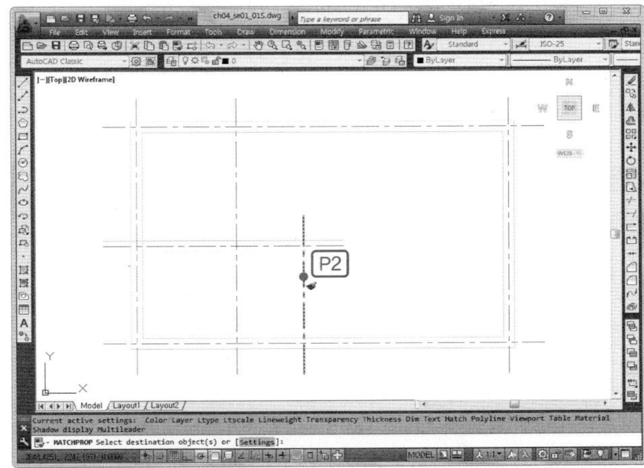

03 변경한 벽선 레이어 객체가 마무리 선이 되도록 Trim 명령어의 단축키인 'TR'을 입력한 후 기준선이 될 객체를 다음과 같이 클릭하여 선택합니다.

```
Command: TR Enter
TRIM
Current settings: Projection=UCS, Edge=Extend
Select cutting edges...
Select objects or <select all>: 1 found
→ P3점 클릭
Select objects: 1 found, 2 total
→ P4점 클릭
Select objects: 1 found, 3 total
→ P5점 클릭
Select objects: Enter
```

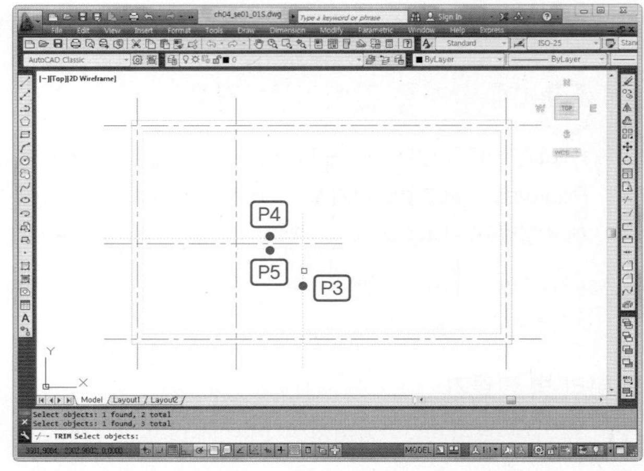

04 잘라 내야하는 부분을 다음과 같이 클릭하여 선택합니다. 중간 분리 벽에 해당하는 모양을 만듭니다.

```
Select object to trim or shift-select to extend or [Fence/
Crossing/Project/Edge/eRase/Undo]: P6점 클릭
Select object to trim or shift-select to extend or [Fence/
Crossing/Project/Edge/eRase/Undo]: P7점 클릭
Select object to trim or shift-select to extend or [Fence/
Crossing/Project/Edge/eRase/Undo]: P8점 클릭
Select object to trim or shift-select to extend or [Fence/
Crossing/Project/Edge/eRase/Undo]: P9점 클릭
Select object to trim or shift-select to extend or [Fence/
Crossing/Project/Edge/eRase/Undo]: Enter
```

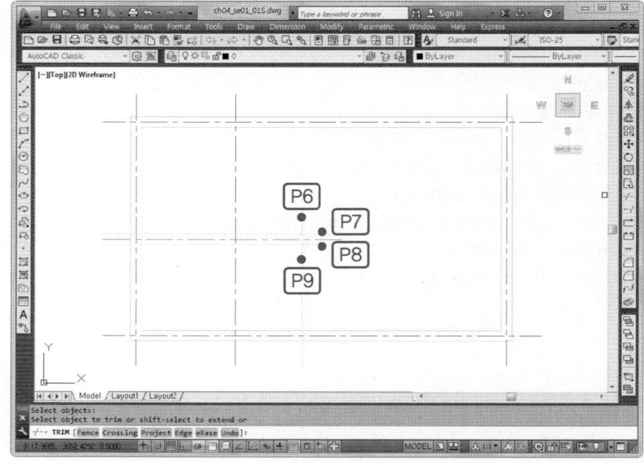

05 반대편에 벽을 뚫고 나온 벽 선에 해당하는 선분을 정리하겠습니다. 먼저 Trim 명령어의 단축키인 'TR'을 입력한 후 다음의 기준선이 될 객체를 먼저 선택합니다.

```
Command: TR Enter
TRIM
Current settings: Projection=UCS, Edge=Extend
Select cutting edges...
Select objects or <select all>: 1 found
→ P10점 클릭
Select objects: Enter
```

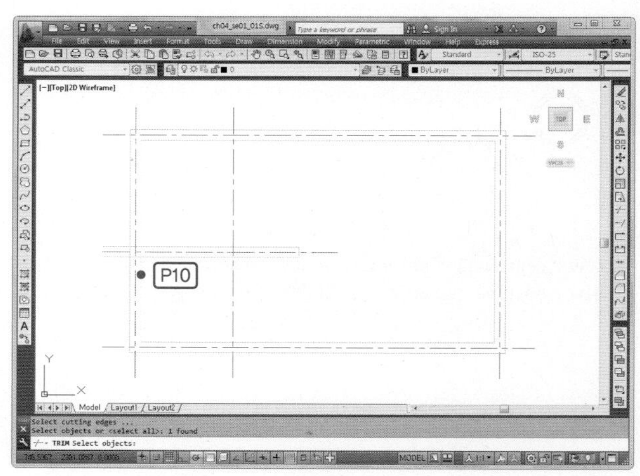

06 다음과 같이 벽선을 정리하고 마무리하여 기본적인 선과 레이어를 처리하는 방법을 익힙니다.

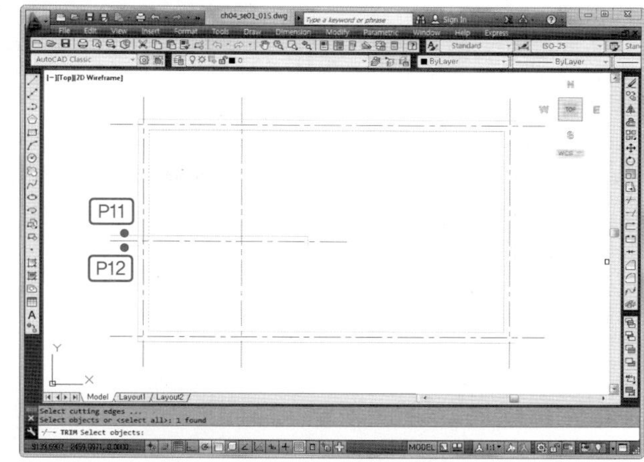

```
Select object to trim or shift-select to extend or [Fence/
Crossing/Project/Edge/eRase/Undo]: P11점 클릭
Select object to trim or shift-select to extend or [Fence/
Crossing/Project/Edge/eRase/Undo]: P12점 클릭
Select object to trim or shift-select to extend or [Fence/
Crossing/Project/Edge/eRase/Undo]: Enter
```

Upgrade ★

엑셀 표를 AutoCAD 도면 요소로 붙여넣기

견적도를 그리는 경우 다양한 도면 요소의 견적을 엑셀 파일로 작성하는 경우가 많이 있습니다. 해당 견적 파일의 내용을 CAD 안으로 삽입하여 도면을 완성해야 하는 경우, 다음과 같이 삽입하면 편리하게 이용할 수 있습니다.

① 먼저 엑셀을 열고 원하는 내용을 작성합니다. AutoCAD로 삽입해야 하는 내용을 작성한 후 원하는 부분을 드래그하여 선택하고, 마우스 오른쪽 버튼을 누르면 나타나는 바로 가기 메뉴 중에서 복사를 클릭하여 클립보드에 저장합니다.

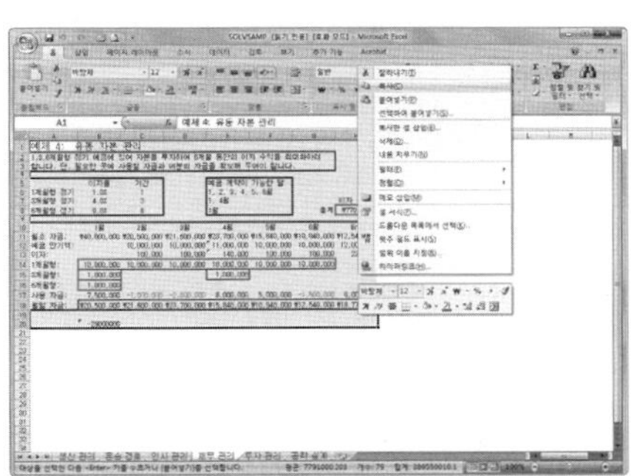

② AutoCAD로 돌아온 후 [Edit]–[Paste Special...]을 선택하여 '선택하여 붙여넣기'를 선택합니다.

③ [Paste Special...]를 누르면 다음과 같이 [선택하여 붙여넣기] 대화상자가 나타나며, 데이터 형식의 리스트에서 다음의 그림과 같이 "AutoCAD Entities"를 선택한 다음 [OK] 버튼을 클릭하여 AutoCAD 도면 요소로 삽입합니다.

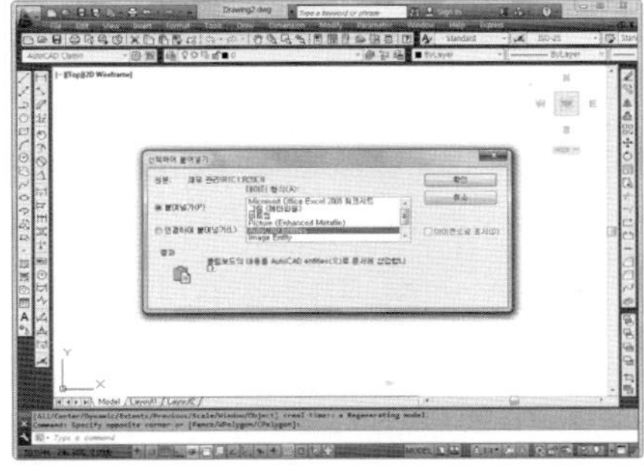

④ 원하는 장소에 클릭하여 엑셀 요소를 다음과 같이 삽입하여 완료합니다. 간단하게 엑셀을 이용할 수 있습니다.

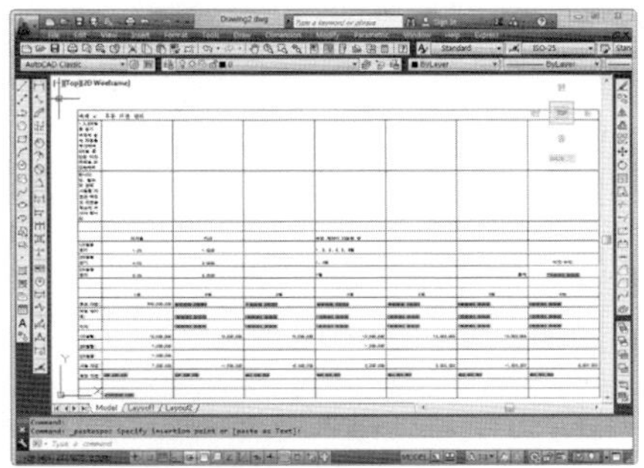

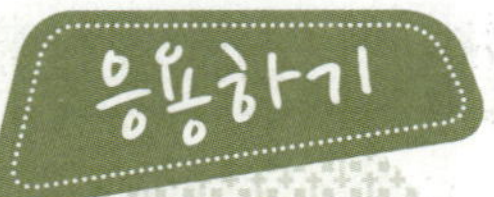

레이어 기능 이해하고 사용하기

레이어를 만드는 방법은 어렵지 않지만, 해당 레이어를 목적에 맞추어 만들고 레이어를 구별하여 잘 사용하는 것은 매우 중요합니다. 레이어를 지정하고, 만들고, 변경하는 것도 중요하지만, 지정된 레이어로 만든 레이어를 제어하는 것도 중요합니다. 가장 중요한 레이어의 끄거나 켜는 기능에 대해 알아보겠습니다.

예제 파일 부록 CD\Sample\Chapter04\ch04_se01_02S.dwg　　　**완성 파일** 부록 CD\Sample\Chapter04\ch04_se01_02F.dwg

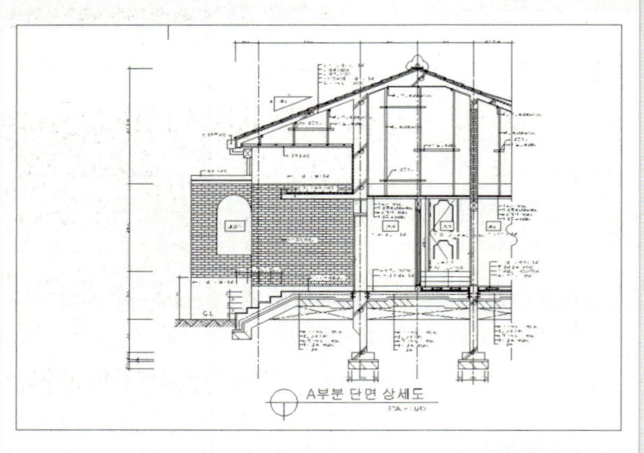

[Start]

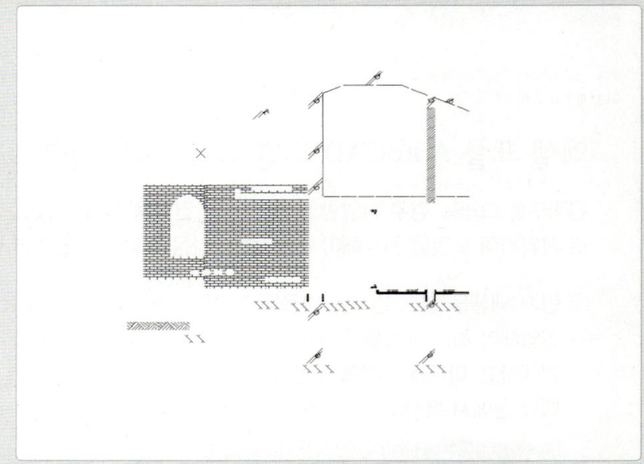

[Final]

01 메뉴의 [File]-[Open]으로 부록 CD에서 예제 파일을 불러옵니다. 레이어 목록 상자에서 목록 버튼을 눌러 'C' 레이어의 햇님 아이콘(Freeze) 버튼을 눌러 끕니다. 해당 레이어로 그려진 객체가 화면에서 사라집니다.

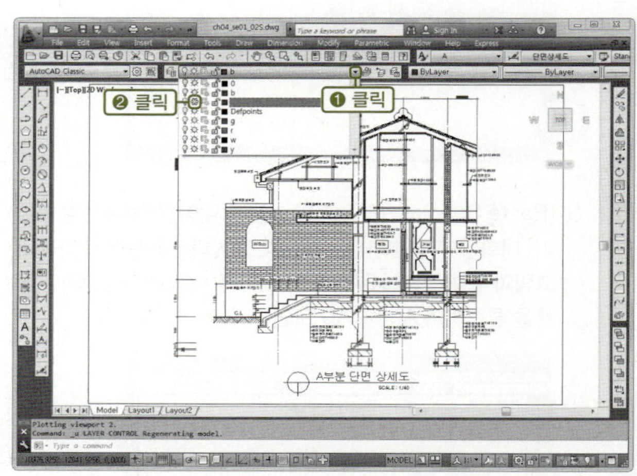

02 객체를 다시 화면에 나타나도록 하기 위해서 레이어 목록 상자를 열고 꺼진 [Freeaze] 버튼을 클릭하여 켭니다. 원래의 객체들이 모두 나타납니다.

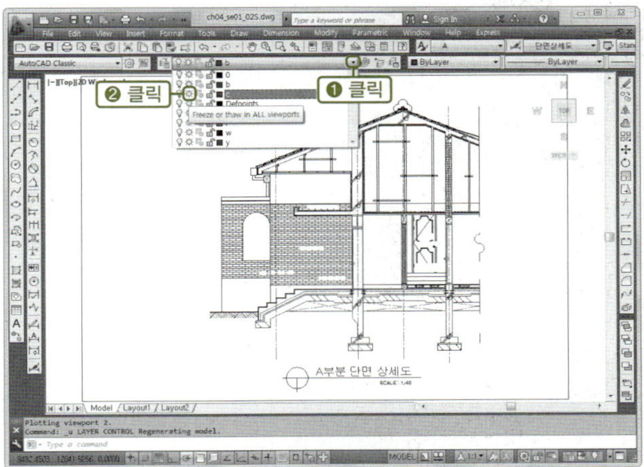

03 이번에는 선택되지 않도록 하기 위하여 레이어 목록 상자를 연 후 'B' 레이어를 클릭하고 자물쇠 아이콘을 눌러 잠급니다.

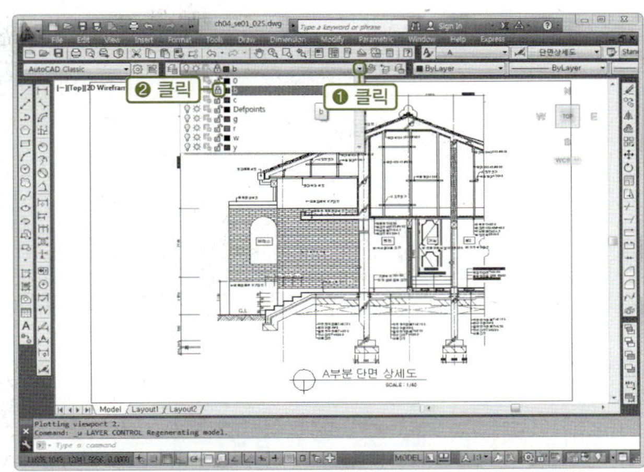

04 잠긴 상태에서 Erase 명령어의 단축키인 'E'를 입력하여 화면의 모든 객체를 지웁니다. 그림과 같이 Lock이 걸려 있는 B 레이어로 그려진 객체만 남고, 모두 지워집니다.

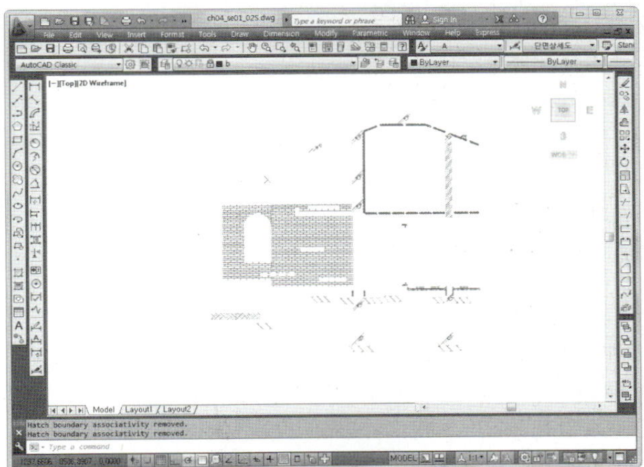

05 다시 선택될 수 있도록 하기 위해서는 레이어 목록 상자를 열고 'B' 레이어의 [Lock] 버튼을 눌러 다시 해제해야 합니다. 마우스 커서를 이용해 객체를 클릭해보면 다시 선택되는 것을 알 수 있습니다.

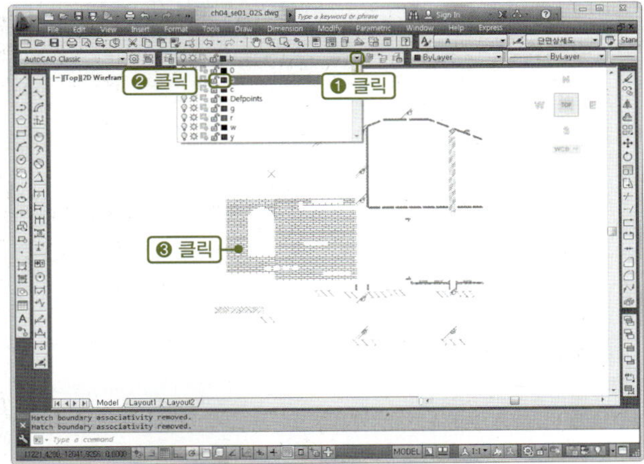

```
Command: E Enter
ERASE
Select objects: all
1040 found
167 were on a locked layer.
Select objects: Enter
```

Section 02

치수 입력 방법 익히기

치수(Dimension)는 도면을 작성한 후 맨 마지막에 전체적인 크기를 숫자로 표시하기 위한 작업입니다. 이는 도면을 모두 작성하고 난 후에 그 도면을 보는 사용자가 해당 지점의 크기를 숫자로 알 수 있도록 하는 역할을 하며, 도면상의 일정 지점에 코멘트를 입력하여 사용자가 설계 의도대로 작성할 수 있도록 하는 데에 목적이 있습니다. 이번에는 치수가 갖고 있는 기본적인 요소부터 입력 가능한 치수 요소를 하나하나 살펴보고, 치수와 전체적인 스케일의 관계에 대해서도 알아보겠습니다.

01. 치수 요소 이해하기

치수는 어느 도면에서나 사용해야 하는 필수 요소로, 치수가 갖고 있는 다양한 표현 방식에 관련된 용어를 정확히 이해해야만 치수를 입력할 수 있습니다. 치수를 입력하면 다음과 같이 치수선(Diemension Line), 치수 보조선(Extension Line), 치수 문자(Dimension Text), 화살표(Arrow)로 분리할 수 있습니다.

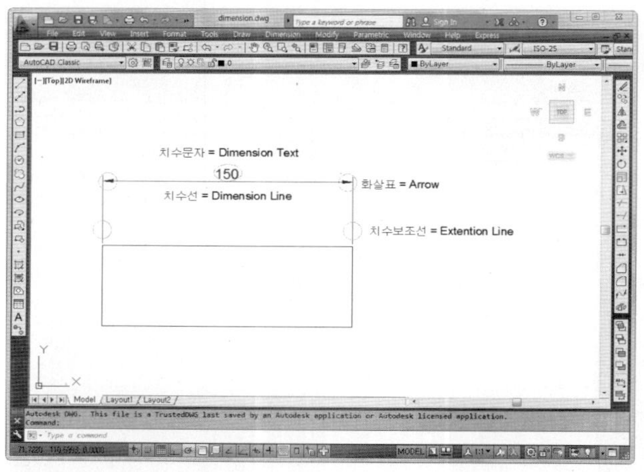

▲ 치수의 다양한 치수 요소

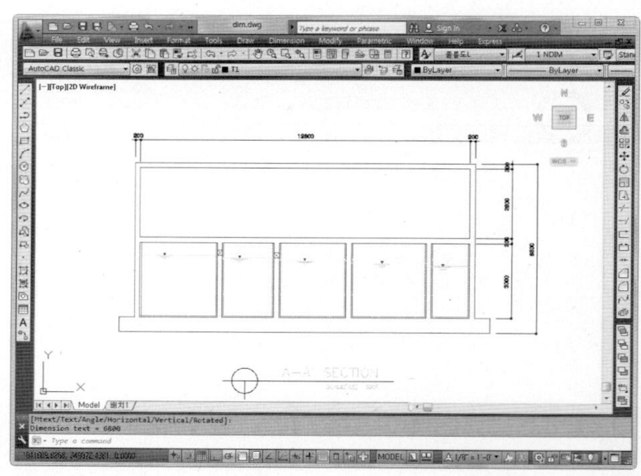

▲ 치수 입력의 예

치수 용어	요약 설명
치수선	전체 치수의 너비를 표시하며, 양 끝에는 화살표나 도트, Tick 등으로 표시합니다. 일반적으로 외형선과 구별되도록 가는 선을 사용합니다.
치수 보조선	치수선의 양 끝 점을 직각 방향으로 그려 치수 영역의 시작과 끝을 나타내는 보조선입니다. 가는 선으로 표현하고 객체의 끝점에서부터 시작합니다.
치수 문자	도면을 보는 사용자가 해당 도면의 길이 값을 알 수 있는 부분입니다. 치수선과 나란하게 기입하는 것을 원칙으로 하며, 치수선 위에 문자를 기입합니다.
화살표	치수선(Dimension Line)의 양 끝에 표시하는 형태로 해당 치수선의 끝부분을 명시하는 부분입니다. 모양은 화살표, 도트, 사선 등으로 변경할 수 있습니다.

Upgrade ★

치수 입력의 여러 가지 방법

치수를 입력하는 데에는 Command 라인에 입력하는 방법, 메뉴를 이용하는 방법, 툴바 또는 리본 메뉴를 이용하는 방법으로 나눌 수 있습니다. AutoCAD Classic 방법에서는 툴바를 이용하여 편리하게 입력할 수 있으며, 입력 사용자가 편리한 방법을 이용하여 입력할 수 있습니다.

Command 라인에 입력하는 방법	메뉴를 이용하는 방법	툴바를 이용하는 방법
명령어를 일일이 입력하여 치수를 입력	Dimension 메뉴	툴바 마우스 오른쪽 버튼-Dimension 툴바

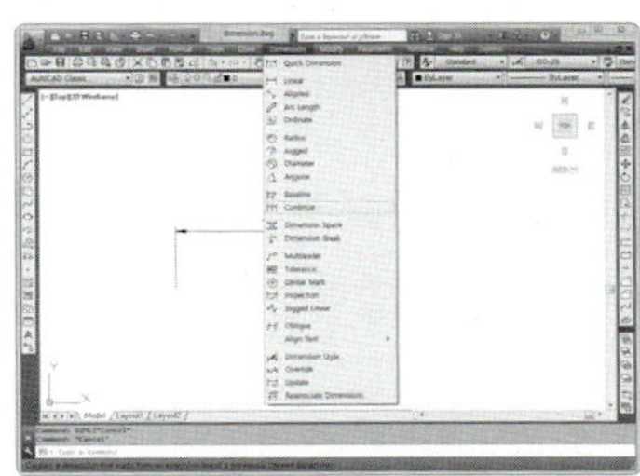 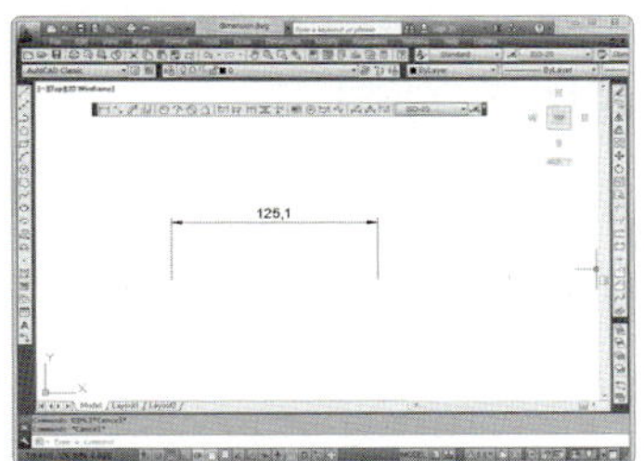

※ 툴바를 꺼내는 방법

① 툴바가 없는 빈 공간에 마우스 오른쪽 버튼을 누르면 나타나는 바로 가기 메뉴 중에서 [AutoCAD]-[Dimension]를 클릭하면 툴바가 나타납니다.

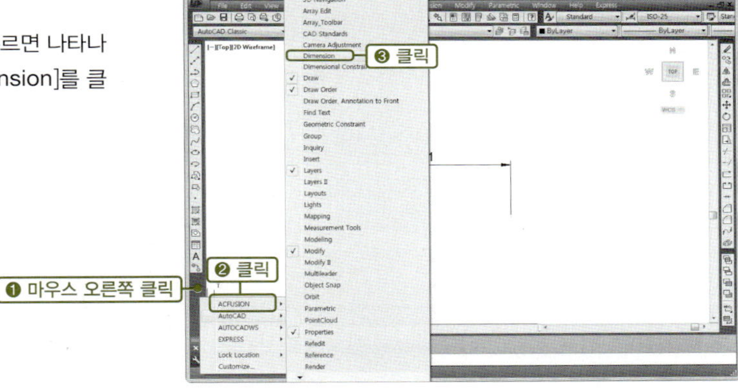

② 툴바를 화면 중간에 둘 수 없으므로, 다음 그림처럼 툴바 맨 앞의 진한 색상 부분을 마우스로 드래그하여 위치시키고 싶은 구간으로 드래그하여 이동시킵니다.

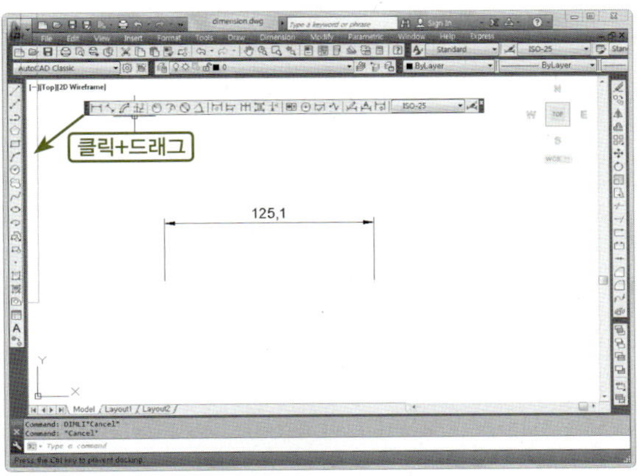

③ 원하는 장소로 드래그하면 다음과 같이 위치합니다. 앞으로 모든 치수를 입력할 때 지금처럼 툴바를 이용하면 편리하게 입력할 수 있습니다.

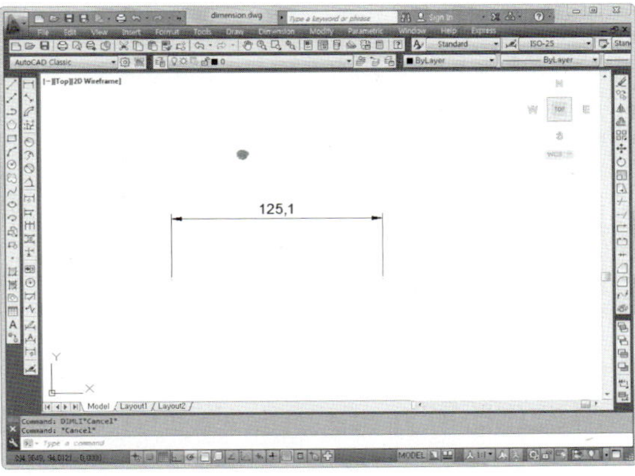

가로, 세로에 해당하는 수직, 수평 모양의 치수를 입력하는 가장 기본적인 치수 입력 방법입니다. 각도는 0°, 90°처럼 수직, 수평 방향의 치수만 입력하며, 사선처럼 각도가 있는 경우에도 무조건 수직, 수평의 길이만 치수를 입력합니다.

명령어	Dimlinear	아이콘	⊢⊣
단축키	DLI	메뉴	[Dimension]-[Linear]

● 명령어 이해하기

명령어나 메뉴 또는 툴바를 클릭한 후 첫 번째 치수 보조선의 위치를 클릭하고, 두 번째 치수 보조선의 위치를 클릭한 다음, 치수선의 위치를 마우스로 클릭하면 수평, 수직의 치수가 입력됩니다. 중간에 옵션으로 치수 문자의 내용이나 각도 등을 변경하여 입력할 수도 있습니다.

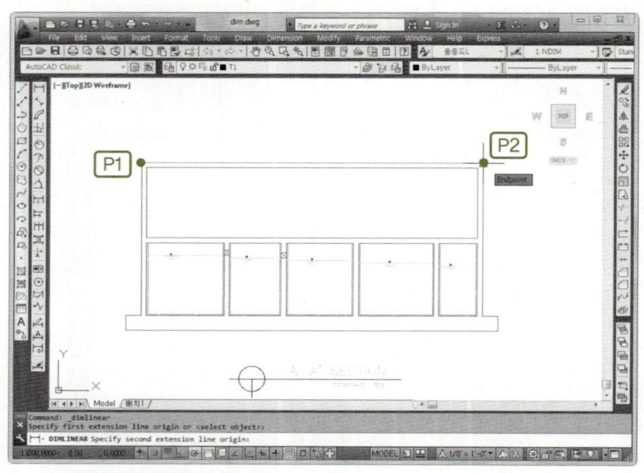

▲ 첫 번째 치수 보조선, 두 번째 치수 보조선 선택

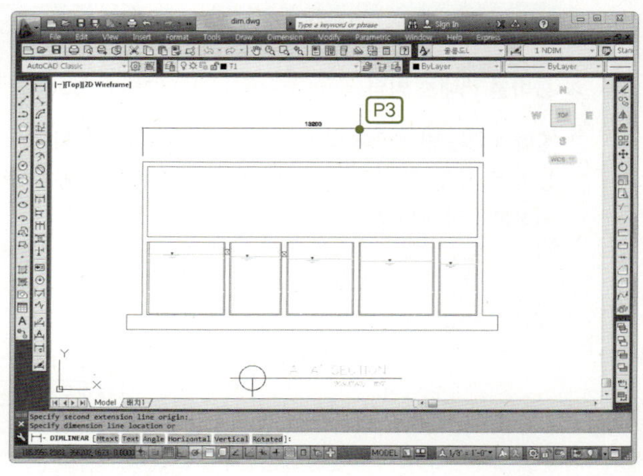

▲ 치수선의 위치 선택

```
Command: DimlineaR Enter
Specify first extension line origin or <select object>: P1점 클릭
→ 첫 번째 치수 보조선의 위치를 클릭합니다.
Specify second extension line origin: P2점 클릭
→ 두 번째 치수 보조선의 위치를 클릭합니다.
Specify dimension line location or
[Mtext/Text/Angle/Horizontal/Vertical/Rotated]: P3점 클릭
→ 치수선의 위치를 클릭합니다.
Dimension text=13200
```

● 옵션 이해하기

선형 치수를 입력하는 경우에는 기본적으로 첫 번째 점과 두 번째 점 위치의 길이 값에 대해 자동으로 입력하는 것이 원칙이지만, 해당 치수에 내용을 덧붙이거나 수정하는 경우 또는 치수 보조선의 각도를 기울여 변형하는 경우에는 옵션을 이용합니다. 그렇지만 일반적으로는 기본을 많이 이용하며, 치수 문자는 Ddedit 등을 이용하여 변경하는 것이 편리합니다.

옵션	설명
Mtext	새로 입력하려는 치수 문자를 Mtext 창을 이용하여 변경합니다.
Text	새로 입력하려는 치수 문자를 'Text' 옵션을 이용하여 변경합니다.
Angle	입력된 치수 문자의 각도 값을 입력합니다.
Horizontal	선형 치수를 입력할 때에 가로 치수를 입력합니다.
Vertical	선형 치수를 입력할 때에 세로 치수를 입력합니다.
Rotated	치수 보조선의 각도를 입력하여 치수 보조선의 각도를 기울입니다.

● 미리해보기

예제 파일 부록 CD\Sample\Chapter04\ch04_05S.dwg   **완성 파일** 부록 CD\Sample\Chapter04\ch04_05F.dwg

01 메뉴의 [File]–[Open]으로 부록 CD에서 예제 파일을 불러옵니다. 가로의 치수를 입력하기 위하여 [Dimension]–[Dimlinear] 메뉴, 툴바의 아이콘, 명령어를 이용하여 직접 입력합니다. 이 책에서는 앞에서 꺼내 놓은 툴바를 이용하겠습니다. 그림처럼 툴바의 아이콘을 클릭합니다.

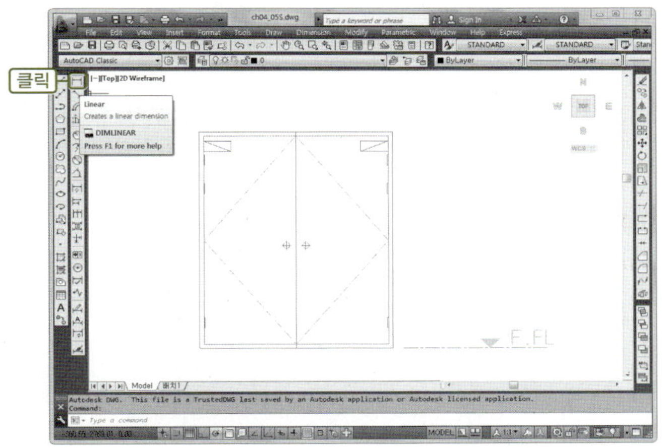

02 가로의 치수에 해당하는 첫 번째 치수 보조선의 위치와 두 번째 치수 보조선의 위치를 클릭하고 치수선의 위치를 마지막으로 클릭합니다.

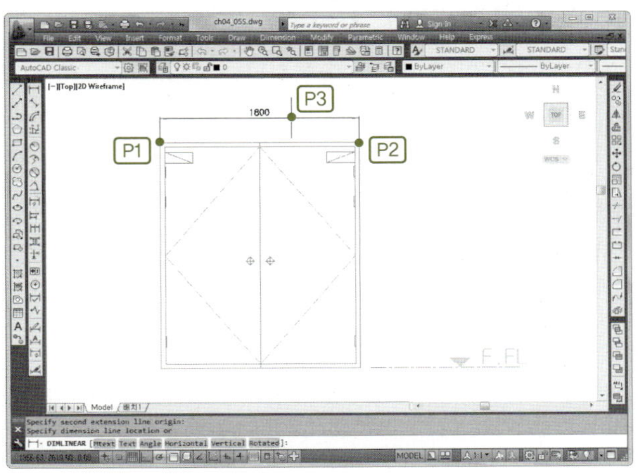


```
Command: _dimlinear
Specify first extension line origin or <select object>: P1점
클릭
Specify second extension line origin: P2점 클릭
Specify dimension line location or [Mtext/Text/Angle/
Horizontal/Vertical/Rotated]: P3점 클릭
Dimension text=1800
```

03 세로의 치수를 입력하기 위하여 수평 치수 입력 명령어 아이콘을 새로 누르거나 Enter 를 누르면 바로 전에 사용한 Dimlinear 명령어가 다시 실행됩니다. 치수 보조선의 위치와 치수선의 위치를 다음과 같이 클릭합니다.

```
Command: Enter
DIMLINEAR
Specify first extension line origin or <select object>: P4점
클릭
Specify second extension line origin: P5점 클릭
Specify dimension line location or [Mtext/Text/Angle/
Horizontal/Vertical/Rotated]: P6점 클릭
Dimension text=2100
```

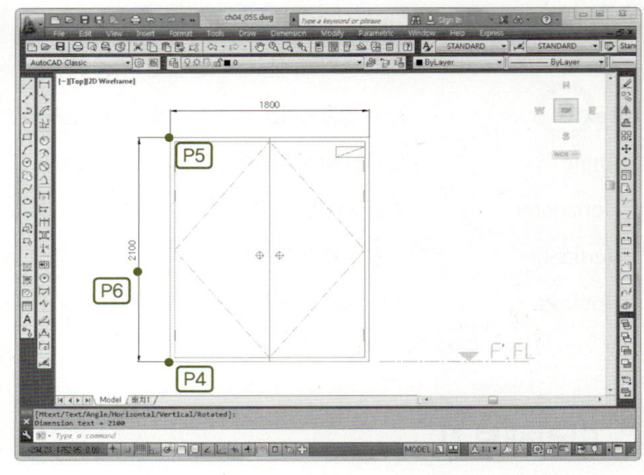

03. 사선의 선형 치수 입력하기_Dimaligned

Dimlinear는 가로, 세로의 수평·수직형의 치수를 입력하는 것으로, 각도가 있는 사선의 치수는 정확한 크기로 입력할 수 없습니다. Dimaligned는 이렇게 각도가 있는 사선 형태의 치수를 입력하는 명령어로, 입력 방법은 Dimlinear와 동일합니다.

명령어	Dimaligned		아이콘	
단축키	DAL		메뉴	[Dimension]-[Aligned]

● 명령어 이해하기

Dimlinear의 입력 방법과 동일합니다. Dimaligned 명령어를 입력한 후 첫 번째 치수 보조 선의 위치를 클릭하고 두 번째 치수 보조선의 위치를 클릭한 다음, 치수선의 위치를 클릭합니다. 치수선의 위치를 클릭하면 해당 지점의 길이 값이 치수 문자로 표시됩니다.

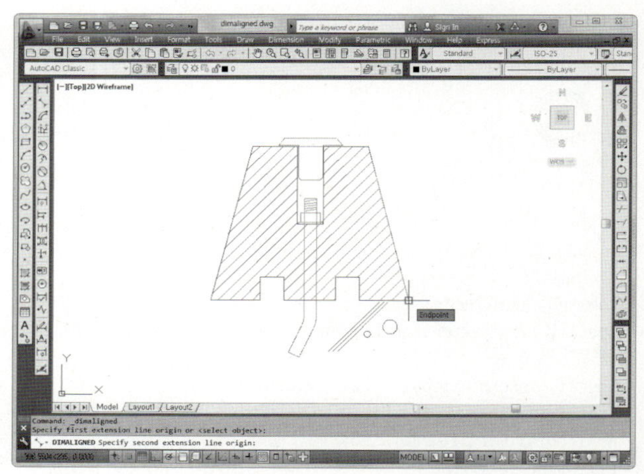

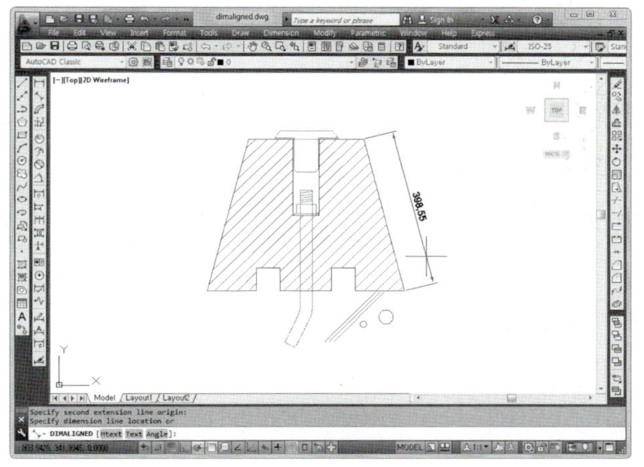

```
Command: DIMALIGNED Enter
Specify first extension line origin or <select object>: P1점
클릭
→ 첫 번째 치수 보조선의 위치를 클릭합니다.
Specify second extension line origin: P2점 클릭
→ 두 번째 치수 보조선의 위치를 클릭합니다.
Specify dimension line location or
[Mtext/Text/Angle]: P3점 클릭
→ 치수선의 위치를 클릭합니다.
```

● 옵션 이해하기

기울기 치수를 입력하는 경우에는 기본적으로 첫 번째 점과 두 번째 점의 위치의 길이 값을 자동으로 입력하는 것이 원칙이지만, 해당 치수에 내용을 덧붙이거나 수정하는 경우 또는 치수 문자의 각도를 기울이는 경우에는 옵션을 이용합니다. 그렇지만 일반적으로는 기본을 많이 이용하며, 치수 문자의 변경 등은 Ddedit 등을 통해 변경하는 것이 편리합니다.

옵션	설명
Mtext	새로 입력하려는 치수 문자를 Mtext 창을 이용하여 변경합니다.
Text	새로 입력하려는 치수 문자를 'Text' 옵션을 이용하여 변경합니다.
Angle	입력된 치수 문자의 각도 값을 입력합니다.

● 미리해보기

예제 파일 부록 CD\Sample\Chapter04\ch04_06S.dwg   **완성 파일** 부록 CD\Sample\Chapter04\ch04_06F.dwg

01 메뉴의 [File]-[Open]으로 부록 CD에서 예제 파일을 불러옵니다. Dimaligned 명령어를 입력하거나 툴바의 아이콘을 클릭한 후 다음의 첫 번째 치수 보조선의 위치, 두 번째 치수 보조선의 위치, 치수선의 위치를 클릭합니다.

```
Command: _dimaligned
Specify first extension line origin or <select object>: P1점
클릭
Specify second extension line origin: P2점 클릭
Specify dimension line location or [Mtext/Text/Angle]: P3점
클릭
Dimension text=399
```

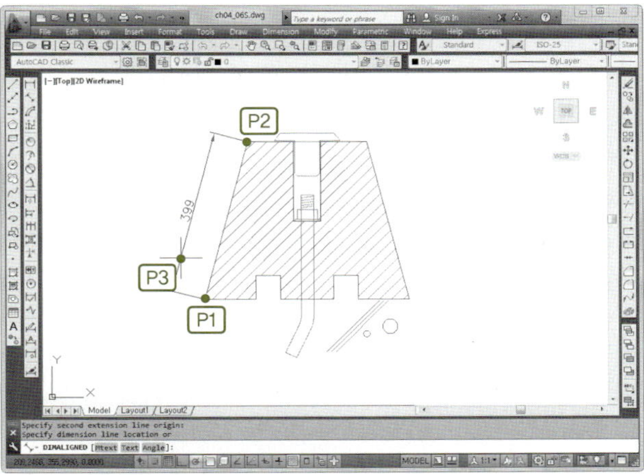

02 아랫부분의 작은 간격을 가진 위치를 기울기 각으로 표시하겠습니다. 바로 전에 Dimaligned 명령어를 사용했으므로 동일 명령어는 Enter 만 입력하면 다시 실행됩니다. 다음 지점을 클릭합니다.

```
Command: Enter
DIMALIGNED
Specify first extension line origin or <select object>: P4점
클릭
Specify second extension line origin: P5점 클릭
Specify dimension line location or [Mtext/Text/Angle]: P6점
클릭
Dimension text=29
```

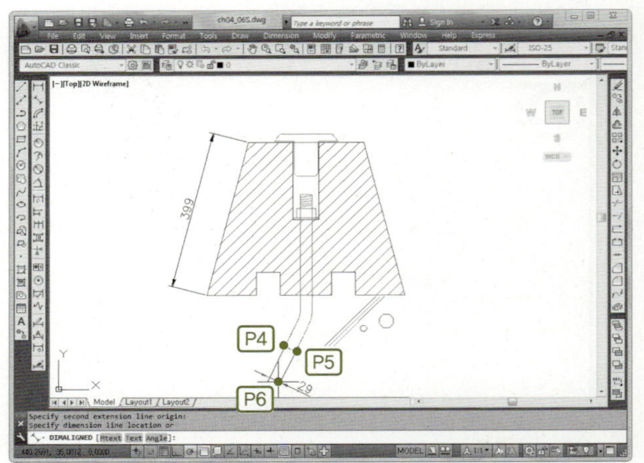

03 다시 한 번 Dimaligned로 기울기 각을 입력합니다. Enter 를 눌러 명령어를 다시 실행하고 다음의 첫 번째 치수 보조선의 위치, 두 번째 치수 보조선의 위치, 치수선의 위치를 차례대로 클릭합니다.

```
Command: Enter
DIMALIGNED
Specify first extension line origin or <select object>: P7점
클릭
Specify second extension line origin: P8점 클릭
Specify dimension line location or [Mtext/Text/Angle]: P9점
클릭
Dimension text=399
```

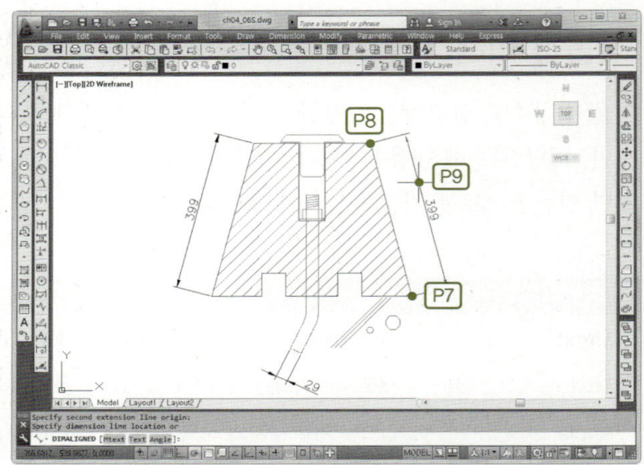

04. 기준에 연속하는 치수 입력하기_Dimcontinue

수직, 수평, 사선 등의 치수를 입력한 후 해당 치수와 같은 위치에 서로 다른 치수를 연속하여 입력하는 명령어를 'Dimcontinue'라고 합니다. Dimcontinue는 기준 치수에 준하여 입력하는 것으로, 맨 마지막에 입력된 치수를 기준으로 연속하는 것이기 때문에 무조건 실행 전에 하나 이상의 치수를 입력해야 하며, 명령어를 입력하면 맨 마지막에 입력된 치수에 준하여 연속하는 치수를 입력하도록 설계되어 있습니다.

하지만 필요에 따라 맨 마지막에 입력되지 않은 치수에 연속적으로 입력할 수도 있습니다. 만일 맨 마지막에 입력한 치수가 아닌 치수에 이어서 Dimcontinue를 입력할 경우에는 옵션을 이용하여 기준이 되는 치수선의 연속할 방향의 치수 보조선을 선택하여 기준 치수를 클릭한 후에 연속 치수를 입력해야 합니다.

명령어	Dimcontinue	아이콘	⊢⊢⊢
단축키	DCO	메뉴	[Dimension]-[Continue]

명령어 이해하기

Dimcontinue 명령어를 입력하면 맨 마지막에 입력된 치수에 이어서 두 번째 치수 보조선이 자동으로 나타납니다. 이때 맨 마지막 치수에 이어서 하는 경우, 계속해서 두 번째 치수 보조선의 위치를 클릭하여 입력하면 Dimcontinue에 해당하는 연속 치수가 입력됩니다. 그러나 최종 입력된 치수에서 연속 치수를 입력하는 경우가 아니라면 Enter 나 Space bar 를 누르고, 새로운 기준이 될 치수선의 치수 보조선을 마우스로 클릭한 후에 입력해야 합니다.

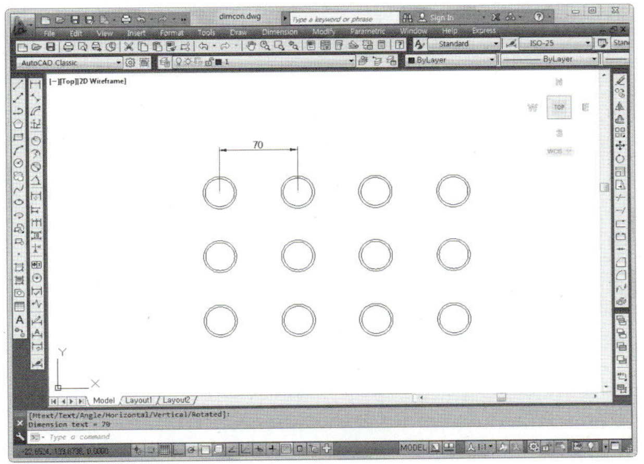
▲ 기준 수평 치수만 입력된 상태

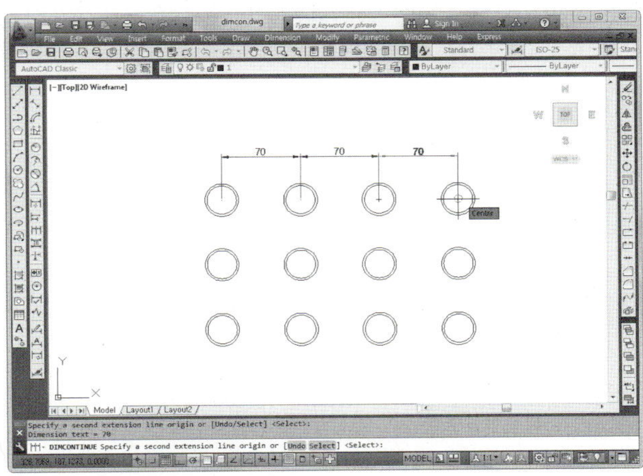
▲ 연속 치수를 이용하여 2개의 치수를 연속 입력

```
Command: DimcontinuE Enter
Specify a second extension line origin or [Undo/Select] <Select>:
→ 연속할 치수의 두 번째 치수 보조선 위치를 클릭합니다.
Dimension text=70
Specify a second extension line origin or [Undo/Select] <Select>:
→ 계속 연속할 치수의 두 번째 치수 보조선 위치를 클릭합니다.
Dimension text=70
Specify a second extension line origin or [Undo/Select] <Select>: Enter
→ 연속 입력할 치수가 없는 경우에는 Enter 를 누릅니다.
Select continued dimension: Enter
→ 연속 치수의 기준 치수선을 클릭하거나 Enter 를 눌러 명령어를 종료합니다.
```

옵션 이해하기

Dimcontinue 치수는 어떤 치수든 맨 마지막에 입력된 치수를 기준으로 곧바로 입력됩니다. 따라서 보통은 옵션을 이용하지 않지만, 현재 입력하기 위한 치수가 맨 마지막에 입력된 치수가 아닌 다른 치수를 기준으로 연속하는 치수를 입력해야 할 경우에는 옵션을 이용합니다. 옵션을 이용하면 화면상의 어떤 치수에 이어서라도 연속 치수를 입력할 수 있습니다. 따라서 마지막 치수가 아닌 다른 치수에 이어서 연속 치수를 입력하는 경우에는 반드시 Enter 를 누른 후 기준 치수가 되는 치수선의 치수 보조선을 선택한 후에 이어서 입력합니다.

옵션	설명
Select	입력하는 기준 치수의 두 번째 치수 보조선의 위치를 다시 설정하는 경우에 사용하며, 두 번째 치수 보조선을 선택하기 전에 Enter 를 누른 후 다시 지정하고 싶은 치수선의 두 번째 치수 보조선을 선택하여 연속 치수의 새로운 기준으로 설정할 수도 있습니다.

● 미리해보기

예제 파일 부록 CD\Sample\Chapter04\ch04_07S.dwg   완성 파일 부록 CD\Sample\Chapter04\ch04_07F.dwg

01 메뉴의 [File]-[Open]으로 부록 CD에서 예제 파일을 불러옵니다. Continue 치수를 입력하기 전 기준에 해당하는 치수를 먼저 입력해야 하므로 왼쪽의 툴바에서 Dimlinear 아이콘을 클릭합니다.

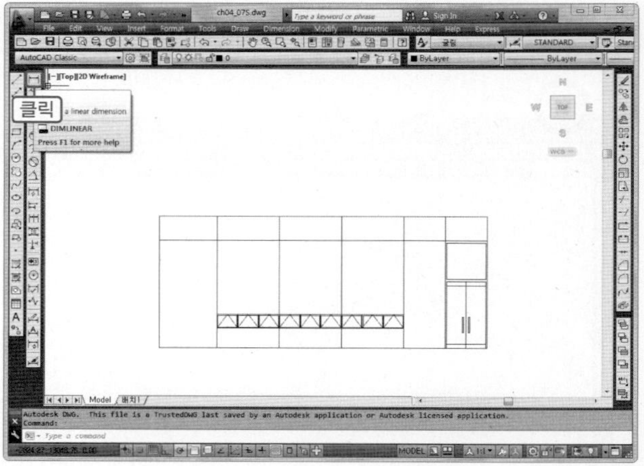

02 그림과 같이 첫 번째 치수 보조선의 위치, 두 번째 치수 보조선의 위치, 치수선의 위치를 차례대로 클릭합니다. Osnap이 설정되어 있어야만 정확한 치수를 입력할 수 있습니다.

```
Command: _dimlinear
Specify first extension line origin or <select object>: P1점
클릭
Specify second extension line origin: P2점 클릭
Specify dimension line location or [Mtext/Text/Angle/
Horizontal/Vertical/Rotated]: P3점 클릭
Dimension text=2500
```

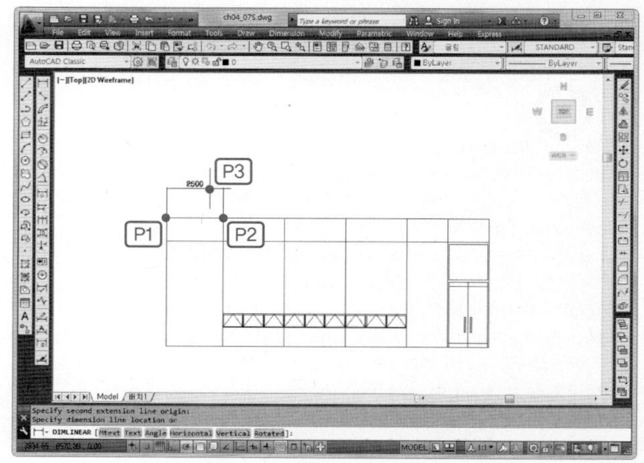

03 방금 입력된 가로의 치수에 이어 연속하는 치수를 입력하기 위해 왼쪽의 툴바에서 Dimcontinue 아이콘을 클릭합니다. 사용자의 조건에 따라 메뉴나 단축키 등을 이용하여 입력할 수도 있습니다.

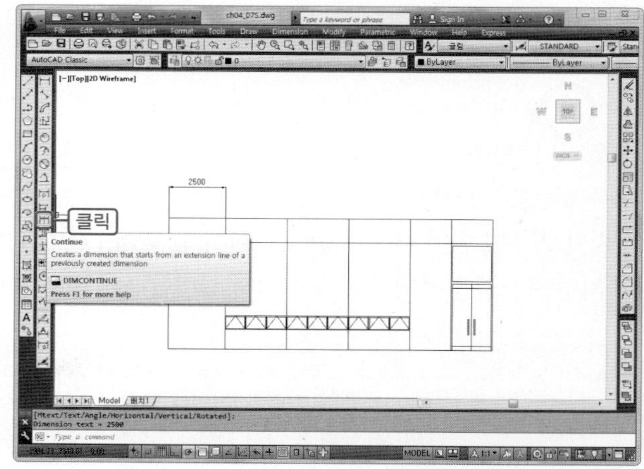

04 처음 입력한 수평 치수에 이어 연속 치수를 입력하는 것이고, 앞의 치수 중 두 번째 치수 보조선이 연속하는 치수의 첫 번째 치수 보조선으로 자동 지정되므로 그림과 같이 두 번째 치수 보조선의 위치만 클릭합니다.

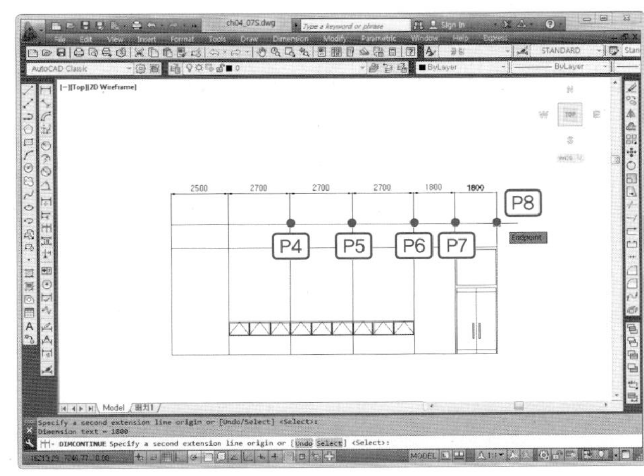

```
Command: _dimcontinue
Specify a second extension line origin or [Undo/Select]
<Select>: P4점 클릭
Dimension text=2700
Specify a second extension line origin or [Undo/Select]
<Select>: P5점 클릭
Dimension text=2700
Specify a second extension line origin or [Undo/Select]
<Select>: P6점 클릭
Dimension text=2700
Specify a second extension line origin or [Undo/Select]
<Select>: P7점 클릭
Dimension text=1800
Specify a second extension line origin or [Undo/Select]
<Select>: P8점 클릭
Dimension text=1800
Specify a second extension line origin or [Undo/Select]
<Select>: [Enter]
Select continued dimension: [Enter]
```

05 다음은 옵션을 이용하여 최종 입력된 치수에 연속하지 않는 경우를 알아보겠습니다. 먼저 수평 치수 아이콘을 클릭한 후 다음의 세 곳을 클릭하여 수평 치수를 하나 입력합니다.

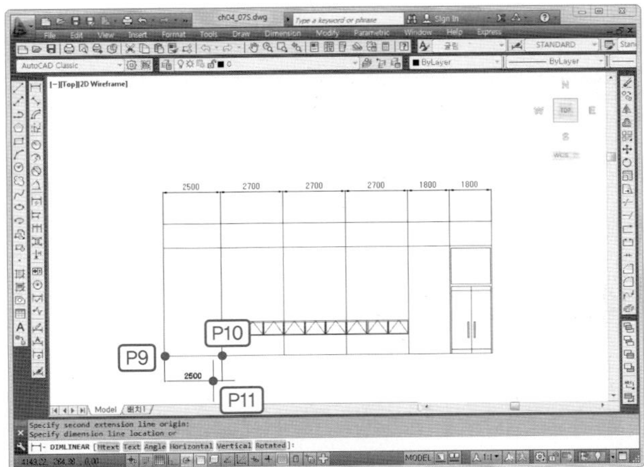

```
Command: _dimlinear
Specify first extension line origin or <select object>: P9점 클릭
Specify second extension line origin: P10점 클릭
Specify dimension line location or [Mtext/Text/Angle/
Horizontal/Vertical/Rotated]: P11점 클릭
Dimension text=2500
```

06 세로의 수직 치수도 하나 입력하겠습니다. 다음과 같이 직선 치수 아이콘을 클릭하고 다음의 세 곳을 클릭하여 수직 치수를 하나 입력합니다.

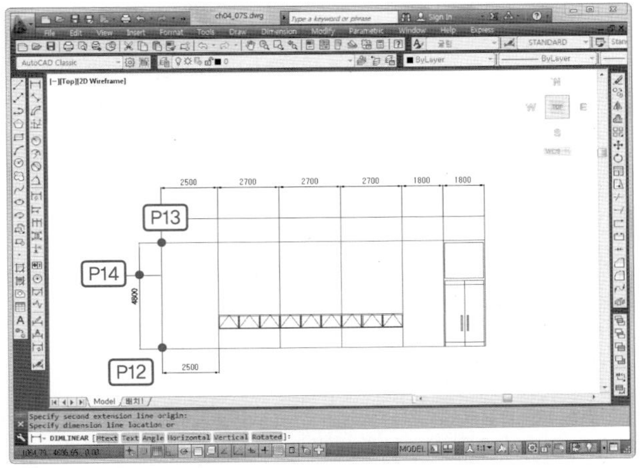

```
Command: _dimlinear
Specify first extension line origin or <select object>: P12점 클릭
Specify second extension line origin: P13점 클릭
Specify dimension line location or [Mtext/Text/Angle/
Horizontal/Vertical/Rotated]: P14점 클릭
Dimension text=4800
```

07 툴바에서 Dimcontinue 아이콘을 클릭하면 다음 그림과 같이 최종 입력된 수직 치수에 연속하는 치수가 나타납니다. 하지만 아래의 수평 치수에 연속하는 치수를 만들기 위하여 두 번째 지점을 클릭하지 않고 Enter 를 누릅니다.

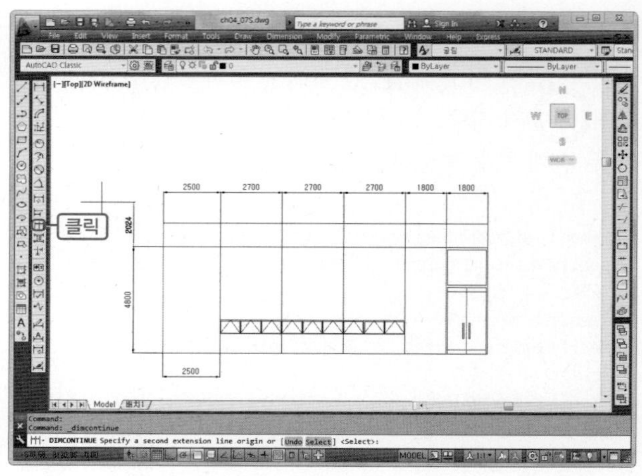

```
Command: _dimcontinue
Specify a second extension line origin or [Undo/Select]
<Select>: Enter
```

08 자동으로 입력되는 곳을 취소하고, 연속할 다른 치수 보조선을 클릭해야 하므로 그림처럼 아래쪽 수평 치수의 오른쪽 치수 보조선을 클릭하여 연속 치수의 기준 보조선으로 선택합니다.

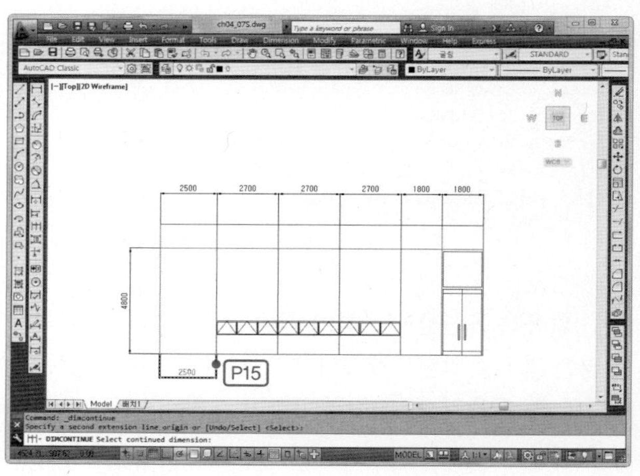


```
Select continued dimension: P15점 클릭
```

09 이제 연속하는 기준 치수선이 아래쪽의 수평 치수로 변경되었습니다. 다음의 치수 보조선 위치를 클릭하면 그림과 같이 아래쪽의 치수에 연속 치수가 이어지는 것을 알 수 있습니다.

```
Specify a second extension line origin or [Undo/Select]
<Select>: P16점 클릭
Dimension text=2700
Specify a second extension line origin or [Undo/Select]
<Select>:P17점 클릭
Dimension text=2700
Specify a second extension line origin or [Undo/Select]
<Select>:P18점 클릭
Dimension text=2700
Specify a second extension line origin or [Undo/Select]
<Select>:P19점 클릭
Dimension text=1800
Specify a second extension line origin or [Undo/Select]
<Select>: Enter
Select continued dimension: Enter
```

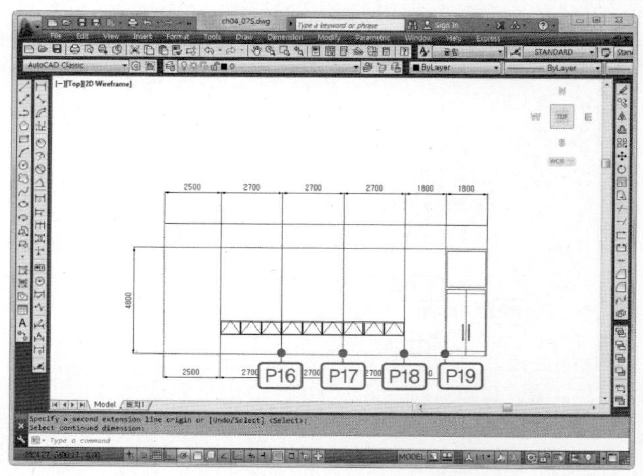

05. 기준에 연장하는 치수 입력하기_Dimbaseline

Dimbaseline 명령어는 첫 번째 입력한 치수 보조선을 기준으로 계속 다음 치수를 더하여 계단식으로 치수 값을 표시하는 치수 기입 방법을 말합니다. Dimcontinue 명령어의 사용 방법과 동일하며, 계단식으로 합산된 값에 이어서 표시되는 스타일은 Dimcontinue 와 다릅니다. 기준 치수는 화면의 맨 마지막에 입력된 치수를 기준으로 합산 치수를 입력하며, 마지막에 입력된 치수가 아닌 경우에는 옵션을 이용하여 다른 치수를 기준 치수로도 사용할 수 있습니다.

명령어	Dimbaseline	아이콘	
단축키	DBA	메뉴	[Dimension]-[Baseline]

● 명령어 이해하기

Dimbaseline 명령어를 입력하고 나면 자동으로 최종 입력된 치수의 첫 번째 치수 보조선에 이어서 두 번째 치수선의 합산 된 치수가 나타나며, 계단식으로 치수 값을 화면에 표시합니다. 명령어는 종료되지 않으므로 두 번째, 세 번째 치수 보조선 의 위치를 클릭하여 치수를 계속 입력할 수 있습니다. 더 이상 입력할 치수가 없는 경우에는 Enter 를 두 번 눌러 종료하며, 자동으로 나타나는 기준 치수를 다른 치수로 변경하고 싶은 경우에는 옵션을 사용하여 변경합니다.

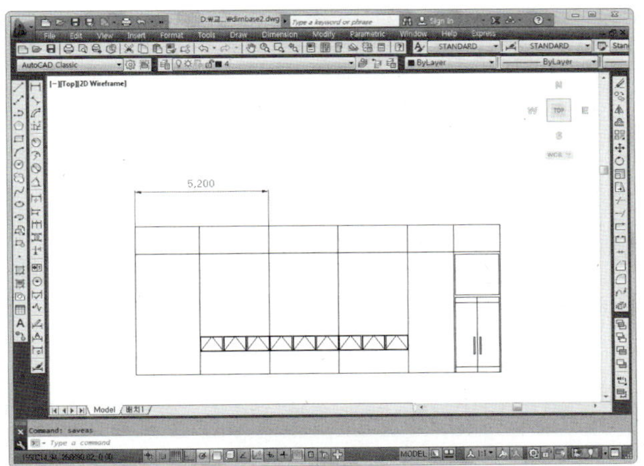

▲ 기준 수평 치수만 입력된 상태

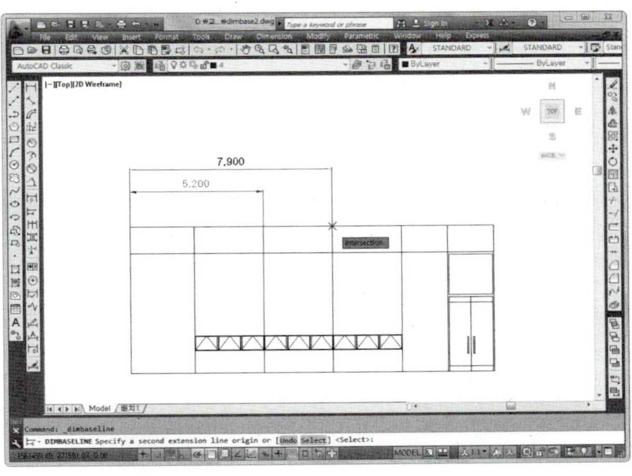

▲ 기준 치수를 이용하여 합산 치수를 입력한 상태

```
Command: dimbaseline  Enter  [단축키: DBA]
Specify a second extension line origin or [Undo/Select] <Select>:
 → 연속하여 입력할 기준 치수의 두 번째 치수 보조선 위치를 클릭합니다.
Dimension text=7900
Specify a second extension line origin or [Undo/Select] <Select>:
 → 연속 입력할 치수가 없는 경우에는  Enter 를 누릅니다.
Select base dimension:
 → 연속 치수의 기준 치수선을 클릭하거나  Enter 를 눌러 명령어를 종료합니다.
```

● 옵션 이해하기

Dimbaseline 치수 역시 Dimcontinue의 치수와 마찬가지로 기준 치수를 입력한 후에 명령어를 입력하면 화면에 맨 마지막으로 입력된 치수에 바로 Baseline 치수가 입력되도록 구조화되어 있습니다. 하지만 다른 치수에 연속하여 Baseline 치수를 입력해야 하는 경우라면 Enter 를 누른 후 기준이 되는 치수 보조선을 클릭하여 다른 치수선이 기준이 되도록 해야 합니다. Dimcontinue의 경우 두 번째 치수 보조선이 기준이 되며, Dimbaseline의 경우 첫 번째 치수 보조선이 기준이 됩니다.

옵션	설명
Select	입력하는 기준 치수의 두 번째 치수 보조선의 위치를 재설정하는 경우에 사용하며, 사용할 때 Enter 를 누른 후 기준 치수가 될 치수의 첫 번째 치수 보조선을 선택하여 연속 치수의 새로운 기준으로 설정할 수 있습니다.

● 미리해보기

예제 파일 부록 CD\Sample\Chapter04\ch04_08S.dwg   **완성 파일** 부록 CD\Sample\Chapter04\ch04_08F.dwg

01 메뉴의 [File]-[Open]으로 부록 CD에서 예제 파일을 불러옵니다. 연장 치수인 Baseline 치수를 입력하려면 먼저 기준 치수를 입력해야 합니다. 선형 치수를 입력하기 위하여 치수 툴바의 Dimlinear 아이콘을 다음과 같이 클릭합니다.

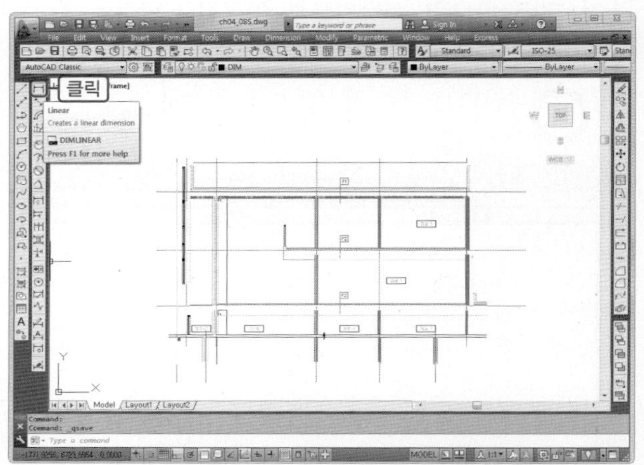

02 선형 치수 입력 아이콘을 누르면 해당 명령어가 자동으로 실행됩니다. 그림에서처럼 순서대로 첫 번째 치수 보조선의 위치와 두 번째 치수 보조선의 위치를 마우스로 클릭한 후 치수선의 위치를 클릭하여 수평 치수를 하나 입력합니다.

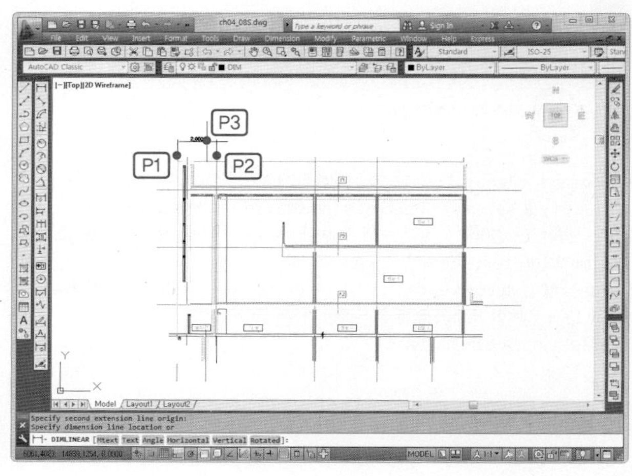

```
Command: _dimlinear
Specify first extension line origin or <select object>: P1점
클릭
Specify second extension line origin: P2점 클릭
Specify dimension line location or [Mtext/Text/Angle/
Horizontal/Vertical/Rotated]: P3점 클릭
Dimension text=2000
```

03 Baseline 치수 아이콘을 클릭하자마자 처음에 입력한 수평 치수에 이어서 치수가 자동으로 나타납니다. 이때 P4점을 마우스로 클릭하면 처음 입력된 치수에 지금 선택한 장소까지의 합산된 치수가 자동으로 위쪽에 나타납니다.

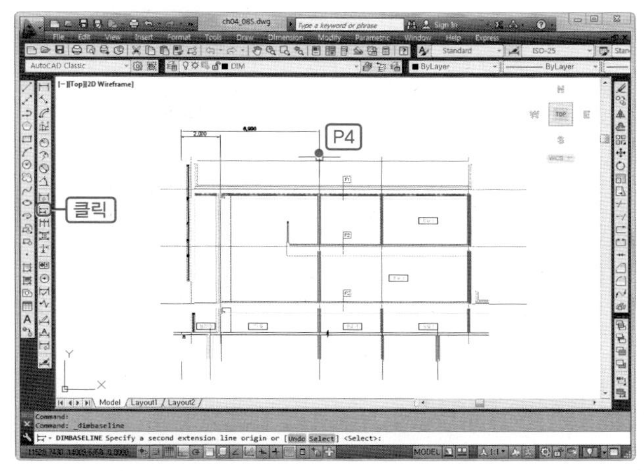


```
Command: _dimbaseline
Specify a second extension line origin or [Undo/Select]
<Select>: P4점 클릭
Dimension text=6990
```

04 이어서 P5, P6점을 차례대로 클릭하여 Baseline 치수를 입력합니다. 더 이상 입력할 장소가 없을 경우에는 Enter 를 두 번 눌러 치수 입력을 종료합니다.

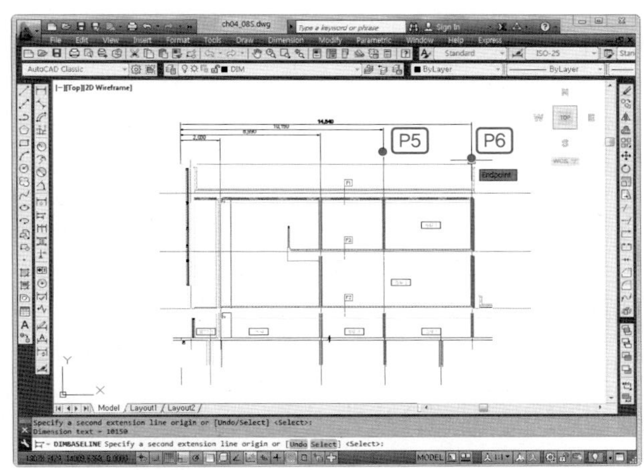


```
Specify a second extension line origin or [Undo/Select]
<Select>: P5점 클릭
Dimension text=10150
Specify a second extension line origin or [Undo/Select]
<Select>: P6점 클릭
Dimension text=14540
Specify a second extension line origin or [Undo/Select]
<Select>: Enter
Select base dimension: Enter
```

05 처음에 입력한 기준 치수와 Baseline으로 입력된 치수선과의 거리가 너무 가까워 보입니다. Dimstyle을 변경하여 세로로 입력되는 치수의 간격을 좀 더 조절해보겠습니다. Dimstyle 명령어의 단축키인 'D'를 입력한 후 다음과 같이 [Modyfy] 버튼을 클릭합니다.

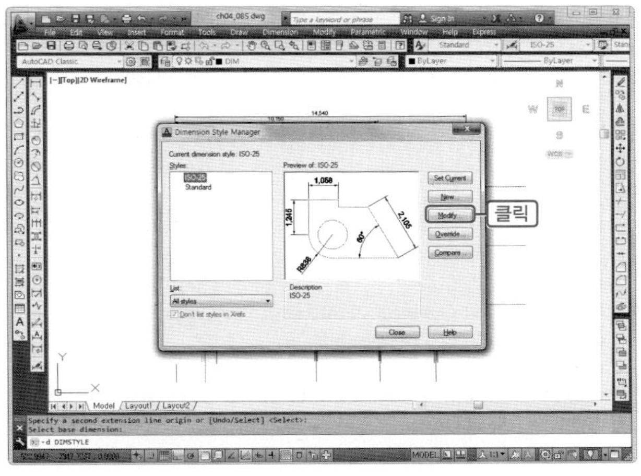


```
Command: D Enter
```

06 여러 가지 탭 중에서 맨 앞의 [Line] 탭을 선택한 후 Baseline spacing 값을 기본 '3.75'에서 '7.5' 정도로 변경하고 [OK] 버튼을 클릭하여 대화상자를 종료합니다.

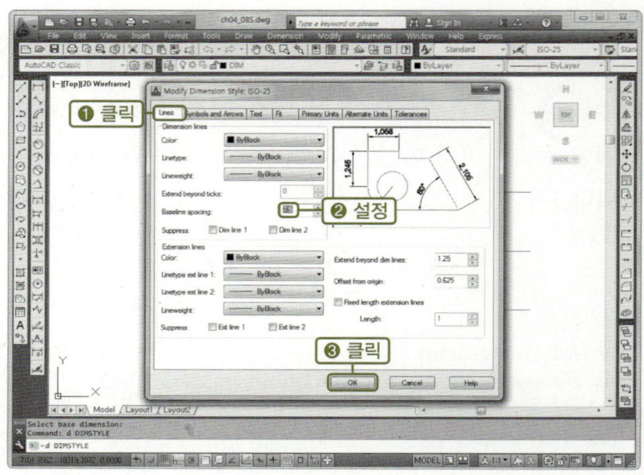

07 치수 툴바의 Dimlinear 아이콘을 클릭한 후, 먼저 아랫부분을 클릭합니다. 그런 다음, 위쪽의 치수 보조선의 위치를 클릭하고, 그림과 같은 위치에 치수선의 위치를 설정합니다.

```
Command: _dimlinear
Specify first extension line origin or <select object>: P7점
클릭
Specify second extension line origin: P8점 클릭
Specify dimension line location or
[Mtext/Text/Angle/Horizontal/Vertical/Rotated]: P9점 클릭
Dimension text=3000
```

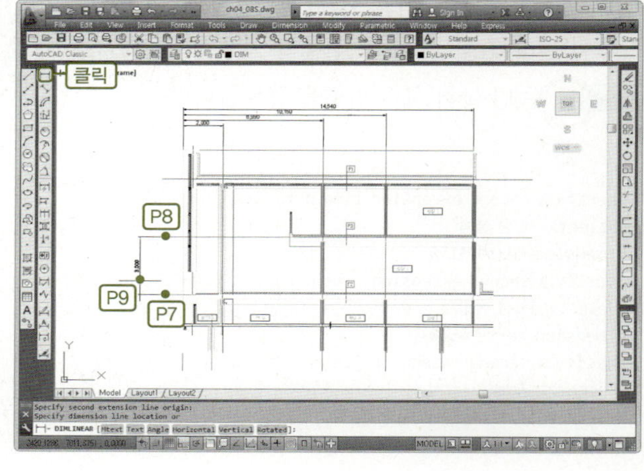

08 툴바의 Dimbaseline 아이콘을 클릭하면 자동으로 나타나는 치수 보조선을 P10점의 위치에 클릭합니다. 더 이상 입력할 치수가 없는 경우에는 Enter 를 두 번 눌러 명령어를 종료합니다.

```
Command: _dimbaseline
Specify a second extension line origin or [Undo/Select]
<Select>: P10점 클릭
Dimension text=6000
Specify a second extension line origin or [Undo/Select]
<Select>: Enter
Select base dimension: Enter
```

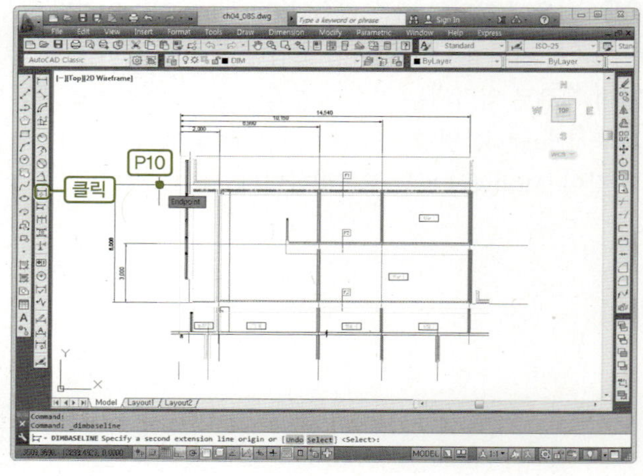

09 아랫부분에 입력해보기 위하여 다음과 같이 마우스 휠을 누른 상태에서 P11에서 P12점으로 클릭, 드래그한 후 화면을 왼쪽 위 방향으로 드래그하여 화면을 이동합니다.

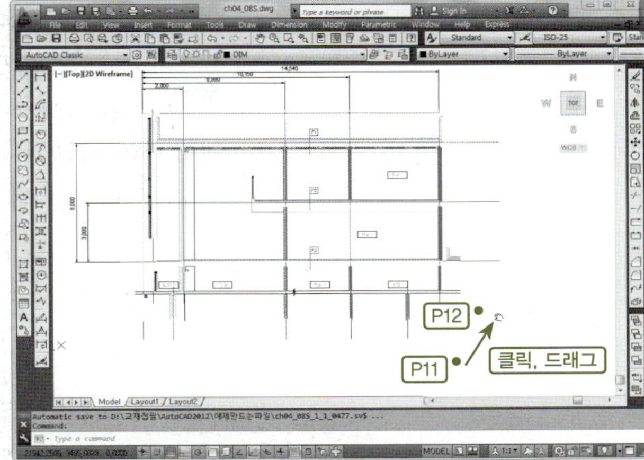

→ P11~P12점 클릭, 드래그

10 먼저 치수 툴바에서 선형 치수 아이콘을 누른 후 다음과 같이 아래쪽에 수평 치수를 하나 입력합니다.

```
Command: _dimlinear
Specify first extension line origin or <select object>: P13점
클릭
Specify second extension line origin: P14점 클릭
Specify dimension line location or
[Mtext/Text/Angle/Horizontal/Vertical/Rotated]: P15점 클릭
Dimension text=1500
```


11 오른쪽 중간에 있는 수직 선형 치수를 입력하기 위하여 치수 툴바의 선형 치수 아이콘을 누르거나 Enter 만 눌러 재실행합니다. 다음과 같이 클릭하여 수직 치수를 입력합니다.

```
Command: Enter
Command: DIMLINEAR
Specify first extension line origin or <select object>: P16점
클릭
Specify second extension line origin: P17점 클릭
Specify dimension line location or [Mtext/Text/Angle/
Horizontal/Vertical/Rotated]: P18점 클릭
Dimension text=3000
```

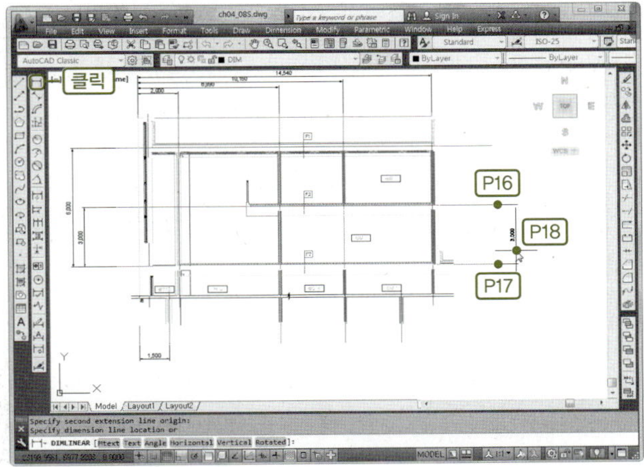

12 Baseline 치수를 입력하기 위하여 치수 툴바에서 Baseline 치수를 클릭하면, 다음 그림과 같이 자동으로 최종 입력된 세로의 치수에 이어서 치수 보조선이 자동으로 나타납니다. 이때 아래의 수평 치수에 Baseline 치수를 입력하기 위해서는 클릭하지 말고 Enter 를 눌러야 합니다.

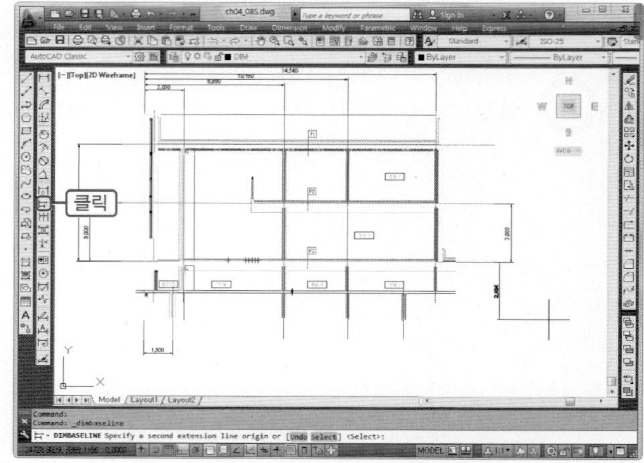


```
Command: _dimbaseline
Specify a second extension line origin or [Undo/Select]
<Select>: Enter
```

13 기준이 될 치수의 첫 번째 치수 보조선인 왼쪽의 치수 보조선을 다음과 같이 클릭합니다.

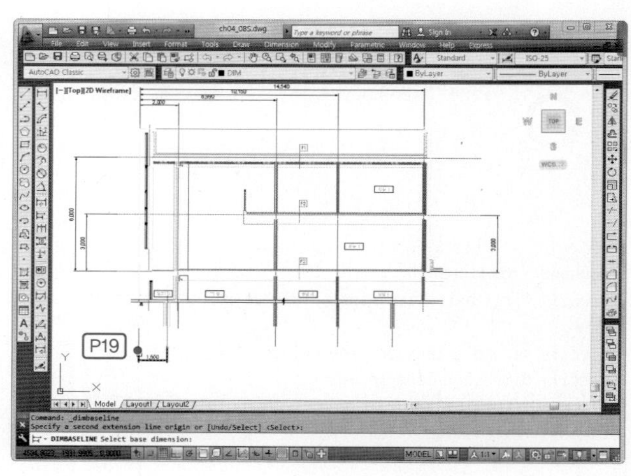


```
Select base dimension: P19점 클릭
```

14 다음과 같이 아래쪽의 치수에 Baseline 치수가 연장되는 것을 알 수 있습니다. 다음과 같이 P20, P21점을 클릭하여 baseline 치수의 입력을 완료합니다.

```
Specify a second extension line origin or [Undo/Select]
<Select>: P20점 클릭
Dimension text=6990
Specify a second extension line origin or [Undo/Select]
<Select>: P21점 클릭
Dimension text=10190
Specify a second extension line origin or [Undo/Select]
<Select>: Enter
Select base dimension: Enter
```

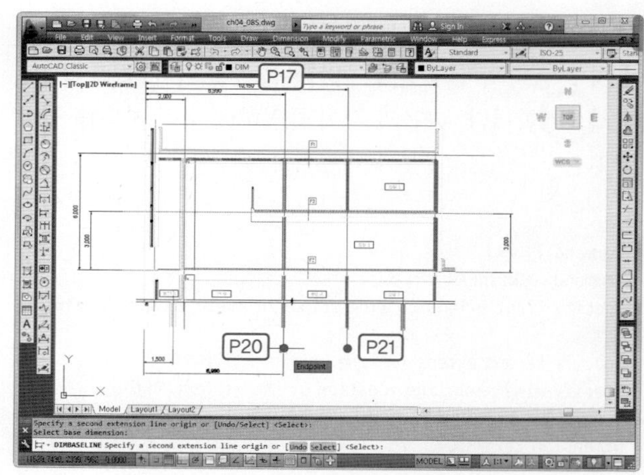

06. 파선 형태의 치수 입력하기_Dimjogline

AutoCAD는 실측의 형태로 도면을 그리는 것을 원칙으로 합니다. 다만 너무 커서 도면의 일부만 기술하는 경우에는 해당 치수를 정확하게 입력해주어야 합니다. 만약 해당 그림 요소와 같지 않은 경우에는 객체 전체 치수를 모두 기술하지 않고 중간에 파선 등을 이용하여 생략한 상태에서 치수를 입력하기도 합니다. 이때 사용하는 치수를 'Dimjogline'이라 하는데, 이는 Dimjogline의 경우 현재 길이 값이 그려진 객체의 실적 치수가 아니라 입력된 치수임을 표시하기 위하여 치수선 자체에 파선을 그려 넣는 치수 기입 방식이라고 할 수 있습니다. 입력된 형태를 보면 실제 치수를 입력하고 자른 부위의 치수까지 더하여 치수를 수정한 후 Dimjogline을 실행하여 원본 치수가 실제 그림을 절단하여 표시했다는 사실이 나타납니다.

명령어	Dimjogline	아이콘	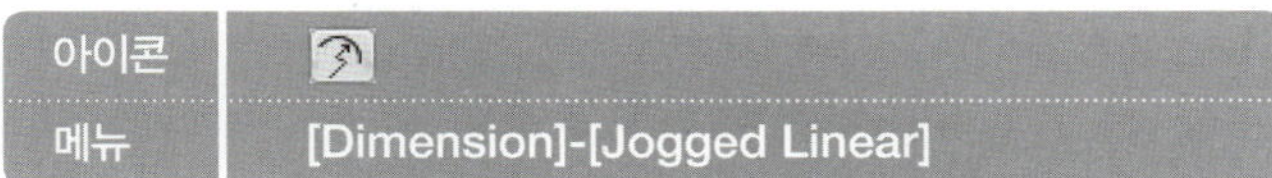
단축키	DJL	메뉴	[Dimension]-[Jogged Linear]

● 명령어 이해하기

Dimjogline의 경우 파선을 형성하므로, F3 을 이용하여 Osnap을 먼저 끈 다음에 실행해야 합니다. 먼저 명령어를 입력한 후 파선 치수를 입력할 호나 원을 클릭하고, 해당 호나 원의 가상 중심점 위치를 클릭한 후 치수를 입력할 위치를 클릭하거나 치수 값을 변경하여 입력합니다. 입력이 완료되면 꺾은선의 위치를 조절하고 클릭하여 선택합니다.

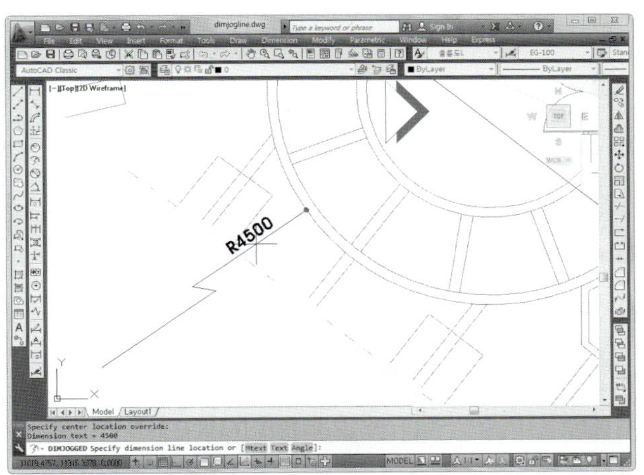

▲ 꺾은 치수 입력 객체를 선택한 후 가상 중심선 선택

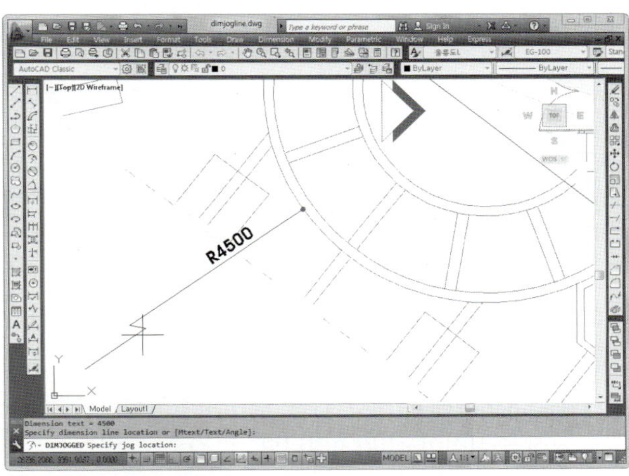

▲ 꺾은선의 위치를 클릭하여 지정

```
Command: _dimjogged [단축키: DJL]
Select arc or circle:
→ 꺾은 치수를 입력할 호나 원을 클릭합니다.
Specify center location override:
→ 가상의 중심점 위치를 원하는 위치에 클릭합니다.
Dimension text=4500
Specify dimension line location or [Mtext/Text/Angle]:
→ 치수선의 위치를 클릭하거나 옵션을 입력합니다.
Specify jog location:
→ 꺾은선의 위치를 클릭하여 지정합니다.
```

● 옵션 이해하기

꺾은선 치수는 기존의 선형 치수나 기울기 치수 등이 갖는 옵션과 동일합니다. 자동 입력될 치수 문자를 변경하거나 치수 문자의 각도를 변경하는 등의 옵션을 지원합니다.

옵션	설명
Mtext	새로 입력하고자 하는 치수 문자를 Mtext 창을 이용하여 변경합니다.
Text	새로 입력하고자 하는 치수 문자를 'Text' 옵션을 이용하여 변경합니다.
Angle	입력된 치수 문자의 각도 값을 입력합니다.

● 미리해보기

예제 파일 부록 CD\Sample\Chapter04\ch04_09S.dwg   **완성 파일** 부록 CD\Sample\Chapter04\ch04_09F.dwg

01 메뉴의 [File]-[Open]으로 부록 CD에서 예제 파일을 불러옵니다. 툴바에서 Dimjogline 아이콘을 클릭한 후 제일 먼저 Jogline의 치수를 입력할 호나 원 객체를 다음과 같이 클릭하여 선택합니다.

```
Command: _dimjogged
Select arc or circle: P1점 클릭
```

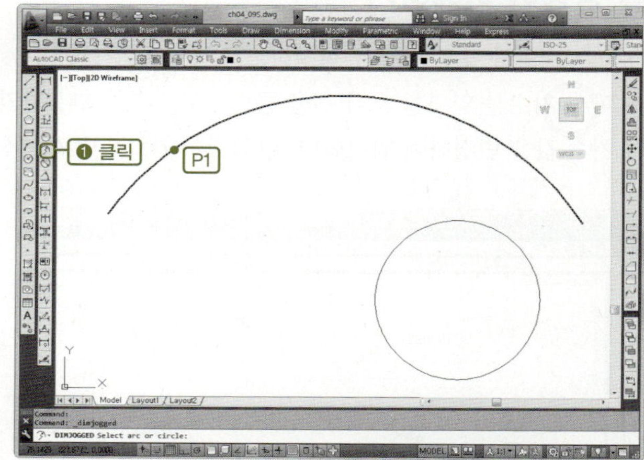

02 가상의 중심점 위치를 다음과 같이 P2 지점에 클릭합니다. 이는 실제 객체의 원본 중심점이 아닌 가상 꺾은선의 가상 중심점이 될 위치입니다.

```
Specify center location override: P2점 클릭
```

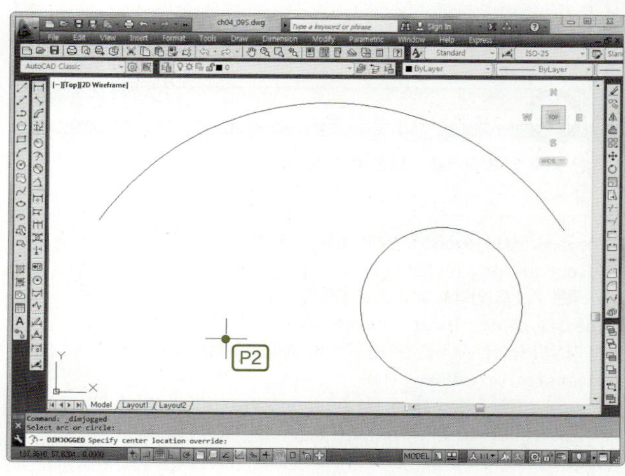

03 꺾은선 치수의 치수 문자 위치를 다음과 같이 클릭하여 위치를 잡아줍니다.

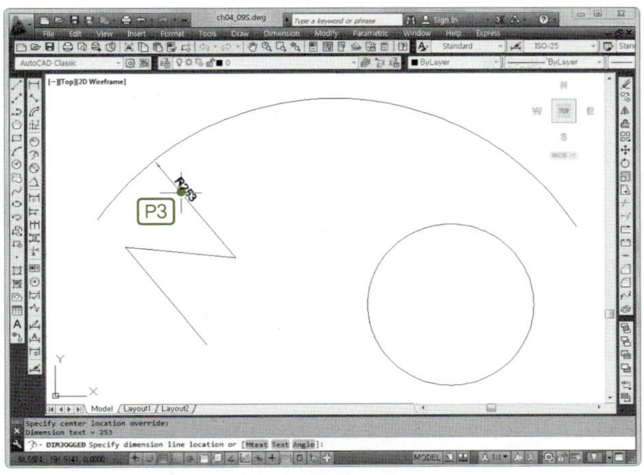

Dimension text=253
Specify dimension line location or [Mtext/Text/Angle]: P3점 클릭

04 꺾은선의 위치를 사용자가 편리한 곳에 클릭합니다.

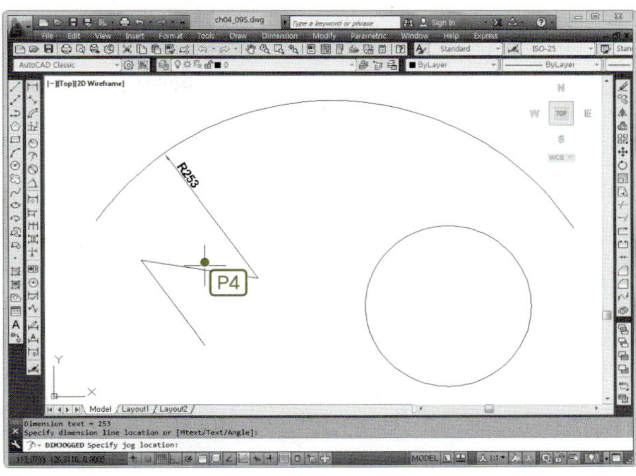

Specify jog location: P4점 클릭

05 아래쪽의 원에 꺾은선 치수인 Dimjogline 치수를 입력해봅니다. 동일 명령어를 다시 사용하는 것이므로, `Enter` 를 눌러 재실행한 후 다음 지점을 클릭합니다.

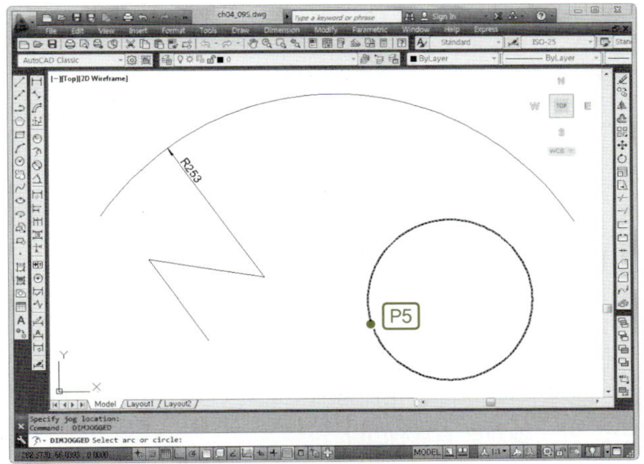

Command: `Enter`
Command: DIMJOGGE
Select arc or circle: P5점 클릭

06 선택한 원의 가상 중심점 위치를 다음과 같은 위치에 클릭합니다.

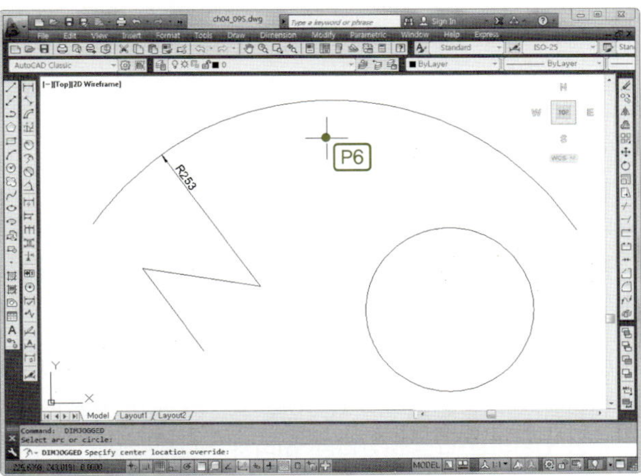

Specify center location override: P6점 클릭

07 꺾은선 치수의 가상 치수 위치를 다음과 같이 클릭합니다.

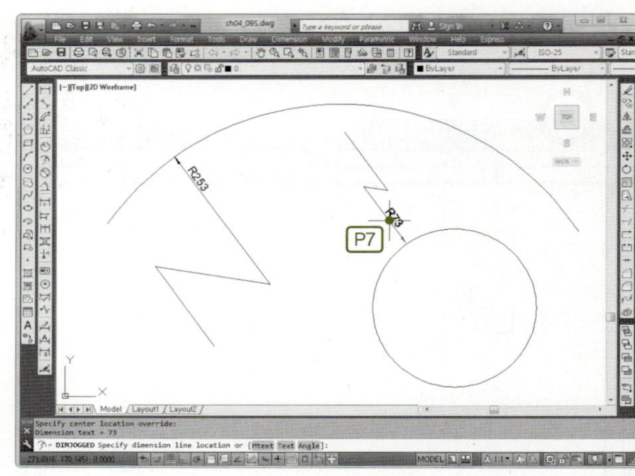

```
Dimension text=73
Specify dimension line location or [Mtext/Text/Angle]: P7점
클릭
```

08 마지막으로 꺾은선의 위치를 클릭하여 완료합니다.

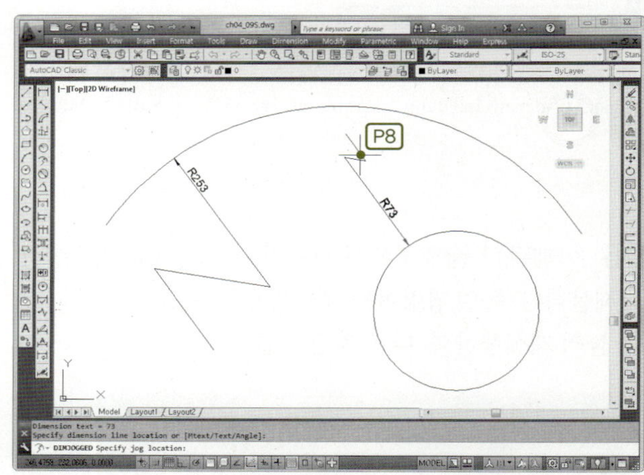

```
Specify jog location: P8점 클릭
```

07. 반지름의 치수 입력하기_Dimradius

원(Circle), 호(Arc) 등과 같이 반지름을 갖고 있는 도면 객체의 치수를 자동으로 입력하는 명령어로, 선형 치수는 치수 입력 시 숫자만 입력되지만, 원형 치수는 자동으로 'R', 'Ø' 등의 기호가 치수 문자 앞에 입력됩니다. 타원인 Ellipse로 그려진 Ellipse Arc는 반지름이 각 지점별로 모두 다르므로, 이러한 경우에는 반지름 치수를 입력할 수 없는 객체로 분류됩니다.

명령어	Dimradius	아이콘	
단축키	DRA	메뉴	[Dimension]-[Radius]

● 명령어 이해하기

반지름을 입력하는 명령어이므로 일반 선형 객체가 아닌 원형 객체를 기준으로 사용합니다. 명령어를 입력한 후 원이나 호 중에서 아무곳이나 클릭, 드래그하여 치수선의 위치를 지정, 클릭하면 자동으로 반지름의 치수가 입력됩니다. 이때 반지름의 치수를 표시하는 형식에는 미리 Dimstyle에서 지정된 형식이 나타나며, 스타일을 변경하면 Update하여 적용할 수 있습니다. 반지름의 치수 입력은 원이나 호를 선택한 후 치수선의 위치를 정하면 완료됩니다.

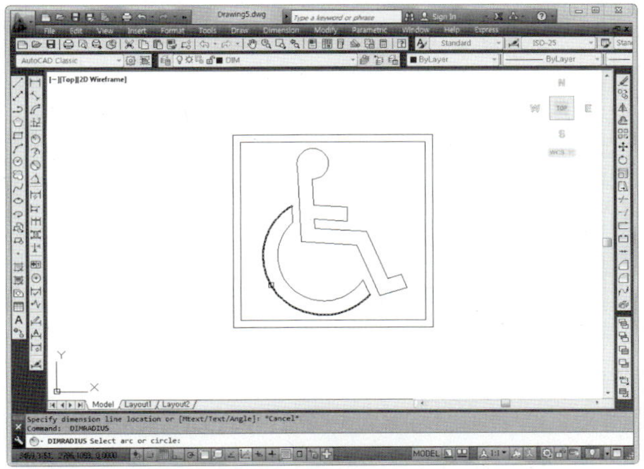

▲ 반지름의 치수를 입력할 호를 클릭

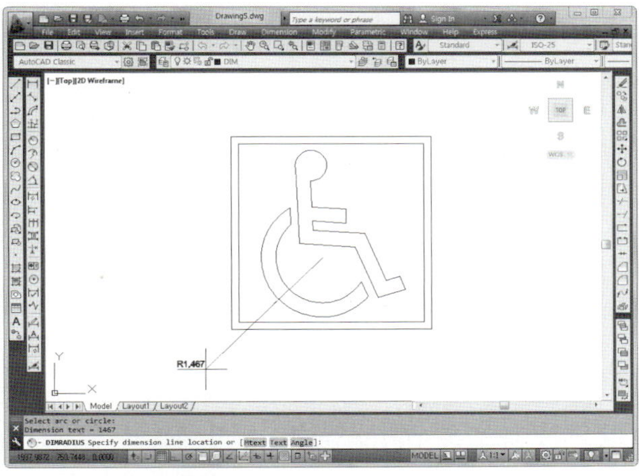

▲ 반지름의 치수선 위치를 클릭하여 지정

```
Command: _dimradius [단축키: DRA]
Select arc or circle:
→ 반지름의 치수를 입력할 호나 원을 클릭합니다.
Dimension text=1467
Specify dimension line location or [Mtext/Text/Angle]:
→ 반지름의 치수를 입력할 치수선 위치를 클릭하여 정합니다.
```

● 옵션 이해하기

반지름 치수의 경우에는 기존의 선형 치수나 기울기 치수 등이 갖는 옵션과 동일합니다. 자동 입력될 치수 문자를 변경하거나 치수 문자의 각도를 변경하는 등의 옵션을 지원합니다.

옵션	설명
Mtext	새로 입력하려는 치수 문자를 Mtext 창을 이용하여 변경합니다.
Text	새로 입력하려는 치수 문자를 'Text' 옵션을 이용하여 변경합니다.
Angle	입력된 치수 문자의 각도 값을 입력합니다.

예제 파일 부록 CD\Sample\Chapter04\ch04_10S.dwg   **완성 파일** 부록 CD\Sample\Chapter04\ch04_10F.dwg

01 메뉴의 [File]–[Open]으로 부록 CD에서 예제 파일을 불러옵니다. 치수 툴바에서 반지름의 치수인 Dimradius 아이콘을 클릭합니다.

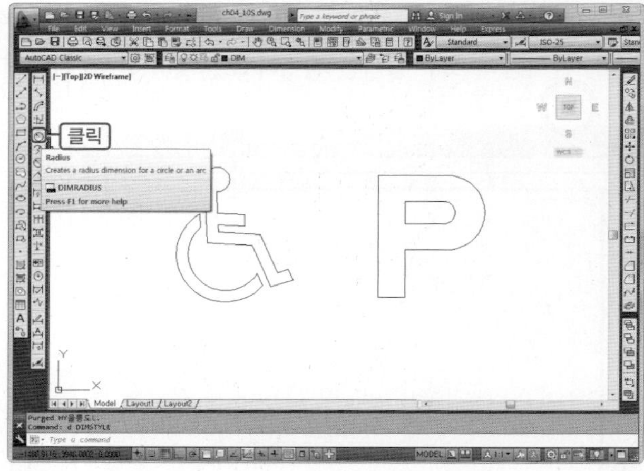

02 다음과 같은 위치를 클릭한 후 반지름의 치수를 입력할 객체를 클릭합니다. 그런 다음, 오른쪽 위로 드래그하여 다음의 위치를 클릭하고 치수와 문자의 위치를 정합니다.

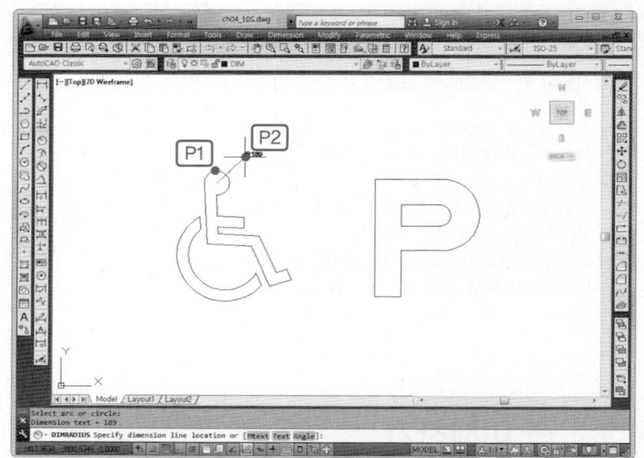

```
Command: _dimradius
Select arc or circle: P1점 클릭
Dimension text=189
Specify dimension line location or [Mtext/Text/Angle]: P2점
클릭
```

03 휠체어 바퀴 쪽의 반지름 치수를 입력하기 위하여 Enter 를 눌러 Dimradius 명령어가 다시 실행되도록 한 후 다음과 같은 두 지점을 클릭하여 새로운 반지름 치수를 입력합니다.

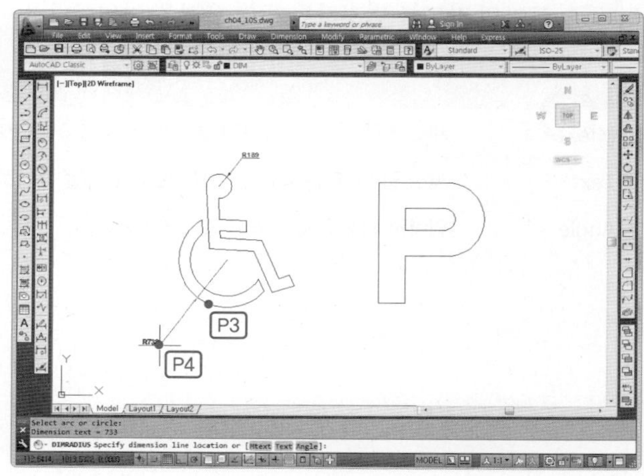

```
Command: Enter
Command: DIMRADIUS
Select arc or circle: P3점 클릭
Dimension text=733
Specify dimension line location or [Mtext/Text/Angle]: P4점
클릭
```

04 오른쪽 주차 표시 문자인 'P'의 반지름 치수를 입력하기 위하여 Enter 를 눌러 Dimradius 명령어가 다시 실행되도록 한 후, 다음과 같은 두 지점을 클릭하여 새로운 반지름 치수를 입력합니다.

```
Command: Enter
Command: DIMRADIUS
Select arc or circle: P5점 클릭
Dimension text=574
Specify dimension line location or [Mtext/Text/Angle]: P6점
클릭
```

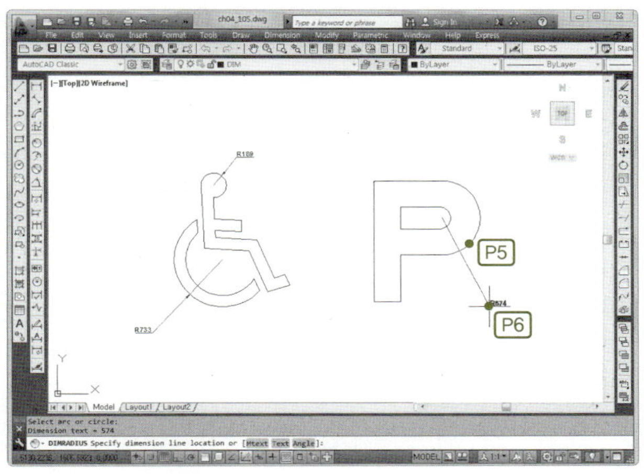

08. 지름의 치수 입력하기_Dimdiameter

원(Circle), 호(Arc) 등과 같이 지름을 갖고 있는 객체의 치수를 자동으로 입력해주는 명령어로, Dimradius와 마찬가지로 치수를 입력하면 치수 문자에 지름 기호인 'Ø' 기호가 자동으로 치수 문자 앞에 나타납니다. 입력하는 방법은 반지름의 치수를 입력하는 방법과 동일하며, 지름의 치수 입력 스타일은 Dimstyle에서 미리 정해진 것을 사용하거나 변경된 것은 Update하여 교정할 수 있습니다.

명령어	Dimdiameter	아이콘	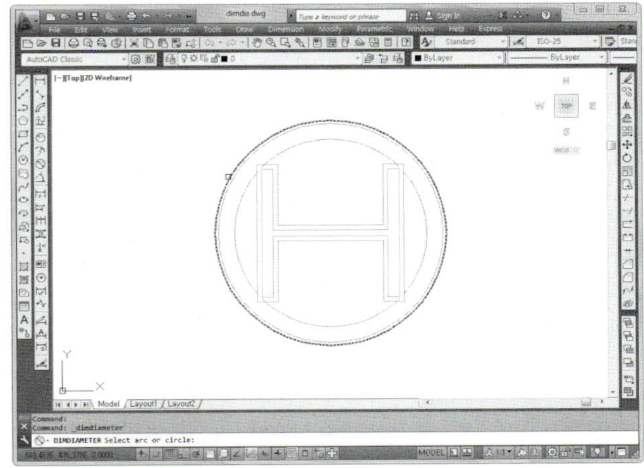
단축키	DDI	메뉴	[Dimension]-[Radius]

● 명령어 이해하기

Dimdiameter 명령어를 입력한 후 지름의 치수를 입력해야 하는 원이나 호 객체를 클릭하고, 원하는 방향으로 드래그하여 치수선의 위치를 정한 다음 클릭합니다. 이때 지름 치수가 표시되는 형식은 Dimstyle에서 지정한 상태대로 나타나며, 필요하다면 미리 설정하거나 변경한 후에 Update를 통해 갱신할 수도 있습니다. 지름 치수를 입력하는 스타일은 그림과 같이 수평 방향으로 입력하거나 치수선과 나란한 방향으로 입력할 수 있습니다. 조건에 따라 원 내부에 선을 그리거나, 중심 표시를 하거나, 중심 표시를 하지 않는 등의 다양한 스타일이 있습니다.

▲ 지름을 입력할 대상 객체를 선택

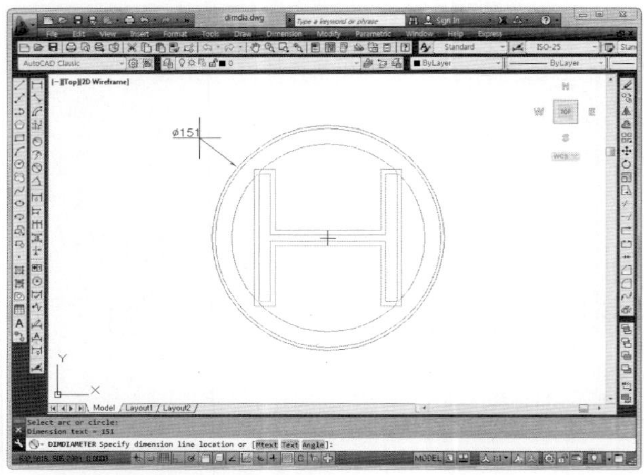

Command: _dimdiameter [단축키: DDI]
Select arc or circle:
→ 지름 치수를 입력할 호나 원 객체를 클릭합니다.
Dimension text=151
Specify dimension line location or [Mtext/Text/Angle]:
→ 지름 치수가 입력될 치수선의 위치를 클릭하거나 옵션을 지정합니다.

▲ 지름 치수선의 위치를 클릭하여 지정

● 옵션 이해하기

지름 치수의 경우에는 기존의 선형 치수나 기울기 치수 등이 갖는 옵션과 동일합니다. 자동 입력될 치수 문자의 변경이나 각도를 변경하는 등의 옵션을 지원합니다.

옵션	설명
Mtext	새로 입력하려는 치수 문자를 Mtext 창을 이용하여 변경합니다.
Text	새로 입력하려는 치수 문자를 'Text' 옵션을 이용하여 변경합니다.
Angle	입력된 치수 문자의 각도 값을 입력합니다.

● 미리해보기

예제 파일 부록 CD\Sample\Chapter04\ch04_11S.dwg   완성 파일 부록 CD\Sample\Chapter04\ch04_11F.dwg

01 메뉴의 [File]-[Open]으로 부록 CD에서 예제 파일을 불러옵니다. 먼저 지름의 치수를 입력하기 위하여 다음 그림과 같이 치수 툴바의 Dimdiamater 아이콘을 클릭합니다.

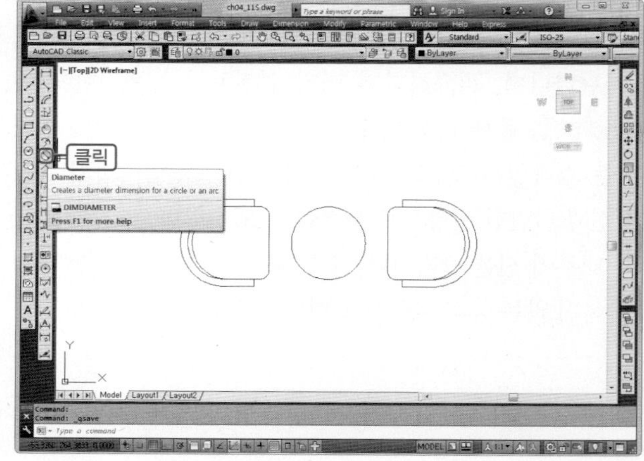

02 원의 일정 부분을 마우스로 클릭한 후 왼쪽 위 방향
으로 드래그하여 치수 문자와 치수선의 위치를 다음과 같
이 클릭합니다.

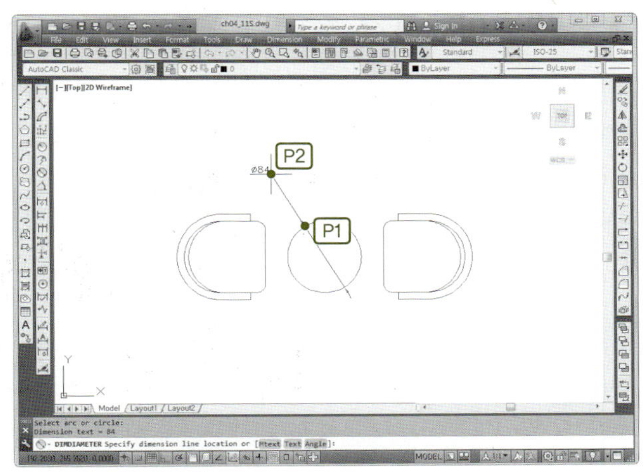

```
Command: _dimdiameter
Select arc or circle: P1점 클릭
Dimension text=84
Specify dimension line location or [Mtext/Text/Angle]: P2점
클릭
```

03 다시 한 번 지름의 치수를 입력하기 위하여 Enter 를
누릅니다. 지름 치수 명령어가 실행되면 다음과 같이 의자
의 호 부분을 클릭하여 지름 치수를 입력합니다.

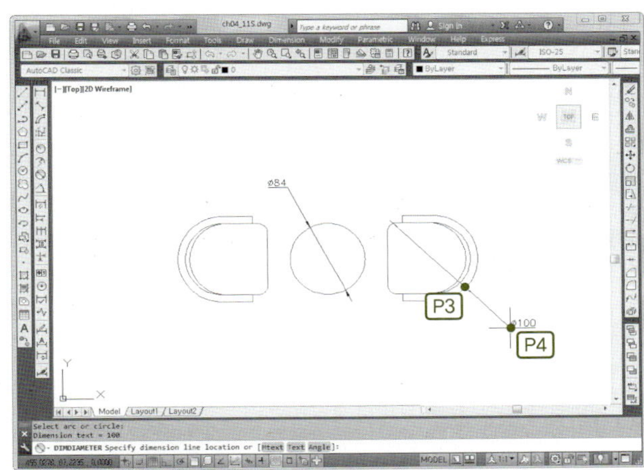

```
Command: Enter
Command: DIMDIAMETER
Select arc or circle: P3점 클릭
Dimension text=100
Specify dimension line location or [Mtext/Text/Angle]: P4점
클릭
```

09. 중심 표시 치수 입력하기_Dimcenter

지름의 치수나 반지름의 치수를 입력하는 스타일은 원이나 호의 내부에 치수 보조선이 그려지는 경우, 그려지지 않는 경우, 원이나
호 안에 십자 모양의 중심 표시가 나타나는 경우로 나누어볼 수 있습니다. 이렇게 원이나 호에 중심 표시만 따로 입력하는 방법을
'Dimcenter'라고 합니다. 특히 원이나 호에 중심 표시를 하는 경우에는 일반적인 선을 그리고, 레이어나 선의 Type을 조절하여 중심
표시를 하는 경우에는 크기에 따라 다른 Ltscale을 지정하기보다 Dimcenter를 이용하여 각각 중심 표시를 하는 것이 편리합니다.
특히 객체 크기가 작은 경우에는 원의 특성에 맞게 중심 표시를 할 수 있습니다.

명령어	Dimcenter	아이콘	⊙
단축키	DCE	메뉴	[Dimension]-[Center Mark]

● 명령어 이해하기

원이나 호에 중심 표시를 하려면 먼저 Dimcenter 명령어를 입력한 후 각각의 원이나 호를 클릭해야 합니다. 클릭하면 지정되어 있던 치수 스타일이나 변수 값에 의하여 객체의 중심에 십자 마크가 생성됩니다. 기본 값으로는 원이나 호의 가운데 십자 마크만 표시되며, 옵션을 변경하면 연장선도 함께 표시됩니다. 십자 마크와 연장선의 유무는 Dimstyle에서 관리하거나 적용하므로 다양한 형태의 중심 표시나 연장선을 지정하기 위해서는 필요한 스타일을 미리 Dimstyle에 지정한 후에 사용하는 것이 좋습니다.

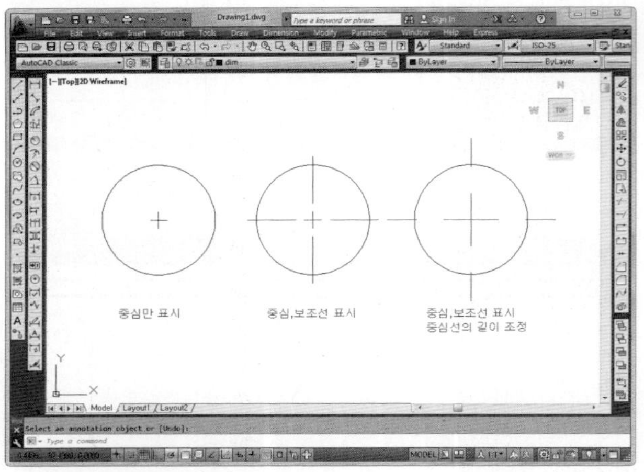

▲ 원에 중심 표시를 한 경우   ▲ 호에 중심 표시를 한 경우

```
Command: _dimcenter [단축키: DCE]
Select arc or circle:
→ 중심 표시를 할 대상의 원이나 호를 클릭하여 선택합니다.
```

Upgrade ★

중심 표시의 크기에 영향을 미치는 것

Dimcenter 명령어를 이용하여 중심 표시를 하는 경우, 그 크기와 모양에 대한 정의는 Dimstyle에서 지정합니다. 단, 중심 표시의 크기는 첫째, Dimcenter의 크기를 지정하는 숫자를 이용하여 조절하고, 둘째 숫자가 같은 경우 Fit 탭 영역의 Dimscale을 이용하여 조절합니다. 그러나 보통 한 번 정해 놓은 Dimstyle의 경우 하나의 숫자를 변경하면 이전에 입력된 치수 스타일도 변경되지만 Dimcenter의 경우 입력될 때의 치수 스타일을 기준으로 하므로, 입력한 후에 변경한다고 하더라도 자동으로 업데이트되지 않는다는 점에 유의해야 합니다.

10. 호의 길이 치수 입력하기_Dimarc

보통 호의 경우에는 반지름의 치수를 입력하는 것을 기본으로 하지만, 전문적인 치수 기입 방법으로는 호의 길이를 입력합니다. 이때 호의 길이를 입력하는 명령어를 'Dimarc'이라고 합니다. 입력하지 않는 경우에는 정보 조회 명령어인 List 명령어를 통해 전체적인 길이를 알 수 있으며, 호의 치수를 입력하면 치수 문자 앞에 ⌒(원호 기호)를 입력하여 호의 길이임을 표시해줍니다.

명령어	Dimarc	아이콘	
단축키	DAR	메뉴	[Dimension]-[Arc Length]

● 명령어 이해하기

명령어를 입력하고 난 후에는 치수를 입력할 일반 호나 Polyline 호를 클릭합니다. 자동으로 나타나는 호의 길이 치수선 위치를 설정하기 위하여 원하는 위치로 드래그하여 클릭하면 호의 길이가 입력되는 치수선이 완료됩니다. 호의 길이 앞에는 자동으로 ⌒가 붙습니다.

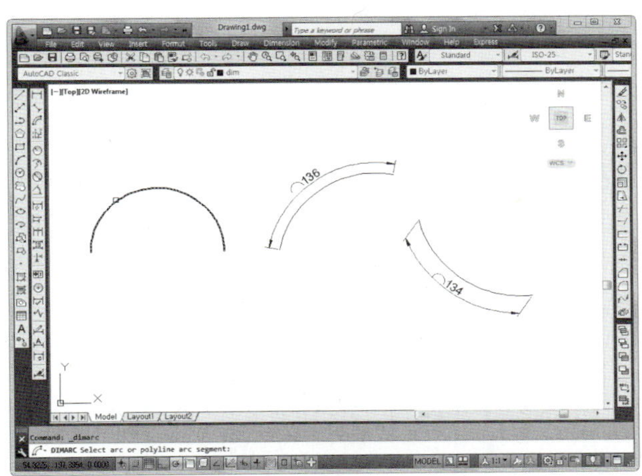

▲ 호의 길이를 입력할 호를 클릭하여 선택

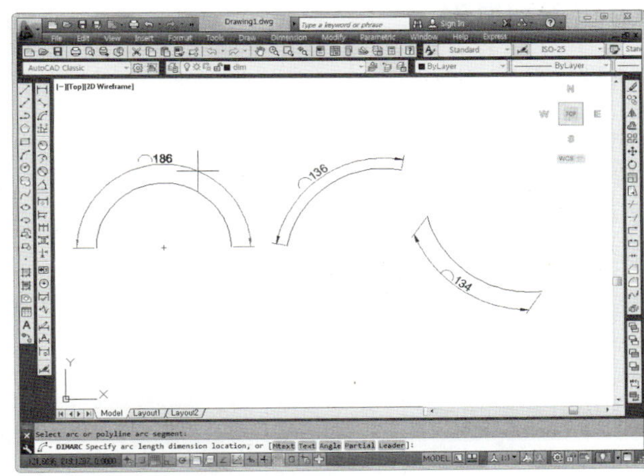

▲ 드래그하여 호의 길이 치수선 위치를 클릭

```
Command: _dimarc [단축키: DAR]
Select arc or polyline arc segment:
→ 호의 길이 치수를 입력할 대상 호 객체를 클릭합니다.
Specify arc length dimension location or [Mtext/Text/Angle/Partial/Leader]:
→ 호의 길이 치수선을 입력할 위치를 클릭합니다.
Dimension text=186
→ 입력된 호의 길이 치수 문자를 표시합니다.
```

● 옵션 이해하기

호의 길이를 입력하는 것 외에도 다음과 같은 옵션을 이용하여 자동으로 입력되는 기존의 치수에 원하는 스타일의 치수를 입력할 수 있습니다. 즉, 호의 길이 치수를 기입하는 경우에도 앞에서 설명한 치수들과 마찬가지로 해당 객체의 Data에 근거하여 원래의 치수를 자동으로 입력하는 것을 원칙으로 하지만, 해당 치수 문자에 추가하는 내용이나 코멘트를 치수 문자에 함께 입력해야 하는 경우에는 옵션을 이용하여 입력해야 합니다. 또한 Angle 옵션을 통해 치수 문자의 각도를 회전하는 등의 효과도 사용할 수 있습니다. 호의 길이 치수의 경우 'Partial' 옵션을 통해 사용자가 클릭하는 위치의 값을 자유롭게 호의 길이로 환산하여 표시하기도 합니다.

옵션	설명
Mtext	치수 문자를 입력할 때 Mtext 도구 창을 이용하여 치수를 수정하거나 코멘트를 추가할 수 있습니다.
Text	치수 문자를 입력할 때 Command 라인 상태에서 치수를 수정하거나 코멘트를 추가할 수 있습니다.
Angle	회전각에 값을 입력하면 입력되는 치수 문자를 회전시켜 입력할 수 있습니다.
Partial	선택된 호의 전체 길이 대신, 그 호 중에서 원하는 두 지점 간의 길이를 편리하게 표시해줍니다.

● 미리해보기

예제 파일 부록 CD\Sample\Chapter04\ch04_12S.dwg   **완성 파일** 부록 CD\Sample\Chapter04\ch04_12F.dwg

01 메뉴의 [File]–[Open]으로 부록 CD에서 예제 파일을 불러옵니다. 먼저 의자들의 호 길이를 알아보기 위하여 치수 툴바에서 Dimarc 아이콘을 클릭합니다. Dimarc 명령어가 실행되면, 다음과 같이 도면 맨 위의 의자에 있는 Arc를 클릭합니다.

02 마우스를 위 또는 아래로 드래그하여 Dimarc 치수선의 위치를 지정합니다. 반드시 호의 바깥쪽만 지정하는 것은 아니므로, 원하는 쪽으로 드래그하여 치수선의 위치를 지정합니다.

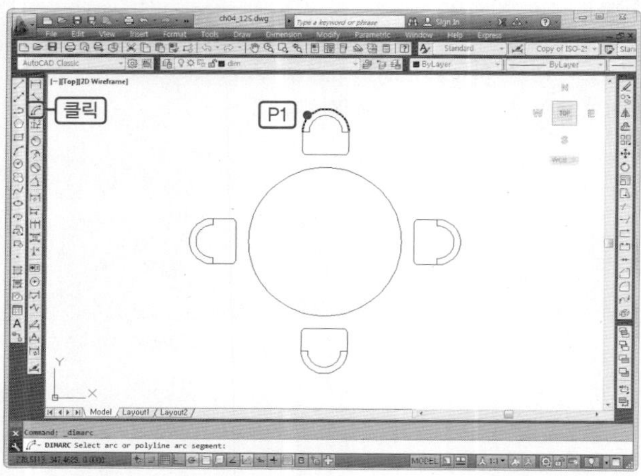

```
Command: _dimarc
Select arc or polyline arc segment: P1점 클릭
```

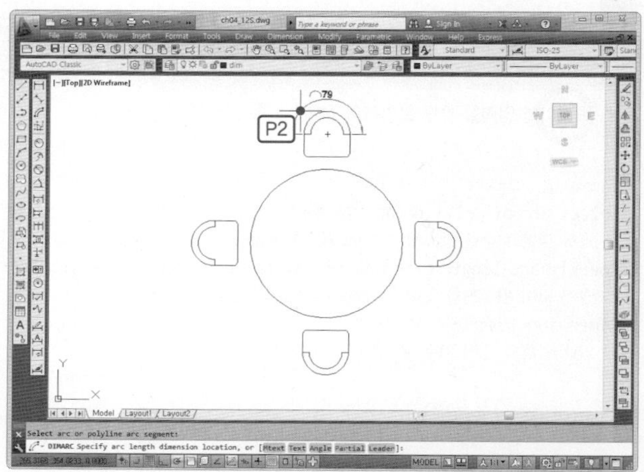

```
Specify arc length dimension location or [Mtext/Text/Angle/
Partial/Leader]: P2점 클릭
Dimension text=79
```

03 다시 한 번 Dimarc를 실행하기 위해 치수 툴바의 Dimarc 아이콘을 클릭한 후, 다음과 같은 위치를 클릭하여 치수선의 위치를 지정합니다.

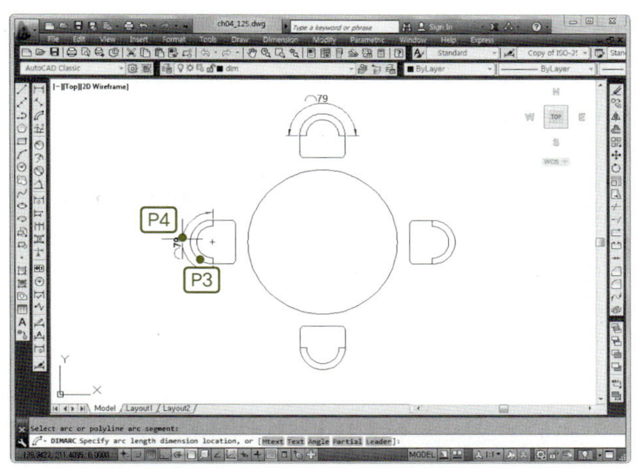

```
Command: _dimarc
Select arc or polyline arc segment: P3점 클릭
Specify arc length dimension location or [Mtext/Text/Angle/
Partial/Leader]: P4점 클릭
Dimension text=79
```

04 이번에는 원이나 호에 중심 표시를 하는 Dimcenter 명령어를 실행하기 위하여 치수 툴바에 Dimcenter 아이콘을 클릭한 후 다음 호를 클릭합니다. 호의 중심에 십자 표시가 나타납니다. 십자 표시에는 연장선에 해당하는 보조선이 나타나지 않으며, 중심만 표시됩니다.

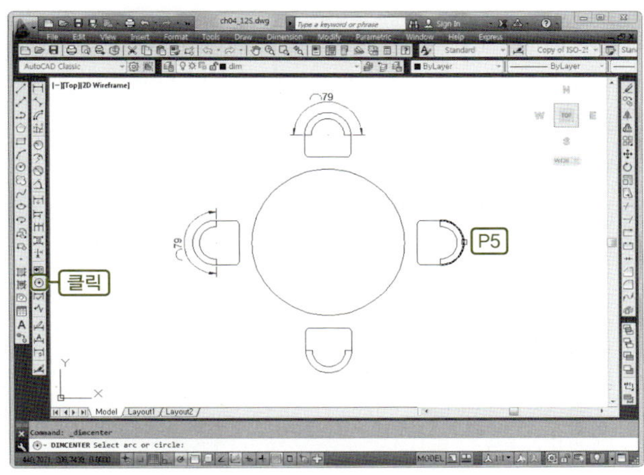

```
Command: _dimcenter
Select arc or circle: P5점 클릭
```

05 이번에는 다시 한 번 중복 명령을 실행하기 위하여 Enter 를 누릅니다. Dimcen 명령어가 실행됩니다. 식탁에 해당하는 커다란 원을 클릭합니다.

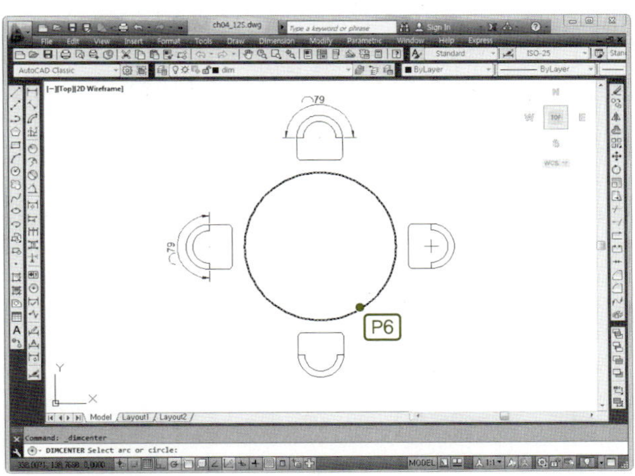

```
Command: Enter
Command: Dimcenter
Select arc or circle: P6점 클릭
```

06 다음과 같이 원의 중심에 있는 십자 표시가 오른쪽 의자의 십자 표시와 동일한 크기로 나타납니다. 원이 크기 때문에 십자 표시도 조금 더 클 필요가 있습니다. 표시를 확인하였다면 'U'를 입력하여 Dimcenter를 입력한 십자 선을 취소합니다.

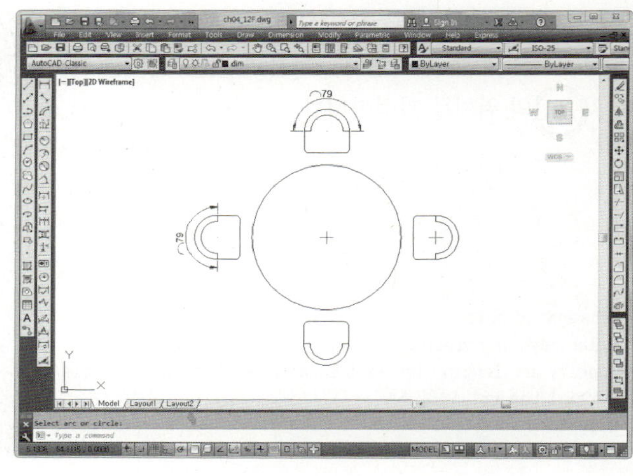

```
Command: U Enter
Center Mark GROUP
```

07 치수 스타일을 변경하기 위하여 미리 설정된 스타일을 지정해보겠습니다. Dimstyle 명령어의 단축키인 'D'를 입력하면 다음과 같은 대화상자가 나타납니다. 그림과 같이 'Copy of ISO−25−center' 스타일을 클릭한 후 오른쪽의 [Set Current] 버튼을 클릭하고 [Close] 버튼을 클릭하여 완료합니다.

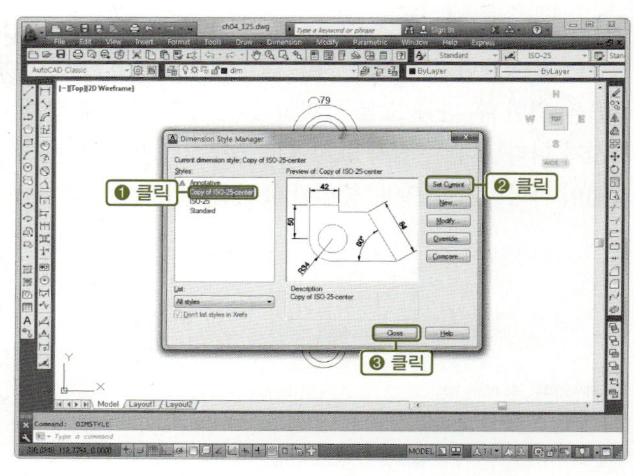


```
Command: D Enter
```

08 치수 툴바에서 다음과 같이 Dimcenter를 클릭하여 명령어가 실행되면, 가운데의 큰 원을 다시 한 번 클릭합니다. 그러면 그림과 같이 커다란 십자 선이 나타납니다.

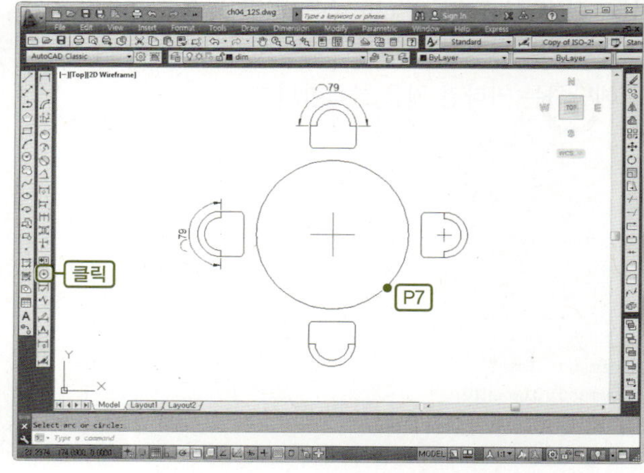


```
Command: _dimcenter
Select arc or circle: P7점 클릭
```

09 십자 표시만 하지 않고 보조선도 함께 입력하기 위하여 치수 스타일을 조금만 바꿔보겠습니다. 내용은 뒤에 나오므로 지금은 따라하면서 역할만 이해하도록 합니다. 선택된 'Copy of ISO-25-center' 스타일을 수정하기 위하여 오른쪽의 'Modify' 버튼을 클릭합니다.

Command: D [Enter]

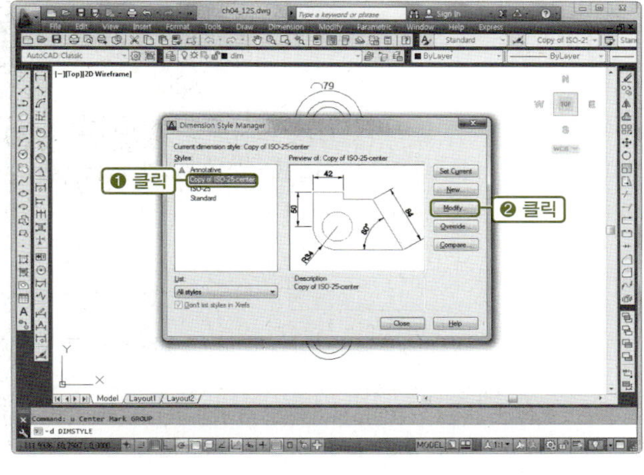

10 Symbols and Arrows 탭에서 Cneter Mark 영역의 세 가지 선택 사항 중 'Line'을 선택하면 십자 표시와 더불어 보조선도 함께 표시됩니다. 선택한 후에는 [OK] 버튼을 클릭합니다.

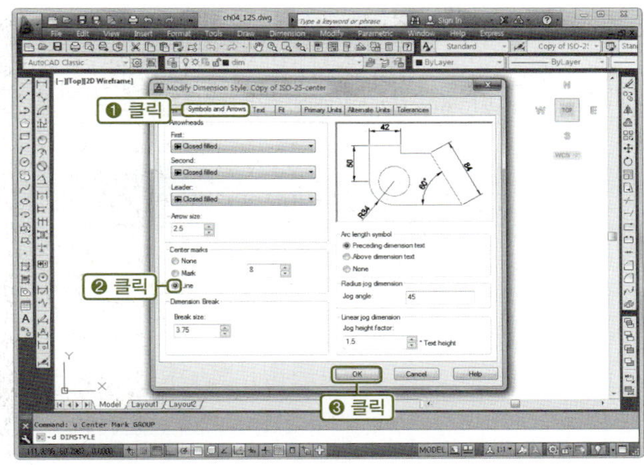

11 치수 툴바에서 Dimcenter 아이콘을 클릭하고, 중심 표시 치수가 활성화되어 실행되었을 때에 다음과 같이 가운데에 있는 큰 원을 선택하면, 보조선이 함께 표시되는 형태로 중심선이 표시됩니다.

Command: _dimcenter
Select arc or circle: P8점 클릭

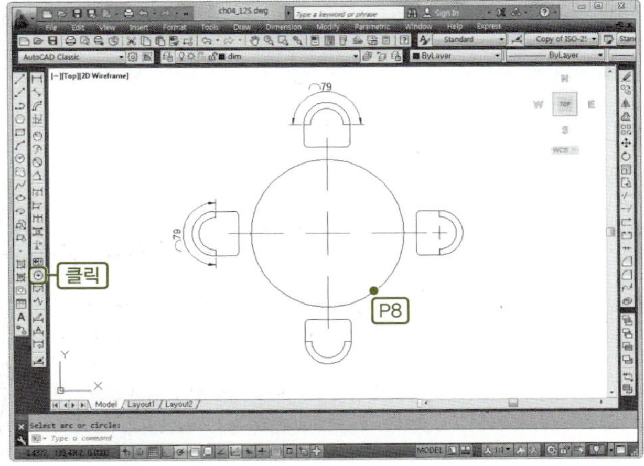

11. 각도의 치수 입력하기_Dimangular

치수 기입은 크게 선형 치수 기입과 원형 치수 기입으로 나누어집니다. 그 밖의 요소로는 각도의 치수를 다양한 방법으로 입력하거나 이미 입력된 치수를 사용자의 치수를 수정하는 일 등이 있습니다. 이번에는 선, 호, 원의 각도를 표시하는 방법과 입력하는 방법을 알아보겠습니다.

명령어	Dimangular	아이콘	
단축키	DAN	메뉴	[Dimension]-[Angular]

● 명령어 이해하기

Dimangular는 각도를 입력하는 명령어이므로, 각도의 최소 조건을 갖추려면 포인트를 선택해야 합니다. 명령어를 입력한 후 각도를 표시할 2개의 객체를 마우스로 선택하고, 각도가 표시될 치수선의 위치를 지정하여 클릭하면 각도가 표시됩니다. 선의 형태인 경우 2개의 객체를 선택하고, 호의 형태인 경우 1개의 객체만 선택하면 내부 각이 표시됩니다.

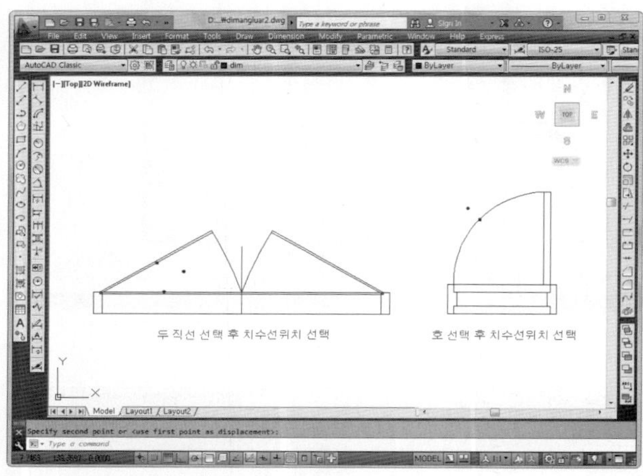

▲ 선과 호의 각도 입력 순서를 클릭하여 지정

▲ 각도 입력 완료

선의 각도 입력법

```
Command: _dimangular [단축키: DAN]
→ 명령어를 입력하거나 툴바의 아이콘을 클릭하여 명령어를 실행합니다.
Select arc, circle, line or <specify vertex>:
→ 각도를 입력할 첫 번째 선분을 클릭합니다.
Select second line:
→ 각도를 입력할 두 번째 선분을 클릭합니다.
Specify dimension arc line location or [Mtext/Text/Angle/
Quadrant]:
→ 각도의 치수선이 지정될 위치를 클릭합니다.
Dimension text=30
→ 입력된 치수 문자를 표시합니다.
```

호의 각도 입력법

```
Command: _dimangular
→ 명령어를 입력하거나 툴바의 아이콘을 클릭하여 명령어를 실행합니다.
Select arc, circle, line or <specify vertex>:
→ 각도를 입력할 호를 클릭하여 선택합니다.
Specify dimension arc line location or [Mtext/Text/Angle/
Quadrant]:
→ 각도의 치수선이 지정될 위치를 클릭합니다.
Dimension text=90
→ 입력된 치수 문자를 표시합니다.
```

◉ 옵션 이해하기

각도 치수를 기입하는 옵션의 경우에도 앞에서 설명한 다른 치수들과 마찬가지로 해당 객체의 Data에 근거하여 원래의 치수를 자동으로 입력하는 것이 원칙이지만, 사용자의 설계 의도에 따라 해당 치수 문자에 추가하는 내용이나 코멘트를 치수 문자에 함께 입력해야 하는 경우에는 옵션을 이용하여 입력해야 합니다. 또한 'Angle' 옵션을 통해 치수 문자의 각도를 회전하는 등의 효과도 사용할 수 있습니다.

옵션	설명
Mtext	Mtext 도구 창을 이용하여 치수를 수정하거나 코멘트를 추가할 수 있습니다.
Text	Command 라인 상태에서 치수를 수정하거나 코멘트를 추가할 수 있습니다.
Angle	회전각에 값을 입력하면, 입력되는 치수 문자를 회전시켜 입력할 수 있습니다.
Quadrant	각도 치수를 입력하면 치수 값은 선택한 선분을 기준으로 360° 모두 입력합니다. 하지만 'Quadrant' 옵션을 이용하면 선택한 지점의 각도만을 360° 회전하여 원하는 위치에 입력할 수 있습니다. 즉, 선택한 각도의 Lock을 지정하여 치수를 입력하는 옵션입니다.

◉ 미리해보기

예제 파일 부록 CD\Sample\Chapter04\ch04_13S.dwg

완성 파일 부록 CD\Sample\Chapter04\ch04_13F.dwg

01 메뉴의 [File]-[Open]으로 부록 CD에서 예제 파일을 불러옵니다. 각도의 치수를 입력하기 위하여 치수 툴바에서 Anglular 아이콘을 클릭합니다. 명령어가 실행되면 선이나 호를 먼저 클릭합니다. 다음의 P1, P2 선분을 차례대로 선택하여 선분의 각도를 입력하는 형태로 만듭니다.

02 치수선의 위치를 적당한 위치로 드래그한 후 다음과 같이 클릭하여 완료합니다. 치수선의 위치는 사용자가 원하는 위치로 드래그하여 지정하는 것이므로, 반드시 같을 필요는 없습니다. 용도에 맞추어 원하는 위치를 클릭합니다.

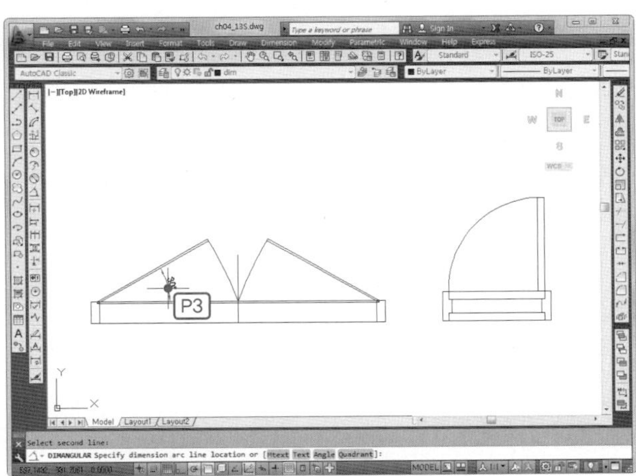

```
Command: _dimangular
Select arc, circle, line or <specify vertex>: P1점 클릭
Select second line: P2점 클릭
```

```
Specify dimension arc line location or [Mtext/Text/Angle/
Quadrant]: P3점 클릭
Dimension text=30
```

03 직선의 각도 치수를 다시 입력하기 위하여 다음의 두 선분을 순서대로 클릭하여 각도를 입력할 객체를 선택합니다.

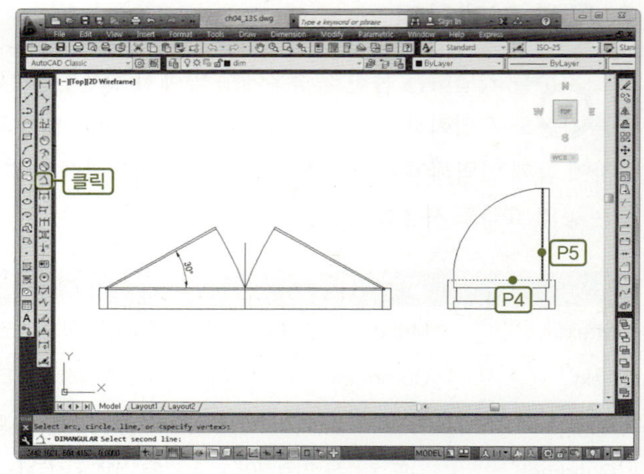

```
Command: _dimangular
Select arc, circle, line or <specify vertex>: P4점 클릭
Select second line: P5점 클릭
```

04 각도의 치수선 위치를 마우스로 드래그한 후 다음과 같은 위치에 클릭하여 치수선의 위치를 지정합니다.

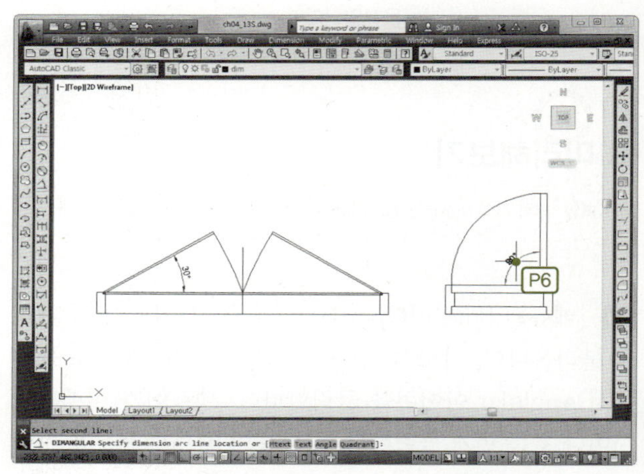

```
Specify dimension arc line location or [Mtext/Text/Angle/
Quadrant]: P6점 클릭
Dimension text=90
```

05 이번에는 호를 선택하여 각도를 입력해보겠습니다. 바로 직전에 사용한 각도 입력 명령어를 자동으로 입력하기 위하여 Enter 를 누릅니다. 다음과 같이 명령어가 실행되면 호를 클릭하여 선택하고, 다음의 위치로 드래그하여 클릭한 후 치수선의 위치를 지정하여 완료합니다.

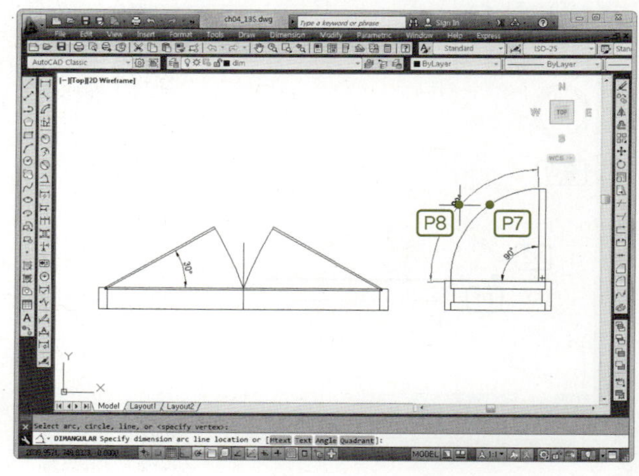

```
Command: Enter
Command: DIMANGULAR
Select arc, circle, line or <specify vertex>: P7점 클릭
Specify dimension arc line location or [Mtext/Text/Angle/
Quadrant]: P8점 클릭
Dimension text=90
```

12. 지시선의 치수 입력하기_Mleader

특정 부위의 치수를 자동으로 입력하는 것이 아니라 사용자가 원하는 단어나 문장을 도면을 읽는 사람에게 전달하는 편리한 치수 기입 방법입니다. 해당 부위의 재료나 재질을 문장으로 표현하기 쉽고, 원하는 치수를 문장으로 표현하기에 알맞습니다. 구 버전에서 Qleader를 쓰던 사용자들도 Mleader를 쓰면 더욱 편리하게 사용할 수 있습니다.

명령어	Mleader	아이콘	
단축키	MLD	메뉴	[Dimension]-[Multileader]

● 명령어 이해하기

AutoCAD Classic 툴바에는 다른 명령어와 달리 Mleader가 생성되어 있지 않습니다. 따라서 Mleader 명령어는 [Dimension]-[Multileader] 메뉴나 명령어 또는 단축키를 이용합니다. 또한 화살표의 위치 등을 수정하는 경우, Grip을 이용하면 편리하게 수정할 수 있습니다.

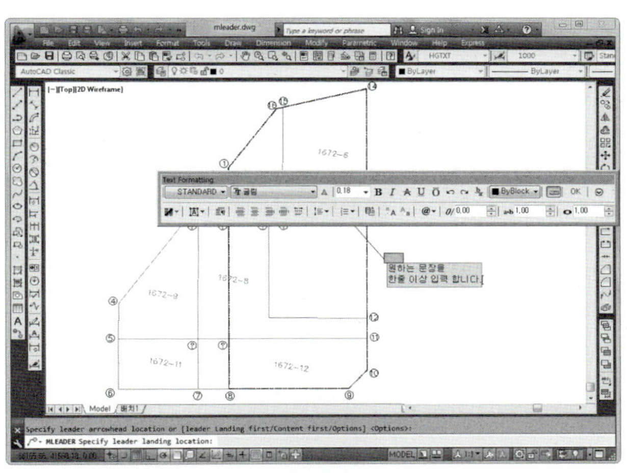
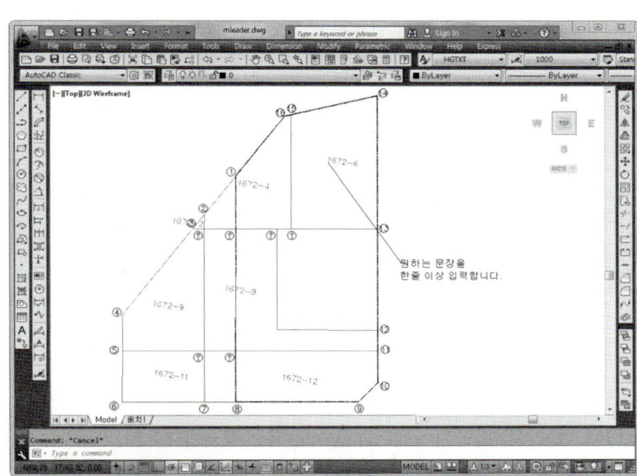

Command: MleadeR [Enter] [단축키: MLD]
Specify leader arrowhead location or [leader Landing first/Content first/Options] <Options>:
→ 지시선의 화살표 위치를 클릭하여 선택합니다.
Specify leader landing location:
→ 지시선의 연결선 위치를 지정하면 Mtext 창이 열리면서 원하는 문장을 입력 문자열에 입력할 수 있습니다.

Upgrade ★

Mleader로 입력한 문자열이 보이지 않아요!

Mleader로 입력한 문자열이 화면에 나타나지 않는 이유는 해당 문자의 높이 값이 제대로 지정되지 않았기 때문입니다. 해당 문자열의 크기나 화살표의 크기는 Mleaderstyle 명령어를 입력한 후 해당 탭에서 화살표의 크기나 문자의 크기를 지정하면 자동으로 업데이트 됩니다. 따라서 입력했음에도 불구하고 화면에 나타나지 않는 것은 Mleaderstyle 값이 제대로 지정되어 있지 않았다는 의미입니다.

● 옵션 이해하기

Mleader 명령어를 이용하여 지시선을 입력하면 기본적인 옵션을 변경할 수 있습니다. 리더선을 클릭하는 순서를 바꾸거나 문장을 입력하는 Text Contents를 바꿀 수 있으며, 해당 리더선의 입력 횟수도 지정할 수 있습니다.

옵션	설명
Leader Landing First	지시선을 입력할 때 화살표의 끝점을 먼저 클릭하고 연결선을 입력하는 형태로 지시선을 그립니다. Leader Arrow Head First와 교환 실행되며, Leader Arrow Head First를 선택하면 지시선의 연결선 위치를 클릭하고 화살표의 위치를 클릭하게 됩니다.
Content	Mtext를 이용할 때와 마찬가지로 입력할 문자의 위치를 대각선 방향으로 드래그하여 선택한 후 문자를 입력합니다.
Options	지시선의 타입이나 연결선 개수, 지정 각도 등을 설정합니다.

Upgrade ★

오랜 사용자들은 Qleader로 지시선을….

AutoCAD 유저들은 예전부터 Mleader보다 Qleader에 더욱 익숙합니다. 따라서 Qleader 명령어의 단축키인 'QLE'를 이용하여 입력해도 됩니다. 처음 지시선을 접하는 사용자에게는 Qleader가 적은 옵션을 이용하여 더욱 간편하게 입력할 수 있는 명령어입니다.

```
Command: QleadeR Enter [단축키: QLE]
Specify first leader point or [Settings] <Settings>:
→ 지시선의 시작점 위치, 즉 화살표가 닿는 위치를 클릭하거나
  Enter 를 눌러 Settings 옵션을 활성화합니다.
Specify next point:
→ 지시선의 두 번째 지점 위치를 클릭합니다.
Specify next point:
→ 지시선의 세 번째 지점 위치를 클릭합니다.
Specify text width <0>: Enter
→ 지시선 문자의 너비를 입력합니다. 보통은 Enter 를 누릅니다.
Enter first line of annotation text <Mtext>:
→ Qleader로 입력할 문자열을 입력합니다.
Enter next line of annotation text: Enter
→ Enter
```

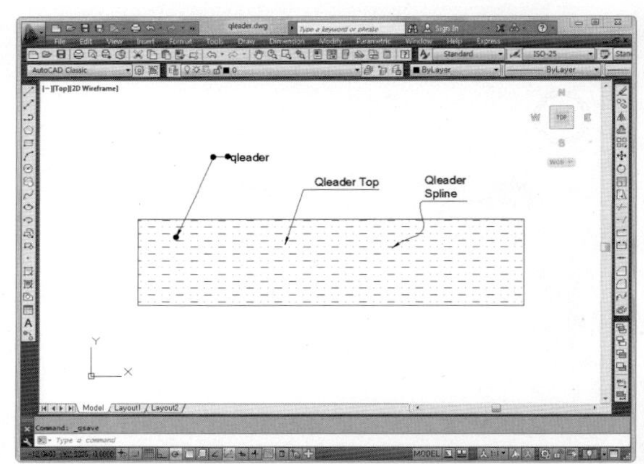

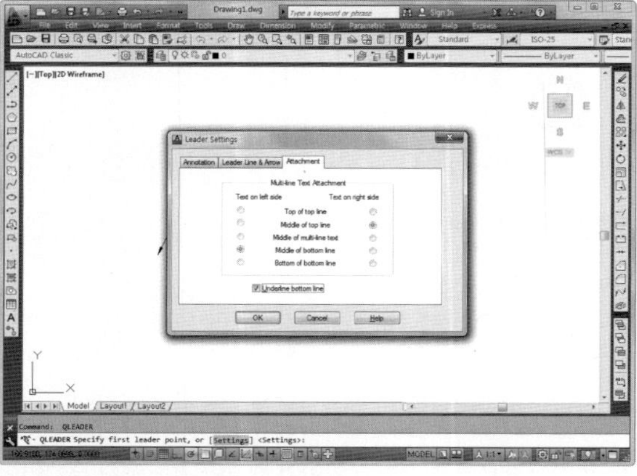

▲ Annotation 탭: 지시선과 문자 위치 조절

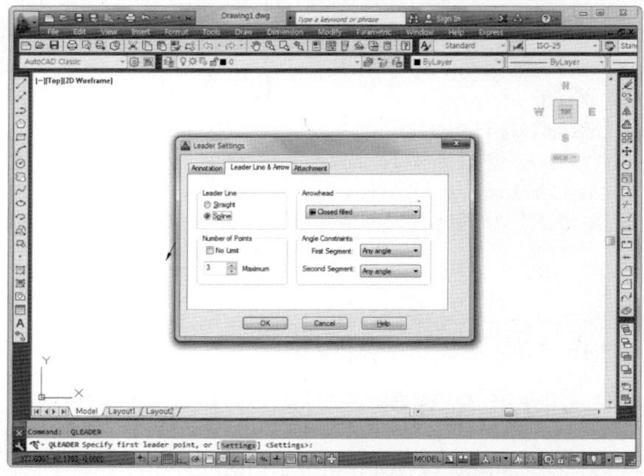

▲ Leader line & Arrows 탭: 지시선의 종류 및 화살표의 종류 조절

```
Command: QleadeR Enter [단축키: QLE]
Specify first leader point or [Settings] <Settings>: Enter
```

● 미리해보기

예제 파일 부록 CD\Sample\Chapter04\ch04_14S.dwg   **완성 파일** 부록 CD\Sample\Chapter04\ch04_14F.dwg

01 메뉴의 [File]−[Open]으로 부록 CD에서 예제 파일을 불러옵니다. Mleader 명령어를 이용하기 위하여 단축키인 'MLD'를 입력한 후 지시선의 개수 등과 같은 옵션을 먼저 조절합니다.

```
Command: MLD Enter
MLEADER
Specify leader arrowhead location or [leader Landing first/
Content first/Options] <Options>: O Enter
Enter an option [Leader type/leader lAnding/Content type/
Maxpoints/First angle/Second angle/eXit options] <eXit
options>: M Enter
Enter the maximum points for leader line <2>: 3 Enter
Enter an option [Leader type/leader lAnding/Content type/
Maxpoints/First angle/Second angle/eXit options] <Maxpoints>:
X Enter
```

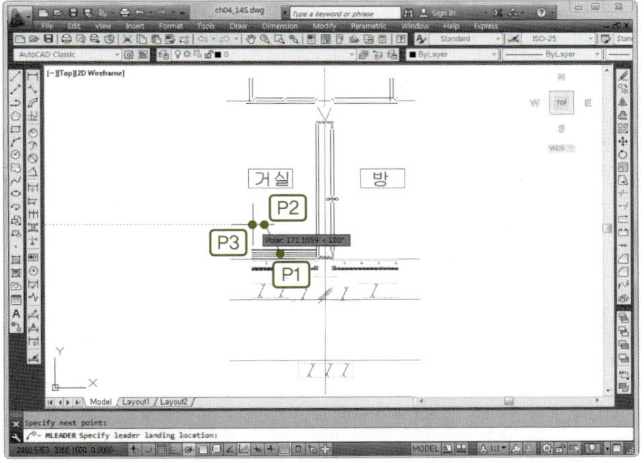

02 화살표의 끝점 위치와 연결점의 위치, 총 3군데를 클릭한 후 다음과 같이 지시선의 위치를 클릭합니다.


```
Specify leader arrowhead location or [leader Landing first/
Content first/Options] <Options>: P1점 클릭
Specify next point: P2점 클릭
Specify leader landing location: P3점 클릭
```

03 Mtext 창이 나타나면 '걸레받이 위 라카칠'이라는 문장을 입력한 후 [OK] 버튼을 클릭합니다.

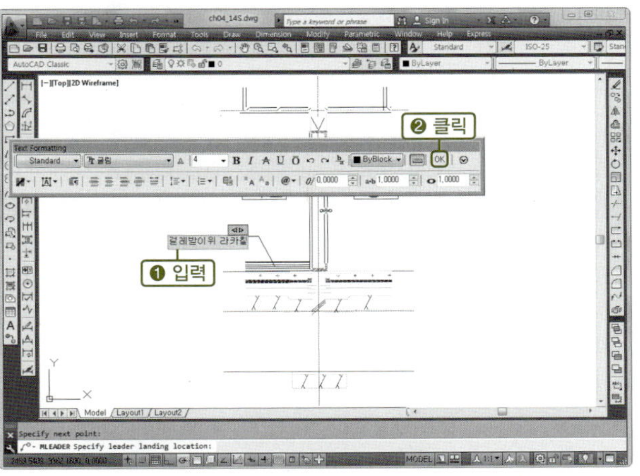

04 다음과 같이 입력한 문장이나 화살표조차 나타나지 않고 가느다란 선분만 나타납니다. 다음과 같이 해당 지시선을 입력해도 아무것도 나타나지 않는 이유는 'Leader'의 옵션이 지정되지 않았기 때문입니다. 따라서 Mleaderstyle을 지정해야 합니다.

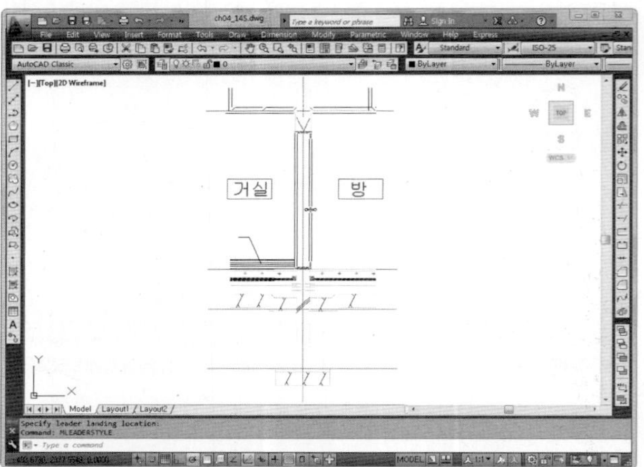

05 'Mleaderstyle'을 입력한 후 Enter 를 누르면 다음과 같은 대화상자가 나타납니다. 해당 스타일을 수정해야 하므로 제일 먼저 오른쪽의 [Modify] 버튼을 클릭합니다.

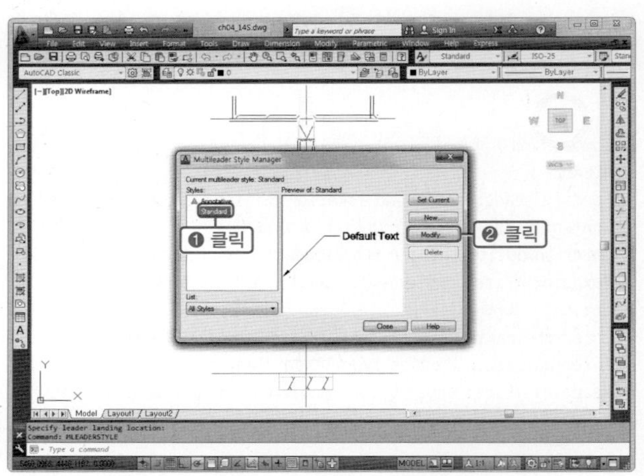

Command: MLEADERSTYLE Enter

06 [Leader Format] 탭에 있는 Arrowhead 칸의 Size를 다음과 같이 조절합니다. 전체 도면의 Limits가 클수록 Size도 크게 입력합니다.

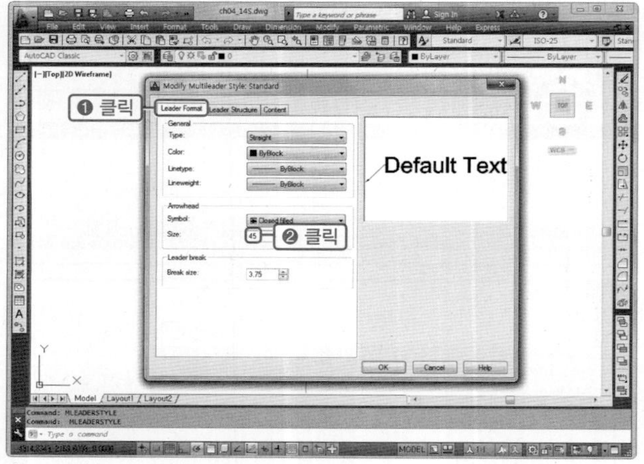

07 Text로 입력된 문자열이 화면에 나타나도록 하기 위하여 [Content] 탭의 Text Height를 다음 그림과 같이 수정합니다. 입력이 완료되면 [OK] 버튼을 클릭하여 종료합니다.

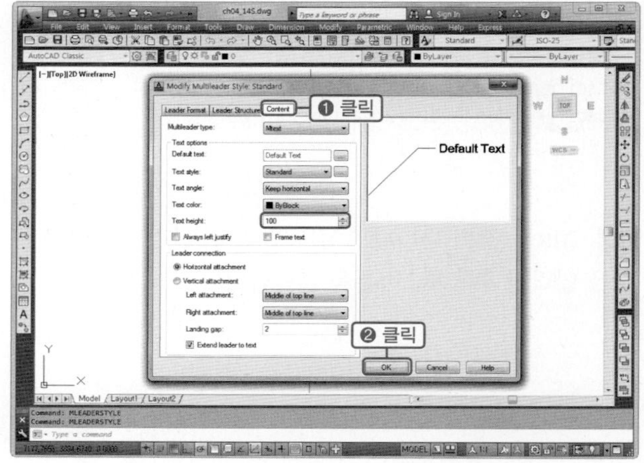

08 [Mleaderstyle] 대화상자를 종료하면 해당 Mleader 로 입력한 지시선이 자동으로 새로운 값으로 변경되어 나타납니다.

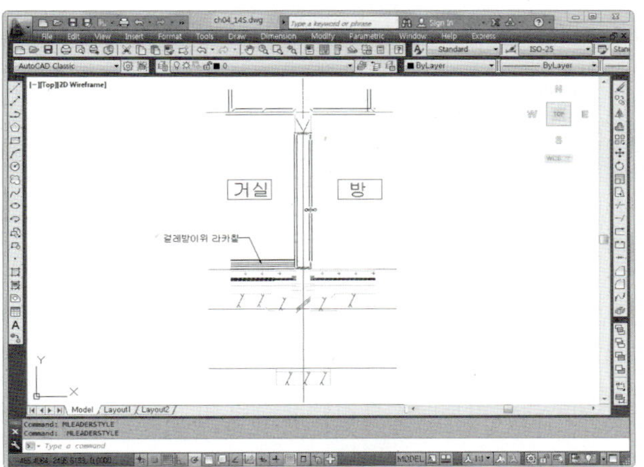

09 이번에는 Mleader 명령어를 다시 입력한 후 다음과 같이 수직 방향으로 드래그하여 'THK20 모르타르'라고 입력합니다.

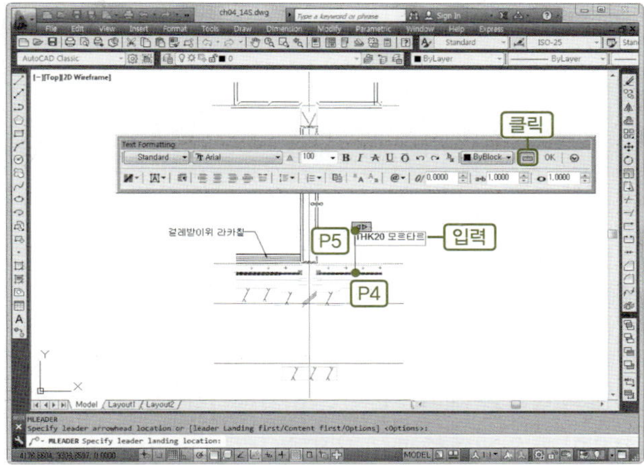


```
Command: MLD  Enter
MLEADER
Specify leader arrowhead location or [leader Landing first/
Content first/Options] <Options>: P4점 클릭
Specify leader landing location: P5점 클릭
```

10 화면에 'THK20 모르타르'라는 글자가 입력되면 해당 지시선의 형태를 변화시키기 위하여 해당 지시선의 스타일을 변경해보겠습니다. Mleaderstyle 명령어를 입력한 후 [Lader Format] 탭에서 Arrowhead의 Symbol을 'Dot'로 변경합니다.

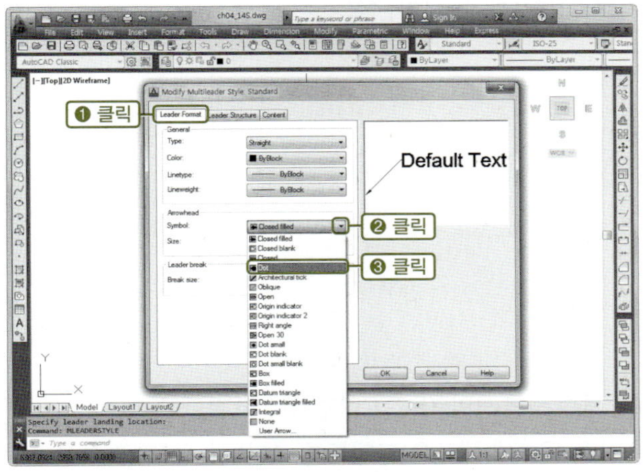


```
Command: MLEADERSTYLE  Enter
```

11 Dot로 화살표 모양이 변경되면 모두 [OK] 버튼을 클릭하여 [Mleaderstyle] 대화상자를 종료합니다. 대화상자가 종료되면 변경된 스타일의 내용이 각각 자동으로 적용되어 업데이트된 상태로 나타납니다.

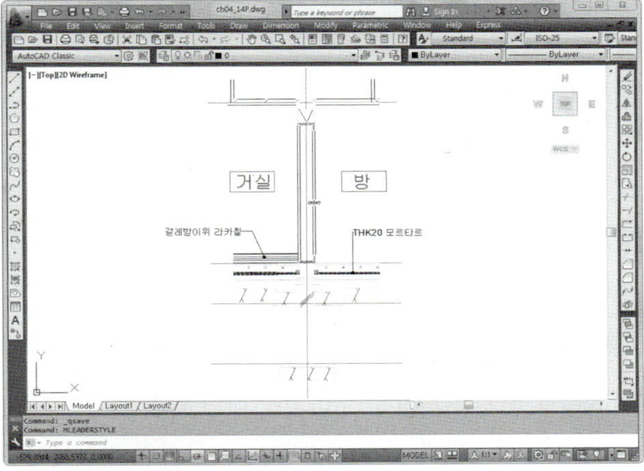

이미 입력된 치수를 편집하는 명령어로, 치수 문자와 치수 보조선을 수정, 편집할 수 있습니다. 치수 문자의 위치를 수정하거나 회전시켜 변경하는 명령어로, 주로 치수 보조선과 치수 문자의 회전을 지정하거나 새로운 치수 문자로 치환하기도 합니다.

명령어	Dimedit	아이콘	
단축키	DED	메뉴	[Dimension]-[Oblique]

● 명령어 이해하기

Dimedit 명령어를 입력한 후 화면에 이미 입력된 치수 객체를 클릭하여 선택하고, 옵션에 지정되어 있는 항목을 선택하여 원하는 형태의 치수 스타일로 변경합니다. 옵션은 수행 절차에 따라 새로운 문자로 변경하거나 문자의 회전, 치수 보조선의 기울임 등을 변경할 때에 사용합니다.

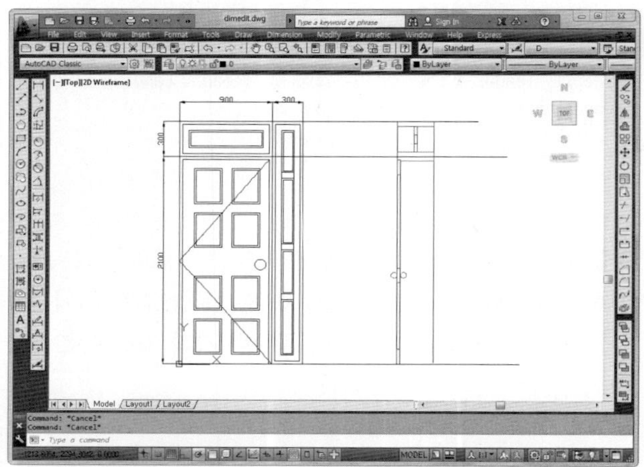

▲ 치수 수정 전

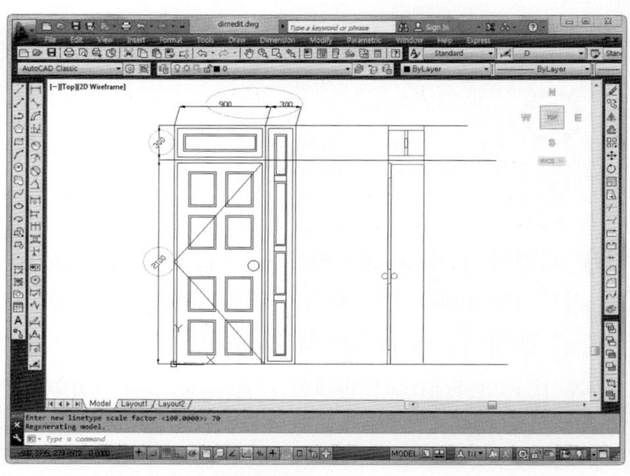

▲ 치수 보조선 및 치수 문자의 수정

```
Command: Dimedit Enter [단축키: DED]
Enter type of dimension editing [Home/New/Rotate/Oblique] <Home>:
→ 수정하려는 치수 문자나 보조선에 관련된 옵션을 입력합니다.
Select objects:
→ 수정하려는 대상 치수 객체를 클릭합니다.
```

● 옵션 이해하기

'Dimedit' 옵션을 이용하면 이미 입력된 치수 객체의 문자 내용이나 치수 보조선의 각도를 변경하여 조절할 수 있습니다. 하지만 치수 객체의 수정은 입력된 치수 문자의 치환보다는 입력된 치수 문자에 새로운 코멘트를 추가하는 정도로 사용합니다. 또한 특정 위치에 있는 치수 객체의 치수 보조선을 회전하여 강조하는 형태의 치수 객체를 만들기도 합니다.

옵션	설명
Home	치수 문자의 위치를 초기에 입력된 상태의 위치로 복원합니다.
New	기존의 치수 문자에 새로운 문자를 입력하거나 추가 코멘트를 넣을 수 있습니다. 이때에는 기본적으로 Mtext 창 안에서 운영되며, 기존의 치수는 O로 표시된 상태로 고정되어 있고, O로 표시되는 문자를 지우지 않으면 코멘트에 해당하는 메시지만 추가됩니다.
Rotate	치수 문자에 각도를 입력하여 치수 문자를 회전시킵니다. 주로 치수 문자를 강조할 때나 겹친 치수 문자를 정렬할 때에 사용합니다.
Oblique	치수 보조선에 각도를 입력하여 기울인 형태의 치수 객체를 만듭니다.

14. 치수 문자 수정하기(2)_Dimtedit

Dimtedit는 앞에서 치수 객체를 수정하는 명령어인 Dimedit와 마찬가지로 이미 화면에 입력된 치수 객체의 문자를 새로운 위치로 정렬하는 명령어입니다. 기준 위치의 오른쪽이나 왼쪽으로 치수 문자를 정렬하거나 마우스를 이용하여 원하는 방향으로 드래그하여 새로운 위치를 지정할 수 있습니다. 주로 좁은 공간에 입력된 치수 문자를 사용자가 원하는 위치로 자유롭게 이동시킬 때에 사용하는 명령어입니다.

명령어	Dimtedit	아이콘	[A]
단축키	DIMTED	메뉴	[Dimension]-[Align Text]

● 명령어 이해하기

이미 입력된 치수 객체의 치수 문자 위치를 정렬하는 명령어이므로, 먼저 명령어를 입력한 후 옵션의 입력 없이 원하는 위치로 치수 문자를 드래그하여 위치를 이동시킵니다. 또한 사용자가 원하는 정렬 방법을 옵션으로 이용하여 왼쪽, 오른쪽 등의 치수선 한쪽 방향으로 정렬하며, 정렬된 치수 문자는 'Home' 옵션을 통해 복원할 수 있습니다.

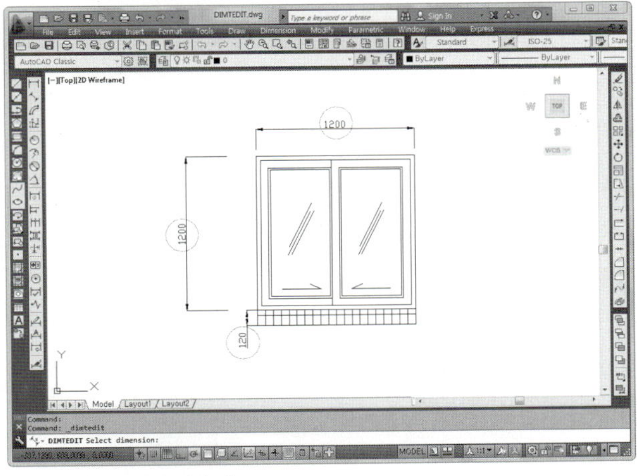

▲ 치수 문자의 위치 변경 전

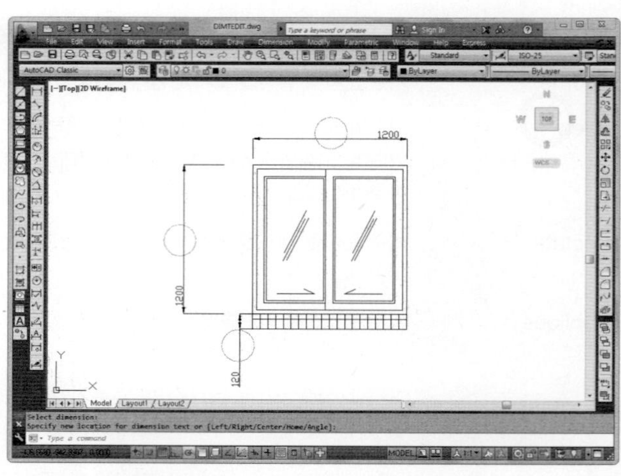

```
Command: dimtedit Enter  [단축키: DIMTED]
Select dimension:
→ 정렬하려는 대상 치수 객체를 클릭합니다.
Specify new location for dimension text or [Left/Right/
Center/Home/Angle]:
→ 치수 문자의 새로운 위치를 입력하거나 정렬의 옵션을 입력합니다.
```

▲ 치수 문자의 위치 변경 후

● 옵션 이해하기

Dimtedit의 경우에는 정해진 정렬보다는 선택한 치수 문자를 원하는 방향으로 드래그하여 위치시키는 방법을 가장 많이 사용하지만, 옵션을 이용하면 치수 문자의 정확한 정렬 점을 입력하여 오른쪽, 왼쪽, 가운데로 정렬하거나 각도를 입력하여 회전할 수 있습니다.

옵션	설명
Home	치수 문자의 위치를 초기에 입력된 상태로 복원합니다.
Left	치수 문자의 위치를 치수 보조선의 왼쪽으로 치우쳐 정렬합니다.
Right	치수 문자의 위치를 치수 보조선의 오른쪽으로 치우쳐 정렬합니다.
Cener	치수 문자의 위치를 치수 보조선의 가운데로 정렬합니다.
Angle	치수 문자에 각도를 입력하여 회전시킵니다.

● 미리해보기

예제 파일 부록 CD\Sample\Chapter04\ch04_15S.dwg   완성 파일 부록 CD\Sample\Chapter04\ch04_15F.dwg

01 메뉴의 [File]-[Open]으로 부록 CD에서 예제 파일을 불러옵니다. 다음 그림과 같이 치수 툴바의 Dimedit 아이콘을 다음과 같이 클릭하여 선택합니다.

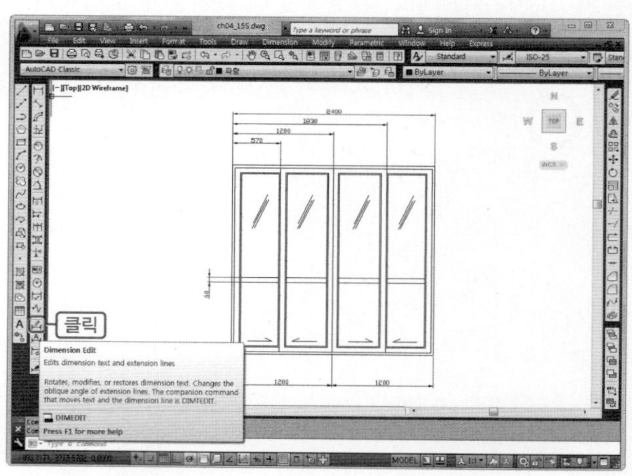

02 치수 보조선의 기울기 각을 적용하기 위하여 먼저 'Oblique' 옵션의 단축키인 'O'를 입력한 후 다음의 위치를 클릭, 드래그하여 한꺼번에 선택하고 선택이 완료되면 Enter 를 누릅니다.

```
Command: _dimedit
Enter type of dimension editing [Home/New/Rotate/Oblique]
<Home>: O Enter
Select objects: Specify opposite corner: 2 found
→ P1~P2점 클릭, 드래그
Select objects: Enter
```

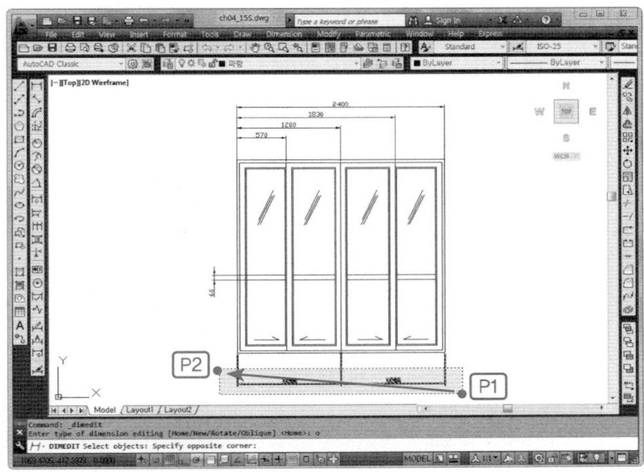

03 선택이 완료되면 다음과 같이 기울기 각을 입력합니다. 옆으로 기울인 각도인 '70°'를 입력하고 Enter 를 누르면 다음과 같이 치수 보조선이 사선으로 표현됩니다.

```
Enter obliquing angle (press ENTER for none): 70 Enter
```

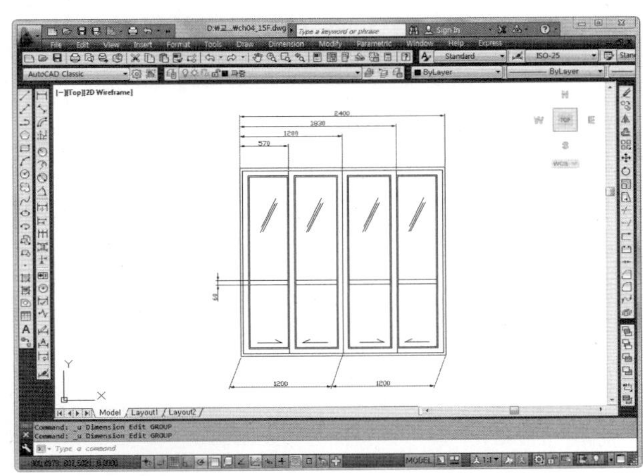

04 다음은 동일한 명령어의 다른 옵션을 이용해보겠습니다. 동일한 명령어를 치수 툴바에서 클릭하여 선택한 후(또는 Enter 를 누르면 동일한 명령어가 재실행됩니다) 'Rotate' 옵션의 단축키인 'R'을 입력하고 회전각을 입력한 다음, 객체를 클릭합니다.

```
Command: _dimedit
Enter type of dimension editing [Home/New/Rotate/Oblique]
<Home>: R Enter
Specify angle for dimension text: 45 Enter
Select objects: 1 found
→ P3점 클릭
```

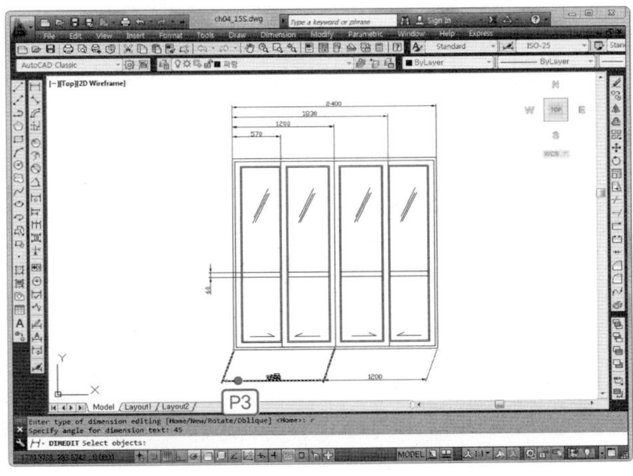

05 Enter 를 눌러 선택을 완료하면 다음과 같이 치수 문
자가 45° 회전한 상태로 나타납니다.

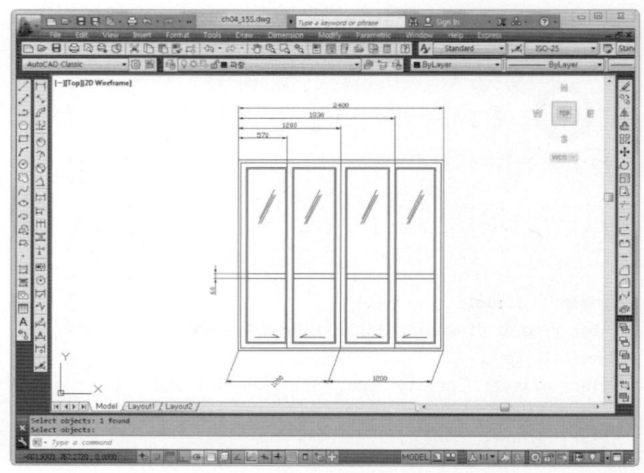

06 이번에는 치수 문자에 새로운 코멘트를 삽입하여 치
수 문자를 치환해보겠습니다. 치수 툴바에서 Dimedit 아
이콘을 눌러 명령어를 실행한 후 'n' 옵션을 입력하고 변경
할 다음 객체를 클릭하면 Mtext 창이 나타납니다. 숫자 '0'
앞에 'THK20'이라는 문장을 입력한 후 [OK] 버튼을 클릭
합니다.

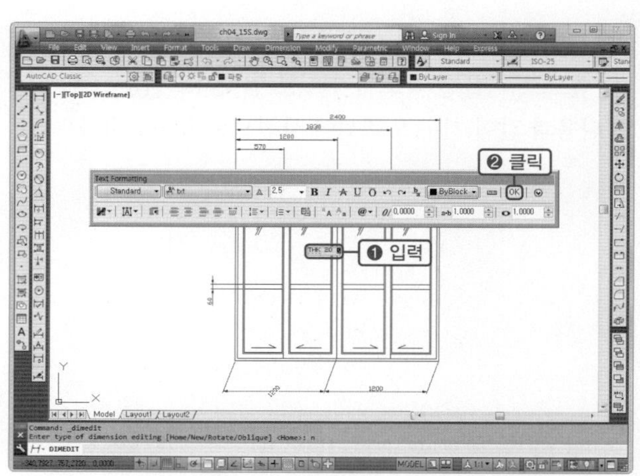

07 치환된 치수 문자가 될 객체를 다음과 같이 클릭하여
선택합니다. 선택이 완료되면 Enter 를 눌러 종료합니다.
변경된 문자가 치수 문자로 치환됩니다.

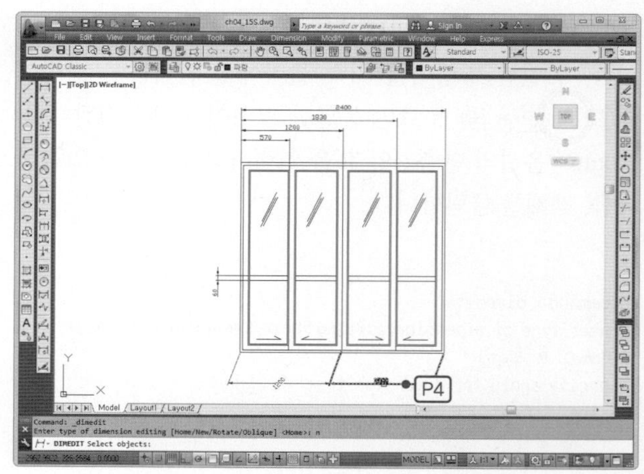

08 이번에는 치수 문자를 사용자가 원하는 장소로 수정할 수 있는 Dimtedit를 사용해보기 위해 치수 툴바에서 다음과 같이 Dimtedit 아이콘을 클릭하여 다음과 같이 치수 문자를 클릭합니다.

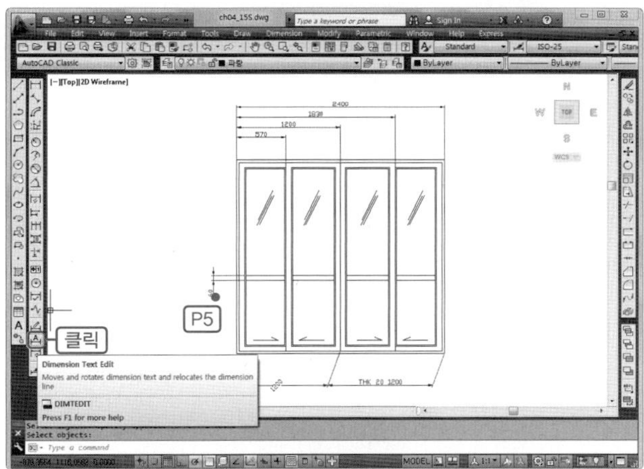

```
Command: _dimtedit
Select dimension: P5점 클릭
```

09 처음에 클릭한 P5점에서 원하는 방향으로 드래그한 후 알맞은 위치에 클릭하여 치수 문자의 위치를 조절합니다. 사용자가 원하는 아무곳이나 드래그하여 위치시킬 수 있습니다.

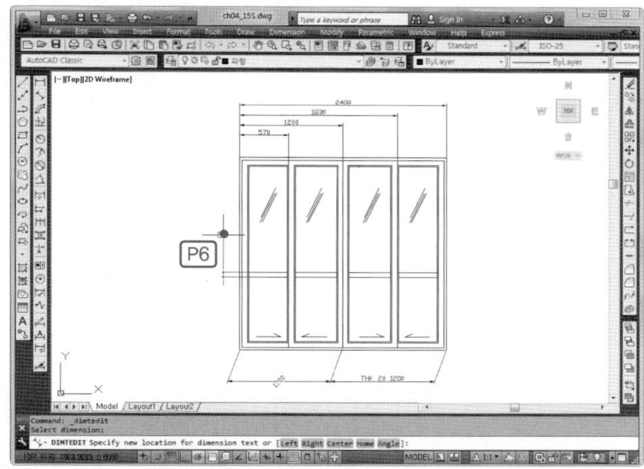

```
Specify new location for dimension text or [Left/Right/
Center/Home/Angle]:
→ P6점으로 클릭, 드래그
```

10 다음은 치수 문자의 정해진 정렬을 사용해보겠습니다. 먼저 치수 툴바에서 Dimtedit 아이콘을 클릭하여 다음과 같이 치수 문자를 클릭합니다.

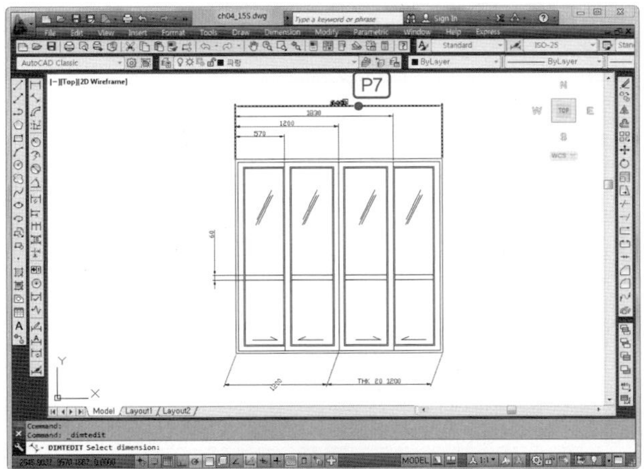

```
Command: _dimtedit
Select dimension: P7점 클릭
```

11 선택한 치수 문자를 치수 보조선 오른쪽에 정렬하기 위하여 'R' 옵션을 입력한 후 Enter 를 눌러 종료하면, 다음과 같이 치수 문자의 위치가 변경됩니다.

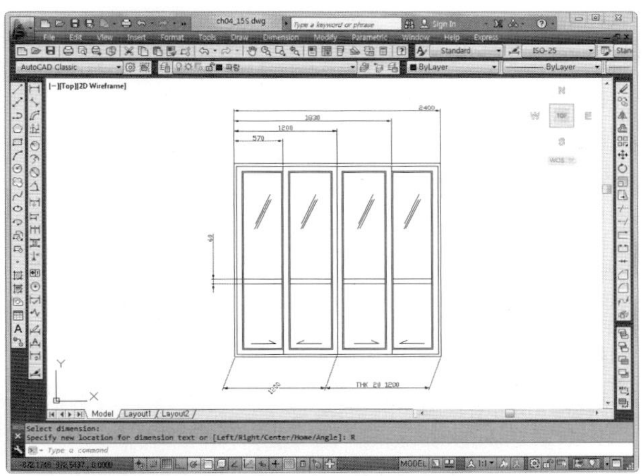

```
Specify new location for dimension text or [Left/Right/
Center/Home/Angle]: R Enter
```

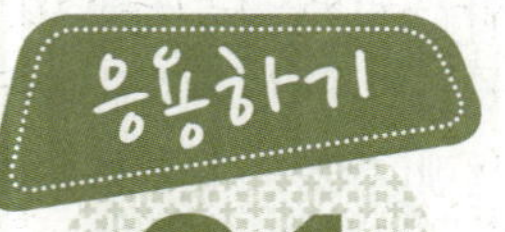

선형 치수 입력 연습하기

치수 입력에서 가장 기본이 되는 선형 치수를 입력하는 방법을 연습해보겠습니다. 기준 치수 스타일은 미리 설정해두었으며 스타일에 관련된 요소는 나중에 알아볼 것이므로, 이번에는 치수를 입력하는 연습만 하겠습니다. 가로, 세로, 기울기가 있는 스타일의 치수를 입력한 후 사용자가 원하는 방향으로 치수를 수정, 편집해보겠습니다.

예제 파일 부록 CD\Sample\Chapter04\ch04_se02_01S.dwg   **완성 파일** 부록 CD\Sample\Chapter04\ch04_se02_01F.dwg

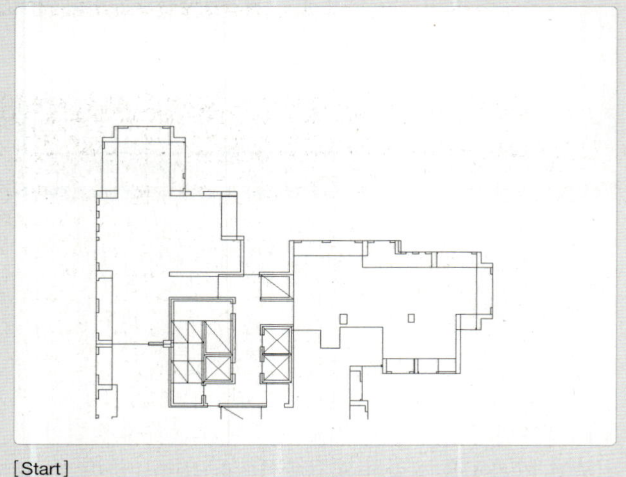

[Start]

[Final]

01 메뉴의 [File]–[Open]으로 부록 CD에서 예제 파일을 불러옵니다. 툴바의 Dimlinear 아이콘을 클릭하고. 치수 보조선 위치 두 곳과 치수선의 위치를 다음과 같이 순서대로 클릭하여 가로의 수평 치수를 하나 입력합니다.

```
Command: _dimlinear
Specify first extension line origin or <select object>: P1점 클릭
Specify second extension line origin: P2점 클릭
Non-associative dimension created.
Specify dimension line location or
[Mtext/Text/Angle/Horizontal/Vertical/Rotated]: P3점 클릭
Dimension text=499
```

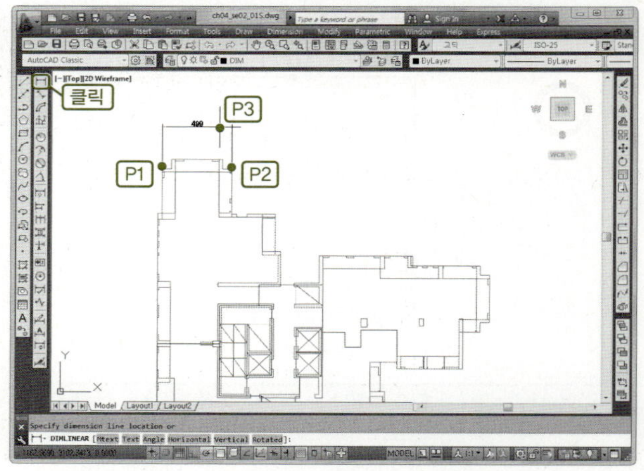

02 연속 치수는 바로 전에 입력한 치수에 이어서 두 번째 치수 보조선의 위치만 클릭하면 자동으로 실행되므로 다음과 같이 두 번째 치수 보조선의 위치를 클릭합니다.

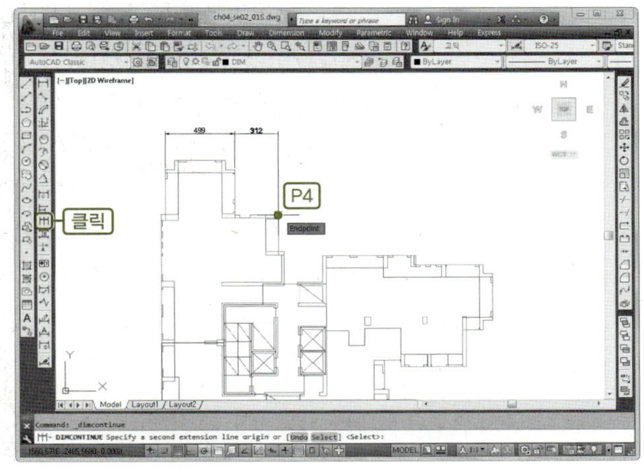

```
Command: _dimcontinue
Specify a second extension line origin or [Undo/Select]
<Select>: P4점 클릭
Dimension text=312
```

03 P5점을 클릭한 후 치수를 계속 이어서 입력하고, 연속 치수의 입력이 끝나면 Enter 를 눌러 명령어를 종료합니다.

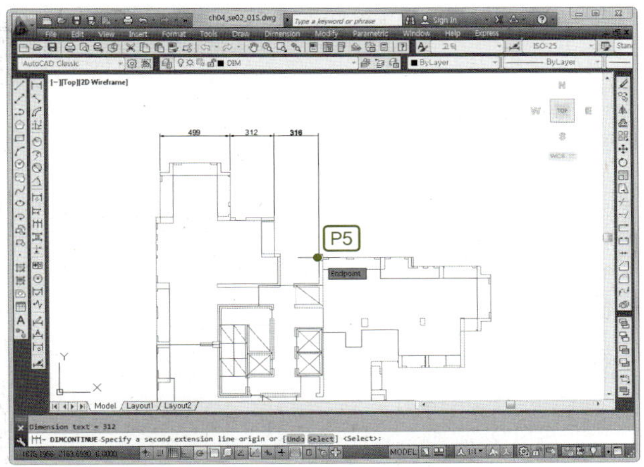

```
Specify a second extension line origin or [Undo/Select]
<Select>: P5점 클릭
Dimension text=316
Specify a second extension line origin or [Undo/Select]
<Select>: Enter
Select continued dimension: Enter
```

04 아이콘을 누르자마자 맨 마지막에 입력된 치수에 자동으로 연장 치수의 두 번째 치수 보조선이 나타납니다. 하지만 맨 앞의 치수에 이어서 연장 치수를 입력해야 하므로 먼저 Enter 를 누릅니다.

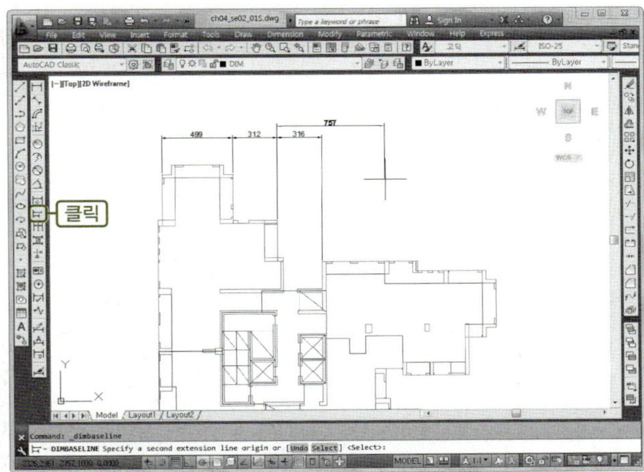

```
Command: _dimbaseline
Specify a second extension line origin or [Undo/Select]
<Select>: Enter
```

05 Baseline 치수의 기준이 될 치수 보조선을 클릭하기
위하여 다음과 같이 맨 처음에 입력한 치수 객체의 왼쪽
치수 보조선을 클릭합니다.

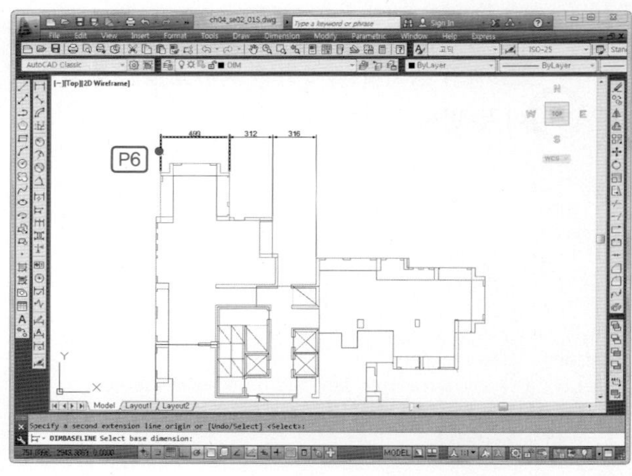

```
Select base dimension: P6점 클릭
```

06 기준 치수에 연장한 치수를 입력하기 위하여 다음의
P7점을 클릭하면 연속한 치수 위쪽으로 모두 더한 치수가
나타납니다.

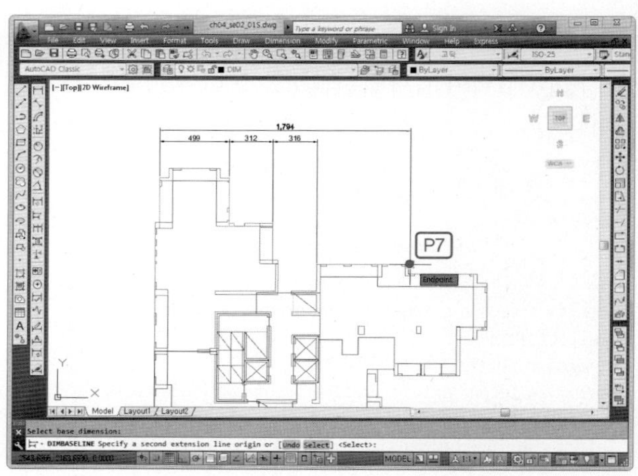

```
Specify a second extension line origin or [Undo/Select]
<Select>: P7점 클릭
Dimension text=1794
```

07 명령어가 종료되지 않았으므로 다음과 같이 P8점을
한 번 더 클릭하여 입력하고, 입력이 끝나면 Enter 를 눌러
명령어를 종료합니다.

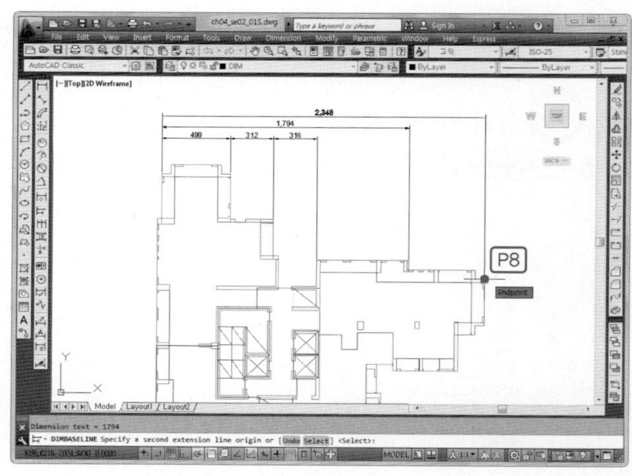

```
Specify a second extension line origin or [Undo/Select]
<Select>: P8점 클릭
Dimension text=2348
Specify a second extension line origin or [Undo/Select]
<Select>: Enter
Select base dimension: Enter
```

08 화면의 아랫부분을 보기 위하여 Pan을 이용하여 화면을 위쪽으로 이동합니다. 마우스 휠을 눌러 손바닥 모양의 아이콘이 나타났을 때 그림과 같이 위쪽으로 드래그합니다.

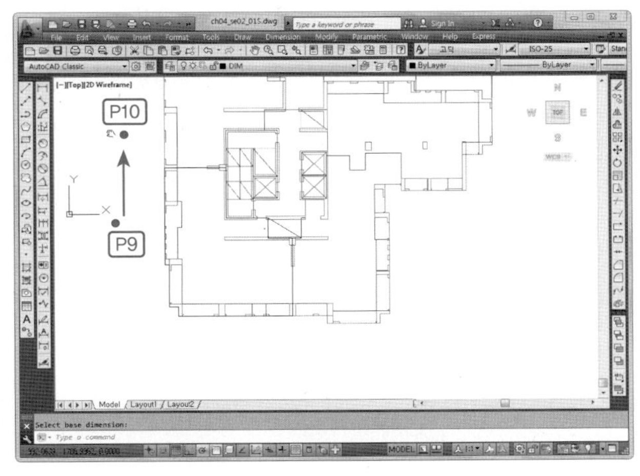

→ 마우스 휠을 누른 상태에서 P9~P10점 클릭, 드래그

09 수직이나 수평이 아닌 사선의 길이를 정확하게 표현할 수 있도록 치수 툴바에서 dimaligned를 클릭한 후 사선의 지점을 다음과 같이 클릭하여 치수를 다음 위치에 입력합니다.

```
Command: _dimaligned
Specify first extension line origin or <select object>: P11점
클릭
Specify second extension line origin: P12점 클릭
Non-associative dimension created.
Specify dimension line location or
[Mtext/Text/Angle]: P13점 클릭
Dimension text=1079
```

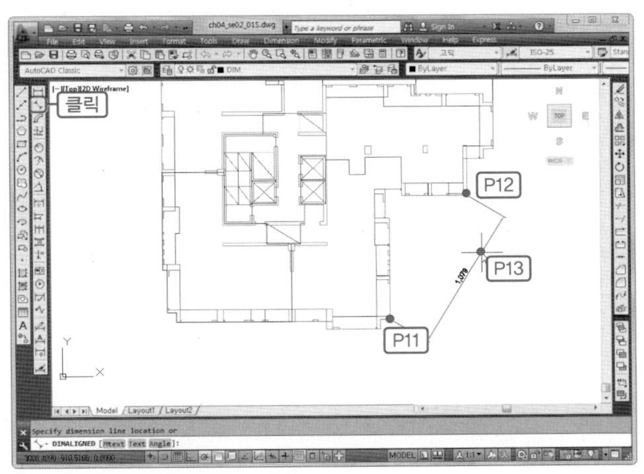

10 이번에는 수직의 치수를 입력하기 위하여 먼저 치수 툴바에서 선형 치수 아이콘을 클릭한 후, 다음과 같은 위치를 클릭하여 수직의 세로 치수를 입력합니다.

```
Command: _dimlinear
Specify first extension line origin or <select object>: P13점
클릭
Specify second extension line origin: P14점 클릭
Non-associative dimension created.
Specify dimension line location or
[Mtext/Text/Angle/Horizontal/Vertical/Rotated]: P15점 클릭
Dimension text=387
```

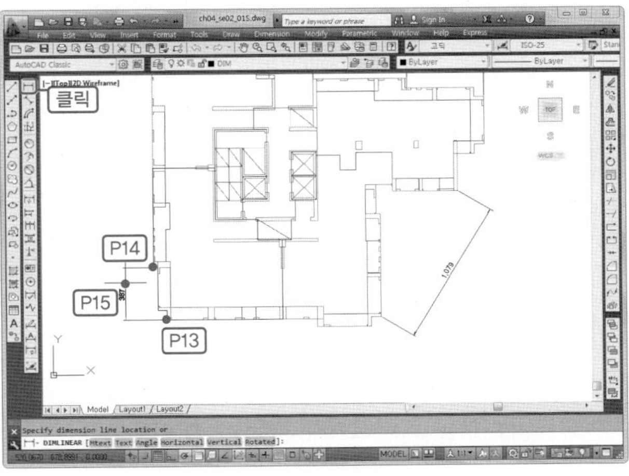

11 연속하는 치수를 입력하기 위하여 치수 툴바에서 Dimcontinue 아이콘을 클릭한 후 다음과 같은 위치를 클릭하여 세로로 연속하는 치수를 입력합니다. 입력이 끝나면 Enter 를 눌러 명령어를 종료합니다.

```
Command: _dimcontinue
Specify a second extension line origin or [Undo/Select]
<Select>: P16점 클릭
Dimension text=732
Specify a second extension line origin or [Undo/Select]
<Select>: Enter
Select continued dimension: Enter
```

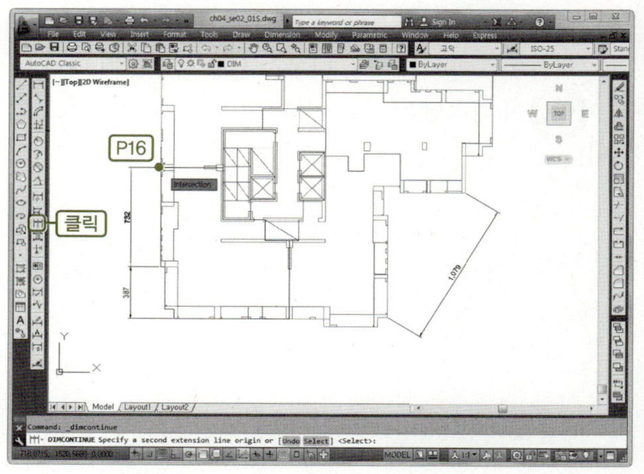

12 화면의 중앙에 있는 작은 사각형의 가로 치수를 입력하기 위하여 치수 툴바에서 선형 치수 아이콘을 클릭한 후, 다음과 같은 위치를 클릭하여 치수를 입력합니다.

```
Command: _dimlinear
Specify first extension line origin or <select object>: P17점
클릭
Specify second extension line origin: P18점 클릭
Non-associative dimension created.
Specify dimension line location or
[Mtext/Text/Angle/Horizontal/Vertical/Rotated]: P19점 클릭
Dimension text=44
```

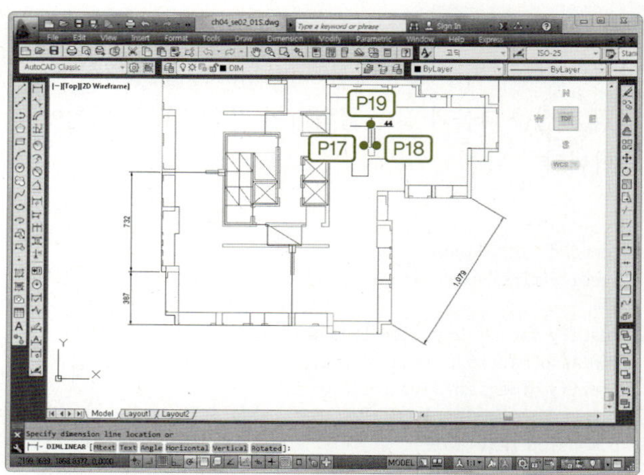

13 좁은 공간에 입력된 치수 객체를 수정하기 위하여 먼저 그림과 같이 치수 툴바에서 dimedit 아이콘을 클릭하고 치수 보조선의 각도를 수정하기 위하여 'O' 옵션을 입력한 후, 다음과 같은 객체를 클릭하여 선택합니다.

```
Command: _dimedit
Enter type of dimension editing [Home/New/Rotate/Oblique]
<Home>: O Enter
Select objects: 1 found
→ P20점 클릭
Select objects: Enter
```

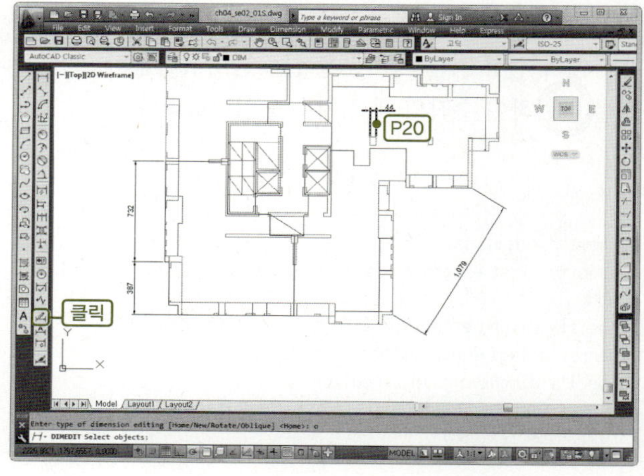

14 치수 보조선의 회전각에 '60°'를 입력한 후 [Enter]를 누릅니다. 다음과 같이 치수 보조선이 기울기 각으로 인해 사선으로 표현되어 치수가 강조되어 보입니다.

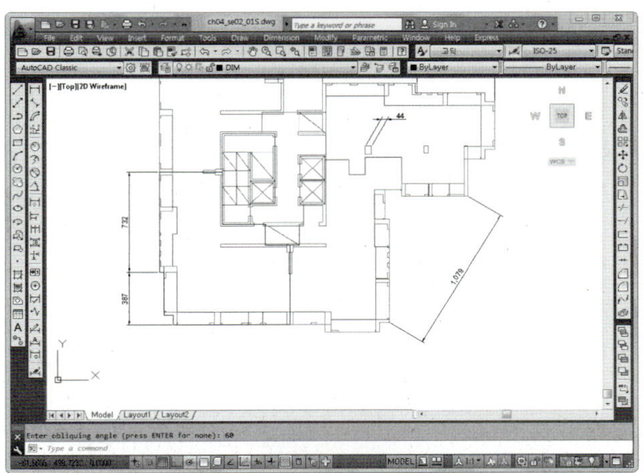

Enter obliquing angle (press ENTER for none): 60 [Enter]

15 이번에는 치수 문자의 위치를 사용자가 원하는 위치로 자유롭게 이동시키기 위하여 다음 그림과 같이 치수 툴바에서 Dimtedit 아이콘을 클릭하고 치수 문자를 수정할 치수 객체를 선택해야 하므로 P21점을 클릭하여 치수 객체를 선택합니다.

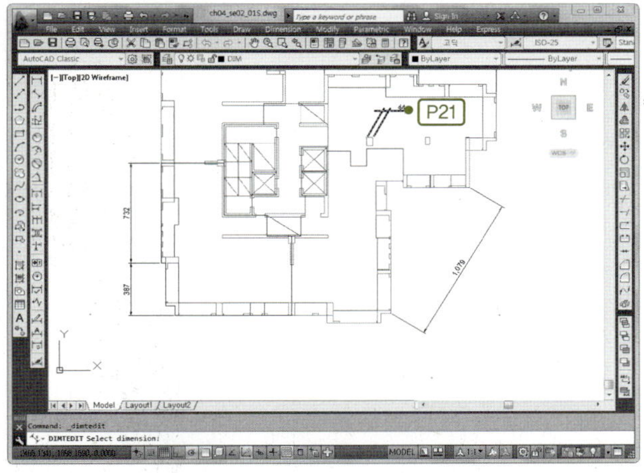

Command: _dimtedit
Select dimension: P21점 클릭

16 다음 그림과 같이 오른쪽으로 마우스를 드래그하여 당긴 후, P22점의 위치를 클릭합니다. 치수 문자의 위치가 마우스로 드래그한 위치에 지정됩니다.

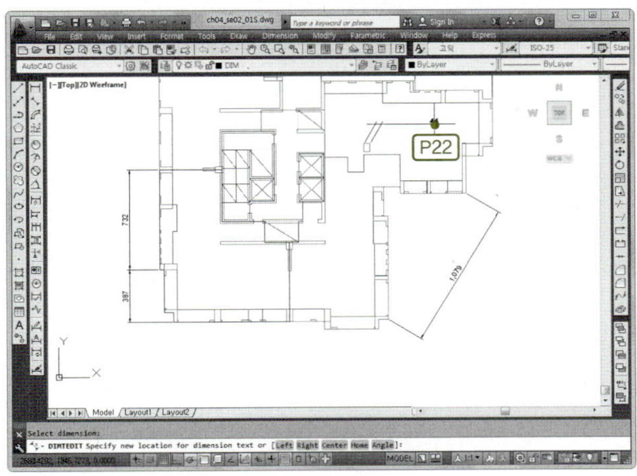

Specify new location for dimension text or [Left/Right/
Center/Home/Angle]: P22점 클릭

17 화면 위쪽과 아래쪽 모두 한 번에 보기 위하여 다음과 같이 Zoom 명령어의 단축키인 'Z'를 입력하고 전체 화면을 볼 수 있는 'a' 옵션을 입력하여 다음과 같이 나타나도록 합니다.

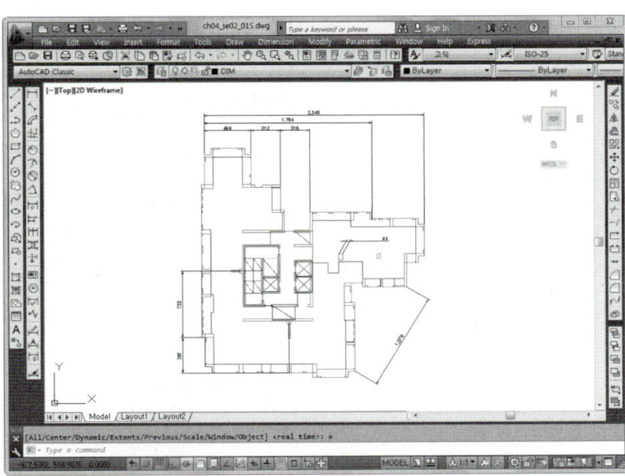

Command: Z [Enter]
ZOOM
Specify corner of window, enter a scale factor (nX or nXP)
or [All/Center/Dynamic/Extents/Previous/Scale/Window/Object]
<real time>: a [Enter]

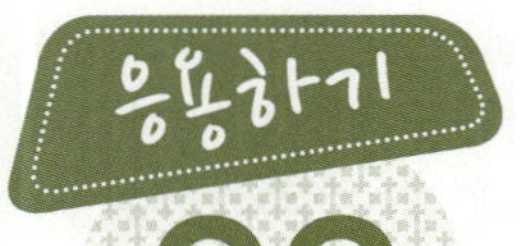

원형 치수 입력 연습하기

이번에는 원이나 호에 치수를 입력하는 원형 치수의 입력 방법에 대해 알아보겠습니다. 기준 치수 스타일은 미리 설정해두었으며 스타일에 관련된 요소는 나중에 알아볼 것이므로 이번에는 치수를 입력하는 연습만 하도록 합니다. 반지름, 지름의 치수와 원의 중심점을 입력하는 스타일의 치수를 입력해보고, 사용자가 원하는 방향으로 치수를 수정, 편집해보겠습니다.

예제 파일 부록 CD\Sample\Chapter04\ch04_se02_02S.dwg   **완성 파일** 부록 CD\Sample\Chapter04\ch04_se02_02F.dwg

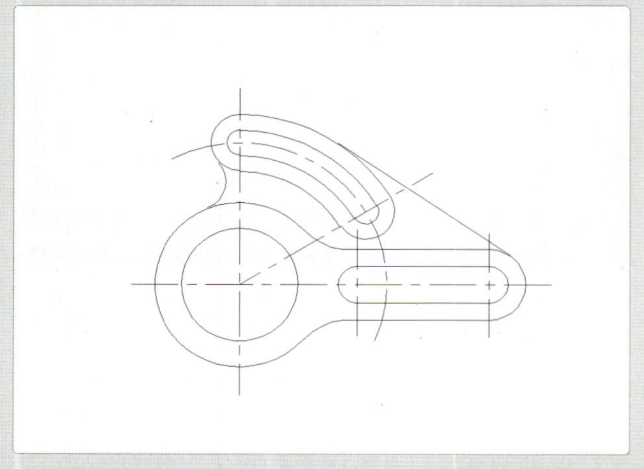

[Start]

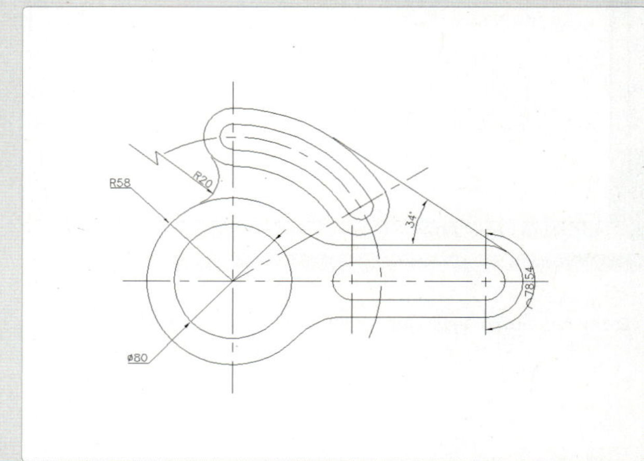

[Final]

01 메뉴의 [File]-[Open]으로 부록 CD에서 예제 파일을 불러옵니다. 다음과 같이 원과 호가 연결된 도면이 나타나면 치수 툴바에서 반지름의 치수 아이콘을 클릭합니다.

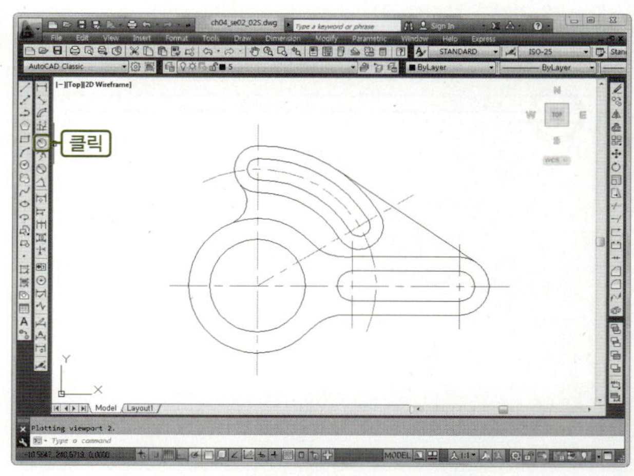

02 반지름의 치수 입력이 시작되면, 다음과 같이 원의 P1 지점을 마우스로 클릭한 후 P2 지점으로 마우스를 드래그하여 치수의 위치를 정합니다. 그런 다음, 사용자가 원하는 위치까지 드래그하여 클릭합니다.

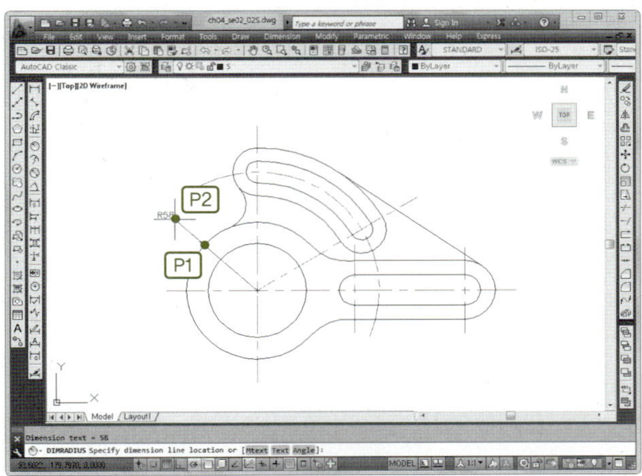

```
Command: _dimradius
Select arc or circle: P1점 클릭
Dimension text=58
Specify dimension line location or [Mtext/Text/Angle]: P2점
클릭
```

04 다음의 원을 클릭한 후, 아래쪽으로 드래그하여 지름의 치수를 입력합니다. 보기와 같이 지름에 해당하는 파이 문자가 함께 치수 문자로 표시됩니다.

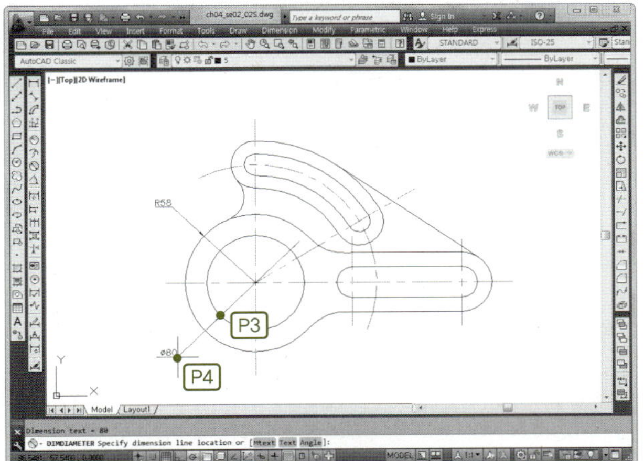

```
Command: _dimdiameter
Select arc or circle: P3점 클릭
Dimension text=80
Specify dimension line location or [Mtext/Text/Angle]: P4점
클릭
```

03 이번에는 지름의 치수를 입력하기 위하여 치수 툴바에서 다음과 같이 지름 치수 아이콘을 클릭한 후, 지름의 치수를 입력할 준비를 하거나 Dimdiameter 명령어를 입력합니다.

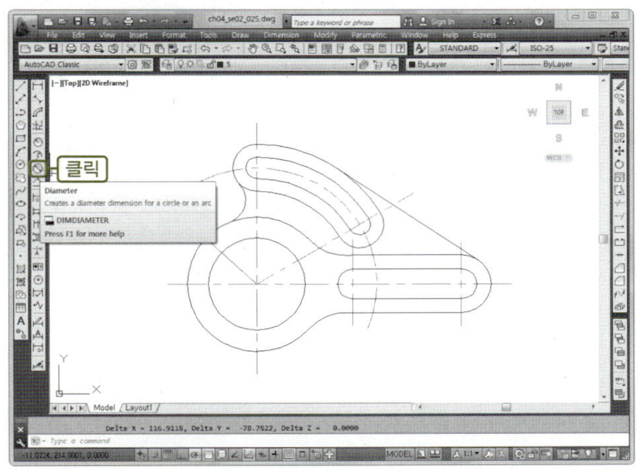

05 각도의 치수를 입력하기 위하여 다음의 치수 툴바에서 각도의 치수 입력 아이콘을 클릭하거나 Dimangular 명령어를 입력합니다.

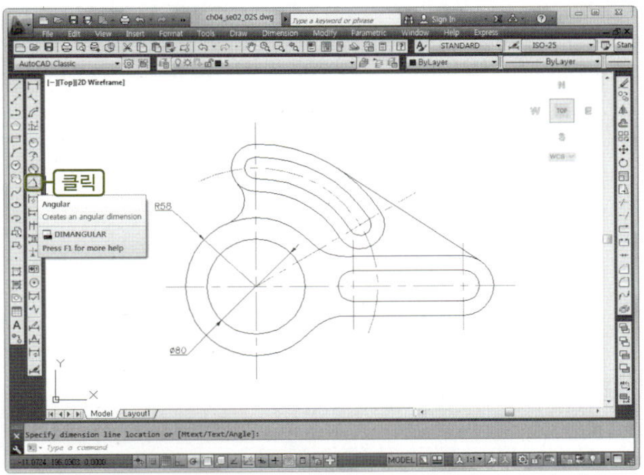

06 선분의 각도를 입력하는 경우에는 각도를 재야만 하는 두 선분을 먼저 클릭한 후 치수선의 위치를 드래그하여 원하는 위치에 클릭하면 다음과 같이 각도의 치수가 입력됩니다.

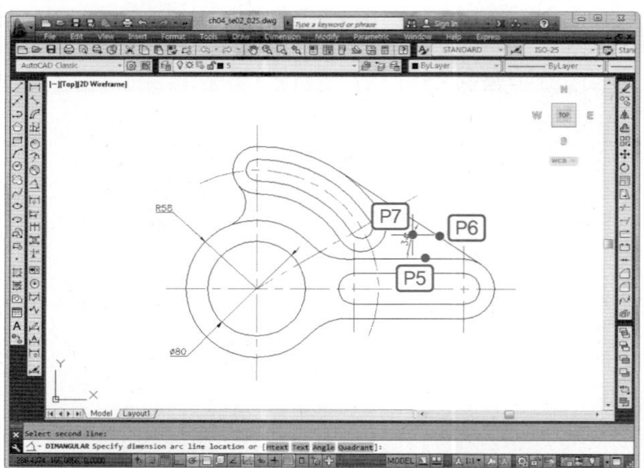

```
Command: _dimangular
Select arc, circle, line or <specify vertex>: P5점 클릭
Select second line: P6점 클릭
Specify dimension arc line location or [Mtext/Text/Angle/
Quadrant]: P7점 클릭
Dimension text=34
```

07 호의 길이 값에 대한 치수와 Arc Length를 입력하기 위하여 다음과 같이 치수 툴바에서 dimarc 치수 아이콘을 클릭합니다.

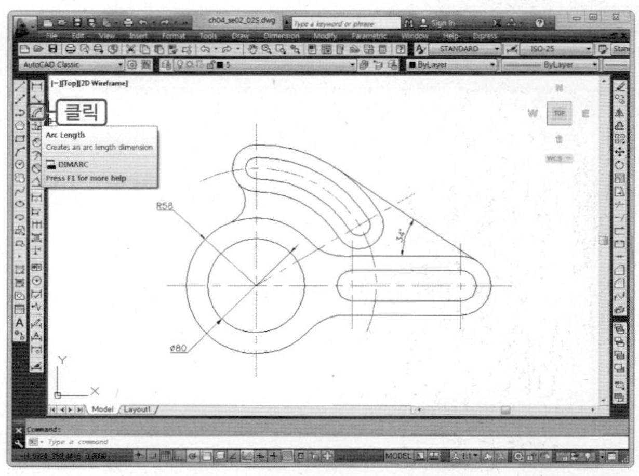

08 다음 그림과 같이 호를 클릭한 후 바깥쪽으로 마우스를 드래그하면 호 전체의 길이 값을 표시하는 호의 길이 치수가 나타납니다. 다음과 같은 지점을 클릭하여 치수선의 위치를 결정합니다.

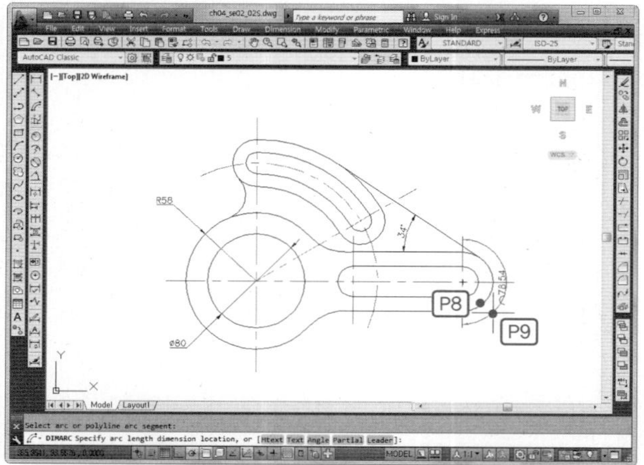

```
Command: _dimarc
Select arc or polyline arc segment: P8점 클릭
Specify arc length dimension location or [Mtext/Text/Angle/
Partial/Leader]: P9점 클릭
Dimension text=78.54
```

09 다음 Jogged 치수를 입력하기 위하여 그림과 같이 Dimjogged 치수 아이콘을 클릭합니다. 가상의 치수 중심선 위치를 지정하려면, Osnap을 끈 상태에서 지정해야 합니다. F3을 눌러 Osnap을 Off합니다.

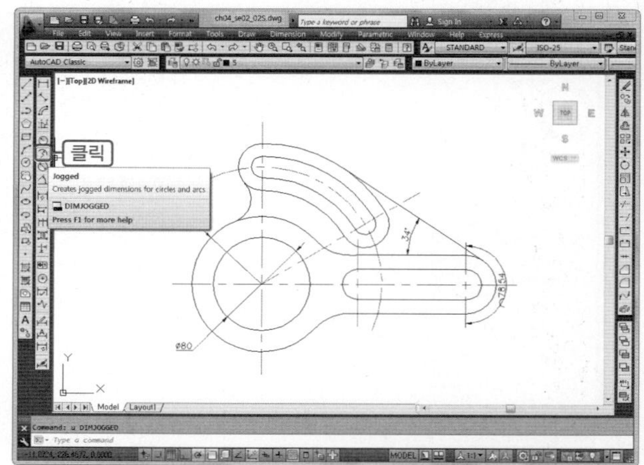

10 먼저 가상의 치수선을 입력할 객체를 선택하기 위하여 다음과 같은 위치에 있는 호를 클릭합니다.

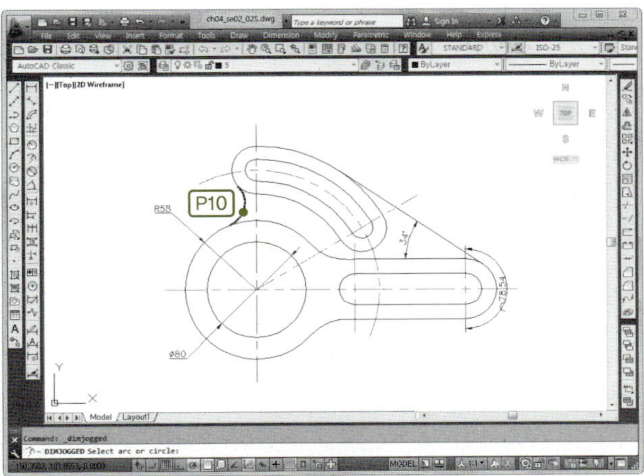

```
Command: _dimjogged
Select arc or circle: P10점 클릭
```

11 가상의 중심 위치를 지정하기 위하여 P11점의 위치를 클릭합니다.

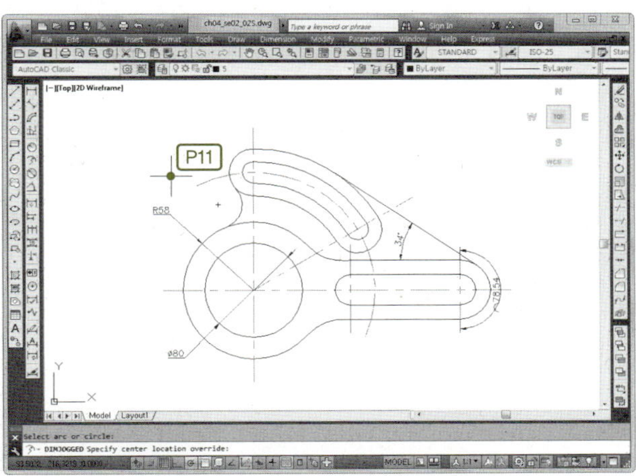

```
Specify center location override: P11점 클릭
Dimension text=20
```

12 치수선의 위치와 치수 문자의 위치를 다음 그림과 같이 클릭하여 치수를 위치시킵니다.

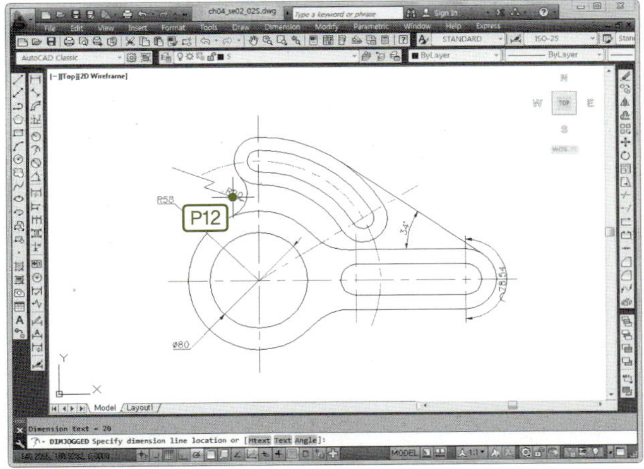

```
Specify dimension line location or [Mtext/Text/Angle]: P12점
클릭
```

13 꺾은선의 위치를 드래그한 후 다음과 같은 위치에 클릭하여 꺾은선의 위치를 지정합니다. 다음과 같이 치수 입력이 완성됩니다.

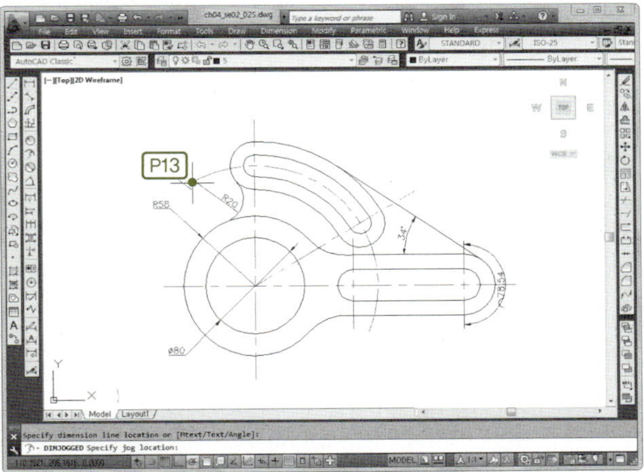

```
Specify jog location: P13점 클릭
```

Section 03

치수 스타일 익히기

이번에는 치수 스타일에 대해 알아보겠습니다. 치수는 어느 도면에서나 사용자가 원하는 스타일대로 입력할 수 있어야 합니다. 따라서 사용자가 치수선의 화살표 모양이나 치수 문자의 위치, 크기 등을 자유롭게 조절할 수 있어야 하며, 각각의 Limits에도 동일한 크기의 치수의 문자나 화살표가 나타나도록 지정할 수 있어야 합니다. 이번에는 치수 스타일의 세부적인 사항을 관리할 수 있도록 Dimstyle 대화상자를 컨트롤하여 사용자가 원하는 형태의 치수 스타일 만들어 보겠습니다.

01. 치수 스타일 대화상자 Dimstyle

치수를 입력할 때 단순히 가로나 세로의 치수 또는 원형의 반지름이나 지름의 치수를 입력하면 어떤 경우에는 화면에 나타나지만, 어떤 경우에는 나타나지 않습니다. 이때 화면의 크기에 따라 화살표의 모양이나 치수 문자의 크기 및 서체를 지정하거나 소수점 이하의 정밀도 등을 지정하여 사용자가 원하는 형태의 치수 모양을 정할 수 있는 명령어입니다. 명령어를 입력하면 대화상자가 나타나며, 각 대화상자별 내용을 학습하여 원하는 스타일로 지정할 수도 있습니다.

명령어	Dimstyle	아이콘	
단축키	D	메뉴	[Dimension]-[Dimension Style]

● 명령어 이해하기

기존의 치수 스타일을 수정 및 편집하기 위하여 Dimstyle 명령을 입력하거나 Dimstyle 명령어의 단축키인 'D'를 입력하여 대화상자가 나타나도록 합니다. AutoCAD 기본 템플릿에 포함된 ISO-25 치수 스타일을 복제한 후, 필요한 부분만 편집하여 사용합니다. 모든 사용자가 같은 스타일의 치수 형태를 사용하는 것이 아니므로, 각 대화상자의 내용에 알맞은 역할을 이해하고 원하는 스타일로 변경하여 사용하도록 합니다. 즉, 기존 스타일을 복제한 후 사용자가 원하는 부분만 바꾸어 사용하는 형식으로 사용하면 됩니다.

Command: DIMSTYLE [Enter] [단축키: D]

◉ 옵션 이해하기

치수 스타일을 정하기 위하여 [Dimension Style Manager] 대화상자를 불러온 후 기존의 치수 스타일을 수정하거나 추가하여 스타일을 정합니다. 미리 설정되어 있는 스타일을 수정하거나 새로운 스타일을 만들어 사용할 수 있으며, 각각의 스타일은 각 항목별로 내용을 수정하여 사용자가 원하는 스타일에 맞게 설정할 수 있습니다.

1. [Lines] 탭

[Lines] 탭은 치수 스타일 중에서 치수선과 치수 보조선에 관련된 내용을 설정합니다. 사용자가 사용하는 각 도면별로 필요한 요소가 모두 다르므로 건축, 기계, 토목, 인테리어 등과 같은 각각의 용도에 알맞게 편집하여 사용합니다. 다음은 각각의 내용별 요약입니다.

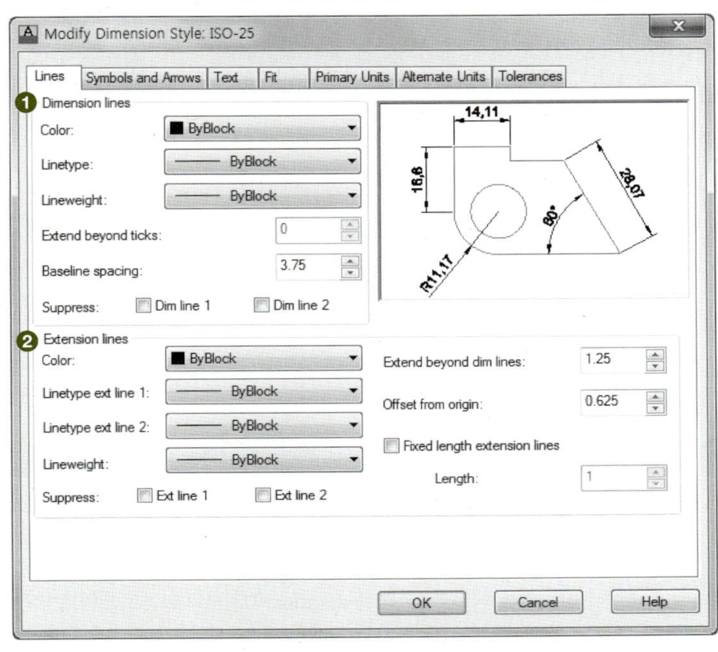

옵션	설명
❶ Dimension lines (치수선)	치수선과 관련된 속성을 변경합니다. – Color: 치수선의 색상을 설정합니다(DIMCLRD). – Linetype: 치수선의 스타일을 설정합니다. 실선이나 점선 등을 결정합니다. – Lineweight: 치수선의 두께인 선 가중치를 설정합니다(DIMLWD). – Extend beyond ticks: 치수선의 양 끝 모양을 화살표 대신 'Tick'으로 지정한 경우, 치수선의 연장선 길이 값을 설정합니다. – Baseline spacing: Baseline의 기준 치수 입력 시 치수선 간의 간격을 조절합니다(DIMDLI). – Suppress: 치수선의 사용을 억제하여 치수선이 나타나지 않도록 합니다. Dim Line 1에 체크하면 첫 번째 치수선의 사용을 억제하고, Dim Line 2에 체크하면 두 번째 치수선의 사용을 억제합니다(DIMSD1, DIMSD2).
❷ Extension lines (치수 보조선)	치수 보조선과 관련된 속성을 변경합니다. – Color: 치수 보조선의 색상을 설정합니다(DIMCLRE). – Linetype ext line 1: 첫 번째 치수 보조선의 선 스타일을 설정합니다. – Linetype ext line 2: 두 번째 치수 보조선의 선 스타일을 설정합니다. – Lineweight: 치수 보조선의 두께인 선 가중치를 설정합니다. – Suppress: 치수 보조선의 사용을 억제합니다. Dim Line 1에 체크하면 첫 번째 치수 보조선의 사용을 억제하고, Dim Line 2에 체크하면 두 번째 치수 보조선의 사용을 억제합니다(DIMSE1, DIMSE2). – Extend beyond dim lines: 치수선의 끝을 지나는 치수 보조선의 연장되는 길이 값을 조절합니다(DIMEXE). – Offset from origin: 치수 보조선과 객체와의 거리 값을 조절합니다(DIMEXO). – Fixed length extension lines: 치수 보조선을 정해진 길이 값으로 고정합니다.

2. [Symbols and Arrows] 탭

치수선의 양 끝에 입력되는 화살표 모양에 대한 속성을 관리하는 탭으로, 화살표의 모양, 크기, 중심 표시 등과 같은 속성을 변경하고 사용자가 원하는 스타일의 도면에 사용되는 화살표와 관계된 요소를 변경하여 지정할 수 있습니다. 보통 중심 표시의 유무나 길이 값 등을 변경한 후 Arrow, Tick, Dot 등의 모양을 결정하고, 크기를 변경하여 도면에 알맞은 형태로 지정하여 사용할 수 있습니다.

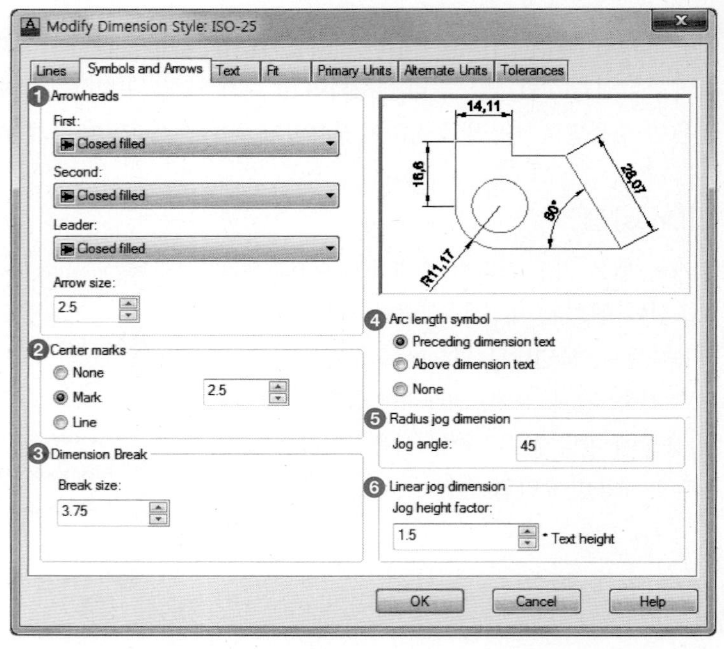

옵션	설명
❶ Arrowheads (화살표)	치수선 양 끝의 화살표 모양에 대한 속성을 설정할 수 있습니다. – First/Second: 치수선의 양쪽 화살표 모양을 변경합니다. 동일하게 또는 다르게 변경할 수 있습니다 (DIMBLK1, DIMBLK2). – Leader: 지시선의 화살표 모양을 변경합니다. – Arrow size: 화살표의 크기를 변경합니다(DIMASZ).
❷ Center mark (중심 표시)	원이나 호에 중심 표시를 하거나 표시의 형태와 크기를 조절할 수 있습니다. – None: 원이나 호에 중심을 표시하지 않습니다. – Mark: 원이나 호에 중심을 표시합니다. – Line: 원이나 호에 중심선과 보조선까지 표시합니다. – Size: 중심 표시의 크기를 조절합니다(DIMCEN).
❸ Dimension Break (치수선 자르기)	Break size 치수 기입 시 Break 길이 값을 조절합니다.
❹ Arc length symbol (호의 길이)	호의 길이 기호의 상세 값을 조절하여 위치를 지정하거나 없앱니다. – Preceding dimension text: 호의 길이 기호를 치수 문자 앞에 나타나게 합니다. – Above dimension text: 호의 길이 기호를 치수 문자 위에 나타나게 합니다. – None: 호의 길이 기호를 화면에 표시하지 않습니다.
❺ Radius jog dimension (원형 꺾은 치수)	반지름 치수의 꺾기 값을 조절합니다. – Jog angle: 반지름 치수 입력 시 치수 보조선과 치수선을 연결하는 가로 선분의 각도를 조절합니다.
❻ Linear jog dimension (선형 꺾은 치수)	선형 꺾은 치수 입력의 꺾기 값을 조절합니다. – Jog height factor: 선형 꺾은 치수의 꺾기 길이 값의 높이에 대한 비율을 입력합니다.

3. [Text] 탭

치수선 위에 입력되는 치수 문자의 크기, 색상,
위치 등의 속성을 변경합니다. 치수 문자와 관련
있는 치수 서체의 정의나 변경 도면 Limits 대비
크기, 치수 문자의 크기 조절, 치수 문자의 색상
등을 따로 관리할 수 있습니다. 기본 값으로 입력
된 치수 문자의 위치를 변경할 수 있는 옵션을 통
하여 사용자가 원하는 위치에 치수 문자를 위치
시킬 수도 있습니다.

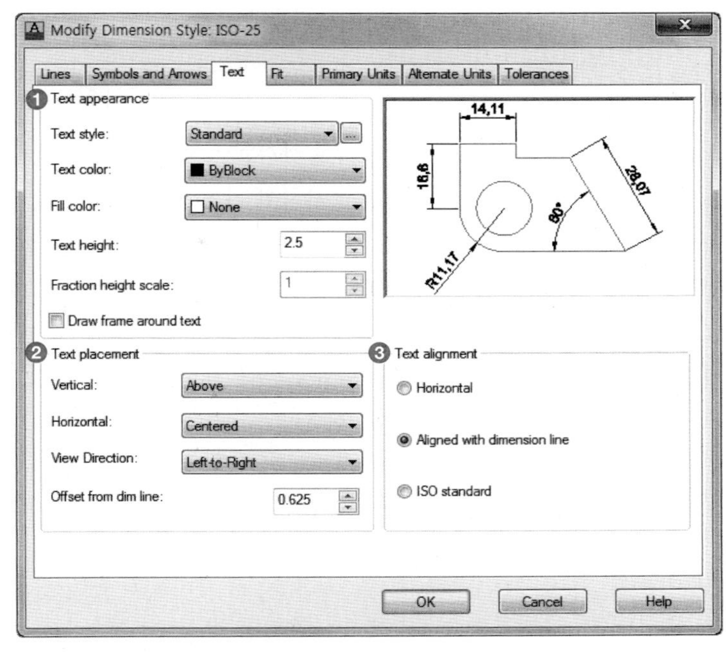

옵션	설명
❶ Text appearance (텍스트 스타일)	치수 문자의 여러 가지 유형을 설정합니다. –Text style: 치수 문자의 유형을 결정합니다. 미리 설정된 스타일은 목록에서 선택하고, 설정된 목록이 없으면 옆의 버튼을 클릭한 후에 스타일을 지정하여 사용합니다(DIMTXSTY). –Text color: 치수 문자의 색상을 지정합니다. 일반적으로 소속 레이어를 기준으로 하여 작성하거나 사용자에 따라 치수 문자를 단독으로 변경하여 사용합니다(DIMCLRT). –Text height: 치수 문자의 높이 값을 조절합니다. 축척 스케일로 통합하여 관리하거나, 축척 스케일은 그대로 둔 상태에서 각각의 크기를 조절하여 사용자가 원하는 높이 값이 되도록 지정합니다(DIMTXT). – Fraction height case: 분수 단위의 치수 문자의 축척을 결정합니다. –Draw frame around text: 치수 문자에 사각형의 테두리를 만듭니다. Basic 치수 입력의 형태와 같습니다.
❷ Text placement (텍스트 위치)	치수 문자의 위치를 설정합니다. – Vertical: 치수 문자의 세로 위치를 변경합니다. – Horizontal: 치수 문자의 가로 위치를 변경합니다. – Offset from dim Line: 치수 문자와 치수선 사이의 간격을 조절합니다(DIMGAP).
❸ Text alignment (텍스트 정렬)	치수 문자의 정렬 방식을 설정합니다. – Horizontal: 치수 유형과 상관없이 치수 문자를 무조건 수평으로 정렬합니다. – Aligned with dimension line: 치수 문자를 치수선의 각도에 따라 치수선과 나란하게 정렬합니다. – ISO Standard: ISO 표준에 따라 정렬합니다. 치수 문자가 치수 보조선 안쪽에 위치하면 치수선과 나란하게 정렬하고, 바깥쪽에 위치하면 수평으로 정렬합니다.

4. [Fit] 탭

치수 스타일의 전체적인 Scale 속성을 정하는 탭으로, 치수선과 치수 문자, 그리고 지시선과 화살표 등의 위치에 대한 속성을 설정합니다. 도면 전체의 Limits에 알맞은 치수 문자와 치수선의 화살표 크기 등을 결정할 수 있으며, 치수 보조선 사이의 간격에 따른 치수 문자의 위치를 조절하여 사용자의 형식에 알맞은 도면 요소로 지정되도록 합니다. Limits가 서로 다른 도면에서는 [Fit] 탭의 [Use overall scale of] 값을 이용하여 Limits에 알맞은 치수 스타일 요소가 나타나도록 합니다. Dimstyle을 지정하는 경우에는 제일 먼저 [Fit] 탭의 [Use overall scale of]을 수정하여 전체적인 스케일을 조절합니다.

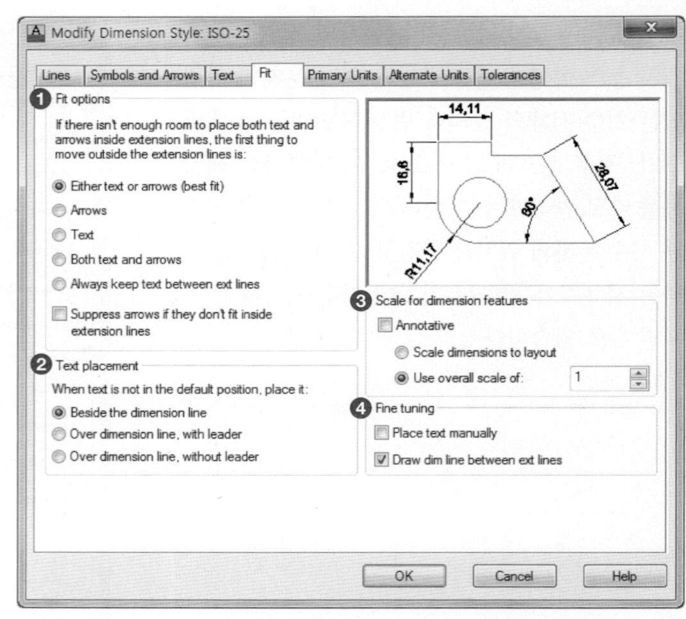

옵션	설명
❶ Fit options (맞춤 옵션)	화살표와 문자, 치수선과 치수 보조선 등의 맞춤 옵션을 지정합니다. 치수 보조선 사이에 치수 문자나 치수 화살표의 위치를 공간의 크기에 따라 배치하는 방식을 조절합니다. 입력한 후 Dimtedit 명령어 등으로 수정할 수 있습니다. – Either text or arrows: 문자와 화살표의 위치를 조절합니다. – Arrows: 치수 보조선의 간격이 좁은 경우, 문자의 위치는 안쪽으로, 화살표의 위치는 바깥쪽으로 표시되도록 조절합니다. – Text: 치수 보조선의 간격이 좁은 경우, 문자를 안쪽 또는 바깥쪽으로 표시되도록 조절합니다. – Both text and arrows: 치수 보조선의 간격이 좁은 경우, 문자와 화살표가 모두 바깥쪽에 표시되도록 조절합니다. – Always keep text between ext lines: 치수 보조선 사이에 항상 문자를 표시합니다. – Suppress arrows if they don't fit inside extension lines: 치수 보조선의 간격이 좁은 경우, 화살표가 표시되지 않도록 조절합니다.
❷ Text placement (치수 문자의 위치)	치수 문자가 옮겨지는 경우, 문자의 위치를 조절합니다. – Beside the dimension line: 치수선 밖으로 문자의 위치를 조절합니다. – Over dimension line, with leader: 치수선에서 문자가 떨어지는 경우, 따로 지시선을 표현하여 문자를 표시합니다. – Over dimension line, without leader: 치수선에서 문자가 떨어지는 경우, 따로 지시선을 표현하지 않고 그대로 문자를 표시합니다.
❸ Scale for dimension Features(치수 축척)	치수의 전체 축척을 관리합니다. limits에 비례하여 축척의 크기를 관리합니다. – Scale dimension to layout: 모델 공간과 레이아웃 출력 공간 사이의 확대/축소에 대한 축척을 조절합니다. – Use overall scale of: 모든 도면의 치수 요소 크기나 거리에 대한 전체적인 치수 축척을 변경합니다(DIMSCALE).
❹ Fine tuning (치수 문자 위치 조절)	치수 문자의 위치를 사용자가 수동으로 설정하거나 치수선의 최적화를 조절합니다. – Place text manually: 치수 문자의 위치를 수동으로, 사용자가 선택하는 위치로 지정합니다. – Draw dim line between ext lines: 치수선이 밖에 입력되는 경우, 치수선을 항상 치수 보조선 사이에 표시하도록 지정합니다(DIMTOFL).

5. [Primary Units] 탭

치수 스타일을 지정할 때에 제일 먼저 설정해야 하는 단위에 관련된 탭으로, 치수 입력에 관계되는 일반적인 치수 및 각도 치수의 단위와 축척 등 관련 정밀도를 지정합니다. 모든 치수 스타일을 지정하기 전에 제일 먼저 [Primary Units] 탭의 해당 단위와 축척 등의 정밀도를 먼저 설정하고 난 후에 치수를 입력해야 합니다. 기본적으로 십진수인 Decimal과 천 단위마다 콤마(,)를 찍어주는 Window Desktop을 많이 사용합니다.

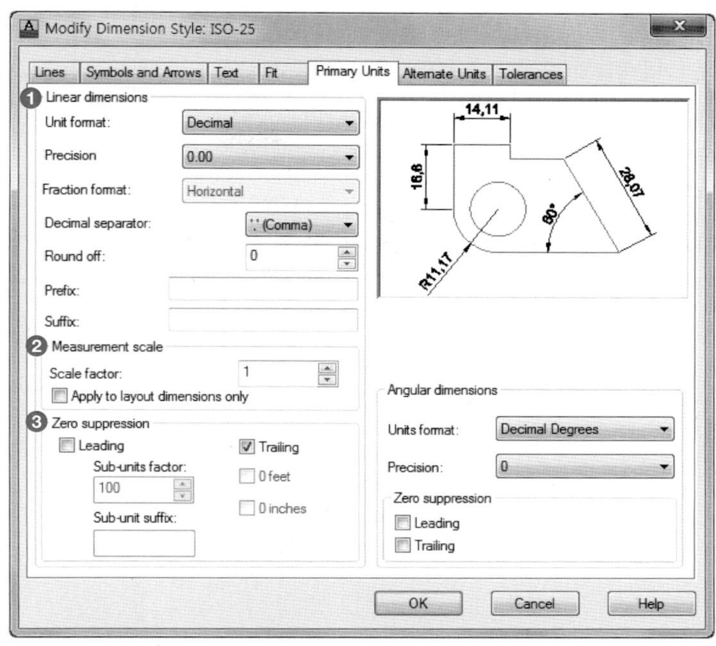

옵션	설명
❶ Linear dimensions (기본 단위 설정)	선형 치수 요소의 단위를 설정합니다. – Unit format: 전체 단위를 변경합니다. 기본은 'Decimal'로 설정되어 있습니다. 사용자의 요구에 따라 치수 문자의 세 자리마다 ','로 구분하는 경우 'Window desktop'으로 지정합니다. – Precision: 치수의 정밀도를 소수점 단위로 변경하여 소수점 이하의 자릿수를 결정합니다. 정밀 기기인 경우, 소수 이하 자릿수를 높이도록 합니다. – Fraction format: 분수 단위의 형식으로 변경합니다. – Decimal separator: 소수점의 형식을 변경합니다. 기본 값이 Comma(콤마)인 ','이므로, Period(온점)인 '.'으로 변경하여 사용합니다. – Round off: 소수점 이하의 반올림에 대한 자리를 변경합니다. – Prefix: 치수 문자 앞에 접두사를 입력합니다. – Suffix: 치수 문자 뒤에 접미사를 입력합니다. ※ Angular dimensions의 내용과 Linear dimensions의 내용은 동일합니다. 단, 각도형과 선형이라는 점만 다르며 단위나, 정밀도, 소수점 제어 등의 내용은 같습니다.
❷ Measurement scale (측정 단위 설정)	측정 단위의 축척 크기를 조절합니다. – Scale factor: 실제 선형 치수의 척도 비율을 지정합니다. Scale factor가 0.5이고, 실제 치수가 100인 경우 50이라는 치수가 표시됩니다. – Apply to layout dimensions only: Layout 영역의 탭에서만 설정한 Scale factor 값이 적용됩니다.
❸ Zero suppression (소수점 제어)	소수점 앞뒤의 '0'을 제어합니다. – Leading: 소수점 앞의 '0'을 표시하지 않습니다. – Trailing: 소수점 이하의 필요없는 '0'을 표시하지 않습니다. 치수가 '0.05'인 경우에는 '0.05'로 표시하지만 치수가 '0.50'인 경우에는 필요없는 '0'을 없애고 '0.5'로 표시합니다. – 0 Feet/0 inches: Unit format이 Architectural이나 Engineering인 경우에 활성화되며, 각각 피트와 인치의 '0'을 제어합니다. – Sub-units factor: 하위 단위의 수를 설정합니다. 즉, 100을 입력할 때 기본 단위가 m이면 하위 단위는 cm가 됩니다. – Sub-unit suffix: 치수 하위 단위의 접미사를 입력합니다. 텍스트나 특수 기호 등을 입력할 수 있습니다.

6. [Alternate Units] 탭

기본 치수 이외에 대체 치수나 참고 치수를 도면
에 나타내는 경우에 사용하며, 각각의 참고 치수
에 대한 옵션을 설정합니다. 즉, 하나의 도면 안
에 2개 이상의 단위를 표시하고 싶을 때에 사용
하는 것으로, 예를 들어 전체 치수는 mm를 사용
하지만, 특정 치수는 단위를 cm나 inch로 표시
하여 [ ] 안에 표시합니다.

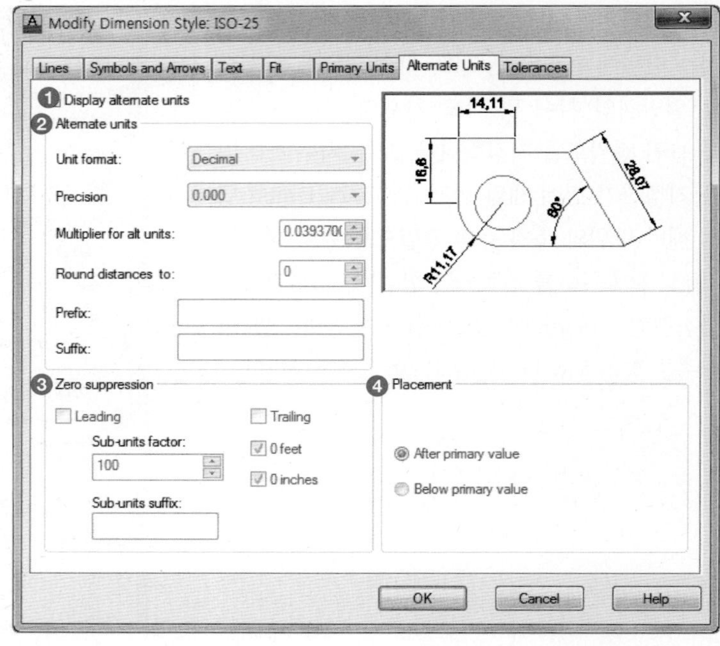

옵션	설명
❶ Display alternate units (대체 단위 표시)	대체 단위를 표시합니다. 체크를 해야만 아래의 Alternate units라는 대체 단위의 모든 내용을 수정할 수 있습니다.
❷ Alternate units(대체 단위)	대체 단위에 대한 내용을 변경합니다. 기타 내용은 [Primary Units] 탭을 참고합니다.
❸ Zero suppression(소수점 제어)	소수점 앞뒤의 '0'을 억제합니다.
❹ Placement(단위 위치)	대체 단위의 위치를 조절합니다. After Primary value에 체크하면 원래 치수의 오른쪽에 대체 치수가 [ ] 안에 표시되며, Below Primary value에 체크하면 원래의 치수 아래쪽에 대체 치수가 [ ] 안에 표시됩니다.

7. [Tolerances] 탭

공차 치수를 입력하는 경우, 치수 문자 중 공차 값을 조절합니다. 허용 오차를 표시하는 공차 값을 입력하는 형식을 지정합니다. 일반적인 건축이나 인테리어 도면보다 기계 도면처럼 오차의 범위를 표시하는 도면에서 주로 사용합니다. 공차의 치수 기입 시 필요한 부분이며, 보통 건축이나 인테리어 분야에서는 많이 사용하지 않습니다.

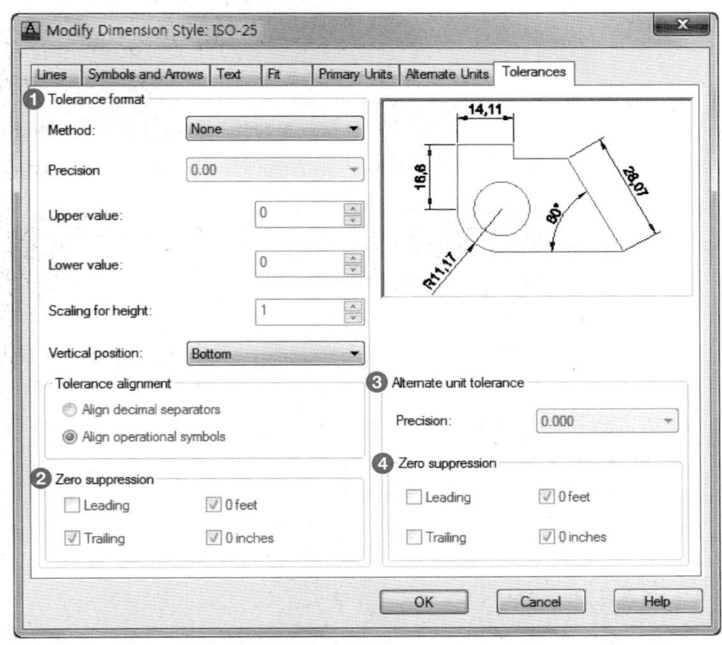

옵션	설명
❶ Tolerance format (치수 공차 형식)	치수 공차를 표시하는 형식을 조절합니다. – Method: 공차 표시의 방법을 조절합니다(Symmetrical은 +, –의 동일 공차 수치인 경우에 사용하며, Deviation은 +, –의 공차 치수가 달라 따로 써야 하는 경우에 사용합니다. Limits의 경우 공차를 실제 치수에 계산하며, 최대값과 최소값으로 차례대로 표시합니다. Basic의 경우 기준 치수를 입력하는 것으로 치수 문자에 사각형 테두리가 표시됩니다. – Precision: 공차의 정밀도를 조절합니다. – Upper Value: 공차의 상한 값을 입력합니다(+ 공차 값). – Lower Value: 공차의 하한 값을 입력합니다(– 공차 값). – Scaling for height: 치수 문자의 크기에 비례하는 공차 문자의 높이 값을 조절합니다. – Vertical position: 공차 값의 수직 위치 값을 조절합니다.
❷ Zero suppression (소수점 제어)	소수점 앞 뒤 '0'을 억제합니다. – Leading: 소수점 앞의 '0'을 억제합니다. – Trailing: 소수점 이하의 '0'을 억제합니다. – 0 Feet/0 inches: Unit format이 Architectural이나 Engineering인 경우에 활성화되며, 각각 피트와 인치의 '0'을 제어합니다.
❸ Alternate unit tolerance (대체 단위 공차 값의 단위)	대체 단위의 공차 값 단위를 조절합니다. – Precision: 대체 단위 공차 값의 소수점 이하 정밀도를 조절합니다.
❹ Zero suppression (소수점 제어)	공차 문자의 소수점 앞뒤의 '0'을 억제합니다. – Leading: 공차 문자의 소수점 앞의 '0'을 억제합니다. – Trailing: 공차 문자의 소수점 이하의 '0'을 억제합니다.

예제 파일 부록 CD\Sample\Chapter04\ch04_16S.dwg   완성 파일 부록 CD\Sample\Chapter04\ch04_16F.dwg

01 메뉴의 [File]−[Open]으로 부록 CD에서 예제 파일을 불러옵니다. 기본 선형 치수를 먼저 입력해보기 위하여 치수 툴바의 Dimlinear 아이콘을 다음과 같이 클릭하고 다음의 위치에 세로의 선형 치수를 입력합니다. 치수 문자나 치수 양 끝의 화살표 모양이 전혀 보이지 않습니다.

```
Command: _dimlinear
Specify first extension line origin or <select object>: P1점
클릭
Specify second extension line origin: P2점 클릭
Specify dimension line location or [Mtext/Text/Angle/
Horizontal/Vertical/Rotated]: P3점 클릭
Dimension text=900
```

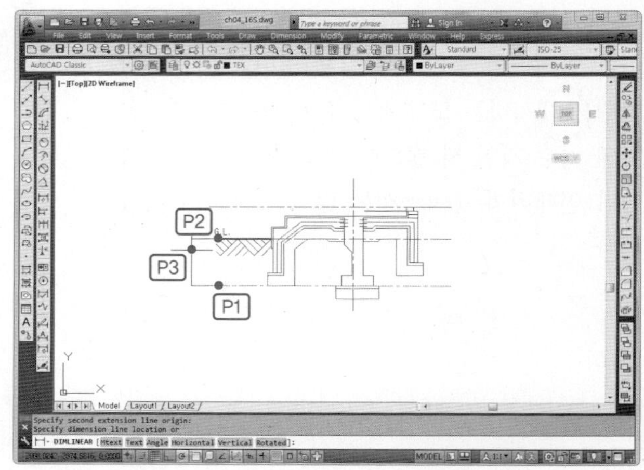

02 치수 스타일을 재정의하기 위하여 치수 스타일 명령어의 단축키인 'D'를 입력합니다. 다음과 같은 대화상자가 나타나면 [Modify] 버튼을 클릭합니다.

```
Command: D  Enter
DIMSTYLE
```

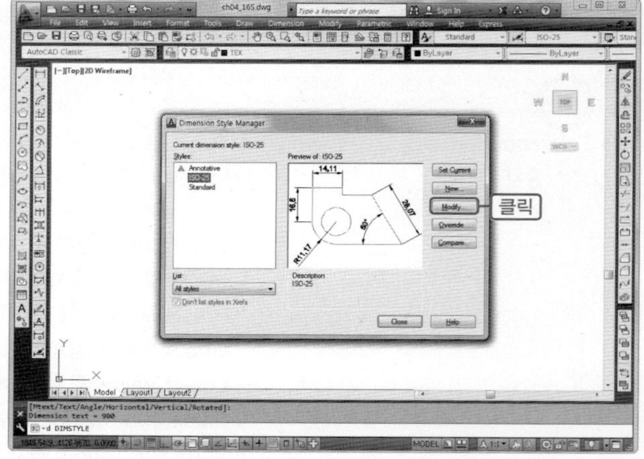

03 치수 객체의 전체적인 Scale을 조절하기 위하여 제일 먼저 [Fit] 탭을 클릭하고, 'Scale for dimension features' 란의 [Use overall scale of]의 값을 다음과 같이 '35'로 조절한 후 [OK] 버튼을 클릭합니다.

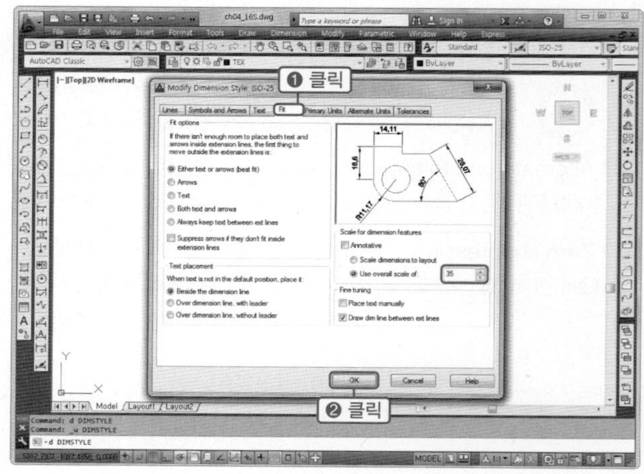

04 [Fit] 탭의 수정이 완료되면 다시 [Dimension Style] 대화상자로 돌아옵니다. 더 이상 수정할 일이 없다면 [Close] 버튼을 클릭하여 대화상자를 닫습니다.

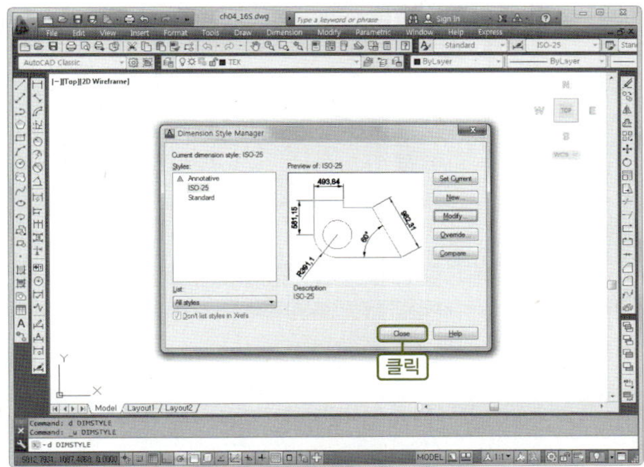

05 도면으로 돌아오면 다음과 같이 입력되었던 치수 객체는 수정된 스케일 값이 적용된 상태로, Data는 Update 되어 나타납니다.

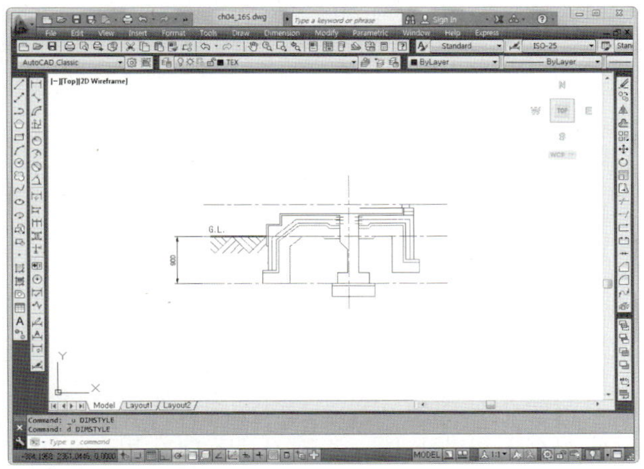

06 이번에는 화살표 모양이 다른 치수 스타일을 만들기 위하여 치수 스타일 명령어를 입력하여 대화상자로 들어간 후 그림과 같이 [New] 버튼을 클릭하고 'dot'라는 이름을 입력하여 새로운 스타일을 지정합니다.

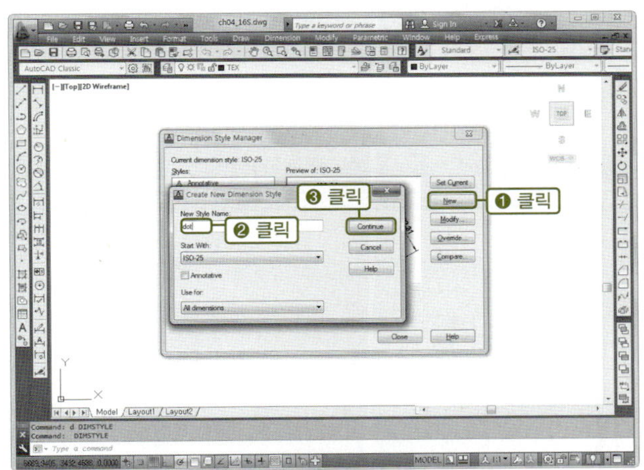

```
Command: D Enter
DIMSTYLE
```

07 [Symbols and Arrows] 탭을 선택한 후 'Arrowheads' 의 First 목록 상자를 클릭하여 다음과 같은 Dot를 선택합니다. Second 목록은 따로 선택하지 않아도 First 목록에서 지정한 것과 동일하게 지정됩니다. 설정되면 [OK] 버튼을 클릭합니다.

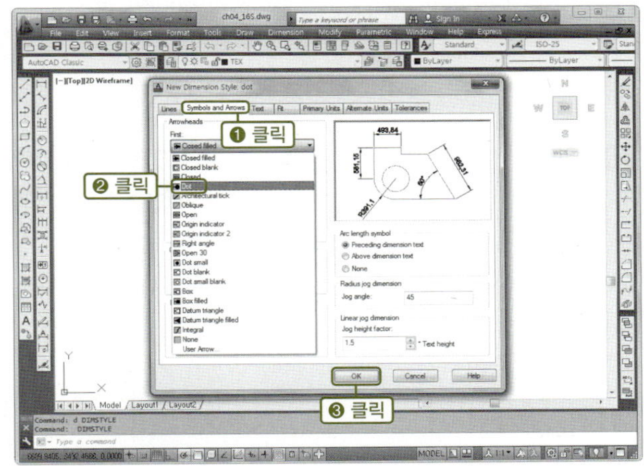

08 새로운 스타일인 'dot'가 만들어졌습니다. 위쪽의 Current Style의 이름도 'dot'로 바뀌어 있는 것을 확인한 후 [Close] 버튼을 클릭합니다.

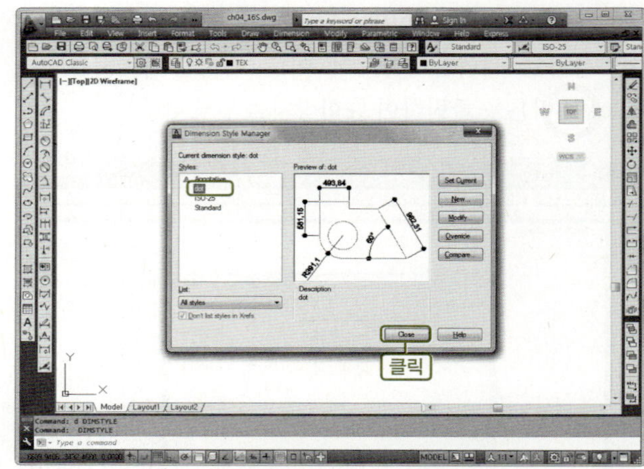

09 다음과 같은 세 곳을 클릭하여 다음과 같이 세로의 선형 치수를 입력합니다. 조금 전과는 달리 치수의 양쪽 끝 화살표는 동그라미 모양의 'dot'로 변경되어 치수가 입력되었습니다.

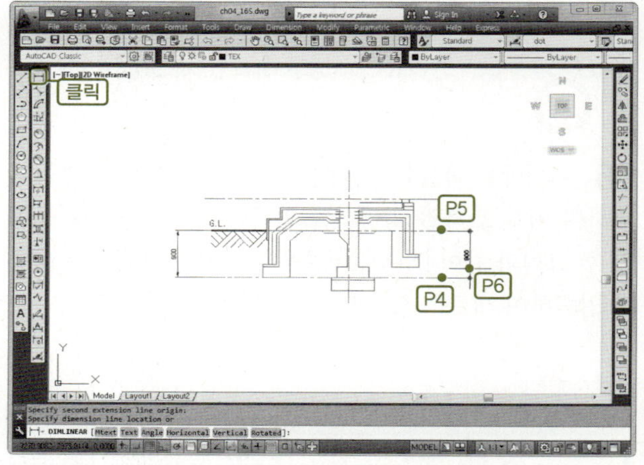

```
Command: _dimlinear
Specify first extension line origin or <select object>: P4점
클릭
Specify second extension line origin: P5점 클릭
Specify dimension line location or
[Mtext/Text/Angle/Horizontal/Vertical/Rotated]: P6점 클릭
Dimension text=900
```

10 하지만 치수선 양 끝의 동그란 'dot' 모양이 전체적인 치수 크기에 비해 많이 커보이므로 'dot'의 크기를 조절하기 위하여 치수 스타일 명령어의 단축키인 'D'를 다시 입력하여 치수 스타일 대화상자를 불러온 후 [Modify] 버튼을 클릭합니다.

```
Command: D Enter
DIMSTYLE
```

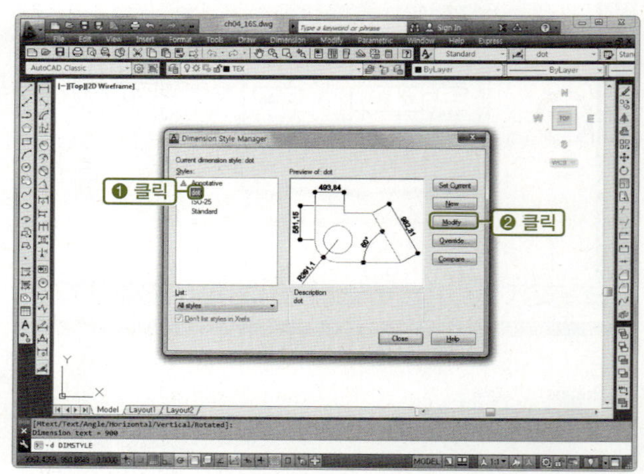

11 [Symbols and Arrows] 탭을 선택한 후 'Arrow size' 의 크기를 '2.5'에서 '1.5'로 변경하고 [OK] 버튼을 클릭합니다.

12 수정이 완료되었으므로 [Close] 버튼을 클릭하여 치수 스타일의 수정을 완료합니다.

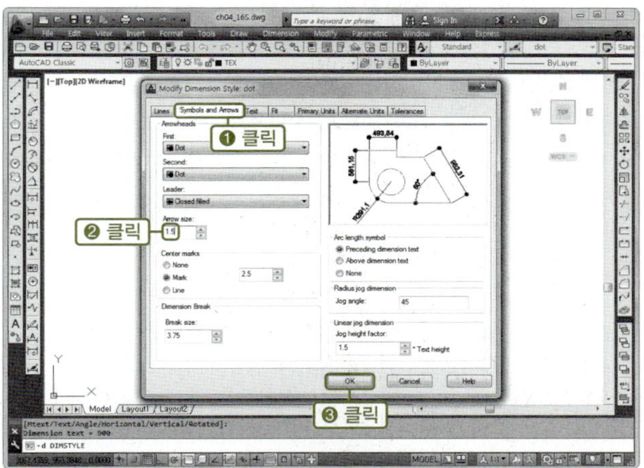

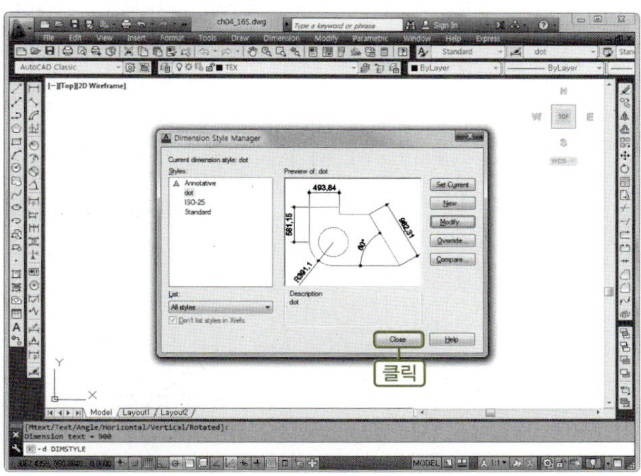

13 도면으로 되돌아오면 처음 dot 모양의 크기가 다음 그림과 같이 줄어들어 있는 것을 볼 수 있습니다. 이렇게 Dimstyle은 스타일을 지정하여 수정하면, 해당 스타일로 입력된 치수 객체는 자동으로 수정된 내용을 반영합니다.

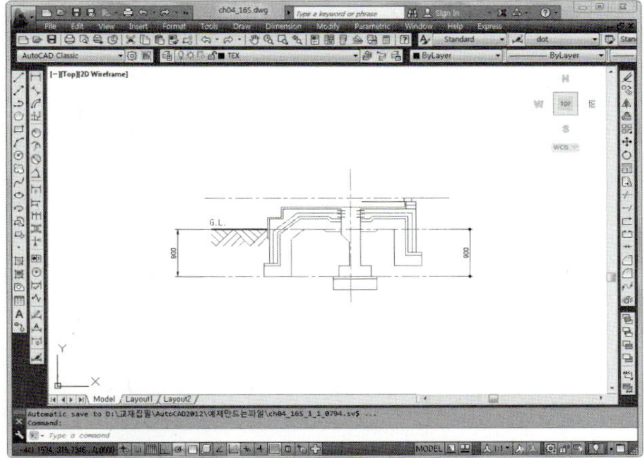

Upgrade ★

치수 스타일이 필요한 이유

치수를 입력할 때 치수 스타일이 필요한 이유는 도면의 용도나 분야별로 입력하는 스타일이 조금씩 다르기 때문입니다. 어떤 분야나 용도에서든 통용되는 스타일이 다른 분야나 해당 용도로는 사용하지 않는 경우가 있기 때문입니다. 그래서 사용자가 원하는 형태의 모양이 나올 수 있도록 치수 스타일을 만들고 정의하여 사용해야 합니다. 오랫동안 AutoCAD를 사용한 사용자들의 경우 Dim 변수 값을 조절하여 사용하는 분들도 있지만, 하나하나의 변수 값을 조절하는 것보다 Dimstyle 안에서 스타일 이름을 입력하고 원하는 스타일을 저장해두면 다른 파일에서도 활용할 수 있으며, 손쉽게 수정, 편집할 수 있다는 장점이 있습니다.

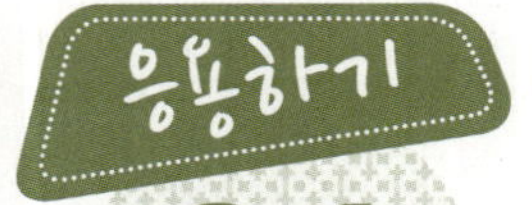

치수 스타일 익히기

01

치수의 입력은 그려진 도면을 사용자가 편리하게 볼 수 있도록 중요한 치수를 화면과 도면으로 표시하는 작업입니다. 따라서 다양한 치수의 입력 방식과 스타일을 익혀서 빠르게 도면을 해석하고 직관적인 치수를 입력할 수 있도록 연습해야 하며, 전체적인 균형이나 스타일이 맞도록 스타일을 정하여 치수를 입력해보는 연습을 해야 합니다. 치수 스타일을 만드는 과정, 업데이트되는 과정, 치수 스타일을 항목에서 선택하거나 툴바에 스타일 툴바를 찾는 일련의 과정을 익히는 예제입니다. 다음의 도면을 이용하여 치수 스타일을 만드는 연습을 확실히 하여 도면의 최종 입력인 치수에 관련된 스타일 대화상자를 정확하게 이용하도록 합시다.

예제 파일 부록 CD\Sample\Chapter04\ch04_se03_01S.dwg

완성 파일 부록 CD\Sample\Chapter04\ch04_se03_01F.dwg

[Start]

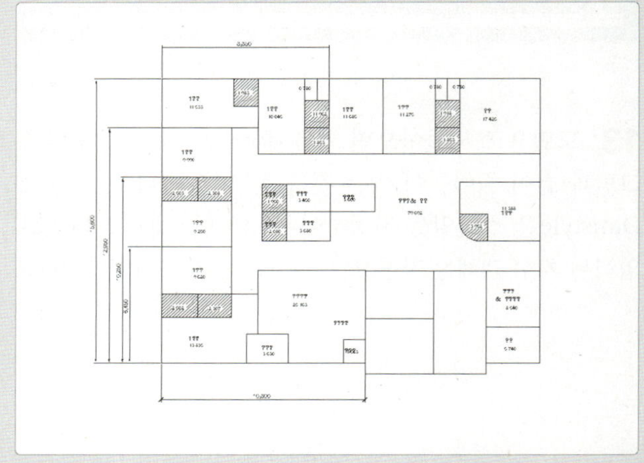

[Final]

1. 치수 스타일 변경하기

01 메뉴의 [File]–[Open]으로 부록 CD에서 예제 파일을 불러옵니다. 다음과 같이 도면 한계가 큰 도면이 화면에 나타납니다. 대략 가로의 크기가 30,000 이상의 Limits를 갖는 도면입니다.

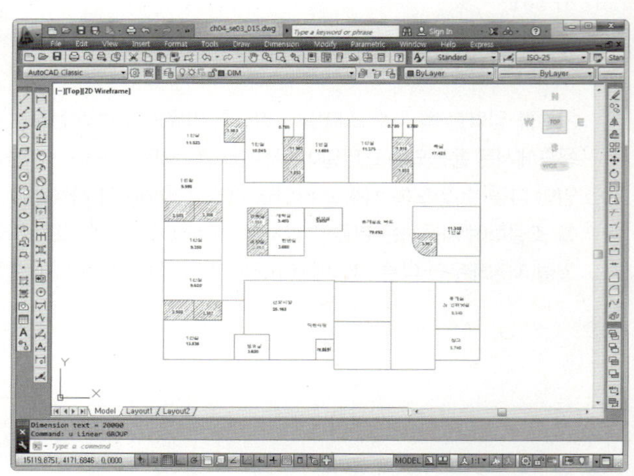

02 치수 툴바의 Dimlinear 아이콘을 클릭한 후 가로의 선형 치수를 입력하기 위하여 먼저 왼쪽과 오른쪽의 지점을 마우스로 클릭하고, 다음과 같이 치수선의 위치를 클릭하여 치수를 입력합니다. 다음 그림과 같이 화살표나 치수 문자 등이 나타나지 않습니다.

```
Command: _dimlinear
Specify first extension line origin or <select object>: P1점
클릭
Specify second extension line origin: P2점 클릭
Specify dimension line location or
[Mtext/Text/Angle/Horizontal/Vertical/Rotated]: P3점 클릭
Dimension text=8850
```

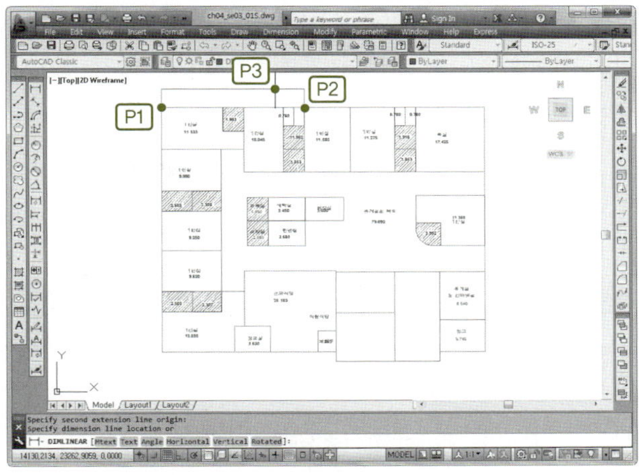

03 치수의 정상적인 표시를 위하여 Dimstyle을 변경하겠습니다. 먼저 Dimstyle 명령어의 단축키인 'D'를 입력합니다. 다음과 같은 치수 스타일 대화상자가 나타납니다. 수정하기 위하여 [Modify] 버튼을 클릭합니다.

```
Command: D Enter
DIMSTYLE
```

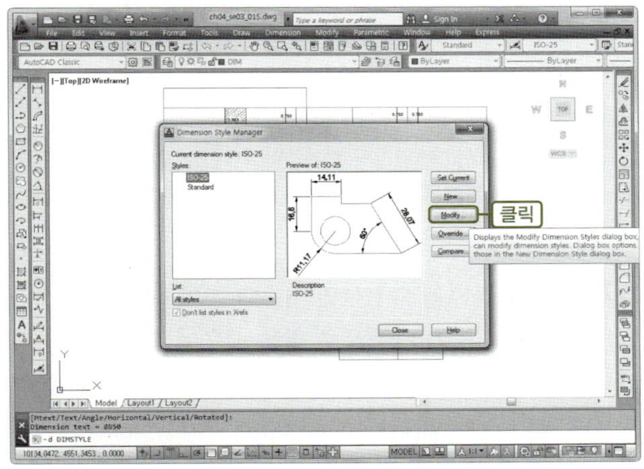

04 치수 스타일은 제일 먼저 단위를 설정하는 것부터 시작합니다. 가장 먼저 [Primary] 탭으로 이동하여 소수점 표시를 콤마(,)에서 점(.)으로 변경합니다.

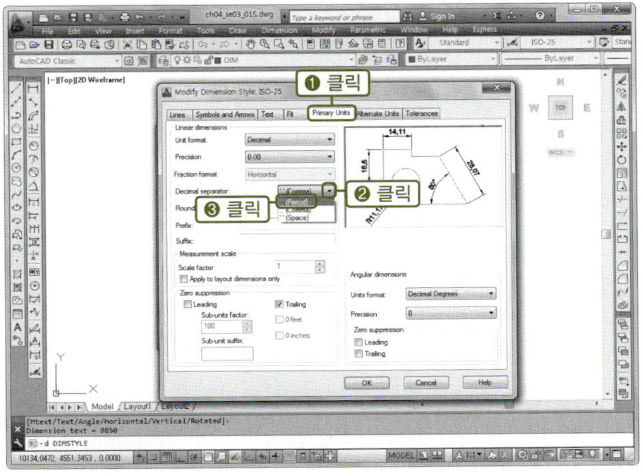

05 두 번째는 지금처럼 스케일이 큰 도면의 경우 1,000 단위마다 콤마(,)를 찍어 구분할 수 있도록 하기 위하여 Decimal의 단위를 Window Desktop으로 변경합니다.

06 두 번째 전체적인 치수의 모양의 크기를 관리하는 [Fit] 탭으로 이동한 후 제일 먼저 치수 문자나 치수 화살표 등의 변수 값을 현재의 스케일에 맞도록 조절하기 위하여 Use overall scale of의 값에 '100'을 입력합니다. 두 탭이 수정 완료되면 [OK] 버튼을 눌러 Dimstyle 대화상자를 닫습니다.

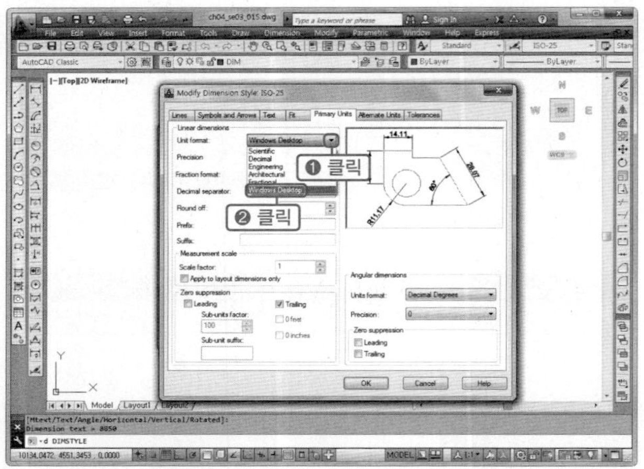

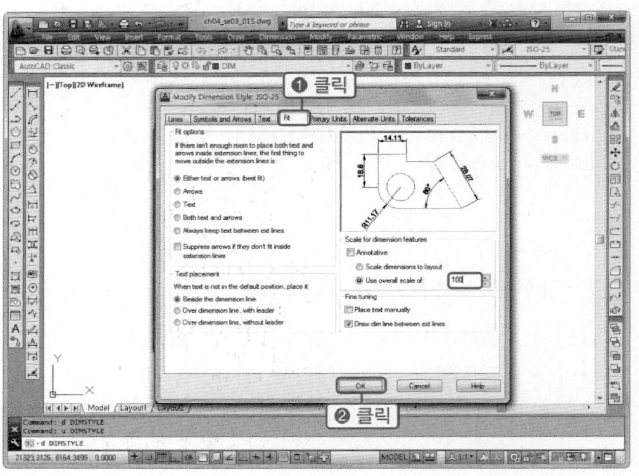

07 치수 스타일을 수정하면 다음과 같이 해당 치수 스타일로 입력된 치수는 자동으로 적용 내용이 갱신되어 나타납니다. 다음과 같이 치수 문자와 기타 치수 화살표 등이 화면에 제대로 표시됩니다.

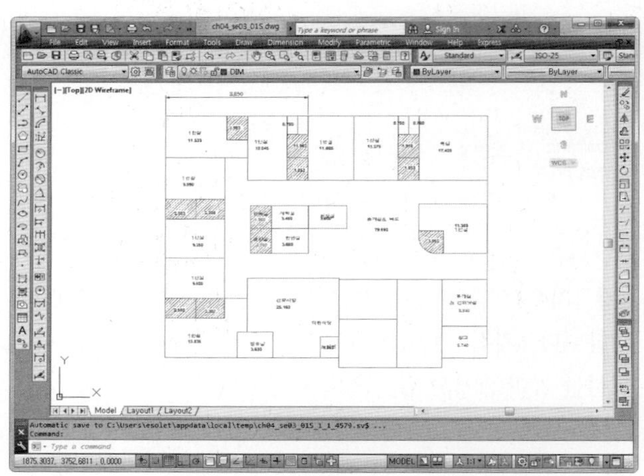

Fit의 Dimscale 값의 크기를 가늠하기 힘들 때

Fit의 Dimscale 값의 크기를 가늠하기 힘든 경우, 일반적으로 출력 용지 A4 사이즈에서 1로 보이는 크기를 기준으로 가감하여 입력하면 됩니다. 가로 크기 '297'을 '300'으로 정의하면, 현 도면은 '33,000' 정도의 가로 크기를 갖고 있으므로 '30,000'으로 정의하여 약 100배의 크기로 보입니다. 이때에는 치수 스케일에 '100'을 입력합니다. 물론 사용자의 스타일에 따라 좀 더 크게 또는 좀 더 작게 입력할 수 있으므로 이 수치는 절대적이지 않지만, 참고 크기 정도로 지정해보도록 합니다.

08 치수 툴바의 [Dimlinear] 버튼을 다음과 같이 클릭한 후 다음과 같은 두 지점을 차례대로 클릭하여 거리를 지정하고, 세 번째 지점을 클릭하여 치수선의 위치를 지정합니다.

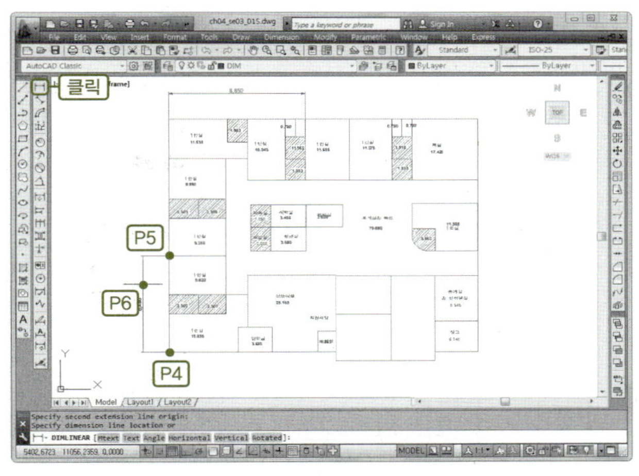

```
Command: _dimlinear
Specify first extension line origin or <select object>: P4점
클릭
Specify second extension line origin: P5점 클릭
Specify dimension line location or [Mtext/Text/Angle/
Horizontal/Vertical/Rotated]: P6점 클릭
Dimension text=6450
```

09 치수 툴바에서 Dimbaseline 명령어 아이콘을 클릭하고 아이콘을 클릭하자마자 다음과 같이 기준 치수의 두 번째 치수 보조선의 위치를 클릭하라는 메시지가 나타납니다. 다음과 같은 위치를 클릭하여 치수선이 나타나도록 한 후 Enter 를 두 번 눌러 명령어를 종료합니다.

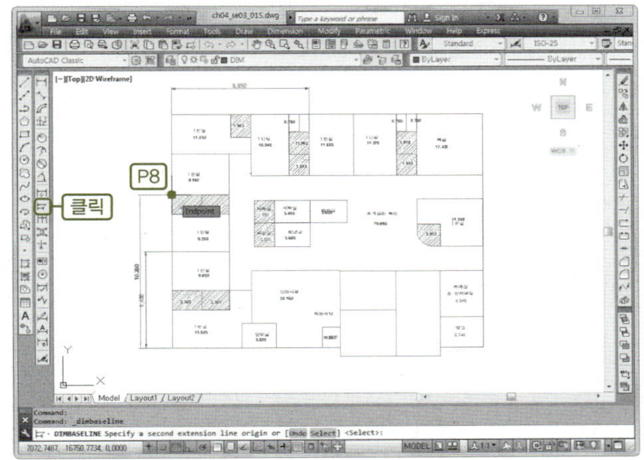

```
Command: _dimbaseline
Specify a second extension line origin or [Undo/Select]
<Select>: P8점 클릭
Dimension text=10250
Specify a second extension line origin or [Undo/Select]
<Select>: Enter
Select base dimension: Enter
```

10 첫 번째 치수선과 두 번째 치수선과의 간격이 많이 좁습니다. 이 경우 치수 스타일의 변수 값을 조절해주어야 하므로 Dimstyle 명령어를 입력하여 다음과 같이 대화상자가 나타나면 [Modify] 버튼을 클릭합니다.

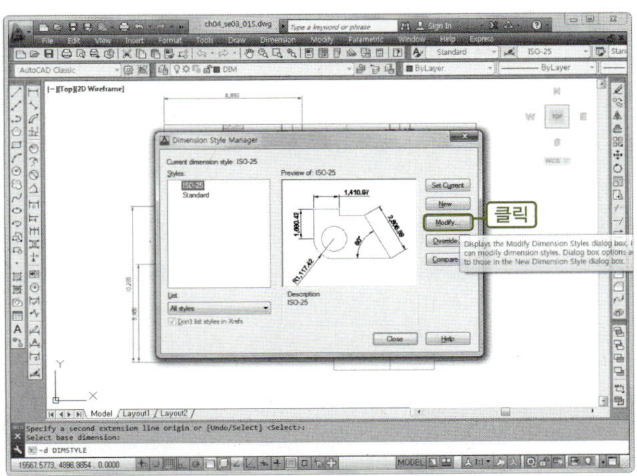

```
Command: D Enter
DIMSTYLE
```

11 먼저 맨 앞의 [Line] 탭을 눌러 baseline Spacing 칸의 간격을 '7'로 변경하고 [OK] 버튼을 클릭하여 대화상자를 닫습니다. 그런 다음, [Close] 버튼을 눌러 Dimstyle 명령어를 완료합니다.

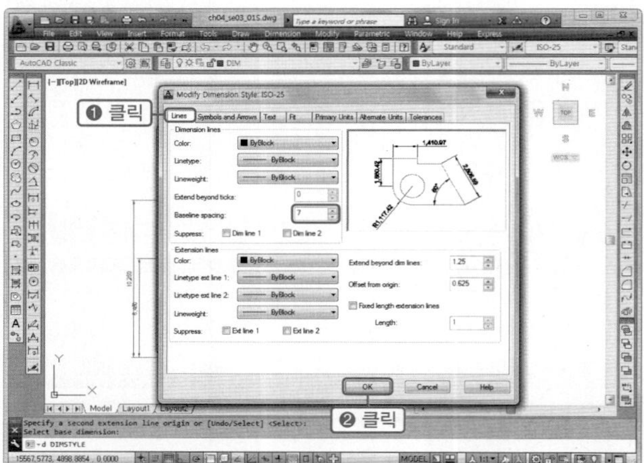

12 그러나 화면의 치수는 간격의 변화 없이 그대로 있는 것을 알 수 있습니다. baseline spacing의 경우에는 이전에 입력한 것에 대한 업데이트가 자동으로 이루어지지 않으므로 변경 시에는 다시 입력해야 합니다.

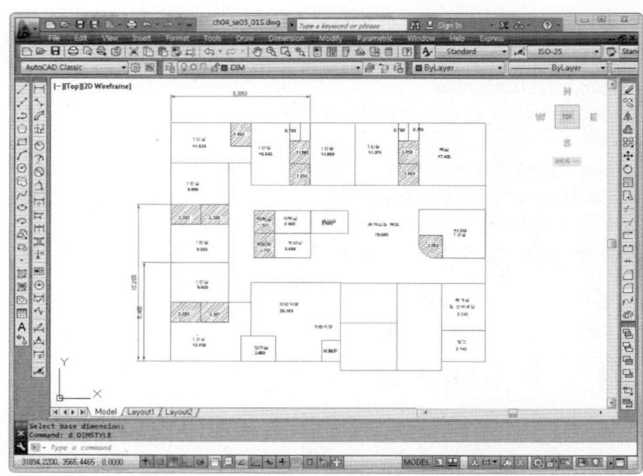

13 치수 툴바에서 Dimbaseline 아이콘을 클릭하고 다음의 위치를 클릭하여 치수를 입력합니다. 처음 치수선과의 간격보다는 2배 더 여유로워진 것을 알 수 있습니다.

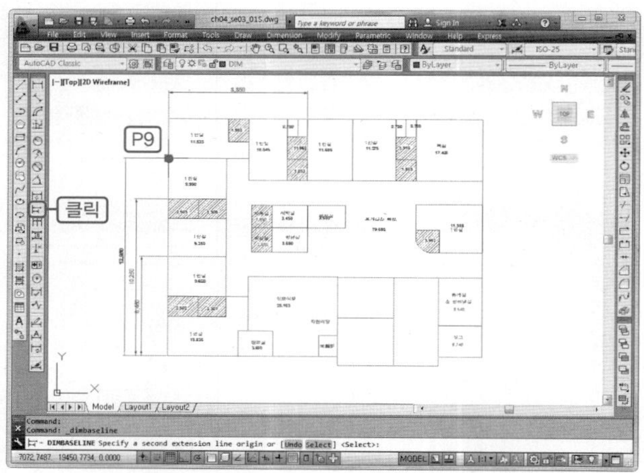


```
Command: _dimbaseline
Specify a second extension line origin or [Undo/Select]
<Select>: P9점 클릭
Dimension text=12950
```

14 Enter 를 눌러 종료하기 전까지의 다음 두 곳 역시 클릭하여 연속하는 기준 치수를 한 번 더 입력합니다. 입력이 완료되면 Enter 를 눌러 명령어를 종료합니다.

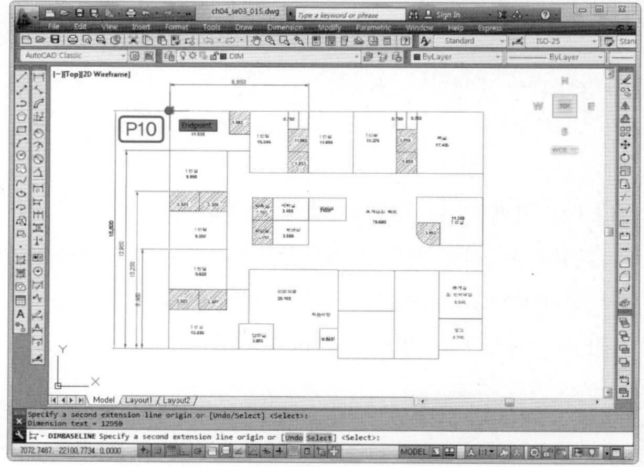


```
Specify a second extension line origin or [Undo/Select]
<Select>: P10점 클릭
Dimension text=15600
Specify a second extension line origin or [Undo/Select]
<Select>: Enter
Select base dimension: Enter
```

2. 치수 스타일 추가하기

01 이번에는 기존의 치수 스타일 외에 다른 조건을 갖는 치수 스타일을 추가해보겠습니다. 먼저 치수 스타일 명령어인 Dimstyle 명령어를 입력하여 다음과 같은 대화상자를 불러온 후 [New] 버튼을 클릭합니다.

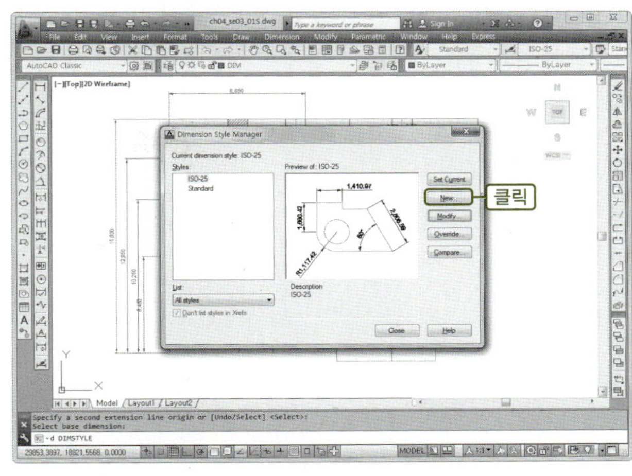

```
Command: D Enter
DIMSTYLE
```

02 기존에 수정 편집하여 사용하던 ISO-25의 스타일을 복제하여 사용하겠다는 표시가 나타납니다. 새로 만들 치수 스타일의 이름에 'tick'라고 입력합니다.

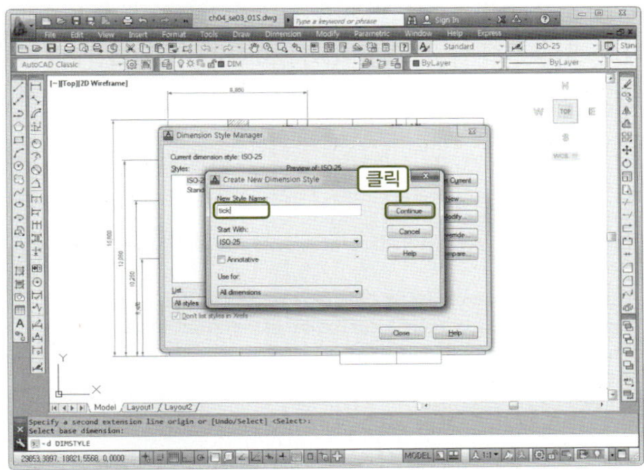

03 [Symbols and Arrows] 탭을 클릭한 후, 맨 앞의 arrowheads 목록을 클릭하여 다음과 같이 Architectural tick를 선택하고 [OK] 버튼을 클릭합니다.

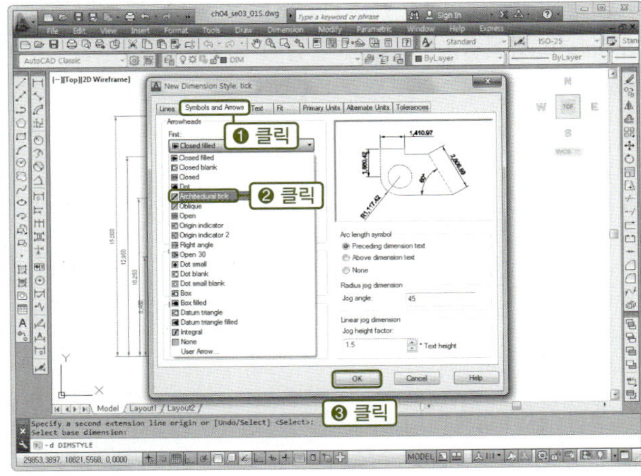

04 화살표 모양을 티크 선으로 변경한 후, [OK] 버튼을 클릭합니다. 치수 스타일 대화상자의 왼쪽에 있는 스타일 리스트에서 tick을 선택하여 현재의 치수 스타일로 지정되어 있는지 확인하고 [Close] 버튼을 클릭합니다.

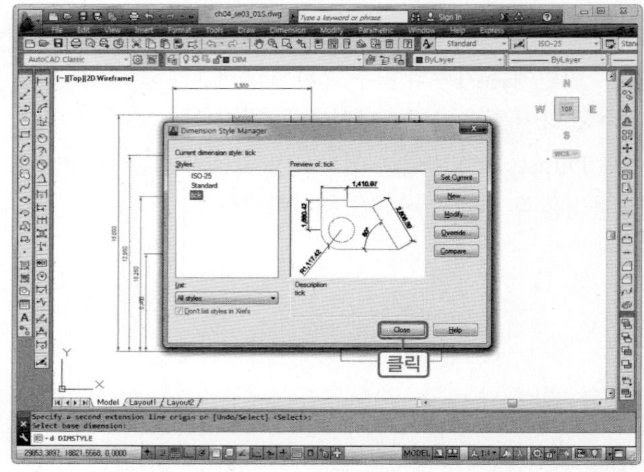

05 치수 툴바에서 Dimlinear 버튼을 클릭한 후, 다음의 세 점을 클릭하여 도면 아랫부분의 치수를 모두 입력합니다. 치수선의 양 끝 모양이 화살표에서 사선 모양의 tick 모양으로 나타납니다.

```
Command: _dimlinear
Specify first extension line origin or <select object>: P11점
클릭
Specify second extension line origin: P12점 클릭
Specify dimension line location or [Mtext/Text/Angle/
Horizontal/Vertical/Rotated]: P13점 클릭
Dimension text=10800
```

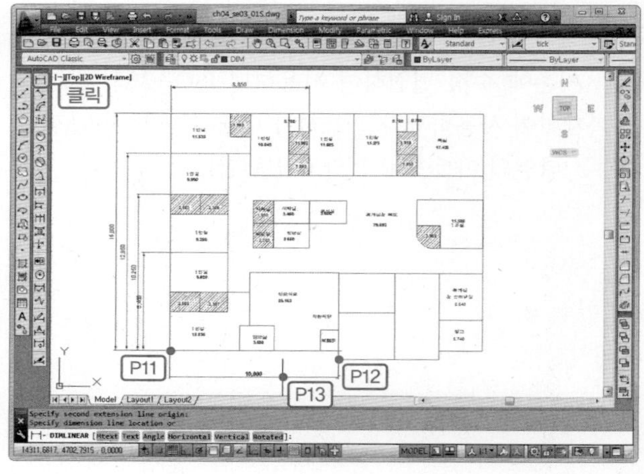

06 하나 이상의 치수 스타일은 각각 상황에 맞추어 사용할 수 있어야 합니다. 이때에는 Style 도구 상자에서 Dimstyle 항목을 눌러 다음과 같이 원하는 스타일을 선택해야 합니다.

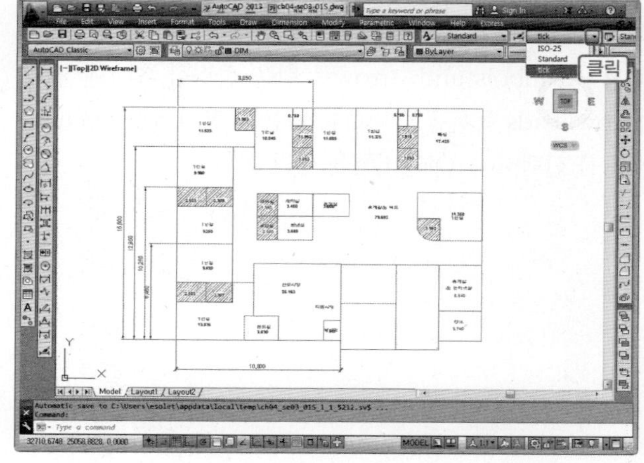

07 만일 스타일 툴바가 없는 경우에는 툴바가 있을 자리 중에서 빈곳을 클릭한 후 마우스 오른쪽 버튼을 누르면 나타나는 바로 가기 메뉴 중에서 AutoCAD/Style을 다음과 같이 순차적으로 선택하면 됩니다. 이때에 원하는 자리로 이동시켜 툴바를 고정하고 사용하면 됩니다.

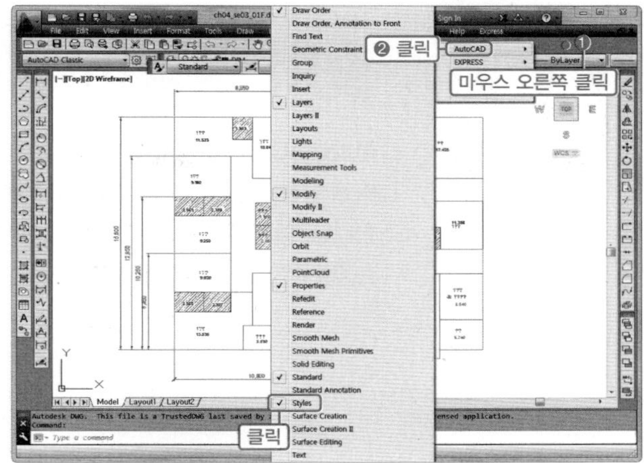

Upgrade ★

Ctrl + C 로 복제한 도면이 Ctrl + V 로 붙여넣기가 안될 때….

일반적으로 A라는 도면에서 B라는 도면으로 도면 요소를 선택하여 붙여넣기를 하는 경우 대부분의 도면은 모두 불러와집니다. 하지만 Ctrl + C 는 되지만, 새 도면에 Ctrl + V 를 해도 도면이 삽입되지 않을 때가 있습니다. 보통은 ① 도면에 오류가 있는 경우, ② 다른 응용 프로그램에서 작성된 객체가 포함되어 있는 경우, ③ 대약 주석 축척이 포함된 도면인 경우에는 Ctrl + C 로 복제한 후 Ctrl + V 로 붙여넣기가 되지 않습니다.

해결법

① [File]–[Drawing Utilites]–[Audit] 메뉴를 클릭하여 도면의 무결성 검사를 하고 [File]–[Drawing Utilites]–[Purge]를 실행하여 불필요한 요소들을 제거한 후, Wblock으로 내보거나 파일 포캣을 DXF로 저장하고, 다시 열어서 DWG로 저장하여 사용합니다.

② 만일 대거 축척 주석이 포함된 도면이라면 2011 이후 버전의 도면은 대화상자가 나타나며, 이 경우 'yes'를 눌러 지웁니다.

Section 04

출력 명령어 익히기

AutoCAD로 도면을 그리는 목적은 단순히 화면으로만 보고 사용하는 것이 아니라 종이나 기타 다른 파일로 형성하는 것입니다. 따라서 다양한 포맷으로 출력할 수 있는 방법을 익히고 사용할 수 있도록 해야합니다. 이번에는 관공서 또는 타 회사에 제출하거나 협업을 할 때에 원하는 파일의 포맷으로 출력을 하는 여러 가지 방법에 대해 알아보겠습니다.

01. 출력 디바이스 설정하기

출력 디바이스란, 내가 사용하는 프린터나 플로터의 환경을 미리 구성하여 지정해두는 것을 의미합니다. 요즘에는 프린터를 많이 사용하여 도면을 출력하지만 A2 이상의 크기에 해당하는 도면은 출력기인 플로터로 출력해야 하므로 해당 기기가 내 컴퓨터에서 출력될 수 있도록 환경을 구성해야 합니다.

명령어	Option		아이콘	없음
단축키	OP		메뉴	[Tools]-[Options]

● 명령어 이해하기

환경을 설정하는 Option 명령어 안의 탭에 들어 있으며, [Plot and Publish] 탭 안에 있는 [Add Configure Plotter] 버튼을 클릭하여 환경 구성 목록 상자로 들어가 플로터 추가 마법사를 통해 사용자가 사용하는 플로터를 지정합니다.

▲ 디바이스 설정 전의 환경 구성

▲ 디바이스 설정 후 추가된 환경 구성

```
Command: OptionS Enter
```

● 명령어 이해하기

이번 미리해보기는 예제 파일이 없습니다. 각자 사용자 컴퓨터에서 원하는 형태로 디바이스 구성에 대한 연습을 하는 것이므로 예제 파일이나 완성 파일 없이 그대로 따라하기를 진행하여 디바이스를 구성해보겠습니다.

01 먼저 디바이스 설정을 연습해보기 위하여 새 파일(Ctrl + N)을 눌러 새로운 도면을 불러옵니다.

02 먼저 환경 설정 패널로 이동하기 위하여 Option 명령어의 단축키인 'OP'를 입력한 후 다음과 같이 [Plot and Publish] 탭으로 이동하여 [Add Configure Plotters…] 버튼을 클릭합니다.

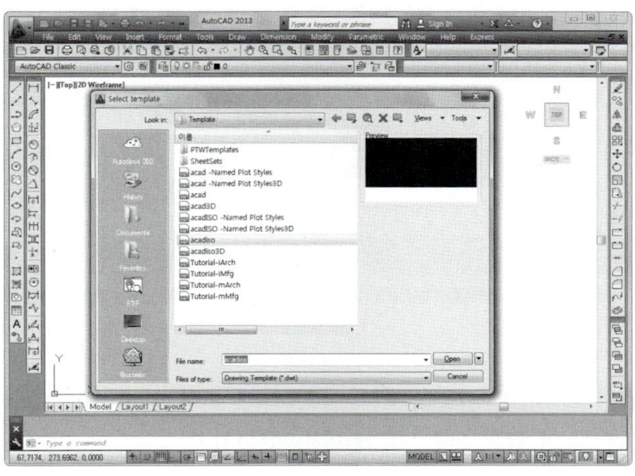

Command: New Enter

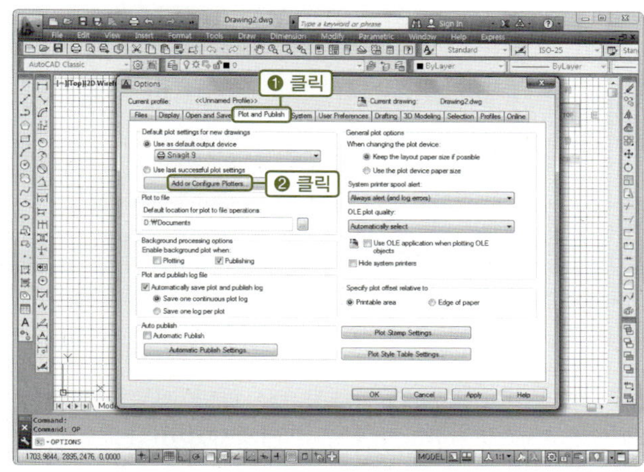

Command: OP Enter

03 다음과 같이 파일 목록 대화상자가 나타납니다. 이 중에서 새로운 플롯을 구성하기 위하여 [Add-A-Plotter-Wizard] 버튼을 더블클릭합니다.

04 다음과 같이 플롯 추가 구성에 대한 안내 페이지가 나타납니다. 안내문이므로 아래쪽의 [다음] 버튼을 클릭하여 다음으로 넘어갑니다.

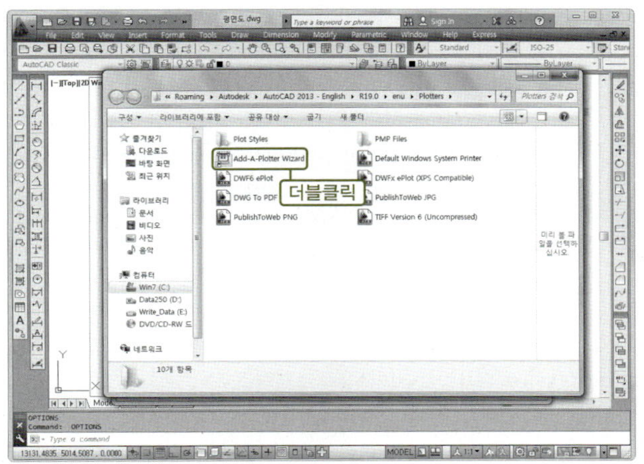

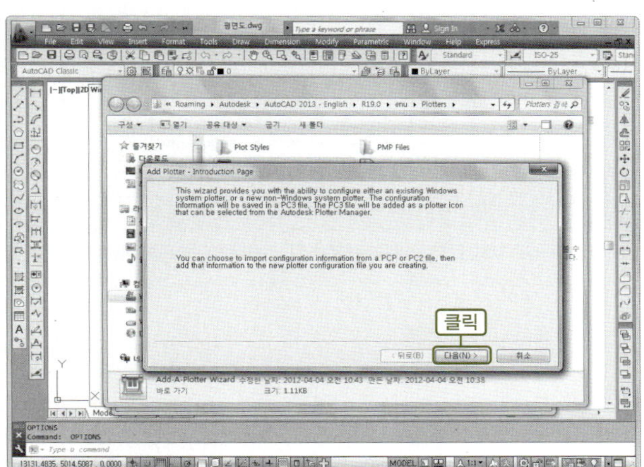

05 새 플롯의 구성을 어떻게 할 것인지를 선택합니다. 내 컴퓨터에 로컬로 연결할 것인지, 전체 네트워크 구성을 통해 설정할 것인지 등을 선택하는 것으로, 개인 컴퓨터에 연결하는 경우 그림과 같이 'My Computer'를 선택하고 [다음] 버튼을 클릭합니다.

06 사용할 플로터 기기를 선택하는 항목입니다. 왼쪽에서는 해당 제품의 제조 회사를, 오른쪽에서는 그 회사의 모델명을 고릅니다. 여기서는 제조 회사를 'Hewlett-Packard'로 지정하고, 오른쪽의 모델명은 'DesignJet 600C 2848A' 제품을 선택하겠습니다.

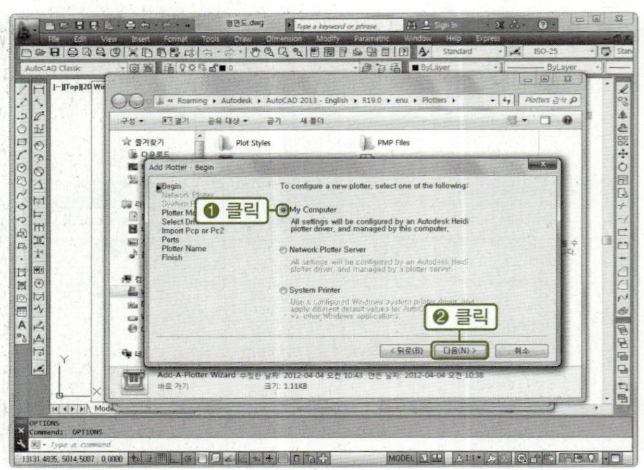

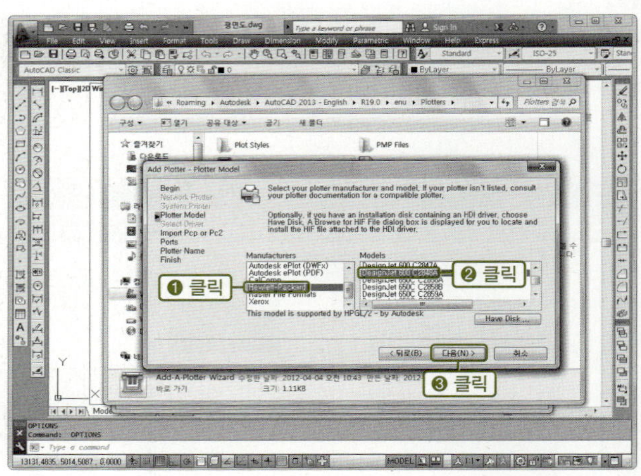

07 해당 제품에 대한 안내문으로 해당 제품의 드라이버 설치에 대한 조언을 표시하는 대화상자입니다. 연습용이므로 무시하고 아래의 [Continue] 버튼을 클릭하여 계속 진행합니다.

08 해당 플롯의 저장 파일 형식에 대한 안내문이므로, [다음] 버튼을 클릭하여 계속 진행합니다.

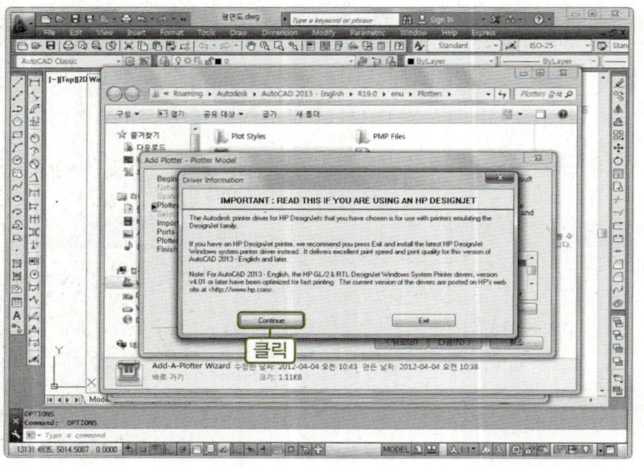

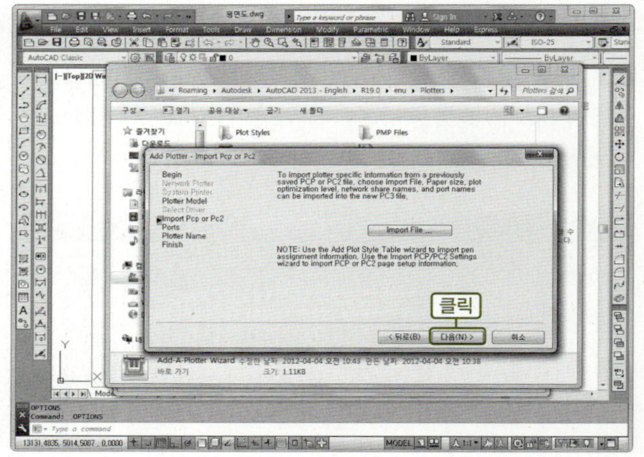

09 플롯의 파일 데이터를 어떻게 처리할 것인지를 선택하는 페이지입니다. 다음과 같이 출력을 목적으로 하는 경우, 포트를 통해 출력 파일을 전송하도록 'Plot to a port'를 선택하고 [다음] 버튼을 눌러 계속 진행합니다. 플롯 파일을 만드는 경우에는 'Plot to file'를 선택합니다.

10 새로 생성된 플롯 디바이스의 이름을 표시합니다. 다른 이름으로 저장하거나 보기와 같이 있는 모델명을 그대로 사용하는 것이 해당 제품에 대해 알 수 있는 방법인 것 같습니다. 완료되면 [다음] 버튼을 눌러 계속 진행합니다.

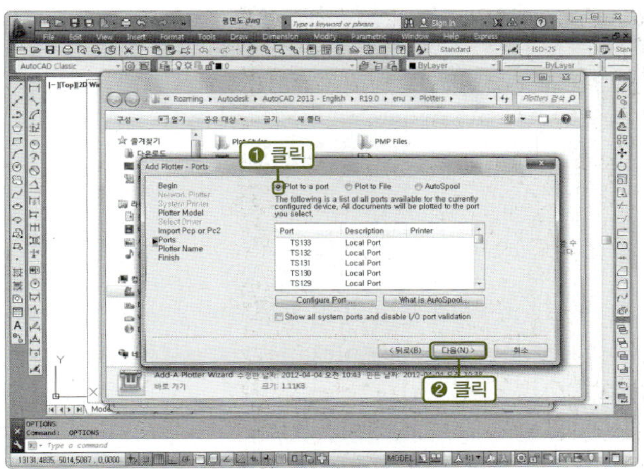

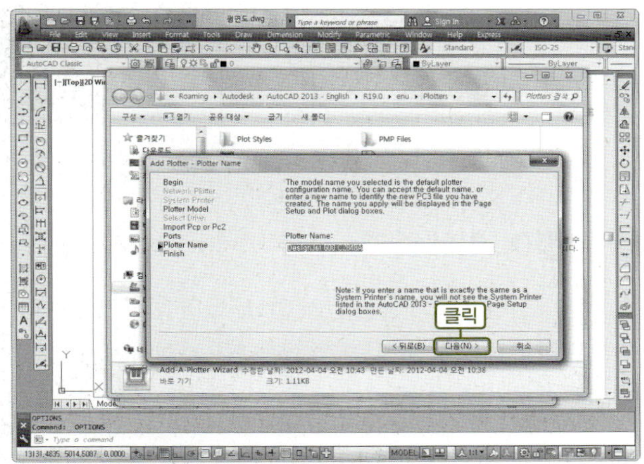

11 모든 설정이 완료되었음을 알리는 페이지입니다. 아래쪽의 [마침] 버튼을 눌러 설정을 종료합니다.

12 종료되면 다시 처음의 플롯 구성 마법사가 있던 폴더 대화상자로 돌아옵니다. 이때 다음과 같이 새로운 디바이스가 하나 더 추가되어 나타납니다. 설정이 완료되었으므로 폴더 창은 닫아도 됩니다. 이로써 디바이스가 추가되었습니다.

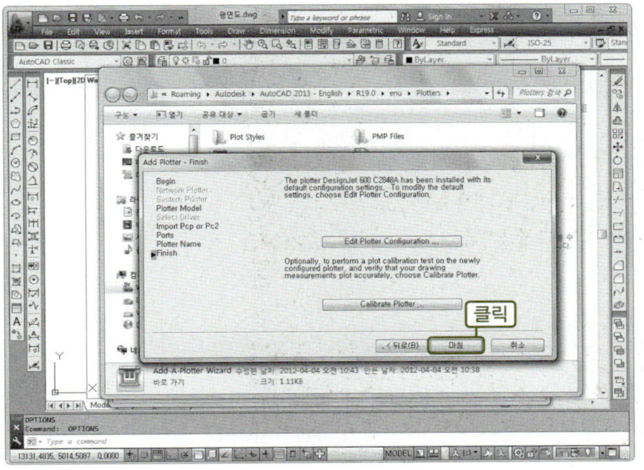

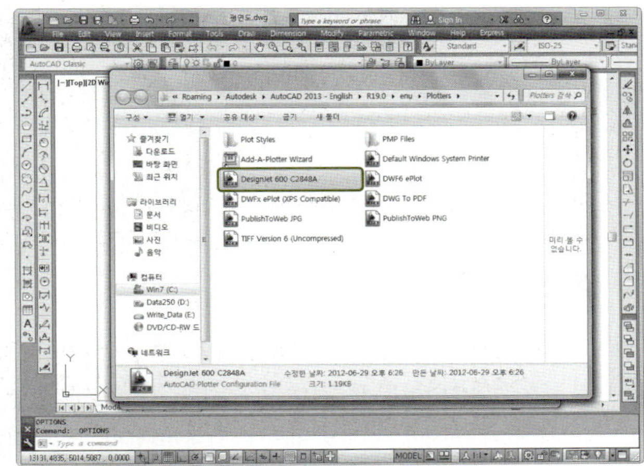

화면에 그린 도면 요소를 종이로 프린팅하는 것을 'Plot'이라고 합니다. 바로 전에 설정한 출력 장치를 기준으로 원하는 크기의 종이에 화면의 내용을 프린팅합니다. 이번에는 기본적인 축척 스케일을 기준으로 커다란 공간을 원하는 종이 사이즈에 알맞게 출력하는 방법을 알아보겠습니다.

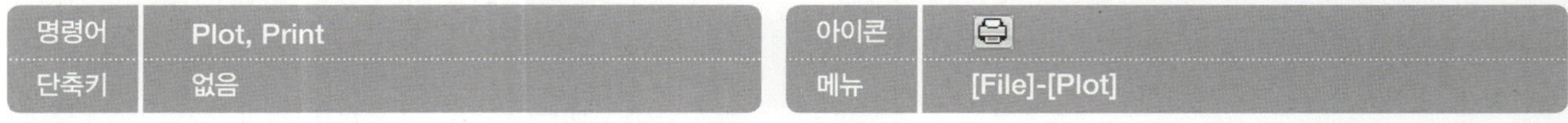

명령어	Plot, Print		아이콘	🖨
단축키	없음		메뉴	[File]-[Plot]

● 명령어 이해하기

출력하기를 원하는 파일을 먼저 열고, 도면을 화면의 중앙에 배치합니다. Plot 명령어를 입력한 후 플로팅 장비를 선택하고, 프린트 영역을 지정한 후 축척 스케일을 지정하여 출력합니다. 종이 크기에 따라 축척 스케일이 다르므로 해당 축척에 맞추어 출력할 수 있도록 합니다.

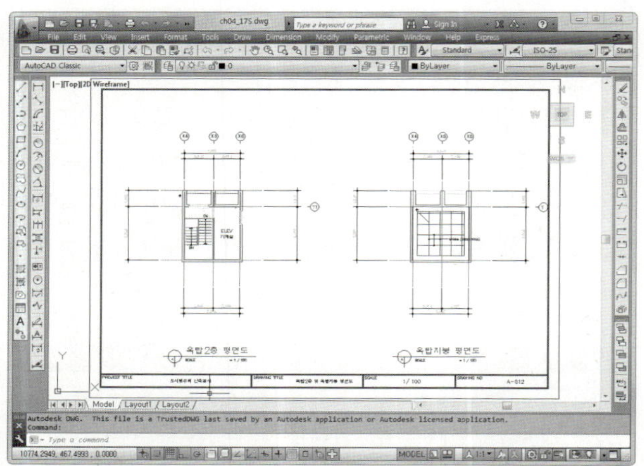

▲ 출력할 도면 OPEN

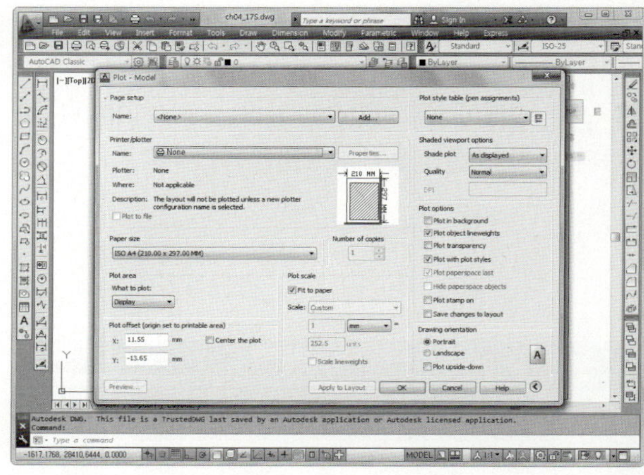

▲ Plot 명령어를 실행하여 출력

● 옵션 이해하기

[Plot] 대화상자를 열어 출력의 기본적인 상태를 설정합니다. 플로터의 기종, 종이 크기, 출력 영역, 축척 스케일, 컬러 또는 흑백의 유무, 스크린톤의 %, 가로 또는 세로 모드의 출력 등과 같은 옵션을 지정한 후 사용자에게 알맞도록 최적화하여 출력합니다. 출력의 목적에 따라 종이로 출력하거나 파일 등으로 출력할 수 있으므로 각 항목에 맞추어 자세히 알아보겠습니다.

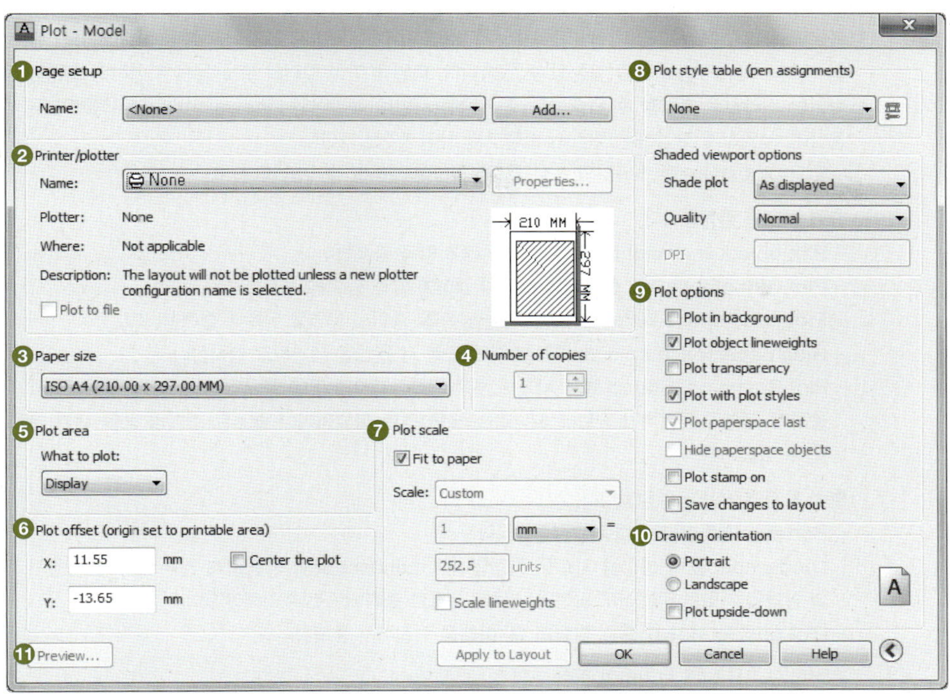

옵션	설명
❶ Page setup	현재 출력과 관련된 출력 장비, 페이지 크기, 방향 등과 같은 페이지에 해당하는 여러 가지 값들을 설정합니다. 프린터가 연결되어 있다면 기본 프린터로 지정하여 사용합니다.
❷ Printer/plotter	사용할 프린터나 플로터를 설정합니다. – Name: 이미 환경 설정에서 설정된 프린터의 종류를 선택할 수 있습니다. – Properties: 해당 프린터의 속성을 결정합니다.
❸ Paper size	출력하는 용지의 크기를 결정합니다. 입력되어 있는 A4~A1이나 기타 사용자 정의까지 지원함으로써 다양한 크기의 용지를 결정할 수 있습니다. 각 프린터나 플로터에 따라 지원되는 용지의 종류가 다양하게 다릅니다.
❹ Number of copies	출력 매수를 입력합니다. 한 번의 출력으로 여러 장의 도면을 출력할 수 있습니다.
❺ Plot area	화면상에서 도면의 출력 영역을 결정합니다. – Display: 도면의 위치나 Zoom 상태와 관계없이 화면에 보이는 그대로 출력합니다. – Extents: 도면 한계와 관계없이 현재 객체를 중심으로 화면 전체에 채워서 출력합니다. – Limits: 도면 한계에 지정된 영역만큼 도면 객체를 출력합니다. – Window: 오른쪽의 [Window] 버튼을 클릭하여 화면에 나타나는 도면을 보고, 사용자가 직접 대각선 방향으로 두 점을 선택하여 사각 영역 안에 들어오는 부분만 출력합니다. 주로 많이 사용하는 방법입니다.
❻ Plot offset (origin set ti printable area)	도면 출력 시 X, Y 원점을 결정하거나 출력의 중심을 결정할 수 있습니다. – Center the plot: 체크 시 도면의 중앙을 화면의 중앙에 맞추어 출력합니다.
❼ Plot scale	출력 시 도면 스케일을 결정합니다. – Fit to paper: 스케일과 관계없이 용지 전체에 채워서 출력합니다. None Scale입니다. 정확한 도면을 위하여 Fit to paper보다는 스케일 값을 이용하는 것이 바람직합니다. – Scale: 원하는 크기를 선택합니다. 1mm 단위에 대한 축척 스케일을 아래 칸에 입력합니다.

❽ Plot style table(pen assignments)	플로터의 펜 스타일을 결정합니다. *.ctb 파일을 통하여 해당하는 도면의 지정된 색상에 따라 선의 두께나 Line Type 등을 결정할 수 있습니다. 파일에 따라 컬러와 모노 등을 지정하여 도면을 다양한 스타일로 출력할 수 있습니다. 기본적인 사항은 레이어의 Lineweight에서 지정하여 사용하며, 세밀하게 조절하는 경우 *.ctb를 사용하여 지정합니다. – Edit plot style: 펜 스타일의 속성을 재정의하여 사용할 수 있습니다.
❾ Plot options	출력 옵션을 결정합니다. – Plot object lineweights: 도면의 선 두께에 따라 출력합니다. – Plot with plot styles: 플로터의 스타일 결정에 따라 출력합니다. – Plot paperspace last: Model 영역을 앞쪽에, 종이의 영역을 뒤쪽에 출력합니다. – Hide paperspace objects: 3차원 객체 출력 시 은선을 제거하고 출력합니다. – Plot Stamp on: Stamp 체크 시에 오른쪽 대화상자 아이콘을 클릭합니다. 그러면 플로팅 사용자가 도면의 전반적인 정보에 해당하는 도면 경로 파일명이나 플로트 스케일 등을 새겨 넣을 수 있습니다.
❿ Drawing orientation	출력 용지의 방향을 결정합니다. – Portrait: 출력 방향을 세로로 결정합니다. – Landscape: 출력 방향을 가로로 결정합니다. Landscape를 지정하지 않은 경우에는 용지의 방향을 가로로 만들어도 도면의 내용이 세로로 출력되므로 주의해야 합니다. – Plot upside–down: 출력 방향의 위, 아래를 뒤집어서 출력합니다.
⓫ Preview	출력될 도면을 미리 보기하여 출력 모양을 알 수 있습니다.

● 미리해보기

예제 파일 부록 CD\Sample\Chapter04\ch04_17S.dwg   **완성 파일** 부록 CD\Sample\Chapter04\ch04_17F.dwg

01 메뉴의 [File]–[Open]으로 부록 CD에서 예제 파일을 불러옵니다. 출력을 하기 위한 도면을 먼저 화면에 불러옵니다. 출력에 대한 디바이스는 바로 앞에서 설정해두었으므로 설정한 디바이스로 연습합니다.

02 Plot 명령어를 입력한 후 다음과 같이 [Plot] 대화상자가 나타나면 제일 먼저 사용할 플로터나 프린터를 선택합니다. 만일 본인의 프린터로 출력하는 경우에는 다음의 리스트에서 본인의 프린터 기종을 선택하고, 연습할 때에는 다음과 같이 'DesignJet 2848A'를 선택합니다.

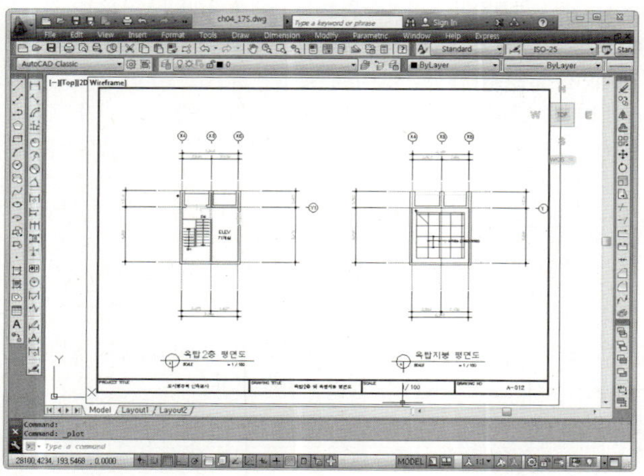

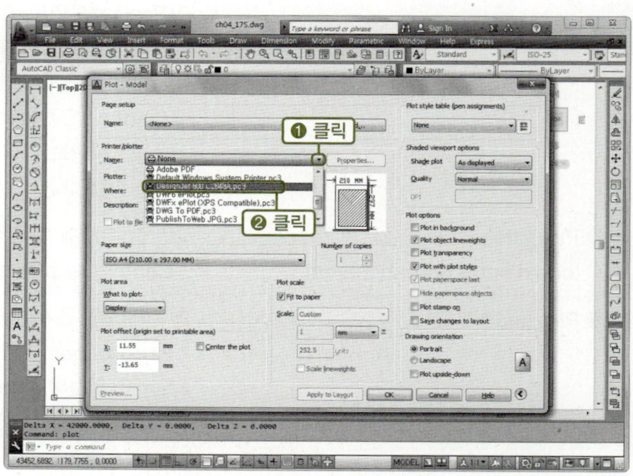

Command: Plot Enter

03 출력할 종이의 크기를 결정합니다. Paper Size란의 리스트를 눌러 종이를 다음과 같이 설정합니다. 이 책에서는 'DesignJet 2848A'를 기준으로 확장 A3 사이즈(ISO expand A3(420.00×297.00MM))를 골라 보겠습니다.

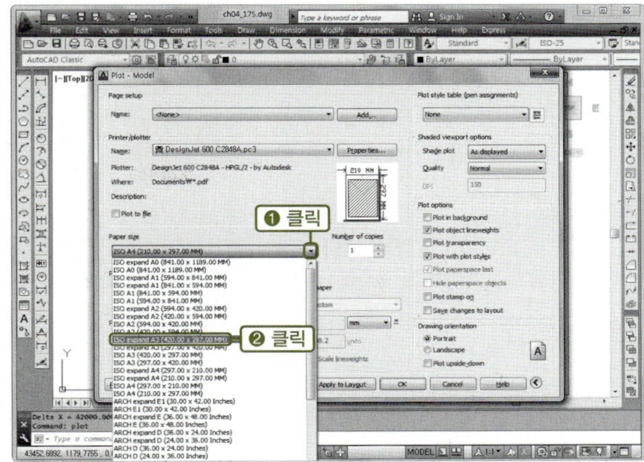

Upgrade ★

종이 크기가 A4밖에 안 나와요

보통 종이 크기는 각 디바이스, 즉 해당 프린터나 플로터가 지원하는 사이즈가 리스트 목록에 나타납니다. 만일 A4 사이즈만 보인다면 사용자의 프린터가 A4밖에 지원하지 않는 프린터이므로, 경우에는 A3 이상의 도면을 출력할 수 없습니다.

---

04 다음은 Plot area 플롯 영역을 설정하는 것입니다. 보통은 각각의 한계 영역(Limits)이나 화면에 보이는 대로 (Display) 출력하지만, 보통 원하는 영역을 대각선 방향으로 드래그하여 영역을 정하는 Window 방식을 많이 사용합니다. 다음과 같이 목록 리스트에서 Window를 선택합니다.

05 Window로 Plot area를 선택하면 다음과 같이 본 화면으로 전환됩니다. 이때 다음과 같이 P1~P2 지점을 마우스로 드래그하여 영역을 정합니다.

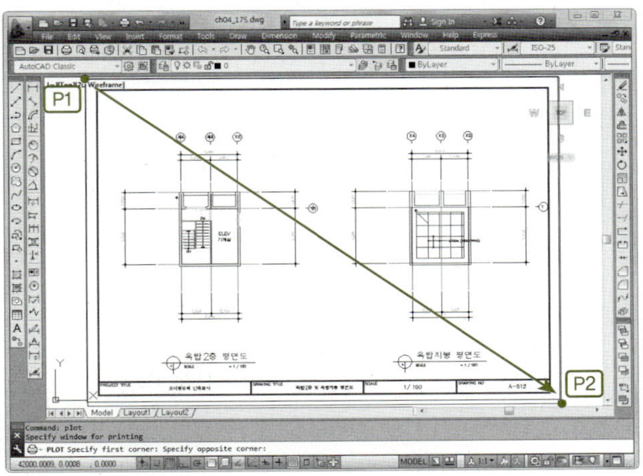

Specify window for printing
Specify first corner: Specify opposite corner: P1~P2점 클릭, 드래그

06 대각선 지점을 클릭하여 선택하면 다시 [Polt] 대화
상자로 되돌아옵니다. 돌아온 후 다음과 같이 오른쪽 아래
의 도면의 방향을 설정하는 'Drawing Orientation' 영역
의 값을 'Landscape'(가로 출력 모드)로 선택합니다.

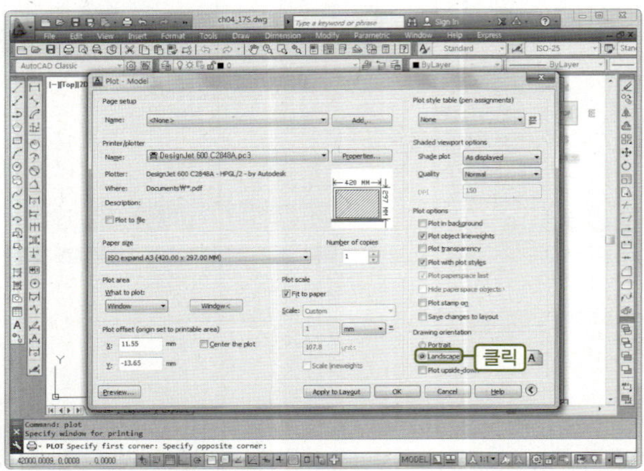

07 다음은 출력 색상 결정입니다. 오른쪽 위의 'Plot
Style Table' 영역의 리스트를 눌러 흑백으로 출력하는
경우 monochrome.ctb로 선택합니다. 컬러의 경우에는
acad.ctb를 선택하여 각 색상별로 출력되도록 지정합니다.

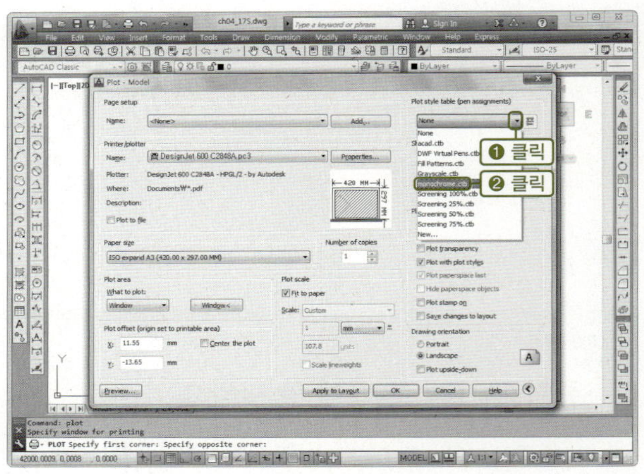

08 'Plot Style Table' 영역의 리스트를 변경하면 앞으로
스타일을 현재대로 출력할 것인지의 여부를 묻는 대화상
자가 나타납니다. 이 책에서는 [예(Y)]를 선택하겠습니다.

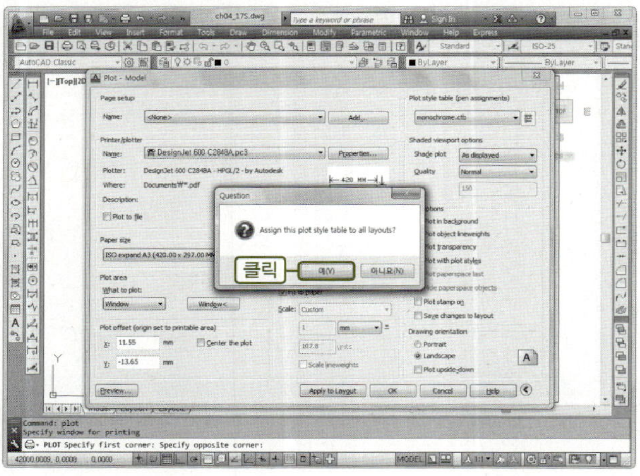

09 축척 스케일을 정하기 위하여 가운데 부분에 있는
Plot Scale 영역의 'Fit to Paper'의 체크를 해제합니다.
'Fit to Paper'에 체크하면 축척과 관계없이 종이에 그냥
맞추어 대충 출력되므로 'Fit to Paper'의 체크를 해제한
후에 원하는 축척 스케일을 넣는 것이 좋습니다. 'units'에
들어가는 수치가 축척 값이며, 기존에 자주 사용하는 축척
스케일을 리스트 중에서 선택할 수도 있습니다. 축척을 입
력한 후에는 왼쪽 아래의 [Preview] 버튼을 클릭하여 미
리 보기합니다.

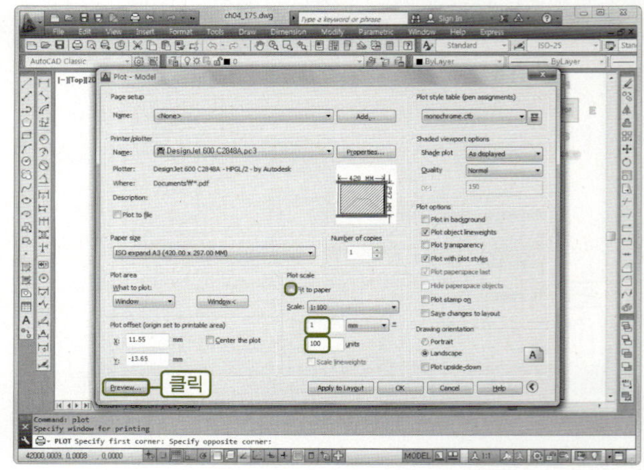

10 다음과 같이 영역이 잘려서 제대로 표현되지 않습니다. 그 이유는 전체 Limits 영역에 비해 종이의 출력 영역이 조금 작게 표현되기 때문입니다. 이는 각 기기마다 여백의 값을 임의로 정하고 있기 때문이며, 속성을 통해 조절할 수 있습니다.

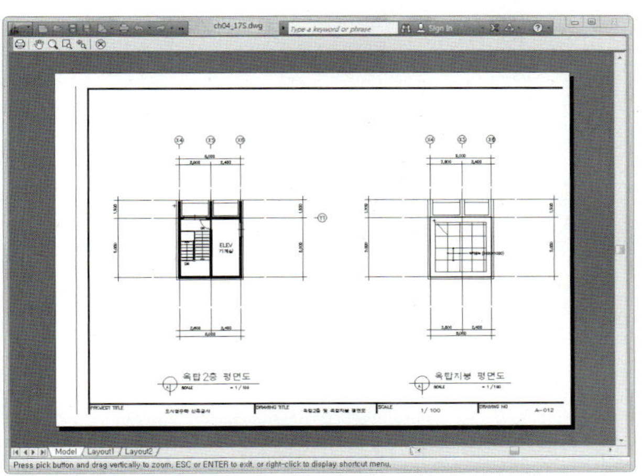

11 다시 [Plot] 대화상자로 이동하기 위하여 마우스 오른쪽 버튼을 눌러 빠른 메뉴가 나타났을 때 [Exit] 버튼을 클릭하거나 위쪽의 X 표시 아이콘을 눌러 대화상자로 되돌아갑니다.

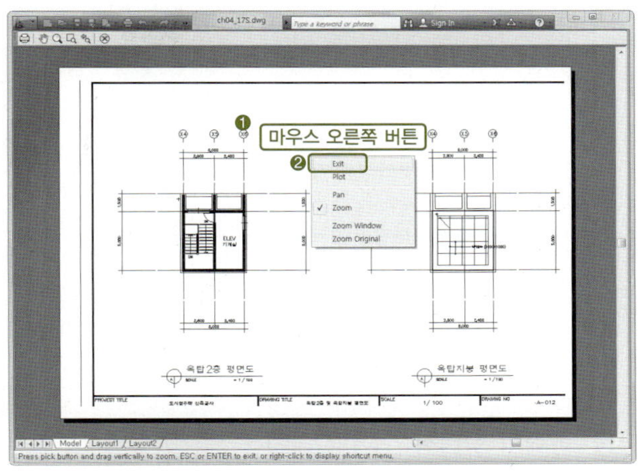

12 [Plot] 대화상자로 돌아왔으면 디바이스 기기 선택 항목 옆의 [Properties] 버튼을 클릭합니다. 이 버튼은 해당 기기의 세부 속성을 정의할 때에 사용합니다.

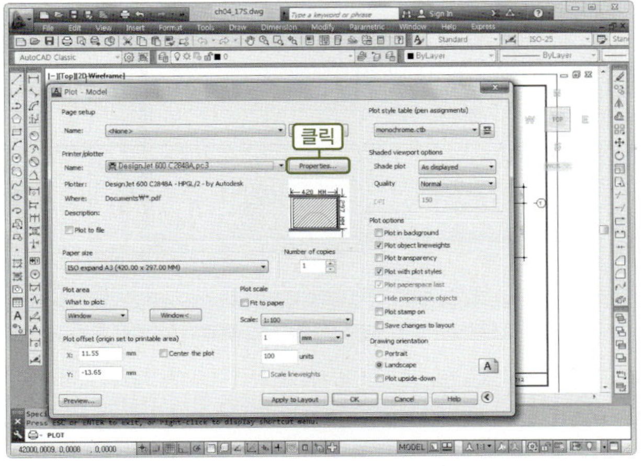

13 속성 대화상자가 열리면 다음과 같이 사용자 정의 중 종이 크기 정의 영역에서 'Custom Paper Sizes'를 선택하고, 오른쪽 아래의 [Add] 버튼을 눌러 새로운 종이 사이즈를 정합니다.

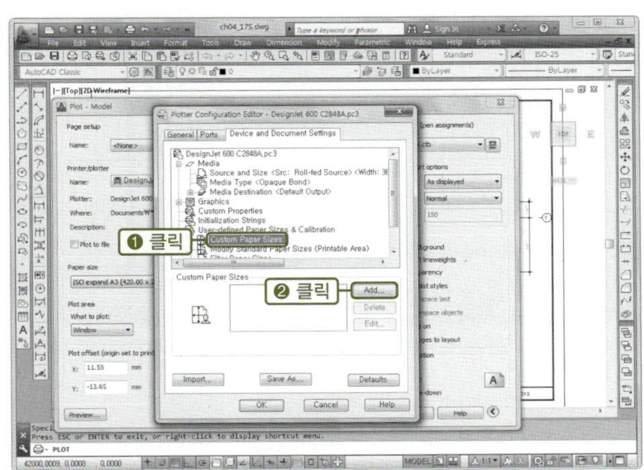

14 새로운 종이 사이즈로 정의하기 위하여 [다음] 버튼을 눌러 계속 진행합니다.

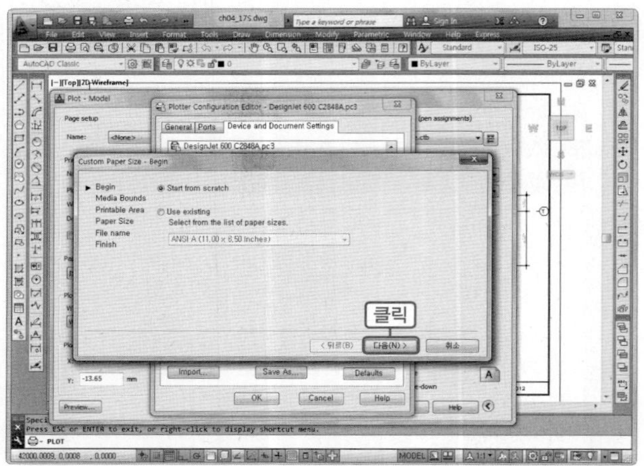

15 가로와 세로의 크기를 Width와 Height 안에 입력합니다. 단위가 mm인지 확인합니다.

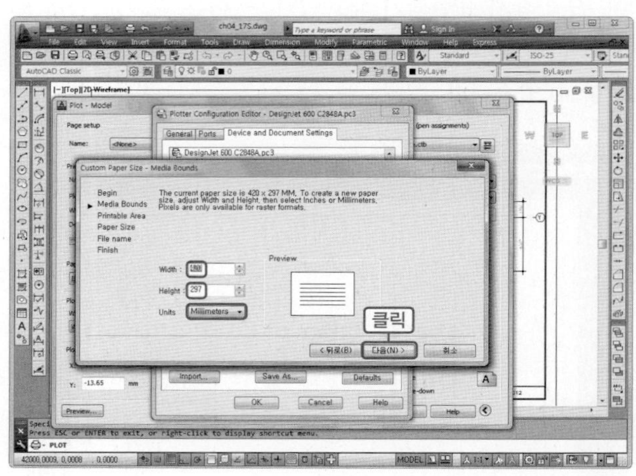

16 종이의 상하좌우 여백 크기를 입력합니다. 보통은 표제란의 바깥에 Limits 영역을 설정하므로, 해당 여백을 화면에서 미리 조절한 상태로 출력하도록 하기 위해 여백에 '0'을 입력한 후 [다음] 버튼을 누릅니다.

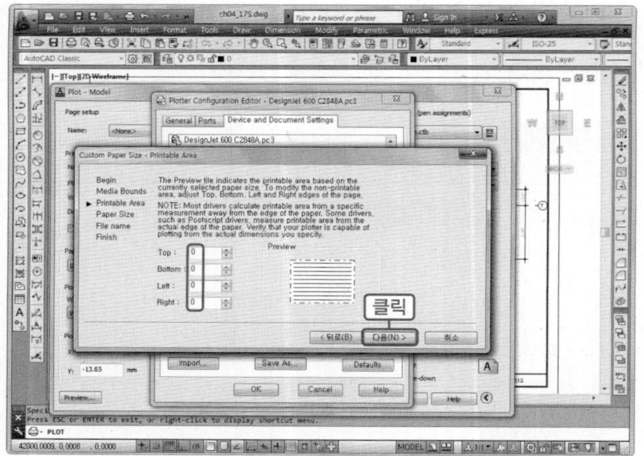

17 새로 만든 종이 크기의 이름을 설정합니다. 다른 이름을 넣지 않으면, 기본 값인 User1 사이즈로 표시됩니다. [다음] 버튼을 눌러 계속 진행합니다.

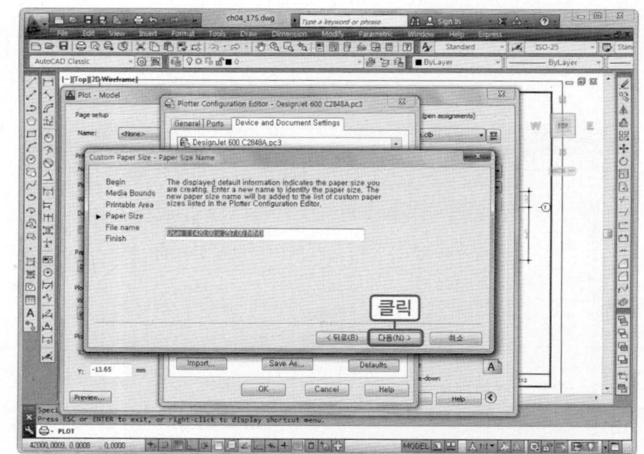

18 해당 종이를 지원하는 디바이스(기기) 이름을 표시합니다. 아까 설정했던 DesignJet 600C 2848A 타입의 기기임을 확인합니다. [다음] 버튼을 눌러 계속 진행합니다.

19 종이의 타입을 고르는 파트입니다. 낱장의 Sheet이거나 두루마리 휴지처럼 하나로 말려 있는 롤 타입의 종이를 고릅니다. 사용자가 갖고 있는 타입에 따라 선택합니다. [다음] 버튼을 눌러 계속 진행합니다.

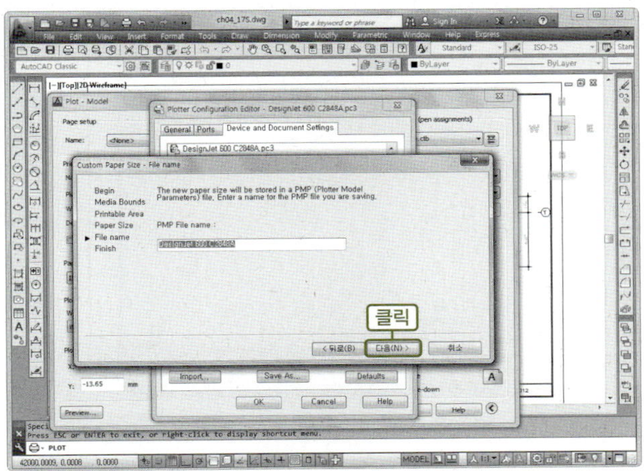

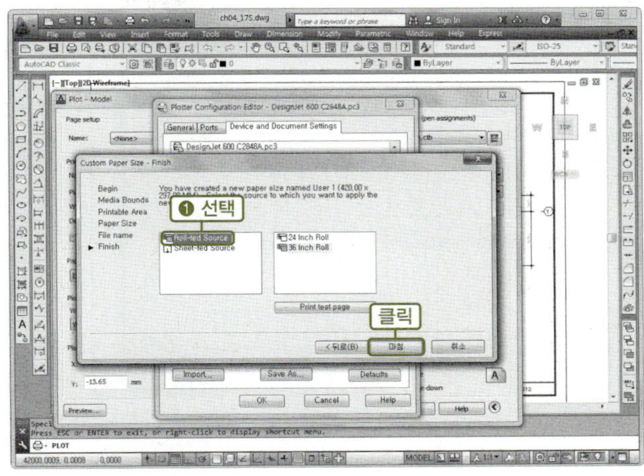

20 완료되어 다시 처음의 속성 대화상자로 돌아옵니다. 새로운 종이 사이즈가 추가된 것을 알 수 있습니다. [OK] 버튼을 누릅니다.

21 바뀐 속성을 이번 Plot에만 적용할 것인지 또는 해당 Plot 환경에 맞게 파일을 저장할 것인지 등의 여부를 확인합니다. [OK] 버튼을 눌러 계속 진행합니다.

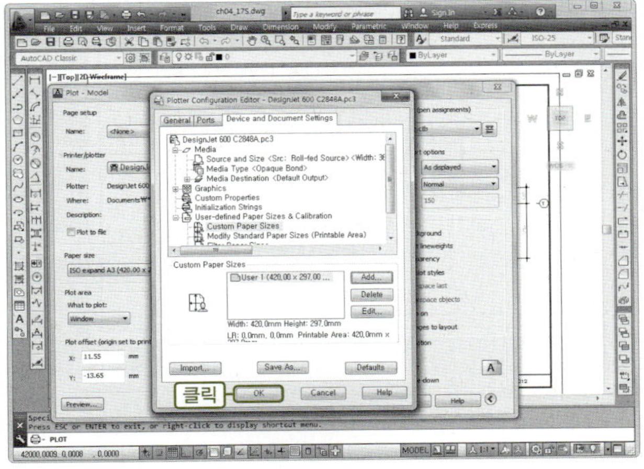

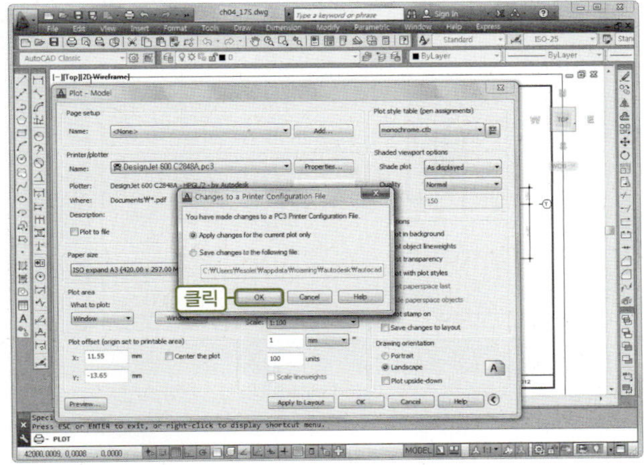

22 새로 만든 파일을 선택하기 위하여 Paper Size 영역의 목록을 눌러 다음과 같이 맨 위의 user1 사이즈를 선택합니다.

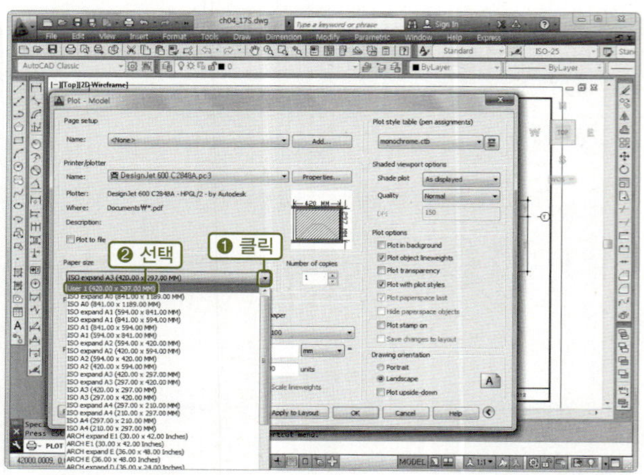

23 종이 크기를 변경하였다면 종이의 중앙에 도면을 출력하기 위하여 'Plot Offset' 영역의 Center the plot에 체크를 하고 [Preview] 버튼을 눌러 미리 보기합니다.

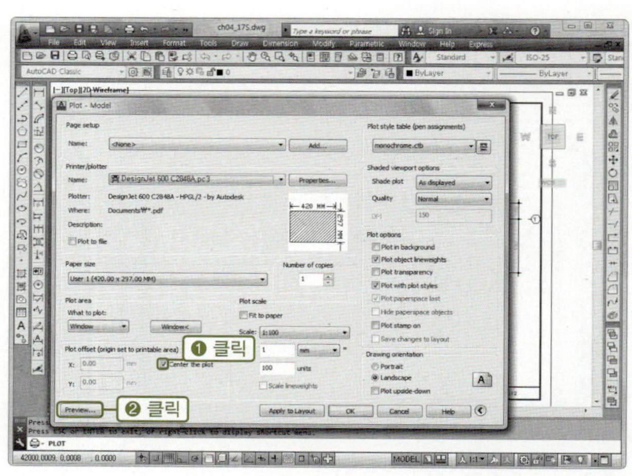

24 다음과 같이 종이의 중앙을 기준으로 표제란 및 해당 도면이 표시되는 것을 알 수 있습니다.

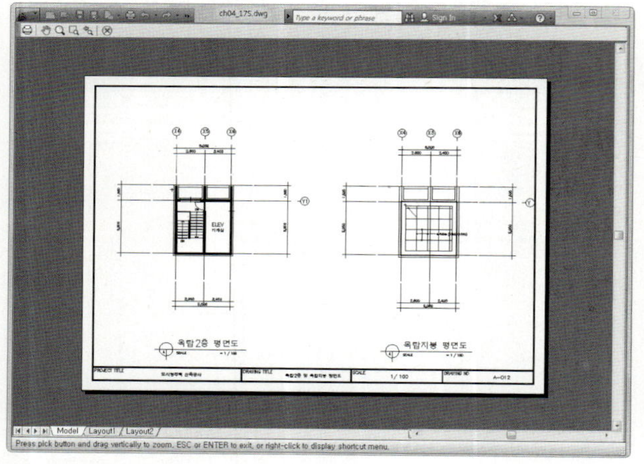

25 상태 확인이 완료되면 마우스 오른쪽 버튼을 누르면 나타나는 바로 가기 메뉴 중에서 'plot'을 눌러 출력합니다.

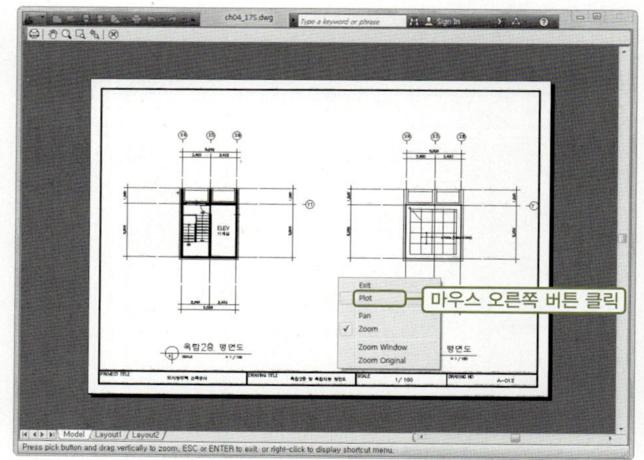

Upgrade ★

출력을 누르면 다음과 같은 대화상자가 나타날 수 있습니다. 해당 대화상자가 나타나더라도 [Continue] 버튼을 눌러 계속 진행하기 바랍니다. 이는 각 도면마다 설정되어 있는 주석 스케일을 무시하고 현재에 맞추어 출력하겠느냐는 물음이므로, [Continue]를 눌러 계속 진행하면 됩니다.

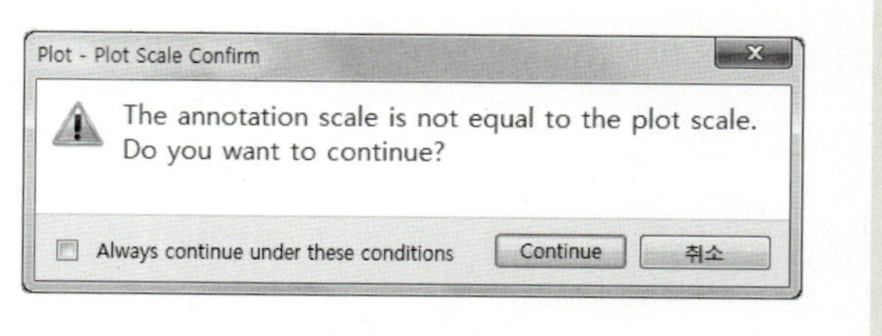

26 출력이 완료되면 아래쪽의 트레이에 Plot이 완료되었다는 메시지가 풍선 도움말로 나타납니다. 물론 기기는 연결되지 않았지만, 연습하는 데에는 지장이 없을 것입니다.

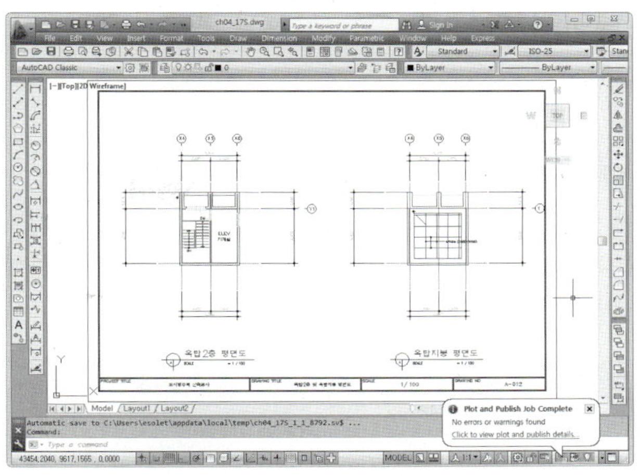

03. PDF 파일로 Plot하기

화면에 그린 도면 요소를 종이로 프린팅하는 것을 'Plot'라고 합니다. 앞의 메뉴에서는 종이로 출력하는 기본적인 방법인 Plot에 대해 공부했지만, 이번에는 같은 Plot 명령어를 이용하여 PDF나 이미지로 전환한 후에 출력하는 방법에 대해 알아보겠습니다.

명령어	Plot, Print		아이콘	🖨
단축키	없음		메뉴	[File]-[Plot]

● 명령어 이해하기

출력하기를 원하는 도면을 불러온 후 화면 중앙에 배치합니다. Plot 명령어를 입력한 후 플로팅 장비를 선택하고, 프린트 영역을 지정한 다음, 축척 스케일을 지정하여 출력합니다. 플로팅 장비는 앞의 메뉴와 달리 PDF나 EPS 등의 디바이스로 선택하고, 종이나 화면으로 출력하는 것이 아니라 파일로 출력한다는 것이 다르며 나머지는 일반 Plot 명령어와 동일합니다.

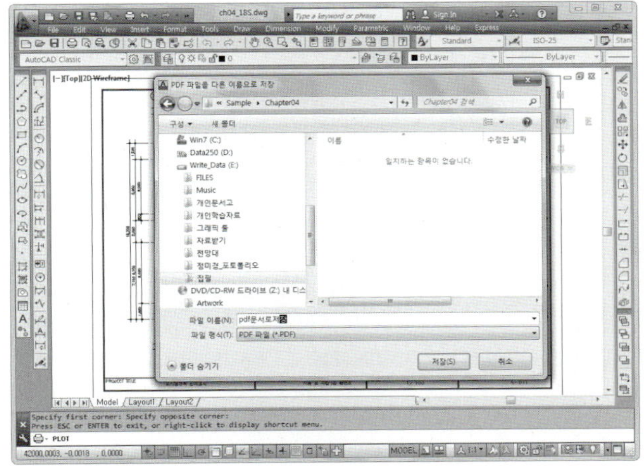

▲ PDF 문서로 출력하기 위해 저장

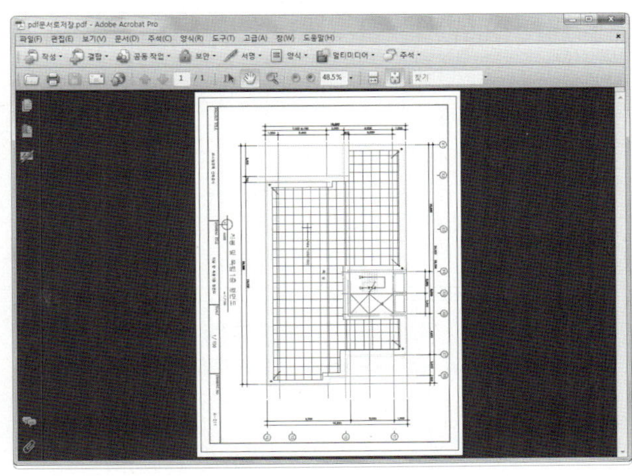

▲ PDF 문서로 저장된 파일 보기

예제 파일 부록 CD\Sample\Chapter04\ch04_18S.dwg　　　　**완성 파일** 부록 CD\Sample\Chapter04\ch04_18S-Model.pdf

01 메뉴의 [File]-[Open]으로 부록 CD에서 예제 파일을 불러옵니다. 파일을 불러온 후 Plot 명령을 입력하고 다음과 같이 Plot 디바이스를 PDF 파일로 저장하는 형태를 선택합니다.

02 용지 크기를 A4 사이즈로 선택한 후 출력 방향을 가로 방향인 Ladscape로 선택합니다. 출력 영역을 정하기 위하여 Plot area의 목록에서 Window를 선택합니다.

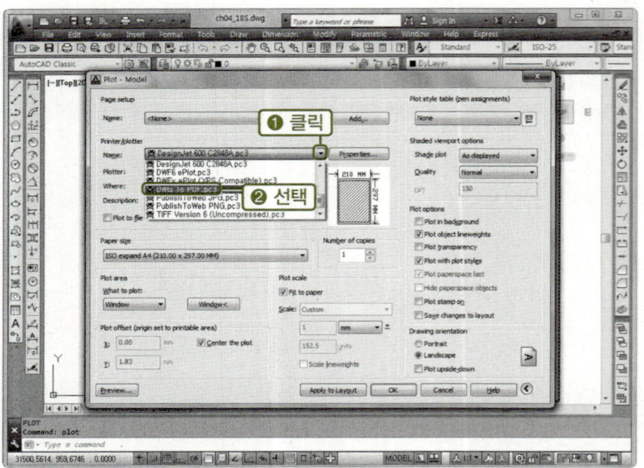

Command: Plot Enter

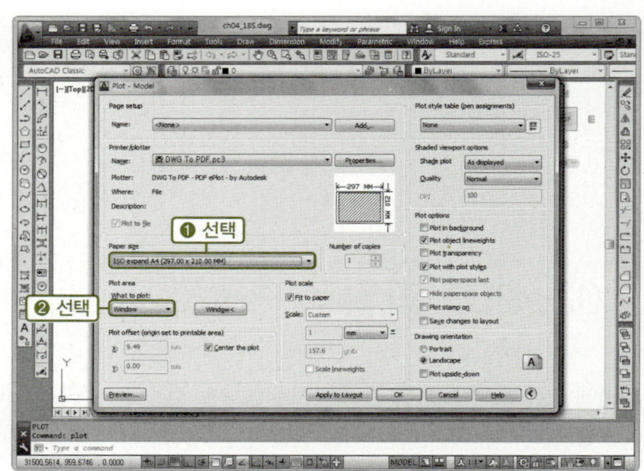

03 두 점을 대각선 방향으로 선택한 후 다음과 같이 출력 영역을 마우스로 드래그하여 설정합니다. P1~P2점을 클릭, 드래그하여 선택하면 자동으로 [Plot] 대화상자로 돌아옵니다.

04 PDF 파일로 출력할 예정이므로 색상을 Color로 출력하기 위하여 Plot style은 기본 값으로 두고, 종이의 중앙에 출력될 수 있도록 'Center the plot'에 체크합니다. 그런 다음, [Preview] 버튼을 클릭하여 미리 보기합니다.

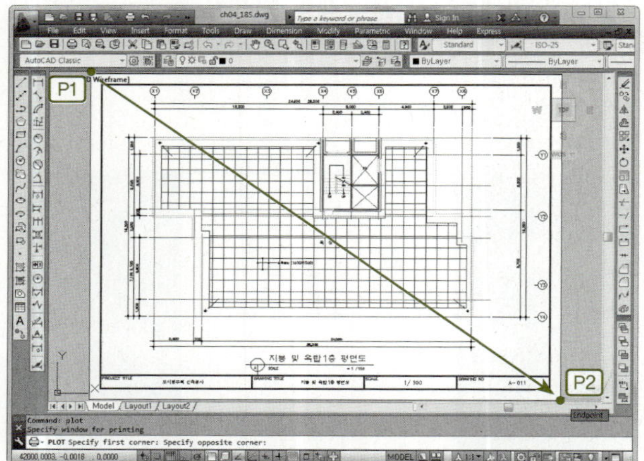

Specify window for printing
Specify first corner: Specify opposite corner: P1~P2점 클릭,
드래그

05 다음과 같이 미리 보기 화면을 통해 해당 도면이 어떻게 출력이 될 것인지의 여부를 알 수 있습니다. 앞의 내용과는 달리 Color로 출력하는 것으로 선택해두었기 때문에 다음과 같이 미리 보기도 컬러로 보입니다.

06 원래 화면으로 돌아오기 위하여 마우스 오른쪽 버튼을 누르면 나타나는 바로 가기 메뉴 중에서 [Plot]을 클릭하여 출력하거나 [Exit]를 클릭하여 미리 보기 화면을 종료합니다. 이 책에서는 [Exit]를 클릭하여 미리 보기를 종료하겠습니다.

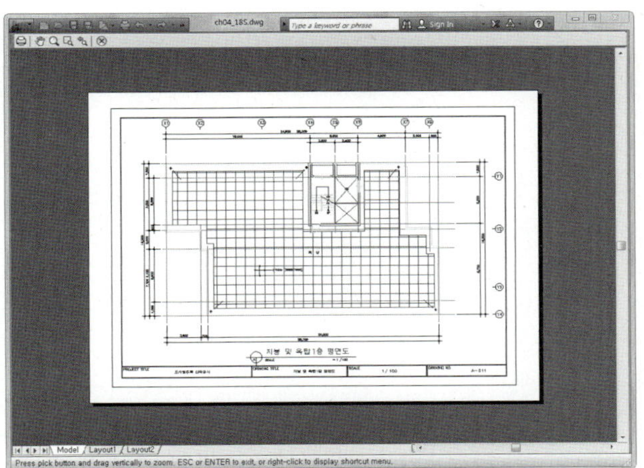

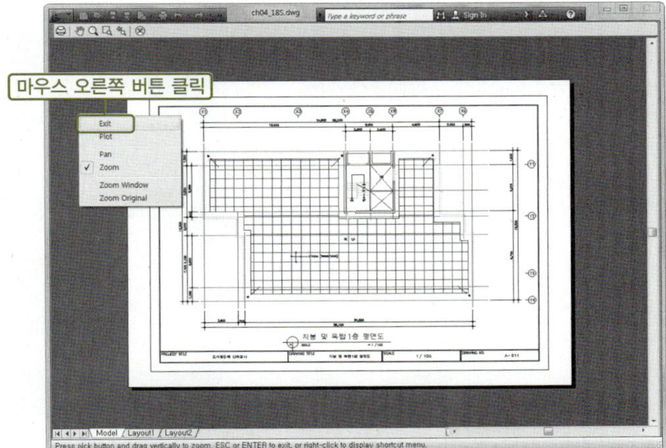

07 [Plot] 대화상자로 돌아오면 PDF로 출력하기 위하여 [OK] 버튼을 클릭합니다. 다음과 같이 PDF 파일로 저장하기 위한 대화상자가 나타납니다. 원하는 파일명을 입력한 후 [Save] 버튼을 클릭하여 완료합니다.

08 완료된 PDF 문서는 다음과 같이 나타납니다. 해당 레이어에 대한 정보도 다음과 같이 나타납니다.

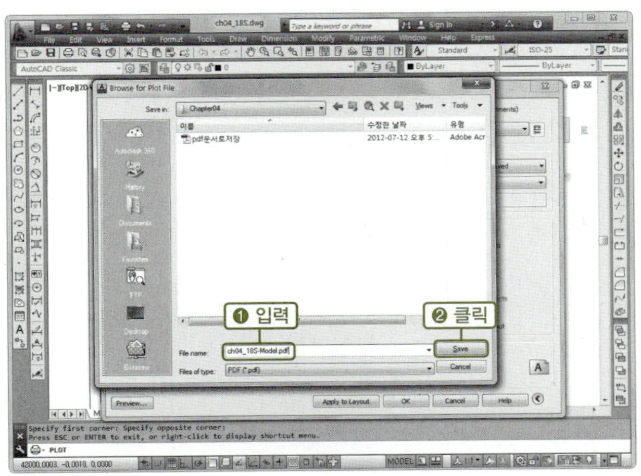

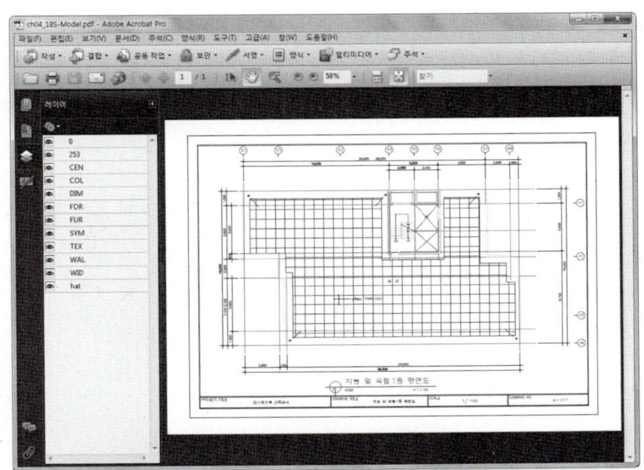

3D 모델링 시작하기

AutoCAD 2013은 2D 설계와 3차원 모델링을 다양한 방법으로 지원합니다. 또한 AutoCAD 2012부터는 Autodesk Inventor Fusion을 함께 적재하여 빠르고 간편하게 편집 및 검증할 수 있게 되었습니다. 이 장에서는 Inventor Fusion만을 별도로 다루지 않고 AutoCAD 2013 내에서 사용하는 기본적인 3차원 모델링 방식에 대해 알아보겠습니다.

Section 01

3차원 모델링 Z축 이해하기

지금까지는 2차원 설계 도면을 만들고 작성하는 것에 대해 알아보았지만, 지금부터는 지표면으로부터 깊이 값을 갖는 3차원 객체에 대해 알아보겠습니다. 그 첫 번째로 지금까지의 X, Y축 외에 깊이에 해당하는 Z축을 이해하고, 상대 좌표를 이용하여 원하는 객체를 그린 후에 편집해보겠습니다.

01. 3차원에서 사용하는 좌표계

3차원을 이해하기 위해서는 좌표계의 형태부터 이해해야 합니다. 다음 그림과 같이 가로, 세로를 각각 X축과 Y축이라고 한다면 깊이에 해당하는 것을 'Z축'이라고 합니다. 작업 공간은 기존의 AutoCAD Classic에서 사용하거나 3D Modeling으로 전환하여 사용할 수도 있으며, 3차원 모델링을 주로 하는 경우 3차원 모델링에 필요한 도구들이 세팅되어 있는 작업 공간(Workspace)을 3D Modeling으로 설정한 후에 사용하는 것도 바람직합니다.

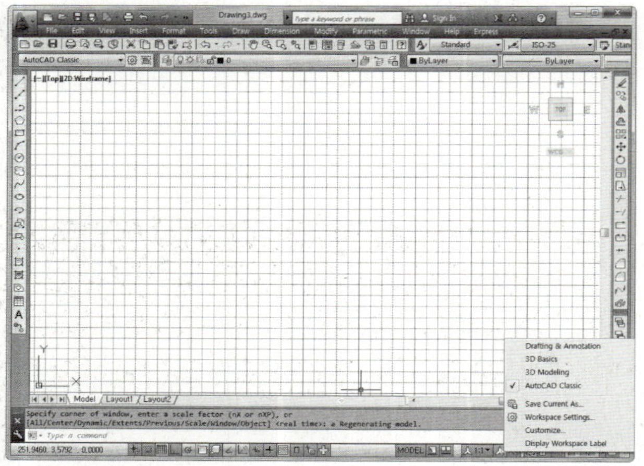

▲ AutoCAD Classic

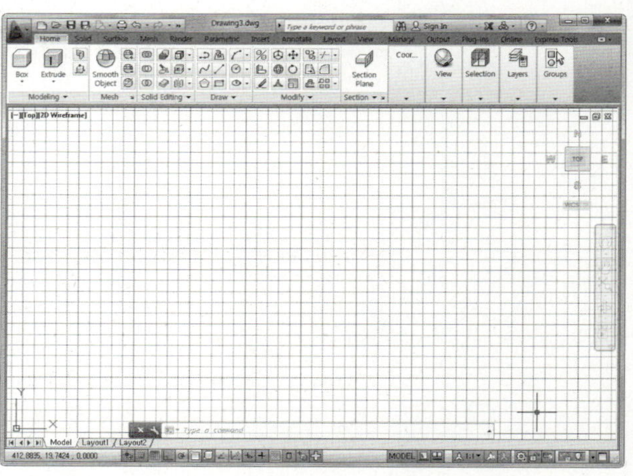

▲ 3D Modeling

명령어   @X의 이동 길이, Y의 이동 길이, Z의 이동 길이

● 명령어 이해하기

3차원 모델링을 하는 경우에는 상대 좌표를 이용하여 원하는 길이나 방향을 정합니다. 기존의 가로와 세로에 해당하는 X, Y축에 대한 개념에 Z축의 개념만 더 포함시켜 이용하는 것입니다. 현재 커서의 위치에서 원하는 3차원 좌표 값의 위치로 이동하는 것은 2차원 상대 좌표의 개념과 동일합니다. 단, Z축만 하나 더 입력합니다.

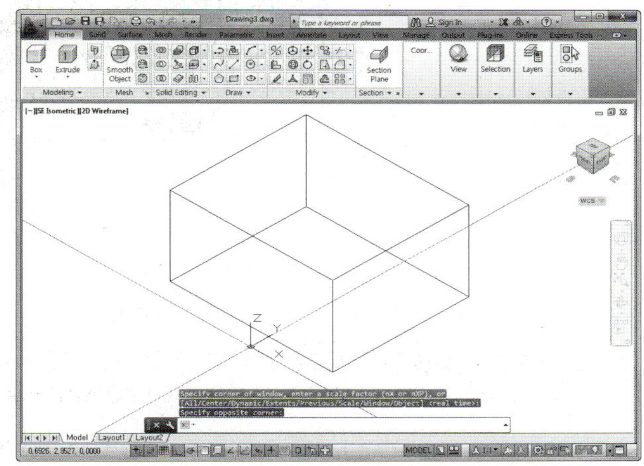

● 미리해보기

예제 파일 부록 CD\Sample\Chapter05\ch05_01S.dwg **완성 파일** 부록 CD\Sample\Chapter05\ch05_01F.dwg

01 메뉴의 [File]-[Open]으로 부록 CD에서 예제 파일을 불러옵니다. Z축으로 선을 그리기 위해 Line 명령어를 입력한 후 마우스로 사각형의 아래쪽 지점을 클릭합니다.

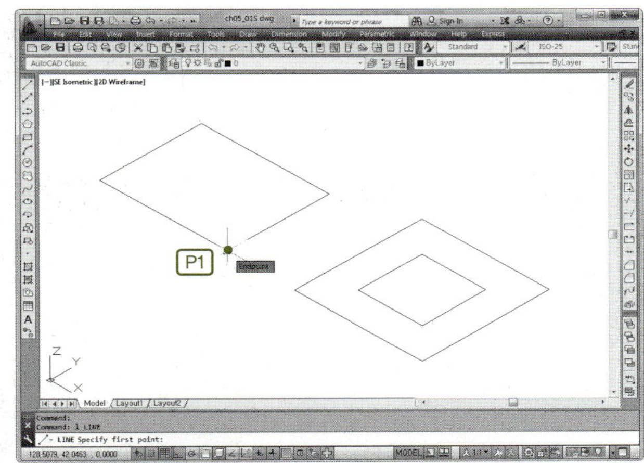

```
Command: LINE Enter
Specify first point: P1점 클릭
```

02 Z축으로 선을 그리기 위해 다음과 같이 상대 좌표를 입력하여 깊이 값 '50'인 선을 그립니다.

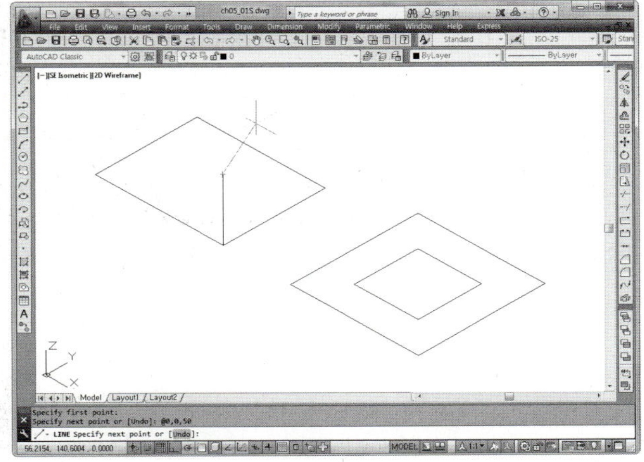

```
Specify next point or [Undo]: @0,0,50 Enter
```

03 현재 위치에서 Y축 방향으로 '80'만큼 이동하여 선을 그리기 위해 '@0,80'을 입력합니다. 다음과 같이 Y축 방향으로 이동합니다.

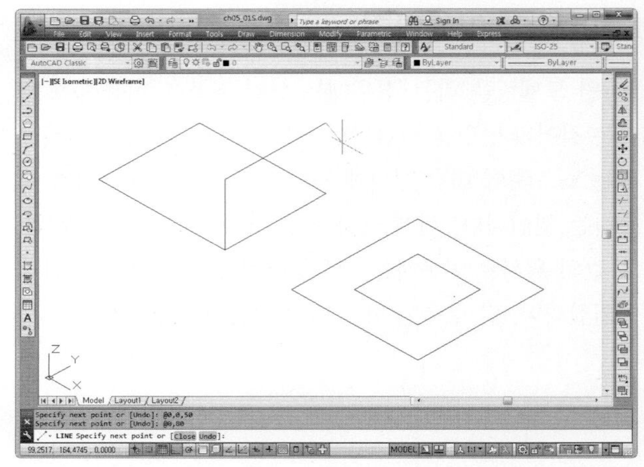

```
Specify next point or [Undo]: @0,80  Enter
```

04 다시 Z축의 아래 방향으로 '50'만큼 이동하여 선을 그리기 위해 '@0,0,-50'을 입력합니다. 다음과 같이 Z축 방향으로 이동합니다. 완료하기 위해 Enter 를 눌러 종료합니다.

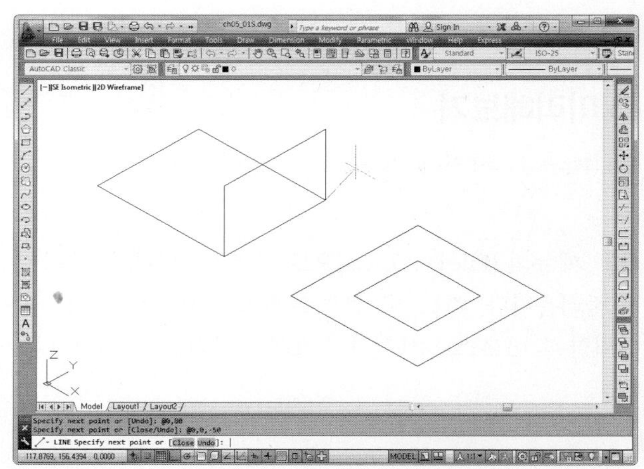

```
Specify next point or [Close/Undo]: @0,0,-50  Enter
Specify next point or [Close/Undo]:  Enter
```

05 선을 그리는 경우뿐만 아니라 이동과 같은 편집 명령을 사용하는 경우에도 사용할 수 있습니다. Move 명령어를 이용하여 다음의 사각형을 선택한 후 Z축으로 이동합니다.

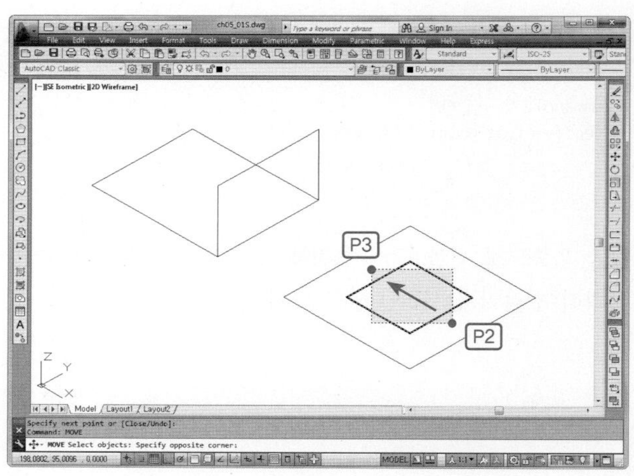


```
Command: MOVE  Enter
Select objects: Specify opposite corner: 4 found
→ P2~P3점 클릭, 드래그
Select objects:  Enter
```

06 먼저 Osnap을 이용하여 이동의 기준점을 선택합니다.

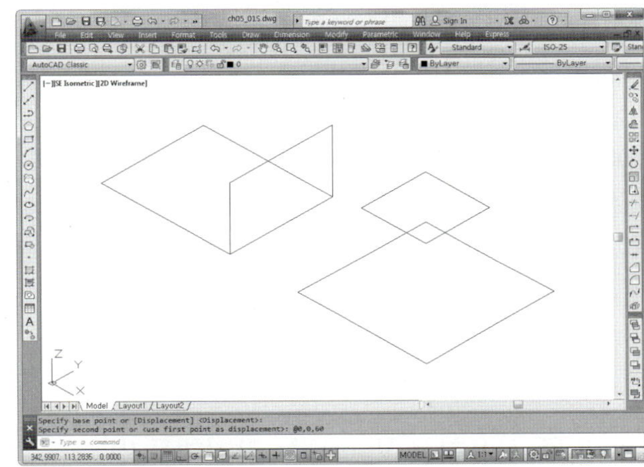

Specify base point or [Displacement] <Displacement>: P4점 클릭

07 Z축으로 '60'만큼 이동하기 위하여 '@0,0,60'을 입력하면 선택된 안쪽의 사각형이 Z축으로 이동합니다.

Specify second point or <use first point as displacement>:
@0,0,60 Enter

02. 관찰자의 위치를 정하는 Vpoint

3차원 객체의 경우에는 대상 객체를 관찰하는 시점을 사용자가 원활하게 설정할 수 있어야 합니다. 이때 사용자가 수치로 세팅하거나 Viewcube를 통해 마우스로 컨트롤할 수 있습니다. 먼저 Vpoint를 이용하는 방법을 익힌 후 ViewCube를 통해 컨트롤하는 방법도 알아보겠습니다.

명령어	Vpoint	아이콘	
단축키	-VP	메뉴	[View]-[3D Views]-[View Point]

A. Command 라인에 직접 입력하기

Command 라인에 직접 명령어와 조절 수치를 입력하는 방법으로, 이전 버전부터 사용하던 기존 사용자들이 유용하게 사용하는 방법입니다. 각각의 숫자가 갖고 있는 값을 이용하여 원하는 관찰자 시점을 만들어 내는 방식입니다.

```
Command: Vpoint [Enter] [단축키: -VP]
Current view direction: VIEWDIR=1.0000,-1.0000,1.0000
Specify a view point or [Rotate] <display compass and tripod>: X좌표,Y좌표, Z좌표 [Enter]
```

		X축 좌표(첫 번째 숫자)		Y축 좌표(두 번째 숫자)		Z축 좌표(세 번째 숫자)
Vpoint의 각 수치 값의 의미	1	Right View	1	Back View	1	Top View
	-1	Left View	-1	Front View	-1	Bottom View
	0	No View	0	No View	0	No View

입력하는 숫자는 아무것이나 사용해도 되지만, 주로 정육면체를 기준으로 하여 '1'을 기준으로 ON/OFF하거나 안 보이는 면을 '0'으로 정돈하여 입력합니다. 위의 표를 기준으로 하면 정면과 평면, 오른쪽 면을 동시에 보는 경우 '1, −1, 1'이 되는 원리입니다. 1 이상의 숫자를 입력하면 정육면체의 꼭짓점에서 좌우나 상하로 조금씩 더 회전하여 객체를 보는 시점이 조금씩 틀어져 보입니다.

> **Upgrade ★**
>
> ## 자주 사용하는 Vpoint는 암기해두자!
>
> 자주 사용하는 Vpoint를 암기하여 사용하면 Command 라인에서 직접 입력하여 컨트롤할 때 빠르게 접근하여 사용할 수 있습니다. 물론 Viewcube 등 직관적인 명령어를 사용해도 되지만, Command 라인에서 직접 컨트롤하는 경우에는 많이 사용하는 뷰포트를 입력하는 방법이 편리합니다.

관찰 시점 (View)	Vpoint 좌표 값
Isometric−오른쪽 기준	1, −1, 1
Isometric−왼쪽 기준	−1, −1, 1
평면도	0, 0, 1
정면도	0, −1, 0
우측면도	1, 0, 0
좌측면도	−1, 0, 0

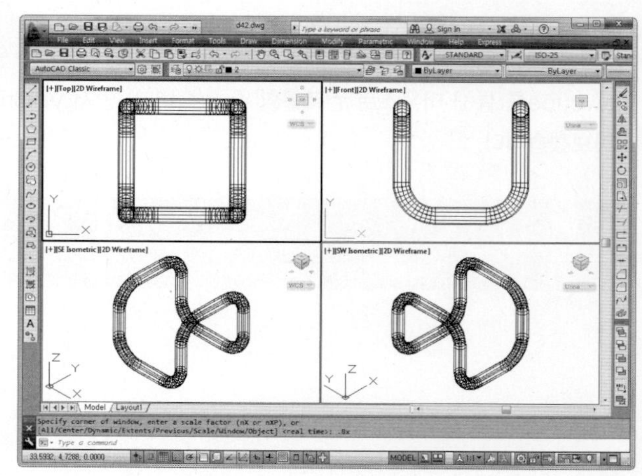

B. ViewCube 사용하기

Vpoint를 이용하여 숫자로 제어하기 어려운 경우에는 AutoCAD가 제공하는 ViewCube를 이용하여 간편하게 원하는 뷰포트를 설정할 수 있습니다. AutoCAD 2013 버전에서는 기본 값으로 설정되어 있고, 2D나 3D 상태에서도 기본으로 설정되어 있으므로 3차원 View로 변경 시 바로 변경할 수 있습니다. 각각의 View Name을 클릭하여 이동하거나 마우스로 누른 상태에서 드래그하여 View를 지정할 수 있습니다. 해당 ViewCube는 Navvcube 명령어를 통해 ON/OFF할 수 있습니다.

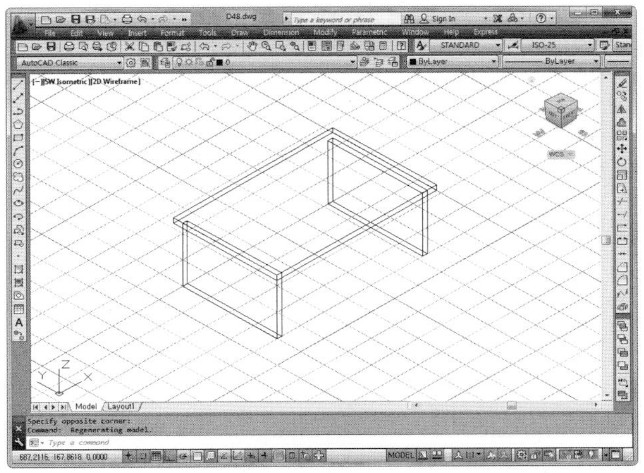
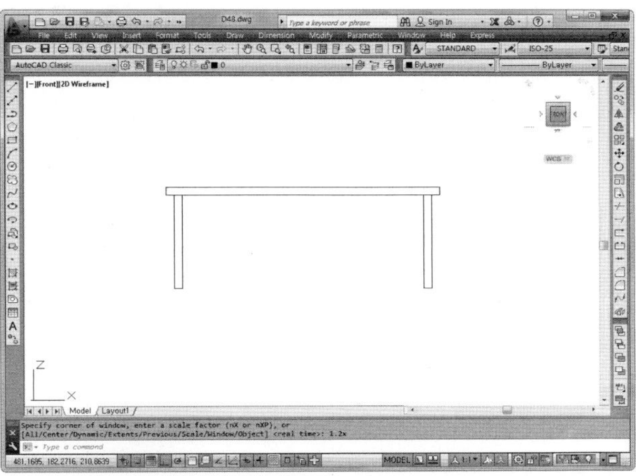

화면 오른쪽 위에 있는 박스 형태의 ViewCube에서 관측하고 싶은 부위를 클릭하면, 각 축마다 자동으로 뷰포인트가 변경됩니다. 위와 같이 객체가 있는 경우, 당하는 ViewCube의 부위를 클릭할 때마다 뷰포인트의 모습을 좀 더 정확하게 파악할 수 있습니다.

C. 3D Orbit 사용하기

3D Orbit는 ViewCube가 없을 때에 마우스로 드래그하여 편리하게 이용하던 사용자 관측 시점 조절 명령어였습니다. ViewCube가 있는 경우에는 특별히 명령어로 사용하기보다 단축키인 Shift +〈마우스 휠 클릭, 드래그〉를 이용하여 Shift 를 누른 상태에서 휠을 눌러 이리저리 돌려볼 수 있습니다. ViewCube가 익숙하지 않은 사용자의 경우에는 Shift +〈마우스 휠 클릭, 드래그〉를 이용하여 빠르고 간편하게 객체를 살펴볼 수 있습니다. 3D Orbit의 경우, 커서의 모양이 동글동글한 특이한 커서가 나타납니다.

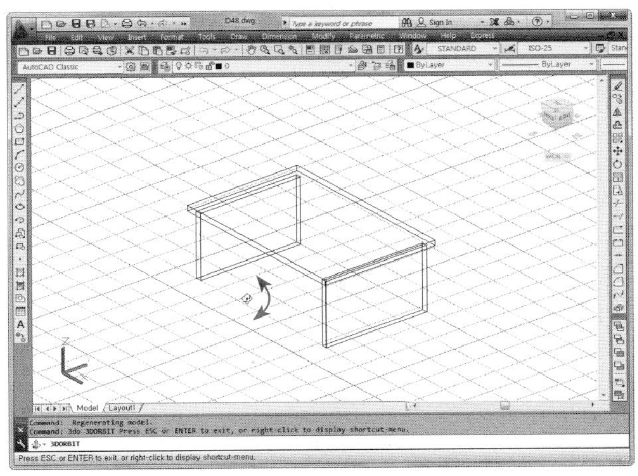
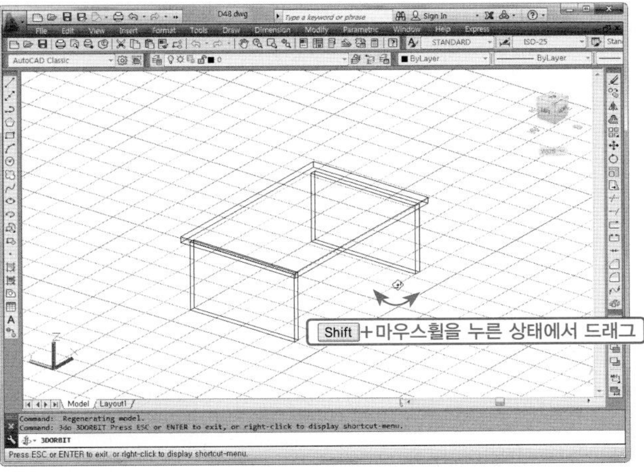

03. 면을 생성하는 3Dface

3차원 좌표 값을 이용하여 선을 그리는 경우, 그려진 선은 건물의 구조물처럼 철근 부분에 해당합니다. 철근 사이에 벽을 만들기 위해서는 면을 생성해야 하므로 AutoCAD의 3Dface 명령어를 이용하여 해당 선분의 꼭짓점을 기준으로 3면 또는 4면을 하나의 닫혀 있는 면으로 만듭니다. 이번에는 선으로 이루어진 3차원 객체를 면으로 지정하는 명령어에 대해 알아보겠습니다.

명령어	3Dface	아이콘	
단축키	3F	메뉴	[Draw]-[Modeling]-[Meshes]-[3DFace]

● 명령어 이해하기

3Dface 명령어는 기본적으로 최소 3면이나 4면을 면 처리할 수 있습니다. 정확한 Osnap을 이용하여 각 부분의 꼭짓점을 클릭하고 면 처리를 합니다. 3면만 필요한 경우에는 네 번째 입력 점에서 Enter 를 눌러 종료하며, 기본은 네 번째 점까지 입력하여 하나의 면(Face)을 만듭니다.

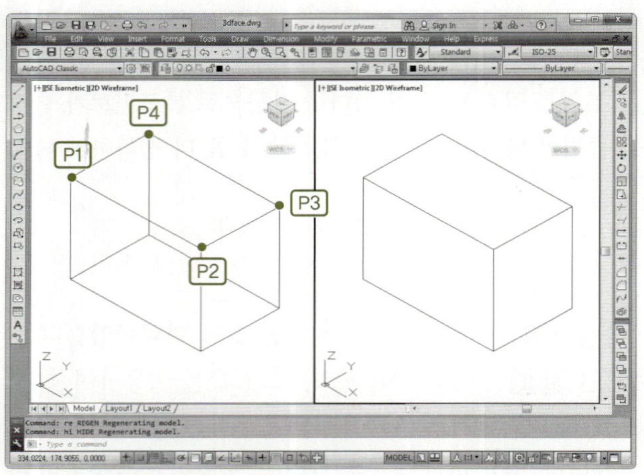

▲ 4점의 3Dface 처리

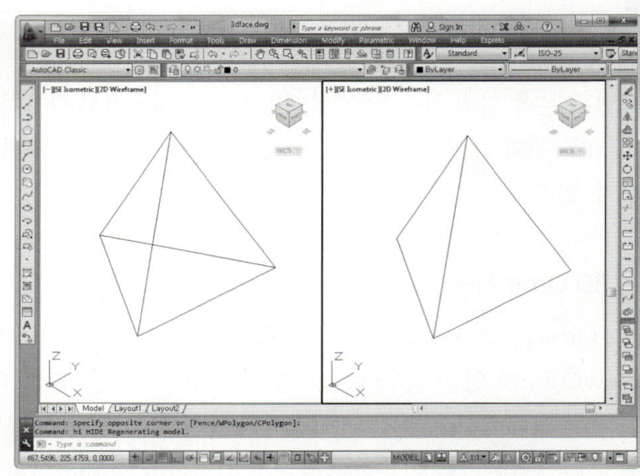

▲ 3점의 3Dface 처리

```
Command: 3DFACE Enter
Specify first point or [Invisible]: P1점 클릭
→ 면 처리할 면의 첫 번째 지점을 클릭합니다.
Specify second point or [Invisible]: P2점 클릭
→ 면 처리할 면의 두 번째 지점을 클릭합니다.
Specify third point or [Invisible] <exit>: P3점 클릭
→ 면 처리할 면의 세 번째 지점을 클릭합니다.
Specify fourth point or [Invisible] <create three-sided face>: P4점 클릭
→ 면 처리할 면의 네 번째 지점을 클릭합니다. 세 점만 있는 경우에는 Enter 를 누릅니다.
Specify third point or [Invisible] <exit>: Enter
→ 면 처리할 면이 없는 경우에는 Enter 를 눌러 종료합니다.
```

● 옵션 이해하기

3Dface 명령어를 이용하는 경우, 기본 4점이나 3점만 있는 객체 외에 5점 이상의 객체를 면 처리하는 경우가 발생합니다. 이때 면 처리는 되지만 화면에 횡단하는 선분이 나타나지 않도록 미리 설정하는 등 3Dface 명령어를 이용할 때 사용할 수 있는 옵션에 대해 알아보겠습니다.

옵션	설명
Invisible	4점 이상 갖고 있는 면을 3Dface 명령어로 처리하는 경우에는 해당 모서리를 이어주는 변(Edge)이 나타나는데, 이때 나타나는 모서리 Edge의 화면 표시 유무를 결정할 수 있습니다. 'I' 옵션을 입력하고 Edge를 형성하는 경우, 해당 Edge가 화면에는 보이지 않으며, Hide 시에만 면이 있는 것으로 표시됩니다.

● 미리해보기

예제 파일 부록 CD\Sample\Chapter05\ch05_02S.dwg

완성 파일 부록 CD\Sample\Chapter05\ch05_02F.dwg

01 메뉴의 [File]-[Open]으로 부록 CD에서 예제 파일을 불러옵니다. 다음과 같이 모든 면을 처리하지 않은 사각형과 윗부분만 열려 있는 육각형 기둥이 나타납니다.

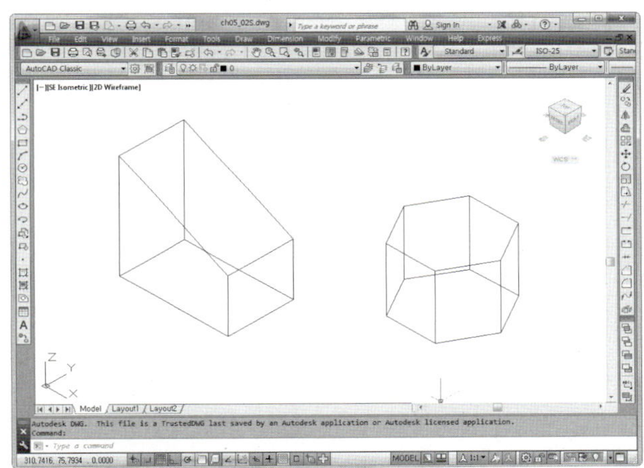

02 해당 면들이 어떤 모양인지 확인하기 위하여 Hide 명령어를 입력합니다. 단축키인 'HI'를 입력해도 됩니다. 다음과 같이 비스듬한 면은 면 처리가 아무것도 되지 않았고, 오른쪽의 육각기둥은 윗부분만 열려 있음을 알 수 있습니다.

```
Command: HIDE [Enter]
Regenerating model.
```

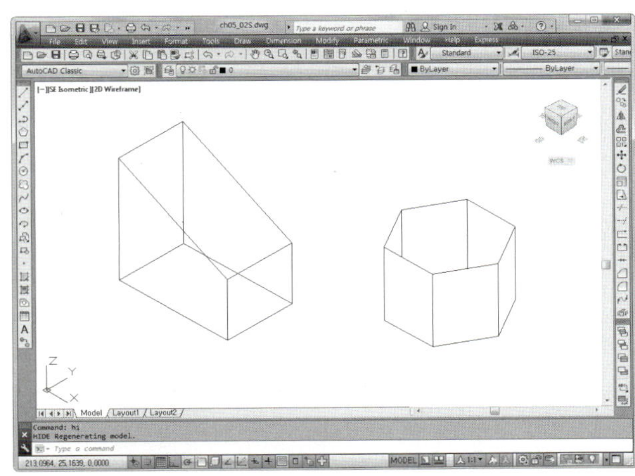

03 왼쪽의 비스듬한 사각형의 앞면만 면 처리해보겠습니다. 먼저 명령어를 입력한 후 Osnap이 켜져 있는 상태에서 정확한 포인트를 한쪽 방향으로 돌아가면서 네 점을 클릭합니다. 네 점을 클릭한 후 Enter 를 눌러 명령어를 종료합니다.

```
Command: 3DFACE Enter
Specify first point or [Invisible]: P1점 클릭
Specify second point or [Invisible]: P2점 클릭
Specify third point or [Invisible] <exit>: P3점 클릭
Specify fourth point or [Invisible] <create three-sided
face>: P4점 클릭
Specify third point or [Invisible] <exit>: Enter
```

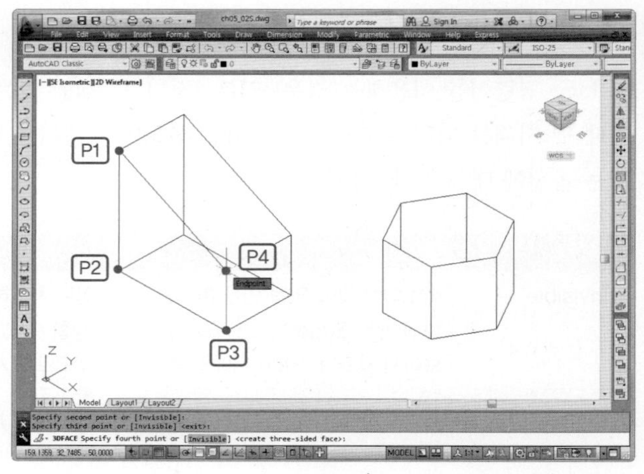

04 사각형 앞부분의 면 처리가 정상적으로 처리되었는지 확인하기 위하여 다음과 같이 Hide 명령어를 입력하여 확인합니다.

```
Command: HIDE Enter
Regenerating model.
```

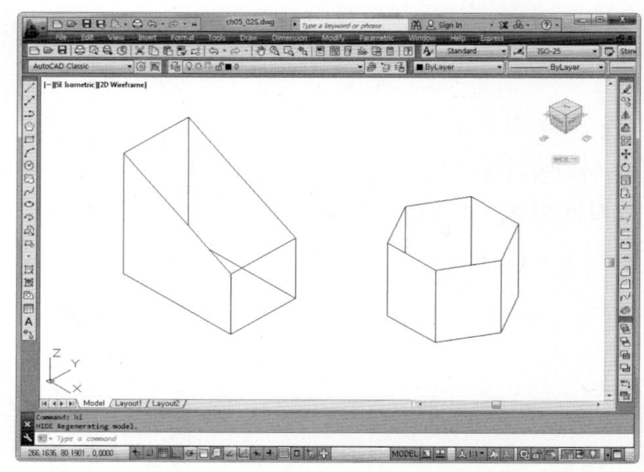

05 옆의 육각기둥의 경우, 육각형의 반쪽을 먼저 막아야 합니다. 따라서 중간에 선이 보이지 않도록 모서리 선인 Edge가 나타나는 부분을 클릭하기 이전에 'I' 옵션을 이용하여 Invisible 처리합니다. 다음과 같은 순서대로 클릭하되, P8점을 클릭하기 이전에 'I'를 클릭한 후 Space bar 를 누르고 P8점을 클릭합니다.

```
Command: 3DFACE Enter
Specify first point or [Invisible]: P5점 클릭
Specify second point or [Invisible]: P6점 클릭
Specify third point or [Invisible] <exit>: P7점 클릭
Specify fourth point or [Invisible] <create three-sided
face>: i Space bar
Specify fourth point or [Invisible] <create three-sided
face>: P8점 클릭
Specify third point or [Invisible] <exit>: Enter
```

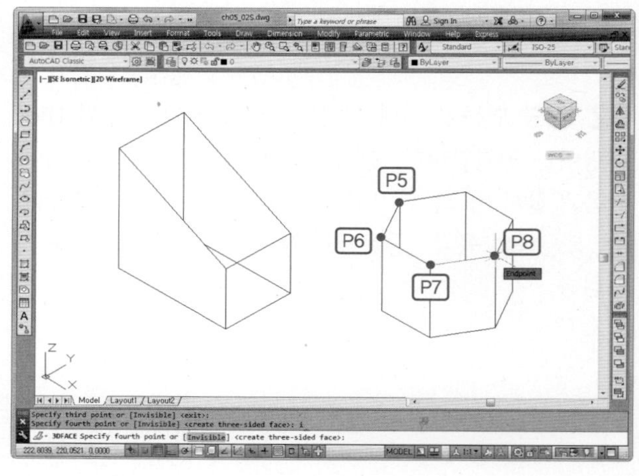

06 육각기둥의 윗부분 절반이 면 처리가 되었는지, 그리고 중간에 선분은 나타나지 않는지 확인하기 위하여 다음과 같이 Hide 명령어를 입력하여 확인합니다.

```
Command: HIDE Enter
Regenerating model.
```

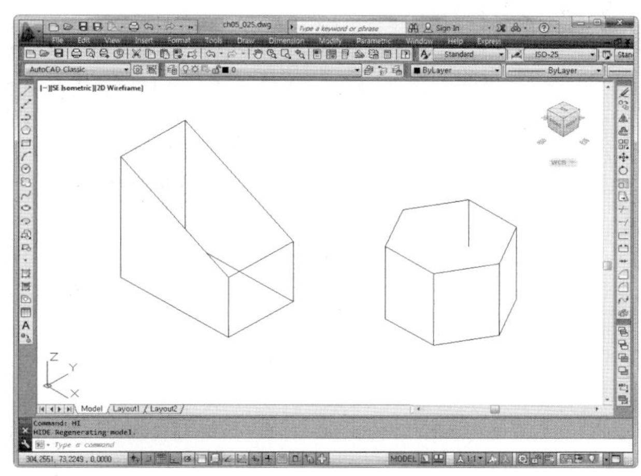

07 면 처리를 하고 나면 마우스 휠을 이용한 Zooming이나 Paning이 되지 않습니다. 따라서 화면을 재생산하는 Regen 명령어를 입력하여 Hide를 풀어주어야 합니다. 단축키인 'RE'를 입력해도 됩니다.

```
Command: REGEN Enter
Regenerating model.
```

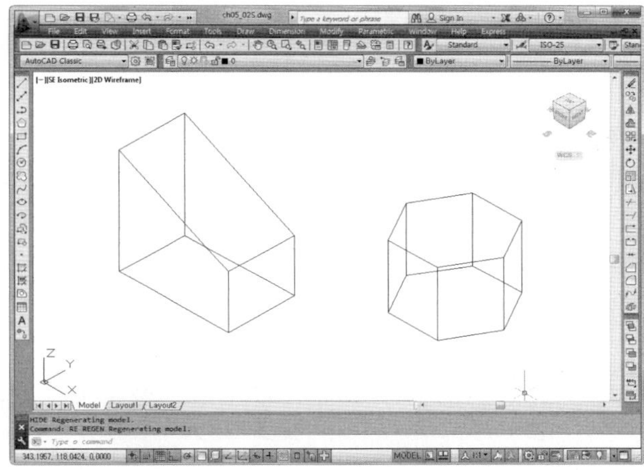

Upgrade ★

면 처리 유무를 확인하는 Hide

Hide 명령어를 입력하면 3Dface 명령어를 이용하여 면 처리를 하거나 Thickness로 두께를 부여하여 모델링한 경우, 해당 객체의 면이 제대로 만들어졌는지의 유무를 확인합니다. 옵션이나 사용하는 방법이 특별하지 않으며, Command에서 Hide를 입력하고 Enter 를 누르면 화면에 객체의 면 상태를 표시합니다. Hide를 사용한 이후의 화면에서는 Zoom 명령어나 Pan을 마우스 휠로 이용하는 경우, 정상 작동하지 않으므로 [REGEN]을 이용하여 화면을 재생산하거나 Command에 직접 Zoom이나 Pan 명령어를 입력하여 사용해야 합니다.

Section 02
두께를 변경하여 빠른 3D 모델링하기

Surface를 이용한 3D 모델링의 방식은 해당 모양을 선으로 먼저 그린 후에 부분부분의 면으로 이식하는 방식과 선에 고도와 두께를 이용하여 면을 가진 객체로 빠르게 모델링하는 방식이 있습니다. 이번에는 일일이 선으로 모델링하는 대신에 그리고자 하는 선에 미리 두께를 부여하여 모델링하는 방식으로 선을 그려 모델링 단계를 줄여주는 명령어와 3D 모델링의 최적화에 관련된 명령어에 대해 알아보겠습니다.

01. 고도와 두께를 변경하는 Change

Elev 명령을 이용하여 모델링을 할 때에는 실제 객체를 그릴 때마다 고도와 두께를 계속 변경해야 합니다. 사용자가 항상 고도나 두께를 변경하면서 그리는 경우에는 불편을 감수해야 합니다. Change 명령어는 이미 그려 놓은 객체의 고도나 두께를 변경할 수 있는 옵션을 갖고 있으며, 예전에는 다양한 옵션을 실행하기 위해 사용하였지만, 현재는 지금처럼 고도나 두께의 변경 또는 Linetype Scale 등의 세밀한 조건에만 한정하여 사용하고 있습니다. 이번에는 이미 그려진 객체의 고도와 두께를 변경하는 방법에 대해 알아보겠습니다.

명령어	Change	아이콘	
단축키	-CH	메뉴	[Modify]-[Properties]

● 명령어 이해하기

Change 명령어를 아이콘을 이용하여 실행하면 대화상자가 나타나며, Command 라인에 직접 입력하는 경우에는 대화상자 없이 명령 행에서 실행합니다. 다양한 객체의 속성을 변화시킬 수 있으며, 특히 3차원에서의 Change의 역할은 고도와 두께 등을 빠르게 변화시킬 수 있습니다. 명령어를 실행한 후 객체를 선택하고, 원하는 조건의 옵션을 선택하여 변경하고 싶은 값을 입력하면 객체의 속성이 변경됩니다.

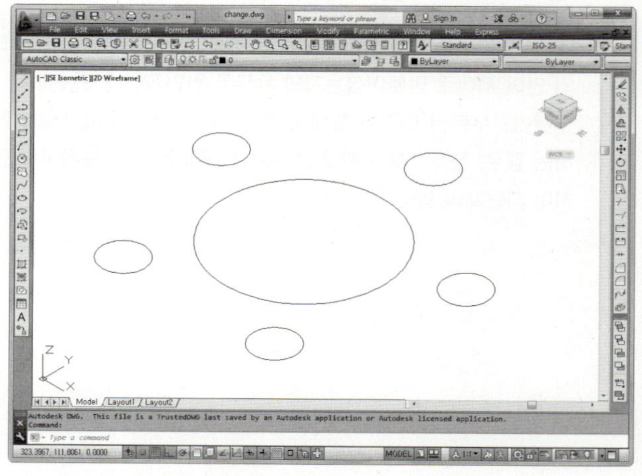

▲ Change Elev=0, Thickness=0

```
Command: CHANGE [Enter] [단축키: -CH]
Select objects:
→ 속성을 변경할 대상 객체를 선택합니다.
Select objects: [Enter]
→ 대상 객체 선택이 완료되면 [Enter]를 눌러 선택을 종료합니다.
Specify change point or [Properties]: p [Enter]
→ 객체의 속성을 변경하기 위하여 속성 옵션 [Properties]의 'P'를 입력합
  니다.
Enter property to change
[Color/Elev/LAyer/LType/ltScale/LWeight/Thickness/
TRansparency/Material/Annotative]: e [Enter]
→ 객체의 고도 속성을 변경하기 위한 'Elev' 옵션의 'E'를 입력합니다.
Specify new elevation <0.0000>: 50 [Enter]
→ 고도인 Elev 값을 입력합니다.
Enter property to change
[Color/Elev/LAyer/LType/ltScale/LWeight/Thickness/
TRansparency/Material/Annotative]: t [Enter]
→ 객체의 두께 속성을 변경하기 위한 'Thickness' 옵션의 'T'를 입력합니다.
Specify new thickness <0.0000>: 100 [Enter]
→ 두께인 Thickness 값을 입력합니다.
Enter property to change
[Color/Elev/LAyer/LType/ltScale/LWeight/Thickness/
TRansparency/Material/Annotative]:
→ 명령어를 종료하기 위하여 [Enter]를 눌러 명령어를 종료합니다.
```

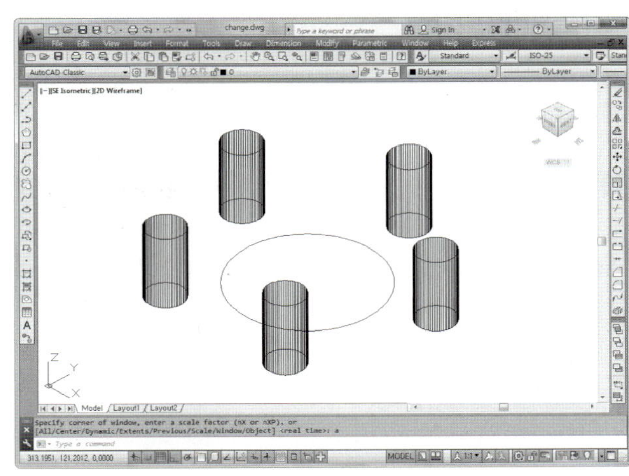

▲ Change Elev=0, Thickness=30

● 옵션 이해하기

Change 명령어는 DOS 버전에서 주로 레이어나 색상, 선의 타입 등을 변경할 때에 사용했습니다. 지금은 대화상자나 Grip 등을 이용하여 선택하거나 변경할 수 있으므로 Change 명령어를 이용하는 경우에는 3차원에서 Elev나 Thickness 등을 변경할 때에 주로 사용합니다. 하지만 'Change' 옵션 안의 다음과 같은 내용은 가끔 사용자의 편의에 따라 속성만 변경하고자 하는 경우에 사용할 수 있으므로, 아래의 옵션만은 반드시 알아두는 것이 좋습니다.

옵션	설명
Color	객체의 색상 속성을 변경합니다.
Elev	객체의 3차원 시작 높이 값 속성을 변경합니다.
LAyer	객체의 레이어 속성을 변경합니다.
LType	객체의 선 종류 속성을 변경합니다.
ltScale	객체의 선 종류의 한계에 대한 척도 속성을 변경합니다.
LWeight	객체의 선 두께의 너비 속성을 변경합니다.
Thickness	객체의 Z축에 대한 두께 속성을 변경합니다.
Material	객체의 부착된 재질의 속성을 변경합니다.
Annotative	객체의 주석 속성을 변경합니다.

예제 파일 부록 CD\Sample\Chapter05\ch05_04S.dwg   완성 파일 CD\Sample\Chapter05\ch05_04F.dwg

01 메뉴의 [File]-[Open]으로 부록 CD에서 예제 파일을 불러옵니다. 다음과 같이 지상으로부터 100만큼의 높이에 20만큼의 두께를 가진 사각형이 나타납니다.

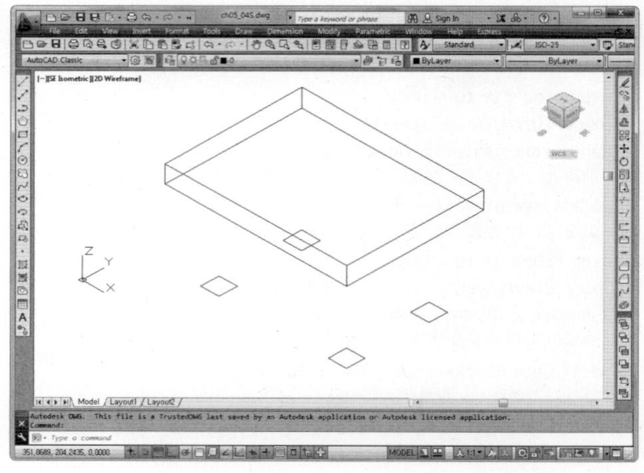

02 먼저 Change 명령어를 입력하거나 단축키인 'CH'를 입력한 후 다음과 같이 Cross 방식으로 오른쪽 2개의 사각형을 선택하고, 선택이 완료되면 Enter 를 눌러 선택을 종료합니다.

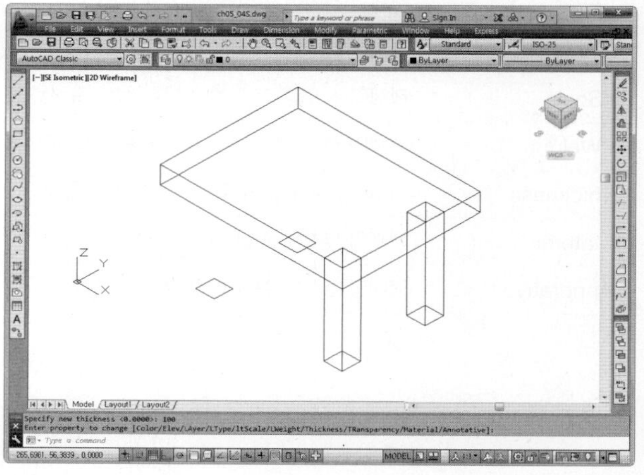


```
Command: CHANGE Enter [단축키: -CH]
Select objects: Specify opposite corner: 8 found
→ P1~P2점 클릭, 드래그
Select objects: Enter
```

03 속성을 변경하기 위하여 Properties의 'P' 옵션을 입력하고 두께만 변경하기 위하여 Thickness의 'T' 옵션을 입력합니다. 두께 값에 '100'을 입력한 후 더 이상 변경할 속성이 없는 경우에는 Enter 를 눌러 명령어를 종료합니다.

```
Specify change point or [Properties]: P Enter
Enter property to change
[Color/Elev/LAyer/LType/ltScale/LWeight/Thickness/
TRansparency/Material/Annotative]: T Enter
Specify new thickness <0.0000>: 100 Enter
Enter property to change
[Color/Elev/LAyer/LType/ltScale/LWeight/Thickness/
TRansparency/Material/Annotative]: Enter
```

04 이번에는 왼쪽의 사각형을 선택하여 고도와 두께를
모두 변경해보겠습니다. Change 명령어를 입력하거나 단
축키인 'CH'를 입력한 후 다음과 같이 Window 방식으로
오른쪽 2개의 사각형을 선택합니다. 선택이 완료된 경우
에는 Enter 를 눌러 명령어를 종료합니다.

```
Command: CHANGE Enter [단축키: -CH]
Select objects: Specify opposite corner: 8 found
→ P3~P4점 클릭, 드래그
Select objects: Enter
```

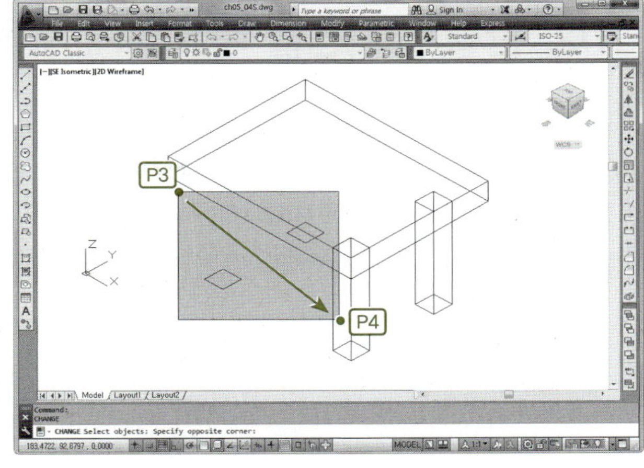

05 속성을 변경하기 위하여 'Properties' 옵션의 단축키
인 'P'를 입력한 후 고도를 변경하기 위하여 'Elev' 옵션의
단축키인 'E'를 입력합니다. 그런 다음, Elev를 '120'으로
변경합니다. 또한 두께를 변경하기 위하여 'Thickness' 옵
션의 단축키인 'T'를 입력하고 두께 값에 '100'을 입력한 후
더 이상 변경할 속성이 없는 경우에는 Enter 를 눌러 명령
어를 종료합니다.

```
Specify change point or [Properties]: P Enter
Enter property to change
[Color/Elev/LAyer/LType/ltScale/LWeight/Thickness/
TRansparency/Material/Annotative]: E Enter
Specify new elevation <0.0000>: 120 Enter
Enter property to change
[Color/Elev/LAyer/LType/ltScale/LWeight/Thickness/
TRansparency/Material/Annotative]: T Enter
Specify new thickness <0.0000>: 30 Enter
Enter property to change
[Color/Elev/LAyer/LType/ltScale/LWeight/Thickness/
TRansparency/Material/Annotative]: Enter
```

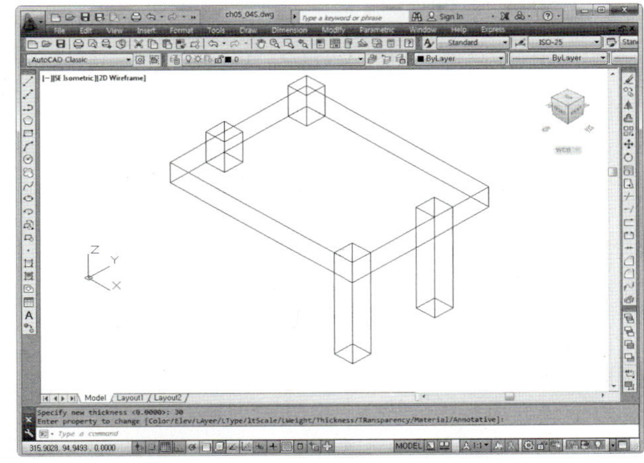

06 형태와 모양이 어떻게 완료되었는지를 확인하기 위
하여 다음과 같이 Hide 명령어를 입력하여 확인합니다.

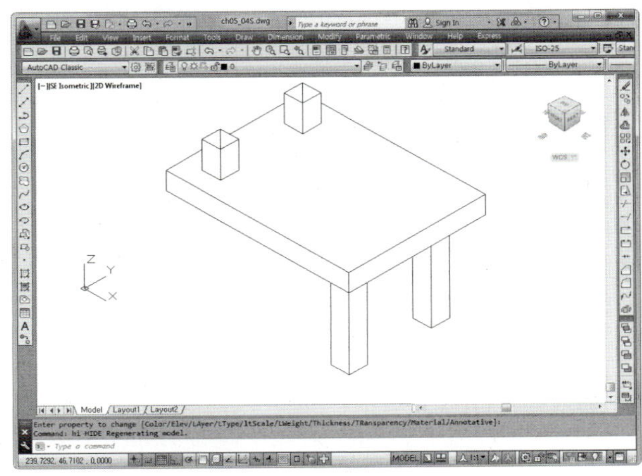

```
Command: HIDE Enter [단축키: HI]
Regenerating model.
```

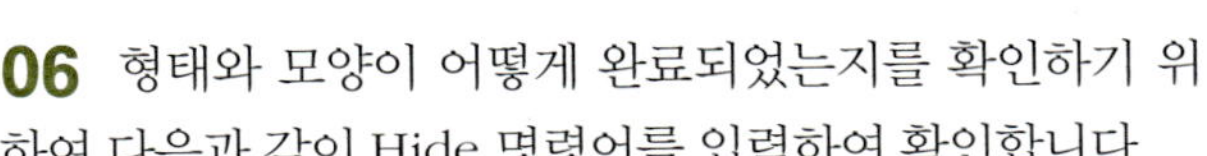

앞에서 Vpoint 또는 Viewcube 명령어를 이용하여 3차원 객체의 사용자 관측 시점을 변경하는 연습을 해보았습니다. 3DOrbit는 Vpoint와 Viewcube 명령어와 동일하게 사용자가 3차원 객체의 여러 가지 관측 시점을 변경하는 명령어 중 하나입니다. 오히려 좌표 점을 입력하는 Vpoint과 큐브를 선택하는 Viewcube보다 관측 시점을 정하기가 쉽기 때문에 마치 3차원 모델링 프로그램을 사용하는 것과 같습니다. 이번에는 Vpoint와 Viewcube를 비교해보겠습니다.

명령어	3DOrbit	아이콘	
단축키	3DO	메뉴	[View]-[Orbit]-[Free Orbit]

● 명령어 이해하기

3DOrbit 명령어를 사용하는 경우, 3차원 객체가 화면에 Open되어 있는 상태에서 메뉴 [View]-[Orbit]-[Free Orbit]를 이용하거나 Command 라인에서 단축키인 '3DO'를 입력하고 사용자가 원하는 방향으로 마우스를 드래그하면, 드래그하는 방향으로 객체가 표시됩니다. 마우스를 클릭, 드래그하여 위, 아래, 왼쪽, 오른쪽으로 움직이면 각각 실제로 물체를 돌려보는 것과 같은 효과가 나타납니다. 메뉴를 이용하는 경우에는 그림과 같이 초록색의 원형이 나타나며, 단축키를 이용하면 초록색의 원은 보이지 않고, 드래그하여 객체를 돌려볼 수만 있습니다. 또한 마우스 휠을 누른 상태에서 드래그하면 3DOrbit을 사용하는 상태에서도 Pan을 사용할 수 있습니다.

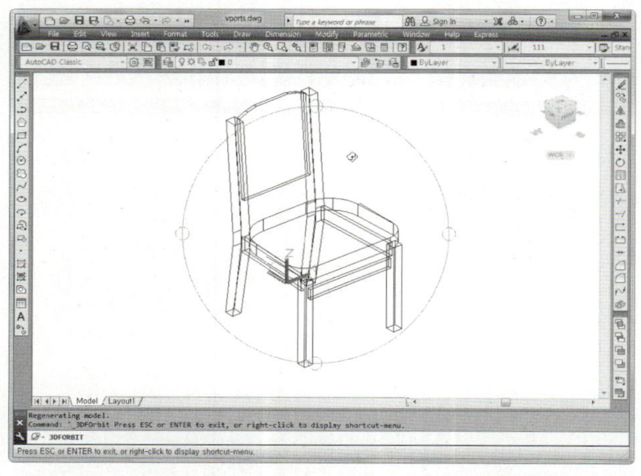
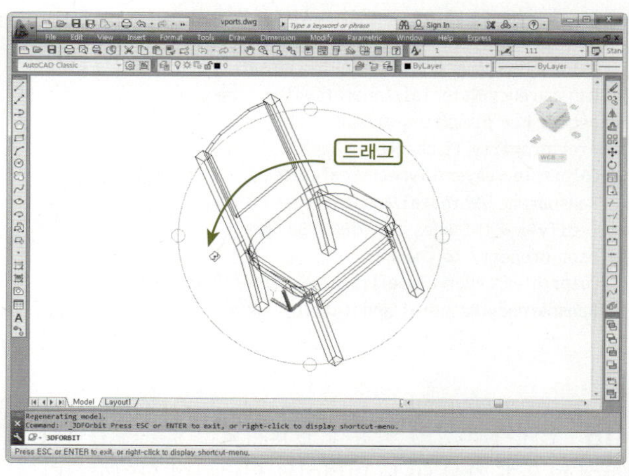


```
Command: 3DO Enter
3DORBIT Press ESC or ENTER to exit or right-click to display shortcut-menu.
Regenerating model.
```

Upgrade ★

명령어를 입력하지 않고 3DOrbit을 이용하는 방법

3DOrbit을 이용하는 경우, 일반적으로 메뉴나 단축키를 이용합니다. 하지만 어느 명령어를 실행하는 도중이라도 Shift 를 누른 상태에서 마우스 휠을 누르고 드래그하면 바로 3DOrbit가 설정되어 사용자가 원하는 뷰를 만들 수 있습니다. 명령어나 메뉴를 이용하는 것도 좋지만 Shift +〈마우스 휠 드래그〉를 이용하여 접근하는 것이 편리합니다.

03. 2개 이상의 화면 분할을 지정하는 Vports

AutoCAD와 같이 모니터에 도면 작업을 할 때의 가장 큰 문제는 다양한 뷰포트를 매번 돌려봐야 한다는 것입니다. 그래서 AutoCAD에서는 하나의 모니터 화면 안에 각기 다른 뷰포트를 한 번에 볼 수 있는 명령어를 이용할 수 있도록 지정했습니다. 3차원 모델링 프로그램의 경우, 가장 많이 사용하는 형태의 뷰포트 설정 방법으로 AutoCAD에서는 사용자가 원하는 개수와 뷰포트의 뷰를 설정할 수 있도록 하였습니다. 이번에는 다양한 Vpoint를 하나의 화면에 분할 지정하여 하나의 모델링 객체를 여러 가지 뷰포트로 보면서 작업할 수 있는 Vports 명령어에 대해 알아보겠습니다.

명령어	Vports	아이콘	
단축키	-vports	메뉴	[View]-[Viewports]-[New Viewports]

● 명령어 이해하기

화면 분할의 경우 Vports를 입력하면 대화상자를 이용하여 설정할 수 있으며, Vports 명령어 앞에 마이너스(−) 부호를 붙여서 입력하면 직접 명령어와 옵션을 사용할 수 있습니다. 대화상자에서 2D, 3D 뷰포트를 설정하거나 Command 행에서 수동으로 처리하여 화면을 분할하고 설정합니다. 원하는 창의 개수와 각 창의 관측 시점을 각각의 방법으로 지정합니다.

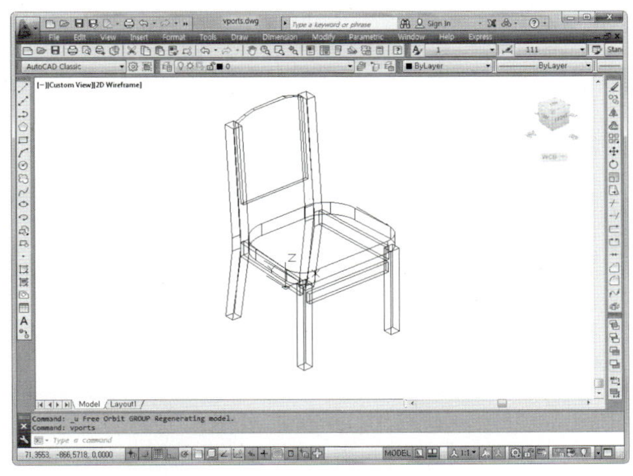

Command: Vports Enter
→ 명령어를 입력한 후 대화상자가 나타나면, 왼쪽 화면에서 원하는 화면의 개수와 Setup 상태를 확인하고 [OK] 버튼을 클릭합니다.

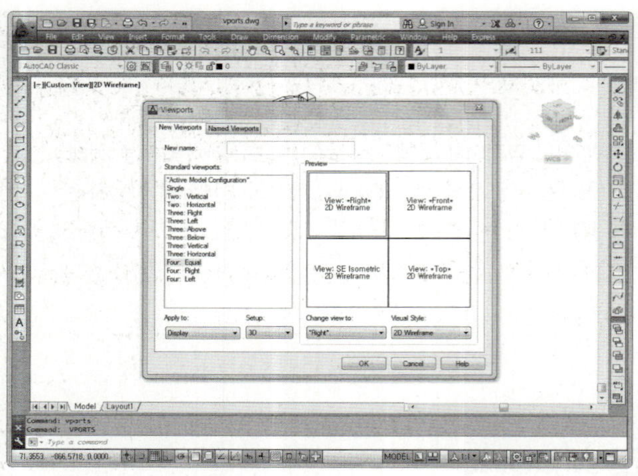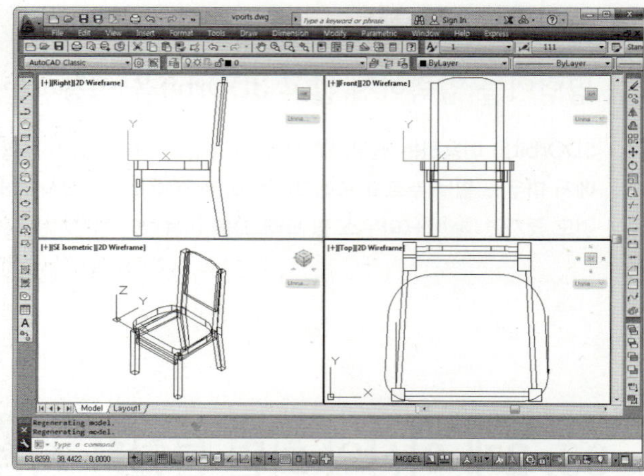

→ 각기 다른 뷰포트가 화면 창으로 설정되어 있습니다.

● 옵션 이해하기

[Viewports] 대화상자가 나타나면, Standard viewports에서 원하는 화면 창의 개수를 선택한 후 Setup의 2D, 3D를 선택하여 각 창의 Vpoint를 지정할 수 있습니다. 오른쪽의 Preview 창을 통해 각각의 뷰포트가 가지는 방향을 미리 확인할 수 있고, 분할된 화면의 나누어진 상태를 저장해두거나 2D 작업용과 3D 작업용으로 각각 선택하여 한 번에 Vpoint를 설정한 상태에서 화면을 작동할 수 있습니다.

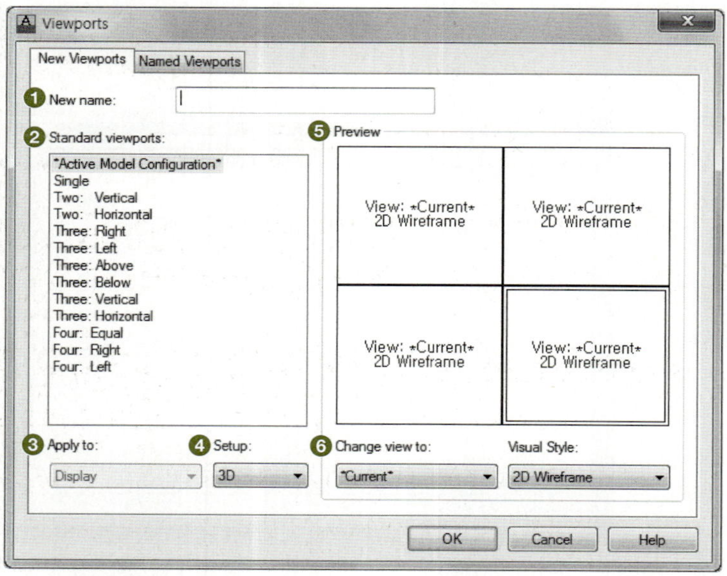

▲ [Vports] 대화상자

옵션	설명
❶ New Name	화면 분할 상태를 저장하기 위한 이름을 입력합니다. 이름을 입력한 화면 분할은 다음에 바로 클릭하여 사용할 수 있습니다.
❷ Standard viewports	2D와 3D로 구분하여 조건에 맞추어 화면 분할을 미리 해 놓은 후 사용자가 원하는 조건을 선택할 수 있도록 합니다. 사용자는 미리 구성된 1~4개의 뷰포트를 선택하면 됩니다.
❸ Apply to	분할된 화면을 적용하는 방법을 조절합니다. – Display: 현재 화면 전체를 원하는 화면으로 분할하여 지정합니다. – Current Viewports: 분할된 화면만 지정하는 것이며, 분할된 화면을 다시 분할할 때에 사용합니다.
❹ Setup	2D와 3D 작업용으로 구분합니다. – 2D: 분할된 화면 모두 똑같은 UCS의 좌표를 사용하여 같은 형태의 방향으로 표시합니다. – 3D: 화면의 방향 모두 다르게 표시되며, 각 화면의 UCS 방향도 뷰포트의 방향에 따라 다르게 표시됩니다.
❺ Preview	화면 분할 상태를 화면에 미리 표시합니다.
❻ Change view to	3D 상태에서만 활성화되며, 분할된 각 화면의 방향을 각각 따로 조절합니다.

● 미리해보기

예제 파일 부록 CD\Sample\Chapter05\ch05_05S.dwg   **완성 파일** 부록 CD\Sample\Chapter05\ch05_05F.dwg

01 메뉴의 [File]–[Open]으로 부록 CD에서 예제 파일을 불러옵니다. 앞의 3DOrbit와 Vports 명령어에 사용한 의자가 나타납니다. 화면 구성이나 명령어의 사용 없이 단일 화면으로 구성되어 있습니다.

02 Command 행에 다음과 같이 Vports 명령어를 입력합니다. 다음과 같은 대화상자가 나타납니다. 화면은 분할되지 않은 하나의 Single 화면으로 나타납니다.

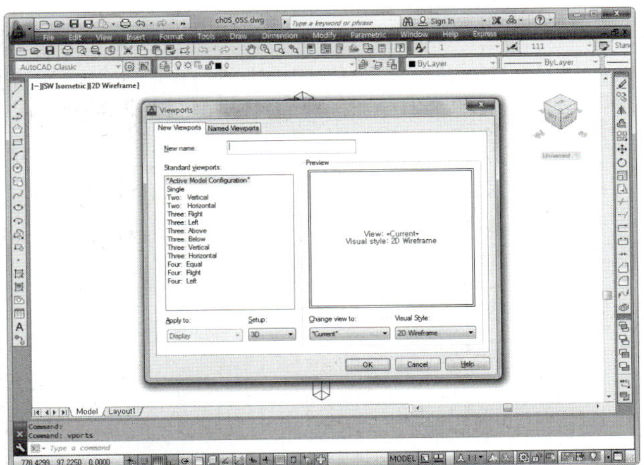

```
Command: VPORTS  Enter
Regenerating model.
```

03 Standard viewport에서는 'Four: Equal'을 선택하고 Setup은 '3D'로 설정합니다. 오른쪽의 Preview를 보면 각 화면 창의 내용이 미리 보기 화면으로 나타나는 것을 알 수 있습니다. 설정된 화면의 뷰포트를 확인한 후 [OK] 버튼을 클릭합니다.

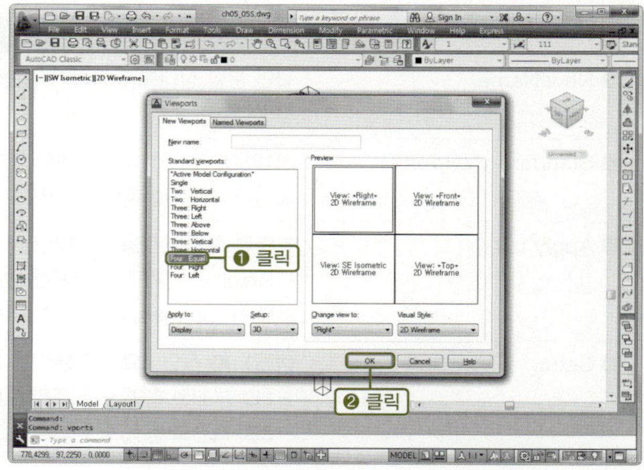

04 다음과 같이 정면, 평면, 측면, 3차원 뷰가 하나의 화면에 나타나 있습니다. 그런데 4개의 화면 중 오른쪽 아래의 십자 커서는 네 군데 중 하나에만 나타나는데, 그 십자 커서가 나타나는 곳이 바로 'Current Viewport'입니다. 즉, '작업 창'이라는 뜻입니다.

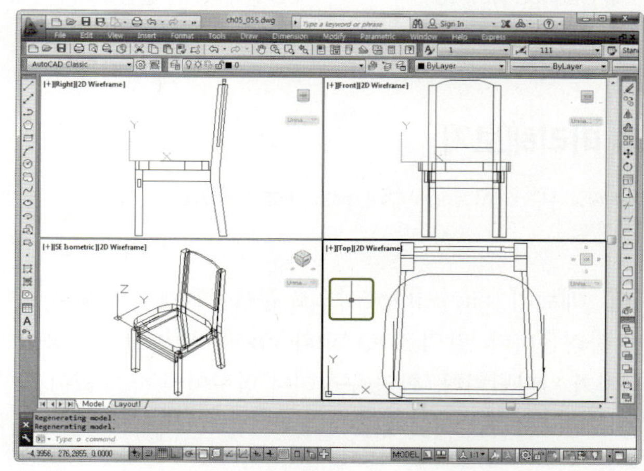

05 다른 곳으로 마우스를 옮겨 봅니다. 아래의 왼쪽 창으로 마우스를 옮겨 보면 십자 커서 대신 다음과 같은 화살표가 나타납니다. 이 화살표는 작업 창을 선택할 수 있는 커서로, 원하는 창을 활성 창으로 선택할 때에 사용합니다. 화살표 커서를 클릭하면 십자 커서로 바뀌며, 3차원 뷰포트 창이 활성 창이 됩니다.

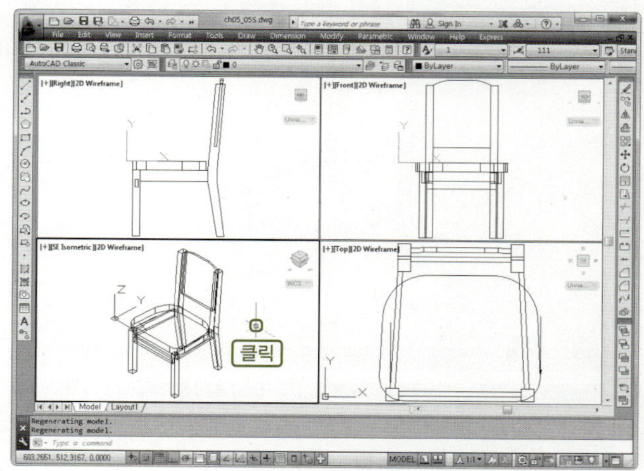

06 이번에는 이동된 3차원 활성 창에서 3DOrbit를 이용하여 관측 시점을 변경해보겠습니다. 3DO 단축 명령어를 입력한 후 다음과 같은 커서가 나타나면 위에서 아래로 커서를 드래그합니다. 다음과 같이 의자의 관측 시점이 변경됩니다. 변경 후에 원래의 커서 모양으로 되돌아오는 경우에는 Esc 를 눌러 회복하면 됩니다.

Command: 3DO Enter

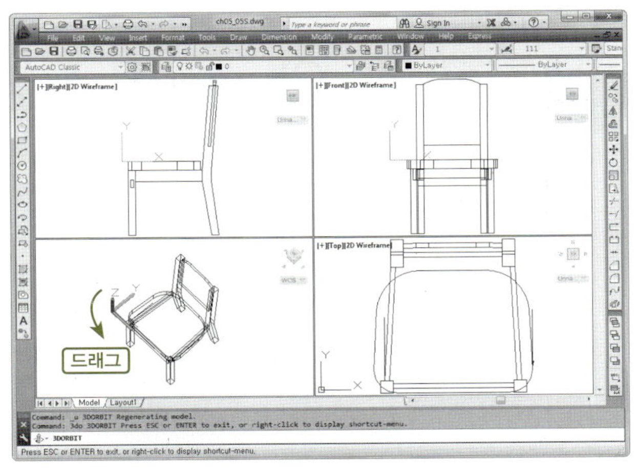

07 이번에는 다시 화면을 하나의 화면으로 만들어 보겠습니다. 명령어를 입력한 후 다음과 같이 Single을 선택합니다. 이때 Change view to는 Current로 하여 4개의 창에서 1개의 창으로 되돌아올 때 Vpoint인 관측 시점은 현재 커서가 있는 현재 화면을 기준으로 돌아오도록 설정합니다.

Command: VPORTS Enter
Regenerating model.

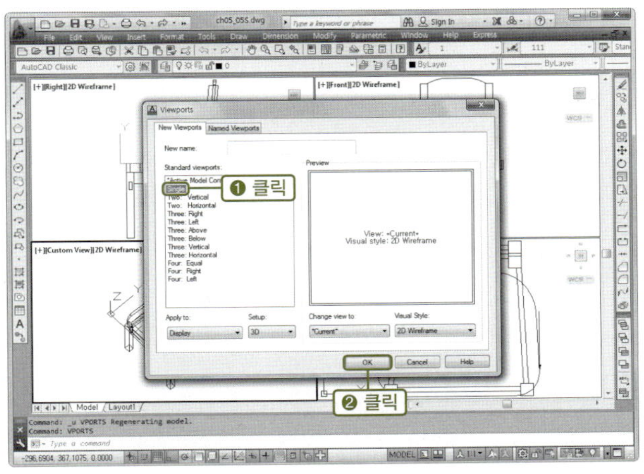

08 다음과 같이 커서가 있던 화면 뷰포트가 기준 화면으로 설정되고, 4개이던 화면 창이 1개로 변경되었습니다.

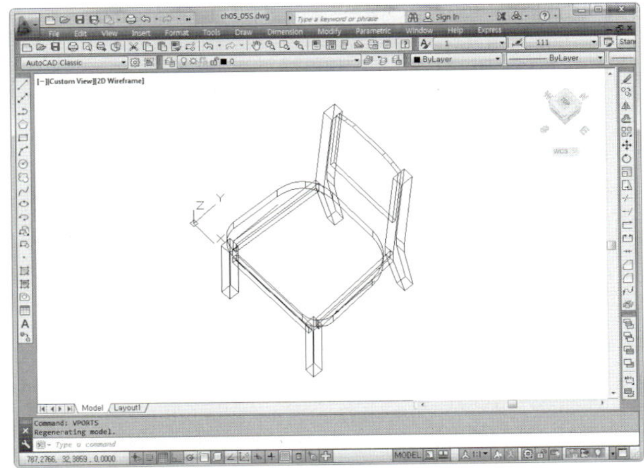

Change로 도형 작성 및 뷰포트 관리

3차원 모델링의 첫걸음은 '3차원 좌표계의 이해'와 '고도와 두께의 이해'입니다. 따라서 이번에는 고도와 두께를 변경하거나 사용자가 원하는 관측 시점을 만들 수 있도록 설정하는 방법과 하나의 모니터에 여러 개의 뷰포트를 동시에 보이도록 화면 분할을 자유롭게 설정하는 연습을 해보겠습니다. 다음의 예제를 꼼꼼히 따라해보기 바랍니다.

예제 파일 부록 CD\Sample\Chapter01\ch05_se02_01S.dwg

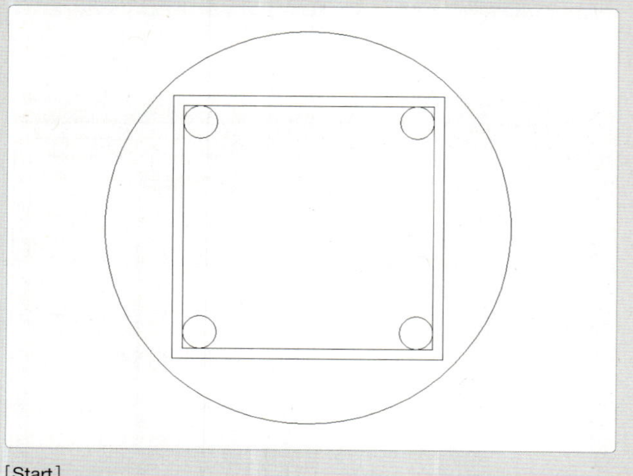

[Start]

완성 파일 부록 CD\Sample\Chapter01\ch05_se02_01F.dwg

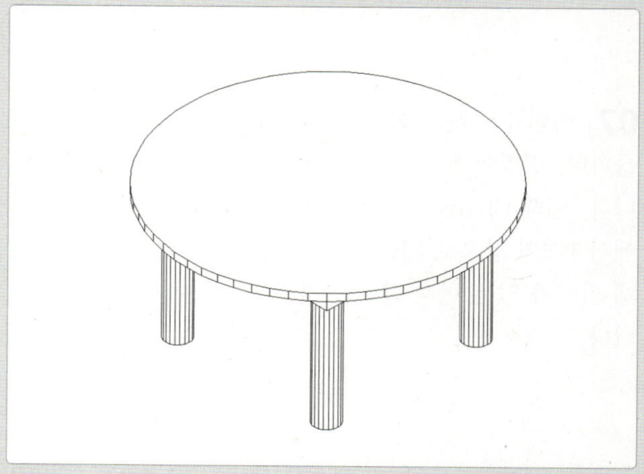

[Final]

01 메뉴의 [File]-[Open]으로 부록 CD에서 예제 파일을 불러옵니다. 다음과 같이 테이블을 만들 수 있는 2D 기본 객체들이 그려져 있습니다. 그림과 같이 ViewCube의 SE 부분을 클릭하여 3차원 관측 시점으로 전환합니다.

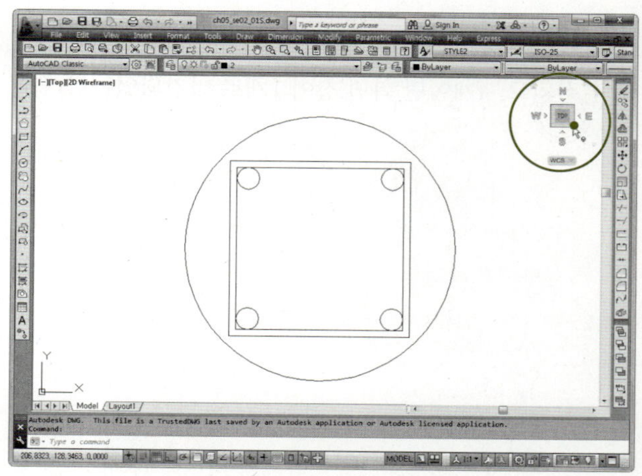

02 먼저 맨 위의 둥근 테이블을 선택하여 속성을 변경해보겠습니다. 먼저 Change 명령어나 단축키인 '−CH'를 입력한 후 다음과 같이 원을 선택합니다. 선택이 완료되면 Enter 를 눌러 선택을 종료하고, 속성을 변경하기 위하여 'P' 옵션을 선택합니다.

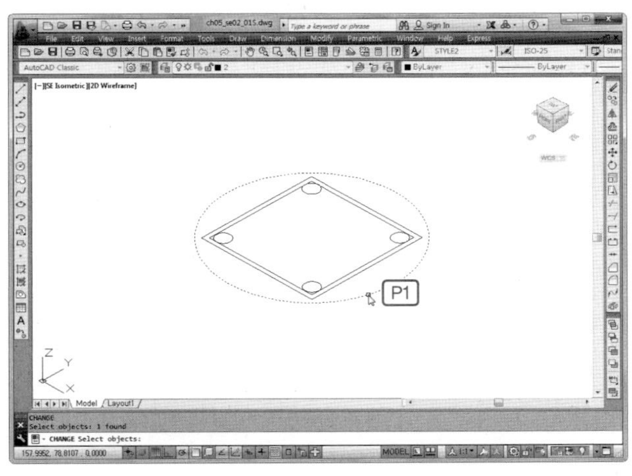


```
Command: CHANGE Enter [단축키: −CH]
Select objects: 1 found
→ P1점 클릭
Select objects: Enter
Specify change point or [Properties]: P Enter
```

03 고도(Elev)를 변경하기 위하여 단축키인 'e'를 입력하고 다음과 같이 값을 입력한 후 바로 두께(Thickness)를 변경하기 위하여 't'를 입력한 후 두께에 '3'을 입력합니다. 입력이 완료되면 명령어를 종료하기 위하여 Enter 를 누릅니다. 다음과 같이 아래에 있던 원이 두께가 있는 원이 되면서 Z축으로 이동했습니다.

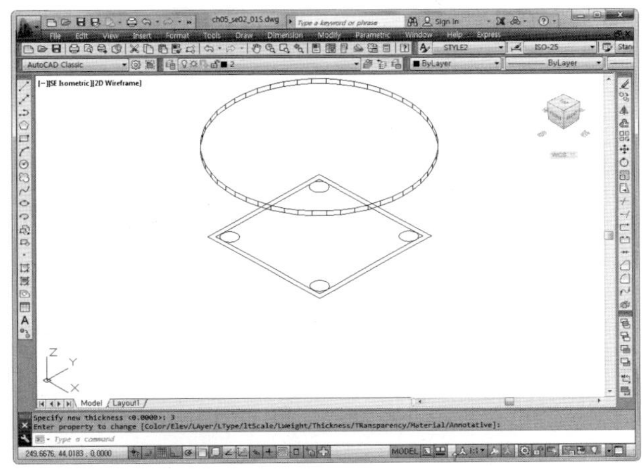

```
Enter property to change
[Color/Elev/LAyer/LType/ltScale/LWeight/Thickness/
TRansparency/Material/Annotative]: E Enter
Specify new elevation <0.0000>: 56 Enter
Enter property to change
[Color/Elev/LAyer/LType/ltScale/LWeight/Thickness/
TRansparency/Material/Annotative]: T Enter
Specify new thickness <0.0000>: 3 Enter
Enter property to change
[Color/Elev/LAyer/LType/ltScale/LWeight/Thickness/
TRansparency/Material/Annotative]: Enter
```

04 이번에는 사각형 선분들의 속성을 변경해보겠습니다. 바로 직전에 사용한 명령어는 Enter 만 눌러 재실행합니다. 다음과 같은 선분을 클릭, 드래그하여 여러 개를 한 번에 선택합니다.

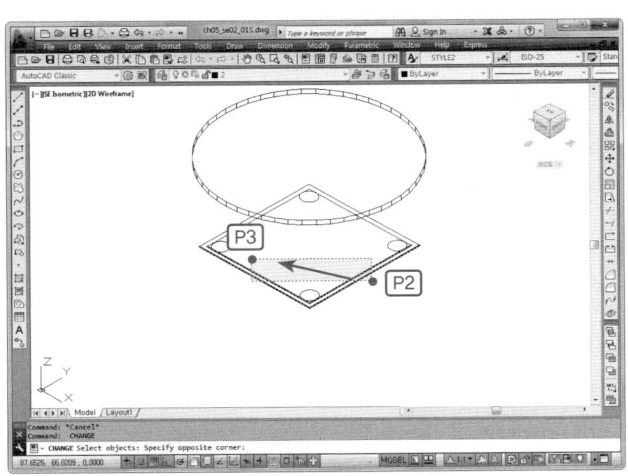


```
Command: Enter
CHANGE
Select objects: Specify opposite corner: 4 found
→ P2~P3점 클릭, 드래그
```

05 다음의 사각형도 다시 한 번 클릭, 드래그하여 2개 이상을 한 번에 선택합니다.

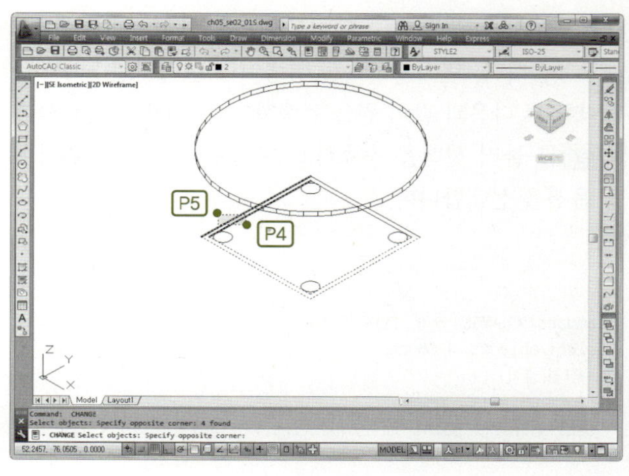

```
Select objects: Specify opposite corner: 2 found, 6 total
→ P4~P5점 클릭, 드래그
```

06 마지막으로 오른쪽의 사각 선분도 클릭, 드래그하여 한 번에 선택합니다. 선택이 완료되면 Enter 를 눌러 선택을 종료하고, 속성을 변경하는 'P' 옵션을 입력합니다.

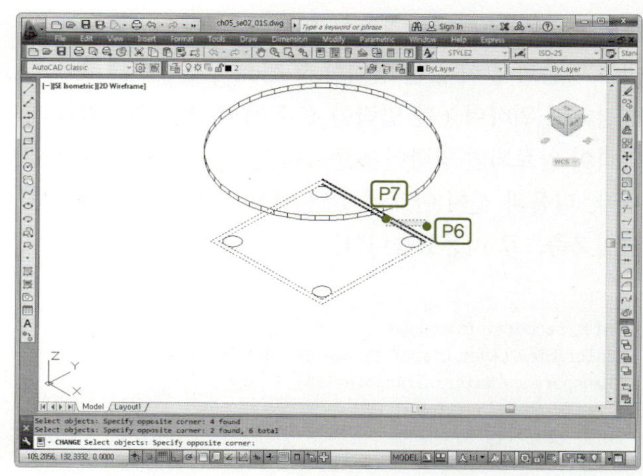

```
Select objects: Specify opposite corner: 2 found, 8 total
→ P6~P7점 클릭, 드래그
Select objects: Enter
Specify change point or [Properties]: p Enter
```

07 사각형은 원 바로 아래에 있어야 하며, 두께도 원과 다릅니다. 고도(Elev)를 변경하기 위하여 'E' 옵션을 입력한 후 다음과 같은 값을 입력합니다. 그런 다음, 두께 (Thickness)를 변경하기 위하여 'T' 옵션을 입력한 후 두께를 다음과 같이 입력합니다. 입력이 완료되면 Enter 를 눌러 명령어를 종료합니다. 다음과 같이 아래에 있던 사각 선분이 두께가 있는 선이 되고, Z축으로 이동했습니다.

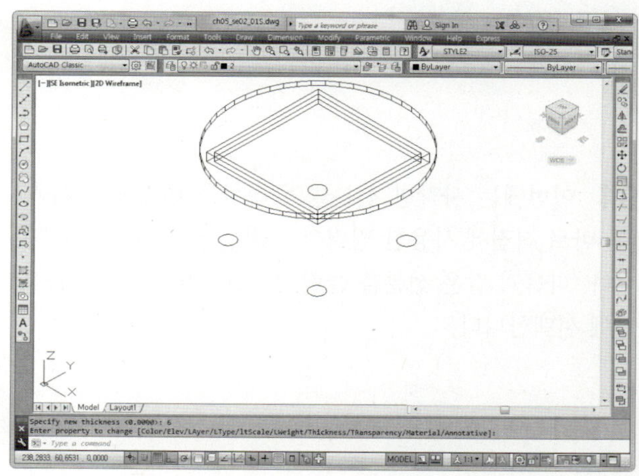

```
Enter property to change
[Color/Elev/LAyer/LType/ltScale/LWeight/Thickness/
TRansparency/Material/Annotative]: E Enter
Specify new elevation <0.0000>: 50 Enter
Enter property to change
[Color/Elev/LAyer/LType/ltScale/LWeight/Thickness/
TRansparency/Material/Annotative]: T Enter
Specify new thickness <0.0000>: 6 Enter
Enter property to change
[Color/Elev/LAyer/LType/ltScale/LWeight/Thickness/
TRansparency/Material/Annotative]: Enter
```

08 이제 남은 원의 속성을 변경하겠습니다. 명령어를 입력하거나 Enter 를 눌러 직전 명령어를 실행합니다. 다음과 같이 클릭, 드래그 방식으로 3개의 원을 모두 선택합니다.

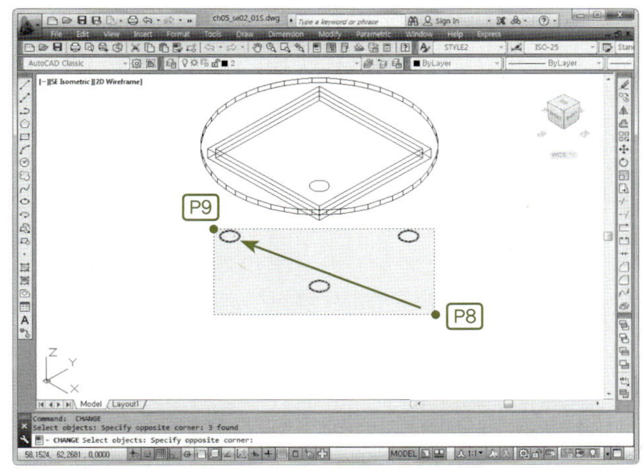


```
Command: Enter
CHANGE
Select objects: Specify opposite corner: 3 found
→ P8~P9점 클릭, 드래그
```

09 사각형과 테이블 안쪽에도 다리 부분에 해당하는 원이 하나 더 있습니다. 마우스로 다음과 같은 지점을 클릭하여 원을 선택합니다. 선택이 완료되면 Enter 를 눌러 명령어를 종료하고 속성을 변경하는 'P' 옵션을 입력합니다.

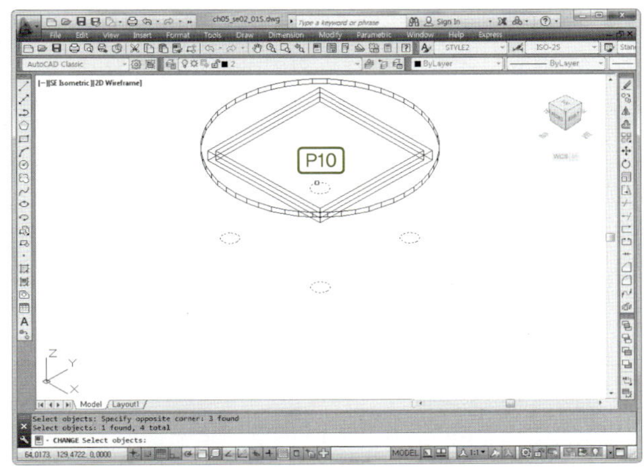


```
Select objects: 1 found, 4 total
→ P10점 클릭
Select objects: Enter
Specify change point or [Properties]: P Enter
```

10 테이블 다리의 경우 지상에서부터 두께만 갖는 객체이므로 두께를 변경하는 'T' 옵션을 입력한 후 다음과 같이 두께 값을 입력하고 Enter 를 눌러 명령어를 종료합니다.

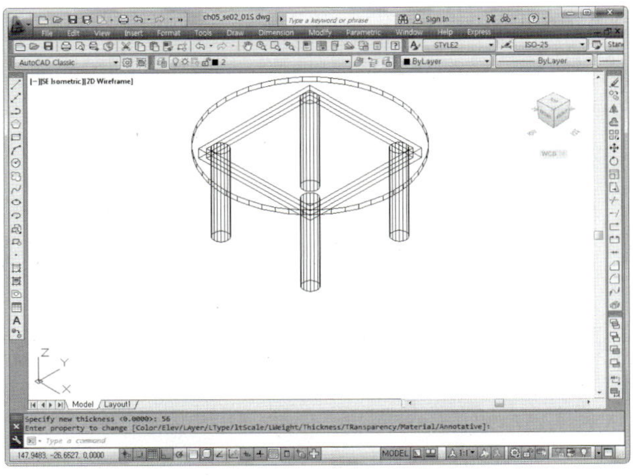

```
Enter property to change
[Color/Elev/LAyer/LType/ltScale/LWeight/Thickness/
TRansparency/Material/Annotative]: T Enter
Specify new thickness <0.0000>: 56 Enter
Enter property to change
[Color/Elev/LAyer/LType/ltScale/LWeight/Thickness/
TRansparency/Material/Annotative]: Enter
```

11 이번에는 화면 변경과 관측 시점의 변경 명령어를 이용하여 완료된 테이블의 모델링을 해보겠습니다. 먼저 3DO 명령어를 입력한 후 다음과 같이 아래에서 위쪽으로 드래그하여 화면을 이동합니다. 3DO가 완료되면 Enter를 눌러 명령어를 종료합니다.

```
Command: 3DO Enter
3DORBIT Press ESC or ENTER to exit or right-click to display
shortcut-menu.
Regenerating model.
→ P11~P12점 드래그
```

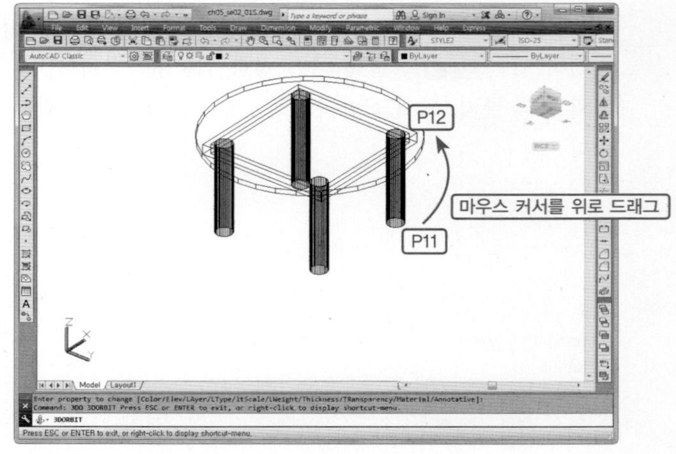

12 테이블의 바닥 부분에서 윗부분을 쳐다보면서 뷰가 만들어집니다. 정확한 모양을 확인하기 위하여 Hide 명령어를 입력하여 은선이 제거된 상태로 확인합니다.

```
Command: HIDE Enter
Regenerating model.
```

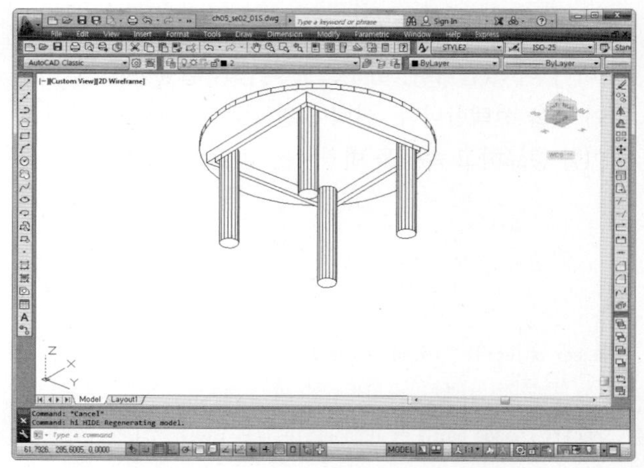

13 이번에는 다시 3DO 명령어를 이용하여 다시 위에서 아래로 관측 시점을 변경합니다. 원래대로 테이블의 윗부분이 보이도록 관측 시점을 변경하는 것입니다. 3DO가 완료되면 Enter를 눌러 명령어를 종료합니다.

```
Command: 3DO Enter
3DORBIT Press ESC or ENTER to exit or right-click to display
shortcut-menu.
Regenerating model.
→ P13~P14점 드래그
```

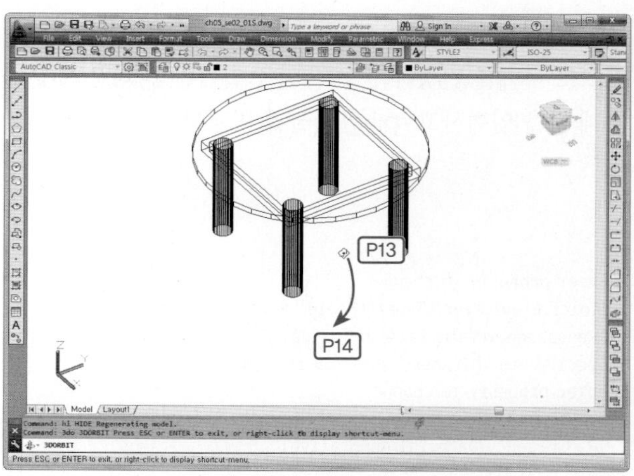

14 테이블의 정확한 모양을 확인하기 위하여 Hide 명령어를 입력하여 은선이 제거된 상태로 확인합니다.

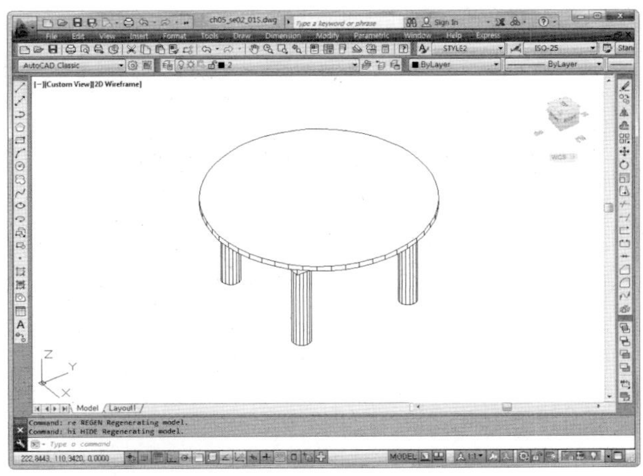

```
Command: HIDE Enter
Regenerating model.
```

15 완료된 이후 화면을 분할해보기 위하여 다음과 같이 Vports 명령어를 입력한 후, 다음과 같은 대화상자가 나타나면 화면을 4개로 구분합니다.

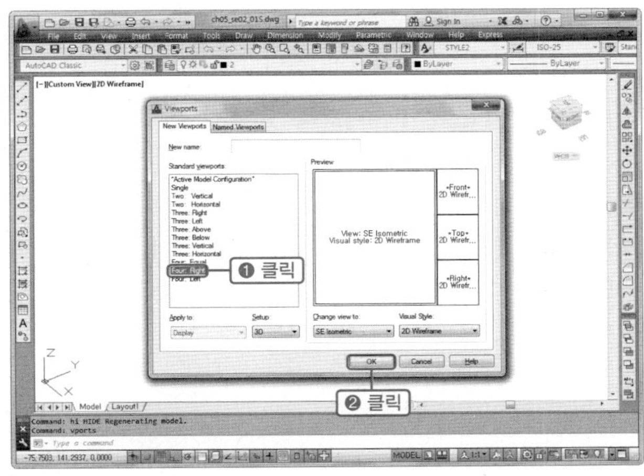


```
Command: VPORTS Enter
Regenerating model.
```

16 다음과 같이 완료되었습니다. 왼쪽 커다란 크기의 화면 뷰포트에는 현재 관측 시점이, 나머지 오른쪽 균등 분할된 창에는 평면, 정면, 측면이 한 번에 모두 보이도록 설정되어 있습니다.

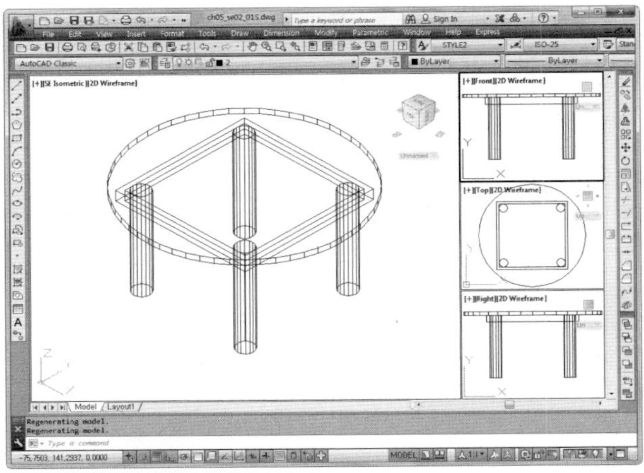

표면 모델링 이해하기

Section 01에서는 기본적인 3차원 좌표계의 사용법과 화면 분할이나 관측 시점 등의 변화 등의 원리를 이해하고 사용하는 방법을 익히고, 기본적인 3차원 모델링을 준비하는 방법에 대해 알아보았습니다. 그리고 Section 02에서는 기초 모델링 방식에서 벗어나 다양한 모양을 가진 3차원 객체를 모델링할 수 있는 표면 모델링에 대해 알아보았습니다. 이번에는 기존의 직선이나 원 등 기본체의 모양에서 벗어나 곡선을 가진 객체의 모양으로도 모델링할 수 있도록 다양한 모델링 방식을 이해하고, 3차원 좌표계 상태에서 객체의 좌표계를 설정할 수 있는 UCS에 대한 개념에 대해 알아보겠습니다.

01. 사용자 좌표계 지정하는 UCS

지금까지는 항상 평면을 기준으로 바닥에 도면 요소를 그리는 방식의 세계 좌표계라고 하는 WCS(World Coordnate System)을 사용하였습니다. WCS에서는 평면의 구조가 아닌 곳은 Z축의 값을 일일이 입력하여 모델링을 하는 방식으로 그릴 수 있습니다. 이러한 사용자의 불편함을 해소하기 위하여 이번에는 사용자가 원하는 장소에 XY Plan을 지정할 수 있는 UCS(User Coordinate System)라고 하는 사용자 지정 좌표계에 대해 알아보겠습니다.

명령어	UCS		아이콘	⊾
단축키	지정되어 있지 않음.		메뉴	[Tools]-[New UCS]

● 명령어 이해하기

일반적으로 UCS를 사용하기 전의 모든 객체는 평면의 XP Plan을 기준으로 그려집니다. 사용자가 필요한 면을 XP Plan으로 설정하기 위하여 UCS 명령어를 입력한 후 주어진 조건의 옵션을 입력하고 원하는 방향으로 XP Plan을 변경합니다. 이때에는 객체를 기준으로 하거나 UCS 축을 이용하여 XP Plan을 설정합니다.

```
Command: UCS Enter
Current ucs name: *WORLD*
Specify origin of UCS or [Face/NAmed/OBject/Previous/View/World/X/Y/Z/ZAxis] <World>:
→ 원하는 UCS 옵션 선택
```

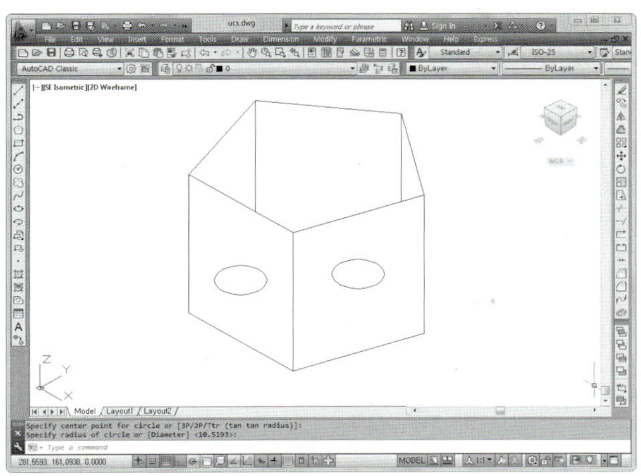

▲ World 좌표계에서 그린 원

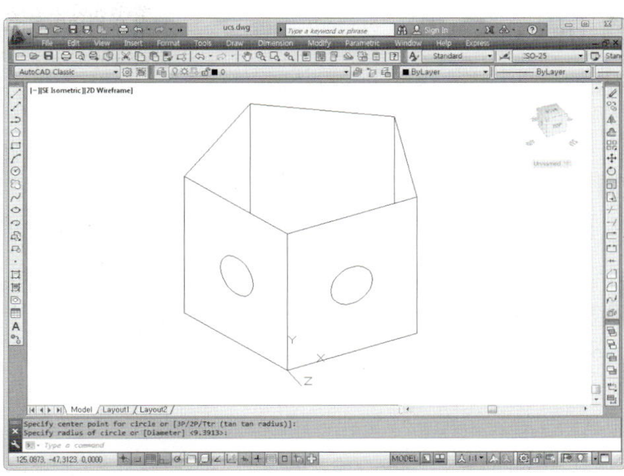

▲ UCS 좌표계에서 그린 원

● 옵션 이해하기

UCS는 옵션을 이용해야만 사용자가 원하는 XY Plan을 지정할 수 있습니다. 정면이나 측면 등을 XY Plan으로 설정하는 경우, 객체의 3점을 선택하거나 화면에 참고할 대상 객체가 없을 때에는 UCS 스스로 하나의 축이 되기 때문에 회전 각도를 입력하여 XY Plan을 정하기도 합니다.

옵션	설명
Face	Solid, Surface, Mesh로 그린 객체의 선택한 면(Face)을 기준으로 그 면이 생성된 XY 평면을 따라 UCS가 지정됩니다. – Next: 선택한 면과 공통으로 선택되는 다음 면을 선택합니다. – Xflip: 현 UCS의 X축의 방향을 반대 방향으로 지정합니다. – Yflip: 현 UCS의 Y축의 방향을 반대 방향으로 지정합니다.
NAmed	모델링 시 UCS를 자주 변경하는 경우, 자주 사용하는 UCS 상태를 저장합니다. 필요 시 원하는 곳에서 바로 설정할 수 있도록 합니다. – Restore: 저장한 UCS를 불러옵니다. – Save: 현재의 UCS 상태를 저장합니다. – Delete: 저장한 UCS를 삭제합니다.
OBject	이미 그려진 객체의 UCS의 상태를 알고 싶은 경우에 사용하는 옵션으로, 선택한 객체를 기준으로 XY 평면을 따라 UCS가 자동 설정됩니다. 단, 이때 3차원 폴리라인이나 블록, 메시 등의 단일 객체는 기준 객체로 적합하지 않습니다.
Previous	UCS 명령어로 순차적으로 변경한 UCS가 있는 경우, 바로 이전 단계에 지정된 UCS 상태로 되돌아갑니다.
View	3차원 뷰 상태의 화면을 2차원 평면으로 전환할 때에 지정하는 옵션으로, 현재 보이는 그대로를 2차원 평면으로 만들어주는 옵션입니다. 예를 들어 Vpoint가 1, -1, 1인 3차원 상태에서의 XY 방향을 무시하고 무조건 화면에서 보이는 가로축이 X축, 세로축이 Y축이 됩니다.
World	UCS를 바꾸기 전인 초기값에 해당하는 세계 좌표계(WCS) 상태로 돌아갑니다.
X/Y/Z	각 축을 기준으로 UCS를 회전하여 UCS를 설정합니다. 회전각은 다양하게 사용할 수 있으며, 기본 값인 90°를 기준으로 회전합니다. – X: X축을 기준으로 회전각을 입력합니다. – Y: Y축을 기준으로 회전각을 입력합니다. – Z: Z축을 기준으로 회전각을 입력합니다.
ZAxis	좌표계의 0,0,0의 원점과 Z축의 양의 방향을 지정하여 UCS를 설정합니다. 현재 XY의 방향은 그대로 둔 상태에서 Z축의 방향만 지정하여 XY Plan의 각도를 조절합니다.

예제 파일 부록 CD\Sample\Chapter05\ch05_06S.dwg   완성 파일 부록 CD\Sample\Chapter05\ch05_06F.dwg

01 메뉴의 [File]-[Open]으로 부록 CD에서 예제 파일을 불러옵니다. 다음 그림처럼 육각기둥이 나타납니다. 원하는 육각기둥의 면에 원을 그리는 작업을 해보겠습니다. 평면의 원은 방향을 알기 어려우므로 Elev 명령어를 이용하여 먼저 고도와 두께를 설정하겠습니다.

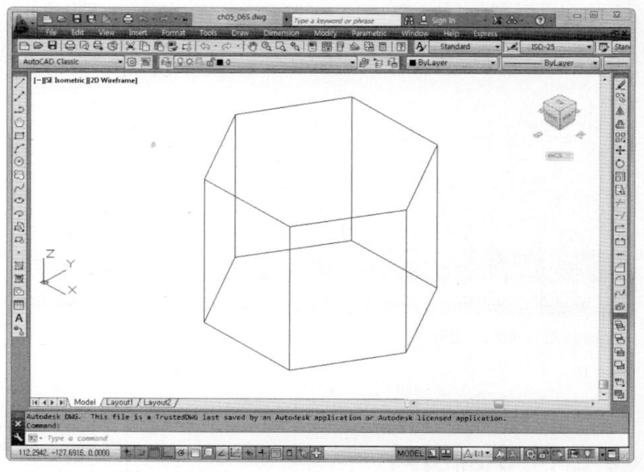

```
Command: ELEV Enter
Specify new default elevation <0.0000>: Enter
Specify new default thickness <0.0000>: 30 Enter
```

02 먼저 육각기둥 왼쪽으로 반지름 20의 원을 하나 그려보겠습니다. WCS 좌표계 상태에서 그리면 다음과 같이 바닥에서 위로 올라가는 형태의 원기둥이 그려지는 것을 알 수 있습니다.

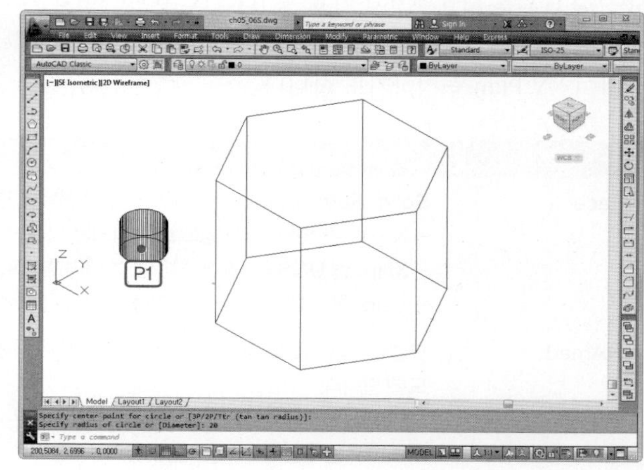

```
Command: CIRCLE Enter
Specify center point for circle or [3P/2P/Ttr (tan tan
radius)]: P1점 클릭
Specify radius of circle or [Diameter] <11.1334>: 20 Enter
```

03 이번에는 육각기둥의 앞면에 UCS의 XY Plan을 설정해보겠습니다. UCS 명령어를 입력한 후 다음과 같이 3-point를 지정합니다.

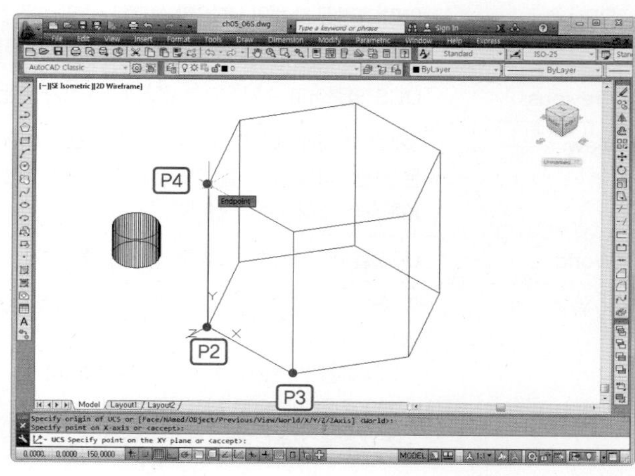

```
Command: UCS Enter
Current ucs name: *NO NAME*
Specify origin of UCS or [Face/NAmed/OBject/Previous/View/
World/X/Y/Z/ZAxis] <World>: P2점 클릭
Specify point on X-axis or <accept>: P3점 클릭
Specify point on the XY plane or <accept>: P4점 클릭
```

04 UCS가 설정되면 다음과 같이 육각기둥의 정면에 원을 하나 그려봅니다. 반지름 '20'의 원을 그려보면 다음과 같이 육각기둥의 정면을 향해 원기둥이 그려집니다.

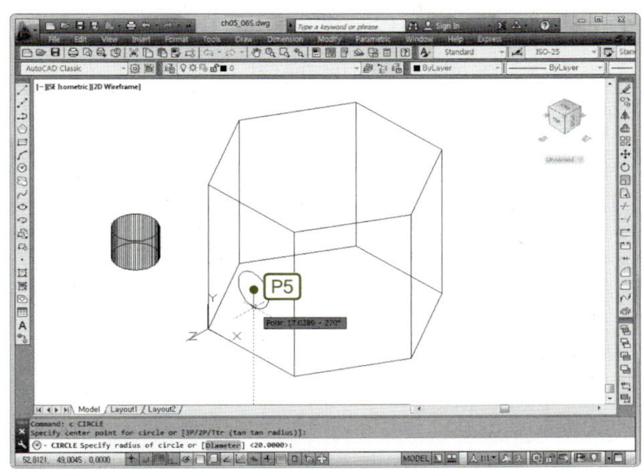

```
Command: c Enter
CIRCLE Specify center point for circle or [3P/2P/Ttr (tan tan
radius)]: P5점 클릭
Specify radius of circle or [Diameter] <20.0000>: Enter
```

05 정면을 향하고 있는지에 대한 판단은 은선을 제거한 상태에서 살펴보는 것이 좋습니다. 따라서 Hide 명령어를 입력하여 다음과 같이 3차원 객체의 완성 예상도를 살펴봅니다.

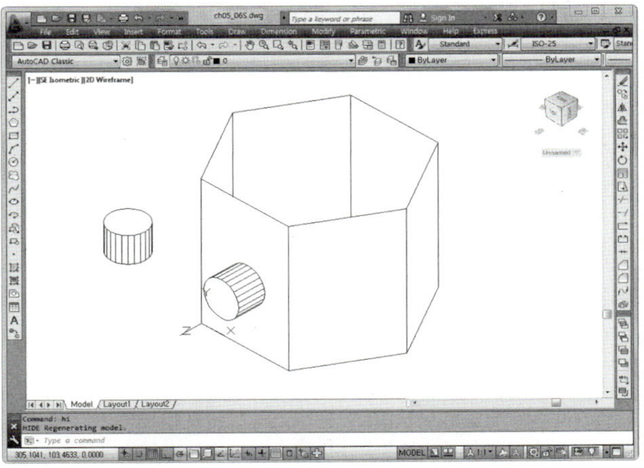

```
Command: HIDE Enter
Regenerating model.
```

06 이번에는 육각기둥의 오른쪽 측면으로 다시 한 번 UCS의 3-point를 지정해보겠습니다. 명령어를 입력한 후 다음의 3점을 마우스로 정확히 클릭합니다.

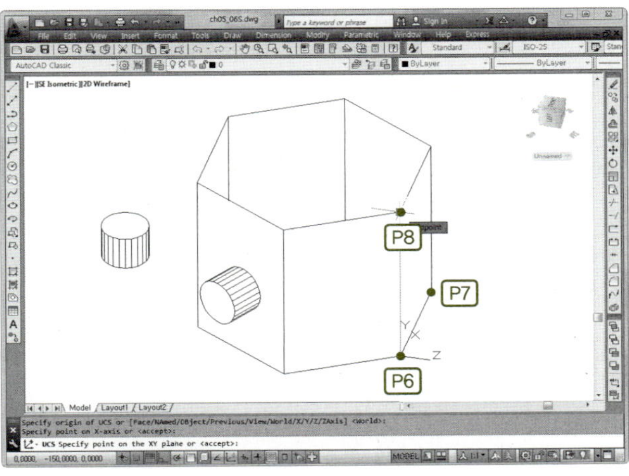

```
Command: UCS Enter
Current ucs name: *NO NAME*
Specify origin of UCS or [Face/NAmed/OBject/Previous/View/
World/X/Y/Z/ZAxis] <World>: P6점 클릭
Specify point on X-axis or <accept>: P7점 클릭
Specify point on the XY plane or <accept>: P8점 클릭
```

07 UCS가 설정되었으므로 다음과 같이 원을 하나 그려서 해당 면과의 평면 구도가 맞는지 확인합니다. 원 명령어의 단축키인 'C'를 입력한 후 다음과 같이 중심점을 클릭하고 반지름 값을 입력합니다.

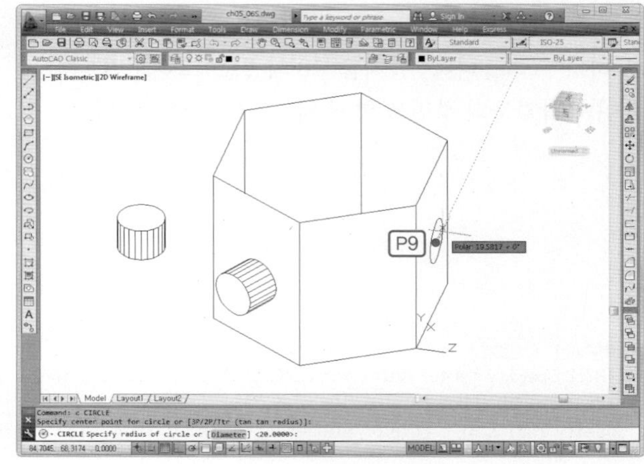

```
Command: C Enter
CIRCLE Specify center point for circle or [3P/2P/Ttr (tan tan
radius)]: P9점 클릭
Specify radius of circle or [Diameter] <20.0000>: Enter
```

08 이번에는 이미 그려진 객체의 UCS를 자동으로 지정해주는 'Object' 옵션을 이용하여 가장 먼저 그린 객체의 XY Plan을 설정해보겠습니다. 명령어를 입력한 후 'OB' 옵션을 입력하고 다음 지점을 클릭합니다. 다음과 같이 자동으로 대상 객체가 그려질 당시의 XY Plan이 설정됩니다.

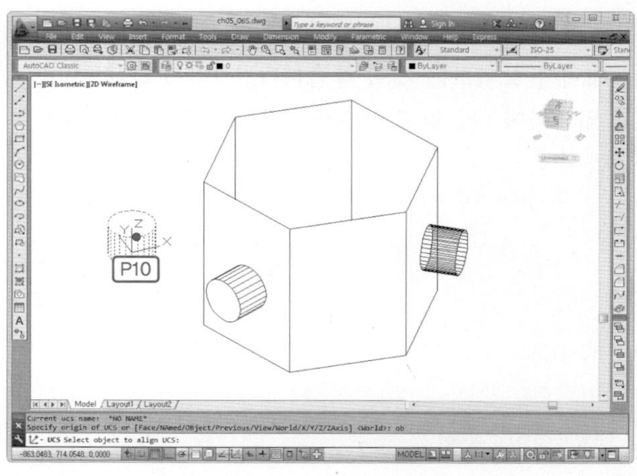

```
Command: UCS Enter
Current ucs name: *NO NAME*
Specify origin of UCS or [Face/NAmed/OBject/Previous/View/
World/X/Y/Z/ZAxis]
<World>: OB Enter
Select object to align UCS: P10점 클릭
```

09 해당 객체와 동일한 평면이 제대로 설정되었는지 확인하기 위하여 다음과 같이 원을 옆에 하나 그려봅니다. 같은 Z축의 방향을 갖는다면 UCS가 제대로 설정된 것입니다.

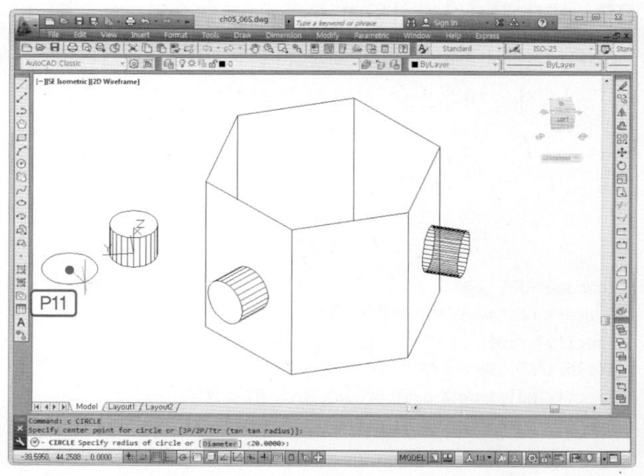

```
Command: c Enter
CIRCLE Specify center point for circle or [3P/2P/Ttr (tan tan
radius)]: P11점 클릭
Specify radius of circle or [Diameter] <20.0000>: Enter
```

10 'UCS' 옵션 중 Previous를 이용하여 바로 이전 단계의 UCS 좌표계로 되돌아 갑니다. 다시 3–point 등을 이용하여 설정할 수 있지만, 'P' 옵션을 이용하여 이전에 설정된 곳으로 자동 복구할 수 있도록 합니다.

```
Command: UCS Enter
Current ucs name: *NO NAME*
Specify origin of UCS or [Face/NAmed/OBject/Previous/View/
World/X/Y/Z/ZAxis] <World>: P Enter
```

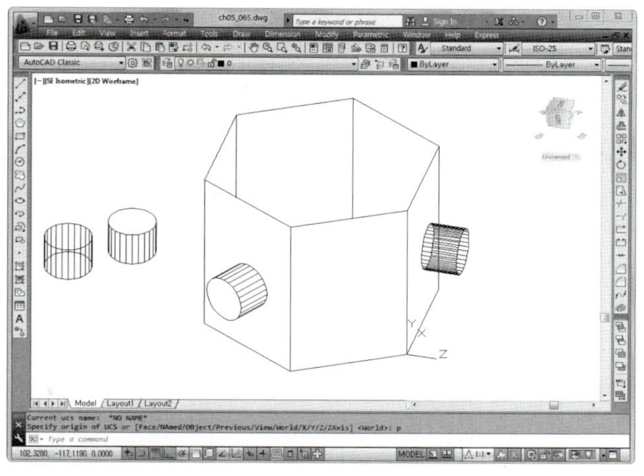

11 기준점이 없는 UCS 지정을 위해 초기값으로 복원한 뒤 UCS의 X축을 기준으로 UCS를 회전하여 XY PLAN 평면을 만들어 봅니다. 회전 후 확인을 위해 원을 그려봅니다.

```
Command: UCS Enter
Current ucs name: *NO NAME*
Specify origin of UCS or [Face/NAmed/OBject/Previous/View/
World/X/Y/Z/ZAxis] <World>: Enter

Command: UCS Enter
Current ucs name: *WORLD*
Specify origin of UCS or [Face/NAmed/OBject/Previous/View/
World/X/Y/Z/ZAxis] <World>: X Enter
Specify rotation angle about X axis <90>: 90 Enter

Command: C Enter
CIRCLE Specify center point for circle or [3P/2P/Ttr (tan tan
radius)]: P12점 클릭
Specify radius of circle or [Diameter] <20.0000>: Enter
```

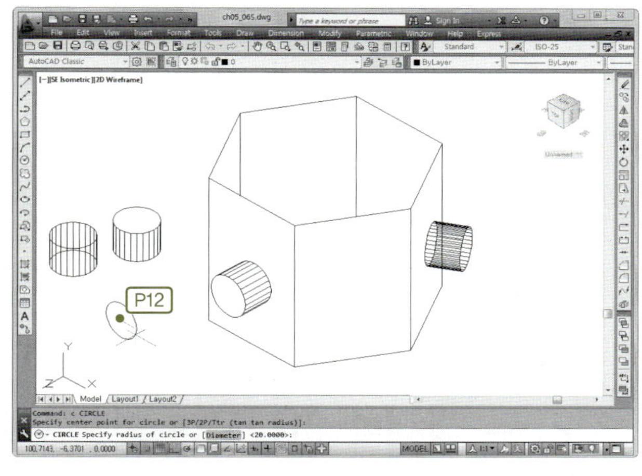

12 이번에는 현재 X축을 기준으로 90° 회전을 한 상태에서 다시 Y축을 기준으로 90° 회전해보겠습니다. UCS의 Y축 옵션을 선택한 후 90° 회전을 하고, 다음과 같이 원을 그려봅니다. 우측면도에 맞추어 그리는 도면 요소와 동일하게 그려집니다.

```
Command: UCS Enter
Current ucs name: *NO NAME*
Specify origin of UCS or [Face/NAmed/OBject/Previous/View/
World/X/Y/Z/ZAxis] <World>: Y Enter
Specify rotation angle about Y axis <90>: Enter

Command: C Enter
CIRCLE Specify center point for circle or [3P/2P/Ttr (tan tan
radius)]: P13점 클릭
Specify radius of circle or [Diameter] <20.0000>: Enter
```

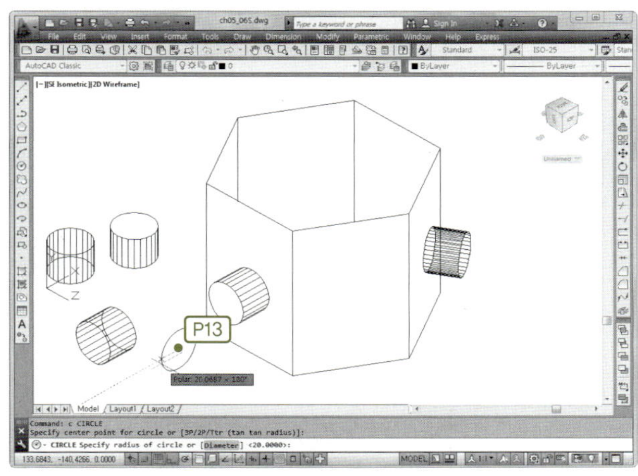

13 다음으로 뷰포트의 관측 시점과 관계없이 현재의 뷰
포트에서 항상 평면의 상태로 UCS를 설정한 후 View 옵
션을 선택합니다. 'UCS' 옵션을 View로 설정하고 View
상태를 확인하기 위하여 문자를 입력합니다. Hide를 입력
하여 다음과 같이 완성 상태를 확인합니다.

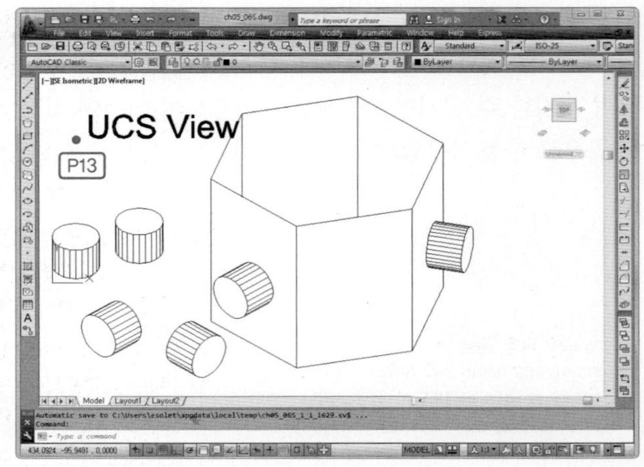

```
Command: UCS Enter

Current ucs name: *NO NAME*
Specify origin of UCS or [Face/NAmed/OBject/Previous/View/
World/X/Y/Z/ZAxis] <World>: V Enter

Command: TEXT Enter
Current text style: 'Standard'
Text height: 2.5000
Annotative: No
Specify start point of text or [Justify/Style]: P13점 클릭
Specify height <2.5000>: 20 Enter
Specify rotation angle of text <0>: Enter
Text: UCS View Enter
Text: Enter

Command: HI Enter
HIDE Regenerating model.
```

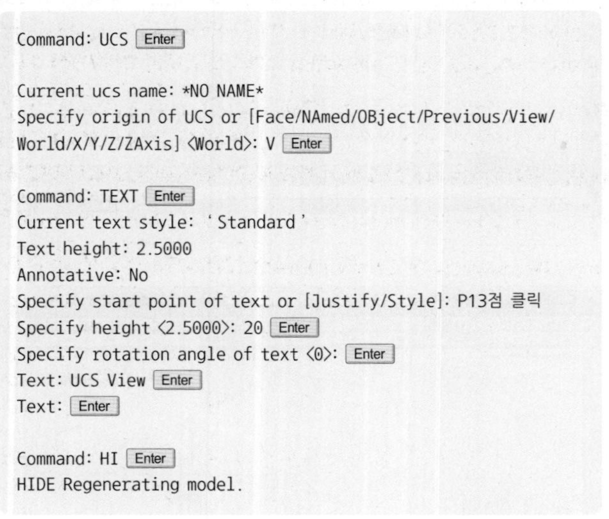

02. 두 객체를 연결하여 면을 만드는 Rulesurf

Rulesurf 명령어는 Surface 모델링 방식 중 하나입니다. 3차원 객체를 모델링하는 방식은 크게 표면을 만들어 모델링하는 방식
(Surface)과 객체의 덩어리를 이용한 모델링 방식(Solid)으로 나눌 수 있습니다. Surface 방식의 명령어는 평면의 모델링 방식보다
곡면의 모델링 방식에서 주로 사용하며, 각 명령어에 따라 필요한 조건이 조금씩 다릅니다. Rulesurf의 경우 직선+직선, 직선+곡선,
곡선+곡선의 조합을 만족하면, 어느 상황에서도 두 객체를 연결하여 3차원 모델링 객체가 만들어집니다. 단, 양 끝의 점이 존재하는
열려 있는 선분을 선택하는 경우에는 첫 번째와 두 번째에 선택되는 선분의 위치에 따라 만들어지는 면의 방향이 반대로 꼬일 수도
있으므로 주의해야 합니다.

명령어	Rulesurf		아이콘	⊕
단축키	지정되어 있지 않음.		메뉴	[Draw]-[Modeling]-[Meshes]-[Ruled Mesh]

● 명령어 이해하기

면으로 만들고 싶은 2개의 객체가 있다면 Rulesurf 명령어를 입력하고, 면으로 만들 객체를 순서대로 클릭합니다. 첫 번째 객체와 두 번째 객체를 클릭하는 경우, 처음 클릭한 지점으로부터 가까운 끝점이 시작점이 되므로 두 객체를 선택하는 경우에는 서로 비슷한 시작 위치를 클릭해야 방향이 꼬이지 않고 정상적인 면을 만들 수 있습니다. Rulesurf는 면을 형성하며, 해당 면에 메시 라인이 생성되고, 면에는 지정된 변수만큼 줄무늬가 생깁니다. 이때 줄무늬의 개수는 Surftab1 변수로 조절합니다.

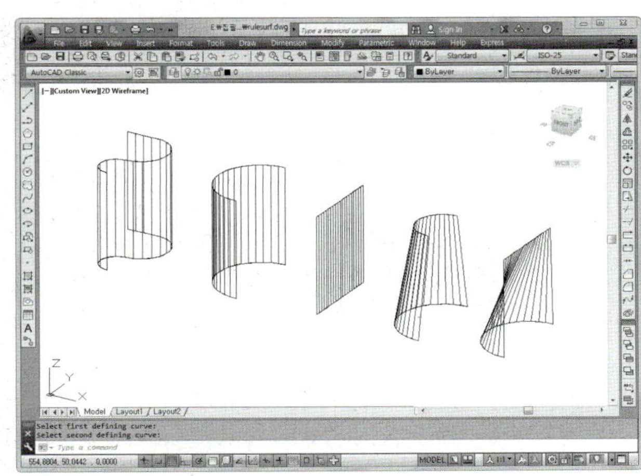

```
Command: Rulesurf [Enter]
Current wire frame density: SURFTAB1=6
Select first defining curve:
→ 생성할 곡면의 첫 번째 기준 객체를 선택합니다.
Select second defining curve :
→ 생성할 곡면의 두 번째 기준 객체를 선택합니다.
```

Upgrade ★

Surftab1의 개수 조절 및 클릭 선택 순서의 차이

Surftab1은 세로 줄무늬의 Mesh 개수를 조절해주는 변수입니다. Rulesurf와 같이 곡면을 메시 라인으로 면 처리를 하는 Surface 명령어들(Rulesurf, Revsurf, Tabsurf, Edgesurf)에는 가로 또는 세로 줄무늬가 생성됩니다. 이때 세로 줄무늬의 개수를 조절하는 변수를 'Surftab1'이라고 하며, 변수가 많을수록 곡면이 부드럽게 표현됩니다. 하지만 변수가 많을수록 용량이 커지는 문제도 발생할 수 있으므로 무조건 많이 생성하기보다는 곡면의 정도에 따라 수치를 조절하는 것이 바람직합니다.

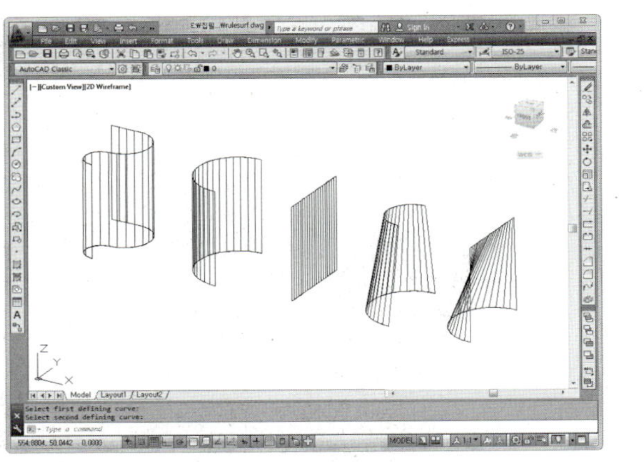

또한 Rulesurf의 경우 객체를 클릭하여 선택할 때 처음 객체와 나중 객체의 시작점 위치에 따라 객체의 곡면이 만들어지는 모양이 달라집니다. 비슷한 시작 위치를 클릭하는 경우 서로의 끝점을 연결하여 면을 만들고, 반대의 경우 선이 대각선 방향으로 꼬이게 되므로 주의해야 합니다. 다음의 그림을 비교해보면, 같은 곡선이지만 Select first defining curve:에서 클릭한 위치와 Select second defining curve:에서 클릭한 위치가 다르고, 결과는 다음과 같이 연속하는 모양과 꼬여서 반대쪽에 있는 모양으로 나타난다는 것을 알 수 있습니다.

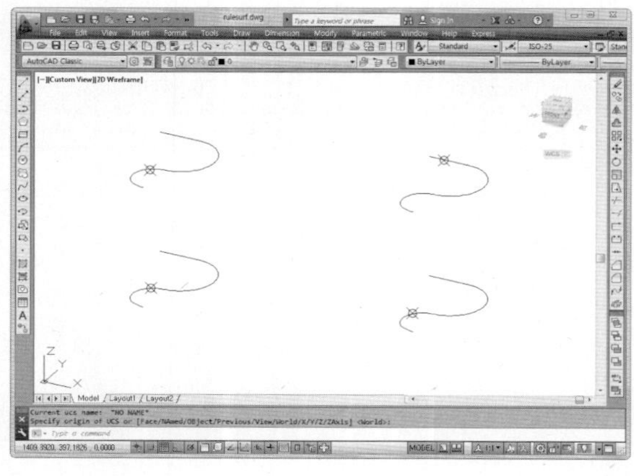
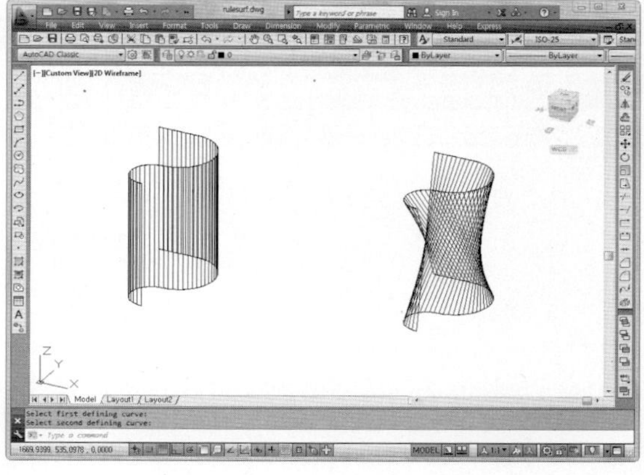

● 미리해보기

예제 파일 부록 CD\Sample\Chapter05\ch05_07S.dwg　　　　**완성 파일** 부록 CD\Sample\Chapter05\ch05_07F.dwg

01 메뉴의 [File]-[Open]으로 부록 CD에서 예제 파일을 불러옵니다. 다음과 같이 다양한 곡선과 직선이 그려진 객체가 나타납니다. 특히 이 중 첫 번째 객체는 전체 선분이 하나로 선택되는 Pline으로 그린 것입니다. 제일 먼저 세로 줄무늬의 개수를 기본 값보다 높여 입력합니다.

```
Command: SURFTAB1 Enter
Enter new value for SURFTAB1 <6>: 24 Enter
```

02 Rulesurf 명령어를 입력한 후 첫 번째 Pline으로 그린 객체의 맨 아래 지점과 위쪽 복제본의 비슷한 위치를 마우스로 클릭합니다. 자연스러운 곡면이 생성됩니다.

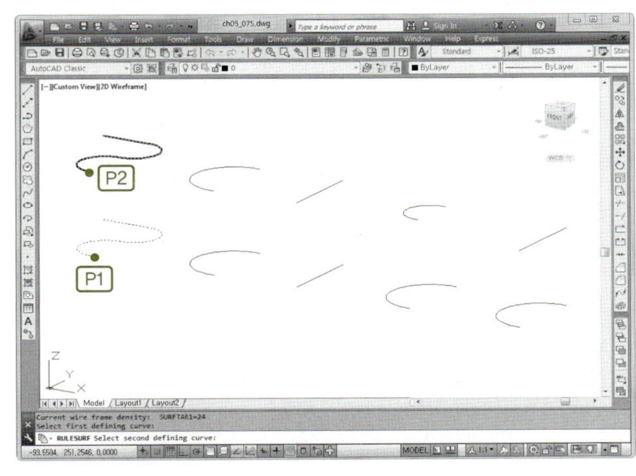

```
Command: RULESURF Enter
Current wire frame density: SURFTAB1=24
Select first defining curve: P1점 클릭
Select second defining curve: P2점 클릭
```

03 이번에는 하나의 Arc로 이루어진 객체를 선택하여 면으로 만들어 봅니다. Rulesurf 명령어를 직전에 사용하였으므로 Enter 만 눌러 명령어를 실행하고 Arc로 그린 객체의 맨 아래 지점과 위쪽 복제본의 반대쪽 위치를 마우스로 클릭합니다. 서로 꼬인 면이 만들어집니다.

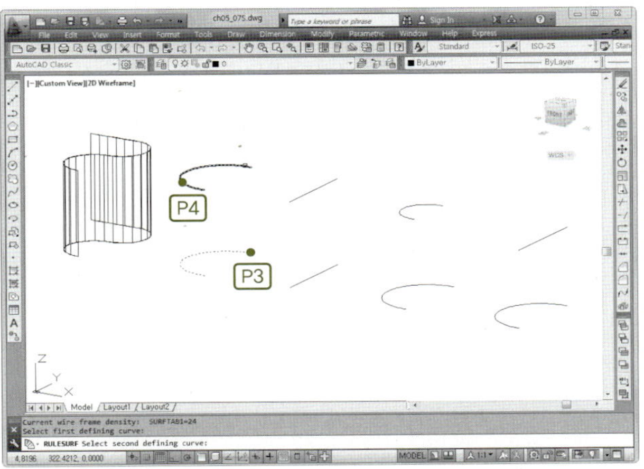

```
Command: Enter
RULESURF
Current wire frame density: SURFTAB1=24
Select first defining curve: P3점 클릭
Select second defining curve: P4점 클릭
```

04 곡면만 면 처리가 되는 것이 아닌 것을 확인하기 위하여 선으로만 되어 있는 객체를 Rurlesurf로 면 처리를 해봅니다. Rulesurf 명령어를 입력한 후 첫 번째 그린 객체의 맨 아래 지점과 위쪽 복제본의 비슷한 위치를 마우스로 클릭합니다. 자연스러운 면이 생성됩니다.

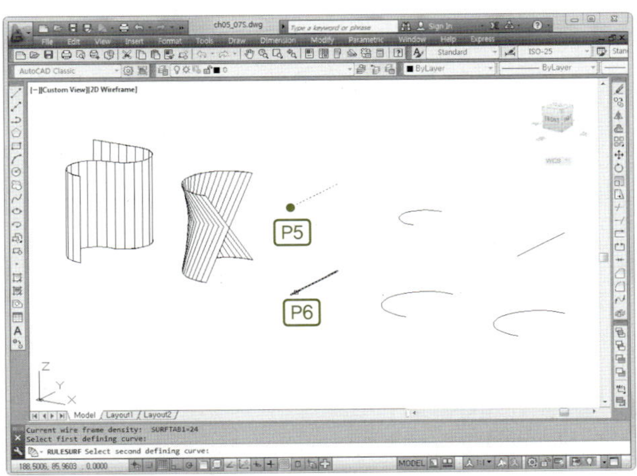

```
Command: RULESURF Enter
Current wire frame density: SURFTAB1=24
Select first defining curve: P5점 클릭
Select second defining curve: P6점 클릭
```

05 이번에는 서로 다른 크기와 모양을 가진 객체를 면 처리해보겠습니다. 먼저 곡면의 곡선 부분을 좀 더 세밀하게 표현하기 위하여 Surftab1의 개수를 좀 더 높인 후 Rulesurf를 실행하여 다음과 같이 선택합니다.

```
Command: SURFTAB1 [Enter]
Enter new value for SURFTAB1 <24>: 36 [Enter]

Command: RULESURF [Enter]

Current wire frame density: SURFTAB1=36
Select first defining curve: P7점 클릭
Select second defining curve: P8점 클릭
```

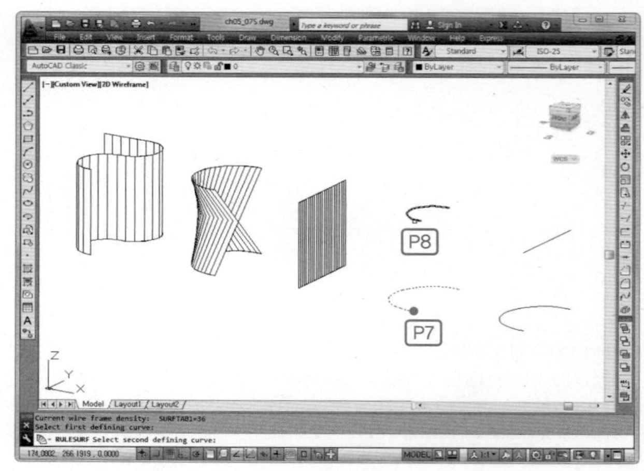

06 크기뿐만 아니라 서로 다른 속성을 가진 객체의 면 처리를 해보겠습니다. 마지막에 있는 호와 선을 클릭한 후 Rulesurf를 클릭하여 면을 만듭니다.

```
Command: [Enter]
RULESURF
Current wire frame density: SURFTAB1=36
Select first defining curve: P9점 클릭
Select second defining curve: P10점 클릭
```

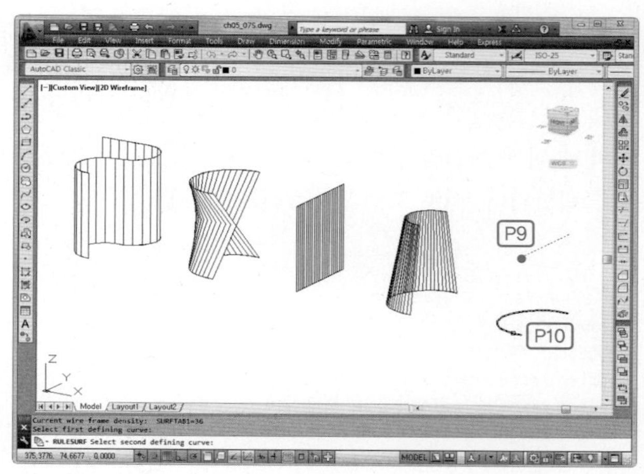

07 최종적으로 완성된 객체를 확인하기 위하여 Hide 명령어를 입력한 후 다음과 같이 확인합니다. 같은 속성 또는 다른 속성의 경우에도 모두 면 처리가 가능하다는 것을 알 수 있습니다.

```
Command: HI [Enter]
HIDE Regenerating model.
```

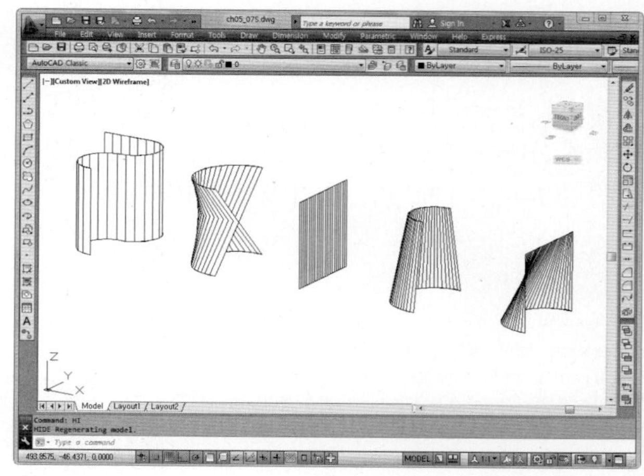

03. 방향과 길이를 따라 만드는 Tabsurf

Rulesurf가 2개의 선분을 이어서 면을 만드는 방식이라면, Tabsurf는 면이 될 객체와 길이와 방향을 갖는 객체로 구분하여 길이와 방향을 갖는 객체의 크기와 방향에 따라 면이 될 객체가 3차원 곡면이 되는 방식을 말합니다. Tabsurf의 단점은 길이와 방향을 갖는 객체가 직선이 아닌 경우, 해당 선분의 경로를 따라서 만들어지지 않는다는 단점이 있습니다. 따라서 구부러지는 형태의 객체는 Tabsurf만을 이용하여 만들 수 없으며, 기둥 형태의 객체만을 만들게 됩니다.

명령어	Tabsurf	아이콘	
단축키	지정되어 있지 않음.	메뉴	[Draw]-[Modeling]-[Meshes]-[Tabulated Mesh]

● 명령어 이해하기

명령어를 입력한 후 곡면이 될 객체(Curve 객체)를 선택하고 길이와 방향을 갖는 객체(Vector 객체)를 순서대로 선택합니다. Curve 객체는 한 번에 하나만 선택되므로, 여러 개의 객체의 경우 pedit을 이용하여 join된 경우이거나 하나의 단일 객체여야 한다는 것을 기억해야 합니다. 이때 Vector 객체는 직선인 경우에만 가능하며, 한 마디의 단일 객체여야만 가능하고 선택하는 방향에 따라 곡면이 만들어지는 방향은 서로 반대가 되기도 합니다.

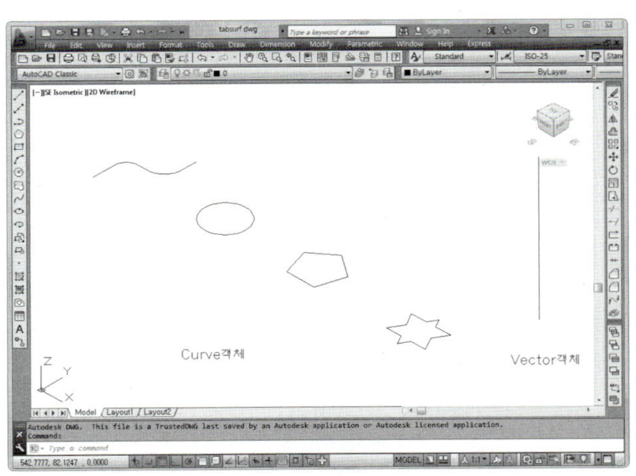
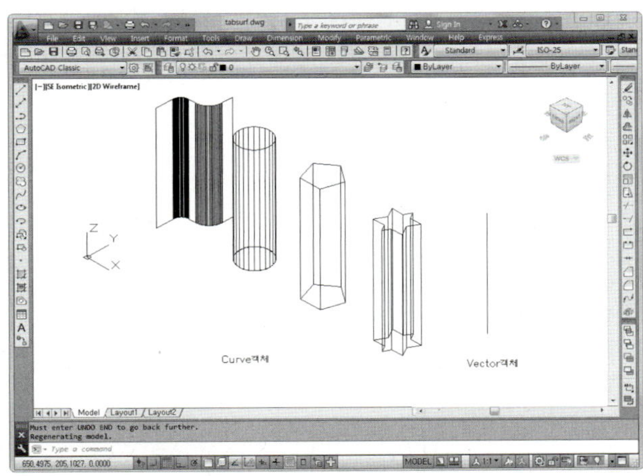

```
Command: TABSURF  Enter
Current wire frame density: SURFTAB1=24
```
→ Tabsurf로 만들어지는 객체의 메시 선분의 정밀도를 표시합니다.
```
Select object for path curve:
```
→ 면이 되는 기본 곡선, 직선 객체를 선택합니다.
```
Select object for direction vector:
```
→ 생성되는 면의 길이와 방향을 정하는 vector 객체를 선택합니다.

예제 파일 부록 CD\Sample\Chapter05\ch05_08S.dwg   완성 파일 부록 CD\Sample\Chapter05\ch05_08F.dwg

01 메뉴의 [File]-[Open]으로 부록 CD에서 예제 파일을 불러옵니다. Tabsurf를 실행하기 전에 곡선이 있을 예정이므로 Surftab1의 개수를 먼저 높인 후에 실행합니다.

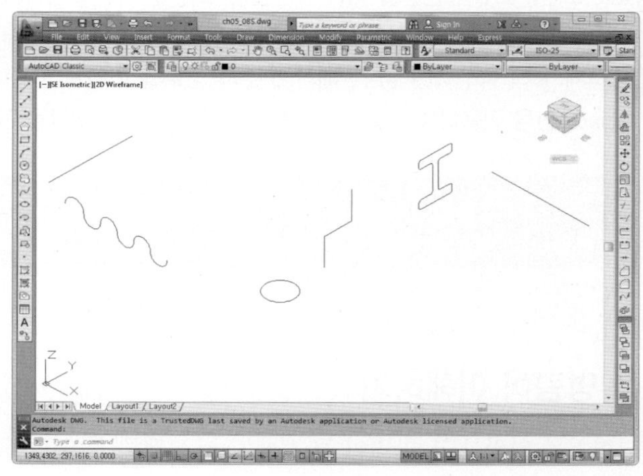

```
Command: SURFTAB1 Enter
Enter new value for SURFTAB1 <6>: 20 Enter
```

02 Tabsurf는 단축키가 설정되어 있지 않으므로 전체 명령어를 입력한 후 다음 지점을 마우스로 클릭합니다. Tabsurf에서 direction vector를 클릭하는 경우, 선분의 위치가 중요하므로 반드시 그림과 같은 위치를 클릭해야 합니다.

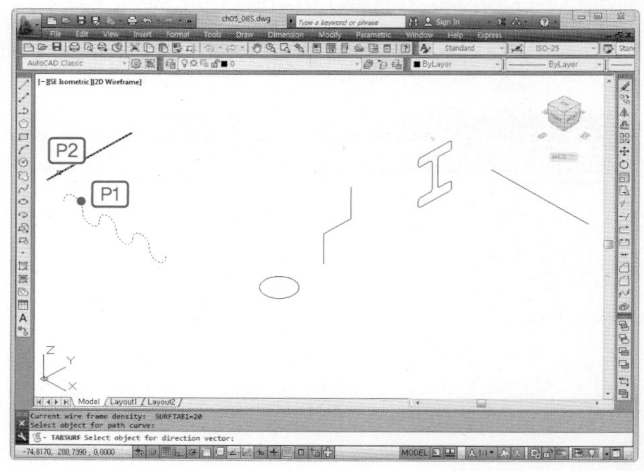


```
Command: TABSURF Enter
Current wire frame density: SURFTAB1=20
Select object for path curve: P1점 클릭
Select object for direction vector: P2점 클릭
```

03 바로 직전에 실행한 Tabsurf 명령어를 다시 실행하기 위하여 Enter 를 눌러 다음의 두 위치를 차례대로 클릭합니다.

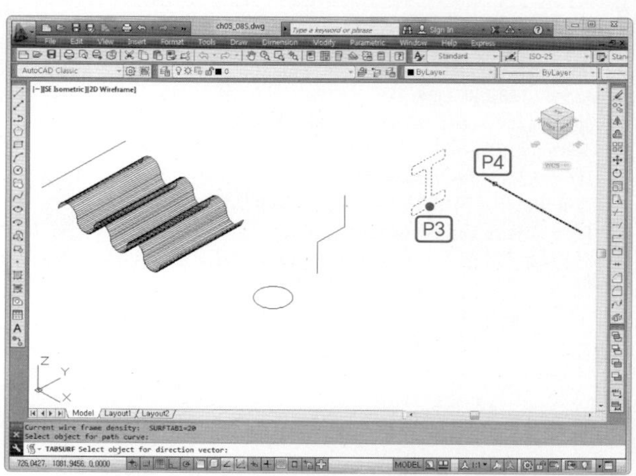


```
Command: Enter
TABSURF
Current wire frame density: SURFTAB1=20
Select object for path curve: P3점 클릭
Select object for direction vector: P4점 클릭
```

04 이번에는 직선이 아닌 direction vector 객체가 있는 상태를 실행해봅니다. 다른 객체들은 모두 직선의 방향과 길이를 갖는 direction vector 객체이지만, P6점이 클릭하는 객체는 하나로 연결된 Pline 객체입니다.

```
Command: Enter
TABSURF
Current wire frame density: SURFTAB1=20
Select object for path curve: P5점 클릭
Select object for direction vector: P6점 클릭
```

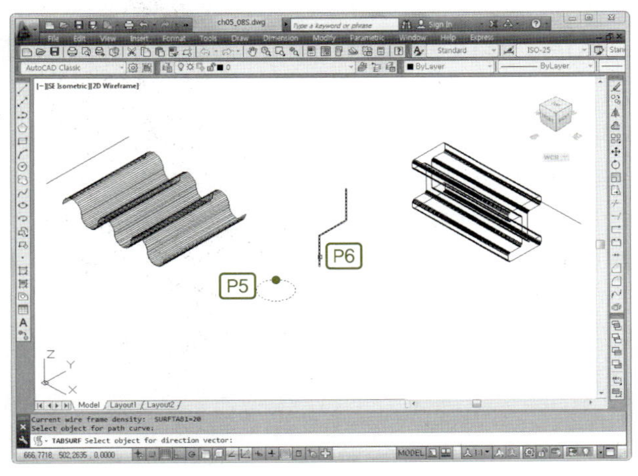

05 직선이 아닌 경우의 Pline의 vector 객체를 클릭하면 다음과 같이 직선으로만 표현됩니다. 꺾인 부분이 하나도 표현되지 않고 지금 보는 것처럼 원이 직선으로 연결되어 비스듬히 원기둥이 기울어져 있습니다. Tabsurf에서 vector 객체는 직선 외에는 표현되지 않는다는 것을 알 수 있습니다. HIDE를 입력하여 완성된 표면을 확인합니다.

```
Command: HI Enter
HIDE Regenerating model.
```

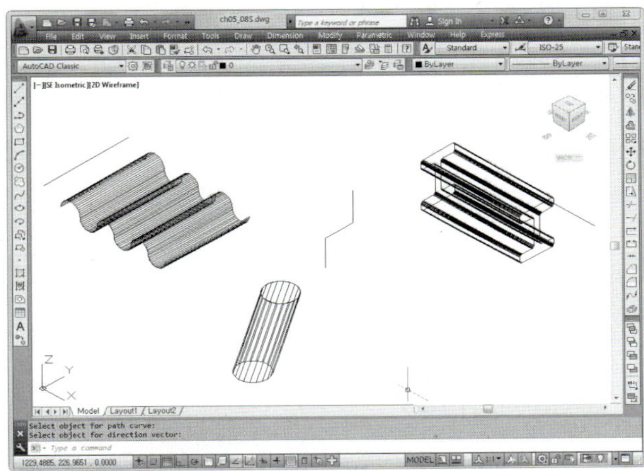

주위에서 볼 수 있는 컵이나 물병, 도자기, 그릇 등과 같은 형태의 물체를 만드는 명령어로, 회전 곡면이 될 단면을 하나의 축을 기준으로 원하는 각도만큼 회전시켜 객체를 만듭니다. Revsurf로 명령을 실행하는 경우, 한 번에 하나씩 클릭하여 선택할 수 있으므로 여러 면으로 쪼개진 객체의 경우 Pline으로 Join하여 만들거나 Z축에 존재해야 하는 Pline의 경우 3Dpoly로 선분을 만듭니다. 이번에는 다양한 회전체를 만드는 Revsurf에 대해 알아보겠습니다.

명령어	Revsurf	아이콘	🐟
단축키	지정되어 있지 않음.	메뉴	[Draw]-[Modeling]-[Meshes]-[Revolved Mesh]

● 명령어 이해하기

회전 표면을 만들 객체를 한 번에 클릭하여 선택하고 Enter 를 누른 후 기준 축을 클릭하여 선택합니다. 기준 축을 중심으로 원하는 회전 각도의 시작 각도와 회전 각도를 입력하되, 각도는 반시계 방향은 '+', 시계 방향은 '−' 값으로 입력하여 원하는 만큼의 회전 곡면을 만듭니다. 기존의 Rulesurf와 Tabsurf와는 달리 Revsurf는 가로와 세로의 Mesh 정밀도를 모두 가져야 하므로 Surftab1과 Surftab2의 개수를 모두 조절하여야 원하는 곡면을 만들 수 있습니다.

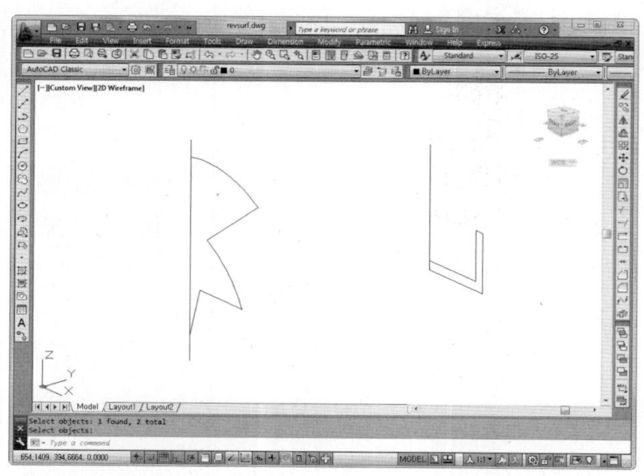
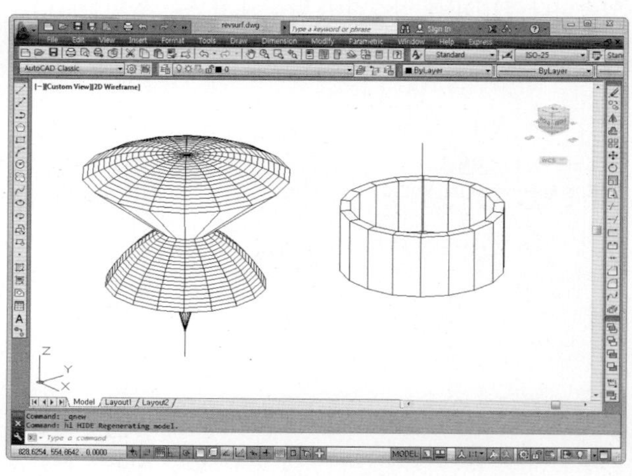

Command: Revsurf Enter
Current wire frame density: SURFTAB1=6 SURFTAB2=6
→ 가로, 세로 메시 라인의 정밀도 개수를 표시합니다.
Select object to revolve:
→ 곡면이 될 객체를 클릭합니다.
Select object that defines the axis of revolution :
→ 선의 회전 중심이 되는 기준 객체를 클릭합니다.
Specify start angle <0>: Enter
→ 곡면을 만드는 시작 각도 값을 입력합니다. 보통 '0'으로 입력되어 있으면 Enter 를 누릅니다.
Specify included angle (+=ccw, -=cw) <360>: Enter
→ 곡면의 회전 각도 값을 입력합니다. 보통 '360'으로 입력되어 있으면 Enter 를 누릅니다.

● 미리해보기

예제 파일 부록 CD\Sample\Chapter05\ch05_09S.dwg   **완성 파일** 부록 CD\Sample\Chapter05\ch05_09F.dwg

01 메뉴의 [File]–[Open]으로 부록 CD에서 예제 파일을 불러옵니다. Revsurf는 가로와 세로 메시 라인이 있어야 하므로 Surftab1과 Surftab2를 먼저 설정합니다.

```
Command: SURFTAB1 Enter
Enter new value for SURFTAB1 <6>: 20 Enter

Command: SURFTAB2 Enter
Enter new value for SURFTAB2 <6>: 20 Enter
```

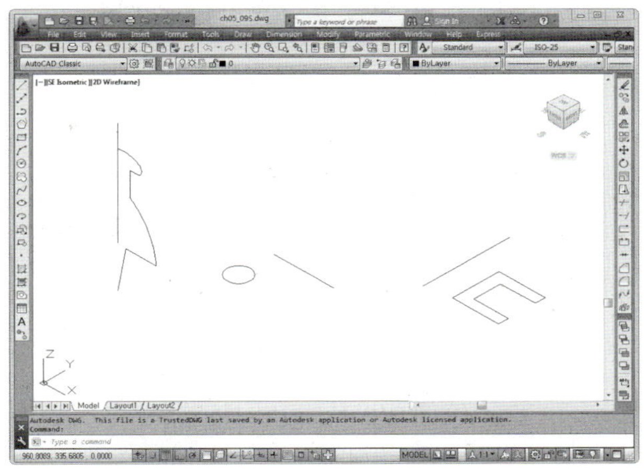

02 먼저 압정 모양의 단면을 회전 객체로 만들어 보겠습니다. Revsurf 명령어를 입력한 후 다음과 같은 두 지점을 마우스로 클릭합니다. 시작 각도는 0°, 회전 각도는 360°로 회전하도록 설정합니다.

```
Command: revsurf Enter
Current wire frame density: SURFTAB1=20  SURFTAB2=20
Select object to revolve: P1점 클릭
Select object that defines the axis of revolution: P2점 클릭
Specify start angle <0>: Enter
Specify included angle (+=ccw, -=cw) <360>: Enter
```

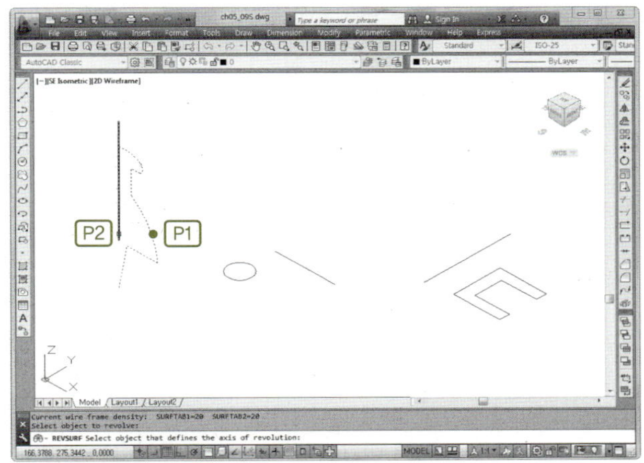

03 압정이 만들어지면 그 옆의 원과 선을 절반만 회전체로 만들어 봅니다. 직전에 사용한 명령어를 다시 사용하기 위하여 Enter 를 누른 후 다음의 지점들을 클릭하고 전체 회전 각도에 '180°'만 입력합니다.

```
Command: Enter
REVSURF
Current wire frame density: SURFTAB1=20  SURFTAB2=20
Select object to revolve: P3점 클릭
Select object that defines the axis of revolution: P4점 클릭
Specify start angle <0>: Enter
Specify included angle (+=ccw, -=cw) <360>: 180 Enter
```

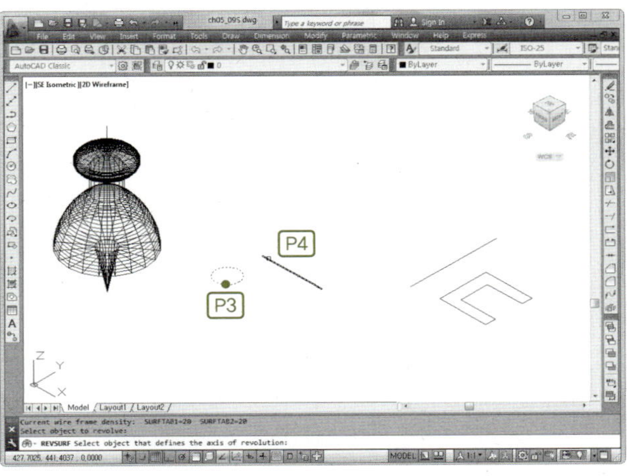

04 같은 180°라도 반대로 회전시켜야 하는 경우에는 '-180'을 입력합니다. 직전에 사용한 명령어를 다시 사용하기 위하여 Enter 를 누른 후 다음의 지점들을 클릭하고 전체 회전 각도에 '-180'을 입력합니다.

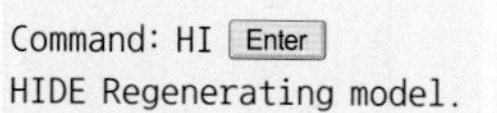

```
Command: Enter
REVSURF
Current wire frame density: SURFTAB1=20  SURFTAB2=20
Select object to revolve: P5점 클릭
Select object that defines the axis of revolution: P6점 클릭
Specify start angle <0>: Enter
Specify included angle (+=ccw, -=cw) <360>: -180 Enter
```

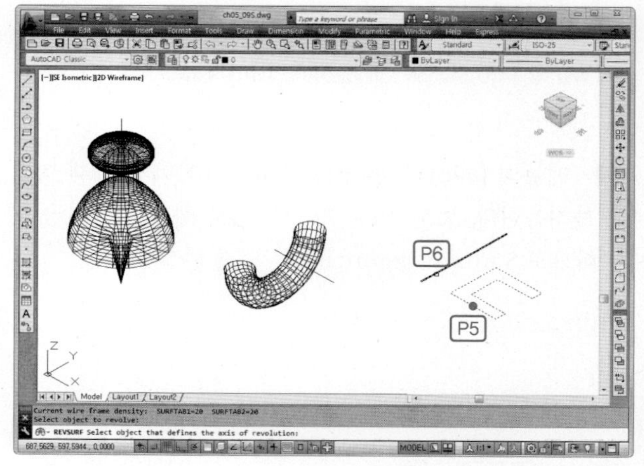

05 만들어진 회전체의 전체적인 모양을 확인하기 위하여 다음과 같이 Hide 명령어의 단축키인 'HI'를 입력한 후 완성된 모양을 확인합니다.

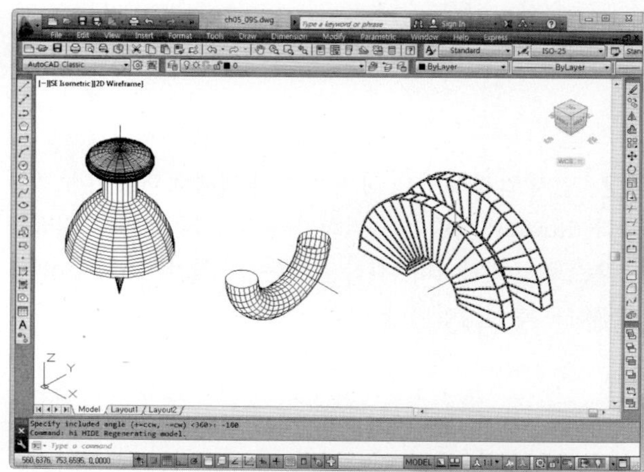

```
Command: HI Enter
HIDE Regenerating model.
```

05. 4개의 객체를 연결하는 곡면 Edgesurf

서로 끝점이 맞닿아 연결되어 있는 4개의 선분 곡률을 반영하여 면을 만드는 명령어를 'Edgesurf'라고 합니다. Edgesurf의 경우에는 반드시 4개의 객체가 필요하며, 곡면이나 직면 모두 만들 수 있습니다. 단, 4개의 선분을 이용하여 만드는 명령어이기 때문에 반드시 끝점이 연결되어 있어야 하며, 객체는 무조건 4개라는 원칙을 지켜야 만들어집니다. 또한 가로, 세로 메시 라인이 생성되므로 Surftab1과 Surftab2의 개수에 영향을 받습니다.

명령어	Edgesurf	아이콘	
단축키	지정되어 있지 않음.	메뉴	[Draw]-[Modeling]-[Meshes]-[Edge Mesh]

● 명령어 이해하기

Edgesuf의 경우 4개의 Edge(변)를 이루는 객체가 필요합니다. 이 4개의 Edge가 끝점이 연결된 상태로 있어야 하는 전제 조건을 만족해야만 실행할 수 있습니다. 4개의 객체를 순서대로 선택하면 Surftab1과 Surftab2의 개수에 따라 메시 라인이 만들어집니다. 따라서 곡선이 많을 때에 곡면이 자연스럽고 아름답게 만들어지도록 하기 위해서는 Surftab1, Surftab2의 개수를 미리 입력한 후에 작업해야 합니다.

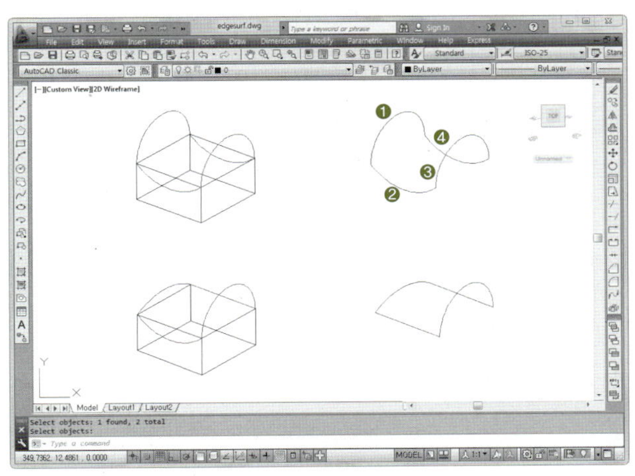
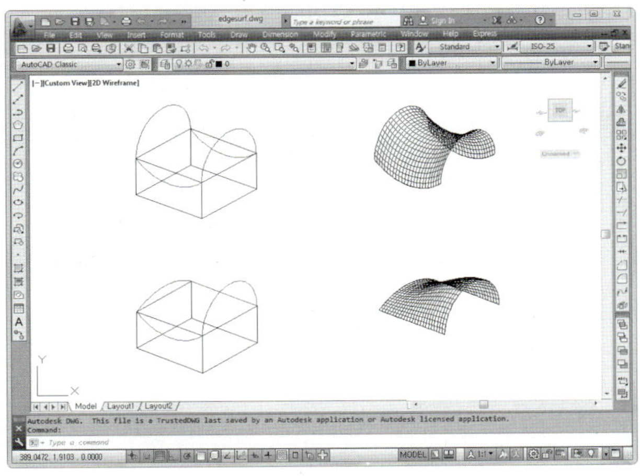

```
Command: Edgesurf  Enter
Current wire frame density: SURFTAB1=6  SURFTAB2=6
Select object 1 for surface edge:
→ 첫 번째 Edge 객체를 선택합니다.
Select object 2 for surface edge :
→ 두 번째 Edge 객체를 선택합니다.
Select object 3 for surface edge:
→ 세 번째 Edge 객체를 선택합니다.
Select object 4 for surface edge:
→ 네 번째 Edge 객체를 선택합니다.
```

● 미리해보기

예제 파일 부록 CD\Sample\Chapter05\ch05_10S.dwg   완성 파일 부록 CD\Sample\Chapter05\ch05_10F.dwg

01 메뉴의 [File]–[Open]으로 부록 CD에서 예제 파일
을 불러옵니다. Surftab1과 Surftab2를 변경하지 않고 기
본 값인 상태에서 Edgesurf를 실행합니다. 선분으로만 되
어 있는 객체이므로 메시 라인의 개수가 많지 않아도 가능
합니다.

```
Command: EDGESURF Enter
Current wire frame density: SURFTAB1=6   SURFTAB2=6
Select object 1 for surface edge: P1점 클릭
Select object 2 for surface edge: P2점 클릭
Select object 3 for surface edge: P3점 클릭
Select object 4 for surface edge: P4점 클릭
```

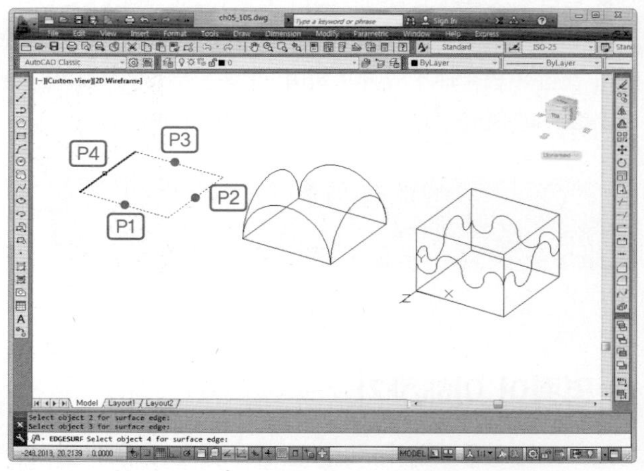

02 다음은 곡면이 많은 객체를 Edgesurf로 실행해야 하
므로 Surftab1과 Surftab2를 현재의 2배로 높인 상태에서
Edgesurf를 실행합니다. 먼저 Surftab1과 Surftab2를 입
력한 후 실행합니다.

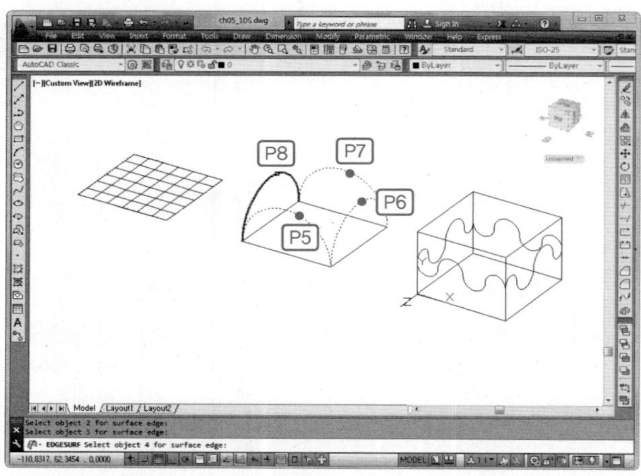

```
Command: SURFTAB1 Enter
Enter new value for SURFTAB1 <6>: 12 Enter

Command: SURFTAB2 Enter
Enter new value for SURFTAB2 <6>: 12 Enter

Command: EDGESURF Enter
Current wire frame density: SURFTAB1=12   SURFTAB2=12
Select object 1 for surface edge: P5점 클릭
Select object 2 for surface edge: P6점 클릭
Select object 3 for surface edge: P7점 클릭
Select object 4 for surface edge: P8점 클릭
```

03 세 번째 객체는 두 번째 객체보다 더 많은 곡률을 가
지므로 Surftab1과 Surftab2를 현재의 2배로 높인 상태에
서 Edgesurf를 실행합니다. 먼저 Surftab1과 Surftab2를
입력한 후에 실행합니다.

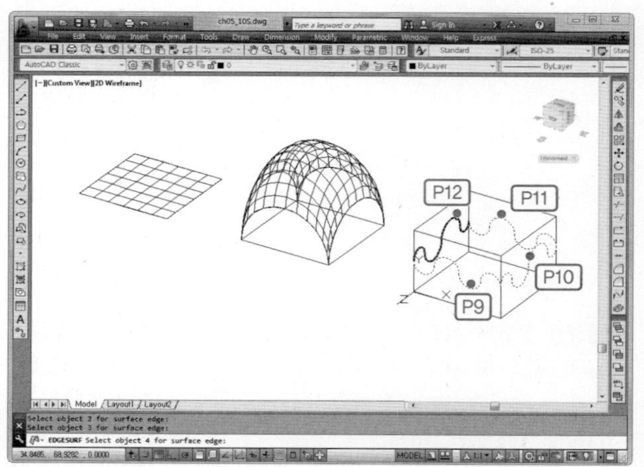

```
Command: SURFTAB1 Enter
Enter new value for SURFTAB1 <12>: 24 Enter

Command: SURFTAB2 Enter
Enter new value for SURFTAB2 <12>: 24 Enter

Command: EDGESURF Enter
Current wire frame density: SURFTAB1=24   SURFTAB2=24
Select object 1 for surface edge: P9점 클릭
Select object 2 for surface edge: P10점 클릭
Select object 3 for surface edge: P11점 클릭
Select object 4 for surface edge: P12점 클릭
```

Practice Drawing

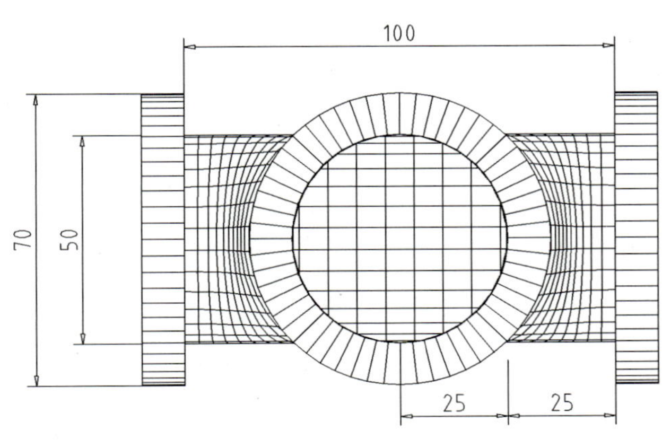

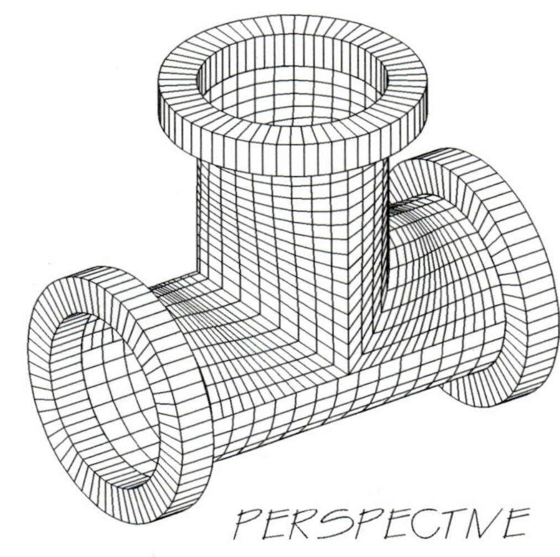

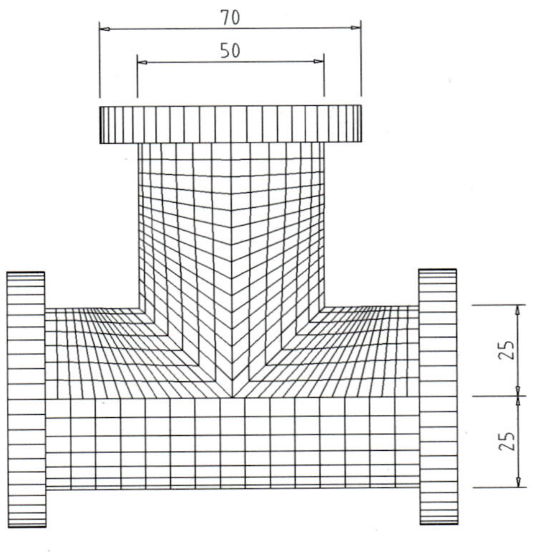

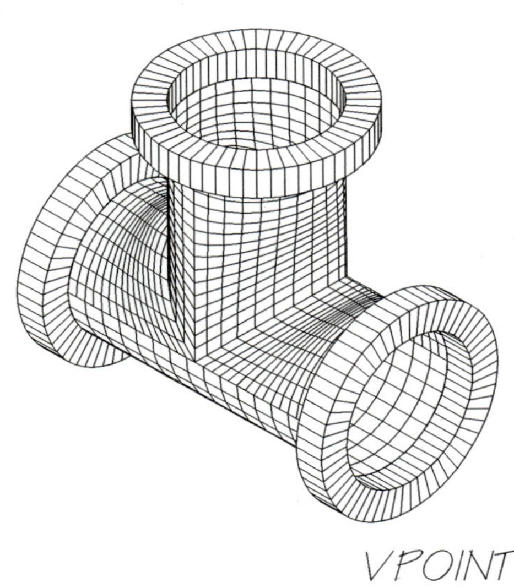

응용하기

01

Surface로 모델링 완성하기

표면 모델링은 각각의 명령어를 이용하는 것이 크게 어렵지 않습니다. 단지 그 명령을 수행하는 각각의 객체를 어떤 UCS 상태에서 만드는지에 따라 해당 객체를 Surface로 만들 수 있다, 없다가 결정되는 것입니다. 오히려 surface 명령어들은 쉽게 실행할 수 있는 것에 비해 해당 명령어를 수행하는 curve 객체를 그리는 것이 더 어렵게 느껴지기도 합니다. 다음의 예제를 완성하면서 surface의 사용법과 그 명령을 수행하기 위한 기본적인 UCS 사용법을 마스터하도록 합시다.

예제 파일 부록 CD\Sample\Chapter01\ch05_se03_01S.dwg **완성 파일** 부록 CD\Sample\Chapter01\ch05_se03_01F.dwg

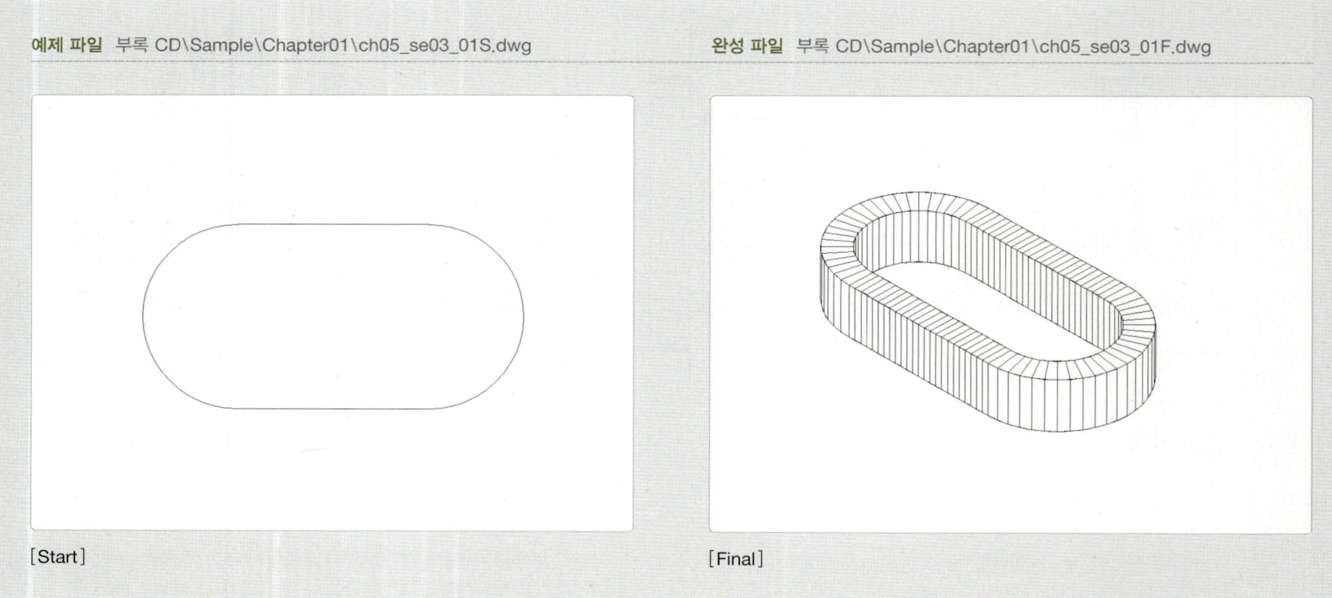

[Start] [Final]

1. 곡면을 Rulesurf로 면 처리하기

01 메뉴의 [File]-[Open]으로 부록 CD에서 예제 파일을 불러옵니다. 먼저 안쪽으로 각각 Offset 명령어를 이용하여 평행 복제합니다. Offset 명령어를 입력한 후 다음과 같이 복제합니다.

```
Command: O Enter
OFFSET
Current settings: Erase source=No  Layer=Source
OFFSETGAPTYPE=0
Specify offset distance or [Through/Erase/Layer] <Through>:
10 Enter
Select object to offset or [Exit/Undo] <Exit>: P1점 클릭
Specify point on side to offset or [Exit/Multiple/Undo]
<Exit>: P2점 클릭
```

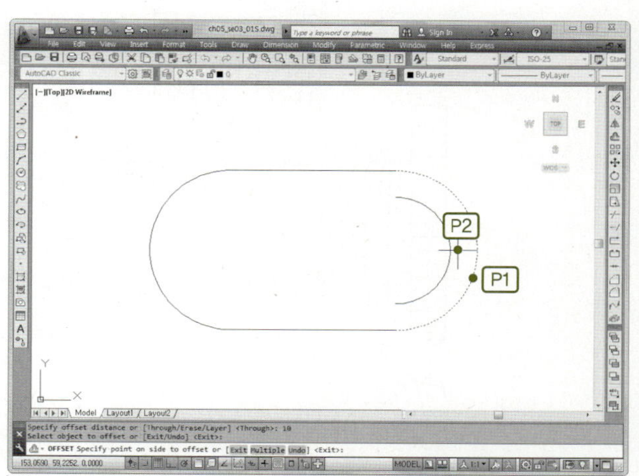

02 같은 간격으로 복제하는 것이므로 명령어는 종료하지 않고 연속해서 왼쪽의 호를 다음과 같이 평행 복제합니다.

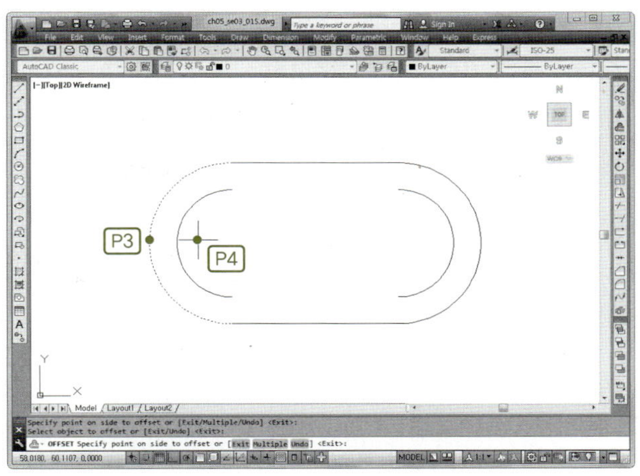

```
Select object to offset or [Exit/Undo] <Exit>: P3점 클릭
Specify point on side to offset or [Exit/Multiple/Undo]
<Exit>: P4점 클릭
```

03 호를 연결할 수 있도록 안쪽의 가로 선분 2개도 같은 간격대로 Offset합니다. 위쪽과 아래쪽의 가로 선분 모두 다음의 지점을 클릭하여 평행 복제합니다.

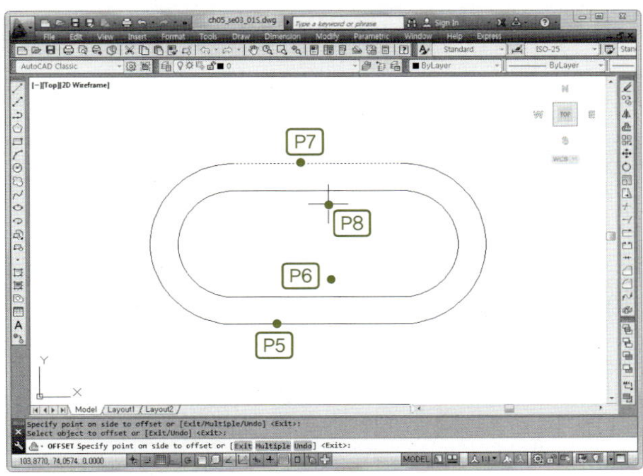

```
Select object to offset or [Exit/Undo] <Exit>: P5점 클릭
Specify point on side to offset or [Exit/Multiple/Undo]
<Exit>: P6점 클릭
Select object to offset or [Exit/Undo] <Exit>: P7점 클릭
Specify point on side to offset or [Exit/Multiple/Undo]
<Exit>: P8점 클릭
Select object to offset or [Exit/Undo] <Exit>: Enter
```

04 3차원상의 상태로 전환하여 객체를 모델링하기 위해 관찰자 시점을 다음과 같이 바꿉니다. Vpoint 명령어를 이용하거나 ViewCube의 코너점을 클릭하여 다음의 관측 시점이 되도록 합니다.

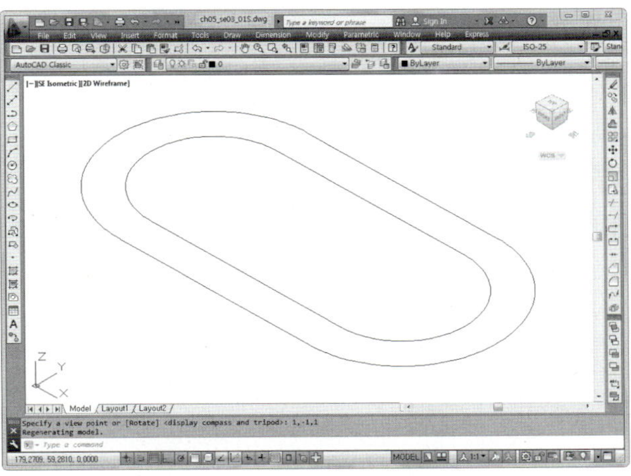

```
Command: -vp Enter
VPOINT
Current view direction: VIEWDIR=0.0000,0.0000,1.0000
Specify a view point or [Rotate] <display compass and
tripod>: 1,-1,1 Enter
```

05 전체 객체를 선택한 후 Z축으로 두께 '20'만큼 복제합니다. Copy 명령어의 단축키인 'CP'를 입력한 후 전체를 선택하고 기준점을 0,0으로 설정하여 상대 좌표를 이용하여 Z축으로 '20'만큼 복제합니다.

```
Command: CP Enter
COPY
Select objects: all
8 found

Select objects: Enter

Current settings: Copy mode=Multiple
Specify base point or [Displacement/mOde] <Displacement>: 0,0
Enter
Specify second point or [Array] <use first point as
displacement>: @0,0,20 Enter
Specify second point or [Array/Exit/Undo] <Exit>: Enter
```

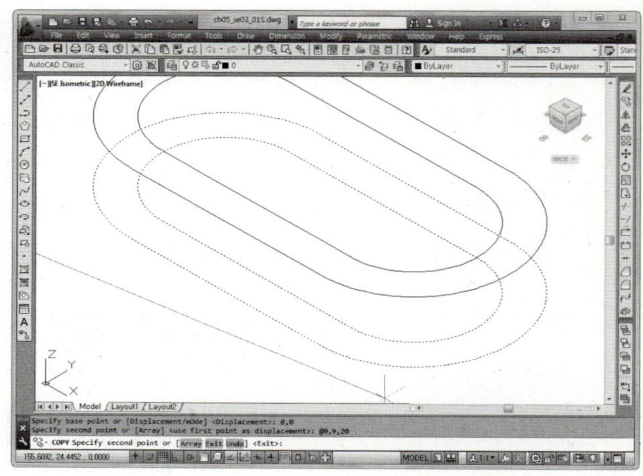

06 먼저 Surftab1의 개수를 올린 후 Rulesurf를 실행하고, 다음의 양쪽 두 지점을 클릭하여 면 처리를 합니다.

```
Command: surftab1 Enter
Enter new value for SURFTAB1 <6>: 24 Enter

Command: Rulesurf Enter
Current wire frame density: SURFTAB1=24
Select first defining curve: P9점 클릭
Select second defining curve: P10점 클릭

Command: RULESURF Enter
Current wire frame density: SURFTAB1=24
Select first defining curve: P11점 클릭
Select second defining curve: P12점 클릭
```

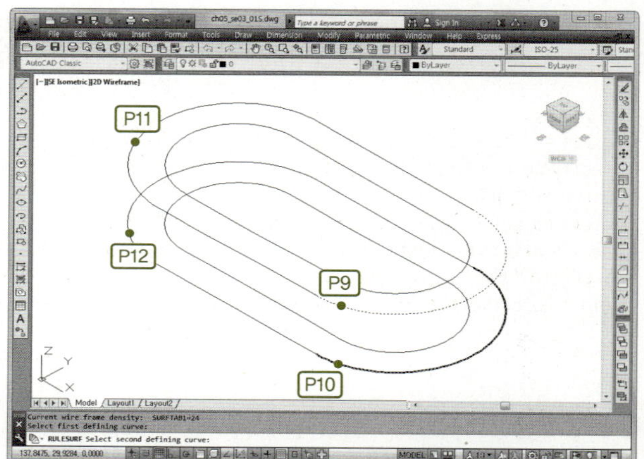

07 바깥쪽 호가 면 처리되었으므로 이번에는 안쪽의 호를 Rulesurf로 면 처리합니다. Rulesurf 명령어로 다음의 지점을 클릭하여 양쪽을 면 처리합니다.

```
Command: RULESURF Enter
Current wire frame density: SURFTAB1=24
Select first defining curve: P13점 클릭
Select second defining curve: P14점 클릭

Command: RULESURF Enter
Current wire frame density: SURFTAB1=24
Select first defining curve: P15점 클릭
Select second defining curve: P16점 클릭
```

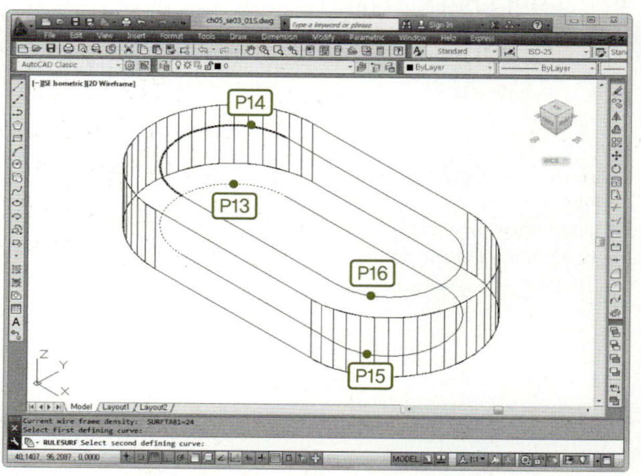

08 호와 호를 연결하여 Rulesurf를 한 상태이므로 위쪽의 면을 Rulesurf하는 경우 해당 선분이 제대로 선택되지 않습니다. 따라서 지금까지 만들어진 Rulesurf 면 객체를 명령어 입력 없이 모두 선택하고, 레이어 목록 상자를 열어 1번 레이어로 변경합니다.

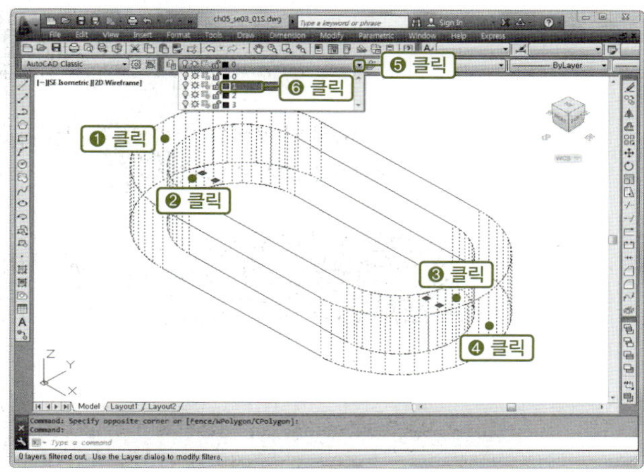

09 빨간색으로 변한 1번 레이어를 화면에서 안 보이도록 처리하기 위하여 다시 한 번 레이어 목록 상자를 열어 1번 레이어의 Freeze 버튼(햇님 모양)을 클릭하여 끕니다. 화면에서 빨간색으로 만들어진 곡면의 객체가 사라집니다.

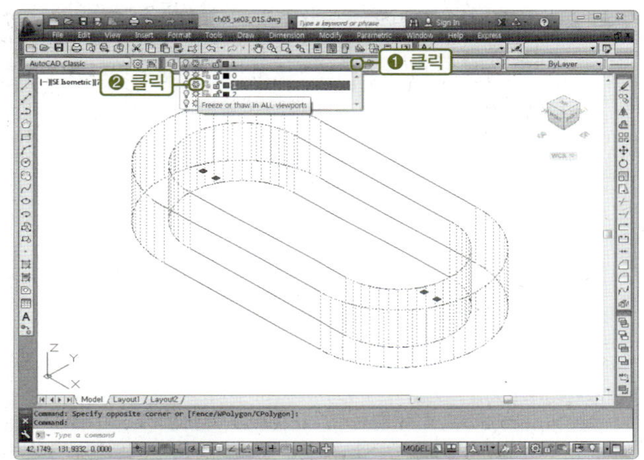

10 레이어가 감춰지고 이제 Arc만 남은 상태에서 그림과 같이 Rulesurf를 실행하여 좌, 우 양쪽의 두 Arc를 연결하여 면을 만듭니다.

```
Command: Rulesurf Enter
Current wire frame density: SURFTAB1=24
Select first defining curve: P17점 클릭
Select second defining curve: P18점 클릭

Command: RULESURF Enter
Current wire frame density: SURFTAB1=24
Select first defining curve: P19점 클릭
Select second defining curve: P20점 클릭
```

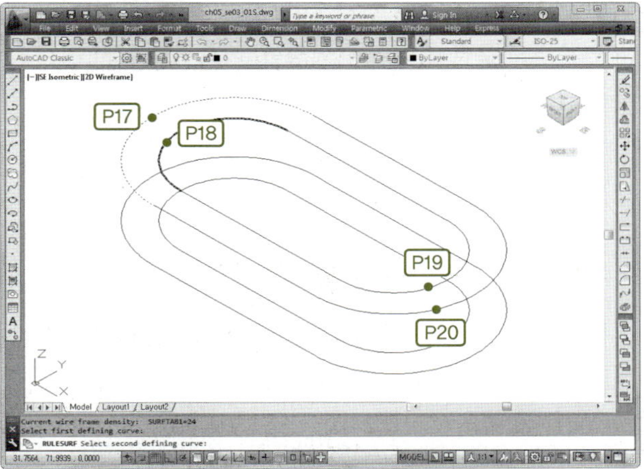

11 위쪽의 면 처리는 아래쪽 면과 동일한 사이즈이므로 다시 rulesurf를 하지 않고 면을 선택하여 복제합니다. Copy 명령어를 입력한 후 다음의 두 면을 클릭하여 선택합니다.

```
Command: cp Enter
COPY
Select objects: 1 found
→ P21점 클릭
Select objects: 1 found, 2 total
→ P22점 클릭
Select objects: Enter
```

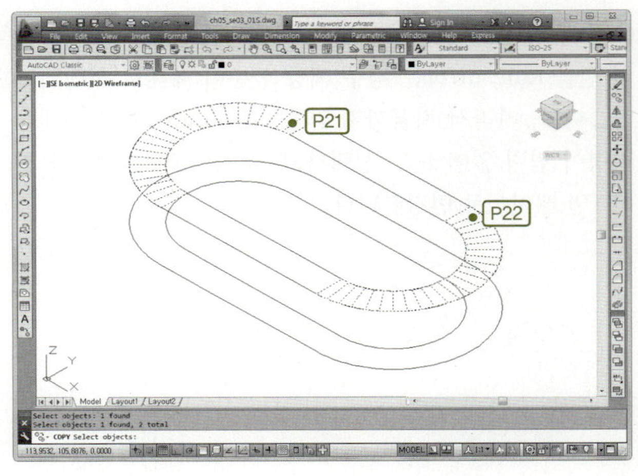

12 기준점을 위쪽 면의 끝점에서 아래의 동일한 지점으로, 복제 지점을 Osnap으로 지정합니다. 더 이상 복제하지 않는 경우에는 Enter 를 눌러 종료합니다.

```
Current settings: Copy mode=Multiple
Specify base point or [Displacement/mOde] <Displacement>: P23
점 클릭
Specify second point or [Array] <use first point as
displacement>: P24점 클릭
Specify second point or [Array/Exit/Undo] <Exit>: Enter
```

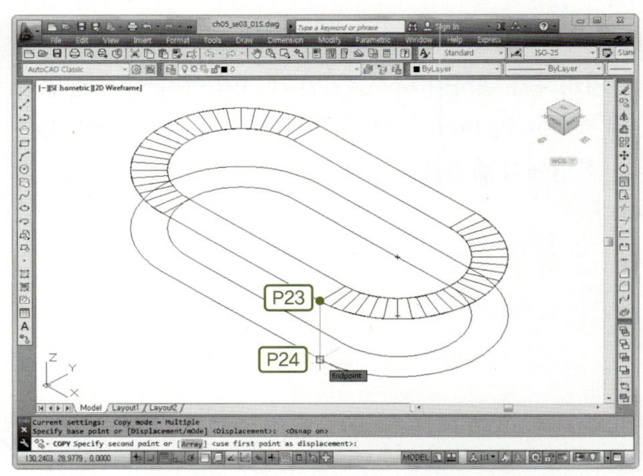

13 안쪽의 사각형의 면을 Rulesurf하기 위하여 지금 만든 면은 모두 2번 레이어로 변경하겠습니다. 먼저 지금 생성된 면을 명령어 입력 없이 모두 마우스로 클릭하고 레이어 목록 상자를 열어 2번 레이어로 선택합니다.

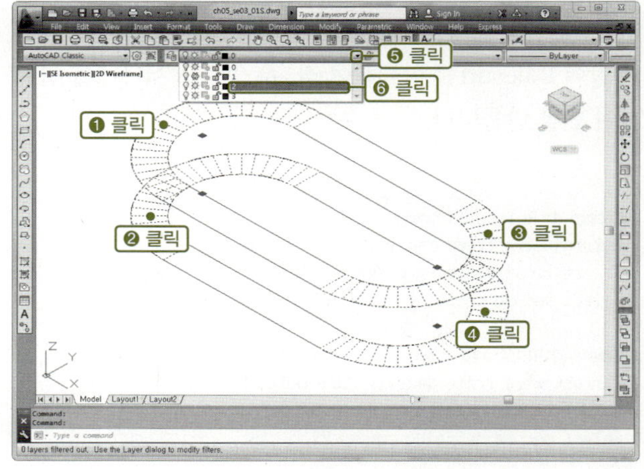

2. 사각 면을 Rulesurf로 면 처리하기

01 파란색으로 구분되면 다른 객체의 선분을 선택하기가 수월해집니다. 이제 다시 Rulesurf 명령어를 입력하고 다음의 두 지점을 마우스로 클릭하여 면 처리를 합니다. 이는 3dface로 면 처리를 해도 되며, 여기서는 Rulesurf로 면 처리를 합니다.

```
Command: Rulesurf Enter
Current wire frame density: SURFTAB1=24
Select first defining curve: P1점 클릭
Select second defining curve: P2점 클릭
```

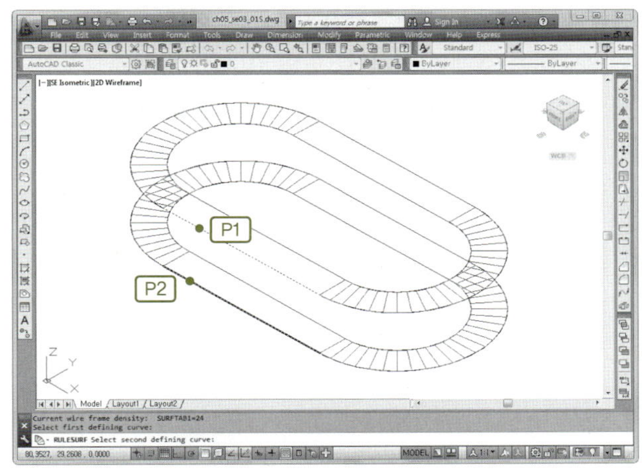

02 세로 형태의 사각 면이 완성되면 모두 세 곳에 복제합니다. Copy 명령어를 입력한 후 다음과 같이 면을 선택한 후 기준점을 다음과 같이 클릭하여 선택합니다.

```
Command: CP Enter
Select objects: l
1 found
→ P3점 클릭
Select objects: Enter
Current settings: Copy mode=Multiple
Specify base point or [Displacement/mOde] <Displacement>: P4
점 클릭
Specify second point or [Array] <use first point as
displacement>: P5점 클릭
Specify second point or [Array/Exit/Undo] <Exit>: P6점 클릭
Specify second point or [Array/Exit/Undo] <Exit>: P7점 클릭
Specify second point or [Array/Exit/Undo] <Exit>: Enter
```

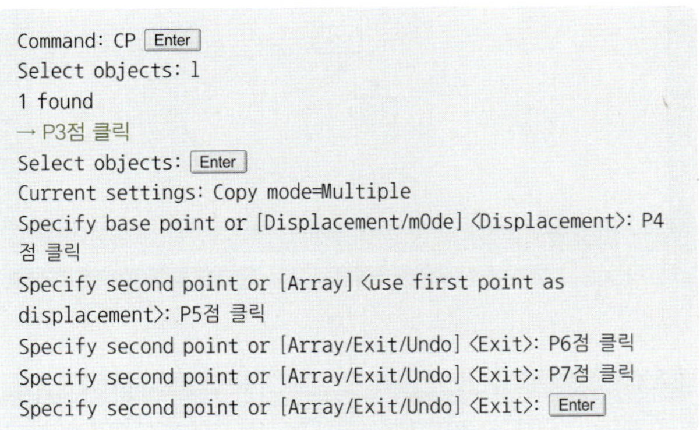

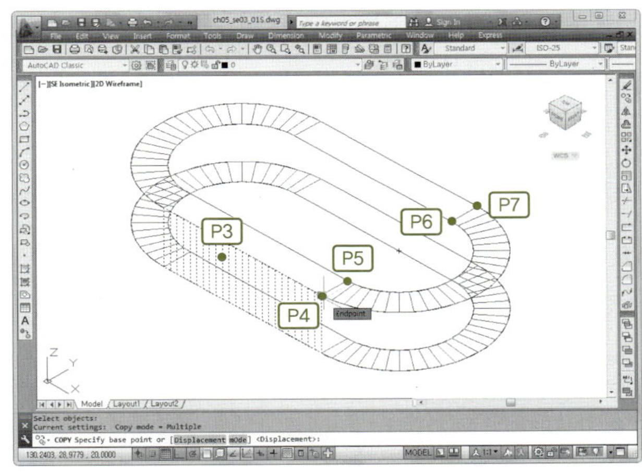

03 위쪽의 사각형을 면 처리하기 위하여 현재 Copy한 세로 형태의 면을 모두 감추기된 1번 레이어로 변경합니다. 먼저 명령어를 입력하지 않은 상태에서 4개의 면을 모두 선택하고, 레이어 목록 상자를 열어 1번 레이어를 선택합니다.

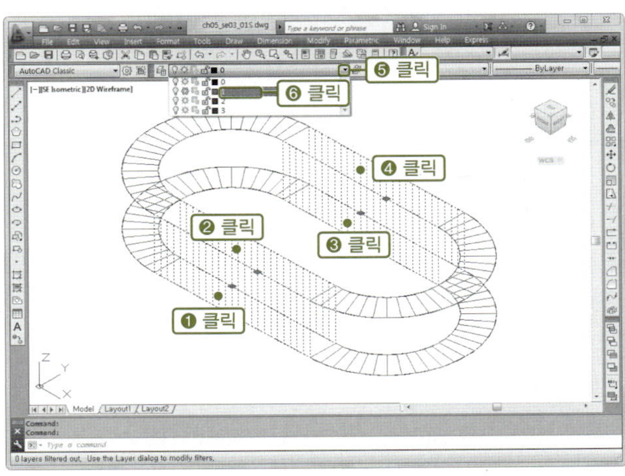

04 1번 레이어로 변경하면 다음과 같은 메시지가 나타납니다. 현재 Freeze로 잠겨 있는 레이어로 변경하는 경우 해당하는 객체가 안 보일 수도 있다는 경고 메시지입니다. [확인] 버튼을 눌러 그대로 승인합니다.

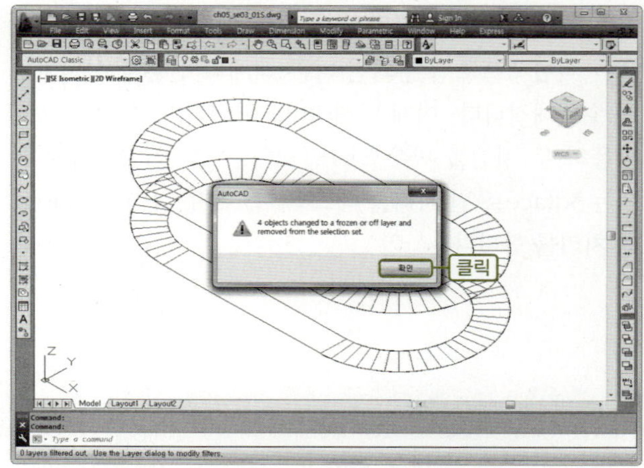

05 사각 면 위쪽을 Rulesurf를 이용하여 면 처리를 합니다. Rulesurf 명령어를 입력한 후 다음의 두 지점을 클릭하여 면 처리합니다.

```
Command: Rulesurf [Enter]
Current wire frame density: SURFTAB1=24
Select first defining curve: P8점 클릭
Select second defining curve: P9점 클릭
```

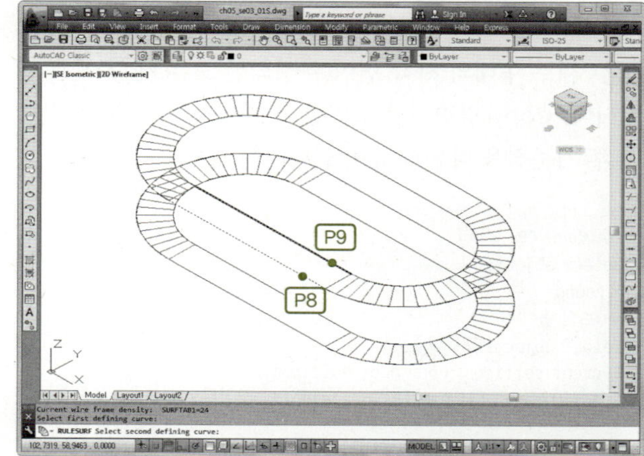

06 하나의 Rulesurf로 면 처리한 객체는 다음의 네 곳에 Copy합니다. Copy 명령어의 단축키인 'cp'를 입력한 후 맨 마지막에 생성된 객체를 자동으로 선택하고 아래, 위 모두 세 곳에 복제합니다.

```
Command: cp [Enter]
COPY
Select objects: l [Enter]
1 found
→ P10점 클릭
Select objects: [Enter]

Current settings: Copy mode=Multiple
Specify base point or [Displacement/mOde] <Displacement>: P11
점 클릭
Specify second point or [Array] <use first point as
displacement>: P12점 클릭
Specify second point or [Array/Exit/Undo] <Exit>: P13점 클릭
Specify second point or [Array/Exit/Undo] <Exit>: P14점 클릭
Specify second point or [Array/Exit/Undo] <Exit>: [Enter]
```

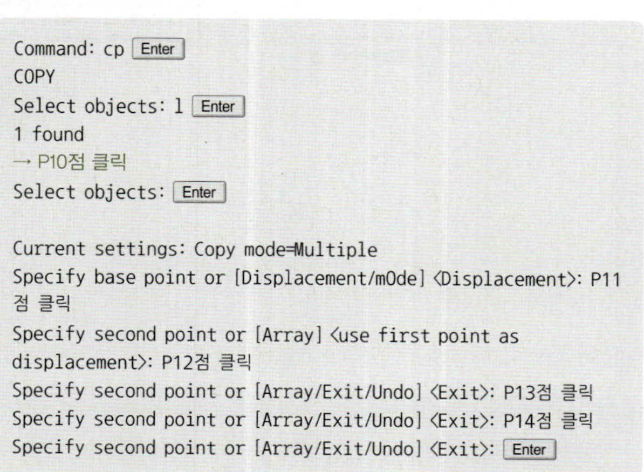

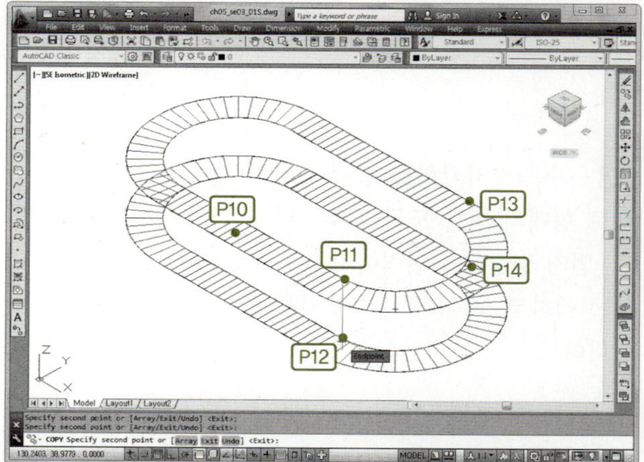

07 이제 감춰졌던 레이어를 모두 해제합니다. 햇님 아이콘이 다시 활성화되도록 Freeze 상태를 다시 Thaw 상태로 변경하여 안 보이던 1번 레이어를 활성화합니다.

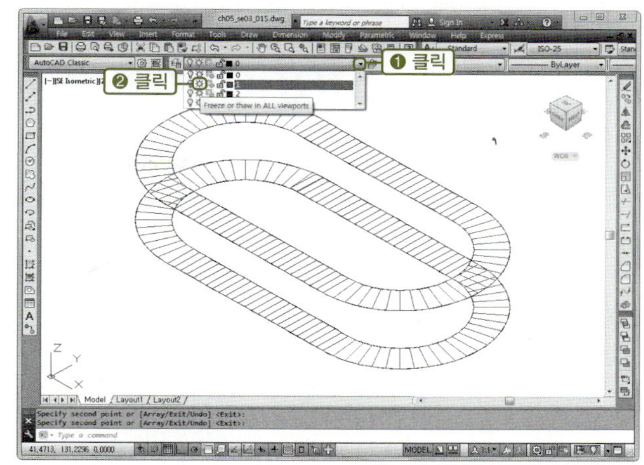

08 모든 레이어 상태에서 Hide 명령어의 단축키인 'HI'를 입력하면 다음과 같이 형형색색의 도형 면으로 은선이 제거되어 나타납니다.

```
Command: HI Enter
HIDE Regenerating model.
```

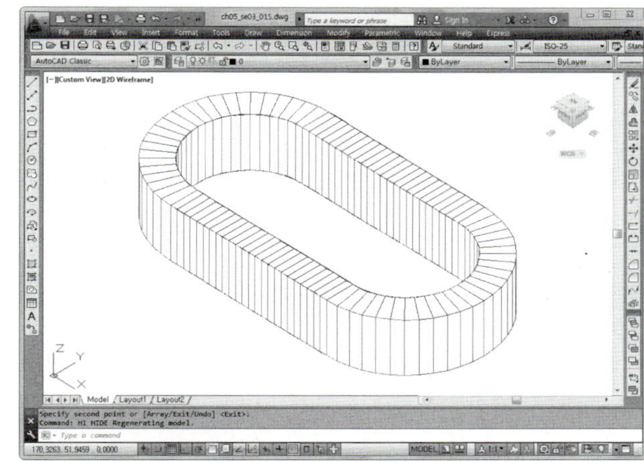

09 각각의 면이 형형색색으로 만들어져 있기 때문에 일관성이 없어 보입니다. 전체 객체를 모두 선택하기 위하여 단축키 Ctrl + A 를 눌러 모든 객체를 선택한 후 동일한 하나의 레이어로 변경합니다. 모든 객체가 선택되면 다음과 같이 레이어 목록 버튼을 클릭하여 0번 레이어를 선택하고, 동일한 레이어의 객체가 되도록 합니다. Hide 명령어를 입력하여 최종 이미지를 확인합니다.

```
Command: HI Enter
HIDE Regenerating model.
```

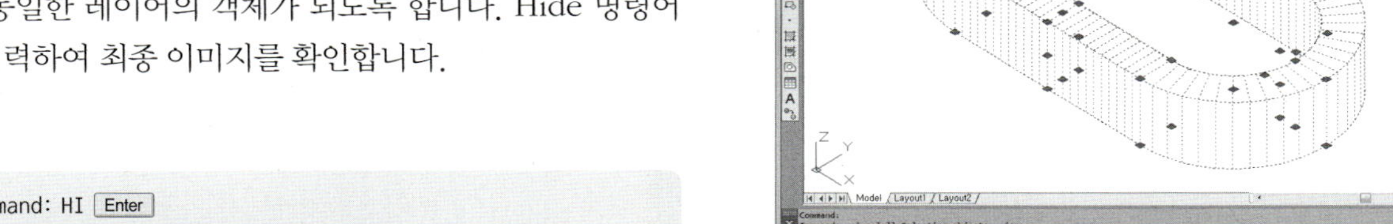

Section 04

Standard 솔리드 객체 이해하기

앞의 Section 02는 선을 그리고, 선을 면으로 변경하여 3차원 객체를 만드는 구조였습니다. 반면 Section 04는 솔리드 모델링이라는 방식에 대해서 공부하는 것으로, 속이 채워진 덩어리 객체를 자르거나 합쳐서 객체를 만드는 방식을 익혀보겠습니다. Section 04에서는 솔리드 모델링의 전반적인 학습을 위하여 솔리드의 기본 객체를 그리는 연습을 해보겠습니다.

01. 육면체를 그리는 Box

육면체의 가로, 세로, 높이 값을 가진 3차원 형태의 솔리드 상자를 그립니다. 이는 덩어리로 구성되어 있으며, 나중에 다음 섹션의 편집 명령어를 이용하여 더하거나 빼면서 모양을 다르게 편집할 수 있습니다. 길이 값은 시작점을 포함하여 좌표 값이나 마우스로 입력할 수 있습니다.

명령어	Box	아이콘	
단축키	지정되어 있지 않음.	메뉴	[Draw]-[Modeling]-[Box]

● 명령어 이해하기

Box의 밑면의 시작점 위치를 마우스나 좌표 값으로 입력하고 대각선 방향으로 드래그하여 Box의 길이 값(Length)과 너비 값(Width)을 지정하여 클릭하거나 좌표 값을 입력하고 최종 깊이 값(Height)을 입력하여 완성합니다. 옵션을 이용하여 정육면체를 그리거나 길이 또는 너비 값을 수치로 입력하면 Box를 그릴 수 있습니다.

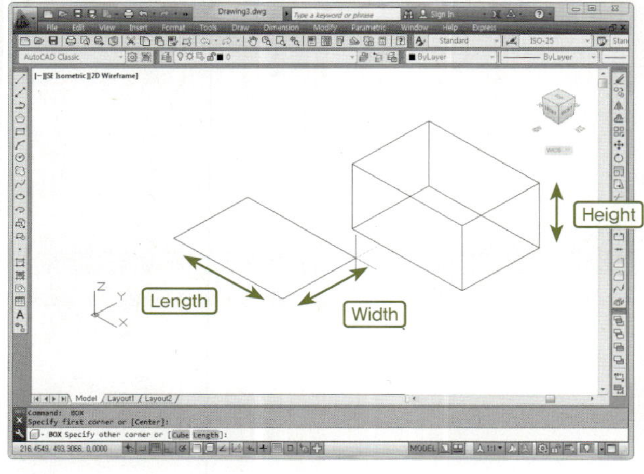

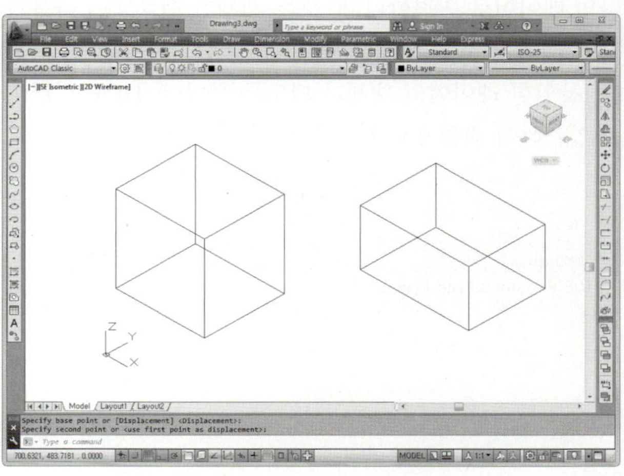

```
Command: Box  Enter
Specify first corner or [Center]:
→ Box의 첫 번째 시작점을 클릭합니다.
Specify other corner or [Cube/Length]:
→ Box의 대각선 구석점을 클릭하거나 '@150,100'처럼 좌표 값을 입력하여 가로, 세로 길이 값을 입력합니다.
Specify height or [2Point]:
→ Box의 깊이 값을 입력합니다.
```

● 옵션 이해하기

'Box' 옵션을 지정하면 육면체 형태의 정육면체나 가로 또는 세로가 긴 형태 등과 같은 다양한 방법으로 솔리드 박스를 그릴 수 있습니다. 마우스로 드래그하여 그리는 방식에서 벗어나 길이 값에서 직접 입력하거나 입력된 좌표를 길이 값으로 환원하는 형식을 이용할 수 있습니다.

옵션	설명
Center	Center를 지정하면 Box 객체의 XYZ 평면을 기준으로 정중앙을 먼저 선택하여 객체를 그리는 기준점을 지정합니다. 즉, Box의 중심부를 먼저 선택하고 나머지 길이의 좌표를 입력하는 방식입니다.
Cube	하나의 길이 값을 입력하여 가로, 세로, 높이 값이 같은 정육면체를 그립니다.
Length	솔리드 Box의 대각선 반대쪽 구석을 선택하지 않고 가로, 세로의 길이 값을 직접 입력하여 그립니다.
2Point	선택한 두 점 사이의 길이 값이 깊이 값인 Height 값이 되도록 Box를 그립니다.

● 미리해보기

예제 파일 부록 CD\Sample\Chapter05\ch05_11S.dwg   **완성 파일** 부록 CD\Sample\Chapter05\ch05_11F.dwg

01 메뉴의 [File]-[Open]으로 부록 CD에서 예제 파일을 불러옵니다. Box 솔리드를 그릴 수 있는 도면 한계가 맞춰져 있는, 비어 있는 도면이 나타납니다. Box 명령어를 입력한 후 시작점과 대각선 지점을 먼저 클릭, 드래그하여 입력합니다.

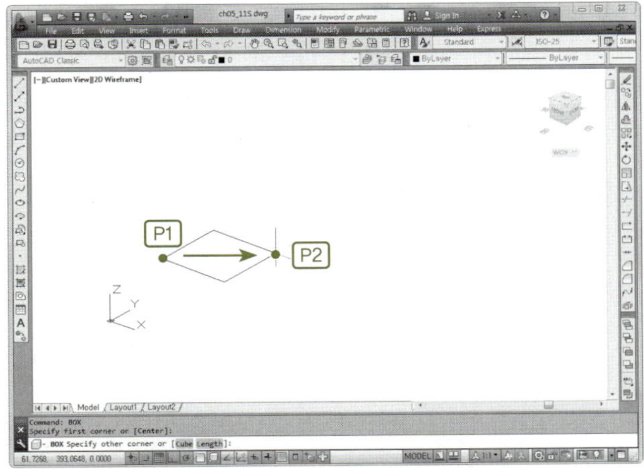

```
Command: Box  Enter
Specify first corner or [Center]: P1점 클릭
Specify other corner or [Cube/Length]: P2점 클릭, 드래그
```

02 처음 대각선 방향으로 드래그한 것은 육면체의 가
로, 세로 값이었습니다. 하지만 Z축 방향으로 드래그하여
다음과 같이 클릭하면 높이에 해당하는 깊이 값이 결정됩
니다.

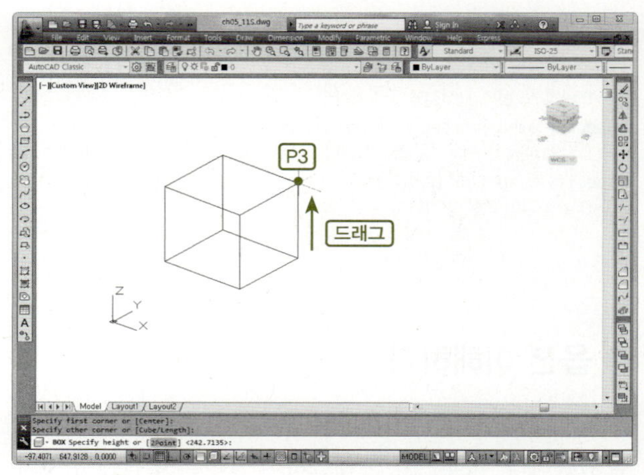


```
Specify height or [2Point] <137.2473>: P3점 클릭
```

03 그러나 바로 전처럼 Box를 그리면 가로, 세로 , 깊
이 값이 얼마인지 Dist로 다시 재어보기 전까지는 알 수
없으므로, 원하는 길이 값을 입력하여 Box를 그려봅니
다. Box 명령어를 다시 사용할 것이므로 직전 명령어는
Enter 만 누르면 다시 실행됩니다.

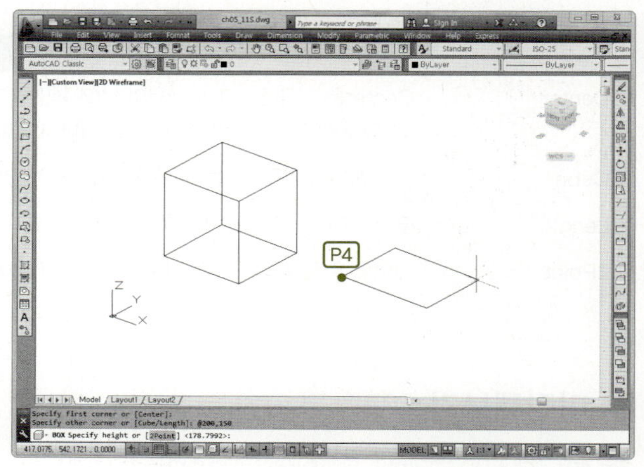


```
Command: Enter
BOX
Specify first corner or [Center]: P4점 클릭
Specify other corner or [Cube/Length]: @200,150  Enter
```

04 가로와 세로의 길이 값을 입력한 후, 높이에 대한 깊
이 값을 숫자로 입력합니다. 다음과 같이 정확한 길이 값
을 갖는 솔리드 박스가 만들어집니다.

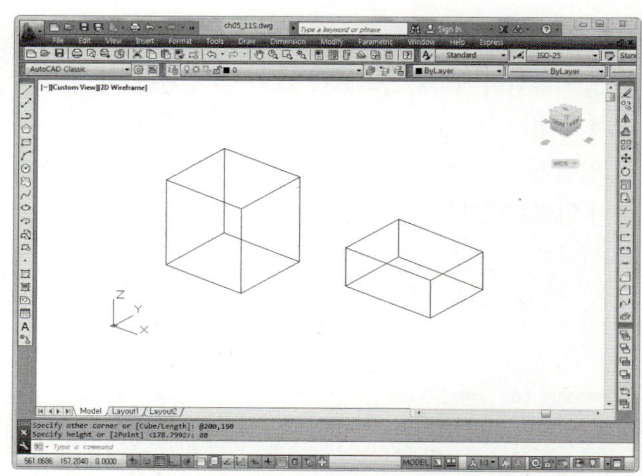

```
Specify height or [2Point] <168.7260>: 80  Enter
```

05 다음은 정육면체를 그려보겠습니다. Box 명령어를 입력한 후 다음과 같이 Box의 시작점을 마우스로 클릭합니다.

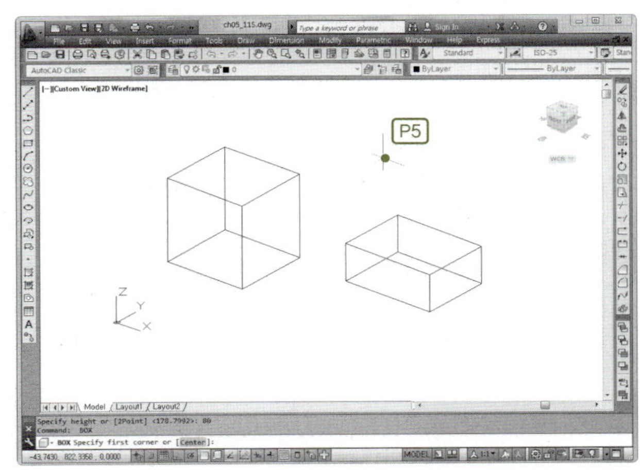

```
Command: BOX Enter
Specify first corner or [Center]: P5점 클릭
```

06 BOX의 시작점을 클릭한 후 대각선의 다른 지점을 선택하기 전에 육면체에 해당하는 'Cube' 옵션을 선택하기 위하여 대문자 'C'를 입력합니다. 정육면체는 가로, 세로, 높이가 모두 같은 솔리드 객체이므로 길이 값은 한 번만 입력하면 모든 수치에 적용되어 다음과 같은 정육면체가 그려집니다.

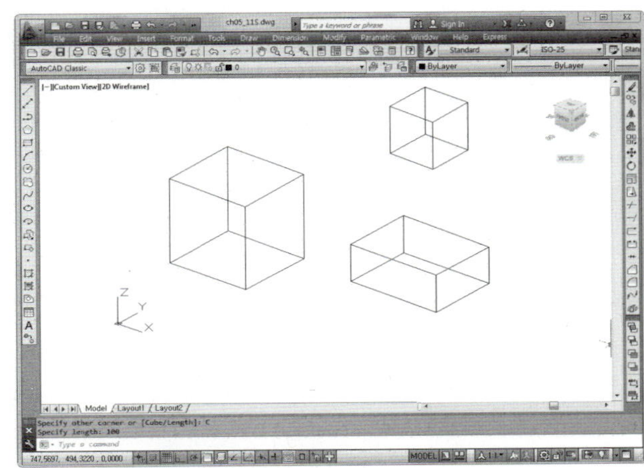

```
Specify other corner or [Cube/Length]: C Enter
Specify length <0.6717>: 100 Enter
```

02. 쐐기 모양의 Wedge

Wedge는 Box를 반으로 잘라 만든 쐐기 모양의 솔리드 객체입니다. 따라서 그리는 방법이 BOX를 그리는 방법과 비슷합니다. 먼저 가로, 세로의 길이는 대각선 방향으로 드래그하여 입력하고, 깊이에 해당하는 높이 값을 입력하여 그립니다. 처음 드래그하여 입력되는 가로, 세로의 길이 값에 비해 높이 값의 변화에 따라 모양이 달라 보일 수 있으므로 다양한 크기의 값으로 실습해보겠습니다.

명령어	Wedge	아이콘	
단축키	WE	메뉴	[Draw]-[Modeling]-[Wedge]

● 명령어 이해하기

Wedge 명령어를 입력한 후 Box를 그릴 때와 같이 대각선 방향으로 드래그하여 길이 값(Length), 깊이 값(Width)을 입력하고, 깊이 값(Height)을 입력한 다음, 육면체를 그립니다. Wedge 객체의 바닥면은 육면체 형태와 동일한 사각형 형태로 그리고, 높이 값을 입력하면 대각선 방향의 반쪽이 없는 샌드위치 형태의 객체가 만들어집니다.

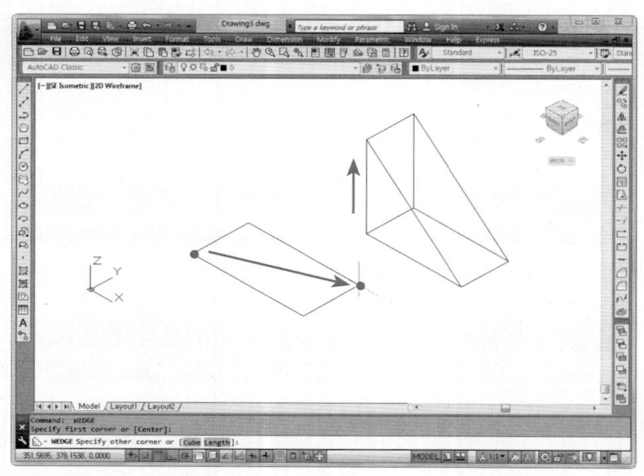
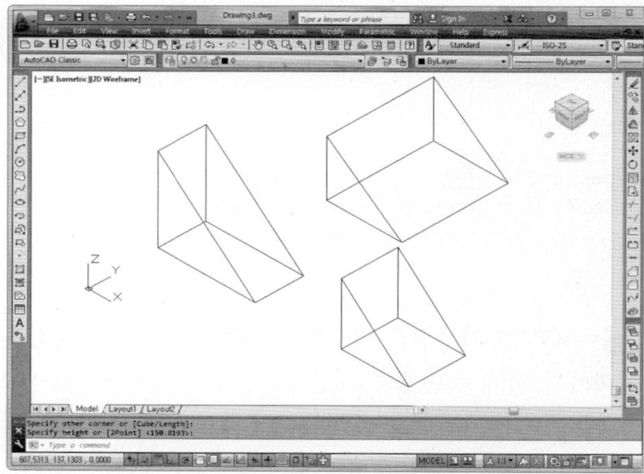

Command: Wedge [Enter]
Specify first corner or [Center]:
→ Wedge의 한쪽 구석점을 클릭합니다.
Specify other corner or [Cube/Length]:
→ Wedge의 대각선 지점을 클릭합니다.
Specify height or [2Point]:
→ 마우스로 클릭하거나 숫자를 이용하여 Wedge의 깊이 값을 입력합니다.

● 옵션 이해하기

Wedge를 이용하여 쐐기 모양의 솔리드 객체를 그리는 옵션으로, 정육면체 형태의 Wedge나 가로, 세로, 깊이를 숫자로 입력하는 등 기본 입력 방법을 벗어난 형태의 Wedge를 그릴 수 있습니다.

옵션	설명
Center	Wedge 객체의 X, Y, Z 평면을 기준으로 정중앙을 먼저 선택하여 객체를 그리는 방법으로, 'Center' 옵션을 지정하면 Wedge의 가로, 세로, 높이의 중심부를 먼저 선택한 후에 그릴 수 있습니다.
Cube	가로, 세로, 높이 값이 같은 Wedge를 그립니다.
Length	대각선의 반대쪽으로 드래그하지 않고 가로, 세로 길이 값을 수치로 입력합니다.
2Point	클릭한 두 점 사이의 길이 값이 Wedge의 Height 값이 되도록 합니다.

● 미리해보기

예제 파일 부록 CD\Sample\Chapter05\ch05_12S.dwg   **완성 파일** 부록 CD\Sample\Chapter05\ch05_12F.dwg

01 메뉴의 [File]–[Open]으로 부록 CD에서 예제 파일을 불러옵니다. Wedge 명령어의 단축키인 'WE'를 입력한 후 다음과 같이 시작점과 대각선 방향의 다음 점을 클릭, 드래그하여 선택합니다.

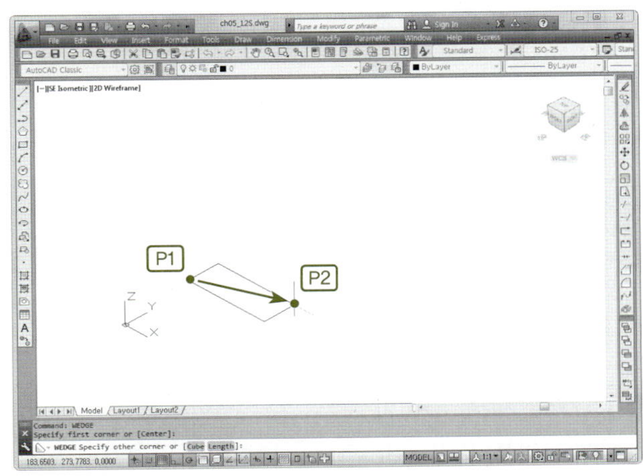

```
Command: WE  Enter
WEDGE
Specify first corner or [Center]: P1점 클릭
Specify other corner or [Cube/Length]: P2점 클릭, 드래그
```

02 마우스를 다음과 같이 드래그하여 Wedge의 높이 값을 정합니다. 마우스로 드래그한 길이 값이 Wedge의 높이 값으로 입력됩니다.

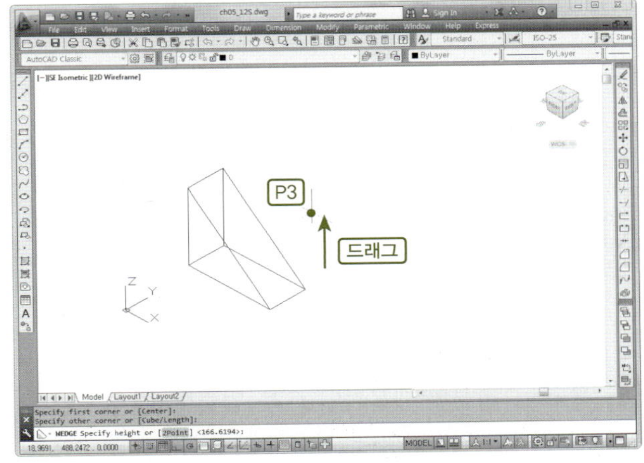

```
Specify height or [2Point] <0.4710>: P3점 클릭
```

03 다음은 정확한 수치를 입력하여 Wedge를 그려보겠습니다. Wedge 명령어의 단축키인 'WE'를 입력한 후, 다음의 시작점만 마우스로 클릭하여 입력합니다.

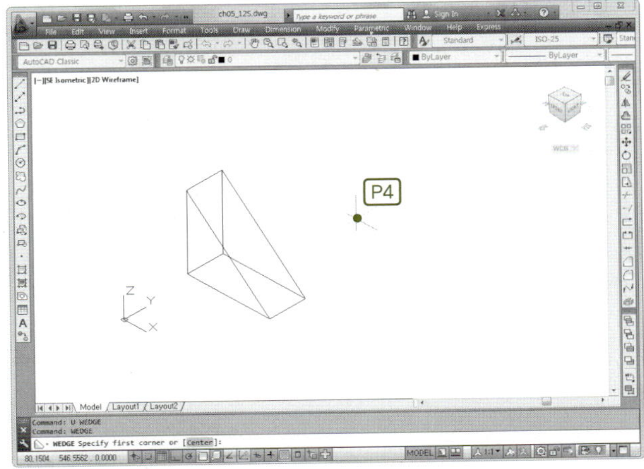

```
Command: WE  Enter
WEDGE
Specify first corner or [Center]: P4점 클릭
```

04 가로와 세로의 길이 값을 숫자로 입력하기 위하여 'L' 옵션을 입력합니다. 가로 길이와 세로 길이, 깊이의 길이를 각각 입력합니다.

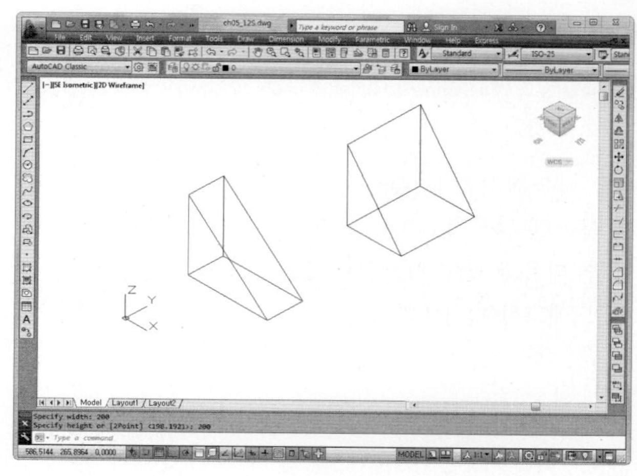

```
Specify other corner or [Cube/Length]: L  Enter
Specify length <0.4710>: 150  Enter
Specify width: 200  Enter
Specify height or [2Point] <218.2986>: 200  Enter
```

05 가로, 세로, 깊이가 모두 같은 Wedge를 옵션을 이용하여 그려봅니다. 먼저 Wedge 명령어의 단축키인 'WE'를 입력하고 시작점을 다음과 같이 클릭하여 선택합니다.

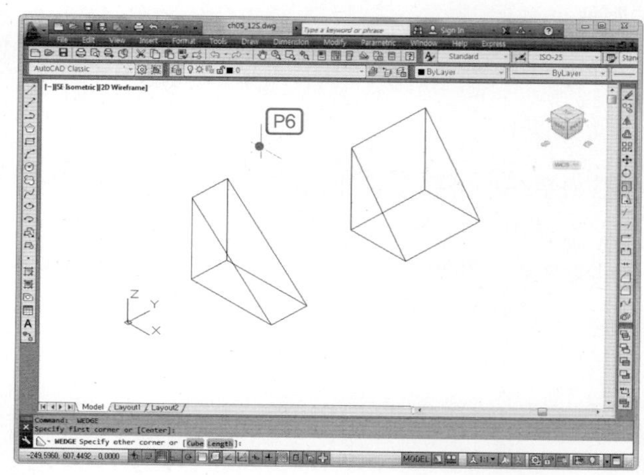

```
Command: WE  Enter
WEDGE
Specify first corner or [Center]: P6점 클릭
```

06 'Cube' 옵션의 대문자인 'C'를 입력하고, 원하는 길이 값은 하나만 입력합니다. 가로, 세로, 깊이가 동일한 정육면체 형태의 Wedge가 만들어집니다.

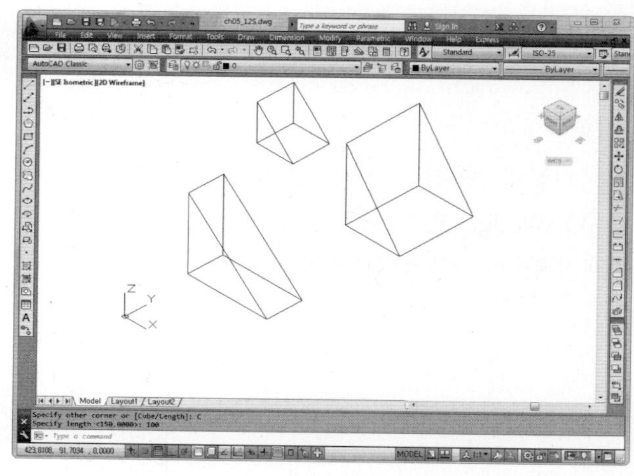

```
Specify other corner or [Cube/Length]: C  Enter
Specify length <150.0000>: 100  Enter
```

03. 원뿔 솔리드 Cone

원뿔 모양의 솔리드를 만드는 명령어로, 끝이 뾰족하거나 끝이 넓은 형태의 기둥을 그릴 수 있습니다. 아이스크림 콘 모양의 형태이며, 원의 반지름과 원뿔의 높이 값을 갖고 있습니다. 원의 반지름과 높이 값 등을 갖도록 그려보겠습니다.

명령어	Cone	아이콘	⌂
단축키	지정되어 있지 않음.	메뉴	[Draw]-[Modeling]-[Cone]

● 명령어 이해하기

Cone은 원뿔이나 타원뿔 형태의 솔리드를 그리는 명령어입니다. 따라서 먼저 원의 중심점의 위치를 클릭한 후 전체 높이 값을 숫자나 마우스로 입력하여 그립니다. 이때 원뿔 밑면의 XY Plan은 UCS 방향과 일치하도록 그리고, 타원뿔의 밑면은 타원인 Ellipse를 그리는 방법과 동일하게 장축과 단축을 입력한 후에 원뿔의 높이 값을 입력하면 됩니다.

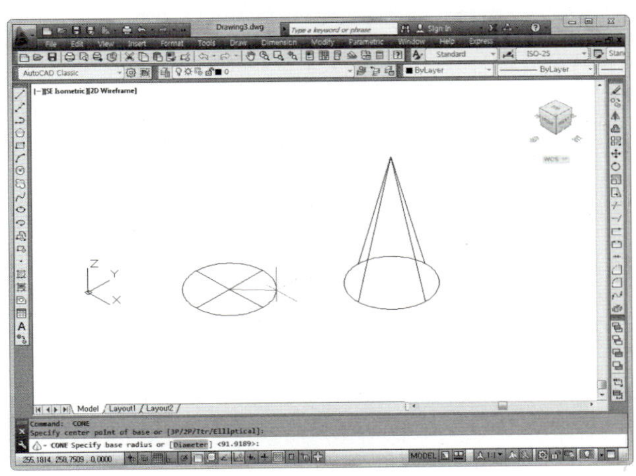
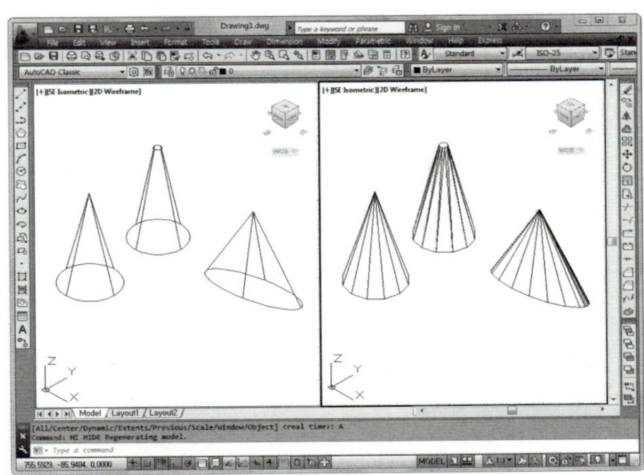

```
Command: Cone Enter
Specify center point of base or [3P/2P/Ttr/Elliptical] :
→ 원뿔의 중심점 좌표를 선택합니다.
Specify base radius or [Diameter] <100.0000>:
→ 원뿔의 반지름이나 지름 값을 숫자로 입력하거나 마우스로 클릭합니다.
Specify height or [2Point/Axis endpoint/Top radius] <200.0000> :
→ 원뿔의 전체 높이 값을 마우스나 숫자로 입력하거나 옵션을 선택합니다.
```

● 옵션 이해하기

솔리드 Cone을 그리는 기본적인 방법인 중심점을 선택한 후 반지름 값과 원뿔의 높이 값을 입력하는 방법 외에 옵션을 이용하여 중심점 대신 2점이나 3점을 지나는 원뿔을 그리거나 기존 객체의 접선을 기준으로 원뿔을 그릴 수 있습니다. 타원형의 원뿔이나 원뿔의 꼭짓점 위치에 대한 옵션을 지정하여 사용할 수 있으며, 'Axis endpoint' 옵션을 이용하는 경우에는 사용자가 클릭하는 지점으로 원뿔의 Z축 방향을 결정하여 원뿔을 그릴 수 있습니다.

옵션	설명
3P	세 점을 클릭한 후, 그 세 점을 지나는 원뿔을 그립니다.
2P	두 점을 클릭한 후, 그 두 점을 지나는 원뿔을 그립니다.
Ttr	접선, 접선, 반지름을 가진 원뿔을 그립니다.
Diameter	지름 값을 입력하여 원뿔을 그립니다.
Elliptical	타원형 원기둥 형태의 원뿔을 그립니다.
Axis endpoint	원뿔 꼭대기의 꼭짓점 위치를 사용자가 원하는 지점의 좌표로 입력합니다.
Top radius	원뿔 꼭짓점 부분의 반지름 값을 입력하여 원뿔 위를 평평한 형태로 만듭니다.

◉ 미리해보기

예제 파일 부록 CD\Sample\Chapter05\ch05_13S.dwg　　　　　　　　**완성 파일** 부록 CD\Sample\Chapter05\ch05_13F.dwg

01　메뉴의 [File]-[Open]으로 부록 CD에서 예제 파일을 불러옵니다. 아무것도 없는 빈 화면이 나타납니다. 다음과 같이 Cone 명령어를 입력한 후 시작점과 반지름, 높이의 위치를 마우스로 클릭하여 선택합니다.

```
Command: CONE  Enter
Specify center point of base or [3P/2P/Ttr/Elliptical]: P1점
클릭
Specify base radius or [Diameter] <100.4222>: P2점 클릭
Specify height or [2Point/Axis endpoint/Top radius]
<229.4475>: P3점 클릭
```

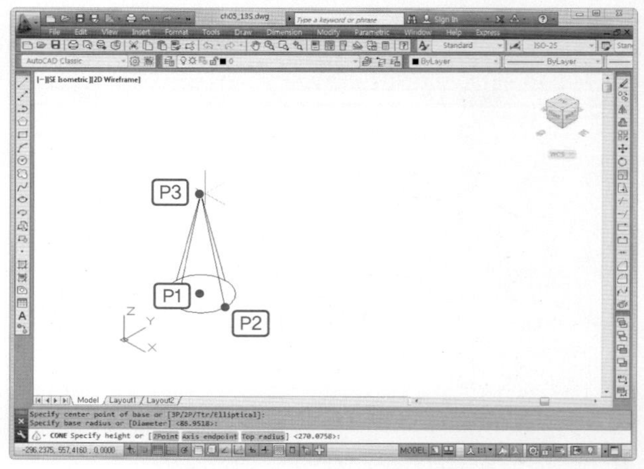

02　이번에는 숫자를 입력하여 Cone을 그려보겠습니다. 방금 전에 사용한 명령어인 Cone를 다시 실행하기 위하여 Enter 를 누른 후 다음과 같은 위치를 클릭하고 숫자를 입력하여 그립니다.

```
Command:  Enter
CONE
Specify center point of base or [3P/2P/Ttr/Elliptical]: P4점
클릭
Specify base radius or [Diameter] <129.4434>: 120  Enter
Specify height or [2Point/Axis endpoint/Top radius]
<343.8509>: 250  Enter
```

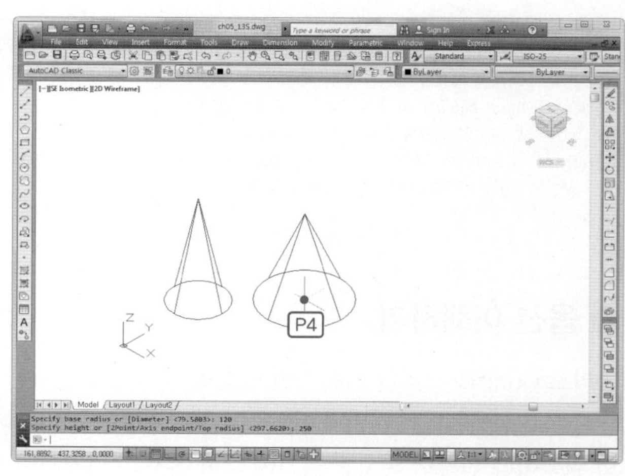

03 Cone의 하부와 상부 모두 반지름 값을 입력하는 옵션을 이용해봅니다. Cone 명령어를 입력한 후 다음의 위치에 중심점을 클릭합니다. 그런 다음 옵션을 입력하고, 아랫부분과 윗부분의 반지름을 입력합니다.

```
Command: CONE Enter
Specify center point of base or [3P/2P/Ttr/Elliptical]: P5점
클릭
Specify base radius or [Diameter] <120.0000>: 100 Enter
Specify height or [2Point/Axis endpoint/Top radius]
<250.0000>: T Enter
Specify top radius <0.0000>: 30 Enter
Specify height or [2Point/Axis endpoint] <250.0000>: 300
Enter
```

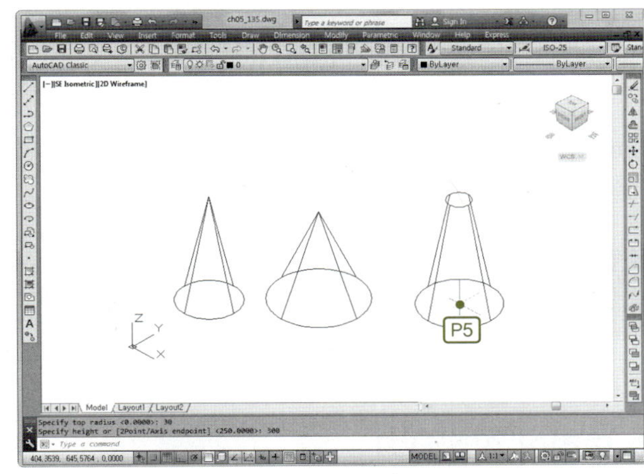

04 이번에는 타원 형태의 원뿔을 그려보겠습니다. 먼저 원뿔의 중심점을 선택하기 전에 'E' 옵션을 먼저 입력합니다. 타원뿔 밑면의 축 위치를 마우스로 클릭한 후 반대쪽은 좌표 값을 입력하여 그립니다.

```
Command: Enter
CONE
Specify center point of base or [3P/2P/Ttr/Elliptical]: E
Enter
Specify endpoint of first axis or [Center]: P6점 클릭
Specify other endpoint of first axis: @200,0 Enter
Specify endpoint of second axis: @50<90 Enter
Specify height or [2Point/Axis endpoint/Top radius]
<300.0000>: 200 Enter
```

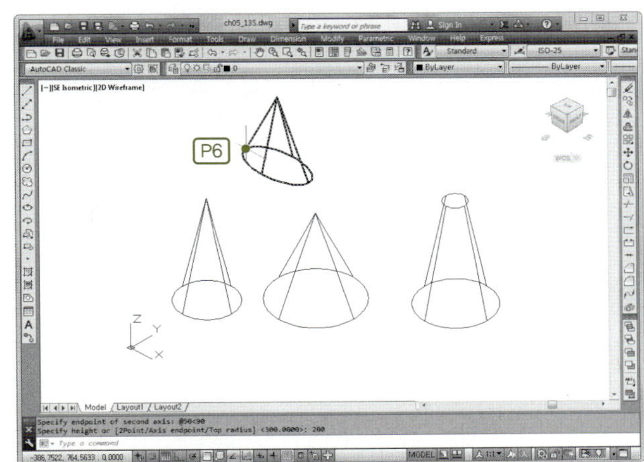

05 옵션 중에서 원뿔의 꼭짓점의 위치를 마우스로 클릭한 후에 정하는 'Axis Point' 옵션을 이용하여 원뿔을 그립니다. 먼저 원뿔의 중심점을 선택한 후 반지름을 입력합니다. 그런 다음, 'A' 옵션을 입력하고 원뿔의 위치를 마우스로 선택합니다.

```
Command: CONE Enter
Specify center point of base or [3P/2P/Ttr/Elliptical]:
Specify base radius or [Diameter] <100.0000>: 150 Enter
Specify height or [2Point/Axis endpoint/Top radius]
<200.0000>: A Enter
Specify axis endpoint: P7점 클릭
```

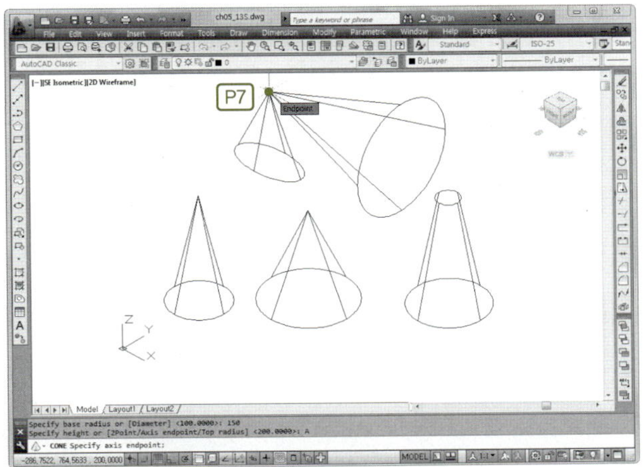

04. 구 솔리드 Sphere

Sphere 솔리드는 공처럼 둥근 솔리드 모델링을 만듭니다. 구의 모양이므로 특별한 옵션은 없으며, 구체가 필요한 곳에 중심점과 반지름의 크기로 간단하게 그릴 수 있습니다.

명령어	Sphere		아이콘	
단축키	지정되어 있지 않음.		메뉴	[Draw]-[Modeling]-[Sphere]

● 명령어 이해하기

명령어를 입력한 후 구의 중심점을 선택하고, 원하는 반지름이나 지름 값을 입력합니다. 이때 옵션을 이용하여 구를 그리는 경우에는 중심점을 입력하기 전에 먼저 옵션을 선택한 후 입력합니다.

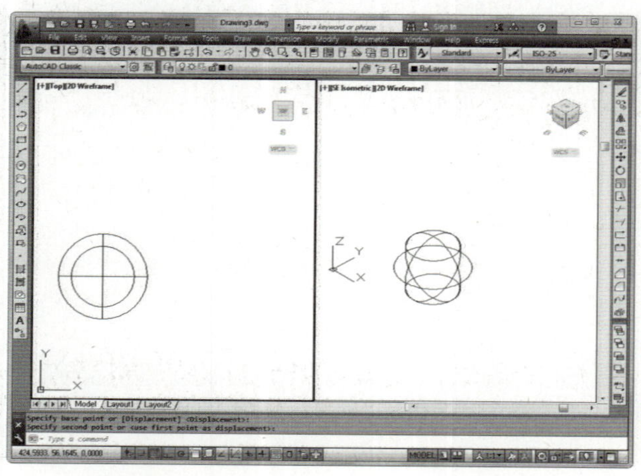
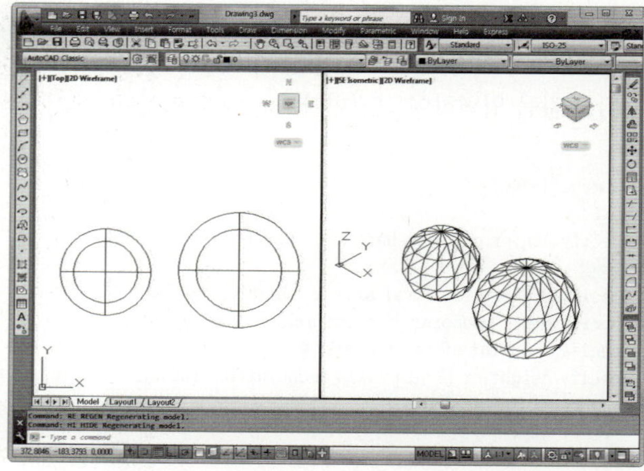

```
Command: Sphere Enter
Specify center point or [3P/2P/Ttr]:
→ 중심점을 클릭하거나 옵션을 선택합니다.
Specify radius or [Diameter] <60.0000>:
→ 반지름 값을 입력하거나 옵션을 이용하여 지름 값을 입력합니다.
```

● 옵션 이해하기

Sphere 솔리드는 공 모양의 모델러이므로 형태가 단순하며, 옵션은 Circle을 그리는 방법과 동일합니다. 옵션으로는 2점을 클릭하여 구를 그리거나 3점을 클릭하여 구를 그리는 옵션, 접선(Tangent), 지름(Diameter)을 이용하여 구를 그립니다.

옵션	설명
3P	세 점을 클릭하여 그 세 점을 지나는 구를 그립니다.
2P	두 점을 클릭하여 그 두 점을 지나는 구를 그립니다.
Ttr	접선, 접선, 반지름을 가진 구를 그립니다.
Diameter	지름 값을 입력하여 구를 그립니다.

● 미리해보기

예제 파일 부록 CD\Sample\Chapter05\ch05_14S.dwg　　　　**완성 파일** 부록 CD\Sample\Chapter05\ch05_14F.dwg

01　메뉴의 [File]–[Open]으로 부록 CD에서 예제 파일을 불러옵니다. Spher 명령어를 입력한 후 다음과 같이 구체의 중심점을 마우스로 클릭합니다. 그런 다음, 마우스를 드래그하여 구체를 그립니다.

```
Command: SPHERE Enter
Specify center point or [3P/2P/Ttr]: P1점 클릭
Specify radius or [Diameter] <93.1690>: P2점 클릭
```

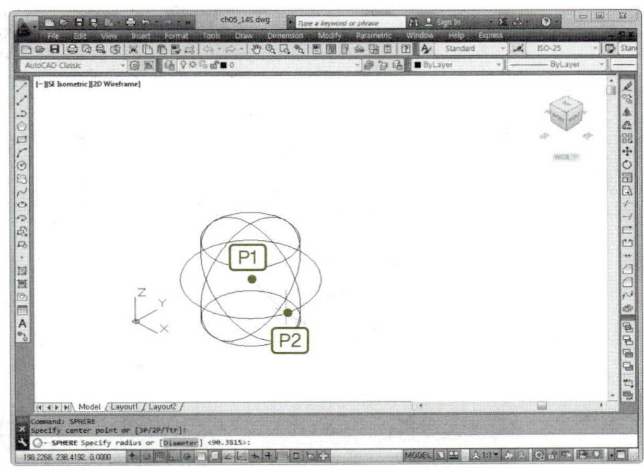

02　옵션을 이용하는 방법을 익힙니다. '3P' 옵션으로 세 점을 클릭하여 구체를 그려보겠습니다. 명령어를 입력한 후 '3P' 옵션을 입력하고 다음과 같이 세 점을 클릭합니다.

```
Command: SPHERE Enter
Specify center point or [3P/2P/Ttr]: 3p Enter
Specify first point: P3점 클릭
Specify second point: P4점 클릭
Specify third point: P5점 클릭
```

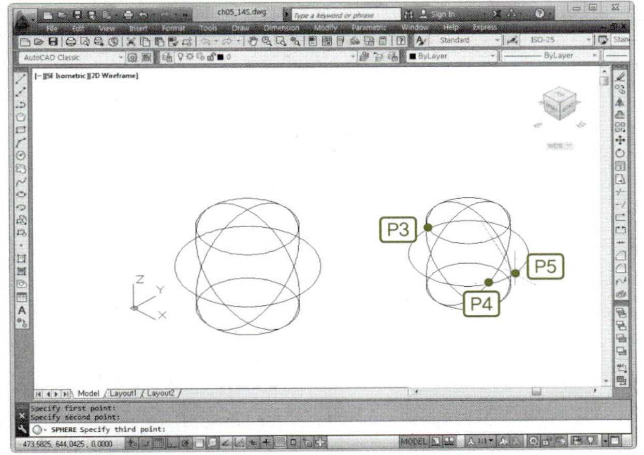

03　구체의 완성 모델링을 보기 위하여 Hide 명령어의 단축키인 'HI'를 입력한 후 다음과 같이 확인합니다.

```
Command: HI Enter
HIDE Regenerating model.
```

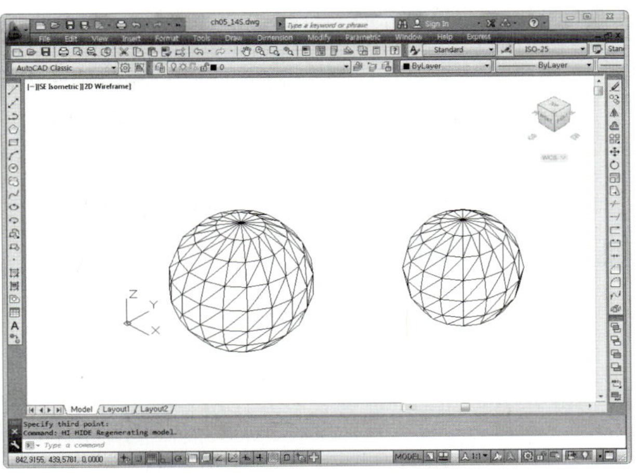

05. 원기둥 솔리드 Cylinder

Cylinder 명령어를 이용하면 원기둥 형태의 솔리드를 그릴 수 있습니다. 일반적인 원기둥이나 타원 형태의 원기둥이 필요한 경우에 사용할 수 있습니다. 타원 형태의 원기둥인 경우에는 장축이나 단축의 길이를 갖는 형태의 원기둥을 그릴 수 있으며, 옵션의 이용은 Circle 명령어와 동일합니다.

명령어	Cylinder	아이콘	
단축키	CYL	메뉴	[Draw]-[Modeling]-[Cylinder]

● 명령어 이해하기

Cylinder 명령어를 입력하거나 단축키인 'CYL'을 입력하고, 중심점을 클릭한 후 반지름 값이나 지름 값을 입력하여 원기둥을 그립니다. 옵션을 이용하는 경우에는 중심점을 클릭하기 전에 옵션을 먼저 입력하고 순서에 따라 원기둥을 그립니다.

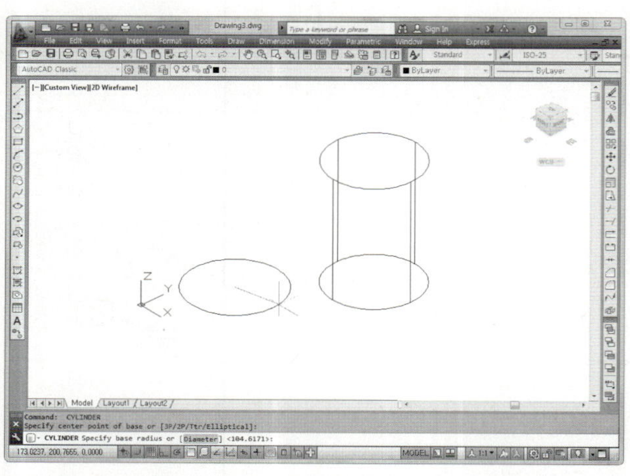
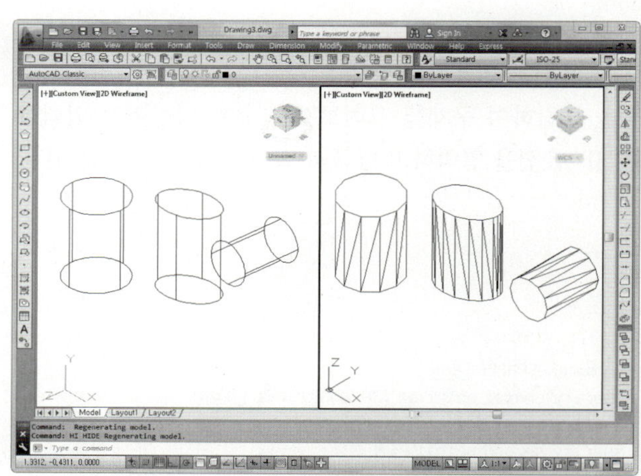

```
Command: Cylinder  Enter
Specify center point of base or [3P/2P/Ttr/Elliptical] :
→ 중심점을 클릭하거나 옵션을 선택합니다.
Specify base radius or [Diameter] <60.0000>:
→ 반지름 값이나 지름 값을 입력합니다.
Specify height or [2Point/Axis endpoint] <300.0000> :
→ 높이 값을 입력하거나 옵션을 선택합니다.
```

● 옵션 이해하기

Cylinder 명령어는 Cone 명령어 또는 Sphere와 비슷한 옵션을 갖고 있습니다. 모두 원형을 기본으로 하는 형태이므로 중심점을 클릭하는 대신 옵션을 먼저 입력하고, 기존의 객체 접선을 기준으로 하거나 타원 형태의 원기둥 또는 사용자가 원하는 방향의 점을 기준으로 Z축 방향을 설정할 수 있습니다.

옵션	설명
3P	세 점을 클릭하여 그 세 점을 지나는 원기둥을 그립니다.
2P	두 점을 클릭하여 그 두 점을 지나는 원기둥을 그립니다.
Ttr	접선, 접선, 반지름을 가진 원기둥을 그립니다.
Diameter	지름 값을 입력하여 원기둥을 그립니다.
Elliptical	타원형 원기둥을 그립니다.
2Point	원기둥의 높이 값을 사용자가 원하는 두 지점의 좌표로 입력합니다.
Axis endpoint	원기둥의 Z축 양의 방향 좌표를 입력합니다.

● 미리해보기

예제 파일 부록 CD\Sample\Chapter05\ch05_15S.dwg   **완성 파일** 부록 CD\Sample\Chapter05\ch05_15F.dwg

01 메뉴의 [File]-[Open]으로 부록 CD에서 예제 파일을 불러옵니다. Cylinder 명령어의 단축키인 'CYL'을 입력한 후 다음과 같은 위치를 마우스로 클릭하여 원기둥의 중심점 위치와 반지름의 위치 및 높이 값을 마우스로 입력합니다.

```
Command: CYL Enter
CYLINDER
Specify center point of base or [3P/2P/Ttr/Elliptical]: P1점
클릭
Specify base radius or [Diameter] <78.4311>: P2점 클릭
Specify height or [2Point/Axis endpoint] <314.5925>: P3점 클릭
```

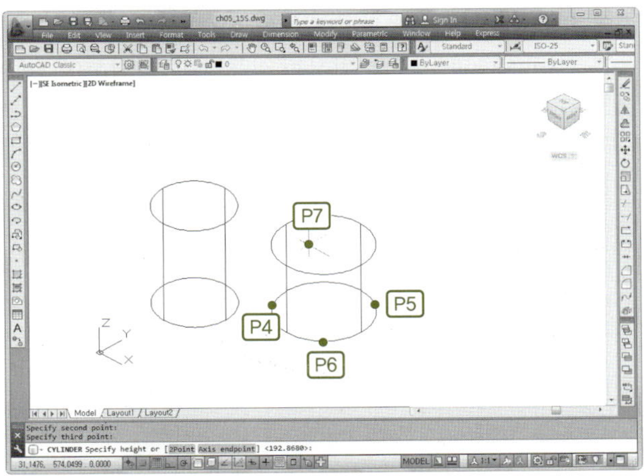

02 그 옆에 다시 Cylinder를 그리고, 바로 전에 사용한 명령어를 재사용하기 위하여 Enter 를 누릅니다. '3P' 옵션을 입력한 후 다음과 같은 세 점을 마우스로 클릭합니다.

```
Command: Enter
CYLINDER
Specify center point of base or [3P/2P/Ttr/Elliptical]: 3p
Enter
Specify first point: P4점 클릭
Specify second point: P5점 클릭
Specify third point: P6점 클릭
Specify height or [2Point/Axis endpoint] <276.0033>: P7점 클릭
```

03 다음은 2개의 접선과 반지름을 입력하는 'Ttr' 옵션을 이용하여 원기둥을 그립니다. 단축키인 'CYL'을 입력한 후 'T' 옵션을 입력합니다. 두 원기둥의 밑면을 다음과 같이 차례대로 클릭합니다.

```
Command: CYL Enter
CYLINDER
Specify center point of base or [3P/2P/Ttr/Elliptical]: T
Enter
Specify point on object for first tangent: P8점 클릭
Specify point on object for second tangent: P9점 클릭
```

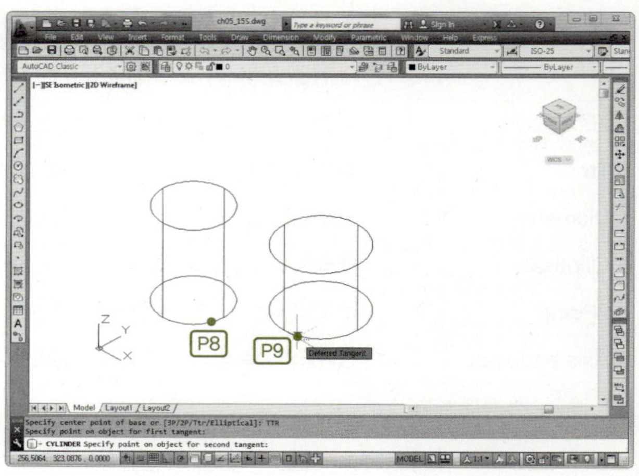

04 원기둥의 반지름 값과 높이 값은 다음과 같이 숫자로 입력합니다. 두 원기둥의 아랫면과 새로 그려지는 원기둥의 밑면이 접점으로 만나는 형태로 원기둥이 그려졌습니다.

```
Specify radius of circle <86.5137>: 90 Enter
Specify height or [2Point/Axis endpoint] <156.4782>: 170
Enter
```

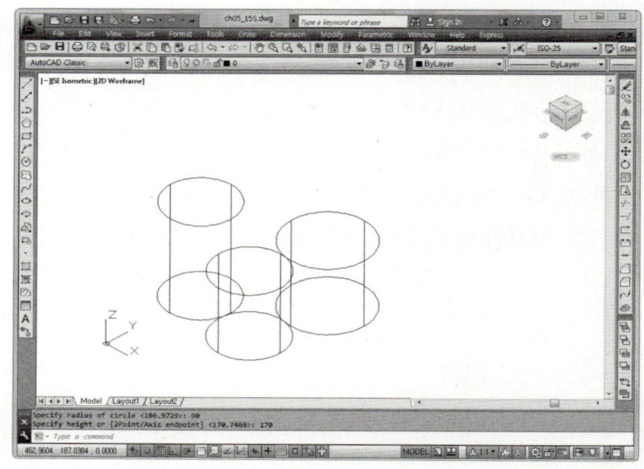

05 타원 형태의 원기둥을 그리기 위하여 단축키인 'CYL'을 입력한 후 타원의 옵션을 입력합니다. 다음과 같은 위치를 마우스로 클릭한 후 원기둥의 시작점을 입력하고 다음과 같이 장축과 단축의 위치를 좌표 값을 입력하여 길이를 정확히 입력해보겠습니다.

```
Command: CYL Enter
CYLINDER
Specify center point of base or [3P/2P/Ttr/Elliptical]: E
Enter
Specify endpoint of first axis or [Center]: P10점 클릭
Specify other endpoint of first axis: @200,0 Enter
Specify endpoint of second axis: @0,40 Enter
Specify height or [2Point/Axis endpoint] <170.0000>: 100
Enter
```

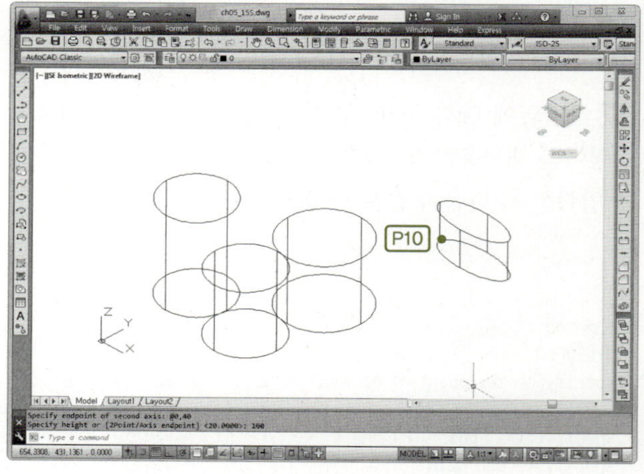

06. 튜브 모양 솔리드 Torus

안쪽이 뚫린 형태의 도넛 모양으로 만들어지는 Torus 솔리드 객체를 그릴 수 있습니다. 튜브의 전체 지름과 튜브 자체의 지름 값을 이용하여 도넛을 만들 수 있습니다.

명령어	Torus		아이콘	◎
단축키	TOR		메뉴	[Draw]-[Modeling]-[Torus]

● 명령어 이해하기

명령어를 입력한 후 도넛의 전체 중심점을 먼저 클릭하여 입력합니다. 첫 번째로 드래그하거나 입력하는 값은 전체 도넛 형태의 반지름 값을 입력하는 것이고, 두 번째 입력하는 값은 도넛의 튜브에 해당하는 부분의 반지름을 입력하는 것입니다.

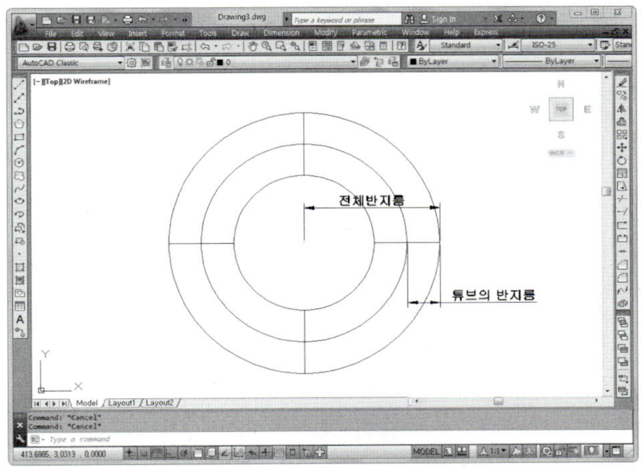

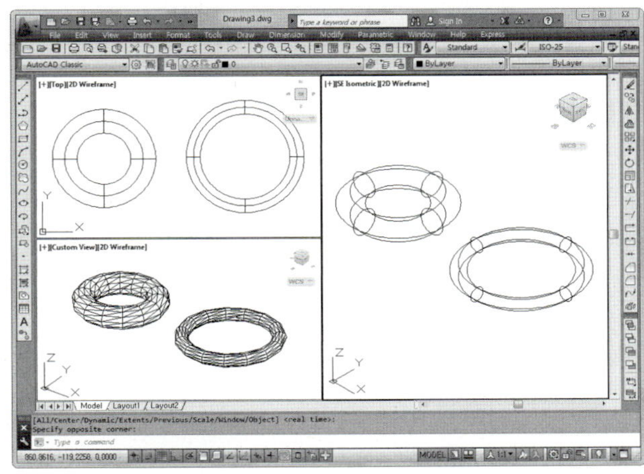

Command: Torus `Enter`
Specify center point or [3P/2P/Ttr]:
→ Torus의 중심점을 선택합니다.
Specify radius or [Diameter] <70.0000>:
→ Torus 전체의 반지름이나 지름 값을 입력합니다.
Specify tube radius or [2Point/Diameter]:
→ Torus 튜브의 반지름 값이나 지름 값을 입력합니다.

◉ 옵션 이해하기

Torus 명령어의 옵션은 구체 솔리드를 그리는 옵션과 동일합니다. 원기둥이나 원뿔기둥 등과 같이 기본 값을 벗어나 2점이나 3점을 지나는 도넛 모양을 그리거나 접선을 지나는 도넛 모양의 객체를 그릴 수 있습니다.

옵션	설명
3P	세 점을 클릭하여 그 세 점을 지나는 Torus를 그립니다.
2P	두 점을 클릭하여 그 두 점을 지나는 Torus를 그립니다.
Ttr	접선, 접선, 반지름을 가진 Torus를 그립니다.
Diameter	지름 값을 입력하여 Torus를 그립니다.

◉ 미리해보기

예제 파일 부록 CD\Sample\Chapter05\ch05_16S.dwg   완성 파일 부록 CD\Sample\Chapter05\ch05_16F.dwg

01 메뉴의 [File]-[Open]으로 부록 CD에서 예제 파일을 불러옵니다. Torus 명령어의 단축키인 'TOR'을 입력한 후 다음과 같은 위치를 도넛의 중심점으로 클릭하고, 반지름의 값은 다음과 같이 마우스로 클릭합니다.

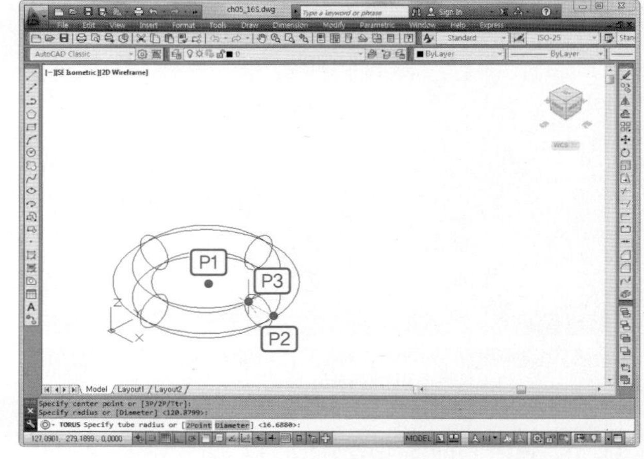


```
Command: TOR Enter
TORUS
Specify center point or [3P/2P/Ttr]: P1점 클릭
Specify radius or [Diameter] <84.6061>: P2점 클릭
Specify tube radius or [2Point/Diameter] <25.0840>: P3점 클릭
```


02 바로 직전에 사용한 Torus 명령어를 다시 사용하기 위하여 Enter 를 누른 후, 다음과 같은 위치에 Torus의 중심점을 클릭하고 나머지 Tours의 전체적인 반지름 값을 숫자로 입력해보겠습니다.

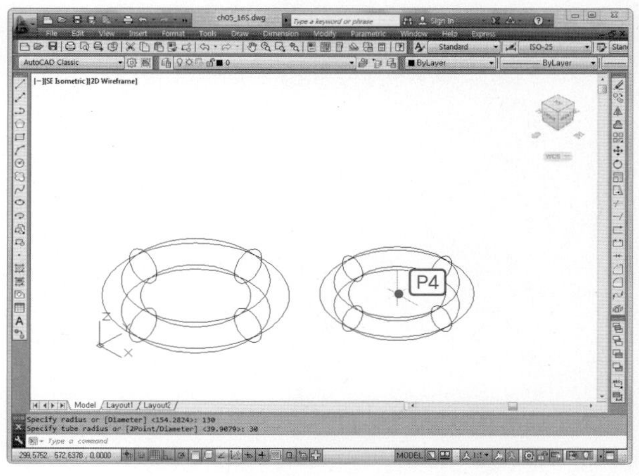


```
Command: Enter
TORUS
Specify center point or [3P/2P/Ttr]: P4점 클릭
Specify radius or [Diameter] <148.6263>: 130 Enter
Specify tube radius or [2Point/Diameter] <48.0361>: 30 Enter
```

03 Torus의 중심점을 먼저 클릭하지 않고 전체의 지름을 이용하는 '2P' 옵션을 활용해보겠습니다. 먼저 Tor 명령어나 직전에 사용한 명령어를 재사용하기 위하여 Enter 를 누른 후 '2P' 옵션을 입력하고 두 점을 먼저 클릭합니다.

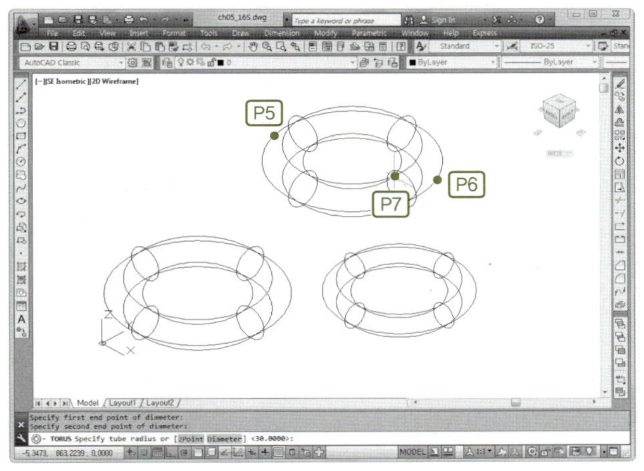


```
Command: Enter
TORUS
Specify center point or [3P/2P/Ttr]: 2p Enter
Specify first end point of diameter: P5점 클릭
Specify second end point of diameter: P6점 클릭
Specify tube radius or [2Point/Diameter] <30.0000>: P7점 클릭
```

07. 피라미드 솔리드 Pyramid

Pyramid 형태의 솔리드 객체는 밑면은 사각형이고, 각 변을 삼각형으로 하여 끝이 뾰족한 형태의 피라미드입니다. 옵션을 이용하여 3~1,024각형의 피라미드를 제작할 수 있습니다.

명령어	Pyramid	아이콘	
단축키	PYR	메뉴	[Draw]-[Modeling]-[Pyramid]

● 명령어 이해하기

피라미드는 바닥인 밑면이 사각면이므로 명령어를 입력한 후 기본 사각 바닥면부터 위치를 설정합니다. 시작하기 전에 피라미드 밑변의 변의 개수를 지정한 후, 피라미드의 중심점을 선택하여 크기를 지정한 다음에 그립니다.

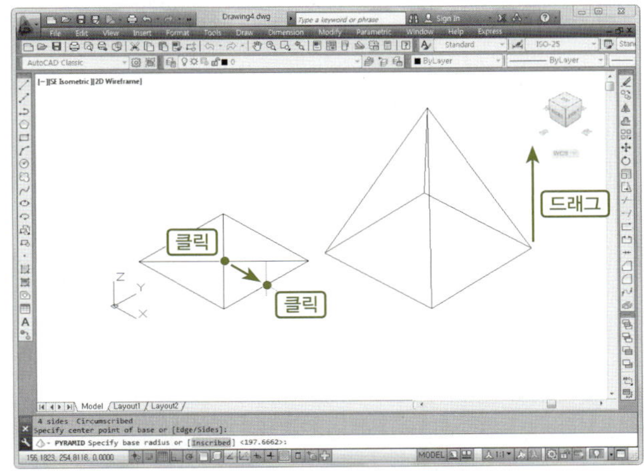

```
Command: Pyramid [Enter]
 4 sides Circumscribed
→ 현재 피라미드 밑면의 변의 개수와 내접, 외접의 상태를 표시합니다.
Specify center point of base or [Edge/Sides]:
→ 피라미드의 중심점을 선택하거나 옵션을 선택합니다.
Specify base radius or [Inscribed]:
→ 피라미드의 반지름을 입력합니다.
Specify height or [2Point/Axis endpoint/Top radius]:
→ 피라미드의 높이 값을 입력합니다.
```

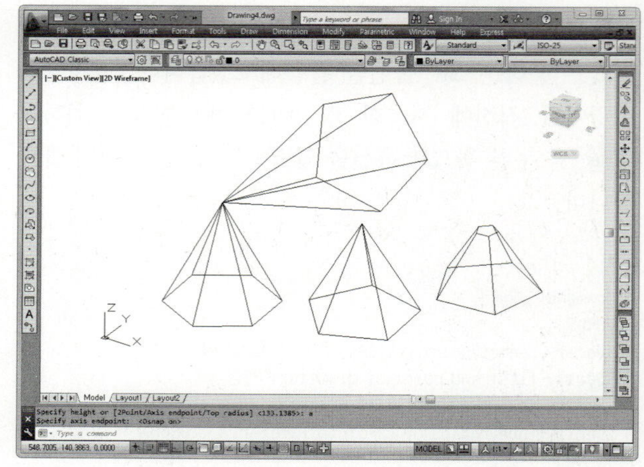

● 옵션 이해하기

변의 개수가 4개인 사각 면의 피라미드뿐만 아니라 다양한 다각형 형태의 피라미드를 그릴 수 있습니다. 각 변의 개수나 한 변의 길이를 입력한 후, 원에 내접하거나 외접하는 형태의 피라미드를 그릴 수 있습니다.

옵션	설명
Edge	한 변의 길이 값을 입력하여 피라미드를 그립니다.
Sides	피라미드 변의 개수를 입력합니다.
Inscribed/Circumscribed	원에 내접하거나 외접하는 옵션을 선택합니다.
2Point	피라미드의 높이 값을 2점을 클릭하여 입력합니다.
Axis endpoint	피라미드 꼭대기의 꼭짓점 위치를 사용자가 원하는 지점의 좌표로 입력합니다.
Top radius	피라미드 꼭짓점 부분의 반지름 값을 입력하여, 피라미드 위를 평평한 형태로 만듭니다.

● 미리해보기

예제 파일 부록 CD\Sample\Chapter05\ch05_17S.dwg　　　　　　**완성 파일** 부록 CD\Sample\Chapter05\ch05_17F.dwg

01 메뉴의 [File]-[Open]으로 부록 CD에서 예제 파일을 불러옵니다. Pyramid 명령어의 단축키인 'PYR'을 입력한 후 다음과 같은 지점을 마우스로 클릭, 드래그하여 피라미드를 그립니다.

```
Command: PYR Enter
PYRAMID
4 sides  Circumscribed
Specify center point of base or [Edge/Sides]: P1점 클릭
Specify base radius or [Inscribed] <130.6540>: P2점 클릭
Specify height or [2Point/Axis endpoint/Top radius]
<566.0098>: P3점 클릭
```

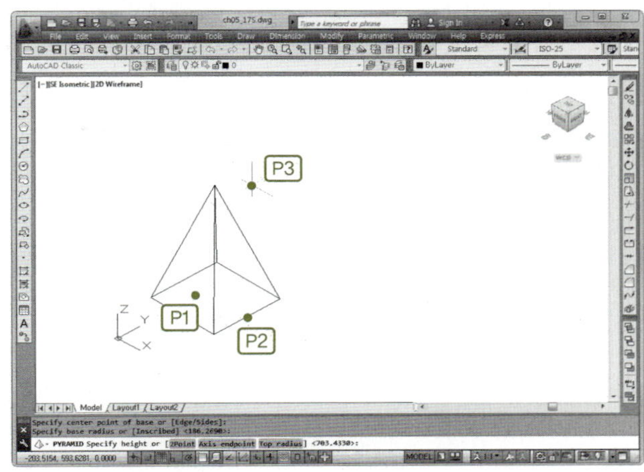

02 피라미드의 밑면은 'Edge' 옵션을 이용하여 한 변의 길이를 입력하는 방식으로 그려보겠습니다. 먼저 바로 직전에 사용한 명령어는 Enter 만 누르면 재실행됩니다. 'E' 옵션을 입력한 후 다음과 같은 지점을 클릭합니다.

```
Command: Enter
PYRAMID
4 sides  Circumscribed
Specify center point of base or [Edge/Sides]: E Enter
Specify first endpoint of edge: P3점 클릭
```

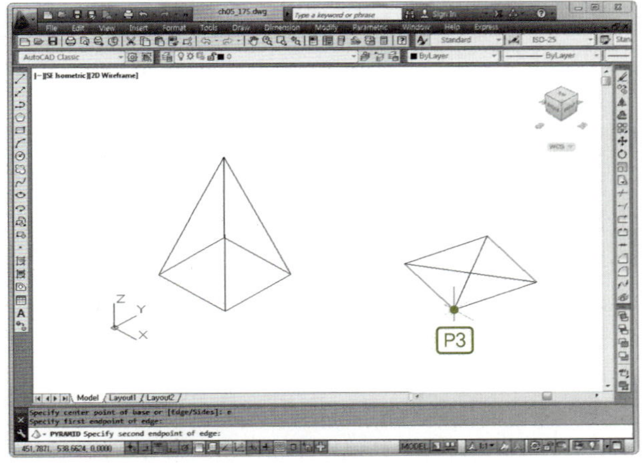

03 한 변의 길이 값을 입력하여 피라미드를 그려야 하므로 좌표계를 이용하여 정확하게 입력하고, 높이 값을 마우스로 드래그하지 않고 원하는 길이 값을 입력하여 정확한 깊이 값을 갖는 피라미드를 그려보겠습니다.

```
Specify second endpoint of edge: @150,0 Enter
Specify height or [2Point/Axis endpoint/Top radius]
<333.3748>: 250 Enter
```

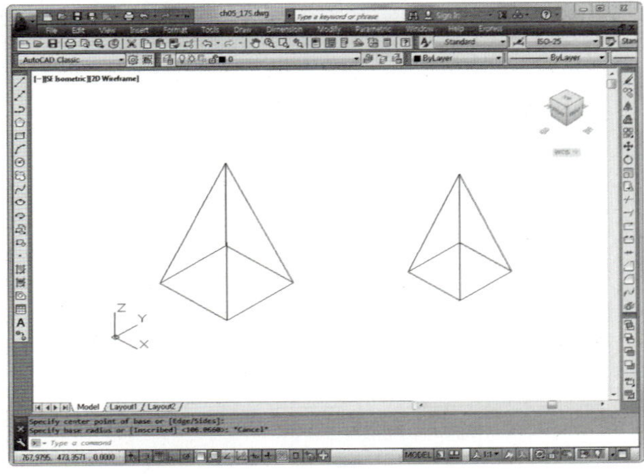

04 피라미드 밑변의 변의 개수를 조절해보겠습니다. 명령어를 입력한 후 변의 개수를 조절하는 'S' 옵션을 입력하고, 5각면이 되도록 입력한 다음 중심점 좌표를 클릭합니다. 그리고 높이 값은 Enter 를 눌러 바로 직전에 입력한 값과 동일한 값이 입력되도록 합니다.

```
Command: PYR Enter
PYRAMID
4 sides  Circumscribed
Specify center point of base or [Edge/Sides]: S Enter
Enter number of sides <4>: 5 Enter
Specify center point of base or [Edge/Sides]: P4점 클릭
Specify base radius or [Inscribed] <106.0660>: P5점 클릭
Specify height or [2Point/Axis endpoint/Top radius]
<250.0000>: Enter
```

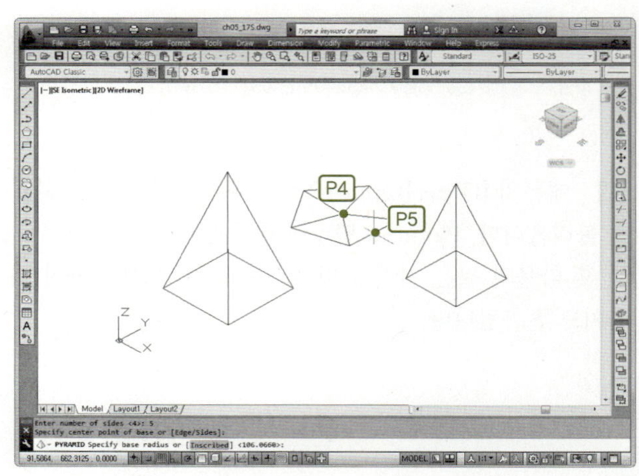

05 Pyramid 명령어의 단축키인 'PYR'을 입력한 후 다음과 같은 위치에 중심점을 클릭합니다. 반지름에 '100'을 입력한 후 꼭짓점의 크기를 결정할 수 있는 'T' 옵션을 입력합니다.

```
Command: PYR Enter
PYRAMID
5 sides  Circumscribed
Specify center point of base or [Edge/Sides]: P6점 클릭
Specify base radius or [Inscribed] <123.6068>: 100 Enter
Specify height or [2Point/Axis endpoint/Top radius]
<250.0000>: T Enter
```

06 꼭짓점의 반지름을 '30'으로 입력하고 Z축의 깊이 값은 이전과 동일한 값을 입력하기 위하여 Enter 를 눌러 완성합니다.

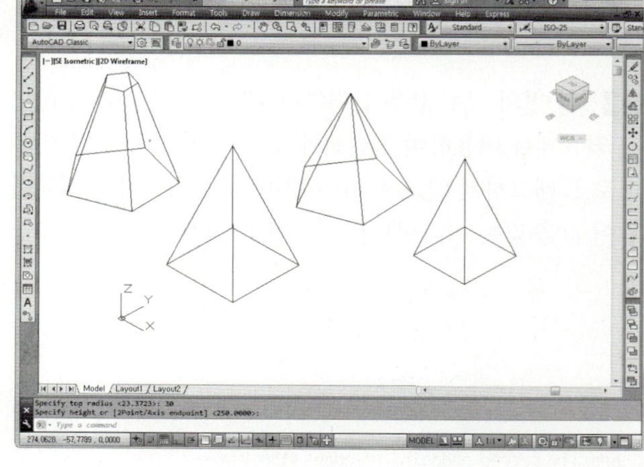

```
Specify top radius <30.9017>: 30 Enter
Specify height or [2Point/Axis endpoint] <250.0000>: Enter
```

솔리드 객체의 Display 관리 변수인 'Facetres'

솔리드 객체를 Hide 명령어를 통해 완성 예상도를 살펴보면 사각 면의 경우에는 특별하지 않지만 구체의 경우에는 선분의 정밀도가 떨어져 매우 거칠어 보입니다. 'Facetres'를 이용하면 모델링의 특성에 맞게 화면 표시 정밀도를 조절할 수 있습니다. 곡선 부분이 많은 곳은 숫자를 높게 설정하고, 곡선이 없는 경우에는 낮게 설정하여 용량이나 화면 표시 속도를 관리할 수 있습니다.

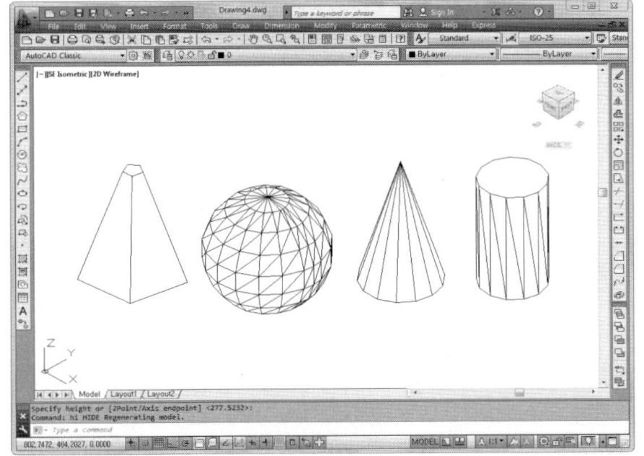

▲ Facetres=0.5

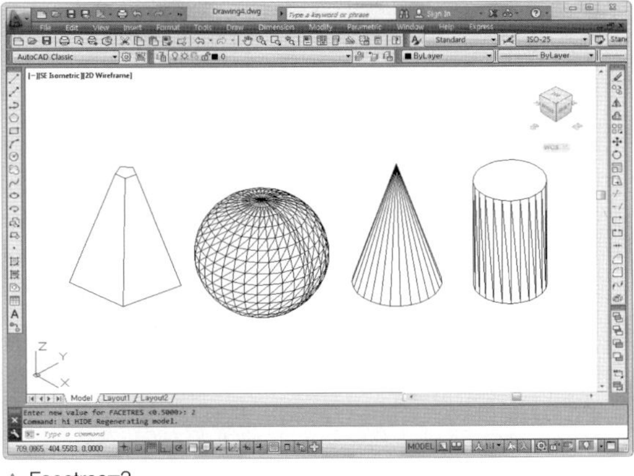

▲ Facetres=2

```
Command: FACETRES Enter
Enter new value for FACETRES <0.5000>: 2 Enter
→ 원하는 숫자를 입력하여 정밀도를 조절합니다.
```


Purge를 이용하여 필요없는 내용 없애기

Purge는 현재 도면에서 사용되고 있지 않은 요소나 오류 요소를 제거하는 명령어입니다. 삽입했지만 지워버린 요소, 삽입하고 사용하지 않는 요소 또는 오류 내용 등이나 메모리에 상주하고 있는 블록 요소들을 삭제합니다. 예를 들어 Load만 해두고 사용하지 않은 Linetype과 같은 내용부터 설정만 해둔 Text Style 같은 요소 등을 없앨 수 있습니다.

① 먼저 불필요한 도면 요소 파일을 열고 [File]–[Drawing Utilites]–[Purge]를 눌러 다음과 같이 실행합니다. 대화상자가 나타나면 [Purge All] 버튼을 눌러 대부분의 불필요한 요소를 삭제합니다.

② 다시 한 번 [File]–[Drawing Utilites]–[Purge]를 실행하였을 때 [Purge All] 버튼이 계속 활성화되면 다시 실행해야 하며 더 이상 버튼이 활성화되지 않을 때까지 실행하면 불필요한 도면 요소들이 사라집니다.

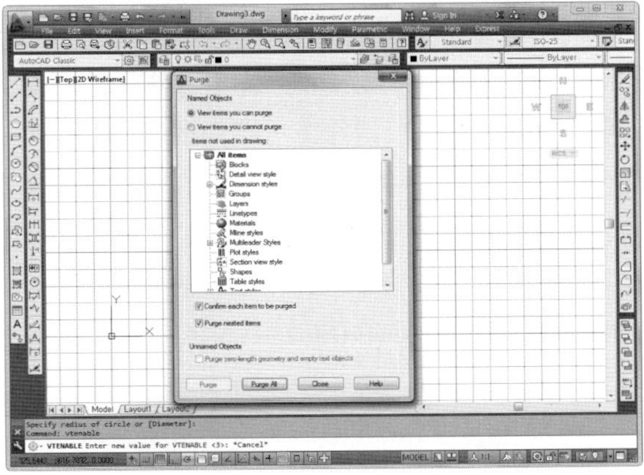

Section 05

Extended 솔리드 객체 이해하기

Section 03에서 제작하는 솔리드의 경우 일정한 형태가 갖추어진 솔리드 객체를 그리는 명령어 위주로 학습하였습니다. 그러나 모든 객체가 일정한 패턴을 갖고 있는 것은 아니므로 다양한 형태의 솔리드 객체를 그릴 수 있는 방법을 알고 있어야 합니다. 이번에는 확장 솔리드 객체를 만드는 방법에 대해 알아보겠습니다. 기존의 정형화된 형태의 솔리드 객체 외에 다양한 모양을 갖고 있는 솔리드 객체를 만드는 명령어를 중심으로 알아봅니다.

01. 두께와 경사를 만드는 Extrude

2D Pline으로 그린 객체나 Region 객체에 두께와 경사각을 입력하여 3차원 솔리드 객체로 바꾸는 명령어입니다. 박스나 구체와 같은 일반적인 형태의 모양에서 벗어나 다양한 모양을 직접 제작할 수 있으며, 한 번에 선과 원이 공존하는 형태의 객체를 그릴 수도 있습니다. 그러나 Extrude 명령어로 실행할 수 있는 2D 객체의 속성으로는 Pline, Polygon, ircle, Rectang, Region 등이 있으며, 하나로 이어지거나 한 번에 선택할 수 있는, 연결된 Polyline 객체인 경우에만 실행됩니다.

명령어	Extrude	아이콘	
단축키	EXT	메뉴	[Draw]-[Modeling]-[Extrude]

● 명령어 이해하기

2D Polyline 속성을 가진 객체를 두께와 경사각을 입력하여 솔리드 객체로 만드는 것이므로, 명령어를 입력한 후 돌출 객체를 만들 Polyline이나 Region 객체를 선택합니다. 그런 다음, 돌출 두께 값을 입력하고 Taper에 해당하는 기울기 각도를 입력합니다. Taper를 입력하지 않는 경우에는 곧은 형태의 솔리드 객체를 만든 후에 Taper의 각도 값에 따라 위쪽으로 갈수록 좁아지거나 넓어지는 형태의 솔리드 객체가 만들어집니다. 또한 'path' 옵션을 이용하면 path에서 지정된 방향이나 길이의 모양에 따라 형성되는 솔리드 객체가 만들어집니다.

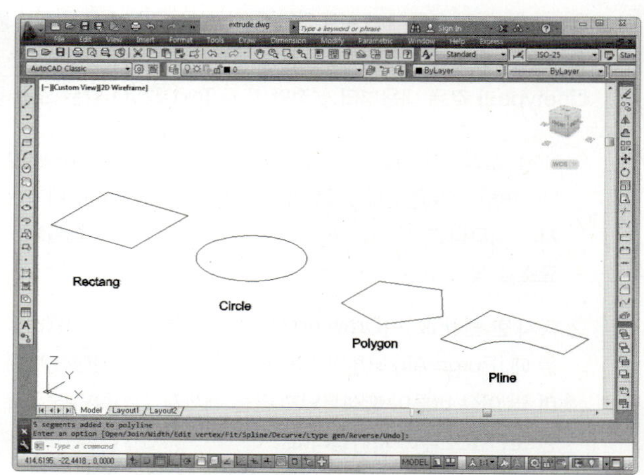

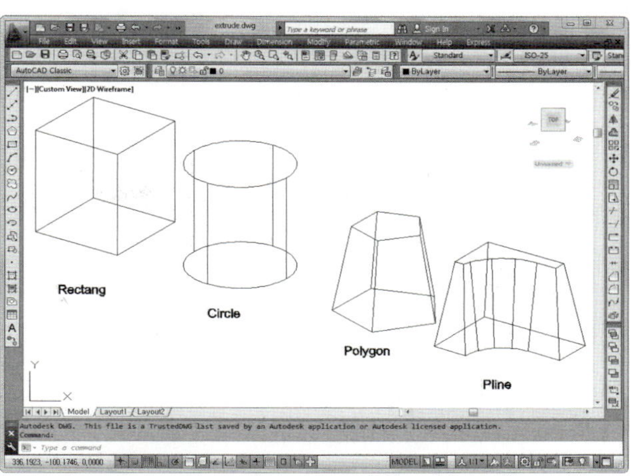


```
Command: EXTRUDE  Enter
Current wire frame density: ISOLINES=4, Closed profiles
creation mode=Solid
Select objects to extrude or [MOde]: 1 found
→ Extrude 대상 객체를 선택합니다.
Specify height of extrusion or [Direction/Path/Taper angle/
Expression] <270>:
→ Extrude 두께 값을 입력하거나 옵션을 이용하여 두께의 방향을 정합니다.
```

● 옵션 이해하기

Extrude를 사용하여 돌출 객체를 만드는 경우, 두께에 해당하는 높이 값만 입력하여 곧은 형태의 솔리드 객체를 만드는 것이 기본이라면 돌출 방향을 설정하거나 Taper 각도의 입력을 통해 위, 아래로 갈수록 넓거나 좁은 형태의 Extrude 객체를 만들 수 있습니다. 또한 'Path' 옵션을 이용하는 경우에는 경로를 따라 돌출 객체를 만드는 것이므로, 파이프와 같은 형태로 제작할 수 있습니다. 하지만 Path의 구부러지는 각도와 만들어지는 객체의 크기가 알맞지 않은 경우에는 생성되지 않을 수도 있으므로 주의해야 합니다.

옵션	설명
Direction	두께가 생성되는 돌출의 방향을 결정합니다.
Path	경로를 만들고, 경로의 방향으로 객체가 따라서 생성됩니다. 이때 생성되는 객체의 모양이나 크기가 Path를 따라 형성되기 어려운 객체의 경우에는 생성되지 않을 수 있습니다.
Taper angle	돌출 시 기울기 각으로 높이가 적용되는 경우, 피라미드처럼 위로 갈수록 좁아지거나 넓어지도록 만듭니다.

Upgrade ★

Region 객체로 변환하기

Extrude를 하는 경우에는 닫혀 있는 상태에서 하나로 이어진 Polyline 객체이거나 Region으로 설정된 객체이어야만 Extrude와 같은 명령어가 작동합니다. 이때에는 Region 객체도 사용할 수 있습니다. Region 객체를 만들 때에 닫혀 있는 Poly 객체를 선택하면 자동 변경되며, 변경된 Region 객체는 Extrude 및 Boolean 연산 모두 사용할 수 있습니다. Region으로 변경하는 경우, 명령어를 입력한 후 원하는 객체를 선택하면 자동으로 변경됩니다. 같은 객체라도 Region으로 변경하고 나면 객체 속성이 변경됩니다.

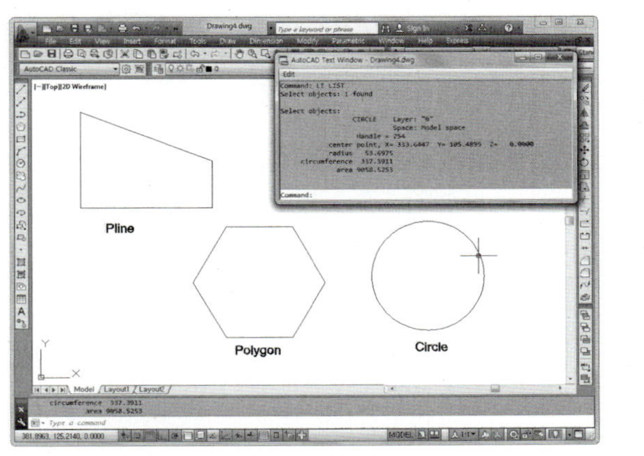

▲ 원을 선택한 객체 속성

```
Command: REGION Enter
Select objects: 1 found
→ 변경할 대상 객체를 선택합니다.
Select objects: Enter
1 loop extracted.
→ 일반 객체가 Region 객체로 변경되었다는 메시지가 나타납니다.

1 Region created.
→ 객체가 Region으로 변경되었음을 알려줍니다.
```

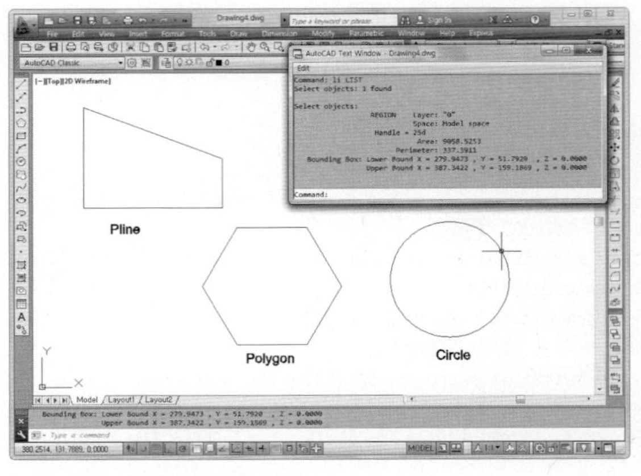

▲ Region으로 변경된 객체 속성

● 미리해보기

예제 파일 부록 CD\Sample\Chapter05\ch05_18S.dwg   **완성 파일** 부록 CD\Sample\Chapter05\ch05_18F.dwg

01 메뉴의 [File]-[Open]으로 부록 CD에서 예제 파일을 불러옵니다. 먼저 Ellipse 객체의 속성을 솔리드 모델링할 수 있는 속성으로 변경하기 위하여 Region 명령어를 입력하고 선택하여 변경합니다. Viewcube의 다음 모서리를 클릭하여 3차원 뷰포트 상태로 이동합니다.

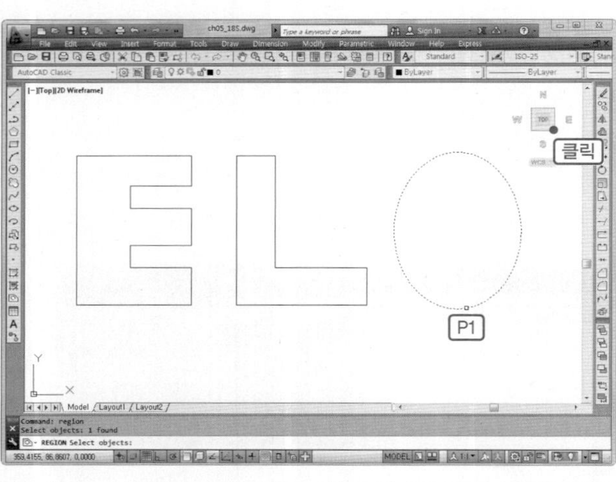


```
Command: REGION Enter
Select objects: 1 found
→ P1점 클릭
Select objects: Enter
1 loop extracted.

1 Region created.
```

02 두께를 갖는 객체로 변경하기 위하여 Extrude 명령어의 단축키인 'EXT'를 입력하고, 알파벳 E 모양의 객체를 클릭하여 선택합니다.

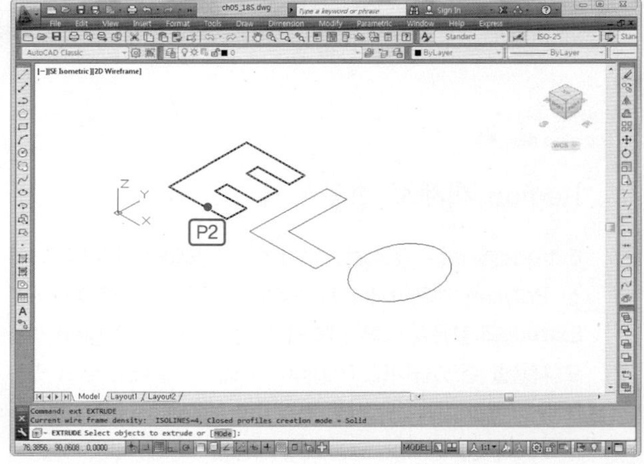


```
Command: EXT Enter
EXTRUDE
Current wire frame density: ISOLINES=4, Closed profiles
creation mode=Solid
Select objects to extrude or [MOde]: 1 found
→ P2점 클릭
Select objects to extrude or [MOde]: Enter
```

03 객체의 두께 값은 숫자로 입력하기도 하지만 보기와 같이 마우스로 원하는 방향으로 끌어 알맞은 위치에서 클릭하면 해당 마우스 위치까지 객체가 생겨납니다.

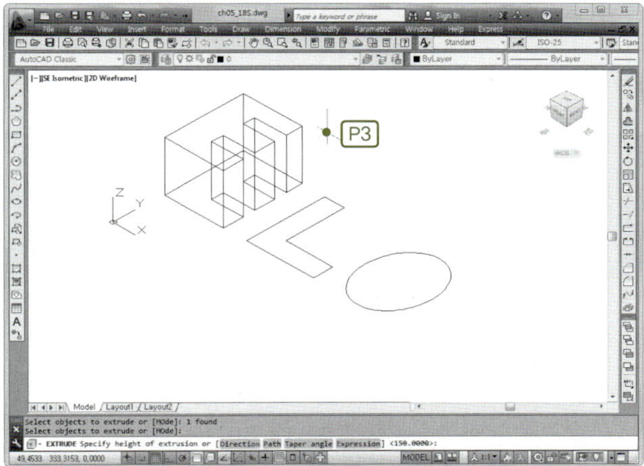

Specify height of extrusion or [Direction/Path/Taper angle/
Expression]: P3점 클릭

04 다음은 옆의 객체에도 Extrude를 실행하되, 원하는 깊이 값을 숫자로 조절하겠습니다. 단축키인 'EXT'를 입력한 후 L자형의 객체를 선택하고, 다음과 같이 값을 입력하여 완성합니다.

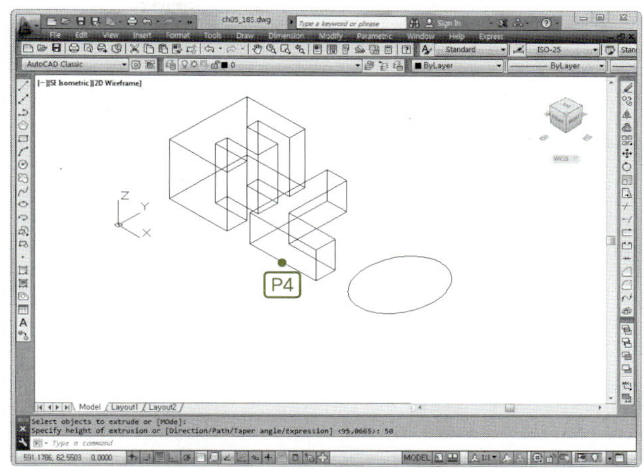

Command: EXT Enter
EXTRUDE
Current wire frame density: ISOLINES=4, Closed profiles
creation mode=Solid
Select objects to extrude or [MOde]: 1 found
→ P4점 클릭
Select objects to extrude or [MOde]: Enter
Specify height of extrusion or [Direction/Path/Taper angle/
Expression]
<95.0665>: 50 Enter

05 이번에는 Region 객체로 변경한 Ellipse를 돌출시키면서 Taper Angle에 값을 입력하여 위로 갈수록 줄어드는 형태의 기울기를 갖는 돌출 객체를 만듭니다. 단축키인 'EXT'를 입력한 후 타원을 선택하고 다음과 같이 입력합니다.

Command: ext Enter
EXTRUDE
Current wire frame density: ISOLINES=4, Closed profiles
creation mode=Solid

Select objects to extrude or [MOde]: 1 found
→ P5점 클릭
Select objects to extrude or [MOde]: Enter
Specify height of extrusion or [Direction/Path/Taper angle/
Expression] <50.0000>: t Enter
Specify angle of taper for extrusion or [Expression] <0>: 10
Enter

Specify height of extrusion or [Direction/Path/Taper angle/
Expression]
<50.0000>: 100 Enter

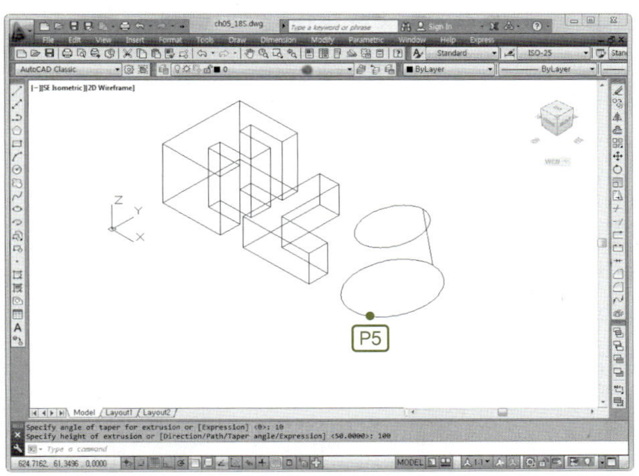

06 부드러운 정도를 관리하는 Facetres 변수의 값을 '2'로 올린 후 다시 Hide 명령어를 입력하여 다음과 같이 완성되었는지를 확인합니다.

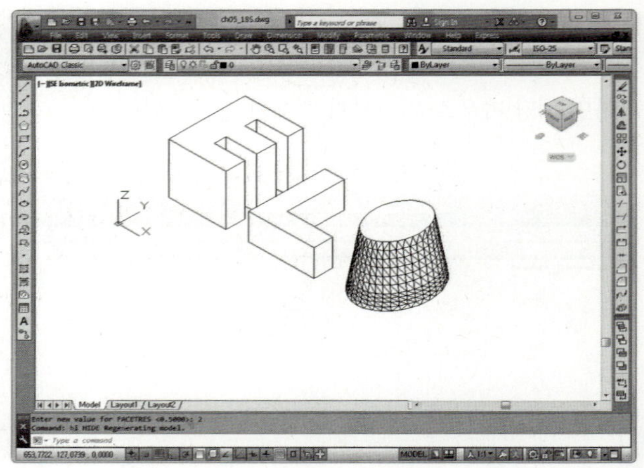

```
Command: FACETRES  Enter
Enter new value for FACETRES <0.5000>: 2  Enter

Command: hi  Enter
HIDE Regenerating model.
```

● 미리해보기

예제 파일 부록 CD\Sample\Chapter05\ch05_19S.dwg　　　　**완성 파일** 부록 CD\Sample\Chapter05\ch05_19F.dwg

01 메뉴의 [File]-[Open]으로 부록 CD에서 예제 파일을 불러옵니다. ㄷ자 형태의 객체를 꺾은 객체로 자연스럽게 돌출시키기 위하여 Extrude 명령어의 단축키인 'EXT'를 입력하고, 다음의 객체를 클릭하여 선택합니다.

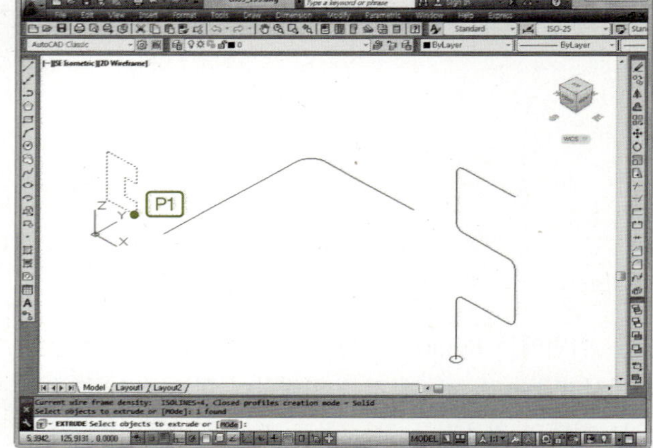


```
Command: EXT  Enter
EXTRUDE
Current wire frame density: ISOLINES=4, Closed profiles
creation mode=Solid
Select objects to extrude or [MOde]: 1 found

Select objects to extrude or [MOde]:  Enter
→ P1점 클릭
```

02 처음 선택한 ㄷ자 형태의 객체가 만들어질 경로 객체를 선택하기 위하여 Path 옵션의 단축키인 'P'를 입력하고 다음과 같은 지점을 마우스로 클릭하여 선택합니다. ㄱ자 형태로 꺾인 객체가 자동으로 만들어집니다.

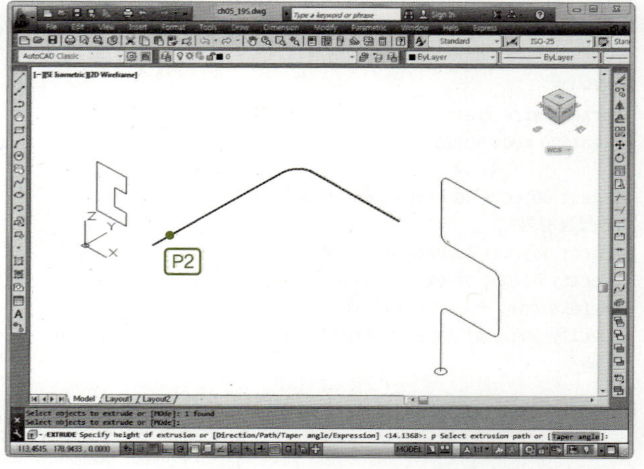


```
Specify height of extrusion or [Direction/Path/Taper angle/
Expression] <-83.4383>: p  Enter
Select extrusion path or [Taper angle]: P2점 클릭
```

03 이번에는 여러 번 꺾인 형태의 파이프를 만들기 위하여 다시 Extrude 명령어를 입력한 후 다음과 같은 원을 기본 돌출 객체로 선택합니다.

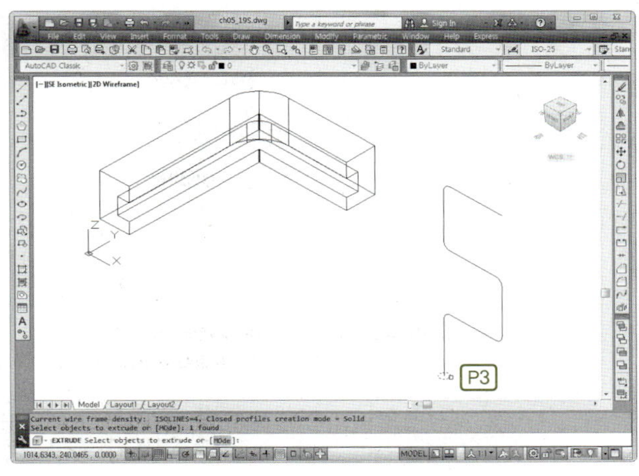

```
Command: EXT Enter
EXTRUDE
Current wire frame density: ISOLINES=4, Closed profiles
creation mode=Solid
Select objects to extrude or [MOde]: 1 found

Select objects to extrude or [MOde]: Enter
→ P3점 클릭
```

04 원이 따라가면서 만들어질 경로 객체를 선택하기 위하여 Path 옵션의 단축키인 'P'를 입력한 후 다음과 같은 지점을 마우스로 클릭하여 선택합니다. 파이프 형태로 꺾인 객체가 자동으로 만들어집니다.

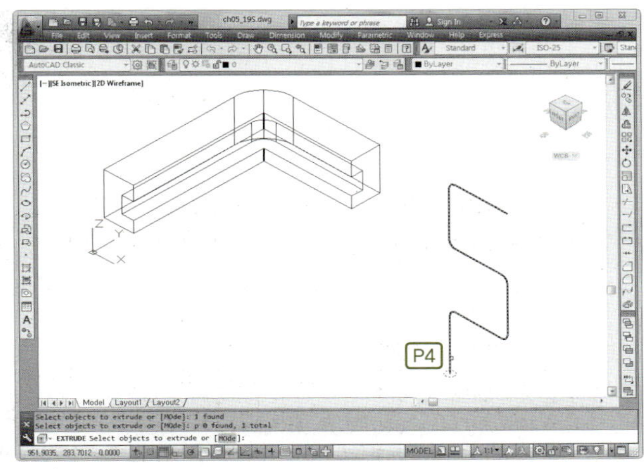

```
Specify height of extrusion or [Direction/Path/Taper angle/
Expression] <-45.6550>: p Enter
Select extrusion path or [Taper angle]: P4점 클릭
```

05 굴곡이 심한 원형 파이프와 각진 부분의 굴곡을 확인하기 위하여 facetres 변수를 먼저 조절한 후 Hide 명령어를 입력하여 다음과 같이 완성 예상도를 확인합니다.

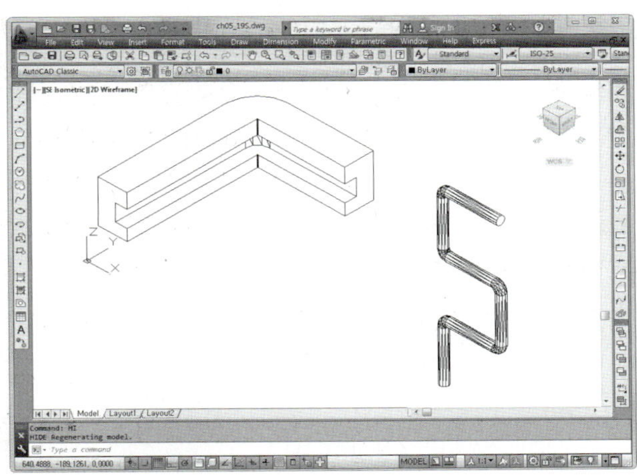

```
Command: facetres Enter
Enter new value for FACETRES <0.5000>: 2 Enter

Command: HI Enter
HIDE Regenerating model.
```

Psolid는 Extrude와 같이 높이를 입력하여 두께 있는 객체를 만드는 명령어입니다. Extrude와는 달리 두께 있는 Pline을 객체의 너비로 하여 돌출시키는 것이 다른 점이며, 옵션을 이용하여 두께가 시작하는 위치를 재정의하거나 직선과 곡선을 Pline으로 그리는 방법과 동일하게 자유롭게 그릴 수 있는 명령어입니다.

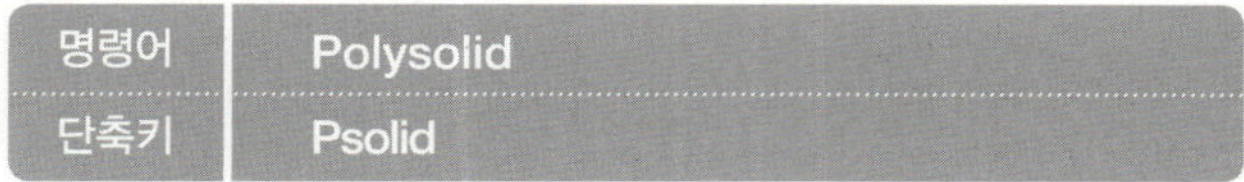

명령어	Polysolid	아이콘	
단축키	Psolid	메뉴	[Draw]-[Modeling]-[Polysolid]

● 명령어 이해하기

Polysolid 명령어의 단축키인 Psold 명령어를 입력하여 사용하며, 시작점을 입력하기 전에 물체의 Height인 높이 값과 너비인 Width를 미리 입력합니다. 그런 다음, 원하는 지점을 선을 그리는 방법과 동일하게 마우스를 클릭하거나 좌표 지점을 값으로 입력하면 두께와 높이를 가진 3차원 솔리드 객체가 그려집니다. 또한 직선을 그리면서 'Arc' 옵션을 이용하여 곡선의 솔리드도 그릴 수 있으며, 너비의 시작점 위치를 정렬을 이용하여 사용자가 원하는 지점으로 변경할 수도 있습니다.

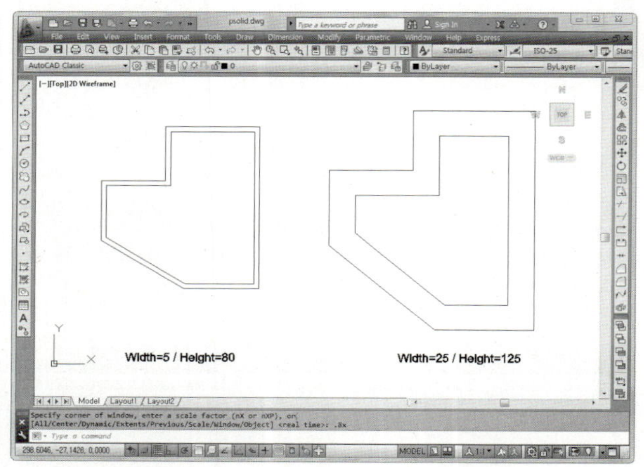

▲ 평면의 뷰포트

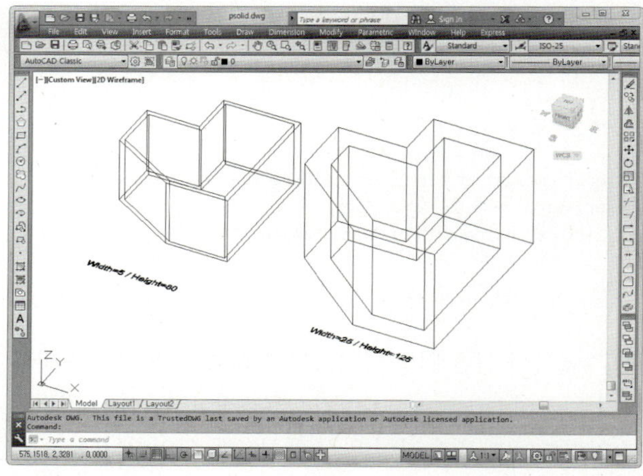

▲ 3차원 뷰포트

```
Command: Psolid Enter
POLYSOLID Height=80.0000, Width=5.0000, Justification=Center
Specify start point or [Object/Height/Width/Justify] <Object>: w Enter
→ Psolid 객체의 너비 값을 입력하기 위한 옵션을 입력합니다.
Specify width <5.0000>:
→ Psolid 객체의 너비 값을 입력합니다.
Height=80.0000, Width=20.0000, Justification=Center
Specify start point or [Object/Height/Width/Justify] <Object>:
→ Psolid의 시작점의 좌표 값을 입력합니다.
Specify next point or [Arc/Undo]:
→ Psolid 두 번째 좌표 값을 입력합니다.
Specify next point or [Arc/Undo]:
→ Close로 닫거나 Enter 를 눌러 종료합니다.
```

● 옵션 이해하기

Psolid를 이용하는 경우, 설정되어 있는 기본 값만으로는 원하는 형태의 Psolid를 그릴 수 없습니다. 따라서 대체적으로 전체 솔리드 객체의 두께나 높이 값을 변경하여 다양한 두께를 갖는 선을 그립니다. 일반적으로 두께가 있는 객체이기 때문에 일반적인 평면인 XY Plan 뷰에서는 Solid나 두께가 있는 Pline을 그리는 형태와 비슷하게 보입니다. Pline 명령어와 마찬가지로 선과 호를 동시에 그릴 수 있으며, 연속하는 선과 곡선을 그리기에 적당하지만, 호를 그리는 옵션은 원래의 Arc 명령어를 사용할 때처럼 다양하지 않으므로 주의해야 합니다.

옵션	설명
Object	Pline 명령어로 그려진 모든 객체는 Psolid의 두께와 높이 값을 이용하여 Psolid로 변경할 수 있습니다. 하지만 객체의 성분은 모두 Pline으로 그려진 객체이어야 하며, Polygon이나 Circle, Rectangle 명령어 등으로 그려진 객체는 바로 Psolid로 변경할 수 있습니다.
Height	Psolid 객체의 전체 높이 값을 조절합니다.
Width	Psolid 객체의 가로 두께 값을 조절합니다.
Justify	Psolid 객체의 두께 시작점의 정렬 위치를 조절합니다. Left, Center, Right의 위치로 조절합니다.
Arc	Psolid 객체를 호로 연결하여 그립니다.
Close	Psolid 객체의 시작점과 마지막 점을 연결하여 닫은 후 명령어를 종료합니다.
Undo	바로 이전 단계에 그려진 Psolid 객체의 실행을 취소합니다.

● 미리해보기

예제 파일 부록 CD\Sample\Chapter05\ch05_20S.dwg   **완성 파일** 부록 CD\Sample\Chapter05\ch05_20F.dwg

01 메뉴의 [File]-[Open]으로 부록 CD에서 예제 파일을 불러옵니다. 먼저 Polysolid 명령어의 단축키인 'Psolid'를 입력한 후 다음과 같이 벽체 높이와 두께 옵션을 입력합니다. 다음의 두 지점을 마우스로 클릭하여 그립니다.

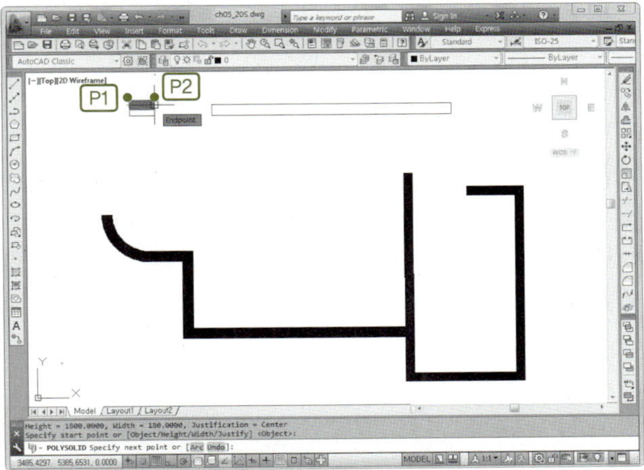

```
Command: PSOLID [Enter]
POLYSOLID Height=80.0000, Width=5.0000, Justification=Center
Specify start point or [Object/Height/Width/Justify]
<Object>: h [Enter]
Specify height <80.0000>: 1800 [Enter]

Height=1800.0000, Width=5.0000, Justification=Center
Specify start point or [Object/Height/Width/Justify]
<Object>: w [Enter]
Specify width <5.0000>: 180 [Enter]
Height=1800.0000, Width=180.0000, Justification=Center

Specify start point or [Object/Height/Width/Justify]
<Object>: P1점 클릭
Specify next point or [Arc/Undo]: P2점 클릭
Specify next point or [Arc/Undo]: [Enter]
```

02 기준점의 정렬 위치는 변경하지 않고 그림과 같이 클릭한 지점을 벽 너비의 중앙으로 설정하여 벽체를 올렸습니다. 이번에는 정렬 옵션을 변경한 후에 옆의 벽을 올려보겠습니다. Enter 를 눌러 자동 실행되도록 합니다.

```
Command: Enter
POLYSOLID Height=1800.0000, Width=180.0000,
Justification=Center
Specify start point or [Object/Height/Width/Justify]
<Object>: J Enter
Enter justification [Left/Center/Right] <Center>: L Enter
Height=1800.0000, Width=180.0000, Justification=Left
Specify start point or [Object/Height/Width/Justify]
<Object>: P3점 클릭
Specify next point or [Arc/Undo]: P4점 클릭
Specify next point or [Arc/Undo]: Enter
```

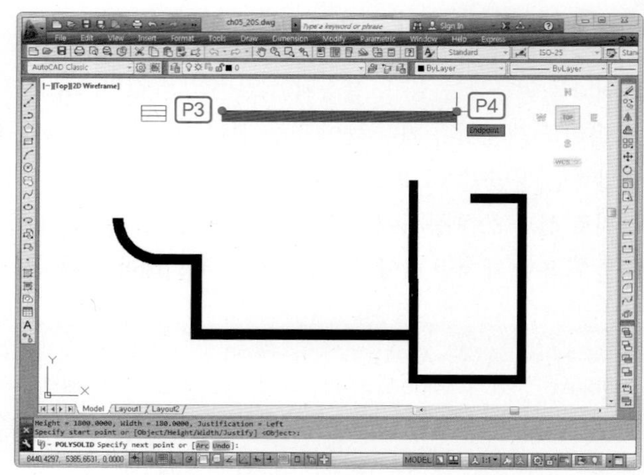

03 정렬 상태를 변경하고 나면 정확하게 평면 선분에 잘 맞게 만들어집니다. 이번에는 Pline으로 만들어진 객체를 Psolid 객체로 변환해보겠습니다. 먼저 그림과 같이 ViewCube의 오른쪽 코너 지점을 클릭하여 3차원 뷰포트로 이동합니다.

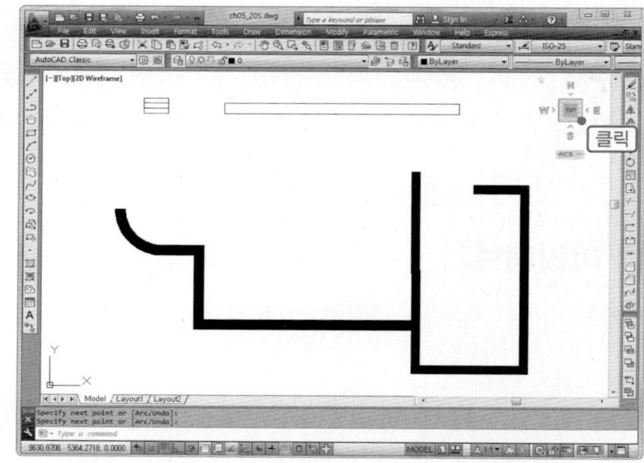

04 먼저 왼쪽의 Pline부터 변경하겠습니다. Psolid 명령어를 입력한 후 다음과 같은 지점을 클릭합니다. 객체의 두께인 Height는 1800으로 지정되어 있으므로 객체를 선택함과 동시에 자동으로 1800의 높이를 갖는 Psolid 객체로 변경됩니다.

```
Command: Psolid Enter
POLYSOLID Height=1800.0000, Width=180.0000,
Justification=Left
Specify start point or [Object/Height/Width/Justify]
<Object>: Enter
Select object: P5점 클릭
```

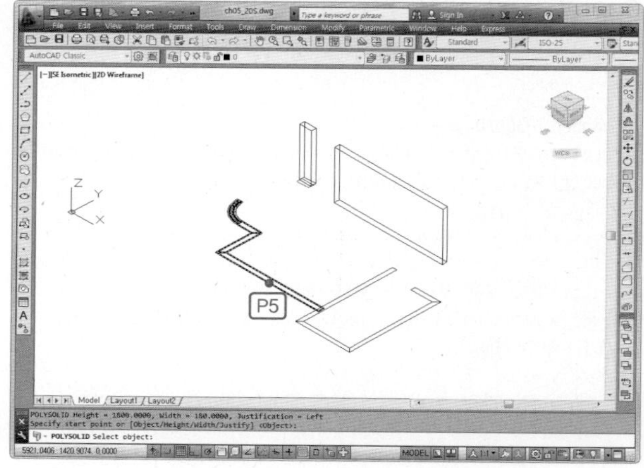

05 'Object' 옵션을 이용하여 객체를 선택하는 경우에는 한 번에 하나의 단일 객체를 선택해야 합니다. Cross나 Window 방식으로 선택하는 것은 불가능하므로 다음 객체를 Psolid로 변경하는 경우에는 다시 명령어를 입력한 후에 실행해야 합니다. Psolid 명령어를 실행하기 위하여 Enter 를 누른 후 다음과 같이 선택합니다.

```
Command: Enter
POLYSOLID Height=1800.0000, Width=180.0000,
Justification=Left
Specify start point or [Object/Height/Width/Justify]
<Object>: Enter
Select object: P6점 클릭
```

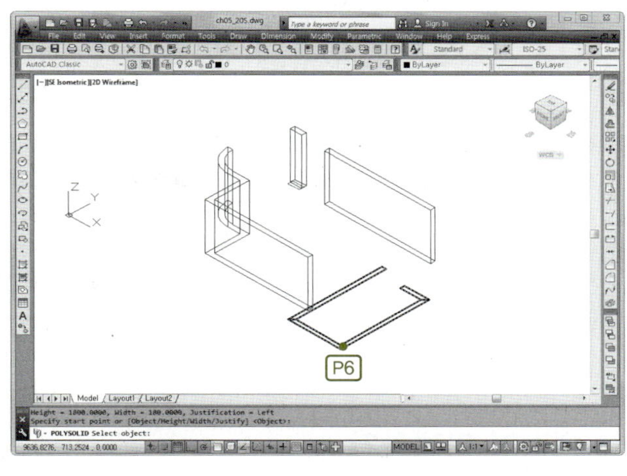

06 반대쪽의 뷰포트를 확인하기 위하여 이번에는 View cube 대신 Vpoint 명령어를 이용해보겠습니다. Vpoint 명령어의 단축키인 '–VP'를 입력한 후 왼쪽과 정면과 평면이 동시에 보이도록 –1, –1, 1로 세팅합니다.

```
Command: -VP Enter
VPOINT
Current view direction: VIEWD
IR=12092.7128,-12092.7128,12092.7128
Specify a view point or [Rotate] <display compass and
tripod>: -1,-1,1 Enter
Regenerating model.
```

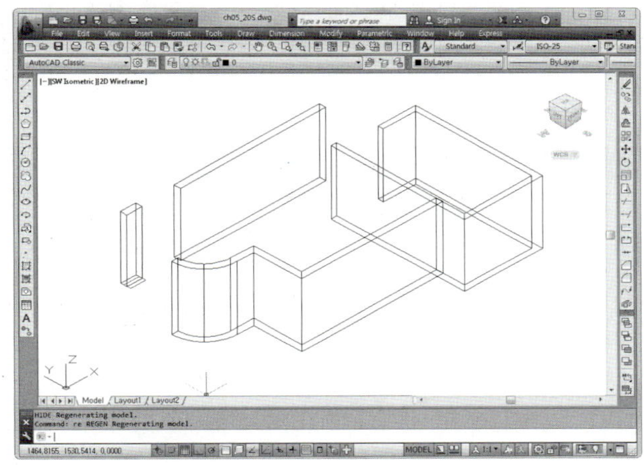

07 반대쪽의 완성된 상태를 확인하기 위하여 Hide 명령어의 단축키인 'HI'를 입력하여 다음과 같이 확인합니다. 둥근 부분도 정확히 파악되는 것을 알 수 있습니다.

```
Command: HI Enter
HIDE Regenerating model.
```

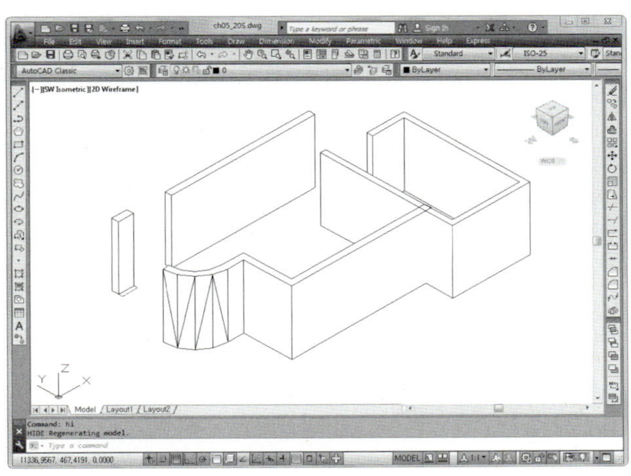

03. 스프링 객체를 만드는 Helix

Helix 명령어는 용수철, 스프링이라고 부르는 꼬인 선을 만들어주는 명령어입니다. 하나의 UCS로는 그릴 수 없는 회전이 심한 곡선을 그리는 데에 사용합니다. 꼬이는 횟수나 방향을 정하여 한 번에 간편하게 만들어주는 명령어입니다.

명령어	Helix		아이콘	
단축키	지정되어 있지 않음.		메뉴	[Draw]-[Helix]

● 명령어 이해하기

Helix 명령어를 입력한 후 기본적으로 스프링이 가져야 할 기본적인 꼬임의 횟수와 방향 등을 먼저 설정합니다. 그런 다음, 스프링의 중심점을 클릭하고 전체적인 반지름 값을 입력합니다. 반지름 값은 스프링의 아랫부분의 반지름과 윗부분의 반지름을 동일하게 입력하거나 다르게 입력하여 모양을 만듭니다. 반지름의 입력이 끝나면 스프링의 Z축 높이 값을 입력하여 완성합니다.

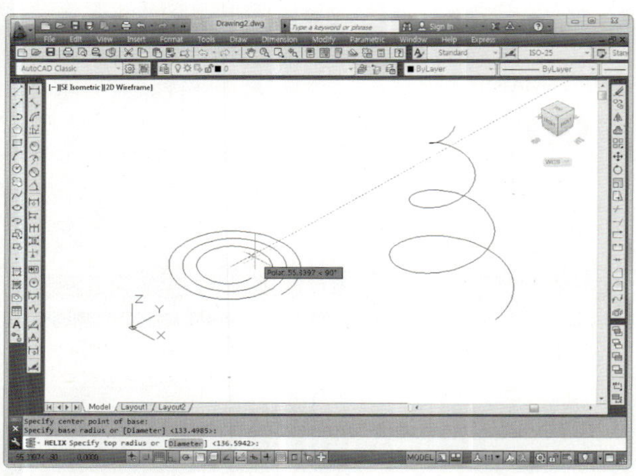

▲ 기본 Helix그리기

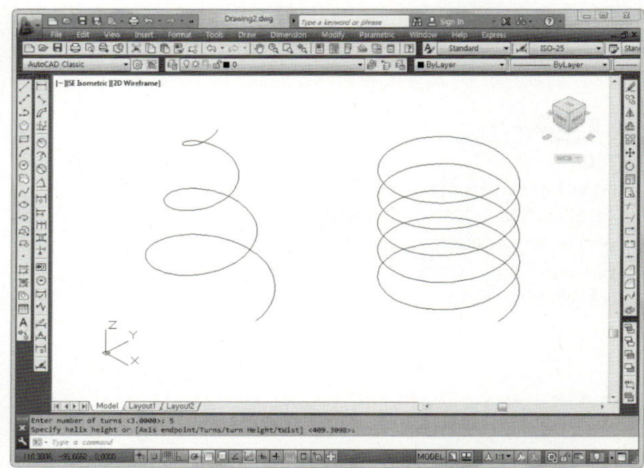

▲ 다양한 크기와 회전 수를 가진 Helix

```
Command: Helix  Enter
Number of turns=3.0000    Twist=CCW
Specify center point of base:
→ Helix의 중심점을 입력합니다.
Specify base ra dius or [Diameter] <1.0000>:
→ Helix의 기본 반지름 값을 입력합니다.
Specify top radius or [Diameter] <218.0372>:
→ Helix Top 부분의 반지름 값을 입력합니다.
Specify helix height or [Axis endpoint/Turns/turn Height/tWist] <1.0000>:
→ Helix의 높이 값을 입력합니다.
```

● 옵션 이해하기

Helix를 그리는 방법 중 여러 가지 조건을 조절합니다. 주로 얼마만큼 회전을 하는지와 꼬임의 방향, 용수철의 반지름 등을 지정하여 전체적인 모양이나 크기를 조절하고, 사용자가 원하는 형태의 Helix를 만듭니다.

옵션	설명
Axis endpoint	Helix의 Z축의 양의 방향 좌표를 지정할 수 있습니다.
Turns	Helix의 꼬임 횟수를 정합니다.
turn Height	Helix의 꼬임의 선분과 선분 사이의 간격 값을 입력하여 정합니다.
tWist	Helix의 꼬임 방향을 시계 방향과 시계 반대 방향으로 정합니다. – CW: 시계 방향으로 꼬임 – CCW: 반시계 방향으로 꼬임

● 미리해보기

예제 파일 부록 CD\Sample\Chapter05\ch05_21S.dwg

완성 파일 부록 CD\Sample\Chapter05\ch05_21F.dwg

01 메뉴의 [File]–[Open]으로 부록 CD에서 예제 파일을 불러옵니다. 먼저 Helix 명령어를 입력한 후 첫 번째 원의 중심점을 Helix의 중심점으로 입력합니다. 다음과 같이 마우스로 첫 번째 반지름 값을 클릭하여 선택하고, Helix 위쪽 부분의 반지름에 동일한 값을 입력하기 위하여 Enter 를 누릅니다.

02 Helix의 높이 값은 숫자로 입력할 수도 있습니다. 다음과 같이 마우스로 클릭, 드래그하여 임의의 값을 입력한 후 다음과 같이 그립니다.

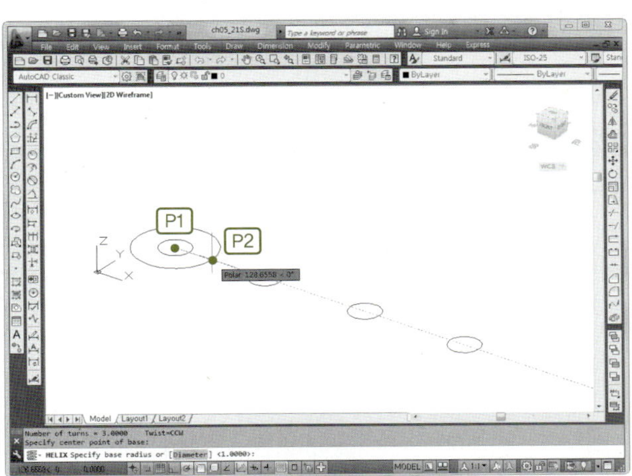

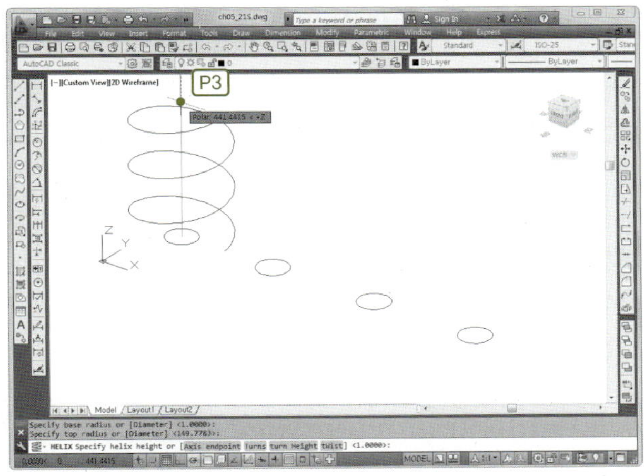

Command: HELIX Enter

Number of turns=3.0000
Twist=CCW
Specify center point of base: P1점 클릭
Specify base radius or [Diameter] <1.0000>: P2점 클릭
Specify top radius or [Diameter] <120.6976>: Enter

Specify helix height or [Axis endpoint/Turns/turn Height/
tWist] <1.0000>: P3점 클릭

03 두 번째 원을 기준으로 Helix 명령어를 입력한 후 원의 중심점으로 클릭하여 선택합니다. 스프링 아래쪽의 반지름 값과 위쪽의 반지름 값을 다르게 입력하고 전체 스프링의 높이 값을 다음과 같이 입력합니다.

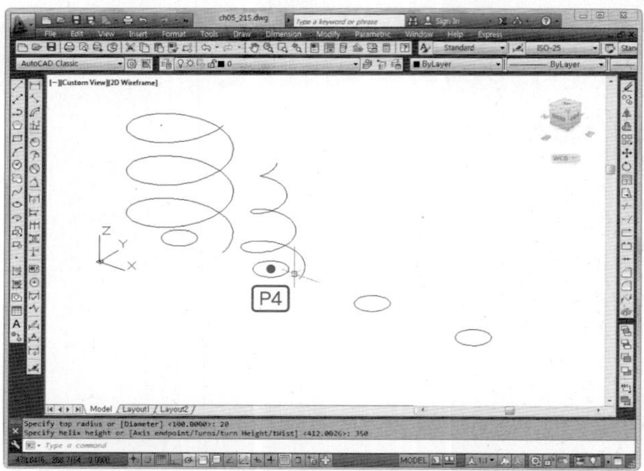

```
Command: HELIX Enter
Number of turns=3.0000
Twist=CCW
Specify center point of base: P4점 클릭
Specify base radius or [Diameter] <120.6976>: 100 Enter
Specify top radius or [Diameter] <100.0000>: 20 Enter
Specify helix height or [Axis endpoint/Turns/turn Height/
tWist] <424.9112>: 350 Enter
```

04 다음은 스프링의 꼬임 횟수를 다르게 지정해보겠습니다. Helix 명령어를 입력한 후 세 번째 원의 중심점을 Helix의 중심점으로 클릭하여 선택하고, 다음과 같이 옵션을 지정하여 입력하겠습니다.

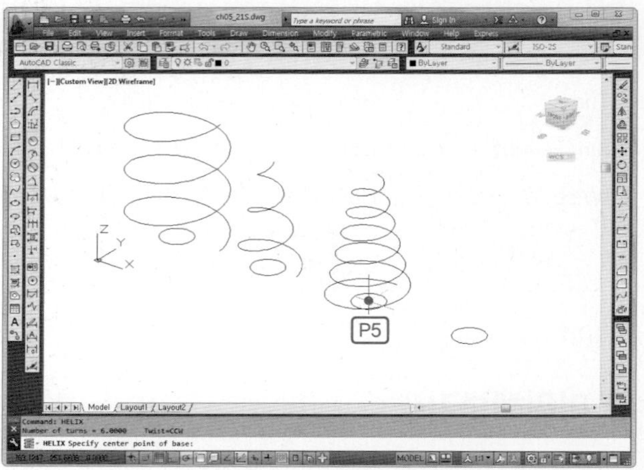

```
Command: HELIX Enter
Number of turns=3.0000
Twist=CCW
Specify center point of base: P5점 클릭
Specify base radius or [Diameter] <100.0000>: 130 Enter
Specify top radius or [Diameter] <130.0000>: 40 Enter

Specify helix height or [Axis endpoint/Turns/turn Height/
tWist] <350.0000>: T Enter
Enter number of turns <3.0000>: 6 Enter
Specify helix height or [Axis endpoint/Turns/turn Height/
tWist] <350.0000>: 400 Enter
```

05 Helix 꼬임의 간격을 조절하면 같은 회전수와 같은 높이 값이더라도 다른 형태의 Helix를 만들 수 있습니다. 다음과 같은 Helix를 그리면서 옵션을 지정하는 방법을 익혀보겠습니다. turn Height 값은 꼬이는 선분과 선분 사이의 간격 값을 조절하여 같은 높이에서도 다른 형태의 스프링을 만들어 냅니다.

```
Command: HELIX Enter
Number of turns=6.0000
Twist=CCW
Specify center point of base: P6점 클릭
Specify base radius or [Diameter] <130.0000>: Enter
Specify top radius or [Diameter] <130.0000>: Enter
Specify helix height or [Axis endpoint/Turns/turn Height/
tWist] <400.0000>: h Enter
Specify distance between turns <66.6667>: 150 Enter
Specify helix height or [Axis endpoint/Turns/turn Height/
tWist] <400.0000>: Enter
```

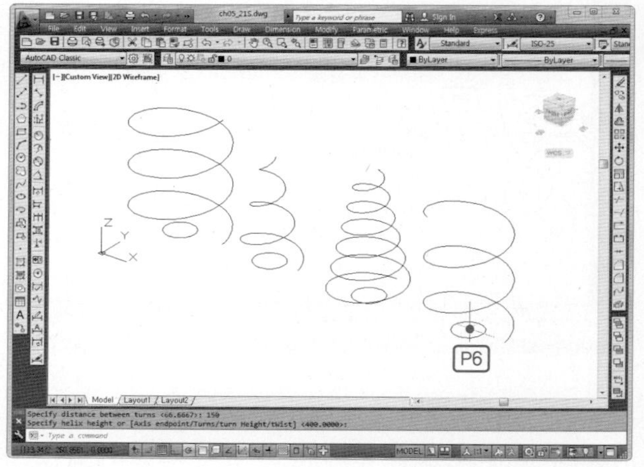

04. 회전 솔리드 객체를 만드는 Revolve

Revolve 명령어는 앞의 표면 모델링 네 가지 방법 중 축을 중심으로 회전체를 만드는 Revsurf의 내용과 같은 맥락의 솔리드 명령어입니다. Revolve 명령어도 Revsurf와 마찬가지로 하나의 축을 중심으로 객체가 회전한 각도만큼 물체를 생성해주는 명령어로, Revolve의 경우 회전체가 될 수 있는 객체는 Polyline 속성의 Pline의 닫힌 객체이거나 Region으로 변경된 속성을 가진, 객체를 생성할 수 있는 객체입니다. 병이나 컵, 도자기와 같은 형태의 모델링 객체를 만들 때에 주로 사용하며, 마우스로 회전각을 드래그하여 표현하거나 0~360°의 각도를 직접 입력하여 만듭니다.

명령어	Revolve	아이콘	
단축키	REV	메뉴	[Draw]-[Modeling]-[Revolve]

● 명령어 이해하기

Revolve는 회전 객체를 만드는 명령어로, 회전체가 될 객체와 축이 될 객체로 나누어집니다. 따라서 Revolve 명령어를 입력하면 제일 먼저 회전체가 될 대상 객체를 선택한 후 회전을 할 객체의 축이 될 좌표 지점이나 축이 될 객체를 선택하고, 회전할 각도를 마우스로 드래그하여 완성하거나 원하는 회전 각도를 입력하여 Revolve 객체를 완성합니다.

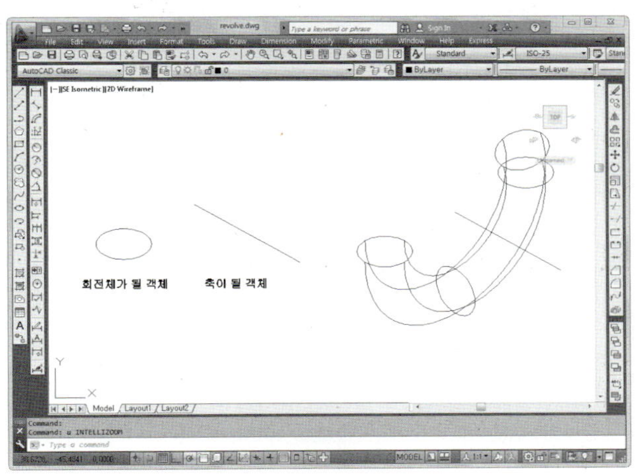

▲ Revolve 기준 객체와 축 객체

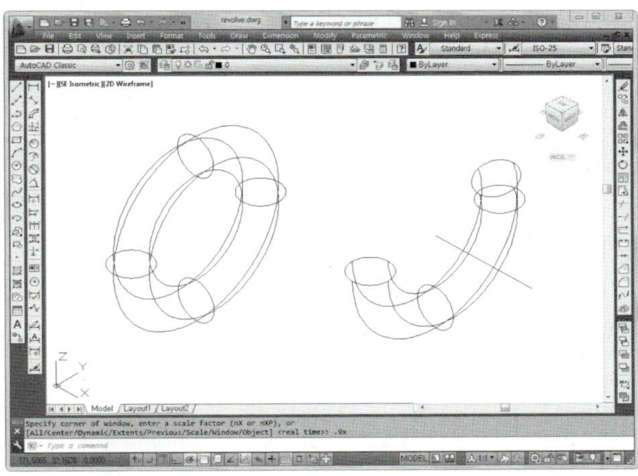

▲ 360°, 180°로 회전한 Revolve 객체

```
Command: Revolve Enter
Current wire frame density: ISOLINES=4, Closed profiles creation mode=Solid
Select objects to revolve or [MOde]:
→ 회전체를 만들 객체를 선택합니다.
Select objects to revolve or [MOde]: Enter
→ Enter 를 입력하여 선택을 완료합니다.
Specify axis start point or define axis by [Object/X/Y/Z] <Object>:
→ 회전 중심축의 시작점을 클릭합니다.
Specify axis endpoint:
→ 회전 중심축의 끝점을 클릭합니다.
Specify angle of revolution or [STart angle/Reverse/EXpression] <360>:
→ 회전 각도를 입력하거나 마우스로 드래그합니다.
```

● 옵션 이해하기

Revolve 명령어를 이용하여 회전체를 만드는 경우, 축이 되는 조건을 설정하거나 회전 각도의 시작 값을 변경하는 등의 속성을 제어합니다. 또한 회전 방향을 설정하거나, 미리 그려지는 객체를 선택하거나, UCS의 X, Y, Z 축을 기준으로 회전체를 만듭니다. UCS의 X, Y, Z를 지정하는 경우 0,0의 위치는 UCS의 원점을 기준으로 회전 기준을 만듭니다.

옵션	설명
Object	선택한 객체가 회전의 중심축으로 설정됩니다.
X/Y/Z	선택한 X/Y/Z UCS 축을 중심축으로 설정하는 것으로, UCS가 있는 0,0,0을 기준으로 회전의 기준 축이 만들어집니다.
STart angle	회전체의 시작 각도 값을 입력합니다.
Reverse	회전체의 회전 방향을 반대로 설정합니다.
EXpression	회전을 지정하는 방정식 등의 수식을 입력하여 설정합니다.

● 미리해보기

예제 파일 부록 CD\Sample\Chapter05\ch05_22S.dwg　　　　**완성 파일** 부록 CD\Sample\Chapter05\ch05_22F.dwg

01 메뉴의 [File]−[Open]으로 부록 CD에서 예제 파일을 불러옵니다. 회전 솔리드 객체를 만들기 위하여 Revolve 명령어의 단축키인 'Rev'를 입력한 후 회전체가 될 다음과 같은 객체를 마우스로 클릭하여 선택합니다.

```
Command: REV [Enter]
REVOLVE
Current wire frame density: ISOLINES=4, Closed profiles
creation mode=Solid
Select objects to revolve or [MOde]: 1 found
→ P1점 클릭
Select objects to revolve or [MOde]: [Enter]
```

02 처음 선택한 객체가 회전을 하는 경우, 축이 되는 위치를 다음과 같이 미리 그려져 있는 선분의 양 끝점을 클릭하여 선택합니다. 회전체의 각도에는 180°를 입력하여 반원체를 만듭니다.

```
Specify axis start point or define axis by [Object/X/Y/Z]
<Object>: P2점 클릭
Specify axis endpoint: P3점 클릭
Specify angle of revolution or [STart angle/Reverse/
EXpression] <360>: 180 [Enter]
```

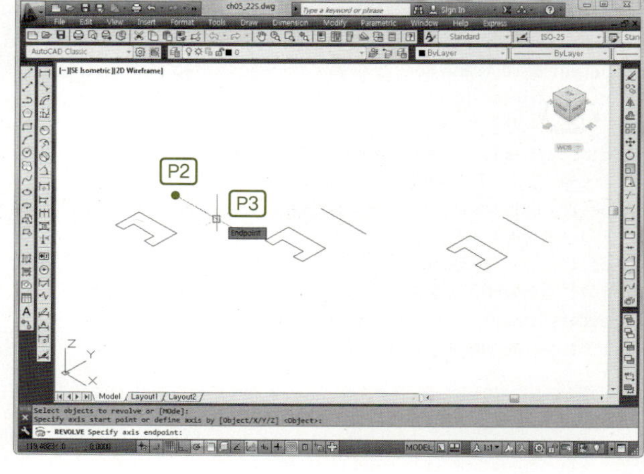

03 다음은 회전축의 방향을 변경하여 회전체를 만들어
보겠습니다. Revolve 명령어의 단축키인 'REV'를 입력하
고 다음과 같이 객체를 선택합니다. 축을 선택하는 위치에
서 두 번째 축의 지점을 마우스로 클릭하지 않고 좌표 값
을 이용하여 다음과 같은 지점으로 정합니다.

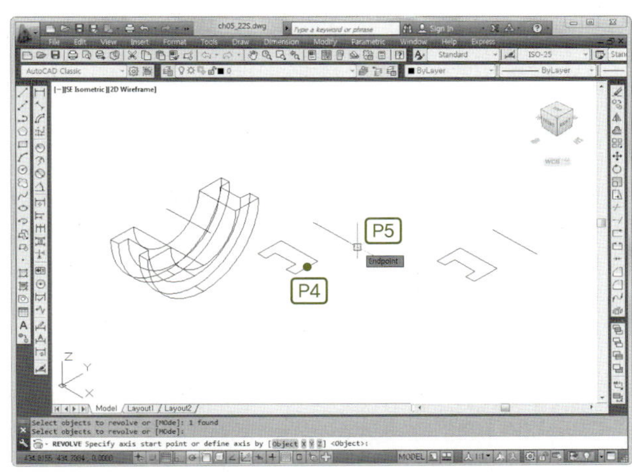

```
Command: REV  Enter
REVOLVE
Current wire frame density: ISOLINES=4, Closed profiles
creation mode=Solid

Select objects to revolve or [MOde]: 1 found
→ P4점 클릭
Select objects to revolve or [MOde]:  Enter
Specify axis start point or define axis by [Object/X/Y/Z]
<Object>: P5점 클릭
Specify axis endpoint: @100<90  Enter
```

04 기존의 방향과는 달리 직각 방향의 축이 설정되었습
니다. 회전 각도는 전체 360° 중에서 270°만 회전하는 회
전체를 만들기 위하여 '270'을 입력하여 완성합니다.

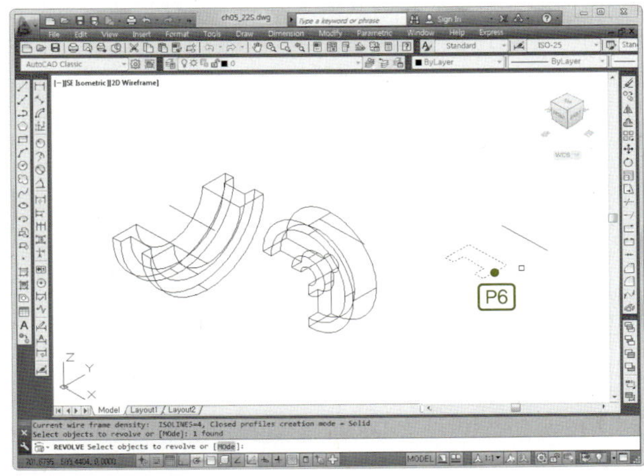

```
Specify angle of revolution or [STart angle/Reverse/
EXpression] <360>: 270  Enter
```

05 이번에는 마지막 도형을 Revolve 객체로 만들어
보겠습니다. Revolve 명령어의 단축키인 'REV'를 입력
한 후 다음과 같이 객체를 선택합니다. 선택이 완료되면
Enter 를 눌러 명령어를 종료합니다.

```
Command: REV  Enter
REVOLVE

Current wire frame density: ISOLINES=4, Closed profiles
creation mode=Solid

Select objects to revolve or [MOde]: 1 found
→ P6점 클릭
Select objects to revolve or [MOde]:  Enter
```

06 축은 처음 회전체를 만든 객체와 동일한 선분의 양 끝점을 마우스로 클릭하여 선택합니다.

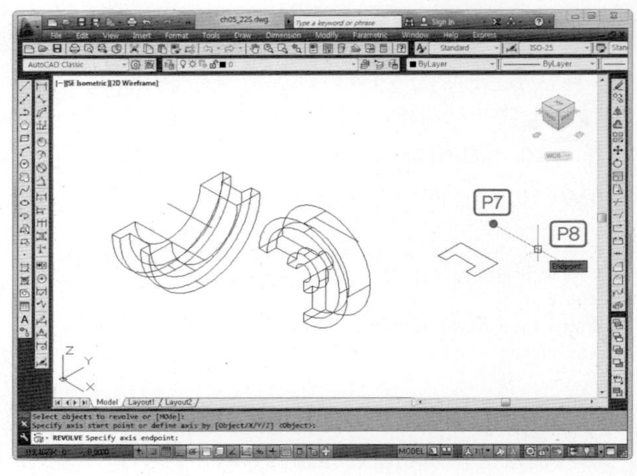

```
Specify axis start point or define axis by [Object/X/Y/Z]
<Object>: P7점 클릭
Specify axis endpoint: P8점 클릭
```

07 시작 각도를 바꾸어 입력하기 위해 start angle의 옵션 단축키인 'ST'를 입력하고, 회전의 시작 각도에 기존의 '0'이 아닌 '90'을 입력하며, 완료 각도에는 '180'을 입력합니다. 다음 그림과 같이 객체가 있던 지점에서 90°가 지난 지점에서 객체가 시작하여 180° 회전된 상태로 만들어집니다.

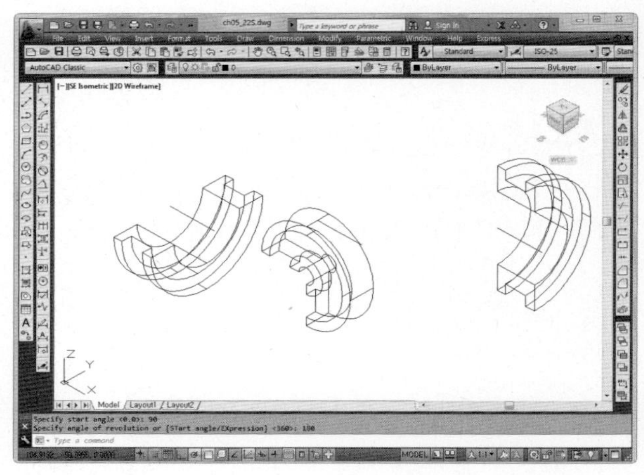

```
Specify angle of revolution or [STart angle/Reverse/
EXpression] <360>: st Enter
Specify start angle <0.0>: 90 Enter
Specify angle of revolution or [STart angle/EXpression]
<360>: 180 Enter
```

08 곡선이 많은 객체이므로 현재 Facetres 변수는 조금 부족해보입니다. Facetres 변수를 2로 올리고, 'HIDE'를 입력하여 최적화되어 있는 상태의 객체를 확인해보겠습니다. 다음과 같이 완성됩니다.

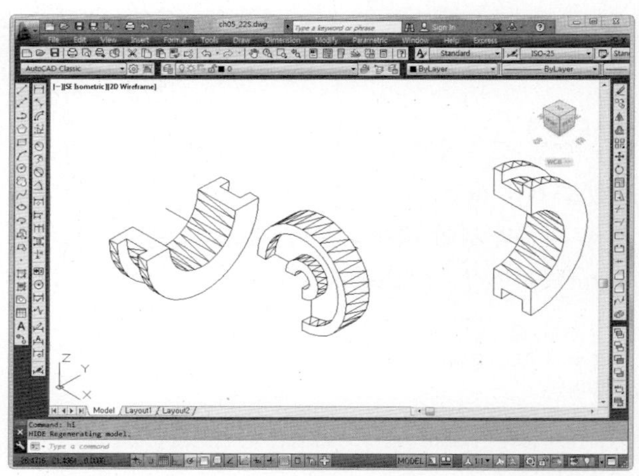

```
Command: facetres Enter
Enter new value for FACETRES <0.5000>: 2 Enter

Command: HI Enter
HIDE Regenerating model.
```

Practice Drawing

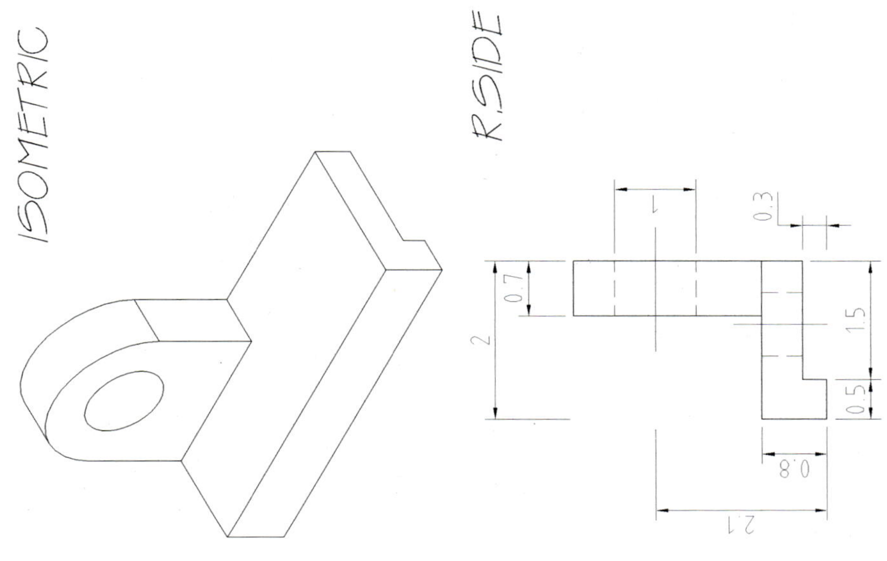

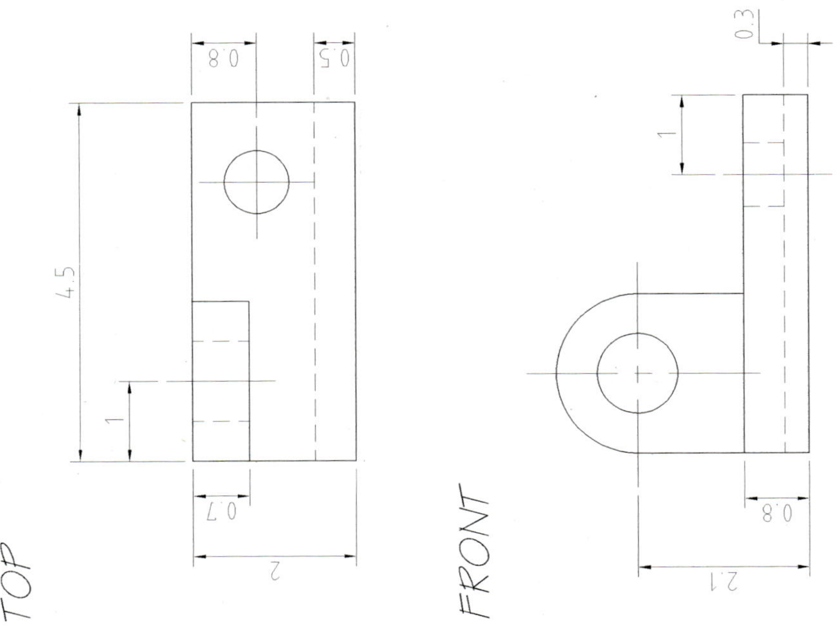

Section 06 솔리드 객체의 연산 및 응용하기

솔리드 객체나 Region 객체는 더하거나 빼는 등의 연산을 통하여 객체를 다양하게 모델링할 수 있습니다. 기본체만 사용하거나 Extrude 등의 돌출만 이용하는 것에는 한계가 있으며, 설사 만들 수 있다고 하더라도 UCS 등의 어려운 방법을 통해 완성해야 하는 등 어려운 점이 많습니다. 이때 Boolean 연산을 이용하면 솔리드 객체와 Region 객체 간의 겹친 부분을 이용하여 더하거나 빼는 등의 연산을 통해 빠르고 편리하게 모델링을 할 수 있습니다.

01. 솔리드 객체의 합집합을 연산하는 Union

Union은 2개 이상의 겹치거나 겹치지 않은 솔리드 객체를 하나의 단일 솔리드 객체로 합쳐주는 명령어를 말합니다. Union 명령어로 합쳐진 솔리드 객체의 겹쳐진 부분은 하나의 면적으로 계산되며, 이를 통해 전체적으로 안정적인 솔리드 객체를 만들어 다양한 모델링을 할 수 있습니다.

명령어	Union	아이콘	◎
단축키	UNI	메뉴	[Modify]-[Solid Editing]-[Union]

● 명령어 이해하기

명령어를 입력하고 나면 선택의 순서에 관계없이 Union을 실행할 모든 객체를 선택할 수 있습니다. 선택이 완료된 후 Enter 를 눌러 명령어를 종료하면 Union이 완료됩니다. 3차원 솔리드 객체의 경우에는 Union을 바로 실행하면 완료되며, 2차원 Pline의 경우 Union을 실행하기 위해서는 Region 단계를 거쳐야 합니다.

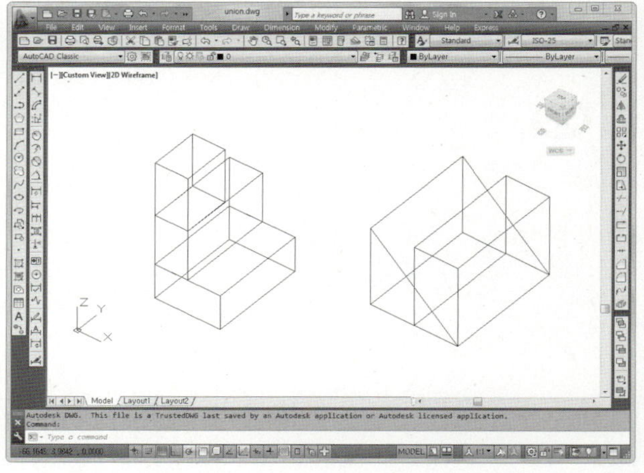

▲ Union 실행 전

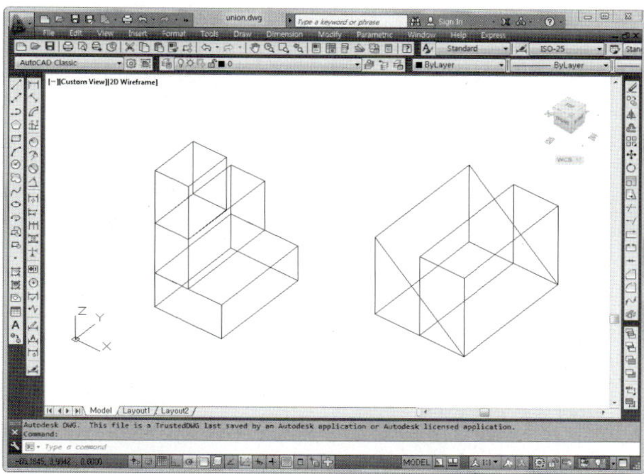

```
Command: Union Enter
Select objects:
→ Union 명령어를 실행할 솔리드 객체를 모두 선택합니다.
Select objects: Enter
```

▲ Union 실행 후

● 미리해보기

예제 파일 부록 CD\Sample\Chapter05\ch05_23S.dwg

완성 파일 부록 CD\Sample\Chapter05\ch05_23F.dwg

01 메뉴의 [File]-[Open]으로 부록 CD에서 예제 파일을 불러옵니다. Union 명령어의 단축키인 'UNI'를 입력한 후 다음과 같이 드래그하여 왼쪽에 있는 솔리드 Box 객체 모두를 선택합니다. 그런 다음, Enter 를 눌러 선택을 종료합니다.

```
Command: UNI Enter
UNION
Select objects: Specify opposite corner: 4 found
→ P1~P2점 클릭, 드래그
Select objects: Enter
```

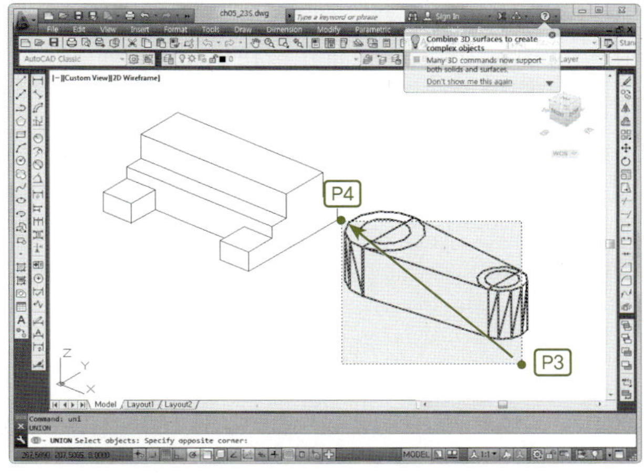

02 이번에는 오른쪽의 객체를 Union시켜보겠습니다. Union 명령어의 단축키인 'UNI'를 입력한 후 드래그하여 오른쪽의 모든 객체를 선택합니다. 그런 다음, Enter 를 눌러 명령어를 종료합니다.

```
Command: UNI Enter
UNION
Select objects: Specify opposite corner: 5 found
→ P3~P4점 클릭, 드래그
Select objects: Enter
```

03 완성 예상도를 확인하기 위하여 곡선 부분의 정밀도를 조절하는 Facetres의 값을 '2'로 변경하고 Hide 명령어를 입력하여 완성 상태를 확인합니다.

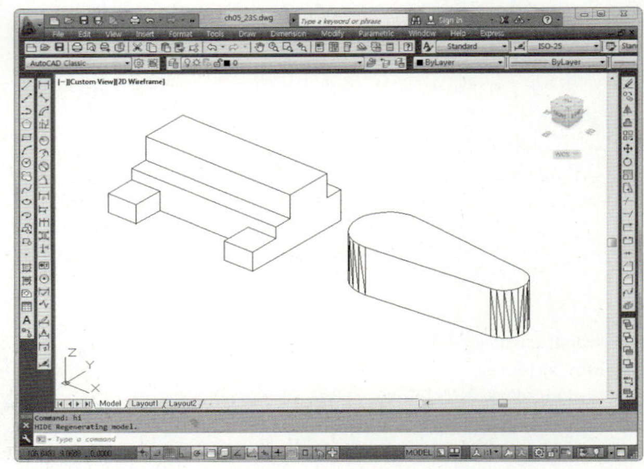

```
Command: FACETRES Enter
Enter new value for FACETRES <0.5000>: 2 Enter

Command: HI Enter
HIDE Regenerating model.
```

02. 솔리드 객체의 차집합을 연산하는 Subtract

Union이 2개 이상의 솔리드 객체를 합하는 연산 명령어라면, Subtract 연산은 A 솔리드 객체에서 B 솔리드 객체를 빼는 형태의 연산 명령어입니다. Subtract 연산의 경우에는 겹친 부분 모양으로 빼내는 형태로 모델링 속도를 빠르게 전개시켜줍니다. 특히 솔리드 객체의 구멍을 뚫어주거나 절단을 하는 경우에 자주 사용합니다. 한 번에 만들기 어려운 모델링을 간단하게 해결해주는 방법입니다.

명령어	Subtract	아이콘	
단축키	SU	메뉴	[Modify]-[Solid Editing]-[Subtract]

● 명령어 이해하기

Subtract 연산의 경우, 첫 번째 선택하는 객체에서 두 번째 선택하는 객체는 빼는 연산이므로 첫 번째 객체와 두 번째 객체를 구분하기 위하여 첫 번째 객체를 선택하고 Enter 를 누른 후 다시 빼주는 객체를 선택합니다. 선택이 완료되면 처음 선택한 객체에서 두 번째 선택한 객체가 빠진 상태로 모델링됩니다.

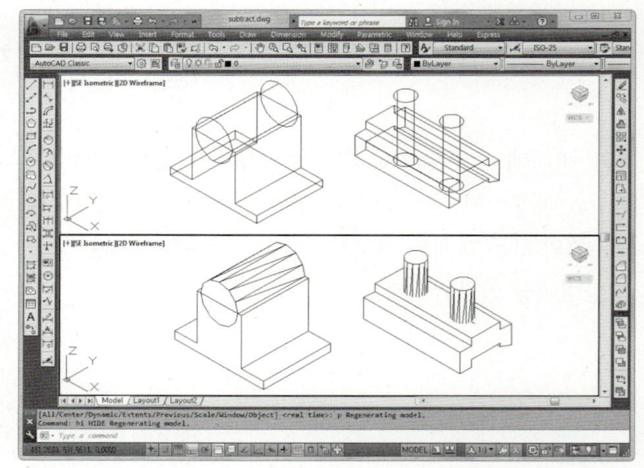

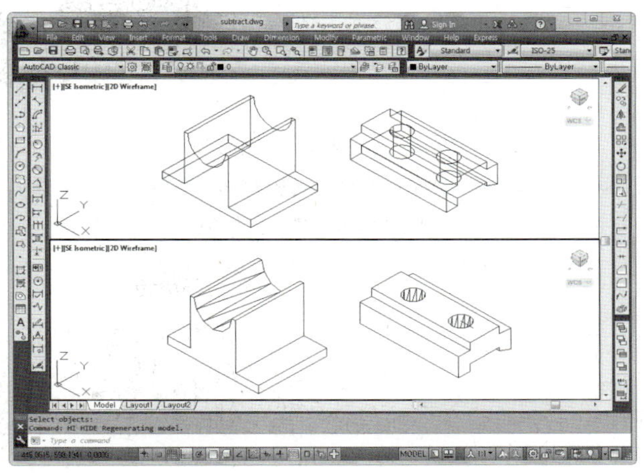

Command: Subtract Enter
Select solids and regions to subtract from..
Select objects:
→ 차집합의 연산(A−B) 객체 중 A 객체(남아 있는 객체)를 선택합니다.
Select objects: Enter
Select objects: Select solids and regions to subtract..
Select objects:
→ 차집합의 연산(A−B) 객체 중 B 객체(겹친 부분의 빼내야 하는 객체)를
   선택합니다.
Select objects: Enter

● 미리해보기

예제 파일 부록 CD\Sample\Chapter05\ch05_24S.dwg   **완성 파일** 부록 CD\Sample\Chapter05\ch05_24F.dwg

01 메뉴의 [File]−[Open]으로 부록 CD에서 예제 파일
을 불러옵니다. Regen 후 A−B의 연산인 Subtract 명령
어를 다음과 같이 입력하고 전체 도형(A)에서 원기둥(B)
을 빼보겠습니다. 먼저 전체 도형(A)을 먼저 선택한 후
Enter 를 누릅니다.

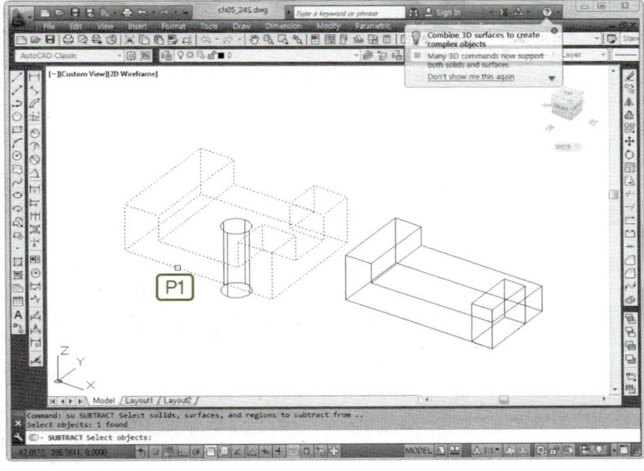

Command: SU Enter
SUBTRACT Select solids, surfaces, and regions to subtract
from..
Select objects: 1 found
→ P1점 클릭
Select objects: Enter

02 이번에는 빼줄 도형인 원기둥(B)을 선택하고 Enter 를
누릅니다. 도형에서 원기둥이 빠져 나가 구멍이 생깁니다.

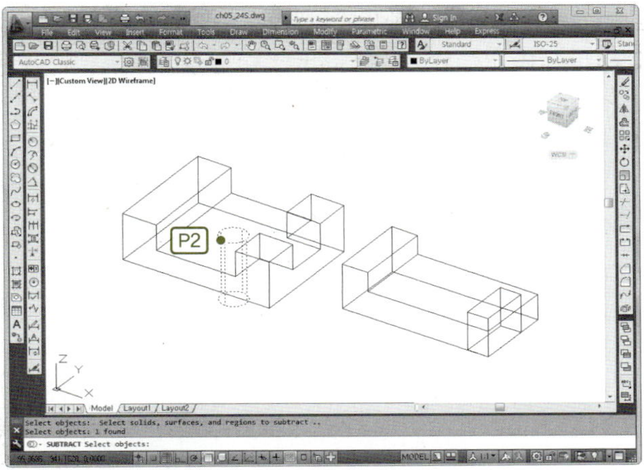

Select solids, surfaces, and regions to subtract..
Select objects: 1 found
→ P2점 클릭
Select objects: Enter

03 연산이 제대로 수행되었는지 확인하기 위하여 Hide 명령어를 입력하고 다음과 같이 확인합니다. 전체 도형에서 원기둥이 있던 곳에 구멍이 생겼습니다.

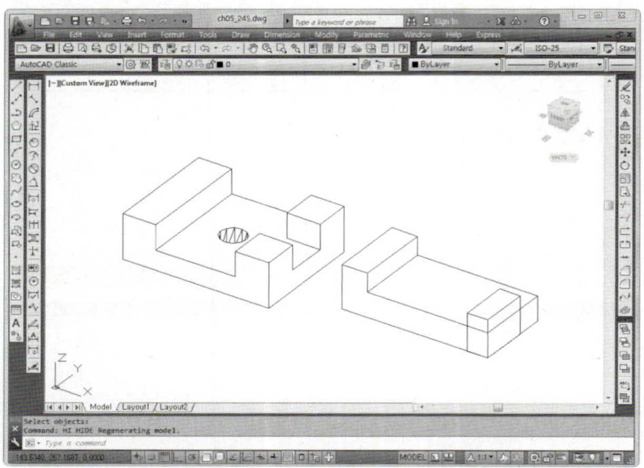

Command: HI [Enter]
HIDE Regenerating model.

04 오른쪽의 전체 도형에서 작은 Box 솔리드 객체를 빼 보겠습니다. Subtract 명령어를 입력한 후 전체 도형을 선택하고 [Enter]를 누릅니다.

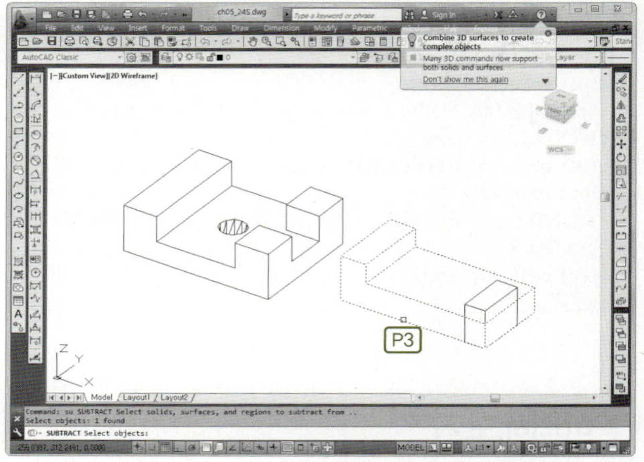

Command: SU [Enter]
SUBTRACT Select solids, surfaces, and regions to subtract from..
Select objects: 1 found
→ P3점 클릭
Select objects: [Enter]

05 빼야 하는 도형인 작은 Box 솔리드 객체를 선택한 후, [Enter]를 눌러 완료합니다.

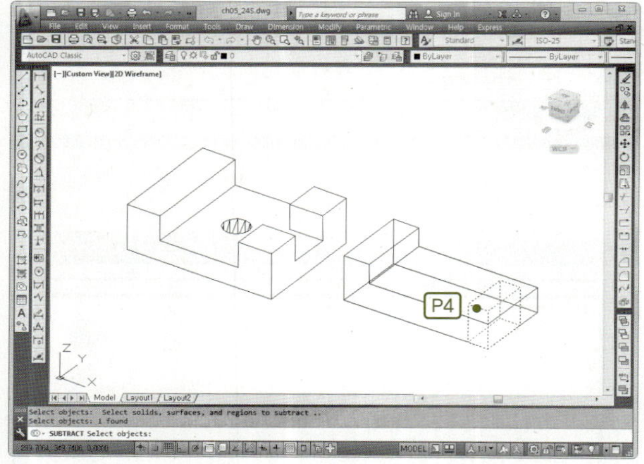

Select solids, surfaces, and regions to subtract..
Select objects: 1 found
→ P4점 클릭
Select objects: [Enter]

06 전체적인 완성 예상도를 확인하기 위하여 Hide 명령어를 입력합니다.

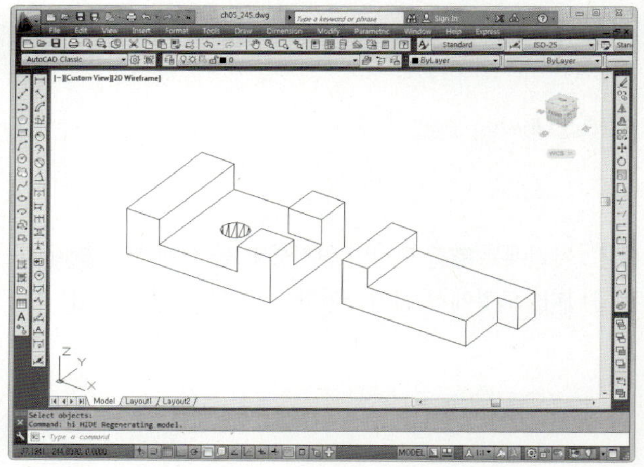

Command: HI [Enter]
HIDE Regenerating model.

03. 솔리드 객체의 교집합을 연산하는 Intersect

Union, Subtract 명령어와 마찬가지로 Boolean 연산을 하는 명령어입니다. 특히 더하거나 빼는 연산이 아니라 겹친 부분만 남기는 교집합의 연산으로, 한 곳 이상의 겹친 부분이 있는 경우 솔리드 객체 간에 겹친 부분만을 추출하는 방식의 연산입니다.

명령어	Intersect	아이콘	◎
단축키	IN	메뉴	[Modify]-[Solid Editing]-[Intersect]

● 명령어 이해하기

Intersect 명령어는 선택한 객체 간에 겹친 부분만을 추출하는 방식이므로, 선택의 순서에는 관계없이 모두 선택하면 됩니다. 명령어를 입력한 후 추출하고 싶은 교집합의 객체가 있는 솔리드 객체 모두를 선택합니다.

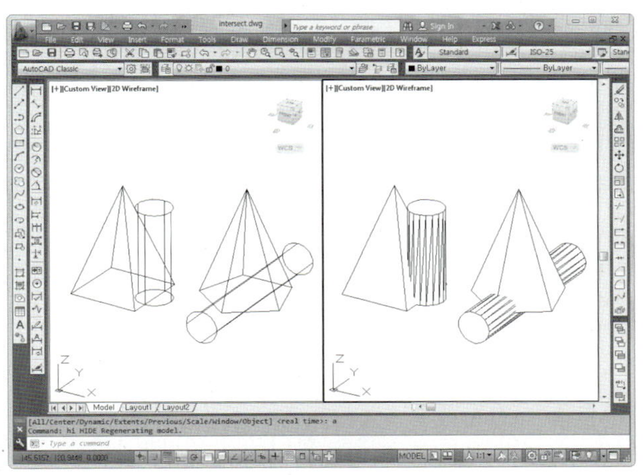 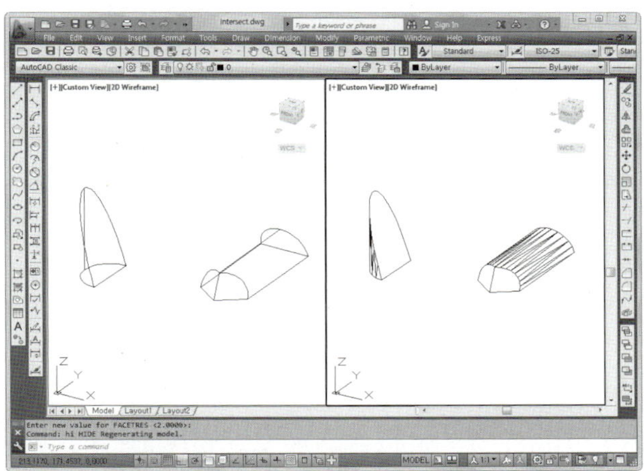

Command: Intersect `Enter`
Select objects:
→ 교집합의 연산을 할 대상 솔리드 객체를 모두 선택합니다.
Select objects: `Enter`
→ 선택이 완료되면 `Enter`를 입력하여 완료합니다.

예제 파일 부록 CD\Sample\Chapter05\ch05_25S.dwg   **완성 파일** 부록 CD\Sample\Chapter05\ch05_25F.dwg

01 메뉴의 [File]-[Open]으로 부록 CD에서 예제 파일을 불러옵니다. 화면 분할이 되어 있는 상태이므로, 오른쪽의 화면을 마우스로 클릭하여 뷰포트가 활성화되도록 합니다.

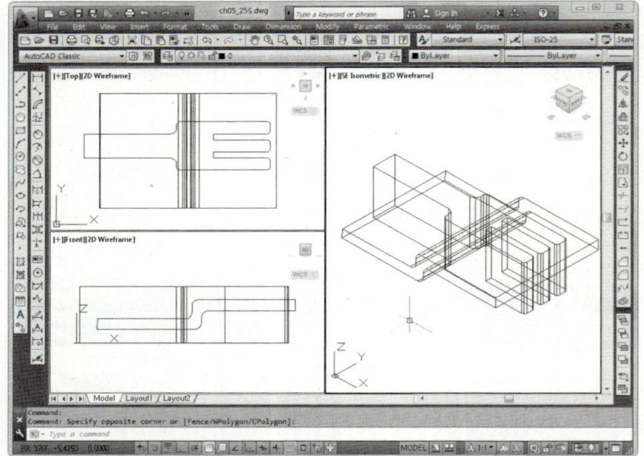

02 포크같이 다양한 각도와 모양을 가진 객체는 그림처럼 평면의 형태와 정면의 형태를 따로 그린 후, 겹친 부분을 연산을 통해 추출합니다. Intersect 명령어를 다음과 같이 입력한 후 2개의 객체 모두를 선택합니다.

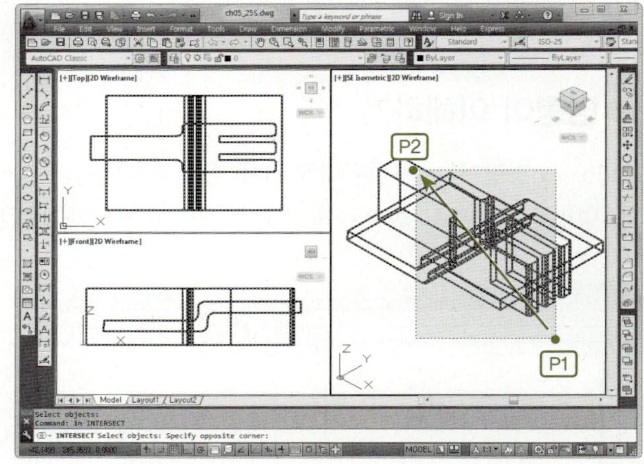


```
Command: in Enter
INTERSECT
Select objects: Specify opposite corner: 2 found
→ P1~P2점 클릭, 드래그
```

03 선택이 완료되면 Enter 를 눌러 명령어를 완료합니다. 다음과 같은 형태의 모양으로 나타납니다.

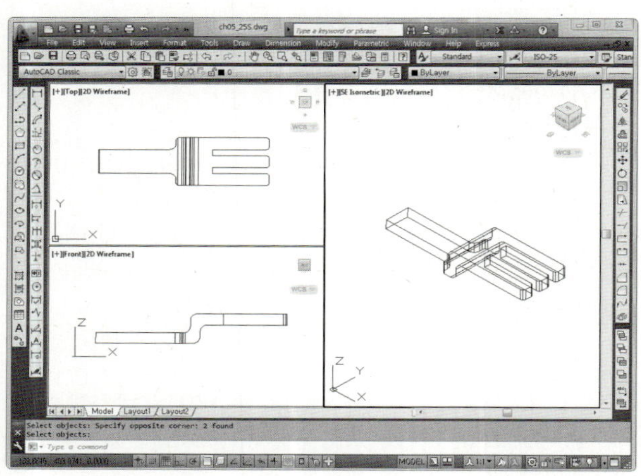

```
Select objects: Enter
```

04 객체의 완성 예상도를 확인하기 위하여 Hide 명령어를 입력한 후 다음과 같이 완성 상태를 확인합니다. 2개의 다른 객체가 포크 모양의 단일 객체로 나타납니다.

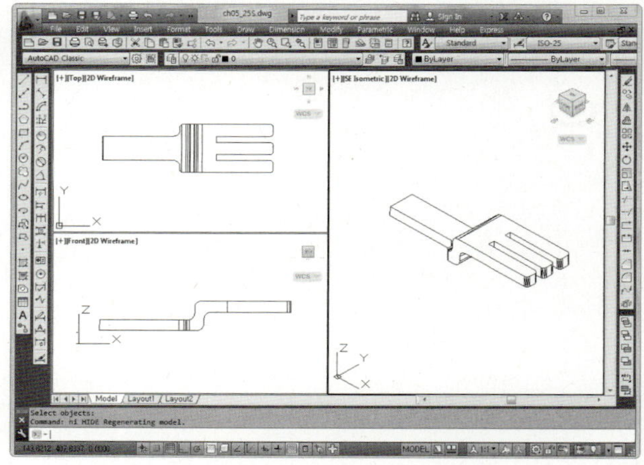

```
Command: HI Enter
HIDE Regenerating model
```

● 옵션 이해하기

Sweep 객체를 만드는 기본적인 틀 외에 정렬 방식이나 기준점의 설정 등을 고를 수 있습니다. 특히 'Scale' 옵션을 통하여 원본 Sweep 객체와는 다른 크기의 Sweep을 만들어 내거나 Sweep하는 동안 비틀림 각도를 입력하여 꼬인 형태의 객체를 만들어 냅니다.

옵션	설명
Alignment	Sweep 객체를 Path에 수직 정렬하여 Sweep합니다.
Base point	기준점의 위치를 재설정합니다.
Scale	객체가 Path에 Sweep되는 동안의 전체적인 크기를 관리합니다. 처음 시작은 원래 Sweep 객체의 크기이지만, Scale에서 설정한 값대로 점점 커지거나 점점 작아지는 형태의 Sweep이 만들어집니다.
Twist	Twist에 해당하는 비틀림 각도를 입력하거나 비평면 Swep 경로 Banking을 허용합니다.

● 미리해보기

예제 파일 부록 CD\Sample\Chapter05\ch05_28S.dwg   **완성 파일** 부록 CD\Sample\Chapter05\ch05_28F.dwg

01 메뉴의 [File]-[Open]으로 부록 CD에서 예제 파일을 불러옵니다. Sweep 명령어를 입력한 후 다음과 같이 선택합니다.

```
Command: SW Enter
SWEEP
Current wire frame density: ISOLINES=4, Closed profiles
creation mode=Solid
Select objects to sweep or [MOde]: 1 found
→ P1점 클릭
Select objects to sweep or [MOde]: Enter
Select sweep path or [Alignment/Base point/Scale/Twist]: P2점
클릭
```

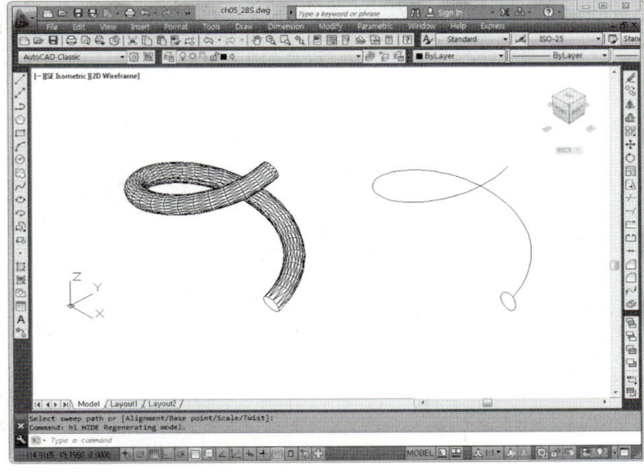

02 면이 제대로 구성되어 있는지 확인하기 위하여 Hide 명령어를 입력하여 다음과 같이 확인합니다.

```
Command: HI Enter
HIDE Regenerating model.
```

03 옆의 원을 Sweep합니다. 명령어를 입력한 후 Sweep 객체인 원을 클릭하여 선택합니다.

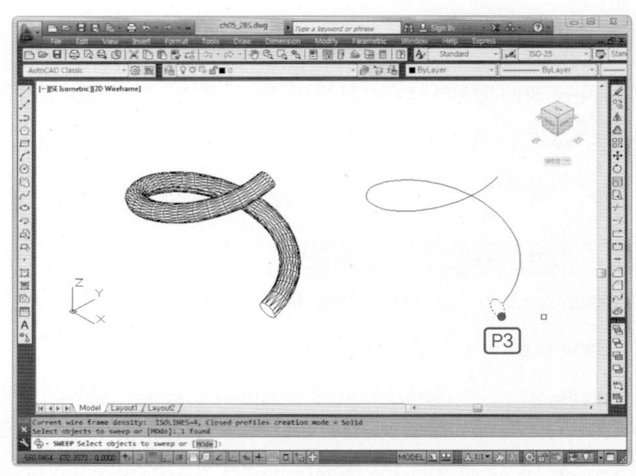

```
Command: SW Enter
SWEEP
Current wire frame density: ISOLINES=4, Closed profiles
creation mode=Solid
Select objects to sweep or [MOde]: 1 found
→ P3점 클릭
Select objects to sweep or [MOde]: Enter
```

04 다음은 시작 위치의 원이 꼬인 선을 따라 생성될 때 크기가 점점 커지도록 옵션을 입력합니다. Scale 옵션의 단축키인 'S'를 입력한 후 다음과 같이 원래 크기의 2.5배가 되도록 입력하고, Path 객체를 클릭하여 선택합니다.

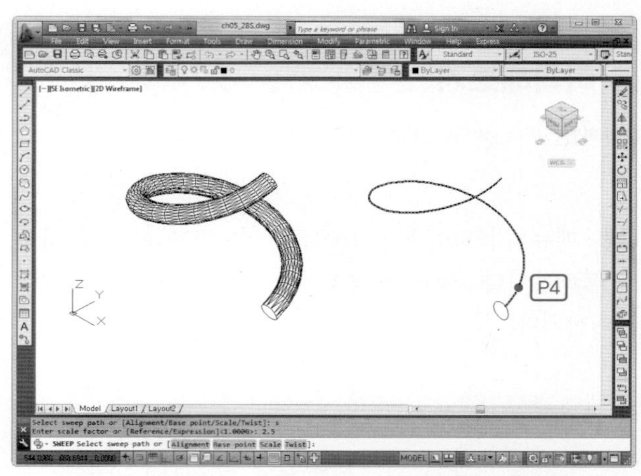

```
Select sweep path or [Alignment/Base point/Scale/Twist]: S
Enter
Enter scale factor or [Reference/Expression]<1.0000>: 2.5
Enter
Select sweep path or [Alignment/Base point/Scale/Twist]: P4점
클릭
```

05 Hide 명령어를 입력한 후 다음과 같이 완료되었는지 확인합니다. 처음의 원의 크기에 비해 마지막으로 갈수록 원의 크기가 점점 더 커지는 것을 알 수 있습니다.

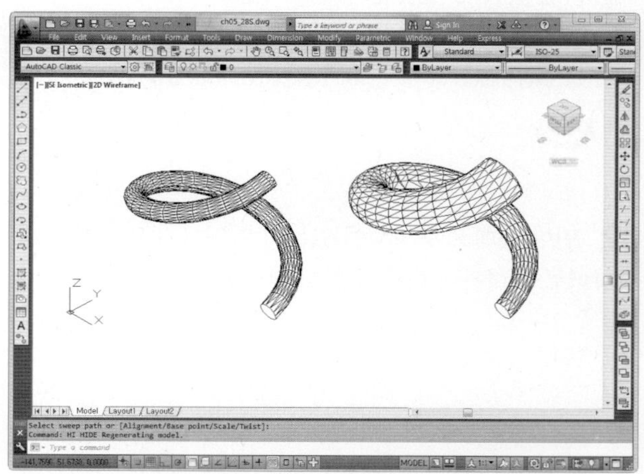

```
Command: HI Enter
HIDE Regenerating model.
```

Practice Drawing

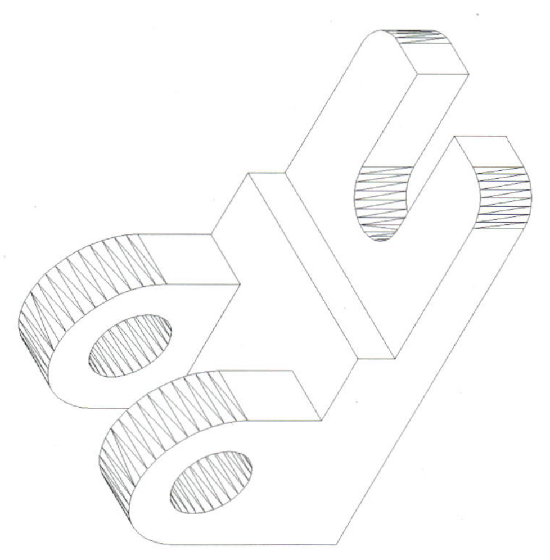

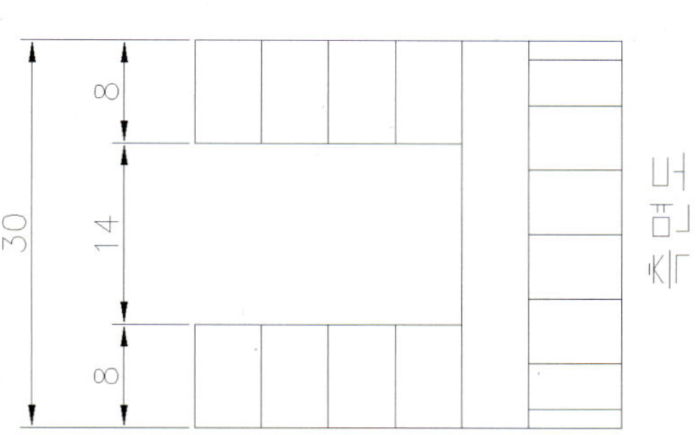

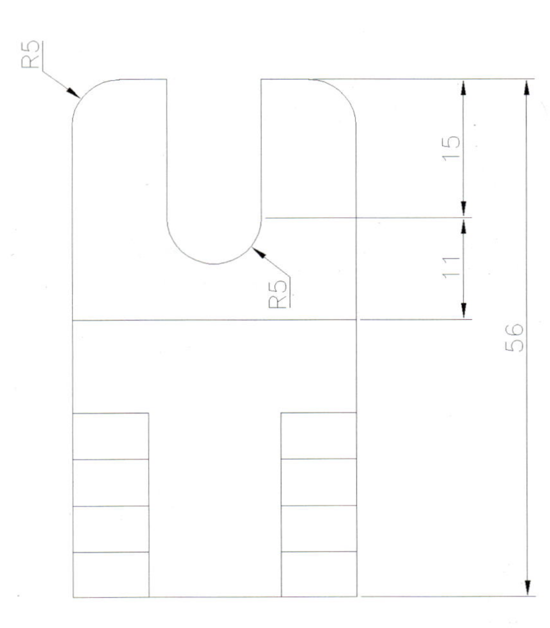

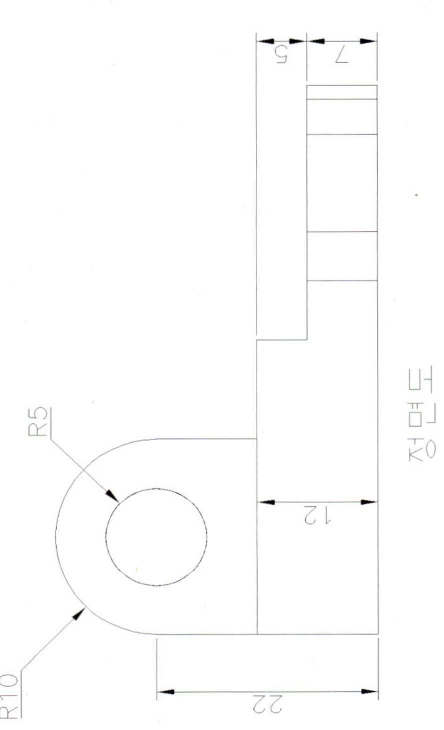

Section 07 3차원 객체의 출력 모드 지정하기

Section 07에서는 3차원 객체의 출력 방법과 이에 관련된 명령어를 익혀보겠습니다. 보통 3차원 객체의 출력은 한 번에 하나의 관측 시점만 출력하지 않고 기본 아이소메트릭 뷰, 평면도, 정면도, 측면도와 함께 3면을 같이 출력하는 경우가 많습니다. 사용자는 화면 분할 명령어인 Vports를 이용하여 화면을 분할하여 작업할 수 있지만, 궁극적으로는 Current View에 해당하는 활성 창만 출력됩니다. 따라서 이번에는 하나의 화면에 여러 개의 뷰포트를 출력할 수 있도록 Layout(배치 모드)에 관련된 내용을 학습합니다.

01. 3차원 출력 방법 알아보기

3차원 객체는 하나의 뷰포트만 출력하는 경우, 큰 문제가 되지 않습니다. 원하는 뷰포트를 두고 Plot 명령어를 이용하여 원하는 뷰를 출력하면 됩니다. 하지만 한 번에 여러 개의 뷰를 출력하거나 은선을 제거하여 Hide된 상태로 출력하기 위해서는 출력 모드에 해당하는 Layout Mode로 이동해야 합니다. 3차원 출력에서는 먼저 Layout 모드로 이동하는 부분을 익힌 후에 Layout 모드에서 영역을 이동할 수 있는 방법을 알아보겠습니다.

● 명령어 이해하기

Model 영역에서 출력에 해당하는 Layout 영역으로 이동하기 위해서는 화면 아래쪽의 탭을 클릭합니다. 이때에는 Model 탭, Layout1, Layout2 탭이 기본적으로 제공됩니다. Layout 탭은 추가로 만들거나 삭제할 수 있으며, 이름도 원하는 형태로 변경할 수 있습니다. 모델링은 Model 영역에서, 3차원 객체의 출력은 Layout 영역에서 이루어집니다.

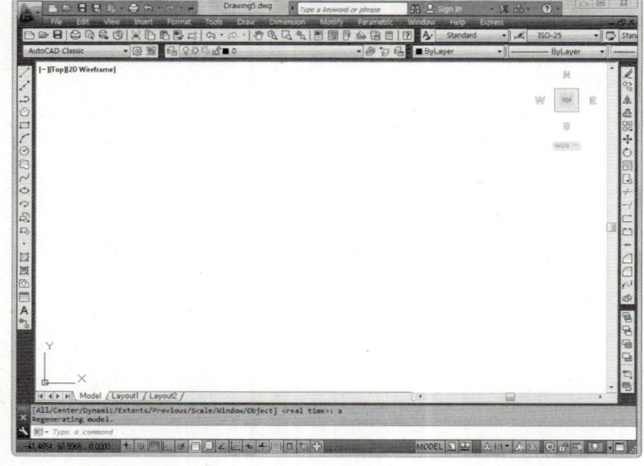

▲ Model 영역의 화면

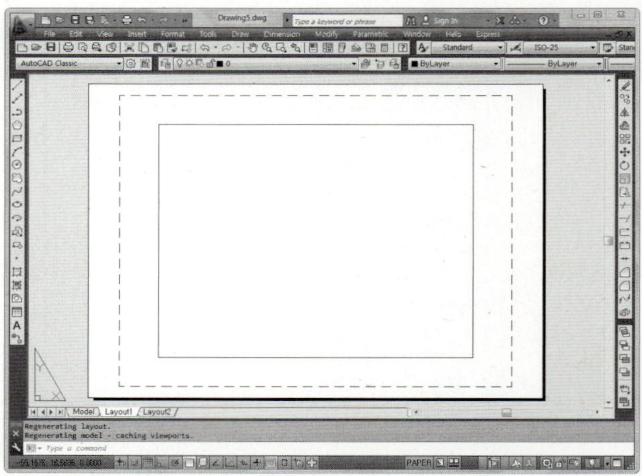

▲ Layout 영역의 화면

02. 객체를 배치 및 관리하는 Mview

앞에서 본 것처럼 해당하는 3차원 객체는 Model 영역에서는 출력이 제대로 되지 않기 때문에 사용자는 원하는 출력을 위하여 Layout 영역으로 이동합니다. Model 영역에서 Layout 영역으로 이동하면 자동으로 화면이 나타나는데, 이때 나타나는 화면의 영역이 Mview 영역입니다. Layout 영역으로 넘어왔을 때에 자동으로 생성되는 것은 사용자가 원하는 형태가 아니므로, 해당 Mview는 지우고, Mview 명령어를 이용하여 원하는 형태대로 관리합니다.

명령어	Mview	메뉴	[View]-[Viewports]-[1Viewports], [2Viewports], [3Viewports], [4Viewports]
단축키	MV		

● 명령어 이해하기

Mview 명령어는 Model 영역에서는 사용할 수 없고, Layout 영역에서만 사용할 수 있으며, 기본 Model 영역에서 Layout 영역으로 이동하면 제일 처음에는 자동으로 하나의 뷰포트를 가진 뷰가 나타납니다. 이는 뷰포트의 테두리에 해당하는 선분으로, 이동 및 삭제가 가능합니다. 뷰포트의 개수를 조절하기 위해서는 자동 생성된 Mview 객체는 삭제하고 Mview 명령어를 이용하여 새로 원하는 개수만큼의 뷰포트를 생성합니다. 분할된 화면에 대한 각각의 관측 시점은 Ps와 Ms 명령어를 이용하여 뷰포트로 들어간 후 각각 조절하여 배치합니다.

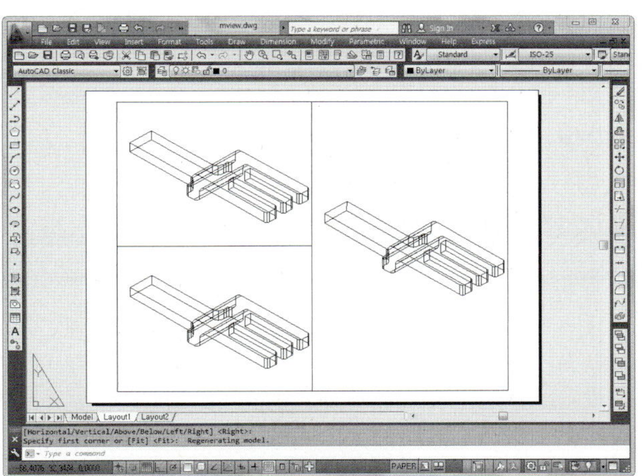

▲ Mview로 분할만 된 상태

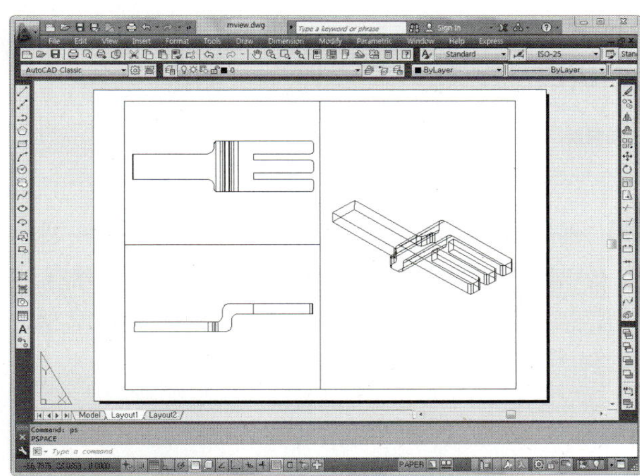

▲ Mview로 분할한 후 MS 명령어를 통해 각각의 뷰포트로 조절된 상태

```
Command: Mview Enter
Specify corner of viewport or [ON/OFF/Fit/Shadeplot/Lock/Object/Polygonal/Restore/LAyer/2/3/4] <Fit>: 3 Enter
```
→ 출력 영역에 나누어질 화면 분할의 개수를 입력합니다.
```
Enter viewport arrangement
[Horizontal/Vertical/Above/Below/Left/Right] <Right>: Enter
```
→ 분할할 화면의 개수에 알맞은 화면 분할의 방식을 선택합니다. Enter 를 누르면 기본 값인 Right로 분할됩니다.
```
Specify first corner or [Fit] <Fit>: Enter
```
→ Enter 를 누르면 기본 값인 화면 전체에 채운 상태로 화면 분할을 하고 마우스로 드래그하면 해당 화면의 크기만큼 화면이 분할됩니다.

● 옵션 이해하기

Mview 명령어는 배치 영역에서의 화면 분할이 목적이므로 해당 옵션들도 모두 화면 분할에 관련된 옵션으로 지정되어 있습니다. 화면을 분할하는 경우 특정 부위를 확대 또는 축소하여 보여줄 수 있도록 사각 형태의 뷰포트뿐만 아니라 다각형 형태나 원의 형태도 가능합니다. 옵션을 이용하면 다양한 형태의 출력 모드를 지정할 수 있습니다.

옵션	설명
ON/OFF	선택한 뷰포트만 끄거나 켜서 해당 모델 객체가 보이거나 보이지 않도록 합니다. 옵션을 입력한 후 ON/OFF할 대상 뷰포트의 선분을 클릭하여 선택하면 실행됩니다.
Fit	화면 분할 시 해당 뷰포트 크기 전체에 차도록 화면을 분할합니다.
Shadeplot	3차원 객체의 출력 시 해당 객체의 출력 상태를 지정하는 옵션입니다. 특히 Hide 상태로 출력하기 위하여 이 옵션을 입력한 후에 원하는 뷰포트를 선택해야만 해당 뷰포트의 객체가 Plot 시 Hide 상태로 출력됩니다.
Lock	뷰포트의 잠금 설정을 지정할 수 있습니다.
Object	Mview로 뷰포트를 분할할 때에 기본 사각형이 아니라 원이나 Polyogn 등의 다양한 모양의 객체를 선택하여 해당 뷰포트가 선택한 객체의 모양대로 지정되도록 합니다.
Polygonal	사용자가 원하는 점을 클릭하여 뷰포트의 모양을 만들고, 그 모양만큼의 뷰포트 화면을 만들어 나타냅니다.
Restore	저장된 뷰포트 모양을 불러내어 사용합니다.
2/3/4	분할할 화면의 개수를 지정합니다.
Fit	지정된 크기 전체에 채워 하나의 화면을 만듭니다.

● 미리해보기

예제 파일 부록 CD\Sample\Chapter05\ch05_29S.dwg   완성 파일 부록 CD\Sample\Chapter05\ch05_29F.dwg

01 메뉴의 [File]-[Open]으로 부록 CD에서 예제 파일을 불러옵니다. 파일을 열면 별 모양의 솔리드 객체가 나타납니다. 먼저 그림과 같이 화면 아래쪽의 [Layout] 탭을 클릭합니다.

→ [Layout] 탭을 클릭합니다.

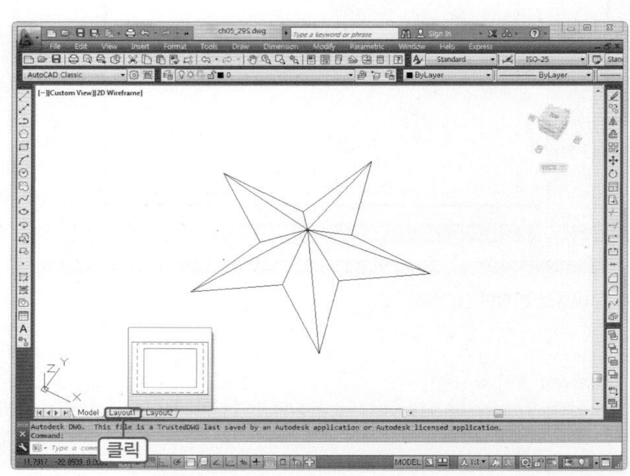

02 지금의 뷰포트를 사용자가 원하는 경우라면 관계없
지만, 여러 개의 화면으로 분할을 하는 경우에는 삭제하고
다시 나누는 것이 좋습니다. 먼저 Erase 명령어를 입력한
후 다음과 같이 클릭하여 선택합니다.

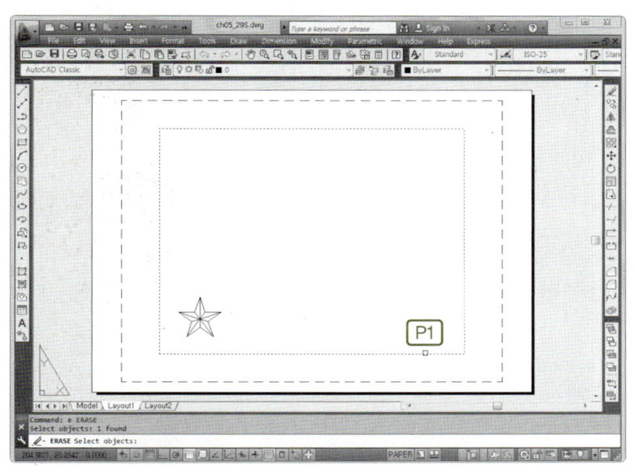

```
Command: E Enter
ERASE
Select objects: 1 found
→ P1점 클릭
Select objects: Enter
```

03 자동으로 만들어진 뷰포트를 지웠다면 이제 원하는
개수만큼 화면을 나누어 보겠습니다. Mview 명령어를 다
음과 같이 입력한 후 화면 분할 개수를 입력합니다. 같은
뷰포트의 모양대로 3개의 화면이 나누어집니다.

```
Command: MV Enter
MVIEW
Specify corner of viewport or
[ON/OFF/Fit/Shadeplot/Lock/Object/Polygonal/Restore/
LAyer/2/3/4] <Fit>: 3 Enter

Enter viewport arrangement
[Horizontal/Vertical/Above/Below/Left/Right] <Right>: Enter

Specify first corner or [Fit] <Fit>: Enter
Regenerating model.
```

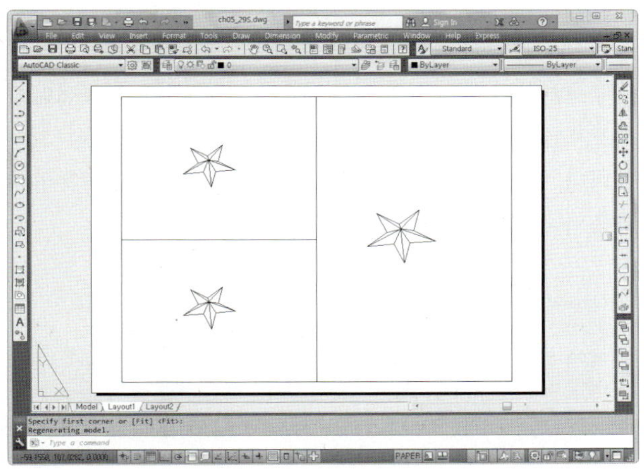

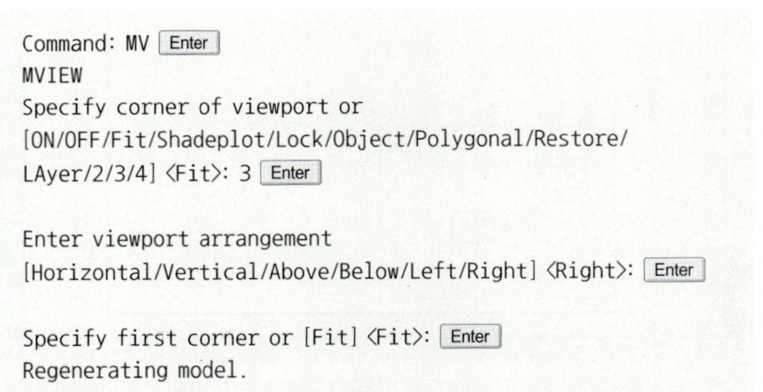

04 나누어진 뷰포트의 관측 시점(Vpoint)을 각각 설정
해주기 위하여 현재 PS(Paper Space) 상태를 MS(Model
Space) 상태로 변경합니다. 'ms'를 입력한 후 다음과 같
이 왼쪽 맨 위의 창을 마우스로 클릭하여 활성화시킵니다.

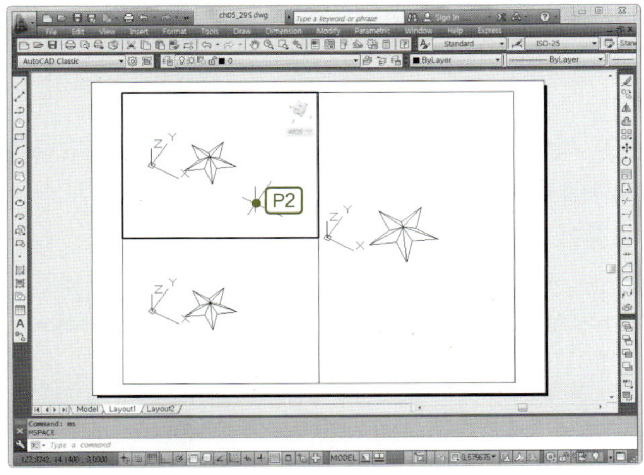

```
Command: ms Enter
→ P2점 클릭
MSPACE
```

05 뷰포트는 평면의 뷰포트로 설정합니다. UCS가 기본 형태이므로 Plan을 입력하여 Vpoint=0,0,1로 설정되도록 합니다. Limits에 비해 객체가 작으므로 Zoom 명령어를 이용하여 객체만 크게 확대합니다.

```
Command: PLAN Enter
Enter an option [Current ucs/Ucs/World] <Current>: Enter
Regenerating model.


Command: Z Enter
ZOOM
Specify corner of window, enter a scale factor (nX or nXP)
or [All/Center/Dynamic/Extents/Previous/Scale/Window/Object]
<real time>:
Specify opposite corner: P3~P4점 클릭, 드래그
```

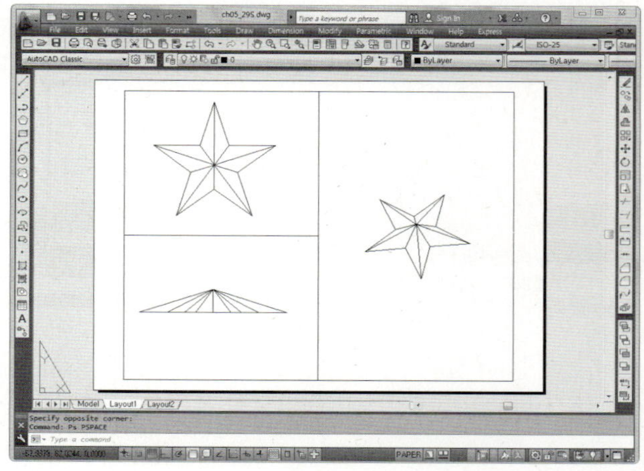

06 다시 아래쪽의 화면을 마우스로 클릭하여 활성화시키고 Vpoint=0,−1,0로 설정하여 정면의 화면으로 설정합니다. 역시 화면이 작으므로 Zoom 명령어를 이용하여 다음과 같이 객체만 크게 확대합니다.

```
Command: -VP Enter
VPOINT
Current view direction: VIEWDIR=53.6677,-90.7352,160.2028
Specify a view point or [Rotate] <display compass and
tripod>: 0,-1,0 Enter
Regenerating model.


Command: Z Enter
ZOOM
Specify corner of window, enter a scale factor (nX or nXP)
or [All/Center/Dynamic/Extents/Previous/Scale/Window/Object]
<real time>:
Specify opposite corner: P5~P6점 클릭, 드래그
```

07 작업 환경에 대한 기본 뷰포트 설정이 모두 끝나면 다시 출력 모드로 돌아오기 위해 'PS'를 입력합니다. 다음과 같이 Layout 모드로 돌아옵니다.

```
Command: PS Enter
PSPACE
```

08 Mview로 만든 뷰포트 창은 각각 제어가 가능하며, 삭제도 가능합니다. 먼저 오른쪽의 뷰포트를 Erase 명령어를 이용하여 지워보겠습니다.

```
Command: E Enter
ERASE
Select objects: 1 found
→ P7점 클릭
Select objects: Enter
```

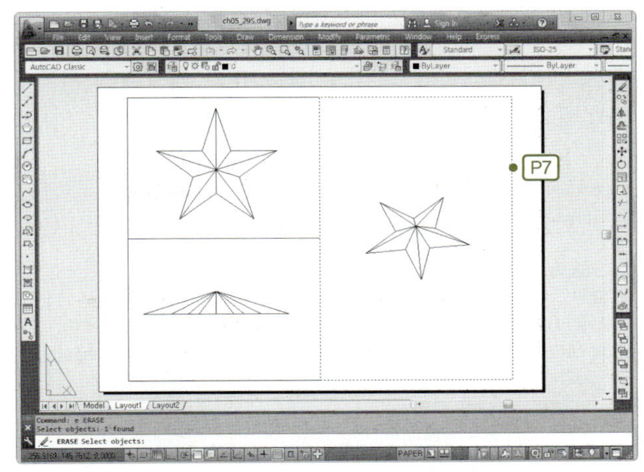

09 Mview 명령어로 자동 분할만 되는 뷰포트 대신 객체를 선택하여 뷰포트로 만들어 보겠습니다. 먼저 비어 있는 화면에 원을 하나 그립니다.

```
Command: C Enter
CIRCLE Specify center point for circle or [3P/2P/Ttr (tan tan
radius)]: P8점 클릭
Specify radius of circle or [Diameter]: 40 Enter
```

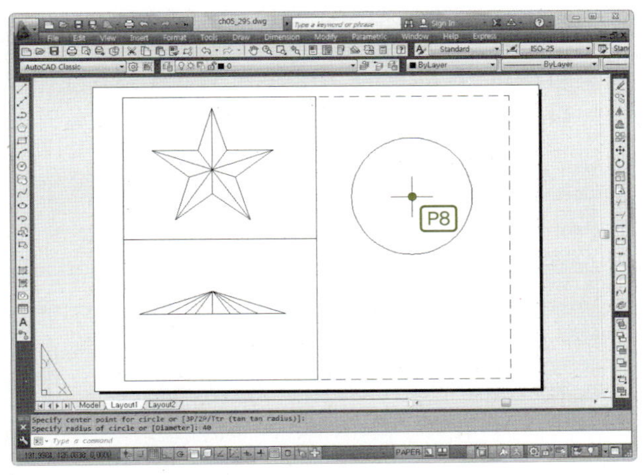

10 Mview 명령어를 입력한 후 'Object' 옵션의 단축키인 'O'를 입력하고 방금 그린 원을 클릭합니다. 원 안에 자동으로 정면의 별 모양 객체가 나타납니다.

```
Command: MV Enter
MVIEW
Specify corner of viewport or [ON/OFF/Fit/Shadeplot/Lock/
Object/Polygonal/Restore/LAyer/2/3/4] <Fit>: O Enter
Select object to clip viewport: P8점 클릭 Regenerating model.
```

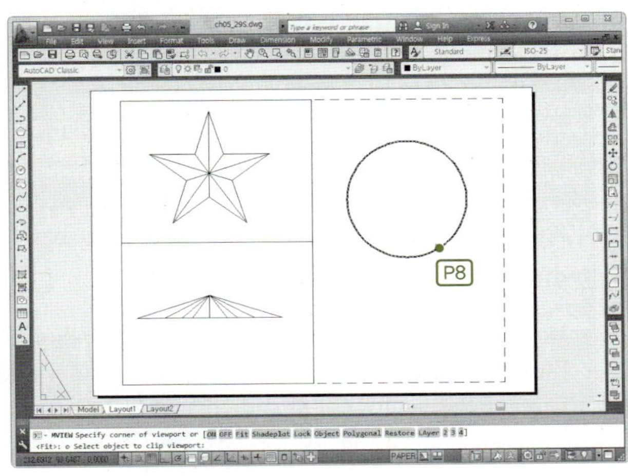

11 관측 시점을 변화시키기 위해서는 MS를 이용하여
해당 뷰포트로 직접 들어가서 Zoom을 이용하여 화면을
확대해야 합니다.

```
Command: MS Enter
MSPACE

Command: Z Enter
ZOOM
Specify corner of window, enter a scale factor (nX or nXP)
or [All/Center/Dynamic/Extents/Previous/Scale/Window/Object]
<real time>:
Specify opposite corner:
→ P9~P10점 클릭, 드래그
```

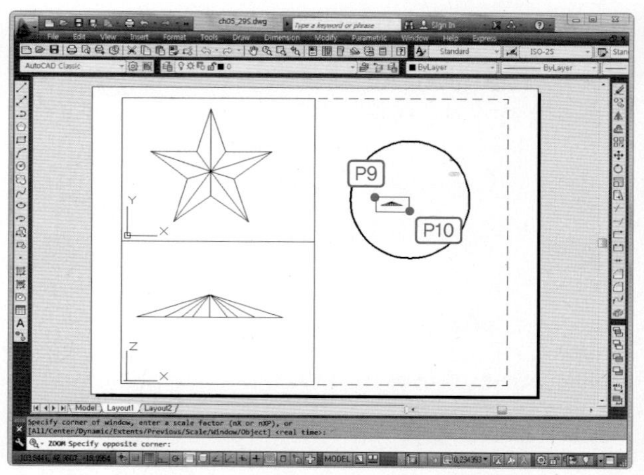

12 다시 원래의 PS 모드로 되돌아옵니다. 되돌아온 후
에는 MView 명령어의 'Polygonal' 옵션을 이용하여 원
하는 다각형의 모양을 사용자가 직접 클릭하여 만들어 봅
니다.

```
Command: PS Enter
PSPACE

Command: MV Enter
MVIEW
Specify corner of viewport or
[ON/OFF/Fit/Shadeplot/Lock/Object/Polygonal/Restore/
LAyer/2/3/4] <Fit>: p Enter

Specify start point: P11점 클릭
Specify next point or [Arc/Length/Undo]: P12점 클릭
Specify next point or [Arc/Close/Length/Undo]: P13점 클릭
Specify next point or [Arc/Close/Length/Undo]: P14점 클릭
Specify next point or [Arc/Close/Length/Undo]: P15점 클릭
Specify next point or [Arc/Close/Length/Undo]: P16점 클릭
Specify next point or [Arc/Close/Length/Undo]: P17점 클릭
Specify next point or [Arc/Close/Length/Undo]: C Enter
Regenerating model.
```

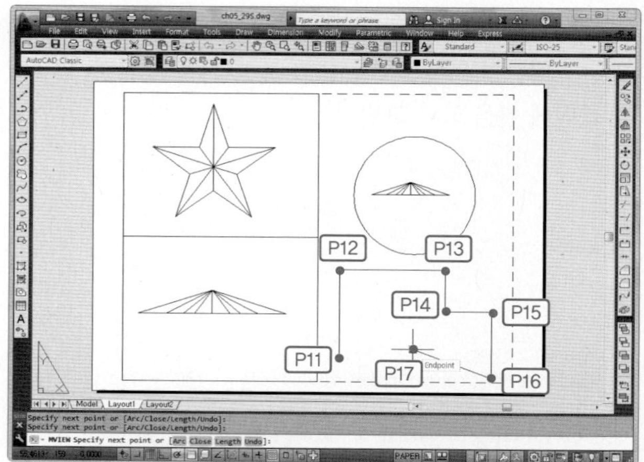

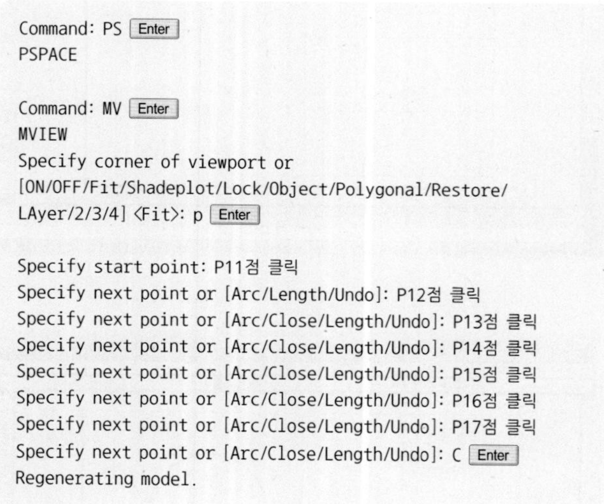

Upgrade ★

F10을 눌러 Polar 키가 활성화되면 수직, 수평 등의 각도 조절이 쉬워집니다. P11~P16까지의 점들을 제어하기 쉽도록 F10을 눌러 Polar on인 상태에서 작업하며, 이미 활성화된 상태에서 F10을 누르면 다시 OFF되어 Polar off가 나타나므로 이때에는 F10을 한 번 더 눌러 Polar on이 되도록 한 후에 작업하면 됩니다.

03. 뷰포트별로 레이어를 관리하는 Vplayer

바로 전의 단계에서 학습한 Mview는 출력 모드에서 여러 개의 뷰포트를 하나의 종이에 출력할 수 있는 상태로 변경하는 명령어입니다. 이때 레이어를 전체적으로 통합 관리하는 것이 아니라 Mview 창으로 나누어진 레이아웃 모드의 창마다 각각 선별적인 레이어의 ON/OFF를 관리하는 명령어가 Vplayer입니다. 각 창마다 창을 선택하여 Command 라인에서 관리할 수도 있지만, 레이어 툴바를 이용하여 각 창별로 아이콘을 끄거나 켜면서 관리하면 편리하게 이용할 수 있습니다. Vplayer의 경우 일반적으로 Model 영역에서는 사용하지 않으며, 배치 영역인 Layout 모드에서만 사용합니다.

명령어	Vplayer
단축키	지정되어 있지 않음.

● 명령어 이해하기

보통 Vplayer 명령어를 Command 라인에서 직접 입력하면 다음 예시와 같이 복잡하게 설정됩니다. 해당 레이어를 Freeze 할 것인지, Thaw할 것인지를 먼저 정한 후에 원하는 레이어명을 입력하고 적용할 창을 선택합니다. Vplayer는 명령 행에서 입력하는 것보다 Layer Control 목록 상자에서 아이콘을 직접 ON/OFF하는 것이 효율적입니다. Mview로 분할된 뷰포트를 MS를 이용하여 각각의 뷰포트로 활성화한 후에 각 뷰포트마다 필요한 레이어는 ⊞ 아이콘이, 불필요한 레이어는 ⊞ 아이콘이 되도록 한 번씩 눌러 *끄거나 켜서* 원하는 레이어만 원하는 뷰포트에 남도록 합니다.

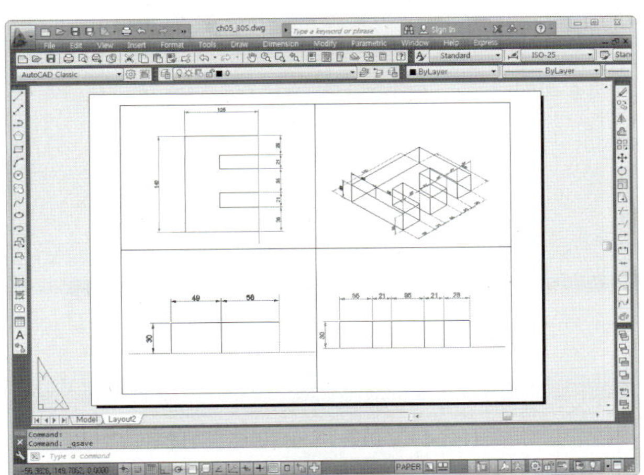

▲ Vplayer를 적용하지 않은 뷰

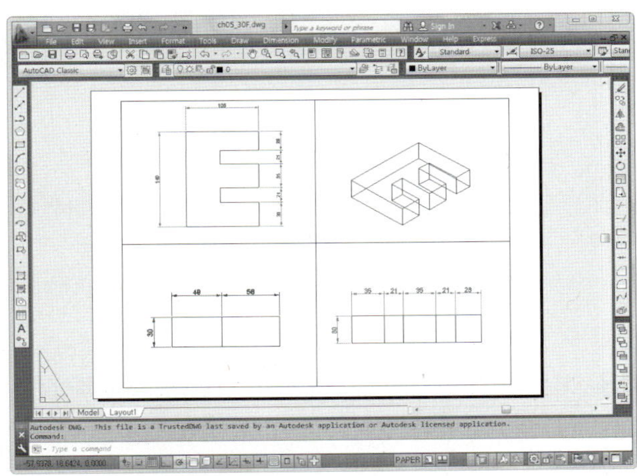

▲ Vplayer를 적용한 뷰, 각 뷰마다 선별적 레이어를 컨트롤한 경우

```
Command: Vplayer [Enter]
Enter an option [?/Color/Ltype/LWeight/Freeze/Thaw/Reset/Newfrz/Vpvisdflt]: F [Enter]
→ Mview 창의 레이어를 Freeze하기 위한 'F' 옵션을 입력합니다.
Enter layer name(s) to freeze or <specify layers by object selection>: Layer1 [Enter]
→ Freeze할 레이어명을 입력합니다.
Specify viewport(s) [All/Select/Current] <Current>: S [Enter]
→ Freeze할 레이어가 있는 창을 선택하기 위해 'S' 옵션을 입력합니다.
Select objects: 1 found
→ MView 창을 클릭하여 선택합니다.
Select objects: [Enter]
Enter an option [?/Color/Ltype/LWeight/Freeze/Thaw/Reset/Newfrz/Vpvisdflt]: [Enter]
→ [Enter]를 눌러 명령어를 종료합니다.
```

예제 파일 부록 CD\Sample\Chapter05\ch05_30S.dwg   **완성 파일** 부록 CD\Sample\Chapter05\ch05_30F.dwg

01 메뉴의 [File]-[Open]으로 부록 CD에서 예제 파일을 불러옵니다. 가장 먼저 'MS'를 입력한 후 왼쪽 맨 위의 뷰포트를 클릭하고 Layer Control 목록 상자를 열어 1번을 제외한 나머지 2, 3번 vplayer를 끕니다.

```
Command: MS Enter
MSPACE
```

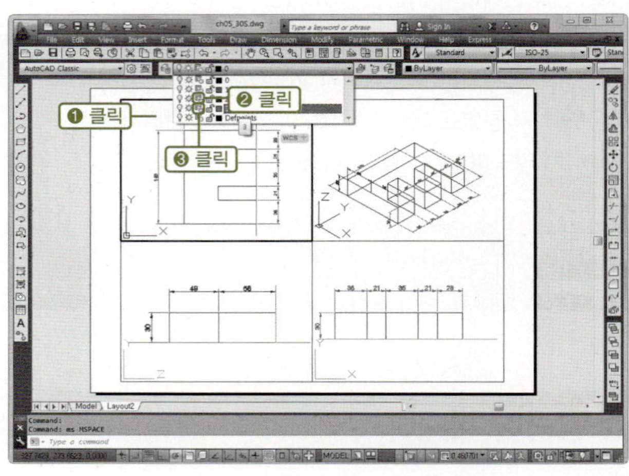

02 바로 아래에 있는 정면도의 뷰포트를 먼저 마우스로 클릭한 후 Layer Control 목록 상자를 열어 1, 3번 Vplayer를 끕니다.

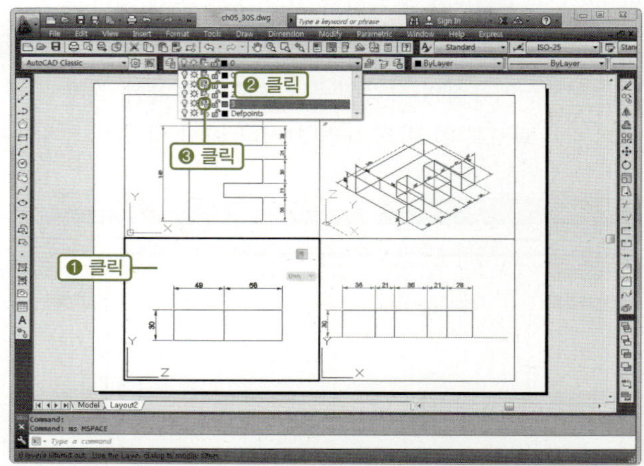

03 오른쪽 맨 아래의 뷰포트를 클릭한 후 다음과 같이 Layer Control 목록 상자를 열어 1, 2번 Vplayer를 끕니다.

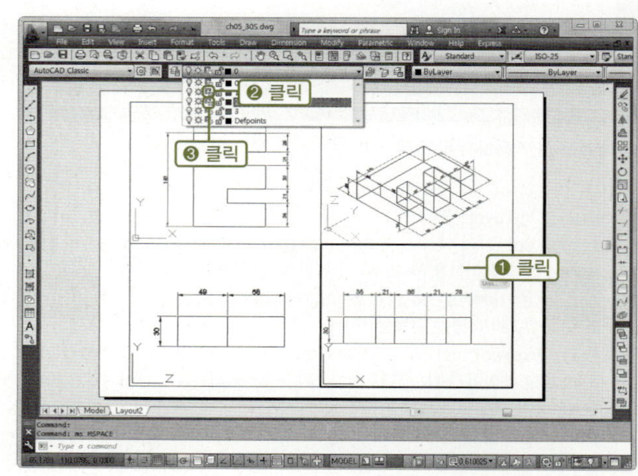

04 오른쪽 맨 위의 뷰포트를 클릭한 후, 다음과 같이 Layer Control 목록 상자를 열어 이번에는 1, 2, 3번 Vplayer를 모두 끕니다. 3차원 아이소메트릭에 해당하므로 치수는 보일 필요가 없습니다.

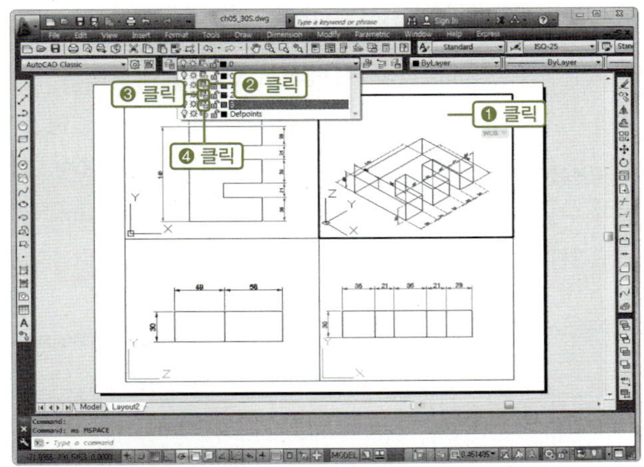

05 모두 완료되면 다시 출력 상태로 돌아가기 위해 PS를 입력합니다. 각 뷰포트에 알맞은 치수만 나올 수 있도록 정리되었습니다.

```
Command: ps [Enter]
PSPACE
```

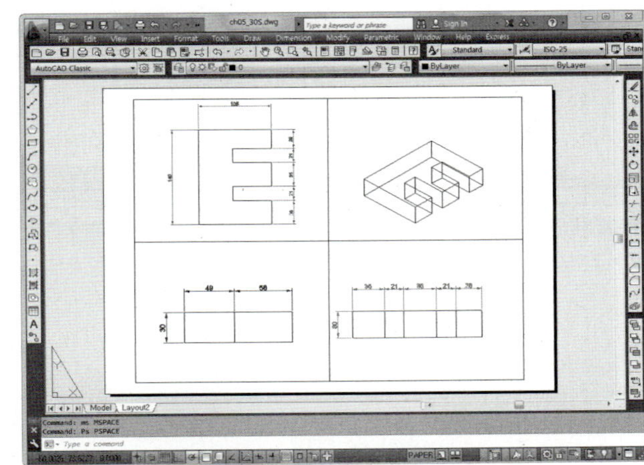

04. 뷰포트 간 객체를 정렬하는 Mvsetup

Mvsetup은 Model 영역에서 사용하는 것과 Layout 영역에서 사용하는 것이 다릅니다. Model 영역에서는 도면을 작성하기 위한 전체적인 레이아웃을 결정하는 명령어로 종이 사이즈, 축척 등을 넣어 작업자가 도면의 한계 및 축척을 미리 설정하고 작업할 수 있도록 하는 것이며, layout 영역은 Mview로 분할한 화면 안의 객체가 평면도와 정면도 그리고 측면도 간의 위치를 정렬해줄 때에 사용합니다. Mview로 나누어진 화면 안에 Ms 명령어를 이용하여 직접 Pan으로 제어하는 것보다 더 정확하게 정렬할 수 있습니다.

명령어	Mvsetup

● 명령어 이해하기

Mvsetup은 일단 Layout 영역에서 Mview 명령어로 화면이 분할되어 있어야 합니다. 해당 화면은 MS 상태에서 각각의 뷰를 컨트롤할 수 있어야 하는 상태일 때 Mvsetup 명령어를 입력합니다. 정렬에 해당하는 'align' 옵션을 입력한 후 가로(Horizontal), 세로(Vertical) 옵션을 선택합니다. 정렬의 점은 Osnap으로 선택한 후 기준 창을 클릭하여 기준점을 선택합니다. 기준 창의 기준점에 정렬할 다른 창의 정렬 대상 지점을 Osnap으로 선택하면 완료됩니다. 특히 Osnap은 설정해두어도 자동으로 해제되므로 한 번에 하나씩 Osnap을 수동으로 입력하여 작동시킵니다.

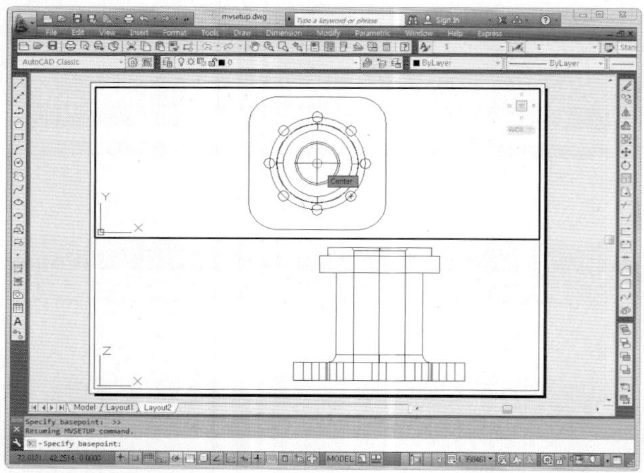

▲ 첫 번째 기준점 선택

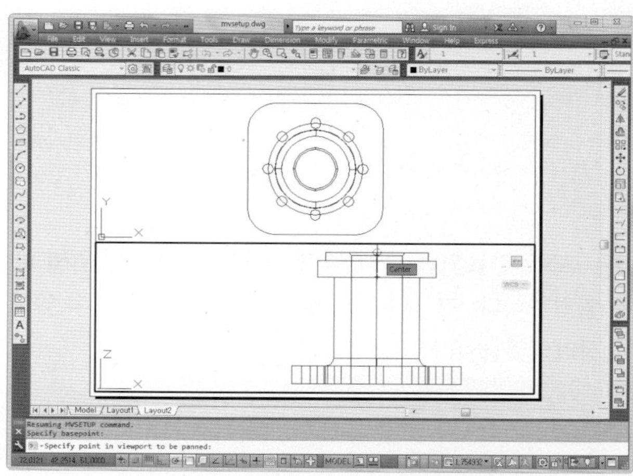

▲ 두 번째 정렬 기준점 선택

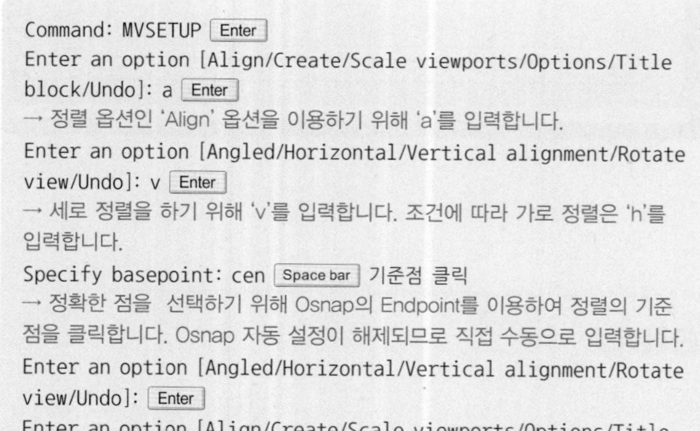

```
Command: MVSETUP Enter
Enter an option [Align/Create/Scale viewports/Options/Title
block/Undo]: a Enter
```
→ 정렬 옵션인 'Align' 옵션을 이용하기 위해 'a'를 입력합니다.
```
Enter an option [Angled/Horizontal/Vertical alignment/Rotate
view/Undo]: v Enter
```
→ 세로 정렬을 하기 위해 'v'를 입력합니다. 조건에 따라 가로 정렬은 'h'를 입력합니다.
```
Specify basepoint: cen Space bar 기준점 클릭
```
→ 정확한 점을 선택하기 위해 Osnap의 Endpoint를 이용하여 정렬의 기준점을 클릭합니다. Osnap 자동 설정이 해제되므로 직접 수동으로 입력합니다.
```
Enter an option [Angled/Horizontal/Vertical alignment/Rotate
view/Undo]: Enter
Enter an option [Align/Create/Scale viewports/Options/Title
block/Undo]: Enter
```

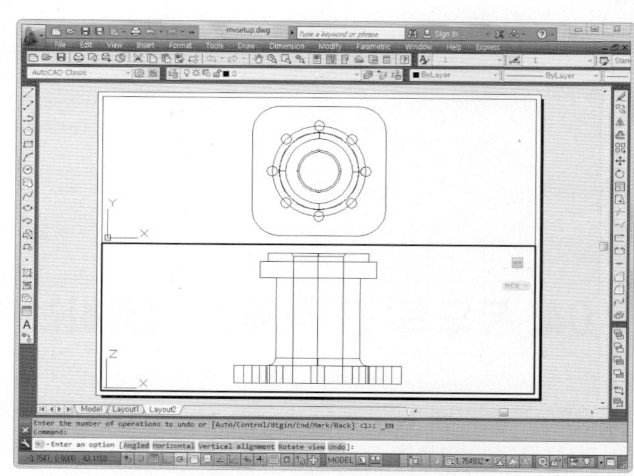

▲ 결과: 위, 아래 도면의 중심점이 정렬되었습니다.

● 미리해보기

예제 파일 부록 CD\Sample\Chapter05\ch05_31S.dwg　　　**완성 파일** 부록 CD\Sample\Chapter05\ch05_31F.dwg

01 메뉴의 [File]–[Open]으로 부록 CD에서 예제 파일을 불러옵니다. 파일을 열면 다음과 같은 모델링 객체가 나타납니다. 아래쪽의 [Layout] 탭을 다음과 같이 클릭합니다.

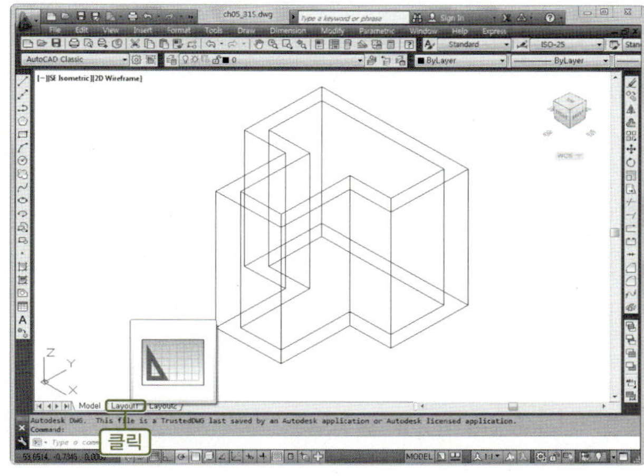

02 [Layout] 탭을 눌러 배치 모드로 이동하면 자동으로 Mview 화면이 나타납니다. 이때 사용자가 필요로 하는 뷰포트 화면을 구성하기 위하여 다음과 같은 창을 Erase 명령어를 이용하여 지웁니다.

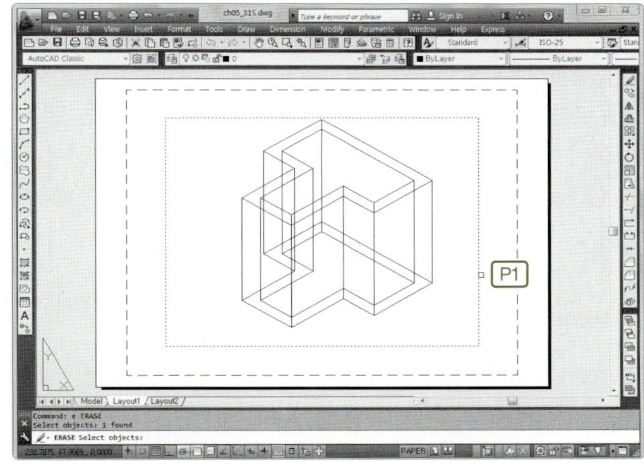

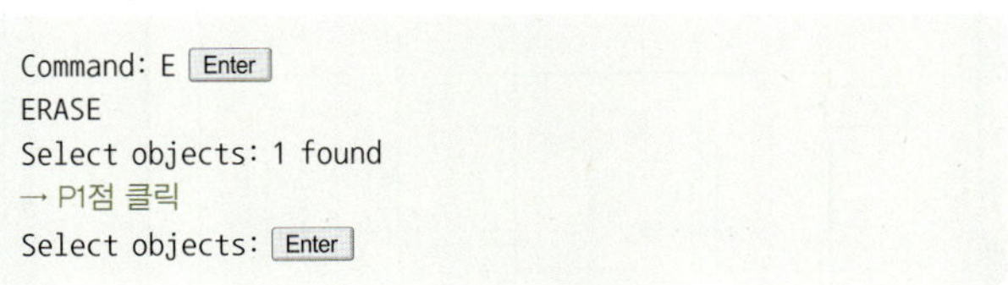

```
Command: E  Enter
ERASE
Select objects: 1 found
→ P1점 클릭
Select objects:  Enter
```

03 창을 4개로 나누기 위해 Mview 명령어를 입력한 후 다음과 같이 화면 전체에 채워서 4개로 분할합니다.

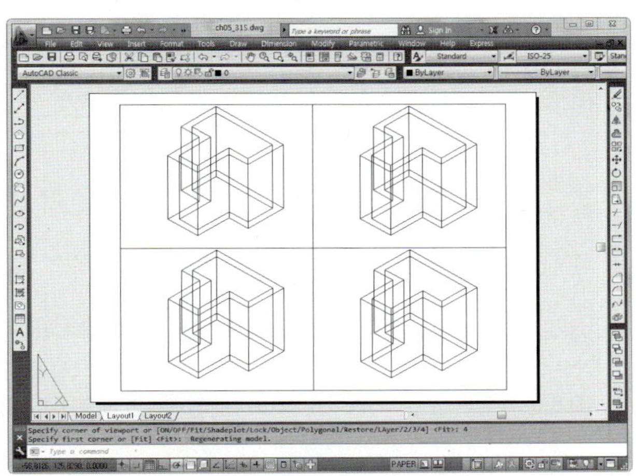

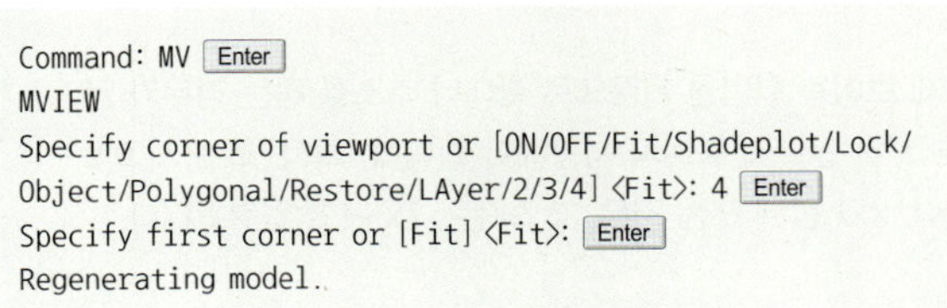

```
Command: MV  Enter
MVIEW
Specify corner of viewport or [ON/OFF/Fit/Shadeplot/Lock/
Object/Polygonal/Restore/LAyer/2/3/4] <Fit>: 4  Enter
Specify first corner or [Fit] <Fit>:  Enter
Regenerating model..
```

04 각 뷰포트의 관측 시점을 변경하기 위하여 Model Space(MS)로 이동한 후 왼쪽 위의 뷰포트 먼저 클릭하여 선택하고 뷰포트의 Vpoint를 평면인 0,0,1로 변경합니다. 화면이 가득 채워지도록 보일 것이므로 Zoom 명령어의 'Scale' 옵션을 '0.9x'로 입력하여 화면 비율의 90%만 보이도록 지정합니다.

```
Command: MS Enter
→ P2점 클릭

Command: -VP Enter
VPOINT
Current view direction: VIEWDIR=81.5970,-81.5970,81.5970
Specify a view point or [Rotate] <display compass and
tripod>: 0,0,1 Enter
Regenerating model.
Command: Z Enter
ZOOM
Specify corner of window, enter a scale factor (nX or nXP)
or [All/Center/Dynamic/Extents/Previous/Scale/Window/Object]
<real time>: .9x Enter
```

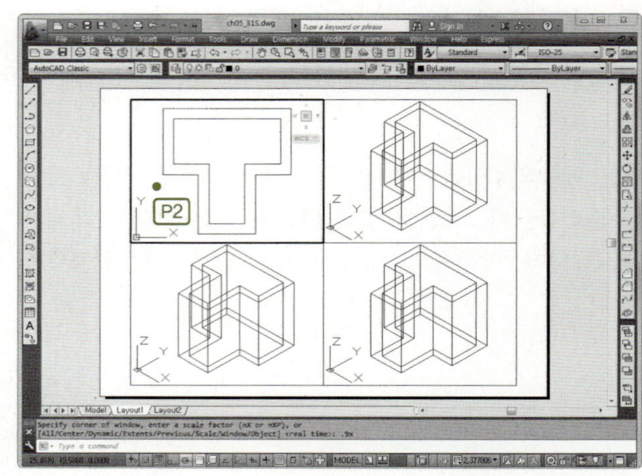

05 왼쪽 아래의 화면의 관측 시점도 변경합니다. 먼저 왼쪽 아래의 뷰포트를 마우스로 클릭하고, Vpoint는 0,-1,0의 정면으로 변경한 후 'Zoom Scale' 옵션으로 화면에 '0.7x'를 입력하여 다음과 같이 조금 축소합니다.

```
Command: -VP Enter
VPOINT
Current view direction: VIEWDIR=81.5970,-81.5970,81.5970
Specify a view point or [Rotate] <display compass and
tripod>: 0,-1,0 Enter
Regenerating model.

Command: Z Enter
ZOOM
Specify corner of window, enter a scale factor (nX or nXP)
or [All/Center/Dynamic/Extents/Previous/Scale/Window/Object]
<real time>: .7x Enter
```

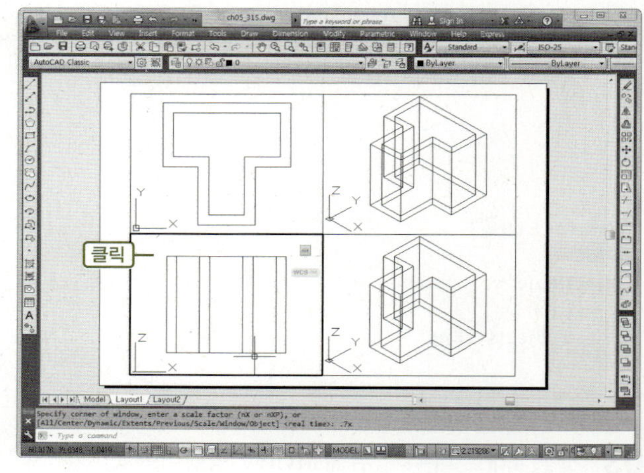

Upgrade ★

Zoom Scale Factor를 넣을 때

일반적으로 Zoom 명령어의 'Scale' 옵션을 지정할 때에 확대나 축소 시 현재 보이는 화면을 기준으로 확대나 축소를 하는 경우가 많습니다. 따라서 확대/축소의 비율을 입력한 후에는 반드시 숫자 뒤에 알파벳 'x'를 반드시 붙여서 사용해야 합니다. 특히, 축소 시 0.9 0.8 등과 같이 앞의 '0'은 떼고 .9 .8처럼 입력하면 빠르게 입력할 수 있습니다. x와 함께 쓰는 경우, '0.7x'는 '.7x'라고 입력합니다.

06 이번에는 오른쪽 아래의 화면을 마우스로 클릭하여
선택합니다. Vpoint는 1,0,0의 오른쪽 면으로 변경한 후
'Zoom Scale' 옵션으로 화면에 0.7x를 입력하여 다음과
같이 조금 축소합니다.

```
Command: -VP Enter
VPOINT
Current view direction: VIEWDIR=81.5970,-81.5970,81.5970
Specify a view point or [Rotate] <display compass and
tripod>: 1,0,0 Enter
Regenerating model.

Command: Z Enter
ZOOM
Specify corner of window, enter a scale factor (nX or nXP)
or [All/Center/Dynamic/Extents/Previous/Scale/Window/Object]
<real time>: .7x Enter
```

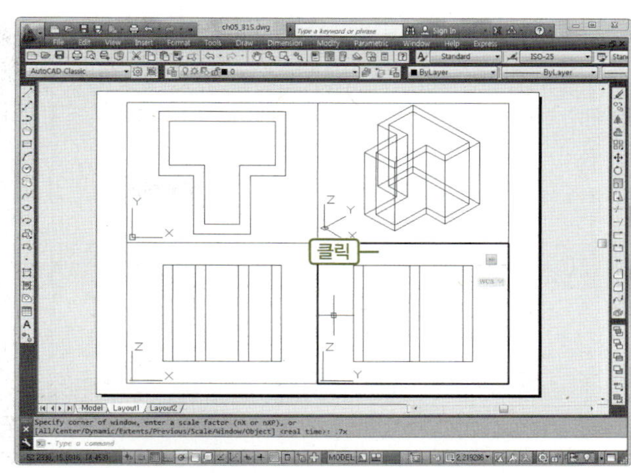

07 왼쪽 아래의 모델 객체를 차이나도록 변경하여 해당
화면의 객체들이 정상적으로 정렬되는지 알기 위하여 Pan
을 이용하여 화면을 그림과 같이 왼쪽 아래로 이동합니다.

→ 마우스 휠을 누른 후 그림과 같이 왼쪽 아래로 드래그하여 모델 객체의 화
면을 이동합니다(P3~P4점 드래그).

08 모두 정렬되었다면 이제 Mvsetup 명령어를 이용하
여 정렬합니다. 명령어를 입력한 후 왼쪽 위 화면의 객체
를 기준으로 왼쪽 아래의 객체를 정렬합니다.

```
Command: MVSETUP Enter

Initializing..._.PSPACE
Command:
Enter an option [Align/Create/Scale viewports/Options/Title
block/Undo]: A Enter
Enter an option [Angled/Horizontal/Vertical alignment/Rotate
view/Undo]: V Enter

Specify basepoint: end Space bar of
```
→ P5점 클릭

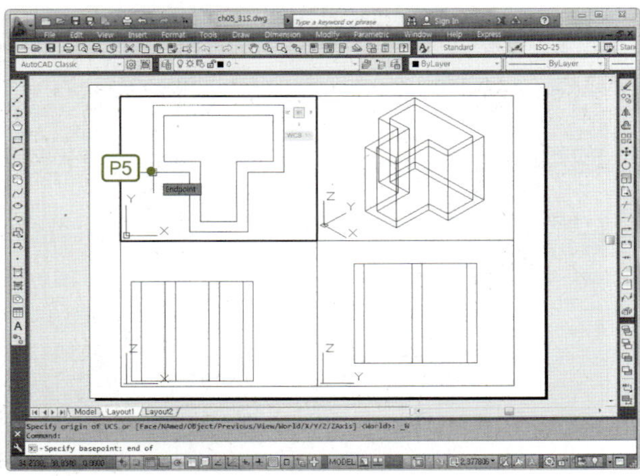

09 P5점에 맞추어 정렬되어야 하는 정렬 점을 찾은 후, 다음과 같이 Osnap으로 정확하게 클릭하여 선택합니다. 선택함과 동시에 위쪽 뷰포트에서 정한 기준점에 정렬됩니다.

```
Specify point in viewport to be panned: end Space bar of
→ P6점 클릭
```

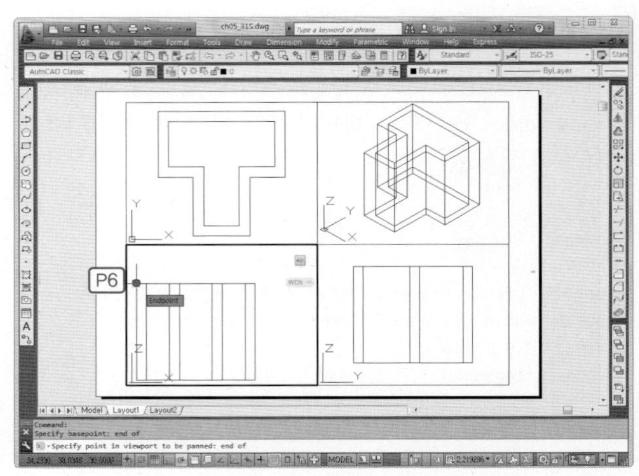

10 이번에는 수평 위치를 정렬하기 위하여 다음과 같이 'Horzontal'의 'H' 옵션을 입력한 후, 오른쪽 화면을 먼저 클릭하고 Osnap End Point를 이용하여 클릭합니다.

```
Enter an option [Angled/Horizontal/Vertical alignment/Rotate
view/Undo]: H Enter
Specify basepoint: end Space bar of
→ P7점 클릭
```

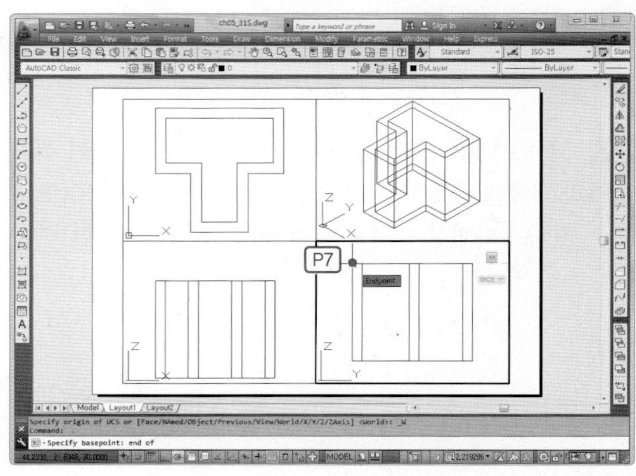

11 오른쪽에 클릭한 지점에 맞추어 수평 정렬할 지점을 osnap End Point를 이용하여 다음과 같이 클릭합니다. 클릭하면 자동으로 해당 객체가 오른쪽 객체의 윗부분과 수평 정렬됩니다. 더 이상 정렬할 대상이 없는 경우에는 Enter 를 눌러 명령어를 종료합니다.

```
Specify point in viewport to be panned: end Space bar of
→ P8점 클릭
Enter an option [Angled/Horizontal/Vertical alignment/Rotate
view/Undo]: Enter
Enter an option [Align/Create/Scale viewports/Options/Title
block/Undo]: Enter
_.MSPACE
Already in model space.
```

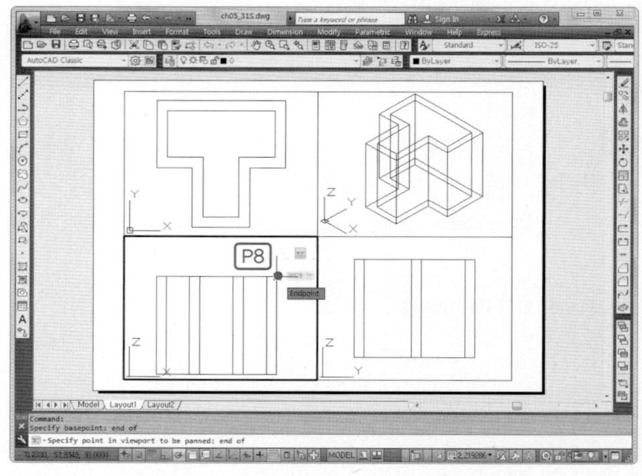

Practice Drawing

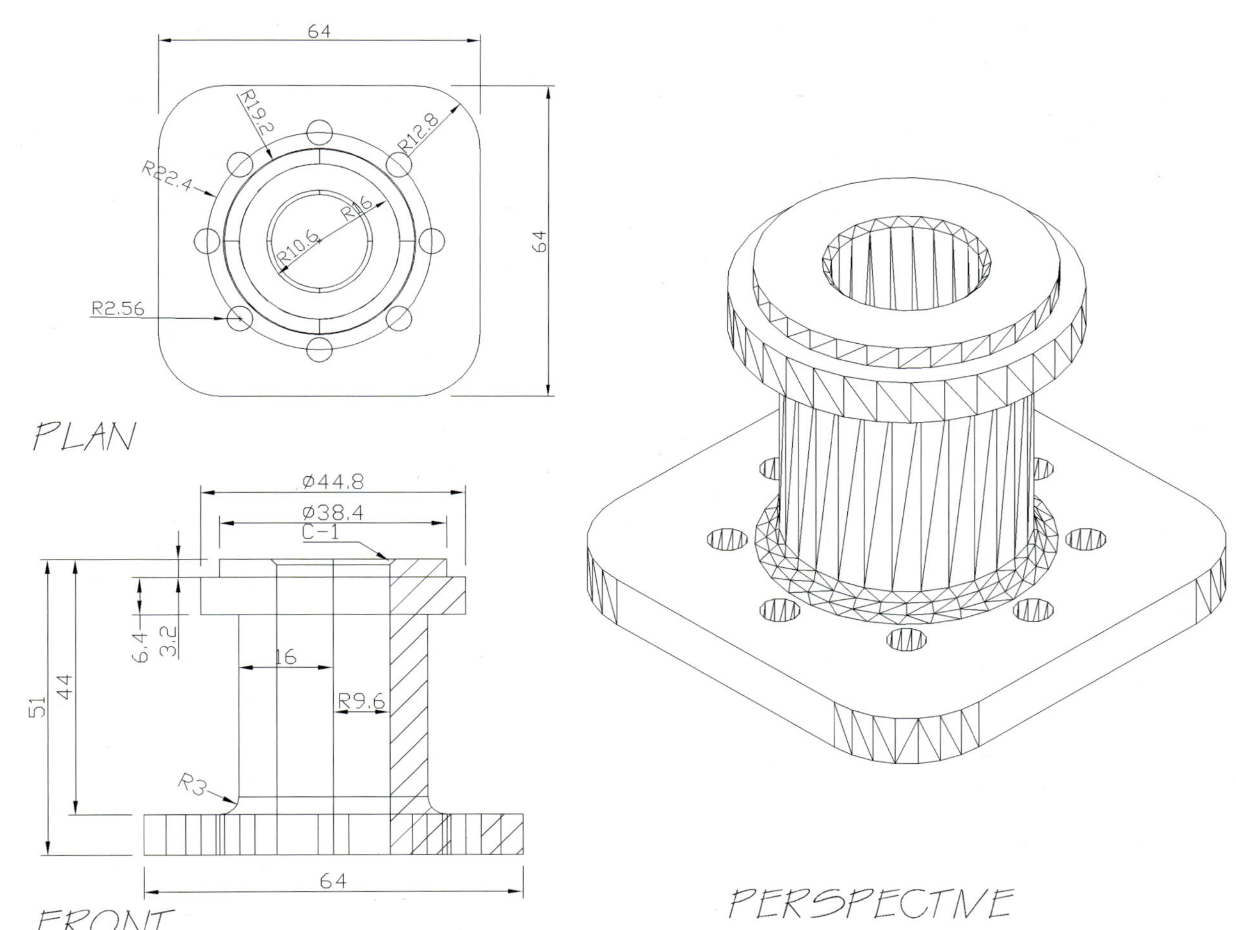

Chapter

06

호환성 이해하기

AutoCAD에서 만든 도면 파일을 다른 프로그램에서도 활용할 수 있도록 여러 가지 다양한 포맷을 활용해보겠습니다. 이번 장을 통해 요즘 많이 사용하는 이미지 관련 프로그램으로의 이식이나 관공서에 납품하는 도면에 PDF를 활용하여 저작권을 보호하는 등과 같은 다양한 방법을 익혀 여러 가지 파일 포맷으로 전환할 수 있는 능력을 기릅니다. 또한 이번 장에서는 다양한 콘텐츠를 활용하는 사용자들에게 프로그램 간 소통 방법 및 다른 프로그램과 AutoCAD를 한 번에 활용할 수 있는 방법을 제시합니다. 이번 장을 공부하고 나면 AutoCAD 환경 구성 및 메모리 최적화 등에 대한 내용을 통해 AutoCAD를 좀 더 최적화하여 사용할 수 있게 될 것입니다.

Section 01

이미지 파일 관리하기

AutoCAD 2013으로 작성한 도면 파일은 AutoCAD 프로그램이나 뷰어를 통해 확인할 수 있습니다. 하지만 도면을 그림 파일로 저장하거나 그림 파일인 내용을 도면 안에 자유롭게 삽입할 수 있어야 합니다. AutoCAD 2013에서는 이제 다른 프로그램이나 일반 이미지 뷰어를 통해 해당 도면 내용을 확인하거나 프레젠테이션할 수 있는 이미지 파일로 전환하여 사용할 수 있으며, Plot 명령어를 거치지 않고도 화면에 표시된 그대로를 여러 가지 이미지 포맷으로 전환할 수도 있습니다.

01. 도면을 이미지로 변경하는 Saveimg

화면 속의 도면 내용을 JPG나 TIF와 같은 이미지 파일로 변경하는 명령어입니다. 보통은 Plot 명령어를 통해 전환했던 것을 한 번에 이미지로 저장하기도 합니다. Plot 명령어를 사용하지 않고 화면상의 도면 내용을 다양한 이미지 파일로 저장해보겠습니다.

명령어	Saveimg	아이콘	지정되어 있지 않음.
단축키	지정되어 있지 않음.	메뉴	[Tools]-[Display Image]-[Save]

● 명령어 이해하기

AutoCAD 도면 파일을 이미지로 변경하는 명령어이므로, 먼저 도면 파일을 Open 명령어로 열어두고 이미지로 변경하기 원하는 형태를 Zoom 상태로 지정합니다. 그런 다음, 명령어를 입력하면 나타나는 대화상자에서 저장하고 싶은 파일 포맷을 선택한 후 파일명을 입력하고 [OK] 버튼을 클릭하여 저장합니다. 이미지로 저장되는 것이므로 AutoCAD에서 수정하는 경우 다시 Saveimg로 저장해야 하며, 이미지 편집 프로그램인 포토샵과 같은 프로그램을 이용하여 편집할 수도 있습니다.

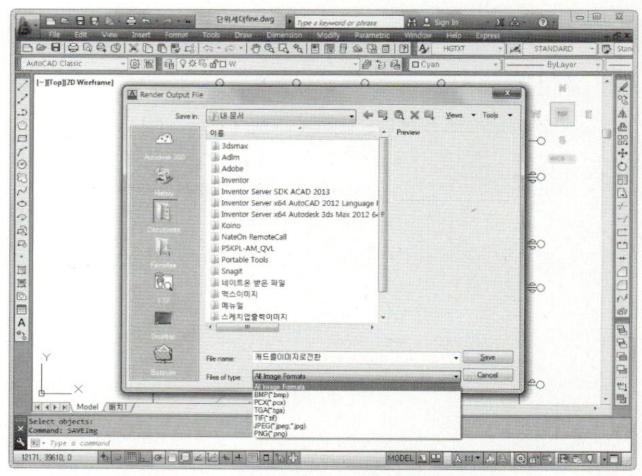

▲ 명령어를 입력한 후 파일 포맷을 선택하고 저장

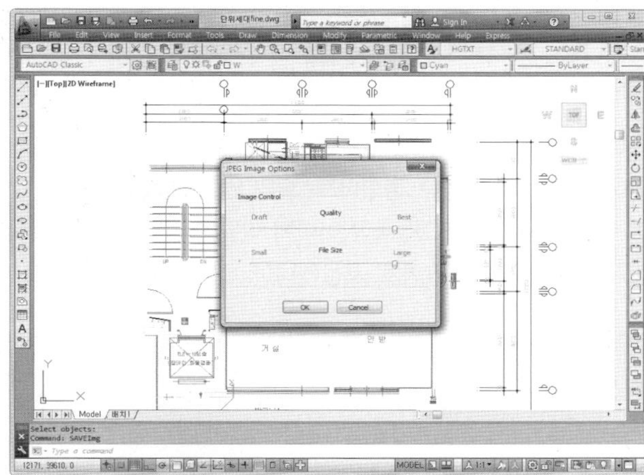

Command : SAVEIMG Enter

▲ 저장 품질 결정

Upgrade ★

이미지로 전환된 도면 파일을 볼 수 있는 방법

이미지로 전환된 도면 파일은 이미지 파일만 볼 수 있는 뷰어 프로그램이나 포토샵과 같은 이미지 전용 프로그램으로 볼 수 있습니다. 알씨나 포토샵에서 열면 다음과 같이 이미지를 확인할 수 있습니다. 물론 다음 명령어인 이미지 파일 가져오기 명령어로도 확인할 수 있습니다. 하지만 단순히 확인만 하고자 한다면 이미지 뷰어 프로그램을 이용하는 것이 효율적입니다.

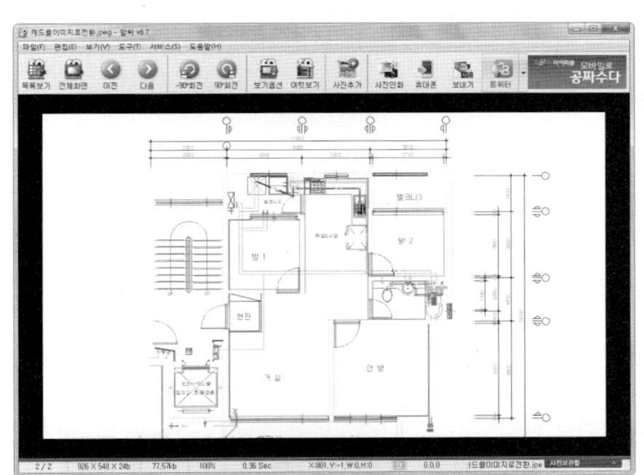

▲ 이미지 뷰어(알씨)

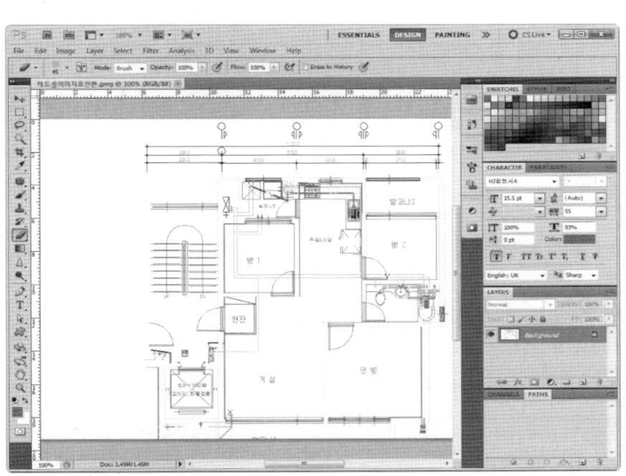

▲ 그래픽 프로그램(포토샵)

Saveimg 명령어를 이용하여 만든 이미지 파일을 불러들이거나 AutoCAD 도면에 회사의 로고나 배경 사진 등을 넣어 도면을 작성할 때에 주로 이용하는 명령어로, 도면 안에 이미지 파일을 삽입할 수 있습니다. Image 명령어를 이용하면 AutoCAD 도면 안으로 JPG, TIFF, GIF, PCX 등의 이미지 파일을 불러올 수 있습니다. 사용하는 방법은 Block을 Insert하는 방법과 동일하며, 삽입된 이미지는 하나의 단독 객체로 사용됩니다. Scale, Rotate 등의 명령어도 사용할 수 있습니다.

명령어	Image, Imageattach	아이콘	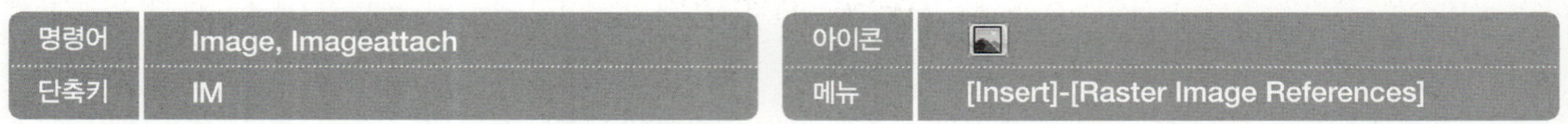
단축키	IM	메뉴	[Insert]-[Raster Image References]

● 명령어 입력 방법

명령어를 직접 입력하거나 아이콘, 리본 메뉴 등을 클릭하여 선택하고, 대화상자가 나타나면 원하는 파일을 선택합니다. 해당 파일을 선택하면 그림과 같이 블록의 Insert와 같은 대화상자가 나타나며, 해당 삽입 지점을 좌표나 마우스로 클릭하여 지정한 후 원본의 크기로 사용하거나, 도면 안에 이용될 크기의 이미지로 스케일을 조절하거나, 각도 등을 조절하여 도면 안에 삽입합니다.

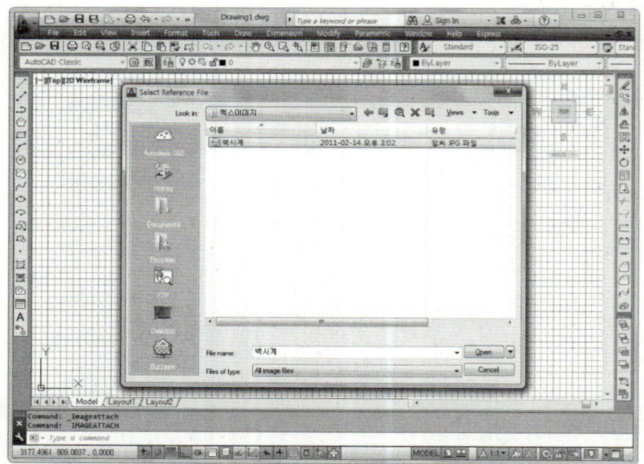

▲ 삽입할 이미지 파일 선택

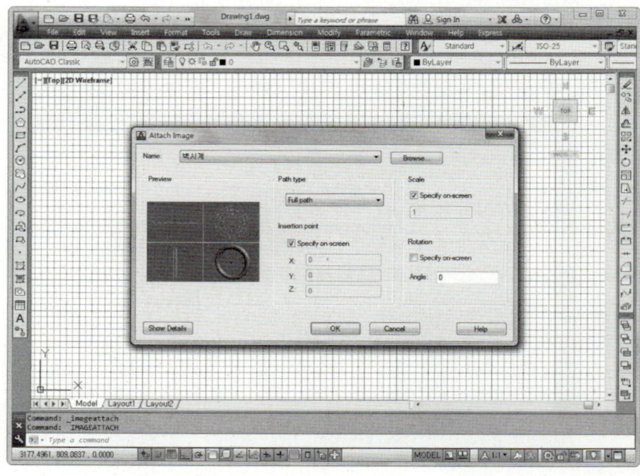

▲ Image 대화상자

```
Command: _imageattach
Specify insertion point <0,0>:
→ 이미지의 삽입점 좌표 값을 입력하거나 마우스로 임의의 지점을 클릭합니다.
Base image size: Width: 290.247925, Height: 214.047913, Millimeters
→ 원본 이미지의 크기를 표시합니다.
Specify scale factor or [Unit] <1>:
→ 삽입할 이미지의 크기 배율을 입력합니다. [Enter]를 입력하면 원본의 크기대로 삽입됩니다.
```

● 옵션 이해하기

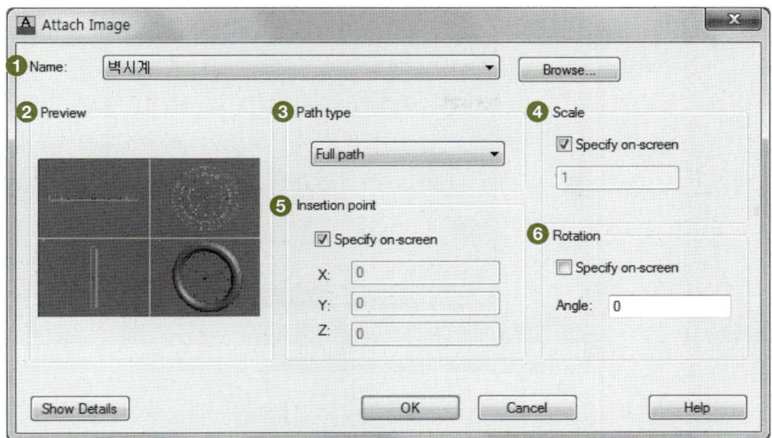

옵션	설명
❶ Name	삽입할 이미지 파일 이름을 표시하거나 선택합니다. 새로운 파일을 선택하는 경우, [Browse] 버튼을 클릭하여 파일을 선택합니다.
❷ Preview	선택한 이미지 파일을 미리 보여줍니다.
❸ Path type	삽입하는 이미지의 경로를 표시합니다.
❹ Scale	삽입하는 이미지의 크기를 조절합니다.
❺ Insertion Point	삽입하는 이미지의 삽입점 위치를 조절합니다.
❻ Rotation	삽입하는 이미지의 회전 각도를 조절합니다.

● 미리해보기

예제 파일 부록 CD\Sample\Chapter06\ch06_01S.dwg

완성 파일 부록 CD\Sample\Chapter06\ch06_01F.dwg

01 메뉴의 [File]-[Open]으로 부록 CD에서 예제 파일을 불러옵니다. 그림과 같이 [Insert]-[Raster Image Reference] 메뉴를 클릭합니다. Image 명령어나 단축키인 'IM'을 입력해도 됩니다.

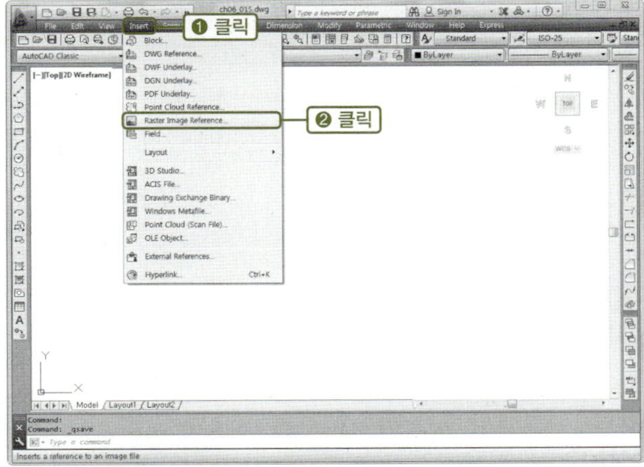

02 명령어가 실행되면 삽입할 이미지 파일을 다음과 같이 'Sample 폴더/Chapter 06 폴더' 안에 있는 '삽입 이미지.JPG' 파일을 클릭하여 선택하고 [OK] 버튼을 눌러 확인합니다.

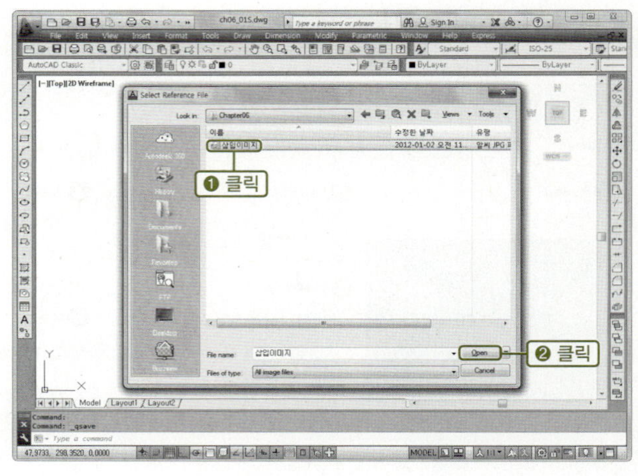

Command: _imageattach

03 파일이 선택되면 다음과 같이 Image 대화상자가 나타나며, 왼쪽의 이미지 미리 보기 상자에서는 해당 파일이 어떤 이미지인지 미리 볼 수 있습니다. 크기나 위치 등은 삽입 후에 조절하며, [OK] 버튼을 클릭하여 삽입합니다.

04 [OK] 버튼을 클릭하면 다음과 같이 가상 이미지가 나타납니다. 다음의 위치를 마우스로 클릭하여 이미지를 도면 안에 삽입합니다.

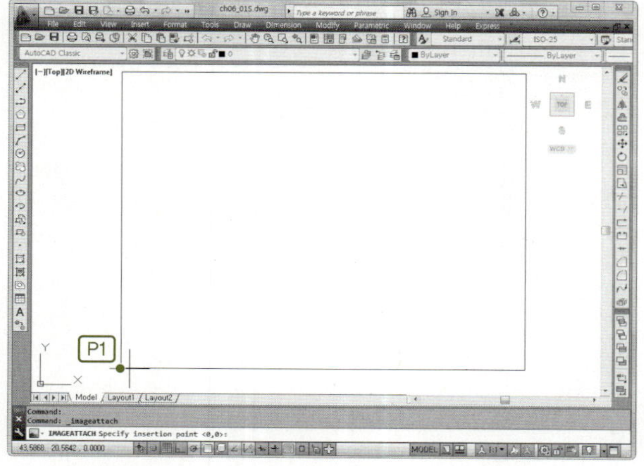

Specify insertion point <0,0>: P1점 클릭

05 원래의 크기가 표시되면 원하는 크기 비율을 입력하거나 다음과 같이 Enter 를 입력하여 도면에 완전히 삽입합니다.

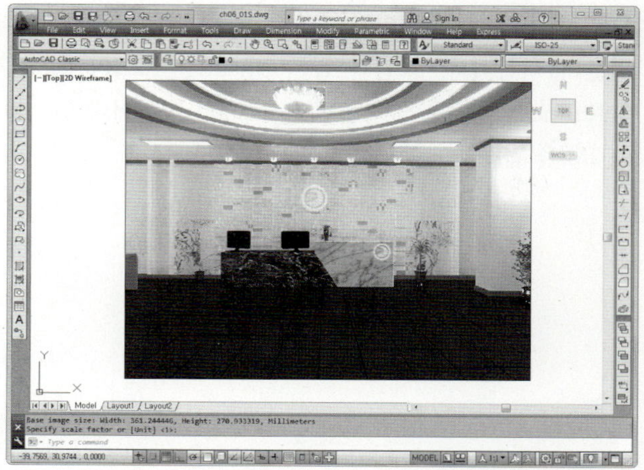

Base image size: Width: 361.244446, Height: 270.933319, Millimeters
Specify scale factor or [Unit] <1>: Enter

중복 객체 없애기 Overkill

도면을 그리다 보면 사용자의 의도와는 달리 같은 장소에 나도 모르게 중복 객체를 그리는 경우가 있습니다. 이런 경우 전체적으로 선택하여 한번에 중복된 객체를 없애는 명령어로, Overkill 명령어를 사용하여 깔끔하게 정리할 수 있습니다.

① 중복된 객체가 있는 요소를 모두 선택해 봅니다. 어떤 것도 가능합니다. 선택한 후 속성 창인 Ctrl + 1 을 눌러 Properties 패널을 열어보면 왼쪽 맨 위에 All(9)처럼 보여지는 것 이상의 객체의 수가 보입니다.

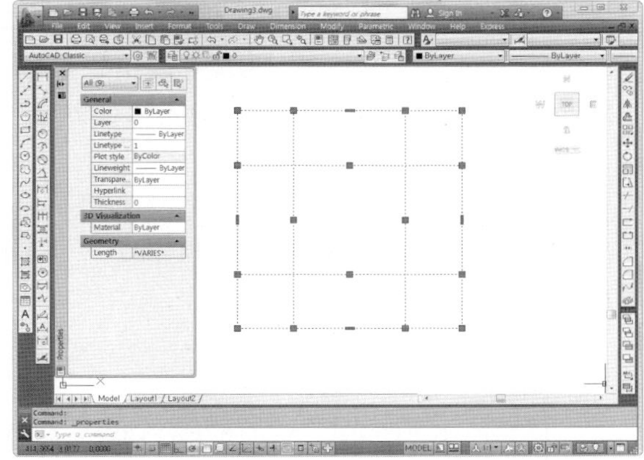

② 중복 객체를 없애는 명령어인 Overkill 단축키인 'OV'를 입력하면 다음과 같은 대화상자가 나타나며, 중복 객체 선택 시 제외하고 싶은 옵션이 있다면 선택하고, 아니면 그대로 [OK] 버튼을 클릭합니다.

```
Command: OVERKILL  Enter
Select objects: Specify opposite corner: 9 found
객체 모두 선택합니다.
Select objects:  Enter
4 duplicate(s) deleted
0 overlapping object(s) or segment(s) deleted
```

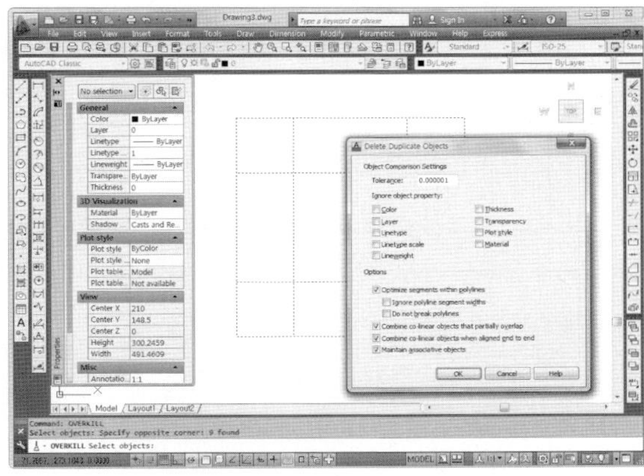

③ 다시 속성 창을 보면 왼쪽 위에 객체의 수가 5개로 줄어든 것을 확인할 수 있습니다. Overkill 명령어로 중복된 객체들이 삭제된 것을 알 수 있습니다.

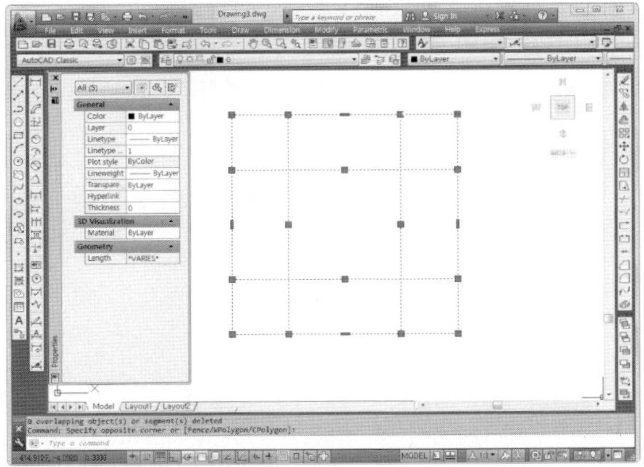

도면 안에 이미지를 삽입하고 도면을 이미지로 전환하기

도면 요소를 이미지로 전환하거나 이미지를 도면 안에 삽입하면 사용자는 좀 더 비주얼이 강한 도면으로 활용할 수 있습니다. 그 도면이 2D이든, 3D이든 관계없이 해당 도면과 이미지를 제공할 때에 보다 효과 적으로 제공할 수 있으며, 무엇보다 사용자의 이해의 폭이 높아질 수 있으므로 도면 안에 이미지를 삽입 하고 도면을 이미지로 전환하는 작업에 대한 공정을 익혀보겠습니다.

예제 파일 부록 CD\Sample\Chapter06\ch06_se01_01S.dwg

완성 파일 부록 CD\Sample\Chapter06\ch06_se01_01F.dwg

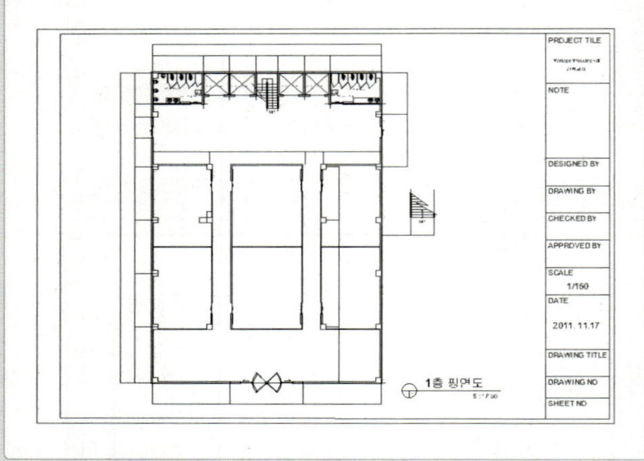

[Start]

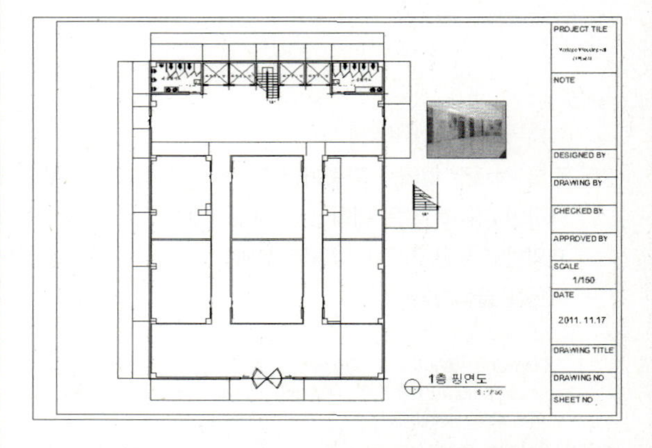

[Final]

01 메뉴의 [File]-[Open]으로 부록 CD에서 예제 파일을 불러옵니다. 도면 파일이 나타나면 이미지로 저장하기 위하여 먼저 이미지 저장 명령어를 입력한 후 다음과 같이 파일을 저장합니다.

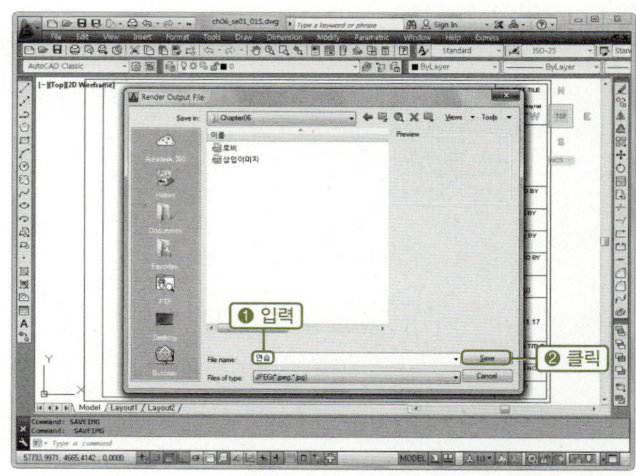

Command : SAVEIMG Enter

02 해당 도면을 이미지 파일로 만드는 경우 이미지의 퀄리티를 조절합니다. 기본 값 그대로 두고 [OK] 버튼을 클릭합니다.

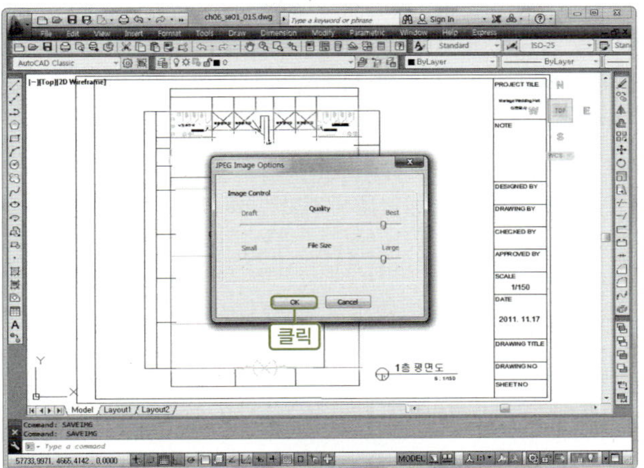

03 이번에는 [Insert]-[Raster Image Reference] 메뉴를 클릭하여 예제 파일의 폴더에서 다음과 같이 '로비.JPG' 파일을 선택한 후 [OPEN] 버튼을 클릭하여 이미지를 도면 안에 삽입합니다.

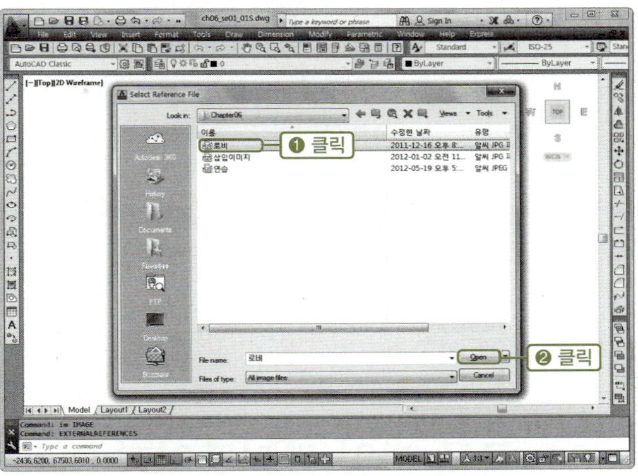


```
Command: _imageattach
```

04 선택된 파일인 로비 파일을 미리 보기 화면에서 확인할 수 있습니다. 해당 이미지가 도면의 크기에 비해 작으므로 다음과 같이 Scale factor에 '30'을 입력하여 큰 이미지로 보이도록 합니다.

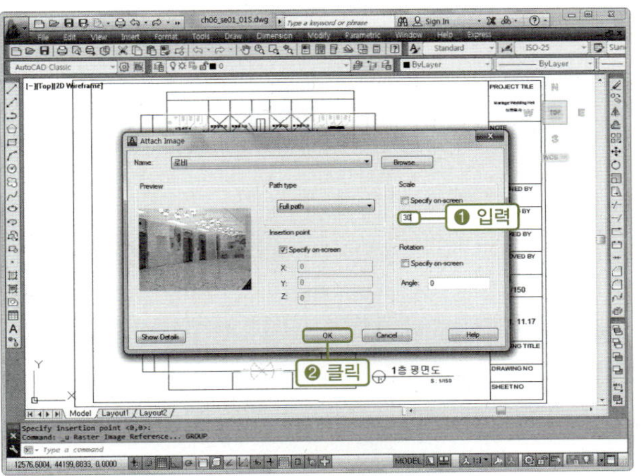

05 다음의 위치를 클릭하여 해당 이미지를 삽입합니다. 좌표 값을 입력해도 되지만 사용자가 원하는 위치를 마우스로 클릭해도 됩니다.

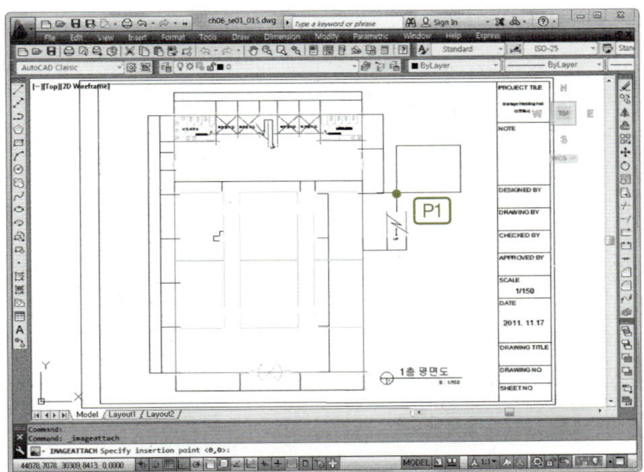


```
Specify insertion point <0,0>: P1점 클릭
```

Section 02

파일의 호환성 익히기

AutoCAD 프로그램을 사용하면서 다른 프로그램과의 호환성을 생각하지 않을 수 없습니다. 같은 회사에서 호환성을 미리 설정하여 사용하는 파일이 있기 전에는 모든 프로그램이 공통으로 갖는 파일 형식이 있어야만 어떤 프로그램에서든지 서로의 파일을 공유할 수 있습니다.

이에 AutoCAD는 기본적인 DWG 파일 이외에도 DXF 파일 형식을 지원하며, 다양한 프로그램에서 AutoCAD를 필요로 하는 경우와 해당 파일을 Import하지 못하는 경우 DXF 파일로 저장하여 불러들이거나, 그 반대로 해당 파일을 Import하지 못하는 경우 DXF 파일로 만들어 AutoCAD 안으로 불러들일 수 있습니다. 이번에는 DXF처럼 호환이 가능한 파일을 사용하는 방법을 익혀보겠습니다.

01. 공통 파일 불러들이기 Dxfin

섹션 설명에서와 마찬가지로 DXF 파일은 기본적으로 현재 사용 중인 프로그램에서 사용하는 것을 목적으로 하기보다 다른 프로그램과의 호환성을 목적으로 하는 파일 형식입니다. 따라서 DXF 파일은 해당 도면 요소를 공유할 목적으로 사용하는 교환용 파일로, DXF를 지원하는 모든 프로그램에서 공통으로 사용할 수 있는 파일 포맷입니다.

예를 들어 맥스와 캐드, 캐드와 일러스트 등과 같이 각각의 프로그램이 원하는 파일들을 서로 공유하여 맥스 파일을 DWG 파일로, DWG 파일을 JPG나 EPS 파일로 호환할 수 있지만, 버전이 낮은 프로그램의 경우에는 호환되지 않거나, 설사 호환된다고 하더라도 사용자가 원하는 수준에 도달하지 못하는 경우가 있습니다. 이 경우에는 프로그램끼리 상호 공통으로 사용할 수 있는 파일을 찾게 되는데, 이때 사용할 수 있는 파일이 DXF 파일 포맷입니다. Dxfin은 DXF 파일을 현 도면 안으로 불러들이는 명령어입니다.

명령어	Dxfin		아이콘	
단축키	Ctrl + O _파일 형식을 DXF로 선택		메뉴	[File]-[Open]

● 명령어 이해하기

AutoCAD 파일을 열어주는 명령어인 Open 명령어를 실행한 상태에서 파일 형식의 목록을 눌러 파일 형식을 DWG에서 Dxf로만 변경합니다. 저장된 파일을 선택한 후 [OPEN] 버튼을 클릭하여 화면 안으로 불러들입니다.

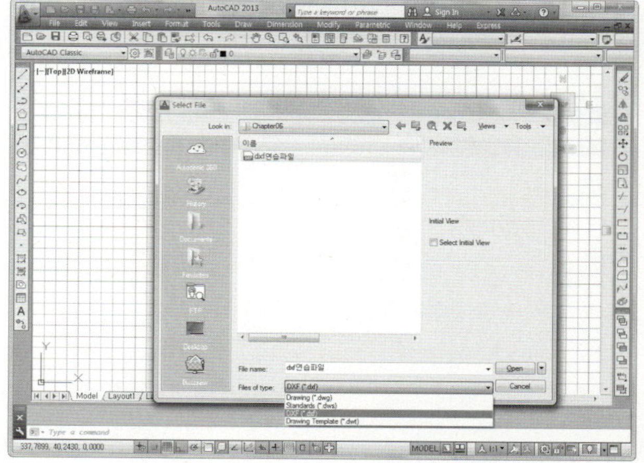

▶ 파일 형식을 DXF로 변경

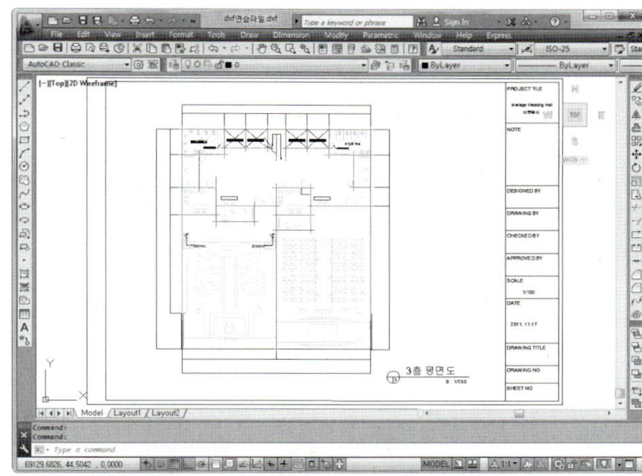

```
Command : DXFOUT  Enter
Command : Save  Enter
```

▲ 화면에 불러들인 DXF 파일

02. 공통 파일 내보내기 Dxfout

DXF 파일을 불러들이려면 먼저 DXF 파일 형식으로 저장해야 합니다. Dxfout 명령어를 이용하여 AutoCAD 화면의 도면 객체를 DXF 파일 형식으로 저장합니다. 파일을 저장하는 Save 명령어로 저장할 수 있으며, 파일 형식만 'DXF'로 선택하면 일반 DWG 파일도 DXF 파일로 저장됩니다. 파일 형식을 DXF 파일로 저장하는 경우 ASCII 파일이나 Binary 형식을 선택하여 교환 파일을 만들 수 있으며, 사용자의 용도에 따라 선택할 수 있습니다.

명령어	DXFOUT	아이콘	💾
단축키	Ctrl + S _파일 형식을 DXF로 선택	메뉴	[File]-[Save]

● 명령어 이해하기

Dxfout 명령어를 입력하면 곧바로 파일 형식이 'DXF'인 파일로 저장할 수 있으며, Save 명령어를 이용하면 파일 형식을 먼저 'DXF'로 변경하고 저장해야 합니다. DXF 파일로 바로 만들고 싶은 경우에는 Command 라인에서 바로 'DXFOUT'을 입력하면 선택하는 과정을 생략할 수 있습니다.

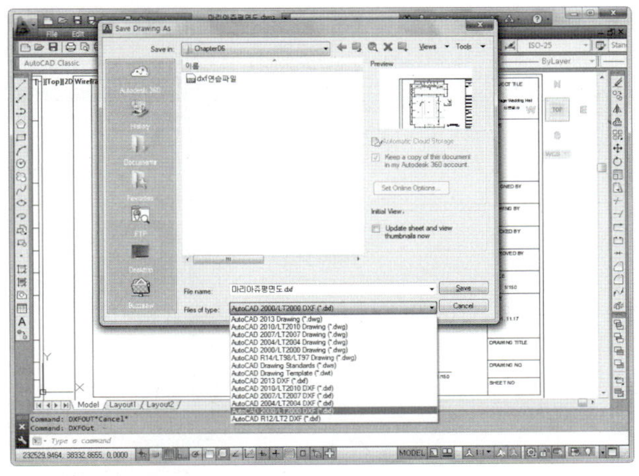

▲ 파일 형식을 DXF로 변경

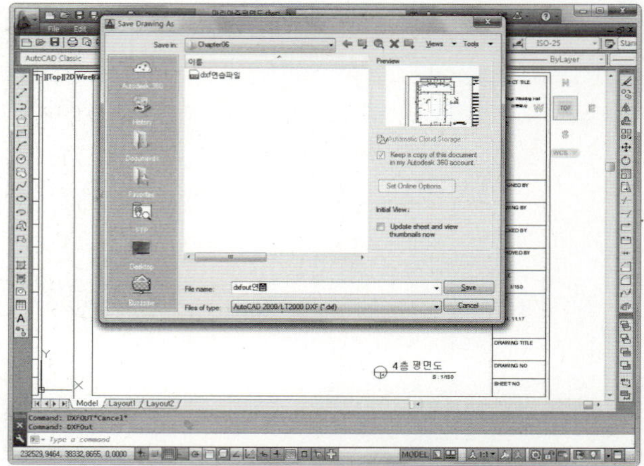

```
Command : DXFOUT  Enter
Command : Save  Enter
```

▲ DXF 파일로 저장할 파일명 입력

03. 기타 다른 포맷으로 전환하는 Export

DXF와 같은 공통 파일 이외에 다른 포맷으로 전환해주는 Export 명령어를 이용하여 파일을 전환해보겠습니다. 이번에는 일반적인 DXF 파일 이외에 WMF나 BMP 등과 같은 다른 파일 포맷으로 전환하는 방법을 알아보겠습니다. 우선 기본적인 FBX 파일이나 DGN 형식의 파일로도 전환할 수 있는 Export 명령어에 대해 알아봅니다.

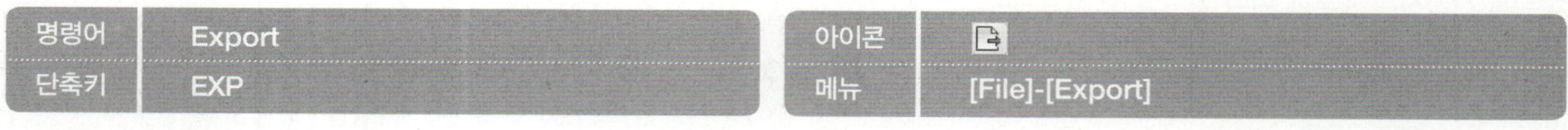

명령어	Export
단축키	EXP

아이콘	
메뉴	[File]-[Export]

● 명령어 이해하기

Export 명령어를 입력하면 내보내기 대상 객체를 선택하는 메시지가 나타납니다. 이때 내보내기할 객체만 선택하고 Enter 를 누르면 선택한 객체만 원하는 파일의 형식을 이용하여 파일로 저장할 수 있습니다.

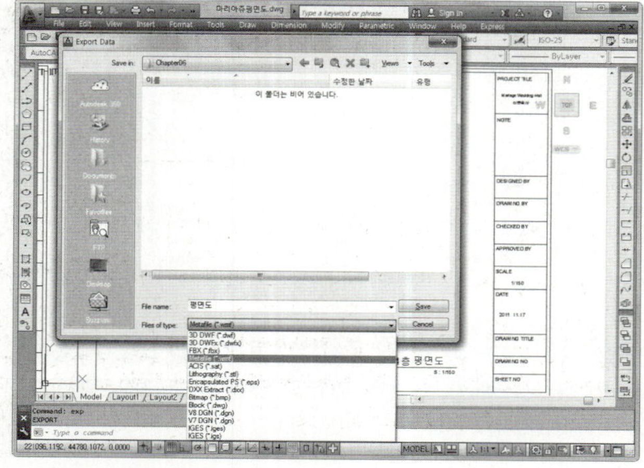

▲ Export할 대상 파일 형식 선택

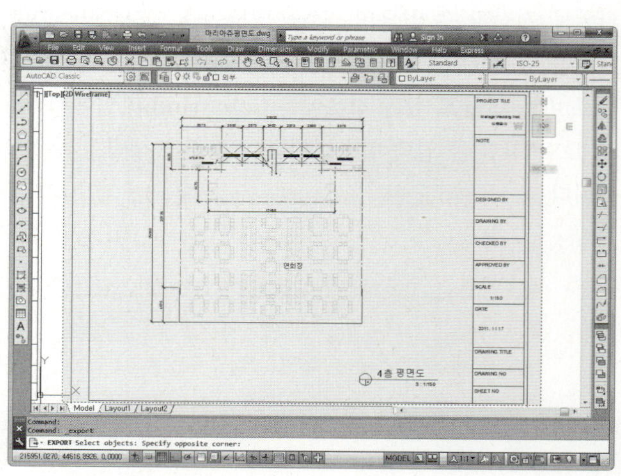

▲ 내보내기할 대상 객체 선택

```
Command: Export  Enter
Select objects: Specify opposite corner: 3636 found
→ Export할 대상 객체를 선택합니다. Window나 Cross를 이용하여 선택합니다.
Select objects:  Enter
→ 더 이상 선택할 객체가 없는 경우에는  Enter 를 입력하여 명령어를 완료합니다.
```

04. 기타 파일 Insert

DXF 등과 같은 공유 파일을 Import하는 것 이외에 WMF, 3DS, DXB 파일도 도면 안에 삽입할 수 있습니다. 따로 명령어를 이용하여 사용할 수도 있지만, 보통 명령어보다 메뉴를 이용하면 간편하게 해당 파일을 도면 안에 삽입할 수 있습니다.

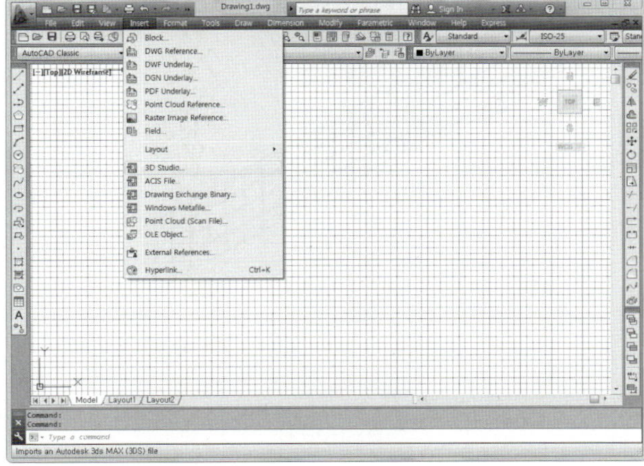

▲ 원하는 Insert 명령어 선택

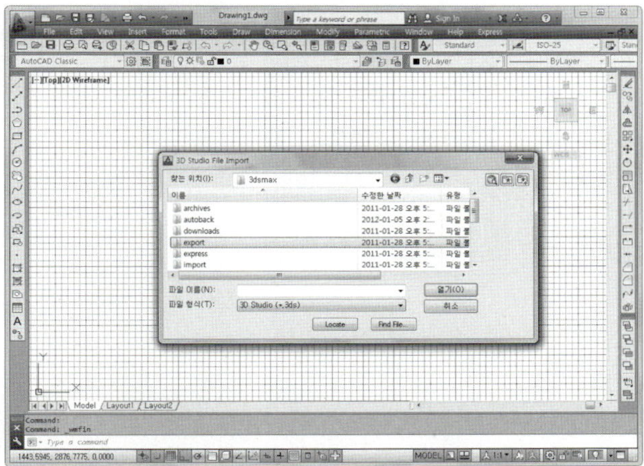

▲ 원하는 파일 선택

파일의 호환성 익히기

파일은 해당 프로그램에서 가장 많이 이용되지만, 서로 다른 프로그램에서도 파일 간의 내용을 서로 나눌 수 있어야 합니다. 다른 프로그램의 파일 형식을 서로 호환성 있게 다룰 수 있는 프로그램이 있는가 하면 공통 파일 형식이 아닌 것들을 공통 파일 형식으로 전환하여 사용하는 프로그램도 있습니다. 이번에는 호환성 있는 파일 형식으로 전환하고, 호환 파일을 도면 내로 삽입하는 명령어에 대해 알아보겠습니다.

예제 파일 부록 CD\Sample\Chapter06\ch06_se01_02S.dwg

완성 파일 부록 CD\Sample\Chapter06\ch06_se01_02F.dwg

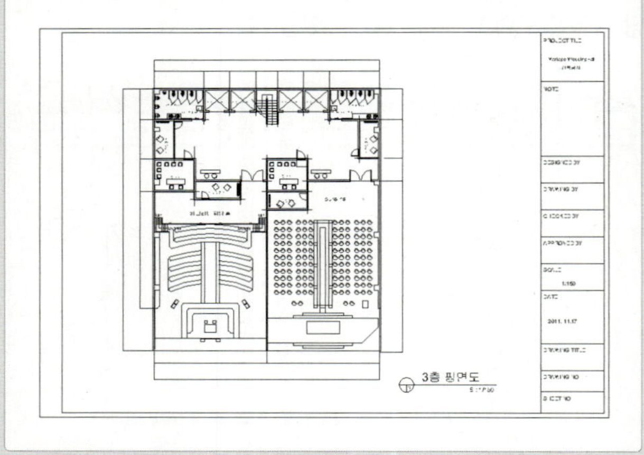

[Start]

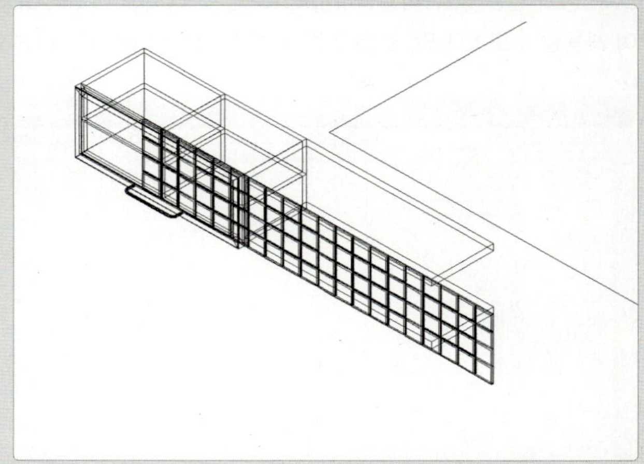

[Final]

01 메뉴의 [File]-[Open]으로 부록 CD에서 예제 파일을 불러옵니다. 화면의 파일을 DXF 호환 파일로 전환하기 위하여 Dxfout 명령어를 입력합니다. 다음과 같은 대화상자가 나타나면 파일명을 입력한 후 [Save] 버튼을 클릭합니다.

Command : DXFOUT [Enter]

02 화면 안의 도면 요소를 일러스트에서 객체로 사용할 수 있는 WMF 파일로 전환해보겠습니다. [File]–[Export] 메뉴를 다음과 같이 클릭하여 선택합니다.

03 파일 형식을 Metafile로 지정한 후 파일 이름을 입력합니다. 그런 다음, [Save] 버튼을 클릭하여 파일을 저장하고 화면에 있는 모든 객체를 선택할 수 있도록 'All'을 입력합니다. 파일의 형식은 WMF 외에 fbx 등의 파일로도 전환할 수 있습니다.

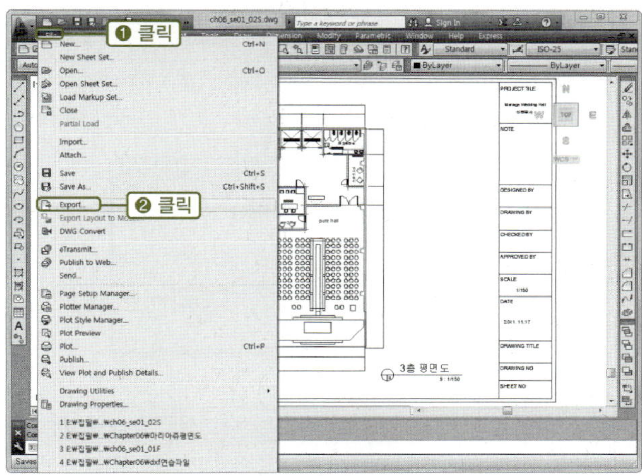

Command: Export Enter

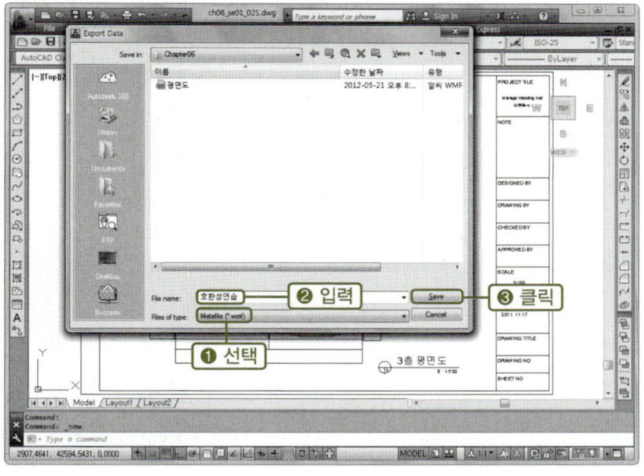

Select objects: All Enter
Select objects: Enter

04 저장된 WMF 파일은 일러스트에서 확인할 수 있으며, 특히 WMF로 저장한 후 해당 파일을 일러스트에서 컬러링이나 스타일링할 때에 사용하기도 합니다. 일러스트 프로그램이 있는 경우에는 일러스트를 열고 [File]–[Place]를 통해 불러들여 사용합니다.

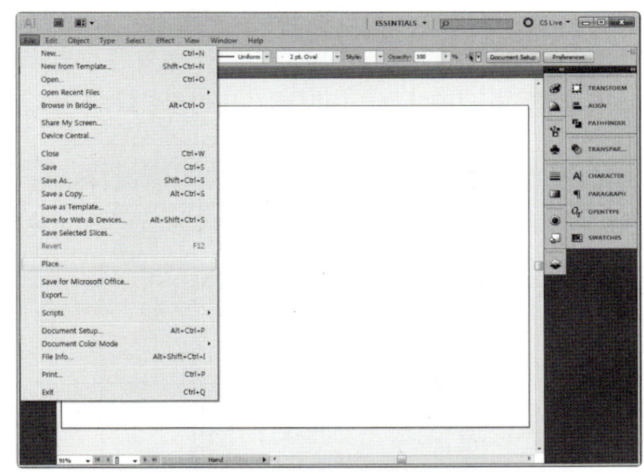

Upgrade ★

[File]–[Place] 대신 [File]–[Open]을 사용하면….

[File]–[Place]를 사용하여 도큐먼트로 불러들이는 경우에는 해당 파일을 원본을 읽어들여 사용하는 Load 방식의 파일을 사용하지만, [File]–[Open]을 하면 WMF 파일 자체를 열게 되므로 Swatch 팔레트의 구성이 사라집니다. AI를 제외한 모든 외부 파일은 Place 명령어로 원본과 연결하여 사용하거나 수정하는 것이 편리합니다.

05 일러스트가 없다면 그림으로만 익히고, 일러스트가 있다면 다음과 같이 일러스트에서 불러온 파일을 Ungroup 으로 해체하여 원하는 객체로 수정한 후 사용할 수 있습니다. 이때에는 각 객체를 원하는 색상으로 컬러링한 후에 사용하면 됩니다.

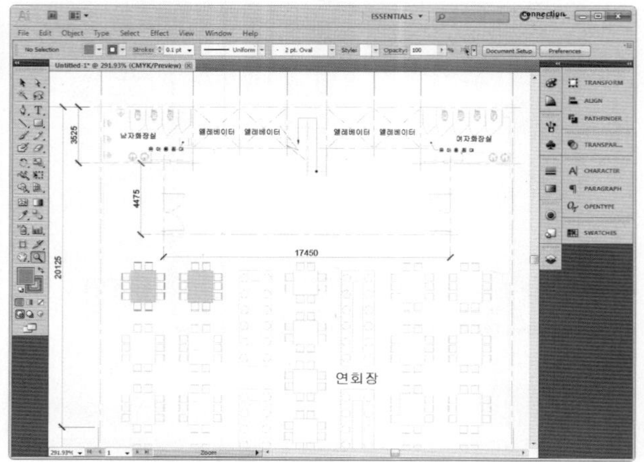

06 이제 현재 도면 안으로 3DS 파일을 Import시켜보겠습니다. 다음과 같이 [Insert]-[3D Studio...] 메뉴를 클릭하거나 Command 라인에 3Dsin 명령어를 입력한 후 다음과 같이 파일을 선택하는 대화상자가 나타나면 파일을 선택하고 [열기] 버튼을 클릭합니다.

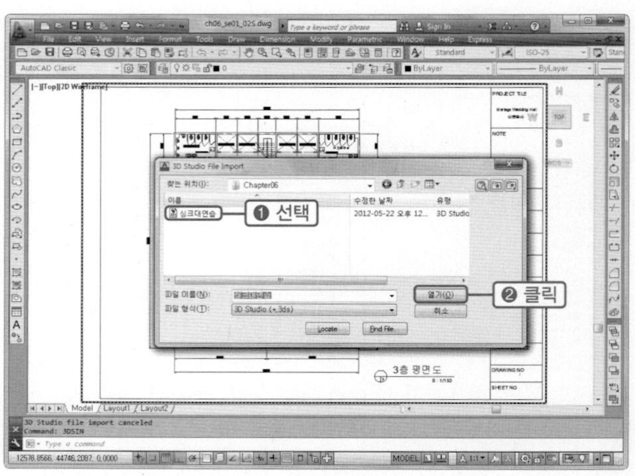

Command: 3dsIN Enter

07 어떤 Object를 도면으로 삽입할 예정인지를 선택하여 넣을 수 있습니다. Available Objects 영역의 모든 객체를 선택하기 위하여 [Add all] 버튼을 클릭합니다.

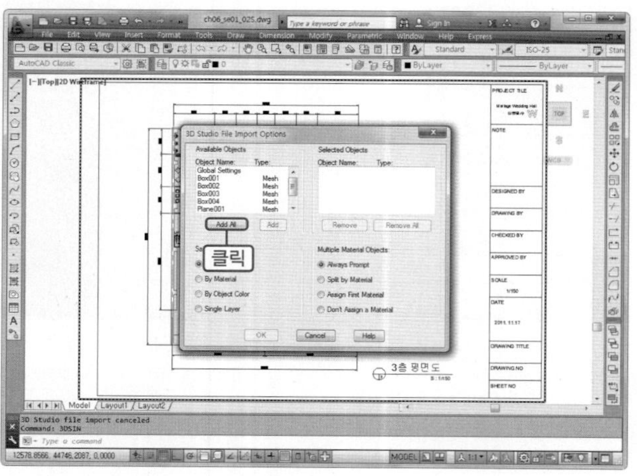

08 Selected Object 영역으로 객체들이 모두 이동하면 [OK] 버튼을 클릭하여 도면 안에 3DS 파일의 삽입을 완료합니다.

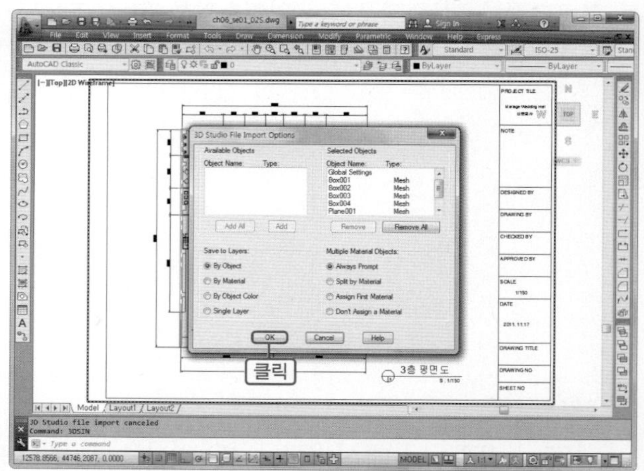

09 파일을 선택하여 Open하면 3차원 객체가 삽입된 것이므로 Vpoint를 1, −1, 1로 변경하거나 오른쪽 위의 ViewCube를 클릭하여 3차원 관측 시점으로 설정합니다. 도면이 워낙 커서 불러들인 싱크대가 작습니다. Zoom 명령어로 다음과 같이 위치를 확대합니다.

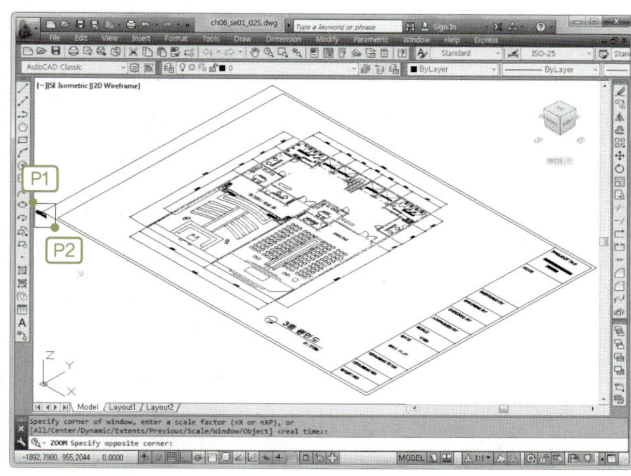

```
Command: -VP Enter
VPOINT
Current view direction:  VIEWDIR=0.0000,0.0000,1.0000
Specify a view point or [Rotate] <display compass and
tripod>: 1,-1,1 Enter
Regenerating model.
Command: Z Enter
ZOOM
Specify corner of window, enter a scale factor (nX or nXP),
or [All/Center/Dynamic/Extents/Previous/Scale/Window/Object]
<real time>:
Specify opposite corner:
→ P1~P2점 클릭, 드래그
```

10 아직 확인하기 어려운 정도라면 다음과 같이 원하는 부분만 Zoom 명령어로 다시 한 번 확대합니다. 3차원 싱크대 수납장이 나타납니다.

```
Command: Z Enter
ZOOM
Specify corner of window, enter a scale factor (nX or nXP),
or [All/Center/Dynamic/Extents/Previous/Scale/Window/Object]
<real time>:
Specify opposite corner:
→ P3~P4점 클릭, 드래그
```

11 Hide 명령어를 입력하여 최종적인 모양을 확인합니다. 다음과 같은 형식의 모양이 나타납니다.

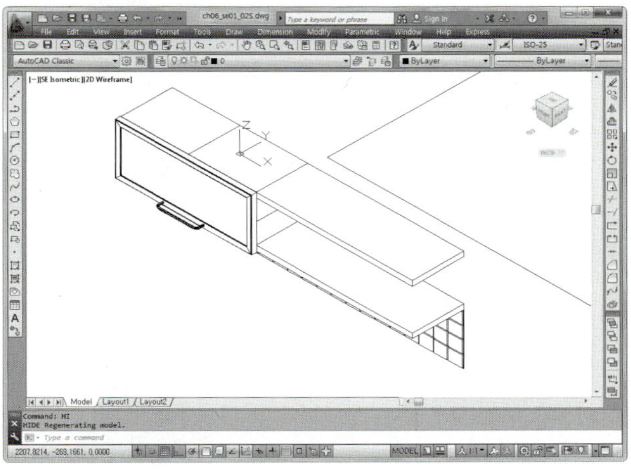

```
Command: HI Enter
HIDE Regenerating model.
```